मुरिया और उनका घोटुल

2

परिशिष्ट

चित्र

LIII. गुदरा, बस्तर प्रदेश से, जंगली साँड के सींगोंवाली मारिया लड़की।

LIV. हिरमे-जंगली साँड के सींगवाले मारिया की लड़की–हाथ धोते हुए। जंगली साँड के सींगवाले मारिया की नर्तकियाँ।

LV. रस्मी अभियानों पर पहननेवाला भुइया युवाओं का मुखौटा। रोंटा में भुइया की घोटुल सरीखी संस्था की सदस्या। रायसुइया में भुइया संस्था का भवन।

LVI. कंटारा की जुआंग धांगरी।

LVII. जुआंग लड़कों व लड़कियों के भवन के नृत्य।

LVIII. चांग ढोल के साथ जुआंग युवा। जुआंग युवा लम्बे ढोल के साथ कोरबा घोटुल के सामने।

LIX. कोनयाक लड़कियाँ ताड़ के पत्तों के वस्त्र पहने हुए।

LX. कोनयाक बालाएँ बसन्त के त्यौहार पर नाचती हुईं। कोनयाक बालाएँ एक-दूसरे के बालों को सँवारती हुईं।

LXI. कालयो केंगयू नर्तक चावल की बीयर पीकर तरोताज़ा होते हुए (चित्र-डॉ. सी. वॉन. फ्यूरर-हैमेनडॉर्फ)।

LXII. बोंडो लड़कियाँ (चित्र- डॉ. सी. वॉन. फ्यूरर-हैमेनडॉर्फ)।

LXIII. गड़बा लड़कियाँ नृत्य करते हुईं। गड़बा लड़के तारोंवाले वाद्य को बजाते हुए।

LXIV. बोंडो नृत्य। बोंडो लड़की मुरचंग बजाती हुई (चित्र- डॉ. सी. वॉन. फ्यूरर-हैमेनडॉर्फ)।

LXV. गड़बा लड़कियाँ नाचती हुईं (चित्र- डॉ. सी. वॉन. फ्यूरर-हैमेनडॉर्फ)।

LXVI. पाल्ली घोटुल।

LXVII. उराओन धांगरी। कोंगेरा की मुटियारी अनाज पीसते हुए।

LXVIII. मासोरा का घोटुल। मोरे बेरमा घोटुल में दीवार पर काले व लाल रंग के चित्र।

LXIX. फिरतु, मासोरा घोटुल का चौकीदार। मालाकोट के निकट घोटुल।

LXX. बाघबेरा घोटुल। बांदोपाल घोटुल।

LXXI. आल्मेर का हिकमी घोटुल के ढेर से लकड़ी निकालते हुए।

LXXII. चन्दाबेरा का नक्काशीदार स्तम्भ। रेमावंड का नक्काशीदार स्तम्भ।

LXXIII. 1 और 3 चन्दाबेरा के नक्काशीदार स्तम्भ। फाउदा के एक मन्दिर के स्तम्भ पर हुई नक्काशी।

LXXIV. बिनझे का नक्काशी स्तम्भ, नक्काशीकार चेलिक साथ में। पुराने जनगणना अंक तख्ते पर चित्र। डोंगरीगरा के पिटोटका ढोल पर नक्काशी।

LXXV. टोइनार का चेलिक अपनी घोटुल 'पत्नी' के साथ।

LXXVI. एक लोहार लड़का : बेरमा घोटुल का चौकीदार। बान्दोपाल घोटुल की सफाई करती हुईं मुटियारी।

LXXVII. कोंगेरा में चेलिक को पेय देते हुए एक मुटियारी। नयानार के चेलिक को खाना परोसते हुए मुटियारी।

LXXVIII. लड़कों की सेवा करते हुए मुटियारी। घोटुल का कोतवार, नारी का पुत्र, नयानार में खाना परोसते हुए।

LXXIX. नयानार में बड़े कोतवार के बाल सँवारती बेलौसा। नयानार में छोटे कोतवार की मालिश करती अलौसा।

LXXX. कोइलीबेरा घोटुल की माल्को।

LXXXI. बान्दोपाल में चेलिक कुटुल तकिया बनाते हुए। फुंडर में चेलिक कंघा बनाते हुए ।

LXXXII. बांदोपाल की मुटियारी मोतियों की मालाएँ बनाती हुईं। रेमावंड में एक स्त्री चटाई बनाते हुए।

LXXXIII. डिब्बेनुमा पगड़ी। लड़कियाँ सिरों पर कौड़ियाँ पहने हुए।

LXXXIV. पाल्ली की मुटियारी लकड़ी के बर्तन में चेलिक के लिए तम्बाकू कूटती हुई। पिटोरका ढोल बनाते हुए जाकरी का चालान।

LXXXV. काबोंगा के झोरिया नर्तक। अमासारा के झोरिया नर्तक।

LXXXVI. चेहरे का शृंगार किए चेलिक। टिमनार घोटुल का लिखेन।

LXXXVII. पाल्ली की मुटियारी पत्ते का दोना लिए हुए। पोला त्योहार के मिट्टी के बैल सौभाग्य बढ़ाने

अध्याय : नौ

घोटुल का प्रारम्भ

1. घोटुल सरीखी देहाती संस्थाएँ विश्व में

घोटुल में कुछ भी असाधारण नहीं है; ऐसे संस्थान विश्व भर में पाए जाते हैं। अंग्रेज़ी के पहले लेखकों में से एक जिन्होंने 'प्राचीन जातियों की साम्प्रदायिक बैरकों' का निरीक्षण किया, थे एस.ई. पील। इन्होंने इस ओर ध्यान आकृष्ट किया कि 'भूटान से लेकर न्यूज़ीलैंड तक और मारक्वीसास से लेकर नाईजर तक' ऐसी व्यवस्था प्रचलित है और इसमें कुछ बातें समान भी पाई जाती हैं।

> पहली, घुमन्तू खानाबदोश आस्ट्रेलियन लोगों को छोड़कर, हम देखते हैं कि सब जगहों में एक विशेष या कई विशेष भवन अविवाहित लड़कों के रहने के लिए रख छोड़े जाते हैं। ऐसे ही भवन अविवाहित कन्याओं के लिए भी होते हैं और कुछ उदाहरणों में अविवाहित लड़के व लड़कियाँ इन भवनों में इकट्ठे भी रहते हैं।
>
> दूसरी, हम देखते हैं कि बिना किसी अपवाद के जिन जातियों में ऐसी बैरकें होती हैं वहाँ विवाह से पहले यौन सम्बन्धों में पूरी स्वच्छन्दता होती है।
>
> तीसरी, और सबसे महत्त्वपूर्ण बात यह है कि ऐसी बैरकें विवाहित स्त्रियों के लिए पूर्णतया प्रतिबन्धित हैं चाहे उनकी जाति में रिश्तेदारों में अथवा रिश्तेदारी से बाहर विवाह करने का प्रचलन हो।
>
> हम यह भी नोट कर सकते हैं कि जहाँ कहीं ऐसी व्यवस्था है वहाँ विवाह व्यस्क होने पर ही किए जाते हैं, बाल्यकाल में नहीं और वहाँ विवाहोपरान्त वफादारी उन समाजों से अधिक पाई जाती है जो विवाह से पूर्व शारीरिक शुद्धता पर अधिक ज़ोर देते हैं।[1]

घोटुल जैसी बैरकें दो भागों में बाँटी जा सकती हैं–एक तो वे जो 'सेना की बैरकों' जैसी होती हैं और जिनमें लड़कों को लड़कियों से दूर रखने और शिकार, युद्ध और जादू सिखाने की परम्परा होती है। दूसरी वे जिनमें लड़कों को लड़कियों से सम्बन्ध रखने की अनुमति ही नहीं वरन् प्रोत्साहन तक दिया जाता है। इसका ध्येय (यहाँ हमारा ज्ञान इतना नहीं कि हम विश्वासपूर्वक कह सकें) शायद कबीले के युवाओं के विवाह से पूर्व के प्रेम प्रसंगों को व्यवस्थित करना होता है। दोनों तरह ऐसे छात्रावास, मुरिया के घोटुल की भाँति ही, महत्त्वपूर्ण सामाजिक व धार्मिक भूमिका निभाते हैं। पहली प्रकार के छात्रावासों पर हट्टन वैबस्टर ने बढ़िया सारांश लिखा है।

1. एस.ई. पेल 'द कम्युनल बैरेक्स ऑफ प्रीमिटिव रेसीस', जे.ए.एस.बी. खंड 61, 1893 पृ. 246 व आगे।

पुरुषों का घर गाँव का सबसे बड़ा भवन होता है। यह सारे गाँववालों का होता है। यहाँ सभाएँ होती हैं, अजनबी आगन्तुकों को ठहराया जाता है और पुरुष यहाँ सोते हैं। यहाँ जाति की महत्त्वपूर्ण वस्तुएँ, जैसे जीते गए युद्ध के स्मारक, शिकार में हासिल हुई यादगार चीज़ें और बहुत-सी धार्मिक वस्तुएँ भी सहेजकर रखी जाती हैं। इसमें औरतें और बच्चे तथा वे पुरुष जो जाति के सदस्य नहीं हैं कभी प्रवेश नहीं करते। जब जाति में प्रवेश करने के बाद तुरन्त विवाह नहीं होता तब पुरुषों का यह भवन अविवाहित लोगों की कामेच्छा पर रोक लगाने का उत्तम साधन माना जाता है। यह कुँआरों के क्लब के समान होता है जिसका ध्येय इन्हें स्त्रियों से अलग रखने का होता है।

यह संस्थान इतना प्रतिष्ठित है कि यह अपनी बहुउपयोगिता के कारण ही लोकप्रिय रह सकता है अगर इसे शुरू करने के कारण विलुप्त भी हो जाएँ, तब भी। यह एक सैनिक छावनी की तरह होता है जहाँ युद्ध में पारंगत अविवाहित पुरुष रहते हैं। अतः यह गाँव भर को सुरक्षा प्रदान करता है। यहाँ कबीले की धार्मिक रीतियाँ भी सम्पन्न होती हैं। नाटक-नौटंकी का स्थल भी यही है। कुछ अपवादों में यहाँ यौन अलगाव की जगह स्वच्छन्द यौन मिलाप भी हो रहा है। कुछ कबीलों में पुरुषों के भवन में वयस्क होने की रस्में अदा की जाती हैं। गुप्त समाजों के विकास के साथ ही, पुरुषों के भवन में भी लड़के अपनी निजी सभाएँ व बैठकें करते हैं।[1]

हैड्डन ने भी मेलानेशिया में पुरुषों के भवन के सामाजिक महत्त्व पर ज़ोर दिया था :

आमतौर पर ये जगहें महिलाओं और औपचारिक ढंग से सदस्य नहीं बनाए गए मर्दों के लिए प्रतिबन्धित हैं। इन्हें पुरुषों के निवास और सभागारों के रूप में इस्तेमाल किया जाता है और इनमें बहुत-सी धार्मिक रीतियाँ मनाई जाती हैं। पुरुषों के सामाजिक जीवन में ऐसे भवन राजनीतिक, धार्मिक और सामाजिक केन्द्र होते हैं।[2]

न्यू गिनी के क्लब घरों में, हैड्डन पुनः कहते हैं[3], टौर्रेस स्ट्रेट टापुओं का क्वौड पुरुषों के सामाजिक, राजनीतिक और धार्मिक जीवन का केन्द्र-बिन्दु होता था। इसके सदस्य बनने के बाद,

नवयुवक क्वौड में आ-जा सकते थे, वहाँ सोते थे, भवन की देख-रेख करते थे, उसे सुव्यवस्थित रखते थे, पानी लाते थे, लकड़ी लाते थे, आग जलती रहे इसका ध्यान रखते थे और अपने से बड़ी उम्र के पुरुषों के आदेशों का पालन करते थे।

हट्टन वैबस्टर जिनकी प्राचीन गुप्त संस्थाओं पर किताब 1908 में लिखी गई थी, यह मानते थे कि 'बहु यौन-सम्बन्ध, विवाह से पूर्व या उपरान्त, प्राचीन लोगों में न के बराबर होते थे।' वह यह कहते थे कि इन संस्थाओं में स्त्रियों का प्रवेश पतन की तरफ एक कदम समझा जाता था और मुख्य उद्देश्य से च्युत होना भी। वो स्त्रियों की गुप्त संस्थाओं के विषय

---

1. हट्टन वैबस्टर, *प्रिमिटिव सीक्रेट सोसाइटीज़* (न्यूयॉर्क, 1908), पृ. 1 और आगे।
2. ए.सी. हैड्डन–*रिपोर्ट्स ऑफ द कैम्ब्रिज एनथ्रोपोलोजिकल एक्सपिडीशन टू टौर्रेस स्ट्रेट्स* (कैम्ब्रिज, 1904) खंड V, पृ. 3।
3. वही, पृ. 365।

में अधिक कुछ नहीं कहते पर यह मानते हैं कि 'स्त्रियों का गुप्त संस्थाओं में प्रवेश ऐसी संस्थाओं को निश्चित रूप से पतन की ओर ले जाता था।'[1] बहुत-से प्राचीन लोग, मुरिया आदिवासियों की तरह ही, निस्सन्देह वैवाहिक वफादारी के पूरे विश्व में बढ़िया उदाहरण हैं। परन्तु यह भी काबिले गौर है कि इनके विवाह से पहले की यौन स्वच्छन्दता को उन्हीं लोगों ने अधिक स्वीकार किया है जिन्होंने बिना किसी पूर्वाग्रह के इनका अध्ययन किया और अध्ययन में बहुत समय भी दिया। वेस्टरमार्क और ब्रिफौल्ट के बीच इस विषय पर कड़वी और मज़ेदार बहस को हम अधिक मान्यता चाहते हुए भी नहीं दे सकते क्योंकि जिन विद्वानों पर ये निर्भर करते हैं उनके विषय में हमें संशय है। पर बेस्टरमार्क भी जो ये दावे करते हैं कि प्राचीन सभ्यताओं में विवाह से पूर्व यौन सम्बन्धों में अधिक आज़ादी नहीं मिलती थी, यह मानते हैं कि इन्हें स्वतन्त्रता काफी होती थी बस विवाह पूर्व के प्रेम-सम्बन्धों में, इसका अर्थ यह नहीं लगाया जा सकता कि कोई लड़की प्रेमी बदलती रहे। हाँ, प्रेम-सम्बन्ध की अनुमति अवश्य होती थी जिसमें बड़े यह अपेक्षा करते थे कि प्रेमी जोड़ा एक-दूसरे के प्रति वफादार रहेगा।[2] हम जल्द ही यह देखेंगे कि मुरिया लोगों में ऐसा पुराने घोटुलों में होता था। यौन स्वच्छन्दता घोटुल में वर्तमान शिक्षित सभ्यता की देन है।

मैं इस बात पर अधिक तूल इसलिए दे रहा हूँ क्योंकि यह आवश्यक है कि हम गाँव के अविवाहितों के निवास-स्थान के अध्ययन को इस नज़रिए से न देखें कि विवाह से पूर्व यौन सम्बन्ध प्राचीन संसार में कोई असाधारण घटना है। न ही मैं हट्टन वैबस्टर के इस मत से सहमत हूँ कि इन आवासों में लड़कियों को प्रवेश देना पतन का कारण है। अगर विवाह से पूर्व यौन सम्बन्धों पर प्रतिबन्ध की वाकई कोई इच्छा रही होती तो वह अवश्य ही पतन का कारण होती। पर कुछ समाजों को छोड़कर ऐसा नियम कहीं नहीं बना है। ब्रिफौल्ट कहते हैं कि 'ऐसी गुप्त संस्थाएँ जिनमें स्त्रियों को प्रवेश दिया जाता है अफ्रीका और ऊपरी कोंगो के अन्दरूनी भागों में पाई जाती हैं जबकि सिर्फ पुरुषों की संस्थाएँ अधिक सभ्य तटीय कबीलों में मिलती हैं।[3] वर्तमान समय के लेखकों ने लड़कों के क्लबों और लड़कियों के घरों के वास्तविक चरित्र पर काफी रोशनी डाली है। ये संस्थाएँ मेलानेशिया और अन्य स्थानों पर पनप रही हैं और लेखकों ने दिखाया है कि इनमें आपस में काफी करीबी रिश्ते हुआ करते थे। पर आज भी इनके सम्बन्ध में हमारे पास पूरी जानकारी नहीं है।

अब मैं इस तरह की संस्थाओं के बारे में पूरी दुनिया का एक सर्वेक्षण करूँगा जिससे यह प्रतीत हो जैसा हडसन कहते हैं कि 'यह आम संस्कृति का एक भाग है न कि मात्र किसी एक कबीले की परम्परा का हिस्सा है।'[4] यह मात्र कुछ चुनिन्दा उदाहरणों का सर्वेक्षण होगा परन्तु इससे यह स्पष्ट होगा कि मुरिया का घोटुल अजीब या असाधारण नहीं है। यह मनुष्य की आत्मा द्वारा, विकास के एक स्तर पर, कुछ मनोवैज्ञानिक और भावनात्मक समस्याएँ सुलझाने का एक प्रयास है जिसे दुनिया के बहुत 'प्रगतिशील' देश भी अभी तक सन्तोषजनक रूप से सुलझा नहीं पाए हैं।

---

1. हट्टन वैबस्टर, उपर्युक्त देखें, पृ. 121।
2. ई. वेस्टरमार्क, *थ्री ऐसेज़ औन सेक्स एंड मैरिज* (लन्दन, 1938), पृ. 232 और आगे।
3. ब्रीफफाल्ट, *द मदर* (लन्दन, 1927) खंड-II, पृ. 553 नं., जहाँ पर हट्टन वैबस्टर के विपरीत दूसरे विवादास्पद विचार दिए गए हैं।
4. टी.सी. हडसन, *द नागा ट्राईब्स ऑफ मनीपुर* (लन्दन, 1911), पृ. 75।

मेलानेशिया और न्यू गिनी

पूरे मेलानेशिया और न्यू गिनी में पुरुषों के घर पाए जाते हैं। 'सारे मेलानेशियन गुटों में,' कौडरिंगटन कहते हैं, 'यह नियम है कि हर गाँव में एक सामाजिक भवन होता है जहाँ पुरुष खाते हैं और अपना समय व्यतीत करते हैं, युवा सोते हैं, अजनबियों का स्वागत होता है; जहाँ सोलोमन टापुओं की भाँति छोटी नौकाएँ रखी जाती हैं; जहाँ चित्र देखे जाते हैं और जहाँ स्त्रियों का प्रवेश वर्जित होता है; फ्लोरिडा के किआला, सैन क्रिसटोवल के ओहा, सान्ता क्रूज़ के मादाई, व्यापारियों का तम्बू समूह और फिजी के बुरे।'[1] बैंक्स टापुओं में जब कोई लड़का बड़ा होने लगता है तो उसके माता-पिता उसे गमाल में भेज देते हैं, यह कहते हुए, 'यह अब युवा हो रहा है। अब समय आ गया है कि इसे लड़कियों से अलग कर दिया जाए।'[2]

न्यू गिनी के इरावो टौर्रेस स्ट्रेट के क्वौड की तरह ही होते हैं। दोनों का उद्देश्य शिक्षा प्रदान करना होता है।[3] सेलिगमान मेकिओ ज़िले के मारेया का वर्णन किया है,[4] और हट्टन ने नरभक्षी टुगेरी लोगों में अविवाहित पुरुषों के घर का।[5] माइलु टापू पर हर वंश के लिए एक गाँव में एक क्लब-घर है और अविवाहित पुरुषों का निवास वंश के घरों के बीच में है। यहाँ शत्रु के सिर 'भयानक लगने के लिए' लगा दिए जाते हैं; बरछियाँ और युद्ध की वस्तुएँ यहाँ टाँगी जाती हैं और आक्रमणों की योजनाएँ व जश्न मनाए जाते हैं। इसे डुबु कहते हैं जहाँ लड़के प्रवेश के बाद तथा विवाह होने के अन्तराल में सोते हैं।[6] सैंटा अन्ना और सैन किसटोवल के टोहे आकार में विशाल और सौन्दर्य में उत्तम होते हैं; यहाँ युद्ध में प्रयुक्त बहुत छोटी नौकाएँ और योद्धाओं की हड्डियाँ रखी जाती हैं। लड़कों को टोहेस में साल भर रखा जाता है और फिर इन्हें सदस्य बनाकर विवाह तक यहाँ रहने की अनुमति प्रदान की जाती है।[7] लौयलटी टापुओं में हर गाँव में ऐसा ही एक भवन होता है जहाँ युवक कुछ बूढ़े व्यक्तियों

1. आर.एच. कौडरिंगटन, *द मेलानेशियन्स* (ऑक्सफोर्ड, 1891), पृ. 102।
2. वही, पृ. 231। बिशप कौडरिंगटन को पढ़कर और उनकी घोषणा को सुनकर (पृ. 235) खुशी होती है कि हालाँकि 'लड़कों और लड़कियों को आपसी ताल्लुकात में काफी आज़ादी मिली हुई है और यौन सम्बन्धों को बहुत गम्भीरता से नहीं लिया जाता, पर यह पक्की बात है कि स्त्रियों में नैतिकता के विषय में ये टापू उतने लापरवाह नहीं जितना कि इन्हें समझा जाता है।' जब कोई अविवाहित कन्या किसी लड़के से सम्बन्ध चाहती है तो उसकी बुआ से अपनी इच्छा ज़ाहिर करती है। देखें, डब्ल्यू.एच.आर. रिवर्स, *हिस्ट्री ऑफ मेलानेशियन सोसाइटी* (कैम्ब्रिज, 1914), खंड I, पृ. 39।
3. देखें *मैन*, खंड V (1905), पृ. 3।
4. सी.जी. सेलिगमैन, *द मेलानेशियन्स ऑफ ब्रिटिश न्यू गिनी* (कैम्ब्रिज, 1910), पृ. 226।
5. ए.सी. हैड्डन 'कावा-ड्रिंकिंग इन न्यू गिनी', *मैन*, खंड XVI।
6. डब्ल्यू.जे.वी. सैवाइल, *इन अननोन न्यू गिनी* (लन्दन, 1926), पृ. 36 और 105। धर्म प्रचारक सैवाइल माइलु के नैतिक मूल्यों के कठोर निन्दक हैं : लड़के और लड़कियाँ अपने प्रेमी आज़ादी से चुनते हैं और कोई कन्या अपने पति के घर कुँआरी नहीं जाती। पर मालिनोव्सकी का कहना है कि जो लड़की बहुत बार प्रेमी बदलती थी उसे हिकारत की दृष्टि से देखा जाता था। साथ ही एक समानता मुरिया परम्परा से भी है कि अगर कोई लड़का किसी कन्या से विवाह का इच्छुक होता था तो वह उससे दूर रहता था और अगर विवाह की इच्छा नहीं होती तभी यौन सम्बन्ध बनते थे। परन्तु यह स्पष्ट नहीं कि क्या युवाओं के प्रेम प्रसंगों का सम्बन्ध डुबु से था अथवा नहीं। वी. मालिनोव्सकी, 'द नेटिव्स ऑफ माइलू,' अनवुाद, आर. सोरा. साउथ आस्ट्रेलिया, खंड XXXIX (1915), पृ. 559-63।
7. हट्टन वैबस्टर, उपर्युक्त देखें, पृ. 6।

के लिए छत पर रखे जाते हैं।

LXXXVIII. तारबाइली का नीरो बाँस से बने पानी के बर्तन के साथ।

LXXXIX. गाँव को साफ करने के लिए सड़क के निकट लटकाया गया कूड़ा । दीवाली नृत्य की नेता। पवित्र अग्नि के साथ चेलिक।

XC. पूस कोलांग नृत्य : फूलपर के लिंगो पाटा के दो कदम।

XCI. जुंगानी घोटुल का मलिक अपने मित्रों के साथ।

XCII. फूलपर का सेमूर पेड़ जिस पर नृत्य की डंडियाँ लटक रही हैं।

XCIII. कोइलीबेरा गाँव की सीमा के पास सड़क के आर-पार जाती रस्सी से लटकती नृत्य की डंडियाँ। सड़क के आर-पार जाती रस्सी से बँधी नृत्य-डंडियों को उठाने को तैयार चेलिक।

XCIV. चैत डांडर नृत्य : मालाकोट के डांडी-नृत्य के दो रूप।

XCV. वातिया करसाना। चैत डांडर नृतकी। सूखी घास का आदमी।

XCVI. तेमरुगाँव में महुआ के फूल सुखातीं मुटियारी। महुआ के फूल छानकर इकट्ठे करती मुटियारी।

XCVII. अलोर का हुल्की नृत्य। कोइलीबेरा का हुल्की नृत्य।

XCVIII. हुल्की अभियान का मुखौटा (सिरपुरी से)। पति-पत्नी का प्रतिनिधित्व करते चैत डांडर मुखौटे (काचोरा से)।

XCIX. घेरता नृत्यों में प्रयुक्त मुखौटा (बेरमा से)।

C. फाउदा की मिट्टी की गुड़ियाँ। चन्दाबेरा में मिट्टी की गुड़ियों के साथ माल्को और दुलौसा।

CI. पूस कोलांग : वानर नृत्य। पूस कोलांग : कोइलीबेरा का कोकोठर नृत्य।

CII. छेरता नृत्य में प्रयुक्त नकटा-मुखौटा। फुंडर के मुखौटा पहने चेलिक मेढक या बाघ का प्रतिनिधित्व करते हुए।

CIII. पूस कोलांग मुखौटा।

CIV. कोंगेरा घोटुल का मलिक नृत्य की पोशाक में।

CV. चेलिक और मुटियारी का प्रतिनिधित्व करती लकड़ी की गुड़ियाँ, घंटों से बँधी हुईं, इन्हें त्योहारों पर कन्धों पर उठाकर लाया जाता है।

CVI. तेमुरगाँव का चेलिक, पर्वतों के मारिया की टोपी पहने, शिकारी सींग बजाते हुए। एक भावी सुधारक की निन्दा की स्थिति में चेलिक पंचायत।

CVII. टुडरा ढोल के साथ काचोरा का चेलिक।

CVIII. बाँसुरी बजाते हुए नयानार का चेलिक। मारकाबेरा का घोटुल कोतवार धुसिर बजाते हुए।

CIX. नयानार में विवाह के अवसर पर चेलिक ढोलों की पूजा करते हुए। चेलिक के लिए ढोल उठाए मुटियारी।

CX. सिधावंड घोटुल का सरदार। कोंगेरा घोटुल का साल्की कुन्दरी ढोल के साथ। बलोरा घोटुल का डांगा डाकी ढोल के साथ।

CXI. खुटगाँव में मान्दरी नृत्य-चाल।

CXII. कोंगेरा घोटुल की कोतवारिन। मारकाबेरा घोटुल की माल्को।

CXIII. हुल्की नृत्य में बाँहों को रखने का एक तरीका। अटूरगाँव के चेलिक, कूल्हों पर घंटियाँ बाँधे और कौड़ियों की लड़ियाँ लटकाए हुए।

CXIV. काबोंगा का मान्दरी नृत्य।

CXV. काबोंगा का मान्दरी नृत्य।

CXVI. काचोरा में मान्दरी और रेलो नृत्य।

CXVII. रेलो नर्तकियाँ लड़कों के साथ। मान्दरी नर्तक अपने घुटनों पर।

CXVIII. काचोरा में विवाह-नर्तक। काचोरा की मुटियारी विवाह-नृत्य का अभ्यास करती हुईं।

CXIX. अटूरगाँव व कोंगेरा के चेलिक और मुटियारी मारिया नृत्य का एक बदला हुआ रूप पेश करते हुए। तोईनार के चेलिक समाधि-पार करते हुए ।

CXX. कोंगेरा में त्योहार-नृत्य। जुलूस में चलते नर्तक।

CXXI. फुंडर में, बड़े ढोलों के साथ त्योहार-नृत्य करते हुए। फाउदा में, छोटे ढोलों के साथ त्योहार-नृत्य करते हुए।

CXXII. दुरपा डांडी नृत्य। अलोर में नाना दारबेना नृत्य-चाल।

CXXIII. अलोर में गुगुरिंग गुस नृत्य। फुंडर में वृत्त-नृत्य-पुरार करसाना।

CXXIV. करमाता करसाना : बच्चे को झुलाना, तेमुरगाँव में।

CXXV. डोंगा करसाना : सन्तरे और नींबू, कोइलीबेरा में। कारीखोदरा घोटुल की झलियारो।

CXXVI. मुंजमेता घोटुल की साल्हो। कारीखोदरा घोटुल की झलियारो।

CXXVII. मेटावंड में जट्टा करसाना। माओ करसाना : भैंस का शिकार, मारकाबेरा में। गुडिना करसाना : लेटने का खेल, कोइलीबेरा में।

CXXVIII. वानजिंग करसाना : धान से चावल अलग करने का खेल, तेमुरगाँव। धान से चावल अलग करना (वास्तव में)।

CXXIX. सिधावंड में टेडापोटुर करसाना। मुंजमेता के चेलिक वातिया करसाना खेलते हुए।

CXXX. जड़ (सब्जी) का खेल। जड़ (सब्जी) उखाड़ना।

CXXXI. जड़ों (सब्जियों) को नदी पर धोने ले जाना। जड़ें (सब्जियाँ) धोना।

CXXXII. मोगरल करसाना, मगरमच्छ का खेल। कोइलीबेरा में कुश्ती।

CXXXIII. कोर करसाना : मुर्गे को दिखाना। कोर करसाना : मुर्गे को जाँचना।

CXXXIV. जंगली कबूतर की नकल करते पुराड-उपिहाना करसाना।

CXXXV. कोडा करसाना—घोड़े का खेल। अलोर में शिकारी खेल में एक तीरन्दाज़।

CXXXVI. सिधावंड में भैंसे का शिकार। अलोर में भैंसे का शिकार।

CXXXVII. शिकारी खेल : पूपगाँव में एक मानव बाघ बनाने की तैयारी। गाँव का विदूषक फावड़े को तीर के समान छोड़ता हुआ। फाउदा में शिकार।

CXXXVIII. 'उठाने' के खेल के तरीके। कडना करसाना—कुश्ती का खेल।

CXXXIX. बाइपर-लाद करसाना : बोरियों से लदा बैल। गुधा करसाना। महामंडल करसाना : सर्प का खेल।

CXL. गोइहाल करसाना : छिपकली का खेल। मुर्गे लड़ाने का खेल।

CXLI. बयानार में मुर्गों की लड़ाई।

CXLII. कोकोको त्योहार पर नृत्य करते चेलिक। कोकोको त्योहार पर भेंट स्वीकारते चेलिक।

CXLIII. बान्दोपाल में कोकोको नर्तकों पर पानी फेंकती एक मुटियारी। कुत्ते को बाँहों में लिए नाचता मासोरा का मुरिया।

CXLIV. नयानार का चेलिक पिचकारी से मुटियारी पर पानी फेंकते हुए। एक मालकोट विवाह में बूढ़े एक-दूसरे पर मिट्टी फेंकते हुए।

CXLV. नर्तक मोरपंखों को पहने हुए। सिधावंड में नकली राक्षस।

CXLVI. मिट्टी की गुड़ियाँ और मवेशियों के साथ पूपगाँव की झेलो।

CXLVII. फाउदा का चेलिक एक विशालकाय चिड़िया के रूप में। चेलिक स्वयं को दिखलाता हुआ।

CXLVIII. चलने की डंडियों पर लड़ाई।

CXLIX. रस्मी कुल्हाड़ी खेती : गाईता के खेत को तैयार करना। गाईता के खेत में भोजन बनाते चेलिक।

CL. फुंडर गाँव के बाहर एकत्रित चलने की डंडियाँ। अलोर में दितो पेन के ऊपर चलने की लकड़ियों का ढेर।

रेमावंड से झोरिया गले का हार और शीश-पट्ट (सिर का आभूषण)

नक्शा

कोंगूर परगना का खाके का नक्शा

भाग-2

घोटुल

के साथ सोते हैं जो उनकी देखभाल करते हैं। इसे हनेल मेलोम[1] कहते हैं। मिसेज़ हैडफील्ड इसके बारे में कुछ तथ्य देती है। वे कहती हैं कि भवन में सिर्फ पुरुष ही रहते थे : यह एक टाउन हाल की तरह था 'और सारी निगम परिषद की महत्त्वपूर्ण सभाएँ हुआ करती थीं।' बस्तर की भाँति ही किसी लड़के का अनुपस्थित रहना अच्छा नहीं माना जाता था : 'अगर कोई लड़का इस भवन में न सोकर किसी रात गाँव में सो जाता तो उसे अगली सुबह बहुत-सी आवाज़ें अपना नाम लेती सुनाई देती थीं और साथ ही अनेक अपमानजनक सुझाव भी होते थे कि किस कारण से वह भवन में नहीं सोया।'[2]

फ्लाई नदी इलाके का किवाई दारिमु भी इसी तरह का भवन होता है। यह बहुत विशाल होता है और यहाँ अविवाहित पुरुष सोया करते हैं। विवाहित पुरुष भी यहाँ रात तब बिताते हैं तब रस्मी तौर पर उन्हें अपनी पत्नियों से कुछ समय के लिए अलग रहना पड़ता है। घोटुल का भी यही उद्देश्य होता है। 'आमतौर पर डच सीमा से पूर्व की ओर समाज में स्त्री और पुरुषों को अलग रखने का विचार बलवान होता चला जाता है क्योंकि सच्चाई यह है कि पूरी व्यवस्था युद्ध पर निर्भर करती है।' दारिमु में वे गुप्त रस्में होती हैं जहाँ लड़कों की सदस्यता प्रदान करके उन्हें धार्मिक चिह्नों के बारे में शिक्षा दी जाती है और खेती के रहस्य समझाए जाते हैं। सदस्य बनाने के सुअवसर पर उन्हें 'एक नग्न स्त्री की लकड़ी की छोटी प्रतिमा दिखाई जाती है और उसे सागो ताड से प्राप्त होनेवाली वस्तुओं के लिए लाभदायक माना जाता है।'[3] वास्तव में 'दारिमु रस्मों के लिए ही मुख्यतः होता है।' भवन में जादुई 'गर्मी' रहती है; इसके निर्माण में जादुई दवाओं का उपयोग होता है : इसमें मानवाकृति के स्तम्भ जो कामेच्छा युक्त लगते हैं और जिन पर शत्रु का खून लगाया जाता है, भी होते हैं। प्राचीन दिनों में अन्दर का भाग 'कामुकता से सम्बन्धित रस्मों की वस्तुओं' से युक्त होकर इतना प्रभावशाली बन जाता था कि इसमें अन्दर जानेवाले अजनबी कई बार बेहोश होकर गिर पड़ते थे। दारिमु, 'अपनी जादुई शक्तियों से लैस, अपनी जाति के लोगों की युद्ध में सहायता करता है क्योंकि वह दूर से उन्हें शक्ति देता रहता है जब वे लड़ रहे होते हैं।'[4]

पापुआ की गल्फ के पश्चिम की ओर रावी लोकप्रिय है : यह पुरुषों का क्लब-घर होता है और धार्मिक रस्मों का केन्द्र भी। पुरारी इलाके का रावी, रेमंड फिर्थ कहते हैं, 'एक विशाल घास का भवन होता है, पचास वर्ग मीटर लम्बा, ढेरियों पर निर्मित और इसकी सबसे खास बात होती है मगरमच्छ के मुँह की आकृति की छत है। यह मज़बूत स्तम्भों पर टिकी होती है और इसे खड़ा करने में निर्माण-कला में पारंगत होना, मज़दूरों से व्यवस्थित ढंग से काम करवाना और स्वयं निर्माण पर पूरा ध्यान केन्द्रित करना होता है। मकानों के मालिक इनके बड़े आकार को गर्व से देखते हैं। कोई भी नया स्तम्भ लगाने से पहले उसे फूलों और ताड़ के पत्तों से सजाया जाता है। ऊँचा स्तम्भ जो छत को सहारा देता है निर्माण कला का इतना उत्कृष्ट नमूना होता है कि, जैसा एफ.ई. विलियम्स को बताया गया, रावी देखने आए कुछ

1. एस.एच. रे, *द पीपल एंड लैंगवेज ऑफ लिफू, लौयलटी आइलैंड सृ*, जे.आर.आई., खंड XLVII (1912), पृ. 227।
2. ई. हैडफील्ड, *ऐमंग द नेटिव्ज़ ऑफ द लोयलटी ग्रुप* (लन्दन, 1920), पृ. 42।
3. डब्ल्यू.एन. बीवर, *अनएक्सप्लोर्ड न्यू गिनी* (लन्दन, 1920), पृ. 183 और आगे।
4. जी. लैंड्टमैन, *द किवाई पापुअन्स ऑफ ब्रिटिश न्यू गिनी* (लन्दन, 1927), पृ. 8 और आगे, पृ. 17, 21 और आगे।

चित्र-34. डालमानहासेन, मेलानेरिया में पुरुष भवन

लोग 'ऐसा स्तम्भ देखकर जलन के मारे रो पड़े।'[1]

न्यू गिनी और मेलानेशियन टापुओं में ऐसे बहुत-से संस्थान हैं, या रहे हैं, जिनमें स्त्रियों का प्रवेश वर्जित है एवं जो कबीले के युद्धपरक हिस्से से जुड़े हुए हैं। बस इनके नाम अलग-अलग हैं।

इस तरह पुरुषों के घर स्त्रियों के लिए निषिद्ध हैं। पर यह सारी कहानी नहीं है : ऐसे घर भी हैं जहाँ यौन क्रीड़ा से परिचय व्यक्तियों को कराया जाता है और जो अस्थायी यौन की सुविधा प्रदान करते हैं। न्यू हैब्रिडीज़ में युवाओं के ऐसे घर को ईमियन कहा जाता है।

> सारे गाँवों में खास घर होते हैं जहाँ समस्त अविवाहित पुरुष रहते हैं, और विशेष मौसम में यहाँ एक लड़की आती है जिसको आयोव्हानान के नाम से सम्बोधित किया जाता है। इसका कार्य लड़कों को यौन सम्बन्धी ज्ञान देना होता है। कोई भी व्यक्ति तब तक शादी नहीं कर सकता जब तक वह आयोव्हानान से ज्ञान नहीं ले लेता। किसी भी लड़के की सगाई तब तक सम्भव नहीं जब तक यह कन्या उसे स्पर्श नहीं कर देती। इस स्पर्श की कोई विशेष रस्म नहीं होती और यह माना जाता है कि यह यौन सम्बन्धों से पहले का दस्तूर मात्र है। इस कार्य के लिए लड़की को कोई मुआवज़ा या भुगतान नहीं उपलब्ध कराया जाता। हाँ, पर वह गाँव या कबीला जिससे वह आती है अवश्य उपहार पाता है। इस

1. रेमंड फिर्थ, *आर्ट एंड लाइफ इन न्यू गिनी* (लन्दन और न्यूयॉर्क, 1936), पृ. 25। एफ.ई. विलियम्स कहते हैं कि पुरारी 'अविवाहित लड़कियों में बदचलनी के निन्दक थे।' पर 'फिर भी जवान मर्दों को काम की प्यास बुझाने के अवसर मिलते रहते थे।' *द नेटिव्ज़ ऑफ द पुरारी डेल्टा* (पोर्ट मोर्सबी, 1924) पृ. 243 और आगे।

कन्या का शृंगार विशेष रूप से किया जाता है जो इसके व्यवसाय का द्योतक होता है। यह कानों में सीप की बालियाँ पहनती है तथा विभिन्न प्रकार के अन्य गहनों से सजी होती है। अन्य स्त्रियों से इसका लहंगा छोटा होता है। पुरुषों के खतने की रस्म के बाद इसे अविवाहित लड़कों के घर रहने भेजा जाता है। जब यह वहाँ रह रही होती है तो लड़कों की माताएँ इनके लिए भोजन लेकर आती हैं पर बहनों को इस स्थान से दूर रखा जाता है। जब आयोव्हानान लड़कों के साथ रह रही होती है तो वे उसे भोगते हैं पर जब वह नहीं होती तब सब संयम से रहते हैं। जब वह गुप्त ज्ञान बाँट देती है और सारे शिष्य ज्ञानी हो जाते हैं तब वह अपने गाँव लौट जाती है और ठाट से विवाह कर अपना जीवन व्यतीत करती है क्योंकि उसके कार्य को बुरा नहीं समझा जाता।[1]

लड़कों और लड़कियों के घरों—जो ब्रिटिश न्यू गिनी के वागावागा में स्थित है—का सेलिगमान ने वर्णन किया है।

कुछ घर उन अविवाहित कन्याओं के लिए होते हैं जो वयस्क हो चुकी हों। वे इन घरों में रात्रि व्यतीत करती हैं। पुरुषों के घरों की तरह ही इन्हें भी पोटुमा कहा जाता है। ये पुराने घर होते हैं जिन्हें इनके मालिक, एक घर बनाने के बाद, लड़कियों को दे देते हैं। शाम को लड़कियाँ इन घरों में आती हैं और अँधेरा होने पर अविवाहित लड़कों का एक दल लड़कियों के पोटुमा की ओर चल पड़ता है। ये सब बाहर बैठ जाते हैं और इनमें से एक अन्दर जाकर कन्याओं से पूछता है कि वे फलाँ-फलाँ लड़के का स्वागत करने को तैयार हैं या नहीं। अगर कोई लड़की किसी लड़के से सम्बन्ध चाहती है तो उसके नाम पर 'हाँ' कर देती है। तत्पश्चात् दूत बाहर आकर चुने गए लड़कों को अन्दर भेज देता है। बचे हुए अन्य पोटुमा चले जाते हैं। हर पोटुमा में शाम को गाना-बजाना होता है और रात को सम्भोग। हर जोड़ा पेटीकोट और धोती पहने ही सोता है पर रात को लड़का जब उठकर देखता है कि सब सो गए तब वह सम्बन्ध बनाता है।[2]

यहाँ मुरिया के घोटुल के साथ समानताएँ हैं, खासकर लड़कियों द्वारा अपनी पसन्द का प्रेमी चुनने की प्रथा में। ट्रोब्राइएंड टापुओं के बुकुमातुला भी घोटुल से काफी समानताएँ रखते हैं और भिन्नताएँ भी। बुकुमातुला इसलिए स्थापित किया गया, मालिनोव्सकी कहते हैं, क्योंकि 'लड़के और लड़कियों के प्रेम-सम्बन्धों को चाहिए उनकी देख-रेख करनेवाला कोई संस्थान जो प्रतिष्ठित हो, जहाँ आराम और चैन हो और जिसे सामाजिक मान्यता प्राप्त हो।' इसलिए हर ट्रोब्राएंड गाँव में घर होते हैं—कभी-कभी तो एक गाँव में तीस तक हो सकते हैं—जहाँ 'थोड़ी संख्या में जोड़े—दो, तीन या चार—कम अथवा अधिक समय के लिए अस्थायी रूप से रहते हैं। ऐसे घरों में वे जोड़े भी जा सकते हैं जो एक-दो घंटे के लिए एकान्त चाहते हों।'

इन घरों में उठे हुए स्थान चटाइयों से ढके हुए होते हैं। क्योंकि ये घर मात्र सोने के काम आते हैं इसलिए ये 'स्पष्ट रूप से नग्न होते हैं और इनमें नारी के स्पर्श का अभाव होता है, तथा यह महसूस नहीं होता कि यहाँ लोग बसे हुए हैं।' हर लड़के का अपना बिस्तर

1. सी.बी. हम्फ्रीस, *द सदर्न न्यू हैब्रीडीज़* (कैम्ब्रिज, 1926), पृ. 45।
2. सेलिगमान, उपर्युक्त देखें, पृ. 500।

चित्र-35. ट्रायोब्रायैंड टापुओं में सजा सजाया पुरुष भवन

होता है जिसे वह नियमित रूप से इस्तेमाल करता है। 'जब कोई जोड़ा अपने सम्बन्ध-विच्छेद करता है तो लड़की, आमतौर पर, सोने की दूसरी जगह खोजती है अपने अगले प्रेमी के साथ।' पर जोड़े—जब तक सम्बन्ध रहता है—एक-दूसरे के प्रति बहुत वफादार रहते हैं; प्रेमियों या प्रेमिकाओं की अदला-बदली कभी नहीं होती; 'सच तो यह है कि बुकुमातुला में इज़्ज़तदार तरीके से रहने के अपने नियम होते हैं और इसलिए इसके अन्दर लोग, बाहर की तुलना में, एक-दूसरे के यौन अधिकारों के प्रति अधिक संवेदनशील होते हैं।'

मालिनोव्सकी बुकुमातुला के गुणों का संक्षेप में उल्लेख करते हुए कहते हैं : (1) यहाँ प्रेमी, जब तक सम्बन्ध चलता है, एक-दूसरे के प्रति समर्पित रहते हैं; (2) किसी प्रकार की अभद्र या वासनात्मक हरकत नहीं की जाती; (3) एक-दूसरे से बाँधनेवाली किसी भी कानूनी बन्दिश का अभाव; (4) जोड़े के बीच शारीरिक सम्बन्ध के अलावा किसी अन्य किस्म की दिलचस्पी नहीं होती।'[1]

बुकुमातुला और घोटुल की कुछ बातें समान हैं जैसे कानूनी बन्दिश का अभाव और जोड़े का एक दूसरे (जोड़ीदार) के अलावा किसी तीसरे व्यक्ति से शारीरिक सम्बन्ध न बनाना (जब तक वे स्वयं सम्बन्ध में बँधे हुए हैं)। पर एक विशाल घोटुल भवन, जो कई धर्मों और सामाजिक रुचियों का केन्द्र होता है, तथा सावधानीपूर्वक व्यवस्थित और अनुशासित होता है, मेलानेशियन संस्था से मूलतः भिन्न होता है।

1. बी. मालिनोव्सकी, *द सेक्सुअल लाइफ ऑफ सैवेजिज़* (लन्दन, 1932), पृ. 59।

पोलिनीशिया और माइक्रोनीशिया

पूरे पोलिनीशिया और माइक्रोनीशिया में पुरुषों के घर दूर-दूर स्थित होते हैं। कुछ लड़के स्त्रियों से अलग रखने का कार्य करते हैं तो कुछ–उदाहरण के तौर पर बदनाम अरेओई–गुप्त संस्थाओं में विकसित हो चुके हैं जहाँ कभी-कभी लड़के व लड़कियों को साथ रहने की अनुमति होती है। हट्टन वैबस्टर धर्म-प्रचारकों की टिप्पणियों का उल्लेख करते हुए उरीतोई लोगों की घोर निन्दा करते हैं। उरीतोई मैरीऐन टापुओं पर रहते हैं। इस जाति के पुरुष लड़कियों के साथ रहने के इच्छुक अवश्य होते हैं पर विवाह नहीं करना चाहते। उनकी गुप्त भाषा होती है जिसमें वो प्रेम गीत गाते हैं और वे ऐसी संस्थाओं में, जहाँ उनके माता-पिता उन्हें भेजते हैं–लड़कियों के साथ रहते हैं।[1] यह ट्रोब्रोएंड बुकुमातुला और मारक्वीसास में अविवाहितों के भवन जैसी ही व्यवस्था है जिसका हरमन मैलेविल ने 1847 में अध्ययन किया था। पील कहते हैं, 'विवाह का अभाव (सिर्फ कुछ अपवाद रिश्तेदारियों में मिलेंगे), सम्पूर्ण यौन स्वच्छन्दता, शर्म का बिलकुल न होना, टीका विकास (जो स्त्रियों के लिए निषिद्ध बैरकें होती हैं) उतने ही अपूर्व हैं जितने जनसाधारण की प्रसन्नता और वस्तुओं की बहुतायत, बीमारी और अपराधों का अभाव।'[2]

पीलिउ टापुओं में युवा लड़के काल्डेबेकेल नाम के क्लब बनाते थे और बाई नामक संस्था भी। कोई भी युवा अपने माता-पिता के घर मात्र मेहमान ही होता था; उसका वास्तविक घर होता था बाई, और उसका अपने माता-पिता के यहाँ रात बिताना सर्वथा अनुचित समझा जाता था। हर बाई में एक या दो आरमैनगौल–अविवाहित लड़कियाँ–होती थीं जो लड़कों की अस्थायी सम्पत्ति समझी जाती थीं।[3] एक पुराने विद्वान, कैप्टिन सी. ब्रिज कहते हैं कि 'पास के कुछ गाँवों से औरतें बहुत बार' इन संस्थाओं में आती थीं।

'किसी भी स्त्री का अपने ही गाँव की किसी ऐसी संस्था में जाना अनुचित समझा जाता है। अगर वह ऐसा करती है तो बिरादरी से बाहर कर दी जाती है; हाँ एक या दो मील दूर अगर वह ऐसी संस्था के भीतर जाती है तो उसके सामाजिक सम्मान को कोई ठेस नहीं लगती।'[4] कैरोलाइन्स में तीन या चार अविवाहित लड़कियाँ, जिन्हें मेसपिल कहा जाता है, क्लब-घरों में रखी जाती हैं 'जिनका कार्य उस वंश के पुरुषों का मन बहलाना होता है जिनका भवन होता है।' हर व्यक्ति बारी-बारी उनके साथ आनन्द उठा सकता है। यह 'एक परीक्षा होती है जिससे वे मातृत्व के बोझ के लायक बन सकें।' बाद में मेसपिल विवाह कर सकती है और इसमें कोई हर्ज़ नहीं समझा जाता। कभी-कभी अन्य गाँववाले मेसपिल को उठाकर ले जाते थे पर यह हरकत बहुत अशिष्ट समझी जाती थी।[5] यह व्यवस्था न्यू हैब्रिडीज़ के इमियम जैसी लगती है परन्तु यह हो सकता है कि हमारे विद्वान स्थिति को भली प्रकार समझ

---

1. हट्टन वैबस्टर, उपर्युक्त देखें, पृ. 169।
2. पील, जे.ए.एस.बी., खंड LXI, पृ. 261, एच. मेलविल का उल्लेख करते हुए, *नैरेटिव ऑफ ए फोर मंथस रेज़िडेंस इन द टाइपी वैली ऑफ नुकुहिवा, वन ऑफ द मारक्वीसास*, 1847 में।
3. पीलिउ टापुओं पर हमारे विद्वान हैं कुबारी। हट्टन वैबस्टन इनके लिखे गए अंश अपनी पुस्तक में बहुत बार प्रस्तुत करते हैं।
4. आर.जी.एस., सितम्बर, 1886, पृ. 549।
5. देखें एफ.डब्ल्यू. क्रिसचियन, *द कैरोलाइन आइलैंड्स* (लन्दन, 1899), पृ. 288 और आगे एवं *द ज्योगराफिकल जनरल*, खंड XIII (1899), पृ. 129।

न पाए हों। अतः यह एक ऐसा विषय है जिसमें और शोध की आवश्यकता है।

पील मानते थे कि 'अविवाहितों की बैरकें' पोलिनीशिया से न्यूज़ीलैंड तक फैली हुई थीं। वे एक रिपोर्ट का उद्धरण देते हुए कहते हैं कि वहाँ यह व्हारी माटोरो कहलाते थे, 'युवा लड़कों के सोने के स्थान और आमतौर पर युवा स्त्रियों के भी। व्हारी का अर्थ होता है 'घर' और मोटोरो होता है स्त्रियों द्वारा दिया गया प्रेम संकेत। व्हारी में गाँव के अतिथि भी आकर ठहरते थे। युवा और अविवाहित लोगों में यौन सम्बन्धों पर कोई रोक प्राचीन समय में नहीं हुआ करती थी।'[1]

सुदूर पूर्व

मलाया के जाकुन, मुरिया के समान ही अपने बच्चों को 'आदिकाल का नज़ारा' नहीं देखना देना चाहते। 'जैसे ही वयस्कता के चिह्न बच्चों में प्रकट होने लगते हैं, जाकुन उनके सोने की व्यवस्था अलग-अलग कर देते हैं। पृथ्वी पर लड़के झोपड़ी के अन्य भाग में सोते हैं और अगर जल में हों तो नौका के अग्र भाग में।'[2] इसी तरह की बात लो, जो लाबुआन में कोलोनियल सेक्रेटरी थे, सारावाक के पर्वतीय डायकों के विषय में करते हैं : 'ये लोग अपने बच्चों में नैतिकता को प्रोत्साहन देने में इतने सजग होते हैं कि युवा और अविवाहित व्यक्ति अपने माता-पिता के घर भी नहीं सो सकते। वयस्क होने के बाद वे ऐसे लोगों के लिए निर्मित एक विशेष आकृतिवाले घर में रहते हैं जिसे गाँव में उनके लिए ही रख छोड़ा है।'[3] यह व्यवस्था 'नैतिकता' को बढ़ावा देती है, यह खुलासा नहीं किया गया है।

सुमात्रा के बाट्टक की सोपो नाम की संख्या होती है जहाँ स्त्रियाँ भी आ सकती हैं। वे यहाँ बैठकर कपड़ा बुनती हैं। 'सेलेब्स के मध्य भाग में पुरुषों के घर को कहते हैं लोहो ! फ्लोरेस में इसका नाम होता है रोमालुली, कई टापुओं में रोमाह कोमपानी और टिमोर में उमालुलिक। फोरमोसा के हर गाँव में एक अथवा अधिक पलंगकनूस होते हैं जहाँ इतनी जगह होती है कि सारे अविवाहित लड़के सो सकें।'[4]

अन्नाम के मोई और सियाम के रवा लोगों में भी पुरुषों का घर पाया जाता है। बाउडेसन कहते हैं कि इसका उद्देश्य युवा मर्दों और युवतियों में यौन सम्बन्धों को पनपने से रोकना होता है पर क्योंकि वो यह भी जोड़ते हैं कि 'मोई लड़कियों में पवित्रता की परवाह नहीं करते' इसलिए यह उद्देश्य सफल होना नज़र नहीं आता।[5]

फिलीपीन्स

इस विषय पर अध्ययन में कठिनाइयाँ हैं और हमारे रिकार्डों में परस्पर विरोधी तथ्य कहीं भी इतने स्पष्ट नहीं जितने बहुत-से भिन्न कथनों में जो लड़कियों के घर–ओलाग–के बारे

---

1. पील, उपर्युक्त देखें, पृ. 258।
2. डब्ल्यू.डब्ल्यू. स्कीट और सी.ओ. ब्लेगडैन, *पेगन रेसिज़ ऑफ दा मलय पेनेनसुला* (लन्दन, 1906), खंड I, पृ. 86।
3. एच. लो, *सारावाक* (लन्दन, 1948), पृ. 247। पृ. 281 भी देखें।
4. हट्टन वैबस्टर, उपर्युक्त देखें पृ. 8 जहाँ सारे उल्लेख दिए गए हैं।
5. एच. बाउडेसन, *इंडो-चाइना एंड इट्स प्रिमिटिव पीपल* (अनुवाद, लन्दन, 1919), पृ. 45।

में कहे गए हैं। ओलाग लूज़ौन के इगोरोट द्वारा फिलीपीन्स टापुओं के समूह में बनाए जाते हैं। हट्टन वैबस्टर[1] इगोरौट पाहाफुनन को पुरुषों का क्लब-घर मानते हैं–'यह दिन में पुरुषों का क्लब और रात्रि में उनके सोने का स्थान है'–पर वो लड़कों के ओलाग की लड़कियों से सम्बन्धों के विषय में कुछ भी नहीं कहते हालाँकि इस बारे में उन्हें जानकारी अवश्य रही होगी क्योंकि वो जेंक्स के जाति सर्वेक्षण का ज़िक्र करते हैं।[2] वेस्टरमार्क[3] चासियो के उद्धरण देते हैं (जो, ब्रिफौल्ट अपनी तेज़ाबी में कहते हैं, 'मनीला में लगभग एक सप्ताह रहे'[4]) और मेयर तथा ब्लूमैनट्रिट के भी, यह सिद्ध करने के लिए कि फिलीपीन्स के कुछ स्वतन्त्र कबीले, जिनमें लुज़ौन के इगोरौट भी थे, 'पवित्रता को बड़ा सम्मान देते थे, औरतों में ही नहीं वरन् लड़कियों में भी, और इसकी रक्षा सख्त कानूनों द्वारा की जाती थी।'[5] ब्रिफौल्ट का कहना है कि मेयर और ब्लूमैनट्रिट, दोनों ने अपना विचार लिल्लो दी गारसिया द्वारा लिखित लघु पुस्तिका के इस अंश से कायम किया था :

> जैसे ही लड़के और लड़कियाँ वयस्क होते हैं उन्हें बिलकुल अलग-थलग कर दिया जाता है। हर गाँव में दो विशाल मकान होते हैं; कुँआरी कन्याएँ अपनी रातें एक में बिताती हैं और लड़के दूसरे में। लड़कों के साथ एक बूढ़ा और लड़कियों के साथ एक बूढ़ी यह देखने के लिए सोते हैं कि रात को कोई उठकर मकान के बाहर न जाए।

ब्रिफौल्ट डी गारसिया का उद्धरण देते हुए आगे कहते हैं कि इगोरौट लड़कियों पर इतनी कठोर पाबन्दी लगाई जाती है कि वे अपनी वासना पर संयम न रख पाने की स्थिति में जंगल में जाकर बन्दरों से सम्बन्ध रखती हैं।[6]

वेस्टरमार्क ओलाग का ज़िक्र ही नहीं करते जबकि यह समझना मुश्किल है कि ऐसा न करके उन्होंने विवाह से पहले के यौन सम्बन्धों का ज़िक्र किया तो कैसे। जब हम जेंक्स की काबिले तारीफ पुस्तक की ओर मुड़ते हैं–जो हट्टन वैबस्टर और वेस्टरमार्क से पहले लिखी गई थी–वास्तव में स्थिति तब जाकर स्पष्ट होती है।

जेंक्स कहते हैं कि ब्लूमैनट्रिट ओलाग का सही उद्देश्य समझ ही नहीं पाए। यह उद्देश्य 'पवित्रता थोपने से बहुत अलग है। बूढ़ी औरतें कभी ओलाग जाती ही नहीं।'[7] लड़कियों को उनके निवास स्थान पर युवावस्था की ओर कदम रखते ही भेज दिया जाता है और हालाँकि लड़कों को रहने के लिए अलग भवन दिया जाता है, पर वे लड़कियों के पास जाने के लिए स्वतन्त्र होते हैं।' लड़कियाँ स्वयं भी लड़कों को रिझाती हैं। कभी वे उनका पाइप चोरी करती हैं तो कभी टोपी और कभी जूते। जिस युवक की वस्तु चोरी हुई है उसे वह वस्तु लेने रात को आना पड़ता है। 'विवाह' जेंक्स कहते हैं, 'यौन सम्बन्धों से पहले नहीं होता और गर्भधारण से पूर्व कभी-कभी ही होता है।' लड़का एक से अधिक कन्याओं से एक ही समय सम्बन्ध रख सकता है पर 'लड़की हमेशा अपने अस्थायी प्रेमी के लिए वफादार होती है।'

---

1. हट्टन वैबस्टर, उपर्युक्त देखें, पृष्ठ 9।
2. ए.ई. जेंक्स, *द बौनटौक इगोरौट* (मनीला, 1905)।
3. ई. वेस्टरमार्क, *द हिस्ट्री ऑफ ह्यूमन मैरिज* (लन्दन, 1925), खंड I, पृ. 146।
4. आर. ब्रिफौल्ट, उपर्युक्त देखें, खंड II, पृ. 49।
5. वेस्टरमार्क, उपर्युक्त देखें, पृ. 146।
6. ब्रिफौल्ट, उपर्युक्त देखें, खंड II, पृ. 50।
7. जेंक्स, उपर्युक्त देखें, पृ. 66 और आगे।

ब्रिफौल्ट दावा करते हैं कि लड़की की अपने प्रेमी के लिए वफादारी को जेंक्स सन्देह की दृष्टि से देखते हैं और इसे ओलाग के चलन के अनुरूप नहीं मानते। वेस्टरमार्क जेंक्स के कार्य से अनभिज्ञ नहीं है[1] पर यह नहीं खुलासा करते कि इगोरौट लड़कियों की पवित्रता का इतना ज़बरदस्त ढिंढ़ोरा कैसे पीटते हैं जबकि जेंक्स ने ओलाग के बारे में साफ लिखा है कि 'यहाँ नैतिकता जैसी कोई वस्तु नहीं होती, जैसा कि इस शब्द को हम समझते हैं, युवा लोगों में वयस्क होने के पश्चात्।'

आखिरकार छत्तीस साल बाद[2] आर.एफ. बारटन जेंक्स के मत का अनुमोदन करते हैं पर वे इरोगौट में बहु यौन-सम्बन्धों को कुछ कठोर दृष्टि से देखते हैं।

> इस पूरे पर्वतीय इलाके में एक प्रथा है जिसे 'परख विवाह' कहा जा सकता है। अविवाहित तीन या चार साल की उम्र से, लड़के और लड़कियों के लिए बने अलग भवनों में सोते हैं। बड़े लड़के रात को अपनी प्रेमिकाओं के पास आते हैं। ये रात को मशालें लेकर आया करते थे। पर अब इतने पेड़ रह नहीं गए, सो हर लड़के के पास एक टार्च रहती है और लड़की के पास भी। टार्च ने इगोरौट की परम्परा को खत्म करने से बचा लिया।

पहिया अब पूरा घूम चुका है। जिसे हट्टन वैबस्टर कबीले के लोगों को अलग करने की संस्था और पुरुषों के जीवन का सामाजिक केन्द्र मानते थे, वही अब यौन सम्बन्धों से गहरा ताल्लुक रखता हुआ दिखाया जा रहा है।

परन्तु निम्नलिखित वर्णन–बौनटौक इगोरौट के सोने के स्थानों का–जेंक्स पर आधारित है और यह प्रमाणित तथ्यों को सारांश में प्रस्तुत करता है। लड़के पाहाफुनान, जिसे फावी भी कहते हैं, में सोते हैं। यहाँ स्त्रियों का प्रवेश वर्जित है और दिन में यह पुरुषों के क्लब का कार्य करता है। कबीलों की संस्थाओं का प्रतीक, यह 'पुरुषों का भवन होता है जहाँ स्त्रियाँ नहीं घुस सकतीं। इसके कई कार्य होते हैं : यह मर्दों का–अविवाहित मर्दों का–निवास स्थान होता है, साथ ही होता है सभागार, सन्तरियों की चौकी, पुरुषों का मेहमान घर, रस्मों की अदायगी का स्थल और युद्ध और शिकार में सफलता की यादगार वस्तुएँ रखने का स्थान–एक केन्द्र मकान।'[3]

लड़कियों के लिए ओलाग होता है, आमतौर पर एक छोटा-सा पत्थर और मिट्टी की दीवारों का घर, जिसमें एक वयस्क आदमी मुश्किल से खड़ा हो पाता है। इसका दरवाज़ा भी बहुत छोटा होता है और इसका उपयोग रात ही में होता है। ज़मीन पर लकड़ी के तख़्ते होते हैं जो लड़कियों के सोने के काम में आते हैं : ये आपस में बहुत पास बिछे होते हैं तथा ज़मीन से एक फुट ऊँचे लकड़ी के फ्रेम में लगे हुए होते हैं। हालाँकि लड़कियाँ फावी में नहीं जा सकती पर लड़के ओलाग अवश्य आ सकते हैं और वहाँ उनकी प्रेमिकाएँ उनका स्वागत करती हैं। वास्तव में 'ओलाग शादी की उम्र के युवा लोगों का मिलन स्थान है।'[4] कोई विवाहित पुरुष आमतौर पर यहाँ नहीं आता पर अगर उसकी प्रेमिका यहाँ बिना नए प्रेमी के हो तो वह आ जाता है। पर 'जिस व्यक्ति की पत्नी गर्भवती है ओलाग कभी-कभी

---

1. वेस्टरमार्क, *थ्री ऐसेज़ ऑन सेक्स एंड मैरिज*, पृ. 239।
2. आर.एफ. बारटन, 'द इगोरौट्स टुडे' एशिया में, जून 1941।
3. जेंक्स, उपर्युक्त, देखें, पृ. 52।
4. वही, पृ. 66।

ही जाता है क्योंकि वह डरता है कि अगर उसने ऐसा किया तो उसका बच्चा समय से पहले पैदा होकर मर जाएगा।[1]

जेंक्स आलोग को 'परख विवाह की संस्था'[2] बताते हैं और कहते हैं कि जब कोई कन्या गर्भवती हो जाती है तो वह 'फौरन खुशी-खुशी जाकर बच्चे के पिता को यह खबर सुनाती है क्योंकि सब स्त्रियाँ बच्चे चाहती हैं।' अगर वह उससे विवाह करने से इनकार भी कर देता है उसे दूसरा पति मिलने में कोई कठिनाई नहीं होती क्योंकि 'उसका पहला बच्चा इस बात का सबूत होता है कि वह बाँझ नहीं है।'[3] बस्तर में भी मुझे ऐसी ही विचारधारा मिली। बस्तर की तरह ही इगोरौट वयस्कता की रस्में नहीं मनाते। जेंक्स कहते हैं कि ऐसा इसलिए है क्योंकि ओलाग 'एक ऐसी संस्था है जो वयस्कता की महत्ता को जताती है।'

इफुगाओ अगामंग और बस्तर की परम्परा में भी ऐसी ही समानताएँ हैं। 'जिस समय से बच्चा शारीरिक रूप से स्वतन्त्र हो जाता है (चार से सात साल तक) वह अविवाहितों के भवन में सोता है। यह एक खाली मकान हो सकता है या किसी विधवा, विधुर अथवा अविवाहित व्यक्ति का मकान भी। लड़कों के अगामंग में सिर्फ लड़के ही होते हैं जबकि लड़कियों का अगामंग मिश्रित होता है जिसमें छोटी लड़कियाँ, बड़ी लड़कियाँ और उनके प्रेमी, बूढ़ी औरतें, विधवाएँ, तलाकशुदा स्त्रियाँ और उनके प्रेमी होते हैं।[4] वयस्क होने के बाद जल्दी ही लड़के मिश्रित अगामंग में जाने लगते हैं। आर.एफ. बार्टन द्वारा लड़कों के 'लापरवाह और बहुत से' यौन सम्बन्धों पर, अपने द्वारा एकत्रित जीवनियों में, काफी प्रकाश डाला गया है। 'अगर किसी सम्बन्ध से गर्भ ठहर जाता है तो विवाह फौरन कर दिया जाता है। इफुगाओ यह बर्दाश्त नहीं कर सकते कि कोई भी व्यक्ति अपने द्वारा गर्भवती की गई स्त्री से विवाह न करे। हाँ, अगर पितृत्व के बारे में कोई संशय हो, तब यह सम्भव हो सकता है।' परन्तु बस्तर की भाँति ही, विवाह माता-पिता निर्धारित करते हैं।

अगामंग सम्बन्धों की बहुतायत से प्रभावित होकर बार्टन कहते हैं कि 'इफुगाओ लड़के प्रेम करना नहीं जानते' और वो इस विषय पर चर्चा भी करते हैं कि प्रेम, 'जैसे हम प्रेम का अर्थ समझते हैं,' एक विवाह प्रथा से अलग जीवित रह सकता है या नहीं। परन्तु मुरिया के घोटुल अनुभवों को देखते हुए यह कहा जा सकता है कि यौन सम्बन्धों में स्वतन्त्रता और प्रेम साथ-साथ रह सकते हैं। बार्टन कहते हैं कि इफुगाओ लड़कों के सोने के स्थान पर 'हस्तमैथुन और यौन विकृतियाँ नहीं पाई जातीं—कम-से-कम यौन विकृतियों के विषय में तो मैं अवश्य ही ऐसा कह सकता हूँ। इनकी भाषा में होने के लिए कोई शब्द नहीं होता।'

अमेरिका

दक्षिणी अमेरिका के बहुत-से भागों के देहात में, पुरुषों के सोने के स्थान पाए जाते हैं।

1. जेंक्स, उपर्युक्त देखें, पृ. 67।
2. वही, पृ. 33।
3. वही, पृ. 66।
4. आर.एफ. बार्टन, *फिलीपीन्स पेगन्स* (लन्दन, 1938), पृ. 9 और आगे इस पूरी किताब में इस संस्था पर टिप्पणियाँ भरी हुई हैं।

ब्राजील के बोरोरो का पुरुषों का घर बहुत सुव्यवस्थित होता है और इसे बाहितो[1] कहते हैं। बच्चा जब माँ का दूध पीना बन्द करता है, जो पाँचवें या सातवें वर्ष में जाकर होता है, तब वह बाहितो में प्रवेश कर जाता है और तत्पश्चात् वह कभी-कभार ही अपने माता-पिता के पास आता है। पुरुषों का भवन स्कूल का कार्य भी करता है जहाँ बच्चों को कातना, बुनना, हथियार बनाना और गाना सिखाया जाता है। हर शाम सरदार बाहितो में आकर लड़कों को अगले दिन के लिए निर्देश देता है और साथ ही अपने शिकार तथा खतरनाक यात्राओं के संस्मरण सुनाकर उन्हें प्रेरित भी करता है। यह स्पष्ट नहीं है कि लड़कियों का बाहितो से आमतौर पर क्या सम्बन्ध होता है। परन्तु ऐसे प्रमाण मिले हैं कि वर्ष में एक बार एक भोज का आयोजन होता है जिसमें युवा लड़के कुँआरी लड़कियों का अपहरण करके उन्हें बाहितो में बन्द कर लेते हैं। पर ऐसा उन्हीं लड़कियों के साथ होता है जो अनाथ होती हैं और इसलिए यह प्रथा सीमित ही होती है। अगर कोई बोरीरी अपनी पत्नी पर बेवफाई का शक करता है तो वह उसे बाहितो के लड़कों को दे देता है। पर फ्रिक कहते हैं कि किसी भी गाँव में उन्होंने ऐसी दो से अधिक औरतें नहीं देखीं।

हट्टन वैबस्टर का कहना है कि मेक्सिको और मध्य अमेरिका में पुरुषों के भवन प्राचीन परिस्थितियों में रह रहे कबीलों में मिलते हैं पर उनके द्वारा दिए गए बहुत-से उदाहरण गुप्त संस्थाओं और गाँवों के क्लबों के हैं न कि युवा लोगों के वास्तविक भवनों के। हाँ, गुआतेमाला का कालपूल सम्भवतः लड़कों का भवन था। हट्टन वैबस्टर हरेरा का उद्धरण देते हुए उसका वर्णन एक कॉलेज के रूप में करते हैं जहाँ 'चार सौ युवक जिनका चयन प्रधानमन्त्री ने किया था, रहते थे।' ये लड़के युद्ध में पारंगत हुआ करते थे। हरेरा स्त्रियों से इन लड़कों के सम्बन्धों का दिलचस्प वर्णन करते हैं।

इस लड़कों को बाज़ार में खड़े होने का अधिकार था। अगर कोई स्त्री अपनी बारह वर्ष से ऊपर कुँआरी पुत्री के साथ आती थी तो इनमें से एक लड़का उससे आकर कहता कि उसने उस लड़की का विवाह क्यों नहीं किया ? वह कोई भी उत्तर देती तो लड़का कहता कि अब इसको समय नहीं गँवाना है। अब इसका प्रजनन का समय आ गया है। इसे अविवाहित लड़कों के घर ले जाओ। और वह समय नियत कर देता...तब उसकी माँ उसे अविवाहितों के भवन ले आती और वह लड़का उसे एक रात अपने पास रखकर उसका कौमार्य भंग कर देता। अगर उसे कन्या पसन्द आती तो कॉलेज छोड़कर वह उसके साथ विवाह करके गृहस्थी बसा लेता। अगर वह उसे पसन्द नहीं आती तो वह उसे उसकी माता को लौटाकर कहता कि वह उसका विवाह करवाकर, उसकी सन्तान उत्पत्ति का उपाय करे।[2]

अफ्रीका

अफ्रीका में पुरुषों के घर कई कबीलों में पाए जाते हैं। ये आंशिक तौर पर सुरक्षा के कारणों से व आंशिक तौर पर इसलिए प्रचलित हुए हैं कि छोटे घरों में बच्चों के उपस्थिति के कारण

1. वी. फ्रिक और पौल रैडिन, 'कनट्रिब्यूशन्स टू द स्ट्डी ऑफ बोरोरो इंडियनूस', जे.ए.आई., खंड XXXVI (1906), पृ. 388।
2. ए.डी. हरेरा, *जनरल हिस्ट्री ऑफ अमेरिका, कौमनली कौल्ड द वेस्ट इंडीज*, अनुवाद, स्टीवनूस द्वारा (लन्दन, 1740), खंड IV, पृ. 127। हट्टन वैबस्टर द्वारा उद्धरण, उपर्युक्त देखें, पृ. 16।

चित्र-36. बामुम में पुरुषों का घर

माता-पिता को संकोच न हो। इन भवनों में योद्धाओं को शिक्षा भी दी जाती है। बासुतो लड़के एक अलग भवन में रहते हैं और अपने सामाजिक कार्यों में रत रहते हैं। पूर्वी अफ्रीका के हिहि-बेना-सांगु लोगों के विगेंडो सरदार के अंगरक्षक होते हैं और इन्हें 'स्कूल का छात्र' समझा जाता है जो युद्ध, यौन सम्बन्ध और सामाजिक व्यवहार में शिक्षा ग्रहण करते हैं।[1] उनयामवेशी लड़के अपने इवानज़ा में खाते और सोते हैं। इसके सामने खुली जगह में वे नृत्य करते हैं। पुरुषों का भवन कोंगो के पूर्वी मानयेमा तथा मोगवांडी, पूर्वी अफ्रीका के वापोकोमो, कैमरुन के या उनदे और अन्य कबीलों और पश्चिमी सूडान के मानडिंगो मेंपाया जाता है।[2] बारी बच्चे छुटपन में अपने माँ-बाप के पास, कुछ बड़े होने पर बकरियों के बाड़े में और वयस्क होने पर एक झोपड़ी बनाकर इकट्ठे रहा करते हैं।[3]

वावेंडा का टोंडो जवान लड़कों का स्कूल होता है। यह लम्बा किलेनुमा भवन कबीले के सरदार के क्राल के निकट स्थित होता है। यह सुरक्षा चौकी का कार्य करता है तथा यहाँ लड़के 'मर्द' बनाए जाते हैं व सरदार के अंगरक्षकों का कार्य करते हैं। यहाँ कोई अनजान व्यक्ति नहीं घुस सकता। अन्दर एक छोटे-से कमरे में कुछ खास समान रखा होता है जिसे लड़कों को दिखा दिया जाता है पर साथ ही इसके बारे में किसी से चर्चा न करने की कसम भी खिलाई जाती है। लड़कों को यहाँ तहज़ीब, धैर्य और वीरता की शिक्षा दी जाती है। लड़कियों की शिक्षा अलग से होती है। अपनी-अपनी पढ़ाई पूरी करने के बाद युवक व युवतियाँ इकट्ठे डौम्बा नाम के स्कूल जाते हैं जहाँ उन्हें विवाह तथा प्रजनन के विषय में

1. डब्ल्यू.बी. ममफोर्ड, 'द हेहे-बेना-सांगु पीपल्स ऑफ ईस्ट अफ्रीका', *अमेरिकन एन्थ्रोपोलोजिस्ट*, खंड XXXVI (नई शृंखला), पृ. 212।
2. हट्टन वैबस्टर, उपर्युक्त देखें, पृ. 12 और आगे।
3. सी.जी. एंड बी. ज़ैड. सेलिगमन, 'द बारी', जे.आर.ए.आई., खंड LVIII (1928), पृ. 415।

जानकारी दी जाती है। यहाँ प्रतीकात्मक नाटक होते हैं और शिक्षण के आखिरी रोज़ सारी रात सर्प नृत्य होता है। सुबह कम्बल के अन्दर एक जोड़ा रस्मी सम्भोग करता है।[1]

जब लुगवारी लड़के व लड़कियाँ आठ साल के हो जाते हैं तब उन्हें अडरोज़ो नाम की झोपड़ियों में, अपने अभिभावकों से अलग, सोने भेजा जाता है। जब बहुत-से परिवार पास-पास रह रहे होते हैं तब अडरोजों इनके मकानों के बीच में बनाया जाता है। लड़के व लड़कियाँ यहाँ इकट्ठे सोया करते हैं।[2] केन्या के किपसिकी (अन्य नाम लुंबवा) कबीले के लड़के वयस्क होने पर, अगर उनके पिता जीवित हों सिगोरोइनेट में सोने जाते हैं। 'हर लड़के की यहाँ एक प्रेमिका होती है जिसके साथ वह समय-समय पर सोता है; अगर वह कुँआरी हो तो वह उसके साथ सोते समय कई सालों तक उसका कौमार्य भंग नहीं करता। एक झोपड़ी में कई युवक व युवतियाँ सोते हैं परन्तु किसी तरह की अभद्रता नहीं होती।'[3]

इमिन पाशा कहते हैं कि मादी और उनके पड़ोसी शुली में 'एक अजीब परम्परा' होती है। ज़मीन से ऊँचे उठे गाँव के घरों के बीच बिखरे होते हैं। ये अन्न के भंडार जैसे लगते हैं पर इनके अग्र भाग में अड़ाकार दरवाज़ा होता है तथा ये चिकनी मिट्टी द्वारा, बाहर से, लीपे गए होते हैं। जैसे ही किसी भी कन्या में वयस्कता के लक्षण नज़र आने लगते हैं, उसे तुरन्त इन झोपड़ियों में से किसी एक में सोने भेज दिया जाता है। यहाँ युवक आ सकते हैं और लड़कियों के साथ सम्भोग भी करते हैं। अगर कोई कन्या गर्भवती हो जाए तो उसका साथी उससे विवाह करने के लिए बाध्य हो जाता है तथा वह उसके पिता को परम्परानुसार दहेज भी देता है।[4]

बौनडेई के बवेनी ऐसा भवन बनाते हैं जहाँ वे लड़के व लड़कियाँ 'जो अपने पिता के घर, स्पष्ट कारणों से, रहने के लिए बहुत बड़े हों,' सोते तथा रहते हैं। फर्नीचर के नाम पर बस पलंग ही होते हैं। बच्चों को घर का काम नहीं करना पड़ता। माताएँ आग जलाने के लिए लकड़ियाँ दे जाया करती हैं। धर्म-प्रचारक डेल लिखते हैं, 'जहाँ तक मेरी जानकारी है, लड़के व लड़कियाँ एक-दूसरे के कमरों में कभी नहीं जाते। दिन में जा सकते हैं पर सिर्फ गपशप के लिए और वह भी एक-दो नहीं, बल्कि आधा दर्जन। अगर रात को कोई लड़का ऐसी कोशिश करता है तो उसे मवाऊगुईजी की उपाधि दी जाती है। इसका अर्थ है जो रात के समय किवाड़ खोले जब अन्य सब लोग सो रहे हों।'[5]

परन्तु नन्दी ऐसे भवनों में यौन सम्बन्धों की अनुमति दे दिया करते हैं। अविवाहित योद्धा–अधिक-से-अधिक दस–एक अलग झोपड़ी में सोते हैं। 'अविवाहित कन्याएँ इन भवनों में रह रहे योद्धाओं के पास जा सकती हैं। वे उनके साथ कुछ दिनों तक रहती हैं।

1. ई. गौशलिंग, 'द बावेंडा', जे.ए.आई., खंड XXXV (1905), पृ. 372। और देखें, एच.ए. स्टेयट, द बावेंडा (ऑक्सफोर्ड, 1931)
2. आर.ई. मककौनल, 'नोट्स औन द लुगवारी ट्राईब ऑफ सेन्ट्रल अफ्रीका', जे.आर.ए.आई., खंड LIII (1924), पृ. 68।
3. जे. बारटन, 'नोट्स औन द किसिकीज़', जे.आर.ए.आई., खंड LIII (1924), पृ. 68
4. *इमित पाशा इन सेन्ट्रल अफ्रीका* (लन्दन, 1888), पृ. 103। जे. जी. फ्रेज़र द्वारा *द नेटिव रेसिज़ अफ्रीका एंड मैडागास्कर* में उद्धृत (लन्दन, 1938), पृ. 323।
5. जी. डेल, 'एन अकाउंट ऑफ द नेटिव्स इनहैबिटिंग द बौनडेई कंट्री', जे.ए.एस., खंड XXV (1896), पृ. 196 और आगे।

यह समय स्वतन्त्र और मुक्त प्रेम का समय होता है।' शादीशुदा स्त्रियों को यहाँ प्रवेश करने की मनाही होती है। जब योद्धा झोपड़ियों में नहीं होते तब लड़कियाँ की देख-रेख करती हैं।[1]

पर शायद अफ्रीका का सबसे दिलचस्प संस्थान, जिसके विषय में खुशकिस्मती से हमारे पास पूरी और विस्तृत जानकारी भी है, मसाई का मानयात्ता होता है।[2] योद्धाओं की श्रेणी में काम करनेवाले लोगों को उम्र के हिसाब से अलग-अलग गाँवों में रखा जाता है। ये खास गाँव शादीशुदा व्यक्तियों के गाँवों से अलग होते हैं। अविवाहित पुरुषों के गाँवों को मानयात्ता कहते हैं। मानयात्ता में कई झोपड़ियाँ होती हैं। हर झोपड़ी में योद्धा की माँ या कोई विवाहित स्त्री सम्बन्धी रहती है। ये बड़ी उम्र की औरतें, बच्चों और विशेषकर योद्धा की बहनों और सौतेली बहनों के साथ, यहाँ रहती हैं। इनका कार्य युवा लड़कों की देखभाल करना होता है। लड़कियाँ यहाँ योद्धाओं की दोस्त या प्रेमिकाओं के तौर पर रहती हैं। कोई भी लड़की मानयात्ता में तभी रह सकती है जब उसका भाई वहाँ हो और हर योद्धा से यह आशा की जाती है कि वह मानयात्ता में दो या तीन जवान लड़कियों को लाएगा।

योद्धाओं की झोपड़ियाँ कमरों में बँटी हुई नहीं होतीं। एक छोर पर, बिना किसी परदे के माँ अपने बच्चों के साथ सोती है और दूसरे छोर पर, बिना किसी ओट के, योद्धा अपनी लड़कियों के साथ सोते हैं। योद्धा आम निमन्त्रण देते हैं, पर अपना साथी चुनने का हक लड़की का होता है।

कोई भी योद्धा अपनी माता की झोपड़ी में नहीं सोता। वह किसी अन्य झोपड़ी में सोता है और कन्या को भी वहीं बुला लेता है। एक बड़े पलंग पर कई योद्धा अपनी प्रेमिकाओं के साथ सोते हैं और उनके साथ छोटी उम्र की लड़कियाँ भी हो सकती हैं।

'कोई भी लड़की किसी पुरुष के साथ पूरी तरह निर्वस्त्र होकर ही सो सकती है। परन्तु यह लड़की के अधिकार में होता है कि वह पुरुष को पूरा सम्भोग करने दे अथवा नहीं। सच तो यह है कि आमतौर पर सम्पूर्ण सम्भोग नहीं होता।' इस तरह—यह चाहे कितना ही अजीब लगे—पर वास्तविकता यह है कि मसाई लड़कियाँ कभी-कभार अपने पतियों के पास कुँआरी ही जाती हैं हालाँकि वे मानयात्ता में मर्दों के साथ अनगिनत बार सो चुकी होती हैं।

'रोजमर्रा के प्रेमियों—जिनका वर्णन ऊपर किया जा चुका है—के अलावा बहुत बार लड़की का स्थायी प्रेमी भी होता है जो अस्थायी प्रेमियों की पंक्ति में से चुनकर आता है।' चुनाव की रस्म सबके सामने मनाई जाती है और कुछ उदाहरणों में प्रेमी और प्रेमिका विवाह कर लेते हैं, 'परन्तु यह आम बात नहीं है क्योंकि साधारणतया हर मसाई लड़की का बचपन में ही रिश्ता तय कर दिया जाता है। आमतौर पर लड़कियाँ खुशी-खुशी ऐसे रिश्तों में बँध जाती हैं पर अगर कोई लड़की अपने स्थायी प्रेमी से विवाह करना चाहे तो वह उसके द्वारा गर्भवती हो जाती है। ऐसी स्थिति में उसका विवाह उसके प्रेमी से कर दिया जाता है। मुरिया में भी

1. ए.सी. हौलिस, *द नन्दी* (ऑक्सफोर्ड, 1909), पृ. 16। हट्टन वैबस्टर कहते हैं कि फ्रेंच कोंगों के फैंग की भी ऐसी ही व्यवस्था होती है पर जिनका वो उद्धरण देते हैं—ए.एल. बैनेट, 'ऐथनोग्राफिक नोट्स ऑन द फैंग', जे.ए.आई., खंड XXIV (1899), पृ. 66 और आगे—कहते हैं कि अबेंग ऐसा भवन नहीं होता।
2. एल.एस.बी. लीके, 'सम नोट्स ऑन द मसाई ऑफ केन्या कॉलोनी', जे.आर.ए.आई., खंड LX (1930), पृ. 192 और आगे। मसाई, जे. थॉमसन कहते हैं, 'एक ऐसे तरीके से रहते हैं, जब तक उनका विवाह नहीं हो जाता, जिसका वर्णन नहीं किया जा सकता।' आर.जी.एस., दिसम्बर 1884, पृ. 70। और देखें एस.एल. और एच हिन्दे, *द लैंड ऑफ द मसाई* (लन्दन, 1901), पृ. 72-4 तथा ए.सी. हौलिस, *द मसाई* (ऑक्सफोर्ड, 1905), पृ. 122, 310-11।

ऐसा ही रिवाज़ है। जब कोई चेलिक किसी मुटियारी से अथाह प्रेम करता है तो वह उसे गर्भ धारण कराने का यथासम्भव प्रयास करता है जिससे वह अपने माता-पिता के पसन्द के लड़के की पत्नी न बनकर उसकी अपनी पत्नी बने।

तनाला लोगों में, जो मैडागास्कर का पर्वतीय कबीला है, जब किसी परिवार का सबसे बड़ा बच्चा पन्द्रह या सोलह साल का होता है तब, अगर वह वयस्क न भी हो, उसका पिता अपने मकान के पूर्व की ओर एक अन्य मकान बना देता है। लड़कियाँ यहाँ काम करती हैं और अपने मेहमानों का यहाँ स्वागत करती हैं पर सोती माँ-बाप के पास घर पर ही हैं। लड़के सब इकट्ठे रहते हैं पर खाना घर पर ही खाते हैं। तनाला कहते हैं कि अलग घर इसलिए बनाया जाता है कि उनके बच्चों के मित्रों के आने-जाने से घर की शान्ति में बाधा न पहुँचे। लड़कियाँ शादी से पहले सम्भोग से बचती हैं क्योंकि शादी से पहले अनेक लोगों से यौन सम्बन्धों से बाँझ होने का भय रहता है। पर 'शादी से पहले अगर कोई पुरुष सम्भोग से अनजान हो तो वह नपुंसक समझा जाता है और उसे वधू बहुत मुश्किल से ही मिलती है।'[1]

असम

पुरुषों का घर, असम में, एक सुरक्षा चौकी का कार्य करता है तथा यह सामाजिक और धार्मिक गतिविधियों का केन्द्र भी होता है। यहाँ युवकों को शिक्षित किया जाता है और वंश व्यवस्था की जाती है। सी. वॉन फ्यूरर-हैमेनडॉर्फ कहते हैं कि 'इसमें कोई संशय नहीं कि पुरुषों का भवन एक प्राचीन व्यवस्था है। कोनयाकों के गाँवों में मोरंग की भूमिका दिखाती है कि यह उनके सामाजिक ढाँचे में गहरी जड़ें पकड़े हुए हैं। और क्योंकि कोनयाक प्राचीन नागा संस्कृति के प्रतीक हैं, यह बहुत सम्भव है कि मोरंग नागा पर्वतों [2] की प्राचीनतम परम्परा का हिस्सा रहा हो।' हम भाग्यशाली हैं कि असम के लोगों के बारे में हमारे पास विद्वानों द्वारा एकत्रित की गई बढ़िया जानकारी है। यहाँ पर पुरुषों के भवन के बारे में हमारे पास विस्तृत और प्रामाणिक ज्ञान है जो विश्व में अन्य जगहों की ऐसी जानकारी की अपेक्षा काफी ठोस है।

सबसे पहले के वर्णनों में एक वर्णन है जौन बटलर के स्केच ऑफ असम का, जो लन्दन में 1847 में छपा था। मैं यह नहीं कह सकता कि बटलर के वर्णन में कितनी सत्यता है पर मैं इसका एक अंश यहाँ दे रहा हूँ क्योंकि इसमें एक बहुत अजीब बात सामने आती है।

> नौ या दस साल का होने पर लड़के को मूरंगी कहा जाता है और इस समय से वह अपने माता-पिता के साथ रहना छोड़ देता है। अब वह गाँव के जवानों के साथ, मूरंग में रहता है। यह एक विशाल भवन होता है जो विशेष उद्देश्य से निर्मित होता है। लेकिन माता-पिता इसे खाना देते रहते हैं और उनका पुत्र उनका कहना मानता है और खेती में हाथ बँटाता है।...लड़कियाँ लड़कों की भाँति ही एक

---

1. आर. लिंटोट, *द तनाला*, फील्ड म्यूजियम ऑफ नेचुरल हिस्ट्री, शिकागो, खंड 22, 1993, पृ. 296
2. सी. वॉन फ्यूरर-हैमेनडॉर्फ, 'दा मोरंग सिस्टम ऑफ द कौनयाक नागाज़', जे.आर.ए.आई., खंड LXVIII (1938), पृ. 378।

अलग मूरंग में रहती हैं। कभी-कभी वे ऐसे घर में रहती हैं जहाँ मुर्दा रखा हुआ हो शायद इसलिए क्योंकि ऐसा करने से वातावरण अधिक पवित्र रहता है।[1]

असम में पुरुषों व स्त्रियों के घरों का एक वर्णन पील ने भी किया है जो 1882 के प्रारम्भ में दिहिंग होते हुए दाफा पानी पहुँचे थे। उन्होंने जागौन नामक सिंगफू गाँव में लड़कियों के निवास स्थान के विषय में बताया है। पील दोनों तरह के मोरंग में भेद करते हुए कहते हैं कि–

> देका मोरंग में युवा लड़के रहते हैं जो सन्तरियों का काम करते हैं। इनके घर गाँव की सीमा से लगे होते हैं। छोटे लड़कों का मोरंग अलग होता है। दोनों मोरंग के अपने कायदे-कानून होते हैं। कुछ गाँवों में, जैसे बोर दुरिया नागा के गाँवों में,दस से बारह देका मोरंग, इससे अधिक बच्चों के मोरंग और तीन या चार अविवाहित लड़कियों के मोरंग हो सकते हैं। अगर मोरंग के विषय में कोई अजनबी अचानक अथवा स्पष्ट प्रश्न पूछे तो कबीलेवाले उत्तर टाल जाते हैं या उल्टे-सीधे जवाब देते हैं। पर्वतों में रहनेवाले ये लोग अच्छी तरह से जानते हैं कि हमारे पवित्रता और नैतिकता के विचार इनके विचारों से मेल नहीं खाते। पर कभी-कभी ये साफगोई भी दिखाते हैं। कुछ ही दिन पहले एक बीर दुरिया नागा मुझे अपने गाँव के मोरंग की लिस्ट दे रहा था। मैंने पूछा कि 'क्या जवान लड़के लड़कियों के मोरंग में जाते हैं ?' वह बोला, 'न पाई, न पाई, दिनोत न पाई', यानी दिन में नहीं क्योंकि उन्हें शर्म आएगी पर रात में, खाना खाने के बाद, वे वहाँ जाकर मौज-मस्ती करते हैं। यह उनकी परम्परा है।
>
> इन सब कबीलों की यही परम्परा है और हम यह कहें तो गलत नहीं होगा कि इनमें पवित्रता शादी के बाद शुरू होती है। अविवाहितों में पवित्रता नियम नहीं वरन् अपवाद है।
>
> जैसा कि हम अपने इर्द-गिर्द कबीले के रिवाज़ को देखते हैं, अविवाहितों को अपने माता-पिता के घरों से अलग सोना पड़ता है। कुछ स्थानों में सिर्फ लड़कों को तथा कुछ में लड़कियों को भी। पर दोनों अलग-अलग घरों में सोते हैं जिन्हें असमिया मोरंग कहते हैं। बोरदुरिया, मुटन, बानपारस, जोबोका तथा सांगलोई इन्हें पा (पाह) के नाम से सम्बोधित करते हैं; दिकु नदी से पश्चिम की ओर इन मोरंगो को अरिजु कहा जाता है। उत्तर में तथा ब्रह्मपुत्र के तटीय क्षेत्रों में बसे कबीले तथा सिंगफू, मिरामी और मिरि इनहें भिन्न-भिन्न नामों से बुलाते हैं। इन भवनों के अपने स्थायी कानून होते हैं जिन्हें एकत्र करना वाकई मज़ेदार रहेगा। इससे इनके उद्‌गम के विषय में भी तथ्य सामने आएँगे। अगर हम मोरंग को समाज के विकास का एक पहलू मानें तो यह निस्सन्देह वह पहलू है जो यौन स्वच्छन्दता तथा हमारी विवाह की व्यवस्था के बीच में पड़ता है।
>
> शारीरिक वफादारी शादी से शुरू होती है यह तो स्पष्ट है और इससे यह निष्कर्ष भी निकलता है कि शादी इनमें या तो अपहरण या खरीदारी से शुरू हुई जिससे जोड़े को अलग रहने का अधिकार मिला। एक दिलचस्प बात यह है कि विवाह से पहले की आज़ादी के बावजूद विवाह के उपरान्त स्त्रियाँ आमतौर पर

1. जॉन बटलर, *ए स्कैच ऑफ असम विद सम अकाउंट ऑफ हिल ट्राईब्स* (लन्दन, 1847), पृ. 164।

अपने पति ही की होकर रहती हैं। ये सभ्य समाज की शादीशुदा स्त्रियों के मुकाबले अधिक वफादार होती हैं। इस जागोन गाँव में सिर्फ एक मोरंग था वह भी लड़कियों के लिए और लौटते समय मैंने इसके विषय में बहुत-सी बातें सुनी।[1]

चांग, यिमसुनगर और सांगतम के मोरंग छोटे होते हैं और मुख्यतः शत्रु की खोपड़ियाँ रखने के काम आते हैं।[2] अंगामी गाँवों में भी पुरुषों के घर कुछ खास नहीं होते। लड़के कभी-कभी घरों के सामने बने लकड़ी के मंच पर सोते हैं। अगर उनके लिए कोई स्थान अलग रखा भी जाए तो वह उसका इस्तेमाल रोज नहीं करते। उसका इस्तेमाल उन रस्मों की अदायगी के समय ही होता है जिनमें ऐसे घर की आवश्यकता पड़ती है। 'वह गाँव के लड़कों का क्लब-घर भी होता है।[3] लड़कियों के लिए कोई अलग भवन नहीं होता।[4] सेमा भी मोरंग स्थायी तौर पर नहीं रखते। हाँ, कमी के समय ऐसे छोटे घर बनाए जाते हैं : 'इसके पीछे यह सोच काम करती है कि यह कष्ट कहीं एक प्राचीन रिवाज़ को अनदेखा के कारण तो नहीं है।'[5] परन्तु गाईत कहते हैं कि अविवाहित लड़के सामान्यतः अलग घरों में इकट्ठे सोते हैं। 'कुँआरी लड़कियाँ कुछ घरों के पहले कमरे में तीन अथवा चार की संख्या में सोती हैं। यहाँ ये सूत कातती हैं, रुई साफ करती हैं और घंटों युवकों के साथ हँसी-ठिठोली करती रहती

चित्र-37. पांगटी में ल्होटा नागा मोरंग

1. एस.ई. पील, 'नोट्स ऑफ ए ट्रिप अप द दिहिंग बेसिन टू दाफा पानी, एक्सेट्रा, जनवरी एंड फरवरी, 1882,' जे.ए.एस.बी., खंड LII (1883), पृ. 16-17।
2. फ्यूरर-हैमेनडॉर्फ, उपर्युक्त देखें, पृ. 377। एक छोटा वर्णन व बहुत-से चित्र तथा फोटो–कोनयाक, चाँग, संगतम तथा सेमा मोरंग के–मिलेंगे जे.एच. हट्टन की *डायरीज़ ऑफ टू टूरज़ इन द अनएडमिनिस्टर्ड एरियाज़ ऑफ द नागा हिल्स* (कलकत्ता, 1929) में। और देखें एच. शुर्टज़ की *एलटर्ज़क्लासिन एंड मैनरबुंडे* (बर्लिन, 1902), पृ. 278 और आगे।
3. जे.एच. हट्टन, *द अंगामी नागाज़* (लन्दन, 1921), पृ० 49।
4. वही, पृ. 169।
5. जे.एच. हट्टन, *द सेमा नागाज़* (लन्दन, 1912), पृ. 37।

हैं।'[1] 'दिमासा में पुरुषों का घर गाँव के बीच बने लकड़ी के मंच का रूप ले लेता है और कामरूप के समतल क्षेत्रों में रहनेवाले कचारीज़ में यह नामघर रह जाता है जहाँ हिन्दुओं की धार्मिक रीतियाँ सम्पन्न होती हैं।'[2]

पर नागाओं के अधिकतर कबीलों में मोरंग व्यवस्था बहुत विकसित है और ये विशाल भवनों का निर्माण करते हैं। कालयो और केंगयू नागाओं के मोरंग एक प्रतिष्ठित व्यवस्था की ओर संकेत करते हैं; ये अविवाहित लड़कों के घर होते हैं।[3] ल्होटा नागा पुरुषों के भवनों को चांपो कहते हैं। यहाँ आक्रमण की योजना बनती थी तथा युद्ध में जीता गया सामान व बन्दियों को रखा जाता था। किसी भी स्त्री को यहाँ प्रवेश की अनुमति नहीं थी। ये भवन आओ और कोनयाक के बहुत बड़े भवनों से छोटे होते हैं पर ये भी 15 फीट चौड़े तथा 40 फीट लम्बे होते हैं। 'चांपो अन्दर से आकर्षक नहीं होता। यह बिना रोशनीवाला, गन्दा, गर्म होता है और इसमें मक्खियों की भरमार होती है। फिर भी ल्होटा अपने खुशगवार चांपो दिनों को ठीक वैसे ही याद करता है जैसे एक अंग्रेज़ अपने स्कूल को।' जैसे यदा-कदा मुरिया में प्रचलन है, चांपो की अपनी ज़मीन होती है और यहाँ उगे चावलों को बेचकर त्योहारों के लिए गायें तथा सूअर खरीदे जाते हैं। ये त्योहार पुनर्निर्माण के त्योहार होते हैं तथा नौ साल में एक बार मनाए जाते हैं। जब कोई लड़का विवाह के बाद चांपो को छोड़ता है तो वह अपने साथियों को मांस की दावत हर्जाने के रूप में देता है।[4]

मेमी लोग लड़कों के भवन–इखुइची तथा लड़कियों के भवन–इलोइची बनाते हैं।[5] कुछ उदाहरणों में लड़के तथा लड़कियाँ एक ही घर में सोते हैं। लड़के ऊपर के बिस्तर पर और लड़कियाँ नीचेवाले बिस्तर पर। हट्टन कहते हैं कि 'इनके प्रचार के कारण ये लोग बहुत सलीके का व्यवहार करते हैं।'[6]

मणिपुर की नागा जातियों में आओ और कोनयाक जैसे खास मोरंग बनाने का रिवाज़ नहीं है। पर उस व्यक्ति को बहुत सम्मान की दृष्टि से देखा जाता है जो अपना घर इस कार्य के लिए दान कर दे या युवकों को अपने घर में सोने की जगह दे। यह प्रथा काबुई और माओ कबीलों तथा व्यूआईट व अन्य कुकी वंशों में होती है। पुरुषों को घर बनाने का रिवाज़ प्राचीन समय में काफी लोकप्रिय हुआ करता था।[7] कर्नल मककुलोच का उद्धरण देते हुए डाल्टन काबुई के बारे में कहते हैं कि 'गाँव अगर छोटा हो तो ये लोग कई तथा बड़ा हो तो एक घर में इकट्ठे हो जाते हैं और वहीं रहने भी लगते हैं। इन क्लबों को इनसे उम्र में बड़े लड़के नियन्त्रित करते हैं और इन्हें उनके आदेशों का पालन करना पड़ता है। लड़कियों का भी अपना अलग घर होता है। इनके और लड़कों के बीच काफी मेलजोल होता है पर किसी भी तरह की अनैतिकता नहीं होती।'[8] मणिपुर के कुकी वंशों की अविवाहित लड़कियाँ

1. ई.ए. गेट, *सेन्सस ऑफ इंडिया, 1891*। असम रिपोर्ट, खंड I, पृ. 231।
2. जे.पी. मिल्स, *द आओ नागाज़* (लन्दन, 1926), पृ. 73।
3. सी. वॉन. फ्यूरर-हैमेनडॉर्फ, 'थ्रू द अनएक्सप्लोर्ड माउंटेन्स ऑफ द असम-बर्मा बोर्डर', *द ज्योग्राफिकल जर्नल*, खंड XCI (1938), पृ. 203।
4. जे.पी. मिल्स, *द ल्होटा नागाज़* (लन्दन, 1922), पृ. 24 व आगे।
5. हट्टन, *द अंगामी नागाज़*, पृ. 343।
6. वही, पृ. 49।
7. टी.सी. हडसन, *द नागा ट्राईब्स ऑफ मणिपुर* (लन्दन, 1911), पृ. 70 व आगे।
8. ई.टी. डाल्टन, *डिस्क्रिपटिव एथनोलौजी ऑफ बंगाल* (कलकत्ता, 1872), पृ. 52।

निगोंवाल में रहती हैं और निगोन-लकपास नाम के अफसर इनकी देख-रेख के लिए नियुक्त किए जाते हैं।[1]

गारो लोगों में अविवाहित लड़कों के घर को असमिया में देकाचंग और कबीले की भाषा में नोकपंटे कहते हैं। 'यह भवन ऊँचा और बड़ा होता है : इसका आधा भाग एक खुला हुआ हॉल होता है जहाँ गाँव की सभाएँ आयोजित की जाती हैं। यहाँ इनका मुखिया लस्कर

चित्र-38. बरामदा युक्त आओ नागा मोरंग, लकड़ी के ढोल रखने के कमरे के साथ, मोकोंगसु गाँव

अपना दरबार भी लगाता है। बाकी भवन बन्द होता है और इस बन्द जगह पर युवक रहते व सोते हैं। इसकी कड़ियों व खम्बों पर बहुत खूबसूरत नक्काशी होती है।[2] खासी और जैनतिया पहाड़ियों में और नाओगौंग के दूर-दराज़ के भागों में अविवाहित मर्द लालुंग चाँग नाम के भवन में रहते हैं जो गारो और नागा गाँवों में पाए जानेवाले भवन जैसा ही होता है। इस सन्दर्भ में दिलचस्प बात यह है कि लालुंग अविवाहित पुरुषों के घर में रहने की प्रथा को धीरे-धीरे त्याग रहे हैं और कामरूप और नाओगौंग को आसानी से पहुँचे जा सकनेवाले इलाकों में यह रीत समाप्त हो चुकी है।'[3] यह स्थिति 1891 में थी। खासी पर्वतों के लिंगम के भी ऐसे भवन होते हैं जहाँ अविवाहित पुरुष सोते हैं, जहाँ नर अतिथि ठहरते हैं और गाँव के त्योहार मनाए जाते हैं।' गुरडन कहते हैं कि यह 'असम की तिबतोबर्मन कबीलों की प्रथा है, न कि खासियों की अपनी कोई प्रथा।'[4]

रिजोमार का संस्थान, जो इस शताब्दी की शुरुआत में मिकिर लोगों में हुआ करता था,

---

1. हडसन, उपर्युक्त देखें, पृ. 70।
2. डाल्टन, उपर्युक्त देखें, पृ. 61। और देखें, ए. प्लेफेयर, *द गारोज़* (लन्दन, 1909), पृ. 39।
3. ई.ए. गेट, *सेन्सस ऑफ इंडिया*, 1891। असम रिपोर्ट, खंड I, पृ. 231 ।
4. पी.आर.टी. गर्डन, *द खासिस* (लन्दन, दूसरा संस्करण, 1914), पृ. 196।

स्टैक द्वारा संक्षेप में प्रस्तुत किया गया है। 'सबसे महत्त्वपूर्ण संस्थान', वे लिखते हैं, 'कृषि की दृष्टि से था युवा लड़कों का देका; पर अब यह लुप्त हो रहा है।' पहले युवकों का अपना अलग घर होता था; पर जब स्टैक ने लिखना प्रारम्भ किया तब वे वहाँ रहने लगे थे जहाँ आगन्तुकों को ठहराने का रिवाज़ था—गाँव के मुखिया के घर में। लड़कों का क्लब बहुत सुव्यवस्थित था और इसमें अधिकारी नियुक्त किए जाते थे जिन्हें विभिन्न कार्यों को अंजाम देना होता था।[1]

अबोर का अपना मोरंग होता था जिसे डाल्टन 'टाउन हाल' कहते हैं। 'यह आकृति में निजी घरों जैसा ही होता है, बस इसकी लम्बाई 200 फीट होती है और इसमें 16 या 17 आग जलाने के स्थान होते हैं।'[2] नीढम कहते हैं कि 'अविवाहित लड़कियों के बहुत नखरे होते हैं,' और वो उनके संगीत व नृत्य के प्रति प्रेम का ज़िक्र भी करते हैं।[3]

लुरोई कुकी वंशों में ज़ौबुल्क आम होता है हालाँकि वुइत ऐसे घर नहीं बनाते पर वे अविवाहित लड़कों के सोने का इन्तज़ाम किसी बूढ़े के घर कर देते हैं और रांगते उन्हें किसी भी ऐसी कन्या 'जो उन्हें बहुत पसन्द हो' के यहाँ सोने की अनुमति दे देते हैं।[4] पुरुम में यह रिवाज़ के यहाँ जाकर सोता है जिसकी कोई अविवाहित कन्या हो।[5] लुशेई, चिरु और वाईफेइ लड़कों होता है कि अगर किसी व्यक्ति का एक पुत्र व एक पुत्री हो तो पुत्र किसी ऐसे आदमी के लिए बहुत बड़े घर बनाते हैं। ये घर पहाड़ी की ऊँची ढलान पर बनाए जाते हैं। ऐसा करने से पानी की निकासी बढ़िया होती है। इन घरों में पालतू साँड भी रखे जाते हैं। 'छोटे लड़कों को ज़ौलबुक में लकड़ी पहुँचाने का काम सौंपा जाता है। यह उनकी ज़िम्मेदारी होती है कि यहाँ लकड़ी खत्म न हो। यह कार्य उन्हें वयस्क होने तक करना होता है। वयस्क होने पर वे अपने माता-पिता के घर सोना छोड़कर ज़ौलबुक में जाकर सोने लगते हैं। यहाँ उन्हें होतु की उपाधि वाले लड़के के आदेश मानने पड़ते हैं जो उन सबका मुखिया होता है। ज़ौलबुक अविवाहित लड़कों की सम्पत्ति होता है। शाम को ये यहाँ आकर गाना गाते हैं, चुहलबाज़ी व गपशप करते हैं जब तक प्रेमिकाओं के पास जाने का समय नहीं हो जाता। वे यात्री जिनका कोई मित्र गाँव में न हो ज़ौलबुक में ठहर सकते हैं। परन्तु यहाँ खाना-पीना नहीं होता।[6]

मैंने उन कबीलों के पुरुष-घरों का वर्णन अन्त के लिए बचाकर रखा है जिनकी हमारे पास ठोस और विस्तृत जानकारी है। आओ और रेंगमा नागा के मोरंग जे.पी. मिल्स द्वारा बहुत बढ़िया ढंग से प्रस्तुत किए जा चुके हैं और कोनयाक नागाओं के भवनों का सजीव चित्रण सी. वॉन फ्यूरर-हैमेनडॉर्फ ने किया है। आओ नागा गाँव के गेट के पास इनका मोरंग स्थित होता है, 'एक वाकई सुन्दर भवन, जो आमतौर पर पचास फीट लम्बा व बीस फीट चौड़ा होता है। इसके सामने की मीनार ज़मीन से तीस फीट ऊपर होती है। यह एक सुरक्षा चौकी-सी होता है और क्लब भी। यह गाँव के सामाजिक जीवन में अहम् भूमिका निभाता है।'[7] इसकी सदस्यता उम्र पर निर्भर करती है और हर तीन साल में यहाँ लड़कों को प्रवेश

---

1. ई. स्टैक और सी.जी. ल्याल, द मिकिर्ज़ (लन्दन, 1908), पृ. 11 व आगे।
2. डाल्टन, उपर्युक्त देखें, पृ. 23।
3. जे.एफ. नीढम, Proc. आर.जी.एस., मई 1886।
3. जे. शेक्सपियर, *द लुरोई कुकी क्लैंस* (लन्दन, 1912), पृ. 143 और 146।
5. जे. शेक्सपियर, 'द कुकी-लुशाई क्लैंस', *जे.आर.ए.आई.*, खंड XXXIX (1909), पृ. 374।
6. शेक्सपियर, *द लुशेई कुकी क्लैंस*, पृ. 22।
7. मिल्स, *द आओ नागाज़*, पृ. 73।

दिया जाता है। ये लड़के लगभग एक ही उम्र के होते हैं। 'मोरंग में आने के बाद लड़कों को सफाई इत्यादि के छोटे काम सौंपे जाते हैं। इन्हें वे तीन वर्ष तक करते हैं जब तक लड़कों के अन्य दल को प्रवेश नहीं मिल जाता। अब पहले दल के लड़के मोरंग जीवन के अनुभवी और महत्त्वपूर्ण सदस्यों की श्रेणी में आ जाते हैं।'

रेंगमा गाँव का मोरंग भी सौन्दर्य और कलाकारी का उत्कृष्ट नमूना होता है। यह बहुत-से कार्य करता है। 'यह एक क्लब होता है जहाँ स्त्रियों को प्रवेश नहीं करने दिया जाता। इस नियम का इतनी कड़ाई से पालन होता है जितना इंगलैंड के क्लबों में भी नहीं होता। यहाँ बूढ़े व्यक्ति आकर शराब से अपने आपको तरोताजा करते हैं और अपनी बातों से गाँव की संस्कृति को जीवित रखते हैं। पुराने ज़माने में योद्धा अपने ढाल, भाले और दाओ भी मोरंग में ही रखते थे। मोरंग एक शरण स्थल भी है। किसी भी अपराधी को तब तक हाथ नहीं लगाया जा सकता जब तक वह मोरंग में हो। यहाँ कोई भी अपराध नहीं किया जाता। यहाँ अगर कोई अपनी कीमती वस्तु भी छोड़ दे तो वह चुराई नहीं जाती क्योंकि चोरी निषिद्ध होती है। हर अजनबी के साथ यहाँ विनम्रतापूर्ण व्यवहार होता है। ऊँची आवाज़ में बोलना और गाली-गलौज पर पाबन्दी होती है।' लड़के मोरंग में छह या सात साल की उम्र से लेकर तब तक रहते हैं जब तक उनका विवाह नहीं हो जाता। लड़कियाँ, लड़कों की तरह ही, एक उम्र के बाद अपने माता-पिता के साथ नहीं सोतीं। इनके लिए भी खास इन्तज़ाम होता है। तेसोफेल्यू गुट में लड़कियों के सोने का प्लेटफार्म ज़मीन के नज़दीक होता है और युवकों को भी यहाँ बैठने की मनाही नहीं होती। अफवाहें यह तक कहती हैं कि लड़के आमतौर पर यहाँ सो भी जाते हैं।[1]

चित्र-39. मोरंग का अग्र भाग; पूर्वी रेंगमा

सारे मोरंगों में कोनयाक मोरंग सबसे बड़ा व सुन्दर होता है।[2] इसके स्तम्भ नक्काशीदार

1. जे.पी. मिल्स, *द रेंगमा नागाज़* (लन्दन, 1937) पृ. 49 व आगे।
2. सी. वॉन फ्यूरर-हैमेनडॉर्फ, 'द मोरंग सिस्टम ऑफ द कोवयाक नागाज़', जे.आर.ए.आई., खंड LXVIII (1938), पृ. 349 व आगे।

व मज़बूत होते हैं। मुरिया की भाँति ही नक्काशी में यौन मुद्राएँ बनी होती हैं। बस्तर की तरह ही 'यहाँ के मोरंग की एक खास बात यह है कि यहाँ सब सदस्य बराबर समझे जाते हैं।' मोरंग के अधिकारी भी होते हैं पर वे त्योहारों इत्यादि पर ही हरकत में आते हैं। लड़कों को प्रवेश देने की यहाँ एक विशेष रस्म होती है जो प्रतीकात्मक तरीके से पेड़ को भाला बनाने और सिरों को काटने का संकेत देती है। इससे यह स्पष्ट होता है कि इस प्रवेश का मुख्य उद्‌देश्य लड़कों को युद्ध और शिकार के लिए तैयार करना होता है। यह रस्म इस ओर भी संकेत करती है कि लड़का अब मोरंग के आर्थिक ढाँचे से भी जुड़ गया है। मुरिया लोगों की भाँति ही इसका अर्थ यह नहीं होता कि उसका अपने माता-पिता से सम्बन्ध कमज़ोर पड़ गया है; वह खाना अब भी उन्हीं के साथ खाता है, दिन में वह अधिकतर अपने अभिभावकों के पास ही रहता है, मोरंग में तो वह बास सोने जाता है।

फ्यूरर-हैमेनडॉर्फ ने लड़के और लड़कों के बीच सम्बन्धों का गहन अध्ययन किया है। उन्होंने इसके बारे में इतने विस्तार से लिखा है कि मैं उनके निष्कर्षों का सारांश भी यहाँ नहीं दे सकता। हर मोरंग के साथ लड़कियों का घर भी होता है जिसे यी कहते हैं। यहाँ लड़कियाँ हर शाम एकत्र होती हैं और मोरंग के लड़के भी इनके पास आ जाते हैं। 'पर यी में कुछ ही लड़कियाँ सोती हैं क्योंकि छोटी लड़कियाँ तो अपने माता-पिता के पास चली जाती हैं और बड़ी अपने प्रेमियों के साथ अन्न के भंडार में जाना पसन्द करती हैं।' मुरिया लोगों की तरह ही यहाँ भी लड़के-लड़कियाँ उपहार लेते-देते रहते हैं—बाँस के कंघे, कपड़े, कानों की बालियाँ इत्यादि। इस तरह ये लड़के भी लड़कियों को रिझाने के लिए परम्परागत फार्मूले का इस्तेमाल करते हैं। जोड़े खेतों में इकट्ठे काम करते हैं और लड़कियाँ लड़कों को यदा-कदा दावत देती हैं।

कोनयाक मोरंग घोटुल से कम स्तर पर 'अविवाहितों का राज्य होता है। यह बड़ों और बच्चों, दोनों का होता है। यह गाँव के जीवन का केन्द्र और कोनयाकों की राजनीतिक तथा सामाजिक व्यवस्था का स्तम्भ होता है।' मोरंग व्यवस्था हर आदमी और औरत के समाज के अन्य लोगों के साथ सम्बन्ध को संचालित करता है। यह वह ढाँचा है जहाँ व्यक्ति और समाज एक दूसरे के प्रति कर्तव्यों क पालन करते हैं। मोरंग समाज में एकता को मज़बूत करता है और यहाँ रह रहे लड़कों में भी। साथ ही यहाँ के निवासियों में एक दूसरे से होड़ करने की स्वस्थ भावना होती है। इस तरह पूरे गाँव की गतिविधियों में मोरंग जीवन और शक्ति का संचार करता है...मोरंग नागा संस्कृति का अति प्राचीन और अति महत्त्वपूर्ण हिस्सा है।

अल्मोड़ा और ब्रिटिश गढ़वाल

अल्मोड़ा और ब्रिटिश गढ़वाल के भोटियों का रमबंग शैरिंग द्वारा कुछ तल्खी से प्रस्तुत किया जा चुका है। यह संस्थान, शताब्दी के प्रारम्भ में भी, हर जगह नहीं था। यह कुछ परगनों, दारमा, ब्यान्स और चौदांस में ही पाया जाता था। शैरिंग रमबंग को 'गाँव का क्लब और एक बदनाम स्थान' कहते हैं।

> विवाहित और अविवाहित लोग वहाँ जाते हैं, अविवाहित स्त्रियाँ भी, और शादीशुदा औरतें तब तक जाती हैं जब तक उनका पहला बच्चा नहीं हो जाता। लड़कियाँ दस

साल की उम्र से रमबंग जाना शुरू कर देती हैं और इस उम्र के बाद वे घर सोती ही नहीं। नतीजा यह कि दारमा परगना में सभ्य और अच्छी लड़कियाँ होती ही नहीं। जैसा कि हम आशा कर सकते हैं, इस तरह की व्यवस्था बहुत व्यक्तिगत सम्बन्धों को जन्म देती हैं। यहाँ लड़के और लड़कियाँ एक ही शाल में घूमते देखे जा सकते हैं। यह यूरोप में तो आम बात है पर पूरब में निश्चित ही एक अजूबा है।

बड़े गाँवों में एक से अधिक रमबंग होते हैं। इन रमबंगों का उद्देश्य होता है, शादी। इसलिए यहाँ वही लोग रहते हैं जो आपस में विवाह कर सकते हों, जैसे पड़ोसी गाँव के लड़के या अगर एक ही गाँव के लड़के-लड़कियाँ हों तो वे आपस में सम्बन्धी न हों, यह बात पक्की कर ली जाती है। अगर लड़कियाँ पड़ोसी गाँव के लड़कों को निमन्त्रण देना चाहें तो वे लम्बी चादरें हवा में लहराती हैं– एक लड़की पहला छोर पकड़ती है और अन्य लड़की दूसरा। यह हवा में फरफराती चादरें मीलों दूर तक दिखाई देती हैं। यह रीत इस कारण बहुत प्यारी लगती है। ऐसा मित्रों और प्रेमियों से विदा लेते वक्त भी किया जाता है। इस समय सीटियाँ भी बजती हैं जो लड़कों द्वारा लड़कियों को घर से बाहर बुलाने का एक तरीका भी है। सीटी की आवाज़ सुनकर लड़कियाँ छोटी-मोटी मशालें लेकर घर से बाहर आती हैं और मिलने के पहले से तय स्थान की ओर चल पड़ती हैं। अगर लड़का व लड़की पुराने मित्र हों तो वे जलती हुई आग के पास साथ-साथ बैठ जाते हैं। अन्यथा लड़के एक ओर बैठते हैं और लड़कियाँ दूसरी ओर।

बहुत बार लड़कियाँ नृत्य करती हैं और कभी-कभी लड़के भी। ये गाते, तम्बाकू व शराब पीते रहते हैं। अन्ततः ये थककर सो जाते हैं और चारों ओर चुप्पी छा जाती है।

चित्र-39. मोरंग का अग्र भाग; पूर्वी रेंगमा

रमबंग, अन्य पुरुष-घरों की तरह ही, आगन्तुकों के लिए गेस्ट हाउस का काम करता है।

> जब गाँव में कोई दूर से आता है, कारोबार या व्यवसाय के सिलसिले में, तो वह अपने मित्रों से स्वप्न में भी सोने का स्थान और खाना नहीं माँग सकता क्योंकि ऐसा करना निहायत शर्मनाक माना जाता है। उसे अपने मित्रों द्वारा आमन्त्रण का इन्तज़ार करना होता है। हाँ, रमबंग में जाकर वह लड़कों से अवश्य अपने स्वागत की अपेक्षा कर सकता है। इस तरह रमबंग बहुत सुविधाजनक है पर उसका इस तरह इस्तेमाल वे लोग ही कर सकते हैं जिन्हें गाँववाले जानते हों। कोई भी नितान्त अजनबी व्यक्ति, बिना किसी परिचय के, यहाँ शरण नहीं पा सकता।[1]

बिहार

भारत का वह हिस्सा जो समुद्र में निकला हुआ है, पुरुष-घरों के सन्दर्भ में, मोरंग और इसी तरह के असमिया संस्थानों की तुलना में, हमसे अनजान है। उन्नीसवीं सदी के लोग हमें सन्थालों के बारे में बताते हैं कि 'यह लड़कों व लड़कियों का समाज अपने अधिकारियों द्वारा बहुत कड़ाई से नियन्त्रित किया जाता है। इन अधिकारियों को कहते हैं जोग-माँझी और जोग-परमानिक। इन अवसरों का नियन्त्रण तब तक रहता है जब तक यहाँ के निवासी विवाह नहीं कर लेते।[2]

डाल्टन कहते हैं कि सन्थालों में लड़कों व लड़कियों के लिए अलग से घर नहीं बनाए जाने पर 'इन्हें पूरी स्वतन्त्रता दी जाती है। ये बाज़ार, त्योहारों और गाँव के नृत्यों में दल बनाकर शामिल हो सकते हैं। अगर ये शाम को उन लड़कों के साथ देर से लौटें जो नृत्य में इनके साथी थे तो इसे नुकसानदायक नहीं समझा जाता।' 'जोग-माँझी के घर के बाहर एक खुला स्थान रख छोड़ा जाता है जहाँ नृत्य होते हैं। शाम का खाना खाने के बाद युवक यहाँ आते हैं और उनके ढोलों व बाँसुरियों की आवाज़ सुनकर लड़कियाँ भी उतावली हो जाती हैं। वे अपने लम्बे बालों में दो-एक फूल लगाकर खुशी-खुशी इनसे आ मिलती हैं।'[3] यह बस्तर की मारदापाल परगना जैसी ही स्थिति लगती है जहाँ अब घोटुल तो रहा नहीं पर उसके रीत-रिवाज़ सब माने जाते हैं।

सन्थाल परगनों में पहाड़िया पुरुष घरों (पर्वतीय गाँवों में) के बारे में अनेक बिखरे हुए व आंशिक वर्णन मिलते हैं। बेनब्रिज कहते हैं कि 'साओरियों में पुरुष घरों की व्यवस्था होती है। वयस्क लड़कियों के लिए अलग घर होता है।[4]

---

1. सी.ए. शैरिंग, 'नोट्स ऑन द भोतियाज़ ऑफ अल्मोड़ा एंड ब्रिटिश गढ़वाल', ए.एस.बी., खंड I (1905-7), पृ. 105 व आग।
2. डब्ल्यू.डब्ल्यू. हंटर, द *एनाल्स ऑफ रूरल बंगाल* (लन्दन, 1868), 217।
3. डाल्टन, उपर्युक्त देखें, पृ. 214। दूसरी तरफ धर्म-प्रचारक पैट्रिक ने एस.ई. पील को बताया था कि अविवाहित लड़कों तथा लड़कियों के लिए बैरकें 'सारे सोनथाली और ओराओन गाँवों' में होती थीं।—पील, उपर्युक्त देखें, पृ. 254।
4. आर.बी. बेनब्रिज, द साओरियाज़ ऑफ द राजमहल हिल्स, ए.एस.बी., खंड II (1907) पृ. 84।

माल पहाड़िया के विषय में ओ'मेली इतना मात्र कहते हैं कि 'अलग घरों की व्यवस्था है' और साथ ही यह भी जोड़ते हैं कि 'यौन स्वच्छन्दता सैद्धान्तिक रूप से निषिद्ध है पर वास्तव में सह ली जाती है।'[1] 1944 मार्च में डब्ल्यू.जी. आर्चर के साथ दामिन के दस दिनों के टूर पर गया था। वहाँ मैंने सूरजबेरा (साओरिया), अमरबिट्टा और गौड़पारा (कुमार बाग पहाड़िया) नाम के गाँव देखे। कई माल पहाड़ियों के निवास स्थानों का भी अवलोकन किया। यहाँ मैंने लिंग घर (पुरुषों व स्त्रियों के लिए अलग-अलग घर) देखे पर मुझे हर जगह यह लगा इस व्यवस्था में अब जीवन न रहा हो। परन्तु सूरजबेरा में मैंने लड़कों के दो बहुत बड़े घर देखे। गाँव के विपरीत छोर पर लड़कियों का घर भी था। रॉय ने मानभूम के 'पाहिरा' के बारे में लिखा है : 'हालाँकि पुरुष-घर (धांगर-मेला) का हर अविवाहित लड़का स्त्री-घर (सागिन-पाल) में अपनी प्रेमिका रखता है, पर विवाह के बाद अनैतिकता शायद ही होती हो।'[2]

बिहार और ओड़िसा लिंग पर आधारित भवनों के सच्चे घर कहे जा सकते हैं पर आधुनिक सभ्यता ने इन भवनों की प्रथा लगभग समाप्त कर दी है। परन्तु हम भाग्यशाली हैं कि इन भवनों का वर्णन दो विद्वान लेखकों ने किया है–ई.टी. डाल्टन और सरतचन्द्र रॉय।[3] डाल्टन की निगाह पैनी थी, हृदय में सब प्रकार के लोगों के लिए सहानुभूति थी और उनके लिखने का ढंग बहुत बढ़िया था। साथ ही वे कबीलों में उस समय घूमे थे जब आधुनिक सभ्यता की छाप उन पर नहीं पड़ी थी। एस.सी. रॉय उराओन के साथ चालीस वर्ष रहे थे। जब उन्होंने अपनी पहली पुस्तक लिखी तब वे उनके साथ पन्द्रह साल गुज़ार रहे थे। वो उनके गाँवों में रहते थे, उनकी भाषा बोलते थे, उनकी जीवन-शैली बहुत हद तक अपनाए हुए थे, उनके बहुत-से अन्तरंग मित्र थे और वे उनके लिए अदालत, ज़िला समिति और विधान सभा में लड़ते भी थे। रॉय का सबसे विस्तृत काम उराओन पर है, परन्तु उनकी जानकारी मुंडा, बिरहोर, खारिया और ओड़िसा के भुईया के बारे में भी ठोस और गहरी थी। एक कैथोलिक धर्म प्रचारक, पादरी पी. देहोन, ने भी शताब्दी के प्रारम्भ में धूमकुरिया के बारे में संक्षिप्त और कड़ा वर्णन लिखा था।[4]

अपनी पुस्तक द ओराओनूस ऑफ छोटा नागपुर में रॉय ने जौंख-ऐरपा, अन्य नाम धूमकुरिया के विषय में विस्तार से लिखा है। यह धूमकुरिया भवन, जो रॉय की लेखनी में अभिव्यक्त होता है, आज से लगभग पच्चीस साल पहले राँची ज़िले के पूर्व में पाया जाता था। रॉय ने यह संकेत तो दिया है कि उस समय भी सामाजिक धूमकुरिया भवन लुप्त होना आरम्भ हो गया था। परन्तु उन्होंने यह नहीं लिखा कि कितने ऐसे भवन उस क्षेत्र में थे और जिन रीतियों का वे वर्णन करते हैं वे पूरे क्षेत्र में प्रचलित थीं या कुछ गाँवों में ही।

मार्च 1940 की शुरुआत में शामराव हिवाले और मैंने कुछ दिन डब्ल्यू.जी. आर्चर के साथ, पूर्व राँची में,[5] उराओन गाँवों का दौरा करते हुए बिताए। इस थोड़े समय में भी बस्तर

---

1. एल.एस.एस. ओ'मैले, *सन्थाल परगना गज़ेटियर* (कलकत्ता, 1910), पृ. 741 और देखें एस.एस. सरकार, द मेलर्स ऑफ द राजमहल हिल्स, पृ. 74 व आगे और डाल्टन, उपर्युक्त देखें, 272।
2. एस.सी. रॉय, *द पहारिया ऑफ छोटा नागपुर*, जे.बी.ओ.आर.एस., खंड VI, पृ. 539
3. रॉय, *द ओराओनूस ऑफ छोटा नागपुर* (राँची, 1915 तथा *ओराओन रिलिजन एंड कस्टमस* (राँची, 1928)।
4. पी. देहोन, 'रिलिजन एंड कस्टमस् ऑफ द उराओनूस', Mem. ए.एस.बी., खंड I (1905-7), पृ. 155।
5. हम कोटा, सेमरा, अगरु, सापारुम, नागरी (कुंभार, टोला), गुतवा, मांडार, बोरहाम्बे, मुरमा, जाझपुर और लोहारदागा के पास तीन अन्य स्थानों पर गए थे।

के घोटुल के साथ काफी समानताएँ सामने आईं। जौंखु-ऐरपा (धूमकुरिया) भवन अब भी वैसा ही बनता है जैसा रॉय के समय में बनाया जाता था। यह एक विशाल और साफ-सुथरी झोपड़ी होती है जिसमें एक दरवाज़े के अलावा अन्य कोई खिड़की या द्वार नहीं होता। गाँव में यह भवन महत्त्वपूर्ण माना जाता है। बोरहाम्बे में, स्तम्भ और कड़ियाँ नक्काशीदार थे। पृथ्वी पर घास का मोटा कालीन था जिस पर चटाइयाँ बिछी थीं। यह अवश्य ही आरामदायक बिस्तर रहा होगा। कोटा के घर में पत्थर के खम्बे लगे हुए थे। मुरमा का धूमकुरिया एक दर्शनीय स्थल पर बना हुआ, शानदार भवन था। बहुत-से धूमकुरियों के पास नृत्य करने की खुली व सुन्दर जगह होती है। इसके चारों ओर बैठने के लिए पत्थर की सीट बनी होती है और इस स्थान का रख-रखाव बहुत ध्यान और मेहनत से किया जाता है। इन घरों के अन्दर हमें ढोल, चटाइयाँ और लकड़ी के ढेर मिले। परन्तु बोरहाम्बे में ही हमें साँड को नियन्त्रित करनेवाले हथियार और पैर साफ करनेवाली वस्तुओं की लड़ियाँ मिलीं जिनका ज़िक्र रॉय ने किया है। सबसे महत्त्वपूर्ण वस्तुएँ थीं गाँव के लकड़ी से बने चिह्न–जानवरों की मूर्तियाँ–जो धार्मिक मेलों में बाहर लाई जाती थीं और जिन्हें बहुत सावधानी से सहेजकर रखा जाता था। सापारुम में लड़कों ने हमें गर्व के साथ एक प्रशंसनीय लकड़ी का हाथी दिखाया; नागरी में भी युवकों ने एक हाथी, रंगीन बैनर के साथ प्रस्तुत किया; कोटा में हमने बरामदे में बाँसों के सहारे खड़ा घोड़ा देखा; माँडार में मछली देखी और श्वानझिया में सात मगरमच्छ। इन परम्परागत और अर्ध-धार्मिक वस्तुओं का धूमकुरियों में सहेजकर रखे जाना इस बात का विश्वसनीय प्रमाण है कि इन संस्थाओं में चेतना और जीवन का अभाव नहीं है। साथ ही इस भवन का गाँव के बीचोंबीच होना और लड़कों द्वारा इसके सम्बन्ध में गर्व महसूस करना यह इंगित करते हैं कि उराओन लोगों में, कम-से-कम पुराने समय में ही सही, इस संस्था को सामाजिक मान्यता प्राप्त थी और यह कबीले के जीवन का अभिन्न अंग थी।

उराओन और बस्तर की संस्थाओं में सबसे बड़ी असमानता यह है कि उराओन लड़कियों का धूमकुरिया से कोई सम्बन्ध नहीं होता और न ही उनके उराओन लड़कों से चेलिक-मुटियारी की तरह के ताल्लुकात ही होते हैं। लड़कों को धांगर और लोखार कहा जाता है। धूमकुरिया में इनका प्रवेश, बस्तर के मुकाबले कुछ देर से, ग्यारह या बारह साल की उम्र में होता है। इन्हें तीन दलों में, उम्र के हिसाब से बाँटा जाता है। काफी लड़के इसके सदस्य तब तक रहते हैं जब तक उनका विवाह व एक-दो बच्चे नहीं हो जाते। यह इसलिए है कि आजकल पहले की तुलना में विवाह जल्दी हो जाते हैं। इन भवनों का नियन्त्रण और देखभाल धांगर-माहतो की उपाधि प्राप्त लड़के के हाथ में होती है। इसकी सहायता करता है चलाबा, जिसे कोतवार भी कहते हैं। इन अफसरों को हर तीन वर्ष में बदल दिया जाता है। बस्तर की तरह भी यह कार्य एक साधारण-सी रस्म से सम्पन्न होता है। पद छोड़ रहा माहतो नए माहतो को पत्ते के दोने में चावल की बीयर देता है तथा पुराना कोतवार नए कोतवार को अपने पद का चिह्न–एक बँटी हुई रस्सी–प्रदान करता है। परन्तु उससे पहले वह उसे दो बार उसे रस्सी से मारता है और यह लगता है कि वह ऐसा इसलिए करता है कि उसमें निहित शक्ति, रस्सी के माध्यम से, नए कोतवार में प्रविष्ट हो जाए। नए सदस्य तीन साल में एक बार बनाए जाते हैं, बस्तर में हर साल की तरह नहीं। इसकी रस्म भी बड़ी होती है। इस रस्म से पहले, कृष्ण पक्ष के चाँद में, शिकार खेला जाता है और शगुनों का पता पानी के नए घड़ों से लगाया जाता है जिसके विषय में रॉय ने लिखा है। परन्तु रॉय द्वारा लिखी गई

रस्में अब नहीं मनाई जातीं। कोटा में हमें बताया गया कि सारहुल त्योहार पर लड़कों को प्रवेश दे दिया जाता है। इस समय इन्हें कुछ भेंटें लानी पड़ती हैं। प्रवेश हो जाने पर इनके माता-पिता एक लालटेन, एक मिट्टी का घड़ा और पन्द्रह दिनों तक भवन में उजाला करने के लिए पर्याप्त मात्रा में तेल भेंट करते हैं।

बस्तर की भाँति ही धूमकुरिया लड़कों के कई सामाजिक कर्तव्य होते हैं। वे शादी-ब्याह में अतिथियों के लिए बढ़िया भोजन बनाते हैं। जब अजनबी लोग गाँव में आते हैं और धूमकुरिया में ठहरते हैं तब धांगर उनका स्वागत करके उनके पैर साबुन से धोते हैं। छोटे लड़कों को बड़े लड़कों के पैरों के तले लकड़ी की वस्तु, जो इसी कार्य के लिए बनाई गई होती है, से साफ करने पड़ते हैं और उनकी टाँगों पर मालिश करनी होती है। बस्तर की भाँति ही अगर किसी किसान को खेत में काम करने के लिए लोगों की आवश्यकता हो तो वह धूमकुरिया से लड़के बुलवा सकता है। अपनी सेवाओं के बदले लड़कों को पेड़ों से फल तोड़ने का अधिकार मिलता है और वे रस्मी तौर पर महुआ के फूल भी एकत्रित करते हैं। रॉय कहते हैं कि अगर मवेशियों को बीमारी हो जाए तो धांगर लड़के एक रस्म से उसे दूर करते हैं। इस रस्म की अदायगी नग्नावस्था में होती है। बस्तर के चेलिक गाँववालों को रोगमुक्त करने के लिए कुछ रीतियों का पालन करते हैं।

मुरिया के नृत्यों के अभियान जैसा उराओन में कुछ नहीं होता। पर उराओन लड़के जात्रा मेलों में जाते हैं और समय-समय पर भइयारी सम्मेलनों में शामिल भी होते हैं। इसमें अनौपचारिक रूप से एक झंडा उपहार में दिया जाता है। अतिथि ढोल बजाते हुए आते हैं। मेज़बान बाहर आकर उनका स्वागत पानी के घड़ों, चावलों और आम की पत्तेदार टहनियों के बंडलों से करते हैं। वे अपने मेहमानों के पैर धोते हैं, उन पर चावल बिखेरते हैं और आशीर्वाद स्वरूप उनकी ओर आम की टहनियाँ फेंकते हैं। फिर वे इकट्ठे नृत्य करते हैं। ऐसे समय में लड़के औपचारिक मित्रताएँ भी कायम करते हैं।

हमारे पास उराओन के धूमकुरियों में मनाए जानेवाले सारे त्योहार, रीतियों व रिवाज़ों के लिए स्थान नहीं है। इन्हें रॉय ने पूरी तरह अपनी लेखनी में उतारा है और ये मुरिया रस्मों के साथ मेल भी नहीं खाते। लेकिन हम दो ऐसी रस्मों का अवलोकन कर सकते हैं, जो रॉय के अनुसार, युवकों में प्रजनन क्षमता बढ़ाने का कार्य करती हैं 'जिससे वे कबीले में बढ़िया शिकारी ला सकें।' इनमें पहली होती है मूत्री चन्द्री की उपासना। तीन रात लगातार अविवाहित लड़के व लड़कियाँ नृत्य स्थल पर नृत्य करते हैं। इस दौरान लड़के लड़कियों के बिन्दिओ (कानों की बालियाँ) चुरा लेते हैं। चौथे दिन की शाम को लड़के वहाँ जाते हैं जहाँ मूत्री चंडी का प्रतिनिधित्व करता हुआ एक पत्थर जो आधा जमीन में गड़ा हुआ होता है, एक वृक्ष के नीचे लगा होता है। एक युवक पुजारी पत्थर के सामने एक गड्ढा खोदता है और एक काला मुर्गा काट देता है। इसका खून और लड़कियों के गहने वह इस गड्ढे में रख देता है। जब वह ऐसा कर रहा होता है तब अन्य लड़के चिल्लाते हैं 'कन्याएँ कम और लड़के अधिक पैदा हों।' यह प्रार्थना मुरिया लड़कों की प्रार्थना से अवश्य भिन्न है जो अपने ऐसे त्योहार पर कहते हैं, 'हम अपनी मुटियारी के साथ जमकर सोएँ मगर वे गर्भवती न हों !' फिर सब लड़के गड्ढे में पेशाब करते हैं और उसे मिट्टी से पाट देते हैं। तत्पश्चात् वे थोड़ी दूर जाते हैं और मूत्री चंडी के ऊपर खड़े वृक्ष पर मिट्टी के ढेले बरसाते हैं।

यह सारहूल त्योहार के थोड़े दिनों बाद हर साल होता है। रॉय ने एक अन्य रस्म देखी

है जो वर्ष में दो बार अदा की जाती है–एक, मार्च में फागू त्योहार से पहले व दूसरे, अप्रैल या मार्च में होनेवाले सारहूल पर्व से कुछ समय पूर्व। लड़कों का माहतो उन्हें एक सुनसान जगह पर ले जाता है। उसके पास साल की नई व पतली डंडी होती है और साथ ही साल का एक पौधा जिसके तने में चीरा लगाया गया होता है। यह स्त्री-योनि का प्रतीक होता है। लड़के एक-दूसरे पर लाल मिट्टी लगाते हैं। साल का पौधा ज़मीन में गाड़ दिया जाता है। छोटे लड़कों को नंगा होने का आदेश मिलता है। इतने बड़े लड़के साल के चीरे में थूकते हैं। तत्पश्चात् छोटे लड़के अपने लिंग इस चीरे में घुसाते हैं। जब वे ऐसा करते हैं तो माहतो उन्हें साल की डंडी से मारता है। रॉय कहते हैं कि 'यहाँ हम एक ऐसा प्रयास देखते हैं जिसमें प्रकृति और पुरुष की शक्ति से स्वयं को बलशाली बनाने की चेष्टा की जाती है। चुस्त युवकों के थूक और शक्ति सम्पन्न साल के पौधे व साल की डंडी से सम्पर्क में आना, प्रजनन क्षमता के लिए बहुत लाभदायक माना जाता है।[1] देहोन ने सदस्य बनाए जाने की रस्म का ज़िक्र किया है। 'जब कोई लड़का छह या सात साल का हो जाता है तब उसे धूमकुरिया का सदस्य बनाया जाता है। बड़े लड़के उसका हाथ पकड़ लेते हैं और फिर, एक जलते हुए कपड़े से, उसकी बाँह के नीचे की ओर पाँच निशान बनाए जाते हैं। ऐसा इसलिए किया जाता है जिससे जब मरकर वह अगली दुनिया में जाए तो उराओन उसे पहचान सकें।'[2]

लड़कियों का भवन–पेल-ऐरपा–कोई सामाजिक भवन नहीं होता और सत्य यह कि 'इसकी स्थिति सबसे गुप्त रखने की कोशिश की जाती है सिर्फ धूमकुरियों के लड़कों व पेल-ऐरपा की लड़कियों को छोड़कर।' इस भवन में, रॉय बताते हैं, कोई अधिकारी नहीं होते। पर एक बूढ़ा उराओन, जिसे पेलो-कोतवार कहा जाता है, इनकी देखभाल के लिए नियुक्त किया जाता है। लड़कियों के दल की बरका-धांगरिन की उपाधि प्राप्त कन्या, नेता होती है। लड़कों के भवन की भाँति ही नए सदस्य हर तीन साल में एक बार बनाए जाते हैं और यहाँ की साफ-सफाई का जिम्मा भी सबसे छोटी सदस्यों का ही होता है। लड़कियों को विवाहों में काफी कार्य करना पड़ता है और इन्हें चावलों की कटाई में भी मदद करनी पड़ सकती है। हड्डियों को गाड़ने की रस्म के समय इन्हें खाना बनाना होता है।

हमारे पास लड़कों और लड़कियों के आपसी रिश्तों के विषय में अधिक जानकारी नहीं है। ये गाँव के नृत्य-स्थल पर देर रात तक नृत्य करते रहते हैं। 'तीन सालों के पेल-ऐरपा निवास के दौरान हर उराओन कन्या को धूमकुरिया जितनी लम्बी और छह इंच चौड़ी ताड़ की पत्तों की चटाई बनानी होती है।' ये लड़ियाँ लड़कों को दे दी जाती हैं जो इन्हें आपस में जोड़कर अपने घर की ज़मीन पर बिछा देते हैं। लड़कियाँ लड़कों को बाजरे के पौधे भी रस्मी तौर पर प्रदान करती हैं। संसार के हर गाँव की भाँति यहाँ भी युवक और युवतियों में प्रेम सम्बन्ध होते होंगे। पर क्या ये चलिक-मुटियारी के सम्बन्धों जैसे होते हैं ?

डाल्टन सत्तर साल पहले के धूमकुरिया को जानते थे। वो कहते हैं कि 'यह सर्वविदित है कि लड़कियाँ लड़कों के धूमकुरिया हॉल में जाती हैं और कुछ गाँवों में तो वे वहाँ सोती भी हैं। कुछ समय पहले मैंने सिरगुजा गाँव में ऐसा धूमकुरिया देखा था जहाँ युवक और युवतियाँ सारी रात इकट्ठे सोते थे। युवाओं ने स्वयं यह बात स्वीकारी और गाँव के बूढ़ों ने इसका अनुमोदन किया। उन्होंने कहा कि ऐसा करने में कोई हर्ज नहीं है। यह आरोप

1. रॉय, उपर्युक्त देखें, पृ. 243। नए संस्करण का पृ. 413।
2. देहोन, अप्राप्य, देखें, पृ. 155।

कि इससे बहु यौन-सम्बन्ध कायम होंगे, ज़ोरदार ढंग से नकारा जाता है। और यह वाकई हो सकता है कि भीड़ में अधिक सुरक्षा रहे। परन्तु इस व्यवस्था से व्यक्तिगत और निजी पहलू को ठेस पहुँचती ही है। फिर भी उराओन देखने में शिष्ट और सभ्य लगती हैं; इनका व्यवहार शान्त और प्रेमपूर्ण होता है, भाषा में गन्दगी का नामोनिशान नहीं होता और वे अपने होनेवाले पतियों को शादी के बाद वफादारी के वायदों से सराबोर रखती हैं। शादी के बाद अवैध सम्बन्धों के बहुत कम उदाहरण ऐसे हैं जिनमें सन्तान का जन्म हुआ हो। जोड़ों के बीच लम्बे और मज़बूत सम्बन्ध आम होते हैं। धूमकुरिया के लड़के प्रेम में चलते पुर्ज़े लगते अवश्य हैं पर वास्तव में हरेक की एक खास प्रेमिका होती है। इधर लड़कियों में प्रत्येक को पता रहता है कि नृत्य में किसके छूने से उसकी सहेली का दिल ज़ोरों से धड़केगा। एक ही गाँव के लड़कों व लड़कियों के रिश्ते शायद ही शादी में परिणत होते हैं।'[1] पादरी देहोन ने इसके तीस साल बाद लिखा : 'जहाँ तक लड़कियों का प्रश्न है वे जाकर किसी बूढ़ी विधवा के घर सो रहती हैं जो इतनी भयावह नहीं होती कि धूमकुरिया लड़कों की प्रेमपूर्ण सौगातों से पिघल न जाएँ। इस तरह लड़कियों के कौमार्य को खतरे घेरे रखते हैं। गाँवों में कुछ ऐसे भी हैं जहाँ इन बातों के प्रति ज्यादा आदर भाव नहीं होता। यहाँ लड़के व लड़कियाँ एक ही घर में सोते हैं। धूमकुरिया लड़के यह बात गुप्त रखने की कसम खाते हैं। अगर कोई लड़का यह कसम तोड़ दे तो उसकी शामत आ जाती है। उसकी बेदर्दी से पिटाई होती है और उसके साथ ऐसा सलूक होता है मानो उसे बिरादरी से बाहर कर दिया गया हो।'[2]

लेकिन रॉय कहते हैं कि यह प्राचीन उराओन परम्परा है कि किसी भी लड़की को लड़कों के भवन में न आने दिया जाए।[3] अगर कोई कन्या यह नियम तोड़ दे तो लड़कों की दृष्टि अस्थायी रूप से चली जाती है। मांडार में हमें बताया गया कि उसकी खुद की आँखें काम करना बन्द कर देती हैं। रॉय बताते हैं कि साधारणतया लड़के व लड़कियाँ जोड़े बना लेते हैं और यह बड़ी लड़कियाँ 'पहले से तय कर लेती हैं कि कौन-सा लड़का किस कन्या के लिए उपयुक्त रहेगा।' हालाँकि छोटे लड़कों-लड़कियों की इच्छाओं का भी ध्यान रखा जाता है। लड़का अपनी इच्छा कोई ऐसी वस्तु धारण करके करता है जो उसकी चहेती कन्या इस्तेमाल करती हो। यह कोई फूल हो सकता है और कोई गहना भी। पहले तीन सालों में 'कोई भी लड़का किसी लड़की से घनिष्ठता नहीं कायम कर सकता।' अगर कोई लड़की किसी भी लड़के को अपना साथी चुनने से इनकार कर देती है तो लड़कियाँ उससे बात नहीं करती। रॉय सोचते हैं कि लड़के-लड़कियों के बीच 'निष्ठा का सुव्यवस्थित नियम' होता है और 'अवैध सम्बन्ध' धांगर माहतो द्वारा जुर्माना लगाकर दंडित किए जाते हैं। बस्तर की परम्परा के विपरीत शादी हो जाने पर ही प्रेम-सम्बन्ध समाप्त नहीं हो जाता। यह तब तक चल सकता है जब तक प्रेमियों के यहाँ एक-एक औलाद न हो जाए। एक ही गाँव के युवक और युवती का विवाह असाधारण बात है पर 'एक ही वंश का होना (वास्तव में, सिद्धान्त में नहीं) शारीरिक सम्बन्धों—जो विवाह से पहले कायम होते हैं—पर रोक नहीं लगाता।' रॉय कहते

1. डाल्टन, उपर्युक्त देखें, पृ. 248। पाँच साल पहले लिखे गए लेख में डाल्टन कहते हैं कि एक बूढ़ी औरत लड़कियों की देखभाल करती है और वह 'हमेशा एक मोटे डंडे से लैस रहती है जिससे लड़के दूर रहें।' ई.टी. डाल्टन, 'द कोल्स ऑफ छोटा नागपुर : द ओराओनूस' जे.ए.एस.बी., खंड XXIV (1865, पृ. 175)
2. देहोन, उपर्युक्त देखें, पृ. 155।
3. रॉय, उपर्युक्त देखें, पृ. 248।

हैं कि 'गर्भ धारण से बचने के लिए लड़कियाँ अपने निजी अंगों को ढकनेवाला वस्त्र उल्टा करके पहन लेती हैं या पेट से ऊपर, ऐसे वस्त्र के साथ, बालों की चोटी बाँध लेती हैं।' अगर फिर भी बात न बने, तब गर्भपात के तरीके आज़माए जाते हैं। बस्तर में भी गर्भपात की कोशिशें होती हैं।

डब्ल्यू.जी. आर्चर मुझे बताते हैं कि धूमकुरिया अब राँची ज़िले के पूर्वी भागों में रह गया है। उन्हें गुमला क्षेत्र में कोई ऐसा भवन नहीं मिला। दूसरी तरफ एच.जे.बी. ली पटूरेल, जो जाशपुर के दीवान हैं, ने मुझे खत लिखा है जिसमें धूमकुरिया की परम्परा का दिलचस्प वर्णन है। स्मरण रहे कि जाशपुर बिहार की पश्चिमी सीमा से लगा हुआ है। यहाँ धूमकुरिया का भवन तो अब नहीं बनाया जाता पर उसी परम्परा का अनुसरण होता है और सरदार का चुनाव भी।

हमारे पास इतनी जानकारी नहीं कि धूमकुरिया और घोटुल के बीच विस्तृत तुलना कर सकें। दुख की बात यह है कि न तो रॉय और न ही डाल्टन इस संस्था का निष्पक्ष रूप से वर्णन कर पाए हैं। यह बहुत आवश्यक है कि उराओन धूमकुरिया की विस्तृत छानबीन शीघ्र हो, अन्यथा बहुत देर हो जाएगी। मुझे विश्वास है कि ऐसा करने से बहुत-से नए तथ्य आएँगे जिन पर अब तक रोशनी नहीं पड़ी है।

लोडमा परगना के कुछ भागों को छोड़कर, रॉय कहते हैं, मुंडाओं का कोई भी संस्थान इतना विकसित नहीं जितना उराओन धूमकुरिया। पर 'सारे जवान लड़के किसी ऐसी झोपड़ी में सोते हैं जो किसी मुंडा ने इस कार्य के लिए उपयोग करने की अनुमति दी हो। इसी तरह जवान लड़कियाँ किसी ऐसे घर में सोती हैं जो या तो किसी अकेली विधवा का हो या किसी सन्तानहीन मुंडा दम्पती का। ये गिटिओरा नैतिक और बौद्धिक विकास के केन्द्र होते हैं। जब जवान पुरुष या स्त्री अपने-अपने गिटिओरा में, शाम के खाने के बाद इकट्ठे होते हैं तब पहेलियाँ सुलझाई जाती हैं, लोक-कथाएँ–जिनका नैतिक सन्देश हो–सुनाई जाती हैं और गीत गाए व याद किए जाते हैं।'[1]

मैं स्वयं ही और मुंडा का एक मिश्रित गाँव देख पाया।

यह था हेसादिह जो राँची और चासबासा की बीच मुख्य सड़क पर था। यह एक बड़ा गाँव था जिसमें एक भवन मुंडा लड़कों के लिए, एक भवन मुंडा लड़कियों के लिए और एक हो लड़कों के लिए था। इसमें एक स्कूल भी है। गाँव के नृत्य-स्थल के करीब पहला भवन था जिसकी दीवारें बाँस की थीं और दरवाज़ा लकड़ी का। इसके पास ही तीन अन्य घर और लड़कियों का भवन भी था। सबको एक ही चहारदीवारी घेरे हुए थी।

लड़कों के भवन में दो पलंग और एक उठा हुआ मंच था। इस पर दो लड़के बैठे हुए एक ढोल ठीक कर रहे थे। छत से मछली पकड़ने के जाल, चटाइयाँ और बारिश से बचानेवाले पत्तों के कोट लटक रहे थे। इस स्थान पर स्पष्टतया लोग रहते थे क्योंकि यह आरामदायक और व्यवस्थित था। बरामदे के ठीक सामने लड़कियों का मकान था जहाँ पाँच या छह लड़कियाँ रहती थीं। एक लड़के ने बताया कि लड़कियाँ उनका भवन साफ करती हैं, उनके

---

1. एस.सी. रॉय, द मुंडाज़ एंड देयर कंट्री (राँची, 1912) पृ. 385 व आगे। डाल्टन के पहले लेखों में जिनके उद्धरण मैं दे चुका हूँ वे कुछ जल्दबाज़ी में कहते हैं कि 'मुंडा कबीले के लड़के कभी धूमकुरिया इस्तेमाल नहीं करते। होस तो इस संस्था के बारे में जानते तक नहीं। इन दोनों कबीलों के लोग अपने-अपने रिश्तेदारों के साथ रहते हैं।'–जे.एस.एस.बी., खंड XXXV, पृ. 176।

लिए चटाइयाँ बनाती हैं और छत ठीक करने के लिए घास काटकर लाती हैं। उसने बहुत ज़ोरदार ढंग से कहा कि लड़कियाँ बिना किसी ईनाम की अपेक्षा के चटाइयाँ बनाती हैं।

गाँव की सीमा पर एक बहुत सुन्दर स्थान है जो घने व फलदार पेड़ों से घिरा हुआ है। इस कुंज में एक अन्य मुंडा भवन स्थित है जो लड़के व लड़कियों के रहने के लिए ही बनाया गया लगता था। इसकी अंडाकार छत थी और दीवारें मात्र 3½ फीट ऊँची थीं। वह आगे से खुला हुआ था। इसके चारों ओर लकड़ी की चहारदीवारी थी जिसमें एक गेट भी लगा था। यह साफ व खुली जगह में खुलता था। इस खुली जगह में चटाइयाँ बिछी हुई थीं जहाँ चावल सूख रहे थे।

गाँव के ही भाग में, जो गाँव की सीमा पर था, इसी तरह का मकान था। यहाँ तीन चटाइयाँ पड़ी थीं, कुछ संगीत के वाद्य (तुहिला) रखे हुए थे, झोपड़ी के आगे आग जल रही थी और एक चहारदीवारी–जिसका एक भाग अति विशाल व लम्बे मेनहिर पत्थरों का था–इसे घेरे हुए थी। हमें बताया गया कि यहाँ नियमित रूप से दस लड़के सोते हैं।

यहाँ का स्कूल मास्टर लूथर सम्प्रदाय का ईसाई मुंडा था। ज़ाहिर है, इसने धर्म परिवर्तन कर लिया था। यह लड़कों व लड़कियों के भवनों का घोर निन्दक था। इसने हमसे कहा कि ऐसे भवनों में बस यौनाचार और प्रेम-प्रसंग ही होते हैं जिनके कारण लोग स्कूल में पढ़ने का समय नहीं निकाल पाते। मैं इस स्कूल मास्टर की राय बस यह दिखाने के लिए दे रहा हूँ कि धर्म परिवर्तन किए हुए लोग, अजनबियों से बतियाते समय, अपने पुराने रिवाज़ों की निन्दा ही करते हैं। फिर भी, यह दिलचस्प बात है कि असुर ईसाई अब भी इन भक्तों से प्रेम करते हैं।

हो लोगों को डी.एन. मजूमदार ने अपनी पुस्तक 'अ ट्राईब इन ट्रानज़िशन' में प्रस्तुत किया है।[1] परन्तु मात्र इस वजह से कि हो लोगों में बदलाव आ रहा है, उनके तौर-तरीकों के विषय में सच्चाई का पता लगाना बहुत कठिन है। वे संवेदनशील और शर्मीले होते हैं और प्रश्नों का स्वागत नहीं करते। फरवरी 1940 के अन्त में जब मैं और आर्चर कोलहन पहुँचे तब वहाँ के लोग इन भवनों के विषय में कुछ भी बताने को तैयार न थे। वे उनके अस्तित्व को भी नकार रहे थे। हमारे आने से पहले पूछताछ (जनगणना से सम्बन्धित) से, जो 31 गाँवों में हुई थी, से कुछ हासिल नहीं हुआ था। बहुत मुश्किल से हम कुछ लोगों को घोटुल जैसी संस्थाओं के बारे में बताने को तैयार कर पाए। हमारी जानकारी तब भी, विश्वसनीय नहीं कही जा सकती; मुझे ऐसा महसूस होता है कि गिटिओरा–जैसा कि इन भवनों को कहा जाता है–के बारे में इतनी चुप्पी का अर्थ यह है कि ये लोग कुछ बहुत खास तथ्य छुपा रहे हैं जो सामाजिक विज्ञान के विद्यार्थियों के लिए दिलचस्प हो सकते हैं। पर ये तथ्य पूछताछ से कभी भी हासिल नहीं किए जा सकते। जो जानकारी हमें मिली वह इस प्रकार है।

लड़के और लड़कियाँ अपने माता-पिता के पास न सोएँ, इससे यह रिवाज़ निकला कि वे रसोई या भंडार घर में सोया करें। कभी-कभी बहुत-से लड़के इकट्ठे सो जाया करते थे और लड़कियाँ अपनी किसी सहेली के खाली पड़े कमरे में रात को शरण ले लेती थीं। रुमकुट में, उदाहरण के तौर पर हमने दस लड़कों को एक बहुत बड़े भंडार घर में सोते देखा। एक परिवार के विशाल आँगन में–कुछ दूरी पर–एक छोटा घर बना हुआ था जहाँ छह लड़कियाँ–16 से 17 साल के बीच की उम्र की, सोया करती थीं। यही व्यवस्था गाँव में तीन स्थानों पर थी। एक जगह जहाँ एक ही वंश के लोग रह रहे थे, पास-पास बने कई घरों में;

1. डी.एन. मजूमदार, ए ट्राईब इन ट्रानज़िशन (लन्दन, 1937)

लड़कियाँ, लड़के व माता-पिता एक ही घर में अलग-अलग कमरों में सोते थे। यह गिटिओर व्यवस्था या तो अपने शुरुआती चरण में थी या अन्तिम चरण में। अगर इस घर में लोग बढ़ जाएँ तो निश्चित ही लड़कों व लड़कियों को किसी अन्य घर में सुलाना पड़ेगा।

पर यहाँ कोई वास्तविक संस्था नहीं दिखती। गिटिओरा को सँभालनेवाले कोई अधिकारी नहीं थे और लड़कों व लड़कियों में रिश्तों का कोई प्रावधान न था। ऐसा नहीं लगता था कि लड़कियाँ लड़कों के घर को साफ करती थीं। यह भी सम्भव था कि चटाइयाँ लड़कों की महिला मित्रों ने न बनाकर उनके परिवार की स्त्रियों ने ही बनाई हों। न ही सामाजिक और यौन सम्बन्धों पर किसी तरह की शिक्षा की व्यवस्था ही दिखाई दी और न ही हो गिटिओरा का नृत्य से कोई करीबी रिश्ता लगा।

रुमकुंट में हमें बताया गया कि चार लड़कियों के पुरुष मित्र थे और एक लड़के को उनकी प्रेमिका ने कंघा भी दिया था। पर ये चेलिक-मुटियारी जैसे सम्बन्ध न थे, ये सम्बन्ध तो अविवाहितों के बीच पूरे विश्व में होते ही रहते हैं।

अगर मजूमदार की पुस्तक पर भरोसा किया जाए तो, गिटिओरा का गाँव के जीवन में कोई विशेष स्थान नहीं होता। वे कहते हैं—'बहुत-से गाँवों में हमें बहुत बड़ा ऐसा भवन मिलता है—जो अखाड़े (नृत्य-स्थल) के पास होता है—जहाँ कुँआरे युवक रात को सोते हैं और दिन में अपना खाली समय व्यतीत करते हैं। भवन के अन्दर एक विशाल चटाई होती है जो लड़कियों ने बनाकर सम्मान के साथ लड़कों को भेंट की होती है। संगीत वाद्य व हथियार भी होते हैं। घर के अन्दर तीर-कमान तथा शिकार व मछली पकड़ने की वस्तुएँ टाँगने के हुक भी लगे होते हैं। कुछ गाँवों में जहाँ ऐसे भवन का निर्माण खासतौर पर नहीं होता वहाँ गाँव के सरदार के बाहर के लोगों के लिए बने घर में लड़के सो जाते हैं। अखाड़े की तरफ सिर्फ लड़कों का घर ही खुलता है, अन्य घरों की इस ओर पीठ होती है।'

बिरहोर में भी ऐसे भवन को गिटिओरा कहते हैं और इसका वर्णन रॉय ने किया है।[1] ये भवन असम के आलीशान मोरंग से बिलकुल विपरीत होते हैं। दो छोटी झोपड़ियाँ पत्तों और टहनियों से बना दी जाती हैं, एक लड़कों के लिए व दूसरी लड़कियों के लिए। लड़कों की झोपड़ी का एक ही दरवाज़ा होता है पर लड़कियों की झोपड़ी के दो द्वार होते हैं—एक आगे और एक पीछे। लड़के और लड़कियाँ दस वर्ष की उम्र से इनमें रहने आ जाते हैं। इन भवनों में कोई नेता नहीं होता। एक बूढ़ी औरत लड़कियों के दरवाज़े पर सोती है। पर लड़के पीछे के दरवाज़े से अन्दर आ जाते हैं और लड़कियाँ अपने प्रेमियों से मिलने बाहर भी चली जाती हैं जो उन्हें झोपड़ी की दीवार पर हाथ मारकर बुला लेते हैं। 'हर अविवाहित युवक की एक प्रेमिका होती है, और मुझे कुछ बिरहोर बूढ़ों ने बताया है कि कभी-कभी अपनी चहेती कन्या को आकर्षित करने के लिए, लड़का नग्नावस्था में उसके पास जाता है।'

'यौन सम्बन्धों में कम्यूनिस्ट दृष्टिकोण नहीं होता। सच तो यह है कि यहाँ वफादारी का कानून है।' अगर कोई लड़का किसी अन्य लड़के की प्रेमिका के साथ सोता है तो वह लड़का पहले लड़के की चहेती के साथ सोकर हिसाब बराबर कर लेता है।[2] कभी-कभी लड़की

---

1. एस.सी. रॉय, द बिरहोर्स (राँची, 1925) पृ. 243 व आगे।
2. मैंने यह बस्तर में भी होते देखा है। बन्दरसिउनी में घोटुल का कोतवार अपने दोस्त दीवान की मंगेतर के साथ भाग गया। गुस्से में पगलाया दीवान कोतवार की मंगेतर के साथ भाग गया। दोनों जोड़ों को वापस लाकर दोबारा मंगेतरों के साथ कर दिया गया।

को हासिल करने के लिए 'भूत चढ़ गया—का नाटक भी होता है। लड़का लड़की को बाज़ार में पाकर ज़ोर-ज़ोर से सिर हिलाने लगता है और इस "भूत चढ़ गया" की स्थिति में उसे उठाकर जंगल की ओर लपक लेता है।' शादी से पहले अगर कोई कन्या गर्भ धारण करती है तो कुछ जड़ें उसे खिलाकर गर्भपात कराया जाता है। 'पर ऐसे उदाहरण बहुत कम और कभी-कभी ही देखने में आते हैं।' फोरब्स बिरहोर के विवाह नाते को बलवान मानते हैं। 'लड़कों व लड़कियों को विवाह से पहले पूरी आज़ादी होती है पर शादी के बाद वे बहुत पवित्र ढंग से जीते हैं।'[1]

स्थूबन की विस्तृत 'आईसेनशेमीड अंड डैमोनेन इन इंडियन असुरों' घोटुल जैसी संस्था के बारे में कुछ जानकारी उपलब्ध कराती है। वो यह बात सही कहते हैं कि सन्तान के अलग सोने की परम्परा इसलिए चालू हुई जिससे माँ-बाप को किसी तरह का संकोच व परेशानी न हो। वो कहते हैं कि कुछ बूढ़े लोग आमतौर पर बच्चों के साथ सो जाते हैं। 'गाँव का पंच यह ध्यान रखता है कि युवाओं का जीवन बहुत अनैतिक न होने पाए। असुरों के लिए प्रेम और विवाह में करीबी रिश्ता नहीं होता।'[2] 'आमतौर पर अपने लिए भवनों में युवा लोग आपस में यौन सम्बन्ध बनाते हैं। इन्हें बुरा नहीं समझा जाता और ये लोग बिना किसी शर्म के इन्हें स्वीकारते भी हैं। शामराव हिवाले और मैं, डब्यू.जी. आर्चर के साथ, मार्च 1940 में, नेटेरहाट पठार गए थे जहाँ हमने बहुत-से असुर गाँव देखे।[3] समय थोड़ा था और हम गहन जानकारी हासिल नहीं कर पाए। जो भी जानकारी हमारे पास थी वह हमने लोगों से पूछकर एकत्रित की थी, उनके साथ रहकर उनका अध्ययन करके नहीं। पर यह हम भली-भाँति समझ गए कि यहाँ की संस्था की तुलना बस्तर के घोटुल से किसी भी तरह सम्भव नहीं थी।

पहली बात तो यह कि असुर अपने अविवाहित युवाओं के लिए अलग से घर नहीं बनाते। अलग घर बनाने को घोटुल सरीखी व्यवस्था का एक आवश्यक चिह्न समझा जा सकता है। जहाँ ऐसे घर नहीं होते या होते हैं पर बढ़िया ढंग से इनकी देखभाल नहीं होती, वहाँ इस व्यवस्था का पतन हो रहा होता है। असुरों के गाँवों में ऐसे घरों के मालिक अकेलेपन से ऊबे लोगों के होते हैं जो मन लगाने के लिए गाँव के युवाओं को इनका उपयोग करने देते हैं। बीजापथ, जहाँ ईसाई धर्म में परिवर्तित हुए बीर असुर रहते हैं, हमने ऐसे दो घर देखे। वह घर, जिनका उपयोग लड़कियाँ करती थीं, गाहिन नाम की बूढ़ी विधवा का था। यह गाँव की गली में ही था। इसमें घड़े, टोकरियाँ, खाना बनाने का स्थान, रस्सी, लकड़ी के आसन और एक चटाई थी। यहाँ पाँच छोटी लड़कियाँ सोती थीं—हमने उन्हें स्वयं देखा। कोई तीस गज दूर, मोड़ पर, लड़कों का घर था जो बड़ा अवश्य था पर बेतरतीब था। यह कालू असुर ने, अपनी पत्नी के देहावसान के बाद, लड़कों को दे दिया था। यहाँ भी बहुत-सा घरेलू सामान था—घड़े, चूल्हा, अनाज का बर्तन इत्यादि। साथ ही यहाँ लड़के अपनी चटाइयाँ, ढोल, तीर और कमान भी रखते थे। यहाँ हमने इन लड़कों को देखा—छोटन, अल्फ्रेड, पांडरा, ल्यूकास और टेम्पू। गाँव के सारे लोग कुसर वंश के थे। इस कारण मुझे नहीं लगता कि उनमें प्रेम सम्बन्ध होंगे। लड़कियाँ लड़कों के लिए कुछ नहीं करती थीं। न तो वे उनका

1. एल.आर. फोरब्स, *रिपोर्ट ऑन द रैयतवारी सेटेलमेंट ऑफ गवर्नमेंट फार्मस इन पालामाओ* (1872), पृ. 44।
2. डब्ल्यू. रूबेन, *आईसेनरोमीड एंड डैमोनेन इन इंडियन* (लीडन, 1939), पृ. 73
3. हम नावा तोली, कोटेया, लुपुंगपथ, डोकर, बीजापथ, केराखैर, जोहीपथ और जाम टोला गए थे।

घर साफ करती थीं, न उनके लिए दातुन लाती थीं; वे उनके साथ नृत्य तक नहीं करती थीं जब तक कुछ बूढ़े लोग उपस्थित न हों।

इसी तरह जोभीपथ में लड़कियाँ घर के बरामदे के बने एक कमरे में सोती थीं। कुछ इसी घर की लड़कियाँ थीं जिसमें इनकी रात्रि व्यतीत होती थी। ऐसा लगता था मानो दो या तीन बहनों ने अपनी सारी सहेलियों को अपने साथ रहने बुला लिया हो। लड़कों का घर सौ गज दूर था। यह गाँव के दूसरे छोर पर था। इस भवन का मालिक एक विधुर था। लड़के अपने ढोल और चटाइयाँ दिन में घर के अन्दर ही टाँगते थे। विधुर इनके साथ ही सोता था व इनकी देखभाल किया करता था। ये लोग बीर असुर थे।

हमें बताया गया कि लुपुंगपथ के ईसाई बीर असुर भी ऐसे भवन रखते थे। रूबेन ने कहा कि इस गाँव में ईसाई स्कूल मास्टर के दो घर थे जिनमें से एक उसने लड़कों की रिहाइश हेतु दे रखा था। पर जिन दो बिरझिया बीर असुर गाँवों में हम गए वहाँ हमें ऐसे भवनों की कोई परम्परा नहीं मिली; शायद इसलिए कि ये गाँव बहुत छोटे थे।

कोरवा के बारे में ड्राइवर ने पचास वर्ष पहले लिखा था, 'हर विशाल गाँव का दमकुरिया (अविवाहित लड़कों का घर) होता है जो उन लड़कों के लिए बनाया जाता है जो अपने माता-पिता के साथ सोने के लिए बहुत बड़े हो गए हों। लड़कियाँ अपने अभिभावकों के साथ तब तक रहती हैं जब तक उनकी शादी नहीं हो जाती।' घर के सामने नृत्य स्थल था और युवाओं को विवाह से पहले बहुत आज़ादी मिलती थी।[1]

ओड़िसा

लिंग पर आधारित भवनों की परम्परा ओड़िसा की अधिक जंगली जातियों में अब भी जीवित है। मैंने स्वयं इन कबीलों में छानबीन की है–जुआंग, भुइया, कोंड, गड़बा, बोंदो, दिदाई पोरोजा और सवारा। ओड़िसा के ऐसे भवन दो तरह के होते हैं : जुआंग और भुइया विशाल और यदाकदा बहुत सजावटवाला भवन बनाते हैं जो गाँवों के बीचोंबीच स्थित होता है। यहाँ युवक सोते हैं और यह क्लब तथा समिति के सभागार का कार्य भी करते हैं जहाँ गाँव के बड़े-बूढ़े मन्त्रणा करते हैं। लड़कियों का अलग मकान, पास ही, होता है। अन्य कबीले युवा लड़कों तथा लड़कियों को रहने के लिए अलग-अलग घर देते हैं जो अन्य घरों जैसे ही बने होते हैं। ये गाँव में कहीं भी हो सकते हैं। युवकों के घर के सामाजिक क्रिया-कलाप बूढ़ों के लिए खासतौर पर बने मंच और पत्थर के आसनों पर सम्पन्न होते हैं। गाँव की सांस्कृतिक ज़िन्दगी का यह मंच बहुत महत्त्वपूर्ण अंग होता है।

ओड़िसा के अधिकतर कबीलों में प्रेम-सम्बन्ध एक ही गाँव में रह रहे लोगों के बीच निषिद्ध होते हैं। इससे यह नतीजा होता है कि इन कबीलों के युवाओं में चेलिक-मुटियारी जैसे सम्बन्ध कदापि नहीं हो सकते। यहाँ प्रेमी घोटुल जैसे भवनों में चैन से नहीं बतियाते। वे प्रेम के लिए अन्य गाँवों में नृत्यों के अभियान पर निकलते हैं।

ओड़िसा में हर जगह लड़कों व लड़कियों के लिए अलग-अलग भवनों का इन्तज़ाम मिलता है। यहाँ नृत्यों की एक परम्परा होती है जो रोमांचकारी मानी जाती हैं क्योंकि नृत्य अन्य गाँवों में जाकर किए जाते हैं। इन्हीं नृत्य अभियानों के कारण विवाह सम्पन्न होते हैं।

1. डब्ल्यू.एच.पी. ड्राइवर, जे.ए.एस.बी., खंड LX (1891)।

चित्र-41. एक दल—कुमली और उसकी सखियाँ

गाँव के युवाओं का एक नेता होता है। ये लोग त्योहारों पर, सरकार के लिए तथा सम्पन्न किसानों के लिए कार्य भी करते हैं। इनमें शादी के बाद वफादारी का स्तर बहुत ऊँचा पाया जाता है। बस्तर की तरह ही यहाँ भी जगह बदल-बदलकर खेती होती है, विशाल पत्थर के स्मारक लगाए जाते हैं, रस्मी शिकार खेला जाता है, लम्बे व मस्ती भरे त्योहार मनाए जाते हैं और रस्मी नृत्यों पर लोग थिरकते हैं।[1]

1942 के ठंडे मौसम में मैं किओनझार के जुआंग पीरह गया और पाल लहारा प्रदेश में मलयागिरि के पास के मनमोहक क्षेत्र में बहुत-से जुआंग गाँव भी देखे। कुछ लोग जिन्हें डाल्टन, 'प्राचीनतम लोग जिनसे मैं मिला हूँ या जिनके बारे में मैंने पढ़ा है,' कहते हैं अब भी पत्तों की पोशाक पहनते हैं। घोटुल सरीखे भवन जिन्हें दरबार या मांडागढ़ कहा जाता है किओनझार में फल-फूल रहे हैं। परन्तु पाल लहारा और धेनकनल, दो अन्य प्रदेश जहाँ जुआंग पाए जाते हैं, में इन भवनों की परम्परा लुप्त हो चुकी है। किओनझार में ऐसा भवन

1. ओड़िसा के लिंग पर आधारित भवनों के संक्षिप्त उल्लेख मिलेंगे (जुआंग के लिए), डाल्टन, उपर्युक्त देखें, पृ. 154; एच.एच. रिसले, *द ट्राईब्स एंड कास्ट्स ऑफ बंगाल* (कलकत्ता, 1841), खंड I, पृ. 351; (कोंड के लिए) डाल्टन, उपर्युक्त देखें, पृ. 295; (पौरी भुइया के लिए) एस.सी. रॉय, *द हिल भुइयाज़ ऑफ ओड़िसा* (राँची, 1935); रिसले, उपर्युक्त देखें, खंड I, पृ. 114; (पोरोजा के लिए) *सेन्सस ऑफ इंडिया*, 1931, खंड I, भाग III बी, पृ. 198; जी. रामदास, 'द पोरोजाज़', *मैन इन इंडिया*, खंड XI, पृ. 248; (गड़बा के लिए), जी. रामदास, 'द गड़ाबाज', *मैन इन इंडिया*, खंड XI, पृ. 165; और अन्य उल्लेख जो पुस्तक में बाद में दिए गए हैं।

गाँव के मध्य खड़ा होता है। आमतौर पर यह विशाल और शानदार होता है तथा इसकी शोभा में नक्काशीदार कड़ियाँ व स्तम्भ चार चाँद लगाते हैं। पास ही लड़कियों के रहने का भवन–धांगरी-बासा–होता है।

जुआंग भवनों के कई आयाम होते हैं–ये गाँव के मर्दों के सामाजिक व आर्थिक जीवन के केन्द्र होते हैं; ये गाँव के युवाओं के संगठन होते हैं; नृत्य सीखने के स्कूल होते हैं तथा कबीले के लोगों की अपनी पहचान के कलात्मक नमूने होते हैं।

दरबार की सामाजिक जीवन में जगह इसके निर्माण के ढंग से ही स्पष्ट हो जाती है। यह एक बड़ा और आरामदेह घर होता है जो एक ओर से पूरा खुला हुआ होता है। इसका बरामदा ऊँचा होता है। भवन के पीछे एक छोटा-सा कमरा होता है जिसमें बलि के लिए बकरियाँ रखी जाती हैं या गाँव के देवता विश्राम करते हैं। एक मंच पर बड़े-बड़े बर्तन रखे जाते हैं। यहाँ लोग करों का भुगतान अनाज देकर करते हैं। सामागिरि में पैसे उधार देनेवाले व्यक्ति की बही दीवार पर लिखी थी : बाली में ऐसी बहियाँ ताड़ के पत्तों पर रिकार्ड की गई थीं तथा सहेजकर एक मेज़नुमा स्थान पर रखी हुई थीं। कमरे के बीच में आग होती है जो हमेशा जलती रहती है।

दरबार में लोग हर महत्त्वपूर्ण अवसर पर जमा होते हैं। यहाँ ये कुल्हाड़ी-खेती की भूमि आपस में बाँटते हैं 'जिसमें देवता हर वो बात सुन सकें जो हम करते हैं।' यहाँ पुजारी की कुल्हाड़ी भी रखी हुई होती है जिससे पहला वृक्ष गिराया जाता है। दरबार से आग लेकर खेती के लिए चुनी व साफ की गई भूमि पर रखा हुआ कूड़ा फूँका जाता है। हर त्योहार से अपने लोग यहाँ जमा होकर सोचते हैं कि क्या किया जाए। यहाँ वह अन्न इकट्ठा किया जाता है जो करस्वरूप सरकारी खजाने में जमा होता है। अतिथियों का दरबार में स्वागत किया जाता है, खासकर उस विशेष अतिथि का जो विवाह ठहराने आया हो। वास्तव में दरबार में वे सारे कार्य होते हैं जो क्लब, गिरजाघर और म्यूनिसिपल ऑफिस में अंजाम दिए जाते हैं।

इसका मतलब यह है कि दरबार उतना डिंडा-राज (युवाओं का राज्य) नहीं होता जितना कि मुरिया घोटुल। परन्तु यह कबीले की युवा पीढ़ी को व्यवस्थित और नियन्त्रित अवश्य करता है। अविवाहित लड़के यहाँ सोते हैं जिससे 'वे अपने माता-पिता को इकट्ठे न देखें।' इन लड़कों को भेंदिया कहते हैं और कन्याओं को धांगरी। इन्हें उपाधि नहीं दी जातीं परन्तु इनके नेताओं को मुरो-भेंदिया तथा मुरो-धांगरी कहा जाता है। दरबार के सदस्यों के, बस्तर

चित्र-42. किओनझार प्रदेश का जुआंग कन्घा

की तरह ही, सामाजिक कर्तव्य होते हैं : भेंदिया अतिथियों की देखभाल करते हैं, मुर्दे दफनाने में मदद करते हैं; वे लड़कियों के साथ त्योहारों और विवाहों पर नृत्य करते हैं और उन्हें कोई भी गाँववाला आवश्यकता पड़ने पर खेत में मदद के लिए बुला सकता है। अनुशासन कड़ा होता है। लड़कियों को अपने घर का रख-रखाव करने के साथ ही लड़कों के भवन की सफाई तथा समय-समय पर गोबर से लिपाई करनी होती है। छोटे लड़के दरबार की आग के लिए लकड़ी इकट्ठी करते हैं, बड़े लड़कों के लिए पानी और दातुन का इन्तज़ाम करते हैं और शाम को उनकी मालिश भी करते हैं। लड़कियाँ जाति-भोज के समय पत्तल और पत्तों के दोने उपलब्ध कराती हैं।

इन जिम्मेदारियों का निर्वाह न करने पर दंड दिया जाता है। लड़कों की कभी-कभार पिटाई की जाती है; कभी कान पकड़वाकर उठक-बैठक लगवाई जाती है; इन्हें बाहर ठंड में भी बिठाया जा सकता है; और ये दरबार की सदस्यता से निकाले भी जा सकते हैं। सदस्यता से निकाले जाने की स्थिति में माता-पिता मुट्ठी भर तम्बाकू और एक बोतल शराब लेकर आते हैं जिन्हें वे बड़े लड़कों के पैर छूकर भेंट करते हैं। दरबार लड़कों और लड़कियों को अनुशासन और आज्ञा-पालन में शिक्षित करता है, उनमें समाज के प्रति चेतना का संचार करता है और उन्हें चुस्त व साफ रखता है।

बस्तर के घोटुल की तरह ही, जुआंग दरबार का कला और संगीत पर महत्त्वपूर्ण प्रभाव होता है। बहुत-से गाँवों में खम्बे और कड़ियों पर हाथी, शिकार और नृत्य के दृश्य, स्त्रियों की आकृतियाँ और उनके स्तन तराशे जाते हैं।[1] लड़कों को धांगरी के लिए सुन्दर कंघे बनाने के लिए प्रेरित किया जाता है। वह दरवाज़ा जो भवन के पवित्र कमरे में खुलता है, पारम्परिक

चित्र-43. बाली, किओनझार प्रदेश का जुआंग कन्घा

चिह्नों से बहुत खूबसूरती से तराशा गया होता है। उन जगहों पर जहाँ दरबार विलुप्त हो चुका है—जैसे पाल लहारा में—वहाँ कबीले के सौन्दर्य-बोध में काफी गिरावट आई है।

इससे भी अधिक महत्त्वपूर्ण है दरबार के प्रभाव के कारण कबीले की नृत्य परम्परा की रक्षा। धेनकनल में, जहाँ दरबार परम्परा दम तोड़ चुकी है, वहाँ जुआंग ने अपने सुन्दर व चारित्रिक नृत्यों को भुलाकर, नीची जाति के हिन्दू पड़ोसियों के नृत्यों को अपना लिया है। यह वर्तमान शिक्षा का नतीजा है कि दरबार का पतन हो गया। परन्तु किओनझार में हर दरबार की दीवारों पर चांग गिटार लटक रहे हैं। कुछ गाँवों में बहुत लम्बे (नौ फीट तक) मान्दर ढोल—जो त्योहारों पर बजते हैं—सहेजकर रखे गए हैं। बढ़िया मौसम में, हर रात को,

1. यह नक्काशी मुझे गुप्तगंगा, बुरहीगढ़, बाली और खजूरबानी के भवनों में देखने को मिली।

लड़कियाँ नृत्य-स्थल पर आती हैं जो दरबार के ठीक सामने बना हुआ होता है। तत्पश्चात् वे लड़कों के साथ नृत्य करती हैं। लड़के व लड़कियाँ अलग-अलग, नृत्य अभियानों पर अन्य गाँवों में जाते हैं। ऐसा करने से अनेक प्रेम-सम्बन्ध कायम होते हैं तथा विवाह सम्पन्न होते हैं। दरबार के बारे में एक लोक कथा यह कहती है कि यह तब चालू हुआ जब रुसी–इस कबीले का जन्मदाता–ने अपने पुत्रों व पुत्रियों को नाचना सिखाया।

भवनों में रह रहे लड़कों व लड़कियों के सम्बन्धों में रुकावट यह है कि जुआंग अपने क्षेत्र से बाहर के लोगों से ऐसे सम्बन्धों की अनुमति देते हैं। गाँव के अन्दर रह रहे निवासियों को ऐसा कुछ भी करने की मनाही है। यह नियम इसलिए बना कि पहले एक गाँव एक वंश की प्रथा थी और ज़ाहिर है कि एक ही वंश के लोगों के मध्य ऐसे रिश्ते अनुचित होते हैं। इसका अर्थ यह था कि दरबार, पर्वतों के मारिया के घोटुल की भाँति, स्त्रियों के लिए त्याज्य था। इसी समय अन्य गाँवों के दरबारों व स्त्री भवनों से लड़कों व लड़कियों के आवागमन की परम्परा शुरू हुई जिसका उद्देश्य था शादी-ब्याह को आसान बनाना। लड़के उस गाँव जाते थे जहाँ के वंश की कन्याओं से वे विवाह कर सकते थे। वहाँ वे लड़कियों के साथ नाचते थे और उनके भवन में तीन-चार दिन रुकते थे। इसके बाद लड़कियाँ लड़कों के गाँव आकर नृत्य करती थीं और लड़कियों के भवन में ठहरती थीं जहाँ उनसे मिलने लड़के भी आ सकते थे। अन्ततः प्रेम-सम्बन्ध और फिर विवाह।

परन्तु धीरे-धीरे यह बढ़िया व्यवस्था बिखर गई और आज कुछ ही ऐसे जुआंग गाँव हैं जहाँ एक ही वंश के लोग रहते हों। 100 में से 23 शादियाँ गाँव के अन्दर ही होती हैं। इसका अर्थ यह है कि धांगरी-बासा में एक से अधिक वंश की लड़कियाँ होती हैं। इस कारण सारा वातावरण बदल चुका है। एक ही गाँव के युवक व युवतियाँ नृत्य कर सकते हैं व शारीरिक सम्बन्ध भी बना सकते हैं। लेकिन दरबार की शान वैसी ही है और यहाँ स्त्रियों के घुसने की सख्त मनाही है। हाँ, लड़के धांगरी-बासा अवश्य जा सकते हैं। नृत्य की समाप्ति पर लड़के व लड़कियाँ अपने-अपने घरों को चले जाते हैं। इसके बाद सही वंश के लड़के धांगरी बासा आकर तम्बाकू माँगते हैं। लड़कियाँ उन्हें अन्दर बुलाकर उनकी मालिश करती हैं व उनके लिए गीत इत्यादि गाती हैं। बहुत बार रात इकट्ठे बिताई जाती है। पर मुझे बताया गया है कि लड़कों को रोज़ सम्भोग करने की मनाही होती है। उन्हें यह चार या छह दिनों में एक बार करने की अनुमति होती है। एक ही कन्या से लगातार सहवास बिलकुल वर्जित होता है।

जीवन की सच्चाइयाँ (जुआंग दरबार व धांगरी-बासा में) जुआंग जीवन गाथाओं में बहुत स्पष्ट देखी जा सकती हैं। बुधवा, जो कोरदागी (किओनझार प्रदेश) का दिहुरी (पुजारी) था, ने बताया कि :

> जब मैं दस वर्ष का था तब मांडागढ़ (दरबार) में सोने गया। मेरे पिता ने मुझे एक चांग ढोल बनाकर दिया जिसकी मैं पूजा करता था। रात को नृत्य के बाद हम धांगरी-बासा जाते थे जहाँ लड़कियाँ हमारे हाथों व पैरों की मालिश करती थीं। त्योहारों पर लड़कियाँ खाना बनाकर दरबार में दे जाया करतीं। भेंदिया भी थोड़े पैसे इकट्ठे करके उन्हें दे दिया करते थे। हममें से हरेक अपनी धांगरी को एक कंघा, अँगूठी व माला देता था। मेरे पास दो लड़कियाँ थीं जिनके साथ मेरा उपहारों का आदान-प्रदान चलता रहता था। जब हम अन्य गाँवों में नाचने जाते तो मैं,

काजूरिया और बंसपाल गाँवों का रुख करता था। हम सूखे हुए चावल और गहने वहाँ की लड़कियों के लिए ले जाते। जब हमारा घर आने का समय होता तो लड़कियाँ हमें रोकतीं और गाने गातीं। हम उनके साथ फूलों की दोस्ती कायम करते। पहले मुझे बहुत शर्म आती थी पर मेरे दूसरे वर्ष में जब लड़कियाँ उपहार लेकर हमारे गाँव आईं तब मैं दो के साथ सोया।

नवगाँव (पाल लहारा प्रदेश) के बांगरु को वह समय याद हो आया जब दरबार वर्तमान समय से अधिक फल-फूल रहा था। उसने बताया कि जब वह दस साल का था तब लड़कियों का एक दल उसके घर आया और उससे कहा, 'आओ, दरबार में नाचने, गाने और सोने चलो।' इसके कुछ समय बाद ही उससे एक ढोल टूट गया और उसे आठ आने की शराब का जुर्माना देना पड़ा। 'मेरे चार या पाँच लड़कियों से, नृत्य के बाद, सम्बन्ध स्थापित हुआ करते थे। अब मैं बूढ़ा हो चला हूँ पर जब भी मैं लड़कों और लड़कियों को नृत्य में मिलते देखता हूँ तो मेरी जवानी की यादें ताज़ा हो जाती हैं और मेरा मन ठहाका लगाकर हँसने को करता है।' बाधीमारा के गेलू की धांगरी-बासा में पहली लड़की तब प्रेमिका बनी जब वह 14 साल का था। मैंने उसे सूखे चावलों के साथ प्यार किया। वह कितना मधुर समय था। पर जब वह खत्म हुआ तो मेरे इर्द-गिर्द अँधेरा छा गया। रंगमातिया के बासु के पास एक कन्या तब आई जब वह दरबार में सो रहा था। निस्सन्देह उस लड़की ने बहुत बेशर्म और बेढंगा कदम उठाया। उसने लड़की को अस्वीकार कर दिया और कन्या ने उसे जादू से नपुंसक बना डाला। खजूरिया के रत्न ने कहा, 'मुझे यांग ढोल बजाने और नृत्य करने में बहुत आनन्द आता था। एक दिन मैंने बहुत सुन्दर कंघा बनाया और अपनी चहेती कन्या के साथ नाचते हुए उसके बालों में खोंस दिया। वह भी मुझे चाहने लगी और हम भाग गए।'

चित्र-44. नागीरा के घोटुल सरीखे भवन में स्तम्भ पर नक्काशी

जिन 100 विवाहों का मैंने सर्वेक्षण किया उनमें 23 नृत्य अभियानों के कारण हुए, 4 सेवा विवाह थे, 4 'पाइथू' थे–जहाँ लड़की ज़बरदस्ती लड़के के घर आती है और 69 साधारण थे जो माता-पिता द्वारा तय किए गए थे। 52 उदाहरणों में लड़कों ने अपने मामा की पुत्री से विवाह किया। 31 ने माना कि उन्होंने अपनी पत्नी के साथ शादी से पूर्व विवाहेतर सम्बन्ध स्थापित किए थे।

मात्र 2 प्रतिशत शादियाँ अलगाव (तलाक) तक पहुँची जिससे यह सिद्ध होता है कि दरबार व्यवस्था के बावजूद विवाह स्थायी होते हैं।

मैं 1942 के नवम्बर और दिसम्बर में; बोनाई, किओनझार और पाल लहारा प्रदेशों में स्थित, कई भुइया लिंग-आधारित भवनों में रहा। यह भवन किओनझार जुआंग के भवन से

चित्र-45. दिहुरी (गाँव का पुजारी) और उसकी पत्नी की काठ की प्रतिमाएँ : टालापाड़ा के भुइया घोटुल के बरामदे में

छोटा, परन्तु बढ़िया बना हुआ व आरामदेह होता है। यह गाँव के बीच स्थित होता है और इसके ठीक सामने एक सुन्दर नृत्य स्थल तथा ग्राम सिरी (गाँव की माता) का स्तम्भ होता है। अन्दर की दीवारें हिरनों के सींगों व ढोलों से सजी हुई होती हैं। फूलझार में मैंने भवन में एक बाघ का पिंजरा रखा देखा। बहुत-से गाँवों में मैंने काराम त्योहार की वस्तुएँ कमरे के अन्दर, छत से लगे हुए, एक बहुत छोटे कमरेनुमा स्थान पर रखी हुई देखीं। जुआंग की भाँति ही ऐसे भुइया भवन भी कलाकारी के उत्कृष्ट नमूने होते हैं : कोइरा (पाल लहारा) में बहुत सुन्दर नक्काशी का दरवाज़ा था; राईसुआ (बोनाई) में मुख्य स्तम्भ पर एक भुइया स्त्री व उसका पति (मछली के रूप में) तराशे गए थे। तालपाड़ा (किओनझार) के दरबार के बरामदे में दिहुरी (पुजारी) और उसकी पत्नी की लकड़ी की मूर्तियाँ थीं जो वहाँ कभी आए मेहमानों ने खुश होकर भेंट की थीं।

बोनाई में दरबार की नींव का नृत्य से सम्बन्ध था।

> बोरम बुद्ध ने हमें जंगल में भूमि साफ करके खेती करना सिखाया। उन्होंने हमें बताया कि किस प्रकार फसल पक जाने पर चावल की शराब बनाई जाती है। बोरम और उनकी पत्नी पिए हुए थे : बोरम ने अपनी छाती पीटी और उनकी पत्नी ने उनके लिए नृत्य किया। इसके बाद लड़कों ने अपनी छाती पीटी और लड़कियों ने उनके लिए नृत्य किया। तदनन्तर बोरम बुद्ध ने एक लोहे का चाँग बनाया और एक घर भी जहाँ लड़के व लड़कियाँ रह सकें।

उद्गम की एक अन्य कहानी इस इच्छा से सम्बन्धित है कि बच्चे अपने माता-पिता के शयनकक्ष में न सोएँ।

> बहुत समय पहले बोरम बुद्ध और बोरम बुद्धि ने अपने बच्चों को यह कहते हुए नाचना सिखाया कि 'जब हम तुम्हारे जितने थे तब हम भी नृत्य करते थे।' इसके बाद बोरम बोले, 'मैं इन सब बच्चों के होते हुए कैसे सो सकता हूँ ?' सो उन्होंने एक विशेष घर उनके लिए बनाया और लड़कियों को एक विधवा के घर कमरा दिलवा दिया। जब भी लड़के चाँग ढोल बजाते हैं जब लड़कियाँ नाचने के लिए

बाहर आ जाती हैं। सो अब बोरम बुद्ध का नाम लेकर हम दरबार बनाते हैं तथा नाचते-गाते और पूजा करते हैं।

हर लड़के को दरबार का सदस्य बनना पड़ता है और लड़की को धांगरी-बासा का। जब कोई लड़का दरबार में शामिल होने की उम्र का हो जाता है तब नायक (दरबार का नेता) उससे कहता है, 'आओ हमारे साथ चाँग बजाओ, हमारे साथ खेलो और अन्य लड़कों के साथ दरबार में सोओ।' छोटा-सा लड़का शराब की एक बोतल लेकर आता है और सदस्य बन जाता है। उपाधियाँ नहीं दी जाती पर नेता 'जो राजा की तरह बैठता है' की नियुक्ति होती है। कर्तव्य, दंड और अभियान वैसे ही होते हैं जैसे जुआंग लोगों में प्रचलित हैं। किसी भी विवाह में बड़े लड़के छोटे लड़कों को दावत तथा एक घड़ा भरकर चावल की बीयर देते हैं जो उनकी सेवाओं का इनाम होता है। जब किसी लड़के का विवाह होता है तब अन्य लड़के उसे यह कहते हुए एक नई चटाई प्रदान करते हैं, 'तुम हमारे साथ बहुत दिन रहे : अब यह ले लो और खुश रहो।' शादी के बाद वे उसे लेकर वधू के पास जाते हैं और दोनों को कमरे में बन्द करके कहते हैं, 'अब इस घर का जिम्मा तुम्हारा है। अब शादी से पहले का जीवन समाप्त हुआ। अब तुम्हें हथकड़ियाँ लग चुकी हैं। इस लड़की का इस्तेमाल बढ़िया करना जिससे यह बच्चे पैदा करे, बहुत-से और जल्दी ही।'

भुइया भवनों के बारे में डाल्टन का वर्णन यह सुझाता है कि युवा अपने ही गाँव की लड़कियों के साथ प्रेम-प्रसंग बनाते हैं। ये धांगरी-बासा में बिना किसी अधिकारी की देख-रेख के रहती हैं। परन्तु जब भी मौका मिले, तब ये अन्य गाँवों की लड़कियों को प्रेम-पाश में बाँधने से नहीं चूकते। यह तब होता है जब लड़के 'रोमांचक और प्रसन्नतादायक' अवसरों पर गाँव से बाहर नृत्य करने जाते हैं। ये नृत्य रस्मी होते हैं। डाल्टन ने नृत्यों का बहुत सुन्दर वर्णन किया है और वे कहते हैं भुइया कन्याएँ अन्य देहात की लड़कियों की तुलना में, 'निश्चित ही, अधिक हाज़िर जवाब, अधिक रोमांटिक और अधिक काव्यात्मक होती हैं।'[1]

इसलिए यह स्पष्ट है कि भुइया के लिए दरबार उतना ही महत्त्व रखता है जितना जुआंग के लिए। यह एक सामाजिक मन्दिर है, गाँव के जीवन का केन्द्र, जिसमें बहुत-से स्वस्थ व कलात्मक कार्य होते हैं।

उदयपुर प्रदेश के भुइया और भुइनहर के यहाँ ऐसे भवन नहीं पाए जाते। परन्तु पांडो नाम का दिलचस्प कबीला जो इनके साथ 1921 की जनगणना के दौरान विलय हो गया था ऐसे भवनों का निर्माण करता था—लड़कों के लिए भांगरा और लड़कियों के लिए देरवा कुरिया। डब्लयू.एच. शूबर्ट ने इन भवनों की यात्रा के बाद लिखा :

> ये छोटी और साफ झोपड़ियाँ थीं जिसमें अधिक-से-अधिक एक समय में छह लोग ठहर सकते थे। जो दो झोपड़ियाँ मैंने देखीं—एक पुरुषों व एक स्त्रियों के लिए—हरेक में दो पलंग थे। अविवाहित लड़कों के रहने की कई झोपड़ियाँ होती हैं क्योंकि ये बहुत बड़ी नहीं होती। अगर कोई लड़का ऐसे भवन से पाँच रात लगातार गायब रहे तो उसके आचरण का आकलन करने के लिए पंचायत बैठती है।[2]

---

1. डाल्टन, उपर्युक्त देखें, पृ. 142 और आगे।
2. *सेन्सस ऑफ इंडिया,* 1931, खंड XII, भाग 1, पृ. 421।

मैंने पाया कि उत्तर-पश्चिमी बालीगुड़ा के कुट्टिया कोंड और नीमगिरि पर्वत[1] के पास रह रहे डोंगारिया कोंड–दोनों घोटुल जैसे संस्थानों का लाभ उठाते हैं। लड़कों के संस्थान को कहते हैं *धांगरा-इलु* और लड़कियों के संस्थान को *धांगरी-इलु*। परन्तु ये संस्थान पूर्णतया विकसित नहीं हैं। कभी-कभी अलग मकान लड़कों व लड़कियों को अवश्य दे दिया जाता है पर अधिकतर, घरों में कमरे मुहैया करा दिए जाते हैं। कुछिलि में मैंने इस कार्य के लिए अलग भवन देखा। कोंड व्यवस्था का एक दिलचस्प पहलू यह है कि एक गाँव में लड़कों के दो या अधिक संस्थान होते हैं। कभी लड़के वंश के आधार पर बाँटे जाते हैं तो कभी उन गाँवों के आधार पर जहाँ उनकी भावी पत्नियाँ रह रही होती हैं। लड़कियों का संस्थान अधिक लोकप्रिय था और कई गाँवों में मैंने देखा कि यह बहुत-से कार्यों का केन्द्र था। इसमें काफी रौनक थी। यहाँ लड़कों व लड़कियों का आवागमन चलता रहता था।

अविवाहित लड़के का कुट्टिया नाम होता है राविन्जा और लड़की का रस्का। सुसाबेटा में इस संस्था के कई पदाधिकारी थे : माँझी-धांगरा–जो लड़कों व लड़कियों, दोनों का नेता होता है और गाँव की युवा पीढ़ी का जीवन व्यवस्थित व नियन्त्रित करता है; डोलाई–इसका सहायक, जो अनुशासन और जुर्माने का जिम्मेदार होता है; जानी–जो लकड़ी और पत्तों की आवश्यकताओं की पूर्ति करता है और दावतों के लिए सामग्री मुहैया कराता है; और रावत–जो अतिथियों की देखभाल करता है और आगन्तुक अफसरों के लिए भोजन और मज़दूरों की व्यवस्था करता है। लड़की पदाधिकारियों की उपाधियाँ भी वही थीं बस वे स्त्रीलिंग में थीं जैसे–माँझी-अरु, डोलाई-अरु इत्यादि। इस गाँव में लड़कियाँ वयस्क होने पर ही ऐसे संस्थान में जाकर सोती हैं।

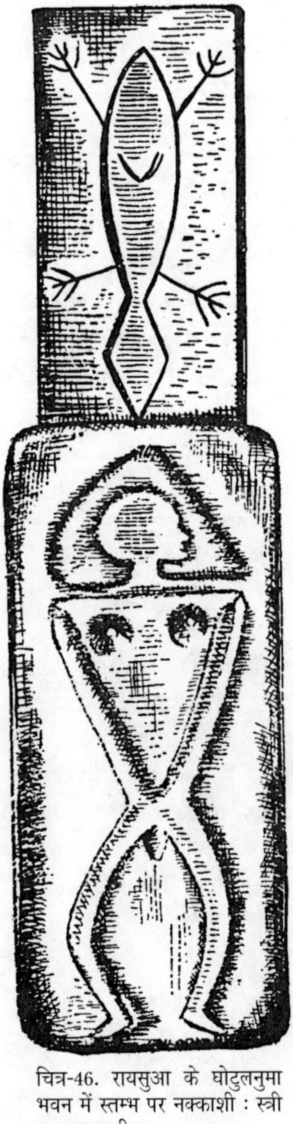

चित्र-46. रायसुआ के घोटुलनुमा भवन में स्तम्भ पर नक्काशी : स्त्री व पुरुष प्रतीक

रंगपरु में गाँव के विशाल दरबार के दोनों तरफ छोटे-छोटे भवनों में लड़के व लड़कियाँ रहते थे। इनके

1. एच.वी. ब्लेकबर्न के साथ मैं कुट्टिया गाँवों में गया–राजम, सुसाबेटा, सापर, रंगपरु और बिकापंगा। यह टूर 24 नवम्बर से 4 दिसम्बर 1943 तक चला। 5 से 9 दिसम्बर 1943 तक मैंने डोंगारिया कोंड गाँव देखे–मुंडा, सुत्तनगुनी, डोंगुनी, धामिनपंगा, कुछिलि, अमबोधिनि और टेंडा। बाद में मैं मचकुन्द नदी के निचले भाग के निकट स्थित कोंड गाँवों में भी गया। जनवरी 1945 में मैंने बोडो, किमिदि और गुनुपुर तालुक नामक कोंड गाँवों का दौरा किया।

नाम उन गाँवों के नामों पर रखे गए थे जहाँ इनके भावी पति या पत्नी रह रहे थे। एक तरह एक लड़के का नाम था, कांजी-कोरन्जा; एक बिकापांगा; अन्य का बातीपारेंजा इत्यादि। इसी तरह लड़कियों के नाम पड़े थे—नाजु-अरु, सकुबिचा-अरु, टिंबा-अरु, और मिंडा-अरु। लड़कों और लड़कियों के बीच विवाह से पूर्व प्रेम-सम्बन्धों की कोई ऐसी व्यवस्था नहीं होती जैसी बस्तर में होती है। यह खासतौर पर उन गाँवों में होता है जहाँ के सब लोग एक ही वंश के होते हैं। पर जहाँ सम्भव हो, लड़के लड़कियों को अँगूठियाँ और कलात्मक कंघों के उपहार देने से नहीं चूकते और कभी-कभी लिंग-भवनों के प्रेमियों का विवाह भी कर दिया जाता है। पूस पुन्नी पर्व पर, जो जनवरी में पड़ता है, लड़के लड़कियों को एक गाय या बकरी का उपहार औपचारिक तौर पर देते हैं। फाग (फरवरी) में लड़कियाँ आमतौर पर एक बाँझ मादा सूअर का उपहार देती हैं जो सिर्फ लड़के ही खा सकते हैं। त्योहार से एक हफ्ते पहले ही लड़के गाँववालों से अन्न और महुआ की शराब माँगकर इकट्ठी कर लेते हैं। लड़के व लड़कियाँ दो या तीन दिनों तक नृत्य करते हैं और ऐसा कहा जाता है कि इस समय ये पूर्णतया स्वच्छन्द यौनाचरण करते हैं।

डाल्टन वर्णन करते हैं कि कैसे हर कोंड गाँव में लड़कों और लड़कियों का अलग-अलग रहने का स्थान होता है : 'पवित्रता उनके गुणों की सूची में नहीं आती। क्योंकि लड़कों व लड़कियों को आपस में खूब मिलने-जुलने दिया जाता है इसलिए यह माना जा सकता है आवश्यकता पड़ने पर उन्हें अलग करने पर बहुत ज़ोर नहीं दिया जाता होगा।' लड़कियों का संस्थान 'एक बूढ़ी औरत के संरक्षण में होता है जो अन्दर सोती है और दरवाज़ा भी अन्दर से बन्द कर लेती है। मैं यह कहने की हिम्मत करना चाहूँगा कि वह बहुत ही गहरी नींद सोती है।'[1]

नीमगिरि के पास डोंगारिया कोंड गाँवों में बहुत-से उन घरों में जो गाँवों के बीचों-बीच हैं (इन भवनों का उद्देश्य स्पष्ट नहीं है पर ये मन्दिर हो सकते हैं जिनमें लड़कों को सोने की अनुमति मिली हुई हो) मैंने कड़ियों पर स्त्री के स्तन तराशे हुए देखे। ये ठीक वैसे ही थे जैसे कि कोनझार के जुआंग भवनों में। यहाँ के कुछ लड़कों को देखकर मुझे बस्तर की याद हो आई। इनके कौड़ियों के गहने बस्तर के चेलिक जैसे ही थे और ये खूब सजे-धजे थे—जो झोरिया मुरिया का भी एक चारित्रिक गुण है।

मचकुन्द की वादी में लिंग-भवन गाँवों के बीचों-बीच बने थे। ये वे छोटे घर थे जिन्हें लोगों ने त्याग दिया था। लड़के और लड़कियों के आपसी सम्बन्ध मधुर और दोस्ताना थे। एक नृत्य के दौरान—जो हुल्की नृत्य जैसा था—काफी हँसी-मज़ाक हुआ और लड़कों ने लड़कियों के कन्धों पर हाथ रखकर हमारा ग्रामोफोन सुना ठीक उसी अन्दाज़ में, जैसे बस्तर के युवकों ने सुना था।

तम्बाकू के उद्गम के बारे में एक अजीब और दुखभरी कहानी, जो मेरियाह पट्टा के कोंड गाँव से है, प्राचीन समय के लिंग-भवनों पर कुछ प्रकाश डालती है।

> एक समय लड़के व लड़कियाँ इकट्ठे एक ही भवन में सोया करते थे। एक अमीर व्यक्ति की लड़की को गहरा प्रेम हो गया; वह भी एक गरीब कोंड लड़के से। वे भवन में सोए तो सही पर एक-दूसरे के साथ नहीं। एक दिन लड़की ने कहा, 'मेरे पास आओ।' पर लड़का बोला, 'हम एक ही वंश के हैं। यह कैसे हो सकता है ?'

1. डाल्टन, उपर्युक्त, पृ. 295।

पर लड़की ने उसे चैन नहीं लेने दिया; वह हमेशा उससे साथ सोने की विनती करती रहती। एक दिन दूसरे गाँव से लोग उसका विवाह ठहराने आए। वह बोली, 'मैं शादी नहीं करूँगी; मेरे बारे में इस विषय पर किसी से बात न करें।' उसने कहा, 'अगर मेरी शादी करनी ही है तो उससे करो जिसका मैं नाम लूँगी।' फिर उसने उस लड़के का नाम बताया जिसे वह चाहती थी। 'पर तुम इससे विवाह कैसे कर सकती हो ? यह तो तुम्हारे ही वंश का है।' लड़की बोली, 'हम सब एक भाई-बहन के जोड़े की सन्तान हैं; और फिर हमारे तो माता-पिता भी भिन्न हैं। अतः विवाह में क्या हर्ज़ है ?'

गाँववालों ने लड़के को बुलाकर पूछा कि क्या वह उस कन्या से विवाह करना चाहेगा। उसने स्पष्ट इनकार कर दिया। 'मैं किसी अन्य गाँव की कन्या से विवाह करूँगा, अपने गाँव की से नहीं।' सो उन दोनों में से किसी ने विवाह नहीं किया। जल्दी ही लड़की की मृत्यु हो गई। कुछ दिनों बाद लड़का जंगल में पत्ते और लकड़ी लाने गया। शाम को वापस लौटते समय वह उसकी कब्र से होकर गुज़रा। कब्र पर एक बहुत सुन्दर फूल उगा था। उसने वह तोड़कर सूँघा; उसकी महक इतनी बढ़िया थी कि उसे नशा चढ़ गया। वह सोने लेट गया और जब वह उठा तो उसकी सारी थकावट दूर हो चुकी थी।

अगले दिन उसने कब्र पर से दूसरा वैसा ही फूल पत्तों के साथ तोड़ा और घर ले जाकर उसे हाथ में लेकर सो गया। स्वप्न में उसे वही लड़की दिखाई दी। वह हँसती हुई बोली, 'मैंने सबके सामने अपने प्यार का इज़हार किया, पर तुमने मेरी नहीं सुनी और मुझसे विवाह करने से इनकार कर दिया। आज मुझे अपने बिस्तर पर लेकर क्यों सोए हो ? उठो और मेरे साथ सोओ। मैं हर रात तुम्हारे पास आऊँगी। अगर तुम सम्भोग नहीं करोगे तो मैं तुम्हें नष्ट कर दूँगी।'

लड़का उठा और उसने देखा कि लड़की सचमुच उसके पलंग पर बैठी है। लड़के ने लड़की के साथ सहवास किया। अब यह क्रम चल पड़ा। दिन में वह महकता हुआ फूल होती और रात को लड़की बन जाती। वह बोली, 'मैं विवाह के लिए तरसकर मरी, कलप-कलप रोते हुए। अब सारे आदमी मुझे चाहेंगे।' तब बीज नहीं थे। जब लड़का मरा तो उसे भी लड़की की कब्र में दफना दिया गया और इसके बाद बीज पैदा होने लगे। यह फूल चन्द्रपुर से पूरे विश्व में फैल गया और अब मर्द इसके बिना नहीं रह सकते।

अपने दूर-दराज़ के गाँवों में गड़बा अब भी लिंग भवन बनाते हैं; मचकुन्द नदी के पश्चिम की ओर, जनवरी 1944 में, मैंने ऐसी संस्थाएँ देखीं। फरवरी और मार्च 1945 में भी मैंने ऐसे ही भवन इस क्षेत्र में देखें।[1] लड़के और लड़कियों के गुट आमतौर पर किसी भी

1. सी. वॉन फ्यूरर-हैमेनडॉर्फ ने उदारतापूर्वक मुझे वो नोट्स दिखाए जो उन्होंने इसी क्षेत्र का तीन साल पहले दौरा करके बनाए थे। बोंडों और गड़बा के जीवन पर मैंने स्वतन्त्र रूप से नोट्स लिखे हैं। मुझे यह देखकर बेहद खुशी हुई कि हम दोनों के निष्कर्ष एक समान हैं। हैमेनडॉर्फ ने दोनों कबीलों का बेहतरीन वर्णन किया है–'मेगालिथिक रिचुअल अमंग द गड़बाज़ एंड बोंडोज़ ऑफ ओड़िसा,' जे.आर.ए.एस., खंड IX (1943), पृ. 149-78।

ऐसे मकान में ठहरा दिए जाते हैं जो आसानी से उपलब्ध हो। परन्तु कुछ स्थानों में आरामदेह छोटी झोपड़ियाँ, छह फीट से कम ऊँची, घास पर मिट्टी पोतकर बनाई जाती हैं। ये छोटे-से घोंसले होते हैं जिनमें मुलायम घास बिछी हुई होती है। इनमें प्रवेश एक छोटे-से दरवाज़े से होता है जिसमें पेट के बल रेंगकर अन्दर घुसा जाता है। सामान्यतः इसमें चार या पाँच युवक अथवा युवतियाँ रहते हैं। ये झोपड़ियाँ ठंडे मौसम से बचाव के लिए निर्मित होती हैं।

चित्र-47. कोंड लड़कियाँ व लड़के मुरिया हुल्की की तरह का नृत्य पेश करते हुए

लड़कों व लड़कियों के विशेष नाम या उपाधियाँ नहीं होते। ये अपने नेता, जिसे बिसे कहा जाता है, द्वारा नियन्त्रित किए जाते हैं। बिसे का एक अन्य नाम भी है। यह है धांगरा पांजिहर–अविवाहितों का पुजारी। बिसे गड़बा समाज का एक महत्त्वपूर्ण व्यक्ति होता है। यह नृत्यों और नृत्य अभियानों की व्यवस्था करता है; खेतों में काम करने के लिए लड़कों व लड़कियों के दल भेजता है; गाँव में पधारे अफसरों का ध्यान रखता है और युवाओं की खास रस्में अदा करता है। कोई भी व्यक्ति जो किसी गड़बा गाँव में अतिथि बनकर गया हो वह तुरन्त ताड़ लेता है कि बिसे के बिना कोई भी कार्य नहीं होता।

जुआंग की भाँति ही गड़बा लोगों में पहले गाँव से बाहर विवाह करने का प्रचलन था जो अब समाप्त हो रहा है। जिन गाँवों ने इस परम्परा को जीवित रखा है वहाँ लड़कों व लड़कियों में आपसी प्रेम-सम्बन्ध नहीं हो सकते। इनके लिए उन्हें बाहर के गाँवों के युवकों एवं युवतियों से सम्पर्क साधना पड़ता है। ऐसे गाँवों के बीच काफी आवागमन रहता है। जिस गाँव में एक से अधिक वंश हों वहाँ लड़कों की शामों का बहुत-सा समय लड़कियों के भवन में व्यतीत होता है। हर साल पूस पारब त्योहार के अन्त में औपचारिक नृत्य अभियान होते हैं। विशेष नृत्य की डंडियाँ बिसे की नज़रों के सामने काटी जाती हैं। सिसा (गाँव का पुजारी) उस रास्ते पर अंडा चढ़ाता है जिससे होकर गाँव के युवा अन्य गाँवों में नृत्य करने जाते हैं। उनके लौटने पर वह पुनः पूजा करता है जिससे अगर उन पर किसी अशुभ टोने-टोटके की छाया हो तो वह समाप्त हो जाए। कोई भी लड़की जिसे मासिक धर्म हो रहा हो इस दल के साथ नहीं जा सकती। अभियान के समय लड़ाई-झगड़े बर्दाश्त नहीं किए जाते। आपस में विरोध करने पर कड़ा जुर्माना लगाया जाता है। जब नर्तक उस गाँव में पहुँचते हैं जहाँ नृत्य करते हैं तो सबसे पहले वे वहाँ के सिसा के घर के सामने नाचते हैं और फिर सोदोर (गाँव के बूढ़ों के पत्थर के मंच) के आगे। नर्तकों को चावलों और एक बकरी के उपहार उदारतापूर्वक दिए जाते हैं। वापस लौटने पर वे अपने गाँव में रुई के पेड़ की शाख ज़मीन में गाड़कर उस पर अपनी डंडियाँ लटका देते हैं। इसके बाद उनके अपने गाँव में डांडी-नृत्य का मौसम शुरू होता है। हर रात सोदोर के सामने आग जलाई जाती है। पहली

रात आग बिसे जलाता है। इस औपचारिक और रस्मी अभियान के अलावा लड़के व लड़कियाँ सारे साल अन्य भवनों में (जो पास के गाँवों में होते हैं) जा सकते हैं। जब लड़के जाते हैं तो लड़कियाँ उनका स्वागत करती हैं। वे साथ-साथ खेलते व नाचते हैं, फूल-सम्बन्ध बनाते हैं और यदा-कदा विवाह भी तय करते हैं।

गड़बा नृत्य देखने में बहुत सुन्दर होते हैं। इनमें उत्कृष्ट मुरिया नृत्यों की भिन्नता और रोमांच होते हैं। यह एक पक्का प्रमाण है कि लिंग-भवन व्यवस्था यहाँ फल-फूल रही है। लड़कियों के अनेक नृत्यों में से एक उनकी दिनचर्या प्रदर्शित करता है। लड़कियाँ ज़मीन गोबर से लीपने का अभिनय करती हैं, कूड़ा फेंकती हैं, पानी लाती हैं, खाना बनाती और परोसती हैं। एक अन्य नृत्य मुरिया के हुल्की नृत्य जैसा लगता है। डांडी-नृत्य मुरिया नृत्यों से भी अधिक मज़ेदार होते हैं।

लिंग पर आधारित भवनों में रहनेवाले लड़के व लड़कियाँ, बिसे के आदेशों का पालन करते हुए बहुत-से पर्वों पर महत्त्वपूर्ण भूमिका निभाते हैं। विवाहों के अवसर पर लड़के वर की देखभाल करते हैं और लड़कियाँ वधू का ध्यान रखती हैं। वे दुल्हन को उसके घर तक छोड़कर आती हैं। लड़के रस्मी शिकार में अपना योगदान देते हैं। त्योहारों पर लड़कियाँ चावल की बीयर बनाती हैं और पत्तलें तथा पत्तों के दोने तैयार करती हैं। बिसे बोर गुमांग की पूजा का ज़िम्मेदार होता है। अगर किसी मुर्गी के अंडे खराब हो जाएँ तो ऐसी मुर्गी को भवन में रह रहे लड़के ही मारकर खा सकते हैं। पूस परब पर्व के आखिरी दिन लड़के और लड़कियाँ गाँववालों से खाना इकट्ठा करते हैं और पास के सोते पर जाकर केकड़े और मछलियाँ पकड़ते हैं। जब लड़कियाँ दावत तैयार कर रही होती हैं तब लड़के सेमुर पेड़ की शाख तोड़कर उसे रास्ते के बीचो-बीच गाड़ देते हैं। सिसा रीत के अनुसार बलि चढ़ाते हैं और लड़कियाँ पके हुए केकड़े और मछलियाँ लाकर पेड़ को भेंट करती हैं। इसके बाद पहले सिसा और तत्पश्चात् सारे लड़के पेड़ पर तीर चलाते हैं। अगर निशाना अच्छा हो तो यह इस बात का संकेत होता है कि आनेवाले वर्ष में शिकार बढ़िया रहेगा।

लड़कों और लड़कियों का सबसे महत्त्वपूर्ण त्योहार होता है ओंगन जिसे काकरी गोटा भी कहते हैं। हर अक्टूबर में गाँव के मुखिया जयपुर (इस क्षेत्र का मुख्यालय), दशहरा पर्व पर जाते हैं। जिस दिन वे लौटकर आते हैं; लड़कियाँ एक कॉकरोच अपने भवन में पकड़ती हैं और उसे छत की घास द्वारा बाँधकर एक बाँस से लटका देती हैं। दो लड़कियाँ बाँस को कन्धा देती हैं और उनके पीछे-पीछे अन्य लड़के व लड़कियाँ इस तरह रोते हुए चलते हैं मानो कोई मर गया हो। वे कॉकरोच को जलानेवाले पत्थर (सारो-राईसांग) तक जाते हैं। वे कॉकरोच को पत्थर पर रखते हैं और घास व डंडियों की छोटी-सी चिता बनाते हैं। फिर दो लड़के 'सिर और पैर' से आग लगाकर बेचारे कॉकरोच का दाह संस्कार करते हैं। जब लपटें उठती हैं तो एक लड़की अपनी अँगुली से अँगूठी निकालकर चिता में फेंक देती है। बाद में उसे निकालकर बिसे पहन लेता है। लड़कियाँ रोती हुई सोदोर तक जाती हैं, कुछ देर वहाँ बैठकर रोती हैं और फिर घर चली जाती हैं।

इसके अर्थ के बारे में गड़बा लोग स्पष्ट नहीं हैं। 'कॉकरोच लड़कों व लड़कियों का दादा होता है।' एक धुँधली-सी कथा है कि पहला लड़का और पहली लड़की कॉकरोच से जन्मे थे। यह सम्भव है कि यह जीव उन भवन सदस्यों का प्रतीकात्मक चिह्न हो जो अकाल मृत्यु को प्राप्त हुए। क्योंकि एक महीने बाद कॉकरोच के मरणोपरान्त की रस्म होती है। फसल

कटने के बाद, अगहन (नवम्बर-दिसम्बर) के पूर्णचन्द्र के दौरान, जब ओंगन गोटा मनाया जाता है तब गाँव के युवा भगवान को प्यारे हो गए अपने कॉकरोच बाबा (सारो-दादी) की याद और सम्मान में मेनहिर लगाते हैं। वे बहुत अधिक मात्रा में चावल की बीयर बनाते हैं। रस्म अदायगी की सुबह वे गाना गाते हुए केकड़े पकड़ने जाते हैं। बिसे कॉकरोच बाबा का नाम लेकर थोड़े-से चावल सोते में फेंकता है और कहता है कि 'अगर कॉकरोच बाबा के साथ सत्य है तो हम केकड़े जल्दी पकड़ पाएँ।' पहला केकड़ा अलग रख दिया जाता है और जब काफी केकड़े इकट्ठे हो जाते हैं तो इन्हें लेकर लोग बिसे के घर जाते हैं। लड़के ढोल बजाते हुए, पत्थर ढूँढ़ते जाते हैं। इसे लेकर वे सोदोर पर आते हैं जहाँ लड़कियाँ, चावल की बीयर का घड़ा लिए हुए, उनसे आ मिलती हैं। वे सब एक साथ चिल्लाते हैं, 'ओ कॉकरोच बाबा, हमारी बीच ग्रहण करो।' फिर उनमें से एक थोड़ी-सी बीयर पत्थर पर रख देता है। यह पत्थर सोदोर के पास गाड़ दिया जाता है और बिसे, यह कार्य हो जाने पर, प्रार्थना करता है : 'ओ कॉकरोच बाबा, हम यह आपकी खातिर कर रहे हैं। हममें किसी प्रकार के झगड़े ना हों। हम नृत्य करें और खुश रहें। अगर अतिथि अन्य गाँवों से हमारे पास आएँ तो उनसे हमारे सम्बन्ध सद्भावना और मैत्रीपूर्ण रहें। हमें बुखार और त्रासदियों से दूर रखें। जब हम जंगल में जाएँ तो हमारा किसी बाघ या भालू से सामना न हो एवं ना ही हमारे पैर पत्थर से टकराएँ।'

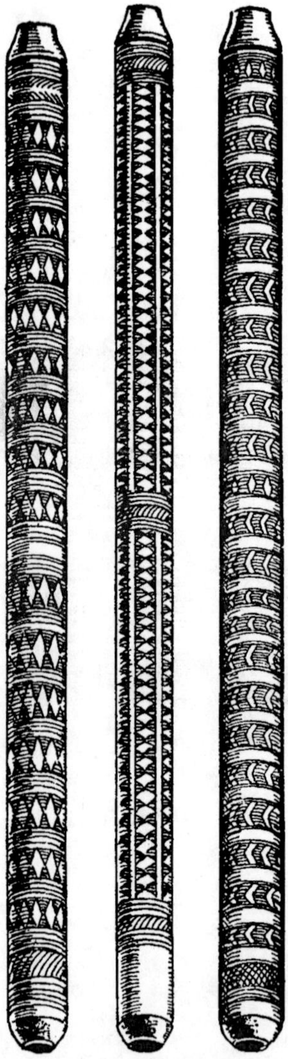

चित्र-48. कोंड तम्बाकू की नलियाँ

लड़के पुनः ढोल बजाते हुए जंगल में जाते हैं और इस बार रुई के पेड़ की दो शाखें तोड़कर लाते हैं। ये वे सोदोर के पास रोप देते हैं। पहली से बिसे एक केकड़ा व एक कद्दू बाँधता है तथा दूसरी से खीरा। वे बीयर पीकर पेड़ों के गिर्द नृत्य करना शुरू कर देते हैं। हरेक को केकड़ा चुराकर खाने का अधिकार होता है। जब कोई केकड़ा उठा लेता है तो लड़के चिल्लाते हैं 'कोई हमारी भैंस खोल ले गया है; चलो दूसरी बाँधो।' धीरे-धीरे सारे केकड़े बाँधे व चुराए जाते हैं। लड़के व लड़कियाँ सारी रात नाचते हैं। अगली सुबह बिसे कद्दू और खीरा काटता है; सब थोड़ा-थोड़ा उठाकर भाग जाते हैं।

गड़बा गाँव के वातावरण के बारे में फ्यूरर-हैमेनडॉर्फ जो कहते हैं उससे मैं पूर्णतया सहमत हूँ, 'लड़कों और लड़कियों के बीच मित्रता और प्रेम की भावना किसी भी व्यक्ति को एक ही नज़र में स्पष्ट हो जाएगी। इनका उल्लासपूर्ण और उन्मुक्त आचरण नागा युवाओं

के प्रसन्नतादायक वातावरण की याद दिलाता है।'[1]

बोंडो भवन का चरित्र कबीले के कुछ नियमों द्वारा निर्धारित होता है–जिन व्यक्तियों ने गाँव बसाया था उनकी सन्तानों में विवाह नहीं हो सकते। इसलिए, युवक व युवतियाँ अपना जीवन-साथी बाहर खोजते हैं। माता-पिता को अपने बच्चों को अपनी समस्याओं से जूझने के लिए चौंका देने की हद तक आज़ादी देनी होती है। शुरू की बोंडो संस्था मात्र एक विवाह संस्था थी। ऐसे कोई प्रमाण नहीं मिलते जिनमें यह दिखे कि यह जादुई शक्ति से भरी हुई एक महत्त्वपूर्ण संस्था थी जहाँ कबीले के अन्य ज़रूरी कार्यों को अंजाम दिया जाता हो। इससे मन बहलाव की कलाएँ भी नहीं जन्मी क्योंकि गाँव के युवक और युवतियाँ आपस में कोई प्रगाढ़ सम्बन्ध कायम नहीं कर सकते थे। यह गाँव का अतिथि-घर भी नहीं था क्योंकि गाँव में शायद ही कभी मेहमान आते हों। इस भवन की मौजूदगी का उद्देश्य था विवाह। यह वह वस्तु था जिसके द्वारा युवाओं को दिल खोलकर आज़ादी देनेवाला यह कबीला अपनी विचारधारा अभिव्यक्त करता था।

प्राचीन बोंडो संस्था में कड़ी परीक्षा ली जाती थी। यह एक गड्ढा होती थी जिसके ऊपर छत डाल दी जाती थी। इसमें एक छोटे-से दरवाज़े से घुसा जाता था। यहाँ लड़कियाँ रहती थीं और अन्य गाँव के लड़कों का स्वागत करती थीं। लोक-कथाओं के पाताल से यह एक मिलता-जुलता स्थान था जहाँ नायक को अपनी पत्नी पाने के लिए जाना पड़ता था। यहाँ उसका इम्तिहान लिया जाता था व उसकी प्रेमिका का भी; पास हो जाने पर वे विवाह-सूत्र में बँध जाते थे।

मुझे पुरानी गड्ढेनुमा संस्था-झोपड़ियों का कोई चिह्न नहीं मिला हालाँकि मैंने 1943, 1944 और 1945 में कई बोंडो गाँवों का दौरा किया। मुझे नहीं लगता कि ऐसी झोपड़ियाँ अब भी हैं पर मैंने इनके विषय में अफवाहें ज़रूर सुनी हैं। परन्तु मैंने इनके कई वर्णन उतारे हैं। दुमिरिपाद में मुझे बताया गया :

> हम दशहरे के समय एक बड़ा गड्ढा खोदकर उसे बाँस, चटाई व पत्तों से ढक देते थे। हम उसे मिट्टी से और अच्छी तरह से ढककर, उसे गोबर से लीप भी देते थे। छत में एक छोटा-सा दरवाज़ा होता था और उससे लगी हुई बाँस की सीढ़ी जिसके सहारे चढ़ा व उतरा जा सकता है। इसका उपयोग करने से पहले सिसा एक मुर्गी व एक सूअर की गड्ढे के अन्दर बलि देता था और खून गड्ढे की ज़मीन व छत पर छिड़क देता था।[2]

एक और वर्णन अंडराहाल में मुझे मिला। यहाँ मुझे इस गड्ढे का स्थान भी दिखाया गया और कुछ प्राचीन वस्तुएँ भी जो इसमें रखी जाती थीं।

---

1. फ्यूरर-हैमेनडॉर्फ ने इस रस्म का वर्णन किया है (उपर्युक्त देखें, पृ. 158 व आगे)। यह वर्णन मेरे वर्णन के काफी पहलुओं से मिलता-जुलता है। पर हेमेनडौर्फ इस रीत के आकलन में केकड़े को मृत्यु से सम्बन्धित मानने में इतने व्यस्त हो जाते हैं कि कॉकरोच की ओर उनका ध्यान जाता ही नहीं। सारे ओड़िसा पर्वों में अन्य पशुओं के स्थान पर केकड़ों का उपयोग होता है क्योंकि ये सस्ते होते हैं। यहाँ वे ज़ाहिर है, भैंस के स्थान पर स्वीकारे गए हैं। ड्रग में मैंने 'दस पैरों' वाले केकड़े को 'दो पैरों' वाले मानव की बलि के स्थान पर चढ़ाए जाते देखा।
2. इस गड्ढे के बारे में एक वर्णन, जो बहुत गर्व भरी (इस समय की चारित्रिक) भाषा में लिखा गया है, श्री जे.ए. मे की लेखनी का है, 'नोट्स ऑन द भोंडाज़ ऑफ जयपुर,' *द इंडियन एंटिक्वैरी*, खंड II (1873) पृ. 273 व आगे।

> क्योंकि वे अपने गाँव में विवाह नहीं कर सकती थीं, तो लड़कियों को उनके पति कैसे मिलते ? शादी करने से कोई लाभ नहीं जब तक लड़की व लड़का एक-दूसरे को पसन्द न करते हों; क्योंकि ऐसा न होने पर वे बेवफाई करेंगे और बाघ उन्हें खत्म कर देंगे। सो हमने एक अलग जगह बनाई जहाँ लड़के आकर नाच व खेल सकते थे। वे यहाँ सोकर लड़कियों को भली-भाँति जान भी सकते थे।
>
> महापूरब ने स्वयं पहला गड्ढा बनाया। मकान बनने से पहले महापूरब खुद ऐसे स्थान में रहते थे। एक बार जब लड़के शिकार खेलने जंगल में आए तो उन्होंने ऐसा गड्ढा देखा। उन्होंने सोचा, 'अगर हम ऐसा गड्ढा बनाएँ तो हमें ठंडक नहीं लगेगी।' सो उन्होंने एक गड्ढा, सर्दियों में इस्तेमाल करने के लिए बना डाला। पर गड्ढा खोदते समय बड़े-बड़े पत्थर निकलते। फिर बुरसुंग ने सिसा को स्वप्न में दर्शन दिए : 'मेरे नाम से बलि चढ़ाओ तो गड्ढा तैयार हो जाएगा।' इसके बाद बुरसुंग को अंडा और हुंडी को मुर्गी चढ़ाए बगैर हमने कोई भी गड्ढा नहीं बनाया। जब तया गड्ढा बना तो लड़कियों और सिसा (पर लड़कों ने नहीं) ने दावत खाई। एक बूढ़ी औरत लड़कियों के साथ जाकर तब तक उसके पास रहती थी जब तक वे सोने की इच्छा ज़ाहिर नहीं कर देती थीं। तब वह बाहर आती, द्वार को एक बड़े पत्थर से बन्द करती और अपने घर चली जाती। भोर होते ही वह वापस आकर पत्थर हटाती तथा लड़कियों को बाहर निकालती।

इस गड्ढे में लड़कियाँ अक्तूबर से लेकर छह महीने सोती थीं। यह ठंड के लिए ही था, गर्मी व बरसात के लिए यह सर्वथा अनुपयुक्त था। इन महीनों में अन्य गाँवों के लड़के इन युवतियों के पास आने के लिए मुक्त होते थे। वे गड्ढे के पास आते, पत्थर हटाते और अन्दर चले जाया करते थे। सीढ़ी से उतरकर वे नीचे जल रही आरामदेह आग तक पहुँच जाते थे। यहाँ वे गाते, खेलते और अन्त में लड़कियों के साथ सो जाया करते थे।

अगर किसी लड़के को कोई लड़की बहुत पसन्द आती तो वह अपने दोस्तों को बार-बार अपने साथ उसके पास चलने के लिए मनाता था। फिर, अंडराहाल में मुझे बताया गया :

> लड़का अपने आपसे कहता, 'यह लड़की मुझे पसन्द करती है भी या नहीं ?' फिर वह आग में एक पत्ता जलाकर लड़की पर फेंक देता। अगर लड़की को वह पसन्द नहीं होता था तो वह गाली देती हुई आग के दूसरी तरफ जाकर बैठ जाती। पर अगर वह उसे पसन्द करती तो चुपचाप अपनी जगह बैठी रहती और एक पत्ता जलाकर उस पर फेंक देती थी।

लड़के को कोई आवाज़ नहीं करनी होगी। कभी-कभी वे एक-दूसरे को बाँस के टुकड़ों से जलाते हैं। फिर लड़का दूसरी परीक्षा लेता है। वह लड़की का हाथ पकड़कर उसे अँगूठी या चूड़ी भेंट करता है। अगर लड़की उसे स्वीकार कर लेती है तो वे एक-दूसरे के मंगेतर बन जाते हैं। लड़का घर जाकर अपने पिता को सारा वृत्तान्त सुनाता है। पिता कहते हैं, 'बेटे अगर तुम खुश हो तो जो चाहे करो।'

इसके बाद मँगनी के जटिल आर्थिक लेन-देन शुरू होते हैं और अन्ततः विवाह हो जाता है जिसमें लिंग भवन के लड़के और लड़कियाँ महत्त्वपूर्ण भूमिका निभाते हैं।

गड्ढे में बनाए जानेवाले निवास-स्थान के प्रचलन का अन्त बहुत स्वाभाविक कारण से

हुआ। लड़कियों को गाँव की सीमा के पास, जंगली जानवरों से भरे वन के समीप रखने में काफी खतरा था। त्रासदी की ऐसी कई कथाएँ हैं जिनके कारण परम्परा में बदलाव लाया गया। दुमिरिपाद में मुझे बताया गया :

> यहाँ लड़के दूसरे गाँव से आया करते थे। वे लड़कियों के साथ नाचते व गाते थे। एक बार गड्ढे में सब इकट्ठे सो रहे थे। एक लड़के को पेशाब लगा और वह बाहर आया। यहाँ एक बाघ ने उसे मार गिराया।

चित्र-49. गड़बा शीत ऋतु में प्रयुक्त होनेवाला घोटुलनुमा भवन

तुलागुरम में मुझे निम्नलिखित जानकारी मिली :

> एक शाम लड़कियों को खाना लाने में विलम्ब हो गया। जब वे गड्ढे के पास पहुँची तो वहाँ एक बाघ उनका इन्तज़ार कर रहा था। जब वे नीचे उतर रही थीं तो वह उन पर झपटा और एक को उठाकर ले गया। उसी रात हुंडी देव के सिसा को स्वप्न दिखाई दिया जिसमें उन्होंने कहा कि लड़कियों को गड्ढे में रखना ठीक नहीं। उनके लिए गाँव में ही मकान बनाना चाहिए।

पर सबसे दुखभरी दास्तान सालनपाद में मिली।

> सालनपाद में जब लड़कियाँ सो गईं, तब वह बूढ़ी स्त्री जो उनका ध्यान रखती थी अपने घर जाने के लिए निकली पर वह गड्ढे का मुँह बन्द करना भूल गई। एक बाघ आकर गड्ढे के मुँह के पास छिपकर बैठ गया। जब एक लड़की बाहर पेशाब करने निकली तो उसने बाघ को देखा। यह सोचकर कि वह कोई कुत्ता

है उसने उसे भगाने की चेष्टा की। बाघ उस पर कूद गया और दोनों गड्ढे में गिर पड़े। बाघ ने बहुत-से लड़कियों को मार डाला पर दो या चार मरने का नाटक करके बच गईं। सुबह जब बुढ़िया लौटी तो बाघ को गड्ढे में देखकर मदद के लिए दौड़ी। गाँववाले तीर-कमान के साथ आए और बाघ को मार डाला। जब उन्होंने छत हटाई तो सिर्फ तीन लड़कियाँ ही जिन्दा मिली। तब से हम लड़कियों को गाँव के अन्दर एक घर में ही रखते हैं।

आज बोंडो लड़कियाँ किसी भी ऐसे छोटे-से घर में रहती हैं जो आसानी से उपलब्ध हो। बहुत बार उनके पास एक बुढ़िया देखभाल करने के लिए रखी जाती है। यहाँ वह स्त्री भी रह सकती है जो विधवा हो या अपने पति द्वारा त्याग की गई हो। ऐसा रिवाज़ बस्तर में नहीं है। लड़कों का भी अपना भवन होता है परन्तु लड़कियों का भवन महत्त्वपूर्ण होता है।[1] गाँव के मर्दाने जीवन का केन्द्र पत्थर से बना हुआ एक मंच–सिन्दीबोर–होता है। लड़कों के घर मात्र रोमांचक प्रेम-प्रसंगों के प्रारम्भ स्थल होते हैं। यहाँ से वे प्रेम और खुशी की तलाश में निकलते हैं। गड्ढों के लुप्त होने के बाद भी उनके अन्दर जो कुछ होता था, वह अब भी होता है। उत्तेजित और प्रसन्न लड़कों के दल (आमतौर पर दूसरे वंशों के पर एक ही वंश का होने पर भी कोई पाबन्दी नहीं है) अब भी अन्य गाँवों से आते हैं और नाचते व गाते हैं। लड़कियाँ उनके लिए ताड़ की शराब तैयार रखती हैं। लड़के अँगूठियाँ, हार और चटाइयाँ लाते हैं; बहुत-से बोंडो लड़कों की कमर पेटियों से अँगूठियों के गुच्छे लटकते रहते हैं। लड़कियाँ और लड़के घर में आग की गरमाई के पास बैठकर एक-दूसरे के लिए गीत गाते हैं। कुछ संगीत तो बहुत मधुर व सुन्दर होता है। मैं कभी भी बाँदापारा में आधी रात को गाए गए लड़कियों के गीत के सौन्दर्य को भुला नहीं पाऊँगा। लड़का बाँसुरी बजाता है और लड़की बाँसुरीनुमा एक अन्य वाद्य। मेरी पत्नी ने कई शामें सेलाली डिंगो में गुज़ारीं। उन्होंने मुझे बताया कि शाम का प्रोग्राम ऐसा होता है कि व्यक्ति हँसते-हँसते लोटपोट हो जाए। परन्तु यह भवन के अन्दर ही होता है। बोंडो अच्छे नर्तक नहीं होते; ये अपने पड़ोसी गड़बा के तरह बहुत तरह के नृत्य के कदम तथा शरीर को मोड़कर भाँति-भाँति की मुद्राएँ बनाना भी नहीं जानते। वास्तव में इनकी नृत्य में कोई विशेष दिलचस्पी भी नहीं होती। परन्तु ये बैठकर हँसी-मज़ाक करने में माहिर होते हैं।

बोंडो भवन का मुख्य उद्देश्य होता है विवाह। यह लड़कियों और उनके अतिथि–अन्य गाँवों के लड़कों–के बीच सम्बन्धों को तय करता है। यहाँ घोटुल से एकदम विपरीत विचारधारा मिलती है। घोटुल सम्बन्ध कभी भी विवाह में तब्दील नहीं हो सकते और इंगेरसिन में सम्बन्धों का लक्ष्य विवाह ही होता है। और कुछ नहीं। मुरिया में माता-पिता को पूरा अधिकार होता है; बोंडो में युवाओं को अपना जीवन-साथी चुनने की पूरी स्वतन्त्रता होती है। मुरिया लोगों में मंगेतरों में शारीरिक सम्बन्ध वर्जित होते हैं और बोडों में मँगती सार्वजनिक होने पर ऐसे सम्बन्धों की अनुमति मिल जाती है। विवाह से पहले गर्भधारण होना मुरिया के लिए एक आम नहीं परन्तु बड़ी समस्या है। बोंडों में इस समस्या का कहीं नामोनिशान नहीं मिलता। सबसे बड़ा अन्तर यह कि बोंडो शादी से पहले सम्भोग ना के बराबर करते हैं। बड़े त्योहारों पर कुछ मौज-मस्ती अवश्य हो सकती है। मसलन कोई लड़की किसी लड़के

---

1. लड़कियों के घर को सेनाली डिंगो या डुंगो कहते हैं : डिंगो का अर्थ होता है पुराना गड्ढा। लड़कों के घरों को इंगेरसिन कहा जाता था पर अब उड़िया नाम 'बासा' से पहचाने जाते हैं।

की लँगोटी चुरा लेती है और यह उसे तभी वापस करती है जब वह उसे शारीरिक आनन्द प्रदान करता है। परन्तु लिंग-भवनों में, लड़के लड़कियों के स्तनों को सहला सकते हैं और उनके साथ अश्लील हँसी-मज़ाक भी करते हैं। पर सम्भोग एक बहुत संजीदा कार्य माना जाता है। इसका अर्थ होता है कि लड़के की मंशा लड़की से विवाह करने की है। मौज-मस्ती के दृष्टिकोण से इसकी अनुमति कन्याएँ नहीं देती। बहुत-से साहसी लड़के ऐसी कोशिश करके कन्याओं से अपने सिर फड़वा चुके हैं।

भवनों में अनुशासन और व्यवस्था बहुत विकसित नहीं होती। मुझे यहाँ गड़बा बिसे या मुरिया कोतवार के स्तर का कोई नेता नहीं मिला। न तो लड़कों को और ना ही लड़कियों को किसी प्रकार की कोई अपाधि दी जाती है। दूसरी तरफ उन्हें काम करना होता है–कभी-कभी गाँव के बूढ़ों के लिए और अतिथियों के लिए हमेशा। लड़के विवाह, मृत्यु-संस्कार और रस्मी शिकार में मदद करते हैं; लड़कियाँ पत्तों के दोने और पत्तल (विवाहों के समय) बनाती हैं तथा खाना व चावल की शराब भी तैयार करती हैं। पूस परब त्योहार के समय दो अविवाहित लड़के लम्बी रस्मों की अदायगी के समय उपस्थित रहते हैं। लड़के दुल्हन को उसके घर से लेकर आते हैं और लड़कियाँ छोड़कर आती हैं। लड़के और लड़कियाँ शादी के पूर्ण होने के समय भी मौजूद रहते हैं।

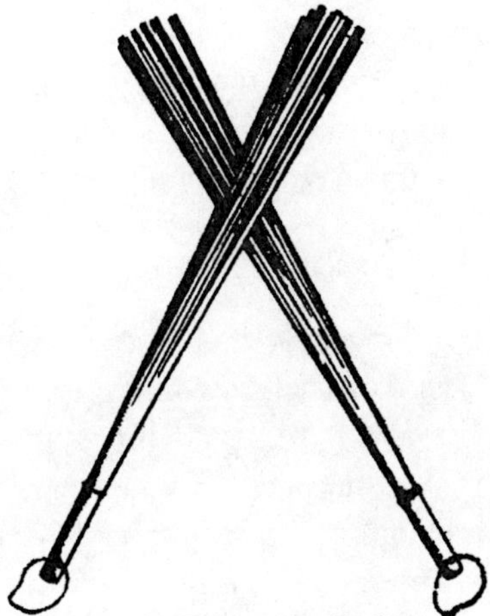

चित्र-50. गड़बा नृत्य डाँडियाँ

फ्यूरर-हैमेनडॉर्फ बोंडो व्यवस्था के महत्त्व का सारांश इस प्रकार देते हैं : 'बोंडो के लिए, जिन्हें अपने जीवन साथी अन्य गाँवों में तलाशने होते हैं, सेलानी डिंगो में बने मैत्री-सम्बन्ध शादी का एकमात्र रास्ता होते हैं। भवन व्यवस्था का अन्त इनके सामाजिक जीवन में क्रान्ति से कम ना होगा; इस स्थिति में विवाह का आधार आपसी पसन्द व प्रेम ना होकर, परिवारों में पैसे और सम्मान हो जाएँगे।' 'बोंडो की भवन व्यवस्था पारिवारिक और सामाजिक जीवन को ही संचालित नहीं करती, यह आर्थिक क्रिया-कलापों को भी प्रोत्साहन देती है।'[1]

झोरिया, दिदाई और परेंगा के भवन भी गड़बा जैसे ही होते हैं। मुझे इनका विस्तार से निरीक्षण करने का समय नहीं मिला। पटारपुट, गंगापाद और भजुरगुड़ा में दिदाई लिंग-भवन व्यवस्था खूब फल-फूल रही थी; लड़कों के नृत्यों में कमाल का सौन्दर्य था। साथ ही यहाँ का वातावरण विनम्रता, सादगी और सेवाभाव से भरा हुआ था जो उन गाँवों की पहचान है जहाँ लिंग भवन व्यवस्था की जड़ें गहरी और पुष्ट होती हैं।

---

1. सी. वौन फ्यूरर-हैमेनडॉर्फ, 'ऐवेन्यूज़ टू मैरिज अमंग द बोंडोज़ ऑफ ओड़िसा', *मैन इन इंडिया*, खंड XXIII (1943), पृ. 172। फ्यूरर-हैमेनडॉर्फ कहते हैं कि 'बोंडो विवाह आसानी से तलाक में बदले जा सकते हैं', मैंने जिन 100 विवाहों का 1945 में अध्ययन किया था उसमें 5 का तलाक हो गया था। यह मुरिया की तुलना में दोगुना है।

दक्षिण भारत

लिंग भवन व्यवस्था सम्भवतः दक्षिणी भारत के कबीलों में भी प्रचलित थी पर हमारे पास इन लोगों के बारे में समूचित जानकारी नहीं है और इसकी मौजूदगी के कुछ ही उदाहरण, प्रमाणों के आधार पर, दिए जा सकते हैं। ट्रैवेनकोर में हर मुथुवन, मन्नत और पालियन गाँव में लड़कों तथा लड़कियों के लिए अलग-अलग भवन होते हैं। ये संस्थाएँ 'सामाजिक जीवन को बनाए रखने के लिए अत्यावश्यक है।'[1] कन्नीकर का 'कुँआरों का हॉल' तीन कार्य करता है : यह अविवाहित लड़कों का घर है जहाँ स्त्रियों का प्रवेश वर्जित है; यहाँ अतिथि ठहराए जाते हैं और यह गाँव का सभागार भी है। अविवाहित लड़कियों के लिए अलग इन्तज़ाम है। यहाँ पर लिंग-भवन व्यवस्था, कृष्णा अय्यर कहते हैं, 'पतन की प्रक्रिया से गुज़र रही है।'[2] मन्नन के बारे में यही लेखक कहते हैं कि 'रात्रि को सारे अविवाहित पुरुष एक भवन में रहते हैं और कुँआरी कन्याएँ अलग भवन में। लड़कियाँ एक बूढ़ी औरत की निगरानी में रहती हैं। खाना खाने के बाद लड़के और लड़कियाँ अपने-अपने भवनों में चले जाते हैं। शादी से पूर्व विवाहेतर सम्बन्ध ना तो मान्यताप्राप्त होते हैं और ना ही बर्दाश्त किए जाते हैं।'[3] मैसूर के काडू कुरुबा का भी यही रिवाज़ है : लड़कों और लड़कियों के लिए अलग-अलग निवास होते हैं–'दोनों पर मुखिया कड़ी निगाह रखता है।' लड़कों की झोपड़ी को पुडुंगर चावाडी 'आवारा लोगों का घर' कहा जाता है।[4]

ऐसा भवन कोटा[5] में भी मिलता है पर यह टोडा के बीच नहीं होता।

मध्य सूबे

घोटुल को इतिहास में जगह दिलवाने में सबसे बड़ी समस्या यह है कि इसके बारे में सिर्फ दो या तीन जगह अस्पष्ट-सा ज़िक्र आता है, मध्य सूबों के सारे साहित्य में ! हिसलौप इसका ज़िक्र करते हैं, वे शब्द गोटलघर, कोटल से निकालते हैं। कोटल का अर्थ होता है वह घोड़ा जिसकी लगाम पकड़कर चलाया जाए और घर का अर्थ है, एक मकान।[6] इसका अर्थ यह है कि प्राचीन समय में घोटुल मुख्यतः यात्रियों का निवास स्थान था। यहाँ युवक तब सोते थे जब यह खाली होता था। चंड ज़िले के पूर्व में 'लड़कों के लिए बने भवन आम थे।' रसल और हीरालाल कहते हैं, ना जाने किस प्रमाण के आधार पर, कि 'छत्तीसगढ़ और बहुत सूबेवाले प्रदेशों के बहुत-से गोंड गाँवों में गोटलघर होते हैं। यह एक बड़ा मकान होता है जहाँ युवक और युवतियाँ रात को इकट्ठे होकर नाचते-गाते हैं। कुछ गाँवों में दो होते हैं– एक लड़कों के लिए व एक लड़कियों के लिए।'[7]

1. एल.ए. कृष्णा अय्यर, द ट्रैवेनकोर ट्राईब्स एंड कास्ट्स (ट्रिवैनड्रम, 1937) खंड III, पृ. 71।
2. एल.ए. कृष्णा अय्यर, उपर्युक्त देखें खंड I, पृ. 9। और देखें ई.जे. मैकफारलेन, 'हिल ट्राईब्स एंड फिरारफोक ऑफ ट्रैवेनकोर', मैन; 1935।
3. इसी ग्रन्थ में 'द मन्ननज़ ऑफ ट्रैवेनकोर', खंड XIII, पृ. 137
4. एल.के. कृष्णा अय्यर 'काडू कुरुबाज़', *मैन इन इंडिया,* खंड IX (1929) पृ. 229।
5. एम.बी. ईमैनयू, जे.ए.ओ.एस., खंड LIX, पृ. 132।
6. हिसलौप, उपर्युक्त देखें, पृ. 3।
7. रसल एंड हीरालाल, उपर्युक्त देखें, खंड III, पृ. 131। और देखें *सेन्सस ऑफ इंडिया,* 1901, खंड XIII, भाग 1, पृ. 201; ए.आर. नेलसन, *रायपुर डिस्ट्रिक्ट गज़ैटियर* (बम्बई, 1909), पृ. 106; एल.एफ. बेगबी, *चंडा डिस्ट्रिक्ट गज़ैटियर* (इलाहाबाद, 1909) पृ. 98।

फिर बस्तर के घोटुल का बहुत उम्दा वर्णन आता है। *छत्तीसगढ़ फ्यूडेटरी स्टेट्स गज़ैटियर* कानकेर प्रदेश के गोंडों के विषय में कहता है कि वे अपने लड़कों व लड़कियों को 'गाँव के बाहर सोने की बैरकें' उपलब्ध कराते हैं जहाँ वे रात को मिलकर नाचते, गाते व खेलते हैं।[1] ग्रिग्सन को इस बात में सन्देह है कि सतपुरा पर्वतों और मध्य सूबों के गोंडों में (इनमें छत्तीसगढ़ भी शामिल है) घोटुल प्रथा होती है। परन्तु साथ ही वे यह भी कहते हैं कि उन्हें एक 'समझदार और चतुर' गोंड ने नागपुर-छिन्दवाड़ा सीमा पर बताया था कि 'उसने बहुत साल पहले सुना था कि ऐसी कोई चीज़ देवगढ़ से आगे छिन्दवाड़ा ज़िले में पाई जाती है।'[2]

चित्र-51. बोंडो लड़की का गले में पहननेवाला पट्टा

मिस डी. भागवत मुझे बताती हैं कि उन्हें रायपुर ज़िले के पूर्वी कोने और आऊंधी ज़मींदारी में घोटुल प्रथा के चिह्न मिले हैं। पर अब इसका पतन हो चुका है। 'यह करीब-करीब लुप्त हो चुकी है। लोग इसे अपनाने में शर्म महसूस करते हैं।' इस व्यवस्था के चारित्रिक भवन तो अब नहीं रहे पर इसके नियम व तौर-तरीके अब भी बने हुए हैं। लड़के और लड़कियाँ मिलकर नृत्य करते हैं, गाते हैं। ये लोग गुट में पूस कोलांग और हल्की नृत्य करने भी जाते हैं। लड़कों को करसाल-गीत–मृत्यु के गीत और पहेलियों की शिक्षा दी जाती है। लड़कियों से ये गुप्त रखे जाते हैं। युवकों व युवतियों को कुछ यौन प्रशिक्षण भी दिया जाता है।

हाल ही में मुझे बिलासपुर ज़िले के लामनी क्षेत्र में भूमिया-बैगा के विषय में पता चला। ये लोग भी घोटुल जैसी व्यवस्था को अपनाए हुए हैं। इनके लड़के व लड़कियाँ किसी अन्य व्यक्ति के घर (खास इस उद्देश्य के लिए भवन नहीं बनते) इकट्ठे सोते हैं।

बस्तर में भी, अबुझमार की पहाड़ियों में पर्वतों के मारिया का घोटुल भवन इनके हर गाँव के बीचों-बीच मिलता है। यहाँ अविवाहित लड़के ऊँचे उठे हुए मंचों पर सोते हैं जो घर के एक कोने से दूसरे कोने तक जाते हैं। जब विवाहित मर्दों का अपनी पत्नियों के साथ सोना निषिद्ध होता है तब वे भी यहाँ आकर शरण लेते हैं। अतिथि भी यहाँ के निवासियों द्वारा स्वागत का आनन्द लेते हैं। पर्वतों के मारिया का घोटुल 'एक-भवन' तरह का घोटुल होता है। यह इसलिए है क्योंकि 'लगभग हर पर्वत के मारिया के गाँव में सारे लड़के व लड़कियाँ एक ही वंश के होते हैं अतः ये आपस में रिश्तेदार होते हैं।'[3] पर्वतों के मारिया लोगों में वर्ष के अधिकांश भाग में नृत्य करना वर्जित होता है सो यहाँ लड़के व लड़कियों के बीच

---

1. ई.ए.डी. ब्रेट, छत्तीसगढ़ फ्यूडेटरी स्टेट्स गज़ैटियर (बम्बई, 1909) पृ. 76।
2. ग्रिग्सन, उपर्युक्त देखें, पृ. 47।
3. ग्रिग्सन, *द मारिया गोंड्स ऑफ बस्तर*, पृ. 267।

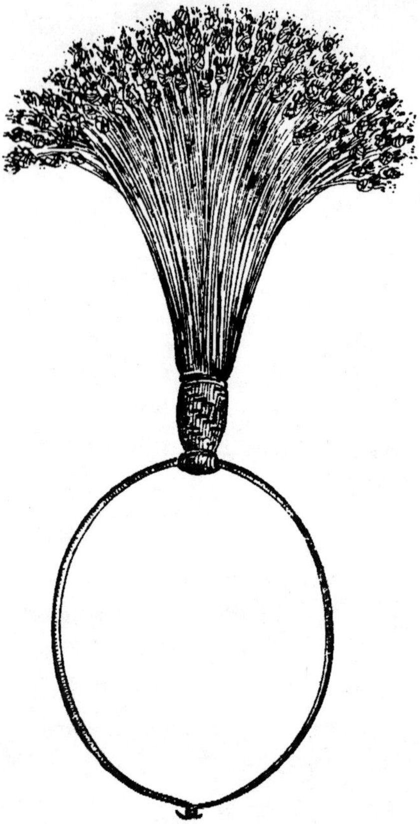

चित्र-52. बोंडो लड़के के सिर की सजावट

चेलिक-मुटियारी जैसे सम्बन्धों की कल्पना नहीं की जा सकती। परन्तु ग्रिग्सन ने यह भी नोट किया कि मुरिया किस्म का घोटुल पदालीभूम और नूरभूम परगनों में फैल रहा था (सम्भवतः तपालीघूम) में भी)। यहाँ एक से अधिक वंश के लोग आ बसे हैं। आमतौर पर पर्वतीय मारिया उपाधियाँ सिर्फ लड़कों को देते हैं। लड़कियों को सिर्फ नाम दिए जाते हैं जो वे शादी के लिए घोटुल छोड़ते वक्त तक रखती हैं। पर लड़कियों की घोटुल में, लड़कों से ज़्यादा इज़्ज़त होती है।' ऐसा कभी-कभी मुरिया लोगों में भी होता है। ग्रिग्सन ने वर्णन किया है कि कैसे 'परताबपुर में लगे एक कैंप में पदालीभूम के पर्वतीय मारिया आए हुए थे। यहाँ पर तीन गाँवों के घोटुल के लेयूर-गाईता उपस्थित थे। सब पदाली गाँवों के व पदाली वंश के लोग थे। पदालीभूम के एक उसेन्दि गाँव के घोटुल के मुखिया लड़के को सिल्लेदार की उपाधि प्राप्त थी और उसकी प्रेमिका का नाम था, झेलो। यह एक पदाली कन्या थी। चारों घोटुल नेताओं ने बिना किसी हिचकिचाहट के बताया कि वे अपनी प्रेमिकाओं से विवाह करने की आशा रखते थे और यह भी कहा कि वे तथा अन्य घोटुलवासी अपनी चहेतियों के साथ सम्भोग भी करते थे।'[1]

ग्रिग्सन सारांश में कहते हैं कि घोटुल 'एक स्कूल है जहाँ युवाओं को, कबीले की रीतियों के अनुरूप, सामाजिक व यौन व्यवहार के विषय में शिक्षा दी जाती है।'

राजा मुरिया और भाटरा में घोटुल व्यवस्था का नामोनिशान नहीं मिलता। पर धुरवा इस प्रथा के अवशेष बचाकर रखते हुए हैं। यह इस बात से स्पष्ट होता है कि अविवाहित लड़कों को थाना-गुड़ी (गाँव का अतिथिगृह) में सोने तब भेजा जाता है जब वह खाली होता है तथा लड़कियों को किसी अन्य व्यक्ति के घर सोने के लिए एक कमरा दिलवा दिया जाता है। काचरीपाटी में एक धांगरा-माँझी को लड़कों व लड़कियों, दोनों की देखभाल के लिए नियुक्त किया गया। जंगली साँड के सींगवाले मारिया की भी ऐसी ही संस्था होती है पर यह थोड़ी निम्न श्रेणी की होती है। परन्तु ग्रिग्सन ऐसे भवन ढूँढ़ने में असफल रहे। वो कहते हैं कि अरानपुर और अन्य कैंपों में वो बहुत से ग्राम-मुखियाओं से मिले जिन्होंने उन्हें बताया

1. ग्रिग्सन, *द मारिया गोंड्स ऑफ बस्तर*, पृ. 268।

कि घोटुल-सरीखे भवन गिरी हुई संस्थाएँ होती हैं।[1] दूसरी तरफ अनेक मारिया ने मुझे बताया कि वे उत्तर जैसी फलती-फूलती घोटुल व्यवस्था के बहुत इच्छुक हैं पर उन्हें गर्भ-धारण से जुड़ी अफवाहों से भय लगता है और दूसरे यह, कि आमतौर पर गाँव में एक ही वंश के लोग रहते हैं। सो घोटुल के होने से वंश के लोगों के बीच शारीरिक सम्बन्धों का खतरा है। अधिकांश जंगली साँड की सींगवाले मारिया के गाँवों[2] में मुझे लड़कों व लड़कियों–दोनों के लिए घोटुल मिले हैं हालाँकि बड़े-बूढ़े उनके होने का सदा खंडन करते हैं।

हर जंगली साँड के सींगवाले गाँव में एक बड़ा और आरामदेह अतिथि-गृह होता है। इसी को लड़के घोटुल की तरह इस्तेमाल करते हैं। लड़के मुरिया चेलिक की तरह सुव्यवस्थित श्रेणियों और पदों में नहीं रखे जाते; पर इनका एक मुखिया अवश्य होता है–मोखपाल में उसका नाम था, सियान और छोटा टिमनार में, पेदा। कभी-कभी एक बूढ़ा व्यक्ति लड़कों के पास सोता है। अनुपस्थित लड़कों पर जुर्माना ठोका जाता है। एक बूढ़ा मारिया, जिसका नाम सोरी मुख था, मोखपाल के घोटुल पर बहुत गर्व करता था। 'शुरू में' मुझे बताया गया, 'लड़के गाँव के बीच किसी मकान में रहने लगते थे और वह उनका मान लिया जाता था। फिर सरकार ने हमें एक अतिथि-गृह बनाने की आज्ञा दी और हमें यह बनाना पड़ा, इसलिए नहीं क्योंकि हम ऐसा चाहते थे, पर इसलिए क्योंकि सरकार ऐसा चाहती थी।'

यदाकदा लड़कियाँ किसी अकेली विधवा के घर सोती हैं पर आमतौर पर उनका अपना मकान होता है। इसे कभी-कभार मासिक धर्म झोपड़ी की तरह भी इस्तेमाल किया जाता है। मासिक दौर से गुज़र रही महिलाएँ झोपड़ी में एक ओर सोती हैं और लड़कियाँ दूसरी ओर। परन्तु आमतौर पर स्त्रियों को मासिक धर्म के लिए अलग झोपड़ी दी जाती है जो उनके निजी घरों से लगी हुई होती है। कन्याओं को अलग भवन मुहैया कराया जाता है। ये दोनों भवन लड़के ही बनाते हैं और बदले में लड़कियाँ उन्हें चावल की बीयर बतौर इनाम देती हैं। अगर मासिक धर्मवाली झोपड़ी की मरम्मत की जाए तो छत पर घास लगाने के बाद लड़कों को नहाना पड़ता है।

लड़कों व लड़कियों के अलग-अलग दायित्व होते हैं। दोनों को अपने भवनों में लकड़ी ले जानी पड़ती है नहीं तो जुर्माना लगता है। विवाहों में तथा अन्तिम संस्कारों में लड़कों व लड़कियों को लकड़ियों व पत्तलों का इन्तज़ाम सौंपा जाता है। बहुधा शाम को युवा लोग लड़कों के भवन के सामने मिलते हैं और खेलते हैं तथा नृत्य करते हैं। परन्तु मैंने कभी नहीं सुना कि बाल काढ़ने या मालिश करने का उनका कोई नियम होता है। पालनार में एक मारिया ने बताया कैसे 'लड़के लड़कियों के नृत्य में भाग लेते हैं। एक हाथ से वे नृत्य की लकड़ी पकड़ते हैं और दूसरे से एक लड़की का स्तन।'

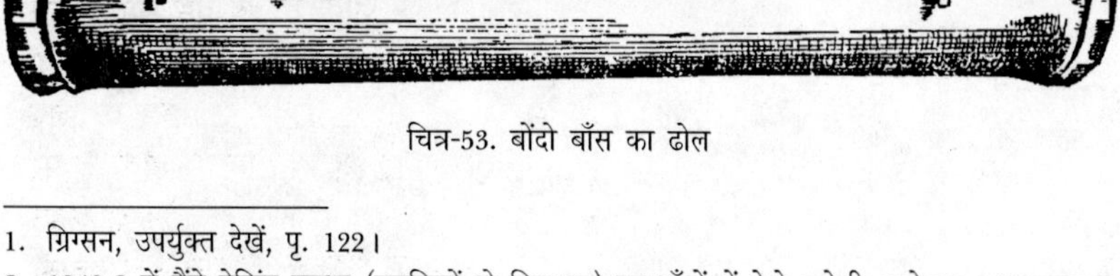

चित्र-53. बोंदो बाँस का ढोल

1. ग्रिग्सन, उपर्युक्त देखें, पृ. 122।
2. 1940-2 में मैंने पेकिंग कुरभा (लड़कियों के लिए घर) इन गाँवों में देखे–दुगेली, खुनेपाल, दुआरकारका, लाखोपाल, माथादी, सुरनार, डोटिराज़, पोरडम व अन्य गाँव।

लड़कों व लड़कियों में सम्बन्ध इस तरह सुव्यवस्थित व अनुशासित नहीं होते जैसे मुरिया लोगों में। शादियों के समय दोनों भवनों के सदस्य मौका देखकर निकल लेते हैं और किसी एकान्त स्थल पर जाकर सो जाते हैं। पेंटा में लड़कों ने बताया कि कैसे लड़कियाँ उस दीवार में छेद कर देती हैं जिसके पास वे सोती हैं। 'फिर उनका मित्र आकर उस छेद में लकड़ी घुसाता है जिससे लड़की उठ जाए। इसके बाद लड़की चुपके से उसके पास बाहर आ जाती है।' बड़ा हरमामुंडा के लड़कों ने मुझे बताया कि वे पेकिंग कुरमा (लड़कियों के घर) अन्दर भी जाते थे। तीन लड़के इकट्ठे जाकर, एक-एक करके अन्दर घुसते थे। जब पहला लड़का अन्दर जाकर कुछ समय व्यतीत कर लेता था तो दूसरा आकर उसे पकड़ने का ढोंग करता। 'अन्दर कौन-सा लड़का है ? तुम अन्दर क्या कर रहे हो ?' फिर वह उसे भगाकर उसकी जगह ले लेता है। ऐसा उन झोपड़ियों में नहीं होता जहाँ मासिक स्राववाली महिलाएँ सोती हैं क्योंकि आदमी यहाँ नहीं घुस सकता। ना ही ऐसा उन झोपड़ियों में होता होगा जहाँ कोई बूढ़ी औरत सोती है।

गोंगोंडा के बड़े मारिया में कोई घोटुल भवन नहीं है। कई सौ साल पहले, मुझे बताया गया, दुनिया के निर्माण के समय, इस गाँव में एक घोटुल था जहाँ लड़के व लड़कियाँ इकट्ठे सोते थे। लड़कियाँ एक लाइन में एक ओर व लड़के दूसरी ओर। एक दिन मछली पकड़ने से पहले वे येर कानयांग को भेंट चढ़ाना भूल गए। येर कानयांग क्रोधित हो उठीं। उनके कोप से घोटुल की धरती फट गई और भवन, लड़के व लड़कियों समेत, उसमें समा गया। माता-पिता आवाज़ सुनकर इस ओर दौड़े पर उन्हें पानी के एक बड़े गड्ढे के सिवाय कुछ ना मिला। पानी से भरा यह गड्ढा अब भी गोंगोंडा के पास देखा जा सकता है। मुलेर में कहानी यह है कि लड़के और लड़कियाँ गड्ढे में गिरकर हज़ार फीट नीचे एक वादी में निकल आए। कुछ समय बाद गोंगोंडा के लोगों ने लड़कियों के लिए भवन बनाया। पर जब भी वे उसमें सोतीं तो उसमें मेंढक भर जाते और इसलिए अन्ततः उसे हमेशा के लिए छोड़ दिया गया।

2. घोटुल भवन की शुरुआत

इस तरह के भवन की शुरुआत के बारे में कुछ पक्के तौर पर कहना कठिन है। शायद यह शादी के पहले के स्वच्छन्द यौनाचार की प्रथा का जीवित अंश है[1]; बोरनियो में शादी के स्थान पर खुला व मुक्त यौनाचार होनेवाले भवन में अविवाहित लड़कों के लिए अलग कमरे हुआ करते थे जिनसे घोटुल प्रथा शायद शुरू हुई हो।[2]

हडसन घर के प्रारम्भ के विषय में तीन चरण गिनाते हैं। पहले तो एक बहुत बड़ा भवन जिसमें पूरा गाँव इकट्ठा रहता है। इसके बाद आता है मकानों का एक समूह जिनमें एक मकान में विवाहित तथा अविवाहित मर्द, दूसरे में अविवाहित कन्याएँ रहती हैं। घर जैसे भवन में मात्र नई माएँ तथा उनके नवजात शिशु रहते हैं। अन्ततः करों के बोझ के कारण पति भी अपनी पत्नी के साथ रहने लगता है। 'यह पुनः एक ऐसा घर बन जाता है जहाँ हर उम्र

1. एस.ई. पील, "ऑन द 'मोरंग' एज़ पौसिब्ली ए रैलिक ऑफ प्री-मैरिज कम्यूनिज़्म", जे.आर.ए.आई., खंड XXII, पृ. 244। और देखें हडसन, *द नागा ट्राईब्ज़ ऑफ मनीपुर* (लन्दन, 1911) पृ. 86
2. सी. होज एंड डब्ल्यू मकडोगल, *द पेगन ट्राईब्ज़ ऑफ बोरनिओ* (लन्दन, 1912), खंड 1, पृ. 52।

के बच्चे अपने माता-पिता के साथ, एक ही छत के नीचे रहते हैं।'[1]

शेक्सपियर ने लिखा था कि लिंगभेद पर आधारित भवनों का उद्‌देश्य एक ही वंश के लोगों में शारीरिक सम्बन्ध बनने से रोकना था।[2] यह अधिक सम्भव है कि ये भवन इसलिए बने जिससे बच्चे वह न देख पाएँ जिसे देखने की अभी उनकी उम्र नहीं तथा माता-पिता को भी संकोच न हो। यह विचार प्राचीन कबीलों के उस मत से भी मेल खाता है जिसके अनुसार–जितना कम आप लोगों से मिलते हैं उतने ही मैत्रीपूर्ण सम्बन्ध आप उनके साथ रख पाते हैं। इसलिए यह स्वाभाविक है कि दुल्हन दूसरे गाँव से लाई जाए; कि मंगेतरों का आपस में सम्बन्ध न हो इत्यादि। सो अगर इस विचार के चलते लड़के व लड़कियाँ अपने माता-पिता के साथ एक ही घर में बन्द न रहें, खासकर उन शामों में जब बाप नशे में धुत घर आए, माँ भी दिन भर काम करके थकी हुई हो और दोनों का गुस्सा, इन कारणों से, सातवें आसमान पर हो। सो अगर बच्चे यह सब न देखें तो निश्चित ही पारिवारिक जीवन स्थायी और शान्त रहेगा।

कुछ उदाहरणों में; जैसे अफ्रीका और असम में, लिंग-भवनों को सुरक्षा चौकी की तरह इस्तेमाल किया जाता है। कभी-कभी यह उद्‌देश्य सेक्स तथा कन्याओं से दूर रहकर सिद्ध होता है; तो कभी लोग यह सोचते नज़र आते हैं कि योद्धा तब बेहतर लड़ पाएँगे अगर उनमें किसी तरह की कोई कुंठा नहीं होगी।

रॉय ने उराओन के ऐसे भवन के बारे में यह सारांश दिया कि यह अपने समय में 'एक सबल आर्थिक संगठन था जो खाना ढूँढ़ने, युवकों को उनके सामाजिक व अन्य दायित्वों के बारे में शिक्षित करने, शिकार में सफलता और युवकों में प्रजनन क्षमता बढ़ाने के लिए पूजा के कार्य किया करता था।'[3]

हम ऐसे भवनों में तान्त्रिक पहलू को नज़रअन्दाज़ नहीं कर सकते। परन्तु मुझे सन्देह है कि इस कारण से इन भवनों की स्थापना की प्रेरणा मिली। उदाहरण के लिए शेक्सपियर लुशेई कुकी वंशों के बारे में कहते हैं कि अगर कोई व्यक्ति गैंडे को मार दे तो उसका परिवार नष्ट हो जाएगा। ऐसा न हो, इसका उपाय यह है कि वह व्यक्ति सीधे ज़ौलबुक अथवा लोहार की भट्‌टी पर जाकर वहाँ एक दिन तथा एक रात रहे।[4] इस भवन का लोहार की भट्‌टी से सम्बन्ध दिलचस्प है। चांग में भी, जब कोई व्यक्ति बाघ को मारता है, तब वह तीस दिन मोरंग में रहता है।[5] जब लड़कों को किवाई दारिमु की सदस्यता दी जाती है तब उन्हें एक नग्न स्त्री की छोटी-सी मूर्ति दिखाई जाती है। ऐसा माना जाता है कि यह करने से सागो से प्राप्त वस्तुएँ अधिक मात्रा में उपलब्ध होंगी।[6] मुरिया घोटुल के चेलिक का भी प्रजनन सम्बन्धी रस्मों से विशेष ताल्लुक होता है।

इन सब कारणों के साथ ही, ऐसे भवनों की शुरुआत के बहुत स्वाभाविक कारण रहे हैं। गाँव में अतिथियों के लिए विश्राम-गृह की आवश्यकता हर स्थान पर होती थी। आतिथ्य

1. हडसन, उपर्युक्त देखें, पृ. 76।
2. शेक्सपियर, हडसन में पृष्ठ के नीचे दी गई टिप्पणी में, उपर्युक्त देखें, पृ. 86।
3. रॉय, द ओराओन्स, पृ. 211।
4. शेक्सपियर, *द लुशेई कुकी क्लैन्स*, पृ. 103।
5. हट्‌टन, *द अंगामी नागाज़*, पृ. 380।
6. बेवर, उपर्युक्त देखें, पृ. 184।

की इस देश में खास परम्परा है ही। ग्राम जीवन में हर जगह यह सुविधाजनक तो होता ही है कि युवा वर्ग सुव्यवस्थित रहे और काम के लिए उपलब्ध भी। न ही हमें मनुष्यों की क्लब बनाने की प्रवृत्ति को ही भूलना चाहिए। जहाँ समाज की उम्र के आधार पर व्यवस्था हो, वहाँ अविवाहित युवाओं का एक क्लब तो बनेगा ही। बोंडों का उद्देश्य और शायद ओड़िसा के कुछ अन्य कबीलों का भी, यह प्रतीत होता है कि लड़कियों को अपने लिए उपयुक्त वर चुनने की सुविधा मिले, वहीं लड़कों को भी चाहत जगानेवाली लड़की की तलाश में भटकना न पड़े।

इसमें कोई सन्देह नहीं कि ये सब कारण, अपने नियमों व परिस्थितियों में ढलकर विश्व के विभिन्न भागों में सामने आए हैं। बस्तर के घोटुल में खास बात यह है कि यहाँ के सदस्यों के यौन जीवन को नियन्त्रित करती हुई एक बड़ी सुन्दर व्यवस्था है। यहाँ करीबी सम्बन्धी एक ही घोटुल में रह सकते हैं और इसका किसी सुरक्षा के उद्देश्य से कुछ लेना-देना नहीं है।

3. मुरिया का अपना सिद्धान्त

मुरिया लोग स्वयं अपने घोटुल के प्रारम्भ को कई तरीकों से समझाते हैं। इसके उदय का सबसे पहला और महत्त्वपूर्ण कारण है गोंड जाति का पौराणिक इतिहास।[1] कुछ लोग इस कारण पर भी जोर देते हैं कि कबीले के युवाओं को अपने माता-पिता के यहाँ रहकर संकोच का कारण बनना शोभा नहीं देता। कुछ कहते हैं कि घोटुल में लड़कों का दल गाँव के मेहमानों की देखभाल करने का महत्त्वपूर्ण कार्य करता है।

आखिरी कारण सम्भावना की हदों से परे लगता है। मुरिया प्रदेश सरकारी अफसरों द्वारा पिछले साठ वर्षों में ही आवागमन का क्षेत्र बना है। यह कहना कि अफसरों के आने के कारण घोटुल का प्रारम्भ हुआ एक इस वजह से बोला गया वाक्य है कि जिसे सुनकर प्रश्नकर्ता प्रसन्न हो। बिनझली के मुखिया ने कहा। 'हमें घोटुल तो शुरू करना ही था क्योंकि हमें ऐसी झोपड़ियाँ बनाने की आज्ञा दी गई जहाँ सरकारी अफसर दौरा करते समय अपने अर्दलियों के साथ आकर ठहर सकें। यह एक बहुत बड़ी समस्या थी कि कैसे इन झोपड़ियों का ध्यान रखा जाए और कैसे इन अफसरों का जो भैंसों के झुंड से भी अधिक खाना खाते थे, देखभाल की जाए। इनके घोड़ों को भी बाल्टियाँ भर-भर घी पिलाया जाता था। आखिरकार हमने तय किया कि इन्हें लड़कों व लड़कियों को सौंप दिया जाए जो यहाँ रहें और इन झोपड़ियों का ध्यान रखें।' यह सत्य है कि कायदे की बात यह है कि घोटुल और पार्डक-गुड़ी (अन्य नाम थाना-गुड़ी) नाम की सरकारी झोपड़ियाँ अलग-अलग होनी चाहिएँ। पर गाँववाले सरकारी अफसरों के लिए अलग निवास स्थान नहीं बनवाते। जब वे किसी भी गाँव जाते हैं तो चेलिक और मुटियारी अपना क्लब खाली करके इन्हें यहाँ ठहरा लेते हैं। यह भी सत्य है कि हालाँकि

1. घोटुल सम्भवतः बहुत पुराना है। पहली अथवा दूसरी शताब्दी (ईसा के बाद) के एक जैन ग्रन्थ में, जिसका नाम बृहत कल्पसूत्रभाष्य (खंड IV, पद्म 3446) है, तोशाली (बस्तर प्रदेश) के *विजाघरानाशाला* का ज़िक्र है। यह उन स्थानों में से है जहाँ जैन भिक्षुकों को नहीं जाना चाहिए। विजाघरानाशाला गाँव के बीच बनी हुई एक झोपड़ी होती थी जहाँ आग जलती रहती थी। यहाँ पर बहुत-से निम्न कोटि के लोग इकट्ठे होकर जीवन-साथी का चुनाव करते थे।—श्री वी.एस. अग्रवाल द्वारा लखनऊ संग्रहालय से मुझे लिखे गए एक निजी खत में से।

चेलिक अधिक ऊँचे दर्जे के मेहमानों के लिए शामियाना लगाते हैं और उनके लिए आग जलाने की लकड़ी का इन्तज़ाम भी करते हैं। पर अधिकांश कार्य गाँव के अतपरिहा (नौकर) और रावत (ग्वाले) का होता है जिनके हाथों से हिन्दू अतिथि पानी ग्रहण कर सकते हैं।

पर यह घोटुल रखने का बहाना है, कारण नहीं। यह बात मारकाबेरा के एक सुझाव के बारे में भी कही जा सकती है। वहाँ यह कहा गया कि घोटुल की स्थापना कबीले को एकजुट रखने, कबीले की संस्कृति को बनाए रखने और लड़कियों को बाहरी लोगों से यौन सम्बन्ध बनाने से रोकने के लिए की गई। घोटुल से वाकई ये उद्देश्य सिद्ध होते हैं। एक ही कबीले में यौनाचरण का यह एक आदर्श उपाय है। पर मुझे इस बात में सन्देह है कि बाहरी लोगों से विवाहों का कभी कोई गम्भीर खतरा रहा है।

मारकाबेरा में मैंने एक दिलचस्प सुझाव यह सुना कि घोटुल की स्थापना इसलिए की गई जिससे 'लड़कियों को उसकी आदत पड़ सके।' हम सुहागरात पर कुँआरी कन्या के सिद्धान्त के इतने आदी हैं कि हमें यह बहुत अजीब लगता है कि कबीले के लोग इस रात को तजुर्बेकार कन्या को पसन्द करते हैं। इसलिए लड़कियों का कौमार्य विवाह से पहले ही उन पुरुषों द्वारा भंग कर दिया जाता है जो उसके पति नहीं होते। घोटुल इसलिए भी स्थापित हो सकता है कि लड़कियों के पतियों को कौमार्य के रक्त से कोई नुकसान ना पहुँचे।

अब हम घोटुल की स्थापना के वास्तविक कारण की ओर बढ़ रहे हैं। यह एक योगी नाम के बहुत बूढ़े मुरिया से मिला। उन्होंने कहा कि घोटुल का प्रारम्भ इसलिए हुआ क्योंकि हमें डायन की स्त्री-योनि की इन औलादों से (उपस्थित लोगों की ओर इशारा करते हुए) बहुत परेशानी थी और हमें मालूम न था कि इनका क्या किया जाए। हम उनके झगड़ों और शोर से तंग आ चुके थे। सो हमने कहा, 'तुम सब जाओ, खेलो और साथ-साथ समय बिताओ। तुम जो मन में आए वो कर सकते हो बशर्ते तुम वह काम करो जो हम तुम्हें करने को कहें, लकड़ी और पानी लाओ, मवेशियों की देखभाल करो और छोटे बच्चों का ध्यान रखो।' पहले तो हमने उन्हें किसी के बरामदे में ठहरा दिया, पर यहाँ बहुत भीड़ रहती थी और हमें शान्ति नहीं मिलती थी, सो हमने उन्हें रहने के लिए, अपने से दूर, एक घर दिलवा दिया।'

लिंगो की कथा यह संकेत देती है कि घोटुल एक लाभदायक कार्य यह करता है कि छोटे भाइयों को बड़े भाइयों की पत्नियों के पास से हटा देता है।

मेरा ऐसा विश्वास है कि यह पूरा सत्य नहीं है। मुझे लगता है कि घोटुल इसलिए उदय हुआ जिससे बच्चे, फ्रायड जिसे 'प्राकृतिक दृश्य' कहते हैं, वह न देख पाएँ और बड़े लड़कों व लड़कियों को छोटे बच्चों को पढ़ाने की जिम्मेदारी सौंप दी जाए जिसकी माता-पिता में न तो कोई प्रेरणा होती है और न ही समय।[1] यह समझने के लिए हमें कुछ विस्तार से मुरिया माँ-बाप और उनके बच्चों के बीच के सम्बन्ध को समझना पड़ेगा।

1. तनाइना लोगों में जब लड़का नौ साल का हो जाता था तो उसे उसके मामा के घर रहने भेज दिया जाता था। यह इसलिए क्योंकि लोग डरते थे कि पिता अपने बच्चे को इतना दुलार करेगा कि वह कछ सीखेगा ही नहीं—न तो भालू मारना और न ही नाविक बनना। मामा बच्चे को ठंडे पानी में फेंककर मज़बूत बनाता था जब तक वह युवा नहीं हो जाता। युवा होने पर वह अपने अभिभावकों के पास लौट जाता था। सी. औसगुड, 'तनाइना कल्चर', *अमेरिकन ऐंथ्रोपौलोजिस्ट,* खंड XXXII (नई शृंखला), पृ. 710।

4. आदि-दृश्य से बचाव

उस समय से जब बच्चे खेल और खाने से अधिक समझने लगते हैं, वे घरों में संकोच का कारण बन जाते हैं। उन्हें रात को सोने के लिए कोई उपयुक्त स्थान नहीं मिलता। वे अन्य बालकों के साथ खेलने की ज़िद करते रहते हैं। वे वैवाहिक आनन्द में रुकावट भी बन जाते हैं। तब माँ-बाप उन्हें घोटुल भेजने का निर्णय लेते हैं। इस तरह छह या सात साल की उम्र से बच्चे घोटुल के जीवन में प्रवेश कर जाते हैं। अधिकांश घोटुलों में बहुत छोटे बच्चों का भी एक दल होता है जिन्हें उनके माँ-बाप ने इसलिए भेजा है कि वे 'रास्ते में न आएँ।' उनके न तो घोटुल नाम होते हैं और न ही उपाधियाँ। इनके लिए घोटुल एक ऐसा घर है जहाँ इनकी देखभाल बड़े लड़के व लड़कियाँ करते हैं।

घोटुल की स्थापना की एक वजह मुरिया यह देते हैं कि 'माँ-बाप का अपने बच्चों की उपस्थिति में सोना पाप होता है।' 'जैसे ही बच्चा समझने लगता है कि यह (सम्भोग) क्या है, हम उसे घोटुल भेज देते हैं।' स्पष्ट है कि जब तक बच्चा छह साल का नहीं हो जाता तब तक मुरिया माँ-बाप उसे 'प्राकृतिक दृश्य' समझने योग्य नहीं मानते। पर यह दिलचस्प और महत्त्वपूर्ण बात है कि वे इस पहलू पर इतना ध्यान देते हैं। मैं उस सारे कथनों के उद्धरण देता हूँ जो इस विषय में मैंने सुने। 'घोटुल बनने का कारण' झाकरी के मुखिया ने बताया, 'यह है कि अपने पुत्र अथवा पुत्री के सामने सोना पाप होता है। उन्हें कभी अपने माँ-बाप को, दिन हो या रात, एक ही चटाई पर सोते देखना नहीं होता। अगर कोई छोटी बच्ची किसी रात देर से लौटकर अपने माँ-बाप को चटाई पर इकट्ठे देख ले तो वे उस पर चिल्लाते हैं, "तुम्हारे पास क्या रहने के लिए घोटुल नहीं है ? तुम यहाँ क्यों आना चाहती हो।"

मालाकोट में गाँव के गाईता ने मुझे बताया कि 'छोटे बच्चों को घर सिर्फ तब तक रखा जाता है जब तक उनमें खुशी और गम समझने की अक्ल नहीं आ पाती। बहुत छोटे बच्चे अपनी माँओं के साथ सो सकते हैं पर फिर उन्हें कहीं और भेजा जाना ज़रूरी हो जाता है। वे हमेशा भयभीत होते रहते हैं। सो हम उन्हें जल्द-से-जल्द घोटुल भेज देते हैं।'

कोंगेरा के बड़े-बूढ़ों में से एक का अन्य मत है–'अगर बच्चा दो या तीन साल का हो और एक रात को उठकर वह नज़ारा देख ले तो माँ-बाप को कोई फर्क नहीं पड़ता। वे अपना काम करते हुए बच्चे को पुचकार देते हैं। पर अगर बच्चा पाँच या छह साल का हो तो वह कार्य तुरन्त रोक दिया जाता है और अगले दिन बच्चे को घोटुल भेज दिया जाता है।'

और यह बिनझली से : 'घोटुल सिर्फ इसलिए बना जिससे माँ-बाप बच्चों को अपनी यौन क्रीड़ा देखने से रोक सकें। जैसे ही लड़के व लड़कियाँ यह समझ जाते हैं कि यह चीज़ होती क्या है, हम उन्हें घोटुल भेज देते हैं। बच्चे अगर यह देख लें तो बड़ी शर्म की बात है। वे सोचते हैं, "ये क्या कर रहे हैं ? मेरा बाप मेरी माँ को इधर-उधर क्यों फेंक रहा है ?" सो हम उन्हें घोटुल ले जाते हैं और वे कोई प्रश्न नहीं पूछते। पर हिन्दुओं के और साहबों के बच्चे क्या करते हैं जहाँ कोई घोटुल नहीं होता और सब एक ही छत के नीचे रहते हैं ?'

और अन्त में अलोर से : 'माँ-बाप को अपने बड़े बच्चों से, जो अभी तक घोटुल नहीं गए हैं, यह कहना कितना कठिन होता है कि दूसरे कमरे में जाकर सोओ। कुछ बच्चे समझदारी से मान जाते हैं पर कुछ माँ-बाप के साथ सोने की ज़िद करते हैं। हमारी हिम्मत नहीं होती कि उन सोते हुए बच्चों को बरामदे में भी सुला दें। हमें तब बहुत खुशी होती है जब वे कहते

हैं कि "फलाँ लड़की घोटुल चली गई है। मैं उसके साथ खेलती थी। अब मेरा मन नहीं लगता। मुझे भी घोटुल जाने दो।" हम बहुत खुशी-खुशी उन्हें घोटुल भेज देते हैं।

बच्चों को 'प्राकृतिक दृश्य' देखने से रोकने की इच्छा महत्वपूर्ण व दिलचस्प है, हालाँकि आधुनिक मनोवैज्ञानिक ने कहा है कि फ्रायड ने इसके खतरों को बढ़ा-चढ़ाकर बताया है। और वाकई यह बात सत्य है कि अगर बच्चे की सोच को इस कारण कोई नुकसान होना है तो वह घोटुल आने से पूर्व ही हो चुका होता है। पर कम-से-कम यह काबिले तारीफ तो है ही कि माँ-बाप अपनी मौज-मस्ती में व्यवधान को हटाने के लिए ही नहीं वरन् बच्चों की दिमागी सेहत के लिए भी घोटुल भेजते हैं। फ्रायड अवश्य ही घोटुल की स्थापना के इस कारण की तारीफ करते हैं।[1]

पर घोटुल बच्चे को मनोवैज्ञानिक खतरों से ही नहीं बचाता यह माता-पिता और सन्तान के सम्बन्धों की सारी परिभाषा ही बदलकर रख देता है। पिता के स्थान पर आदेश देने के लिए घोटुल का मुखिया आ जाता है और माता के प्रति यौन आकर्षण का स्थान कोई अन्य बड़ी कन्या ले लेती है। 'जब कोई लड़का या लड़की घोटुल में प्रवेश करता है,' मासोरा के चेलिक नेता ने मुझे बताया, 'तो वह आमतौर पर अपने सारे सम्बन्धों को भूल जाता है। वे कहते हैं कि उनके कोई सम्बन्धी नहीं हैं। घोटुल का सरदार उनका पिता है और बेलौसा उनकी माँ।' घर पर पिता चाहे कितना भी सख्त क्यों ना हो, चाहे वह घरेलू और आर्थिक ज़िम्मेदारियों को पूरा करने पर कितना ही क्यों ना बल देता हो, पर वह घोटुल के सरदार के सामने अनुशासन के मामले में कहीं नहीं ठहरता। सरदार जुर्माना लगा सकता है, छत से उल्टा लटका सकता है और आपके दोस्तों के सामने आपको उपहास का केन्द्र बना सकता है। पिता पार्श्व में फीका पड़ने लगता है। अगर वह घर शराब पीकर आए व परिवार के सदस्यों की पिटाई करे तो बच्चे वहाँ होंगे ही नहीं। उसके आदेश और गालियाँ घोटुल के सरदार के मुकाबले ज़्यादा वज़नदार नहीं होते। इसका नतीजा जे.पी. मिल्स ने बहुत बढ़िया ढंग से पेश किया है। असम में अमेरिकन बैपटिस्ट मिशन के द्वारा घोटुल सरीखे भवनों को बन्द करने के लिए लोगों को उकसाने की श्री जे.पी. मिल्स निन्दा करते हैं। वे लिखते हैं :

> धर्म परिवर्तन हुए लोगों को मोरंग जाने से रोकने का आदेश देकर मिशन एक बहुत खतरनाक कदम उठा रहा है जिससे वह निश्चित ही पीछे रह जाता अगर उसने इसके मनोवैज्ञानिक पहलुओं पर गौर किया होता। कोई भी छोटा लड़का मोरंग तब जाता है जब उसे अपने माँ-बाप के साथ एक ही कमरे में सोने में 'शर्म महसूस' होती है। मोरंग में ही वह अन्य लड़कों के साथ मिल-जुलकर काम करता है, उसे उसके जीवन के दायित्वों के बारे में समझाया जाता है और उसे कबीले का एक उपयुक्त सदस्य बनाया जाता है। इसका मतलब यह कि मोरंग उसके पिता के स्थान पर अनुशासन लागू करने लगता है। यह बहुत महत्त्वपूर्ण है क्योंकि परिवारों में अधिकतर झगड़े इसलिए होते हैं क्योंकि पिता पुत्र पर सख्ती करता

---

1. ओड़िसा के सवारा भी इसी इच्छा के कारण अपनी रात्रि को सम्भोग न करने की परम्परा को अपनाए हुए हैं। वे दिन में ही जंगल के एकान्त स्थानों पर चले जाते हैं। कबीले का कोई घोटुल जैसा भवन नहीं होता और सारा परिवार एक ही झोपड़ी में सोता है। देखें एस.एन. रॉय, 'द सवाराज़ ऑफ ओड़िसा', *मैन इन इंडिया,* खंड VII, पृ. 331। पर मुझे ऐसा विश्वास है कि रात को सम्भोग न करने पर कथित पाबन्दी असत्य है। मैंने *मिथस् ऑफ मिडिल इंडिया* में इस पर चर्चा की है।

है। ऐसे हज़ारों नागा झगड़े जो मेरे नोटिस में लाए गए, मैंने पाया पिता और पुत्रों में निश्चित रूप से हिंसात्मक झगड़े वहाँ अधिक होते हैं जहाँ मोरंग नहीं होते।[2]

मिल्स यह दिखाने के लिए सेमा कबीले का उदाहरण देते हैं जहाँ मोरंग नहीं होते और ऐसे झगड़े होना आम बात होती है। अंगामी लड़के जो घोटुल में बड़े नहीं होते, किसी भी तरह का अनुशासन नापसन्द करते हैं। दूसरी तरफ आओ कबीले में जहाँ मोरंग फल-फूल रहे हैं, पिता व पुत्र में ऐसे झगड़े कभी-कभार ही होते हैं।

मुरिया माता-पिता सहनशील और समझदार होते हैं। 'जब भी हम ढोल की ताल सुनते हैं,' काबेंगा के एक लड़के ने कहा, 'हम उतावले हो जाते हैं। हम तुरन्त हाथ का काम छोड़कर नाचन व गाने निकल पड़ते हैं।' यहाँ मुझे एक ऐसी कहानी सुनाई गई जो मेरे सामने बहुत बार दोहराई गई है। यह एक ऐसे लड़के की है जो अपने पिता के खेत में बीज बो रहा था। उसके पास बोने को ढेर से चावल थे। पर जब उसने पास के गाँव में ढोल बजने की आवाज सुनी तो वह अपने काम के बारे में सब भूलकर, चावलों को ज़मीन पर छोड़कर, नाचने चला गया। तीन दिन बाद जब वह लौटा तो उसे पिटाई की पूरी उम्मीद थी। पर उसके पिता ने उसकी भावनाओं को समझकर स्वयं जाकर चावल बो दिए थे। मुझे बहुत-से गाँवों में बताया गया है कि विवाहों और पारम्परिक त्योहारों के अवसर पर माँ-बाप बच्चों के साथ बहुत सहानुभूतिपूर्ण व्यवहार करते हैं।

और अगर माता-पिता घोटुल के अनुशासन और जीवन में बाधा डालते हैं, अगर वे बिना ठोस कारण से उन्हें घोटुल जाने से रोकते हैं, तो उन पर जुर्माना हो सकता है। घोटुल इतनी प्रतिष्ठित संस्था है कि जुर्माना हो जाने पर उसका भुगतान करना ही पड़ता है।

परम्परा यह है कि जो कुछ घोटुल में होता है वह माता-पिता को नहीं बताया जाता। उन्हें अपने बच्चों के नए नाम और उपाधियाँ जानने की भी अनुमति नहीं होती। परन्तु, जैसा कि स्वाभाविक है, बच्चे माता-पिता को सब बता देते हैं। लेकिन कुछ परम्पराओं का अनुसरण किया जाता है। बच्चे घर पर घोटुल के गीत नहीं गाते। हर कन्या से यह अपेक्षा की जाती है घोटुल जाते समय व घोटुल से लौटते समय उसके माता-पिता उसे ना देख पाएँ। यही वह कारण है कि कन्या भोर होते ही घर लौट आती है। जब उसके माता-पिता उठें तब एक आदर्श पुत्री चावल से धान अलग करती हुई या घर बुहारती हुई मिलनी चाहिए। घोटुल जाते समय अगर किसी लड़की को उसके पिता मिल जाएँ तो उसे मुँह फेरकर घोटुल की ओर जल्दी-जल्दी कदम बढ़ाने चाहिए। दोनों को आपस में बोलना नहीं चाहिए। पर कुछ गाँवों में, जैसे काबोंगा और झाकरी में, उदाहरण के तौर पर, बूढ़ों ने मुझे बताया कि जब किसी कन्या की मँगनी हो जाती है तब उसकी माता उसे सुझाव देती है कि उसे अन्य लड़कों से दूर रहना चाहिए। लेकिन यह कहा जाता है कि माता-पिता कभी भी किसी विशेष लड़के या लड़की से दूर रहने के लिए नहीं कहते। झाकरी में रान्नु ने मुझे बताया कि माता बेटी से इस समय कहती है, 'लड़कों के साथ बहुत खेलना या हँसना मत, खुश रहना, पर अपने हाथों या पैरों को मुश्किल में मत डालना। न तो मैं किसी परेशानी में पड़ी और न तुम्हारी नानी; हम हमेशा अच्छी लड़कियाँ मानी गईं क्योंकि हम गर्भवती नहीं हुईं। कभी किसी लड़के के साथ न भागना और उससे ही शादी करना जिसे हम तुम्हारे लिए चुनें। अपनी सहेलियों से लड़ना मत।' इसी तरह पिता भी अपने पुत्र को उस लड़की के विषय में, जो किसी अन्य

1. मिल्स, *द रेंगमा नागाज़*, पृ. 49 व आगे।

की मंगेतर हो, सलाह देता है। इस सलाह के कारण आर्थिक होते हैं : 'किसी लड़की को गर्भवती ना करना। हम गरीब लोग हैं। मैं जुर्माना नहीं दे पाऊँगा। अगर तुमने गड़बड़ की तो तुम्हें किसी का नौकर बनकर जुर्माना अदा करना पड़ेगा। खुश रहो पर एक ही लड़की के पीछे मत भागते रहो।'

यह देखा जा सकता है कि ऐसी सलाह बहुत उपयोगी होती है और इस वजह से लड़के व लड़कियाँ इसका तिरस्कार नहीं करते। माँ-बाप अपने बच्चों की 'नैतिकता' की परवाह नहीं करते और अगर कोई लड़का किसी कन्या को गर्भवती कर भी दे तो भी वे उसका साथ देते हैं और उसकी सहायता करते हैं। जब मैंने मारकाबेरा के एक चेलिक से पूछा कि क्या उसके माँ व बाप घोटुल में उसके अनेक यौन प्रसंगों के कारण उसे डाँटते नहीं, तो वह बोला, 'वे ऐसा क्यों करेंगे, जब वे मेरी उम्र के थे तब वे भी तो यही आचरण करते थे।'

माता व पुत्र के सम्बन्ध के विषय में जानकारी कठिनाई से ही मिलती है। मैंने किसी भी माता के विषय में यह नहीं सुना कि वह अपने पुत्र पर ज़रूरत से ज्यादा अधिकार जमाती हो या उस पर हावी होने की कोशिश करती हो। मुरिया जीवन ऐसा है कि इसमें माता का पिछलग्गू बनने का मौका ही नहीं मिलता। परन्तु यह स्वाभाविक है कि माताएँ लड़कों को लाड़-प्यार में बिगाड़ती हैं और पिता लड़कियों को। 'कोई भी लड़का अपने पिता से भय खा सकता है पर माता से कभी नहीं। अगर वह ठीक से काम नहीं करता तो उसका पिता डंडा लेकर उसके पीछे दौड़ता है और वह छुप जाता है। जब तक खतरा टल नहीं जाता वह छुपा ही रहता है। फिर वह अपनी माता के पास जाता है जो प्रेम से उसे दुलारती है और उसके लिए विशेष भोजन बनाती है।'

ऐसा कहा जाता है कि माँ कई बार पिता पर पुत्र से जलने का आरोप लगाती है। वह कहती है, 'तुम लड़के की खुशी नहीं देख सकते जब वो घोटुल में नाचने जाता है। क्या तुम्हें याद नहीं कि तुम भी कभी इसी की तरह नृत्य करते घोटुल दौड़े-दौड़े जाया करते थे ?'

विधवाओं के और इकलौते बेटे बिगड़े हुए माने जाते हैं। 'रांड का बेटा साँड' की कहावत प्रचलित है। इसी तरह इकलौते बेटे के बारे में कहा जाता है कि 'वह दुनियाभर के झगड़े घर लाता है : अगर उसे पेशाब करने के लिए घड़ा दे दिया जाए तो वह ज़मीन पर पेशाब कर देता है।'

कुल मिलाकर बच्चों के माँ-बाप से अच्छे सम्बन्ध होते हैं। यह एक कारण हो सकता है जिससे इतने कम झगड़े और इतनी कम जलन मुरिया लोगों में होती है।

कई तरह से मुरिया की परम्परा सेलिगमैन द्वारा बताई गई मनोवैज्ञानिक-आकलन आदर्श (शिक्षा के) से मिलती-जुलती है। मिलैनी क्लीन, उन बच्चों के विषय में चर्चा करते हुए जो घोटुलवासियों से छोटे होते हैं, भविष्य की पीढ़ी को पालने का वर्णन करते हुए कहती हैं कि 'हम आवश्यक नैतिकताओं के विषय में अधिक उदार रहेंगे। इस नन्हे से जीव का पालन करने में हमें उन लोगों से अधिक उदारता दिखानी पड़ेगी जिन्होंने हमें पाला। हम इस जीव को अधिक लम्बे समय के लिए स्वाभाविक और बिना किसी रोक-टोक के फलने-फूलने देंगे। इसके साथ छेड़खानी नहीं करेंगे। हम इसकी स्वाभाविक इच्छाओं और उनसे जनित खुशियों का आदर करके उस पर उसकी सांस्कृतिक परम्पराओं को थोपने का प्रयास फौरन नहीं करेंगे। हमें इस बात की परवाह नहीं होगी कि उसका बौद्धिक विकास बहुत तेज़ क्यों नहीं हो रहा अगर साथ-साथ उसका भावनात्मक विकास भी हो रहा हो। हमारी कोशिश यह रहेगी

कि उसके व्यक्तित्व की सम्पूर्ण रूप से उन्नति हो। हम सेक्स के बारे में उसकी जिज्ञासा को अभिव्यक्त होने से रोकेंगे नहीं और कदम-कदम पर उसे शान्त भी करते रहेंगे। हम उसे पर्याप्त मात्रा में प्यार देंगे और प्यार की अति से उसे बचाएँगे। सबसे महत्त्वपूर्ण बात यह कि शारीरिक दंड व उसकी धमकियाँ ना देकर हम उससे आज्ञा का पालन पर्याप्त प्रेम ना देकर करवाएँगे।[1]

इस अंश के बारे में सेलिगमैन कहते हैं कि 'मेरा अनुभव यह संकेत देता है कि अधिक छानबीन करने पर यह पता चलेगा कि कम विकसित हुई प्राचीन जातियों में बहुत ही कम संख्या में दिमागी बीमारियों के रोगी मिलेंगे। और यहाँ दिलचस्प बात यह है कि ये जातियाँ, बहुत हद तक, ऊपर दिए गए मनोवैज्ञानिक-आकलन आदर्श के अनुरूप अपने बच्चों को पालती हैं। पर वो यह भी कहते हैं कि 'लेकिन एक ऐसी इच्छा लेखक की अवश्य है जो आंशिक तौर पर ही पूरी होती है ''कि पैदा होने के समय से ही बच्चा अपने माता-पिता के शयनकक्ष में नहीं सोएगा।''[2]

1. मिलैनी क्लीन, 'द डेवलपमेंट ऑफ द चाइल्ड,' *द इंटरनेशनल जनरल ऑफ साइकोएनालिसिज़,* खंड IV (1923), पृ. 445।
2. सी.जी. सेलिगमैन, 'ऐनथ्रोपोलोजिकल पर्सपैक्टिव एंड साइकोलोजिकल थ्योरी, जे.आर.ए.आई., खंड LXII, पृ. 221। एक लड़के के मस्तिष्क व चरित्र पर पड़े दुष्प्रभाव, अपने माता-पिता के शयनकक्ष में दृश्य देखने के कारण, का वर्णन ग्राहम ग्रीन ने अपने उपन्यास *ब्राइटन रौक* में किया है।

अध्याय : दस

घोटुल के भवन

घोटुल के भवन की स्थिति और संरचना मुख्यतः एक साधारण कारण से निर्धारित होती है। जैसा कि हम देख चुके हैं कि बस्तर के हर गाँव में लोगों को अतिथियों और सरकारी अफसरों (जो सरकारी दौरे पर होते हैं) को ठहराने के लिए एक झोपड़ी बनानी पड़ती है। यह एक बहुत उत्तम व्यवस्था है। इसका नतीजा यह होता है कि बाहर के लोगों के आगमन से कबीले के सदस्यों के घरों में कोई बाधा नहीं पहुँचती और हर गाँव में एक बड़ी तथा साफ-सुथरी जगह भी रहती है जो अन्य उद्देश्यों की पूर्ति के साथ-साथ झगड़े निपटाने और कबीले की

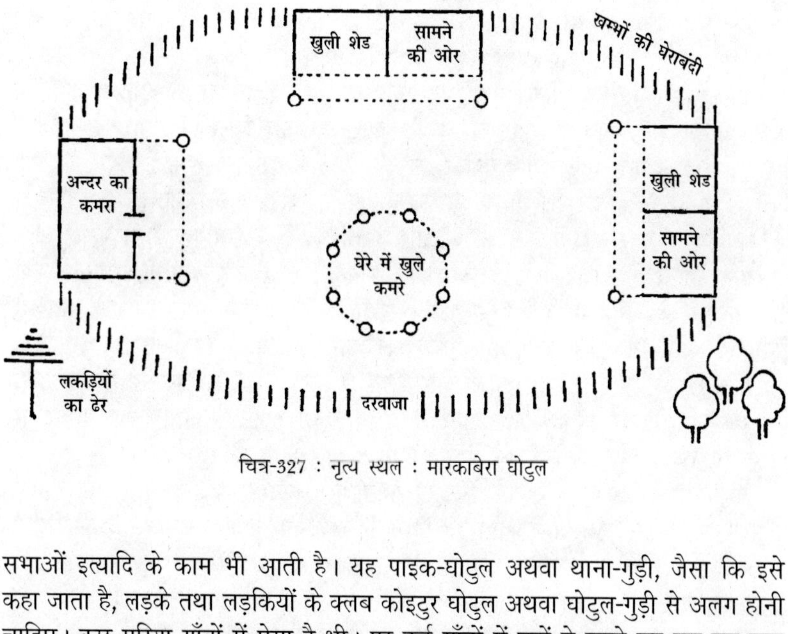

चित्र-327 : नृत्य स्थल : मारकाबेरा घोटुल

सभाओं इत्यादि के काम भी आती है। यह पाइक-घोटुल अथवा थाना-गुड़ी, जैसा कि इसे कहा जाता है, लड़के तथा लड़कियों के क्लब कोइटुर घोटुल अथवा घोटुल-गुड़ी से अलग होनी चाहिए। कुछ मुरिया गाँवों में ऐसा है भी। पर कई गाँवों में बूढ़ों ने मानो यह तय कर रखा है कि बहुत बड़ी सिरदर्दी से बच जाएँगे अगर पाइक-घोटुल और कोइटुर-घोटुल को एक ही चहारदीवारी में बना दिया जाए। इससे जगह बचती है, मेहनत कम करनी पड़ती है और काम करने के लिए युवा लोग भी हमेशा मौजूद रहते हैं। मैं कुछ मुरिया लोगों के मत प्रकट कर चुका हूँ जिनके अनुसार घोटुल का आरम्भ ही ऐसे हुआ। अगर युवा लड़कों को एक ही जगह

रखा जाए तो आगन्तुक की आवभगत बढ़िया होगी। वे अपना घर भी अतिथियों तथा अफसरों को दे सकते हैं। यह स्थिति तुलनात्मक दृष्टि से नई है। बूढ़ा मुरिया योगी और बिन्दो को याद है उन दिनों की जब कोई कर अधिकारी नहीं होते थे तो कभी भी सरकारी दौरे पर निकले अफसरों के दर्शन नहीं होते थे।

प्रारम्भिक घोटुल शायद गाँव की सीमा से लगा एक छोटा भवन होता था, पेड़ों के झुरमुट में, शायद किसी पवित्र कुंज में, जिसे बाहर के लोग देख न सकें तथा इसमें एक नन्हा-सा गुप्त दरवाज़ा भी होता था। आप इस तरह का घोटुल अब भी हिन्दू बहुल गाँवों में तथा कोंडागाँव के कुछ गाँवों में, तथा ऐसलनार व सोनावल–दक्षिण में–देख सकते हैं। उत्तर में प्राचीन किस्म के घोटुल भवन केरावाही, माँझीबोरन और लिहागाँव में मिलेंगे। परन्तु कोई ऐसा नियम अथवा कानून नहीं है। पूर्वी सीमा के पास, बाघबेरा में, एक छोटा घोटुल था और पड़ोसी उलेरा में थाना-गुड़ी और कोइटुर घोटुल एक ही भवन के नाम थे। प्रशासनिक तौर पर जहाँ गाँव के कई भाग होते हैं, वहाँ आमतौर से मुख्य गाँव में एक बड़ा घोटुल होता है (यहाँ अफसर सामान्यतः ठहरते हैं) और अन्य भागों में छोटे-छोटे घोटुल पाए जाते हैं।

इन सब गाँवों में अफसरों के लिए गाँव के बीच में अलग भवन उपलब्ध रहता है। उदाहरण के तौर पर मासोरा में गाँव में एक विशाल थाना-गुड़ी है। यह गाँव के अन्दर है। गाँव की सीमा पर, पेड़ों के बीच एक छोटी-सी झोपड़ी है जिसके सामने चहारदीवारी से घिरी हुई एक खुली जगह है। यह चेलिक और मुटियारी का निवास स्थान है। बनियागाँव में जहाँ हिन्दू अधिक हैं, वहाँ एक स्कूल भी है। यहाँ घोटुल और अफसरों का गेस्ट हाउस अलग-अलग हैं। यहाँ का घोटुल एक छोटा-सा भवन है जिसका द्वार भी छोटे आकार का ही है। यह दरवाज़ा गाँव की ओर न खुलकर जंगल की ओर खुलता है। पास के काचोरा गाँव में भी इसी तरह घोटुल गाँव के घरों से और अधिक दूर बना हुआ है। यह गाँव की माता के मन्दिर से भी परे है। शायद इसलिए क्योंकि मन्दिर में एक चिड़चिड़ा ब्राह्मण रहता है जो मुरिया लोगों पर हावी होने की कोशिश करता है। मैं, स्वाभाविक है, ऐसे सारे गाँवों की लिस्ट नहीं दे सकता हालाँकि ऐसे गाँव अधिक नहीं हैं। चल्का परगना में काजेन, नारिया और मारानार वे जगहें हैं जहाँ थाना-गुड़ी और घोटुल के अलग भवन हैं। ऐसे गाँवों में कभी-कभी भवन से बाहर खुली जगह पर चहारदीवारी तक नहीं होती। यह आवश्यक भी नहीं है क्योंकि जंगल और खेत युवाओं को दुनिया से अलग रखते हैं। पर सब में एक छोटा गुप्त दरवाज़ा होता है जिसमें आप बाहर से झुककर घुस सकते हैं और अन्दर से चढ़कर खोलना पड़ता है। यह 'एलिस इन वंडरलैंड' के दरवाज़े जैसा ही लगता है।

पर, जैसा मैं कह चुका हूँ, अधिकांश मुरिया गाँवों में थाना-गुड़ी और कोइटुर घोटुल एक ही भवन के दो नाम होते हैं। यह बात इस भवन के नक्शे और स्थिति, दोनों पर असर डालती है। अफसर गाँव से बाहर जंगल में शिविर लगाना पसन्द नहीं करेंगे : उन्हें अपने घोड़ों और नौकरों के लिए भी रिहाइश की आवश्यकता होती है। सो हमें मिलता है गाँव के बीचों-बीच बना हुआ एक विशाल घोटुल जिसके सामने एक बहुत बड़ी खुली हुई जगह भी होती है। बस्तर के उत्तर में दौरे पर निकला हर अफसर ऐसे भवन को आसानी से पहचान लेता है। यह व्यवस्था बढ़िया नहीं होती और न ही प्रशासन ने इसकी उम्मीद की थी। मुरिया जीवन के बीचों-बीच हर किसी यात्री का मुरिया लोगों से सम्पर्क ज़हर का कार्य करता है। मुख्य अफसर के मातहत लोगों को, ऐसे घोटुल में रुकने का बड़ा शौक होता है और वे इस तरह

का कोई अवसर हाथ से जाने नहीं देते। वे जानते हैं कि घोटुल में सुन्दर मुटियारी मिलेंगी और वे चेलिक को घूस देकर उनसे लड़की दिलवाने की फरमाइश करते हैं। परन्तु चेलिक ऐसे लोगों की बातों पर कभी कान नहीं देते। आँवलों और तेन्दु पत्तों के ठेकेदार कई दिनों तक घोटुल में पड़े रहते हैं। जिससे चेलिक व मुटियारी अपनी सामान्य दिनचर्या नहीं जी पाते। एक बार मैंने एक अफीम के व्यापारी को अपनी पत्नी के साथ स्थायी तौर पर घोटुल में रहते पाया। यह उस परम्परा का उल्लंघन था जिसके तहत किसी भी विवाहित स्त्री की घोटुल में उपस्थिति लिंगो पेन का अपमान होती है। इस व्यापारी को प्रशासन के अधिकारी ने तुरन्त निकाल दिया पर बस्तर एक बड़ा प्रदेश है और यह कहना नामुमकिन है कि कितनी अन्य जगहों पर घोटुल का इन वाहियात तौर-तरीकों से हनन हो रहा है। यह सब वास्तव में मुरिया लोगों के कारण ही है। बूढ़े युवा लड़कों से सारा काम करवाना चाहते हैं और इसलिए वे घोटुल और गेस्ट-हाउस एक ही भवन में बनवा देते हैं। बहुत गहरे बरामदे का घोटुल प्राचीन घोटुल की नकल है। इसमें बाहर के लोगों को ठहराने के लिए ज़रूरी बदलाव किए गए हैं। पर भवन का विशाल होना और इसके बाहर बड़ा तथा खुला कम्पाउंड होना, बच्चों के स्वास्थ्य के लिए निश्चित रूप से बढ़िया है। एक कमरेवाला घोटुल जिसमें खिड़कियाँ नहीं होतीं और एक छोटा-सा दरवाज़ा होता है और जो तम्बाकू के धुएँ से भरा रहता है, किसी की सेहत के लिए लाभकारी नहीं हो सकता।

भाग्य से–इस दृष्टिकोण से–विशाल घोटुल अधिक संख्या में पाए जाते हैं। इस तरह भवन में एक बड़ा बरामदा, अन्दर एक हॉलनुमा कमर, बड़ा दरवाज़ा, सभा के लिए खुली

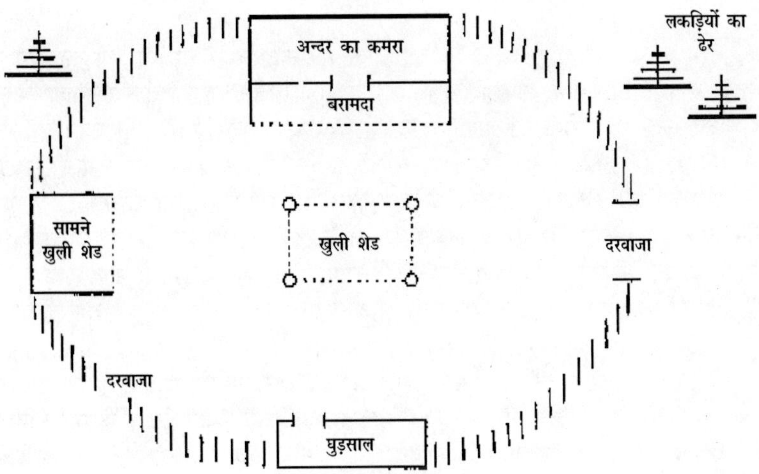

झोपड़ी जहाँ गर्मी में सोया भी जा सकता है और कई खुले हुए शेड (खम्बों पर टिकी छतें) होते हैं। ये सारी चीज़ें एक चहारदीवारी से घिरी हुई होती है। बीसियों मुरिया गाँवों में आप ऐसे भवन देख सकते हैं। बान्दोपल, उलेरा, अमगाँव, झाकरी, अल्मेर और मोरे बर्मा में ऐसी ही व्यवस्था है। बड़ा डोंगर परगना में स्थित अल्मेर के घोटुल का यह नक्शा है। यह घोटल गाँव के बीच इमली के पेड़ों के कुंज में खड़ा है।

एक तीसरी तरह के घोटुल में, घोटुल के गाँव के मध्य में बसे होने का कारण मुरिया का प्रभाव ही है। पारम्परिक मुरिया घोटुल गाँव के मर्दों के जीवन का केन्द्र होता है। पुरुष यहाँ शाम को इकट्ठे होते हैं, बात करते हैं, तम्बाकू पीते हैं, शराब का सेवन करते हैं और सोते हैं। परन्तु लड़कियाँ आमतौर पर यहाँ उपस्थित नहीं होतीं। अबुझमार मारिया प्रदेश के सीमावर्ती गाँवों जैसे पाल्ली बारकोट, वाटिया, फूलपुर और कोइलीबेरा में घोटुल गाँव के मध्य ही स्थित है। यह आमतौर पर उन विशाल घोटुलों जैसा बड़ा नहीं होता जिनकी चर्चा हम कर रहे थे। पल्ली बारकोट के घोटुल का नक्शा तीसरी प्रकार के घोटुल का अच्छा उदाहरण है।

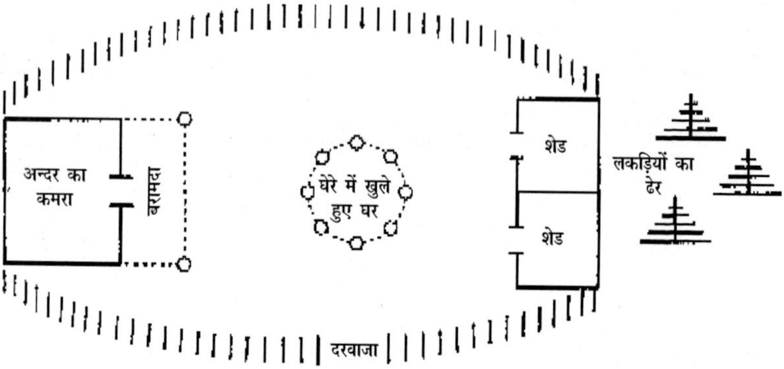

इन घोटुलों को बहुत ध्यान से रखा जाता है। खुटगाँव में चालीस गज का कम्पाउंड इतना साफ है कि उसमें आपको एक धब्बा तक नहीं मिलेगा। इसमें तीन खुले हुए शेड हैं, एक की सुन्दरता से बनी हुई गोल छत है, दो बड़े मकान जिनकी दीवारें मोटी और मिट्टी से बनी हुई हैं। इनमें से एक मकान थाना-गुड़ी है, दूसरे में एक कमरा अन्दर व दूसरा बाहर की ओर है। यह लड़कों व लड़कियों के रहने के काम आता है। तेलंगा, तेमूरगाँव और चुरेंग के घोटुल भी पाल्ली बारकोट के नक्शे के बने हैं–एक बड़ा घर जिसमें एक बड़ा अथवा छोटा बरामदा होता है; बीच में एक खुली हुई झोपड़ी जिसकी छत बहुधा गोल होती है और दो छोटे व खुले हुए शेड और यह दूसरी संरचना एक ऊँची व लकड़ी की चहारदीवारी से घिरी हुई।

बस्तर प्रदेश के उत्तर में, अमाबेरा के पठार पर और सामान्यतः बर्मा से अन्तागढ़ जा रही जंगली सड़क के उत्तर में, कानकेर की सीमा तक, सबसे कम आकर्षक घोटुल मिलते हैं। ये भवन छोटे, टूटे-फूटे और ठंड से बचाव करने में पूर्णतया असक्षम होते हैं। जहाँ लड़के और लड़कियाँ रहते हैं वह छत के नीचे एक खुला स्थान होता है जो अन्तरंग होने का अवसर नहीं देता। पूपगाँव, चिखली और पेनजोरी की मेरी यादें खुशगवार नहीं हैं।

कुछ खास घोटुलों का ज़िक्र करना आवश्यक है। सेमुरगाँव परम्परानुसार पहले घोटुल की निर्माण-स्थली है। पहला घोटुल लिंगो ने ही बनाया था। यह स्थान एकान्त में तथा बहुत रमणीय है। पर यहाँ का वर्तमान घोटुल छोटा है और निराले ढंग से बना हुआ है। इसकी दीवारें लकड़ी के शहतीरों की हैं जिन पर लिपाई नहीं की गई है। बीच में बने एक स्तम्भ

पर चेलिक, मुटियारी, कंघों और घोड़ों की तस्वीरें तराशी गई हैं। दरवाज़े में दूर-दूर तक फैला जंगल और दिप्पा खेती की इकाइयाँ नज़र आती हैं।

नयानार में गया कोई भी व्यक्ति वहाँ के घोटुल को नहीं भुला सकता। यह एक लम्बा भवन है जिसमें छोटी खिड़कियाँ व दो दरवाज़े हैं। एक छोटा और दूसरे दोर पर बड़ा और शानदार, जिसके पास भव्य तराशे गए स्तम्भ लगे हुए हैं। यह गाँव की सीमा पर विशाल तथा छायादार वृक्षों से घिरा हुआ है। यह इसका नक्शा है।

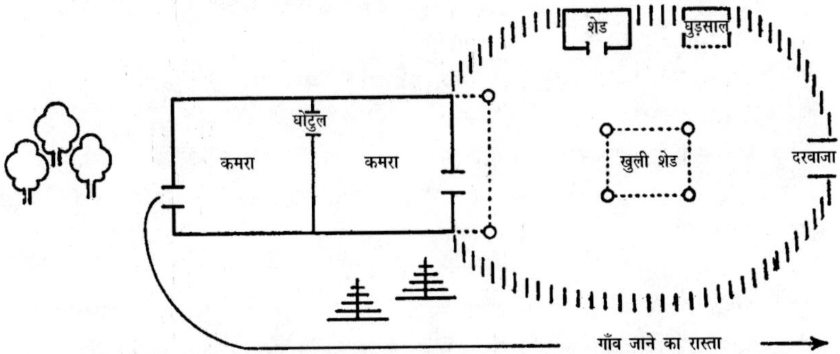

एक बहुत प्रसन्नतादायक और नए किस्म का घोटुल मालाकोट के बुडाकाशा पारा में मिलेगा। यहाँ गाँव के बाहर, जंगल में, लम्बे सागो-ताड़ वृक्षों तले एक भवन है। यह ज़मीन से ऊपर आठ फीट लम्बे खम्बों पर टिका हुआ है। लकड़ी की ज़मीन के चारों ओर दो फीट लम्बी दीवार है और छत है ही नहीं। इस मंच पर एक सीढ़ी के द्वारा पहुँचा जा सकता है। ऊपर का कमरा और इसके नीचे की जगह, दोनों का इस्तेमाल होता है। दोनों ही स्थानों पर आग जलती रहती है।

घोटुल चेलिक स्वयं ही बनाते हैं हालाँकि अधेड़ व बूढ़े लोग भी इसमें मदद करते हैं अगर चेलिक बदले में उनके खेतों में काम करने का आश्वासन दें तो। मुटियारी छत के लिए घास तथा दीवारों के लिए पत्थर और मिट्टी लाती हैं। जब दीवारें तैयार हो जाती हैं तब वे मिट्टी से लीप दी जाती हैं। काम शुरू करने से पहले लड़के ज़मीन पर भवन का नक्शा बनाते हैं और वहाँ छोटी-सी चावल की ढेरी पत्ते के दोने से ढककर रख देते हैं। वे पूरी रात उसे वहाँ छोड़कर सुबह उसका निरीक्षण करते हैं। कभी एक दिन व कभी लगातार तीन दिनों तक चावल की ढेरी का निरीक्षण करते हैं। अगर चावल बिखरे हुए हों तो यह अपशकुन माना जाता है और घोटुल किसी अन्य स्थान पर बनाया जाता है। पर अगर चावल वैसे ही रहें जैसे कि वे रखते थे तब लड़के घर के कोनों के चार स्तम्भ गाड़ने के लिए गड्ढे खोदते हैं। अगर खोदते समय सफेद चींटियाँ निकलें तो निर्माण स्थल दूसरी जगह बना दिया जाता है। चारों स्तम्भों को गड्ढों में खड़ा करके तथा आसपास की मिट्टी पाटकर, उन पर आम की पत्तों की मालाएँ टाँगी जाती हैं। इसके बाद वे निर्माण-कार्य चालू रखते हैं।

फुंडर में लड़के छत पर घास की एक खूबसूरत (स्त्रियों के सिर पर बने जूड़े जैसी) और सजावटी गाँठ लगा देते हैं और एक झंडा भी जिसे चेलिक-बैराग या पालो पेन कहते हैं। इसमें 'सब जान जाते हैं कि यह घोटुल है।'

इस तरह की मुख्य इमारतें होती हैं। पर सजावट और फर्नीचर का क्या ? ये हर जगह पर भिन्न होते हैं। उत्तर व पूर्व में ये बहुत साधारण होते हैं पर पश्चिमी मध्य सूबों में, जो कि झोरिया का क्षेत्र है, ये बहुत कल्पना से रचित, कलात्मक और सुन्दर होते हैं।

दरवाज़े कभी छोटे तो कभी बड़े व भारी होते हैं। कभी ये हल्के बाँस के होते हैं, और कभी बान्दोपाल में तराशे गए दरवाज़ों जैसे। कुछ घोटुलों में दरवाज़े होते ही नहीं। सामान्यतः दरवाज़ा अन्दर से बन्द किया जा सकता है।

दरवाज़े में लगे हुए एक लकड़ी के हुक में, चौखट में लगा एक लकड़ी का लम्बा टुकड़ा फँसा दिया जाता है। परन्तु दिलचस्प बात यह है कि दरवाज़ा बाहर से बन्द नहीं होता। घोटुल को कभी बन्द नहीं किया जाता। यह एक मन्दिर है और इसमें चोरी करने की बात कोई सोच भी नहीं सकता।

मुरिया क्षेत्र के मध्य से अगर पश्चिम की ओर बढ़ा जाए तो नक्काशी कलात्मक और बारीक होती चली जाती है। घोटुल के कारण लोगों में कला की ओर रुझान बढ़ा है। यह स्वयं को सजा-सँवरा रखने में ही नहीं झलकता, वरन् दीवारों पर बनाए गए चित्रों तथा लकड़ी पर की गई नक्काशी में भी साफ दृष्टिगोचर होता है। चेलिक चाहते हैं कि उनका घोटुल 'जंगली साँड के सींगों की तरह सुन्दर हो।' बहुत-से झोरिया घोटुलों में पहली श्रेणी के शानदार नक्काशी किए गए स्तम्भ मिलते हैं। ऐसे स्तम्भ आल्मेर, नायानार, रेमावंड, अमगाँव, बान्दोपाल, मालीनार, कोहेर और अन्य जगहों पर देखे जा सकते हैं। आल्मेर में एक स्तम्भ के ऊपर किद्धारी चिड़ियाएँ बनी हुई हैं व एक अन्य पर कछुए बने हुए हैं। स्तम्भों के तनों पर चाँद, हुल्की नृत्य करते हुए लड़के व लड़कियों तथा हाथियों की नक्काशी है। स्तम्भ के नीचे तीन आसन–*पीढ़े*–होते हैं जो इसे मज़बूती से अपनी जगह जमाए रखते हैं। अमगाँव चार ऐसे पीढ़े स्तम्भ के ऊपर लगे हुए हैं 'जिन पर छत बैठी हुई है।' नायानार में इनमें से एक खम्बे पर कछुए बने हैं और दूसरे में फनदार साँपों चारों कोनों से बाहर निकल रहे हैं। मालीनार में स्तम्भों पर सुन्दर नक्काशी अंकित है–खूबसूरत व कलात्मक कंघे, बड़े लिंगवाला एक लड़का, एक धनुष और बाण और एक साँप। बाहर, जैसे रेमावंड में, चहारदीवारी में खम्बे लगे हैं जिन पर प्रशंसा करने योग्य नक्काशीदार रंगोलीनुमा आकृतियाँ बनी हैं। यह चित्र LXXII में स्पष्ट दिख रहा है। झाकरी में मैंने एक स्तम्भ में एक लकड़ी की गेंद रखी जिसे अन्दर रखने और बाहर निकालने का कोई तरीका नहीं था। जाहिर है यह स्तम्भ बनाते समय उसके अन्दर बनाई गई थी। बिनझे में भी सरदार ने कुछ खम्बे बढ़िया ढंग से तराशे थे और घोटुल की खिड़कियाँ लकड़ी के नक्काशीदार सींखचे लगातार बनाई गई थीं।

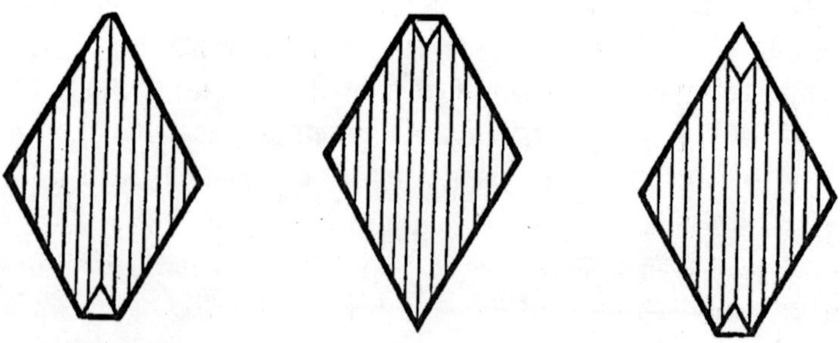

लिंग के प्रतीक बहुत लोकप्रिय हैं।[1] लगभग प्रत्येक घोटुल में कहीं-न-कहीं स्त्री-योनि का चित्र बना होता है, बहुत बार ज़मीन से दो फीट ऊपर मध्य स्तम्भ पर ऐसे चिह्न पाए जाते हैं। कोलूर घोटुल में एक पतला-सा स्तम्भ है जो स्त्री-योनि की नक्काशियों से भरा पड़ा है। इसमें योनि का मध्य भाग स्पष्ट दिखाई पड़ रहा है। खास बात यह है कि इसमें स्त्री-योनि के दो मध्य भाग हैं और एक मध्य भाग उल्टा भी है।

मारकाबेरा में स्त्री-योनि की इसी तरह की नक्काशी, मध्य भाग के साथ, देखने को मिली।

कई बार एक चेलिक बहुत बड़ा लिंग लिए देखा जा सकता है। इसकी बाँहों में एक मुटियारी होती है। लड़के कहते हैं कि लड़कियों को अपनी ओर आकृष्ट करने में ये नक्काशियाँ बहुत मददगार साबित होती हैं। यह हो सकता है कि मध्य स्तम्भ पर बनी योनि उस परम्परा का जीवित अंश हो जिसमें छोटे लड़कों को इस नक्काशीदार आकृति से सटाकर खड़ा करके गुप्त ज्ञान दिया जाता था।[2]

घोटुल की दीवारें बहुधा चित्रो से सजी हुई होती हैं। 1940 में, रेमावंड घोटुल में मैंने ऐसे ही कई प्रशंसनीय चित्र देखे। चित्र LXVIII में दिखाई गई कला की उत्कृष्ट आकृतियाँ मैंने मोरे बर्मा में 1941 में देखीं। नेतागाँव में मुटियारी, बाघों और बन्दरों की प्रतिमाएँ थीं। उरदाबेरा में एक चेलिक और उसकी प्रेमिका मुटियारी के सुन्दर चित्र थे और दरवाज़े पर मिट्टी के घोड़े की मूर्ति थी। देवगाँव में घोड़े पर सवारी करते चेलिक और मुटियारी की मूर्तियाँ थीं। कुंटापादार में एक दीवार पर एक लड़के, एक लड़की, स्त्री-योनि, तीर-कमान और

चाँद व सूरज के चिह्न थे। पाल्की में चिड़िया पकड़ने का जाल था। पर यह एक यौन प्रतीक भी हो सकता है। मेटावंड में मैंने ऐसा ही स्त्री-योनि के अन्दर पुरुष लिंग का चित्र देखा था।

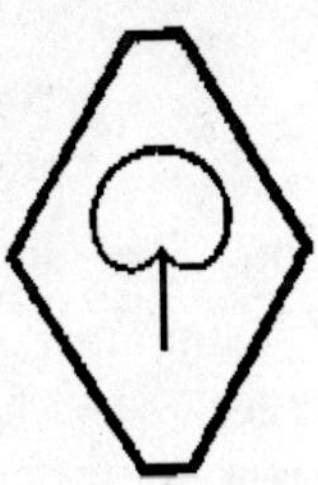

दिन में गए किसी भी अतिथि को फर्नीचर के नाम पर थोड़ा आसान ही मिलेगा। पलंग कभी इस्तेमाल नहीं होते, सब ज़मीन पर सोते हैं। कुर्सी और स्टूल तो होते ही नहीं। परन्तु बहुत-से घोटुलों में लम्बे व पतले लकड़ी के आसन, जमीन से मात्र दो इंच ऊँचे, अवश्य मिलते हैं। इन्हें कहते हैं कुटुल और इन्हें बैठते तथा सोते समय तकिए

1. इस तरह के लिंग प्रतीक जुआंग और मुइया तथा कुछ उराओन घोटुलों में मिलते हैं। जुआंग छत की मुख्य कड़ी पर स्तनों की एक कतार तराशते हैं। कोंड भी ऐसा ही करते हैं। नागा मोरंग में, हट्टन कहते हैं कि औरतों तथा आदमियों की आकृतियाँ 'कामोत्तेजना की स्थिति' में तराशी हुई मिलती हैं।–हट्टन, डायरीज़, उपर्युक्त देखें, पृ. 48।
2. यह परम्परा एक अंग्रेज़ी पब्लिक स्कूल (रैपटन) में भी थी जिसका ज़िक्र डैन्टन वैल्च की मेडन वौयेज (लन्दन, 1943) पृ. 48 में मिलता है। लेखक होस्टल का वर्णन कर रहे हैं 'दो होंठ एक स्तम्भ पर बने हुए थे। सारे नए लड़कों को इन्हें चूमना होता था। मुझे याद है कि मैं ज़ोर लगाकर उचका और आखिर उन दो गुलाबी होंठों तक पहुँच गया। किसी कारण से वे अभ्रद लग रहे थे, मानो वे शरीर के किसी अन्य भाग के चित्र हों।' अगर लड़के तेज़ नहीं पाए जाते थे या उन होंठों तक पहुँचने में असफल रहते थे तो गीले तौलिए से उनकी पिटाई होती थी जिससे उन्हें इस कार्य में कामयाब होने की प्रेरणा मिले।

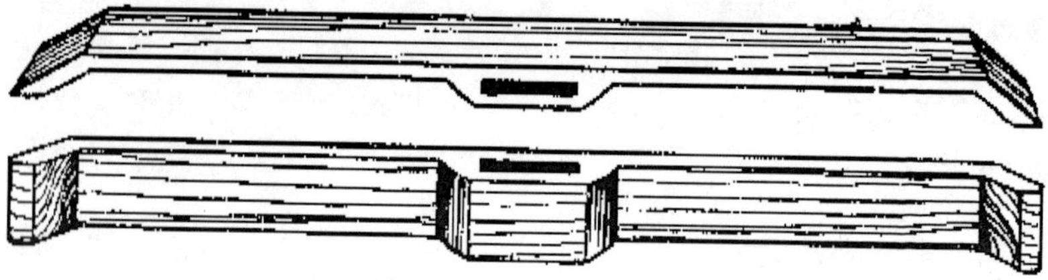

चित्र-54. टालाबेरा का कुतुल जिसमें गहने रखने का एक छोटा दराज़ है

की तरह सिर के नीचे लगाने के काम में लाया जा सकता है। कुछ कुटुल तो बहुत ही लम्बे होते हैं जिससे लड़के व लड़कियों के एक कतार में सोने के संकेत मिलते हैं। इन पर रेखागणित की आकृतियों जैसे तराशे हुए चित्र बने रहते हैं। लड़कों, लड़कियों और स्त्री-योनि के कुछ अभद्र से दिखनेवाले चित्र भी होते हैं। एक कुटुल में मुझे नीचे की तरफ चार स्तन तराशे हुए मिले। कभी-कभार कुटुल में एक छोटा दराज़ भी मिलता है जिसमें रात को मालाएँ और अन्य गहने रखे जा सकते हैं। जहाँ तक मेरी जानकारी है इन कुटुलों का इस्तेमाल सार्वजनिक होता है। कोई कुटुल किसी की व्यक्तिगत सम्पत्ति नहीं होता।

पूर्वी कोंडागाँव में घोटुल में ढोल रखे जाते हैं। मासोरा में एक ढोल बरामदे की छत से लटका हुआ है—इसमें लिंगो पेन का निवास माना जाता है। इस क्षेत्र के डोंगरी-गुड़ा और अन्य गाँवों में पूरी छत लटकते हुए ढोलों से भरी पड़ी है, जो कि एक प्रभावशाली दृश्य है।

चित्र-55. मारकाबेरा का नक्काशीदार तकिया

इन ढोलों को लटकाने के लिए रस्सी उपलब्ध कराने और इनकी देखभाल करने के लिए विशेष अफसर नियुक्त किए जाते हैं।

बाँसुरियाँ छत में घुसा दी जाती हैं पर नृत्य-डांडियाँ ग्राम माता के मन्दिर में रखी जाती हैं। मैंने कभी घोटुल में किसी देवता का चिह्न नहीं देखा और ना ही गाँव का प्रतीक ही देखा है। पर पाल्ली बारकोट में पवित्र बीजों का एक बंडल छत से लटका हुआ दृष्टिगोचर हुआ।

साधारणतया दीवार में छेद होते हैं जहाँ तम्बाकू और अन्य कीमती वस्तुएँ रखी जाती हैं। कभी-कभार ज़मीन में भी गड्ढे मिलते हैं। यहाँ चावल से धान अलग किया जाता है।

चित्र-56. कुमली में तकिए के निचले भाग पर हुई नक्काशी

यह चावल चेलिक व मुटियारी को पूस कोलांग और नृत्य के अन्य अभियानों से प्राप्त होता है। कुछ घोटुलों में मैंने दीवारों में बहुत नीचे की ओर गड्ढे देखे जो पेशाब करने के काम आते हैं। बाहर आँगन में कपड़े धोने के लिए एक बड़ा व चपटा पत्थर भी मिल सकता है। पर यह सुविधा बाहर से आए अतिथियों के आराम के लिए उपलब्ध की गई है।

घोटुल कम्पाउंड के अन्दर घास का बहुत बड़ा ढेर जमा रहता है जिससे छत की मरम्मत, आवश्यकता पड़ने पर तुरन्त की जा सके। बाहर पेड़ों के सहारे या ऊपर भी, आग जलाने की लकड़ी के ऊँचे ढेर लगे रहते हैं। झाकरी में मैंने घोटुल के पास लकड़ी जमा करने के चार तरीके देखे—यह ज़मीन पर लिटाकर एक पेड़ के चहुँओर आड़ी-तिरछी करके रखी हुई थी; यह दो पेड़ों के बीच समानान्तर कतार में लगी हुई थी; यह रस्सी से बँधे व खड़े दो बाँसों के बीच आड़ी-तिरछी लगी हुई थी; और यह पेड़ के सहारे लगाकर रखी गई थी।

लकड़ी का यह ढेर हर मुरिया लड़के पर प्रभाव डालता है। उसकी सबसे पुरानी घोटुल की यादों में यह आदेश होता है कि उसे हर शाम इस ढेरी में लकड़ी के एक या दो टुकड़े लाकर रखने हैं। ऐसा ना करने पर दंड दिया जाता है।

अध्याय : ग्यारह

दो तरह के घोटुल

1.

आगे बढ़ने से पहले यह आवश्यक है कि घोटुल की दो किस्मों को भली-भाँति समझ लिया जाए। ये एक-दूसरे से नियम, परम्परा और मनोवैज्ञानिक दृष्टिकोणों से नितान्त भिन्न हैं। जब तक हम इन पर गौर नहीं करेंगे, तब तक चेलिक और मुटियारी के बीच के सम्बन्धों को समझ नहीं पाएँगे।

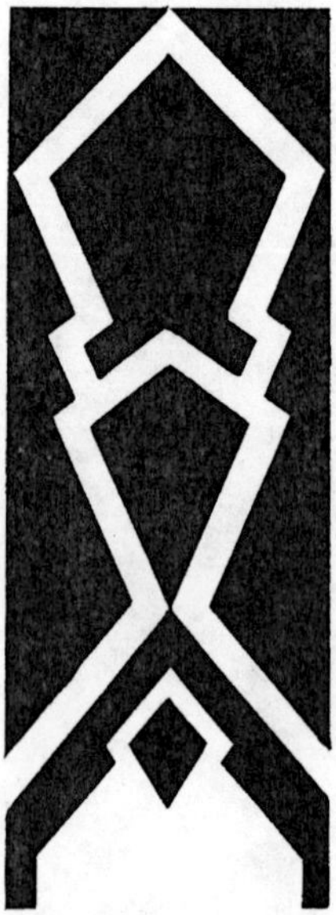

चित्र-57. घोटुल के स्तम्भों पर नक्काशी, आल्मेर

पहले घोटुल, जिसे कभी-कभी जोड़ीदार[1] या जोड़नेवाला घोटुल कहा जाता है, का मूल नियम यह होता है कि विवाह से पहले एक ही प्रेमी अथवा प्रेमिका से सम्बन्ध रखा जाता है और पूरी वफादारी निभाई जाती है। हर चेलिक का एक मुटियारी के साथ जोड़ा बनाने की परम्परा है। वह औपचारिक रूप से मुटियारी के साथ 'ब्याह' दिया जाता है; वह उसके नाम का स्त्री रूप अपना सकती है। तलाक की अनुमति होती है पर बेवफाई करने पर दंड दिया जाता है।

दूसरी तरह के घोटुल में, जो शायद प्राचीन घोटुल का नया रूप है, किसी भी तरह का गहरा सम्बन्ध रखने का चेलिक और मुटियारी को अधिकार नहीं होता। कोई चेलिक यह नहीं कह सकता कि फलाँ मुटियारी उसकी कन्या है; अगर वह एक ही लड़की के साथ तीन दिनों से अधिक लगातार सोता है तो उसे सज़ा मिलती है।

बाकी सारे मामलों में–जैसे अनुशासन, दिनचर्या, सामाजिक दायित्व और मनबहलाव–दोनों घोटुलों में कोई फर्क नहीं होता। आइए दोनों घोटुलों में यौन रीतियों और मनोवैज्ञानिक परिस्थितियों पर गहराई से गौर करें जो कि सावधानीपूर्वक किए जानेवाला काम है।

1. जोड़ी या जोरी शब्द का अर्थ होता है उम्र भर का दोस्त, अपने साथ जुड़ा हुआ साथी या पति और पत्नी। जोड़ी अस्थायी प्रेम-सम्बन्ध के मुकाबले निश्चित रूप से गहरा सम्बन्ध होता है। हल और बैल सरीखा ही जोड़ीदारों के बीच का ताल्लुक होता है। एक-दूसरे के जीवन को अपने कन्धों पर ढोता है–अपनी ज़िम्मेदारी निभाता है। देखें वी. एलविन और एस हिवाले, *फोक-सौंग्स ऑफ द मैकाल हिल्स* (बम्बई, 1944) पृ. 240 व आगे।

मैं समझता हूँ कि जोड़ीदार घोटुल इस मुरिया संस्था का प्राचीन रूप है। पहली बात है कि यह प्राचीन परगनों में सबसे अधिक पाया जाता है जैसे–छोटा डोंगर, दुगल और कारंगल–तथा अबुझमार पर्वतों के समीप। इसने झोरिया में अपना स्थान बनाए रखा है, जो निस्सन्देह, मुरिया लोगों का सबसे पुराना गुट है। दूसरी बात यह, कि मुरिया स्वयं दूसरी तरह के घोटुल को नया और बेहतर कहते हैं जहाँ अफवाहों और गर्भधारण का खतरा कम माना जाता है। पहले तरह के घोटुल से दूसरी तरह के घोटुल की ओर बदलाव अब भी जारी है। कारांगाँव, जो अनौपचारिक रूप से जोड़ीदार घोटुल था, एक गर्भ सम्बन्धी अफवाह से इतना बदनाम हुआ कि चेलिक और मुटियारी को प्रेम-सम्बन्धों का दूसरा नियम अपनाना पड़ा। बीस साल पहले मासारो एक जोड़ीदार घोटुल था; आज इसके सदस्य बदलाव माँग रहे हैं। मेरा विश्वास यह है कि पहले सब जगह प्राचीन तरह का घोटुल ही होगा; फिर अफवाहें और लड़कों व लड़कियों के भाग जाने के कई किस्सों के बाद, जो गहरे प्रेम-सम्बन्धों के स्वाभाविक परिणाम थे, नियमों में बदलाव लाया गया। यह इस विश्वास के कारण भी किया गया कि यौन क्रिया में अगर कई बार व्यवधान आएँ तो गर्भधारण की सम्भावना कम रहती है।

इसलिए घोटुल पर वेस्टरमार्क द्वारा प्रतिपादित 'प्राचीन बहु यौन-सम्बन्ध सिद्धान्त' लागू नहीं होता तथा न ही वे लोग जो इस सिद्धान्त में विश्वास करते हैं, घोटुल का उदाहरण ही दे सकते हैं। जोड़ीदार घोटुल में अनेक लोगों से यौन सम्बन्ध बनाना सर्वथा वर्जित होता है। यहाँ तो एक ही व्यक्ति से सम्बन्ध निभाया जाता है। यहाँ यह भी कहा जा सकता है कि नए तरह के घोटुल सांस्कृतिक-सम्पर्क की देन है क्योंकि कस्बों, स्कूलों और सड़कों के किनारे स्थित घोटुल नई तरह के होते हैं।

पुराने घोटुल से नए की तरफ धीमा बदलाव शायद दोनों तरह के घोटुलों के बिखराव में अव्यवस्था का कारण है। अबुझमार और उसके निकटवर्ती क्षेत्रों में तथा झोरिया मुरिया लोगों में निश्चित रूप से पुराने किस्म का घोटुल ही मिलेगा; परन्तु अन्य किसी जगह के लिए कुछ भी पक्की तरह नहीं कहा जा सकता। पूरे क्षेत्र में यहाँ-वहाँ जोड़ीदार घोटुल उन घोटुलों के बीच बसे हुए मिलेंगे जो अपने नियम बदल चुके हैं। कोंगूर परगना में, उदाहरण के तौर पर, मोरे बेरमा, कन्हारगाँव और गोरमा में पुराने तरह के घोटुल हैं जो अन्य तरह के घोटुलों से घिरे हुए हैं। बांगोली परगना में चिमरी और मोरेंगा का भी यही हाल है। वर्तमान समय में नई तरह का घोटुल अधिक संख्या में प्रतीत होता है। जिन 2000 व्यक्तियों से पूछताछ की गई उनमें 720 जोड़ीदार में पले थे और 1280 नई तरह के घोटुल में। मेरे पास जिन 347 घोटुलों की जानकारी है उनमें 269 नए रिवाज़ अपना चुके हैं और 78 पुरानी रीत पर ही कायम हैं।

2.

जोड़ीदार घोटुलों में, चेलिक और मुटियारी के जोड़े बनाने की रीत को बहुत गम्भीरता से लिया जाता है। यह वह सम्बन्ध है जो विवाह या किसी एक की मृत्यु से ही समाप्त होता है। अधिकांश गाँवों में घोटुल विवाह की प्रथा है, तथा ये विवाह बच्चों के घोटुल वयस्कता पा जाने पर और नए नाम मिलने पर सम्पन्न कर दिए जाते हैं।

घोटुल के सदस्यों को शादी में अलग-अलग चरित्रों के अभिनय का कार्य सौंपा जाता

है। सबसे पहले लड़के के 'माता-पिता' लड़की के 'माता-पिता' के पास मँगनी के लिए जाते हैं। इनके हाथों में दो सरकंडे होते हैं जो शराब की दो बोतलों का प्रतिनिधित्व करते हैं। लड़की के अभिभावक–परम्परा का सख़्ती से पालन करते हुए–कहते हैं 'समधी, आप क्यों पधारे हैं ?' 'नहीं, कोई खास वजह नहीं, यहाँ से गुज़र रहे थे सोचा आपके पास भी होते चलें।' 'नहीं, नहीं, कोई कारण तो होगा।' 'अ...हाँ हमने सुना है कि आपके घर एक फूल खिला है, हम उसे अपने बालों में लगाना चाहते हैं।' 'हाँ, सच है कि मालिक कुत्ते को बहुत साल खाना खिलाता है सिर्फ इसलिए कि रात को उसे तेन्दुआ उठाकर ले जाएगा। लड़की को लाड़-प्यार से इसलिए पाला जाता है कि उसे समधी उठा ले जाएगा।' इसके बाद दुल्हन के दाम पर बहस होती है और जब यह तय हो जाता है तो दोनों दल बैठकर हुक्का पीते हैं।

अगले दिन शादी होती है। हल्दी के स्थान पर राख लगाई जाती है। घोटुल के आँगन में मंडप सजाया जाता है। दोनों (वर व वधू) पर छत से पानी गिराया जाता है। इसके बाद दोनों को अन्दरवाले कमरे में बन्द कर दिया जाता है। दुल्हन चिल्लाती है, 'दरवाज़ा खोलो और मुझे बाहर निकालो।' दूसरे लोग, हँसते हुए, आखिरकार उन्हें छोड़कर चले जाते हैं। उस रात दोनों साथ सोते हैं और तब तक सोते रहते हैं जब तक दोनों में से एक की शादी नहीं हो जाती।

चित्र-58. नयानार के घोटुल में नक्काशी

पर 'तलाक' की अनुमति होती है। कापसी घोटुल के एक चेलिक ने मुझे इसका सजीव वर्णन दिया। अगर कोई मुटियारी किसी अन्य लड़के से शारीरिक सम्बन्ध बना ले तो उसका चेलिक यह बात सरदार से बता देता है, 'मेरी पत्नी ने मेरा घर छोड़कर दूसरा बना लिया है; वह बहुत दिनों मेरे साथ रही और हम दोनों ने साथ-साथ खाना खाया, पर अब वह भाग गई है और मेरी इज़्ज़त पर कालिख पुत चुकी है। मैं एक टूटे हुए घर में कैसे रह सकता हूँ, जंगली पौधों के बीच मेरा काम कैसे पनप सकता है ?'

तदन्तर सरदार लड़की को बुलवाता है और कहता

है, 'लड़की तुमने अपने पति को क्यों छोड़ा ? क्या तुम वाकई इसे छोड़कर दूसरे लड़के के साथ रहना चाहती हो ?' अगर लड़की ने ऐसा करने का निर्णय कर लिया होता है तो वह कहती है, 'हाँ, मैं इस लड़के साथ रहना चाहता हूँ। मेरी इज़्ज़त इसके पास चली गई है।' फिर सरदार दूसरे लड़के से कहता है, 'तुम दूसरे चेलिक की पत्नी के साथ कैसे रहोगे ? ध्यान से सोच लो। क्या तुम इसे अपने पास रख सकोगे या इसे वापस जाने को कह दोगे ?' वह लड़का उत्तर देता है, 'मैं इस लड़की को कहीं से भगाकर तो लाया नहीं; यह मेरी चटाई पर खुद आई है। इसलिए मैं इसके साथ झगड़ा करके इसे वापस क्यों भेजूँगा ? इसके पति ने इसका ध्यान नहीं रखा होगा या इसे मारा होगा।'

यह सुनने पर सरदार फिर पहले लड़के से मुखातिब होता है और कहता है, हाँ हमें बताओ। तुमने अवश्य ही इसे मारा होगा और इसके साथ अशिष्ट व्यवहार किया होगा।' पर वह कहता है, 'मैंने कभी इसे चावल खाने, काम करने या साथ सोने के लिए नहीं डाँटा। यह खुद ही मुझे छोड़कर गई है, जैसे गाय ग्वाले को छोड़कर भटक जाती है। अब मैं इसके साथ नहीं रहना चाहता। लेकिन मुझे इस लड़की का दाम चाहिए।'

इसके बाद दाम के विषय में भी बहस छिड़ती है। आखिर में बात सौ रुपए पर जाकर तय होती है। नया प्रेमी पैसे के इन्तज़ाम में जुट जाता है। कुछ दिनों बाद वह सौ सियारी के बीज, पाँच पत्तों के पाइप (जो पाँच दारू की बोतलों के प्रतिनिधि होते हैं) लेकर आता है। दारू पंचायत के लिए होती है। पैसों का भुगतान किया जाता है, पाइपों में तम्बाकू डालकर धुआँ उड़ाया जाता है और कुछ राख नए जोड़े पर बिखेरी जाती है। यह कार्य इस तरह विधिवत् सम्पन्न होता है।

कुछ दिन बाद छोड़ा हुआ लड़का सरदार के पास जाकर कहता है, 'आपके परगना में कोई विधवा है क्या, मालिक ?' सरदार कहता है, 'हाँ शायद–फलाँ गाँव में एक विधवा है तो या हो सकता है वह कुँआरी कन्या हो। मुझे ठीक से याद नहीं।' फिर 'माता-पिता' बनाए जाते हैं, मँगनी और एक नई शादी होती है। कापसी में तुसारो का काम यह देखना होता है कि दूल्हा दुल्हन के प्रति अपनी ज़िम्मेदारियाँ ठीक से निभा रहा है या नहीं।

इस तरह के कई घोटुलों में मुझे एक दिलचस्प रिवाज़ मिला है। चिमरी में जब लड़के को 'पत्नी' मिलती है तो उसे घोटुल को कुछ भेंट देनी पड़ती है। वह एक 'नया खेत' होती है और उसे जोतने के एवज़ में लड़के को हरी लकड़ी के सौ टुकड़े हर साल देने पड़ते हैं। बाद में जब लड़की रजस्वला हो जाती है तब वह 'एक बढ़िया ढंग से जुता हुआ और खाद पड़ा हुआ खेत' कहलाती है। उसके दाम बढ़ जाते हैं और चेलिक को उसके लिए अब दो सौ लकड़ी के टुकड़े देने पड़ते हैं। बाद में जब 'ज़मीन' और गदरा जाती है तब चार सौ टुकड़े लड़के के लिए उसकी देय राशि हो जाती है। मुंडपाल में यह नियम था कि जवान लड़की, जिसे बिना जुता बंजर खेत कहा जाता था, को प्राप्त करने के बाद लड़के को दो सौ सियारी बीज देने पड़ते थे। रजस्वला होने पर लड़की गाभर (जुती हुई फलदार पृथ्वी) कहलाती थी और उसका प्रेमी घोटुल को तीन सौ सियारी बीज देने के लिए बाध्य हो जाता था। रजस्वला होने के तीन साल बाद लड़की को मुंडा (मेंड से बँधा हुआ पानी से भरा खेत) की उपमा दी जाती थी और उसके चेलिक को अब चार सौ बीज देने का आदेश मिलता था।

और अगर लड़की के पास कई गहनें होते तो वह बहुत-सी गायें और बकरियोंवाली

अमीर लड़की मानी जाती है। इसके लिए चेलिक को सौ सियारी बीजों का टैक्स अलग से देना पड़ता था। रेंगागोंडी में लड़के लड़की की सोने की चटाई में लगी पौधों की तनियाँ गिनकर उसकी महत्ता का आकलन करते हैं और फिर यह तय करते हैं कि प्रेमी से कितना टैक्स अतिरिक्त लिया जाए !

घोटुल के 'पुलिस कार्य' की तरह यह टैक्स भी एक तरह का खेल है पर इसे पूरी गम्भीरता से लिया जाता है। इससे हर घोटुलवासी पर यह असर पड़ता है कि चेलिक का अपनी मुटियारी पर 'अधिकार' है। घोटुल के सदस्यों ने इस तरह के टैक्स लगाकर बहुत दावतें उड़ाई हैं।

'घोटुल विवाह' के महत्त्व का एक अन्य उदाहरण गम्भीर रिश्तेदारों के एक पूरे दल को तैयार करने में दिखाई देता है। आम जीवन में मुरिया (पूरे भारत के अन्य लोगों जैसे ही) कुछ सम्बन्धों को बिलकुल निषिद्ध मानते हैं। ये हैं किसी लड़के का अपनी पत्नी की बड़ी बहन (अकोइन), अपने छोटे भाई की पत्नी (कोरयार) तथा अपनी चाची (कुचि) से सम्बन्ध। उसे इनमें से किसी के साथ कमरे में अकेले बैठने की भी मनाही होती है। वह उनके सिर नहीं छू सकता। उसकी उपस्थिति में ये स्त्रियाँ 'अपनी टाँगें उठा' नहीं सकती–इसका मतलब यह कि वे उसके सामने कोई चहारदीवारी नहीं बाँध सकती और न ही उसके आगे चल ही सकती हैं।

ये नियम, औपचारिक तौर पर, घोटुल में लागू होते हैं। इस तरह एक नौजवान चेलिक अपनी मुटियारी की बड़ी बहन से प्रेम-प्रसंग नहीं चला सकता; बड़ा भाई अपने छोटे भाई की चटाई पर नहीं बैठता कि कहीं 'कोरयार' के साथ वह कुछ कर न बैठे। मेटावंड और मारकाबेरा में मैंने यह नियम भी पाया कि दोनों भाई घोटुल के एक ही कमरे में सो नहीं सकते थे क्योंकि छोटे भाई की पत्नी को उसके बड़े भाई से दूर रहना पड़ता था। उसे घोटुल में अपने 'जेठ' के साथ अकेले पाए जाने की मनाही होती थी। कोई भी मुरिया लड़की कभी अपना सिर नहीं ढकती[1] पर कम-से-कम वह अपने 'जेठ' की उपस्थिति में अपने बाल भी नहीं खोलती। जब बड़ा भाई घोटुल से बाहर गया होता है तब उसकी पत्नी को अपने 'देवर' के साथ सोने की अनुमति होती है।

कोई भी चेलिक अपने भाई की बेटियों के साथ हँसी-मज़ाक कर सकता है और उन्हें गालियाँ भी दे सकता है, पर वह उनके साथ सो नहीं सकता। उसकी भाँजियाँ उसकी मालिश कर सकती हैं ठीक वैसे ही जैसे उसकी बहनें कर सकती हैं। घोटुल में वे उसे मामा कहती हैं। मज़े की बात यह है कि ये लोग 'घोटुल रिश्तेदारों' को रिश्तों से सम्बोधित करते हैं न कि उनके नामों से और इस तरह खुद को हरदम याद दिलाते रहते हैं कि फलाँ व्यक्ति के साथ कैसे पेश आना है।

निषेध आज्ञा के नियमों के पीछे क्या कारण है ? छोटे भाई की पत्नी को बड़े भाई के लिए वर्जित शायद इसलिए किया गया है जिससे छोटे भाई को सुरक्षा मिले–इसकी सुरक्षा हमेशा खतरे में रहती है जैसा कि लोक कथाएँ दिखलाती हैं। घोटुल में तो वास्तव में छोटे लड़के को इस नियम द्वारा सुरक्षित रखा जाता है क्योंकि उसका बड़ा भाई शक्तिशाली सरदार या दीवान हो सकता है। इसी तरह चेलिक पर अपनी 'पत्नी' की बड़ी बहन के लिए पाबन्दी

1. हौफमैन ने जो खूबसूरती से मुंडा के लिए कहा वह मुरिया पर भी खरा उतरता है 'किसी भी मुंडा स्त्री के सिर पर गठरी या फूलों के सिवाय कुछ नहीं दिखाई देता।'

उसी को बचाने के काम आती है क्योंकि यह बड़ी बहन शक्तिशाली बेलोसा (लड़कियों की नेता) हो सकती है जो उससे प्रेम का ढोंग या सम्भोग की इच्छा करके उसकी 'कानूनी पत्नी' से उसे दूर कर सकती है।

चित्र-59. रेमावंड घोटुल की दीवारों पर नक्काशी

भाइयों और बहनों को घोटुल में एक-दूसरे की यौन क्रीड़ा देखने की कोई मनाही नहीं होती पर हाँ, वे इस बारे में आपस में बात नहीं कर सकते और न ही आपस में इस प्रकार का कोई सम्बन्ध ही कर सकते हैं। परन्तु इस बात में कोई हर्ज़ नहीं समझा जाता कि भाई के पास बहन के प्रेम-प्रसंगों की पूरी जानकारी हो। एक बार बिनझली में एक लड़के ने गोंडी में मुझे एक स्वप्न सुनाया कि कैसे वह एक विशेष लड़की के साथ सम्भोग कर रहा था। उस विशेष कन्या का भाई सारा स्वप्न मुझे अनुवाद कर-करके बिना किसी शर्म के सुनाता रहा।

कोई भी बहन किसी भी लड़के के साथ हर रात अपने भाई के सामने सो सकती है, इसी तरह भाई भी हर रात अपनी बहन के सामने किसी भी कन्या के साथ सहवास कर सकता है। उन्हें इस बात में कोई शर्म महसूस नहीं होती। वे पूर्णतया स्वाभाविक और प्राकृतिक व्यवहार करते हैं।

बहुत-से घोटुलों में बहन भाई के बाल बना सकती है व उसकी मालिश भी कर सकती है। पर काबोंगा में यह नियम था कि बहन भाई को जोहार न करे और न ही उसके बाल बनाए।

शादी में जब सब शराब पी लेते हैं तब वे भाई-बहन के रिश्ते के सम्बन्ध में अभद्र हँसी-मज़ाक करते हैं। इसके बारे में कई अश्लील गीत भी हैं क्योंकि इस विषय पर इस तरह की बातें करने की परम्परा है। परन्तु जैसा कि अन्य समाजों में होता है यह सम्भव है कि ऐसा मज़ाक इसलिए होता हो क्योंकि वास्तविक नियम बहुत कड़े हैं। यह सुभाव (मज़ाक में) कि भाई अपनी बहन के साथ सोता है सिर्फ इसलिए गुदगुदाता है क्योंकि ऐसा कभी

होता नहीं।

आमतौर पर भाई-बहन इकट्ठे बहुत खुशी-खुशी रहते हैं। जब उनकी लड़ाई होती है तब भाई बहन से कहता है, 'पौटसा (मोटी), चिपरी (गन्दी आँखोंवाली, सालादरी (हत्यारिन)।' ऐसा कहा जाता है कि अपने विवाह के दौरान कन्या चिढ़ानेवाली ये बातें याद करके रोती है और कहती है, 'मेरे साथ भविष्य में ऐसी मीठी लड़ाइयाँ कौन करेगा ?' भाई अपनी बहन को घर से निकालने की धमकी दे सकता है पर वह भी तपाक से कहती है कि उसके लिए घरों की कमी नहीं है। अगर भाई अपने घर से निकालेगा तो वह किसी और के यहाँ रहने चली जाएगी।

3.

एक प्रेमी अथवा प्रेमिका के लिए कितनी वफादारी निभाई जाती है ? यह एक ऐसा विषय है जिसके बारे में कोई आँकड़े तो उपलब्ध कभी हो ही नहीं सकते। हमें आम वातावरण को देखकर और कुछ उदाहरणों द्वारा अपनी राय कायम करनी होगी। नियमों को तोड़ने का लालच तो बहुत होता होगा। घोटुल की दिनचर्या ही ऐसी होती है कि सदस्यों में काम-वासना भड़के। लड़के और लड़कियाँ बहुत निकट रहते हैं और रात को वे एक-दूसरे की यौन क्रीड़ा भी देखते हैं। कुछ रिश्तेदारों, जैसे छोटा भाई, के पास परम्परागत सुविधाएँ होती हैं। चेलिक बहुधा खेतों में व्यस्त रहते हैं और उनकी मुटियारी घोटुल में अकेली पाई जाती हैं। हर व्यक्ति जिसने इसी विषय पर, अपनी 'यादों' का भागीदार मुझे बनाया है, यह बताने में नहीं चूका कि किस तरह उसने नियमों का उल्लंघन किया।

इन यादों में मैं कुछ उद्धरण दे रहा हूँ। पहला उद्धरण बुधु के इस क्षेत्र में हुए अनुभवों का है। यह पोयामी वंश का लड़का मुझे कोंडागाँव की सोनावाल परगना के कानेरा गाँव में, एक जोड़ीदार घोटुल में चालीस साल पहले मिला था।

> उन दिनों घोटुल में बारह लड़के और दस लड़कियाँ थीं। एक लड़का अपनी 'पत्नी' के साथ तब तक सोता था जब तक दोनों में से एक का विवाह न हो जाए या वह लड़का खुद का नाम न बदल ले। मेरी शादी माल्को से हुई थी और मैं उसे बहुत चाहता था। उन दिनों मैं सिपाही था। पर दो साल बाद मुझे कोतवार बना दिया गया और मुझे कोतवारिन के साथ सोना चालू करना पड़ा क्योंकि यही नियम था। पर मैं हमेशा माल्को के बारे में सोचता रहता था। रात को जब सब सो जाया करते तब मैं उस चटाई को छोड़कर जिसमें मैं और कोतवारिन सोते थे, माल्को के पास रेंगकर, उसे प्यार करने पहुँच जाता था।
>
> मेरे माँ-बाप को इन सब बातों का नहीं पता था। और एक दिन मेरी खुशी का कोई ठिकाना न रहा जब उन्होंने मुझे बताया कि वे माल्को के साथ ही मेरा विवाह ठहराने जानेवाले थे। हमें तो यही चाहिए था।
>
> इस खुशखबरी के कुछ दिन बाद मैं एक हफ्ते सोनावाल काम के सिलसिले में रहा। इस दौरान मैं सोनावाल घोटुल में रहा और वहाँ की जमादारिन के साथ सोया। आखिरी रात इस लड़की ने मेरे सिर से कंघा निशानी के रूप में ले लिया। सोनावाल से मैं कोकोरी गया और वहाँ घोटुल में नाचा। वहाँ की एक मुटियारी

मुझे प्रेम करने लगी। वह हरदम मुझे तम्बाकू पेश करती रहती। कुछ दिनों बाद मैं घर की ओर चला, पर तीन लड़कियों ने मुझे जंगल में घेर लिया और अपने साथ रहने की प्रार्थना करने लगीं। पर मुझे तो घर जाना था।

इसके बाद जल्दी ही मेरी शादी माल्को के साथ हो गई। तब से हम सारे कार्य साथ-साथ करते हैं और हमारी कभी लड़ाई नहीं हुई।

अपनी शादी के एक साल बाद मैं बड़ा डोंगर, अपने पिताजी के साथ, वहाँ के महाराजा की ताजपेशी देखने गया। इसके बाद हम मालाकोट गए जहाँ के घोटुल में हम दो रात रुके। जब सब सो रहे थे तब एक लकड़ी चुपके से मेरे पास आई।

यहाँ हमारे पास चित्र उस स्थिति का है जहाँ लड़का जोड़ीदार घोटुल का सदस्य होता है—और इस तरह अपनी औपचारिक साथिन के प्रति वफादारी के लिए बाध्य होता है पर फिर भी वह उस लड़की के साथ रूमानी प्रेम करता रहता है जिसे वह दिल की गहराइयों से चाहता है। अन्ततः वह विवाह भी उसी से करता है। बुधु अन्य घोटुल जाकर भी मौज-मस्ती कर आया। अगर सोनावाल और कोकोरी घोटुल जोड़ीदार घोटुल होते तो बुधु वह आनन्द नहीं ले पाता जो उसने लिया।

यहाँ यह बात भी नोट करने की है कि अन्य लड़कियों के साथ रात्रि प्रसंगों के बावजूद लड़के की माल्को के लिए निष्ठा कम नहीं हुई और वह प्रसन्न भी उसी के साथ शादी करके हुआ। वह कहता है, और मुझे कोई संशय नहीं कि यह सत्य है, कि उसके किसी शादीशुदा औरत से या मालाकोट घोटुल की उस घटना को छोड़कर, किसी भी घोटुल में रहनेवाली अन्य लड़की से, कभी सम्बन्ध नहीं हुए। 'एक साल बाद मेरी पत्नी ने मेरा घोटुल में जाना बन्द कर दिया।'

बस्तर की 1911 की बगावत के समय मुझे जोड़ीदार घोटुल से एक अन्य उदाहरण मिला। इस बार मेरे साथ अपनी यादों को बाँटनेवाला था गदरू। यह मुरिया कुंजामी वंश का व चानियागाँव का रहनेवाला था।

घोटुल में एक साल व्यतीत करने के बाद, चैत डांडर के समय, मुझे सिल्लेदार बना दिया गया। छह महीने बाद झलारो के साथ मेरी जोड़ी बना दी गई और मैं उसके साथ सोने लगा। मुखिया ने हमें चेतावनी दी कि यौन क्रीड़ा बहुत बार न करें क्योंकि इससे गर्भ धारण का खतरा रहता है। मैं झलारो के पास सोता तो रोज था परन्तु हम शारीरिक सम्बन्ध सप्ताह में दो बार या एक बार ही बनाया करते थे। एक लड़की जो मुझसे सच्चा प्रेम करती थी, वह थी अलोसा—मेरे मामा की बेटी। उसका साथी झोरिया था पर जब वह सो जाता, तब वह मेरी चटाई पर आ जाती और मैं झलारो की ओर पीठ फेरकर उससे प्यार करने लगता था।

सत्तर साल की एक बुढ़िया, बेरमा गाँव की कोइली ने भी मुझे अपने घोटुल जीवन की कुछ दिलचस्प बातें बताईं।

घोटुल में प्रवेश के छह महीने बाद तक, जब तक मुझे नया नाम नहीं मिला, मैं छोटे लड़कों के साथ सोती रही। जब मुझे निरौसा बनाया गया तब मेरे पास सूखी चावल और शराब की दावत देने के लिए पैसे नहीं थे। पर चेलिकों ने मेरे लिए

पैसे इकट्ठे किए और वे एक रुपए की शराब ले आए जिससे मेरा सम्मान बच गया। उस रात सब बहुत पिए हुए थे और कोतवार जो मेरे पास सोता था, उसने पहली बार मेरे साथ सम्भोग किया। अगले दिन कोतवार ने मुझे आदेश दिया कि मुझे हर दिन सरदार के पास सोना है। सरदार मेरा दूर का रिश्तेदार था। मुझे यह बात बिलकुल पसन्द नहीं आई पर मुझे कोतवार की आज्ञा माननी थी। हम दोनों बहुत शर्माते थे और एक-दूसरे से बात भी नहीं करते थे। हम दोनों एक-दूसरे की ओर पीठ फेरकर सोया करते। बहुत समय तक ऐसे ही चला। पर एक दिन गाँव में शादी थी। सब पीकर धुत और उत्तेजित हो गए। उस रात मैंने और सरदार ने सम्भोग किया। इसके बाद हमने शर्माना बन्द कर दिया और हम हर रात वह कार्य करते।

इसके बाद जल्दी ही मेरी मँगनी हो गई। इसमें शामिल होने वेलेकनार घोटुल का कपाटदार आया। सरदार तब कहीं और गया हुआ था। उस रात कपाटदार मेरे साथ सोया। जब औरों को पता चला तो वे खूब हँसे और हमें चिढ़ाया; मुझे इतनी शर्म आई कि मैं पूरे सप्ताह घोटुल नहीं आई।

जब मेरी शादी हो गई तब मुटियारी मुझे घोटुल के आँगन में लाईं। उन्होंने मुझे पीने के लिए शराब दी। मैंने चेलिक और मुटियारी को जोहार की और फिर कभी घोटुल में प्रवेश नहीं किया।

शादी के तीन साल बाद मैंने एक बेटे को जन्म दिया। पर यह बहुत मुश्किल से हो पाया। सरदार, जिसने मुझे घोटुल में बहुत सालों तक प्यार किया था, मुझे भगा ले जाना चाहता था। वह मेरे ऐसा न करने तथा किसी और से विवाह करने पर बहुत क्रोधित हुआ था। सो वह टोने-टोटके करवाता रहता था। जब मैं ठीक हुई तो उसने मेरे पति को बीमार कर दिया। सिराहा की मदद से ही वो ठीक हो पाए।

एक अन्य बूढ़ी औरत जो साठ साल से ऊपर थी तथा जिसका नाम काचरी था, ने मेरे साथ कुछ बात करते हुए घोटुल की यादों को ताज़ा किया। वह कन्हारगाँव की रहनेवाली थी। इस गाँव का घोटुल इस स्त्री के समय जोड़ीदार था लेकिन कुछ साल बाद प्रेम प्रसंगों के कारण इसके नियम बदल दिए गए।

मेरा घोटुल पति था लिखेन; मैं चायको थी। पर जिस लड़के से मैं वाकई प्यार करती थी वो था साल्या। एक दिन घोटुल जाते वक्त मुझे साल्या मिला और मैं उसके साथ खेत में चली गई। सिरिसदार और बेलदार ने मुझे देख लिया और कोतवार को बता दिया। उस रात चेलिक ने मुझे घोटुल में घुसने नहीं दिया और कोतवार तथा कुछ अन्य लोगों ने दरवाज़े से बाहर मुझसे पूछताछ की। उन्होंने मुझ पर साल्या के साथ खेत में शारीरिक सम्बन्ध बनाने का आरोप लगाया।

दीवान ने कहा कि सज़ा के तौर पर हर चेलिक मेरे साथ उस रात सम्भोग करेगा परन्तु उसी समय एक पुलिसवाला पाईक-गुड़ी आ गया और दीवान को उसके लिए लकड़ी लाने जाना पड़ा। मैं बच गई। रात को कोतवार ने मेरे साथ सहवास करना चाहा। मैंने इसका विरोध किया और सुबह उसने गुस्से में दीवान

को रात का सारा वृत्तान्त कह सुनाया। अगली शाम पाँच चेलिकों ने एक के बाद एक मेरे साथ सम्भोग किया। मैं छटपटाती रही, चिल्लाती रही पर मैं आज़ाद नहीं हो सकी। अन्य मुटियारी देखती रहीं पर उन्होंने मेरी मदद नहीं की।[1]

जब मैं सोलह साल की हुई तब बड़ा डोंगर के एक चेलिक से मेरी मँगनी कर दी गई। परन्तु मैं साल्या के साथ भाग गई। हम बान्दोपाल में शादी करने ही वाले थे कि हमें ढूँढ़ने के लिए भेजे गए दलों में से एक ने हमें खोज लिया। मुझे घर लाकर मेरा विवाह फौरन मेरे मंगेतर के साथ कर दिया गया। बाद में मैंने उसे अपने घोटुल के एक बहुत सुन्दर चेलिक के लिए छोड़ दिया। इस चेलिक से मैं बाज़ार में मिली थी। चार साल बाद मैं अपने पहले पति के टोने-टोटकों के कारण पागल हो गई पर सिराहा ने मेरा उपचार कर मुझे ठीक कर दिया।

4.

फिर भी, समय-समय पर नियमों के उल्लंघन के बावजूद, जोड़ीदार घोटुल शादी में वफादारी निभाने का स्कूल है। अगर आपकी चटाई पर किसी अन्य लड़की के कपड़े मिलते हैं तो दंड दिया जाता है। किसी भी चेलिक को अन्य चेलिक की अनुपस्थिति में उसकी मुटियारी को घोटुल में अकेले पाकर रिझाने की चेष्टा भी निन्दनीय मानी जाती है। ये काम होते हैं पर अच्छे नहीं माने जाते।

चेलिक स्वयं यह मानते हैं कि इस तरह के घोटुल के बहुत फायदे हैं। पहला तो यह कि अगर कोई लड़की गर्भवती हो जाए तो 'चोर का पता रहता है।' अन्य स्थानों पर चोर का पता लगाना टेढ़ी खीर होती है। इसके अलावा, चेलिक कहते हैं कि बहुत परेशानी से बचाव हो जाता है। 'हमें पता होता है कि क्या करना है; कोई जलन या झगड़ा नहीं होता, सब तय होता है और कुछ कहने-सुनने की ज़रूरत नहीं होती।' मुझे स्वयं ऐसा विश्वास है कि ऐसे घोटुलों में कम तनाव रहता है। यहाँ गहरी अन्तरंगता और प्रेम पनप सकते हैं। लेकिन शादी से पहले ऐसे सम्बन्ध पूरी तरह बढ़िया नहीं माने जाते क्योंकि इनसे विवाह में समस्याएँ खड़ी होती हैं।

1. रॉय बताते हैं कि उराओन धूमकुरिया भी लड़कियों को दंड देने के लिए उनका सार्वजनिक बलात्कार करते हैं। 'अगर कोई लड़की बुलाए जाने पर न आए तब बहुत-से लड़कों को उसे लाने भेजा जाता है। जब वह आती है, तब अगर वह कोई साथी चुनने से इनकार कर दे तो बहुत-से बड़े लड़के उसका सार्वजनिक बलात्कार करते हैं, एक के बाद एक, जब तक वह उनमें से किसी लडके को चुन नहीं लेती।'–एस.सी. रॉय, *द ओराओन्स*, पृ. 246। सर ई.ए. गाईत ने लिखा : 'मुझे बताया गया है कि अगर को उराओन कन्या शर्माती है तो गाँव के सारे लड़के उसके विरोध में गुट बना लेते हैं और एक या अधिक लड़के उसका कौमार्य भंग करते हैं।'–जे.जी. फ्रेज़र, *टोटेमिज़्म एंड ऐक्सोगैमी*, खंड II, पृ. 287। कोंडाबेरा घोटुल में एक बार लड़कियों ने हड़ताल कर दी और चेलिक ने मुझे बताया 'यह तय किया कि वे हममें से किसी के साथ सहवास नहीं करेंगी। सो हम सबने रात को उनके साथ बलात्कार का निश्चय किया और ऐसे ही हमने किया भी। पर मुझे सन्देह है कि यह बस्तर या छोटा नागपुर में होता होगा। पर मैंने मांडला के गोंड और परधानों में ये किस्से अवश्य सुने हैं। यहाँ हमें यह भी नोट करना चाहिए कि अगर एक बोरोरो इंडियन अपनी पत्नी पर बेवफाई का शक करता था तो वह उसे बाहितो भवन के लड़कों के पास छोड़ आता था।–वी. ऐरिक एंड पी. राडिन, 'कंट्रीन्यूशन्स टू दा स्टडी ऑफ द बोरोरो इंडियन', जे.ए. आई खंड XXXVI (1906), पृ. 190।

इन गहरे रूमानी रिश्तों से माता-पिता से शादी के मामले को लेकर टकराव भी होता है। कई चेलिक और मुटियारी अपने साथी के अलग होने से बहुत दुखी होते हैं। कभी-कभार ये भाग भी खड़े होते हैं जिससे समाज इन्हें अलग न कर सके। यहाँ हमें चौंकानेवाले आँकड़े मिलते हैं। जिन 2000 विवाहों का सर्वेक्षण किया गया उनमें 1884 माता-पिता की इच्छाओं के अनुरूप हुए और अधिकांश इनमें दूर के रिश्तेदारों के बीच हुए विवाह थे। 116 असाधारण शादियों में 77 उन चेलिकों की थीं जो अपनी 'घोटुल-पत्नियों' से परिणय सूत्र में बँधे। दूसरी तरह के घोटुल से सिर्फ 39 असाधारण वैवाहिक सम्बन्धों के उदाहरण सामने आए। जोड़ीदार घोटुलों में कम लोग होने के बावजूद हर 9 में से 1 चेलिक ने अपने माता-पिता से अपनी पसन्द की कन्या से शादी करने की हठ की जबकि दूसरे घोटुल सिर्फ 32 में से 1 ने ऐसा किया।

जिन्होंने अपनी घोटुल-पत्नियों से विवाह किया उनमें से 77 में से 9 ने बाद में उन्हें तलाक दे दिया। यह 11.6 प्रतिशत था जबकि 2000 शादियों में तलाक कुछ मिलाकर सिर्फ 2.9 प्रतिशत ही थे। यह एक दिलचस्प बात है कि लम्हादा लोगों में, जो अपनी भावी पत्नियों के निकट सम्पर्क में रहते हैं, तलाक का औसत इतना ही है–11.5 प्रतिशत। हालाँकि 77 और 113 उदाहरणों से हम गहरे निष्कर्ष निकालने की स्थिति में नहीं पहुँचते, यह निस्सन्देह आश्चर्य की बात है कि इन दो तरह के लोगों में तलाक का औसत इतना अधिक है।

इससे यह प्रतीत होता है कि घोटुल का जनूनी इश्क जीवन भर का रिश्ता कायम करने के लिए काफी नहीं है। परन्तु साथ ही ऐसे प्रेमियों को अलग करना एक दुखद घटना है। वह लड़की जिसके चेलिक ने किसी और से शादी कर ली हो वाकई सहानुभूति का पात्र होती है। 'उसकी जिन्दगी खत्म भी हो जाती है'–मुंजमेता के लोग कहते हैं–वह चटाई पर अकेली लेटी हुई उसकी याद में तड़पती रहती है; और उसका मन बिलकुल नहीं करता कि वह किसी अन्य प्रेमी को स्वीकार करे।' बहुधा वह अपनी सहेली के पास सोती है और जब वह अपने प्रेमी के साथ व्यस्त होती है तो उनकी ओर पीठ करके लेट जाती है। उलेरा में कहा जाता है कि अपने प्रेमी से अलग होने के बाद लड़की बहुत दिनों तक गा नहीं सकती। जब बानजोरा के मुखवान की मृत्यु हुई तो मुखवारिन का चेहरा 'दुख से बिगड़ गया।'

लड़के, हमेशा नहीं, पर आम तौर पर अधिक दार्शनिक होते हैं। मारकाबेरा के एक चेलिक के उद्गार हैं–'हाँ, एक महीने तो आप बहुत दुखी रहते हैं, पर फिर आप सब भूल जाते हैं। हो सकता है कि आप उससे दोबारा मिल पाएँ परन्तु यह कठिन और खतरनाक होता है। पर कम-से-कम आपको घोटुल में दूसरी लड़की मिल जाती है।' फिर भी बोपना के सिल्लेदार का नाम 'विधुर' पड़ गया क्योंकि वह पिछले साल अपनी 'पत्नी' के विवाह के बाद बहुत दुखी हुआ। मारकाबेरा में दासरू ने अपनी घोटुल पत्नी के विवाह के बाद बेहद शराब पीना शुरू कर दिया और गुरती, जो सुन्दर और चुलबुली माल्को का दीवाना था, मुझे बहुत दुखी और उदास लगा जब मैंने माल्को के विवाह के एक साल बाद उसे देखा।

यह एक विलक्षण बात है कि इन प्रेम प्रसंगों के बावजूद वास्तविक त्रासदियाँ कम ही हुई हैं। पिछले दस सालों में एक ही आत्महत्या का मामला प्रकाश में आया है। यह 1932 में एक जोड़ीदार घोटुल में हुआ। यह घोटुल कारंगल परगना के अमगाँव में स्थित है। चैतू और मुँगा–मुझे इनके घोटुल नाम नहीं पता–लड़का बीस साल का और लड़की अट्ठारह की–एक-दूसरे को बहुत चाहते थे और अलग होने के ख्याल से भी काँप जाया करते थे। उन्होंने

चित्र-60. नयानार के घोटुल में नक्काशी

एक-दूसरे के माता-पिता से शादी की भीख माँगी पर मुँगा का पिता अड़ा रहा और उसकी शादी मारकाबेरा के दासरू से कर दी–यह दासरू उस दासरू से अलग है जिसका जिक्र मैंने ऊपर किया है। शादी के बाद लड़की को मारकाबेरा ले जाया गया जहाँ परम्परानुसार चेलिक ने उसे उसके पति के साथ बन्द कर दिया जिसे वह नहीं चाहती थी।

जब समय आया तो चेलिक और मुटियारी अमगाँव और मारकाबेरा के बीच के सुन्दर क्षेत्र में गाने गए और उन्होंने मुँगा को भी दावत पर बुलाया। उसका पति इनकार नहीं कर सका हालाँकि वह जानता होगा कि अमगाँव में खतरा है। पर वह इतनी पास था–मात्र दो मील दूर–कि उसने जाने दिया। जब वह अपने घर पहुँची तो वह चैतू से मिलने खेत के एक निर्जन भाग में गई। वह उसके लिए शराब लाया था और पुनः अलग होने से पहले वे शराब का एक जाम गम गलत करने के लिए पीने लगे। पर एक छोटी-सी लड़की, चैतू के छोटी बहन, ने उनका पीछा किया और अपने पिता को बताने घर भाग गई। उसने निर्दिष्ट स्थान पर पहुँचकर दोनों प्रेमियों को पकड़ लिया और लड़के को यह कहते हुए पीटना शुरू किया कि लड़की अब उसकी नहीं है और ऐसी हरकत से सब पर बदनामी आएगी। इन थप्पड़ों में हम निम्नलिखित निष्कर्ष निकाल सकते हैं–पिता की इस प्रेम प्रसंग के कारण लम्बे समय से चली आ रही परेशानी, इस गहरे प्यार की वजह से पिता की पुत्र से ईर्ष्या, और मुरिया का अवैध सम्बन्ध बनाने से अत्यन्त भयभीत होने की प्रवृत्ति।

लड़का और लड़की भाग गए—मैं देख सकता हूँ कि उनका भावुक मुरिया स्वभाव आँसुओं और गुस्से से कैसे पिघला होगा—और घोटुल उस दावत में सम्मिलित हुए जिसमें उन्हें हमेशा के लिए अलग हो जाना था। उस रात—20 मई 1932 को—वे आम के पेड़ की एक विशाल शाख पर चढ़े; वहाँ रस्सियाँ बाँधीं, और एक-दूसरे की ओर चेहरा किए हुए पेड़ से कूद गए। जब उनके मृत शरीर मिले तो चैतू का हाथ अपनी मुटियारी के कन्धे पर था।

5.

हालाँकि बाहर से दोनों घोटुल देखने में एक जैसे लगते हैं और बहुत गहरी छानबीन करने के बाद ही उनके बीच के अन्तर पता चलते हैं, परन्तु अन्ततः बात यह सामने आती है कि नए प्रकार के घोटुल का वातावरण और नियम बिलकुल अलग हैं। यहाँ सारी व्यवस्था इस उद्देश्य से की जाती है कि गहरे प्रेम सम्बन्ध ना बनने पाएँ। साथ ही यह कोशिश भी रहती है कि जलन ना हो, अधिकार की भावना ना पनपे और सार्वजनिक सम्पत्ति और कार्यों के विषय में लोगों में चेतना बढ़े। कोई चेलिक यह नहीं सोच सकता कि फलाँ मुटियारी 'मेरी' है। कोई घोटुल विवाह नहीं होते और ना ही घोटुल के स्थायी साथी ही होते हैं। 'हर कोई सबका होता है' ठीक वैसे ही जैसे ब्रेव न्यू वर्ल्ड में देखने में आता है।

एक चेलिक या मुटियारी तीन रात लगातार सो सकते हैं; इसके बाद इन्हें चेतावनी दे दी जाती है। अगर ये फिर भी नहीं मानते तो दंड मिलता है। अगर कोई लड़का किसी लड़की के लिए अधिकार की भावना दिखाए, अगर वह उसे किसी और से प्यार करते देख दुखी हो, अगर उसे लड़की को किसी अन्य चेलिक के साथ सोते देखकर क्रोध आए, अगर वह लड़की द्वारा मालिश से इनकार करने और किसी अन्य चेलिक के पास जाने से चिढ़े, तो अन्य चेलिक उसे जबर्दस्ती याद दिलाते हैं कि वह लड़की उसकी पत्नी नहीं है, उसका लड़की पर कोई हक नहीं बनता और कि वह लड़की पूरे घोटुल का माल है। लड़के से बता दिया जाता है कि अगर उसने ऐसे हाव-भाव रखे तो उसे दंड दिया जाएगा।

इस तरह के घोटुल को कभी-कभी मुंडी-बदलना कहते हैं क्योंकि आप यहाँ लड़कियाँ ऐसे बदलते हैं जैसे अँगुलियों में अँगूठी।

यह कैसे हुआ कि इस तरह के घोटुल ने पुराने जोड़ीदार घोटुल का अधिकांश जगहों पर स्थान ले लिया ? उस बदलाव की क्या प्रक्रिया है जो एक से दूसरे घोटुल की ओर ले जाता है और आज भी चल रहा है ? इन सबके कई कारण हैं।

बेतूर और कोइलीबेरा परगनों में मैंने सुना 'जिससे वे प्यार से तबाह न हों।' यह वास्तव में एक सही कारण है। शादी के पहले बहुत प्यार का मतलब होता है शादी के बाद बहुत कम प्यार। यौन सम्बन्धों से जीवन भर के रिश्ते नहीं बनते। किसी भी लड़की का शादी से पहले गहरे प्रेम सम्बन्ध का नतीजा होता है उसका अपने प्रेमी के साथ भाग खड़े होना या विवाह में अस्थिर रहना। ऐसा विवाह घर की शान्ति और पवित्रता का नाश करता है और साथ ही उस परम्परा का भी हनन करता है जो कहती है कि सुखी विवाह तभी होते हैं जब माता-पिता की मर्ज़ी से हों। परिवारों में कटुता आती है और प्राचीन कर्ज़ उतारने में बाधा पड़ती है। बहुधा ऐसा विवाह असफल रहता है। उन गाँवों में जहाँ बहुत से युवा प्रेम के चक्कर में भाग गए वहाँ घोटुल के नियम बदल दिए गए।

नए नियम गर्भ-धारण रोकने के लिए भी उपयुक्त माने जाते हैं। मुरिया यह विश्वास करते हैं कि एक ही साथी से गहरा सम्बन्ध बार-बार सम्भोग का कारण बनता है जिससे स्त्री के गर्भवती होने का खतरा बढ़ जाता है।

गोलावंड के भूतपूर्व चालान ने बताया कि किस तरह वह घोटुल में लड़कियाँ बदलता रहा और उसने किसी को गर्भवती नहीं किया; पर उसके दो मित्र जो उसी घोटुल के थे और रोज़ अपनी पुरानी प्रेमिकाओं के साथ सोते थे, दोनों को गर्भवती कर बैठे। कोइलीबेरा के गाईता ने कहा चेलिक रात में तीन बार सम्भोग करे तो कोई नुकसान नहीं होगा। पर अगर वह तीन दिन से अधिक, लगातार एक ही लड़की के पास जाए तो वह निश्चित ही बीमार पड़ेगा और कन्या बहुत सम्भव है गर्भवती हो जाएगी।

नए तरह का घोटुल सम्भोग की शृंखला तोड़ देता है, और गर्भधारण का खतरा, कथित रूप से कम हो जाता है। लेकिन आँकड़े दिखाते हैं कि यह सत्य नहीं है। 2000 पुरुषों में, 80 ने मुटियारी को घोटुल में गर्भवती किया; इनमें से 25 या 28.8 में से 1 जोड़ीदार घोटुल के थे और 55 या 23.2 में से 1 नए तरह के घोटुल के।

चित्र-61. बान्दोपाल में किसी व्यक्ति के दरवाज़े पर नक्काशी

नए घोटुल के नियमों का एक ठोस कारण है मुरिया स्वभाव जो किसी भी तरह की व्यक्तिगत भावना, अलगाव और अधिकार की इच्छा से वैर रखता है। मुरिया ऐसा विश्वास करते हैं कि अगर घोटुल में सब सबके हों तो जलन की भावना नहीं पनपेगी। यहाँ मैं यह नहीं सोच रहा कि यह सत्य है या नहीं, पर यह बात वे वाकई मानते हैं। अगर हमें एक-दूसरे से जलन हो;' मुझे नायानार में बताया गया, 'तो हम प्रेमी बदल लेते हैं।' ऐसलनार में एक चेलिक ने कहा, 'हम प्रेमी बदलते हैं क्योंकि हम चाहते हैं कि सब खुश रहें; अगर एक लड़का और लड़की पति और पत्नी की तरह इकट्ठे रहेंगे तो वे अन्य लोगों से ज़्यादा खुश रहेंगे; सबसे उत्तम लड़के और सबसे उत्तम लड़कियाँ एक-दूसरे की सम्पत्ति रहेंगे और अन्य लोग दुखी हो जाएँगे।' जब किसी ने काबोंगा के चेलिक से कहा कि वह बकरियों के समान व्यवहार करते हैं तो वह क्रोधित होकर बोला, 'अगर एक लड़की एक ही लड़के के साथ सोती है तो हमें लगता है कि हमारी एकता भंग हो गई, घोटुल में सारी लड़कियाँ, सारे लड़कों की शामलात पत्नियाँ होती हैं।' भानपुरी में ऐसी ही, कुछ मिलती-जुलती बात सुनने को मिली–'सारी लड़कियाँ कोतवार की पत्नियाँ हैं', जिसका अर्थ यह कि क्योंकि कोतवार उनका लड़कों में वितरण करता है; इस अधिकार से वह घोटुल का प्रतिनिधि और सब लड़कियों का स्वामी हुआ।

इस व्यवस्था का नतीजा–जैसा कि मुरिया दावा करते हैं–यह होता है कि घोटुल में सब सबसे प्यार करते हैं। 'घोटुल के लड़के व लड़कियाँ एक-दूसरे को ऐसा प्यार करते हैं जैसे भाई बहनों से, माँ-बाप बच्चों से और पति पत्नियों से।' यह एक अजीब बात है कि इस हल्के और सतही प्रेम को माँ-बाप, पति-पत्नी और भाई-बहन की बीच प्रेम की उपमा दी जाती है।

मासोरा में लड़कों ने साथी बदलने का बहुत स्वाभाविक कारण पेश किया–'प्रेम का सबसे मीठा भाग, विभिन्नता।' उनमें से एक ने कहा 'आप एक ही तरह की सब्ज़ी रोज़ खाना पसन्द नहीं करेंगे।' प्रेमी बदलना निस्सन्देह सेक्स की दृष्टि से अधिक रोमांचकारी होता है और यह घोटुल का जीवन ज़्यादा दिलचस्प बनाता है। पर क्योंकि सारे मुरिया समाज का रुझान स्थायित्व की ओर है इसलिए मुझे नहीं लगता कि विभिन्नता की इच्छा घोटुल के नियम बदलने के पीछे कोई कारण रही होगी।[1]

नियम बदलने का एक अन्य कारण, इस समय सिधावंड के चेलिक द्वारा बताया गया, यह था कि अगर कोई चेलिक हमेशा एक ही मुटियारी के साथ घूमता है तो गाँव के बूढ़े यह देखकर सोचते हैं कि दोनों के आपस में यौन सम्बन्ध होंगे। परन्तु चंढाबेरा, जहाँ जोड़ीदार

1. घोटुल के प्रमाण ब्लोच को बिलकुल गलत ठहराते हैं जो प्राचीन समाज में अनेक लोगों से यौन सम्बन्धों का कारण–विभिन्नता की इच्छा मानते हैं। 'यह बिलकुल स्पष्ट है' वे कहते हैं कि 'यौन विभिन्नता की मानवीय आवश्यकता, जो मनुष्य-शरीर-रचना-शास्त्र का एक प्रतिष्ठित सत्य है, प्राचीन समय में अधिक गहरी और बेलगामी रही होगी। हमारे समय में भी, जो कि सभ्यता का बहुत ऊँचा स्तर है, ऐसी विभिन्नता की प्राकृतिक आवश्यकता बारम्बार अपने पूरे आवेग से अभिव्यक्त होती रहती है। ऐसे में हमें यह सिद्ध करने की ज़रूरत नहीं कि प्राचीन परिस्थितियों में अनेक लोगों से यौन-सम्बन्ध बनाना शादी से अधिक स्वाभाविक और प्राकृतिक रहा होगा।'–आई. ब्लोच, *द सेक्शुअल लाइफ ऑफ आर टाइम* (लन्दन, 1908), पृ. 192। पर घोटुल का इतिहास यह दिखाता है कि स्थायित्व की इच्छा अधिक प्राचीन और प्राकृतिक है। यह तो नई तरह का घोटुल ही है जहाँ 'मानव की यौन विविधता की आवश्यकतापूर्ति के साथ न्याय' करने का प्रयास किया जाता है।

घोटुल है, में मुरिया ने मुझे बताया लड़के और लड़कियाँ इतनी शिष्टता से पेश आते हैं कि पता ही नहीं चलता कि कौन किसका साथी है। यहाँ हम एक अजीब परम्परा के सामने आते हैं। गाँव के बूढ़े, जिनका सारा बचपन घोटुल में व्यतीत हुआ है, ऐसा दिखाते हैं मानो वे घोटुल के बारे में कुछ जानते ही नहीं। सिधावंड के बड़े-बूढ़ों ने मुझसे कहा, 'यह बस एक लड़कों का क्लब है जहाँ इसके सदस्य समाज सेवा के लिए इकट्ठे होते हैं, और किसी काम के लिए नहीं।'

इस रिवाज को बहुत बढ़ा-चढ़ाकर नहीं कहना चाहिए। बूढ़े युवा पीढ़ी के यौन सम्बन्धों पर बहुत अश्लील टिप्पणियाँ करते हैं पर बाहरवालों के सामने ये गाँव का सम्मान बनाए रखना चाहते हैं।

इस तरह के घोटुल के विषय में ईवलिन वुड ने पूछा है कि क्या इसका आदर्श 'बिना सार्वजनिक कुंठा पैदा किए जो इस कट्टर यौन शक्ति के व्यय से उत्पन्न होती है', हासिल किया जा सकता है। इसका उत्तर, मेरे विचार में, यह है कि हमें घोटुल में यौन सम्बन्धों में विविधता को बहुत बढ़ा-चढ़ाकर नहीं देखना चाहिए। यहाँ कोई यौन पागलपन नहीं होता, सब कुछ व्यवस्थित और परम्परागत ढंग से होता है। औसत घोटुल छोटा होता है और इसमें बीस से अधिक सदस्य नहीं होते। इन बीस में कई एक ही वंश के या सम्बन्धी वंशों के होते हैं। उदाहरण के तौर पर पाल्ली में, जहाँ का घोटुल काफी बड़ा है, सिर्फ तीन वंशों के सदस्य हैं। काजेन में मात्र दो वंशों के। इसके अलावा ये लड़के और लड़कियाँ बचपन से साथ बड़े होते हैं। इसलिए जब हम पढ़ते हैं कि कोई चेलिक तीन दिन के बाद लड़की बदलता है तो हमें यह नहीं सोचना चाहिए कि वह कन्याओं के एक अनन्त प्रवाह में से नई और उत्तेजक लड़की चुन रहा है। वह अपना समय एक ही दल की कन्याएँ बदल-बदलकर गुज़ारेगा जिन्हें वह सालों से जानता है। यह सत्य है कि यौन शक्ति का व्यय होता है पर, जब तक कि घोटुल बहुत बड़ा न हो, मैं नहीं समझता कि इस व्यय की अति होती है।

और इसके अलावा ध्यान देने योग्य बात यह है कि लड़का अपनी मर्ज़ी से अपना साथी नहीं चुनता। कोतवार, बेलौसा की राय लेकर, यह निर्णय लेता है कि जोड़े कैसे बनाए जाएँ और बाद में, यह भी, कि इन जोड़ों को तोड़कर नए साथी कौन-कौन मुकर्रर किए जाएँ। उदाहरणार्थ काबोंगा के कोतवार ने मुझसे स्वयं कहा, 'मैं इन्हें बदलकर बेलौसा को बता देता हूँ कि किसके साथ कौन सोएगी।' डोंगरीगुड़ा के कोतवार के पास स्थायी प्रेमिका रखने का अधिकार था तथा वह और उसकी 'पत्नी' अन्य लोगों के जोड़े बनाया करते थे। पड़ोस में, पलारी में भी यही रीत थी। बिनझली में यह व्यवस्था घोटुल की कन्या नेताएँ करती थीं।[1]

नियम हर जगह भिन्न होते हैं। बाकुलवाही में जहाँ लड़कियाँ घोटुल में सिर्फ रविवार, बुधवार और बृहस्पतिवार को सोती थीं और जहाँ 1941 में मुटियारी से चेलिक की संख्या

1. इसके साथ हम मसाई मनयातिया संस्था की बहुत रोचक व्यवस्था की तुलना कर सकते हैं। जब भी योद्धाओं का मन करता है जो 'बहुत जल्दी-जल्दी' करता है तो वे एक गुट में गाँव के बाहर जाकर खड़े हो जाते हैं और लड़कियों को आवाज़ लगाते हैं। लड़कियाँ आती हैं। फिर योद्धा कहते हैं 'तासियुकियु।' यह सुनने पर हर लड़की उनमें से एक को चुन लेती है और रात को उसके साथ सोती है।' मसाई में भी स्थायी प्रेमियों को चुनने की सुविधा होती है। स्थायी प्रेमी अन्य लोगों के साथ सो सकते हैं पर एक-दूसरे के साथ ये जब चाहे, बिना किसी औपचारिक प्रक्रिया के शारीरिक सम्बन्ध बना सकते हैं।–एल.एस.बी. लीके, 'सम नोट्स ऑन द मसाई ऑफ केन्या कॉलोनी', जे.आर.ए.आई. खंड LX, पृ. 192 व आगे।

अधिक थी, वहाँ यह प्रक्रिया अपनाई गई। मान लीजिए कि तीस चेलिक हैं और दस मुटियारी, तब रविवार को मुटियारी सारे चेलिक के बाल सँवारती थीं पर कंघे वे सिर्फ दस के बालों में छोड़ती थीं। इसका यह अर्थ होता था कि कंघोंवाले लड़कों को अपनी चटाइयों पर रात को साथी मिलेंगी। बुधवार के अगले दस लड़कों के बालों में कंघे छोड़े जाते; इसी तरह बृहस्पतिवार को होता। इस तरह हर चेलिक मुटियारी के साथ सप्ताह में एक बार सो लेता था। अगर कोई लड़की चेलिक को बराबर मात्रा में प्यार न दे तो उसे दंड मिलता था और अगर वह एक ही लड़के के बालों में दो रात लगातार कंघा छोड़ती थी तो उस पर भारी जुर्माना होता था।

मुरिया द्वारा बराबरी पर ज़ोर देने की प्रवृत्ति इस घोटुल के चेलिक द्वारा दी गई सफाई में दिखाई पड़ती है जो उन्होंने मुझे तब दी जब मैंने उनसे कहा कि यह बात वाकई आम नहीं है कि लड़कियों को लड़कों में इतनी आसानी से बाँट लिया जाए। तब क्या होता अगर संख्या अटपटी होती। चेलिक लड़कों ने कहा कि अगर ऐसा करना असम्भव होता, अगर मान लीजिए कि बारह लड़कियाँ और तीस लड़के होते तब बारह लड़के बारह लड़कियों के साथ रविवार को सोते और अगले बारह बुधवार को। बृहस्पतिवार को छह ही लड़के ऐसे बचते जो पूरे सप्ताह किसी लड़की के साथ न सोए हों। उस रात सिर्फ छह लड़कियाँ छह लड़कों के बालों में कंघे छोड़तीं और बाकी छह कन्याएँ व चौबीस युवक अकेले रात्रि व्यतीत करते। किसी और तरह की व्यवस्था से घोटुल की एकता भंग होने का खतरा जताया गया।

ऐसलनार में अलग व्यवस्था है। यहाँ एक मुटियारी एक चेलिक के साथ दो महीने सोती है और इस दौरान उसके नाम का स्त्री-रूप अपना लेती है। इस तरह जो लड़की अस्थायी रूप से तहसीलदार के साथ सो रही है उसका नाम होता है तहसीलदारिन। जब वह साथी बदलकर कोतवार के साथ सोने जाती है तब वह कोतवारिन कहलाती है। इस व्यवस्था की घोटुल में औपचारिक रूप से घोषणा होती है और नए प्रेमी अँगूठियाँ बदलते हैं, जिन्हें वे, दो महीने के बाद जब पुनः नए जोड़े बनने होते हैं, एक-दूसरे से वापस ले लेते हैं।

'क्या यह व्यवस्था', मैंने पूछा, 'साथी बदलने के मुख्य कारण को भंग नहीं करती जिसके अनुसार गर्भधारण की सम्भावना तब बहुत कम रहती है अगर एक ही जोड़ा बहुत समय तक साथ न रहे ?' इस खतरे से बचने के लिए–लड़कों ने मुझे बताया–ऐसलनार के घोटुल में यह नियम बनाया गया है कि सम्भोग से पहले बड़े लड़कों की समिति से अनुमति लेनी पड़ती है। दो महीनों के दौरान यह अनुमति सिर्फ सप्ताह में एक बार ही दी जाती है। जब बड़े लड़के यह तय करते हैं तब वे कोतवार को जाकर बता देते हैं। वह लड़कियों के पास जाकर कहता है, 'लड़कियों आज तुम तम्बाकू और नींबू खा सकती हो।' फिर वह हरेक से बारी-बारी पूछता है, 'आज तुम अपना तम्बाकू खाओगी अथवा नहीं ?' हर लड़की से 'हाँ' की आशा की जाती है। अगर कोई लड़की 'नहीं' कहती है तो कोतवार उत्तर देता है, 'तब तुम घोटुल क्यों आई थीं ? अगर तुम यही बर्ताव करती रहीं तो हम तुम्हें घोटुल से निकाल देंगे।'

अगली सुबह तहसीलदार और कोतवार दरवाज़े पर बैठ जाते हैं और बाहर जाती हुई हर लड़की से पूछते हैं, 'तुमने रात को तम्बाकू खाया था या नहीं ?' अगर लड़की सकारात्मक उत्तर दे तो उसे जाने दिया जाता है और अगर नकारात्मक उत्तर दे तो उसके चेलिक पर एक पैसे का जुर्माना लगता है क्योंकि सम्मान में कमी हुई।

इन इन्तज़ामों के बारे में विचित्र बात यह है कि ये स्वाभाविक यौन चुनाव के विपरीत होते हैं। एक सुन्दर कन्या और एक कुरूप या टेढ़े-मेढ़े शरीरवाली कन्या को समान यौन अवसर मिलते हैं। दोनों के अधिकार भी समान ही होते हैं। लड़कों के साथ भी यही होता है। भानपुरी में दारोगा अन्धा था; चन्दाबेरा में कोतवार लँगड़ा था; अन्य जगहों पर मैंने कटे हुए होठोंवाले (जन्म से ही विकृत), गहरे चेचक के दागोंवाले, हरपीज़ से ग्रस्त व घृणित लड़के देखे हैं पर प्रत्येक के पास वही अधिकार थे जो सबसे सुन्दर और बलिष्ठ चेलिक के पास हुआ करते थे। चन्दाबेरा का लँगड़ा कोतवार दल की सबसे सुन्दर कन्या का 'पति' था (यह जोड़ीदार घोटुल था)। लड़कियों से अपेक्षा की जाती है कि वे दल के किसी भी सदस्य के पास जाने को तैयार रहें। सिरपुरी में औसत दर्जे का सरदार सुन्दर माल्को से बहुत प्रेम करता था। जब वह उससे बात करने की कोशिश करता तो माल्को उसे गालियाँ देकर भगा दिया करती थी। हालाँकि उसे एक से अधिक बार सरदार के साथ सोने को कहा गया था, वह कोई-न-कोई उपाय करके किसी अन्य लड़के के साथ सो जाने में सफल हो जाया करती थी। जब कुछ दिनों यह चला तो सरदार ने दीवान से शिकायत की। दीवान ने कहा, 'कुछ दिनों और प्रयास करके देखो। फिर देखेंगे कि क्या होता है।' तब उसने फिर भी मना किया तब कोतवार माल्को के पास गया और बोला, 'तुम घोटुल क्यों आई हो ? तुम यहाँ अपनी खुशी के लिए आई हो या हमारी ? तुम यहाँ मौज-मस्ती करने आई हो या उदास रहने ? अगर तुम मिलजुलकर नहीं रहना चाहतीं तो अपने घर जाकर सोओ।'

परन्तु फिर भी माल्को ने सरदार के हत्थे चढ़ने से इनकार कर दिया। आखिरकार उसे घोटुल से निकाल दिया गया। यहाँ हम यह याद रखना होगा कि वह बहुत सुन्दर थी और उन लड़कों में प्रेम भी बाँट रही थी जिन्होंने उसे निष्कासित किया। पर वह घोटुल के नियम तोड़ रही थी अतः उसे निकालना पड़ा। परन्तु कुछ समय बाद वह मान गई। उसने दो आने की शराब का जुर्माना अदा किया और उसे घोटुल में वापस ले लिया गया। उस रात वह सरदार के साथ सोई।

काबोंगा में भी मैंने ऐसी ही घटना देखी। यहाँ बेलौसा को कोतवार से इतनी घृणा थी कि उसने उसके साथ सोने के बजाय निकाले जाना पसन्द किया। पर अन्त में उसने भी हार मान ली।

घोटुल में यह भी नापसन्द किया जाता है अगर एक चेलिक और मुटियारी खुल्लमखुल्ला प्रेम का इज़हार करें और बाकी सबको त्यागकर एक-दूसरे के साथ ही सोना चाहें। जब ऐसा होता है तब अन्य लोग जलते हैं और चिढ़ जाते हैं। अगर वह लड़की जो किसी से गहरा प्रेम करती हो, घोटुल के किसी भी सदस्य के बाल सँवारने जाती है तो वह कहता है, 'मेरे बाल मत छुओ, जाओ अपने प्रेमी के ही बाल बनाओ। मैं तो लड़का ही नहीं हूँ। तुम कभी मुझ पर गौर नहीं करती।' कोई भी चेलिक उससे मालिश नहीं करवाता। अगर इस तरह तिरस्कार करने से बात नहीं बनती तो दोनों प्रेमियों को हाथ पकड़कर घोटुल से घसीटकर बाहर निकाल दिया जाता है यह कहते हुए, 'हमारे घोटुल में अब कभी मत आना, अपने घरों में जाकर सोओ, अकेले ही शादी करो क्योंकि हममें से कोई तुम्हारी शादी में नहीं आएगा।' काबोंगा में, जहाँ ऐसी घटना 1941 में घटी थी, वहाँ के कोतवार ने मुझे बताया कि लड़का और लड़की को निकाल देने के बाद, लड़के को बहुत जल्दी पछतावा हुआ और वह शराब का जुर्माना भरकर पुनः घोटुल में भरती हो गया। लड़की अधिक दृढ़ थी। कुछ

समय बाद कोतवार उसके घर गया और कहा कि अगर वह घोटुल के तीन नेताओं के साथ तीन रात लगातार सोने को तैयार हो तो उसे घोटुल में पुनः भरती कर लिया जाएगा। आखिर में वह मान गई और फिर घोटुल की सदस्य बन गई। इसी तरह की घटना सिरसी में घटी जहाँ तक मुटियारी हमेशा एक ही लड़के के साथ सोने का प्रयास करती रहती थी। अन्य लड़कों ने कहा, 'क्या यहाँ एक ही चेलिक है ? क्या हम चेलिक नहीं हैं ?' और दोनों को निष्कासित कर दिया। दोनों को वापस तब लिया गया जब उन्होंने एक रुपए कि दारू घोटुल को भेंट की। बहुत-से घोटुलों में सम्पूर्ण बराबरी की व्यवस्था भंग हो चुकी है। घोटुल के तीन नेताओं–सरदार, दीवार और उसका सलाहकार, शायद कोतवार भी, को स्थायी प्रेमिका रखने का हक होता है जैसा कि पुराने घोटुल में सार्वजनिक रिवाज था। इसके अलावा वे, बिना कोतवार की परवाह किए, अपनी पसन्द की लड़की चुन सकते थे। जब यह होता है, और आमतौर पर बड़े घोटुल में जहाँ साठ या सत्तर सदस्य होते हैं यह अक्सर देखने में आता है। पर नेता बदलाव का नियम अन्य लोगों के लिए कड़ाई से लागू होता है। कभी-कभार तीनों नेता तीनों नेताइनों को अपनी प्रेमिका बनाते हैं और आपस में उन्हें बदलते रहते हैं। परन्तु वे उन्हें अन्य सदस्यों के पास नहीं जाने देते। यह आचरण घोटुल की वास्तविक परम्परा के विरुद्ध है क्योंकि यह बराबरी के आदर्श का सीधा उल्लंघन है।

चित्र-62. आल्मेर के घोटुल के खम्बे पर नक्काशी

बानजोरा में घोटुल का मुख्य अधिकारी कोतवार होता है। यह हमेशा बेलौसा के साथ ही सोता है। अन्य चेलिक या मुटियारी हर तीन दिनों में अपना साथी बदलते हैं। नियम यह है कि कोतवार की प्रेमिका हमेशा लड़कियों की नेता ही हो और उसे बेलौसा कहकर पुकारा जाए। अगर पुराने कोतवार का विवाह हो जाए तो नया कोतवार बेलौसा का संग करता है। पर अगर दोनों एक ही वंश के हों या करीबी रिश्तेदार हों तब नया कोतवार नई लड़की को

अपनी स्थायी प्रेमिका बनाता है और वह बेलौसा कहलाती है। पुरानी बेलौसा अपने पद से हटा दी जाती है और उसको नया नाम दे दिया जाता है। इस तरह कोतवार और बेलौसा हमेशा साथ सोते हैं और घोटुल पर राज करते हैं।

एक अन्य तरीका जिससे नियम तोड़ा जाता है वह है छिपाव। बिन्दो, जो साठ साल पहले बेनूर घोटुल का नेता था, बताता है कि उसे माल्को से प्यार हो गया था।

> हम एक पूरे साल इकट्ठे सोए। पर नियम यह था कि माल्को एक ही लड़के के साथ रोज़ नहीं सो सकती थी। तो हमने क्या किया ? मैं एक कोने में अकेला सोता था, और वह किसी अन्य लड़के के पास लेट जाती थी। जब सब सो जाते तब वह उठकर मेरे पास आ जाया करती थी। घोटुल में एक और सुन्दर लड़की थी, दुलौसा, जो मुझे चाहती थी। वह भी मेरे पास आया करती थी। सो मैं कुछ रातें माल्को के साथ बिताता और कुछ दुलौसा के साथ। चेलिक और मुटियारी को इस बारे में सब पता था पर वे डर के मारे कुछ नहीं कहते थे क्योंकि मैं उनका नेता था।

बिनझली में भी, मुझे यह जानकारी मिली कि प्रेमी शाम को घोटुल जाने से पहले कहीं मिल लिया करते हैं। कन्हारगाँव के निष्पक्ष मुखिया, कोंडा के अनुभव इस पुस्तक में जगह पाने योग्य हैं।

> कन्हारगाँव में, पहले की बात है, प्रेमी बदलने का रिवाज था। जोलिया बनने से पहले छोटी लड़कियाँ मेरे पास सोती थीं, बाद में मैं बड़ी लड़कियों के साथ सोने लगा। झलारो, जो मेरी दूर की रिश्तेदार थी, मुझसे प्यार करती थी। पियोसा भी मुझे चाहती थी। इसके साथ मेरा हँसी-मज़ाक का सम्बन्ध था। पियोसा हर रात मेरे साथ सोती थी और झलारो भी, जब उसके पास कोई अन्य साथी नहीं होता था, चुपके से रेंगकर मेरे पास आ जाया करती। ये दोनों लड़कियाँ मेरे लिए मालाएँ बनातीं और मैं इनके लिए कंघे बनाता था। साथ ही जब ये बाज़ार जातीं तो इन्हें कुछ पैसे भी दे देता। अगर किसी समय मैं घोटुल में अनुपस्थित होता तो झलारो और पियोसा मेरे घर आ जातीं और किसी-न-किसी बहाने मुझे वापस ले जाया करतीं। जब सरदार को पता चला कि झलारो मेरे साथ सम्भोग करती है तो उसने उस पर दो आने की शराब का जुर्माना ठोक दिया और मुझे चेतावनी दी कि अगर मैंने उसका फिर आनन्द लिया तो मुझ पर एक रुपए का जुर्माना होगा। अगर कुछ हुआ तो मैं गाँव के बूढ़ों के सामने जवाबदेह हूँगा। दुर्भाग्यवश झलारो गर्भवती हो गई और जब मुझे यह पता चला कि यह जानकारी सबको है तो मैं डर गया और मालाकोट भाग गया। मेरी अनुपस्थिति में झलारों के माता-पिता ने फटाफट उसका विवाह उसके मंगेतर के साथ कर दिया। फिर मैं कन्हारगाँव लौट आया और अगले दिन अन्य घोटुल के लड़कों के साथ फुंडर पूस कोलांग नृत्य करने गया। वापस घर लौटते समय सब पिए हुए थे। ऐसे में मेरे साथी मुझसे झगड़ने लगे कि मैंने घोटुल के नाम पर कलंक लगा दिया और कहा कि मैं उनके साथ घर न लौटकर अकेले ही यात्रा करूँ। पर मैंने उन्हें शराब के लिए आठ आने देने का प्रस्ताव दिया और हम दोबारा मित्र बन गए।
>
> एक दिन पियोसा मुझे घानोरा बाज़ार में मिली। वहाँ मैंने उसे कुछ गुड़ और

सूखे चावल दिए। हमने दूसरे गाँव भाग जाने की योजना बनाई। पर वापस लौटकर पियोसा बीमार पड़ गई और कुछ दिनों बाद वह मर गई।

6.

प्राचीन घोटुल की तुलना में नए घोटुल की कुछ अन्य भिन्नताओं का आकलन करना यहाँ सुविधाजनक रहेगा। बहुत-से गाँवों में लड़कियाँ घोटुल हर शाम गाने, नाचने और खेलने जाती हैं तथा चेलिक के बाल बनाना और मालिश करना जैसे काम भी करती हैं। परन्तु वे घोटुल में रात नहीं बितातीं। सोने के लिए या तो वे देर रात को अपने घर चली जाती हैं (जिसका इन्तज़ाम खास इनके लिए किया गया हो) या किसी विधवा के बरामदे में शरण लेती हैं।

ऐसे घोटुल में आमतौर पर यह नियम होता है कि लड़कियाँ घोटुल में सप्ताह में एक या दो बार रात्रि व्यतीत करेंगी तथा विवाहों और त्योहारों पर भी यहीं सोएँगी। लड़कों व लड़कियों के साथ सोने पर पूरी पाबन्दी असाधारण बात है। उदाहरणार्थ बिनझली में, जहाँ का घोटुल जीवन बहुत विकसित अवस्था में है, वहाँ हर सप्ताह शुक्रवार के दिन लड़कियाँ लड़कों की मालिश करती हैं और उस रात सब साथ ही सोते हैं। अन्य रातों में लड़कियाँ किसी भी ऐसे घर जाकर सो जाती हैं जो सुविधाजनक हो। परन्तु वे रोज़ घोटुल में देर रात तक रहती हैं और लड़के कहते हैं कि उनके जाने से पहले वे उनके साथ सम्भोग करते हैं। लड़कियों ने मेरी पत्नी को भी यही बताया। पड़ोस के गाँव पाल्की में भी यही रिवाज है पर यहाँ एक ही चहारदीवारी के भीतर दो घोटुल हैं। लड़के व लड़कियाँ सारे सप्ताह अलग-अलग सोते हैं सिर्फ एक दिन, बाज़ार के दिन–यह बुधवार होता है–को छोड़कर। दोनों घोटुलों में अलगाव का नियम विवाहों से पहले, त्योहारों पर और लड़कों के नृत्य अभियानों से लौटने पर भुला दिया जाता है। कालपट्टी परगना और कानकेर प्रदेश में, मुटियारी आमतौर पर घर अर्धरात्रि के समय, खेलों और मालिश के बाद (हालाँकि वे कुछ समय लड़कों के पास लेटती भी हैं) जाती हैं। परन्तु त्योहारों पर और शादियों के आठ दिन पहले से मुटियारी चेलिक के साथ सोती हैं। पारालकोट क्षेत्र के टारबाइली में लड़कों ने मुझे बताया कि वे नृत्य के बाद लड़कियों को घर छोड़कर आते हैं और रास्ते में उनके साथ सहवास करते हैं। कोंडागाँव के निकट पाल्ली में, जहाँ लड़के और लड़कियाँ किसी गाँव के व्यक्ति के मकान में अलग-अलग कमरों में रहते हैं, वे हर पाँचवें दिन मालिश और साथ सोने के लिए मिलते हैं। नयानार घोटुल में कहा गया कि लड़कियाँ लड़कों के साथ पूरे महीने एक सप्ताह सोती हैं। परन्तु बाकी तीन सप्ताह लड़कियाँ सोने घर चली जाती हैं। लेकिन मुझे सन्देह है कि यह सच नहीं है।

इस व्यवस्था का कारण, जो आमतौर पर अस्थायी होती है, हमेशा कोई बदनामी या कलंक होता है जिससे गाँव के बूढ़े खिन्न और क्षुब्ध होते हैं। कारागाँव में मुझे पता चला कि दो लड़कों ने मिलकर एक लड़की को गर्भवती किया। दोनों को मिलकर पाँच रुपए जुर्माना देना पड़ा और लड़की को तुरन्त उसके लम्हादा के साथ ब्याह दिया गया। मुटियारी को जब यह अहसास हुआ कि इस घटना से उनकी काफी बदनामी हुई है तो वे गाँव के मुखिया के पास गईं और कहा कि इसमें उनका दोष नहीं क्योंकि लड़के उनके साथ ज़बर्दस्ती सम्भोग करते थे। सो बड़े-बूढ़ों ने घोषणा की कि लड़के व लड़की हर तीसरे दिन ही साथ सोएँगे :

दो दिनों तक उन्हें अलग रहना होगा। तीसरे दिन वे साथ-साथ रात व्यतीत कर सकते हैं पर हर समय उन्हें साथी नया चुनना होगा। चार या पाँच साल पूर्व केरावाही में घोटुल कोतवार सुलियारो के साथ भाग गया। उस दिन से लड़कियाँ घोटुल में सप्ताह में एक दिन ही सोती हैं। ऐसी ही कहानियाँ बोकराबेरा और कोकोरी से मिलती हैं जहाँ दो साल पहले तीन या चार लड़कियाँ गर्भवती हो गईं। बाकुलवाही में भी इसी प्रकार के किस्से प्रकाश में आए हैं।

इस नियम का ध्येय इतना लड़कों और लड़कियों को दंड देना या संयम की शिक्षा देना नहीं जितना गर्भ धारण को रोकना है। यह उस मुरिया विश्वास का नतीजा है जिसके अनुसार गर्भ धारण तब होता है जब लम्बे समय तक, हर रात सम्भोग किया जाए। सम्भोग के अवसरों को कम करके गर्भाधान की सम्भावना को कम करने का प्रयास किया जाता है।

कुछ घोटुलों में, खासकर उनमें जो मुरिया क्षेत्र की सीमा से लगे हुए हैं और जहाँ ग्रामवासी प्रबल छत्तीसगढ़ी, उरिया या जगदलपुरी प्रभाव में आ चुके हैं, वहाँ लड़कियाँ शायद घोटुल में सोती ही नहीं। पर इसके बारे में कुछ पक्की तौर पर नहीं कहा जा सकता। कुछ हिन्दू गाँवों में जहाँ मुरिया कम संख्या में हैं, वहाँ मुटियारी रोज़ घर लौट आती हैं जिससे उन्हें अपने हिन्दू पड़ोसियों द्वारा अपमान का सामना ना करना पड़े। कोंडागाँव तहसील के उत्तर और पूर्व में यही स्थिति है।

कुछ गाँवों में तो घोटुल ही बन्द हो चुके हैं। इसके अनेक कारण हैं। कोंडागाँव के दक्षिण पूर्व में, जगदलपुर तहसील की सीमा पर स्थित गाँवों में, बहुत-से मुरिया भाटरा बन रहे हैं और इसलिए घोटुल परम्परा को त्याग रहे हैं। उदाहरण के लिए कानेरा को लें जहाँ भाटरा आन्दोलन शक्तिशाली है। यहाँ घोटुल के लिए कोई भवन उपलब्ध नहीं है हालाँकि लड़के किसी व्यक्ति के घर इकट्ठे सोते हैं और लड़कियाँ अब भी उनकी मालिश करने तथा उनके साथ नृत्य करने आती हैं। अमरती और माकरी परगनों में बहुत-से गाँव भाटरा हो गए हैं और परिणामस्वरूप वहाँ के घोटुल बन्द हो चुके हैं।

इसके अलावा मारदापाल परगना में, एसलनार जैसे एक-दो गाँवों को छोड़कर, कभी घोटुल रहा ही नहीं। यह वाकई बहुत दिलचस्प तथ्य है क्योंकि मारदापाल परगना छोटा डोंगर और अन्य झोरिया परगनों के बहुत समीप है। लड़के और लड़कियाँ झोरिया मुरिया की भाँति नृत्य करते और कपड़े पहनते हैं; इनके खेल की समान ही हैं, ये उन्हीं त्योहारों में भाग लेते हैं जिनमें इनके उत्तर और पूर्व में बसे गाँवों के चेलिक और मुटियारी सम्मिलित होते हैं। पर इनका कोई घोटुल-रिवाज नहीं होता।

कभी-कभार टोना-टोटका या उसका भय घोटुल को त्याग देने का कारण बन जाता है। बारबट्टा में कोई घोटुल नहीं हैं क्योंकि एक समय वहाँ बहुत-से चेलिक और मुटियारी महामारी के कारण मर गए थे। लेकिन यह कहा जाता है कि किसी के मकान में यहाँ लड़कियाँ और लड़के साथ सोते हैं। बरकई में एक कालारिन चुड़ैल ने जलन के कारण घोटुल पर काला जादू कर दिया जिसके कारण बहुत-से लड़के व लड़कियाँ बीमार पड़ गए। लोगों ने आवश्यक बलियाँ और भेंटें चढ़ाई और दो महीने सब ठीक रहा। फिर सब दोबारा रोग ग्रस्त हो गए। इस बार नए घोटुल का निर्माण हुआ परन्तु परेशानी बनी रही। अन्ततः घोटुल ही बन्द कर दिया गया। लिहागाँव में महामारियों के लगातार आक्रमण और बहुत-से प्रेम प्रसंगों के कारण हुई बदनामी की वजह से घोटुल के नाम से खास भवन बनना बन्द हो गया।

परन्तु भवन के बगैर ही यहाँ के चेलिक और मुटियारी घोटुल की रीतियों का पालन करते हैं। मोरोहनार में मालिक ने अपनी मुटियारी को गर्भवती कर दिया और कानेरा जाकर रहने लगा। कानेरा में वह एक अन्य मुटियारी के साथ भाग गया और उससे विवाह कर लिया। 'इससे देवता रुष्ट हो गए तथा मोरोहनार के चेलिक और मुटियारी बीमार पड़ गए।' दो महीने के लिए घोटुल बन्द कर दिया गया। जब वह खुला और पुरानी दिनचर्या आरम्भ करने का प्रयास किया गया तो लड़के व लड़कियाँ पुनः बीमार पड़ गए। अतः घोटुल बन्द करने का निर्णय लिया गया।

यदाकदा बाहरी प्रभाव घोटुल के बन्द होने की वजह बनता है। दाहिकोंगा में एक हिन्दू जमींदार ने मुरिया लोगों को घोटुल बन्द करने के लिए बाध्य कर दिया। सेलनार में, जहाँ एक प्राइमरी स्कूल है, अध्यापकों ने घोटुल को बन्द करवा दिया है। इसके रिवाज अब गुप्त रूप से चलते हैं। वह साफ-सुथरा, प्रसन्नता से भरा हुआ और स्वस्थ जीवन अब लुप्त हो गया है और उसका स्थान बरामदे में चोरी से मिलना, खेतों में सम्भोग करना इत्यादि ने ले लिया है। पेंडरावंड में सीमा पार के बाहरी प्रभाव के कारण घोटुल बन्द कर देना पड़ा परन्तु लड़के और लड़कियाँ पुरानी थाना-गुड़ी का इस्तेमाल अब भी करते हैं जब वह खाली होती है।[1]

1. इसी तरह के कारणों ने कई उराओन गाँवों में धूमकुरिया भवनों को बन्द करवा दिया है। राँची से चार मील दूर कुम्भार टोला नाम का उराओन गाँव है। यहाँ हिन्दू प्रभाव के कारण यहाँ अब कोई धूमकुरिया भवन नहीं मिलता। जाशपुर की सीमा के समीप एक गाँव में जहाँ एक बड़ा गिरिजाघर है तथा लाहोडागा के पास एक गाँव में, लोगों ने धूमकुरिया शब्द को ही पहचानने से इनकार कर दिया। यहाँ का एक बूढ़ा उराओन तो, इस प्रश्न पर कि क्या उसके गाँव में धूमकुरिया है, इतना भड़क उठा कि भद्रता की सीमा ही पार कर गया। आगरू में मैंने एक भवन को खाली पड़े देखा। गाँववालों ने मुझे बताया कि उन्होंने भवन को इसलिए त्याग दिया है क्योंकि उनके पास उसकी छत की मरम्मत कराने के पैसे नहीं हैं। परन्तु आगरू में नृत्य करने का एक बहुत बढ़िया स्थल था। इससे मुझे यह सन्देह होता है कि धूमकुरिया बन्द करने की वजह कोई और ही रही होगी–शायद कोई सनसनीखेज अकाल मृत्यु अथवा बदनामी करनेवाला प्रेम प्रसंग। रॉय कहते हैं कि 'एक गाँव में हमें बहुत समय पूर्व यह बताया गया था कि धूमकुरिया से एक बाघ दो लड़कों को उठाकर ले गया था और तब से भवन खाली कर दिया गया क्योंकि बाघ के हमले में भगवान की यह इच्छा ज़ाहिर हुई कि गाँव में कोई सार्वजनिक धूमकुरिया भवन ना हो।'–रॉय, *द ओराओन्स,* पृ. 213 डब्ल्यू.जी. आर्चर ने उराओन भवन के वितरण और विलुप्त होने का अध्ययन 1941 की जनगणना के आधार पर किया है।–*मैन इन इंडिया,* खंड XXV, भाग-1।

अध्याय : बारह

घोटुल की सदस्यता और नियम

1.

शानदार प्रथम घोटुल में जिसकी मोर के पंखों की छत थी और राक्षस की हड्डियों की दीवारें, लिंगो ने हर लड़के व लड़की के नाम रखे थे और उन्हें उनके कर्तव्य समझाए थे। प्राचीन लोक-कथाएँ कहती हैं कि प्रथम चेलिक थे—मानकोर सिंगा, जिहा गुता सोमा और कराता गुहा सोमा और पहली मुटियारी थीं—गोंडाकरे मोड़े, बेलौसा और कुरुमनुसे बुके। बाद की कहानियाँ लड़कियों के ये नाम बताता हैं—बेलौसा, मनजारो, जाल्को और दुलौसा। लिंगो का अपना घोटुल नाम था माँझी। तब से हर लड़के तथा लड़की का, घोटुल का सदस्य बनने के बाद, नया नाम रखा जाता है।

इन नामों का बहुत महत्त्व होता है। जब तक नए नाम नहीं मिलते, बच्चों का कोई सम्मान नहीं होता। उन्हें घोटुल-साथी नहीं मिल सकते; वे अन्य लोगों के नौकरों जैसे रहते हैं। पर एक बार नाम मिल जाने पर वे अन्य घोटुल सदस्यों से बराबरी के स्तर पर आ जाते हैं। वे अब अपने घर के नाम मुर पोदोर लगभग भूल ही जाते हैं क्योंकि घोटुल में इनका उपयोग बिलकुल मना है। घर के नामों से इन्हें बस माता-पिता या करीबी रिश्तेदार ही बुलाते हैं। औपचारिक अवसरों पर भी घर का नाम ही प्रयुक्त होता है।

कोई भी साधारण घर का नाम भद्दा और कठोर हो सकता है पर घोटुल के नाम में शालीनता निहित होती है। यह प्रसन्नतादायक यादों से जुड़ा होता है, इसमें रोमांस तथा प्रेम के मीठे लम्हों की स्मृतियाँ होती हैं। इस कारण माता-पिता इसका उपयोग नहीं करते। बल्कि वे तो इस नाम से अनभिज्ञ होने का नाटक करते हैं। यदाकदा लड़के अपने पिताओं को अपने घोटुल नाम बता देते हैं। लेकिन लड़कियों को ये नाम बिलकुल गुप्त रखने पड़ते हैं। शादी के बाद लड़का अपना घोटुल-नाम ही इस्तेमाल करता है क्योंकि वह विवाहोपरान्त भी बहुत समय तक घोटुल आता-जाता रहता है। लड़कियाँ, दूसरी तरफ, लोगों को अपने घोटुल नाम से पुकारने नहीं देती क्योंकि इनमें कई जवानी की यादें होती हैं। कोई पुराना प्रेमी, इन्हीं यादों के कारण, उन्हें पुराने नाम से अवश्य पुकार सकता है। लड़की अपने पति को उसके घोटुल नाम से नहीं बुला सकती और न ही उसके उपस्थिति में अपने पुराने नाम का कभी जिक्र ही करती है। पर मुझे बताया गया है कि जब बूढ़ी औरतों का एक दल, जो एक घोटुल में साथ रहीं थीं, एकत्र होती है तब स्त्रियाँ एक-दूसरे को घोटुल नामों से सम्बोधित करती हैं 'जिससे उनकी खुशगवार यादें ताज़ा हो सकें।' करीबी दोस्त तो सारी उम्र ही घोटुल में प्राप्त नामों का ही प्रयोग करते हैं।

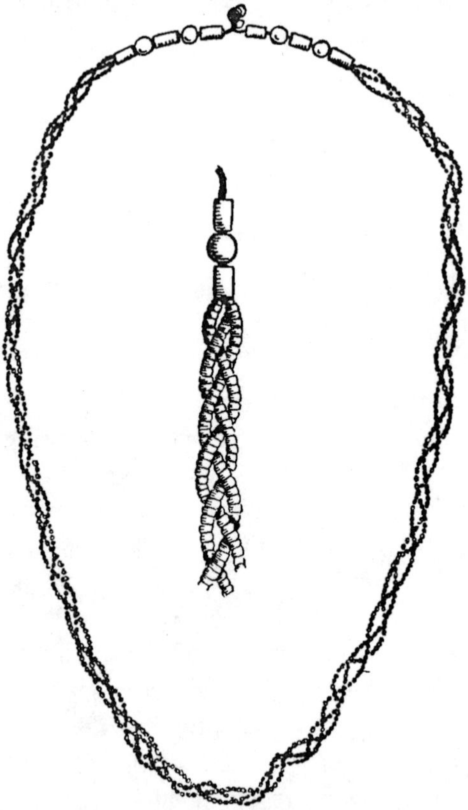

चित्र-63. पाल्ली से काराजारूयेर गले का हार। मोती गहरे नीले हैं।

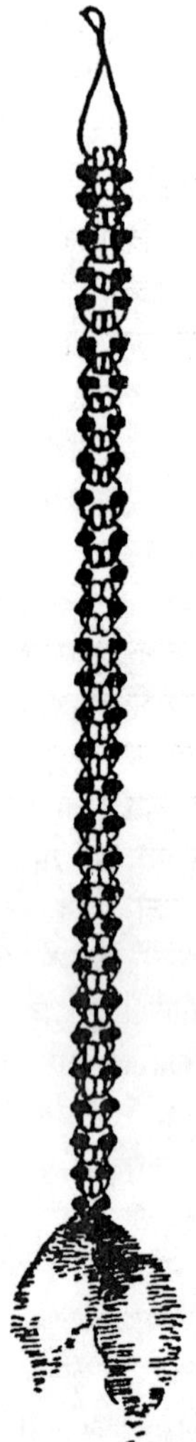

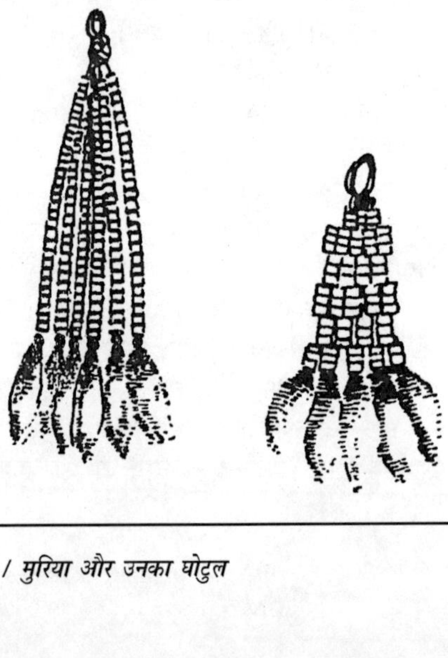

चित्र-64. नयानार में झोरिया कानो के बूँदे; लाल, सफेद और नीले मोतियों से युक्त। नीचे लाल ऊन लगी है।

हर कोई अपने घोटुल के नाम को बहुत प्रेम से याद रखता है। जब मैं जगदलपुर की जेल गया, तब मैंने पाया कि सबसे उदास और एकान्तप्रिय मुरिया कैदी तक मुस्करा उठा जब मैंने उसे उसके घोटुल नाम से पुकारा।

जैसे-जैसे बच्चे बड़े होते हैं, वैसे-वैसे घोटुल में उनकी पदोन्नति होती रहती है और उनको नए नाम मिलते रहते हैं। कभी ऐसा भी पाया जाता है कि किसी चेलिक या मुटियारी को अपना नाम इतना पसन्द आया कि उसने उसे छोड़ना उचित नहीं समझा। मैंने कई घोटुलों में सरदार के नाम ये सुने—सरदार, कोतवार, मालिक, दीवान, झोरिया, मालगुज़ार, सिल्लेदार, साल्या और गाईता जबकि अन्य स्थानों पर ये नाम बहुत छोटे लड़कों के भी मिले। दूसरी तरफ लड़कियाँ बहुधा अपनी नेता को बेलौसा कहकर सम्बोधित करती हैं हालाँकि मारकाबेरा में वह माल्को थी, बिनझली में मनजारो और तीन गाँव (उड़ानपुर, कापसी और टिमनार) में थी, सुलियारो। इस मामले में कोई नियम नहीं होता और बच्चे जितनी बार नए नाम रखते हैं उतनी बार ही पुराने नाम नहीं छोड़ते।

वाकई उपाधियों की कोई बहुत सख्ती से पालन की जानेवाली सूची नहीं है। एक गाँव में कोतवार छोटा कर्मचारी हो सकता है, दूसरे में नेता। राजा दीवान से छोटे पद पर हो सकता है तथा तहसीलदार हवलदार का नुमाइन्दा बना मिलता है। इसी तरह हालाँकि सभी उपाधियों के साथ कोई-न-कोई कार्य जुड़ा रहता है, पर यह पक्का नहीं होता कि फलाँ उपाधि के साथ फलाँ काम ही होगा। सिलाटी गाँव में मुंशी को लकड़ी का इन्तज़ाम करना पड़ता है पर तारागाँव में यह काम ठेकेदार करता है। यहाँ मुंशी को अनुपस्थिति लोगों के बारे में रिपोर्ट 'लिखनी' पड़ती है। हड्डीगाँव में बच्चों को इकट्ठा करके घोटुल लाता है; पड़ोस के पाल्ली गाँव में यह काम सरदार का है।

परन्तु इस किताब में मैंने, सुविधा तथा पाठकों में भ्रम न हो इसलिए, घोटुल के नेता चेलिक को सरदार, लड़कियों की नेता को बेलौसा तथा लड़कियों को नियन्त्रित करनेवाले पदाधिकारी को कोतवार कहा है। हाँ, जब मैंने किसी विशेष घोटुल का हवाला दिया है वहाँ निश्चय ही उसी घोटुल के नाम और उपाधियों का प्रयोग किया है।

मैं 1941 में प्रचलित घोटुल के कुछ नामों और उपाधियों की सूची दे रहा हूँ। यहाँ हमें यह याद रखना है कि ये नाम हर साल बदलते हैं। सारी उपाधियों की क्रमवार सूची इसी पुस्तक के अन्त में दिए गए अतिरिक्त भाग III में मिलेगी। निम्नलिखित उपाधियाँ व नाम काबोंगा घोटुल के लड़कों व लड़कियों के हैं जिन्हें महत्ता के घटते क्रम से प्रस्तुत किया है—सबसे महत्त्वपूर्ण सबसे ऊपर, उससे कम महत्त्वपूर्ण नम्बर दो पर इत्यादि।

काबोंगा के चेलिक

दीवान	ये वह 'सर्वोच्च समिति' है जो लड़कों तथा लड़कियों के समस्त क्रिया-
सरदार	कलापों को नियन्त्रित करती है।
मुखवान	
कोतवार	ये लड़कियों की उपस्थिति और उसके व्यवहार पर नज़र रखते हैं।
	चालान
मुंशी	सारे कामों का लेखा-जोखा रखना है।
जमादार	यह देखता है कि सारी लड़कियों के पास पर्याप्त संख्या में कंघे हैं या

	नहीं।
कांडकी	अन्य घोटुल से आए अतिथियों की देखभाल की जिम्मेदारी उठाता है।
दफेदार	घोटुल की सफाई का ध्यान रखते हैं और छत पर नज़र रखते हैं कि उसे मरम्मत की आवश्यकता तो नहीं।
	बायदार
कजांती	तम्बाकू उपलब्ध कराते हैं। कजांती इसे अतिथि को पेश करता है।
चाल्की	
बड़ा पहदार	बैठने की व्यवस्था का ध्यान रखते हैं। ये अतिथियों को चटाई देते हैं और अगर छोटे लड़के इन पर बैठे हों तो उन्हें हटाकर बड़ों को इस पर बैठाते हैं।
	नानी पहदार
कामदार	ये 'कर्मचारी' होते हैं जो बताया गया काम करते हैं।
बेलदार	
चौकीदार	
लिखेन	

काबोंगा की मुटियारी

बेलौसा	सारी लड़कियों की नेता जो सबके सोने का इन्तज़ाम करती हैं और ये
दुलौसा	देखती हैं कि इनकी 'प्रजा' अपने काम ढंग से कर रही है या नहीं।
तिलोका	ये सब घोटुल की सफाई करती हैं, पत्तलें और पत्तों के दोने बनाती हैं,
निरोसा	लड़कों के बाल सँवारती हैं और मालिश करती हैं और कोई भी अन्य
पियोसा	कार्य करती हैं जो बेलौसा, दुलौसा या दीवान इन्हें करने को कहें।
जान्को	
माल्को	
जानकाई	
मानका	
जुन्की	
अलोसा	

काबोंगा कोंडागाँव उत्तर-मध्य में स्थित एक गाँव है। मैं अब छोटा डोंगर की पहाड़ियों के समीप स्थित, मारदापाल परगना के एक झोरिया गाँव–ऐसलनार–की लिस्ट दे रहा हूँ।

ऐसलनार के चेलिक

दीवान	लड़कों तथा लड़कियों का नेता। घोटुल के सारे झगड़ों को सुनकर निर्णय देनेवाला।
मैनेजर	
तहसीलदार	दीवान के सहायक
सिरकील	

मुखवान	लड़कों का इंस्पेक्टर। अनुपस्थित लड़कों के बारे में दीवान को सूचना देता है।
कोतवार	लड़कियों को नियन्त्रित करनेवाला। उनके काम पर भी निगाह रखता है।
इंस्पेक्टर	अतिथि के देखभाल करता है। उन्हें चढ़ाई व लकड़ी के तकिए उपलब्ध कराता है।
पहरदार	दीवान द्वारा दी गई सज़ा को लागू करता है। बहुत शोर होने पर बच्चों को चुप करता है।
दफेदार	लकड़ी की मात्रा का ध्यान रखता है।
मुंशी	घोटुल के आसपास तथा घोटुल आनेवाले रास्तों की सफाई करता है।
चाल्की	ढोलों की देख-रेख करता है तथा उन्हें छत से टाँगने के लिए रस्सी का इन्तज़ाम करता है।
गाईता	जुर्माना लगाता और वसूलता है।
हवलदार	नृत्य के समय कोई भी खोई गई वस्तु खोजकर वापस लाता है।
खजाँची	तम्बाकू की मात्रा पर ध्यान देता है। यह जिम्मेदारी उठाता है कि अतिथि और बड़ों के लिए तम्बाकू उपलब्ध रहे।
इजारदार	किसी भी त्योहार तथा ऐसे ही किसी शुभ अवसर पर, शराब इसे ही सौंपी जाती है।
मुकादम बायदार सायदार	'प्रजा' जिनके कोई विशेष काम नहीं होते। आदेशों का पालन तथा जो काम बताया जाए वह करते हैं।

इस गाँव लड़कियों के नाम उनके घोटुल साथियों के नामों के स्त्री रूप होते हैं जैसे दीवानिन, मैनेजरिन और कोतवारिन। इनकी महत्ता भी लड़कों की उपाधियों की महत्ता के समान ही होती है। काबोंगा की भाँति ही लड़कियों में काम बँटे नहीं होते। इन्हें बेलौसा और दुलौसा, कोतवार के निर्देशन में, आवश्यकता पड़ने पर भिन्न-भिन्न काम करने को कहती हैं।

मैं एक और सूची दे रहा हूँ। यह अन्तागढ़–जो उत्तर में है–के पास कारीखोदरा से है। कारीखोदरा वह गाँव है जहाँ लिंगो की खौलते हुए तेल और अग्नि के द्वारा परीक्षा ली गई थी। यहाँ पर पुरानी गोंडी उपाधियाँ अधिक प्रचलित हैं।

कारीखोदरा के चेलिक

माँझी	नेता। झगड़ों पर निर्णय सुनाता है और जुर्माना लगाता है।
दीवान	सिंगा की रिपोर्टें देखता है।
सिंगा	यह लड़कियों की देखभाल करता है और नियमों का उल्लंघन करनेवालों को सजा देता है।
बेलदार	
कराती	
अलोर सिंह	

झलारी सिंह
जोलसे
दायदार
सूबेदार — ये सब 'प्रजा' हैं। इन्हें विशेष कार्य नहीं सौंपे जाते। इन्हें बाकी तीन नेताओं के आदेशों का पालन करना होता है।
लहरसिंह
सालीक्राई
लहारु
झोरिया
कपाटदार
कोसा
मिल्लेदार
कंजूस

कारीखोदरा की मुटियारी

बेलौसा — लड़कियों की नेता, 'रानी'।
दुलौसा — बेलौसा की सहायिका 'दीवानिन'
मुलारो
मुलियारो
साल्हो
मुल्की
तिलोका — ये सब 'प्रजा' हैं जो बेलौसा और दुलौसा के आदेशों का पालन करती हैं।
सुलियारो
माल्को
चायको
अच्छोके
जिलमिलि
लहारो

इन सूचियों में नाम महत्त्व के क्रम से दिए गए हैं। अगर बड़े लड़के व लड़कियाँ गए होते हैं–उदाहरण के लिए खेतों या सड़कों पर काम करने–जो छोटे लड़के और लड़कियाँ उनके स्थान गर्व और उत्साह से ले लेते हैं। एक बार मासोरा में, सारे बड़े लड़के खेतों में फसलों की देखभाल करने गए हुए थे। इसका नतीजा यह था कि घोटुल का सर्वेसर्वा, अस्थायी तौर पर जमादार था। यह दुलसाई नाम का मनमोहक जवान था तथा यह नेता, न्यायाधीश और पिता की भूमिकाएँ उत्साह से निभा रहा था।

कोकोरी में कुछ विशेष काम नोट किए गए। यहाँ चालान अतिथियों को घर पहुँचाने का इन्तज़ाम करता था और लिखेन ढोल साफ करवाने का ज़िम्मा उठाए हुए था। करांजी में सरदार और बायदर मुटियारी के साथ जाते थे जब वे जंगल जाकर पत्तलों और दोनों के लिए पत्ते इकट्ठे किया करती थीं। जब मुटियारी किसी अन्य गाँव में नृत्य के लिए जातीं तो जमादार उनके साथ छोटे लड़के व लड़कियाँ ढोलों को उठाने के लिए भेजता था।

बनियागाँव में मातागार ढोलों की देखभाल करता; बैदारिन यह तय करता कि शाम को लड़कों की मालिश और कंघी मुटियारी कैसे करेंगी; कोतवार और चालान वे वकील लगे जो उन मुटियारी की तरफदारी करते थे जिन पर घोटुल का अनुशासन भंग करने का आरोप लगाया जाता था।

गवारी में रिकार्ड किया गया एक गीत जरामकाल और सूपेदार के कर्तव्यों पर प्रकाश डालता है जो इस घोटुल में लड़कियों के अंगरक्षकों का कार्य करते थे, जब भी वे जंगल पत्ते बीनने जाया करतीं। यह अकिंग कोयना कारसे पाटा है और इसे गाते समय मुटियारी पत्ते बीनने का अभिनय करती हैं :

सर पुला हेला डोरी नेड वेके दाकाल *रौय सांगो नेइ वेके दाकाल रौय ?*	आज तुम कहाँ जा रहे हो दोस्तो ?
सर पुला हेला डोरी मार्म आकिंग *दाकात रौय सांगो मार्म आकिंग* *दाकात रौय।*	हम शादी के लिए पत्ते बीनने जा रहे हैं।
सर पुला हेलो डोरी वौन टोरी औयकाट *रौय सांगो वौन टोरी औयकाट रौय ?*	तुम किसको अपने साथ ले जा रहे जा रहे हो, दोस्तों ?
सर पुला हेला डोरी जरामकाल सूपेदार *सांगो जरामकाल सूपेदार रौय*	हम जरामकाल और सूपेदार को ले जा रहे हैं।

कुछ घोटुल में लड़कों की उपाधियाँ लड़कियों को दे दी जाती है। तारागाँव और अतारगाँव में दोनों नेता लड़कियों को मालिक और चालान कहते हैं। ये इन्हीं नामों के लड़के नेताओं की घोटुल-पत्नियाँ हैं। रेंगागोंडी में, इसी कारण से, तीनों मुख्य लड़कियों को मालिक, कोतवार और चालान कहा जाता है। नारिदा में लड़कियों की नेता को चलाऊ कहते हैं। ये गाँव छोटा डोंगर और मारदापाल परगनों में हैं तथा यह रिवाज़ यहीं तक सीमित है। पर कोंडागाँव के निकट घोटुल में, जहाँ लड़कों और लड़कियों के जोड़े बनाने का चलान है (जैसा कि हम ऐसलनार में देख चुके हैं), वहाँ लड़कियों के ऐसे नाम रखे जाते हैं जो अंग्रेज़ी शब्द 'मिसेज' (श्रीमती) के समानार्थक होते हैं। इस तरह, पिरापाल और हड्डीगाँव में लड़कियों को कोतवारिन (मिसेज़ कोतवार), सूपेदारिन (मिसेज सूपेदार) और मुखवानिन कहा जाता है।

घोटुल नाम भाषा के दृष्टिकोण से मिश्रित हैं। ए.एल. मिशेल, जिन्होंने सौ से अधिक घोटुल से ऐसे नामों को एकत्रित किया है, कहते हैं कि ये नाम उर्दू, हिन्दी, हल्बी, गोंडी और अंग्रेज़ी से निकले हैं। अंग्रेज़ी नाम प्रदेश के अफसरों द्वारा उपयोग में लाए गए नामों का बिगड़ा हुआ रूप होते हैं। गाँवों में प्रदेश के पुलिस सुपरिंटेंडेंट को आमतौर से कप्तान (कैप्टन का बिगड़ा हुआ रूप) कहा जाता है। इस प्रकार स्थानीय सहायक सर्जन को दाकदर (डॉक्टर); पी.डब्ल्यू.डी. के मुख्य अधिकारी को इंजीनियर और सड़क का काम देखनेवाले ओवरसीयर को ओरसेल कहकर सम्बोधित किया जाता है। कर और सेना के अफसरों के लिए हिन्दी या उर्दू नामों का प्रयोग होता है। निचले कर्मचारी जैसे कांस्टेबल, वाचमैन, हेडमैन; और फारेस्ट गार्ड; हिन्दी के नामों से पुकारे जाते हैं। इस सम्बन्ध में एक दिलचस्प तथ्य यह है कि कोतवार की उपाधि मुरिया गाँव में किसी भी घृणित गंडा या महारा को दी जाती है पर घोटुल में यह नाम महत्त्व का द्योतक होता है।

लड़कों की अपेक्षा लड़कियों में गोंडी नाम अधिक लोकप्रिय है। लड़कों में गोंडी नाम इस प्रकार हैं : बेलुमदार–बागीचे का मालिक; घोटुलसाई–घोटुल का मालिक; नेलिया–एक भला व्यक्ति और 'लहारु' शब्द के कई रूप जिसका अर्थ गोंडी में होता है–फैशनपरस्त। ऐसा इसलिए है क्योंकि यह शब्द हिन्दी 'लहरिया' से निकला है जिसका मतलब 'धारीदार कपड़ा' होता है। इसे पहनना शौकीन-मिजाज़ी माना जाता है। कुछ गोंडी नाम छोटा करके पुकारे गए प्रेम सम्बोधनों जैसे प्रतीत होते हैं जैसे उडेन या कुडे–मतलब जो बैठ जाए। यह नाम किसी आलसी चेलिक को दिया जाता होगा। इसी तरह के अन्य नाम हैं मेलिया जो गोंडी क्रिया 'घूमने' से निकला है और 'जेलू' जिसका अर्थ है 'बाधा डालनेवाला व्यक्ति'।

लड़कियों के कुछ नाम बहुत सुन्दर होते हैं जैसे गोंडी अलोसा 'मीठा बोलनेवाली'; दुलोसा–हिन्दी दुलोचा 'मुलायम' का बिगड़ा हुआ रूप; माल्को–मोरनी (चित्र (CXII दिखाता है कि नाम कितना सही हो सकता है); हिन्दी मुलारी, 'कीमती वस्तु'; गोंडी साइले, 'सहेली'; और बेलौसा, शायद बेल के वृक्ष पर रखा गया नाम है।

कुछ नाम चिढ़ानेवाले भी होते हैं जो उन लड़के अथवा लड़कियों को दिए जाते हैं जो घोटुलवासियों को पसन्द न आनेवाला कोई कार्य कर बैठते हैं। इस तरह के नाम हैं हगरु और मूतरा या मूतरी जो उन प्राकृतिक क्रिया-कलापों की ओर संकेत करते हैं जो भवन में नहीं करने चाहिएँ। पादरु पेट में वायु भरे लड़के का नाम होता है और बान्दरी किसी भी बदबूदार छोटी कन्या का।

कुछ नाम अपनी आवाज़ों न कि अर्थों के कारण उपयोग में लाए जाते हैं। जेलकार, जो कि गोंडी शब्द 'पानी की लहर' से आया है शायद इसलिए इस्तेमाल होता है क्योंकि यह जेलर और बुधकेर जैसा सुनाई देता है। जाल्ला या जाल्लम हिन्दी शब्द जाला (मकड़ी का) से आया है और यह शायद घोटुल उपाधि 'सालम' का मज़ाक उड़ाने के उद्देश्य से प्रयुक्त होता है। और मैं सोचता हूँ कि कुछ नाम जैसे तिलियारो (जो तिल्ली दाल की ओर संकेत करता है), सिलियारो (गोंडी में सब्ज़ी) और जलियारो सिर्फ इसलिए चुने गए हैं कि सुनने में मधुर और संगीतमय लगते हैं। इसी तरह चेलिक की उपाधि पसेलदार (मूँग दाल का मालिक) वास्तव में तहसीलदार या इस्सालदार पर व्यंग्यात्मक कटाक्ष है।

2.

कोई ऐसी तयशुदा उम्र नहीं मालूम पड़ी जब बच्चे घोटुल में प्रवेश करते हैं। यह माता-पिता से उनके सम्बन्धों पर निर्भर करता है। जब वे अन्य बच्चों के साथ घूमने, दल बनाने और खेलने योग्य हो जाते हैं तब घोटुल जाने की इच्छा स्वाभाविक रूप से जाग जाती है।

पहला प्रवेश, खासकर लड़कों के लिए, बहुत अनौपचारिक होता है। लड़के अन्य लोगों के साथ चुपचाप घोटुल में घुस जाते हैं। लड़की तब तक नहीं जाती जब तक 'वह अपने कन्धे नहीं ढकती।' इसका मतलब यह नहीं कि जब तक वह वयस्क नहीं हो जाती। पर एक ऐसा समय आता है जब शैशव से थोड़े अधिक कपड़े पहनने की आवश्यकता पड़ती है। यही घोटुल में प्रवेश का सही समय है। लड़की आमतौर पर पहले अपनी माँ से आज्ञा लेती है और कई बार–हमें बताया गया है–माँ खुद बच्चों को घोटुल जाने के लिए मनाती है क्योंकि वे रात को माता-पिता की रति-क्रीड़ा में व्यवधान या शर्म के कारण बन सकते

हैं। कभी-कभार लड़की अपनी माता से बहुत लगाव रखती है तथा माँ को भी छोटे भाई व बहनों की देखभाल के लिए उसकी आवश्यकता होती है। ऐसी स्थिति में वह घोटुल देर से जाती है। तब बड़ी लड़कियाँ उसे लेने जाती हैं और उसकी माता से कहती हैं, 'आपकी लड़की अब बड़ी हो गई है; आपको इसे हमारे पास आने देना होगा, नहीं तो आप पर जुर्माना लगेगा।'

जो भी स्थिति हो, बच्चों पर घोटुल आने की मनाही नहीं होती। कोई भी पिता अपने दो साल के बेटे तक को अपने साथ घोटुल में सोने ले जा सकता है जब उसकी माता किसी विवाह में गई हो या मासिक स्राव से ग्रस्त हो। छोटे बच्चे अकसर खेल और नृत्य देखने जाते ही हैं। छोटे लड़के का प्रवेश ऐसे नहीं होता जैसे वह स्कूल जा रहा हो; वह घोटुल को पहले से ही जानता है।

पर बहुत छोटी लड़कियाँ तथा लड़के घोटुल में सोने लायक नहीं समझे जाते 'क्योंकि वे यदाकदा रोते हुए उठते हैं, और अपने बिस्तर भी गीले कर देते हैं।' इसलिए नृत्य आदि के बाद उन्हें घर ले जाया जाता है। घोटुल में सोने से पूर्व 'बच्चे को अपनी देखभाल स्वयं करनी आनी चाहिए।' देवगाँव में मुझे बताया गया, 'हम बड़ी लड़कियों को ही घोटुल में सोने की अनुमति देते हैं; छोटी क्या कर सकती हैं ?' कोंडा, कन्हारगाँव का मुखिया, याद करता है कि कैसे उसका बड़ा भाई उसके पीछे भागकर उसे घोटुल से बाहर भगाता था और उसे पीटता भी था कि वह समय से पहले घोटुल क्यों आया।

जब बच्चे घोटुल नियमित रूप से आना शुरू कर देते हैं तो एक-दो हफ़्ते उन्हें अकेला छोड़ दिया जाता है। फिर बड़े लड़के उनसे पूछते हैं कि क्या वे नियमित रूप से घोटुल आएँगे और वे पहले घोटुल क्यों नहीं आए। बच्चे बहुधा यही कहते हैं कि अभिभावकों ने आने नहीं दिया। फिर सरदार एक लड़के से कहता है, 'अब तुम घोटुल आना शुरू कर चुके हो, तुम्हें रोज़ आना होगा। साथ में थोड़ी लकड़ी भी लानी होगी। तुम पहले मुझे प्रणाम करोगे और फिर अन्य चेलिक को। फिर तुम वह करोगे जो तुमसे ये करने को कहेंगे।' लड़की से वह यह कहता है कि 'तुम्हें बेलौसा और दुलौसा की आज्ञा माननी है और प्रतिदिन घोटुल की सफाई करनी है।'

छोटे लड़के अपने लिए जिक-चटाई लाते हैं। ये उनकी माँएँ या बड़ी बहनें बनाती हैं। पर छोटी बच्चियों को 'सोने की जगह के लिए भीख माँगने' की अनुमति होती है। वे अकसर किसी और की चटाई पर सोती हैं। बच्चों को *नोना* या *नोनी* कहा जाता है जब तक उन्हें उनके नाम नहीं मिल जाते। उन्हें नृत्यों में भाग लेने की अनुमति नहीं होती। परन्तु अगर उन्हें विशेष प्रशिक्षण दिया जा रहा हो तो वे अवश्य भाग ले सकते हैं। आमतौर पर बच्चे साथ खाते व सोते हैं। सोते वक्त वे बड़ों को जोहार करते हैं। हर शाम वे घोटुल के लिए लकड़ी लाते हैं। कुछ जगहों पर वे सबको तम्बाकू बाँटते हैं जो अब गाँजे का स्थान ले चुका है। गाँजा लिंगो के घोटुल में दिया जाता था। जब लड़कियाँ कम होती हैं तब छोटे लड़के बड़े लड़कों की मालिश करते हैं पर वैसे ही जैसे लड़कियाँ करती हैं–वे बस जाँघों व पैरों पर हाथ चलाते हैं। दोनों–लड़कों व लड़कियों को, छोटी उम्र से ही, मेहनत करना सिखाया जाता है। मासोरा की बूढ़ी सुकाली ने बताया कि जब वह छोटी-सी थी तब उसका घोटुल नाम पियोसा था, 'मैं नृत्यों और विवाहों पर दूसरों के लिए छोटे-छोटे बंडल उठाया करती थी। मैं हमेशा दौड़ाई जाती रहती थी।'

बड़े लड़के व लड़कियाँ इन बच्चों के लिए बहुत कष्ट उठाते हैं। वे उन्हें तहज़ीब सिखाते हैं और यह भी कि उन्हें अपने मुँह बन्द रखने चाहिएँ। वे उन्हें नृत्य की शिक्षा देते हैं और घोटुल नामों के विषय में जानकारी देते हैं। वे उन पर कड़ी निगाह रखते हैं तथा असफलता पर दंडित करते हैं। वे खासकर यह देखते हैं कि बच्चे घोटुल आ रहे हैं या नहीं, कि लड़के लकड़ी रोज ला रहे हैं या नहीं तथा लड़कियाँ ढंग से सफाई करती हैं या नहीं। नियमित होना, आज्ञा का पालन करना और मेहनत करना—ये सिखाएँ और परखे जाते हैं।

जब पर्याप्त समय बीत जाता है और नेता यह देख लेते हैं कि बच्चा नियम समझ चुका है तो अगले दशहरे या दीवाली पर उसे घोटुल का नाम प्रदान करने का निश्चय किया जाता है। मुरिया के लिए ये त्योहार मात्र तिथियाँ होते हैं। ये उन्हें धार्मिक दृष्टिकोण से नहीं मनाते। और ये तिथियाँ भी हर बार गलत होती हैं। कुछ घोटुल में बच्चों को साल में कभी भी नाम दे दिए जाते हैं। कुछ में लड़कों को दशहरे और लड़कियों को दीवाली पर नए नाम मिलते हैं। कुछ में लड़कों व लड़कियों को दीवाली पर घोटुल नाम दिए जाते हैं। पुनः कुछ घोटुल में लड़कियों को रजस्वला होने पर नाम मिलते हैं। ऐसा, उदाहरण के लिए, पांडरीपानी और बान्दोपल में होता है। 'जब कोई लड़की पहली सिर पर पानी रखती है, तब हम उसे घोटुल नाम देते हैं।' पर यह आम नियम नहीं हो सकता क्योंकि मैंने दर्जनों छोटी लड़कियों को घोटुल नाम लिए घूमते देखा है।

नाम एक साधारण और सुन्दर रस्म के दौरान दिए जाते हैं। मैं 5 नवम्बर 1940 को सिधावंड में पाँच बच्चों के नामकरण पर उपस्थित था। शाम होते ही लड़के और लड़कियाँ जमा होने लगे, सब सूखे चावलों के साथ आए थे। हरेक के पास 0.9 किलोग्राम चावल था। सरदार और कोतवार ने पहले नाप कर यह देखा कि मात्रा बराबर है या नहीं। फिर उन्होंने सारे चावल घोटुल के आँगन के बीच चटाई पर बिछे एक कपड़े पर उँडेल दिए। जल्दी ही बेलौसा तीन पत्तों के दोने लिए आई। सरदार ने एक लिंगो पेन के लिए भरा, एक 'दीवाली के लिए' और एक गाँव की माता तथा उनके पति के लिए। बाकी के चावलों के चार हिस्से किए गए—आदमियों, औरतों, कोकामेता (पास के घोटुल के लिए जहाँ काफी मित्र थे) और सिधावंड के लड़कों व लड़कियों के लिए। इस तरह सिधावंड के घोटुलवासियों ने अपने लिए एक चौथाई ही चावल रखे।

यह होने के बाद बेलौसा और दुलौसा ने औपचारिक रूप से कुछ चर्चा की और फिर आगे बढ़कर तीन छोटे लड़कों को कहा—टुना, गाँडो और डोरगा। उन्होंने प्रत्येक को बारी-बारी पकड़कर उठाया, दो बार मारा और उसके नाम की घोषणा की। टुना को तेल-हुंडी की उपाधि मिली, गाँडो को हरदी-गारबो की तथा डोरगा को खूबसूरत चेलिक-सुन्दर की। इसके बाद सरदार ने नेता लड़कों को अपने पास बुलाया और कुछ कानाफूसी की। फिर सरदार लड़कियों के दल के पास गया, उनमें से दो को उठाया और उन्हें सबके बीच लाकर खड़ा कर दिया। उसने बारी-बारी दोनों को उठाया और अपनी बन्द मुट्ठी से मारा। पहली, सुकमी को, उसने जानकाई की उपाधि दी तथा दूसरी, पकली को, मानकाई नाम दिया। यह सब हुआ, जैसे कि होना चाहिए; गाँव के बूढ़ों के सामने। पर मज़ेदार बात यह है कि इसके बाद ढोंग यह चलता है कि बूढ़े इस बारे में कुछ नहीं जानते और बूढ़े भी इस ढोंग में भरपूर योगदान देते हुए घोटुल के नामों से अनभिज्ञता प्रकट करते हैं।

मुटियारी ने इसके बाद जोहार की, पहले सरदार को, फिर सारे चेलिकों को और

तत्पश्चात् बूढ़ों और अतिथियों को। पर उन्होंने किसी स्त्री की जोहार नहीं की। फिर तीनों चेलिक और तीनों नए रंगरूटों ने सरदार को जोहार की। यह एकमात्र अवसर होता है जब सरदार अपनी 'प्रजा' को प्रणाम करता है। यह इसलिए किया जाता है जिससे बच्चे घोटुल को अपना घर समझें। जोहार के बाद सरदार ने नए लड़कों को एक छोटा-सा भाषण दिया। उसने एक सियारी की टहनी उनके चारों ओर तीन बार घुमाई और कहा, 'यह काँवड़ (बोझ उठाने का बाँस) उठाओ, घोटुल की सरकार की सेवा करो, अफसरों और अजनबियों को खाना दो और अपने माता-पिता की सेवा करो तथा उन्हें भी खाना दो। अब तुम्हारे पास नया काम है। जल्दी बड़े हो जाओ और बूढ़े होने तक जियो।' उसने उनके माथों पर चावलों के तिलक लगाए और एक-एक दोना शराब दी। अटूरगाँव में नए लड़कों को अँगूठी दी जाती है पर यहाँ पर यह नहीं किया गया।

चित्र-65. कानों में कुंडल जिसमें लाल, सफेद और नीले मोती लटक रहे हैं

बहुत-से गाँवों में नए लड़के, अपना नया नाम पाने के बाद, घोटुल को एक बोतल शराब भेंट करते हैं। अब वे पूर्ण रूप से घोटुल के सदस्य हैं। अब उन्हें बाल्यकाल के कर्तव्यों से मुक्ति मिल जाती है। न तो रोज़ लकड़ी लानी पड़ती है और न ही किसी को सलाम करना पड़ता है। पर कुछ जगहों पर छोटे बच्चों को ये काम जारी रखने पड़ते हैं जब तक 'बड़े न हो जाएँ' और घोटुल को एक बोतल शराब न भेंट कर दें। लड़कियों के लिए नया नाम अधिक बदलाव नहीं लाता क्योंकि उन्हें अब भी लड़कों को रात को प्रणाम करना पड़ता है और तम्बाकू, पत्तों तथा सफाई के सारे कर्तव्य पूरे करने पड़ते हैं। पर लड़कों व लड़कियों, दोनों में नए सम्मान और स्वाभिमान का संचार होता है। जल्दी ही वे उन नए बच्चों को आदेश देने लगते हैं जिन्हें अभी तक नाम नहीं प्राप्त हुए।

3.

कुछ समय बाद छोटा बच्चा बड़ा होकर सरदार या दीवान बनेगा; छोटी लड़की बेलौसा बन जाती है। ये नियुक्तियाँ कैसे की जाती हैं ? नेता को चुनना एक गम्भीर विषय है क्योंकि वे सबकी खुशहाली के ज़िम्मेदार ही नहीं होते अपितु गाँव के जीवन को सुचारु रूप से चलाने

में भी महत्त्वपूर्ण योगदान देते हैं। गाँव के बूढ़े तथा लड़के व लड़कियाँ, सब चाहते हैं कि सबसे बढ़िया व्यक्ति ही उनका नेता बने।

इस नेता का चुनाव कैसे होता है ? मुरिया ने अभी तक वोट डालने नहीं सीखे हैं तथा मुझे लगता है कि जलन और ईर्ष्या से रहित इन लोगों को वोट व्यवस्था भाएगी ही नहीं। आमतौर पर नया नेता सामने ही होता है; वह लड़का जो नेता से दूसरे नम्बर के शक्तिशाली पद पर होता है, नया नेता बना दिया जाता है। ऐसा करने के अपने फायदे हैं। पहला तो यह कि नया पदाधिकारी पहले से ही अपना कार्य समझ चुका होता है, और दूसरा यह कि घोटुलवासी उसे समझ चुके होते हैं। अगर एक ही साल में सारे नेताओं की शादियाँ हो जाएँ तब थोड़ी समस्या होती है। इस स्थिति में यह पद उस लड़के को मिलता है जिसका कार्य मुटियारी की देखभाल करना रहा है। अगर कोई लड़का लड़कियों की देखभाल जैसा कार्य कर सकता है जो ऐसा माना जाता है कि वह कोई भी कार्य कर सकता है। नेता के पद पर नियुक्ति का काम आसान इसलिए भी हो जाता है क्योंकि पुराना नेता शादी के तुरन्त बाद काम नहीं छोड़ता। वह साल भर या छह महीने कार्यरत रहता है। कभी-कभी वह स्थायी रूप से नेता बना रहता है। मासोरा में दीवान लकमू है जिसके बेटे भी घोटुल में प्रवेश कर चुके हैं। परन्तु लकमू अपने पद पर अब भी जमा हुआ है और हर झगड़े में अन्तिम निर्णय उसी का होता है। इन परिस्थितियों में घोटुल को नेता के विषय में विचार करने का पर्याप्त समय मिल जाता है। अगर झगड़ा बहुत बढ़ जाए तो गाँव के मुखिया या परगना के माँझी से मध्यस्थता की प्रार्थना की जाती है।

लड़कियों की नेता का चुनाव भी इसी तरह होता है हालाँकि यहाँ चेलिक नेता का प्रभाव काफी मायने रखता है। विशेषकर जोड़ीदार घोटुल में सरदार की मुटियारी ही लड़कियों की नेता बनाई जाती है।

किस तरह का लड़का या लड़की सरदार या बेलौसा बनते हैं ? कालपट्टी और बान्दादेश परगनों—जो उत्तर-पश्चिम में हैं—को छोड़कर किसी का भी इस पद पर अधिक पैसे या उसके माता-पिता के समाज में उच्च स्थान के कारण हक नहीं बनता। हाँ, जिन दो परगनों का ज़िक्र ऊपर हुआ है वहाँ कासेर-गाईता का बेटा या करीबी रिश्तेदार ही घोटुल का नेता बनाया जाता है। घोटुल का नेता बनने के लिए ज़रूरी है कि व्यक्ति अच्छे चरित्र का हो। निम्नलिखित वर्णनों से हम आसानी से उन गुणों का पता लगा सकते हैं जिनकी नेता से अपेक्षा की जाती है। पहला बिनझली से है। 'एक अच्छा व्यक्ति वह होता है जो मुसीबत में काम आए और दुख में हमदर्दी करे। धनसाई मुरिया ऐसा ही था। वह कभी झूठ नहीं बोलता था। वह सबसे प्रेम से बात करता था। वह कभी नाराज़ नहीं होता था। जब वह पिए हुए होता था, तब भी किसी को गाली नहीं देता था।' कुंटापादार में मुझे नाट्टू बाबू, एक मुसलमान की यह प्रशंसा सुनने को मिली—'वह सबको अपने बराबर समझता है। वह गरीब लोगों को प्यार करता है। वह कुरूप तथा बेघर लोगों पर स्नेह रखता है। आप सोच भी नहीं सकते कि वह मुसलमान है।' दूसरी ओर, एक बुरा व्यक्ति, जैसे मुन्दरा मुरिया 'किसी का दोस्त नहीं होता। वह मुँह पर मीठी बातें करता है और अन्य जगह जाकर आपको नुकसान पहुँचाता है। वह काम से बचता है तथा बोलचाल में गाली-गलौज पर उतर आता है। जब वह किसी अन्य व्यक्ति के खेत में बढ़िया फसल देखता है तो मारे ईर्ष्या के जलने लगता है।'

नेता को, इसलिए विनम्र, स्नेही, शान्त स्वभाव का और मेहनती होना चाहिए। उसमें शादियों में इन्तज़ाम करने की काबलियत और अफसर के शिविर की व्यवस्था करने की योग्यता होनी चाहिए। वह लड़कियों में भी लोकप्रिय होना चाहिए क्योंकि नेता की नियुक्ति के सम्बन्ध में उनकी राय भी ली जाती है। अधिकांश घोटुल के नेता इन सभी कसौटियों पर बहुत प्रशंसनीय ढंग से खरे उतरते हैं। आपको कहीं भी इनसे समझदार, विनम्र और मेहनती लड़के नहीं मिलेंगे। 1940-41 में ऐसे लड़के थे बिनझली का साल्या, सिधावंड और मालाकोट के सरदार, आल्मेर का हिकमी, कन्हारगाँव का लिखेन और काबोंगा का कोतवार।

जब पुराना सरदार अपना पद छोड़ने का मन बना लेता है तब उसके उत्तराधिकारी को नियुक्त करने की एक छोटी-सी रस्म होती है। चल्का परगना के गाँवों में निम्नलिखित रस्म अदा की जाती है। पुराना सरदार गाँव के बड़े-बूढ़ों और घोटुलवासियों को रस्म के दिन की सूचना बहुत दिनों पहले ही दे देता है। नियत समय पर वह पाँच से आठ हाथ लम्बी नई पगड़ी पहनकर (जो उसने स्वयं खरीदी होती है), प्रकट होता है। घोटुल के सदस्य गाँव से पैसे इकट्ठे करके शराब खरीदते हैं। जब सब घोटुल में जमा हो जाते हैं तो बड़े-बूढ़े घोटुलवासियों से पूछते हैं, 'तुम्हें कौन सरदार के रूप में चाहिए ?' वे उस लड़के का नाम बता देते हैं जिसे वे सरदार बना देखना चाहते हैं। तब बूढ़े पुराने सरदार के सिर से पगड़ी उतारकर उसके उत्तराधिकारी के सिर पर बाँध देते हैं। फिर वे नए सरदार से कहते हैं, 'आज से घोटुल तुम्हारे हाथों में हैं। जो भी आज्ञा तुम दोगे उसका सब पालन करेंगे।' सदस्य कहते हैं, 'हम वही करेंगे जो ये कहेंगे।' फिर बूढ़े नए सरदार की ओर पुनः मुखातिब होकर कहते हैं, 'देखो, लड़के, ये बच्चे अब तुम्हारी देख-रेख में हैं। अगर तुम इन्हें दूसरे गाँव ले जाओगे तो ज़िम्मेदारी तुम्हारी होगी। जब ये सोएँ तो यह अवश्य देख लेना कि प्रत्येक बच्चा अपने स्थान पर हो। तुम चाहे भूखे रह लेना पर बच्चों को भूखा मत रहने देना। जब कहीं शादी हो तो काम की सारी व्यवस्था तुमको करनी होगी। जब किसी की मृत्यु हो, तब भी तुम्हीं को सारा इन्तज़ाम देखना है। जब कोई अतिथि आए तो लकड़ी और पानी की व्यवस्था तुम्हें ही करनी होगी। देखना कि घोटुल और इसमें रहनेवाले बच्चे हमेशा साफ रहें। अगर ये खुश रहेंगे तो तुम्हारी प्रशंसा होगी और अगर दुखी रहेंगे तो निन्दा।' इस मौके पर लड़कियाँ, कुछ गाँवों में, नए सरदार को नई चटाई भेंट करती हैं। बिनझली में ये उसे तीन अँगूठियाँ देती हैं। ये वह अपने कार्यकाल के दौरान पहनता है और इस्तीफा देने पर लौटा देता है। मारकाबेरा में वे उसे नया पत्तों का पाइप देती हैं। अन्त में लड़कियाँ औपचारिक रूप से उसे कमर पर बन्द मुट्ठी से मारकर नया नाम देती हैं। सरदार की 'प्रजा' उसे जोहार से प्रणाम करती है और उसके माथे पर सूखे चावलों का टीका लगाती है। उसे पीने के लिए शराब दी जाती है और उसके सम्मान में नृत्य से इस समारोह का अन्त होता है।

खुटगाँव में मैंने पाया कि पगड़ी पहनाने की रस्म बन्द हो चुकी है क्योंकि कुछ साल पहले उस पर कुत्ता पेशाब कर गया था। यह घोर अपशकुन माना गया और सिराहा ने कहा कि नेता के सिर पर पगड़ी नहीं बाँधी जानी चाहिए और न ही मुटियारी को लड़कों के सिरों को अपने कंघों से छूना है। पुराने रिवाज़ों की समाप्ति हमेशा बाहरी प्रभाव से ही नहीं होती।

1 नवम्बर 1941 में मैं भानपुरी में उपस्थित था जहाँ एक नया दीवान नियुक्त होनेवाला था। लड़के और लड़कियाँ नौ बजने के कुछ समय बाद ही दीवाली वार्क–दीवाली पर सूखे

चावल की रस्म के लिए एकत्र हो गए। हर सदस्य को भोज के लिए कुछ-न-कुछ लाना था। प्रत्येक बड़े लड़के व लड़कियाँ 0.9 किलो चावल लाए। इनसे छोटे इसकी आधी मात्रा या बहुत छोटे बच्चे एक चौथाई चावल लेकर प्रकट हुए। चावल को घोटुल के आँगन में फैली हुई चटाइयों पर उँडेलकर सावधानीपूर्वक मापा गया। कुछ भाग गाँववालों (बच्चों के माता-पिता) के लिए अलग रखा गया; कुछ पास के गाँवों के लिए जिससे घोटुल के मैत्रीपूर्ण सम्बन्ध थे और बाकी का भोज के लिए रखा गया।

इसके बाद बड़े लड़के भवन में चले गए और नए दीवान की नियुक्ति के बारे में चर्चा करने लगे। यह मात्र एक औपचारिकता ही थी क्योंकि सब कुछ पहले से ही तय था। फिर वे बाहर आए और घोषणा की कि गांडो सिरकील चुना गया। बेलौसा और दुलौसा, लड़कियों की नेता, गांडो के पास गईं, उसे खड़ा किया और उसकी कमर पर 'दीवान, दीवान' कहते हुए धौल जमाए। इसके बाद बेलौसा ने उसे अँगूठी पहनाई और नए दीवान ने जाकर सबको बारी-बारी जोहार की। उसने वायदा किया कि कुछ दिनों बाद सबको आठ आने की शराब देगा।

इसके बाद सूखे चावल बाँटे गए। छोटे बच्चों ने बहुत मस्तीवाले खेल खेले। गाँव के बूढ़ों ने नए दीवान को एक छोटा-सा भाषण दिया जो बच्चों के शोर के कारण कोई नहीं सुन पाया। फिर भी यह स्पष्ट था कि यह गोंडों के जीवन का एक महत्त्वपूर्ण अवसर था जिसे वह और गाँव के बूढ़े पूरी गम्भीरता से ले रहे थे।

वाकई पचास साल बाद बिन्दो को अब भी वे क्षण याद हैं जब उसे बेनूर गाँव के घोटुल का नेता बनाया गया था। वह उन क्षणों को अपने जीवन की सबसे महत्त्वपूर्ण याद बताता है। वह कहता है कि उसका चरित्र और गुण इतने लाजवाब थे कि उसे फौरन नेता के रूप में चुन लिया गया, जब वह मात्र दस साल का ही था और पूरी तरह घोटुल का सदस्य भी नहीं बना था। यह परखना कि बिन्दो का दावा असत्य है या सत्य, अब असम्भव है परन्तु उसकी कहानी निम्नलिखित है।

> घोटुल में एक वर्ष बीतने के बाद सारे लड़के तथा लड़कियाँ मुझे पसन्द करने लगे थे। दीवाली पर गाँव के बूढ़े घोटुल में नया नेता बनाने आए। परगना के माँझी ने चेलिक से पूछा, 'तुममें से कौन-सा लड़का सबसे ईमानदार और होशियार है ? कौन-सा तुम्हारा नेता बनने योग्य है ?' चेलिक ने फौरन उत्तर दिया, 'ऐसा बस एक ही लड़का है : बिन्दो को ही हमारा राजा होना चाहिए।' ऐसा सुनने पर गाँव के बड़े-बूढ़े मेरी तरफ मुड़कर बोले, 'तुम इस घोटुल के राजा हो, इसका ध्यान रखना। इसके क्रिया-कलाप गुप्त रखना। अगर कोई गलती करे तो तुम दंड दे सकते हो। जब गाँव में मेहमान आएँ तो उनकी सुविधाओं का तुम्हें खयाल रखना है। अगर मज़दूरों की ज़रूरत हो तो वे उपलब्ध कराना। जब विवाह या मृत्यु हो तो लड़कों व लड़कियों को काम के लिए भेजना।'
>
> फिर मेरा नाम बिन्दो से सिल्लेदार कर दिया गया। गाईता ने एक अँगूठी मेरी अँगुली में पहनाई और चेलिक तथा मुटियारी ने कहा, 'अब सिल्लेदार तुम्हारे राजा बन चुके हैं। इनकी हर बात में आज्ञा मानना और इनके द्वारा दिए गए दंड को स्वीकार करना। मेहनत करना और घोटुल को साफ रखना। बदनामी से बचना; गाँव की इज़्ज़त अब तुम्हारे हाथ में है।'

फिर सूखे हुए चावल बाँटे गए और जब बड़ों ने शराब पी ली तब वे घर चले गए।

घोटुल के नेता के बाद दूसरी सबसे महत्त्वपूर्ण नियुक्ति कोतवार की होती है, जो बहुत-से गाँवों में, मुटियारी की देखभाल करता है। यह लड़का घोटुल में सरदार के आदेशों को लागू करता है। इसके अलावा क्योंकि घोटुल में अधिकांश काम लड़कियाँ करती हैं और क्योंकि उनके लिए व्यवस्था करनी लड़कों के लिए आवश्यक व्यवस्था से बहुत जटिल होती है, कोतवार एक बहुत प्रभावशाली व्यक्ति माना जाता है। अधिकांश कार्यों को मूर्त रूप देने के कारण कोतवार घोटुल का 'एक्ज़ीक्यूटिव आफिसर' कहा जा सकता है।

बेलौसा के साथ विचार-विमर्श करके (उन घोटुल में जहाँ साथी बदले जाते हैं) वह यह तय करता है कि जोड़े कैसे बनाए जाएँ। यही बात अकेली इसके महत्त्व को बहुत बढ़ा देती है। फिर बेलौसा से वार्ता करने के बाद त्योहारों, नृत्यों और शादियों में लड़कियों को अलग-अलग काम सौंपता है। अगर मुटियारी इसका कहना न मानें तो यह उन्हें दंडित कर सकता है। ऐसा कहा जाता है कि पहले यह उस लड़की से, जिससे यह रुष्ट होता है, जोहार लेना बन्द कर देता है। चाहे वह इसे खुश करने की कितनी भी कोशिश क्यों न करे, यह उससे बात नहीं करता। अगर वह इसकी आज्ञा का उल्लंघन करती रहती है तो यह उस पर जुर्माना लगा देता है या कोई छोटा-सा दंड दे देता है। परन्तु अगर गलती बड़ी हो तो मामला सरदार के सामने पेश होता है।

कोतवार लड़कियों को दंड ही नहीं देता, बहुत बार उसे उनके कारण सज़ा भुगतनी भी पड़ती है। वह उनके लिए जिम्मेदार माना जाता है। अगर घोटुल की सफाई ढंग से न हो या किसी सामाजिक कार्य में मुटियारी कुछ गलती कर बैठें तो कोतवार को दंड दिया जाता है।

यदाकदा कोतवार भी सरदार या दीवान की भाँति ही पदासीन किया जाता है। जब यह होता है तब बेलौसा सरदार को अँगूठी पहनाती है और उसकी सहायिका दुलौसा कोतवार को।

कुछ जगहों में एक लड़के को परगना माँझी कहते हैं जो वही कार्य करता है जैसे इस नाम का अफसर कबीलेवालों के लिए करता है तथा उनके जीवन पर महत्त्वपूर्ण प्रभाव डालता है। आमतौर पर घोटुल के नेताओं के खिलाफ अपील एक बूढ़े व्यक्ति के पास जाती है जो घोटुल से अपना सम्पर्क इसीलिए बनाकर रखे होता है कि ऐसा अवसर पड़ने पर मदद कर सके।

लड़कियों की नेता किसे बनाना है यह बड़े लड़कों द्वारा कोतवार और मुटियारी से चर्चा करने के बाद तय किया जाता है। यह सारी प्रक्रिया नितान्त अनौपचारिक होती है, कोई चुनाव नहीं, कोई झगड़ा नहीं। कुछ जगहों पर घोटुल के नेता की 'पत्नी'—उसकी घोटुल मुटियारी—को लड़कियों की नेता मान लिया जाता है। यह खासकर उन घोटुलों में होता है जहाँ लड़कियों के नाम लड़कों के नामों से मिलते-जुलते हैं। इस तरह जहाँ दीवान नेता होगा, वहाँ दीवानिन लड़कियों की नेता होगी। उन गाँवों में जहाँ गाईता का लड़का घोटुल का नेता बनता है वहीं गाईता की बेटी घोटुल मुटियारी की नेता नियुक्त होती है।

बेलौसा की नियुक्ति सरदार या दीवान की भाँति ही होती है। बस पगड़ी नहीं पहनाई जाती। बूढ़े लड़की नेता से कहते हैं, 'लड़कों को जोहार करना, उन्हें तम्बाकू देना, उनके बाल

सँवारना, उनके हाथों व पैरों की मालिश करना, घोटुल को साफ रखना, छोटी लड़कियों की देखभाल करना और उन्हें बदनामी से बचाना; यही तुम्हारी ज़िम्मेदारियाँ हैं।'

4.

कुछ गाँवों में, विशेषकर उत्तर-पश्चिम में (कालपट्टी बाँदादेश और पराकोट–कालपट्टी परगनों में) यह नियम है कि गाँव के गाईता का पुत्र घोटुल का सरदार बनाया जाता है। इसलिए कोइलीबेरा और बारकोट में मैंने पाया कि गाईता का लड़का, जब वह बहुत छोटा था तभी से, परगना के माँझी के लड़के से उच्च श्रेणी में रखा जाता था। गाईता का पुत्र अथवा कोई करीबी रिश्तेदार ही सदैव घोटुल के मुखिया बनते थे। सारान्दी में धुरवा का लड़का और पादबेरा में माँझी का पुत्र घोटुल के नेता थे। मन्नेगाँव का घोटुल मुखिया गाईता के नाम से जाना जाता था और वह था काँदरू गाँव के गाईता का बेटा। मारकाबेरा में रिकार्ड किए गए एक घोटुल पाटा (गीत) में गाँव के गाईता का बेटा चेलिक का मुखिया और बेटी मुटियारी की नेता है।

पर पूरे मुरिया क्षेत्र के अन्य गाँवों में ऐसा विचार कभी सुना तक नहीं गया है और जब मैंने इस व्यवस्था से लोगों को अवगत कराया तो उन्होंने बहुत हिकारत से इसको अस्वीकार कर दिया। नेतागिरी का पूरा सिद्धान्त ही चरित्र पर आधारित है। घोटुल में इस बात पर ज़ोर दिया जाता है कि सब बराबर हैं–अमीर या गरीब; मुखिया, जमींदार और पुजारी के बेटे–सबको भाईचारा आपस में बाँधता है। इस घोटुल के भाईचारे और बराबरी के नियम को किसी तरह की दौलत और सामाजिक शक्ति नहीं तोड़ सकतीं। यह, मेरे विचार में, निश्चित ही सत्य है। बराबी में मुरिया का विश्वास कभी-कभी अति की सीमा छू लेता है। अगर सरकार गाँव से कोई कार्य करने को कहती है तो सारे घरों से कार्य में बराबर योगदान दिया जाता है। अगर किसी घोटुल में नए लड़के (जिन्हें घोटुल नाम न मिले हों) नहीं होते जो लकड़ी लाने का कार्य करते हैं तो बड़े लड़के गाड़ी में लकड़ी लाने इकट्ठे जाते हैं। सब जंगल में बराबर मात्रा में लकड़ी काटते हैं और गाड़ी में रखकर घर ले आते हैं। अगर एक भी लड़का उपस्थित न हो तो कार्य अगले दिन के लिए रख छोड़ा जाता है। अगर गाँव को कोई उपहार मिले तो वह बराबर बँटता है और दावतों में बराबर मात्रा में सूखे चावल, मांस और मदिरा सबको दिए जाते हैं। चन्दाबेरा के एक मुरिया ने मुझसे कहा, 'अगर हमारे कबीले से कोई एक प्याले हमारे सामने सोने के ढेर लगा दे तब भी हम यही कहेंगे, ''ओह यह हमारा रिश्तेदार ही तो है; हमारे बेटे इसकी बेटियों से विवाह कर सकते हैं''; तथा फुंडर के मुखिया के ये शब्द हैं, 'घोटुल में जितनी भी बातें हमारे बच्चे सीखते हैं उनमें सबसे बढ़िया यह है कि सब बराबर होते हैं।' फूलपार में घोटुल का नेता अतपरिहा (गाँव के नौकर) का पुत्र था। चन्दाबेरा का कोतवार अपाहिज था; भानपुरी में दारोगा अन्धा था। दोनों को महत्त्वपूर्ण कार्यों की ज़िम्मेदारी सौंपी गई थी और उनके अधिकार भी उनके पद के समान थे।

मुरिया लोगों का बराबरी में विश्वास इस कहानी में स्पष्ट झलकता है। 'राजा डोकारा तुलसीडोंगरी पर राज्य करते थे। यह घना जंगल था : यहाँ इनका खाना बनाने के लिए कोई ब्राह्मण न था। सो वो भगवान के पास एक ब्राह्मण माँगने गए। भगवान ने कहा, ''हाँ, क्यों

नहीं। अगर किसी ब्राह्मण को पहचान सको तो अवश्य ले जाओ। मुझे तो सब एक जैसी ही नज़र आते हैं।'' भगवान ने सबको धोती पहनने का हुक्म दिया, और जब वे आए–ब्राह्मण, गंडा, मुरिया, धाकर, हल्बा और मारिया, तो राजा को पहचानने में कठिनाई होने लगी। राजा ने इदुर कोला पेन से मदद माँगी पर वो भी कोशिश करके हार गए। आखिर एक मक्खी आई। वह बोली, ''मुझे कुछ खाने को दो मैं तुम्हें ब्राह्मण ढूँढ़कर ला दूँगी।'' इदुर कोला पेन ने उसे सोना-चाँदी तथा कई कर-मुक्त गाँव देने चाहे पर वह बोली, ''नहीं, यह सब मुझे नहीं चाहिए। तुम्हारे पैर पर एक छोटा-सा घाव है, मुझे वहाँ बैठने दो।'' इदुर कोला ने उसकी बात मान ली। जब मक्खी ने खाना खा लिया तो वह ब्राह्मण के सिर पर जा बैठी। इस तरह वह पहचाना गया और राजा डोकारा का रसोइया बन गया।'

पूर्ण प्रजातन्त्र का यह सिद्धान्त नेताओं की शक्ति पर प्रभाव डालता है। उनकी सत्ता पूर्ण नहीं होती। उन्हें उनके पद से हटाया जा सकता है और हटाया जाता भी है। अन्य सदस्य सभा बुलाकर उन्हें दंडित कर सकते हैं। पालारी में तीन लड़कों–दीवान, तहसीलदार और जमादार ने अपने पदों का दुरुपयोग किया और लड़कों व लड़कियों ने मिलकर उन पर जुर्माना ठोक दिया। जो भी हो, घोटुल में शासन समिति का होता है, तानाशाह का नहीं। मुख्य नेता या नेताइन की दो या तीन व्यक्तियों की सहायक समिति होती है जो उन्हें हर महत्त्वपूर्ण मसले पर सलाह देती है।

इन नेताओं के, परन्तु, अधिकार अवश्य होते हैं। छोटे लड़के इनके आदेशों का पालन दौड़-दौड़कर करते हैं। अगर लड़कियाँ न हों तो वे इनकी मालिश भी करते हैं। छोटी लड़कियाँ बेलौसा के बाल सँवारती हैं और उसके बताए गए कार्यों को अंजाम देती हैं। जिन घोटुल में साथी जल्दी-जल्दी बदलने का चलन होता है वहाँ यदाकदा नेता अपने पास स्थायी साथी रख सकते हैं। बानजोरा के घोटुल में कोतवार नेता होता है और बेलौसा हमेशा इसी के साथ सोती है जबकि अन्य लोगों को हर दो या तीन दिनों में साथी बदलना पड़ता है।

5.

क्या अन्य कबीले के सदस्यों और हिन्दुओं को घोटुल में प्रवेश मिलता है ? इस प्रश्न पर मुरिया बूढ़े ताव खाकर मना कर देते हैं। वे कहते हैं कि वे कभी बाहरी लोगों को घोटुल में प्रवेश नहीं देते क्योंकि ऐसा करने से शादी-ब्याह का ढाँचा जटिल हो जाएगा। इसी तरह हिन्दू और अन्य लोग भी हिकारत से कहते हैं कि घोटुल एक गिरी हुई संस्था है जिसमें वे अपने बच्चों को कभी नहीं भेजेंगे। दोनों दावे असत्य हैं।

समूचे मुरिया क्षेत्र में उदाहरण मिलते हैं–बहुत नहीं, कम–मुरिया-लोहा, रावत, नाहर और घृणित गंडा तथा घासिया को घोटुल की सदस्यता प्रदान करने के। ऐसे बच्चों को घोटुल नाम मिलते हैं तथा वे सारे अधिकार भी जो मुरिया बच्चों को दिए जाते हैं। पाल्ली बारकोट में लोगों ने बताया कि मुरिया-लोहार लड़के व लड़कियों को सारी सुविधाएँ व अधिकार प्राप्त थे पर महारा, रावत और कुरुक पर प्रतिबन्ध था। लोहारों के बच्चे, मुरिया के बच्चों के साथ सो सकते थे पर दोनों में विवाह नहीं हो सकते थे। नयानार में मैं तब चकित रह गया जब मैंने देखा कि एक मुरिया विवाह में मुख्य भूमिका वहाँ के घोटुल की अलौसा और दुलौसा निभा रही थीं और दोनों ही जाति से लोहार थीं। गारकाबेरा में दल की सबसे लोकप्रिय

सदस्य, जिसका एक मुरिया घोटुल-साथी था, साइने नाकम की लोहार कन्या थी। मूले घोटुल की बेलौसा लोहार थी, सल्या भी। 1941 में कोकोरी का जमादार, फुंडर का जमादार, फुंडर की जालरू (लड़की) और मोडेंगा का झोरिया—सब लोहार थे।

हातीपकना का मुख्य ढोलची नाहर था। उसके दो भाई व एक बहन घोटुल के सितारे माने जाते थे। जुंगनार में एक गंडा लड़के को सुऐल बना रखा था और मोडेंगा में घासिया कोतवार था। फुंडर में एक कालार लड़का था। रावत लोगों को भी घोटुल का सदस्य बनाया जाता है।

ऐसी सुविधा हर जगह नहीं होती और न ही असीमित ही होती है। जुंगनार में सिर्फ बहुत छोटी गंडा लड़कियाँ ही लड़कों को मालिश कर सकती हैं और घोटुल में सो सकती हैं। वयस्क होने पर वे नृत्यों में भाग ले सकती हैं पर वे मालिश नहीं कर सकतीं और जोहार भी दूर से ही कर सकती हैं। ये नियम मुरिया नहीं वरन् गंडा बूढ़ों के बनाए हुए हैं। मुरिया तो अन्य जातियों के लड़कों के व्यवहार को नियन्त्रित करने में अधिक रुचि दिखाते हैं। लड़कियाँ जो चाहें वह कर सकती हैं।

मुरिया और मुरिया-लोहार के मध्य सम्बन्ध एक से अधिक गीतों में दिए गए हैं। यह तुरसानी गाँव का माँडा नृत्य गीत है।

जागिंग पोयसी वेके दादा रौय	तुम अपनी बाँस की टोकरी
सेंग बुसुर भुबास ?	के साथ क्या कर रहे हो भाई ?
निया बाती पारी दादा ?	तुम्हारा वंश क्या है भाई ?
पारी ओरी हिले बाईं।	मेरा कोई वंश नहीं है, लड़की।
जाति वाडे लायोना बाई।	मैं एक लोहार लड़का हूँ, लड़की।
निमा वेके दान टौन दादा ?	तुम कहाँ जा रहे हो भाई ?
इरुम मारा कोयाला बाई	महुआ लकड़ी से तारकोल लाने, लड़की।
कोयाला पांडी दान टोना बाई	मैं तारकोल बनाऊँगा, लड़की।
नाना गाला वायाका दादा।	मैं भी तुम्हारे साथ चलूँगी, भाई।
निमा इचो वायामा बाई।	मेरे साथ मत चलना लड़की।
जाति डुबे मायार बाई।	तुम्हारी जाति भंग हो जाएगी, लड़की।
सारस पिते जोरी दादा	दो हंसो की जोड़ी अच्छी लगती है, दादा।
जोरी इसे आयाकाट दादा	हमारी जोड़ी भी वैसी ही होगी भाई।

एक हार पाटा, जो केहलाकोट की लड़कियाँ तब गाती हैं जब वे दीवाली पर अन्य घोटुल में नृत्य करने जाती हैं, इसी विषय पर है।

पारी पोर्रो निनितोन बाई ले।	खेत के किनारे तुम खड़ी थीं लड़की।
निया पारी वाती रौय बाई ले ?	तुम्हारा वंश क्या है ?
पारी ओरी हिले रौय दादा ले।	मेरा कोई वंश नहीं, भाई।
नावा पारी आटेक रौय दादा ले।	अगर कोई वंश होता तो वह तुम्हारा होता।
जाति सोरी लयाना दादा ले।	मैं सोरी वंश की लड़की हूँ, भाई।
निया पारी वाती रौय दादा ले ?	तुम्हारा क्या वंश है, भाई ?
पारी ओरी हिले रौय बाई ले।	मेरा कोई वंश नहीं, लड़की।
जाति वाडे लायोना बाई ले	मैं एक लोहार लड़का हूँ लड़की।

तिति दादा उत्ती रौय दादा ले, तुम मुझे खा और पी चुके हो भाई।
जाति डुबे किति रौय दादा ले। मैंने अपना वंश डुबो लिया है भाई।

स्वाभाविक है कि ऐसी किसी भी घटना का अर्थ है, परेशानी। सारांडी में एक मुरिया मुटियारी को एक लोहार चेलिक भगा ले गया। तब से यहाँ बाहरी लोगों का प्रवेश बन्द कर दिया गया। गोहोरा में सायदार–एक रावत लड़का–पियोसा नाम की मुरिया कन्या के साथ भाग खड़ा हुआ। यह घोटुल भी तब से आगन्तुकों को अपने यहाँ घुसने नहीं देता।

6. विभिन्न घोटुल के बीच सम्बन्ध

विभिन्न घोटुल के सदस्य नृत्यों, त्योहारों तथा शादियों के अवसरों पर मिलते हैं। नृत्य के अभियानों पर निकलकर, वे सारे साल एक-दूसरे के यहाँ आते-जाते रहते हैं। कभी-कभी मुरिया में नृत्य की प्रतियोगिता भी होती है। पड़ोसी घोटुल एक-दूसरे को उपहार भेजते हैं, खासतौर पर दीवाली पर सूखे चावल खाने की रस्म के दौरान। जब मैं सिधावंड में था तब लड़कों ने सूखे चावलों का काफी बड़ा भाग निकालकर कोकामेता घोटुल के लिए रख दिया था जिससे उनके बहुत मैत्रीपूर्ण सम्बन्ध थे। बानजोरा में घोटुल के चेलिक ने भोपना और कोकोरी घोटुल को सूखे चावलों की भेंट भिजवाई थी। भोपना और कोकोरी घोटुल ने छेरना त्योहार पर बानजोरा घोटुल को यही उपहार भेजकर अपना स्नेह प्रकट किया।

आमतौर पर दो या अधिक घोटुलों के बीच सम्बन्ध मधुर ही होते हैं पर कभी-कभी झगड़ा भी हो जाता है। एक बार एक नृत्य के अवसर पर काबोंगा के लड़के ठीक ढंग से जोहार करने में चूक गए। यह जोहार हातीपकना के चेलिक को की जानी थी जो उनके साथ नृत्य कर रहे थे। हातीपकना के चेलिक इस व्यवहार से रुष्ट होकर, अपने ढोल कन्धों पर लटकाकर, तुरन्त वहाँ से चले गए। काबोंगा के लड़कों ने उन्हें जब एक रुपए की शराब भेंट की, तब जाकर वे माने और सुलह को राज़ी हुए।

पहले कन्हारगाँव तथा मोरे बर्मा के चेलिक और मुटियारी, दोनों गाँव की बीच सीमा पर स्थित एक ही घोटुल में जाया करते थे। पर एक समय कन्हारगाँव के लड़कों को लगने लगा कि मोरे बर्मा का घोटुल कोतवार मुटियारी के वितरण में भेद-भाव कर रहा है। समझौते के सारे प्रयास असफल रहे और आखिर में कन्हारगाँव के चेलिक और मुटियारी ने अपने गाँव की सीमा के भीतर मात्र सौ गज की दूरी पर अपना घोटुल अलग बना लिया। दोनों घोटुलों के सदस्य शादियों तथा त्योहारों पर मिलते अवश्य हैं पर वे कभी एक-दूसरे के यहाँ आते-जाते नहीं और न ही एक गाँव के चेलिक दूसरे गाँव की मुटियारी से कोई सम्बन्ध ही रखते हैं।

किसी अन्य घोटुल से आए लड़के अथवा लड़की का गर्मजोशी से स्वागत होता है। जब लड़के के माता-पिता एक गाँव को छोड़कर दूसरे में जा बसते हैं तब वह नए घोटुल का सदस्य मान लिया जाता है। उसका नाम या तो पुराने घोटुल का ही रहता है या फिर बदल दिया जाता है। किसी भी अतिथि लड़के का बहुधा इम्तिहान लिया जाता है। लड़कियाँ अपनी अँगूठियों में लकड़ी के छोटे-छोटे टुकड़े फँसाकर मालिश करती हैं, 'यह देखने के लिए कि वह कितना झेल पाता है।' इस तरह उसे काफी दर्द पहुँचाया जाता है क्योंकि अँगूठियों के बिना भी मुटियारी इतने दमदार तरीके से मालिश करती हैं कि कोई भी कराह उठे। अगर

लड़का परीक्षा में सफल रहता है तो बेलौसा, कोतवार की अनुमति लेकर, उसे अपने साथ सोने के लिए आमन्त्रित कर सकती है। आमतौर पर अन्य गाँव से आए अतिथि, मुरिया लड़के को रात को साथी उपलब्ध कराया जाता है।

जब कोई लड़की अन्य गाँव में जाती है तो उसे अधिक सावधानी की आवश्यकता पड़ती है। वह आमतौर पर किसी के घर टिक जाती है और घोटुल नहीं जाती। जब चेलिक को यह पता चलता है तो वे दो मुटियारी को उसे बुलाने भेजते हैं। वे उस घर में, जहाँ वह ठहरी है, जाकर कहती हैं, 'बहन आओ, घोटुल में आओ।' वह आमतौर पर उत्तर देती है, 'नहीं, बहन, नहीं, मैं नहीं आ सकती।' इस पर लड़कियाँ कहती हैं, 'ओह, बस गाना गाने के लिए थोड़ी-सी देर को आ जाओ, फिर हम तुम्हें यहाँ छोड़ जाएँगी।' अगर वह तब भी इनकार करती है तो सारे लड़की और लड़के उसके मेज़बान के घर के बाहर आकर व्यंग्यात्मक गीत गाते हैं। अगर वह कमज़ोर पड़कर उनके घोटुल चली जाती हैं तो रात को वे अब उसे उसके घर (जहाँ वह ठहरी है) छोड़ जाते हैं। उसे अन्य किसी भी घोटुल में सोने की मनाही है। कुछ गाँवों में एक खास अफसर होता है जिसका काम ऐसे अतिथियों को घर छोड़ना होता है। जब मुटियारी अपने गाँव लौटती है तब चेलिक उससे पूछताछ करते हैं। अगर यह सिद्ध हो जाए कि वह अन्य घोटुल में सोई थी तो उसे कड़ा दंड दिया जाता है। यह इसलिए क्योंकि उसका अन्य घोटुल में सोना अपने चेलिक के लिए बेवफाई माना जाता है। पर यह रीत भी, अन्य मुरिया रीतियों की तरह, न तो सब जगह प्रचलित है और न ही कड़ाई से लागू की जाती है। जो लड़कियाँ दीवाली पर नृत्य करने अन्य गाँवों में जाती हैं उन्हें घोटुल में ही ठहराया जाता है और चेलिक उनका स्वागत करते हैं।

अजनबी लड़कियों को सन्देह की दृष्टि से देखा जाता है। हो सकता है कि वे मासिक-धर्म के नियमों का पालन न करती हों या भेस बदले हुए चुड़ैलें हों। अतारगाँव से ऐसी ही एक कहानी सुनने में आती है।

> एक माँ और बेटी थीं। बेटी ने माँ से कहा 'मेरा किसी के साथ विवाह कर दो।' माँ बोली, 'पर बेटी, मैं तो किसी को नहीं जानती।' 'फिर मुझे जाकर अपने लिए स्वयं पति ढूँढ़ना पड़ेगा। मुझे एक टोकरी दो, मैं आज ही निकलती हूँ।' लड़की अपना घर छोड़कर पति की खोज में निकल पड़ी। रास्ते में उसे एक चेलिक मिला। उसने मुटियारी को कन्धे से पकड़ा। 'मुझे क्यों पकड़ा ? मुझे छोड़ दो भाई, मुझे छोड़ दो।' 'मैं तुम्हें तब तक नहीं छोड़ूँगा जब तक तुम मेरे साथ जंगल नहीं जाती। तब तुम जा सकती हो।' तब लड़की बोली, 'ठीक है, जरा मेरी टोकरी पकड़ो मैं पेशाब कर आऊँ।' वह झाड़ियों में गई और बाघिन बन गई। फिर वह दहाड़ती हुई आई और लड़के को खा गई।
>
> इसके बाद वह पुनः लड़की बन गई और आगे बढ़ती रही। उसे लकड़ी लाता हुआ एक आदमी मिला। आदमी ने उससे बात की तथा लड़की ने उसे भी बाघिन बनकर मार डाला। आखिर में वह शनिवार के बाज़ार में पहुँची। बाज़ार खत्म हो चुका था पर वह व्यापारियों की गाड़ियों के पास जाकर बैठ गई। चार व्यक्ति उसका सौन्दर्य देख उस पर मोहित हो गए परन्तु उसने सबको पागल कर दिया और वे भाग गए।
>
> एक छोटा-सा लड़का बाज़ार से सिगरेट के टोंटे, अन्न और अन्य बची हुई

वस्तुएँ उठा रहा था। उसने लड़की को देखा और घर जाकर अपने दादा को उसके बारे में बताया। दादा तान्त्रिक था। वह लड़की के पास आकर बोला, 'आओ बेटी, मेरे पुत्र से शादी कर लो।'

उस रात चेलिक ने सुना कि एक सुन्दर लड़की तान्त्रिक के यहाँ ठहरी हुई है। 'चलो उसे घोटुल लेकर आएँ।' वे घर जाकर उसे रास्ते में नृत्य कराते हुए घोटुल की ओर ले चले। उन्होंने उसे एक चेलिक के साथ सोने को कहा। रात को उसने उस चेलिक से प्रार्थना की, 'यहाँ बहुत भीड़ है, चलो बाहर चलें।' वे बाहर गए और लड़का चटाई बिछाने लगा पर लड़की पेशाब करने चली गई। वहाँ से बाघिन बनकर आई और अपने प्रेमी को चट कर गई। फिर वह लड़की के रूप में तान्त्रिक के घर वापस लौट गई। चेलिक जब सुबह उठे तो उन्हें अपने साथी की लाश और लड़की नदारद मिली। उन्हें लड़की पर शक हुआ। सो वे दोबारा तान्त्रिक के यहाँ गए और जबर्दस्ती उसे फिर घोटुल ले आए। उसकी परीक्षा के लिए उसे दोबारा एक लड़के के साथ सोने का आदेश दिया गया। लड़की ने जब उसी तरह बाघिन बनकर छल से चेलिक को मारना चाहा तो अन्य चेलिक डंडियों के साथ उस पर टूट पड़े और उसे जान से मार डाला।

7. घोटुल को छोड़ना

कोई भी कन्या शादी करके घोटुल सदा के लिए छोड़ सकती है। फिर उसे वहाँ वापस एक दिन के लिए भी प्रवेश नहीं मिल सकता। पर हाँ, शादी के बाद वह अपने सहयोगी चेलिक और मुटियारी को अन्तिम प्रणाम करने कुछ देर के लिए घोटुल अवश्य आ सकती है। कई जगहों पर वह घोटुल सदस्यों को शादी के पहले दिन या एक सप्ताह बाद दावत देती है। कहीं पर, जब वह शादी के बाद आखिरी बार घोटुल आती है, तब हर चेलिक की मालिश करती है और फिर अपने पति के साथ उसके घर जाती है। कुछ स्थानों में दूल्हा भी घोटुल को उपहार देता है। यह महुआ तेल के बीजों से भरी एक टोकरी होती है। इन बीजों को साफ करके पीसा जाता है और फिर इनसे मुटियारी चेलिक की मालिश करती हैं।

अगर किसी लड़की की शादी बहुत जल्दी हो जाए या फिर, वह जिसकी बहुत जल्दी शादी हुई हो व लड़की विधवा हो जाए; इन स्थितियों में वह घोटुल आ सकती है। वह भवन में सो सकती है और सारे कार्यों में भाग ले सकती है जब तक कि वह रजस्वला नहीं हो जाती। जामकोट घोटुल में, उदाहरण के तौर पर, कारिया की एक छोटी लड़की से शादी कर दी गई। वह लड़की घोटुल आती रही। यहाँ मुझे बताया गया कि जब तक लड़की ससुराल अपने पति के पास नहीं जाती तब तक वह, चाहे रजस्वला हुई हो या नहीं, मुटियारी की भाँति ही घोटुल में रह सकती है। पर मैं यह सोचता हूँ कि यह असाधारण बात है।

इस तरह के बाल-विवाह तुलना में बहुत कम होते हैं। उन गाँवों में जहाँ के घोटुल गर्भ धारण के कारण बदनाम हो जाते हैं वहाँ, अपने बच्चों को घोटुल से बचाने के लिए, माता-पिता उनकी शादी कर देते हैं। कोरेंदा में मुझे बताया गया, 'प्राचीन दिनों में जब न तो सड़कें होती थीं और न मोटर-कार, तब मुरिया ईमानदार, सच्चे और नैतिकता से भरे हुए होते थे।' कोई भी लड़का तब तक विवाह के लिए उपयुक्त नहीं माना जाता था 'जब तक

वह बोझा लेकर दो-तीन लम्बी यात्रा न कर ले।' यह 'लम्बी यात्रा' नारायणपुर से कोंडागाँव या कोंडागाँव से जगदलपुर तक होती थी। लड़कियाँ तब तक तैयार नहीं मानी जाती थीं 'जब तक उनके स्तन पूरी तरह बड़े न हो जाएँ।' पर अब स्थिति बदल चुकी है। अबिका राज कालाऊ, लरका लरकी मालाऊ–'आज काला राज्य है, लड़के व लड़कियाँ बन्दरों के समान हैं।' बच्चों की शादी करना घटिया बात मानी जाती है।

कभी-कभी लड़की लड़के से उम्र में बड़ी होती है और फिर, जब तक लड़का बड़ा नहीं हो जाता वह घोटुल में ही रहता है तथा उसकी पत्नी घर पर रहती है। कापसी का गुरती, उदाहरण के तौर पर, अपने से बड़ी लड़की से ब्याहा गया था। वह छोटा-सा लड़का ही था जब उसका विवाह हुआ। उसने बताया, 'मैं हमेशा घोटुल में ही सोता था। मैं अपनी पत्नी से कभी नहीं बोलता था, बस यह पूछ लेता था कि उसने खाना खाया है अथवा नहीं। वह मेरे से बात करना चाहती थी पर मुझे शर्म आती और मैं उत्तर न देकर दूसरी ओर देखने लगता। एक रात जब मैं घर पर अकेला सो रहा था, वह आई और मेरे साथ लेट गई। उसने मुझे कसकर पकड़ लिया और मुझे उसके साथ सम्भोग करना पड़ा। इसके बाद मैंने हमेशा घोटुल में ही सोना शुरू कर दिया।' मोरोसकोरो का रेंजर (जंगल का रखवाला) को भी कुछ ऐसा ही अनुभव हुआ। वह छोटा-सा लड़का था और उसकी पत्नी वयस्क थी। वह कहती थी, 'मैं इसका ध्यान रखूँगी, इसे अंडे की तरह गर्म रखूँगी, जब तक कि यह बड़ा नहीं हो जाता।' उसने ऐसा ही किया और अब, रेंजर कहता है, 'हम बहुत खुश हैं। उसने मेरा इतना ध्यान रखा कि हमारा घर बहुत सुन्दर और सुखद हो गया।'

कोई भी चेलिक शादी के फौरन बाद घोटुल नहीं छोड़ता। वह कुछ दिन सदस्य रहता है जब तक वह घोटुल छोड़ने की दावत देने में समर्थ नहीं हो जाता। जब मैं पालारी में था तो तीनों नेता शादी-शुदा थे। भानपुरी का दीवान और मोरे बर्मा का माँझी भी घोटुल के विवाहित सदस्य थे। 1940 में जब मैं पुपगाँव गया तो घोटुल के चारों नेताओं को विवाहित पाया। चारों नियमित रूप से घोटुल में सोते थे। कभी-कभार, जैसा कि हम देख चुके हैं, एक व्यक्ति घोटुल का बुजुर्ग-सदस्य कई साल तक रहता है। पर साधारणतया शादी के कुछ महीने बाद चेलिक अपने घोटुल के मित्रों को दावत देता है और औपचारिक रूप से उन्हें अलविदा कहकर, घोटुल से अलग हो जाता है। शादी के बाद जब बिन्दो ने अपने पद से इस्तीफा दिया तब उसने गाँव के बूढ़ों को आमन्त्रित किया, उन्हें शराब और सूखे चावल दिए और उनकी दी हुई अँगूठी लौटा दी। गाँव के मुखिया ने कहा, 'अब तुम एक विवाहित पुरुष हो; अब तुम घोटुल मत आना और न ही बच्चों के गीतों व नृत्यों में शामिल होना। अपने घर तथा सम्पत्ति का ख्याल रखना। खाओ-पीयो, लम्बी उम्र पाओ और बहुत-से बच्चों के पिता बनो।'

8. घोटुल में विवाहित व्यक्ति

एक बार जब कोई चेलिक या मुटियारी घोटुल छोड़ देता है तब उसके लौटने के बारे में बहुत कड़ा नियम बना है। यह नियम पत्नियों और विधवाओं पर पूरी तरह लागू होता है और स्वाभाविक रूप से, कोई भी पति यह पसन्द नहीं करता कि उसकी पत्नी अपने पुराने प्रेमियों के बीच घोटुल जाकर रहे। ऐसे उदाहरण भी मिलते हैं जब शादीशुदा लड़कियाँ रात को चुपके

से घोटुल पहुँचीं। चिमरी में एक विवाहित स्त्री अपने प्रेमी से मिलने रात को घोटुल गई और पता लगने पर प्रेमी पर भारी जुर्माना ठोक दिया गया। मैंने नयानार के घोटुल में एक विवाहित लड़की को घोटुल जाते देखा और मारकाबेरा में भी यही उदाहरण दृष्टिगोचर हुआ। पर मारकाबेरा की लड़की दो चेलिकों द्वारा फुसलाई गई थी तथा इस कांड की बहुत बदनामी भी हुई। परन्तु इस तरह के उदाहरण या घटनाएँ अपवाद ही होते हैं। जब ऐसी घटनाएँ घटित होती हैं तब उनकी तीव्र भर्त्सना होती है।

आदमियों में यह देखना पड़ता है कि कौन आमन्त्रित मेहमान है, किसको विशेष कार्य दिया गया है, और कौन स्वयं मिलने-जुलने आया है। अन्तिम श्रेणी के पुरुष हिकारत भरी निगाह से देखे जाते हैं। इनकी उपस्थिति से समस्याएँ और उलझनें उत्पन्न होती हैं। इनकी पत्नियाँ मुटियारी से लड़ती हैं और माता-पिता से शिकायत कर देती हैं। युवा लोगों की मौज-मस्ती में ये लोग बाधक होते हैं। ये अपने लिए मुटियारी भी माँगते हैं। फिर भी, विवाहित पुरुष घोटुल में आने के लिए उतावले रहते हैं और घोटुल में शाम बिताने तथा रात को सोने के लिए कोई-न-कोई बहाना खोजते रहते हैं। जब पत्नी को मासिक धर्म हो रहा हो, तब वह यह कहकर घोटुल में सोने की चेष्टा करते हैं कि उन्हें पत्नी द्वारा उत्पन्न संक्रमण के खतरे से बचना है। यह बहाना आमतौर से स्वीकार्य होता है।

पर अगर कोई व्यक्ति बार-बार घोटुल आने की ज़िद करता है तब लड़के उसके घर जाकर पहले मुर्गा चुराते हैं। अगर तब भी वह बाज़ नहीं आता तो सूअर और आखिर में बकरी तक उठा ले जाते हैं। किसी अनचाहे मेहमान को भगाने का कारगर तरीका यह होता है कि उसे लड़कों का एक दल ढोल बजाता हुआ और व्यंग्यात्मक गीत गाता हुआ घर छोड़कर आता है। घर पहुँचकर वे उसकी पत्नी को बुलाते हैं और फिर दोनों को कमरे में बन्द कर देते हैं, ठीक उसी प्रकार जैसे शादीवाले दिन किया था। इसे और भी वास्तविक बनाने के लिए एक मुर्गा चुराकर रास्ते में उसके पंख बिखेर देते हैं। इससे यह सन्देश मिलता है कि जोड़े का पहले सही ढंग से विवाह नहीं हुआ था। इस सबके बाद बहुत कम लोगों में घोटुल दोबारा जाने का जिगर होता है।

पर जब कोई व्यक्ति अपने से कम उम्र के लोगों में लोकप्रिय होता है या उसे अपने पद पर बने रहने की अनुमति मिली होती है तथा साथ ही वह घोटुलवासियों का विश्वासपात्र भी होता है तो बहुत भिन्न बातें होती हैं। ऐसे व्यक्ति को यदाकदा सोने के लिए मुटियारी भी दे दी जाती है। या उसका कोई दोस्त रात को बाहर जाकर उसे अपना स्थान दे देता है। यह एक काबिले गौर बात है कि कई उदाहरणों में शादीशुदा व्यक्ति कई साल घोटुल के नेता बने रहते हैं। ऐसे व्यक्तियों में से एक है लोगों को अतिप्रिय लकमू जो चालीस साल की उम्र में भी मासोरा घोटुल का दीवान है। उसका अपना बेटा, फिरतु, यहाँ चौकीदार है। काबोंगा के दीवान का पाँच वर्ष पूर्व विवाह हो गया था। यह घोटुल तब आता है जब यहाँ मेहमान आए हों या कोई निर्णय सुनाना हो। वह कहता है, 'जब भी मैं वहाँ सोता हूँ तब लड़के मुझे मुटियारी देते हैं जिससे रात को अकेलापन महसूस न हो। वह लड़कों के साथ नृत्य करने भी जाता है। हातीपकना में मारू, घोटुल के सरदार ने अपनी पहली पत्नी के मर जाने के बाद दूसरा विवाह किया। वह दो शादियों के बाद भी घोटुल में अपना पद सँभाले हुए है। इसी घोटुल का दीवान, घासी, दस साल से विवाहित है; मुखवान, गगलु, आठ साल से। वे अपना दायित्व तो निभाते हैं पर घोटुल में यदाकदा ही सोते हैं।

कभी ऐसा भी होता है कि कोई बहुत प्रिय लड़का, विशेषकर कोतवार, बहुत कठिनाई से घोटुल छोड़ पाता है। मारगाँव के कोतवार ने बताया, 'उन्होंने मुझे जाने देने से इनकार कर दिया। मेरी पत्नी मुझसे रोज़ रात को लड़ती थी। आखिरकार मैंने चेलिक और मुटियारी को एक बोतल शराब दी और उनसे प्रार्थना की कि वे मुझे पदमुक्त कर दें। उन्होंने मेरी बात मान ली और तब से घर में कोई झगड़ा नहीं हुआ है।' 1941 में काबोंगा में तीन कोतवार थे जिनमें से किसी को भी घोटुल छोड़ने की इजाज़त नहीं मिली थी। आखिर में सबसे बड़ा कोतवार परेशान हो गया और महुआ डांडर के समय उसने चेलिक लोगों से घोटुल छोड़ने की अनुमति माँगी। अनुमति मिल तो गई पर चार आने के जुर्माने के बाद।

लोकप्रियता के अलावा इसके और भी कारण हैं। कभी-कभी बहुत बड़े लड़कों का विवाह बहुत छोटी लड़कियों से कर दिया जाता है। इसलिए लड़के पत्नी के वयस्क होने तक घोटुल में रहना पसन्द करते हैं। कभी विधुर घोटुल लौट आते हैं और पुनः विवाह न करने का फैसला कर लेते हैं। मारकाबेरा घोटुल का नेता दासरू, एक विधुर है। अपनी पत्नी की मृत्यु के बाद वह घोटुल लौट आया और दोबारा अपना पद सँभाल लिया। पादबेरा में एक विधुर अपने छोटे-से पुत्र के साथ रोज़ आता था। इसके अलावा वे आदमी भी होते हैं जो विवाह ही नहीं करते। यह असाधारण नहीं होगा अगर आप किसी तीस या चालीस साल के व्यक्ति को चेलिक के गहने पहने, घोटुल का सदस्य बने देखें। मालाकोट का दीवान, कौड़िया, अब 45 साल का अविवाहित पुरुष है। यहाँ घोटुल का सरदार एक खूबसूरत और विनम्र चेलिक है जो सारे झगड़ों और फसादों का अन्तिम निर्णय अपने दीवान से करवाता है।

बड़े व्यक्तियों का घोटुल से सम्पर्क नुकसानदायक नहीं होता। वे बच्चों का ध्यान अच्छी तरह रखते हैं, गुस्सैल लड़कों से उन्हें बचाते हैं, उनके स्वास्थ्य की बढ़िया ढंग से निगरानी करते हैं और झगड़ों की सुलह भी सन्तोषजनक करवाते हैं।

पर उनकी पत्नियाँ यह सब पसन्द नहीं करतीं। चिकडोंगरी के मालिक की पत्नी की शिकायत सारी ऐसी बीवियों की शिकायतों के अनुरूप है जिनके पति घोटुल जाते हैं। वह कहती थी, 'तुम हमेशा घोटुल जाते रहते हो। हाँ, वहाँ से कोई अच्छा-सा लड़का मेरे साथ सोने क्यों नहीं ले आते। तुम्हें मन बहलाव चाहिए तो मुझे क्यों नहीं ?' कामेरी के बायदार ने कहा, 'शादी के बाद भी मैं घोटुल जाना नहीं छोड़ सका। बड़ों ने शिकायत की, और मेरे पिता ने मेरी दूसरी शादी यह सोचकर कर दी कि शायद दूसरी पत्नी मुझे घर रख पाएगी। आखिरकार गाँव की पंचायत ने मुझ पर तीन रुपए जुर्माना किया, तब कही जाकर मेरा घोटुल जाना रुका।'

अध्याय : तेरह

घोटुल में एक शाम

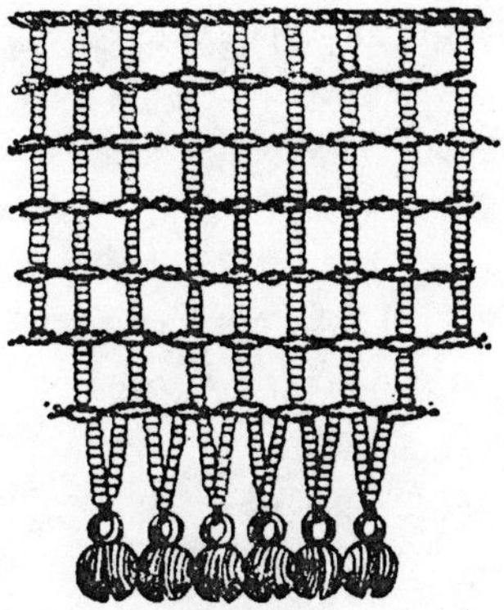

DETAIL

घोटुल वास्तव में एक रात्रि क्लब की भाँति ही होता है। शाम ही को 'हाथी के पेट से आवाज़ आती है'; दिन में, त्योहारों के अवसरों को छोड़कर, घोटुल खाली पड़ा रहता है। घोटुल का असली जीवन रात को आग जलने के बाद दिखाई देता है। घोटुल की परम्पराएँ तथा दिनचर्या हर जगह लगभग समान ही हैं। मैंने सौ शाम मुरिया क्षेत्र में हर जगह चेलिक और मुटियारी के साथ गुज़ारी हैं और प्रत्येक स्थान पर मुझे एक जैसे रिवाज दिखाई दिए। मुरिया इस तथ्य को ऐसे समझाते हैं कि सारे घोटुल सेमुरगाँव के उस पहले घोटुल से शुरू हुए जहाँ स्वयं लिंगो ने लोगों के सामने आवश्यक दिनचर्या प्रस्तुत की थी।

तीसरे पहर मुटियारी झाड़ू लगाने और आँगन तथा भवन की लिपाई करने आती हैं। उनकी घास की झाड़ुएँ जल्दी ही मिट्टी और धूल के बादल उड़ाती नज़र आती हैं। कूड़ा एक टोकरी में भर लिया जाता है तथा फिर फेंक दिया जाता है। पानी से मिला गोबर हाथ

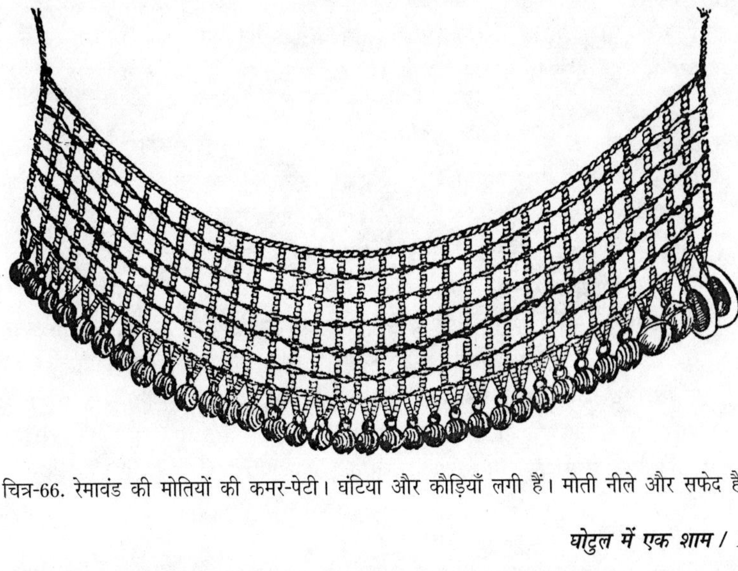

चित्र-66. रेमावंड की मोतियों की कमर-पेटी। घंटिया और कौड़ियाँ लगी हैं। मोती नीले और सफेद हैं।

से ज़मीन पर फैलाया जाता है। सूरज डूबने पर कोई आग जलाने आता है। अगर लालटेन या माचिस न हों तो आग से गरमाई देने के अलावा और भी फायदे होते हैं। आप रोशनी में रास्ता देख सकते हैं और अपनी सिगरेट भी जला सकते हैं। मुरिया तम्बाकू के पाइप जलाते हैं। इसलिए गर्मी के दिनों में भी आग जलाई जाती है।

शाम के खाने–7.30 से 9.00 के बीच किसी भी समय–के बादर चेलिक लौटने लगते हैं। वे एक-एक करके आते हैं अपनी सोने की चटाइयाँ लिए हुए और शायद अपने ढोल भी। छोटे लड़के अपना रोज का 'नज़राना'–थोड़ी-सी लकड़ी लेकर आते हैं। वे अफसर को यह दिखाकर, कोने में फेंक देते हैं। बड़े लड़के आग के चारों ओर इकट्ठे हो जाते हैं। एक अपना आधा पीया हुआ पत्ते का पाइप अपनी पगड़ी से निकालता है और उसके कपनुमा स्थान में थोड़ी-सी सुलगती हुई लकड़ी रखकर उसे जलाता है। अन्य बाँसुरी पर तान छेड़ता है और तीसरा चटाई फैलाकर बैठ जाता है। कोतवार भवन का चक्कर लगाकर देखता है कि लड़कियों ने अपना कार्य सही ढंग से किया अथवा नहीं। सरदार थका हुआ आता है और किसी छोटे लड़के को आवाज़ लगाकर मालिश करने को कहता है। धीरे-धीरे सारे लड़के जमा हो जाते हैं।

इसी समय मुटियारी भी जमा हो रही होती हैं। किसी के घर में या पास ही सड़क के कोने पर। बिनझली और अन्य गाँवों में जहाँ लड़कियों का भवन अलग होता है। वहाँ वे हँसते और बतियाते हुए इकट्ठी होती हैं। उनकी बातें दिन में चेलिक से हुए सम्पर्क के विषय में होती हैं। अगर लड़कियों का दल थोड़ी दूर से आता है, तो वे गाती हुई आती हैं।

आखिर सारी लड़कियाँ एक साथ अन्दर आ जाती हैं। इसके बाद वे अपनी आग के चारों ओर जमा हो जाती हैं। थोड़ी देर बाद वे बिखरती हैं–कुछ लड़कों के पास जाकर बैठ जाती हैं, कुछ कोने में गाती हुई बैठ जाती हैं तथा कुछ लेट रहती हैं। हमेशा कुछ लड़के व लड़कियाँ ऐसे होते हैं जो घर पर उस दिन खूब मेहनत करके थक गए होते हैं। ये या तो किसी छोटी झोपड़ी या फिर यहीं के कोने में आराम करने लेट जाते हैं। घोटुल में लेटने का–जब कोई अकेला हो–लोकप्रिय तरीका है पेट के बल लेटकर बाँह में सिर छुपा लेना।

अन्य लोग मौज-मस्ती करते हैं। कभी-कभी वे दो घंटे तक नृत्य करते हैं; छोटे बच्चे भाग-दौड़ वाले खेल खेलते हैं; कभी-कभी ये आग के इर्द-गिर्द बैठकर बतियाते हैं; गर्मी की चाँदनी रात में आप इन्हें आँगन में बिखरे हुए देख सकते हैं। कई बार ये लेटकर गाते हैं : दो-दो करके; चेलिक और मुटियारी साथ-साथ तथा कभी दल बनाकर। एक लड़का कहानी सुनाता है; एक दिन के क्रिया-कलापों के बारे में रिपोर्ट देता है; किसी दिन घोटुल में झगड़े पर सुनवाई भी हो सकती है; किसी रोज़ नृत्य अभियान की योजना बनती है तथा किसी दिन आनेवाले विवाह के लिए काम बाँटे जाते हैं। मैं बड़े घोटुल के वे दृश्य कभी नहीं भूल सकता जहाँ 60 या 70 लड़कों को मैंने यही कार्य करते देखा।

गीतों में लोकप्रिय व्यंग्य के वे गीत होते हैं जो लड़के व लड़कियाँ एक-दूसरे पर प्रहार के रूप में गाते हैं। इनमें से खास होते हैं जिनमें व्यक्ति का अपना नाम बोलने या अवसर के अनुरूप नाम बदलकर बोलने की गुंजाइश होती है। सबके जोड़े बनाए जाते हैं–उन सम्बन्धियों के साथ जिनके साथ ऐसे रिश्ते कायम करने की समाज अनुमति नहीं देता। फिर एक के बाद एक सबको रंगे हाथों पकड़ने का अभिनय होता है और हँसी के फव्वारे छूटते हैं। तत्पश्चात् इन जोड़ों की मँगनी, शादी, तलाक और फिर शादी का अभिनय होता है।

गीत

I

रे रे ला रेला रे रे ला रे ला रे रे ला।

कोरका न दोयो ओइकी हेलो तिलोका।	ओ मेरी छोटी बहन तिलोका, गाय को बाड़े में से निकालो।
ताना ओसी बारा कियाकान दादा सिल्लेदार ?	मैं गाय को बाड़े से क्यों निकालूँ ओ भाई सिल्लेदार ?
मेहवाल कोपाल लेवा बारा कियाकान ?	जब चरवाहा कोपा नहीं आया तो मैं क्यों निकालूँ ?
बारा न दाये ओइकी हेलो तिलोक ?	ओ छोटी बहन तिलोका तुम चाहती क्या हो ?
गुडा ता गिनो ओइकी हेलो तिलोका।	सूअर को बाड़े से निकालो तिलोका।
ताना बारा कियाकान दादा सिल्लेदार ?	मैं सूअर को बाड़े से क्यों निकालूँ ओ भाई सिल्लेदार ?
कोनार टा कोर ओइकी हेलो तिलोका।	ओ छोटी बहन तिलोका, घर के अन्दर से मुर्गी निकालो।
ताना बारा कियाकान सिल्लेदार ?	मैं मुर्गी क्यों निकालूँ, ओ भाई सिल्लेदार ?
बारा न दाये ओइकी हेलो तिलोका ?	ओ छोटी बहन तिलोका, तुम चाहती क्या हो।
सन्दूक ता रुपैया ओइकी हेलो तिलोका ?	क्या तुम सन्दूक से रुपैया निकालोगी ?
ताना नाना बारा कियाकान दादा सिल्लेदार ?	मैं सन्दूक से रुपैया क्यों निकालूँ, ओ भाई सिल्लेदार ?
झापी न चोचो ओइकी हेलो तिलोका ?	ओ छोटी बहन तिलोका, क्या तुम टोकरी में छुपा हुआ कपड़ा लोगी ?
ताना नाना ओइकान दादा सिल्लेदार !	हाँ, हाँ लूँगी, ओ भाई सिल्लेदार।

II

यह गीत मानेगाँव से है और इसकी टेक है सुये आले हेलो ले।

पुट पारोदा पारोल पोदेला।	चींटियों की बाँबी पर एक कुराई पेड़ उगा है।
बाग ने पुंगार पुएना इंजोर।	फूल खिल गया, बहन।
बोर दादान मिहची ओए रात ?	तुम यह फूल किसको दोगी, बहन ?
लहारू दादान मिहची ओए रात।	मैं यह फूल लहारू को लगाऊँगी।
टिरका काया टाला इंजोर;	उस लड़के का सिर तिरका फल के समान है;
बेसे पुंगार पागा इंजोर;	उसकी पगड़ी केवू फूल की तरह है;
पागात पुंगार मिहची हियाकात,	मैं यह फूल उसकी पगड़ी पर लगाऊँगी,

उदिमाय मुत-का ममात हियाकात,	मैं उसे मुक्के से मारूँगी,
दुर्रो पौय-नात ममात बितकात।	और फिर जल्दी से भाग जाऊँगी।

III

बारपेला पोस्त ओएना पाटा

इस गीत की टेक है, हे दादा सायदार, तथा यह घोटुल के मुखिया को सम्बोधित करता है। इसका नाम है–'जबर्दस्ती उठाकर ले जानेवाला गीत।'

बारांग सरपार ने उदितोन सरदार ?	तुम बीच सड़क में क्यों बैठे हो सायदार ?
बादेंके इसे उदितोन ?	तुम किसका इन्तज़ार कर रहे हो सायदार ?
अलोसांक इसे उदितोन।	तुम अलोसा का इन्तज़ार कर रहे हो सायदार।
कायदे आरका पोयसी हेतके इसे हाँडू।	वह अपना घड़ा लेकर पानी भरने गई है सायदार।
तालात हुमार किसकुन हेटके इसे हाँडू।	उसके सिर पर एक गठरी थी सायदार।
सरपार टाहे हाँडू।	वह सड़क पर आ रही थी, सायदार।
ताने इसे पोयान्दि।	तुमने उसे पकड़ा, सायदार।
आयो आयो इन्दु।	उसने कहा, 'नहीं, नहीं', सायदार।
टुटा ताने ओंदी सायदार।	तुम उसे खींचकर जंगल में ले गए सायदार।

एक या दो घंटे नाचने, गाने, खेलने और कहानी सुनाने के बाद–निश्चित ही दस बजे के आस-पास–शाम के गम्भीर कार्य शुरू होते हैं। छोटे लड़के, जिन्हें अभी घोटुल नाम नहीं मिले हैं या जिनकी रोज शाम लकड़ी लाने की ज़िम्मेदारी अब भी है, वे उठ खड़े होते हैं। फिर वे पहले सरदार को 'जोहार सरदार' कहते हैं, तथा फिर अन्य पदाधिकारियों तथा बड़े लड़कों को 'जोहार कोतवार', 'जोहार सिल्लेदार' इत्यादि कहकर उनके प्रति सम्मान प्रकट करते हैं। पर अपने रिश्तेदारों को वह रिश्ते से सम्बोधित करके प्रणाम करते हैं जैसे–'जोहार दादा', 'जोहार मामा' वगैरह। प्रणाम करते समय वे कभी एक और कभी दोनों हाथ नीचे की ओर ले जाते हैं और फिर बहुत सुन्दर और विनम्र ढंग से उन्हें ऊपर की ओर लाते हैं।

चित्र-67. टोइनार का नक्काशीदार लकड़ी का कंघा

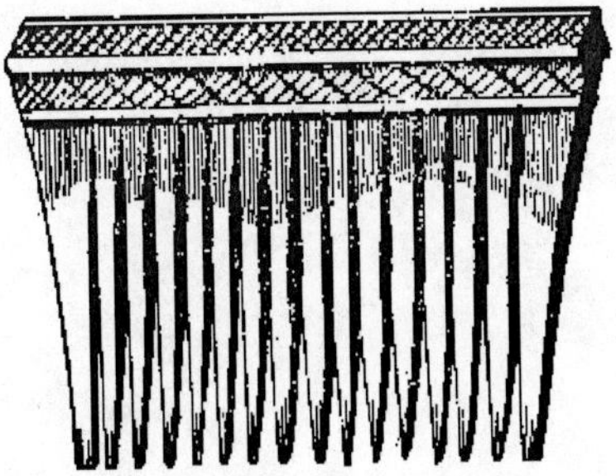

चित्र-68. नारायणपुर तहसील से एक कंघा

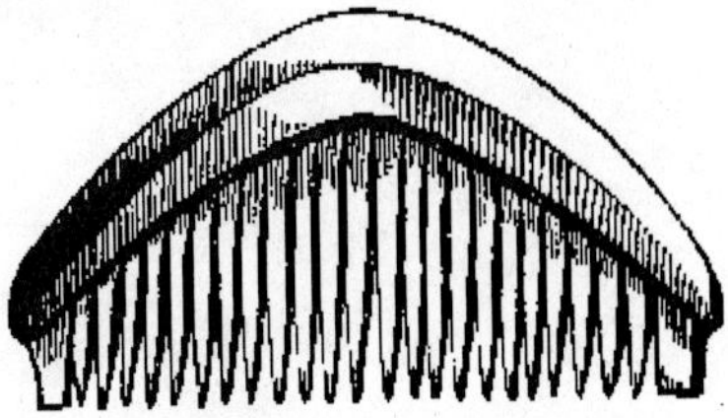

चित्र-69. फूलपर से कंघा

बहुत बार वे एक ही हाथ का इस्तेमाल करते हैं और उसे सिर या कन्धे पर रखते हैं। कोंडागाँव के पूर्व में वे दोनों हाथों को सिर पर रखते हैं।

जब छोटे लड़के प्रणाम कर चुके होते हैं तब मुटियारी इसी तरह प्रत्येक व्यक्ति के पास जा-जाकर प्रणाम करती हैं। उनके प्रणाम करने के तरीके भी वही होते हैं पर आवाज़ें थोड़ी तीखी, कृत्रिम-सी, होती हैं। फूलपर में लड़कियों ने जोहार नहीं कहा पर घोटुल नाम दोहराया जैसे–'गाईता, गाईता' या 'कोतवार, कोतवार'। कोई लड़की उस लड़के को प्रणाम नहीं कर सकती जिसकी वह मंगेतर हो। मंगेतर को मुरिया लम्हादा कहते हैं। साथ ही उसे रिश्तेदारों को सम्मान प्रकट करते हुए सही रिश्तों का उच्चारण करना होता है जिससे उसे याद रहे कि कबीले के नियमानुसार किसके साथ शारीरिक सम्बन्ध नहीं बनाने। कुछ घोटुलों में यह रस्म दो बार होती है, एक बार तब जब लोग इकट्ठे होते हैं और फिर दोबारा सोने के समय। पालारी में, जहाँ लड़कियाँ लड़कों की मसनी-चटाइयाँ अपने साथ रोज़ सुबह घर ले जाती हैं और शाम को वापस ले आती हैं, वहाँ पहली जोहार मसनी-जोहार कहलाती हैं क्योंकि इस समय लड़कियाँ चटाइयाँ लड़कों को सौंपती हैं।

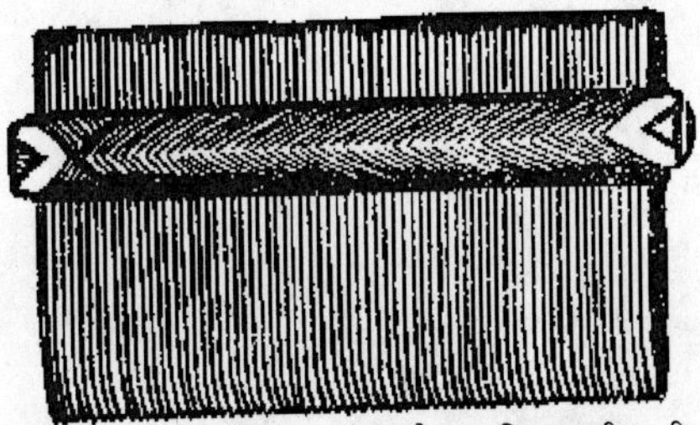

चित्र-70. एक बाँस का कंघा, जैसा मुरिया कभी-कभी बाज़ार में बेचने के लिए बनाते हैं।

कुछ घोटुल में जहाँ हर रात मालिश का रिवाज नहीं है, वहाँ लड़कियाँ–दोनों नेताइनें–जोहार करते समय लड़कों की अँगुलियाँ चटकाती हैं।

जोहारनी के फौरन बाद, एक लड़की बारीक पिसा हुआ तम्बाकू और कभी-कभी पत्तों के पाइप भी, लड़कों को बाँटती है। तम्बाकू घोटुल के भंडार से लिया जाता है जिसे सब समय-समय पर भरते रहते हैं।

इसके बाद बहुधा मुटियारी कुछ मिनटों के लिए बाहर चली जाती हैं। बेलौसा अब यह तय करती है कि मालिश किस प्रकार की जाए और यह कि रात को लड़कियों को घोटुल में सोना है अथवा नहीं। अगर सोना है तो वह यह निश्चित करती हैं कि कौन किसके साथ सोएगा। जब वह यह विचार-विमर्श कर लेती हैं तब लड़कियों को अन्दर बुला लेती हैं। तत्पश्चात् हर लड़की एक लड़के के पास जाती है। वह उसके बाल सँवारती है और मालिश

चित्र-71. पूसाल कोजी : बिल्ली के पदचिह्नों का गलहार

चित्र-72. हूपे कोजी : चूहे के पदचिह्नों का गलहार

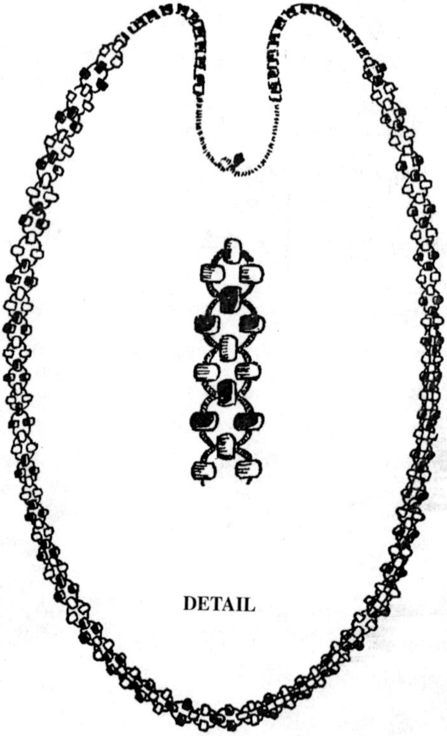

चित्र-73. कन्हारगाँव के नक्काशीदार कान बन्द करने के लकड़ी के टुकड़े

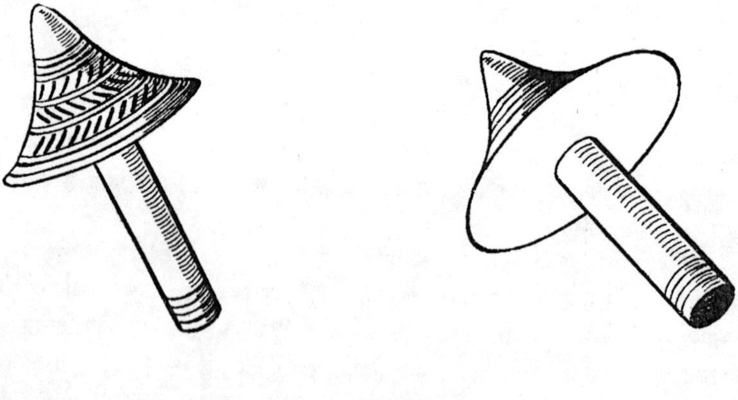

करती है। इसके बारे में कोई नियम नहीं है। यह ज़रूरी नहीं की हर लड़की अपने घोटुल साथी की ही मालिश करे या कि जो लड़की जिस चेलिक की मालिश कर रही है वह उसी के साथ सोए। पर बड़ी लड़कियाँ आमतौर पर बड़े लड़कों की मालिश करती हैं।

छोटा डोंगर परगना में लड़कियाँ चेलिक की मालिश वहाँ करती हैं जहाँ इन्हें रात को सोना है। अन्य जगहों पर वे गोल दायरा बनाकर आग के इर्द-गिर्द बैठ जाती हैं या लोग कमरे में कहीं भी मालिश करवाने लगते हैं। अगर कोई लड़का सो गया हो तो मुटियारी उसे जगा देती है। वह उसके पीछे, घुटनों के बल बैठती है, सटकर। वह इतने करीब बैठती है कि उसके घुटने लड़के के शरीर के इर्द-गिर्द होते हैं। अपने कंघे के साथ वह मालिश से पहले उसके बाल सँवारना शुरू करती है।

कंघे छोटे होते हैं और उन्हें चेलिक के लम्बे और उलझे हुए बालों में फिराना कठिन कार्य होता है। मासोरा में तरीका यह था कि चेलिक का सिर मज़बूती से पकड़कर, कंघे को सिर की खाल तक घुसाकर नीचे की तरफ लाया जाता था। इस तरह सारी गुंझल निकालकर बालों का जूड़ा बाँध दिया जाता था। कंघे को ज़ोर से सिर की खाल तक लाने की प्रक्रिया को कहते हैं पिटिस पिटिस कियाना; इससे जुएँ मरती हैं और सिर का मैल भी निकलता है।

पूपगाँव में बाल थोड़ी नरमाई से सँवारे जाते हैं। यह प्रक्रिया भी तीन दिन में एक बार ही होती है। बान्दोपल में लड़कियाँ सिरों में कंघे नहीं गड़ातीं और बालों को पकड़कर कंघे को घुमा-घुमाकर धीरे-धीरे कंघी करती हैं। फिर वे सिर को बहुत हल्के हाथों से मलती हैं। जब हम बिनझली में थे तब कंघी करने की रस्म नहीं अदा की जाती थी और खुटगाँव में, जब एक कुत्ता आकर सरदार की पगड़ी पर पेशाब कर गया, तब सिराहा ने लड़कियों को लड़कों के सिर छूने को मना कर दिया। पर आमतौर पर कंघी वैसी ही होती है जैसे मैंने ऊपर वर्णन किया है। जब बहुत सारी लड़कियाँ चेलिक के बाल काढ़ रही होती हैं तब कंघों के सिर पर लगने की काफी आवाज होती है जिससे मुझे रॉय कैम्पबैल की ये पंक्तियाँ याद आती हैं :

उसके नुकीले नाखून, धीरे से सहलाकर राज्य कर रहे थे,
उसके बालों में घूम रहे थे, बिजली की तीखी क्लिक-क्लिक के साथ।

पर कंघे का काम यहीं समाप्त नहीं हो जाता। मुटियारी अब उसे कमर और बाँहों पर चलाती हैं। वे कंघे की नोकें बहुत नरमाई से ऊपर-नीचे कमर पर मलती हैं। जब कमर की मालिश हो जाती है तब इसी प्रकार बाँहों की मालिश भी होती है।

अब सही मायने में मालिश शुरू होती है। कई घोटुल में (बिनझली, बान्दोपल और कई अन्य) यह महुआ या करांजी के बीजों के तैलीय फेंकने योग्य पदार्थ से होती है। यह पदार्थ सफाई करता है और ताज़गी देता है। गोरमा में, मई में जब दाही को जलाया जाता है, तब पूरे शरीर की मालिश करांजी के फेंकने योग्य पदार्थ से होती है, 'क्योंकि प्राचीन दिनों में टाल्लुर मुताई इसी तरह काडरेंगल की मालिश किया करती थीं।'

मुटियारी शुरुआत ऐसे करती हैं : वे अपने हाथों को खोलकर कोमलता से कमर पर फैलाती हैं और कमर को धीरे से सहलाती हैं। फिर वे थोड़ा ज़ोर से मलना आरम्भ करती हैं और ताकत बढ़ाती जाती हैं जब तक चेलिक आगे मुँह के बल गिर नहीं जाता।

इसके बाद मुटियारी मालिश कोमलता से करती है : धीरे-धीरे, और शरीर में तेज़ी से दौड़ता रक्त का प्रवाह धीमे बहने लगता है। अगर तेल के बीजों का प्रयोग हो तो वह इन्हें

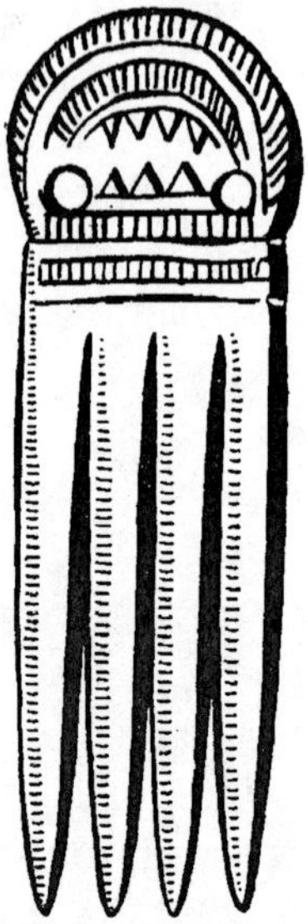

चित्र-74. अबुझमार की निचली पहाड़ियों में इस्तेमाल होनेवाला कंघा

चित्र-75. भानपुरी का दोहरा कंघा

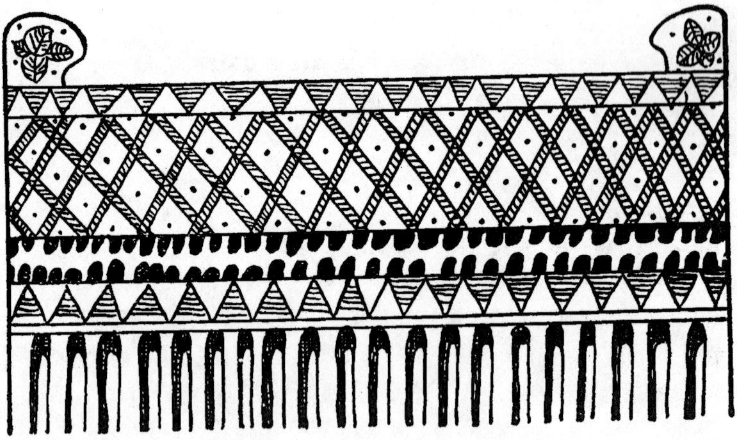

चित्र 76 : मलायान कंघा–पॉल रोबेस्टा के लेख 'द डैकोरेटिव आर्ट ऑफ द एबओरिजिंस ऑफ द मलाय पेनेनसुला' जे.आर.ए.एस (1929) पृ. 758।

धीरे-धीरे मालिश करके हटा देती है और फिर और भी अधिक कोमलता से कमर साफ करती है। चाँदबेरा में लड़की एक हाथ से लड़के का कंधा पकड़ती है और दूसरे हाथ से दम लगाकर मालिश करती है। पूर्वी कोंडागाँव में, लड़कियाँ लड़कों की कमर के पीछे खड़ी होकर कमर को ऊपर से नीचे की ओर रगड़ती हैं।

फिर लड़की लड़के का बाईं बाँह पकड़कर उसे अपने कन्धे पर रखती है और अपनी एड़ियों के बल बैठकर उसे अपनी ओर खींचती है। अब कंघे का कार्य पुनः चालू हो जाता है। पहले मुटियारी हाथ से त्वचा को सहलाती है और फिर बाँह की ज़ोरदार मालिश शुरू करती है। दोनों हाथों से उसे पकड़कर ऊपर से नीचे की ओर हाथों को ले आती है। फिर हाथों को विपरीत दिशाओं में घुमाते हुए बाँह को रगड़ती है। अगर लड़की ने बहुत-सी अँगूठियाँ पहनी हुई हों तो यह काफी दर्द भरी प्रक्रिया साबित होती है। यह कहना असम्भव है कि मालिश की दिशा दिल के ओर ले जाती है या दिल से दूर। यह दोनों ही दिशाओं में की जाती है। स्पष्टतया कोई नियम नहीं होता।

जब बाईं बाँह की मालिश हो जाती है तब लड़की उसे अपने कन्धे से हटाती है। वह हाथ को अपनी गोद में रखकर अँगुलियाँ चटकाती है। फिर वह यह प्रक्रिया दाईं भुजा के लिए दोहराती है। कोइलीबेरा में लड़की ने लड़के की बाँह अपने कन्धे पर न रखकर ज़मीन पर रखा और ऊपर व नीचे ज़ोर से रगड़ा।

कुछ घोटुलों में मालिश का बड़ा अन्तरंग तरीका होता है। बिनझली में लड़की घुटनों पर सीधी खड़ी हो जाती है या लड़के के पीछे खड़े होकर उस पर झुकती है तथा अपनी बाँहें उसके गले में डालकर ऊपर से नीचे की ओर उसकी छाती पर मालिश करती है। लड़का भी उसके शरीर से सट जाता है। इस पर ये आवाज़ें लगती हैं 'इसके स्तन पकड़ लो !' या 'इसके स्तन कितने बड़े हैं ?' आल्मेर में लड़की लड़के की बाँह के नीचे से हाथ ले जाकर उसकी छाती और पेट पर मालिश करती है। फूलपर और कोइलीबेरा में मैंने देखा कि एक लड़की पीछे से लड़के से सटकर, अपने हाथ आगे लाकर, उसकी अँगुलियाँ चटका रही थी।

कुछ अन्य भिन्नताएँ भी नोट की जा सकती हैं। दो लड़कियों का इकट्ठे एक लड़के की मालिश करना असाधारण बात नहीं है। एक कमर की मालिश करती है और दूसरी बाँहों की। बिनझली व कुछ अन्य घोटुलों में बाँह को कन्धे पर न रखकर मुटियारी गोद में रखती है। यहाँ पर भी वे बाँहों से शुरू करके बाद में छाती और कमर पर मालिश करती हैं।

कई जगहों पर मुटियारी का चेलिक की टाँगों पर मालिश करना वर्जित है। जहाँ पर्वतीय मारिया का प्रभाव बढ़ा-चढ़ा है वहाँ पत्नी शादी के बाद भी पति के पैरों की मालिश नहीं करती। पर मध्य क्षेत्र, गोरमा, बेरमा, जोगी अलवर और निसन्देह अन्य जगहों में भी, तथा चारगाँव एवं कोरकोटी से उत्तर तक, लड़कियाँ लड़कों की टाँगों की मालिश यदाकदा करती रहती हैं। जोगी अलवर में हर तीन दिनों में एक बार और बेरमा में हर पन्द्रह दिनों में एक बार। लड़की लड़के के सामने बैठकर जाँघों तक उसकी मालिश करती है।

मालिश खत्म करके लड़के लड़की के सिर या कन्धे पर हाथ रखती है और जोहार करती है।

अधिकांश घोटुल में यह कार्यक्रम प्रतिदिन होता है, पर कहीं-कहीं बाल सँवारना और कंघी करना रोज़ नहीं होता। बिनझली में यह एक बार होता था—शुक्रवार को; पुपगाँव में लड़कियाँ लड़कों की अँगुलियाँ हर दिन चटकाती थीं, उनके बाल हर तीन दिन में बनातीं

और मालिश सप्ताह में एक दिन करती थीं।

अब काफी देर हो चुकी है तथा लड़के-लड़कियाँ सोने की तैयारी करते हैं। अच्छे मौसम में वे आँगन में और अलग-अलग झोपड़ियों में चले जाते हैं। जब ठंड होती है या बारिश होती है तब वे घोटुल के मुख्य भवन में एक साथ सोना पसन्द करते हैं। छोटे लड़के व लड़कियाँ एक लम्बी कतार में लेट जाते हैं—दो लड़के, एक लड़की, एक लड़का, दो लड़कियाँ और इसी तरह कतार चलती रहती है। बिना साथी के लड़के-लड़कियाँ बहुधा लड़कों से कम ही होती हैं—दो-दो करके अपनी छोटी-सी चटाइयों पर लेट जाते हैं। जिनके स्थायी या अस्थायी साथी होते हैं, वे उनके साथ लेटते हैं, करवट लेकर और एक-दूसरे की ओर मुँह करके। इन्हें काफी पास-पास लेटना पड़ता है; कभी-कभी दो लड़कों के बीच के लड़की होती है; कई जोड़े सोते समय एक-दूसरे से सटकर लेटते हैं। बड़े घोटुल में प्रेमी या वे जो सम्भोग करना चाहते हैं छोटी झोपड़ियों में जाकर सो जाते हैं। ये झोपड़ियाँ घोटुल के आँगन में बनी होती हैं। उन घोटुल में जहाँ मुटियारी रोज़ रात को सोती हैं वहाँ सोना आम दिनचर्या का एक साधारण हिस्सा होता है। पर उन घोटुलों में जहाँ वे कुछ दिन ही सोती हैं, वे अपने घर या बरामदे की ओर गाती हुई जाती हैं। जब वे असमंजस की स्थिति में होती हैं कि क्या करें तब वे रुकी रहती हैं जब तक सरदार नहीं पूछता, 'हाँ, लड़कियों, क्या तुम यहाँ रहोगी या घर जाओगी ?' बेलौसा उत्तर देती है, 'बहुत देर हो चुकी है, मैं सोचती हूँ कि हमें यहाँ ही रुकना चाहिए', या 'एक बाघ घूम रहा है, जाना सुरक्षित नहीं होगा।' सरदार कहता है, 'ऐसा है तो फटाफट अपनी-अपनी चटाइयों पर पहुँच जाओ। हमें अब अधिक मत जगाओ।'

चित्र-77. पहिएनुमा तम्बाकू रखने का डिब्बा

चन्दाबेरा में लड़कों ने बताया कि लड़कियाँ यह कहकर, 'चलो आज रात घर चलें' भाग जाया करती थीं। पर अगर कोई लड़का किसी लड़की के साथ सोना चाहता तो वह कोतवार से उन्हें रोकने का निवेदन करता था और कोतवार हमेशा उसकी बात मान जाता था।

जब गाँव में अतिथि आते हैं तब लड़कियाँ आमतौर पर घोटुल जाती ही नहीं। कारीखोदरा में चेलिक ने कड़वाहट से भरी हुई यह शिकायत की कि घोटुल की दिनचर्या में छोटे दर्जे के सरकारी लोगों व व्यापारियों की लगातार आवाजाही से निरन्तर बाधा पहुँचती है। साल के व्यस्त समय, खासकर तब जब पक रही फसल की रक्षा करने सारे चेलिक खेतों में सोते हैं, घोटुल एक तरह से बन्द ही हो जाता है। जब लड़के खेतों में होते हैं तब लड़कियाँ किसी के घर के बरामदे में सो रहती हैं जहाँ वे खेलती, नाचती तथा गाती भी हैं। विवाह

चित्र-78. बाघ की आकृति की नक्काशीवाला कंघा

चित्र-79. हेमुल-गोटा या कछुए का डिब्बा

के समय भी घोटुल बन्द हो जाता है और कुछ गाँवों में तो बाकायदा यह नियम होता है कि विवाह के दौरान सब अपने शिविर में सोएँगे न कि घोटुल में।

सुबह बहुत जल्दी बेलौसा उठकर लड़कियों को जगाती है। भोर होने से पूर्व ही इन्हें घोटुल छोड़ना होता है। मारकाबेरा में एक लड़के ने बताया कि 'वे जल्दी चली जाती हैं क्योंकि वे हँसती हुई चेलिक की बाँहों से आती हैं और यह सोचकर शर्माती हैं।' कोंडागाँव की लड़कियाँ उजाला होने तक रुकती हैं पर नारायणपुर की कन्याएँ मुर्गे के बाँग देते ही निकल जाती हैं। 'माता-पिता के उठने से पहले लड़की को चावल से धान अलग करना या अन्न कूटना शुरू कर देना चाहिए।' लड़के लड़कियों के बाद में उठते हैं पर वे भी जल्दी ही तैयार हो जाते हैं क्योंकि यह अच्छा नहीं माना जाता कि जब सारा गाँव जाग जाए तब वे उठें। लड़कियों के जाने के बाद वे भी अपनी चटाइयाँ उठाकर अपने घरों को, दिनभर का सारा काम करने के लिए चल पड़ते हैं।

अध्याय : चौदह

व्यक्तिगत शृंगार और वस्तुएँ

1. पोशाक और फैशन

चेलिक और मुटियारी, जैसा कि हम देख चुके हैं, अपने व्यक्तिगत बनाव तथा शृंगार पर बहुत ध्यान देते हैं। इनके फैशन इतने विस्तृत होते हैं कि इन्हें एक अध्याय में पूरी तरह प्रस्तुत नहीं किया जा सकता। पर घोटुल में भाईचारे की परम्परा के कारण यह कार्य कुछ आसान हो जाता है। मुरिया के विचारानुसार फैशन का अर्थ यह है कि गाँव की सभी लड़कियों को बिलकुल एक जैसी दिखना चाहिए। इनके कमर के नीचे का वस्त्र भी एक जैसा होना चाहिए, कानों में एक जैसे बुँदे, कलाइयों में एक जैसी चूड़ियाँ और गले में एक जैसी कौड़ियों का हार होना चाहिए। बेलौसा फैशन की शुरुआत करती है और अन्य सभी लड़कियाँ उसका अनुसरण करती हैं। लड़कों को, विशेषकर उनके नेता को, थोड़ी अधिक स्वतन्त्रता मिलती है। जुंगानी का मालिक अपने बालों कें एक खूबसूरत नक्काशीदार कंघा, जिस पर एक चेलिक और मुटियारी घोड़े पर सवार दिखाए गए हैं, लगाता है। चन्दाबेरा का कोतवार मछली के आकार की तम्बाकू की थैली अपनी पगड़ी में रखता है। काबोंगा का माँझी अपने बालों में एक ऐसा कंघा लगाता है जिसके ऊपर एक बहुत खूबसूरती से तराशी हुई लकड़ी की चिड़िया बैठी हुई है। पर लड़कियाँ ऐसा कुछ भी नहीं कर सकतीं। उनके लिए शृंगार में अपनी कल्पना का इस्तेमाल करना बुरा माना जाता है।

फैशन के लिहाज़ से हम क्षेत्र को पाँच भागों में बाँट सकते हैं–उत्तरीय सीमा से लगे गाँव; दक्षिण और मध्य के झोरिया; अबुझमार के निकट के उत्तर-पश्चिमी मुरिया; कोंडागाँव के पास के गाँव तथा मुख्य सड़क की सीमा से लगे गाँव; और पूर्वी जंगल के किनारे बसे गाँव जो जयपुर की सीमा तक जाते हैं। इनमें से हर क्षेत्र की फैशन में अपनी अलग पहचान है।

परन्तु पहले कुछ ऐसी बातें जो सारे मुरिया की समान होती हैं। मुरिया एक ही तरह का कपड़ा पहनते हैं। वे कपड़ा बुनना हेय मानते हैं। उनका अधिकांश कपड़ा स्थानीय गंडा तथा महारा बुनकरों से आता है। कपड़ा अच्छा होता है परन्तु सुन्दर नहीं। यह सफेद रंग का होता है और इसमें एक चौड़ी लाल धारी होती है। चेलिक धोती शायद ही कभी पहनते हों; वे धोती नहीं खरीद पाते। आमतौर पर वे एक लँगोटनुमा वस्त्र पहनते हैं जो आगे से लटकता है। सम्पन्न घरों के लड़के थोड़ा अधिक कपड़ेवाला वस्त्र पहनकर अपने कूल्हे ढक लेते हैं। लेकिन अधिकतर मुरिया अपने कूल्हे नग्न ही छोड़ते हैं पर कपड़े की एक पतली-सी पट्टी पीछे से इनके जोड़ को ढकती है।

चित्र-80. चन्दाबेरा का चिड़िया-कंघा

चित्र-81. भोरपाल का कंघा

लड़कियाँ अपने गुप्तांगों को पूरी तरह से एक कपड़े द्वारा छुपाती हैं जिसमें नाड़ा होता है। इसके ऊपर वे अन्य कपड़ा पहनती हैं जो एक छोटी-सी स्कर्ट जैसा होता है। इसका एक छोर ऊपर उठकर स्तनों को ढकता हुआ, कन्धे पर से होकर, पीछे कमर के स्कर्टनुमा वस्त्र में बँधा होता है। झोरिया और उत्तर-पश्चिमी परगनों में दोनों स्तनों को खुला छोड़ दिया जाता है जब कोई अजनबी पास नहीं होता। एक स्तन तो हमेशा दिखता रहता है। इस तथ्य ने एक पहेली को भी जन्म दिया है : 'गाय का बाड़ा बारह हाथ लम्बा था पर फिर भी दो गाएँ अन्दर नहीं घुस पाईं।'

मुरिया लड़के और पुरुष आमतौर पर पगड़ी पहनते हैं। इसमें भिन्नताएँ फैशनपरस्ती के कारण नहीं बल्कि इसलिए होती हैं कि सब लम्बी पगड़ियों का खर्चा उठा नहीं पाते। प्राचीन मुरिया पगड़ी भर के चारों तरफ एक डिब्बे की आकृति की बाँधी जाती है। पूर्वी कोंडागाँव में पगड़ी के निकले हुए सिरों पर सुन्दर किनारी का काम किया जाता है। यह डिब्बेनुमा पगड़ी सर ही नहीं ढकती वरन् कंघे, शीशे, तम्बाकू के पाइप और अन्य कोई भी छोटी वस्तु रखने के काम भी आती है।

न तो मुटियारी व न ही विवाहित महिलाएँ हिन्दू गाँवों की स्त्रियों की भाँति अपना सर ढकती हैं। सच तो यह है कि मुरिया लड़कियाँ अपने खुले हुए सिर के कारण पहचानी जा सकती हैं।

मुरिया लोगों को सजने-धजने के लिए काफी हद तक बाज़ार के व्यापारियों पर निर्भर रहना पड़ता है। परन्तु व्यापारी इन्हें यह सामान मोहैया कराने में थोड़ी ही दिलचस्पी लेते हैं क्योंकि इनकी वस्तुएँ सस्ती होती हैं। फिर भी मुरिया एल्यूमिनियम के सस्ते बाजू बन्द व पायल; लाख तथा शीशे की चूड़ियाँ; रुपयों से बना हवेल हार जो पूरे मध्य भारत में मशहूर है और कौड़ियों की कई किस्में बाज़ार से खरीद सकते हैं।

अब हम फैशन के भिन्न क्षेत्रों में मुरिया द्वारा पहने जानेवाले विशेष गहनों पर अपना ध्यान केन्द्रित कर सकते हैं। हम शुरुआत झोरिया से करेंगे क्योंकि सारे मुरिया लोगों में ये सबसे अधिक रोचक होते हैं।

जैसा कि हम देख चुके हैं, झोरिया वे पर्वतीय मारिया हैं जो तराई की पहाड़ियों में आ बसे हैं। एक झोरिया कन्या मारिया लड़की से भिन्न ऐसे होती है कि झोरिया लड़की के दोनों स्तन नग्न होते हैं और उसके चेहरे पर गुदाई हुई होती है। परन्तु झोरिया चेलिक और किसी युवा पर्वतीय मारिया लड़के के बीच पहनावे इत्यादि की अधिक भिन्नताएँ नहीं होतीं।

पर्वतों में बसे मारिया की भाँति ही, झोरिया को भी देखकर ऐसा लगता है कि इन्होंने ज़रूरत से ज़्यादा वस्त्र पहन रखे हैं।[1]

ये 'गुड्डों की तरह सजे हुए', चुस्त, कसे हुए, ताज़गी से भरे, चौकन्ने और हाजिर जवाब—कुल मिलाकर आकर्षक होते हैं। इनके कपड़े इनके शरीरों पर कसकर बँधे होते हैं जिससे इनके तन के सुन्दर कटाव व घुमाव दृष्टिगोचर होते हैं। इनके गहने, खासकर हार व मालाएँ लटकते नहीं हैं। ये इनके सिरों व गलों से सटाकर बाँधे जाते हैं। बालों में लगे रंग-बिरंगी पंखों के कारण चटकीले रंगोंवाली चिड़ियों की भाँति दिखाई देते हैं।

सबसे आकर्षक होती है रंग-बिरंगे दानों से की गई सजावट। इन दानों की ये, बालों

1. ये शब्द डब्ल्यू.वी. ग्रिग्सन के हैं; ये मेरी भावनाएँ भी उपयुक्त तरीके से स्पष्ट करते हैं—अगर ऐसा उन लोगों के विषय में कहा जा सकता है जो शायद ही कुछ कपड़े पहनते हैं।

को अपने स्थान पर रखनेवाली मालाएँ, सरों पर बाँधते हैं। गले में भी, दो या उससे अधिक, दानों के सुन्दर पट्टे पहनते हैं और बहुत-सी मालाएँ भी। इस किताब के रंगीन चित्रों में इनकी सजावट स्पष्ट देखी जा सकती है।

झोरिया लड़के व लड़कियाँ रंगीन दानों झुमके कानों में पहने हैं (चित्र 64) : कुछ लड़कियाँ गोल ढालनुमा बुंदे (धार), बिना चेनों के, भी पहनती हैं व कुछ घर पर बने हुए लकड़ी के किनवा, चाँदी के कागज़ से ढके हुए, धारण करती हैं।

मुरिया चूड़ियाँ नहीं बनाते। लड़कों व लड़कियों द्वारा पहनी गई चूड़ियाँ बाज़ार से खरीदी गई होती हैं।

अँगूठियाँ घोटुल के जीवन में महत्त्वपूर्ण भूमिका अदा करती हैं। किसी भी लड़के या लड़की को जब घोटुल में कोई उच्च पद मिलता है तब उसे अँगूठी भेंट की जाती है। शादियों में दूल्हा व दुल्हन अपने पुराने साथियों को अँगूठियाँ उपहारस्वरूप भेंट करते हैं। देव-डांडर या पेन कोलांग नृत्यों के अभियानों पर जाने से पूर्व गाईता के घर के आगे एक अँगूठी गाड़ी जाती है। बाद में इसे निकालकर नृत्य में नेतृत्व कर रहे व्यक्ति को दे दिया जाता है। त्योहारों पर अँगूठियाँ इकट्ठी करके वंश देवता को समर्पित की जाती हैं।

अँगूठियाँ एल्यूमिनियम या पीतल की होती हैं : कुछ पर घंटियों द्वारा सजावट पाई जाती है (चित्र 17)। लड़कियाँ बहुत अँगूठियाँ पहनती हैं जिन्हें लड़के, मालिश से पूर्व, उतारने की विनती करते हैं।

लड़कियाँ सिरों में कंघों की कतारें लगाती हैं, जिनमें कौड़ियों[1] के गुच्छे लटके होते हैं साथ ही लाल और हरी ऊन की गेंदें भी। चेलिक और मुटियारी, दोनों बालों में फूल लगाना पसन्द करते हैं। वे कानों पर भी फूल पहनते हैं।

झोरिया चेलिक अपने लँगोट से थोड़ी-सी ऊपर कौड़ियों की पेटियाँ पहनते हैं। इनकी कोई कमी नहीं होती; ये कहीं पर भी मिलती हैं। कभी-कभार धनवान व्यक्तियों का लड़का करदान–चाँदी के रंग की चौड़ी पेटी–भी पहनता है। यह लड़कियों द्वारा पहनी जाती है और बाज़ार से खरीदी जाती है।

उत्तर-पश्चिम में, परताबपुर और परालकोट के दूर-दराज के गाँवों में जहाँ पर्वतीय मारिया का प्रभाव अब भी अधिक है, परालकोट के चेलिक ने दो तरह के गले के हार के बारे में बताया : बिल्ली के पैर की आकृति का हार और चूहे के पैर की आकृति का हार (चित्र 71 तथा 72 में तुलना करें)। यहाँ कुछ मुटियारी पर्वतीय मारिया द्वारा प्रयुक्त गलहार की तरह के हार पहनती हैं। यह बड़े सफेद मोतियों का बना होता है और इसके एक छोर पर घंटियाँ बँधी हुई होती हैं। मैंने मुटियारी को मारिया की भाँति अपना वक्षस्थल न ढके हुए भी देखा है हालाँकि अधिकांश मुटियारी खूबसूरत लाल साड़ियाँ पहने रहती हैं जिनमें वे बहुत आकर्षक दिखाई पड़ती हैं। सिर पर पट्टे नहीं पहने जाते पर लड़के तथा लड़कियाँ बालों में फूल और पंख अवश्य खोंसते हैं। लड़कियाँ बहुधा बालों में कंघे धारण करती हैं।

फिर भी, यदाकदा सागो या खजूर के रेशे से बने हुए हार और सिर के पट्टे दिखाई दे जाते हैं। चित्र 87 और 88 में आप इनका अवलोकन कर सकते हैं।

---

1. कौड़ियों के इस्तेमाल पर, जो बस्तर में लगभग हर स्थान पर होता है, मेरा लेख, 'द यूज़ ऑफ कौड़ीज़ इन बस्तर स्टेट' पढ़ें। *मैन*, खंड XLII (1942) पृ. 121-4।

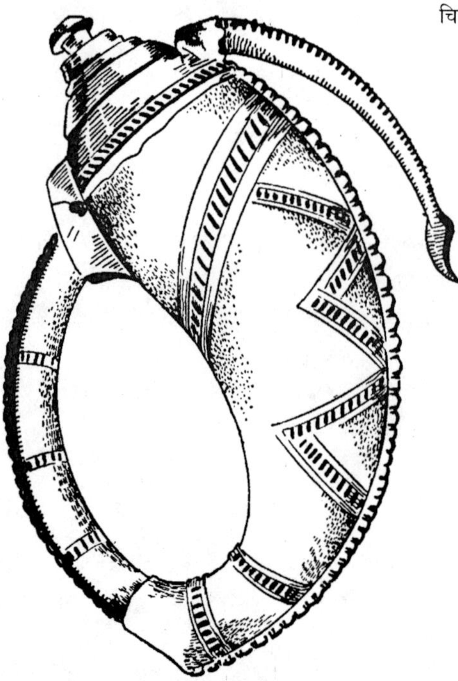

चित्र-82. मारदापाल परगना से तम्बाकू का डिब्बा

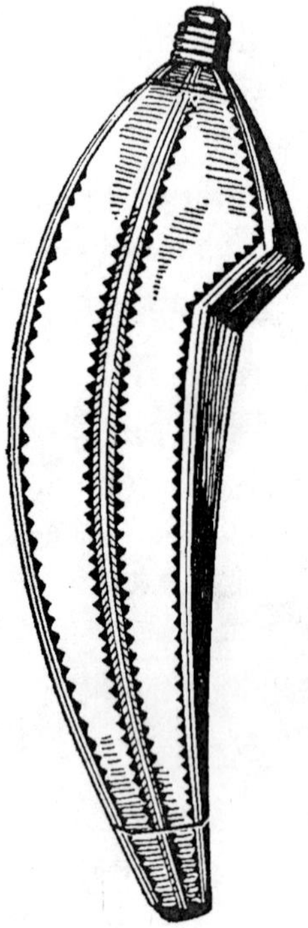

चित्र-83. बोरपाल से कलारी-गोटा

चित्र-84. दुदौंग गोटा। एक तम्बाकू दात 'स्तन की तरह गोल'

झोरिया प्रदेश से उत्तर की ओर बढ़ने पर कभी न भूलनेवाला उबाऊपन महसूस होता है। चमकीले सिर-पट्टे गायब हो जाते हैं और आकर्षक व कसे हुए मोतियों के हारों का स्थान ढीले-ढाले और भद्दे हार ले लेते हैं। मोती बड़े, सस्ते व लाल होते हैं। अमूमन सब कुछ बाज़ार से खरीदा गया होता है। यात्री को लड़कियों में सजावट का अभाव बहुत खलता है। कालपट्टी, सुरेबाही, अन्तागढ़ और अमाबेरा घोटुल परगनों में सबसे नीरस हैं। छत्तीसगढ़ी गोंडों के प्रभाव के कारण इनकी कलात्मकता और कला के प्रति लगाव खत्म हो चुके हैं।

चित्र-85. झोरिया सिर का पट्टा–लाल, नीले और सफेद मोती लगा हुआ

कोंडागाँव के चारों ओर और मुख्य सड़क के समानान्तर, चेलिक और मुटियारी का अपना अलग ही आकर्षण है हालाँकि यह उनके वस्त्रों व आभूषणों में नहीं झलकता। ये लोग लाल और सफेद मोतियों के बहुत-से हार पहनते हैं। इन गहनों से उत्पन्न हुआ प्रभाव संख्या का होता है न की कला का। इनके द्वारा धारण किए गए आभूषणों में होता है गार-गट्टी–छोटे, काले मोतियों का हार; मोती-माला सफेद मोतियों से बनी हुई; जुग-जुगी–लाल और सफेद मोतियों से बनी हुई; जाट-मुँगिया–लाल मोतियों का; बन-सुना– एक सजावटी गले का पट्टा और कारी–एक पतला व काला गले का हार।

कभी-कभार आपको इक्का-दुक्का सिर-पट्टा भी दिखाई देगा; लड़कियाँ अक्सर बहुत-से कंघे धारण किए रहती हैं।

कानों में मुटियारी बाज़ार से खरीदकर सस्ते व पीले किनवा पहनती हैं। ये कानों में धार–ढालें भी पहनती हैं। लड़के घुमावदार तार में छोटे-छोटे पीतल के छल्ले पहनते हैं।

कौड़ी की पेटी के विषय में लोग यहाँ अधिक नहीं जानते। हाँ, पर चेलिक कमर पर कौड़ियों की मालाएँ, घंटियाँ, दाने और तम्बाकू की थैलियाँ अवश्य लटकाते हैं।

इस क्षेत्र में लड़कियाँ पीतल की लटकनी पाइरी अपने पैरों से थोड़ी-सी ऊपर बाँधती हैं या फिर इसी जगह मोटी और वज़नी टिन-कोर (पीतल की ही बनी हुई) पहनती हैं।

कोंडागाँव के सुदूर पूर्व में चेलिक झोरिया के सौन्दर्य बोध से परिचित जान पड़ते हैं। एक बार फिर छोटे लाल व नीले दानों के सुन्दर हार दिखाई देते हैं। कौड़ियों से बनी सिर पर पहननेवाली माला जिसमें सागो ताड़ का काला रेशा भी मिला होता है, यहाँ प्रयुक्त होती है (चित्र 89)। चेलिक की पगड़ी बहुत सुन्दर होती है। यह सिर पर बँधी हुई एक डिब्बे जैसी

दिखाई पड़ती है जिसका एक छोर ऊपर की ओर निकला हुआ होता है और एक कमर पर पीछे की ओर गिरा रहता है। लड़के खुद गुलाबी, लाल और जामनी रंग के धागे इन छोरों, से लटकाकर पगड़ी को और सुन्दर बनाते हैं।

बारिश से बचने के लिए मुरिया पत्तों के बड़े और गोल टोप खुद बनाते हैं। ये पत्ते बाँस के दोहरे फ्रेम में लगाए जाते हैं। पत्तों की विशाल ढाल कंधों से लटकाई जाती है जिससे छाती और कमर न भीगें। अबुझमार के निकटवर्ती गाँवों में, पर्वतों में रहनेवाले मारिया की भाँति, पेड़ के तने की लम्बी पट्टियाँ काटकर, बारिश से बचाव के लिए तराली ओढ़नी बनाई जाती है।

2. बालों का शृंगार

मुरिया के लिए बालों का भावनात्मक और कलात्मक महत्त्व सबसे अधिक है। आपके नैन-नक्श और शरीर की बनावट कितनी भी सुन्दर क्यों न हो तथा आप चाहे कितने भी गोरे क्यों न हों, पर अगर आपके बाल ठीक से नहीं बने हैं तो मुरिया आपको सुन्दर नहीं समझेंगे।

सबसे पहली और साधारण सेवा जो मुटियारी चेलिक को दे सकती है, वह है उसके बालों को सँवारना। बाल बनाने के समय ही सम्बन्धों में अधिक अन्तरंगता आती है और रूमानी प्रस्ताव दिए जाते हैं। मुटियारी जहाँ भी हो–शादी के शिविर में, त्योहारों के स्थल पर, सड़क पर काम करने के दौरान विश्राम के समय पेड़ की छाँव में या घर पर ही–वह समय मिलते ही लड़के का सिर साफ करने तथा उसमें से जुएँ निकालने लगती हैं। जुएँ 'सूखे पेड़ में हज़ारों बच्चे', 'घने जंगल में रह रही काली गाएँ जो लाल पानी पीती हैं' तथा 'वे बाघ जो जंगल में बहुत जल्दी बढ़ते हैं', कहलाती हैं। मुटियारी कंघे या सिर में से ही जुएँ पकड़कर उन्हें अपनी अँगुली और अँगूठे के बीच रखकर मार डालती हैं। इस बारे में भी एक पहेली है–'दस शिकार पर निकले पर दो ने ही मारा।'

चेलिक अपने बाल काफी लम्बे रखते हैं। बाल माथे पर सीधे काटे जाते हैं तथा इस कटाव के ऊपर माँग से पीछे की ओर काढ़कर एक जूड़े में बाँध दिए जाते हैं। इस जूड़े को पगड़ी ढक लेती है। अबुझमार की छाया में रह रहे कुछ मुरिया, पर्वतों के मारिया की भाँति माथे के ऊपर कुछ बालों को छोड़कर पूरा सिर ही घुटवा देते हैं। छोड़े गए बाल पीछे की ओर काढ़कर गाँठ में बाँध दिए जाते हैं।

चेलिक अपने बाल महीने में एक बार कटवाते हैं जब बाल बनाते समय मुटियारी उन्हें ऐसा करने की सलाह देती हैं। वे एक-दूसरे के बाल काटते हैं। बाल काटने के लिए चेलिक गाँव के लोहार द्वारा बनाया गया उस्तरा इस्तेमाल करते हैं। मुटियारी लड़कों में दाढ़ी पसन्द नहीं करती पर मूँछ उन्हें बुरी नहीं लगती। सिर के बाल पूरी तरह हटवाने का कोई धार्मिक कारण नहीं होता : उन मुरिया को छोड़कर जो हिन्दू परम्परा अपनाने लगे हैं, मुरिया मृत्यु-संस्कार में अपने बाल नहीं कटवाते।

लड़कियाँ तो अपने बाल कटवाती ही नहीं। वे बीच में माँग निकालती हैं और बालों को बड़ी सावधानी से पीछे की ओर काढ़ती हैं। फिर लड़की के नक्काशीदार चौकोर टुकड़ों–कुंजर बल्ला (चित्र 90)–के चारों ओर लपेटकर ये जूड़ा बना लेती हैं तथा खूबसूरत लकड़ी

के पिनों–कुंजर कोटों–से ये जूड़े को अपने स्थान पर स्थिर कर देती हैं। कुंजर बल्ला व कुंजर कोटो इनके लिए चेलिक बनाते हैं। इनमें कौड़ियों के गुच्छे, रंगीन ऊन और कौड़ियों की झालरें भी लटकी रहती हैं।

लड़के और लड़कियाँ अपने बालों में तेल लगाते हैं जो इनके लिए खासतौर पर इनकी प्रेमिका, माँ या बहन निकालती हैं। कई मुरिया अब छोटे शीशे भी अपने पास रखते हैं जिन्हें ये बाज़ार से खरीदते हैं।

झोरिया लोगों के पास बालों को सजाने के लिए बहुत सुन्दर वस्तुएँ होती हैं। दानों की मालाएँ मुटियारी बहुत कलात्मक तरीके से बनाती हैं जिससे इनके अपूर्व सौन्दर्य बोध का भी आभास होता है। इन मालाओं को सिर पर लड़के तथा लड़कियाँ दोनों लपेटते हैं।

नीले, सफेद और लाल रंगों के मोटे पट्टे या पतली मालाएँ पहनकर बच्चे सुन्दर और आकर्षक दिखाई पड़ते हैं। कभी-कभी दानों की लम्बी मालाएँ पगड़ी पर भी लपेटी जाती हैं। लड़के और लड़कियाँ बालों में पंख लगाने के बहुत शौकीन होते हैं। ये पंख जंगली मुर्गे, मोर और जंगल की अन्य रंग-बिरंगी चिड़ियाओं के होते हैं। लड़कियाँ खजूर या सागो ताड़ के पत्ते सिर में खोंसती हैं और किसी भी उपलब्ध फूल को बालों में सजाने के लिए इस्तेमाल करती हैं। इनमें फूलों के प्रति बहुत प्यार होता है। विशेषकर गेंदा जिसे ये 'फूलों में सबसे सुन्दर' कहती हैं और रानी रंग का मखमली सिलियारी फूल इन्हें बहुत भाते हैं।

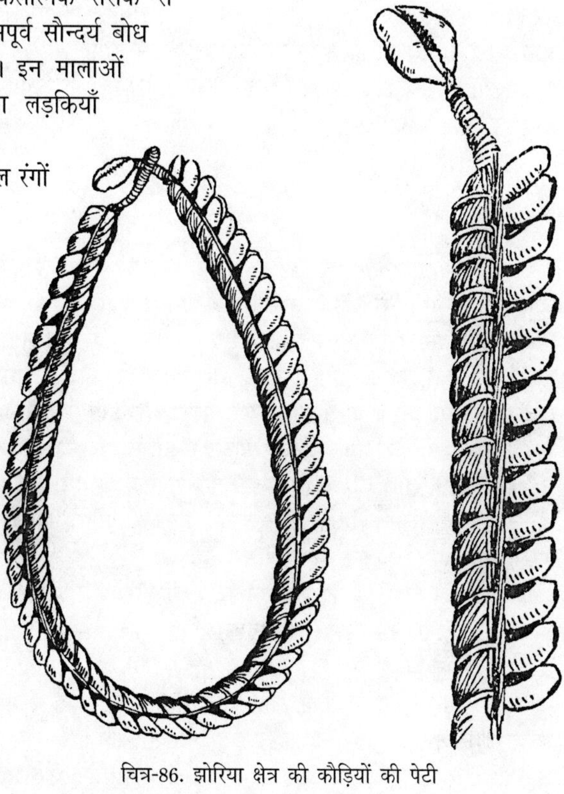

चित्र-86. झोरिया क्षेत्र की कौड़ियों की पेटी

झोरिया क्षेत्र में मुटियारी जूड़े में कौड़ियों के बड़े-बड़े गुच्छे लटकाती हैं तथा इनमें लाल, हरी और नीली ऊन भी मिलाती हैं।

एक बहुत आकर्षक खेल है जिसे अटोई-मल-मल-करसाना कहा जाता है। इसमें लड़कियाँ अर्ध-चक्र में खड़ी होकर गाती हैं 'मेरे बालों को मुलायम और मल-मल जैसे बनाओ।' हर लड़की बारी-बारी गोल दायरे में दूसरी के पास जाकर उसके बाल सँवारती है

और यह सिलसिला तब तक चालू रहता है जब तक सबके बाल नहीं बन जाते।

प्रदेश के पूर्व में, उन गाँवों में जो उलेरा के समीप हैं, मैंने कई लड़कों को ऐसी वस्तुएँ (चित्र 92) इस्तेमाल करते देखा जो उनके बालों को सजाने के लिए गाँव के लोहार ने पुरानी छतरी की सींकों द्वारा बनाई थीं।

पर इनके बालों का मुख्य गहना कंघा होता है तथा इसका महत्त्व इतना अधिक है कि इसका वर्णन मैं एक अलग भाग में कर रहा हूँ।

गुप्तांगों के बाल लड़कियाँ पूर्णतया साफ करती हैं। इनका उल्लेख व्यंग्यात्मक शैली में करके बहुत अपमान किया जा सकता है। लड़कियाँ बालों पर लकड़ी की राख मलकर इन्हें खींचकर, कथित रूप से, बाहर निकालती हैं। 'अगर कोई स्त्री इस कार्य को करने के लिए ब्लेड का इस्तेमाल करती है तो वह हमें फाउदा में बताया गया 'वह मृत्यु के बाद बहुत भारी हो जाएगी और उसको ढोनेवाले पुरुष हँसकर कहेंगे, "यह उन लोगों में से थी जो ब्लेड का इस्तेमाल करती है।"'[1]

3. कंघे

बेटले मर्राटे पुंगार पुए आंटा सूखे पेड़ पर एक फूल खिला—एक कंघा

चेलिक और मुटियारी के व्यक्तिगत जीवन में कंघे का बहुत महत्त्व है। हर रात चेलिक के बाल बनाते इसका इस्तेमाल होता है। कमर तथा बाँहों पर, मालिश करते समय, इसे रगड़ा जाता है। बहुत स्थानों पर शृंगार का यह एक अति प्रिय साधन है। हालाँकि इसे लड़के व लड़कियाँ दोनों धारण करते हैं पर यह मूलतः लड़कियों का ही आभूषण है। मुझे याद है कि मैंने बिनझली में लड़कियों को एक पंक्ति में चलते देखा था। हरेक ने सिर के बाईं ओर दस या पन्द्रह कंघे खोंसे हुए थे। पर इस बारे में कोई नियम नहीं है। कभी कंघे सिर के पीछे की तरफ लगाए जाते हैं और कभी दोनों ओर। लड़के एक या दो कंघे पगड़ी में लगाए रखते हैं या बालों में पीछे की तरफ खोंसते हैं।

अलग-अलग तरह के कंघे इन चित्रों में दिखाए गए हैं : 67-70, 74-5 और 80-1। इसमें तराशे गए डिज़ाइन मात्र खूबसूरती के लिए हैं। इनका कोई धार्मिक महत्त्व नहीं है। थर्सटन ने कंघों पर कुछ रोचक बातें लिखी हैं पर दुर्भाग्यवश इन्होंने साथ में चित्र नहीं दिए। इन्होंने मलक्का के नेगरिटोज़ और अन्नामलाई पहाड़ियों के कादिरों के कंघों में काफी एक जैसे डिज़ाइन पाए।[2] प्रिउस का यह मानना था कि कंघों पर बने हुए डिज़ाइन रेखागणित से सम्बन्ध नहीं रखते, अपितु ये वास्तव में एक चित्रनुमा भाषा का अंग होते हैं।[3]

---

1. इसके साथ मांडला में रिकार्ड की गई गोंड कहावत की तुलना की जा सकती है—'अर्थी ढोनेवालों ने गुप्तांग के बाल उठाकर देखे जिससे मृत शरीर हल्का हो जाए, पर उन्होंने पाया कि इससे कुछ न हुआ।'
2. थर्सटन, उपर्युक्त देखें, खंड III, पृ. 27 व आगे।
3. के.टी. प्रिउस, 'डाई ज़ाउबरबिल्डर शिफटन डेर नेगरिटो इन मलाया' *ग्लोबस,* 1899। शबेस्टा, परन्तु, यह मानते हैं कि यह सिद्धान्त, वॉन स्टीवन्स के फूल-सिद्धान्त की तरह 'बिलकुल बेबुनियाद है।' पी. शबेस्टा, 'द डेकोरेटिव आर्ट ऑफ द ऐबओरिजिन्स ऑफ द मलाय पेनेनसुला', जे.आर.ए.एस. (1929), पृ. 749। (देखें चित्र 76)।

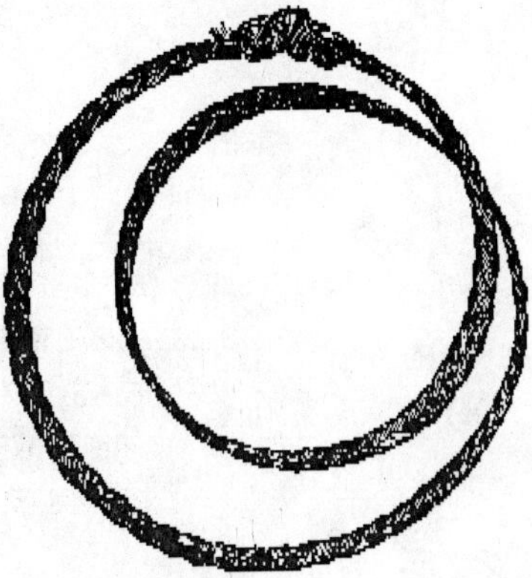

चित्र 87–सागो-ताड़ के तने की पट्टी से बना हुआ सिर में लगाने का पट्टा (बैंड)। मालाकोट से। देखें, पृ. 385। लम्बाई 23"

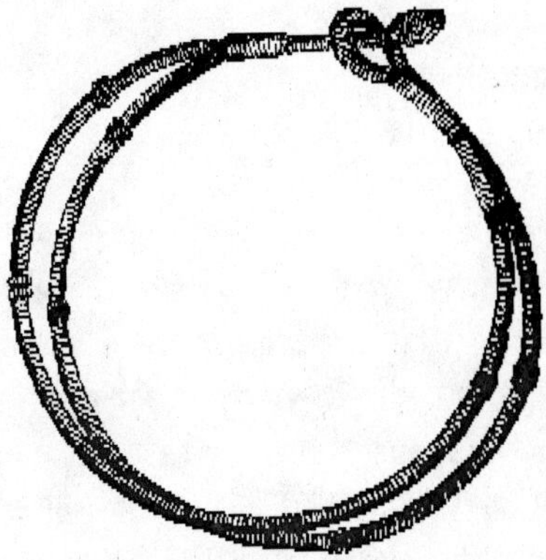

चित्र 88–खजूर के तने से बना गले में पहनने का पट्टा। बयानार से। (देखें, पृ.385) लम्बाई 16"

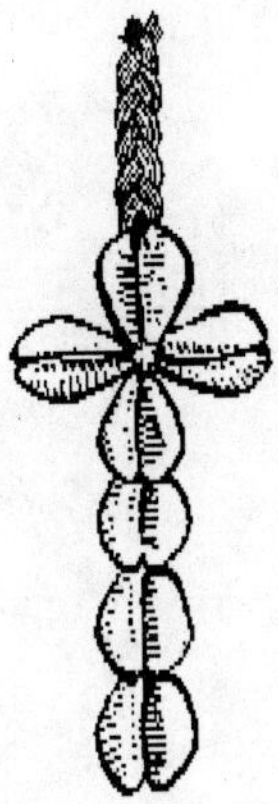

विवरण

चित्र 89–उलेरा से। कौड़ियों से बना हुआ सिर में बाँधने का पट्टा, कौड़ियाँ सागो ताड़ के धागों से बनी माला पर लगी हुई हैं। (देखें, पृ. 386)

परन्तु थर्सटन का यह मानना था कि कादिरों के कंघों की सजावटी आकृतियाँ मात्र परम्परागत थीं। सेमांग औरतों द्वारा पहने जानेवाले बाँस के कंघे बीमारी से रक्षा करते हैं,

यह मान्यता है।[1] लेकिन कादिर और मुरिया कंघों के विषय में ऐसी कोई धारणा नहीं है। मुरिया कंघों में लिंग के प्रतीक बने रहते हैं जिनका ध्येय तन्त्र नहीं वरन् कामेच्छा को जगाना होता है।[2]

अगर किसी कन्या के पास बहुत-से कंघे हों तो इसका अर्थ हमेशा यह नहीं होता कि वह विशेष लोकप्रिय है। इसका अर्थ सम्भवतः यह होता है कि उसके पास बहुत चाहनेवाला एक प्रेमी है। लेकिन हर कंघा एक उपहार होता है। जब किसी कन्या को नया कंघा चाहिए होता है तब वह दो आने का चाँदी के रंग की धातु बाजार से खरीद लाती है। उस रात वह उस लड़के के बाल बनाती है जिससे वह कंघा उपहार में चाहती है। वह उसके बाल बहुत ध्यान और प्यार से सँवारती है और उसके कान में फुसफुसाकर कहती है, 'देखो, लड़के, मैं कुछ चाँदी लाई हूँ, मुझे एक अच्छा-सा कंघा बना दो।' लड़का कहता है, 'मैं बनाना नहीं जानता।' लड़की कहती है, 'ऐसा कैसे हो सकता है ? तुम अवश्य जानते हो।' फिर लड़का बोलता है, 'ठीक है पर तुम मुझे क्या दोगी ? क्या तुम... ?' इस पर लड़की कहती है, 'कभी नहीं' जिसका अर्थ होता है 'हाँ' और लड़का कंघा बना देता है।

एक अच्छे व अनुशासित घोटुल में कोई लड़का मुटियारी को कोतवार की आज्ञा के बिना कंघा उपहार में नहीं दे सकता। कभी-कभी तो कंघा कोतवार के द्वारा दिया जाता है। इस तरह का उपहार लड़के व लड़की के प्रेम-प्रसंग में एक महत्त्वपूर्ण कदम होता है और घोटुल का प्रशासन इसकी पूरी जानकारी रखना चाहता है कि कहीं बदनामी या गर्भ-धारण इत्यादि न हो जाए। इस सम्बन्ध में बान्दोपल के पस्कना पाटा की कुछ पंक्तियों का अवलोकन करें :

इस तरह का कंघा कहाँ से मिला ?
तुम्हें यह चेलिक के आलिंगन से मिला।
एक कंघा एक आलिंगन के लिए और दो कंघे दो आलिंगन के लिए।

अगर कोई कंघा खो जाए या टूट जाए तो चेलिक को नया बनाना पड़ता है। नहीं तो उसकी मुटियारी कहती है, 'मैं उसके बाल कैसे बना सकती हूँ ?' अगर कोतवार यह सुन ले तो वह लड़के को कंघा बनाने का आदेश देता है और लड़का तुरन्त कंघा बना देता है।

अधिकतर कंघे महुआ या कर्राहा की लकड़ी से बने होते हैं। कंघे बनाने में ये औज़ार इस्तेमाल किए जाते हैं–एक छोटी आरी 3/4" चौड़ी और 6" लम्बी, एक कदरी चाकू, एक हुज्जी छेनी और एक टट्टी हथौड़ा।

---

1. डब्ल्यू.डब्ल्यू. स्कीट और सी.ओ. ब्लैगडेन, *पेगन रेसिज़ ऑफ द मलाय पेनेनसुला* (लन्दन, 1906), खंड 1, पृ. 396 व आगे। कंघों के तान्त्रिक महत्त्व के लिए यह भी पढ़ें–जे.एफ. कैम्पबेल, *पॉप्यूलर टेल्स* (लन्दन, 1890), खंड 1, पृ. XXI; एल. गारनेट, *ग्रीक फोक पोयेज़ी* (लन्दन, 1896), खंड II, पृ. 437। प्राचीन व ऐतिहासिक सैलटिक इमारतों पर बने कंघे इनका महत्त्व जतलाते हैं। देखें, माक्कुल्लोच, उपर्युक्त, पृ. 180।
2. बहुत-से कबीलों में कंघे का तोहफा शादी में आवश्यक रीत होता है। ऐसा मुडुवरों में होता है।–थर्सटन, उपर्युक्त देखें, खंड V, पृ. 93 1 कादिर दूल्हे को एक कंघा स्वयं बनाकर शादी से तुरन्त पहले या तुरन्त बाद अपनी भावी पत्नी को उपहार में भेंट करना पड़ता है।–वही, खंड III, पृ. 28। कुकी विवाहों में पुजारी पति व पत्नी दोनों को छोटे-छोटे कंघे भेंट करता है। 'कंघे, शायद इस प्रकार के कंघे, बहुत पवित्र माने जाते हैं। इन्हें खोना बहुत अशुभ होता है। सिर्फ पति-पत्नी ही एक कंघा इस्तेमाल कर सकते हैं। जब कोई व्यक्ति मरता है तो उसका कंघा भी उसके साथ कब्र में दफनाया जाता है। उसके करीबी रिश्तेदार अपने कंघे तोड़ देते हैं और कुछ बिखरे व उलझे हुए बाल लिए घूमते हैं।'–डाल्टन, उपर्युक्त देखें, पृ. 47।

फुंडर घोटुल के कोतवार ने मेरे लिए एक कंघा बनाया। उसने 2" लम्बा 3" चौड़ा महुआ लकड़ी का टुकड़ा लिया। इसे उसने लकड़ी पर लिटाकर, इसके ऊपरी सिरे को पहले हथौड़े तथा फिर चाकू से समतल और चिकना किया। इस टुकड़े को खड़ा करके फिर इसका ऊपरी छोर समतल किया। इसके बाद कोतवार ने आरी से इसमें लम्बे छेद करने शुरू किए। इनमें प्रत्येक 1" गहरा था। कोतवार इन्हें एक टहनी के टुकड़े से नापता भी जा रहा था जिससे की सारे छेद बराबर हों। वह इन छेदों को बड़ा करने के लिए बार-बार आरी चलाता रहा। हाँ दोनों छोरों के पास की लकड़ी उसने बिना कटी ही छोड़ दी।

अब एक अन्य लड़के ने कसकर लकड़ी पकड़ी। कोतवार ने 1½" ऊपर से आरी से काटा, पहले आधे रास्ते लकड़ी पर एक तरफ से आरी चलाई और बचे हुए रास्ते दूसरी तरफ से। अन्ततः उसने कंघे के आकार का टुकड़ा लकड़ी से काटकर निकाल लिया। अब तक उसने आधा घंटा काम किया था। अब लड़के ने पन्द्रह मिनट दोनों ओर के छोर चिकने करने में और कंघे के दाँतों के बीच छेद गहरे और साफ करने में लगाए। यह करने के बाद उसने अपनी बाईं हथेली में कंघे को पकड़ा और दाएँ हाथ में छेनी लेकर उससे कंघे पर डिज़ाइन बनाने शुरू किए। जब उसका कार्य समाप्त हुआ तब ढाई घंटे बीत चुके थे। सजावट में कंघे को बनाने से अधिक समय लगा था।

अगली सुबह कोतवार एक जंगली अनानास के पेड़ के पास जाकर उसके चिपकती व

चित्र-90. झोरिया इलाके से बालों के पिन, लकड़ी से निर्मित

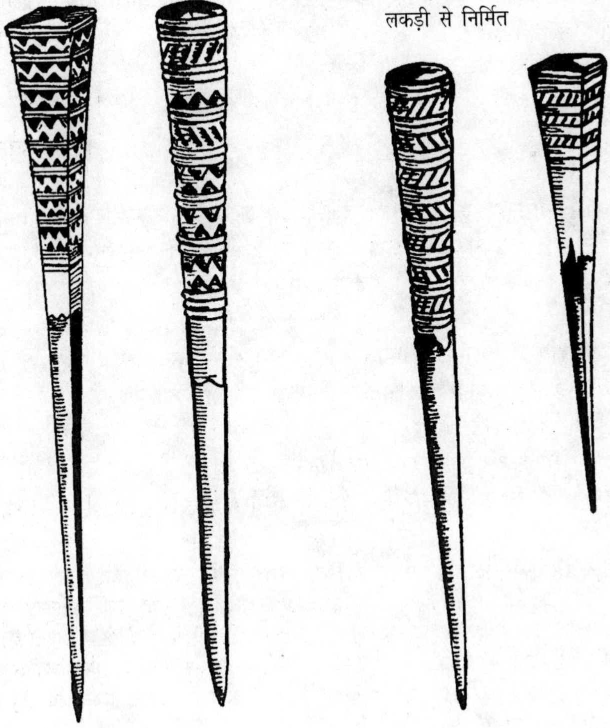

दूधिया गोंद निकालकर लाया। उसने एक पेड़ की शाख को अपनी कुल्हाड़ी के कुन्द हिस्से से मारा और एक पत्ते के दोने में गिरती हुई गोंद की बूँदें इकट्ठी कर लीं। यह वापस लाकर वह आग के पास बैठ गया। उसने थोड़ी-सी सूखी हुई घास से गोंद कंघे के दोनों ओर फैलाई, उसे आग में गरम किया, और गोंद लगाई तथा उस पर चाँदी का कागज़ फैला दिया। यह उसने अपनी छेनी की मूठ से बहुत ज़ोर से रगड़ा जब तक कि डिज़ाइन दिखने नहीं लगा। उसने कंघे के दूसरी ओर भी यही प्रक्रिया दोहराई। इस बार उसने कंघे को छेनी में लगाकर आग में थोड़ा सेका भी। अन्ततः उसने अपनी अँगुलियों के नाखूनों को चाँदी के कागज़ पर ज़ोर से दबाकर नीचे के डिज़ाइन को उभारा। इसके बाद उसने गोंद को, पानी में भीगी सूखी घास द्वारा साफ कर दिया।

बौमरा परगना के कुछ गाँवों में अगर किसी का कंघा ज़मीन पर गिर जाए तो उसे एक पूरे दिन वहीं रहने देना चाहिए जहाँ वह गिरा है। कोई भी अन्य व्यक्ति उसे उठा नहीं सकता और कंघे का मालिक इस सम्बन्ध में किसी से कुछ कह नहीं सकता।

बहुत स्थानों पर यह नियम है कि विवाहोपरान्त मुटियारी को एक निश्चित अवधि में अपना कंघा अथवा कंघे हटा देती हैं। अगर उसके बालों में एक दर्जन से अधिक ऐसे कंघे लगे हुए हैं जो उसके घोटुल प्रेमी ने उसे उपहार में दिए हैं तो यह कायदे की बात है कि वे इन्हें उसे लौटा दे। पर अगर ये कंघे शादी से पहले उसके अपने पति ने दिए हों या उसकी सहेली ने भेंट किए हों तो ? फिर वह उन्हें पहने रहती है। परन्तु यह कहना सुरक्षित नहीं होता कि कंघे धारण किए हुए स्त्री मुटियारी है और बिना कंघोंवाली विवाहिता। मैंने तीन बच्चों की माता को भी बालों में कंघे लगाए देखा है। पर आमतौर पर सुन्दर चाँदी के रंगवाले कंघे शादी के एक वर्ष बाद हटा दिए जाते हैं।[1]

4. सफाई

कुल मिलाकर मुरिया साफ-सुथरे लोग होते हैं। चेलिक और मुटियारी व्यक्तिगत सफाई पर बहुत ध्यान देते हैं। वे अपने कपड़े काफी जल्दी-जल्दी धोते हैं। ये रोज़ नहाते हैं और अपने बाल बहुत बढ़िया स्थिति में रखते हैं। इन्हें ऐसा करना पड़ता है–ये हमेशा नौकरी पर (घोटुल की) जो रहते हैं।

लड़के व लड़कियाँ नंगे होकर नहाते हैं। पहले मुटियारी का एक दल जल-स्रोत के पास जाता है। जब उन्हें यह विश्वास हो जाता है कि पास में और कोई नहीं है तो वे अपने कपड़े उतारकर पानी में कूद पड़ती हैं। वे अपने शरीर तथा हाथों-पैरों को मिट्टी से रगड़कर साफ करती हैं। अपने बालों को खोलकर उनमें भी मिट्टी रगड़ती हैं और उन्हें बार-बार धोती हैं। उनके पास शरीर को सुखाने के लिए तौलिए जैसी कोई चीज़ नहीं होती इसलिए वे धूप में बैठ जाती हैं।

अगर उन्हें थोड़ी सार्वजनिक जगह जैसे कुएँ या तालाब पर नहाना हो तो वे पहले पैर,

---

1. लाखेर और लुशाई कबीलों के लोग भी, मुरिया ही की भाँति, अपने कंघे किसी अन्य व्यक्ति को इस्तेमाल करने के लिए देना कतई पसद नहीं करते। 'इन्हें डर लगता है कि अगर ऐसा व्यक्ति जिसके सिर में दर्द रहता हो या जो दुष्टात्मा हो किसी का कंघा इस्तेमाल करे तो कंघे के मालिक को भी यही परेशानियाँ हो जाएँगी। –पैरी, उपर्युक्त देखें, पृ. 34।

हाथ और मुँह को साफ कर लेती हैं। फिर मुटियारी अपनी छाती पर ढके वस्त्र को हटाकर अपने पैरों पर लपेट लेती हैं या कमर पर कसकर लपेट लेती हैं। तत्पश्चात् वे कमर और छाती इस तरह धोती हैं जिससे कपड़ा गीला न हो।

चेलिक आमतौर पर नंगे ही नहाते हैं चाहे उनके आसपास लोग हों अथवा नहीं।

घर पर नहाने के लिए भी इन्तज़ाम होता है। बहुधा ट्रंकों को खोखला करके नीचे से सहारा दे दिया जाता है। दीवार में से एक नाली किसी प्रिय वृक्ष जैसे सागो ताड़ तक जाती है। पत्नी अपने पति के हाथों, पैरों व सारे शरीर पर पानी डालती है। हाथ-मुँह धोने का एक अन्य तरीका भी है। एक लम्बे डंडे से बँधा कटोरा पानी से भरकर, इसके हैंडल को ठोड़ी के नीचे दाब लिया जाता है। इससे दोनों हाथ मलने के लिए स्वतन्त्र हो जाते हैं।

सफाई की परम्परा में कुछ कमियाँ भी हैं। सहवास के बाद कोई भी नहीं नहाता। चेलिक और मुटियारी का ऐसा करना समझ में आता है। उनका असमय नहाना उनकी रति-क्रीड़ा का प्रमाण होगा। निम्नलिखित व्यंग्यात्मक पंक्तियाँ विवाह के समय गाए जानेवाले एक गीत का अंश हैं :

तुम्हारा बेटा पानी में नहा रहा है,
राजा करण के घंटे में।[1]
तुम्हारी बेटी पानी में नहा रही है,
सम्भोग के उपरान्त।

आमतौर पर मुरिया खाना खाने से पहले हाथ साफ नहीं करते। शौच जाने के बाद भी वे हाथ नहीं धोते। बूढ़ी स्त्रियाँ बहुत गन्दी रहती हैं। उन्हें बहुत मेहनत करनी पड़ती है इसलिए जल-स्रोत पर जाकर नहाने की शक्ति उनमें नहीं रहती। इस कारण मुरिया के पड़ोसी इनके विषय में कई अशिष्ट कहावतें कहते हैं। 'कोई भी मुरिया स्त्री एक बार के खाने लायक चावल जितना ही धान अलग करती है और अपने कूल्हे नहीं ढकती जो गन्दगी के कारण मोटे दिखते हैं।'

'एक मुरिया राजा की तरह धनवान तो हो सकता है पर वह हमेशा सूअर की तरह गन्दा रहता है।'

यह गन्दगी गरीबी की वजह से होती है और बहुधा गरीबी मुरिया के निन्दकों की ही देन होती है। यह सच है कि आदमी व औरतें अपने कूल्हे ज़मीन पर बैठकर गन्दे कर लेते हैं। वे अपने कपड़े उठाकर बैठते हैं जिससे कपड़े घिसे नहीं। अगर कपड़ा गन्दा हो जाएगा तो वह बार-बार धोना पड़ेगा जिससे वह और अधिक घिसेगा। सम्पन्न भारतीय और यूरोपियन निन्दक जिनकी मेज़ों पर नौकर पानी लाकर हाथ धुलवाते हैं यह भूल जाते हैं कि जब पानी खुद भरकर दूर के जल-स्रोत से लाना पड़ता है तो उसे इस्तेमाल भी बहुत एहतियात के साथ किया जाता है।

फिर भी गरीबी, पानी की कमी और नहाने इत्यादि की वस्तुओं के पूर्ण अभाव (ऐसी कितनी अंग्रेज़ महिलाएँ हैं जो एक मुटियारी की भाँति स्वयं को, अगर साबुन वगैरह न मिले, तरोताज़ा और साफ रख पाएँगी ?) के बावजूद मुरिया लोगों के घर साफ और आनन्ददायक मिलते हैं।

मुरिया अपने घर गोबर और पानी के मिश्रण से धोते हैं। जब यह सूख जाता है तब

1. राजा करण एक पौराणिक पात्र है जो सफाई को बहुत पसन्द करता है।

चित्र-91. मारकाबेरा से नक्काशीदार लकड़ी के टुकड़े जिन्हें मुटियारी बालों में रखती हैं।

वे जंगल से साफ मिट्टी लाकर इन्हें लीपते हैं। एक अच्छी गृहिणी यह प्रक्रिया रोज़ करती है। मुटियारी को घोटुल बिलकुल साफ-सुथरा रखना पड़ता है–'इसी तरह वह अपने पति के घर को साफ रखना सीखती है जब वह हमें छोड़कर जाती है,' बेरमा के लड़कों ने मुझे समझाया।

चेलिक और मुटियारी जितनी बार नहाते हैं, उतनी ही बार कपड़े भी धोते हैं। बूढ़े लोग जो अपने व्यक्तित्व के विषय में अधिक परवाह नहीं करते और कम खर्च तथा आराम के बारे में ज़्यादा चिन्तित होते हैं, वे स्वाभाविक है, कपड़े कम धोते हैं। कपड़े एक बर्तन में, साजा, तिल, धौरा, सियारी बेन या चावल के धान की राख डालकर, उबाले जाते हैं। जब बर्तन ठंडा हो जाता है तो नदी पर ले जाया जाता है जहाँ इसे पत्थर पर पीटकर धोया जाता है। मासिक स्राव से गुज़र रही महिला के गुप्तांगों को ढकनेवाला कपड़ा नदी किनारे ही उबाला जाता है। तेमूरगाँव में मैंने नदी के किनारे ऐसे बहुत से बर्तन देखे–कुछ पानी में तैरते हुए भी। स्पष्ट है कि मुरिया इन बर्तनों को पुनः घर में नहीं रखते।

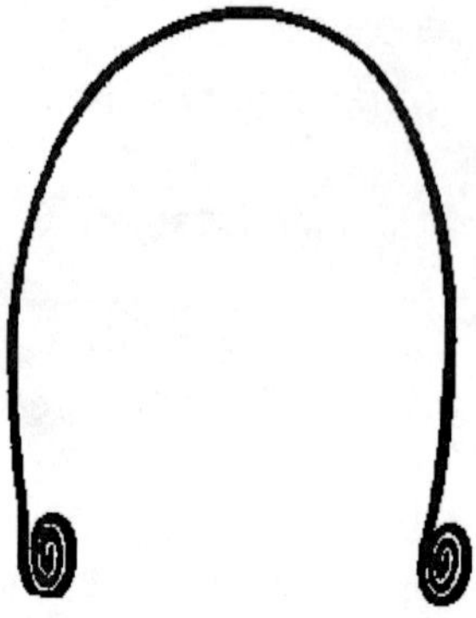

चित्र-92. पुराने छाते से स्थानीय लोहार द्वारा बनाई गई लड़कों के बाल रोकने की वस्तु।

शौच के लिए मुरिया जंगल या खेत में जाते हैं। इनके गाँवों में कहीं इस तरह की गन्दगी नहीं मिलती। बच्चा जब घर ही में शौच जाता है तब माँ वहाँ तुरन्त सफाई करके, ऊपर राख छिड़क देती है। लिंगो ने घोटुल में लड़की व लड़कों को पहली बात यह सिखाई थी कि उन्हें कभी रास्तों को गन्दा नहीं करना चाहिए। मुरिया शौच के बाद अपने आपको पानी से साफ नहीं करते। इसलिए इनके क्षेत्रों में नदी

व जल-स्रोतों के किनारे एकदम साफ मिलते हैं। यह उन गाँवों के बिलुकल विपरीत है जो अधिक 'विकसित' हैं।

शौच के बाद मुरिया स्वयं को पत्तों से साफ करते हैं पर वे इसके लिए सियारी, साजा, चार, सराई, तेन्दु या करमाता पत्ते इस्तेमाल नहीं करते। साजा पवित्र माना जाता है; तेन्दु का भी लिंगो से सम्बन्ध है। सराई, करमाता और सियारी पत्ते दोने बनाने के काम आते हैं।

घोटुल में अन्दर पेशाब करने पर कड़ा प्रतिबन्ध होता है। इस कारण घोटुल अन्दर से साफ़ व ताज़ा रहता है। पर यह नियम हर जगह नहीं है। कुछ घोटुल में दीवार में ज़मीन के निकट छेद कर दिए जाते हैं जिन्हें पेशाब करने के लिए लोग इस्तेमाल करते हैं। अन्य घोटुल में हालाँकि बच्चे इमारत के अन्दर पेशाब नहीं कर सकते पर वे चहारदीवारी पर ऐसा कर सकते हैं। आमतौर पर लड़के और लड़कियाँ दोनों खड़े होकर लघुशंका करते हैं। इससे यह पहेली निकली है, 'पूरे दम के साथ तीर चलाओ, पर फिर भी वह तुम्हारे पैरों के बीच में ही गिरेगा।'[1]

5. *तम्बाकू*

बहुत घोटुलों में तम्बाकू का वितरण शाम की एक खास रस्म होती है। जब लड़कियाँ जोहार करने जाती हैं तब बेलौसा और उसकी सहायिका कुछ चुटकी तम्बाकू–जो बहुत महीन पिसा हुआ होता है–हर लड़के के हाथ पर रख देती हैं। एक लड़के को यह विशेष कार्य सौंपा जाता है कि वो यह देखे कि तम्बाकू की पर्याप्त मात्रा उपलब्ध रहे और लड़कियाँ रोज़ उसे बनाएँ।

काचोरा में तम्बाकू की शुरुआत के बारे में एक लोक-कथा प्रचलित है।

> बहुत समय पहले की बात है। मुरिया का एक दल दशहरे पर महाराज के दर्शन करने निकला। रास्ते में वे ऐसे स्थल पर आए जहाँ एक बाँझ स्त्री को जलाया गया था। यह स्त्री बहुत सुन्दर थी पर कोई उसकी परवाह नहीं करता था–कोई धूप से बचने के लिए एक सूखे पेड़ के पास क्यों जाएगा ? उसने नन्दराज से शिकायत की। वे बोले, 'हालाँकि अब ये लोग तुम्हारा ध्यान भले ही न रखते हों पर तुम्हारे मरने पर ये तुम्हारे बिना नहीं रह पाएँगे।' सो उसकी मृत्यु के पश्चात् उसकी राख से एक सुन्दर पौधा उगा।
>
> दल में से एक लघुशंका करने गया और तब उसे यह पौधा दिखाई दिया। उसने एक पत्ता तोड़ा और उसे चबाने लगा। उसे पत्ता मीठा लगा। उसने अन्य लोगों में भी ये पत्ते बाँटे। घर लौटते समय वह फिर इस पौधे के पास गया पर उसने पाया कि पौधा सूख चुका था। सो उसने बीज ले जाकर अपने बगीचे में बो दिए। जब पत्ते तैयार हो गए तो उसने उन्हें चबाया और उसे नशा-सा होने लगा। यह अनुभव इतना बढ़िया था कि जब भी उसके मुँह में पत्ते नहीं होते तो

1. मुरिया घोटुल उराओन धूमकुरिया के मुकाबले बहुत कम बदबूदार होता है। ऐसा मेरा अपना अनुभव है। एक लेखक ने आओ नागा के मोरंग के अन्दरूनी कमरे, जिसे पेशाबघर के रूप में इस्तेमाल किया जाता है, लिखा है कि 'यहाँ से इतनी बदबू आती है कि दूसरे कमरे तक में कदम नहीं रखा जाता।'–एस.एन. मजूमदार, 'द आओ नागाज़', *मैन इन इंडिया,* खंड IV (1924), पृ. 53।

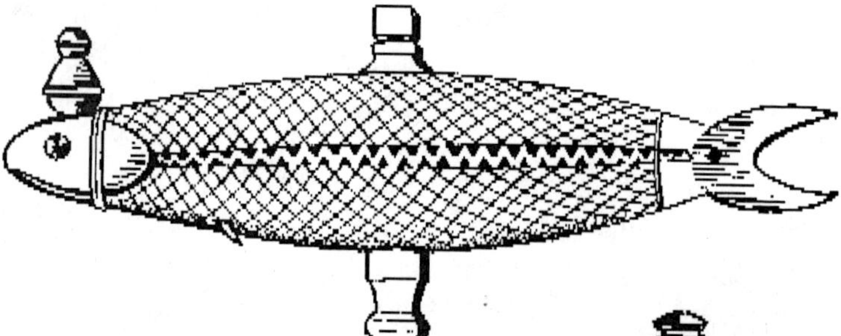

चित्र-93. मिन-हाप-गोटा एक खूबसूरत नक्काशीदार तम्बाकू का डिब्बा जिसे पगड़ी में रखा जा सकता है

चित्र-94. योनि के प्रतीकवाला पुडे-गोटा

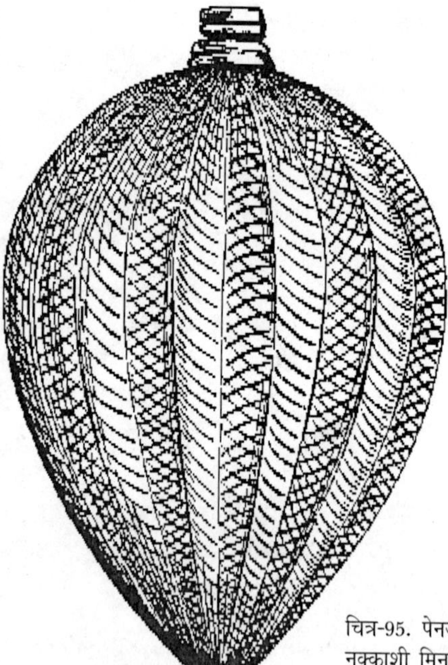

चित्र-95. पेनजोरी से तम्बाकू रखने का डिब्बा जिसकी नक्काशी मिन मछली की पसलियों की प्रतीक है

वह चाहता कि वह और पत्ते चबाए। इसलिए तम्बाकू को सुरती (छत्तीसगढ़ी शब्द सुरता का अर्थ है इच्छा या याद) कहा जाता है।

हर सुबह तम्बाकू के पौधे धुआँ छोड़ते हैं क्योंकि इनके पत्तों पर रात को ओस जमा हो जाती है। इसलिए पत्तों के पाइप में इस्तेमाल होनेवाले तम्बाकू को डुंग्या-धुआँ, कहते हैं।[1]

चेलिक और इनसे बड़े व्यक्ति भी इस सुरता को शान्त करने के लिए या तो तम्बाकू चबाते हैं या छोटे पत्तों के पाइप में डालकर धुआँ छोड़ते हैं। ये पाइप आग से जलते कोयले उठाकर सुलगाए जाते हैं। जब पाइप इस्तेमाल में नहीं होते तो इन्हें पगड़ी में रखा जाता है या घोटुल की दीवार के किसी छेद में।

पर चेलिक घोटुल में मिलनेवाले तम्बाकू पर ही निर्भर नहीं करते। कोई भी मेहनती लड़का अपने लँगोट में या कमर से लटकती हुई, तम्बाकू की थैली धारण करता है। कमर से लटकती हुई थैली में कभी-कभार कौड़ियों या घंटियों के गुच्छे भी लटके होते हैं। इन थैलियों को गोटा कहा जाता है तथा जैसा कि चित्र 82-4, 93-5, 103-4 और 109-14 दिखाते हैं, ये बहुत भिन्न और खूबसूरत होती हैं। ये हर आकार और आकृति की मिलती हैं। एक मछली की तरह है, एक नक्काशीदार पहिए की तरह; और तीसरी आम की आकृति की। कुछ गरुड़, मोड़ या कोराया लकड़ी की होती हैं, कुछ फल के सख्त छिलकों की व कुछ पीतल की। थोड़ा लाख लगाकर इनके ढक्कन कसकर बन्द कर दिए जाते हैं। कुछ बकरा या साँभर के अंडकोषों से ढकी हुई होती हैं। अधिकांश पर महीन नक्काशी होती है।

बहुत-सी गोटा थैलियों के नाम होते हैं : हुदोंद-गोटा—लड़की के स्तन की भाँति गोल; चक्का-गोटा (चित्र 77)—एक सुन्दर व नक्काशीदार पहिया; हेमुल—कछुआ थैली जिस पर विस्तृत व महीन नक्काशी होती है; मारका-बट्टा-गोटा (चित्र 112)—आम की आकृति की थैली; कलारी-गोटा (चित्र 83); मिन-हाप-गोटा—मछली की हड्डियों जैसी सजावट वाली; तुमुर-गोटा—जिसकी नक्काशी आबनूस के फूलों के समान होती है; गिरने या छिपकली गोटा (चित्र 82); और दामेरा-आचिंग-सिंगार गोटा (चित्र 110) जिस पर विस्तृत चाँदी का काम होता है। कुछ गोटा का ध्येय यौन-क्रीड़ा सम्बन्धी होता है; पुडे-गोटा (चित्र 94 व 99) स्त्री-योनि जैसी दिखती है और दुदो-मुरी (चित्र 101) पर स्त्री के स्तनों के अग्रभाग जैसे चित्र बने होते हैं। चेलिक लड़कियों में कामेच्छा जगाने के लिए उन्हें ये दिखाते हैं। पर जैसा कि मैं एक अन्य अध्याय में दिखाऊँगा, किसी लड़की से तम्बाकू माँगने का अर्थ होता है शिष्टता से उससे प्रणय निवेदन करना।

मुरिया तम्बाकू अपने घरों के निकट विशेष चहारदीवारी लगाए गए बगीचों में उगाते हैं। कभी-कभी ऐसी तम्बाकू इकाइयाँ नदी किनारे भी बनाई जाती हैं। जब यह तैयार हो जाता है तो उसे काटकर बगीचे में ही सुखाया जाता है। फिर उसे कोंदों की सूखी घास में रखा जाता है जो 'कुछ ही दिनों में इसे लाल कर देती है।' इसके बाद इसे पुनः सुखाकर, इस बार घर की छत पर, बंडलों में, घर पर ही तैयार की गई रस्सी से बाँध दिया जाता है।

---

1. देखें कोंड कहानी, पृ. 395-396।

6. सोने की चटाई

घोटुल के फर्नीचर की एक महत्त्वपूर्ण वस्तु होती है *जिक* या *मसली* चटाई। जब भी कोई लड़का घोटुल में प्रवेश करता है तो उससे अपेक्षा की जाती है कि वह अपनी माता या किसी अन्य करीबी महिला रिश्तेदार द्वारा बुनी हुई चटाई लाए। बाद में, खासकर जोड़ीदार घोटुल में मुटियारी अपने विशेष चेलिक के लिए हमेशा एक चटाई बनाती है। परन्तु अन्य जगहों पर यह कार्य लड़की की माँ, बहन या अन्य महिला रिश्तेदार करती है। शादी में दूल्हे को नई चटाई उपहार में दी जाती है।

ऐसी चटाई बनाना कठिन कार्य नहीं होता। ज़मीन पर एक आयत बनाकर उसके चारों कोनों में खूँटे गाड़ दिए जाते हैं। खूँटों के बीच बाँस के टुकड़े बाँधे जाते हैं और एक दर्जन या उससे अधिक रस्सियाँ या घास के मज़बूत धागे एक छोर से दूसरे छोर तक ऐसे बाँधे जाते हैं कि जाल-सा बन जाए। इन्हें जोड़ने से पहले इन्हें आच–एक लकड़ी का औज़ार–के छेदों से गुज़रना पड़ता है जिससे घास को पीटकर अपनी जगह स्थिर किया जाता है। स्त्री आच अपने सामने रखकर बैठ जाती है और फिर घास के धागे रस्सियों के ऊपर व नीचे बुनती जाती है। दो या तीन बार बुनने के बाद यह इन पर पानी छिड़क देती है और आच को अपनी तरफ ज़ोर लगाकर कई बार खींचती है जिससे घास के धागे कस जाते हैं। यह प्रक्रिया तब तक चलती रहती है जब तक चटाई पूरी तैयार नहीं हो जाती।

ये चटाइयाँ घर पर रखी जाती हैं तथा लड़कियाँ व लड़के रात को इन्हें गोल-गोल लपेटकर, अपनी बगल में दबाकर, घोटुल में सोने लाते हैं। कुछ गाँवों में चटाइयाँ लाने का दायित्व लड़कियों का होता है। मसनी जोहार करते समय ये लड़कों को उनकी मसनी चटाइयाँ थमाती जाती हैं।

चित्र-96. लकड़ी की आँच जो मसनी चटाई के लिए प्रयुक्त होती है

चटाई एक स्पष्ट यौन प्रतीक है और बहुत-से अश्लील चुटकुले इसके साथ सम्बन्धित हैं। दूल्हे को विवाह पर दी गई चटाई पर तेल चुपड़ दिया जाता है जिससे यह 'फिसलनी हो जाए।' एक बार जब मैं अमगाँव में बैठने चला तो एक चेलिक मसनी ले आया। इस पर एक बूढ़ा व्यक्ति बोला, 'इस पर मत बैठना क्योंकि यह वीर्य से भरी है,' और सबको हँसी आ गई। चेलिक द्वारा चटाई दिया जाना एक बहुत सम्मान की बात होती है शायद इसलिए क्योंकि यह रूमानी भावनाओं और उत्तेजना से जुड़ी हुई होती है।

अध्याय : पन्द्रह

घोटुल में अनुशासन

1.

'हम घोटुल के नियम और कानून सरकार के कानून से अधिक महत्त्वपूर्ण मानते हैं; क्योंकि ये कानून हमने ही बनाए हैं, इसलिए हम इनसे प्यार करते हैं।'

—आम मुरिया कहावत।

चेलिक और मुटियारी का जीवन कड़े अनुशासन में व्यतीत होता है। जब कोई लड़का घोटुल

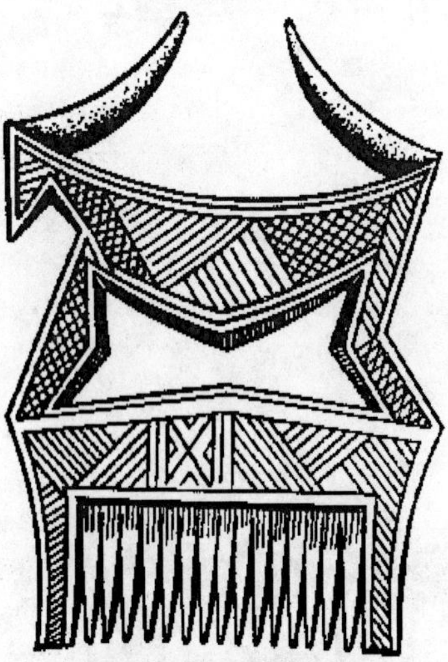

चित्र-97. पलारी से कंघा-सींग मधुमक्खियों के मोम से बना है

चित्र-98. अन्तागढ़ से कंघा

चित्र-99. पुडे-गोटा

का नेता बनता है तब उनके अधिकारों में एक होता है घोटुल के नियम तोड़नेवालों का आकलन करके उन्हें दंड देना। यह चकित कर देनेवाली बात है कि कैसे ये दंड मुरिया बच्चों के दिमागों पर गहरी छाप छोड़ते हैं।

जब बच्चों को प्रवेश दिया जाता है तब उनसे नेता कहते हैं, 'तुम्हें प्रतिदिन आना पड़ेगा अन्यथा दंड मिलेगा।' इसी तरह लड़कियों को भी आगाह किया जाता है–'तुम्हें रोज़ आना होगा, नहीं तो सज़ा मिलेगी। तुम्हें चेलिक की मालिश करनी होगी अन्यथा दंड दिया जाएगा।' जब कोई लड़की विवाह करके घोटुल छोड़ती है तब उसकी सबसे कोमल यादें, जैसा कि विदाई के गीतों से स्पष्ट होता है, घोटुल की सज़ाओं से जुड़ी होती हैं। 'दुधार गाई के लात

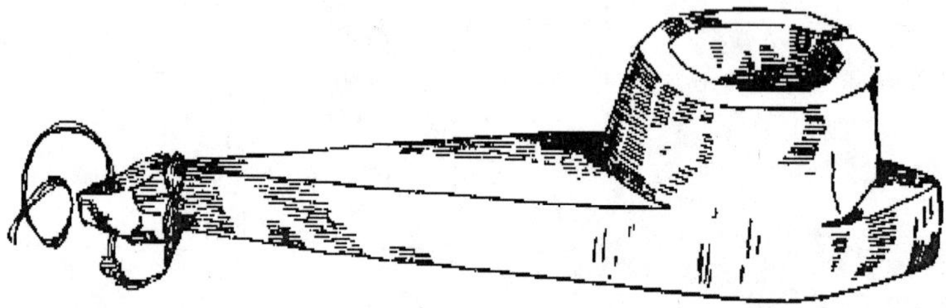

चित्र-100. तम्बाकू कूटने की वस्तु

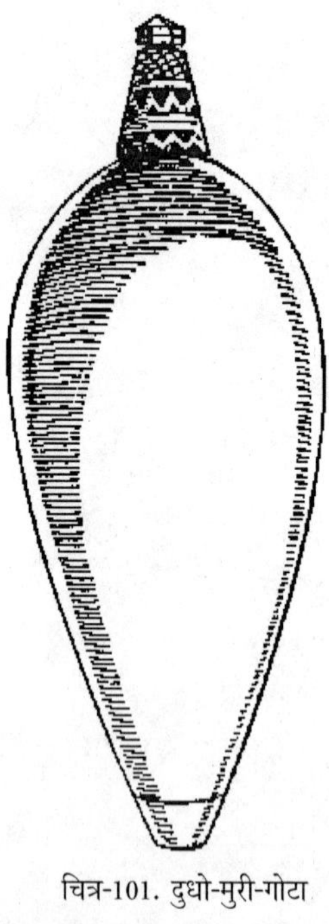

चित्र-101. दुधो-मुरी-गोटा

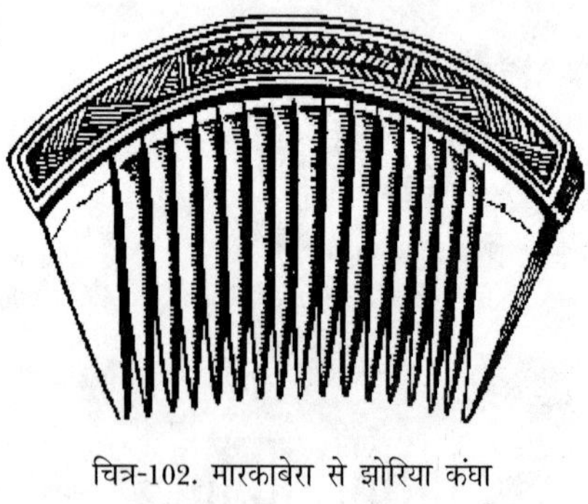

चित्र-102. मारकाबेरा से झोरिया कंघा

मिठाई : दूध देनेवाली गाय की लातें भी मिठाई के समान होती हैं।'

अगर हम मुरिया घोटुल में नियमों का उल्लंघन तथा दंडों का अध्ययन करें तो इससे हमें मुरिया में नैतिकता की सोच और चेलिक व मुटियारी की अन्दरूनी जीवन के बारे में काफी महत्त्वपूर्ण जानकारी हासिल हो सकती है।

इनके अपराध कायदे से तब तक नहीं समझे जा सकते जब तक हमें कबीले के नैतिक और सामाजिक जीवन के विषय में कुछ पता न हो। मुरिया लोग अन्य कबीले के लोगों की तरह ही कबीले की एकता को सबसे नैतिक और उत्तम लक्ष्य मानते हैं। जो भी कार्य इस एकता और भाईचारे को भंग करता है वह बुरा माना जाता है। व्यक्तिगत पसन्द अथवा नापसन्द एवं व्यक्तिगत दृष्टिकोण रखना महापाप समझे जाते हैं। इस कारण से लड़ाई, हत्या और चोरी यहाँ असाधारण बातें हैं तथा ये घटनाएँ यहाँ कभी-कभी ही घटित होती हैं। ऐसे कुछ लोग अवश्य होते हैं जो इनके समाज की रुचियों और कार्यों में भागीदार नहीं बनना चाहते। विवाह के बाद अवैध सम्बन्ध खराब माने जाते हैं सिर्फ इसलिए नहीं कि इनसे अन्य मुरिया के अधिकारों का हनन होता है परन्तु मुख्यतः इस कारण से कि इनसे लोगों में घरेलू व्यवस्था टूटती है एवं जलन और नफरत को बढ़ावा मिलता है।

हम देख चुके हैं कि मुरिया काम को बहुत महत्त्व देते हैं। आलस और लापरवाही के प्रति बहुत कड़ा रुख अपनाया जाता है और सामान्यतः पति व पत्नी में इन्हीं बातों को लेकर झगड़ा होता है। सफाई, सभ्यता, शालीनता और विनम्रता—वे गुण हैं जिनकी मुरिया दिल से सराहना करते हैं। कबीले के नेता से शान्त और विनम्र व्यवहार की अपेक्षा की जाती है; कायर तथा डराने-धमकानेवाले व्यक्ति—दोनों नापसन्द किए जाते हैं।

इस तरह के समाज में, वे कौन-से कार्य हैं जिन्हें घोटुल में खराब समझा जाता है और जो घोटुल के कानून के अनुसार दंडनीय होते हैं ? चलिए उन क्रिया-कलापों के बारे में विचार करें जिनके द्वारा सामाजिक लाभ को कथित रूप से क्षति पहुँचती है। इनका दोगुना महत्त्व होता है क्योंकि कबीले में एकता की इच्छा, घोटुल जैसे गहन भाईचारेवाले संस्थान में अपनी चरम सीमा पर पहुँच जाती है।

2.

घोटुल में लड़ाइयों की व्यापक निन्दा होती है। इनसे घोटुल की शान्ति भंग होती है और स्वभाव से विनम्र मुरिया लोगों को कष्ट होता है। बच्चों पर इसके लिए जुर्माना होता है और उन्हें घोटुल से निकाला भी जा सकता है। एक समय खुटगाँव में एक बहुत चिड़चिड़ा चेलिक था जो सबसे लड़ता रहता था। कुछ समय पश्चात् घोटुल के नेताओं ने उसे बुलाया और कहा, 'तुम घोटुल के अन्दर रहना चाहते हो अथवा बाहर ?' बस उस दिन से वह सही रास्ते पर आ गया।

घोटुल के भाईचारे को, इसके अन्दर की घटनाएँ बाहर बताकर भंग करना, विशेषकर अगर चेलिक और मुटियारी के बीच अन्तरंगता की कहानियाँ सुनाई जाएँ या गर्भ-धारण की अफवाह उड़ाई जाए, तो यह संगीनतम अपराधों में से एक समझा जाता है। यह इसलिए क्योंकि, 'वह जो मुँह से निकलता है पूरी दुनिया में फैलता है।' एक बार गोरमा में कोतवार और बेलोसा ने गाँव को बता दिया कि एक लड़की गर्भवती है। इस पर दोनों को निष्कासित

कर दिया गया, यह बताकर कि अब किसी भी स्थिति में उन्हें पुनः प्रवेश नहीं दिया जाएगा। जब वे बहुत सारी शराब लेकर आए और प्रत्येक चेलिक के पैर पकड़कर माफी माँगी एवं कभी ऐसी गलती न करने का वायदा किया, तब कहीं जाकर उन्हें घोटुल में वापस लिया गया।

घोटुल के भाईचारे पर घोटुल नाम लेते रहने से बल दिया जाता है। घरेलू नामों का प्रयोग निषिद्ध होता है। अगर एक छोटा बच्चा अपने बड़े भाई को घर में प्रयुक्त नाम से पुकारता है तो बड़े उसे बुलाकर ऐसा करने से मना करते हैं। गलती की पुनरावृत्ति पर दंड दिया जाता है।

घोटुल को साफ रखा जाता है। थूकने की अनुमति होती है पर पेशाब करने की नहीं। कोई भी घोटुलवासी जो भवन के अन्दर यह कार्य करता है, दंडित किया जाता है। कुछ घोटुल में बाहर आँगन में भी लघुशंका करने पर पाबन्दी होती है। हवा बाहर निकालना बहुत खराब नहीं होता; बच्चे ऐसा होने पर हँसते हैं और यह करनेवाले को *पादरा* या *पादरी* के नामों से पुकारते हैं। सिर्फ एक मामूली दंड दिया जाता है। ऐसलनार में मुजरिम को सलाम।

खासतौर पर मुरिया इलाके की सीमा के चारों तरफ जहाँ गाँववालों पर छत्तीसगढ़, उरिया या जगदलपुर का गहरा असर है, अनेकों घोटुलों में प्रायः लड़कियाँ नहीं सोती किन्तु यह एक ऐसा विषय है जिसके बारे में निश्चित रूप से कहना नामुमकिन है। कुछ हिन्दू गाँवों में भी जहाँ मुरिया आबादी कम है, मुटियारी रोज़ अपने घर लौट आती हैं ताकि अपने हिन्दू पड़ोसियों की भर्त्सना से बच सकें। कोंडागाँव तहसील के उत्तर और पूर्व के बारे में यह बात खासतौर पर सही है।

चित्र-103. स्थानीय घासिया द्वारा बनाया गया पीतल का तम्बाकू रखने का डिब्बा।

कुछ गाँवों में तो घोटुल बिलकुल ही त्याग दिया गया है।

हर लड़का बदले में कहता है, 'जोहार, महाराज, मेरा पाद निकल गया है।' एक मज़ेदार नियम के तहत वायु विसर्जन करनेवाले लड़कों और लड़कियों को हँसने की मनाही है। पाद्र शब्द आप तीन बार से अधिक नहीं कह सकते; मज़ाक को दूर तक ले जानेवाले पर जुर्माना ठोक दिया जाता है।

बिछौने पर मूतनेवाले को निम्नलिखित 'खोटला-पहाड़ा' दंड दिया जाता है; यदि वह तब भी नहीं सुधरता तो उसे घोटुल से निकाल दिया जाता है।

अधिकतर घोटुल बहुत साफ़-सुथरे रखे जाते हैं; इसमें भूल-चूक होते ही कठोर दंड मिलता है। भवन को बुहारने और गाय के गोबर से लीपने का काम लड़कियों की खास जिम्मेदारी है। किन्तु प्रायः उनकी जगह कोतवार को दंडित किया जाता है। काबोंगा में जब दीवान ने यह देखा कि पहले दिन की आग की राख साफ़ नहीं की गई है तो उसने इंस्पेक्टर से शिकायत की जिसने कोतवार को बुलाकर सारी राख उसके ऊपर फेंक दी। कोतवार ने इस बात पर ज़ोर दिया कि गलती लड़कियों की थी उसकी नहीं तो लड़कियों को बुलाकर राख उनके ऊपर डाल दी गई और उनके गुप्तांगों तक में घुसेड़ दी गई। कोकोरी में भी दो लड़कियों के पाँव बाँधकर छत से उल्टा लटका दिया गया और उनकी योनियों में राख डाल दी गई।

सामान्यतः घोटुल के चारों ओर की सफाई का ध्यान रखना चेलिक का काम है। 1941 में पलारी में मुंशी, सिपाही और लिकन्दर घोटुल के आगेवाले स्थान को नाच के लिए साफ करने का काम दिया गया जो उन्होंने नहीं किया। उन तीनों को छत से लटका दिया गया जब तक कि उन्होंने माफी नहीं माँग ली और तुरन्त काम करने का वादा न कर लिया। लड़कों को प्रायः लड़कियाँ न लाने के लिए दंडित किया जाता है। यह काम उन्हें पसन्द नहीं है। जामकोट घोटुल में अन्तार (हंटर, चाबुक) का काम उन लड़कों पर कोड़े बरसाना था जो यह काम नहीं करते थे।

चेलिक और मुटियारी इस बात पर ज़ोर देते हैं कि शामलात श्रम और मौज-मस्ती में सबका बराबर हिस्सा हो। घोटुल में निरन्तर नहीं आने पर दंड मिलता है; दो या तीन दिन की अनुपस्थिति उचित कारण होने पर जुर्माना देना होता है। मुटियारियों की अनुपस्थिति को खराब माना जाता है। यह एक गम्भीर अपराध माना जाता है—चेलिक के अधिकारों में हस्तक्षेप और घोटुल बिरादरी का निरादर। इससे यह सन्देह पैदा होता है कि लड़की किसी विवाहित अथवा दूसरी जाति के आदमी से इश्क कर रही है। दूसरी तरफ़ यदि लड़की मासिक धर्म के दौरान घोटुल में आती है तो उसे दारू तथा अन्य महँगी बलि की व्यवस्था करनी पड़ती है ताकि लिंगो पेन, जिनको उसने नाराज़ किया है, प्रसन्न हो सकें।

किसी दूसरे गाँव जाने पर लड़की के व्यवहार को नियन्त्रित किया जाता है। वह वहाँ के घोटुल में नाचने, लड़कों की मालिश करने और उनके बालों में कंघी करने जा सकती है किन्तु उसे सोने के समय से पहले लौटना पड़ता है। यदि वह ऐसा नहीं करती और उसके घोटुल के लड़के यह पता लगा लेते हैं उसने उनको धोखा दिया है तो वे उस पर भारी जुर्माना लगा देते हैं।

मर्दों के अनुसार मुटियारी प्रायः जिद्दी और तंग करनेवाली होती है और इसलिए उन्हें अनुशासन में रखा जाना चाहिए। कभी वे उदास और खिन्न हो जाती हैं और खेलों और नाचों में हिस्सा नहीं लेती; सरांडी की जुलारो पर नाच में भाग न लेने के कारण इकन्नी का जुर्माना लगा। कभी वे लड़कों के साथ खेलने, उनकी सही मालिश करने और कंघी करने को मना कर देती हैं। काजेन के घोटुल कोतवार को हर मंगलवार को यह रिपोर्ट देनी होती है कि किसी लड़की ने कंघी तो नहीं खो दी या चेलिक के बालों को सँवारने से मना तो नहीं कर दिया।

एक लड़की की इच्छा के विरुद्ध कोई चेलिक उसके साथ जबरदस्ती नहीं कर सकता। मारकाबेरा में एक बार एक चलिक ने अलोसा के साथ जबरदस्ती की जो दूसरे लड़के की

घोटुल-बीबी थी। इस अपराध के लिए उसे दो रुपए का जुर्माना देना पड़ा। परिपक्व होने पर यदि कोई लड़की किसी भी एक चेलिक से सम्भोग करने से मना करती है तो घोटुल में आतंक फैल जाता है और यदि वह निरन्तर मना करती है तो लड़के और लड़कियाँ उसकी शादी में शामिल नहीं होते।

अपने सामाजिक दायित्वों को पूरा न करने के लिए लड़कों को भी दंड दिया जा सकता है। पालारी में बैदार और दफेदार ने निजी घृणा के कारण कैप्टन की शादी में शिरकत नहीं की तो उन पर चार-चार आने का जुर्माना लगा। गोरमा में गाँव के मुखिया के पुत्र की शादी में लड़के और लड़कियाँ इसलिए नहीं गए कि वह घोटुल की ज़िन्दगी से नफरत करता था। उन्होंने उससे कहा कि तुम हमें नापसन्द करते रहे अब हमारे बिना शादी भी कर लो। मुखिया के बेटे को एक सप्ताह घोटुल में सोना पड़ा तब उसे माफ़ी मिली।

3.

अपना काम न करने पर घोटुल के अफसर भी दंडित होते हैं। इससे कोई बरी नहीं है क्योंकि किसी को विशेषाधिकार प्राप्त नहीं। यह एक महत्त्वपूर्ण बात है। यदि चालीस वर्षीय मसोरा का दीवान अपने बेटे या बेटी को बचाना चाहे तो उसे भी जुर्माना देना होगा। यदि चेलिक का प्रधान भी अपनी खास मुटियारी या घोटुल-बीबी को बचाने की कोशिश करे तो उसे अपना पद खोना पड़ सकता है। बिन्दो ने दुलोसा को दंड देने में कोई हिचकिचाहट नहीं दिखाई यद्यपि उनके बीच गहरा लगाव था।

मसोरा के मंगरू ने हमें बताया जब वह पहारदार था तो उसका काम लोगों को दंड देना था। क्योंकि वह किसी को दंडित नहीं करना चाहता था तो उसे स्वयं दंडित होना पड़ा। उसके पाँव छत से बाँध दिए गए और जब वह लटका हुआ था तो लड़के-लड़कियाँ एक रेलो गीत

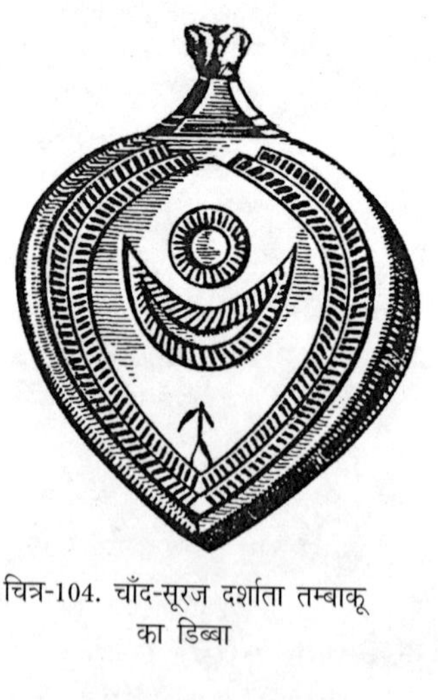

चित्र-104. चाँद-सूरज दर्शाता तम्बाकू का डिब्बा

चित्र-105. काजेन से लड़के का गलहारा–कौड़ियाँ लाल और चाँदी के रंग के मोतियों के साथ बँधी हैं

गा रहे थे। इसी प्रकार जामकोट घोटुल का एक भूतपूर्व चेलिक भी दंडित किया गया था क्योंकि वह एक चेलिक और मुटियारी से एक शादी में काम नहीं करा सका था। बिन्दो ने घोटुल कोतवार को इसलिए दंड दिया था क्योंकि वह मुटियारी को शाम में न लाने के कारण अवज्ञा का दोषी बन गया था। पचास साल बाद बिन्दो उस घटना को सन्तोष के साथ याद करता है।

जब घोटुल का सरदार दंडित किया जाता है तो परम्परा के अनुसार मुटियारी उसके स्थान पर दंड भोगने की याचना करती है। चन्दाबेरा में मेरी उपस्थिति में आगन्तुकों के लिए यही इन्तज़ाम न करने के कारण जब सरदार पर जुर्माना ठोका गया तो लड़कियों ने स्वयं को प्रस्तुत किया।

अगर घोटुल का सरदार एक बदज़ुबान या सुस्त आदमी हुआ तो चेलिक और मुटियारी गाँव-प्रधान की मदद से उसे पदच्युत करा सकते हैं। मानेगाँव का लेयूर-गेयता और सलनार का मलिक बदज़ुबानी के कारण हटाए या दंडित किए गए। बेरमा घोटुल का कोतवार तथा केहलाकोट का कोतवार भी इसी कारण हटा या दंडित किए गए।

सुस्ती किसी भी लड़के को बड़े पद के अयोग्य बना देती है। इसी दोष के कारण अन्तारगाँव का माँझी हटाया गया, कोकोरी के चेलिक को कोतवार के निम्न पद पर भेज दिया गया और उसके स्थान पर कोतवार को चेलिक बना दिया गया।

बेरमा की बेलोसा को लड़कियों पर नियन्त्रण रखने के काम में सुस्त पाया गया और फलस्वरूप उसे हटा दिया गया।

4.

घोटुल की यौन परम्पराओं को तोड़ने के दो विरोधी तरीके हैं। यदि लड़के और लड़की को सम्भोग के लिए अवसर दिया जाता है तो बार-बार एक साथ सोने पर उन्हें दंडित किया जाता है। प्रतिदिन साथ सोने पर घोटुल के सूपेदार और सिलो पर चार-चार आने का जुर्माना किया गया। घोटुल के लड़के को यह नहीं समझना चाहिए कि उसकी पसन्द की लड़की उसकी निजी सम्पत्ति है। दो-चार दिन के बाद उसे लड़की बदलनी ही पड़ती है।

घोटुल में व्यभिचार भी दंडनीय है। सोनावल के दीवान ने चेलिक की बीवी से सम्भोग कर डाला। दूसरों ने उस पर जुर्माना ठोका जो उसने यह कहकर देने से मना कर दिया, "मैं तुम्हारा स्वामी हूँ, मैं अपनी 'प्रजा' का जुर्माना नहीं दूँगा।" उसको और उसकी पत्नी को तुरन्त 'प्रजा' बना दिया गया। इसी प्रकार यदि कोई चेलिक उसके घोटुल-पति की अनुपस्थिति में किसी मुटियारी के साथ सम्भोग करता है तो यह एक दंडनीय अपराध है। यदि कोतवार एक लड़की के कपड़े उस लड़के की चटाई पर देख लेता है जो उसके साथी नहीं हैं, तो इसकी शिकायत ऊपर के अधिकारियों को की जाती है और लड़के को दंड मिलता है।

उन गाँवों में जहाँ लड़कों और लड़कियों के अलग घोटुल हैं तो वे उन दिनों में एक-दूसरे के यहाँ नहीं जा सकते जो वर्जित हैं। कुछ वर्षों पहले लीहागाँव में लड़कों के लीखेन की लड़कियों की मुलारो से सगाई हुई। एक रात वह लड़कों के घोटुल में आकर उसके साथ सो गई। उन पर जुर्माना लगा क्योंकि ऐसे युगल जिनकी सगाई हो चुकी है घोटुल में नहीं सो सकते। चेलिक ने लड़के पर एक रुपए का जुर्माना ठोक दिया जिसे देने के लिए वह तैयार

नहीं हुआ। तीसरे दिन वह लड़की को लेकर भाग गया जिसको उसने पहले ही गर्भवती बना दिया था। उन्हें ढूँढ़कर लाया गया और इस बार उन पर दो रुपए जुर्माना लगा जो उन्होंने दे दिया। घोटुल के सदस्यों ने उन्हें शादी की अनुमति दे दी और उसमें शामिल होने का वादा किया।

घोटुल में स्वतन्त्रता के साथ-साथ उपयुक्त आचरण और विनम्रता पर भी ज़ोर दिया जाता है। शादियों में बुजुर्ग आदमी और औरतें बेकाबू होकर एक-दूसरे को गाली देने लगते हैं और अश्लील इशारे भी करने लगते हैं। जवान लड़की ऐसा नहीं करती। मुरिया लड़के और लड़कियाँ 'दर्प दंडी' नृत्य करते हैं जिसमें लड़कियों को अपनी एक टाँग उठाकर लड़कों की छाती पर रखनी होती है। पलारी में एक बार यह नृत्य चल रहा था कि घोटुल का कंडकी लड़कियों की उठी टाँग के नीचे झाँकने की चेष्टा करने लगा। लड़कियों ने तुरन्त नृत्य बन्द कर दिया और कंडकी को दंडस्वरूप पन्द्रह मिनट के लिए छत से लटका दिया। लड़कियों से क्षमा माँगने और उन्हें सलाम करने पर ही उसे नीचे उतारा गया।

5.

घोटुल न्याय किस प्रकार कार्यान्वित होता है ? दंड कैसे दिया जाता है ? मैं इससे पहले कि सज़ाओं की श्रेणियाँ बनाऊँ एक या दो वास्तविक उदाहरण देना चाहूँगा।

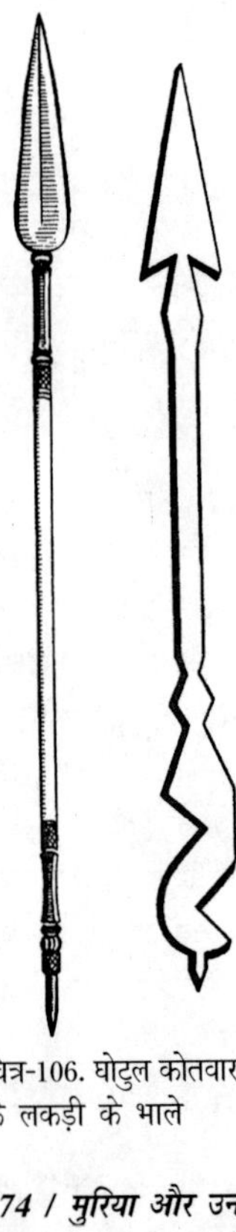

चित्र-106. घोटुल कोतवार के लकड़ी के भाले

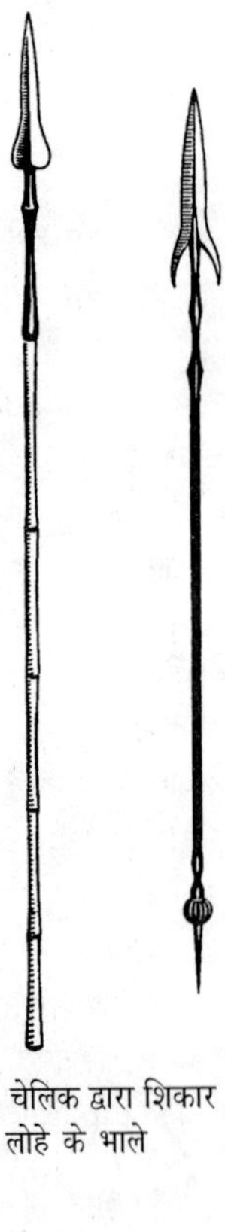

चित्र-107. चेलिक द्वारा शिकार में प्रयुक्त लोहे के भाले

1940 नवम्बर के पहले हफ्ते में मसोरा घोटुल के वरिष्ठ लड़के फसलों के खेत देखने गए हुए थे और चेलान उनका इंचार्ज था। कई दिनों तक पाँच लड़कियों–बेलोसा, तिलोका, पिओसा, जानका और अलोसा–ने अपनी यह रिपोर्ट दी थी कि वे भी फ़सलों को देखने जा रही हैं। वास्तव में अपने घर सोने के लिए चली गईं। सम्भवतया उनका घोटुल में मन में नहीं लगा बग़ैर बड़े लड़कों के, या वे विश्राम करना चाहती थीं। 4 नवम्बर को कामदार जो बड़े लड़कों की अनुपस्थिति में लड़कियों के व्यहवार पर नज़र रख रहा था, ने घोटुल के सिपाही को बताया कि उसे सन्देह है कि लड़कियाँ उन्हें धोखा दे रही हैं। रात में निगरानी करने पर इस सन्देह की पुष्टि हुई। वे दोनों घोटुल लौट आईं और उन्होंने चेलान को लड़कियों

के सम्बन्ध में बता दिया। चेलान ने आदेश दिया कि लड़कियों के अगली बार आने पर उन्हें स्टिक-सज़ा दी जाए।

अगली शाम जानका और पिओसा खेद व्यक्त करने के लिए आईं तो उन्होंने कहा कि उन्हें अपने खेतों की भी पहरेदारी करनी आवश्यक थी। लेकिन कामदार और सिपाही ने उनको चुप कर दिया। लड़कियों ने उन्हें गाली दी, 'तुम हमारा मूत पी लो लेकिन तुम हमें दंड नहीं दे सकते, माईलोटिया (मादरचोद)।' चेलान को शिकायत की गई, वह दीवान के पास गया जो घोटुल की आम देख-रेख करता था। उसने कहा, 'लड़कियों को कल रात बुलाकर सज़ा दे दो।'

अगली रात जब सब एकत्र हुए तो लड़कियों से घोटुल में नहीं सोने का कारण पूछा गया। बेलोसा ने कहा कि घोटुल में रात की आग जलाने के लिए लकड़ियाँ नहीं थीं अतः वह एक रात अपने घर में जाकर सोईं। चेलान ने कहा कि लकड़ियों की कोई कमी नहीं थी और वे हर रात शादीशुदा आदमी के साथ घोटुल से बाहर सोईं। लकड़ियाँ न होने का आरोप झूठा था। चेलान ने गुस्से में सिपाही को कहा–'इन बापलोटियों (बापचोदी) को स्टिक-सज़ा दो।'

पाँचों लड़कियों के लिए पाँच लकड़ी के मोटे लट्ठे लाए गए। इन्हें लड़कियों की टाँगों के बीच रख दिया गया। लट्ठों के दोनों ओर उनकी टाँगें लटक रही थीं। बगैर किसी सहारे इस प्रकार बैठना बहुत कष्टदायी था। उनकी सज़ा 'दो रेलो गीत' की थी। लड़के ये लम्बे गीत गाने लगे। दूसरे गीत के दौरान अलोसा ने ज़मीन को हाथ से छुआ तो उसको एक थप्पड़ पड़ा। जानका कष्ट के कारण रोने लगी। लड़के ठहाके मारकर हँसने लगे। जब रेलो गीत खत्म हुए तो चेलान ने उनसे भविष्य में अपराध न करने का वादा लिया। लड़कियों ने सब लड़कों को सलाम किया, सबके बाल सँवारे और सबकी मालिश की।

25 अप्रैल, 1941 को बन्दोपाल घोटुल में सो रहा था तो माँझी ने नृत्य और खेलों के बाद सभी लड़कियों को गेट के बाहर भेज दिया। उनका अपराध था कि उन्होंने वह बरामदा साफ़ नहीं किया था जिसमें वह अन्य अधिकारियों के साथ सोता था। लड़कियों को घोटुल परिसर से बाहर ले जाने का काम माँझी के आदेश पर बेलोसा और दुलोसा ने किया। बाहर खड़ी लड़कियों ने सिलेदार, कोतवार माँझी से खेद जताते हुए प्रार्थना की कि उन्हें अन्दर आने दिया जाए, वे हर काम करने के लिए तैयार हैं। आखिरकार माँझी ने उन्हें माफ़ कर दिया और पश्चात्ताप के रूप में अपनी और सीनियर लड़कों की मालिश करने का आदेश दिया।

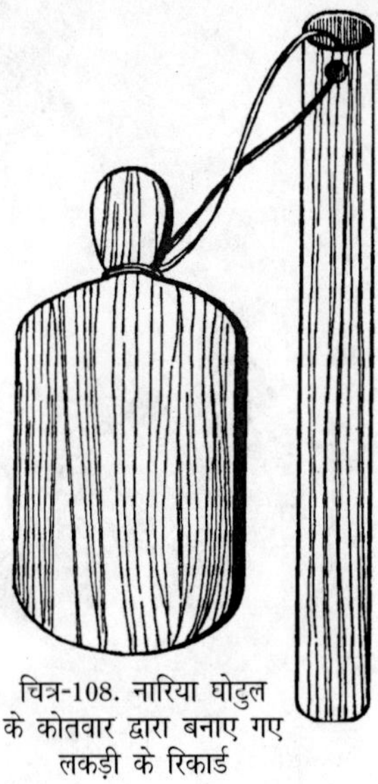

चित्र-108. नारिया घोटुल के कोतवार द्वारा बनाए गए लकड़ी के रिकार्ड

चालका परगना के काजेन, चिमरी और तेमरूगाँव में कोटवार एक लकड़ी का भाला और लकड़ी का डिब्बा रखता है जिसमें वह घोटुल की रिपोर्टें रखता है। वह हर हफ्ते ये रिपोर्टें दरोगा और ज़रूरी हुआ तो दीवान के पास ले जाता है। ज़ुर्माने लकड़ी के टुकड़ों या सियारी बीजों के रूप में लिए जाते हैं। लकड़ी के एक टुकड़े का मतलब

हुआ एक रुपया।

पलारी में घोटुल से बिना अनुमति लिए जालको, निरोसा और झंकाई को ग़ैरहाज़िर होने पर उठक-बैठक कराकर सरदार ने माफ़ कर दिया।

काजेन में एक लड़के को ऐसी लड़की, जो उसकी घोटुल बीवी नहीं थी, के साथ सोने के लिए पाँच रुपए का जुर्माना ठुका, इतना ही जुर्माना लड़की को भी भरना पड़ा। जुर्माने को घटाने के लिए जब दोनों ने दीवान से अपील की तो उसने इसको पच्चीस रुपए तक बढ़ा दिया।

6.

इन उदाहरणों से स्पष्ट हो जाता है कि घोटुल की न्याय प्रणाली अपना काम करने में सफल थी। दंड विधान में अधिकारियों ने विभिन्न अपराधों के लिए अलग-अलग दंड निर्धारित किए थे। इनमें किसी को छत से बाँधकर लटकाना सबसे कठोर था।

'काइंग तलियाना' एक सामान्य भारतीय दंड है जिसमें किसी को ज़मीन पर बिठाकर कहा जाता है कि वह कान पकड़कर उठक-बैठक करे। यह कठिन और थकाऊ है लेकिन यह ज्यादा कष्टदायी नहीं और इसलिए अधिकतर अधीनस्थ अफसर यही दंड देते हैं।

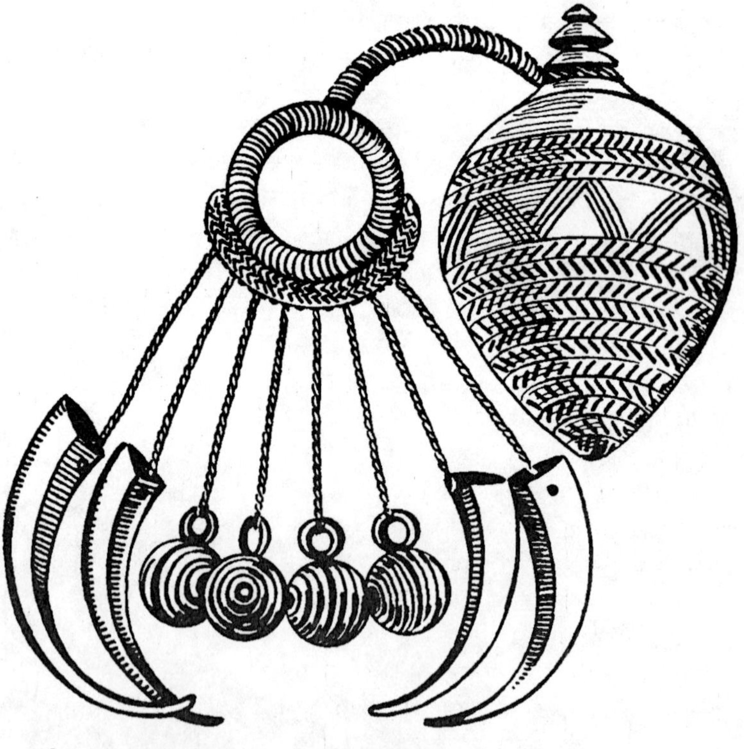

चित्र-109. घंटियों और जानवरों के बाहरी दाँतों की सजावट के साथ तम्बाकू की थैली

लिहागाँव में कानों से बहुत कंकर लटका दिए जाते हैं और फिर अपराधी को ऊपर-नीचे खींचा जाता है। माँझी ने दुरसल रानी को यही दंड दिया था।

नानीपोदार में चेलिक ने एक मृदंगिया जाति की नाचनेवाली लड़की की कथा सुनाई। इस जाति की लड़कियाँ अपनी बुद्धि और सुन्दरता के लिए प्रसिद्ध हैं। लड़की ने पहले अपने नृत्य से एक राजा को प्रसन्न किया और फिर अपनी बुद्धि से एक अजीब दंड दिया।

> राजा ने कहा, 'तुम जो भी माँगोगी मैं तुम्हें दूँगा।' लड़की ने कहा–'ज़मीन पर थूककर उसे चाट लीजिए।' राजा ने कहा–'एक राजा यह काम कैसे कर सकता है ?' मृदंगिया ने कहा, 'ठीक है। तब आप अपने सिर से पगड़ी उतारकर मुझे दे दें।' राजा ने ऐसा ही किया। लड़की ने अपने सिर पर पगड़ी रखी और खुशी-खुशी वहाँ से चली गई।

चेलिक की कहानी सुनकर लड़के हँसते हुए कहते हैं–'वास्तव में ही दंड राजा को मिला।'

'नित मंडन या कल नितान पहाडा' बहिष्कार और सहनीय एवं सरल दंड है। घोटुल की चहारदीवारी के बाहर एक लड़के या लड़की को एक टाँग पर खड़ा कर दिया जाता है और दूसरी टाँग पहली टाँग पर रख दी जाती है जबकि मौजूद दर्शक रेलो गीत गाते हैं।

'नागिल पुहान पहारा' का हल-दंड पाद मारने के लिए दिया जाता है। एक चेलिक दोषी के पैरों को खींचता है और दो उसके कन्धों को ऊपर खींचते हैं जब तक कि वह थक नहीं जाता।

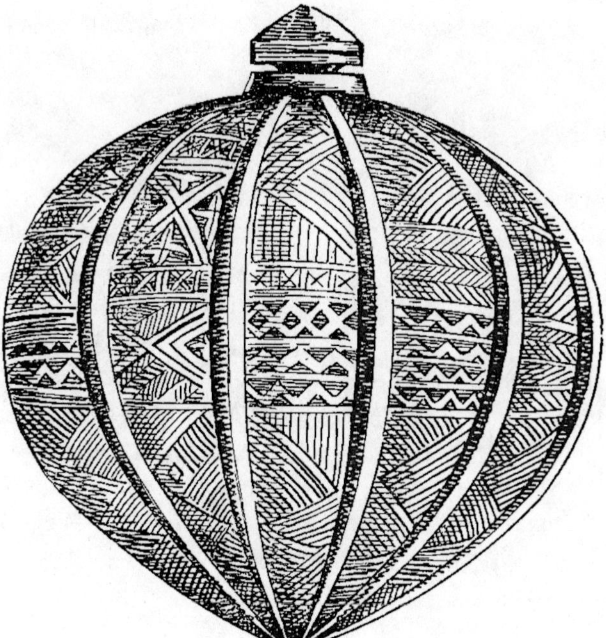

चित्र-110. नयानार से नक्काशीदार तम्बाकू रखने का डिब्बा

'पोरोकल करहान' में अपराधी को छत से नीचे लटका दिया जाता है। असहनीय कष्ट के कारण आखिरकार वह दया की याचना करता है।

'कोरित पहारा' नामक दंड में दोषी को धक्के देना, खींचना और उसके विरुद्ध शोर मचाने के काम होते हैं।

मसोरा में अपराधी को उसके बालों से छत से बाँधकर कई रिलो गीत सुनाए जाते हैं।

यूरोप में स्कूली बच्चे को जो शारीरिक दंड दिया जाता है वह क्रूर होता है। मुरिया लोगों के दंड में गीत और संगीत भी साथ-साथ चलता है।

जुर्माने से एकत्र रुपयों से भी सामूहिक आनन्द लिया जाता है–नृत्य, भोजन और दारू। घोटुल से बहिष्कार सबसे डरावना दंड है। लकड़ी न लानेवाले लड़कों और घोटुल की सफ़ाई न करनेवाले को इस दंड का पूर्वाभास करा दिया जाता है। जब शाम में उनके बड़े उनकी जुहार नहीं सुनते। वास्तविक दंड में उन्हें कई घंटों तक वर्षा और ठंड में घोटुल के बाहर खड़ा कर दिया जाता है। आलस्य, अनुशासनहीनता, झगड़ालू स्वभाव आदि सब अति दंडनीय अपराध हैं। इनके कारण बिरादरी बाहर होने पर संगी-साथी नहीं रहते और उसकी शादी में नाचनेवाले भी नहीं आते।

झाकरी में एक पिओसा ने किसी शादी में अपने हिस्से की पूरी पत्तियाँ न लाने का अपराध किया है। लड़कों ने कहा कि यह लड़की सामाजिक नहीं है, अकेले रहना चाहती है। 'ठीक है, यह अकेले ही शादी करेगी।' उसकी शादी के दिन उसके माँ-बाप ने शराब पिलाकर लड़कों को शान्त किया तो वे शादी में काम करने आए।

लड़कों की लड़कियों की शिरकत के बिना कोई शादी नहीं हो सकती। उनकी अनुपस्थिति का अर्थ है कि समाज उस पर हँस रहा है, उसका (शादी करानेवाले का) अपमान कर रहा है।[1]

7.

कैप्टन टी.ए. लेविन ने अपनी पुस्तक में चितागोंग पहाड़ियों के क्षेत्र की घोटुल व्यवस्था का चित्रण किया है। वह वहाँ का डिप्टी कमिश्नर था और उसमें ज्ञान और सहानुभूति जैसे गुण थे।

> गाँवों में लड़कों का नेता गोउंग कहलाता था। मैंने अपने एक सिपाही से जो हमराफरू गाँव मे गोउंग रह चुका था। यह बातें सुनीं। उसने बताया–'मैं तब सतरह साल का था। रात में अविवाहितों को खियोंग (घोटुल) में सोना होता था। एक रात ओजियन, रेफ़ा और चेन्द्रा मेरे पास आए और मुझसे रात में खियोंग से बाहर अपनी प्रियतमाओं के साथ सोने की अनुमति माँगी। लड़कियों के नाम थे अदूहबिन, हलापिन और अदूहशिये। लड़के उनसे चोरी-चोरी मिले क्योंकि अगर माँ-बापों को पता चल जाता तो लफड़ा हो जाता। अगले दिन एक छोटी लड़की ने आकर मुझे बताया पिनहला नामक लड़का रात में उसकी बहन के पास सोया

1. जो भी घोटुल अनुशासन को बहुत कठोर मानते हैं, उन्हें थर्स्टन का भारत में देशी स्कूलों में शारीरिक दंड पर चर्चा पढ़ना चाहिए, जिसमें शैक्षणिक परपीड़न के बयालिस विभिन्न अभिव्यक्तियाँ सूचीबद्ध की गई हैं। –*एथनोग्राफ़िक नोट्स*, पृ. 433-40।

था। यह एक गम्भीर अपराध था क्योंकि पिनहला ने यह काम मेरी अनुमति बिना किया था। पिनहला को जबरन घर से बुलवाया गया। उसने कहा कि छोटी लड़की कैसे जानती है कि वह मैं ही था, उस समय तो घना अँधेरा होता है। लड़की ने कहा कि अलस्सुबह जब वह घर से बाहर निकला तो चाँद की रोशनी में उसने उसका चेहरा देख लिया था। यह सुनते ही पिनहला मेरे पाँवों पर गिरकर माफ़ी माँगने लगा। अनुशासन के हित में मैंने उस पर तीन रुपए का जुर्माना लगाया।[1]

इसी प्रकार उरोन, बस्तर, मन्दार और अगरू के घोटुलों में भी विभिन्न अपराधों के लिए अलग-अलग दंड निर्धारित हैं।

राय[2] अपनी पुस्तक में बताता है कि साल के पौधे की दरार में लड़के अपने लिंग प्रवेश कराकर उर्वरता का उत्सव मनाते हैं। अन्वेषण करने पर मालूम हुआ कि अधिकतर घोटुलों में यह प्रथा न के बराबर है।

ऐसा प्रतीत होता है कि घोटुल की दरार अड़ियल लड़कों को दंड देने के लिए होती थी। मन्दार में धनगार ने शामराव हिवले को बताया कि यह दंड शर्मीले और उदास लड़कों के लिए होता था जो सामुदायिक खेलों और नाचों में भाग लेने से मना करते थे। 'एक मामूली ऊँचे स्तम्भ पर लाल मिट्टी का ढेर रख दिया जाता है, बराबर में खड़ा महतो हमारे पाँव

चित्र-111. कछुए की आकृति लिए तम्बाकू रखने का डिब्बा

चित्र-112. मारका-बट्टा-गोटा–आम के फल की आकृति लिए तम्बाकू का डिब्बा

पर डंडा मारकर हमें अपने लिंग मिट्टी में घुसाने के लिए कहता है। अगर इसमें भी कोई लड़का रुचि नहीं लेता तो रात में उसे दूबरी (स्त्री) के पास ले जाया जाता है और हम उसका लिंग स्त्री की योनि में घुसेड़ देते हैं। हम उसे पीटते हैं और उसे रोते-चिल्लाते हुए सम्भोग करना ही पड़ता है।'

नागा मारुंग में अनुशासन और अधिक कठोर है और दंड भी काफ़ी उग्र है। मिल्स[3] कहता है–

---

1. कैप्टन टी.एच. लेविन, *वाइल्ड रेसिज़ ऑफ साउथ-ईस्टर्न इंडिया* (लन्दन, 1870, पृष्ठ 118 व आगे)।
2. राय, *द उरोन्स*, पृ. 243।
3. मिल्स, *द रेंगमा नागाज़*, पृ. 92।

'गाँव के लड़कों में जो उत्पाती और अड़ियल होते हैं उन्हें समाज में अपने स्थान का ज्ञान कराया जाता है, ठीक उसी प्रकार जैसे इंग्लिश पब्लिक स्कूल में। दोषी लड़के को अँधेरे में बिठा दिया जाता है, शीघ्र ही उसे पता चल जाता है कि वह चुभनेवाली पत्तियों से घिरा है। दूसरा दंड और भी कठोर है। लकड़ी के लट्ठे पर एक तख्ता आरे की तरह लगा दिया जाता है। उसका एक किनारा लकड़ी के तकिए के कारण झुका होता है। लड़के से दूसरे किनारे पर कूदने के लिए कहा जाता है और लकड़ी का तकिया उसकी गर्दन के पीछे आकर लगता है।'

बस्तर में नागाओं जैसी कठोर अनुशासन व्यवस्था नहीं जिसके कारण मुरिया लड़के जीवन की हर कठिनाई और खतरे का सामना कर सकें। मिल्स एक बार फिर कहते हैं–

'आज जो मध्य आयु के लोग हैं, वे बताते हैं कि जब वे मोरुंग में दाखिल हुए तो वे कठोरतापूर्वक अनुशासित किए गए, डाँट-फटकार की बात छोड़ दें। उन्हें आग के ऊपर किया जाता था ताकि वे ताप सहन करने की क्षमता प्राप्त कर सकें। बिना कोई आवाज़ निकाले। उनकी हिम्मत की जाँच इस प्रकार भी की जाती थी कि रात में उन्हें दूर से एक बाँस उखाड़कर लाने के लिए भेजा जाता था। बाँस को उन्हें अपने दाँतों या किसी नुकीले पत्थर से उखाड़ना पड़ता था। आजकल इतना कठोर अनुशासन नहीं है। किन्तु अब लड़कों को पहले तीन वर्ष बहुत काम करने होते हैं। लकड़ी लाना, उन्हें शाम को जलाना ताकि राही रास्ता न भटकें; सीनियर लड़कों के पैरों की मालिश करना जब वे थककर खेतों से लौटें। खाना पकाने के लिए लकड़ी और पानी लाना भी उनकी ड्यूटी में शामिल है। सीनियर लड़कों के लिए पाइप और दाउस बनाना भी उनका एक काम है। इस प्रकार यह एक अच्छी व्यवस्था है।'[1]

8.

अभी तक हमने घोटुल अनुशासन की छोटी-छोटी बातों का ज़िक्र किया है। सबसे गम्भीर अपराध है एक ही परिवार के लड़के-लड़की के यौन सम्बन्ध से गर्भाधान।

परिवार-व्यभिचार के खिलाफ़ बहुत कठोर नियम हैं। किन्तु क्या वे प्रभावी हैं ? 'कमरे का दरवाज़ा बन्द करने के बाद कोई परिवार नहीं होता। हम केवल लड़के और लड़की हैं।' 'हमारे कबीले के नियम सोने की चटाई के किनारे तक होते हैं। बिस्तर के देश में जाने पर इनका अस्तित्व नहीं रहता।' एक शिक्षित मुरिया का कहना था कि घोटुल का सबसे बड़ा खतरा एक ही परिवार के लड़के-लड़की को शारीरिक रूप से निकट लाना था।

कहना कठिन है कि यह बात सही है या गलत। केवल व्यापक सर्वेक्षण द्वारा ही पता चल सकता था कि मुरिया लड़के के परिवार का व्यभिचार की ओर झुकाव था कि नहीं। किन्तु कुछ बातें स्पष्ट हैं।

मुरिया युवतियों-युवाओं को काफ़ी स्वतन्त्रता दी गई है। लड़की अपने परिवार के लड़के के बाल सँवार सकती है, उसकी मालिश तक कर सकती है। काबोंगा के मुरिया का कहना था कि एक परिवार के लड़के-लड़कियाँ सो सकते थे लेकिन उन्हें सम्भोग नहीं करना चाहिए। 1940 में काजेन के घोटुल में हलामी परिवार के लड़के-लड़कियाँ इकट्ठे सोते थे लेकिन बिना

1. मिल्स, *द ओ नागाज़*, पृ. 179।

सम्भोग किए। यह सच हो सकता है। किन्तु बस्तर के मेतावंड घोटुल में कई युगल आपस में विवाहित थे यद्यपि वे एक ही परिवार से सम्बन्धित थे। पहारदार और पहारदारिन इसी श्रेणी में आते थे; दो सोरी थे। बेलदार और बेलदारिन, सरदार और सरदारिन और सूबेदार और सूबेदारिन भी ऐसे ही जोड़े थे। इसका मतलब यह हुआ कि बस्तर के घोटुलों में परिवार-व्यभिचार के खिलाफ़ कोई कठोर भावना नहीं थी। मुख्य बात यह थी कि ऐसे सम्बन्धों के कारण लड़की गर्भवती नहीं होनी चाहिए। इस बारे में केवल लड़का और लड़की ही जानते हैं और वे कभी नहीं बताते।

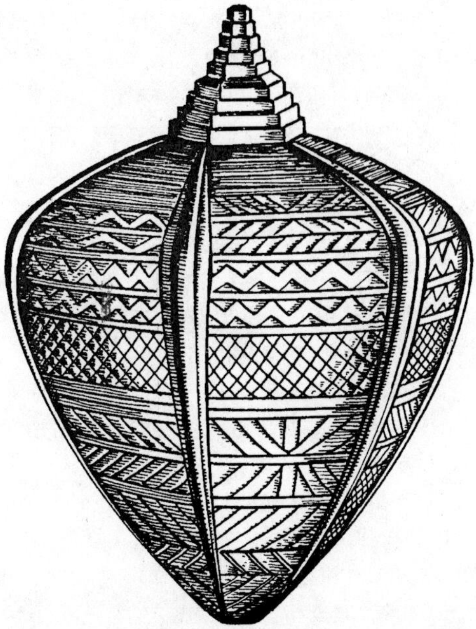

चित्र-113. मारकाबेरा से नक्काशीदार तम्बाकू रखनेवाला डिब्बा

मुझे काबोंगा में बताया गया कि लड़की के गर्भवती होने पर घोटुल के सदस्य एकत्र होते हैं और निर्णय देते हैं। 'भाई और बहिन, सुनो ! तुम दोनों एक ही परिवार के हो। तुमने भाई और बहिन होकर भी यह बुरा काम किया है। अगर बुज़ुर्गों के कानों तक बात पहुँची तो हम उन्हें कोई जवाब नहीं दे सकते। हम ख़ुद इसे पाप नहीं समझते; यह जवानी की वासना है, तुम प्यार में पागल थे; लेकिन बुज़ुर्ग इसे पाप समझेंगे।' वे इस पर ज़ोर देते हैं कि लड़का गर्भपात का प्रबन्ध करे। मुंजमेता में कतलामी वंश के लड़के और वैडर वंश की लड़की में प्यार हो गया। इन दोनों वंशों में ऐसा सम्बन्ध वर्जित है। घोटुल के सदस्यों ने उन्हें सख़्त चेतावनी दी कि यदि वे एक साथ सोते रहे तो उन पर जुर्माना लगेगा और यदि लड़की गर्भवती हो गई तो बात बहुत गम्भीर हो जाएगी। मैंने बाद में सुना कि उन दोनों ने चेतावनी पर कोई ध्यान नहीं दिया।

प्रायः इस अपराध से भारी जुर्माना देकर निजात मिल जाती है। छह से बारह रुपए पंचायत को तथा वंश-देवता के लिए बछड़े या सूअर की बलि। यदि प्रेमी अलग होने को तैयार हो जाएँ तो उन्हें सामान्य ढंग से विवाह करने से वंचित नहीं किया जाता। हालाँकि पूरी रीतियों का पालन नहीं किया जाता। लड़की की शादी उस लड़के के साथ कर देनी चाहिए जिससे उसकी मँगनी हुई है, यदि वह लड़का मान जाए। उदाहरण के लिए, किबी बेलंगा के घोटुल में एक मारवी लड़के ने मारवी लड़की को गर्भवती कर दिया। गाँव के बुज़ुर्गों ने उसे जुर्माने का दंड दिया और किदिर गाँव के नेतामी लड़के से उसका विवाह कर दिया गया जिससे उसकी सगाई हो चुकी थी। विवाह के तीन महीने बाद उसे बच्चा हुआ जिसको पति ने स्वीकार कर लिया।

किन्तु यदि लड़की अपने प्रेमी से अलग नहीं होती तो मामला गम्भीर हो जाता है और दोनों को जात-बाहर कर दिया जाता है।

मेतावन्द में मुझे बताया गया कि ऐसे प्रेमियों को कबीले में वापिस नहीं लिया जाता और मृत्यु होने पर एक लड़का उनके शरीरों को छूकर चिता तक ले जाता है। यदि उनके लिए 'कुटुकल' बनाई गई तो यह दूसरों से अलग प्रकार की होगी।

कुछ साल पहले अलोर में कुहरामी लड़का कुहरामी लड़की को लेकर भाग गया। पंचायत ने उनकी निन्दा की लेकिन उस पर उन्होंने कोई ध्यान नहीं दिया। अब वे हिरी में साथ-साथ रह रहे हैं। कोई मुरिया उनके साथ नहीं खाएगा और न ही उन्हें वंश-देवता को अर्पित पवित्र मांस का प्रसाद मिलेगा। यदि उन्हें पुत्र पैदा हुआ तो उसे भूला हुआ कहा जाएगा और वह जात-बाहर नहीं माना जाएगा।

लोगों को भय रहता है कि कहीं देवता वंश से नाराज़ होकर उससे बदला न लेने लगें। अतः दोषी प्रेमियों को बहुत महँगे और विस्तृत ढंग से वंश में वापिस ले लिया जाता है। गेयता उन्हें तालाब या झरने के किनारे ले जाता है। किनारे के पास वे खूँटों का घेरा बनाते हैं और एक नीची बाँस की दीवार भी जिसको सूखे घास से ढक दिया जाता है। इसमें लड़के और लड़की को खड़ा कर दिया जाता है। घास में आग लगा दी जाती है और लपटों को कूदकर वे पानी में पहुँच जाते हैं। देवताओं को उचित सामग्री भेंट कर वे दोषमुक्त हो जाते हैं।

चित्र-114. मेटावंड से नक्काशीदार तम्बाकू रखनेवाला डिब्बा

पुलिस के रिकार्ड से ज्ञात होता है कि वंश-व्यभिचार से 10 सालों में केवल दो आत्महत्याएँ हुईं। तिमरी घोटुल के चाइम और कुले एक ही वंश के थे। लड़की के माँ-बाप ने उसकी शादी सुबेदा गाँव के झोला से कर दी जो पहले ही एक पत्नी का पति था। कुले ने उसे छोड़ दिया और तिमरी घोटुल में आकर सोने लगी। यह नियम विरुद्ध था क्योंकि कोई भी विवाहित लड़की घोटुल में नहीं सो सकती। बुजुर्गों को महीनों बाद पता चला कि कुले गर्भवती है। जब उससे गर्भ के पिता का नाम पूछा गया तो उसने चाइम का नाम लिया। चाइम इस इल्ज़ाम को सह नहीं सका और एक रात खुद को फाँसी लगा ली। क्योंकि चाइम ने कुले से सम्भोग नहीं किया था, उसने शर्म के कारण अपनी जान दे दी।

इसी प्रकार का केस 1936 में केरावाही में हुआ जहाँ एक ही परिवार के लड़के लाटी और लड़की कोली[1] में प्यार हो गया। वे घोटुल के बाहर जाकर सम्भोग करते थे। लड़की

1. पुलिस रिपोर्ट के अनुसार, चेलिक लति था जो धनजी का पुत्र था, और मुटियारी कोली थी, जो भीमराम की बेटी थी। लति कोली का चाचा था। मुझे उनके घोटुल नाम नहीं पता है।

गर्भवती हो गई। बात खुल गई। बुजुर्गों ने कहा कि वे पंचायत करेंगे। लड़के को जुर्माने और बदनामी ने फन्दा लगाकर जान देने पर मजबूर कर दिया।

9.

बहुत नजदीकी रिश्तेदारों के बीच व्यभिचार के उदाहरण कम ही देखने को मिले। साहीमुंडा में एक मामा ने अपनी भाँजी को गर्भवती कर दिया। एडेंगा में एक मुरिया अपनी विमाता से सम्भोग किया था, और उसी गाँव के गेयता ने अपनी सगी मौसी से नाज़ायज सम्बन्ध बना रखे थे। इन सभी को जात-बाहर कर दिया गया।

कापसी में एक काइयाँ और लम्पट बूढ़े ने अपने बेटे की नव-विवाहित बहू से ही सम्भोग कर लिया। यह इस प्रकार हुआ :

> बूढ़ा ससुर सुन्दर बहू को देखकर उससे प्यार करने लगा। उसने एक दिन अपनी बूढ़ी बीवी और लड़के को चावल लेने के लिए दूसरे गाँव में भेज दिया। शाम में बूढ़ा चारपाई पर लेटकर दर्द से कराहने लगा मानो उसे तेज़ बुखार हो। लड़के की बहू ने पूछा–'मैं आपके लिए क्या कर सकती हूँ ?' उसने कहा–'गेहूँ के गोदाम में जाकर संसार से गई आत्माओं से पूछो।' वह उनके पास गई और पूछा, 'मैं अपने ससुर के लिए क्या करूँ ?' बूढ़ा चारपाई से उठकर दीवार के पास आकर खड़ा हो गया और आवाज़ बदलकर बोला–'तुम्हारा ससुर मरने जा रहा है। उसे बचाने का एक ही उपाय है कि उसके साथ लेट जाओ। उसका बुखार उतर जाएगा।' ऐसा बोलकर वह फिर चारपाई पर आकर लेट गया। बहू को मलाल था कि शादी की हल्दी उसके बदन पर थी और विवाह मंडप के पत्ते भी अभी हरे थे, और उसे यह पाप करना पड़ेगा। बूढ़े ने पूछा–'आत्माओं ने क्या कहा ?' उसने कहा कि आत्माओं ने उसे ससुर के साथ लेटने के लिए कहा है। और वह उसके साथ लेट गई। जब सब कुछ समाप्त हो गया तो बूढ़े ने आत्माओं के प्रति बहू की भक्ति की प्रशंसा की।

अध्याय : सोलह

सेक्स के प्रति मुरिया दृष्टिकोण

मानव शरीर के उन हिस्सों के संदर्भ में, जो विसर्जन-अंगों से संलग्न होने के कारण एक खतरनाक अवांछित और मनोवैज्ञानिक रूप से अपयश के शिकार होते हैं, मुझे लगता है हमें फूलों की दुनिया पर एक नजर डालनी चाहिए ताकि गलतफहमियों से यथासम्भव बचा जा सके। जिस तरह 'रोज़ेज़ एंड लिलीज़ फेयर ऑन ए लॉन' में गुलाब लिली के यौन अंगों को प्रदर्शित किया गया है, उसी तरह वस्तुतः हमारे यौन अंग भी हमारे पुष्प हैं। यह शालीन, सम्माननीय और मधुर तरीका है इन अंगों का जिक्र करने का...विवेक जरूरी है, गलती नहीं, और आरम्भिक पूर्वग्रहों को हमारी तार्किकता के ऊपर हावी नहीं होना चाहिए।

–एरिक गिल, 'ड्राइंग्स फ्रॉम लाइफ' (लंदन, 1940) पृ. XV

1. परिचय

मुरिया व्यक्ति का सेक्स के प्रति सहज, सरल और नैसर्गिक दृष्टिकोण है। घोटुल में इसकी पुष्टि होती है जहाँ सेक्स अपराध-बोध और बाहरी हस्तक्षेप से स्वतन्त्र है। मुरिया विश्वास करते हैं कि सम्भोग एक अच्छी चीज है; यह तुम्हें अच्छाई देता है; यह स्वस्थ और सुन्दर है; जब सही लड़के और लड़की (जिनका सम्भोग वर्जित नहीं है) द्वारा किया जाए; जब सही समय पर किया जाए (माहवारी के दिनों से बाहर और वर्जित दिनों को छोड़ते हुए), और सही स्थान पर (घोटुल चहारदीवारी के अन्दर जहाँ कोई पाप नहीं किया जाता), यह ज़िन्दगी में अधिकतम प्रसन्नता देनेवाली चीज़ है।

सेक्स को अच्छा और सामान्य समझने से मुरिया इसको सहज बना लेता है। यह एक खेल है। यह लिंग और योनि का नृत्य है। किन्तु इसकी अति, स्वाधिकार और ईर्ष्या से बचना चाहिए। यह विश्वास किया जाता है कि सबसे सफल यौन-सम्बन्ध आधुनिक घोटुल में सम्भव है जहाँ पार्टनरों की प्रायः अदला-बदली होती है।

प्लेटोनिक प्रेम एक बकवास विचार है। 'ओस चाटने से प्यास नहीं बुझती।' पल्ली गाँववालों ने शामराव हिवाले को एक बढ़िया उदाहरण दिया। एक नव-विवाहित लड़के को पता चला कि वह नामर्द था–घोटुल में उसे इस परेशानी का सामना नहीं करना पड़ा; यह शायद उस लड़की के जादू-टोने से हुआ जिसको वह पहले प्रेम करता था। लड़के को अपनी खुशी के नष्ट होने का खतरा था। ऐसे उदाहरणों के सम्बन्ध में एक रिलो गीत है जिसमें पारम्परिक शब्दावली का प्रयोग देखने को मिलता है :

'मैं तुम्हारे घर सिर्फ चावल खाने नहीं आई। वह मुझे कहीं भी मिल सकता था। मैं यहाँ सिर्फ तुम्हारा चेहरा देखने के लिए नहीं रह सकती। तुम्हारा रुपया मेरा पेट भर सकता है, मेरा दिल नहीं। अब मैं यहाँ से जा रही हूँ इस बड़ी दुनिया में वह जगह तलाशने जहाँ मेरा

दिल भर सके। जहाँ दिल नहीं भरता वहाँ कौन लड़की रह सकती है ? ईश्वर ने सब प्राणियों के नर और मादा को सम्भोग के लिए बनाया है। अगर तुम्हारा लिंग मजबूत नहीं था तो तुमने क्यों शादी की ? तुमने मुझे क्यों बर्बाद किया ? अब मैं क्या करूँ ? कहाँ जाऊँ।'

घोटुल में भी सेक्स-सम्बन्धी बेहोशी है, लेकिन बहुत कम। इसे रास्ते से हटना माना जाता है। मैं कई मुरिया से मिला हूँ जो कभी घोटुल नहीं गए और जिन्होंने वहाँ की सेक्स-सम्बन्धी गतिविधियों में हिस्सा नहीं लिया। पलाकी गाँव का धनसिंह पांडु लगभग चालीस वर्षों का है किन्तु अभी तक अविवाहित है। वह कभी घोटुल नहीं गया। उसका बाप उससे कहा करता था, 'ये लड़के अपनी बहनों के सामने इस प्रकार बात करते हैं मानो वे इनकी प्रेमिकाएँ हों। तुम्हें नहीं पता घोटुल में कौन-से देवता हैं; वहाँ अनेक देवता रहते हैं; तुम भूल से किसी को नाराज करके नष्ट हो सकते हो। कोई नहीं जानता लोगों के दिलों में क्या है जब सब एक साथ सोते हैं।' धनसिंह ख़ुद भी वहाँ नहीं जाना चाहता था किन्तु अब उसे इस बात का पछतावा है। उसने मुझे बताया, 'अब तक मैं खुश विवाहित ज़िन्दगी बिता रहा होता। लेकिन उस समय मैं बहुत ग़रीब था और मेरे अन्दर तीव्र कामेच्छा का अभाव भी था।' असली कारण यह था कि वह सम्भोग से डरता था। मसोरा के हगरू नामक लड़के की भी ऐसी ही कथा थी।

मालकोस में घोटुल सम्भोग से बचाने के लिए कई मुरिया ने अपने बच्चों के बाल-विवाह कर दिए। मसोरा की बूढ़ी सुकाली की इतनी कम उम्र में शादी की गई उसने एक रिलो गीत गाना भी न सीखा। लेकिन मुरिया में बाल-विवाह आम बात नहीं। रजस्वला होने तक लड़की को घोटुल में सोने दिया जाता है या जब तक कि वह अपने पति के साथ रहने के लिए नहीं भेज दी जाती।

रजस्वला लड़की से सब मुरिया डरते हैं। त्योहार से पहली रात को गाँव के सब मर्द घोटुल में सोते हैं। उस दिन उनकी बीवियाँ और अन्य लड़कियाँ वहाँ नहीं सोती।

ब्रह्मचर्य प्रशंसनीय नहीं है। अविवाहित रहना खतरनाक है क्योंकि मरने के बाद ऐसे व्यक्ति की आत्मा को शान्ति नहीं मिलती और वह अपने ज़िन्दा दोस्तों को भी तंग करता रहता है। मुरिया हिन्दू साधु का आदर नहीं करते। संन्यासी को निठल्ला और भिखारी समझा जाता है। एलोर ने घृणापूर्वक ब्रह्मचर्य के बारे में कहा, 'यह लोफरों की जीवन-शैली है।' लड़की के लिए अपना रज रोके रखना कठिन है। अगर वह विवाह से पूर्व नहीं तो विवाह की हल्दी-धोती में रजस्वला हो जाती है और ऐसी स्थिति बहुत गम्भीर और भयानक हो जाती है।

घोटुल परम्परा को तोड़ने के ख़तरे से सम्बन्धित कई कहानियाँ हैं। ऐसी एक कहानी अन्तारगाँव से है। सात मुटियारी सेक्स के बारे में कुछ नहीं जानती थी। एक दिन वे अपनी दादी के साथ पत्ते इकट्ठे करने गईं। बूढ़ी औरत पेड़ पर चढ़ गई। लड़कियों ने ऊपर को देखा तो उसकी योनि दिखाई दी। जब दादी ने बताया कि योनि किसलिए होती है तो वे इतना डर गईं कि घोटुल छोड़कर वे दूर जंगल में जाकर रहने लगीं। जब वे किसी मर्द को देखती तो वे उसे पीटकर भगा देती। कथा का अन्त इस प्रकार हुआ कि एक-एक करके सब लड़कियाँ एक साधु द्वारा शारीरिक रूप से भोगी गईं और गर्भवती हुईं।

दूसरी कथा मुझे जामकोट के मुरिया सोनू ने सुनाई। यह घोटुल के समानता सिद्धान्त पर आधारित है। समानता का आचरण न करने पर विपत्ति आती है।

एक सौ चालीस चेलिक थे और इतनी ही मुटियारी। सब इकट्ठे घोटुल में सोते

थे। उनमें से एक भेड़ चरानेवाले का बेटा था। कोई भी लड़की उसके साथ नहीं सोती थी। जब वह घोटुल में आता तो वे उसे गालियाँ देती थीं। 'भेड़ चरानेवाले के बेटे ! बाहर निकल, ओ लकड़ी के लट्ठे।' लड़के का नाम लकरी था इसलिए वे उसे लकड़ी का लट्ठा कहती थीं। लेकिन लकरी बहुत चतुर लड़का था। उसने एक प्रेम-ताबीज़ बनाया जो बहुत प्रभावी था।

एक दिन लड़कों और लड़कियों ने कोटा जाकर आजीविका कमाने का निर्णय लिया। जब लकरी को यह पता चला तो उसने सभी लड़कियों को स्वयं ले जाने की ठान ली। उसने जादू से सभी लड़कों को सुला दिया। जब यात्रा के लिए लड़कियाँ तैयार हुईं, तो वह बहुत आगे जाकर ढोल बजाने लगा। रात थी, अतः लड़कियों ने सोचा कि सब लड़के आगे-आगे चल रहे हैं। वे पीछे-पीछे चलने लगीं।

वह लड़कियों को लेकर जंगल में बढ़ता गया। एक महीने तक यह क्रम चला। ढोल पीटते ही लड़कियाँ उसके पीछे चलने लगती थीं। वह उनसे काफ़ी दूरी बनाए रखता था ताकि वे उसे पहचान न सकें।

अन्ततः वह बारह कोस में फैले मधुबन नामक जंगल में उन्हें ले आया जिसमें ऊँचे-ऊँचे वृक्ष थे। जंगल के बीचोंबीच जाकर लकरी ने अपने कपड़े उतार दिए और बैठकर ठंड से काँपने लगा। सारी स्थिति समझकर लड़कियाँ बहुत नाराज़ और निराश हुईं।

दो नदियों के बीच पहाड़ी के ऊपर लकरी ने अपने लिए घोटुल बनाया। नदी के दूसरी ओर दूरी पर उसने लड़कियों के लिए घर बनाया। लड़कियाँ इतनी नाराज़ थीं कि उसके पास जाना तो दूर की बात, उसकी ओर देखती तक न थी। बरसात आने पर उनका एक साल का खाने का सामान खत्म हो गया। लकरी के पास थोड़ी भी खाद्य-सामग्री नहीं थी।

आखिरकार एक लड़की आई। उसने लकरी से कहा, 'गाँव या बाज़ार के बिना हमें सामान कहाँ से मिलेगा।' लकरी ने वादा किया कि वह सामान की व्यवस्था कर देगा। लड़की ने नदी से टोकरी-भर मछलियाँ पकड़ीं और लकरी ने ढेर सारा शहद। लाड़री के बाज़ार से दोनों ने ज़रूरी सामान खरीद लिया। लौटते वक्त लकरी बहुत धीमी चाल से चला ताकि लड़की रात उसी के पास रहे। अँधेरा हो चला था। उसने नदी के किनारे एक लड़की और एक अपने लिए चारपाई बनाई और दोनों के बीच आग जला ली। लड़की को खुश करने के लिए वह भोजन और आभूषण भी खरीदकर लाया था।

मध्यरात्रि में उमागाजी चिड़िया की आवाज़ उभरी 'हा हूहू'। लड़की भय से चिल्लाई और बोली, 'ओ लकरी, मुझे अपने पास सोने दो क्योंकि मुझे डर लग रहा है।' चिड़िया फिर कुहकी और लड़की ने कहा, 'चिड़िया क्या कह रही है।' लकरी ने उत्तर दिया, "यह कहती है आगे बढ़ो, आगे बढ़ो।" यह कहकर वह लड़की के पास जा लेटा और सम्भोग करने लगा।

इस प्रकार लकरी हर लड़की के साथ सोया। प्रत्येक गर्भवती हुई। 140 लड़के पैदा हुए। लड़कों के बड़े होने पर लकरी ने उन्हें बैल खरीदकर दे दिए। इस प्रकार

पारिवारिक ज़िन्दगी शुरू हुई, गाँव बने क्योंकि एक लड़की चिड़िया की आवाज़ से डर गई थी।

2. सेक्स का शरीर-शास्त्र और पुराण-शास्त्र

लिंग और योनि और उनके कामों के बारे में मुरिया का ज्ञान काफ़ी कम है। उन्हें कुछ पता नहीं कि अंडकोषों और योनि पर पतली खाल की क्या उपयोगिता है। भग के ऊपर जो दाना होता है (तिलीगुला[1]), उसको और उसके उद्देश्य को वे जानते हैं। सेक्स सम्बन्धी उनकी शब्दावली बहुत थोड़ी है लेकिन लिंग और योनि के बाहरी हिस्सों को वे समझते हैं। लिंग के लिए उनके पास आधा दर्जन शब्द हैं, तीन या चार योनि के लिए, योनि मांस के लिए 'पुडे एडाइंग', मूत्रछेद के लिए 'उरकुल बुरवा', झड़ने के लिए उनके 'पुसि' या 'विज्जा पेसिना', अर्थात बीज का बाहर आना, आदि शब्द हैं।

प्यार के लिए गोंडी में कोई शब्द नहीं है। इसके लिए मुरिया छत्तीसगढ़ी शब्द 'माया' और कभी 'पिरीत' या 'परेम' इस्तेमाल करते हैं जो हिन्दी शब्दों के अशुद्ध रूप हैं। तीव्र इच्छा या सेक्स उत्तेजना के लिए भी कोई मुरिया शब्द नहीं है। उनके पास सिर्फ शारीरिक क्रियाओं के शब्द हैं। उदाहरण के लिए, 'पेंडा होहालता' यानी उसकी योनि में खुजली उठ रही है, या 'बोंडे डोकालता' जिसका अर्थ है लिंग हिल रहा है। भावनाओं को व्यक्त करनेवाले शब्दों का गोंडी में नितान्त अभाव है, जैसा कि सभी आदिम भाषाओं में है।

उनकी सेक्स सम्बन्धी पहेलियाँ काफ़ी मज़ेदार हैं और उसमें लिंग, योनि और सम्भोग के सन्दर्भ मिलते हैं :

'चापटी पकना गोहीवैलाइसेह'
चपटा पत्थर खुजलाता है।

—योनि

'सुलंग डंडी बंडल बुरसा'
खम्भा लम्बा है, इसकी जड़ काली है।

—लिंग

'कोंडांग लेवा बोटेंग'
मछली जिसके आँख नहीं है।

—लिंग

'इतवा लेवा पटवा टेडो'
छूते ही यह ऊपर जाता है।

—लिंग

घने जंगल में तीन नाच रहे हैं।

—सम्भोग

---

1. मैंने गौर किया है कि हमारे मान्य विद्वान जननांगों के नामों को लेकर अक्सर भ्रमित रहते हैं, ब्रिटिश और फ्रांसीसियों की तरह, और उनके लिए असमंजसकारी समानार्थी शब्दों का प्रयोग करते हैं। वार्ड 'आकर्षण' के लिए *प्रीति* या *मुंचीली*, 'प्रेमिका' के लिए *उर्य कलातुर*, और 'चूमने' के लिए *नकिल्ता* गोंडी शब्द बताते हैं। ट्रेंच की शब्दावली में ऐसे कोई शब्द नहीं हैं।

चोर के भागने के दो गवाह हैं।

–लिंग और अंडकोष

इस प्रकार सेक्स के शरीर-शास्त्र की कमी को मुरिया इसके पुराण-शास्त्र से पूरा करते हैं।

मुरिया लोगों का यह विश्वास है कि मर्द का लिंग और औरत की योनि अपना स्वतन्त्र जीवन जीते हैं।[1] योनि के सम्बन्ध में सेन्ट्रल प्रोविन्सेज़ और उड़ीसा में अनेक कथाएँ हैं। निम्नलिखित कथा मसोरा से है।

> बहुत पहले योनि में यह शक्ति थी कि वह अपना शरीर छोड़कर रात में खेत में खाने के लिए चली जाती थी। खाना चबाने के वास्ते इसके दाँत थे। यह पूरी रात चरती थी और तृप्त होकर सुबह को लौटती थी।
>
> लोगों में चर्चा होने लगी कि रात को कौन आकर उनकी फ़सल खाता है। ट्रैप्स लगाकर उसे पकड़ा जाना चाहिए। रात में जब योनियाँ चरने आईं तो वे ट्रैप्स में पकड़ी गईं। उन्हें बड़ी टोकरी में बन्द करके वे गाईता के घर ले गए। उन्हें अन्दर के कमरे में बन्द करके गाईता राजा को रिपोर्ट देने चला गया। राजा ने कहा कि सब योनियों को फाँसी दे दी जाए।
>
> यह बात सुनकर गाँववाले डर गए। उन्होंने कहा, 'हम अपनी बीवियों के साथ कैसे रहेंगे यदि उनकी योनियाँ ही नष्ट कर दी गईं ?' वे राजा के पास गए और कहा कि फ़सलों की क्षति की भरपाई करने के लिए वे तैयार हैं। उनकी बीवियों के गुप्तांगों को माफ़ करने की कृपा करें।
>
> राजा ने कहा, 'सबसे पहले योनियों के सारे दाँत तोड़ दिए जाने चाहिएँ। जो यह काम करेगा उसे इनाम मिलेगा।' किसी को पता नहीं था यह काम कैसे होगा। अन्ततः एक काना सिपाही, जिसके लिंग में चाकू उगा हुआ था, ने कहा कि वह यह काम कर देगा। उसने चाकू से दाँत बाहर निकाले और फिर कीलों और हथौड़े से सब योनियों को उनके सही स्थान पर लगा दिया। भग का दाना वह कील है। योनियों ने काने सिपाही को कोसा जिसने उन्हें घायल किया और उसे एक सूअर में बदल दिया। आज भी सूअर का लिंग चाकू जैसा दिखाई देता है।[2]

कोंडागाँव तहसील के पलारी से ऐसी ही कथा को भीमुल और उसकी बीवी के साथ जोड़ा गया है :

> 'योनि अपने शरीर से निकलकर खेतों में मक्का और खीरों की तलाश में जाती थी। यह बाड़ में से निकलकर खेत में घुसती थी। किसानों ने लोहे की बाड़ लगा दी। जब योनि ने अन्दर घुसने की कोशिश की तो लोहे से उसके दाँत टूट गए।

---

1. क्रो इंडियन टेले *मेंटुला लोक्वेंस* में ऐसा ही एक विचार पाया जाता है, जहाँ एक व्यक्ति का लिंग बात करने लगता है और रुकने से इनकार कर देता है।–आर.एच. लोवी, 'मिथ्स एंड ट्रेडिशंस ऑफ द क्रो इंडियंस', *एंथ्रोपोलोजिकल पेपर्स ऑफ द अमेरिकन म्यूज़ियम ऑफ़ नेचरल हिस्ट्री*, वॉल्यूम-XXV, (1922), पृ. 225
2. बिसन-हॉर्न मारिया के बीच ऐसी ही कहानियाँ बताती हैं कि कैसे एक व्यक्ति ने एक योनि को उसका अनाज खाते हुए पकड़ लिया और एक मूसल से उसके दाँत तोड़ दिए; कमेली की एक अन्य कहानी में लोग घूमती योनि को दान के रूप में भोजन कराते थे। जब यह सन्तुष्ट हो जाती तो अपना मुँह खोल देती और व्यक्ति को कोई हानि नहीं पहुँचाती। आज भी योनि ने गुड़ और अनाज खाने की अपनी पुरानी आदत छोड़ी नहीं है और वह अपने मांसपेशीय संकुचन से पुरुष सदस्य को 'काटने' की कोशिश करती है।

लोहे का एक छोटा-सा टुकड़ा योनि के मुँह पर लगा रह गया जो उसका दाना बन गया। दाँतों के बाहर आ जाने पर मुँह से ख़ून बहने लगा और योनि सहायता के लिए भीमुल के पास पहुँची।

'भीमुल का लिंग पाँच हाथ लम्बा था। उसने उसके कई टुकड़े कर दिए। हर टुकड़ा चार अँगुल लम्बा था। उसने एक टुकड़ा योनि के मुँह में रखकर कहा, "अब से खीरे और मक्का खाना बन्द करो : आज से यह तुम्हारा भोजन होगा।" लेकिन खून बहना बन्द नहीं हुआ। भीमुल ने कहा, "यह शीघ्र ही बन्द हो जाएगा और एक महीने बाद यह फिर शुरू हो जाएगा।" इस प्रकार औरतों की माहवारी शुरू हुई।

'जिस छोर से भीमुल का लिंग कटा था वहाँ ख़ून था। यह उस औरत के पेट में चला गया जिसकी योनि थी और वह गर्भवती हो गई। इस प्रकार बच्चों का जन्म होना शुरू हुआ।

'उन दिनों मर्दों के लिंग नहीं होते थे। वे भीमुल के पास गए। उसने अपने लिंग का एक टुकड़ा मर्द की जाँघों के बीच मोम से चिपका दिया। लेकिन मोम के पिघलते ही लिंग नीचे गिर गया। वे भीमुल की बीवी गोरोंडी डोकारी के पास गए। उसने दो छोटे चूजे लिंग के नीचे लगा दिए ताकि उसे सहारा मिल सके। इस प्रकार अंडकोषों की उत्पत्ति हुई।'[1]

एक अन्य उदाहरण कोईलारी[2] से है जिसके अनुसार एक राक्षस की बेटी की योनि में दाँत थे। वह शेरनी के रूप में रहती थी और दस या बारह शेरों को अपने साथ रखती थी। जब वह किसी मर्द को देखती थी तो वह एक सुन्दर लड़की में बदल जाती थी। वह उसके साथ सम्भोग करके उसके लिंग को खा लेती और उसका शरीर शेरों को खाने के लिए दे देती थी।

एक दिन उसे जंगल में सात भाई मिले। उसने बड़े भाई से शादी कर ली ताकि वह उन सबके साथ सो सके। एक-एक करके वह छह भाइयों के लिंग खा गई और उनके शरीरों को शेर। सबसे छोटा भाई ही बचा था। जब उसकी बारी आई तो वह देवता उसे सपने में दिखाई दिया जो उसे मदद करता था। उसने कहा, 'अगर तुम इस लड़की के साथ जाओ तो अपने साथ एक लोहे की नली ले जाना जिससे तुम उसकी योनि के दाँत तोड़ सको।' लड़के ने ऐसा ही किया और जब शेर उसका शरीर खाने आए तो वह आम के पेड़ पर चढ़ गया।

और अपने को बहुत छोटा बना लिया। शेरों ने उसका पीछा किया। क्रोधित लड़के ने कहा, 'चेहरे के अलावा उसका कुछ न बचे।' ऐसा ही हुआ; वह चमगादड़ में बदल गई जो एक ही छेद से खाती, हगती, मूतती और मैथुन करती है। एक आम खुला और लड़का उसमें प्रवेश कर गया। एक तोता आम को राजा के महल में ले गया।

---

1. एक अन्य स्थान पर मुड़िया कहता है, 'अंडकोष लिंग के बच्चे हैं और अपने पिता की ताकत को जीवन-रस देते हैं। जब बच्चे ताकत पुनर्प्राप्त कर लेते हैं सिर्फ तभी पिता कार्य कर सकता है।
2. आगे आनेवाली अपनी पुस्तक *मिथ्स ऑफ मिडिल इंडिया* में मैंने केन्द्रीय प्रान्तों के गोंड और परधान, बस्तर के बिसन-हॉर्न मारिया और उड़ीसा के जुआंग, गड़ाबा और सवारा की ऐसी ही अनेक किंवदंतियाँ प्रस्तुत की हैं।

तोते ने फल को ज़मीन पर गिरा दिया। वह फट गया और इसमें से लड़का निकला जिसने राजा की बेटी से शादी की।[1]

बड़ा डोंगार की एक कहानी में योनि की मौत हो जाती है। उसकी साथियों ने विचार किया कि उसे जलाया जाए या गाड़ा जाए। उनमें से कुछ का विचार था, 'हमें इसे बाँट लेना चाहिए।' सबने उसे काटकर अपना हिस्सा अपने पर चिपका लिया और इस प्रकार अधरों (लाबिया माजोरा) की उत्पत्ति हुई।

अलोर की एक कहानी में स्तनों और योनि के झगड़े का ज़िक्र है।

> योनि ने कहा, 'मैं तुम्हारे से अधिक महत्त्वपूर्ण हूँ। मेरे कारण मर्द पागल होते और मरते हैं।'
>
> स्तनों ने कहा, 'नहीं हम अधिक महत्त्वपूर्ण हैं। हमारी सुन्दरता मर्दों को आकर्षित करती है। हम न हों तो तुम्हारे पास कौन आएगा ?'
>
> 'योनि के बिना तुम्हें कौन पूछेगा ? लोग फूल का पीछा करते हैं या सुन्दर झरने का ?'
>
> 'लोग दूर से हमारी सुन्दरता देखकर उत्तेजित हो जाते हैं। तभी वे नज़दीक आते हैं और तुम्हें देखते हैं। पहले वे हमें छूते हैं, उसके बाद तुम्हें।'
>
> 'लेकिन तुम्हें छूने से किसी को आनन्द नहीं मिलता।'
>
> 'लेकिन अगर वे हमें देखकर न छुएँ तो वे कैसे उत्तेजित होंगे ? तुम्हारी बिल्कुल उपेक्षा कर दी जाएगी।'
>
> झगड़ते हुए वे एक-दूसरे से अलग हो गए। चलते-चलते स्तनों को एक मर्द ने देखा। उसने उन्हें अलग ले जाकर सहलाना शुरू कर दिया। किन्तु जब उसने नीचे देखा तो वहाँ कुछ नहीं मिला। मर्द वहाँ से निराश होकर चला गया।
>
> तब स्तन योनि के पास पहुँचे और बोले, 'बहिन, तुम जीत गई। तुम सर्वाधिक महत्त्वपूर्ण हो।'
>
> लिंग के बारे में भी दन्त कथाएँ हैं। शुरू में यह बहुत लम्बा होता था।
>
> कभी लिंग इतना लम्बा होता था कि आदमी जैसे ही चारपाई पर लेटा तो वह घर से निकलकर सौ गज़ की दूरी पर किसी स्त्री की योनि में घुस सकता था। जब आदमी घर के बाहर निकलता तो आदमी इसे कमर के चारों ओर लपेट लेता था और इसके सिरे पर गाँठ बाँध लेता था।
>
> एक दिन लिंग ने घर की दीवार तोड़कर एक औरत की योनि में घुसकर उसके मुँह से निकल गया, अपने सिर को खाना बनाने के बर्तन में डालकर सारा खाना खा गया। लौटते वक़्त इसके कारण औरत की मौत हो गई। तब सभी औरतें इसको काट देने के लिए आईं। आदमी ने अपने लिंग को अपनी मुट्ठी में पकड़ लिया और इतना ही इसको बचा पाया।[2]

---

1. इस किंवदंति पर बहस के लिए, मेरा लेख 'टू वेजाइना डेंटेटा लीजेंड', *द ब्रिटिश जर्नल ऑफ मेडिकल साइकोलॉजी,* खंड-X1X (1943), पृ. 439-53 देखें। उत्तरी अमेरिका में इसके विस्तार के लिए देखें डब्ल्यू. बोगोरास, *अमेरिकन एंथ्रोपोलोजिस्ट,* खंड-IV (नई सीरीज), पृ. 667 और आर.एच. लोवी, 'द टेस्ट-थीम इन नॉर्थ अमेरिकन माइथोलॉजी', *द जर्नल ऑफ अमेरिकन फोकलोर,* खंड-XXI (1908), पृ. 110।
2. बिसन-हॉर्न मारिया इस घटना को बैकेसा नाम के एक आदमी के साथ जोड़ते हैं और कहते हैं कि उसने शर्म के कारण स्वयं ही अपना लिंग काट लिया। जब उसने अपनी पत्नी के सिवा किसी अन्य स्त्री को

पौराणिक काल में औरत नहीं आदमी को माहवारी होती थी।

आदमियों को हर महीने अपने घरों से बाहर रखना पड़ता था। ख़ून को रोकने के लिए वे खोखले बाँसों के टुकड़ों में अपने लिंगों को डाल लेते थे।[1] एक दिन एक लड़की ने यह देखा और वह आदमी पर हँसी। उसने बाँस का खोल निकालकर उसके ऊपर फेंक दिया।[2] तब से औरतों को माहवारी होने लगी।

3. यौन-प्रेम का आकर्षण

मुरिया यह नहीं बता पाते कि सुन्दरता किसे कहते हैं। प्रकृति के सुन्दर दृश्य से वे प्रभावित होते हैं किन्तु वे इसका वर्णन नहीं कर सकते।

कभी-कभी गीतों और कहावतों में उनके मन की कुछ झलक जाती है। किन्तु सौन्दर्यबोध का सामान्यतया अभाव है। उदाहरण के लिए अमाकोट के चिटकुल पट को देखें–

'जिलांग जापर बंदार !'	झील कितनी सुन्दर है
'बंदार सोबा बारांग ?'	झील इतनी सुन्दर क्यों है ?
'बंदार सोबा पारी।'	झील के किनारे सुन्दर हैं।'
'बंदार सोबा येरो।	झील का पानी कितना सुन्दर है।
'येरो सोबा मीनुर।'	पानी में सुन्दर मछलियाँ हैं।
'मीनुर सोबा बारांग ?'	मछलियों के लिए क्या सुन्दर है ?
'मीनुर सोबा सिला।'	मछलियों के लिए जल-सरकंडे सुन्दर हैं।
'पारर सोबा बारांग'	किनारे पर क्या सुन्दर है ?
'पारर सोबा मारका'	किनारे पर आम का पेड़।
'कांडी उडू मारका'	आम की फैली शाखाएँ
'वालिया वातो गोरगा।'	और सब जगह खजूर के पेड़।

मनुष्यों में मुरिया जीवन्तता, सक्रियता और शक्ति की तारीफ़ करते हैं। 'चेहरा कितना ही सुन्दर हो, लोफर को कोई नहीं देखता।'

मुरिया किसी चेहरे का विश्लेषण नहीं कर सकते। उदाहरण के लिए वे नहीं बता सकते वे मोटे होंठ या चपटी नाक को नफरत करते हैं। मैंने प्रायः उन्हें ग्रिग्सन की पुस्तक 'मारिया गोंड्स ऑफ बस्तर' के पहले पृष्ठ पर छपी एक सुन्दर मारिया युवक की सपत्नीक फोटो को दिखाया है। सभी की एक ही टिप्पणी थी; दोनों के आभूषण सुन्दर थे लेकिन वे सही ढंग से नहीं बैठे थे। नाको-नक़्श के बारे में उन्होंने कुछ नहीं कहा। मुटियारी ने मेरी पत्नी को

छू लिया। खून बहने से वह मर गया और बैठी हुई अवस्था में दफनाया गया। बैकेसा पेन के रूप में अनेक गाँवों में पत्थरों के ढेर के तौर पर अब भी उसको सम्मान दिया जाता है।

1. लेकिन दुगेलि के बिसन-हॉर्न मारिया ने कहा कि लिंग इसलिए छोटा हो गया क्योंकि पुराने जमाने में महार के पास लिंग था ही नहीं और वह गज भी मुल से एक मांगने के लिए गया। उसने मारिया का बड़ा हिस्सा काट लिया लेकिन मुख्य भाग उसकी मुट्ठी में ही रह गया। इसीलिए मारिया महार से कोई सम्बन्ध नहीं रखते कि उन्हें बचे हुए अंग को भी खो देने का डर है।
2. इस कारण से कहा जाता है कि बिसन-हॉर्न मारिया प्रथम ऋतुस्राव के वक्त लड़की पर कीचड़ उछालते हैं।

चेलिक की सुन्दरता के बारे में एक प्रतीकात्मक टिप्पणी दी–'वह हमेशा अपने सिर को धोता और बालों को सँवारता रहता है। उसके कपड़े साफ़-सुथरे हैं; वह जानता है कि कैसे खड़े होना और बैठना चाहिए। यद्यपि वह तीस वर्ष का है, हम सब मनसाई को प्यार करती हैं क्योंकि वह कभी गन्दा नहीं रहता।' यह पालकी के चेलिक के बारे में है। बिनझली, मारकाबेरा, झोरिया आदि घोटुलों की मुटियारियों का चेलिक की सुन्दरता के यही मापदंड हैं–आभूषण, कंघी किए बाल, साफ़-सुथरे कपड़े।

चेलिक अपनी मर्दाना शक्ति का सर्वाधिक प्रदर्शन माँ री नृत्यों और ढोल बनाने में करता है। जो चेलिक अपने हाथों से लकड़ी का ढोल बनाता है उसको उस चेलिक से बेहतर समझा जाता है जो बाज़ार से खरीदा हुआ ढोल बजाता है। 'जो चेलिक लकड़ी के ढोल को पीट सकता है वह प्यार में किसी भी लड़की को हरा सकता है।'

चेलिक लड़कियों में सक्रियता और सुन्दरता की प्रशंसा करते हैं। साथ ही वे उन्हें अच्छे वस्त्राभूषण पहने हुए देखना चाहते हैं। मसोरा में उन्होंने बताया कि माल्को बहुत सुन्दर थी क्योंकि 'वह सही ढंग से कपड़े पहनती है और हमेशा अपने साए को देखती है ताकि उसे पता चल सके कि वह ठीक प्रकार से चल रही है या नहीं।' बिनझली की सिलो और संसारो अति सुन्दर थी क्योंकि 'उनके चेहरे साफ और धुले थे और उनके बाल सजे-सँवरे थे।'

मारकाबेरा की माल्को, कचोरा की कोटवारिन, पपगाँव की झेलो, तरबैली की नेरो, कोइलीबेरा की माल्को, मुंजमेता की साल्को इसीलिए सुन्दर मानी जाती थी कि वे जीवन्त, कर्मठ, धजी-धजी और नृत्य-प्रवीण थीं।

काकोरी के मुरिया ने सुन्दर लड़की के ये लक्षण बताए हैं–

> 'उसकी टाँग और पैर अधिक लम्बे नहीं होने चाहिए और न पतले और मोटे होने चाहिए। पैर की अँगुलियाँ बड़ी और भद्दी न हों। कमर पतली हो। आगे निकला हुआ और भारी चूतड़ दर्शनीय नहीं होते। कंघी करते समय बाल सिर पर सीधे पड़ने चाहिए। नाक छोटी हो सकती है किन्तु चपटी न हो। आँखें काली नहीं हों। सर्वाधिक महत्त्वपूर्ण बात है कि उसे अच्छे कपड़े और अच्छे ढंग से काम करना आना चाहिए। बहुत आभूषण पहननेवाली लड़की जादू-सा डालती है। चेहरा कितना ही सुन्दर क्यों न हो, यदि वह आलसी है तो वास्तव में बदूसरत है।'[1]

गीतों में कभी-कभी औरत में उस गुण का ज़िक्र आता है जिसको 'सपोटा' कहते हैं जिसका अर्थ है कि उसके शरीर में सन्तुलन है। ऐसी लड़की न ज़्यादा लम्बी होती है न छोटी, न मोटी न पतली : 'उसकी नाक और होंठों के बीच में अधिक फासला नहीं होता; उसके हाथ और पैर सीधे होते हैं, कमर पतली, गोल स्तन लेकिन अधिक बड़े नहीं। उसकी आँखें

---

1. इन विचारों की क्लासिकीय भारतीय सौंदर्य पर कुमार स्वामी के विचारों के साथ तुलना दिलचस्प होगी। राजस्थानी और पहाड़ी चित्रों में वे बताते हैं, शारीरिक और आत्मिक दोनों की दृष्टियों से हिन्दू स्त्री आदर्श प्रस्तुत किए गए हैं। 'नायिका की आँखें कमल के फूल की तरह बड़ी हैं, उसके बाल भारी परतों में हैं, उसके स्तन दृढ़ और उठे हुए हैं, उसकी जंघाएँ स्थूल और चिकनी हैं, उसके हाथ गुलाब के फूलों की भाँति हैं, उसकी चाल हाथी की भाँति मदमस्त है और उसका आचरण अत्यन्त लज्जाशील है!–ए. कुमार स्वामी, *राजपूत पेंटिंग,* (ऑक्सफोर्ड, 1916), पृ. 8।

काली और चमकदार होती हैं।' गीतों में 'जय माल्को' लड़की का भी बखान है जो उसकी चाल के बारे में है। 'वह मोरनी की तरह सीधी चलती है।' एक टुटुमरी पट लड़की को 'जलहेना नेका जल्के मैमा' कहता है जो अपने चूतड़ों को इस तरह हिलाते हुए चलती है कि लोग उसे देखें। एक 'बाई चिकन खोसा' वह होती है जिसने अच्छी तरह अपने बालों में कंघी की है। वह हमेशा सुन्दर होती है।[1]

शारीरिक अंगों का विश्लेषण न कर पाने के बावजूद मुरिया का स्तन सम्बन्धी सौन्दर्यशास्त्र पूर्णरूप से विकसित है। गेहूँ पीसते हुए या चावल से चोकर अलग करते हुए, यदि कोई अजनबी निकट न हो, तो लड़कियाँ कम-से-कम कपड़े पहनती हैं। स्तनों की तारीफ़ की जाती है। यदि किसी लड़के से एक लड़की की उम्र पूछी जाए तो वह अपनी हथेलियों से उसके स्तनों का माप बताएगा। 'वह नारियल जितने बड़े स्तनों की स्वामिनी हो सकती है अथवा नींबू जितने, लेकिन उसका सौन्दर्य उसके स्तनों में है। बच्चा पैदा होने पर उनका सौन्दर्य जाता रहता है लेकिन कन्धे तो होते हैं, वे कभी धोखा नहीं देते।' दूसरे शब्दों में सम्भोग के समय कुछ-न-कुछ पकड़ा जाता है। जवानी में चेलिक स्तन पकड़ता है, उसके बाद कन्धे।

स्तनों के लिए अनेक उपमाएँ और वर्ग हैं। चेलिक के अनुसार छोटे और अपरिपक्व स्तनों के वर्ग—'परस डूडो' यानी आधा विकसित लौकी; 'बैंजरी डूडो' छोटे बैंगन जिनके बारे में लड़के हँसते हुए कहते हैं, 'तुम्हारे बाग में बैंगन कब पकेंगे ?'; 'बोंडो-कुख डूडो,' छोटे कुकुरमुत्तों की तरह; 'थेका डूडो' बहुत छोटे गोल बर्तन की तरह। 'कोसा डूडो' रेशम के कोवे के समान; और 'उरंग कसकल डूडो' जो कुत्ते के पिस्सुओं की भाँति चपटी होती है।

मुटियारी के सुन्दर और विकसित स्तन—'गुट्टा डूडो' जो अपनी युवा-शक्ति से खूँटी की तरह खड़े हो जाते हैं; 'किंडरी डूडो' जो पाँच बच्चों के बाद भी अपना रूप नहीं खोते; 'बुरका डूडो' अर्थात वफ़ादार और स्नेही माता के गोलार्द्ध स्तन; 'मरका डूडो' आम जैसे स्तन; और 'टाइगर स्तन' जिनका दूध पीने के बाद बच्चा छोटा टाइगर बन जाता है।

अब स्तनों का निपल या चुचुक के आधार पर वर्गीकरण। 'कुर्बिन डूडो' अर्थात छोटे स्तनों के लम्बे चुचुक जिनको मांडला में 'बन्दर स्तन' कहा जाता हे। ये कम तारीफे-काबिल हैं। 'धोडका' या 'टोरका डूडो' यानी अर्ध-विकसित लौकी के समान स्तनों के लम्बे निपल; 'हिंड थेटी डूडो' मतलब छिन्द झाड़ी के बेरों जैसे चुचुक।

बूढ़ी औरतों के स्तन लटक जाते हैं जैसे पानी नीचे गिरता है जिनके बारे में बेतूल गोंडी में कहा जाता है, 'उसके स्तन ऐसे लटक रहे हैं जैसे बैलगाड़ी के पीछे कम्बल।'

आकर्षणहीन मुटियारी जादू के द्वारा सुन्दर भी बन सकती है। मध्यरात्रि में अकेले जाकर उसे सन्तानहीन चुड़ैल की कोयला बनी हड्डी घर लानी चाहिए। किन्तु यह आवश्यक है कि वह रविवार को मरी हो और उसी दिन उसका दाह-संस्कार हुआ हो। सात रविवारों को

---

1. ट्रेंच एक अच्छे वस्त्र और आभूषण पहने लड़की को *सिंग्रि-मिंग्रि* नाम देते हैं; *कोंमाना* का अर्थ है 'सुन्दर' और *सोबान* का हृष्ट-पुष्ट। मिशेल 'सुन्दरता' के लिए *नेहेना-हर्ना* शब्द बताते हैं, लेकिन इसका अर्थ साधारण रूप से 'देखने में अच्छा' प्रतीत होता है। कुरूपता को अधिक चित्रात्मकता से वर्णित किया गया है। *सिंहा-अरजाक* का अर्थ बेतुल में उलझे हुए बालों वाला एक गंदा व्यक्ति जो असभ्य भालू की तरह दिखता है! *बोकराल कोरविंग्ना माई* का अर्थ है 'मोटे चेहरेवाली औरत।' किसी पुरुष को गोंडी में *काल्कुर* कहने का अर्थ है कि वह 'एक डंडी के जितना पतला है। मिशेल बिशन-हॉर्न मारिया के बीच 'बदसूरत' के लिए *ओपो* शब्द बताते हैं।

लगातार उसे जली हड्डी के सामने एक मुर्गे की बलि देनी होती है। वह कहती है, 'मैं तुम्हें लाई हूँ, मुझे सुन्दर बनाओ।' सातवें रविवार को वह अपने शरीर के हर अंग को हड्डी से स्पर्श करती है और 'वह बहुत सुन्दर बन जाती है।' किन्तु अधिकतर बदशक्ल मुटियारी ऐसा नहीं करती।

4. प्रेम-प्रसंग का तरीका

इस सम्बन्ध में हैवलोक इलिस के शब्द बहुत महत्त्वपूर्ण हैं–'प्रणय निवेदन से यह ऐन्द्रिय उत्तेजना होती है जिसमें सम्भोग की तीव्र इच्छा होने लगती है। किन्तु जो बचपन से ही एक-दूसरे के साथ रहे हों उनमें यह ऐन्द्रिय उत्तेजना नहीं होती और उसके स्थान पर उनमें शान्त स्नेह देखने को मिलता है।' कहने का तात्पर्य यह कि चेलिक और मुटियारी का प्यार कमोबेश भाई और बहन का प्यार है। जिस भी घोटुल में लड़के और लड़कियाँ एक साथ रहे हैं उनका सचमुच ही ऐन्द्रिय-संवेदन कमज़ोर हो जाता है।[1]

इसके बावजूद घोटुल जीवन के अपने सकारात्मक बिन्दु हैं। घोटुल का प्रेम सामूहिक प्रकार का है जिसमें ईर्ष्या और स्वाधिकार का कोई स्थान नहीं है। सब पारस्परिक मेल और दोस्ताना ढंग से रहते हैं। लड़की अपने को किसी एक के लिए नहीं सभी लड़कों के लिए सजाती है। इसी प्रकार लड़के सभी लड़कियों के लिए ढोल बजाते और नाचते हैं।

आदर्श लगनेवाली इस स्थिति के अपने खतरे भी हैं। स्नेह भरा व्यवहार यौन क्षमता को बढ़ावा नहीं देता।[2] मुरिया ही नहीं सभी कबीलाई परम्पराएँ यौनरहित प्रेम को कम महत्त्व देती हैं। माना गया है कि इसके बिना न तो सुकून होगा न सन्तोष, हर व्यक्ति भटकाव का शिकार होगा। सबसे बड़ी बात यह है कि सुधारक और अतिनैतिकतावादी घोटुल की उस विशेषता की निन्दा करते हैं जिसने इसे स्वच्छ और स्वस्थ बना रखा है। लेकिन घोटुल के इस श्रेष्ठ प्राकृतिक जीवन को बनाए रखना आसान नहीं है।

घोटुल की दिनचर्या शायद किसी महान श्रृंगारिक विशेषज्ञ ने बनाई है। इतने प्रशंसनीय ढंग से इस बात की युक्ति निकाली गई है कि जब भी ऐन्द्रिय संवेदन महसूस हो इसे हासिल किया जा सके। घोटुल व्यवस्था अपने रिवाजों में इतनी संगत है, अपने उद्देश्यों में इतनी अनुकूल है, प्रभाव में इतनी रोचक, उत्तेजक एवं स्फूर्ति देनेवाली है कि थके-माँदे पति-पत्नी को जब भी सभ्यता से दूर उपचार के लिए वहाँ भेजा जाता तो मुझे विश्वास है कि उनमें से कोई भी बिना स्वस्थ हुए नहीं लौटता होगा।[3]

यह कहना पूरी तरह सत्य नहीं कि सम्भोग की स्थिति से पहले का ऐन्द्रिय-संवेदन घोटुल जीवन में नहीं। घोटुल की छोटी-छोटी झोपड़ियाँ, चारों तरफ जंगल के झूमते वृक्ष, रात की नीरवता, शुक्ल पक्ष हुआ तो चाँद, आँगन में जलती हुई लकड़ियाँ, चेलिक की कमर में बँधी हुई घंटियों की आवाज और राह चलती मुटियारी का दूर से आता हुआ गीत का स्वर–यह सब लड़कों और लड़कियों के दिलों की धड़कन बढ़ा देता है।[4]

---

1. हेवलॉक एलिस, उपुर्यक्त, पृ. 206 और आगे, *कम्पेयर वेस्टरमार्क,* उपर्युक्त, खंड II पृ. 192 व आगे।
2. वही, पृ. 206।
3. वही, *एनलिसिस ऑफ द सेक्सुअल इम्पल्स,* पृ. 53।
4. वही, *सेक्सुअल सलेक्शन,* पृ. 6।

घोटुल में अपने किस्म का ऐन्द्रिय संवेदन है। इनमें सबसे पहला है वह स्पर्श जो बालों को कंघी करने और मालिश करने में अनुभव किया जाता है। शुरू में मुटियारी चेलिक की पूरी ताकत लगाकर और फिर धीरे-धीरे दुलार-भरे हल्के हाथों से करती है। इससे निश्चय ही चेलिक और मुटियारी में एक नई प्रकार की इच्छा पैदा होती होगी।

कंघी के प्रयोग से चेलिक की त्वचा में सिहरन और गुदगुदी उठती है। जैसे ही यह सिहरन शुरू होती है वह चेलिक के स्तनों को सहलाना शुरू कर देता है। उसके पाँवों को थपथपाना शुरू कर देता है जो उसकी कमर को दोनों तरफ से दबाए रखते हैं। कभी-कभी लड़की चेलिक के ऊपर झुककर उसे मलती है और मलते-मलते उसके हाथ लिंग के क्षेत्र तक पहुँच जाते हैं।

आश्चर्य है कि मुरिया ऐन्द्रिय संवेदन में इन्द्रिय उत्तेजना जगानेवाले चुम्बन का इस्तेमाल बहुत कम होता है।[1] ऐसा नहीं है कि इसके बारे में किसी को जानकारी नहीं है बल्कि इसका इस्तेमाल फैशन माना जाता है। मगर मोरे बरमा एक ऐसा घोटुल है जहाँ हर कोई चुम्बन का इस्तेमाल करता है। लेकिन वे होंठों पर चुम्बन नहीं लेते और न ही जीभ की इसमें कोई भूमिका होती है। मुरिया के लिए चुम्बन का मतलब एक प्रकार का ऐसा सन्देश है जिसे वे होंठों से त्वचा को छूकर लेते-देते हैं। लड़के चेहरे और वक्ष पर चुम्बन देते हैं।

स्पर्श के बाद गन्ध को सबसे शक्तिशाली उत्तेजक माना गया है। चेलिक कहते हैं, 'पर्वत और जंगल खूबसूरत हैं, मगर इससे ज्यादा खूबसूरत और आकर्षक हैं पसीने, तेल, गीली जमीन, पेशाब और खट्टी-मीठी लकड़ियों से निकलते धुएँ की गन्ध।[2] घोटुल में पाई जानेवाली गन्ध अविस्मरणीय है; अजनबियों की नाक के लिए भी यह पसन्दीदा गन्ध है। लड़कों ने बताया कि इस गन्ध से उन्हें एक तीव्र यौन-उत्तेजना महसूस होती है। 'लड़की के बालों में बसी लकड़ियों के धूएँ की गन्ध कितनी अच्छी लगती है', साइबेरिया के एक मुरिया ने चिल्लाते हुए बताया। लड़के या लड़की की देह से आनेवाले गाय के बाड़े की गन्ध को भी स्वस्थ माना जाता है। तेमरूगाँव में लड़कों को उस गेंदे के फूल की गन्ध अच्छी लगती थी जो वहाँ की मुटियारी अपने बालों में लगाती थीं, इसीलिए यह उनका पसन्दीदा फूल बन गया।

चूँकि लड़के और लड़कियाँ कोई कृत्रिम सुगन्ध का प्रयोग नहीं करते इसलिए उन्हें शारीरिक सफाई पर बहुत ध्यान देना होता है। योनि से यदि दुर्गन्ध आ रही होती है तो लड़का सम्भोग करने का इच्छुक नहीं रहता, इनमें एक कहावत है–'मुँह सुन्दरी, गाँड गन्दरी, चेहरा कितना ही सुन्दर क्यों न हो, गन्दे शरीरवाली लड़की की तारीफ नहीं की जाती।' 'प्रणय-निवेदन में मर्द अपनी ऊर्जा या कुशलता और सुन्दरता का प्रदर्शन करके लड़की को अपनी मर्दानगी से आश्वस्त करना चाहता है।'

1. नृतत्वविज्ञान में यह सामान्य सी बात है कि आदिम लोग चूमते नहीं हैं; मैं हमेशा आश्चर्य करता रहा हूँ कि अध्ययनकर्ता इतने निश्चित तौर पर कैसे कह सकते हैं। 'चूमने' के लिए गोंडी में एक सामान्य शब्द है 'बुरियाना'। ट्रेंच बताते हैं कि बेतुल में यह शब्द–'बुराना' है जिसका अर्थ है 'मनुष्य के सन्दर्भ में *चूमना*, कुत्तों के सन्दर्भ में *सूँघना।* वॉर्ड चूमने के लिए गोंडी में प्रयुक्त होनेवाला शब्द *नकिल्ता* बताते हैं जो मांडल जिले में इस्तेमाल होता है। (*नूकाना* का अर्थ है 'चाटना') मैंने मुड़िया को *लोराण्डु* शब्द का इस्तेमाल करते भी देखा, जिसका अर्थ 'चूमना' बताया गया, लेकिन मुझे इस पर सन्देह है।
2. उरांव की *घुमकुड़िया* थोड़ी अलग गंध लिए हुए है, जिसमें पेशाब की गंध अधिक है, जोकि सवारा की तरह नहीं बल्कि मुड़िया से भी काफी अलग है।

लेकिन 'ऐन्द्रिय संवेदन हासिल करने का सबसे प्रचलित तरीका', हेवलॉक एलिस कहते हैं, 'वह तरीका है जो विभिन्न प्रकार के जन्तुओं, जानवरों, कीड़े-मकोड़े और चिड़िया से लेकर मनुष्य तक में पाया जाता है और वह है—नृत्य की खास भंगिमाएँ।[1] सम्पूर्ण प्रकृति में बहुत ऊर्जा व्यय करने के बाद सम्भोग की स्थिति आती है।[2] इसलिए घोटुल में हर शाम जोरदार नाच और खेल होते हैं जिनमें से कई साफतौर पर यौन-भावनाओं से जुड़े हैं। एक कहावत है, 'रेला रेला बोंडे पेला' अर्थात् रेला गाने की शुरुआत इच्छा की पूर्ति पर खत्म होती है। एक खेल में लड़कियाँ हाथ में डंडा लिये होती हैं जो लिंग का प्रतीक है और चूतड़ों को जोर-जोर से झटके देकर नाचती हैं मानो वे रति-क्रिया करवा रही हों।

नाचती हुई वे गाती हैं—

नान नान चिंगरो,	छोटे-छोटे भूरे बाल,
बरे लाम काँटा,	बहुत लम्बा काँटा,
कहाँ गई हो,	वह कहाँ गया है,
नन्दपुरिहार राजा?	नन्दपुरिहार राजा?

'छोटे भूरे बाल' योनि पर उगे बाल हैं और लम्बा काँटा चेलिक का लिंग है। झोरिया एनडेना में, लड़कियाँ सम्भोग के बारे में गीत गाती हैं।

5.

हम पहले ही, खासकर अध्याय 11 में, देख चुके हैं कि घोटुल में यौन अवसरों के उपलब्ध होने की कितनी गुंजाइश होती है और साथ में यौन चुनाव की सहज प्रक्रिया में लगाई गई शर्तों के बारे में भी जान चुके हैं। इन परिस्थितियों में क्या चेलिक और मुटियारी वास्तव में 'एक दूसरे से प्रेम करते हैं?' समर्पण की कोमलता, प्रेम तनाव और उन तकलीफों का क्या होता है जो आज भी अधिकांश यूरोपियों के लिए दो विपरीत लिंग के बीच कोई भी उचित सम्बन्ध बनाने के लिए जरूरी होते हैं? या जैसा कि डाल्टन उराँव घोटुल के बारे में कहते हैं, 'क्या घोटुल में कोमल एहसासों की स्वाभाविकता को कुचल दिया जाता है?'

यह सम्भव है कि घोटुल के सामूहिक प्यार, सम्भोग के सरल और सहज रूप, एक-दूसरे के प्रति तर्कसंगत और यथार्थवादी दृष्टिकोण से आदिवासियों ने वह प्राप्त कर लिया जो एक पाश्चात्य लघु उपन्यास में प्रेमी को धमनभट्टी जैसी गर्म साँसें लेते हुए प्राप्त करता हुआ दिखाया जाता है। घोटुल में यौन आकर्षण की सादगी देखने को मिलती है। इस बात का कोई प्रमाण नहीं कि घोटुल में सम्भोग आसानी से होता है। बल्कि चेलिक को इसके लिए काफी मेहनत करनी पड़ती है।

कई चेलिक और मुटियारी बिना कोई भावुक प्रेम सम्बन्ध बनाए बल्कि घोटुल में प्रेम

1. हेवलॉक एलिस, *एनलिसिस ऑफ द सेक्सुअल इम्पल्स,* पृ. 53।
2. हेवलॉक एलिस, *एनलिसिस ऑफ द सेक्सुअल इम्पल्स,* पृ. 52। अर्द्ध-मानव वानरों के काम-नृत्य में निर्भीकता के साथ मटकना शामिल होता है जो कि प्रचलित ढंग से काफी अलग है। इसमें कोई शक नहीं है कि इसका उद्देश्य मादा को नर के प्रति यौन समर्पण के लिए त्रस्त करना और तैयार करना होता है!—क्लिफोर्ड एलेन, *द सेक्सुअल परवर्ज़न्स एंड एबनॉर्मेलिटीज* (ऑक्सफोर्ड, 1940), पृ. 27, एच. बिंधम, *द सेक्स डेवलपमेंट इन एप्स* (बाल्टिमोर, 1928) भी देखें।

की परम्परागत व्यवस्था से सन्तुष्ट और खुश होकर घोटुल की अपनी अवधि बीता देते हैं। अपने घोटुल के सात या आठ साल की अवधि में वे दूसरे घोटुल के एक या दो स्पष्ट और उत्तेजना भरे प्रेम प्रसंग का मजा लेते हैं जो कुछ महीनों में खत्म हो जाता है। कुछ लड़के-लड़कियाँ जो इश्क-मिजाज होते हैं वे हमेशा प्रेम करते और छोड़ते रहते हैं। अन्य चेलिक की पत्नियों को रिझाते हैं; जब दूसरे सो रहे हों तो जंगल में लड़कियों को बुलाते हैं। कुंटपादर के चेलिक का कहना है, 'प्रेम हमें नियम तोड़ने को मजबूर करता है।'

स्नेह, उत्साह और उन्मुक्तता के शान्त समुद्र में अचानक तूफान और आँधियाँ उठने लगती हैं। गाँव में जब नई लड़की आती है, लड़के को अचानक उस मुटियारी की सुन्दरता का अहसास होता है, जैसे वह सालों से जानता है; चेलिक खुद को सबका चहेता नायक बनाना चाहता है ताकि सबका दिल जीत ले; छोटे लड़के व लड़कियाँ एक साथ पलते-बढ़ते हैं और परिपक्व होने पर एक-दूसरे से आकर्षित होते हैं। चेलिक और मुटियारी इस तरह दूसरों की तरह प्रेम करने लगते हैं। 'पहला प्यार सबसे उत्तम है' यह पागल का काम है। बाकी तो सब बना-बनाया खेल है लड़के कैसे अपने प्रेम को पूरा करते हैं? वे उस लड़की तक कैसे पहुँचते हैं जिसे वे जितना चाहते हैं? वे उस लड़की को कैसे फुसलाते हैं जिसके साथ वे लगातार सोते हैं ताकि यौन क्रिया करके वे उसके साथ कानून विवाह कर लें—ज्यादातर घोटुल में, भली लड़की अपने चेलिक में से एक के साथ सोने को बाध्य होती है, फिर भी वह जब तक न चाहे उस लड़के के साथ सम्भोग से मना कर सकती है।

बन्दोपाल का चेलिक बताता है, 'एक-दूसरे के साथ हँसते, मुस्कुराते, नृत्य करते हुए प्रेम-सम्बन्ध शुरू हो जाता है। फिर हम खेत या जंगल, सम्भवतः नदी के किनारे मिलना तय करते हैं। लड़के लड़कियाँ को नक्काशी की हुई कंघी देते हैं, लड़की अपने माता-पिता से कुछ पैसे चुराकर प्रेमी के लिए मोती खरीदकर हार बनाती है। जब अँधेरा होता है तो इसे प्रेमी को दे देती है। वह रात को इसे पहन लेता है मगर दिन में सावधानीपूर्वक इसे छिपा कर रखता है।

प्रेम को हासिल करने में उपहार महत्त्वपूर्ण भूमिका अदा करते हैं। चेलिक बालों के पिन, काले बाल को बाँधनेवाले लकड़ी के सामान, सुन्दर छोटी कंघी और तम्बाकू की छोटी थैली। उसके जवाब में मुटियारी मोतियों के हार, बालों का बैंड, कान के झुमके और चटाई देती है। दोनों के लिए आईना महत्त्वपूर्ण उपहार है। जब उपहार में कंघी मिलती है तो यह संकेत होता है कि व्यक्ति प्रेम के प्रति गम्भीर है। कई घोटुल में कंघी प्रत्यक्षतः नहीं दी जाती बल्कि कोतवार के हाथों से दी जाती है ताकि वह घोटुल में चल रहे रोमांस की खोज-खबर लेता रहे। कुछ लड़कियों के पास बड़ी मात्रा में ये आभूषण इकट्ठे हो जाते हैं। कोई जरूरी नहीं है कि इसका मतलब उसके ढेर सारे प्रेमी हैं बल्कि इसका मतलब यह हो सकता है कि उसका प्रेमी समर्पित है। कन्हारगाँव के लिखेन ने अपनी प्रेमिका सुरतो के लिए 12 कंघे बनाए; जब वह नृत्य करती तो बालों से निकालकर उन्हें प्रेमी को सँभालने के लिए दे देती।

ये उपहार न सिर्फ लड़की को खुश करने के लिए बल्कि अपनी इच्छा प्रत्यक्षतः जाहिर करने के लिए भी इस्तेमाल किए जाते हैं। लड़के कई उपहारों पर योनि या उठे हुए लिंग का प्रतीक बनवाते हैं, वक्ष को साथ-साथ चुचुक का बिम्ब भी उनके उपहारों पर नक्काशी की गई होती है। इन चित्रों या नक्काशियों को ज्यादातर कंघी या तम्बाकू की थैली पर, घोटुल के खम्भों या दीवारों पर तथा जंगल में मोटे तनेवाले पेड़ों पर खोदा या बनाया जाता है, कई

बार वे रात में सोने के लिए इस्तेमाल किए जानेवाले लकड़ी के तकिए पर वक्ष बनवाते हैं। उनका कहना है कि ये प्रतीक अक्सर बातचीत या पहचान शुरू करने में सहायक होते हैं।

जब लड़की लड़के से प्यार करने लगती है तो उसके लिए बहुत कुछ करती है। वह लड़के के गन्दे कपड़े नदी में ले जाकर धोती है। उनके बालों को खूब अच्छे से सँवारती है। उनके ढोल ढोती है। अपने घर से उनके लिए तम्बाकू या शराब चुराकर लाती है। जंगल जाकर उनके लिए फल खोजती है। उनका ऐसा व्यवहार चेलिक का दिल जीत ले जाता है।

तकलीफ और टीस भरा हताश प्रेम कम देखने को मिलता है। जहाँ प्रेम तीव्र होता है वहाँ इसे यौन अवसर के रूप में देखा जाता है। 'क्या जंगल में शेर की कमी हो गई है?' ऐसा वह लड़की कहती है जो किसी लड़के के प्रति आकर्षित होती है मगर उसका प्रेम जीत नहीं पाती, दार्शनिक अन्दाज में आगे कहती है 'उस चावल का क्या फायदा जो दूसरे की टोकरी में है?' फिर वह दूसरा प्रेम तलाशने लगती है। लड़का कहता है, 'आज नहीं तो कल मैं खेत जोतूँगा।'

6.

मुरिया का यौन सम्बन्धों के प्रति दृष्टिकोण अलग है। वे इसे इनसानी रिश्तों का महत्त्वपूर्ण अंग मानते हैं। हमें अब प्रेम की इस नाजुक और शाश्वत अभिव्यक्ति के प्रति अपना दृष्टिकोण तय करना है, जिसके बिना कोई भी मित्रता सच्ची नहीं हो सकती।

मुटियारी इस मामले में अक्सर शर्मीली और अनिच्छुक पाई गई हैं; कभी-कभी वे किसी खास लड़के में दिलचस्पी नहीं दिखातीं। वे विनम्रता के आकर्षण शक्ति से भली-भाँति परिचित होती हैं। इस बात का कोई प्रमाण नहीं है कि घोटुल में सम्भोग बहुत आसान है। बल्कि यह वैसी जगह है जहाँ लड़कियाँ आसानी से हासिल नहीं होती; चेलिक के लिए किसी मुटियारी को रिझा पाना सबसे मुश्किल काम है।

घोटुल की एक बेहद महत्त्वपूर्ण परम्परा यह है कि चेलिक लड़कियों पर चढ़ने की कोशिश न करें। बल्कि किसी लड़की के साथ सम्मान और सावधानी से पेश आएँ और किसी भी तरह का सम्बन्ध बनाने से पहले इस बात की तसल्ली कर लें कि वह भी उसके साथ भावनात्मक रूप से जुड़ गई है। किसी भी मुटियारी के साथ पहले दिन सोने पर उसी दिन सम्भोग करना अनुचित माना जाता है। उसके साथ मन का सम्बन्ध स्थापित करने के बाद ही किसी भी सम्बन्ध की इजाजत है। लड़की के 'तैयार' होने से पहले उसके साथ सम्भोग करना पाप माना गया है। सभ्य कहे जानेवाले ऐसे कितने लोग हैं जो अपने जीवन में ऐसी समझदारी और विवेक का परिचय देते हैं?

अन्तारगाँव का चेलिक महीनों से एक लड़की को प्यार करता था, लेकिन वह उसे हमेशा टालती रहती थी। एक दिन वह उसे धावाडाई बाजार ले गया और रास्ते भर उससे प्रार्थना करता रहा कि वह उसकी बात मान ले। मगर उसे अपने गर्भवती होने का डर था इसलिए उसने फिर मना कर दिया। अन्त में उसने उसे दो बोतल शराब दी और तब भी वह तभी राजी हुई जब उसने कसम ली कि वह इस सम्बन्ध से होनेवाले बच्चे की पूरी जिम्मेवारी लेगा।

तैलंग के चेलिक के साथ भी यही घटना घटी। वह उस लड़की से प्रेम करने लगा जिसके साथ उसे घोटुल में सोना पड़ा था लेकिन लड़की ने उसे कभी भाव नहीं दिया। वह लड़की

को बाजार ले गया और शराब तथा भुना हुआ चावल खरीद दिया। लड़की ने कहा, 'तुम्हारा और मेरा हृदय एक है; मैं तुम्हें वह जरूर दूँगी जिसकी तुम्हें कामना है, लेकिन यदि मैं गर्भवती हो गई तो मुझे दो बैलोंवाली गाड़ी पर सामान लादकर ढोना पड़ेगा। अगर तुम वादा करते हो कि तुम भी मेरा बोझ ढोने में मेरी मदद करोगे तो तुम जो चाहे वह कर सकते हो।' चेलिक ने उसकी बात मान ली और वैसा ही करने का वादा किया; फिर लड़की ने उस लड़के की सारी बातें मान ली। एक साल के भीतर वह गर्भवती ही हो गई : लड़के ने भी अपना वादा निभाया और उससे शादी कर ली।

मैं अब उन कुछ दस्तावेजों का जिक्र करूँगा जो सम्भोग के तात्कालिक प्रस्ताव के बारे में सामान्य कथन से कहीं ज्यादा मूल्यवान हैं। यह खास लड़की के साथ लड़के के पहले सम्पर्क का वर्णन करता है। मुंजमेता में चेलिका इस तरह बताता है :

जब कोई किसान अपना गाँव छोड़कर अपने पुत्र और पुत्री के साथ दूसरे गाँव में बसने आता है तो वहाँ नया घोटुल होता है। अगर नए चेलिक को ऐसी लड़की मिल जाती है (इस घोटुल में लड़के-लड़कियाँ एक-दूसरे से 'विवाह' कर लेते हैं) जिसका कोई साथी नहीं हो तो वह उसके साथ रात को सोता है मगर सिर्फ अपनी बाँहों में लेते हुए, इससे ज्यादा कुछ नहीं। अगले दिन वह उसकी छाती छूता है और अगले कुछ और दिनों तक वह उसे थपथपाता है, गुदगुदी करता है, दुलारता है और तब तक कुछ और आगे करने से खुद को रोकता है जब तक वह इन क्रियाओं के जरिए भाँप नहीं लेता कि लड़की को कोई एतराज नहीं है। लड़की एक या दो दिन तक उसे कुछ भी करने से मना कर सकती है। फिर कुछ दिन बाद लड़का उसे खूब उत्तेजित करता है; जब सभी सो रहे होते हैं तो वह उसके घुटनों को थोड़ा अलग करता है; अगर वह नहीं चिल्लाती तो वह पूरी तरह से घुटनों को फैला देता है, उसके अन्तःवस्त्रों को खोल देता है और उसमें डूब जाता है।

अबुझमार की पहाड़ियों के तले बसे एक सुन्दर गाँव कापसी से एक और वर्णन, चेलिक बताता है–

हम पहले ही दिन सम्भोग नहीं करते। पहले हम उसके साथ खेलते हैं और उसके तैयार होने पर ही आखिरी कदम उठाते हैं। कई दिनों तक इकट्ठा रहने के बाद चेलिक अपनी मुटियारी से कहता है, 'हम लम्बे समय तक एक साथ सोए हैं; क्या अब भी तुम मुझे अपना तम्बाकू नहीं खाने दोगी?' मुटियारी जवाब देती है, 'लेकिन मेरे पास तम्बाकू नहीं है, जो मेरे साथ नहीं है वह मैं तुम्हें कैसे दे सकती हूँ?' चेलिक पुनः आग्रह करता है। वह कहता है, 'हाँ, तुम्हारे पास है, तुमने उसे कहीं छुपा रखा है' यदि वह फिर भी मना करती है तो वह नाराज होकर कहता है, तुम मेरे साथ इतने दिनों तक मेरी चटाई पर सोती रही; मेरे कम्बल से खुद को गर्म किया; मैंने तुम्हें उपहार में कंघा और अँगूठी दी, पूरा घोटुल जानता है कि मैं तुमसे प्यार करता हूँ। लेकिन आज के बाद से अब तुम मेरे साथ फिर से नहीं सोओगी। तुमने मेरी भावना को ठेस पहुँचाई है जबकि कई दिनों तक मेरा साँस तुममें ही बसती रही।' फिर चेलिक उससे मुँह फेर कर बैठ जाता है और उसे अपनी चटाई पर से भी हटा देता है, ऐसा होने पर मुटियारी को शीघ्र ही अपनी गलती का अहसास होता है और वह चेलिक को अपनी बाँहों से घेरती हुई कहती है, 'तुम गुस्सा क्यों हो रहे हो? हम हमेशा साथ हैं। हम कल मिलेंगे।' बाद में जब सभी सो रहे होते हैं तो वह अपने कपड़े खोल देती है और उसे सब कुछ करने देती है।

इस तरह के कई प्रमाण हैं जिससे यह पता चलता है कि सेक्स सम्बन्धों में मुटियारी प्रधान भूमिका निभाती है। घोटुल के आधुनिक स्वरूप में भी वही सोने की सारी व्यवस्था करती है। बिनझली की मुटियारी बताती है, 'जब एक लड़की पहली बार घोटुल जाती है तो उसे चेलिक के पास भेजा जाता है। वह उसकी चटाई के बगल में बैठती है और पूछती है, 'क्या तुम मुझे अपने पास थोड़ी जगह नहीं दोगे?' चेलिक जवाब देता है, 'मेरी चटाई पर आकर सो जाओ।' लड़की शुरू में हमेशा डरी हुई रहती है, मगर परम्परा है कि यदि उसे कोई बात बुरी भी लगे तो वह बात का बतंगड़ न बनाए क्योंकि तब सभी सुनकर हँसेंगे। लड़के को कभी लड़की से यह नहीं कहना चाहिए कि उसे उसके साथ सोना है। इसकी व्यवस्था हमें करनी होती है। 'शुरू-शुरू में ', मुझे बताया गया, 'लड़का ही शर्माता है। मगर मुटियारी की पहली सहमति भरी नजर उसे प्रोत्साहित करती हैं, और बाद में वह खुद सब कुछ करने लगता है।'

मैं यहाँ एक सुन्दर वर्णन देने जा रहा हूँ, यह मुझे फाउदा में शामराव हिवाले ने बताया, यह वर्णन रास्ते में जा रहे चेलिक और मुटियारी के आपस में प्रेम भरी बातचीत का है।

'पूरे दिन तुम मेरी नजरों में रहीं', चेलिक कहता है, 'तुम उस गाँव में चली गई थी और मैं उसे देखते हुए सोचता रहा', 'वह वहाँ है।'

'हाँ, मैं वहाँ गई थी', मुटियारी जवाब में कहती है', 'मगर मुझे वहाँ यही महसूस होता रहा कि तुम मेरे पीछे खड़े हो। मैं हर वक्त अपने साथ तुम्हारी छाया देखती रही।'

'सारे दिन मुझे यही लगता रहा कि मैं तुमसे बात कर रहा हूँ।'

'मैं खुद से कह रही थी, 'अब सूरज सिर पर चढ़ आया है; वह जरूर जंगल से लकड़ियाँ लेकर लौट आया होगा; अब शायद वह आराम कर रहा होगा, या शायद वह 'जावा' पी रहा होगा।'

'मुझे ऐसा लग रहा था कि मैं तुम्हें सबसे दूर ले जाऊँ, तुमसे अकेले में बात करूँ, तुम्हारे सिवा मुझे किसी और की आवाज सुनाई न दे।'

'मुझे भी किसी का बोलना अच्छा नहीं लग रहा था।'

तुम्हें पता है, मैंने दोपहर में क्या किया? जब तुम घर आए और फिर मछली पकड़ने गए? मैं हल चला रही थी, लेकिन मेरा मन तुम्हें देखने के लिए बेचैन था इसलिए अपना हल छोड़कर मैं नदी के किनारे की झाड़ी में छुप गई। वहाँ से मैं तुम्हें मछली पकड़ते हुए देख सकती थी, मैं बहुत खुश थी। थोड़ी देर बाद मैं वापस लौटकर फिर से हल चलाने लगी।

7. यौन क्रिया

'कोसरा के काते असन मुरिया के लोते।'

यानी जिस तरह बाजरे की फसल काटी जाती है उसी तरह मुरिया सम्भोग करते हैं।

—मुरिया कहावत

घोटुल में यौन क्रिया प्रारम्भ करने के लिए कोई त्योहार नहीं मनाया जाता, न ही प्रथम सम्भोग या बाद के सम्बन्ध के लिए मुखिया से इजाजत लेने की जरूरत पड़ती है। 'इच्छाएँ नियमों की मोहताज नहीं होतीं न ही हमारी यौन इच्छाएँ।'

घोटुल के अपने शुरुआती दिनों से ही छोटे चेलिक और मुटियारी तब तक एक-दूसरे

के साथ केवल खेलते हैं जब तक कि योनि का द्वार बड़ा नहीं हो जाता और लिंग निःसंकोच उसमें दाखिल नहीं हो जाता। नरी ने बताया कि, 'बचपन में हम बछड़े बछड़ियों की तरह खेलते थे जब तक कि बछड़ा एक साँड़ और बछड़ी गाय नहीं बन जाती थी, और योनि को भेदा नहीं जाता था।' इसी प्रकार जामकोट के अन्तार ने बताया, 'जब आप लगातार किसी लड़की के साथ सोते हैं, भले आप कितने ही छोटे क्यों न हों, आप का लिंग जैसे-जैसे मांस से लकड़ी बनने लगता है आप इससे लड़की को हराना चाहते हैं, कापसी के बुथकेर ने बताया कि वह किस तरह अपने माता-पिता से लड़कर अपनी अपरिपक्व पत्नी के साथ भाग गया था।' वह बहुत छोटी थी। कई सालों तक मैं उसके साथ केवल खेलता रहा और जवान होने तक इसी में खुश रहा।

बड़े लड़कों द्वारा उस मुटियारी के साथ सम्बन्ध बनाना उचित नहीं समझा जाता जब तक वह रजस्वला न हो जाए, 'वास्तविक आनन्द तभी मिलता है जब दोनों परिपक्व हों, बेसक बच्चे भी सम्भोग करते हैं मगर बिना जल के उत्सर्जन के आनन्द की प्राप्ति बहुत कम होती है। लगता है जैसे-जैसे आप कच्चा खाना चबा रहे हों, जिसमें कोई मिठास नहीं मिलती, मानो बिना नमक का चावल खा रहे हों। यह प्रतिक्रिया काजेन ने दी। इसी तरह कोबांग ने कहा, 'कच्ची उम्र की लड़की के साथ सम्बन्ध बनाना उतना ही कठिन होता है जितना कठिन एक सूअर के लिए जड़ खोदना। कभी-कभी वह सफल भी हो जाता है और जड़ उखाड़कर इसका आनन्द लेता है।' तेमुरगाँव के कोतवार ने कहा, 'मैंने शुरू-शुरू में एक कच्ची उम्र की लड़की के साथ सम्भोग किया मगर वह बहुत तकलीफ देह साबित हुआ, उस लड़की को भी अच्छा नहीं लगा। अपरिपक्व लड़की रूपी खेत को नहीं खोदना चाहिए इससे पुलु (खोदनेवाला डंडा) को चोट पहुँच सकती है।

'लेकिन लड़की के माहवारी शुरू होने पर हर कोई उससे सबसे पहले सम्बन्ध बनाना चाहता है', झाकरी ने राउनु ने कहा। अभी भी लड़की के साथ जबर्दस्ती या जल्दबाजी नहीं होनी चाहिए। उसे प्यार से, समझाकर, फुसलाकर उसकी मर्जी से उसके साथ शारीरिक सम्बन्ध बनाना चाहिए। कई बार सम्भोग से डरी हुई लड़की लम्बे समय तक चेलिक को अपने साथ सम्बन्ध नहीं बनाने देती। लड़की का पहला यौन अनुभव अक्सर उसकी शादी होने पर होता है, जब हर कोई उत्साहित और थोड़ा नशे में होता है और जो हो रहा होता है उस पर न तो कोई ध्यान देता है और न ही पूछता है।

घोटुल के बुजुर्ग (नेता) बेवजह युवाओं के बीच हस्तक्षेप नहीं करते; मगर इसका ध्यान जरूर रखते हैं कि उन्हें उचित यौन प्रशिक्षण और निर्देश मिले, 'जिस तरह जवान बैल को हल चलाना सिखाया जाता है उसी तरह जवान लड़के को यौन शिक्षा दी जाती है', वास्तविक दस्तावेजों में इस तरह के प्रमाण अच्छी तरह उपलब्ध है। ऐसा ही एक वर्णन है कापसी से।

बड़ी हो चुकी लड़की छोटे लड़के को यौन क्रिया सिखाने के लिए उसे अपने गले लगाती है और अपने स्तन सहलाने देती है फिर वह अपने पैरों को फैलाकर लड़के को अपने स्तनों पर सुलाती है। फिर उसे दिखाती है कि उसके कपड़े कैसे खोले जाएँ और छोटे से शिश्न को हाथ से कैसे अन्दर डाला जाए। पहली बार में तो लड़का कुछ भी नहीं जानता कि कैसे किया जाए इसलिए उसका पानी तुरन्त बाहर आ जाता है। लेकिन अगले दिन जब लड़की कहती है, 'तुमने कल रात सिर्फ मुझे दबाया था, कुछ भी ठीक से नहीं हो पाया था। मुझे कोई मजा नहीं आया।' तब लड़का जवाब देता है, 'आज मैं सचमुच तैयार हूँ। मैं अब जान

गया हूँ कि कैसे करना है।'

मुजमेता में मेलिया याद करता है कि कैसे उसने बड़े लड़कों के वर्णन करने पर यौन क्रिया करना सीखा। इसी तरह मारकाबेरा में दीवान अपना अनुभव बताते हुए कहता है, छोटे बच्चे को सिखाने की जरूरत नहीं पड़ती। क्या एक छोटे केकड़े को जमीन खोदना सिखाना पड़ता है? हाँ, बड़े लड़के उन्हें सिखाते हैं कि इसे कैसे किया जाए। जब छोटा लड़का अपनी गोपनीय बातें उन्हें बताता है और यह कि वह प्रयास करने के बावजूद कैसे नाकाम रहा, बड़े चेलिक उन्हें सबसे अच्छा तरीका बताते हैं। इसी तरह बड़ी लड़कियाँ छोटी लड़कियों को सिखाती हैं। कभी-कभी बड़ी लड़कियाँ जिन छोटे लड़कों को पसन्द करती हैं उन्हें खुद से यौन क्रिया सिखाती हैं। इस तरह घोटुल में रहते हुए सब कुछ सीखने का अवसर मिल जाता है। छोटे लड़के खुद पर कैसे रोक लगा सकते हैं? जब सारे लोग उसकी उपस्थिति में भोज का मजा ले रहे हों तो उसे खाने की इच्छा क्यों नहीं होगी?

इस तरह उम्र के बेहद शुरुआती अवस्था में ही युवा चेलिक और मुटियारी यौन विधियों में माहिर हो जाते हैं, उदाहरणों या वास्तविक निर्देशों से वे सब कुछ बहुत जल्दी सीख जाते हैं। लड़का शादी के बिस्तर पर जब पहुँचता है तब न तो वह कुँवारा होता है न बेवकूफ।

यौन सम्बन्धों के तात्कालिक प्रस्ताव या चेलिक और मुटियारी द्वारा किए जानेवाला सेक्स अभ्यास घोटुल जीवन की परिस्थितियों के अनुरूप प्रभावित होता है। सेक्स का सामान्य समागम घोटुल के भीतर ही होना चाहिए। विश्वास है कि इस तरह का परहेज गर्भधारण की सम्भावनाओं को घटा देता है; यह लड़के और लड़कियों की जादू के विपत्तिकारी हस्तक्षेप से रक्षा करता है; और कुछ पैमाने पर बन्धन और अनुशासन को लागू करता है। वैसे तो नियमों का कई-कई बार उल्लंघन होता है : शादी में और उत्सव में, नृत्य अभियान में और खेत तथा जंगलों में काम करते वक्त चेलिक तथा मुटियारी मौका पाते ही शारीरिक सम्बन्ध बना लेते हैं—मगर इस व्यवहार की निन्दा नहीं की जाती बल्कि इसे दिनचर्या के बाहर मान लिया जाता है।

सिर्फ यही तथ्य घोटुल की परम्परा को खास बना देता है। घोटुल की इस परम्परा को विलक्षण ही कहा जाएगा कि लड़के और लड़कियाँ निकट सम्बन्धी होने के बावजूद एक ही कमरे में सार्वजनिक रूप से सम्भोग करते हैं। क्योंकि सार्वजनिक रूप से, भले इन सम्बन्धों पर काली रात का पर्दा पड़ा हो, यह परम्परा है कि कोई अपने पड़ोसी के यहाँ ताक-झाँक नहीं करता। बड़े घोटुल में बेशक जोड़ों को अलग-अलग झोपड़ी मिल जाती है, गर्मी में वे बाहर सो सकते हैं, मगर साल के ज्यादातर दिनों में चेलिक और मुटियारी एक छोटे से धूएँदार कमरे में सोते हैं। वे जंगलों तथा खेतों के खतरनाक और तकलीफदेह स्थितियों की बजाए आरामदायक घोटुल की गर्म और सुरक्षाप्रद माहौल में रहना ज्यादा पसन्द करते हैं। इसीलिए वे सब छोटे कमरों में सोते हैं जहाँ भाई अपनी बहन के सामने सम्भोग करते हैं और बड़े भाई छोटे भाई की बीबियों के सामने। कभी-कभी कमरे में इतनी भीड़ होती है कि बिना दूसरों को जगाए सम्भोग करना कठिन हो जाता है।

इस कारण, चूँकि सम्भोग करते समय जितनी सम्भव हो उतनी गोपनीयता बरती जाती है। सम्भोग के ऐसे आसन का प्रयोग किया जाता है जिसमें कम आवाज हो, लड़की को पीठ के बल लिटाकर लड़का उसके घुटनों को चौड़ाकर उसके ऊपर आ जाता है। लड़की की दोनों टाँगें या तो ऊपर उठी होती हैं या लड़के की जाँघों पर रखी होती हैं।

लेकिन जब जोड़े घोटुल के बाहर मिलते हैं तो वे कई तरह के आसनों को इस्तेमाल में लाते हैं। झाकरी का चेलिक चार आसन जानता था : पीठ के बल लेटी हुई लड़की के सामने लड़का; दोनों एक दूसरे के सामने बैठकर; लेटी हुई लड़की के ऊपर लेटा हुआ लड़का; लड़की को पेड़ या दीवार के सहारे खड़ा करके उसकी एक टाँग उठाकर लड़के द्वारा सम्भोग।

सिंगार पुरी के भूतपूर्व सरदार ने बताया कि भीड़-भाड़वाले घोटुल में मुटियारी के साथ और अपनी पत्नी के साथ प्राइवेट कमरे में दोनों जगह चेलिक द्वारा किए जानेवाले सम्भोग में अन्तर होता है। 'मुटियारी के साथ होना मतलब उधार लिये गए पैसे पर जीवन यापन करना; आप हमेशा डरे रहते हैं; डरते हैं कि आप जो कर रहे हैं उसे कोई देख लेगा।' मगर अपनी पत्नी के साथ अपने घर में ज्यादा आनन्द से सम्भोग सम्भव है, आप उसे लिटा सकते है, आप उसे खड़े करके, उसके आगे से पीछे से हर तरीके से सम्भोग कर सकते हैं, वह अच्छी फसल के समान होती है जिसे आप तब तक खा सकते है जब तक आपका मन न भर जाए।'

कभी-कभी घर का एक जैसा वातावरण भी ऊब पैदा करता है। तब पुरुष अशिष्ट ढंग से सम्भोग करने की सोचता है। बरा डौंगर परगना के मियाँ-बीबी के साथ यही हुआ।

'पति अपनी पत्नी को जंगल में ले गया। उसने कहा कि वे घोड़े और घोड़ी की तरह सम्भोग करेंगे। उसने पत्नी के सारे कपड़े उतरवा दिए। फिर कहा, 'अब तुम आगे की ओर झुक जाओ और जब मैं पीछे से सम्भोग करूँ तो तुम हिनहिनाते हुए एक टाँग से मुझे दुलत्ती मारना।' लेकिन वे दोनों भूल गए कि पत्नी ने नुकीली पाजेब पहन रखी थी। जब उसने दुलत्ती मारी तो नुकीले पाजेब ने उसके होंठ काट दिए जो अब तक ठीक नहीं हुए।

एक और दुखान्त और अशिष्ट कथा गोरमा के एक पति की है जो ठेके पर शराब पीकर अपने घर जा रहा था–

उसने सारस के जोड़े को रतिक्रिया करते हुए देखा और सोचा, 'आज रात मैं भी ऐसे ही सम्भोग करूँगा; ऐसा सोचकर उसने अपने नाक पर हँसिया बाँधी जो चोंच की तरह लगे, भूसा अलग-अलग करनेवाला एक-एक पंखा अपने बाजुओं पर बाँधा और झाड़ू अपने चूत्तड़ पर बाँधी, सारस बनकर वह पीछे से अपनी पत्नी पर चढ़ गया, पैरों को हिलाते हुए और 'कर-कर-कर' की आवाज निकालता हुआ। लेकिन वह लैम्प पर जा गिरा, घर में आग लग गई और वह उसमें जल मरा।

चेलिक और मुटियारी सामान्यतः मालिश के समय सम्भोग करना चाहते हैं। इस समय लड़की चेलिक के हाथों को अपने कन्धों पर रखती है ताकि मालिश कर सके, उसी समय चेलिक खास ढंग से मुटियारी के कन्धे को दबाता है। चंदाबेरा के कोतवार ने वर्णन करते हुए बताया।

> वे दोनों राजी हो गए। वे चटाई पर एक साथ लेट जाते हैं। लड़के के हाथ उसके स्तनों पर हैं। मगर यह सामान्य स्थिति है। जब सभी सो जाते हैं तो लड़का संकेत देता है। मैं आपको बता नहीं सकता कि यह संकेत क्या होता है मगर इसके बारे में सब जानते हैं। लड़की कहती है 'हटो' मगर लड़का जानता है कि इसका मतलब 'हाँ' है वह न तो लड़की को चूमता है, न शरीर के किसी अंग को छूता है, वह उठता है और उसकी टाँगों को फैला देता है। अचानक वह अपने कपड़े खोल देती है। जब लड़का उसके ऊपर लेटता है तो वह अपने हाथों से उसके उस भाग को

सही जगह पर रख देती है। दोनों एक-दूसरे से कुछ नहीं कहते। दोनों चुप हैं। अब लड़के को तीव्र गति से वह काम करना होता है जब तक कि पसीना न आ जाए, मस्ती दोनों पर न छा जाए और दोनों सन्तुष्ट न हो जाएँ, लड़की कहती है, धकेलो, धकेलो (एलेना, एलेना); वह लड़के को तब तक नहीं छोड़ती जब तक वह चरम आनन्द नहीं पा लेती। अन्त में दोनों के मुँह से हाय निकलता है। जब यह शब्द उसके कानों में पहुँचता है तो उसका गुस्सा शान्त हो जाता है।

बेनूर के बूढ़े मुरिया बिंदो को साठ साल पहले का प्रेम प्रसंग याद आ रहा है।

मैं घोटुल में माल्को के साथ सोया करता था। हालाँकि वह मेरी बगल में होती थी पर मैंने कोई पहल नहीं की। मैं सोचता था कि चूँकि मैं घोटुल का मुखिया हूँ इसलिए मुझे ऐसा नहीं करना चाहिए। लेकिन दो या चार दिन बाद माल्को ने मेरा लिंग पकड़ लिया और अपनी जाँघों के बीच रख दिया तब भी मैंने कोई जवाब नहीं दिया, फिर वह बहुत क्रोधित हो गई और मेरे साथ सोने से इनकार कर दिया। मगर बाद में वह फिर मेरी चटाई पर आई और इस बार मैंने निराश नहीं किया इसके बाद हम अक्सर सम्भोग करने लगे।

लड़की द्वारा किया जानेवाला हस्तमैथुन शुरुआती रूप है जिसे डिंगा-डिंगा कहते हैं और यह क्रिया सामान्य मानी गई है। लेकिन यह ध्यान देने योग्य है कि सामान्य सम्भोग की तैयारी है न कि इसका स्थापन्न है। मसोरा के एलिक ने बताया कि 'उत्तेजित लड़की खुद लड़के का लिंग पकड़ती है, उसको हिलाती-डुलाती है जब तक कि वह खड़ा होकर योनि में न घुस जाए।

भग के दाने से मुरिया वाकिफ है। चित्रकारी या नक्काशी में योनि को प्रमुखता से उकेरा जाता है। इसका इतिहास पौराणिक कथाओं में मिलता है। कहानी सुनानेवाला पुरुष बताता है कि यह थोड़ा हास्यजनक है, लिंग का गाना, जिसका जिक्र होने से हँसी आए बिना नहीं रहतीं। सिरपुरी का मुरिया बताता है, 'सम्भोग के दौरान, जब भग शिश्न को आता हुआ देखता है तो भग का दाना फड़कने लगता है।' नसोरा का अंतार कहता है, 'जब यह शिश्न को देखता है तो मुस्कुराने लगता है।'

मुरिया मानते हैं कि सम्भोग के लिए लड़की पहल करती है। इस विश्वास का वर्णन मेरे उस विश्वास के उलट है जिसमें भारतीय गाँव की लड़कियाँ सम्बन्धों के मामलों में बेहद शर्मीली साबित होती हैं, लड़की खुद अपनी योनि पर से कपड़ा हटाती है।[1] कहीं और लड़की के इस व्यवहार पर लोग उन्हें बेहया कहते हैं।

औरत कभी सन्तुष्ट नहीं होती। 'औरत धरती है; आदमी अकेला उसे नहीं जोत सकता।' इस कहावत का मतलब एक अकेला हल धरती को जोत नहीं सकता, उसी तरह एक आदमी एक औरत को सन्तुष्ट नहीं कर सकता। जबकि यूरोप में इसके ठीक उल्टी मान्यता स्थापित है यानी सेक्स पुरुष के लिए आनन्द है और स्त्री के लिए कर्तव्य, आदिवासी भारत में सेक्स पुरुष का कर्तव्य और स्त्री का अधिकार माना जाता है। यह उसकी माहवारी के कारण होनेवाली ग्लानि और बच्चा पैदा करने में होनेवाले दर्द की भरपाई माना गया है। उसके पास इसके अलावा पुरुषों पर अपना वर्चस्व और नियन्त्रण स्थापित करने का कोई

1. 'साड़ी की सिलवटें, जो आगे की ओर बँधी रहती हैं, *तिरानी* कहलाती हैं, जो कि भारतीय कामाचार का एक महत्त्वपूर्ण शब्द है। साड़ी की गाँठ प्रेमियों के मिलन के वक्त पुरुष के द्वारा खोली जानी होती है। –डी. भागवत, *फोक सांग्स फ्रॉम द सतपुड़ा वैलीज़* (बॉम्बे, 1940), पृ. 22।

दूसरा शक्तिशाली साधन नहीं है।

यह कहना कठिन है कि मुरिया सम्भोग की सामान्य आवृत्ति के बारे में क्या सोचता है। वयस्कों की बात करें तो कहा जाता है कि, 'बच्चा होने से पहले मुरिया स्त्री हर रात सम्भोग चाहती है; उसके बाद सप्ताह में दो बार काफी है।' पत्नी बच्चा होने से पहले बहुत कामुक प्रवृत्ति की होती है मगर बाद में बच्चा उसकी सारी शक्ति तथा उत्तेजना हर लेता है। जब पति बहुत उत्साह में होता है तो उससे उसके साथी को परम सन्तुष्टि मिलती है। अगर पति दिन में तीन बार सम्बन्ध बनाता है तो वह खुशी से चहक पड़ती है और अपनी सहेली को बताती है, 'मैं कल पूरी रात सो नहीं सकी। उसने मुझे निहाल कर दिया।'

इसी परम्परा के कारण उस पति को बहुत ज्यादा तनाव झेलना पड़ता है। जिसकी दो या दो से अधिक पत्नियाँ हैं शायद इसी वजह से उनमें बहुपत्नी प्रथा अपवाद के रूप में मौजूद है। बयानार के पूर्व चेलिक की दो पत्नियाँ थीं। उसने बताया, 'हम कभी नहीं झगड़े क्योंकि मैं रोज दोनों को सन्तुष्ट करता था। मुझे इसमें कोई दिक्कत नहीं थी क्योंकि मैं बहुत ताकतवर था। आखिर यह जमीन आपकी है और हर पुरुष उतना करता है जितना वह कर सकता है। बस आपके पास बैलों की दो जोड़ी और एक हल होना चाहिए।'

सन्तानहीन दंपत्ति को बच्चा पाने के लिए बहुत सम्भोग करना पड़ता है। मोर बेरमा के दरोगा ने मुझे बताया, 'सात साल के कड़े परिश्रम से मेरा लिंग थक गया है, जिस तरह महीनों एक ही कपड़ा पहनने से वह कपड़ा तार-तार हो उठता है, और तब ही मुझे बच्चा नसीब नहीं हुआ।' अलोर के एक निवासी ने बताया, 'आप भले दिन-रात मेहनत कर लें, मगर जब तक ईश्वर गर्भाशय को केश से नहीं भरेगा किसी प्रयास का कोई फायदा नहीं।'

घोटुल के यौन अभ्यासों में काफी विभिन्नताएँ हैं। वैसे मामलों में जहाँ तुरन्त गर्भधारण हुआ हो, मुखिया गर्भनिरोधक साधनों के इस्तेमाल पर जोर देते हैं और कभी-कभी किसी सम्बन्ध में शामिल होने से पहले चाहते हैं कि जोड़े उनकी अनुमति लें। मगर यह आपातकालीन कानून है और घोटुल इससे बचकर मुक्त व्यवहार को धारण करता है। जिस घोटुल में कड़ी पाबन्दियाँ होती हैं, चेलिक और मुटियारी सप्ताह में दो या तीन बार से ज्यादा सम्बन्ध नहीं बना सकते। एसलनार में, वे दावा करते हैं कि वे सप्ताह में एक बार से ज्यादा सम्बन्ध नहीं बनाते।

दूसरी जगहों पर मैंने इस तरह के संयम पर चेलिकों को हँसते हुए पाया। उनका कहना है 'लिंग योनि की दातुन है और उसे रोज साफ किया जाना चाहिए।' बिनझली जहाँ चेलिक और मुटियारी घोटुल में सप्ताह में केवल एक बार सोते हैं, शुक्रवार को उन्होंने बताया कि घोटुल के बाहर वे रोजाना सम्भोग करते हैं और शुक्रवार को तो कम से कम तीन बार।

ज्यादातर घोटुल में मोटियारी चाहती है कि चेलिक हर दिन उसके साथ यौन सम्बन्ध बनाए। 'अगर लड़के ने कुछ नहीं किया तो दूसरे दिन शाम को उसकी कंघी करते वक्त मुटियारी कहती है, 'कल दिन था या रात? तुम भूल गए कि कल रात थी। तुम मुर्दे की तरह मेरे बगल में क्यों सोए हुए थे?' लड़का बेहद लज्जित होता है और वह कहता है कि वह खेत पर काम करने के कारण बेहद थका हुआ था या उसके सिर में दर्द था। 'लेकिन मैं आज तुम्हें खुश कर दूँगा।'

चन्दावेरा की मुटियारी बताती है, 'सम्भोग के बिना एक दिन भी ऐसे गुजरता है जैसे बारह साल गुजरे हों।'

घोटुल की वह व्यवस्था जो पवित्र और समझदार है उसकी दिनचर्या ढेर सारी छुट्टियों से बाधित होती हैं। इन छुट्टियों के कारण लड़के-लड़की अति मैथुन से बच जाते हैं। हर महीने माहवारी के दौरान आराम पति और पत्नी दोनों के लिए वरदान के समान होता है। गर्भधारण और इसके बाद भोग-विलास से दूर रहने की लम्बी अवधि होती है। पाँच महीने के गर्भ के बाद सम्भोग की मनाही है। सामान्य धारणा है कि बच्चे के जन्म के बाद पति को एक या दो या तीन साल तक सम्भोग नहीं करना चाहिए। 'जब तक बच्चा माँ का दूध पीना न छोड़ दे उसे पत्नी के पास नहीं जाना चाहिए।' इस सबके पहाड़ी मुरिया के खास प्रभाव वाले इलाकों में सच होने की सम्भावना है, मगर वहाँ भी मुझे ऐसा होने में शक ही होता है।

दूसरी जगहों पर मैंने सुना है कि लोग कहते हैं, 'जब पत्नी को बहुत तेज जरूरत महसूस होती है तो वह खुद पति के पास सोने जाती है'—एक महत्त्वपूर्ण बिन्दु, इससे सम्भोग के व्यवहार को पुनः सामान्य करना पत्नी की जिम्मेदारी साबित होती है। अलोर के मुरिया बताते हैं कि छह माह का समय काफी होता है, चन्दाबेरा में बच्चा के हँसना सीखते ही सम्भोग शुरू हो जाता है। चमेली गाँव के निवासी एक घटना बताते हैं कि एक बच्चे की मृत्यु हो जाती है क्योंकि उसकी माँ ने उसे पहले बच्चे के स्तन्यस्रवण (स्तन से दूध का निकलना) के समय जन्म दिया जिससे दूसरे बच्चे ने खूनवाला दूध पी लिया।

घोटुल की ये घुट्टियाँ बेहद महत्त्वपूर्ण होती हैं। इनका मनोवैज्ञानिक महत्त्व के साथ-साथ शरीरक्रिया विज्ञान-विषयक उद्देश्य भी होता है। घोटुल में जहाँ ये निकट और निरन्तर सम्बन्ध चेलिक और मुटियारी को एक-दूसरे के प्रति चिन्तित बना देते हैं। जीवन में बार-बार व्यवधान उत्पन्न होता है। कई महीने चेलिक खेत की रखवाली के लिए जाते हैं तब मुटियारी घोटुल में अकेली रह जाती है। माहवारी से गुजर रही लड़की के साथ न सिर्फ शारीरिक सम्बन्ध बनाना वर्जित है बल्कि वह घोटुल भी नहीं आ सकती । जब माहवारी का समय जाता है तब उसका ज्यादा जोश के साथ स्वागत होता है। चेलिक और मुटियारी को नृत्य अभियान पर भेजने के पीछे का उद्देश्य मनोवैज्ञानिक है, उनके लौटने पर उनका बेहद उत्साह के साथ स्वागत किया जाता है।

8. प्रेम-ताबीज

घोटुल का माहौल, जहाँ निराशा और यौन बेचैनी अपवाद है, वहाँ अन्य आदिवासी जातियों की अपेक्षा लड़की पर सम्मोहन या जादू-टोने का प्रयोग बहुत कम होता है। हाँ, लेकिन मुरिया इन जादू-टोनों से परिचित होते हैं और कभी-कभी इसका इस्तेमाल भी करते हैं, हालाँकी परिणाम अनिश्चित काल के लिए होते हैं : रोमावंद का मुरिया कहता है, 'अगर मैं जादू-टोने से किसी लड़की को हासिल करूँ तो मेरे चावल का भंडार कम हो जाएगा, ऐसे सम्बन्ध महापूरब के घर के नियम के विपरीत होते हैं, सच्चे सम्बन्ध अपने आप बनते हैं।' कहा जाता है कि, 'जादू के जरिए हासिल की गई लड़की धोखा देकर भाग जाती है।'

आकर्षण प्रायः सहानुभूतिपूर्ण जादू के सामान्य नियम पर टिका होता है। उदाहरण के लिए, अलौर का गाइता बताता है कि अनिच्छुक प्रेम को जीतने के लिए सारस के जोड़े को फुसलाना पड़ता है। ये जोड़े, जैसा की सभी अच्छी तरह जानते हैं, हमेशा जोड़ा बनाकर उड़ते

हैं, और कहा गया है कि यदि इनमें से एक साथी मर जाए तो दूसरा भी मर जाता है। जब सारस का जोड़ा उड़ता है तो उनका एक या दो पंख टूटकर गिरता है। इनमें से एक पंख को जमीन पर गिरने से पहले पकड़ लेना चाहिए। फिर इसे शराब और काले मुर्गे की बाल देकर जलाया जाना चाहिए। फिर इसके राख की छोटी पोटली बनाकर अपनी कमर से बाँध लेना चाहिए और लड़की के साथ जाते समय किसी भी बहाने से इससे स्पर्श करवाना चाहिए। ऐसा होने पर लड़का-लड़की एक-दूसरे से सारस के जोड़े की तरह प्रेम करने लगते हैं। मगर इसमें एक खतरा है। जैसा कि नियम है, सारस का जोड़ा एक साथ मरता है। इसलिए यदि लड़की मरेगी तो लड़का भी मर जाएगा।

एक और दिलचस्प जादू का वर्णन गोरमा में देखने को मिलता है :

'जब तुम मलत्याग करने जाते हो तो तब तक इन्तजार करो जब तक कोई सूअर आकर वह मल न खा ले। फिर अपने कपड़े उतारकर सूअर पर कूद जाओ और इसके गर्दन या ललाट पर से छोटा बाल उखाड़ लो। यह बाल अपने कपड़े में बाँध लें और तैयार हो जाएँ। रविवार आने तक इन्तजार करें, फिर अपनी बाईं कोहनी से जिस लड़की को चाहते हो उसे धक्का दो। और फिर वह तुम्हारे पीछे इस तरह आएगी जैसे मल के लिए सूअर भागा आता है।

जादू के कुछ और किस्से

'सिराहा के पास जाकर उससे मदद माँगो। उनसे देवताओं को समर्पित किए गए धूपबत्ती की राख और आशीर्वाद के चावल देने की प्रार्थना करो। मौका मिलते ही ये चावल और राख लड़की को बहाने से खिला दो। वह अवश्य तुम्हारे वश में हो जाएगी।'

गौरैया की एक जोड़ी को पकड़ो, रविवार के दिन चौराहे पर ले जाकर इसका सिर काटकर इसकी बलि चढ़ा दो। जमीन पर पास-पास दो गड्ढे खोदो, प्रत्येक में एक-एक सिर डालकर गड्ढे को मिट्टी से भर दो। रात भर के लिए छोड़ दो और अगली सुबह जाकर देखो। यदि मादा गौरैया का सिर नर गौरैया वाले गड्ढे में आ गया हो तो इसका मतलब तुम्हें सफलता मिलेगी। अब दोनों सिर निकालकर उन पर शराब और काला मुर्गा भेंट चढ़ाओ। अब उन्हें जलाकर राख को पोटली में बन्द कर अपनी कमर से बाँध लो। अगले रविवार को किसी बहाने से लड़की को बिना बताए, पोटली से उसे छूओ फिर वह तुम्हारे पास ऐसे भागी आएगी जैसे मादा गौरैया का सिर नर गौरैया के पास चला गया था।

शनिवार को जंगल जाइए और 'करी भूलन' झाड़ी का, शराब और चावल छिड़ककर अपनी मदद के लिए आह्वान करिए। अगले दिन जाकर इसे खोद डालिए। यदि इसकी जड़ें एक-दूसरे से चिपकी मिलीं यानी आपकी मनोकामना पूरी होगी। जड़ को घर ले जाइए और कुछ खुशबूदार पत्ते भी जुटा लीजिए। लिंगो से विनती करिए कि मनोकामना पूरी होने पर आप उन्हें बकरी की बलि देंगे।[1] जड़ और पत्तियों को एक साथ भूनिए, पाउडर बनाइए और लड़की से छिपाकर उसके खाने में पाउडर मिला दीजिए।

एक और मिलता-जुलता जादू भानसुली, बंतगा, कोलिया-बूता, गवई और फुंडर पेड़ पर रहनेवाले परजीवी (पौधा या जीव) से बनता है। उन्हें इकट्ठा कर जलाया जाता है। फिर एक

1. मांडला में, अपनी प्रार्थना पूरी होने की स्थिति में एक प्रेमी राइ लिंगा पहाड़ी को एक सफेद बकरी देने का वादा करता है।

काले मुर्गे को मारकर इसके खून को यह कहते हुए राख पर डाला जाता है 'यदि वह लड़की मान गई तो मैं अपना जीवन दूँगा'। फिर राख को बाँधकर लड़की से छुआया जाता है।

कोलुर गाँव में एक मुरिया था जो दावा करता था कि उसकी पोटली में रखा तम्बाकू प्रेम जादू का काम करता है जिसके जरिए मनपसन्द लड़की को जीता जा सकता है।

दो खास जादू का जिक्र करना यहाँ जरूरी है। पदबेरा, यह जादू पत्थरों से जुड़ा हुआ है। पदबेरा में ऐसे पत्थर पाए जाते हैं जो उस ऐतिहासिक मुरिया जाति का प्रतिनिधित्व करते हैं जो लड़ाई करते हुए मारे गए थे। ये पवित्र पत्थर लड़के और लड़की की इच्छा पूरी करने में पूर्ण सक्षम माने जाते हैं यदि आदरपूर्वक उनसे प्रार्थना की जाए और उन्हें जरा सा खुरच दिया जाए। बकुलवाही घोटुल के मुंशी को एक बार इस तरह के पत्थर का एक टुकड़ा मिला। उसने इसे चावल और शराब यह कहते हुए चढ़ाया, 'मैंने तुम्हें उपहार दिए अब मेरी इच्छा पूरी करो फिर मैं तुम्हें और उपहार दूँगा।' फिर उसने पत्थर को जरा खुरचकर इस खुरचन को थोड़ा सा तम्बाकू में मिलाकर झालको को दिया। फिर वह लड़की इतनी सम्मोहित हो गई कि लड़के के साथ भाग गई। फिर दोनों ने शादी कर ली।[1]

नैंग मुदियाल के प्रस्तर अवशेष भी जादुई है जिनके बारे में एक रोमांटिक कहानी है—

'बहुत पहले चौरांग गाँव में टांडे और गुंसी नामक दो भाई रहते थे—दो भाइयों की आठ बीबियाँ थीं। उनका एक बूढ़ा नौकर था जिसका नाम नैंग मुदियाल था। एक रात वह बूढ़ा आदमी जादू के दम पर सभी आठों बीबियों को भगा कर ले गया। वह सबसे पहले उन्हें कोटपार गाँव ले गया, फिर वहाँ से बौंगापाल स्टेशन के नजदीक बड़ी खूबसूरत सी जगह ले गया। वहाँ से बदगई और बंदोपाल गया जहाँ उसने तीन तालाब खोदे और किला बनाने के लिए ईंटें तैयार कीं।

जब सुबह टांडे और गुंसी उठे और उन्होंने घर में बीबियों और बूढ़े नौकर को नहीं पाया तो क्रोध से जलने लगे। फिर उन्हें ढूँढ़ने के लिए निकल पड़े। अन्त में उन्हें नैंग मुदियाल ईटों के पास बैठकर खाना खाते हुए मिला। बूढ़े ने कहा कि वह खाना खाकर उनसे बात करेगा। मगर दोनों भाई बहुत क्रोध में थे। उन्होंने उसका बायाँ हाथ काट दिया। फिर उसे जमीन पर गिरा कर उसका अंडकोश और लिंग भी काट दिया। उन्होंने उसके अंडकोशों को येदाबेरा में फेंका जहाँ वे पत्थर में बदल गए। लिंग को बन-छपई में फेंका जहाँ इसे आज भी देखा जा सकता है। बूढ़ा भी पत्थर में बदल गया। फिर दोनों भाइयों ने अपनी बीबियों को ढूँढ़ा और उन्हें मार डाला। अन्त में दुखी मन से चौरांग लौट आए। जहाँ उनकी मृत्यु हो गई, वे आज भी वहाँ पूजे जाते हैं।

नैंग मुदियाल का पंथ चंदाबेरा, बंदोपाल और बोंगापाल में आज भी मौजूद है और इन पत्थरों को हर साल चढ़ावा चढ़ाया जाता है। चेलिकों का विश्वास है कि यदि पत्थर के अंडकोशों और लिंग के खुरचने से मिला थोड़ा भी कण लड़कियों को दे दिया जाए तो वे आठ बीबियों की तरह उनके वश में आ जाएँगी।

प्रेम-सम्मोहन का इस्तेमाल कामोत्तेजना बढ़ाने से भी सम्बन्ध रखता है। आमतौर पर मुरिया मानते हैं कि कामोत्तेजना बढ़ाने के लिए मांसाहारी भोजन, खासकर भालू या बकरी का जननांग लाभदायक होता है।

कभी ऐसा हुआ था कि मुटियारी ने चेलिक का मजाक उड़ाया कि वह उसे यौन सन्तुष्टि

1. ऐसी ही एक किंवदंती के लिए, जिसमें नाकती एक पत्थर में तब्दील हो गई, देखें *JBORS* खंड-II, पृ. 214

नहीं दे पाया। इसी कारण मुटियारी उसे छोड़ किसी और के पास चली गई। अब चेलिक ने इस अपमान का बदला लेना चाहा। इसके लिए उसने एक दवा तैयार की जो ऐसे बनती है :

दो या तीन साल का डोडका यानी खीरे का पौधा, जिस पर परजीवी हो, उसे खोजो। फिर बिना इस पर अपनी छाया डाले इसमें से थोड़ा सा तोड़ लो। तोड़ते समय ध्यान रखना है कि नाखून का इस्तेमाल न हो। छोटे से टुकड़े को जलाकर उसकी पोटली बना लो। इसे घर में ऐसी जगह रखो ताकि किसी ऐसी महिला की छाया इस पर न पड़े जिसे माहवारी हुआ हो। फिर सम्भोग करते वक्त इसे अपनी कलाई या कोहनी पर बाँधो इससे लिंग खीरे जितना बड़ा आकार ले लेगा और तुम उस लड़की को हरा पाओगे जिसने तुम्हारा मजाक उड़ाया था।

प्रेम से सम्बन्धित जादू की एक मजेदार कथा काबोंगा में रिकार्ड की गई। सरदार ने हमें बताया कि शादी के तुरन्त बाद वह उस साल्की के साथ भाग जाना चाहता था जिसको उसने चेलिक के रूप में प्यार किया था। 'लेकिन मेरी पत्नी ने मेरे ऊपर जादू का प्रयोग किया जिसके कारण मैं उससे प्यार करने लगा और साल्की को भूल गया।'

9. नपुंसकता

स्टेकल ने अपनी पुस्तक 'इंपोटेंस इन द मेल' में कहा है कि वर्तमान युग में नपुंसकों की संख्या तेजी से बढ़ रही है। जब कि मुरिया में नपुंसकता के उदाहरण बहुत ही कम देखने को मिलते हैं। विश्वास के साथ यह कहना सम्भव है क्योंकि लोग इस बारे में खुलकर बात करते हैं। वे अपनी नपुंसकता के किस्से को चुटकुले की तरह सुनाते हैं। 2000 विवाहित मर्दों में सिर्फ 3 पूरी तरह से नपुंसक थे।[1] उन्होंने स्वीकार किया कि उनकी बीबियाँ उन्हें इसलिए छोड़ गईं 'क्योंकि वे मैथुन में उन्हें सन्तुष्ट नहीं कर सके थे।'

ऐसे तथ्यों के आलोक में स्टेकेल की पुस्तक में यह पढ़ना विचित्र लगता है कि : यह सोचना गलत है कि आदिवासी पुरुष का यौन अनुभव और यौन भूख सभ्य पुरुषों की तुलना में ज्यादा होता है। इसके विपरीत गहन अनुसन्धान से साबित हुआ है कि आदिवासी जातियों में यौनिकता (सेक्सुआलिटी) पर ढेरों पाबन्दियाँ लगी होती थीं। उनका काम जीवन सभ्य लोगों के आनन्द की अपेक्षा कमजोर होता था। मुरिया संस्था इन कमियों से लड़ने में माहिर है। इनके लिए ऐसी बातों का महत्त्व कुछ खास नहीं होता। आवश्यक बिन्दु बचे रहते हैं। 2000 शादियों में सिर्फ 12 की शादी नपुंसकता के कारण टूटी। अगर ऐसा सभ्य समाज में होता तो स्टेकेल के अनुसार यह आँकड़ा 1000 के आसपास होता।

मुरिया में नपुंसकता तथ्य के बतौर अपवाद है लेकिन शिकायत के रूप में बहुत आम है। इसी कारण इसको बतानेवाले शब्दों की, खासकर हल्बी और छत्तीसगढ़ में कमी नहीं है। हालाँकि ये शब्द बहुत घृणास्पद या आरोपपूर्ण नहीं है। तोखा का मतलब 'कपटी', थोथा मतलब 'रूखा', बैला मतलब 'बैल' और आखिर बैल बहुत उपयोगी जानवर है। दूसरे शब्द हैं करबा (छोटा), लेरगा (बेईमान) और मुर्दा (लाश)। गोंडी में ऐसा ही एक शब्द है–'डोको'

---

1. डब्ल्यू. स्टेकेल, *इम्पोटेंस इन द मेल* (अंग्रेजी अनुवाद, न्यूयॉर्क, 1939), पृ. 1। डिकिंसन के वक्तव्य से भी तुलना करें। 'हमारी सबसे गम्भीर पुरुष समस्या शीघ्रपतन की है।'–आर.एल. डिकिंसन, *ह्यूमन सेक्स एनाटॉमी* (लन्दन एंड बाल्टिमोर, 1933), पृ. 82।

जिसका अर्थ है खाना खाने से इनकार करना। यह बताता है कि लिंग अपना भोजन योनि खाने के लायक नहीं है। गोंडी मुरिया लोगों की बोली है।

यदि घोटुल में इत्तिफाक से कोई लड़का नपुंसक हुआ तो उसका वहाँ रहना मुश्किल हो जाता है। 'ईश्वर लड़की बना रहा था मगर वह भूल गया कि वह क्या बना रहा है और गलती से थोड़ी सी चमड़ी आगे लगा दी', बिनझली में एक ढीठ लड़की बताती है। दूसरी ने कहा, 'यदि मैं पुरुष होती और ऐसी होती तो मैं नदी में डूब जाता।' 'वह नाराज है क्योंकि वह उसे राख की तरह सूखा रखता है : वह एक शब्द भी कहता है तो वह आग बबूला हो जाती है। 'एक पेड़ बिना पानी के नहीं फल-फूल सकता, प्यार भी बिना पानी के फल-फूल नहीं सकता।' मैंने इस अध्याय की शुरुआत में पल्ली में रिकार्ड किया गया वर्णन दिया है जिसमें मैंने एक लड़की, जो दुर्भाग्यवश नपुंसक लड़के से ब्याह दी जाती है, अपनी भावनाएँ व्यक्त करती है। इसी तरह का गीत जो चिढ़ानेवाला है। चिखली में पाया जाता है–

यहाँ ऐबनी पेड़ की टहनी है,
यहाँ वह टहनी है जिसके बारे में तुम मुझे बता रहे थे,
इसके किसी सिरे को कोई प्रयोग में नहीं ला सकता।
मैंने तुम्हें पीतल के बर्तन में पानी नहीं दिया,
मैंने तुम्हें पत्ते के दोने में दलिया दिया,
मैंने उसे थाली में चावल परोसा,
मैंने उसे दोने में कढ़ी दी,
लेकिन वह मुझसे नहीं बोलता,
वह नहीं जानता उसे क्या करना है।
मैं केवल उसका घर देखकर नहीं रह सकती।
मैं सिर्फ पेट भरने के लिए नहीं जी सकती।
मैं तभी रह सकती हूँ जब मेरा दिल भरा रहे।
मैं अपने पिता के घर चली जाऊँगी,
मैं इतनी देर तक अपना उचित काम किए बगैर कैसे रह सकती हूँ?

इस गीत के प्रतीक सेक्स से सम्बन्धित हैं। पीतल का कप, पत्ते का दोना, लड़की द्वारा दी गई तश्तरी, लड़के की बेकार-कमजोर टहनी–ये सब लड़का और लड़की के गुप्तांगों के पहचाने हुए प्रतीक हैं। अन्तिम वाक्य में लड़की घोषण करती है, जैसा उसने पल्ली में किया था, कि घर की देखभाल करने या अपना पेट भोजन से भरने से ज्यादा कुछ मतलब रखता है ये जीवन। आठवीं पंक्ति में जो शब्द है जिसका अनुवाद मैंने किया है 'वह मुझसे नहीं बोलता' का अर्थ भी 'वह मुझसे सम्भोग नहीं करता है' और पूरी कविता का मूल अर्थ है।

घोटुल में एक नपुंसक चेलिक का जीवन बहुत कठिन नहीं होता क्योंकि वहाँ लड़कों की संख्या लड़कियों से ज्यादा होती है, और इससे कोई फर्क नहीं पड़ता यदि उनमें से किसी को अकेला सोना पड़ जाए। लेकिन शादी हो जाने के बाद उस लड़के की स्थिति बुरी हो जाती है। कापसी घोटुल का पूर्व कोतवार नपुंसक था। खुद को शर्मिन्दा होने से बचाने के लिए वह बीवी को घर पर छोड़कर घोटुल में सोने चला जाया करता था। स्वाभाविक है कि वह वहाँ बहुत प्रसिद्ध नहीं था, और कुछ समय बाद मुटियारी उसे वहाँ से बाहर करने लगी। उन्होंने उसे घर में अपनी पत्नी के साथ गाने और नाचने के लिए मजबूर किया, उसे कहा

कि वह अपनी पत्नी का हाथ अपने हाथ में लेकर, 'यहाँ है तुम्हारा पति, इसके साथ सोओ, इसे पीटो, कुछ भी करो, हम इसे घोटुल में देखना नहीं चाहते।' फिर उन सबने घर से एक मुर्गी ली और चली गईं, मतलब उन्होंने शादी की वह रस्म फिर से दुहरा दी जिसके बाद वर और वधू विस्तर पर एक साथ भेजे जाते हैं। ऐसा दो-तीन बार होने से वह अभागा लड़का घोटुल जाना छोड़ देता है—क्योंकि वह मुर्गियों की लगातार हानि नहीं सह सकता—और किसी खाली बरामदे या छप्पर के नीचे सोने लगता है।

जिन लड़कों की शादी खुद से बड़े उम्र की लड़की से हो जाती है उनकी पत्नियाँ उनके कमजोर सेक्स क्षमता की शिकायत करती हैं। जामकोट का एक लड़का बताता है, 'मेरी पत्नी मुझसे बहुत बड़ी है; मेरा छोटा सा लिंग उसे कैसे सन्तुष्ट करता? वह अपने माँ के घर जाने लगी, और जब मैं उसे लाने जाता तो वह पलटकर कहती, 'तुमको क्या लगता है मैं तुम्हारी कटोरी और थाली से खुश रह सकती हूँ? मैं एक मर्द के साथ रहना चाहती हूँ।' करनजी में मुखवन की भी शादी बड़ी लड़की से हो गई थी। 'मेरी पहली पत्नी मेरे छोटे लिंग के कारण हमेशा असन्तुष्ट रहती। वह मुझे घर पर छोड़कर चैत परताब नाच में जाने लगी। अन्ततः उसे वहाँ वह व्यक्ति मिल गया जो उसे सन्तुष्ट रख सके। फिर उसने मुझे छोड़ दिया। मगर मेरी दूसरी पत्नी मुझसे बहुत खुश रहती है।'

ऐसी नपुंसकता सिर्फ नासमझी की निशानी है। इसमें कई ऐसे मामले होते हैं जब चेलिक घोटुल में पूरी तरह सक्षम होते हैं मगर पत्नियों के साथ अक्षम पाए जाते हैं। कई बार ऐसा हुआ कि अधिक उम्र वाली मुटियारी ने कमसिन चेलिक से विवाह हो जाने पर ईर्ष्या से उसे जादू-टोना करके नपुंसक बना दिया। गरका के बहुत पुराने मुरिया घासिया याद करता है कि जवानी में घोटुल की पिवोसा उससे प्यार करती थी, लेकिन जब उसने उससे शादी करने से इनकार कर दिया तो पिवोसा ने उसे जादू से शादी की रात ही नपुंसक बना दिया। नतीजा यह हुआ कि उसकी वधू उसे अगली सुबह ही छोड़कर चली गई। लेकिन उपयुक्त बलि देने के बाद वह ठीक हुआ और उस लायक हो गया कि एक रात में पत्नी को तीन या चार बार सन्तुष्ट कर सके। कारागाँव में एक चेलिक की कम उम्र में ही शादी हो गई बाद में भी वह घोटुल में ही रहता था। वहाँ उसकी जोड़ीदार उससे बहुत बड़ी एक युवती थी। जब पत्नी के साथ रहने का समय आया तो इस मुटियारी ने उसे जादू से नपुंसक बना दिया ताकि वह पत्नी के साथ न रह सके और वापस घोटुल ही आए। दुर्भाग्य से वह जादू इतना शक्तिशाली साबित हुआ कि घर के साथ-साथ वह घोटुल में भी नपुंसक साबित हुआ, दोनों लड़कियों ने उसे छोड़ दिया। अन्ततः सिराहा ने कारण पता किया, लड़के के माता-पिता ने बलि चढ़ाई तब जाकर लड़का ठीक हुआ।

10. यौन विकृतियाँ

सेलिगमैन के अनुसार 'कई आदिम मनुष्यों के बीच किया गया अनुसंधान यह साबित नहीं कर सका कि विपरीत लिंग के बीच सेक्स सम्बन्ध का खुला रूप नहीं पाया जाता रहा है।'[1] यह दृष्टिकोण उन पुराने लेखकों द्वारा व्यक्त किए गए विचार से मजबूत साबित हुआ जो

1. सेलिगमन, *JRAI*, खंड- LXIII, पृ. 213। तुलना करें, बी. मालिनोव्स्की, *सेक्स एंड रिप्रेशन इन सेवेज सोसायटी*, पृ. 55।

अपनी सूचनाएँ यात्रियों की रिपोर्ट से हासिल करते हैं और जो आदिवासियों के विकृत यौन सम्बन्धों के प्रत्येक रूप को इसका उत्तरदायी ठहराते हैं।' मुल्लर लाचर[1] ने कहा कि, 'असंख्य आदिवासी लोगों की बुरी आदतों की तुलना बेबीलोन और लन्दन से की जाती है...जहाँ हस्तमैथुन, लेस्बियन। प्रकृति के साथ अपराध और गुदा मैथुन सबसे ज्यादा अश्लील विकृतियों के कारण निर्लज्ज वासना रोग को जन्म देती थी।' ब्रिफाल्ट[2] कहते हैं, 'आदिम लोग अपनी यौन सन्तुष्टि के लिए किसी भी खास कोमलता का प्रर्दशन नहीं करते थे। अपेक्षाकृत अपने भोजन के। वे आगे कहते हैं कि समलिंगी यौन अत्याचार यूरोपीय व्यसनों और नासाभोनियन उत्सवों के लिए अनजाना है। यह ध्यान देनेवाली बात है कि जो आदिवासियों के बीच में खुले और वैज्ञानिक दिमाग से रह चुके हैं उनका मन कुछ और है।' सेलिगमैन का दृष्टिकोण बेशक सही है सम्भवतः सभी भारतीय आदिवासियों के लिए, खासकर मुरिया के लिए।

ऐसा सिर्फ तब हुआ जब आयातित कपटीपन में घोटुल के सामान्य जीवन को बाधित किया और सामान्य व्यवहार से उनका विचलन हुआ। कालपट्टी परगना में जहाँ छत्तीसगढ़ी गोंड के प्रभाव के कारण मुटियारी चेलिक के साथ घंटे दो घंटे रहकर, उसे उत्तेजित कर घर चली जाती थी और चेलिक का लिंग बुरी तरह खड़ा या फूल जाता था, ऐसी हालत में हस्तमैथुन अस्वाभाविक नहीं था। मैं नहीं जानता कि 'सुधारक' क्या आशा करते हैं। यौन विकृतियाँ मुरिया में यदा-कदा ही देखने को मिलती हैं। ऐसा कब होता है। खुटगाँव के एक चेलिक ने बताया, 'लड़कियों के घर चले जाने पर हम अपने 'खैरकुटा' यानी वह पेड़ जो हिलता है यानी लिंग को पकड़ लेते हैं और गाय की तरह उसे दुहते हैं जब तक कि बीज बाहर नहीं आ जाता। इसमें बहुत राहत और आनन्द मिलता है।'[3]

हस्तमैथुन क्रिया को व्यक्त करने के लिए गोंडी में एक शब्द है, बोंडे करसना (पुरुष के लिए) पेंडे करसना (औरत के लिए), मतलब 'लिंग का खेल' और 'योनि का स्पोर्ट' इनसे किसी तरह के सामाजिक निन्दा की अभिव्यक्ति नहीं होती, 'बोंडे करसना' की तुलना 'बोंडे ऐडाना' से की जा सकती है; जैसा कि मैंने कहीं और देखा, करसना और एंडाना में कोई खास अन्तर नहीं है सिवाए उत्सव के 'बोंडे करसना' सम्भवतः गलत तरीके से सन्तुष्टि पाने का उपाय है, शायद केवल खेल। मगर बोंडे एंडना जायज। स्वीकृत और कर्तव्यबोध से पूर्ण क्रिया है जो सेक्स के उत्सव में योनि के मैदान में लिंग द्वारा कर्तव्य भरा प्रदर्शन है। सेक्स को पवित्र चीज माना गया है और शादी या उत्सव में खेल नहीं खेला जाता।

समान लिंग के बीच होनेवाले सेक्स सम्बन्ध अपवाद हैं। प्रायः लड़कों के बीच गँवारू

---

1. एफ. मुल्लर-लायर, *द इवोल्यूशन ऑफ मॉर्डन मैरिज* (लन्दन, 1930, 1913 के म्यूनिख़ संस्करण का अनुवाद), पृ. 37
2. ब्रिफॉल्ट, उपर्युक्त, खंड-II, पृ. 398। ऐसा ही दृष्टिकोण रखनेवाले अन्य लेखक ब्लॉच हैं, *द सेक्सुअल लाइफ ऑफ अवर टाइम्स,* पृ. 512 व आगे।
3. इस प्रकार का विचलन, प्रकृति में क्षणिक और क्षतिपूरक अनेक पशुओं में पाया गया है। एलेन बाटा को उद्धृत करते हैं जिन्होंने मेंढकों के अध्ययन में पाया कि जब वे जोड़ा बनाने के उपयुक्त पात्र नहीं खोज पाते तो तैरती लकड़ी के टुकड़ों के साथ संभोग का प्रयास करते हैं, एलेन, उपर्युक्त, पृ. 10। जेनकिंस ने पाया कि यदि चूहों को लैंगिक तौर पर पृथक्कृत कर दिया जाए तो एक समय के बाद समलैंगिक व्यवहार शुरू हो जाता है और पृथक्करण की अवधि बढ़ाने के साथ बढ़ता चला जाता है। एम. जेटकिंस, *जेनेटिक साइकोलॉजिकल मोनोग्राफ्स* (लन्दन, 1928), खंड-III, पृ. 457 व आगे।

किस्म का खेल होता है; वे एक दूसरे का जननांग पकड़ते हैं, कभी-कभी सामान्य यौन क्रिया की नकल करते हुए वे एक-दूसरे पर चढ़ जाते हैं, नयनार में छोटे लड़कों को बड़े लड़कों के पैर की मालिश करना सिखाया जाता था। डोंगरीगुरा में दो चेलिकों के पारस्परिक हस्तमैथुन की कहानी पाई गई, और उसी घोटुल में दो छोटी लड़कियाँ पति-पत्नी की तरह सोई पाई गईं। लड़के अक्सर एक-दूसरे का आलिंगन करते हुए, एक-दूसरे की बाँहों में बैठते हैं, पतली चटाई पर एक ही कम्बल में सोते हैं–मगर घोटुल के सामान्य दिनचर्या का यह प्रेमपूर्ण और अन्तरंग सम्बन्ध माना गया है। एक अनुभवी पुलिस अफसर ने मुझे बताया कि अपने बीस-तीस साल के अनुभव में उसने कभी गुदा मैथुन के बारे में नहीं सुना, साथ ही, आदिवासी कैदियों में भी कभी समलिंगी यौन सम्बन्ध का प्रदर्शन नहीं पाया।[1]

अन्य किसानों की अपेक्षा मुरिया में जानवरों के साथ कामोत्तेजक सम्बन्ध बहुत कम देखने को मिलता है, खासकर अपने पाश्बिक रूप में। जैसा कि हैवलॉक एलिस कहते हैं, 'मैं, रूखे और तुनकमिजाज किसानों की यौन अव्यवस्था...गँवार का व्यसन जो औरतों के मामले में अनाकर्षक या उन्हें रिझाने में नाकामयाब होते हैं।[2] मगर चेलिक अपेक्षाकृत सुस्त, रूखे और तुनकमिजाज नहीं होते, यहाँ तक कि औरतों को रिझाने में भी कम अनाड़ी होते हैं। लड़के और लड़कियाँ दोनों जानवरों के साथ यौन सम्बन्ध बनाने में मजा लेते हैं। चेलिक अक्सर मैथुन को और भड़काने के लिए जानवरों की तरह पहनावा पहनते हैं।

गोंडी में क्रूरता के लिए कोई खास शब्द नहीं है जिसे घृणास्पद के बजाए बेतुका या गैरजरूरी माना जाए। दूसरे सभी विचलनों की तरह यह खासियत में मुरिया राज की अपेक्षा सभ्य समाज में ज्यादा पाई जाती है। एक चेलिक याद करते हुए बताता है कि किस तरह कनेरा का एक गोंड बकरी के और बयानार का रावत अपने गाय के साथ पकड़ा गया और जेल जाना पड़ा। उलेरा में लोग बताते हैं एक गांडा के बारे में जो अपनी घोड़ी के पास गया। इन जातियों के सदस्यों को शायद ही 'सभ्य' कहा जाए मगर मुरिया उन्हें हिन्दू और विभिन्न सभ्यता के प्रतिनिधि मानते हैं।

एलेन जोर देते हुए कहते हैं, 'सिवाए पड़पीड़क के ज्यादातर पशु सेक्स दृष्टिकोण से अनुपयुक्त होते हैं।'[3] मुरिया स्वभाव से पशुओं के प्रति दयालु होते हैं, हालाँकि नशे में धुत पुजारी सूअर या मुर्गे की कुछ क्रूरता के साथ बलि चढ़ाता है।

दूसरों को पीड़ा पहुँचाकर आनन्द लेनेवाले की ऐसी ही क्रूरता का एक असामान्य मामला 1934 में घटित हुआ। तब चैतू खुरगाँव का युवा मुरिया था और वहाँ के घोटुल का सिलेदार हुआ करता था। वह अपनी पत्नी, बेटे और सूक्ति नाम की छोटी बहन के साथ रहता था। सूक्ति लगभग सात साल की एक बदमाश बच्ची थी। वह जन्म से गूँगी, बहरी और शरीर

---

1. हो के बारे में मजूमदार का लेखन बताता है कि उनकी निम्न प्रजनन दर एक 'समलैंगिक दृढ़ता' के द्वारा प्रेरित अनुर्वता की वजह से हो सकती हैं। ग्राम शयनगृहों की संस्था समलैंगिकता को बढ़ावा देती है। 'इन शयनगृहों में ऊबाऊ माहौल होता है। छोटे लड़के अपने शरीर की मालिश करते हैं, बालों में कंघी करते हैं और लड़कियों की भूमिका अदा करते हैं'।–डी.एन. मजूमदार, *अ ट्राइब्स इन ट्रांजिशन,* (लन्दन, 1937), पृ. 72, दुर्भाग्य से हम हो शयनगृहों के बारे में कुछ नहीं जानते और मजूमदार के साक्ष्य को जाने बग़ैर जिसे कि वह प्रस्तुत नहीं करते हैं, उनके कथन पर बात करना संभव नहीं है। लेकिन एक बहुत ही संक्षिप्त जाँच से, यह स्पष्ट था कि हो शयनगृहों में लड़कियाँ पृथक्कृत थीं और इस प्रकार यहाँ बस्तर से भिन्न स्थिति है।
2. हैवलॉक एलिस, साइकोलॉजी ऑफ सैक्स (लन्दन, 1934), पृ. 154।
3. एलेन, उपर्युक्त, पृ. 85।

से अक्षम थी। चैतू इस बच्ची के साथ अक्सर क्रूरता से पेश आता और घर का काम नहीं करने और बच्चों की देखभाल न करने के लिए बुरी तरह पीटता था। तीन मार्च 1934 को वह पाहुड़बेल जाकर रहने के लिए अपने घर का सारा सामान अपने गाँव ले जाने लगा। सामान को बैलगाड़ी में रखा गया और सारे लोग पैदल ही गन्तव्य की ओर चले। बेचारी सूक्ति सबके साथ उतनी ही गति से चल न पा रही थी और बार-बार पीछे रह जा रही थी। कई बार वह रास्ते में गिर भी पड़ती। चैतू यह देखकर गुस्से में आ गया और उसे कुल्हाड़ी से पीटने लगा, कभी दाहिने हाथ पर मारता तो कभी जाँघ पर कभी पैर पर। कुछ दूर तक उसे घसीटता हुआ ले गया, फिर उसके सिर पर वार किया और गर्दन मरोड़ दी। फिर उसके मृत शरीर को वहाँ छोड़कर आगे बढ़ गया।

चैतू नवयुवक था जब उसने क्रूरता से भरा यह काम किया। उसे अपने किए का कोई पछतावा नहीं था क्योंकि वह उसे बदमाश मानता था। उसे बिरादरी से जीवन भर के लिए बाहर कर दिया गया।

सम्भोग के मामले में मुरिया दिखावा नहीं करते। सबके सोने पर ही चेलिक और मुटियारी लगातार हर रात सेक्स का आनन्द लेते हैं। अगर कोई लड़का चाहे तो वह अपने पड़ोसी के यहाँ झाँककर इसकी झलक पा सकता है। वैसे परम्परा इस ताक-झाँक के विरोध में है, सिवाए उस रात के जब नए दूल्हा-दुल्हन कमरे में बन्द हो जाते हैं। वे आवाज सुन सकते हैं और दीवार की दरारों से झाँक सकते हैं।

वृद्ध पुरुष व स्त्री अक्सर शादियों में अशोभनीय हरकत करते हैं। मैंने एक बार देखा की नयानार में एक बेहद सम्मानीय और बड़े मुरिया ने शादी में अपनी धोती खोल दी और नंगे होकर अपनी बेटी सहित महिलाओं की बड़ी टोली के सामने नाचता रहा। शामराव हिवाले ने मसोरा में ऐसा ही दृश्य देखा। बूढ़ी औरतें यौन क्रिया की नकल करते हुए एक-दूसरे के निचुड़े स्तनों को सहला रही थीं।

इन किसी भी प्रदर्शन को अप्राकृतिक या भोंडा नहीं कहा जा सकता, यह गौर करने योग्य है कि मैंने कभी चेलिक तथा मुटियारी को खुद का प्रदर्शन करते नहीं सुना।

11. वेश-भूषा की औपचारिक अदल-बदल

आदिम लोगों की खास संख्या के बीच औपचारिक वेश-भूषा की परम्परा रिकार्ड की गई है और इसकी ढेर सारी विभिन्न व्याख्याएँ दी गई हैं। हैवलॉक इलिस कहते हैं, 'नीची जातियों में इसका प्रदर्शन न सिर्फ छिटपुट बल्कि अलग-थलग तरीके से हुआ' और वे सुझाव देते हैं कि, 'यह प्रकृति बेहद आदिम जातियों की प्राचीन और प्राकृतिक प्रवृत्ति के रूप में सामने आती है।'[1]

इसी तरह सेलिगमैन 'वेश-भूषा की औपचारिक अदला-बदली' की अभिव्यक्ति के जरिए मेलानेसिया और अफ्रीका[2] के लोदुको कबीलों में पाई जानेवाली समान प्रथा का वर्णन करते हैं। इस परम्परा का चलन बोरनियो के सी-दयाक और ओमाहा में पाई जाती है। इसके अलावा क्रावले विश्व के दूसरे भागों की लम्बी सूची देते हैं।[3] वस्त्रों की अदला-बदली कभी

---

1. हेवलॉक एलिस, *आयोनिज्म,* पृ. 33।
2. वही, पृ. 35।
3. ई. क्रावले, *द मिस्टिक रोज़,* (लन्दन, 1927), खंड-1, पृ. 318 व आगे।

कपड़ों की कमी के कारण, कभी शादी या त्योहार के खास अंग के रूप में, कभी अलौकिक प्रेरणा के कारण होती है।[1]

बस्तर में मैंने कपड़ों की अदला-बदली के दो खास रूप देखे। कभी-कभी आदमी औरतों की कौड़ियों से सजी जैकेट पहन लेते हैं। ऐसा वे तब करते हैं जब सचेत अवस्था में वे किसी देवता के सामने भविष्यवाणी करते हैं और अपने साथियों को दैवी इच्छा की जानकारी देते हैं। बड़े-बड़े उत्सवों में आप दर्जनों या ज्यादा को परम आनन्द या उत्साह से झूमते नाचते देख सकते हैं। वे अपनी अचेत अवस्था के जरिए दैवी इच्छा की जानकारी देते हैं और वे सभी अपने शरीर पर इस तरह के खुशनुमा-रंगीन, बल्कि बेमेल ब्लाउज पहन लेते हैं।

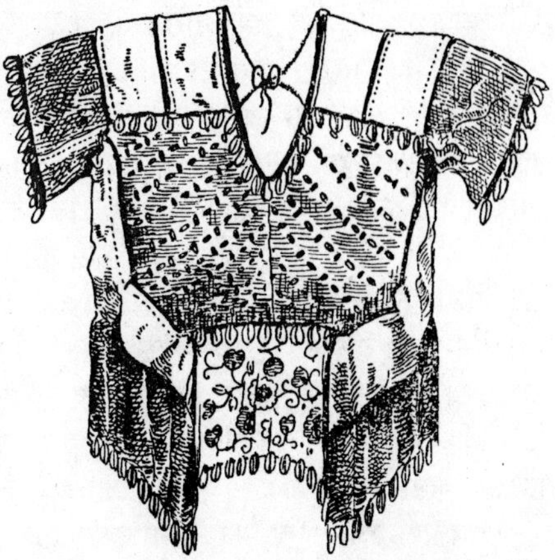

चित्र-115. लामना स्त्री की कौड़ियों से बनी कोटि, मुरिया द्वारा भविष्यवाणी करने में इस्तेमाल होती है।

मेरे हिसाब से यह ऐसा अकेला अवसर है जब बस्तर के आदिवासी पुरुष महिलाओं के कपड़े पहनते हैं। सामान्यतः महिलाएँ ही पुरुषों जैसा पहनावा पहनती हैं। दाँतेवाड़ा की बाइसन-हार्न मारिया औरतें बिज्जा पांडुम के महापर्व में कभी-कभी पुरुषों का पहनावा पहन लेती हैं और पुरुषों को शिकार के लिए भेजती हैं। मुरिया में भी इसी तरह की प्रथा है। अविवाहित लड़कियाँ लड़कों की वेश-भूषा धारण करती हैं और लड़कों को शिकार के लिए भगा देती हैं जिसकी सफलता पर सलाना फसल निर्भर करती है। यह चलन नेमूलद्वार यानी 'वर-वधू के सेना' कहलाती है और नाच चोली ऐंडन्ना या झोरिया एंडन्ना कहलाता है। चोली एंडना का सामान्य अर्थ वाकर नाथ है जो पुरुष छद्म वेश की तरफ संकेत करता है। झोरिया शब्द का मतलब नीची भूमि या तराई से है।[2] यह अब कबीले की उपाधि के रूप में इस्तेमाल

1. भारतीय साहित्य में 'लिंग परिवर्तन' के लिए, देखें पेंजर, उपर्युक्त, खंड-VII, पृ. 231 व आगे और डब्ल्यू. एन. ब्राउन, 'हिन्दू कथा प्रेरक के रूप में लिंग परिवर्तन, *JAOS,* खंड-XLVII, (1927), पृ. 3 व आगे।
2. थर्सटन कोयी के बीच ऐसी ही परम्परा की बात करते हैं, जहाँ स्त्री अपने स्वामी के वस्त्र पहनकर भूदेवी पण्डागा या भूमि देवी के त्यौहार में पुरुष को शिकार के लिए ले जाती हैं। वह इस प्रकार के शिकार से पहले एक जुलूस का वर्णन करते हैं; दोपहर के करीब पिछले दिन की भाँति हमने एक जुलूस देखा, लेकिन इसमें सिर्फ स्त्रियाँ, ड्रम बजानेवाले तलवार बाज थे जो कि हो पुरुषों के वस्त्र पहने स्त्रियाँ ही थीं। गाना और नृत्य पहले की ही भाँति थे। सिवाय उनके जो भूकाभिनेता अपने अत्यन्त अभद्र भाव-भंगिमाओं में प्रचुरता से इस्तेमाल करते हैं, जो कि लैंगिक सम्बन्धों की तस्वीर प्रस्तुत करते हैं। एक लड़की फिसल गई (या फिसलने का नाटक किया) और गिर पड़ी। जिस पर, पुरुष की भूमिका अदा कर रही एक लड़की उसके ऊपर उसका बलात्कार करने के लिए गिर पड़ी। खुशी के शोर के बीच-बचाव की कोशिश की गई, और बलात्कार करनेवाला अपने वस्त्र उतारने की प्रक्रिया में ही था जब हमारी शालीनता ने एक अवकाश की जरूरत महसूस की।—थर्सटन, उपर्युक्त, खंड-IV, पृ. 66 व आगे।

   संथाल परम्परा के अनुसार, जादू-टोना एक परवेशी अभियान से शुरू हुआ। मारांग बुरू ने पुरुषों को जादू-टोना सिखाने का निर्णय लिया, लेकिन स्त्रियों ने उन्हें शराब पिला दी और पगड़ी और धोती पहन ली और चेहरों पर बकरी की दाढ़ी चिपका ली और पुरुषों के स्थान पर जादुई कला सीखने चली गई।—सी.एच.

नहीं किया जाता क्योंकि इसे मुरिया के साथ विलय कर दिया गया है।

शादी के तीसरे दिन मुटियारी घोटुल या अपने कैम्प में चली जाती हैं और वहाँ चेलिकों की पोशाक पहनती है। वे पगड़ी व वास्कट और अधोवस्त्र पहनने के अलावा लड़कों से बाजुओं में पहननेवाले कड़े उधार लेकर पहनती हैं। वे कमर के पटके में चाकू खोंस लेती हैं और शादी मंडप की ओर चल पड़ती हैं। उस समय उनके हाथों में कुल्हाड़े, आम के पत्तों की टहनियाँ और 'डाब' घास के गुच्छे होते हैं। वे नृत्य करती हुई जाती हैं। शादी मंडप के नीचे दूल्हा बैठा है। वे मंडप को औपचारिक रूप से बुहारती हैं। नर्तकों में एक दूल्हन भी लड़कों की वेश-भूषा में है। नर्तकों ने पगड़ी के सिर से मुँह ढाँप रखा है और उनको पहचानना वास्तव बहुत कठिन है। मंडप के चारों ओर नाचकर चक्कर काटती हुई लड़कियाँ दूल्हे को चुनौती देती हैं कि वह अपनी दुल्हन को पहचाने। अक्सर वह नहीं पहचान पाता। तब लड़कियाँ दूल्हे के करीब आ जाती हैं और दुल्हन भागकर उनके बीच से निकलती है और दूल्हे की कमर पर मुक्का जड़ देती है। वह कूदकर उठता है और दुल्हन को पीटना चाहता है किन्तु मुटियारी उसको बचाने की भरसक कोशिश करती हैं। कुछ देर तक और नाचकर लड़कियाँ अपने घरों को चली जाती हैं जहाँ वे लड़कों के कपड़े उतार देती हैं।[1]

इसलिए झोरिया एंडन्ना पुराने समय और प्राचीन परम्परा के नृत्य का प्रतीक है। यह सभी विवाह नृत्यों में सबसे प्रचलित है। झोरिया परगना में आदिवासियों का प्राचीनतम नृत्य देखने को मिलता है। मुटियारी मंडप के चारों ओर धीरे-धीरे नाचती हैं। एक सीधी पंक्ति में वे अपने बाएँ हाथवाली लड़की के गले के चारों ओर एक बाजू डालती है और दूसरे हाथ में घास के गुच्छे और आम की पत्तोंवाली टहनियों को हिलाती चलती हैं मानो वे फर्स को बुहार रही हों। साथ ही वे गीत भी गाती हैं। इन गीतों में अवसरों के अनुसार विविधता है। पहला गीत विवाह-मंडप को औपचारिक बुहारने से सम्बन्धित है।

दिवान मियार किलिन्ता देवू!	दीवान की बेटी रो रही है, देवू!
वायु देवा वायु रोय देवू!	आओ लड़की, आओ देवू!
वियार हाइयु वायु रोय देवू!	बुहारने के लिए आओ, आओ देवू!
नलिंग चो गोरांग रोय देवू।	मंडिया अनार फल की तरह है।
गोरांग नोरी उता रोय देवोनी।	वह मंडिया पीसने गई।
दिवान मियार किलिन्ता देवू।	दीवान की बेटी रो रही है, देवू।
हिरपेंग इथोह वेजिंग रोय देवू।	चावल लकड़ी के टुकड़ों की तरह है।
वेजेंग उसी ओला रोय देवू।	वह चावल को भूसी से अलग करने गई।
दिवान मियार किलिन्ता देवू।	दीवान की बेटी रो रही है, देवू।
परके पिला वाटरोम देवू,	वह अपने बच्चे को पीठ पर ले गई,
दिवान मियार किलिन्ता देवू।	दीवान की बेटी रो रही है देवू।

अगला गीत लड़कियों के छद्मवेश के बारे में है। दूल्हा अभी दुल्हन को नहीं पहचान सकता, किन्तु विवाह सम्पूर्ण हो जाने पर वह उसे अच्छी तरह पहचानेगा।

→ बोम्पास, फोकलोर आफ द संथाल परगनाज़, (लन्दन, 1909), पृ. 422।

1. मांडला में परधान शादियों में, दुल्हन कभी-कभी लड़के का रूप धरे होती है और उसके भावी पति को उसे ढूँढ़ना होता है। मैंने छत्तीसगढ़ के बिंझवाड़ के बीच भी ऐसी ही एक परीक्षा देखी।

बुर्गा छोडी लायोर, बाबा	यह लड़का बूढ़ा होता जा रहा है।
कोकोर कोर!	
ननाइ लायोर इंटोर,	फिर भी वह खुद को जवान कहता है।
लयाह ओंदेह किटोरा।	वह जवान लड़कियों को एकत्र करता है,
लयाह टेडला हिवोंग।	वह उनको जाने नहीं देता।
मुरह पोर्टाना इंटोर!	वह अपने को अनाथ कहता है।
ऊना छोड़े माइवार	वह कहता है वह देखेगा क्या होता है।
मावा हेर वायेर	यदि हम निकट जाते हैं।
माक इसे वरीयांतर	वह हमें डराकर भगा देता है
दुल्हिन चिन्हे मायोर	वह दुल्हन को नहीं पहचानता,
मुलनाह चिन्हे मानटोर	वह आज की रात में उसे जानेगा
लयोर इसे आटेक	यदि वह वास्तव में जवान है।
वासी मुठरवा हिवेर	हम उसे मुक्का मारने जा रहे हैं।
नावाइ आरी इनेर	वह कहता है, 'यह मेरी पत्नी है।'
बाबा कोकोर कोरे!	

अगला गीत स्पष्ट है। यह याद रखना चाहिए कि इनमें से हर गीत लड़कियाँ गा रही हैं और उनके आगे दुल्हन चल रही है जो इस बात को बार-बार कहती है कि वह लड़की लड़का है–

मुटका हिलाइ वाल टोना,	मैं उसे पीटने आया हूँ,
नाना झोरियान लयोर।	मैं झोरिया लड़का हूँ।
नोक हुरसे वरिन्तु,	मुझे देखकर वह डरता है,
नाना झोरियान लयोर।	मैं झोरिया लड़का हूँ।
पिछाल टांगिया काँज होना,	मेरे कान्धे पर छोटा कुल्हाड़ा है,
नाना झोरियान लयोर।	मैं झोरिया लड़का हूँ।
कारिया कोट कारटूना,	मैंने काला कोट पहना है,
नाना झोरियान लयोर।	मैं झोरिया लड़का हूँ।
मांडा हे वानटोना,	मैं विवाह-मंडप की सफाई करूँगा,
नाना झोरिया लयोर।	मैं झोरिया लड़का हूँ।

एक अन्य गीत में उन विभिन्न कपड़ों और गहनों का जिक्र है जिसे लड़कियाँ पहने हुए हैं।

अगा बागा डांग परैंग सैया सोना?	यह ढोल कैसा है जो इतनी तेज बजता है?
अरी नारांग परैंग सैया सोना।	यह ढोल अर्रा से आया है।
अगा बागा डांग कुंडरिंग सैया सोना?	यह कुंडरिंग कहाँ से आती है जो इतना अच्छा बजती है?
कोखा नरांग कुंडरिंग सैया सोना	यह कुंडरिंग कोखा से आती है।
अगा बागा चिरकुरिंग सैया सोना?	यह मंजीरा कहाँ से आया जो इतना तेज बजता है?
गुरुन कैयाडांग चिरकुरिंग सैया सोना	यह मंजीरा लोहार ने बनाया है।

अगा बागा दा धोती रोए सैया सोना?	यह सुन्दर धोती कहाँ से आई है?
गंडोन कैयाडा धोती रोए सैया सोना	यह धोती गंडा ने बनाई है।
अगा बागा डांग मुयंग रोए सैया सोना?	मधुर ध्वनिवाली घंटियाँ किसने बनाई हैं?
कासेर कैयाडांग मुयंग रोए सैया सोना	ये घंटियाँ कासेर ने बनाई हैं।
अगा बागा डाँग पानिया सैया सोना?	ये सुन्दर कंघियाँ किसने बनाई हैं?
लायोन कैयाडा पानिया रोए सैया सोना	ये सुन्दर कंघियाँ उस चेलिक ने बनाई हैं।

अन्ततः मैं उन दो गीतों के उदाहरण दे रहा हूँ जो अश्लील गीत के रूप में नृत्य के समय गाए जाते हैं और जिनसे रस्म के मतलब और वातावरण का पता चलता है।

नाना झोरियाना वैवो गाते रिनवाना	मैं झोरिया हूँ : मैं अधपका चावल नहीं खाऊँगा।
नाना झोरियन दैस डूडो पोएवाना	मैं झोरिया हूँ : ऊपर-नीचे कूदते हुए मैं उसके स्तन पकड़ता हूँ।
नाना झोरियन पोडोह मोंडी दोहवाना	मैं झोरिया हूँ : मैं उसके कमरबन्द तोड़ देता हूँ।
नाना झोरियन हर्सपोचे तेंडवाना	मैं झोरिया हूँ : मैं जल्दी से उसके कपड़े नीचे उतार देता हूँ।
नाना झोरियन पुडेते बोंडी नेहयाना	मैं झोरिया हूँ : मैं उसके अन्दर खुद को धँसा देता हूँ।
नाना झोरियन टेक्स बुरा मिहचवाना	मैं झोरिया हूँ : मैं अपने लिंग के बाल तोड़कर दूर फेंक दूँगा।

इसी शैली में हल्बी झोरिया गीत है :

बेलोसा, मंडप को बुहारने जाओ।
दूल्हा कहाँ गया है?
वह घर में कहीं दिखाई नहीं देता,
वह किस बात से डरा है?
वह अपने लिंग के लिए मर रहा है।
वह अपनी बहन से सम्भोग करेगा।
वह उसे कहाँ ले गया है?
वह उसे नदी किनारे ले गया है।
उसने उसके लिए कौन से पत्ते बिछाए हैं?
उसने उसके लिए 'जाम' पत्तों का बिछौना बनाया है,
'झम-झम' वह इधर-उधर हिलता है।
नहाते, नहाते, वह अन्दर कर देता है।
हटो, हटो, भाई, वह चिल्लाती है।

इस गीत को खुद लड़की और उसकी कुंवारी सहेलियों के गुट ने गाया है। वे इस खास अवसर के लिए वे पुरुषों की वेश-भूषा से खुद का लिंग बदल देती हैं और पुरुषों की तरह यौन क्रियाएँ करती हैं।

विश्व के कई हिस्सों में पाए जानेवाले इस रिवाज की व्याख्या करने के लिए विशेषज्ञों ने कई कारण पेश किए हैं। फ्रेजर ने इसकी कठिनाइयों पर जोर दिया है। पुरुष और स्त्रियों

के बीच कपड़ों की धार्मिक अदला-बदली एक जटिल और गुप्त समस्या है, और इन सब मामलों में एक समाधान लागू नहीं किया जा सकता।[1] उनका मानना है कि दुल्हन द्वारा लड़के का वेश धारण करना यही संकेत देता है कि वह जादू-टोने के जरिए बेटा प्राप्त करना चाहती है। बेशक यह सम्भव है क्योंकि वस्त्रों की अदला-बदली उर्वरकता से जुड़ी हुई है।[2] सरावाक में क्लेमन्थन स्त्री फसल कटाई के उत्सव पर धोती और पगड़ी में नाचती है, जिसके बारे में यह कहा गया है कि यह उर्वरकता और शक्ति के धर्म का उत्सव है।

चित्र-116. क्लेमानटान स्त्रियाँ पुरुषों के वस्त्र पहने हुए

जुलु औरतें पुरुषों का वस्त्र पहनकर अपने पशुओं को चराने जाती हैं और उनकी बीमारियों से रक्षा करती हैं।[3] क्रावले असम के गेंते के एक रिवाज का जिक्र करते हैं जिसमें पुरुष महिलाओं के कपड़े पहनकर उस साल पैदा हुए बच्चों के जन्म की खुशी में नाचते हैं।[4] मांडला जिले की गोंड और बैगा स्त्रियाँ कभी-कभी पुरुषों का वेश धारण करके, हाथों में भाला और कुल्हाड़े लेकर गाँव-गाँव औपचारिक शिकार पर जाती हैं। वे हर जगह एक सूअर मारती हैं, ऐसा करना उनके लिए आमतौर पर वर्जित है। यह वास्तव में उर्वरकता के लिए प्रार्थना है। इस मौके पर जो गीत गाया जाता है उसमें से एक इस तरह है :

कुटकी कोडों के भारती होए!	ईश्वर करे कुटकी और कोंदो की फसल ज्यादा हो!
कुकरा बिलाई के झरती होए!	ईश्वर करे कुत्ते और बिल्लियाँ कम हों!
गेई गरुआ के भारती होए!	ईश्वर करे गाय और मवेशी बढ़ें!
कुकरा बिलाई के झरती होए!	ईश्वर करे कुत्ते और बिल्लियाँ कम हों!

यह प्रथा स्त्री-राज कहलाती है, और मारिया तथा मुरिया में खासतौर से प्रचलित है।[5] तोसकापाल में मुझे बताया गया कि लालटेन की कालिख से लड़कियाँ मूँछे बनाती हैं, धोती

1. जे.जी. फ्रेजर, *द गोल्डन बो* (लन्दन, 1911-15), खंड-VI, पृ. 260। जे. अबेरक्रॉम्बी, *एन अमेजोनियन कस्टम इन द कॉकेशस, फोक-लोर,* खंड-II (1891), पृ. 179 व आगे भी देखें।
2. होस, *नेचुरल मेन* (लन्दन, 1926), पृ. 128, होस एक आकर्षक फोटोग्राफ प्रस्तुत करते हैं, जिस पर चित्र 116 आधारित है।
3. क्रावले, उपर्युक्त, खंड-I, पृ. 320
4. वही, खंड III, पृ. 105
5. कोलों के बीच भी ऐसी ही एक परम्परा थी। हालदार कहते हैं, अक्टूबर, 1880 में रांची में मैंने मुंडा लड़कियों के समूह का एक विलक्षण दृश्य देखा, जिन्होंने पगड़ियाँ पहन रखी थीं और वे लाठियाँ, भाले और कुल्हाड़ियाँ लेकर एक चल रही थीं।

और पगड़ी पहनती हैं और रास्ते में बकरियों, सूअरों आदि को मारती चलती हैं। कोंड महिलाएँ भी ऐसा ही करती हैं और मुर्गों आदि की बलि देती हैं।

फ्रेजर फिर से कहते हैं कि पत्नी पति की पोशाक पहनती है ताकि बच्चा जनने की पीड़ा को वह स्थानान्तरित कर सके।[1] मगर मुरिया में कोवेड (ऐसी रिवाज जिसमें पति प्रसव पीड़ा से पीड़ित पत्नी के बिस्तर पर लेटता है मानो उसे ही बच्चा होनेवाला हो) की प्रथा नहीं पाई जाती है।

इसके अलावा एक और अनुमान यह है कि विवाह में धारण किया जानेवाला छद्मवेश इसलिए धारण किया जाता है कि वधू को बुरी नजरों तथा दुश्मन के जादू-टोने से बचाया जा सके।[2] विवाह के छद्मवेश का चलन अफ्रीका और भारत के अलावा प्राचीनकाल की सभ्यताओं में भी देखने को मिलते हैं; कभी-कभी यह चलन इस तरह से निबाहा जाता था कि असली वधू की जगह नकली वधू को बिठा दिया जाता था। इस प्रथा के सम्बन्ध में भारतीय दस्तावेजों का सर्वेक्षण करने के बाद क्रूक[3] ने यही पाया और फ्रेजर[4] का भी अन्तिम मत यही था। वेस्टरमार्क, जिन्होंने विवाह छद्मवेश के कई उदाहरण दिए हैं, को ये शक भी है कि बुरी आत्माओं को धोखा देने के लिए किए जानेवाले ऐसे अभ्यासों को सफल कहा जा सकता है क्या? 'इस तरह के तथ्य मिस्टर क्रावले के 'टीका सिद्धान्त' से ज्यादा मेल खाते हैं, जिसके अनुसार वधू या वर विपरीत लिंग के वस्त्र पहनते थे ताकि मृत व्यक्ति द्वारा होनेवाले यौन सम्बन्धी खतरों से बचा जा सके और प्रभावहीन किया जा सके।[5]

मगर मुरिया में न सिर्फ वधू का भेष बदलने की प्रथा है बल्कि उसके साथ जो सखियाँ रहती हैं उन्हें भी छद्मवेश धारण करवाने की प्रथा है ताकि दूल्हा भी यह नहीं बता सके कि कौन-कौन है। इस प्रथा का उद्देश्य भी दुश्मनों के जादू-टोने और बुरी आत्माओं के प्रभाव से बचना है।

छोटा नागपुर के राँची जिलों में महिलाओं द्वारा किए जानेवाले शिकार की प्रथा में डब्ल्यू. जी. आर्चर को पौराणिक आधार देखने को मिलता है मगर वे यह भी इशारा करते हैं कि इसके पीछे मनोवैज्ञानिक जरूरतें भी हो सकती हैं।

इस जरूरत को निम्नलिखित तरीके से परिभाषित किया जा सकता है। उराँव समाज में उत्तराधिकारी पुरुष होता है, सरकार के साधन पुरुष होते हैं, खास अफसर भी पुरुष ही होते हैं। परम्परा और प्रथा के अनुसार पुरुष महिलाओं से श्रेष्ठ माने गए हैं। लेकिन यदि यह परम्परा है तो इसमें सच्चाई अंशतः ही है। उराँव गाँवों में सम्बन्धों में वास्तविक समानता पाई गई है। यह उसी तरह बराबर है जिस तरह नृत्य के मामले में पुरुष और स्त्री बराबर है। वे इसलिए समान है क्योंकि पति-पत्नी मिलकर घरेलू काम-काज में हाथ बँटाते हैं, साथ काम करते और जीवन जीते हैं। इस तरह कबीलाई जीवन की औपचारिक संरचना और इनमें निहित वास्तविक भावनाओं में तनाव पैदा होता है। इसी तनाव से मुक्ति पाने के लिए शिकार और मनगढ़ंत किस्सों का उत्सव मनाया जाता है।[6]

1. फ्रेजर, *द गोल्डन बो,* खंड-III, पृ. 216।
2. क्रावले, उपर्युक्त, खंड-I, पृ. 49 व आगे और 318 व आगे।
3. क्रुक, उपर्युक्त, पृ. 8।
4. फ्रेजर, *टोटेमिज्म एंड एक्जोगामा,* (लन्दन, 1910), खंड-IV, पृ. 255 व आगे।
5. ई. वेस्टर मार्क, *द हिस्ट्री ऑफ ह्यूमन मैरिज,* खंड-II, पृ. 518 व आगे।
6. डब्ल्यू.जी. आर्चर, *एसेज इन एंथ्रोपोलॉजी प्रजेंटेड टू एस.सी. राय* में *द वूमेन हंट* (1942), पृ. 187 व आगे।

सम्भव है कि हम इस प्रथा को उस प्रवृत्ति से जोड़कर देखें जो कल्पवादी विचलन पैदा करती है। मैंने जो अन्तिम झोरिया गीत का उद्धरण दिया है वह इस बात का समर्थन करती है कि वस्त्रों की अदला-बदली 'लिंग ईर्ष्या' से जुड़ी अभिव्यक्ति है। ऐसे भाव वाले केवल दो गीतों का मैंने जिक्र किया है मगर इसके अलावा इसी भाव के कई और गाने हैं जिसमें यह दिखाया गया है कि मुटियारी उन चेलिकों का ध्यान खींचने के लिए आत्मविश्वासपूर्ण व्यवहार करती हैं जो सामान्य जीवन में अपना यौन-प्रभुत्व को लगातार स्थापित करना चाहते हैं।

इस रिवाज के सम्भवतः कई विभिन्न कारण हैं। मुरिया युवतियाँ वधू की रक्षा करने, दुश्मन के जादू-टोने को निष्फल करने या बुरी आँखों से बचाने, अपने कबीले के यौन-सन्तुलन को बनाए रखने और खासकर इसलिए छद्मवेश धारण करती हैं क्योंकि उन्हें कपड़े पहनना और इसमें सजने-सँवरने में मजा आता है। वह नजारा बहुत मजेदार होता है जब बेचारा दूल्हा सामने खड़ी एक समान दिख रही लड़कियों में अपनी दुल्हन को पहचानने की कोशिश करता है। अगर वह गलत लड़की की तरफ इशारा करता है तो सभी खुश होकर उसका मजाक उड़ाते हैं और दुल्हन सखियों के झुंड से निकलकर उसे पीटती है। इस तरह ये मौके अविस्मरणी क्षण बन जाते हैं। किन्तु यह छद्मवेश औपचारिक है। सामान्य अवसरों पर पुरुष और स्त्रियों द्वारा एक-दूसरे का वस्त्र पहनना वर्जित है। रिवाज के रूप में जब ऐसा किया जाता है तो यह बेहद उत्तेजक और प्रभावशाली प्रथा बन जाती है।[1]

12. मित्रताएँ

जो मित्रता छोटा नागपुर तथा केन्द्रिय प्रान्त के विभिन्न कबीलों और जातियों के सामाजिक जीवन में सामान्य विशेषता के रूप में पाई जाती है वह मुरिया लोगों के बीच प्रचलित नहीं है। बोडे-कियाना (दोस्त बनाना) को हिन्दू प्रथा माना जाता है और पूरे झोरिया प्रदेश में लोग व्यावहारिक रूप से अनजान है। कोंडागाँव तहसील में, खासकर बड़ा डोंगर परगना के हिस्सों और खासकर मुख्य सड़क के किनारे बसे गाँवों में ऐसी मित्रताएँ बनाई जाती हैं मगर घोटुल में या ग्रामीण जीवन में बहुत महत्त्वपूर्ण भूमिका नहीं बनाती।

केन्द्रीय प्रान्त में जब इस तरह की औपचारिक मित्रताएँ शुरू की जाती हैं तो दोनों पक्ष एक दूसरे के साथ खड़े रहने और खास तौर से एक-दूसरे की मदद करने की कसम खाते हैं।

डाल्टन बताते हैं कि ये बन्धन शादी के बन्धन जैसे होते हैं। दोनों पक्ष एक-दूसरे को

→ ऐसी ही सोच स्त्रियों के द्वीप और देश के मिथक में प्रकट होती है, जो कि पीछे *महाभारत* तक जाती है और ह्वेनसांग ने जिसका जिक्र किया है। इस दिलचस्प विषय और साहित्य के सम्पूर्ण सन्दर्भ के लिए डब्ल्यू. कुक, 'द लैंड एंड आइलैंड ऑफ वूमेन, *मैन इन इंडिया,* खंड-II पृ. 216 व आगे; जे.एच. हट्टन, *द अंगामी नागाज़,* खंड-II, पृ. 263 और मेरी *मिथ्स ऑफ मिडिल इंडिया* भी देखें।

1. बॉम्बे प्रेसीडेंसी में बुराई की रोकथाम के लिए रोगरोधी छद्मवेषों के एक वर्णन में, जे.जे. मोदी तीन प्रकार के सेक्स छ्दमवेषों का जिक्र करते हैं : 1. लड़के के जन्म को लड़की के जन्म के तौर पर घोषणा करना। 2. लड़के के नाक या कान को लड़की की तरह छेदना। 3. लड़के के बालों को इस प्रकार बढ़ने देना कि वे लड़की की भाँति लगे। जे.जे. मोदी, 'प्रोफिलेक्टिक डिस्गाइज फॉर एवर्टिंग ईविल,' *मैन इन इंडिया,* खंड-IV (1924), पृ. 282 व आगे।

साधारण नाम से नहीं बल्कि घोटुल में दिए गए नाम से पुकारते हैं। ऐसी दोस्ती केवल उन लोगों के बीच बन सकती है जो एक-दूसरे के अकोमामा हों। कुछ खास मामलों में लड़के और लड़की एक-दूसरे के मित्र बनते हैं मगर सामान्यतः समान लिंग में यह सम्बन्ध पाया गया है।

बस्तर में जो मित्रताएँ प्रसिद्ध हैं वे हैं किओनरा-फूल, सुपारी-फूल, सखि और बारु। मुझे वहाँ जवारा दोस्ती देखने को नहीं मिली बल्कि कई अवसरों पर मैंने गंगाजल और भाजली के बारे में सुना। कहा जाता है किओनरा-फूल उन स्त्री पुरुष के बीच बनता है जो एक-दूसरे के साथ मजाकिया सम्बन्ध रखते हैं। जैसे, पुरुष और उसके बड़े भाई की पत्नी के बीच। लड़की अपनी चाची की सखि बन जाती है। लड़का-लड़की एक-दूसरे के बारु बन सकते हैं, गीत में एक लाइन है जिसके अनुसार वे जय-मोंगरा फूल भी बन सकते हैं :

> 'माँ, उसने मुझसे अपना जय-मोंगरा फूल-दोस्त बनने के लिए कहा, मगर माँ, मुझे बड़ी शर्म आती है।'

घोटुल में ये मित्रताएँ खास उत्सव के जरिए शुरू होती हैं। दो दोने बनाए जाते हैं और उनमें दो छोटे दीप रखकर जलाए जाते हैं। दोस्त एक-दूसरे के आमने-सामने खड़े होकर एक-दूसरे के कान के पीछे फूल खोंसते हैं, एक-दूसरे के पैर धोते हैं, एक-दूसरे को सुपारी, थोड़ा बालू और तीन मुट्ठी अनाज लेते-देते हैं, गले मिलते हैं और एक-दूसरे को नए नाम से बुलाते हैं। फिर वहाँ आए सब लोगों को प्रणाम करते हैं। उनके बीच नारियल और शराब बाँटते हैं।

मुझे इस खूबसूरत और प्राकृतिक चलन के बहुत सारे उदाहरण नहीं मिले। ऐसे रिश्ते बिनझली और अलोर में थे। सिद्धवंड के पिलासी में सरदार के बीच किओनरा-फूल और इसी स्तर की दोस्ती मसोरा फिरतू में दिखी। यहाँ ध्यान देने योग्य बात यह है कि ये दोनों लड़के स्कूल जाते थे। सिद्धवंड में मैं और मेरी पत्नी रामी और पिलसई के क्रमशः सुपारी फूल और सखि बने।

यदि दो मित्र मसोरा और जामकोट की घोटुल व्यवस्था में साथ सोते हैं तो उन्हें अपने बीच कपड़े का टुकड़ा रखना होता है। अन्यथा इसे पाप समझा जाता है। मुझे नहीं लगता कि हमें इस चलन में कोई गहरा अर्थ ढूँढ़ना चाहिए; यह नियम ऐसे किसी समलैंगिक सम्बन्ध से बचने के लिए नहीं बनाया गया जो यहाँ होता ही नहीं। बल्कि दो दोस्त एक-दूसरे के साथ जादुई या धार्मिक अवस्था में होते हैं।

लेकिन ऐसे सम्बन्धों को अलग चेलिक-चेलिक और मुटियारी-मुटियारी के बीच बहुत गहरी और लम्बी दोस्ती पाई गई है भले ही उनका कोई औपचारिक नाम और पहचान न हो। मगर मुझे लगता है ये दोस्ती जोड़ों की बजाए समूहों के बीच होती है। दो लड़कों या दो लड़कियों के बीच गहरी और समर्पण भरी दोस्ती घोटुल और बेशक सारे घोटुल समाज के सामुदायिक प्रकृति के एकदम विपरीत है।

इसलिए भले सिद्धवंड में घोटुल के पधार और तहसीलदार (पिलसई) 'साथी' हों, एक-दूसरे का हमेशा साथ दे, एक-दूसरे को न देख पाने से दुखी हों फिर भी उनके बीच का जुड़ाव खास नहीं होता। सरदार उनके साथ हमेशा होता है और तीन लड़के उनकी मुटियारी के साथ घोटुल के कोने में सोते हैं। लड़के और लड़कियाँ उम्र के हिसाब से समूह बनाते हैं। जो मुटियारी सबसे बड़ी होती है स्वाभाविक है कि उन्हें एक साथ ढेर सारे काम करने होते हैं

और इस तरह वे एक-दूसरे की गहरी दोस्त बन जाती हैं। झाकड़ी में लड़कों के ऐसे कई समूह हैं जो बताते हैं कि वे आपस में गुप्त भाषा में बात करते हैं और दूसरों के बिना जाने उसका मजाक उड़ा सकते हैं। वे अपने रहस्य अपनी प्रेमिकाओं को भी नहीं बताते। जोड़ीदार घोटुल में, कहा जाता है कि लड़कों के ये समूह आपस में अपनी प्रेमिकाओं को भी बाँटते हैं, हाँ, बाहरी किसी व्यक्ति से बिलकुल नहीं, मगर कहा जाता है कि इनकी दोस्ती शादी के बाद कमजोर पड़ जाती है।

दो नामी दोस्त, जिन्होंने अपनी दोस्ती अब तक कायम रखी वे नयनार के अटकारी और सोहा, नारी और तोता थे। दोनों सक्रिय, बुद्धिमान, और प्रसिद्ध थे। अपनी जवानी में दोनों को अपनी मुटियारी, क्रमशः तिलोका और मंजारो, को गर्भवती बनाने के लिए जुर्माना देना पड़ता था। वे हमेशा घोटुल में एक ही चटाई पर सोते। लोग सरदार, राम, सुकदर, पल्ली का लिखेन की दोस्ती को भी याद करते हैं। 'वे कहीं भी कभी अकेले नहीं जाते थे : जहाँ जाते साथ जाते।'

लेकिन सारांश के रूप में ऐसी समर्पित मित्रता और साझेदारी दुर्लभ होती है। इसके कई कारण हैं। जैसा कि मैंने कहा, 'घोटुल समाज की बेहद व्यवस्थित और मजबूत सामुदायिक प्रकृति। बचपन से मुरिया को एक साथ घूमना, काम करना, रोना, हँसना सिखाया जाता है। जलन के प्रति बिलकुल नापसन्दगी के भाव होते हैं। दिमाग की वह आदत जो किसी लड़के को हर रात अलग-अलग मुटियारी के साथ सोने को बाध्य करती है, वह उसे ऐसे किसी जुड़ाव से रोकती है जो जलन पैदा करे। अलोर में गाँववाले दो नामी दोस्तों, बुजुर्गों के बारे में बताते हैं कि 'वे दोनों हमेशा हर चीज टुकड़ों में काट देते थे; वे पंचायत के न्याय को बाधित कर देते थे।'

किसी भी किस्म के पक्षपात से मुरिया नफरत करते हैं। हम इसकी झलक घोटुल में देख सकते हैं जहाँ माता-पिता की सम्पत्ति या ओहदे को लेकर कभी किसी लड़के या लड़की के साथ भेदभाव नहीं किया जाता। यही बड़ों के साथ भी होता है। पंचायत गाँव के बुजुर्ग बिना किसी स्वार्थ के काम करते हैं वरना निजी रिश्तेदारियाँ उचित न्याय पर धब्बा लगा सकती हैं।

जब मैं खुरगाँव में इस प्रश्न पर विचार कर रहा था कि क्यों कालपट्टी परगना में प्रसिद्ध मित्रता की संख्या बहुत कम है तो जवाब बड़ा साधारण सा था : 'क्योंकि हम लड़कियों में ज्यादा दिलचस्पी रखते हैं।' यदि यूरोपीय इस किताब को पढ़े तो उन्हें पता चल जाएगा कि मित्रता का सही अर्थ क्या है।

अध्याय सत्रह

घोटुल में अनुवर्रता की समस्या

आदिवासियों के यौन जीवन से सम्बन्धित हालिया विवाद शादी पूर्व के यौन सम्बन्धों में अनुर्वरता की महत्त्वपूर्ण और रोचक समस्या को गुप्त रखता है जिसके केन्द्र में शरीरक्रिया-विज्ञान सम्बन्धी पितृत्व की अज्ञानता और उनके द्वारा शादी-पूर्व सम्बन्धों को दी गई अनुमति है।

यह समस्या जो घोटुल में भीषण रूप में मौजूद है, अक्सर मानव-विज्ञानियों को चक्कर में डाल दिया है। उनका अवलोकन है कि कई समाजों ने कुँवारे युवाओं को पूरी तरह से यौन आजादी दी है, कि नाजायज बच्चों की संख्या दुर्लभ है, लेकिन शादी के बाद वही लड़कियाँ पूरी तरह से उर्वर साबित हुईं। इस सन्दर्भ में हम प्रशान्त क्षेत्र के लेखकों के शुक्रगुजार हैं जिन्होंने हमें इस समस्या का स्पष्ट विश्लेषण दिया है। अफ्रीकी पर्यवेक्षकों ने आदिवासियों द्वारा लगाए गए रोकथाम और गर्भनिरोधक तरीकों से जुड़े कुछ समाधान खोजने के प्रयास किए हैं, मगर मुझे लगता है कि मुख्य मुद्दे को टाल दिया है। भारत में आदिवासियों के यौन जीवन का चित्रण करने जैसे मूल्यों का बहुत कम प्रमाण पाया गया है। यह आश्चर्यजनक है कि पूरे विश्व में पुरुषों के आवास या ग्रामीण आवास के बारे में लिखनेवालों ने इस प्रश्न को गम्भीरता से हल करने की कोशिश नहीं की।

इस सवाल पर सबका ध्यान सबसे पहले खींचनेवालों में से एक थे सेलिगमन जिन्होंने 1910 में लिखा कि ब्रिटेन के न्यू गुएना के मास्सिम क्षेत्र में जानेवाले लाइसेंस की अनबूझ विशेषता यह है कि स्वच्छन्द यौन जीवन की अनुमति होने के बावजूद नाजायज बच्चों की संख्या बहुत कम थी।

जहाँ भी स्थानीय निवासियों को विश्वास में लेकर पूछा गया, उन्होंने स्वीकार किया कि गर्भपात के लिए जोड़ों को राजी किया गया मगर बहुत सतर्कता से पूछने पर भी इस बात का प्रमाण नहीं मिला कि यह चलन आम था।[1]

खिर एडीस्टोन टापुओं पर रहनेवालों के बीच समान बातें देखने को मिलीं।

शादी से पहले के स्वच्छन्द सम्बन्ध ढेर सारे बच्चों की सम्भावनाएँ पैदा तो करते हैं लेकिन ऐसे जन्म बिलकुल अपवाद है यहाँ। जितने भी मामले लिये गए हैं उनमें इस तरह का केवल एक केस मिला और वह भी कई पीढ़ी पहले का था।[2]

न्यू गुएना टापुओं में से एक वोगिओं के लोगों की सभ्यता के बारे में ओसियानिया में लिखते हुए होगबिन कहते हैं :

---

1. सी.जी. सेलिगमन, *द मेलेनेशियंस ऑफ ब्रिटिश न्यू गिनी* (कैम्ब्रिज, 1910), पृ. 500।
2. डब्ल्यू.एच.आर. रिवर्स, *सायकोलॉजी एंड एथ्नोलॉजी,* (लन्दन, 1926), पृ. 76।

अकेली लड़की को कभी-कभार बच्चे होते थे मगर जितनी अपेक्षा की जाती है नाजायज रिश्ते उतनी मात्रा में नहीं पनपते। मैंने एक तथ्य का आकलन किया कि जब तक लड़की 21 साल से ज्यादा उम्र की नहीं हो जाती थी, उनके बच्चे होने की घटना अपवाद थी, और इस उम्र तक उनकी शादी हो जाया करती थी। मैंने गौर किया है कि भले लड़की की शादी उसकी पहली माहवारी के तुरन्त बाद कर दी गई हो, जो कि अक्सर नहीं होता, कई साल तक उसके बच्चे नहीं होते थे।[1]

मेलिनोवस्की ने इस समस्या के बारे में सर्वश्रेष्ठ तथ्य रखे हैं। ट्रोबिरंड द्वीप के निवासियों के अध्ययन के दौरान उन्होंने पाया कि घोटुल जैसी ही उनमें एक परम्परा पाई गई और वह थी बुकुमातुला यानी ऐसी संस्था जिसमें विवाह पूर्व सम्बन्ध वर्जित नहीं थे। वे कहते हैं :

चूँकि उन्हें यौन स्वच्छन्दता प्राप्त थी तो फिर उनके ढेर सारे बच्चे भी होने चाहिए? अगर ऐसा नहीं है तो फिर वे इससे बचने के कौन से तरीके इस्तेमाल करते थे?

जहाँ तक पहले सवाल का सम्बन्ध है, यह बेहद आश्चर्यजनक है कि अवैध बच्चों की संख्या नगण्य है। लड़कियाँ यौन छूट की समूची अवधि में बंजर रहीं। उनकी यह अवधि तब से शुरू होती है जब वे बच्ची होती हैं और उनकी शादी होने पर खत्म होती है। फिर जब उनकी शादी हो जाती है तो वे गर्भधारण करती हैं[2] और बेहद उर्वर साबित होती हैं।

मैंने ट्रोब्रिएंड में अवैध बच्चों का मोटा-मोटी आँकड़ा एक दर्जन की संख्या यानी लगभग एक प्रतिशत पाया।[3]

मेलिनोव्स्की आगे कहते हैं कि ट्रोब्रिएंड में गर्भनिरोधक तरीकों से लोग एकदम अन्जान हैं। दो साल बाद रेनटुअल घोषणा करते हैं कि ट्रोब्रिएंड महिलाएँ वीर्य-स्खलन से सम्बन्धित शक्ति से परिपूर्ण होती हैं यानी सम्भोग के बाद वे पुरुष के बीज को बाहर निकाल देने की क्षमता रखती है।[4]

फिर भी यदि ट्रोब्रिएंड औरतें गर्भनिरोधक का यह तरीका इस्तेमाल करती हैं, उनमें से कई अनचाहे बच्चों की संख्या गर्भपात करवाकर सीमित करती हैं, समस्या अब भी बरकरार रहती है–कि चरम सीमा तक यौन छूट और इसके परिणाम में काफी फासला रह जाता है। मेलिनोवस्की फिर से कहते हैं :

क्या शरीरक्रिया-विज्ञान[5] से सम्बन्धित कोई ऐसा कानून है जो गर्भधारण की सम्भावना को घटा देता है जब औरतें अपना यौन जीवन काफी पहले शुरू कर देती हैं। इसका उत्तर यहाँ देना मुश्किल है क्योंकि यह शुद्ध रूप से जीवविज्ञान से सम्बन्धित प्रश्न है :

इस तरह सामने उपस्थित यह समस्या बेहद उग्र रूप धारण कर लेती है। जब हम घोटुल के जीवन की अवस्थाओं पर विचार करते हैं। क्योंकि यहाँ लड़के-लड़कियाँ विभिन्न नियमों और अनुशासन के बावजूद कच्ची उम्र से लेकर पूर्ण यौन परिपक्वता प्राप्त कर लेने तक के पाँच आठ साल तक स्वच्छन्द यौन जीवन जीते हैं जब तक कि उनकी शादी करके यह स्वतन्त्रता खत्म नहीं कर दी जाती। इतनी स्वच्छन्दता के बावजूद गर्भधारण अपेक्षाकृत बहुत

---

1. एच.आई. हॉगबिन, 'द नेटिव कल्चर ऑफ वागिओ,' *ओशियनिआ,* खंड-V, (1935), पृ. 320 व आगे।
2. आर.एफ. बार्टन, *फिलिप्पाइन पागान्स* (लन्दन, 1938), पृ. 11।
3. बी. मालिनोव्स्की, *द सेक्सुअल लाइफ ऑफ सेवेजिस,* तीसरी संस्करण (लन्दन, 1932), 162 व आगे।
4. ए.सी. रेंटूल, 'फिजिओलॉजिकल पेटर्निटी एंड द ट्रोबाएंडर्स,' *मैन,* खंड-XXXI (1931), पृ. 153।
5. एन.ई. हिम्स, *मेडिकल हिस्टरी ऑफ कंट्रासेप्शन,* (लन्दन, 1936), पृ. 33।

कम होता है। हालाँकि कई तरह के गर्भनिरोधक साधन व्यवहार में लाए जाते हैं पर उनमें से कुछ ही सफल होते हैं।[1]

गर्भधारण की घटना, मेलिनोवस्की द्वारा ट्रोब्रिएंड में खोजे गए मामलों की अपेक्षा ज्यादा होती है। 2000 मामलों में 80 पुरुषों ने स्वीकारा की उन्होंने अपने साथी को गर्भवती किया और 220 घोटुल में सर्वेक्षण करने पर 327 गर्भवती लड़कियों का मामला सामने आया।

मुझे विश्वास है कि ये आँकड़े सही है। हालाँकि मुटियारी के गर्भवती होने की खबर को किसी को भी बताने पर सख्त पाबन्दी है। हम यह भी देखते हैं कि विवाह पूर्व गर्भवती होने को सामाजिक या नैतिक रूप से कलंक नहीं माना जाता बल्कि यह तो पूर्णतः आर्थिक मोल-भाव है, बिजनेस है। घोटुल का हर व्यक्ति इस तरह के मामले को दबा देना चाहता है। यदि ऐसा हो गया है तो इसके बदले रकम अदा कर दी जाती है, फिर लड़की की शादी कर दी जाती है और बच्चे को भी उसका कानूनी पिता अपने वंश और परिवार का सदस्य मान लेता है।

2000 में 80 गर्भ यानी 4 प्रतिशत का आँकड़ा मेलिनोवस्की के आँकड़े से ज्यादा, आश्चर्यजनक तरीके से खिर के आँकड़े से भी ज्यादा है। और यह आँकड़ा तब है जब मुरिया गर्भनिरोध के उन साधनों का इस्तेमाल करते हैं जिन्हें ट्रोब्रिएंड और एड्डीस्टोन टापू में अस्वीकार कर दिया गया है। यह सम्भव है कि वंशावली के बजाए सांख्यिकी तरीके ने बड़े आँकड़ों को सम्भव बनाया हो, कम से कम एड्डीस्टोन टापू में आदिवासियों के बीच नाजायज बच्चों के जन्म का आँकड़ा तय करने के लिए वंशावली तरीका सही नहीं है क्योंकि आदिवासी समाज की प्रवृति यह होती है कि जहाँ तक सम्भव हो नाजायज सन्तान को जायज बना दिया जाए।

हालाँकि बुजुर्ग मुरिया बहुत पहले हुए इस तरह के नाजायज बच्चों के जन्म के तथ्य से इनकार नहीं करते लेकिन मुरिया लड़की के लिए इस तरह के गर्भाधाण से बचने की नसीहत दी जाती है। विवाह-पूर्व सम्भोग को सामाजिक तौर से सहमति प्राप्त है फिर भी विवाह-पूर्व के गर्भधारण को घोटुल के लिए विपत्ति माना गया है। माना जाता है कि इससे घोटुल की बदनामी होती है, लड़की की शादी में कठिनाई आती है, लड़के के माता-पिता को भारी जुर्माना देना पड़ता है। कभी-कभी यह भी माना जाता है कि जिस लड़के ने मुटियारी को गर्भवती बनाने में अपने बीज नष्ट किए वह बाद में अनुर्वर हो जाएगा।[2] इसीलिए घोटुल जीवन की शुरुआत करने से पहले चेलिक और मुटियारी को उनके घोटुल सरदार और माता-पिता गर्भधारण के खतरे के प्रति चेतावनी देते हैं और बताते हैं कि इससे कैसे बचा जाए।

मुरिया मानते हैं कि गर्भधारण दो प्रकार के जल के संघर्ष से सम्भव होता है। 'एक प्रकार का मूत्र बच्चे को बनाता है।' बच्चा गर्भ में उसी तरह बनता है जिस तरह अंडे में मुर्गा, पहले उजला, फिर पीला, फिर हड्डी, फिर मांस और अन्त में प्राण! लेकिन कुछ मुरिया कहते हैं कि गर्भ में बच्चा किस तरह बनता है इसका सही-सही आकलन सम्भव नहीं है 'यह इतना आसान नहीं है कि हम एक बंडल बाँध दें और कह दें कि इसके भीतर यही चीज है।'

---

1. मालिनोव्स्की, उपर्युक्त, पृ. 168
2. लड़की के लिए इस्तेमाल होनेवाली अभिव्यक्ति है *नास बिगड़ गया,* उसकी नस टूट गई है, यदि वह तय वक्त के अन्दर गर्भधारण कर लेती है।

मगर सृजन-पूर्व प्रक्रिया में पिता, पुरुष की जगह लोक कथा, गीतों और कहावतों में पूरी तरह स्वीकारा गया है। यहाँ तक की गर्भधारण के लिए जरूर शारीरिक क्रिया से सम्बन्धित सिद्धान्त मुरिया के पास पहले से है। इसमें पहला और सबसे महत्त्वपूर्ण यह है कि पुरुष तथा स्त्री सम्भोग में चरम अवस्था एक साथ प्राप्त करें। अगर स्त्री पुरुष से पहले चरम प्राप्त कर लेती है तो उसके जल से पुरुष का बीज नष्ट होने की सम्भावना रहती है। और यदि उसे चरम अवस्था की प्राप्ति बिलकुल नहीं होती तब तो गर्भधारण की सम्भावना ही नष्ट हो जाती है। मुरिया इस अवस्था का चित्रण इस तरह करते हैं कि जिस तरह चावल के बीज को बहुत ज्यादा पानी में बो दिया जाए, या वर्षा बहुत हो रही हो तो बीज सड़ जाएगा और कोई फसल नहीं उगेगी। इसी तरह बीज के बोए जाने के बाद यदि बारिश न हो तब भी फसल नहीं हो सकती। अच्छी फसल के लिए उचित वर्षा जरूरी है।

चेलिक और मुटियारी अच्छी तरह जानते हैं कि सम्भोग के बाद गर्भ बन जाना स्वाभाविक है।–'अगर तुम तालाब में मल त्याग करोगे तो यह अपने आप सतह पर आ जाएगा।' उन्हें कड़ी चेतावनी दी गई होती है कि मुटियारी को गर्भ न ठहरे, साथ ही उन्हें सम्भोग करने के सारे अवसर, यहाँ तक कि उत्साह भी दिया जाता है। स्पष्ट है कि वे कम से कम इतना तो जरूर विश्वास करते होंगे, भले इसके विपरीत 4% का आँकड़ा हो, कि गर्भ को टाला जा सकता है। तो गर्भ से बचने के कौन से तरीके आजमाए जाते हैं।[1]

पहला, और शायद सबसे महत्त्वपूर्ण उपाय है, अलौकिक तरीका। घोटुल की रक्षा लिंगो पेन और धरती माता करती है। यह एक तीर्थस्थान है जहाँ पाप नहीं होता। कोई बुरा सपना सोने वाले को हानि नहीं पहुँचा सकता; दुश्मन का कोई जादू-टोना छू नहीं सकता। घोटुल की चारदीवारी में गर्भधारण की घटना नहीं हो सकती क्योंकि गर्भधारण तभी होगा जब छिपाकर सम्भोग किया गया हो।

रजस्वला के तीन साल बाद तक लिंगो पेन मुटियारी को गर्भधारण से बचाते हैं। ईश्वर की अनुकम्पा हासिल करने के लिए प्रार्थना की और भेंट चढ़ाई जाती है।

जब लड़की अपनी पहली माहवारी के मौके पर तालाब में स्नान करने जाती है तो वहाँ 'नहानी कनयांग' (स्नान की देवी) से यह कहते हुए विनती करती है कि 'जब तक मैं घोटुल में रहूँ, मुझे समय पर माहवारी होती रहे और मैं गर्भ न धारण करूँ, यदि आपने मेरी यह मनोकामना पूरी कर दी तो मैं शादी होने पर आपको चढ़ावा चढ़ाऊँगी।' जब लड़की की प्रार्थना सुन ली जाती है तो वह अंडे, नारियल, गहने, चावल और एक ओनरा अँगूठी देवी कनयांग को चढ़ावे के रूप में चढ़ाती है। मुझे बताया गया कि मुटियारी को इस प्रार्थना में गहरा विश्वास होता है, वे मानती हैं कि देवी में उनके विश्वास के कारण ही हजारों गर्भ से मुक्ति मिलती रही है।

कभी-कभी लड़की येर कनयांग (जल देवी) को पत्ते का दोना और प्लेट का चढ़ावा चढ़ाती है जिसमें उसने माहवारी के पहले दिन की पहली सुबह खाना खाया होता है, फिर विनती करती है, 'जिस तरह आप बेफिक्र होकर पानी में नाचती और खेलती हैं उसी तरह मुझे भी बेफिक्र होकर नाचने और खेलने दीजिए। जब तक मेरी शादी नहीं हो जाती मुझे

1. दूसरी तरफ एक ईर्ष्यालु लड़की या लड़का अपने प्रेमी को दूसरे की बाँहों में देखकर लिंगों के नाम पर थोड़ा चावल और एक अंडा देने का प्रस्ताव कर सकता है, यह कहते हुए कि 'फलां-फलां को गर्भवती हो जाने दो, ताकि उसे पंचायत की जाँच का सामना करना पड़े।

गर्भवती होने से बचाइए, मैं अपनी शादी पर आपको उपहार दूँगी।'

जिस घोटुल में प्रेम जैसे लगाव पर त्योरियाँ चढ़ाई जाती हैं जब ऐसे घोटुल में चेलिक मुटियारी एक-दूसरे से प्रेम करने लगते हैं तो वे घोटुल की चारदीवारी से बाहर जाकर सम्भोग करते हैं। कभी-कभी वे जंगल में जाकर 'साजा' पेड़ के सामने खड़े होकर लिंगो पेन को अंडा चढ़ाते हुए कहते हैं, 'हमें बदनाम होने से (गर्भधारण) बचाओ; अगर किसी का नाम बदनाम हुआ तो वह तुम्हारा नाम होगा, हमारा नहीं।'

अतुरबेरा की एक दिलचस्प कहानी है। तोंगार पहाड़ पर राव (पहाड़ी का राक्षस) का लड़का मर गया। उस रात बहुत तेज हवा चली और सारी प्रेतात्माएँ मिलकर रोने लगीं। उइका कबीले की एक चेलिक ने यह आवाज सुनी तो वह डर से पागल हो गया। वह उस स्थान पर गया जहाँ राव का शरीर जलाया जा रहा था। उसने लाश को आग की लपटों से निकाला और उसकी छोटी अँगुली काट ली। जब उसे होश आया तो वह घर लौट आया और अँगुली को खोखले बाँस के टुकड़े में रखकर घोटुल के सामने जमीन में गाड़ दिया। तब से ऐसा कहा जाता है कि उस घोटुल की कोई लड़की गर्भवती नहीं हुई। रजस्वला होने पर हर मुटियारी उस बाँस के टुकड़े को खोदकर निकालती है, अँगुली से पतला टुकड़ा काटकर निकालती है और उसे राव को यह कहते हुए भेंट करती हैं, 'मुझे गर्भवती मत होने देना।'

चेलिक भी गर्भधारण से होनेवाली सामाजिक और वित्तीय शर्मिन्दगी और जुर्माने से बचने की कोशिश में समान रूप से चिन्तित दिखाई पड़ते हैं। को कोको उत्सव के दौरान, जब कुल्हाड़ी खेती के पहले पैच को जलाया जाता है, सरदार प्रार्थना करता है, 'हमें मुटियारी के साथ गहरी नींद दीजिए और उसे गर्भवती होने से बचाइए।' बन्दोपाल में मैंने उन्हें ऐसा कहते सुना और बिलकुल यही बात नयनार के उत्सव में भी मैंने सुना। चेलिक प्रार्थना कर रहा था, 'हम अपनी मुटियारी के साथ रोज सम्भोग करें, घोटुल में चैन की नींद सोएँ और कोई लड़की गर्भवती न हो।'

मगर मुरिया पूरी तरह ऐसे जादुई और पारलौकिक गर्भनिरोधक साधनों में विश्वास नहीं करते। बल्कि वे शारीरिक साधनों में भी आस्था रखते हैं। उन्हें मालूम है कि माहवारी के तुरन्त बाद की अवधि; जब रक्तस्राव रुक जाता है, योनि में खून के कुछ अंश रह जाते हैं; तब बीज को धारण करने की क्षमता बढ़ जाती है और वह गर्भवती हो सकती है। 'औरत का खून और जल पुरुष के जल को चूस लेता है क्योंकि कई दिनों तक अकेली रहने के कारण वह बहुत उत्तेजित रहती है और इस तरह उसे गर्भ ठहर जाता है।'

इसलिए यह बेहद जरूरी है कि चेलिक और मुटियारी इस अवधि में सम्भोग को टालें। ज्यादातर घोटुल में सभी इसके प्रति बहुत कड़ाई से पेश आते हैं। कई घोटुल में नियम है कि लड़की चेलिक के पास छठे या सातवें दिन तक सोने के लिए न आए। दूसरे गाँवों में भले लड़की को उसकी माहवारी के खत्म होने के तुरन्त बाद घोटुल में आने की इजाजत है मगर उन्हें चेलिक के पास सोने की इजाजत नहीं होती और यदि सोने की इजाजत मिल जाए तो भी सम्भोग की इजाजत नहीं होती।

गर्भ से बचने के अन्य कई व्यावहारिक तरीकों के पीछे यह विश्वास है कि यदि लड़की अपना साथी बार-बार बदलती रहे तो गर्भ का खतरा नहीं रहता है। इस धारणा, जैसा कि हम देख चुके हैं, ने घोटुल के संगठन में सुदूर बदलाव लाए हैं। एक साथी के प्रति निष्ठा का पुराना नियम बदल गया और अब यह नियम बन गया कि चेलिक और मुटियारी एक

बार में तीन दिन से ज्यादा नहीं रह सकते। साथियों के लगातार बदलाव के पीछे विश्वास है कि इससे गर्भ का खतरा कम हो जाता है।

हालाँकि आँकड़े इस बात को पूरी तरह साबित नहीं करते। जाँच किए गए 2000 विवाहित पुरुषों में 720 घोटुल में जोड़ीदार के रूप में बड़े हुए और घोटुल में 1280 ने अपने साथी बदले। जिन 80 ने अपने घोटुल अवधि के दौरान मुटियारी को गर्भवती किया उनमें केवल 25 ही जोड़ीदार घोटुल में रहते थे जबकि 55 अन्य घोटुल में। आधुनिक घोटुल में इसका आँकड़ा 23.2 में 1 गर्भधारण और जोड़ीदार में 28.8 में 1 रहा। ये आँकड़े मुरिया प्रथाओं में निहित विरोधाभास को दर्शाते हैं।

जोड़ीदार घोटुल के सदस्यों का कहना है कि वे किए जानेवाले सम्भोग के बीच कुछ खास अन्तराल रखकर गर्भधारण पर रोक लगाते है। कहीं-कहीं यह नियम होता है कि चेलिक अपनी घोटुल 'बीबियों' के साथ सप्ताह में एक या दो बार से ज्यादा सम्भोग न करें । वे रोज साथ सो तो सकते हैं पर घोटुल के सरदार उन्हें रोज यौन सम्बन्ध बनाने की इजाजत नहीं देते। यह इस बात की ओर संकेत करता है कि मुरिया मानते हैं कि सम्भोग के चक्र को अवरुद्ध करने से गर्भधारण की घटना में बहुत कमी आ जाती है।

मुरिया का इस बात में गहरा विश्वास है कि यदि सम्भोग कभी-कभार हो तो गर्भधारण नहीं हो सकता। स्त्री को एक ही साथी के साथ कम से कम एक महीना रहना चाहिए और इस बीच सम्बन्ध कभी-कभी ही बनने चाहिए।[1]

लिंग को वीर्य स्खलन से पहले उत्तेजित अवस्था में बाहर निकाल लेना, से सभी वाकिफ हैं मगर मैंने इसका चलन केवल दो घोटुल बिनझली और पड्डे में देखने को मिला। मैं यहाँ इसके नकारात्मक सबूत की तरफ ध्यान नहीं दूँगा मगर इस सन्दर्भ में भी खोजबीन बहुत ध्यान से और विस्तृत रूप से की गई है। अधिकांश घोटुल में इसके बारे में कुछ नहीं सुना गया और इसके वर्णन को आश्चर्य ढंग से लिया गया। काबोंगा में एक चेलिक कहता है, 'कैसे कोई उस समय बाहर निकाल ले जब हम और भीतर जाना चाहते हैं और ज्यादा समय तक रहना चाहते हैं', और मारकाबेरा में की गई टिप्पणी इस तरह थी, 'इतनी मुश्किल से अन्दर घुसने के बाद आप कैसे बिना काम पूरा हुए बाहर निकाल सकते हैं?' बिनझली में भी लड़कियाँ बताती हैं कि उन्हें यह नापसन्द है और वे लड़कों को ऐसा करने से रोकने का प्रयास करती हैं सिवाए माहवारी के तुरन्त बाद की अवधि में।[2]

इसके अलावा वे गर्भनिरोधक जड़ी-बूटियाँ भी खाते हैं। सियूनी में मुरिया गाइता निम्नलिखित ढंग से वर्णन करते हैं :

'एक अनागोंदरी (मरहई बाजार में रावत द्वारा इस्तेमाल किए जानेवाले लम्बे बाँस पर बँधा उजला अदरक) लाओ; सूखने दो; इसका चूर्ण बनाओ और लड़की को उसकी पहली

1. उड़ीसा के गडाबा भी यह विश्वास करते हैं कि शयनगृह में कभी-कभार होनेवाले संभोग से गर्भधारण नहीं होता; खेत में फसल होने से पहले उसे लम्बे समय तक जोता जाना जरूरी है।

2. यह दिलचस्प है कि वीर्य स्खलन से बचने का प्रयोग आदिम जनों में अधिक नहीं किया जाता था। बैगा का रवैया भी मुड़िया की तरह ही है : 'बीज बोना किसी की जिन्दगी का सर्वाधिक आनन्दपूर्ण क्षण है।–कोई कैसे इसका विरोध कर सकता है?–*दबैमा,* पृ. 221। लेकिन टिकोपिया इसका स्वच्छन्द रूप से अभ्यास करते हैं। आर. फिर्थ, *वी, द टिकोपिआ* (लन्दन, 1936), पृ. 490 व आगे। ऐसा ही थोंगा (जुनोद, लाइफ ऑफ द साउथ अफ्रीकन ट्राइब, खंड-I, पृ. 55), मसाई और अफ्रीका (हिम्स, उपर्युक्त, पृ. 5 व आगे) मैं भी पाया गया है। हिम्स समोअनों के बीच इसके प्रचलन के लिए मार्गरेट मैड को उद्धृत करते हैं। (वही, पृ. 23)

माहवारी पर तम्बाकू के साथ खिला दो। इससे वह कई साल बंजर रहेगी।'

कुंटपदार में एक और उपाय देखने को मिला। 'केकसा' पुकारी जानेवाली एक लता जो फूल तो देती है पर फल नहीं देती, को ढूँढ़ा गया। चेलिक इस 'बंजर लता' पर शनिवार को थोड़ा चावल और उड़द दाल यह कहते हुए चढ़ाता है, 'मैं तुम्हें यह भेंट दे रहा हूँ : अब मेरी मदद करो' फिर अगले दिन सुबह मुर्गी के बाँग देने से पहले वह लता को काले मुर्गे और नारियल का चढ़ावा चढ़ाता है। वह खून की कुछ बूँदे इन पर छींटता है और थोड़ा नारियल पर भी गिरने देता है, जिसका थोड़ा हिस्सा वह बाद में जला देता है।

अब थोड़ा नाजुक और मुश्किल क्षण आता है। उसे एक झटके में लता को जड़ समेत उखाड़ देना है। अगर वह ऐसा करने में हिचकता है और गड़बड़ा जाता है तो माना जाता है कि लता साँप बनकर उसे काट लेगी। लेकिन यदि सब ठीक रहता है तो वह उस जड़ को घर ले जाता है और तब तक इन्तजार करता है जब तक वह रविवार न आए जिस दिन लड़की का माहवारी के बाद का स्नान करना होता है। उस रविवार को लड़की शाम तक भूखी रहती है और फिर उस जड़ को चावल और नारियल के साथ मिलाकर उसे खिलाया जाता है। इसके बाद वह उस लता की तरह बंजर हो जाती है, हालाँकि लता की तरह वह फूल (माहवारी) तो देती है पर फल नहीं देती।

मुँह से खानेवाली अन्य कई दवाएँ हैं जिससे स्थाई अनुर्वरकता सम्भव है।

'रविवार को तिलई पेड़ पर जन्मने वाली कुछ जोकों को इकट्ठा कर लिया जाता है। सूखा कर, भून कर उनका चूर्ण बना लिया जाता है। फिर इसमें गुड़ मिलाकर गोलियाँ बना ली जाती हैं और लड़की को बिना बताए माँड़वाले चावल के साथ खिला दिया जाता है। कभी-कभार यह चूर्ण चेलिक मुटियारी को खिलाता है। 'जब लड़के-लड़की एक दूसरे को बहुत चाहने लगते हैं तो वह लड़की को इसे खिला देता है ताकि वे बिना किसी आशंका या खतरे के प्रेम कर सकें।'

मैं नहीं जानता कि इन उपायों का कितना इस्तेमाल किया जाता है, मगर इसमें कोई शक नहीं है कि चेलिक और मुटियारी गर्भ से किसी भी तरह बचना चाहते हैं। गर्भ को लापरवाही का नतीजा माना जाता है। इनमें एक आम विश्वास पाया जाता है कि यदि कोई न चाहे तो गर्भ नहीं हो सकता। यदि लड़का और लड़की थोड़ा बचकर रहें, ज्यादा लम्बे समय तक या लगातार सम्बन्ध न बन पाए तो गर्भ नहीं हो सकता। हम देख चुके हैं घोटुल में गहरे प्रेम को स्वीकृति प्राप्त नहीं है, और गर्भवती होने को अति-जुड़ाव की सजा माना जाता है।

लेकिन जब सारी सावधानियों के बाद भी लड़की गर्भधारण कर ले तब क्या होता है? वह पाती है कि 'चाँद तो फिर से आ गया है, मगर खून की धारा सूखी हुई है।' वह चेलिक को यह बात बताती है। पुराने घोटुल में तो इससे कोई परेशानी खड़ी नहीं होती थी; लड़की का घोटुल पति सब सम्भाल लेता था मगर नए घोटुल में, जहाँ महीने के उस अवधि के दौरान वह दर्जनों अलग-अलग लड़कों के साथ सोती है, वह उस लड़के को चुनती है जिससे या तो वह सबसे ज्यादा जुड़ी होती है या अपनी पिछली माहवारी के तुरन्त बाद जिसके साथ सम्बन्ध बनाए होते हैं। लड़के का प्रथम कर्तव्य होता है उसका गर्भपात करवाना।

गर्भपात सम्भवतः आम होते हैं। एक गाँव में मुझे बताया गया कि गुड़, राख और तेज महुआ की शराब मिलाकर गर्भवती लड़की को पीने के लिए दिया जाता है। दूसरी जगहों

पर मुरिया बताते हैं कि वे गोली के चूर्ण में महुआ की शराब मिलाकर इस्तेमाल करते हैं।[1] काकोरी में गाइता ने महुआ पेड़ से थोड़ा छाल लाने को कहा। इस तरीके को बहुत जादुई तरीका माना गया है। फिर इस छाल को जलाकर इसकी राख शराब में मिलाई जाती है। बर्मा में, एक अस्सी साल का मुरिया याद करता है कि कैसे जब वह घोटुल का नेन्गी था उसने निरोसा को गर्भवती बना दिया था। उसने पहले उसे केकसा जड़ खिलाई। मगर इसका कोई फायदा नहीं हुआ क्योंकि वह इसे हासिल करने का सही तरीका नहीं जानता था, फिर वह सोमवार को फूली शराब की बोतल ले आया। 'उस दिन हम दोनों ने व्रत रखा और शाम में नहाने के बाद लिंगो पेन में मैंने यह कहते हुए अंडा और थोड़ी शराब चढ़ाई–'ओ महापूरब लिंगो, अगर आप सच्चे ईश्वर हैं तो इस लड़की का गर्भपात कर दीजिए : यदि आपने ऐसा नहीं किया तो यह पाप आपके सर होगा मेरे नहीं।' फिर मैंने बची हुई शराब लड़की को पिला दी। इस तरह नशे की हालत में उसका गर्भ नष्ट हो गया। जैसा कि मैंने वादा किया था मैंने दूसरा अंडा लिंगो पेन को भेंट चढ़ा दिया।'

मुझे एक घोटुल में गर्भपात होने की प्रामाणिक जानकारी मिली। कुल छह लड़कियों ने गर्भपात करवाया; एक ने ऐसा तीन बार किया, दो बार तीसरे महीने में और एक बार चौथे महीने में; दूसरी लड़की ने ऐसा दो बार किया। मगर मुटियारी गर्भपात के साधनों का इस्तेमाल करना पसन्द नहीं करती, क्योंकि उनका विश्वास है कि इससे उन्हें बाद में अनुर्वरकता की समस्या झेलनी पड़ सकती है। यह घोटुल सम्भवतः अपवाद हैं। अन्य जगहों पर जहाँ मुट्ठी भर मुटियारी ही माहवारी शुरू होने के बाद तीन साल पार करती हैं, ऐसे बड़ी संख्या में गर्भपात का रिवाज गैर जरूरी दिखता है। हाथीपकना में, मालको को जमादार ने गर्भवती कर दिया, दोनों समान गोत्र के थे। एक बुजुर्ग ने गर्भपात कराना चाहा मगर बात सबको पता चल गई और उस पर गोत्र पंचायत ने पाँच रुपयों का जुर्माना ठोंक दिया।

यदि सभी प्रयास विफल हो जाएँ तो चेलिक और मुटियारी मामले की जानकारी घोटुल के सरदार को देते हैं, जो जब तक सम्भव होता है पूरे मामले को गुप्त रखता है। गाँव में इस भेद को प्रकट करने से बड़ा कोई अपराध घोटुल में नहीं माना जाता।

इस बीच लड़की उसी या किसी दूसरे लड़के के साथ भाग कर कहीं और जाकर चुपचाप शादी कर सकती है। यदि शादी का मौसम हो तो माँ-बाप भी जल्दी से जल्दी लड़की के वास्तविक मंगेतर से लड़की की शादी कर देते हैं, कोई कुछ नहीं कहता। जब ऐसा होता है तो लोग फुसफुसाते हैं कि लड़की की पीली धोती में बच्चा है, यह तब होता है जब वह शादी के तेल से भीगी साड़ी पहनी हुई ही होती है।

अगर ये तरीके भी काम नहीं आते तो गाँव के बड़े और मुखिया घोटुल में पंचायत बुलाते हैं। इस पंचायत में सभी चेलिक और मुटियारी का उपस्थित होना जरूरी होता है। मुखिया पूछता है, 'इसके पीछे किसका हाथ है?' लड़की बिना कुछ बोले जिम्मेदार लड़के के पास जाती है और उसका हाथ अपने हाथ में ले लेती है। अगर उस लड़की के मंगेतर के माता-पिता वहाँ मौजूद होते हैं तो मुखिया उनकी ओर मुखातिब होकर पूछता है, 'देखो, तुम्हारी चीज खराब हो गई है; क्या तुम अब भी उसे अपनाओगे?' फिर वह लड़की से पूछता

1. हिम्स (उपर्युक्त, पृ. 8) डब्ल्यू.बी. क्लाइन की एक अप्रकाशित रिपोर्ट उद्धृत करते हैं कि 'लीबिया के रेगिस्तान में साइमा के नखलिस्तान के निवासियों में गर्भनिरोध के तरीके के रूप में बारूद के अर्क को पीने की परम्परा है।

है, उसके मंगेतर की तरफ इशारा करते हुए कि, 'क्या तुम इस लड़के को अब भी चाहती हो?'

ऐसे में दो बातें हो सकती हैं...अगर मंगेतर उसे अपनाना चाहता है और लड़की भी तैयार है तो जितनी जल्दी सम्भव हो शादी हो जाती है। चेलिक, जिसके कारण वह गर्भवती हुई, लड़की के पति को साथ ही साथ पंचायत को हर्जाना देता है। यह घटना जितनी आशा की जाए उससे ज्यादा बार घटती है। अगर लड़की गर्भवती हो जाए, भले वह लड़का कोई और हो, कम से कम यह इस बात का सबूत होता है कि लड़की बाँझ नहीं है, या नहीं होगी। गर्भधारण के 80 मामलों में, जिन्हें मैं जानता था, सिर्फ 26 मामलों में लड़की ने अपने प्रेमी से शादी की; बाकी अन्य 54 मामले में उसने अपने मंगेतर से शादी की।

जब लड़की मंगेतर से शादी करने से इनकार कर देती है या मंगेतर इनकार कर देता है, जैसा कि 26 मामलों में हुआ, लड़की पंचायत में घोषणा करती है 'इस लड़के ने मुझे यह पेट दिया है। मैं इसी के साथ जाऊँगी, इसे छोड़ूँगी नहीं।' जब वह ऐसा कहती है तो उसके माँ-बाप उसे कोसते हैं। क्योंकि इसका मतलब आर्थिक नुकसान होता है, और बुजुर्ग सबको उपदेश देने लगते हैं कि हमारे समय में ऐसा नहीं होता था और यह कि थोड़ी सावधानी से इस खतरे से बचा जा सकता है। जब अटपल का कोतवार एक लड़की को गर्भवती बनाता है तो बुजुर्ग उस पर जुर्माना लगाते हैं और यह कहते हुए निन्दा करते हैं, 'जब घोड़ी को खुजली होती है तो वह घोड़े को उकसाती है, लेकिन वह जानती है कि बीज को भीतर प्रवेश करने से वह नहीं रोक सकती। तुम भी तो यह जानते थे, तो तुमने सावधानी क्यों नहीं बरती?'

फिर लम्बी चर्चा, खासकर वित्तीय सम्बन्धी, छिड़ती है। जुर्माना लगाया जाता है और हर्जाने की रकम तय की जाती है। गाँव के बुजुर्ग अपना हिस्सा मानते हैं। फिर शादी जितनी जल्दी सम्भव हो कर दी जाती है।

अन्य मामलों में बच्चे को वास्तविक या कानूनी पिता द्वारा अपना लिया जाता है और इसके जन्म के कारणों को भुला दिया जाता है। इसको लेकर ज्यादा हो-हल्ला नहीं किया जाता और जब वित्तीय दृष्टिकोण से मामला तय हो जाता है तो फिर इस पर शायद ही चर्चा की जाती है। गर्भवती होने से बदनामी और खतरे जैसे पहलू को नैतिकता से नहीं जोड़ा जाता। बल्कि यह तब भयावह हो जाती है जब हर कोई इसे लेकर कानाफूसी करने लगता है, रोज की दिनचर्या गड़बड़ हो जाती है। चेलिक और मुटियारी परेशान होते हैं मगर शर्मिंदा नहीं होते।

कभी-कभी चेलिक वास्तव में लड़की को गर्भवती करना चाहते हैं। कन्हारगाँव में दो नामी मुटियारी की मंगनी नयनार के लड़कों से हुई। इन दोनों लड़कों ने दोनों मुटियारी को गर्भवती बनाने की हर सम्भव कोशिश की ताकि उन पर शादी का दबाव डालकर पत्नी बना अपने गाँव लाया जा सके। मगर वे असफल रहे। अन्त में एक लड़की को उसके मंगेतर ने एक शादी पर उसे फुसला लिया, वह गर्भवती हो गई, फिर उसे मंगेतर से शादी करनी पड़ी। इस तरह की घटनाएँ यहाँ आम हैं, हालाँकि मेरे पास इस तथ्य को साबित करने के आँकड़े नहीं हैं पर जिन जोड़ी की एक-दूसरे से मंगनी हो चुकी है और जिनके माता-पिता उनकी शादी में बेवजह देर करते हैं वे या तो एक दूसरे के साथ भाग जाते हैं या गर्भ की स्थिति पैदा कर देते हैं ताकि जल्दी शादी हो जाए।

पसन्दीदा घोटुल का नियम है कि जिनकी मंगनी हो चुकी है वे जोड़े शादी से पहले एक-दूसरे से मतलब नहीं रखे इसलिए उन पर नजर रखी जाती है। ऐसे 113 लम्हाडा, जो अपनी मंगेतर के घर में दास का काम करते थे या आस-पास रहते थे, में से केवल पाँच ने उन्हें गर्भवती बनाया–

शादी से पूर्व का गर्भाधाण शादी-शुदा जोड़ियों के रिश्ते को कोई खास नुकसान नहीं पहुँचाता। ऐसे छब्बीस चेलिकों जिन्होंने उनसे शादी की जिन्हें गर्भवती बनाया था, अपनी घरेलू जिन्दगी में नकामयाब नहीं रहे। मेरे खोजबीन करने के वक्त उनमें से हर कोई अपने वास्तविक साथी के साथ बहुत खुशी के साथ रह रहा था। मगर जिनके अपनी बीबियों से पहले के सम्बन्ध अनुर्वरक रहे उनमें अपेक्षाकृत तलाक की दर ज्यादा थी। जिन 316 ने यह स्वीकारा, उनमें से 14 की शादी असफल थी, 77 की पत्नी घोटुल की पत्नी थी और 68 मेरी जाँच तक साथ रह रहे थे।

पिछले बीस सालों में सिर्फ तीन मामलों में गर्भधारण त्रासद सिद्ध हुआ। उनमें से दो की परिणति आत्महत्या में हुई जिसका वर्णन मैंने पहले ही अध्याय 15 में किया है और तीसरे मामले में चेलिक ने बदनामी और जुर्माने के डर से अपने जीवन का अन्त कर लिया। अप्रैल 1942 में अतुरबेरा घोटुल के चेलिक बिरझू को पता चला कि उसने अपनी मुटियारी मोरी को गर्भवती कर दिया। मोरी ने उससे शादी के लिए जब इसरार किया तो उसने साफ इनकार कर दिया। मोरी के बार-बार कहने पर बिरझू ने कहा कि वे दूसरे गाँव भाग कर विवाह कर लेंगे। वास्तव में यह मोरी से छुटकारा पाने की चाल थी। वे चुपचाप रात में घोटुल से निकले। जंगल पहुँचकर बिरझू ने मोरी का गला रस्सी से घोंट दिया ताकि यह लगे कि उसने खुदकुशी की है।

अगले दिन घोटुल वालों ने नरायणपुर पुलिस थाने में मोरी की आत्महत्या की रिपोर्ट लिखवाई। जब बिरझू ने यह सुना तो वह डर गया और अपने किए पर शोक मनाने लगा। वह भाग गया, दो दिन गायब रहने के बाद पेड़ से रस्सी के फन्दे से लटकता हुआ उसका शव मिला।

मगर यह इस तरह की अकेली घटना है जिसे रिकार्ड किया गया।

घोटुल के जीवन की इस सामान्य तस्वीर उस तस्वीर से मिलती-जुलती है जो हर जगह छात्रों को दी गई शादी पूर्व स्वतन्त्रता से जुड़ी है। लेकिन इस तथ्य की व्याख्या कैसे की जाए कि इतने साल बेचैन युवा और शारीरिक उत्तेजना भरे चेलिक तथा मुटियारी एक साथ रहते हैं, गर्भनिरोधक साधनों के नाम पर कुछ का ही इस्तेमाल करते हैं फिर भी उनके गर्भधारण की दर मात्र 4% है? अन्य सभ्यताओं में ऐसी समस्याओं को हल करने की क्या व्याख्या हो सकती है।

हमारा पहला सवाल है कि क्या सचमुच में ये कोई समस्या है? जब चेलिक मुटियारी एक साथ सोते हैं तो क्या वे सचमुच यौन सम्बन्ध बनाते हैं, या यौन सन्तुष्टि का कोई अन्य तरीका अपनाते हैं जिसमें लिंग योनि प्रवेश नहीं करता। बंदू आदिवासियों के बारे तें लेखक टोरडो कहते है कि वास्तव में वे सम्भोग नहीं परस्पर मैथुन करते हैं।[1]

अफ्रीकी प्रथाएँ बेशक ऐसे चलन का समर्थन करती हैं जिसमें अपूर्ण यौन सम्बन्ध बनते हैं। लाब्सर तेंबू और फिंगो समुदाय के बीच प्रचलित मेब्शा की रीति का वर्णन करते हैं। यह

1. ई. टोर्डे, 'द प्रिंसिपल्स ऑफ बांटू मैरिज,' *अफ्रीका,* (लन्दन, 1929) खंड-II, पृ. 256

क्रिया लड़का करता है। वह लड़की के सामने बैठता है, अपने लिंग को उसकी जाँघों के बीच रखता है, मगर अन्दर नहीं डालता। हर तीन दिन पर लड़की खुद की जाँच करती है यह देखने के लिए कि वह वर्जिन है या नहीं।[1] हालाँकि लड़की पुरुष के सोने के निमन्त्रण को ठुकरा नहीं सकती, उससे यह अपेक्षा नहीं कि जाती कि वह पूर्ण यौन सम्बन्ध बनाने से इनकार कर देगी, और वास्तव में अक्सर वह ऐसा नहीं करती। इस प्रकार–जैसा कि यह विचित्र लगता है–मसाई लड़कियाँ शादी होने तक वर्जिन रह जाती हैं, जबकि वे मन्यत्तास में पुरुष के साथ अनगिनत बार सोई रहती है।[2] ऐसा ही यौन खेल जिसमें वास्तविक सम्बन्ध नहीं बनते वाकिकुयु[3] द्वारा 'नगविको' और अकिकुयु द्वारा 'युंवा' बताए जाते हैं। ड्रिबर्ग बताते हैं कि लोगों में जोड़े भले पूरी रात साथ सोते हैं मगर वे पूर्ण यौन सम्बन्ध नहीं बनाते।[4]

ऐसे अभ्यासों में शारीरिक और मनोवैज्ञानिक दोनों तनाव निहित होते हैं, और यह ध्यान देने योग्य है कि लिकी कहते हैं कि मसाई व्यवस्था में लड़कियों को खास दिन के अलावा किसी दिन पूर्ण सम्भोग करने से ऐतराज नहीं होता। मुरिया बेशक सम्भोग की मात्रा को सीमित करते हैं। कुछ घोटुल अपनी लड़कियों को घर पर या अलग कमरे में सोने भेज देते हैं। ऐसे में लड़के-लड़कियों की अनुपस्थित में हस्तमैथुन करते हैं, मगर ज्यादातर घर जाने के रास्ते में ही उनके साथ सम्भोग कर लेते हैं। जैसा कि मसाई व्यवस्था में है लड़की उस लड़के के साथ सम्भोग करने के लिए बाध्य नहीं होती जिसके साथ वह सोती है मगर वह एकदम से इनकार नहीं कर सकती। कुछ लड़कियाँ सालों तक सम्भोग को टालती रहती हैं।

चेलिक और मुटियारी प्रायः बिना सम्भोग किए साथ-साथ सोते हैं। लड़कियाँ 'डिंगा-डिंगा' करती हैं। यानी लिंग के साथ खेलती हैं और भग के ऊपर दाने को इससे रगड़ती है।

मुरिया की धारणा उन चीजों को देखकर बनती है जो वास्तव में घटते हैं। जो लड़की घोटुल में अनुर्वरक रहती है शादी के बाद तुरन्त गर्भवती हो जाती है। भानपुरी का चेलिक कहता है, 'मुटियारी खुली जगह है, पत्नी घेरी हुई और सिंची हुई जमीन पर है। अगर आप इसकी देखभाल करेंगे तो वह तुरन्त फसल देगी। और हल चलाना इस ज्यादा आसान हो जाएगा।' और मोरोसकोरो का झोलेर कहता है, 'हमारे बच्चे शादी के साल लगते ही हो गए क्योंकि हम एक-दूसरे से प्यार करते थे और बिना भय के सम्बन्ध बनाते थे।'[5]

यह विचारधारा प्रशान्त क्षेत्र में भी पाया जाता है, ब्रिटिश न्यू गुएना के मिलेनेशियन के बारे में सिलेगिमेन कहते हैं।

मेरा विश्वास है कि...पापुशियन लड़कियों को जल्दी गर्भवती नहीं बनाया जा सकता अपेक्षाकृत गोरी जाति की लड़कियों के पता नहीं ऐसा कम उम्र से ही सम्भोग शुरू करने के कारण है या खेतों में कड़ी मेहनत या जातिगत विशेषता के कारण। लेकिन यह दृष्टिकोण तब ज्यादा समझने योग्य होगा जब यह याद किया जाए कि सिनाऊगोलो का विश्वास है कि एक बार सम्भोग गर्भधारण का कारण नहीं बनता, इसलिए एक सिनाऊगोलो लड़की तब तक

---

1. बी.जे.एफ. *लॉबशेर, सेक्स, कस्टम एंड साइकोपैथेलॉजी,* (लन्दन, 1937), पृ. 79।
2. एल.एस.बी. लीके, 'सम नोट्स ऑन द मसाइ ऑफ केन्या कॉलोनी, *JRAI*, खंड-LX, पृ. 194।
3. सी. डूंडास, 'नेटिव लॉज ऑफ सम बारू ट्राइब्स,' *JRAI*, खंड-II, पृ. 246।
4. जे.एच. ड्रिबर्ग, *द लैंगो,* (लन्दन, 1923), पृ. 155।
5. जे.एच. हुटटन, *द अंगामी नागाज़,* पृ. 171।

गर्भ धारण नहीं करती जब तक वह लगातार, ज्यादा समय तक सम्भवतः एक महीने तक लगातार सम्बन्ध बनाती रहें।[1]

टिकोपिया का भी यही मत है कि, बच्चा तब तक नहीं होता जब तक बार-बार सम्बन्ध नहीं बनाए जाएँ। माना गया है कि बच्चा पुरुष के सीमन के थक्का बनने से बनता है, और इसके लिए तुरन्त-तुरन्त, थोड़े अन्तराल पर सीमन की पूर्ति अनिवार्य है। और युवा जोड़ों की आदत है कि एक बार सम्भोग के बाद कई दिनों का अन्तराल होता है, फिर दूसरी बार सम्बन्ध बनाए जाते हैं।[2]

मुरिया का सुरक्षित या सुरक्षित अवधि में विश्वास अन्य समुदायों द्वारा भी बृहद् पैमाने पर माना जाता है। प्राचीन भारत की मान्यताओं के अनुसार ऋतु, जो माहवारी शुरू होने के चौथे दिन से बारहवें दिन का समय होता है, गर्भधारण करने का बेहतर समय माना जाता है। मान्यता के अनुसार पति को पत्नी से इसी समय सम्बन्ध बनाने चाहिए; यदि वह ऐसा नहीं करता तो उसे नरक की यातना भोगनी पड़ती है।[3] इसी तरह की एक और मान्यता है जो कि आधुनिक भारत में व्यापक रूप से फैली है, जिसमें माहवारी बन्द होने के बाद के पहले या पहले दो दिन को महत्त्वपूर्ण माना गया है।

होलिस बताते हैं कि नंदी लड़कियाँ योद्धाओं के आवास-स्थलों पर अपनी माहवारी के बाद के कुछ दिनों में जाने से परहेज करती हैं, 'क्योंकि उन्हें उन पुरुषों के सम्बन्ध से गर्भ ठहरने का खतरा होता है।'[4] हिमेश न्यू मैक्सिको के इसलेता भारतीयों पर तैयार की गई रिपोर्ट से उद्धरण लेते हुए बताते है कि 'अगर एक स्त्री गर्भवती नहीं होना चाहती है तो वह माहवारी के बाद नौ दिन तक सहवास से बचे।[5] एक महान स्त्री रोग विशेषज्ञ सोरोनस अपने पाठकों को चेतावनी देते हैं कि वे माहवारी के तुरन्त बाद और तुरन्त पहले सम्भोग करने से बचें।[6] अमिदा का एइटिओस, छठी शताब्दी का एक यूनानी चिकित्सक की भी यही सलाह है।[7]

मुरिया का विश्वास है कि गर्भधारण की स्थिति लड़की की अपनी लापरवाही का परिणाम होती है और यदि वह सहवास के दौरान खास मनोवैज्ञानिक व्यवहार अपनाएँ तो इससे बचा जा सकता है–वह खुद कोई कोशिश न करे, अनिच्छा प्रकट करे, शान्त रहे, कोई जवाब न दे–फिर कोई खतरा नहीं होगा। इससे मिलती-जुलती चीनी प्रथा है जो कोंग-फू के नाम से जानी जाती है। किस रिइडेल को उद्धृत करते हुए बताते हैं कि बुरु द्वीप की महिलाएँ अक्सर अजनबियों के साथ सम्भोग करती हैं मगर गर्भधारण से बचने के लिए सम्भोग के दौरान निष्क्रिय और तटस्थ भूमिका निभाती हैं।

अन्ततः हम कह सकते है कि मुरिया असाधारण रूप से उर्वर नहीं हैं। जिन 2000 शादियों का सर्वेक्षण किया गया उनमें 150 मामले अनुर्वर थे भले इनमें से कुछ बाद में उर्वर

1. सेलिगमन, उपर्युक्त, पृ. 500।
2. फिर्थ, उपर्युक्त, पृ. 492।
3. जे.जे. मेयर, *सेक्सुअल लाइफ इन एंशियंट इंडिया* (लन्दन, 1930), खंड-I, पृ. 215 व आगे, जहाँ क्लासिकीय पाठों के सन्दर्भ दिए गए हैं।
4. ए.सी. होलिस, *द नन्दी* (ऑक्सफोर्ड, 1909), पृ. 82
5. हिम्स, उपर्युक्त, पृ. 15, 47वीं वार्षिक रिपोर्ट B.A.E. में ई.सी. पार्सन्स को उद्धृत करते हुए, पृ. 213।
6. वही, पृ. 90।
7. वही, पृ. 94।

पाए गए।[1] इन 150 मामलों में सिर्फ एक में पति ने घोटुल में अपनी मुटियारी को गर्भवती किया था और उसकी पत्नी के लिए सजा साबित हुई। हो सकता है कि यह अनुर्वरता आहार सम्बन्धी कारणों से हो।[2] मगर यह बात दिलचस्प है कि कनपड़ा और कंठमाला जैसी बीमारियाँ जो जलन पैदा करती हैं और जिनके कारण पुरुष सन्तान उत्पत्ति में अक्षम हो जाता है मुरिया इनसे अनजान हैं।

इन सारे विभिन्न तथ्यों का मुरिया घोटुल के निम्न गर्भधारण और निम्न जन्म-दर में सम्भवतः अच्छा योगदान रहा। कुछ गर्भपात बहुत कुशल साधनों द्वारा नहीं किए गए; लिंग वीर्य स्खलन से पहले निकालने का प्रयोग कभी-कभार किया जाता है; कुछ खास अनुशासन और प्रतिबन्ध बेशक अपनी भूमिका अदा करते हैं। मगर मुरियों के पास गर्भनिरोधक का कोई तरीका नहीं है, जो बड़े पैमाने पर इस्तेमाल किया जाता है।

सबसे सन्तोषजनक आम व्याख्या उस सिद्धान्त से जुड़ी है जो हर्तमैन के नाम से जुड़ा है और यह किशोरावस्था की अनुर्वरता के बारे में है। इस व्याख्या का प्रसार सबसे पहले क्रियू ने 1930 में लन्दन में होनेवाले सेक्स का द्वितीय अन्तरराष्ट्रीय सम्मेलन, जो 'यौवनारम्भ और प्रौढ़ता' विषय पर था, में दिए गए अपने अध्यक्षीय भाषण के जरिए किया। 100 चुहियों पर किए गए प्रयोग में पाया गया कि जहाँ 20 चुहिया ने मिलने से इनकार कर दिया वहीं 80 में से 24 ने सम्बन्ध बनाए और गर्भधारण किया। क्रियू कहते हैं कि, 'इस तरह यह देखा गया कि पहली बार में ही गर्भ ठहर गया लेकिन ऐसा आमतौर पर नहीं देखा गया।[3] आनेवाले सालों में हार्तमैन में बन्दरों के यौन जीवन पर किए गए सर्वेक्षण से निकले परिणामों के आधार पर इस सिद्धान्त का प्रतिपादन किया, और कई महत्त्वपूर्ण प्रकाशनों[4] में यह मुझे इन आँकड़ों की शुद्धता पर विश्वास है क्योंकि बच्चे के जन्म लेने के पहले का समय पति और पत्नी दोनों की तीव्र इच्छा या अनिच्छा पर निर्भर करता है। यह शायद मुरिया जीवन के उन कुछ बातों में से एक है जिसके बारे में शुद्ध आकलन किया गया है।

लेकिन मेरी दूसरी तालिकाओं पर मुझे सन्देह है, फिर भी मैंने उन्हें दिया क्योंकि वे दिलचस्प और सुझाव से भरी हैं। इनमें उन जाँचों का परिणाम दिया गया है जिसमें 200 विभिन्न घोटुलों में चेलिक रह चुके पुरुषों के घोटुल काल के बारे में पूछताछ की गई। माना गया है कि हर पुरुष घोटुल में कम से कम पाँच साल बिताता है। इनमें से कुछ को ही अपनी जवानी के प्रेम के बारे में बात करने से परहेज होता है। 220 घोटुल में 327 गर्भ का इतिहास रिकार्ड किया गया। गर्भवती लड़कियों की उम्र और उनकी पहली माहवारी और गर्भ के बीच की अवधि पता करने के लिए चेलिकों से सम्पर्क किया गया। मुरिया का आकलन फौरी है, मगर आदिम समाज का शुद्ध आँकड़ा तैयार करना मुश्किल है। इसलिए मैंने उन्हें वैसे दिया है जिसके वे लायक हैं।

---

1. ई.एच. किश, *द सेक्सुअल लाइफ ऑफ वुमेन,* अंग्रेजी अनुवाद *एम.ई. पॉल,* (न्यूयॉर्क, 1926), पृ. 403।
2. हिम्स, उपर्युक्त, पृ. 21।
3. एफ.ए.ई. क्रू, 'प्यूबर्टि एंड मैचोरिटी', *प्रोसीडिंग्स ऑफ द सेकंड इंटरनेशनल कांग्रेस फॉर सेक्स रिसर्च* (लन्दन, 1930), पृ. 9।
4. सी.जी. हार्टमैन, 'ऑन द रिलेटिव स्टेरिलिटी ऑफ द अडोलेसेंट ऑर्गेनिज़्म', *साइंस,* खंड-LXXIV (1931), पृ. 226-7; *कंट्रीब्यूशंस टू एंब्रयोलॉजी,* नं. 154 (वॉशिंगटन, 1932), पृ. 1-164; *टाइम्स ऑफ ओवुलेशन इन वूमेन* (बाल्टिमोर एंड लन्दन, 1936); *सेक्स एंड इंटरनल सीक्रेशंस* (बाल्टिमोर, 1932)

जुकरमैन[1] ने भी कहा है कि ऐसा कम ही होता है पहली माहवारी के बाद गर्भ ठहर जाए।

मेलिनोवस्की ने ट्रोब्रायंड द्वीपवासियों के सम्बन्ध में कहा कि युवा होते ही लड़कियाँ गर्भ-धारण नहीं कर लेती चाहे अबाधित यौन कर्म किया जाए। सामान्यतया शादी के तीन वर्ष बाद गर्भ रहता है।[2]

नीचे की तालिका में मैं मुरिया में विभिन्न आयु में पहले बच्चे के पैदा होने का विवरण दे रहा हूँ : तालिका-1 प्रभावशाली शादियों के बाद हर महीने या साल में पैदा होनेवाले बच्चों की संख्या व्यक्त करती है। जाँच किए गए कुल मामलों की संख्या 2000 है जिसे 150 मामलों में अनुर्वरता पाई गई।

तालिका 1

प्रभावी शादी की समय सीमा	*जन्म संख्या*
एक माह के अन्दर	1
दो माह के बाद	1
तीन माह	6
चार माह	3
पाँच माह	1
छह माह	17
सात माह	10
आठ माह	4
नौ माह	23
एक साल	187
डेढ़ साल	50
दो साल	463
ढाई साल	93
तीन साल	603
चार साल	180
पाँच साल	116
अनिश्चित	112

1. एस. जुकेरमान, 'द फिजिओलॉजी ऑफ फर्टिलिटी इन मैन एंड मंकी,' *द यूजीनिक्स रिव्यू,* खंड-XXVIII (1936), पृ. 39।
2. भारतीय लड़की में मासिक स्राव शुरू होने की औसत उम्र 14.21 ± 1.66 वर्ष बताई गई है।–कर्जल, 'द रिप्रोडक्टिव लाइफ ऑफ इंडियन वूमेन', *द इंडियन जर्नल ऑफ मेडिकल रिसर्च,* खंड-VIII (1920), पृ. 366 व आगे।

तालिका 2

327 उदाहरणों में, शादी से पहले गर्भवती होनेवाली लड़कियों की आयु	
15	1
16	26
17	49
18	68
19	63
20	46
21	25
22	18
23	23
24	8

तालिका 3

327 उदाहरणों में, पहली माहवारी और गर्भ के बीच के साल	
एक साल	2
दो	61
तीन	99
चार	82
पाँच	30
छह	28
सात	3
अनिश्चित	22

तालिका-1 जो विवाहोपरान्त अवधि का वर्णन करती है, उसका सत्यापन अगली दो तालिकाओं ने किया जो विवाह पूर्व गर्भधारण से ताल्लुक रखती हैं।

मुझे विश्वास है कि हमारे पास हमारी समस्या का सही समाधान है।

अध्याय अट्ठारह

सपने

आधिकारिक तौर पर घोटुल के भीतर सपने देखना मुश्किल है क्योंकि लिंगो और अन्य घोटुल देवता उनकी रक्षा करते हैं जो यहाँ सोते हैं और सचमुच में मेरा विश्वास है कि कई जगहों पर लड़के और लड़कियाँ उनकी आभा मंडल की गरमी और सुरक्षा में गहरी और परम सन्तोष भरी नींद का आनन्द लेते हैं और सपने कम देखते हैं।

मगर सभी घोटुल इतने खुशनसीब नहीं होते। उदाहरण के लिए बिनझली में, ईर्ष्या और कुंठा के माहौल में घोटुल में सपने ज्यादा देखे जाते हैं। और सभी गाँवों में नियमित, एक जैसे और आधिकारिक सपने आते हैं जिनके बारे में विश्वास है कि ये ईश्वर या पुरखों से संवाद कायम करने का सरल तरीका है।

मेरे हिसाब से ऐसे विषय पर ज्यादा सामग्री मुहैया करना आसान नहीं क्योंकि इसकी प्रकृति मनोविश्लेषक है। मुरिया का उनके सपनों के साथ सम्बन्ध के बारे में पता कर पाना बहुत मुश्किल है क्योंकि एक तो उनकी याददाश्त कमजोर है। दूसरे वे इतने डरपोक होते हैं कि उनसे ज्यादा लम्बी पूछताछ कर कोई जानकारी हासिल कर पाना असम्भव है। मगर उनकी विभिन्न प्रकृतियों, विचारों के बारे में उनके सपनों के जरिए जानना सम्भव है।

मुरिया सपनों का सिद्धान्त क्या है? ये सपने कहाँ से आते हैं, हम इन्हें क्यों देखते हैं? कुछ का कहना है कि सभी तरह की निद्रा सपना है; सपना वह भोजन है जिससे मनुष्य का जीवन मनोरंजक बनता है और 'सपना नींद की चटनी है' अन्य भारतीय आदिवासियों की तरह मुरिया सपनों का सिद्धान्त आत्मा या जीव से जुड़ा हुआ है। जीव शरीर को उसकी निद्रावस्था में छोड़कर निकलता है, इधर-उधर भटकता है, इस बीच वह जो देखता है वही सपना है।[1] शरीर को छोड़ने की जीव की शक्ति का वर्णन उलेरा की एक महत्त्वपूर्ण कहानी में मिलती है।

> बहुत अरसे पहले एक दिन दो व्यक्ति लोहार की दुकान में सोने गए। उनमें से एक तो सो गया मगर दूसरा उसकी बगल में जागता रहा। तभी सोनेवाले व्यक्ति के मुँह से उसकी आत्मा छिपकली के रूप में भोजन की तलाश में बाहर निकली। एक कुत्ते ने उसे देख लिया और उसका चींटियों की बाँबी तक पीछा किया। वहाँ उसने रुपयों से भरा बर्तन देखा।
>
> दूसरे व्यक्ति ने सोनेवाले व्यक्ति का चेहरा मजाक में कोयले की राख से ढँक दिया। जब आत्मा लौटी तो वह काला चेहरा देखकर अपना शरीर पहचान नहीं सकी और उसे ढूँढ़ती हुई कहीं और चली गई। तभी दूसरे व्यक्ति ने छिपकली को

1. द *बैगा*, पृ. 408 तुलना करें।

जब इधर-उधर भटकते देखा तब उसे आभास हुआ कि क्या हो गया है। उसने तुरन्त सोने वाले व्यक्ति का चेहरा साफ किया। छिपकली ने अब अपना शरीर पहचान लिया था, वह अपने शरीर में घुसा और फिर से आत्मा बन गया।[1]

जब सोनेवाला व्यक्ति जागा तो उसने अपने दोस्तों को बताया कि उसने सपने में क्या देखा, किस तरह वह चींटियों की बाँबी तक पहुँचा और ढेर सारे रुपए देखे। जो वास्तव में घटा था यह उसकी सच्ची कहानी है।

एक और कहानी जो अतरगाँव से है इसी तरह के नैतिक संकेत देती है।

धन और स्वप्न दोनों लड़ रहे थे कि कौन बड़ा है। जब वे आपस में कोई फैसला नहीं कर सके तो उन्होंने निर्णय लिया कि दोनों छुप जाएँ और प्रत्येक एक-दूसरे को ढूँढ़े। जो पहले दूसरे को ढूँढ़ लेगा वह जीत जाएगा। सबसे पहले धन छुपा। उसने खुद को पैसे के गुल्लक में बदल लिया और खुद को चींटी की बाँबी में छुपा लिया। स्वप्न एक बहुत गरीब बच्चे के पास गया, जो सोया पड़ा था, और उसकी आत्मा को बाहर आने के लिए कहा। जब जीव बाहर आया तो स्वप्न ने उसे बाँबी में भेज दिया, वह वापस लौट आया और जब लड़का जगा वह बाँबी के पास गया और उसमें से धन को गुल्लक की शक्ल में निकाल लिया। फिर स्वप्न ने खुद को हवा में छुपा लिया और इधर-उधर पूरे विश्व में घूमने लगा। धन उसको खोज नहीं पाया और जब वे मिले तो धन ने स्वीकार कर लिया कि स्वप्न सबसे बड़ा है।

सपनों का यह अपना संसार है जिसमें जीव (आत्मा) सोने के दौरान प्रवेश करती है और जहाँ उसे देवता और मृत आत्माएँ मिलती हैं जिनके साथ जीव बात कर सकता है और उनकी इच्छा जान सकता है। इसीलिए मुरिया अक्सर ऐसी बातें करते हैं मानो देवता या मृत आत्मा से मिले हों। स्पष्ट है कि साधारण मुरिया के पास इसका कोई सिद्धान्त नहीं होता। एक चीज जो उसे उलझन में डाल देती है और जिसको वह बढ़िया कहानी द्वारा समझाता है वह है 'स्वप्न की प्रतीकात्मकता'। बर्मा में मैंने एक कहानी सुनी जिसमें बताया गया था :

बहुत पहले व्यक्ति अपना भविष्य सपनों के जरिए पढ़ लेता था। एक उल्लू ने यह सुना तो कहा, 'यदि व्यक्ति सपने में अपना भविष्य देख ले तो वह अमर हो

---

1. अलग होनेवाली आत्मा का साहित्य विचारणीय है। यह केवल लोक कहानियों में मिलता है—इस अभिप्राय के साथ कि आत्मा दूसरे शरीर में प्रवेश करती है। जैसाकि पेंजर जोर देकर कहते हैं कि इसमें संशय नहीं होना चाहिए कि यह हमारे जीवन से भिन्न है। क्रूक बताते हैं कि 'बम्बई में सोते हुए आदमी के चेहरे पर रंगों से या औरत के चेहरे पर मूँछें बनाकर मजाक किया जाता है। सोते हुए आदमी और औरत को उनकी आत्मा पहचान नहीं पाती और उन्हें मुर्दा छोड़कर चली जाती है—*रिलिजन एंड फोक-लोर,* खंड-1, पृ. 232। इस विषय के लिए देखें, *द ओसियन ऑफ स्टोरी,* खंड-1, पृ. 37 न. 2; ए.इ. क्रावले 'डबल्स' 'हेस्टिंग्स' *ई.आर.ई.*, खंड-IV, पृ. 853 व आगे; एम. ब्लमफील्ड, ऑन द आर्ट ऑफ एन्ट्रींग अनोदर बॉडी, प्रोसिडिंग्स ऑफ द अमेरिकन फिलोसोफिकल सोसाइटी, खंड-LVI, पृ. 1 व आगे। सर जे.जी. फ्रेजर, टाबो एंड पैरिल्स ऑफ द सूल, पृ. 37 और 49; पंजाब नोट्स एंड क्वेरीज, खंड-III, (इसमें इसी अभिप्राय की कहानी है); डब्ल्यू.ए. क्लोस्टोन, *पाप्यूलर टेल्स एंड फिक्शन्स* (एडिनबर्ग, 1887), खंड-I, पृ. 437। एक सोते हुए आदमी की आत्मा छिपकली के रूप में निकल जाती है। ऐसी ही कहानी संथाल कहानियों में भी मिलती है। देखें, बी. बनर्जी, *द सोसल एंड सेरेमोनियल लाइफ ऑफ द संथाल, द इंडियन एंटीक्वेरी,* खंड-LIX (1930), पृ. 100।

जाएगा।' उल्लू ने भगवान का दरबार लगने तक इन्तजार किया और फिर उन सबके बीचो-बीच गिर पड़ा। ईश्वर ने पूछा, 'क्या बात है?' उल्लू ने जवाब दिया, 'मुझे एक सपना आया। उस सपने में मैंने देखा कि मेरी शादी राजा की बेटी से हो रही है। हम दोनों ने लागीर के ग्यारह फेरे लगा लिए थे। यदि बारह लगा लिए होते तो वह मेरी हो जाती मगर मैं अचानक जाग पड़ा और जमीन पर धड़ाम से गिरा। अब मुझे उसी लड़की से शादी करनी है, मैं क्या करूँ? उपस्थित सभी ईश्वर उसके लिए चिन्तित हो गए और एक-दूसरे से कहा, 'लेकिन लाल आँखोंवाला पक्षी राजा की बेटी से शादी कैसे कर सकता है?' तभी उल्लू ने जवाब दिया, 'मगर सबको वह चीज मिलती है जिसका वे सपना देखते हैं; यह कैसे हो सकता है कि केवल मेरा सपना ही झूठ साबित हो?' इसपर ईश्वर ने मनुष्य को श्राप दिया, 'अब सारे सपने झूठे होंगे।

वास्तव में सपने प्रतीकात्मक होते हैं। उनमें दूसरे संसार के सन्देश छुपे होते हैं जिनको समझना अत्यन्त कठिन है। सपनों की व्याख्या करने व उन्हें सरलता से समझने के लिए मैं अच्छे और बुरे सपनों की तालिका दे रहा हूँ।

अच्छे सपने

माँ-बाप का मृत होना	भाग्यशाली, इससे पता चलता है कि वे अब भी उससे स्नेह करते हैं।
नदी में डूबना	बहुत अच्छा, येर कन्यांग सपना देखनेवाले से इतना प्यार करती है कि उससे विवाह करना चाहती है।
गहरे पानी में डूबना	यदि मर्द देखे तो इसका अर्थ है कि उसकी बीबी गर्भवती है और पुत्र जनेगी।
नदी में बाढ़	औरत देखे तो माहवारी अगले रोज। आदमी देखे तो उसे माहवारी से सावधान करती है।
नाव	एक लम्बी यात्रा। अच्छा शकुन।
अंगा (कबीले का देवता)	भाग्यशाली।
हाथी	अच्छा। वैभव का प्रतीक।
भालू	पौरुष का प्रतीक।
झगड़ते हुए लोग	अच्छा। चूँकि सपना उल्टा होता है, वास्तव में कोई नहीं लड़ता।
कोटरी मछली	सपना देखनेवाला धन प्राप्त करेगा।
दारू पीना	दो-चार रोज में मांस खाने को मिलेगा।
पेड़ के नीचे आम खाना	अगले दिन मांस खाने को मिलेगा।

बुरे सपने

मुटियारी	कन्यांग तुम पर हमला करेगी।

घोड़ा	घोड़ा राऊ या आत्मा है, इसलिए यह सपना बुरा है।
झगड़ते लोग	काला जादू
अग्नि	घर में किसी की मौत होगी।
बाघ	चुड़ैल उस पर हमले की साजिश कर रही है, या सपना देखनेवाला भूखा होगा।
जलता हुआ कुछ	दुर्भाग्य।
आग	काला जादू।
पेड़ पर चढ़ना	बुरा।
ऊपर से गिरना	निश्चित मृत्यु।
हवा में उड़ना	निश्चित मृत्यु।
वर्षा	सपना देखनेवाला रोएगा।
लकड़ी से लदी बैलगाड़ी	कोई लकड़ियों पर चिता तक ले जाया जाएगा।
चारपाई	चारपाई पर श्मशान तक जाएगा।
चावल का ढेर	बीमार पड़ेगा।
साबू पेड़	जलकर मरना।
कच्चा मांस	जादूगरनी।
दाँत टूटना	दुर्भाग्य।
मल त्याग	दुर्भाग्य।
मछली	ड्राप्सी
हल को खेत में ले जाना	जादू-टोना। घर का कोई सदस्य बीमार पड़ेगा।

इन व्याख्याओं को सार्वभौमिक रूप से सच नहीं माना जा सकता। पल्ली (कोंडागाँव), बदगई, परलकोट के चारों ओर और कोइलीबेरा में बाघ का सपना दुर्भाग्य माना जाता है। गोरमा और मारकाबेरा में इसे अच्छा माना जाता है। गोरमा और मारकाबेरा में भालू को सपने में देखना बुरा समझा जाता है क्योंकि इसके बाद किसी काम में सफलता नहीं मिलती, जबकि अलोर में यह अच्छा सपना माना गया है, और बदगई में इस सपने का सामान्य सा मतलब है कि आप अपने मृत पिता की तरह ही किसी बुजुर्ग से मिलनेवाले हैं। शादी का स्वप्न पल्ली में बुरा, कोइलीबेरा में अच्छा समझा गया है। पेड़ से गिरना कोकोरी और गोरमा में बुरा, मगर अन्य जगहों पर अच्छा माना गया है, हालाँकि सामान्यतः चढ़ाई का स्वप्न हमेशा ही बुरा माना गया है।

सपनों की अलग-अलग व्याख्या कई मामलों में प्रतीक पर निर्भर करती है, लेकिन कई बार यह वास्तविकता से भी जुड़ी होती है। पल्ली में शादी के सपने के एक दिन बाद ही मौत हो गई या कोइलीबेरा में शिकार सौभाग्यपूर्ण रहा, यहाँ तक की बाद में इनका सम्बन्ध असफलता या सफलता से जुड़ गया है।

किसी भी मामले में व्याख्या बहुत स्पष्ट नहीं है। ड्राप्सी का मछली के साथ सम्बन्ध जोड़ना दिलचस्प है, इसी तरह उड़ने का काला जादू और कच्चे मांस का जादूगरनी से। लेकिन मुझे कोटरी, मछली और पैसे, या शराब और मांस, या बाघ और भूख में कोई सम्बन्ध नहीं दिखता।

सपनों की इन व्याख्याओं को गम्भीरतापूर्वक लिया गया है। ये अक्सर व्यक्ति के व्यवहार का मार्गदर्शन करती हैं। चेलिक पस कोलांग अभियान पर जाने से इनकार कर सकता है यदि उसने निकलने के तुरन्त पहले शेर का सपना देखा हो। एक मुटियारी को बुद्धिमान माना जाएगा यदि उसने नदी में बाढ़ का सपना देखने के बाद घोटुल जाने से परहेज किया हो क्योंकि इस सपने का मतलब है उसकी माहवारी जल्दी ही आनेवाली है।

अब हम उन मानक या आधिकारिक सपनों को समझेंगे जिनके जरिए मुरिया अपने मृत पूर्वजों और देवता से संवाद करते हैं। जैसा कि हमने तुरन्त देखा, मुरिया का सामाजिक जीवन कभी-कभार भविष्यात्मक प्रकृति के सपनों से संचालित होता है। उनके जीवन का धार्मिक और अनुशासनात्मक पक्ष इन्हीं सपनों द्वारा शासित होता है। उदाहरण के लिए, जब किसी देवता को ऐसा लगता है कि उन्हें भुला दिया गया या उनकी अवहेलना की जा रही है तो वह अपनी तरफ ध्यान खींचने के लिए या तो गाँव पर बीमारी का प्रकोप बरसाता है या सपने भेजता है। देवता अपने असली रूप में नहीं बल्कि प्रतीकों के जरिए सपने में आते हैं। जैसे उपेक्षित कनयांग मुटियारी के रूप में दिख सकती है और वह सोने वाले को तब तक तंग करती है जब तक उसे भेंट नहीं चढ़ाई जाती। येर कनयांग मगरमच्छ के रूप में दिख सकती है। अगर सपने में मगरमच्छ ने आपको दबोच लिया और आप कुछ नहीं कर पाए इसका मतलब आप बीमार पड़ोगे। इससे बचने के लिए सपना देखनेवाला व्यक्ति सिराहा को बुलाता है, फिर उसके साथ नदी पर जाकर जली हुई मिट्टी के साथ पिसे अंडे के छिलके, नैद के माथे का सिन्दूर, उसकी कलाई की चूड़ियाँ और बालों में लगाया जानेवाला रंगीन ऊन का चढ़ाव चढ़ाता है।

घोड़े का सपना देखने का मतलब राऊ (जंगल का देवता) क्रोध में है और इसीलिए अंडा और भूना हुआ चावल का चढ़ावा उसे जरूर देना होगा। डोंगरीगुरा में गाईता ने बताया कि घोड़ा, बैल, सूअर या मोर के सपने का मतलब राऊ खुद को दिए जानेवाले ध्यान से असन्तुष्ट है। अगर राऊ बैल या घोड़े के रूप में दिखता है तो उसे शान्त करने के लिए जरूरी है कि उन जानवरों की लोहे की आकृति बनाकर भेंट चढ़ाया जाए। सूअर या मोर के सपने के लिए कबूतर की बलि देना काफी है। यदि सिरसी में कोई यह सपना देख ले कि उसे शेर ने दबोच लिया है तो इसका मतलब यह होता है कि धरती माता नाराज हैं और दो या तीन दिन बाद गाँववाले इकट्ठे होकर माता के सम्मान में मुर्गे की बलि दें।

ऐसे सपने देवताओं की सनक को व्यक्त करते हैं। अंगा का निर्माण करते समय कुलदेवता बहुत महत्त्वपूर्ण निर्देश देते हैं। जहाँ तक मेरी जानकारी है, करनजी में, बारादेव के अंगा थे मगर 1942 में इसके लिए कोई बलि नहीं दी गई क्योंकि धेनवा का पेन गाईता मर गया था और देवता अब तक किसी के सपने में यह बताने नहीं आए थे कि उसका उत्तराधिकारी कौन होगा। दुमा गुरु (पुरखों के पुजारी) भी नहीं दिखे। गाँव में यह रिवाज था कि बड़ा देव सपने में आए और बताएँ कि भेंट चढ़ेगी और इसके लिए जगह तथा समय दुमा गुरु तय करेंगे। चन्दाबेरा में मुखिया को स्वप्न आया जिसमें दन्तेश्वरी माता आई और कहा कि उस विशाल सराई पेड़ को काट दिया जाए जो उनकी पूजा में विघ्न डाल रहा है। यह पेड़ दन्तेश्वरी के मन्दिर पर छाया करता था इसलिए मुखिया ने इसे हटाना जरूरी नहीं समझा। बाद में उसकी टाँग सूज गई। सिराहा ने घोषणा की कि ऐसा इसलिए हुआ कि उसने देवी की बात नहीं मानी। इतने पर भी उसने ध्यान नहीं दिया, मगर कुछ ही दिन बाद जब

उसके भाई पर पागलपन का दौरा पड़ने लगा तो उसने देवी की आज्ञा मानना ही उचित समझा और पेड़ काट डाला। पदबेरा ने पान्दे हुंगा देवता (हलयान डोकारी का पोता) ने दुर्रो वंश के गाईता को सपना दिया कि वह उसकी खूब उन्नति करेगा यदि वह उसे अंगा बना दे। सपने में गाईता ने उस महुआ लकड़ी को भी देखा जिसका इस्तेमाल होना था। यह लकड़ी मागागाँव के जंगल से ही लानी थी।

गाईता या गुनिया की नियुक्ति अक्सर उचित सपने पर ही निर्भर करता है। पादरी का उत्तराधिकारी वंश के अनुसार तय होता है, मगर वह पद पर नियुक्त तब तक नहीं हो सकता जब तक गाईता का बेटा या पोता इसका सपना नहीं देख लेते। इस बीच उसके नाम पर कोई और उसके कार्य करता है। जैसे रंधना का गाईता बताता है कि, 'छह महीने पहले मैंने अपने पिता की मृत्यु का सपना देखा फिर देखा कि मैं बाजार गया और खूब सारी शराब पी। घर लौटते समय मुझे मातल माओली और दान्तेश्वरी मिले जिन्होंने कहा, 'तुम्हारे पूर्वजों ने हमारी सेवा की और कभी कोई गलती नहीं की; हम उनसे खुश थे और कभी उन्हें तंग नहीं किया; अब तुम्हें हमारी सेवा करनी है क्योंकि तुम उनके बेटे हो। अपने कर्तव्य ठीक से निभाओ और फिर तुम जो भी कहोगे हम सुनेंगे और तुम्हारे सवाल का जवाब देंगे।' मैं डरकर अचानक उठ बैठा मगर वहाँ कोई नहीं था। उस दिन से मैं गाँव का गाईता बन गया। अलोर में एक बार जब फसलों की भारी बरबादी हुई, सिराहा को सपना आया कि कासेर-गाईता को हटा देना चाहिए।

मृतक भी अपनी इच्छाओं को सपने के जरिए व्यक्त करते हैं। कभी वे यह संकेत देते हैं कि उनकी तरफ जो ध्यान दिया जा रहा है उससे वे सन्तुष्ट नहीं हैं। उदाहरण के लिए, भोपना के मुरिया ने कहा, 'अगर मैं शेर को खुद पर आक्रमण करने का सपना देखूँ तो मैं समझ जाता हूँ कि यह डंड-डूमा यानी परेशान करनेवाला प्रेत है। इसके खतरे से बचने के लिए मुझे जलते हुए कोयले का छोटा टुकड़ा, जली हुई थोड़ी सी मिट्टी लेनी होगी और जमीन पर दो समानान्तर रेखा खींचनी होगी। फिर मैं वहाँ मुर्गे की बलि चढ़ाऊँगा।' सिरसी का मुरिया बताता है कि यदि आपने अपने मृत माता-पिता का सपना देखा तो इसका मतलब यह है कि बलि चढ़ाने की जरूरत है। माना जाता है कि मृत तभी सपने में आते हैं जब वे बाद में सपना देखनेवाले के लिए परेशानी खड़ी करते हैं। सपना प्राथमिक चेतावनी होती है सतर्क रहने की। फिर सपना देखनेवाला अंडे और मुर्गी की भेंट यह कहते हुए चढ़ाता है कि, 'आप मेरे सपने में आए इसलिए मैं आपको यह भेंट चढ़ा रहा हूँ। इन्हें पाकर खुश हो जाइए और हमें फिर तंग मत करिएगा।' डूबने का सपना महत्त्वपूर्ण सपना है जो निरन्तर ध्यान की माँग करता है। मैं आगे बताऊँगा कि किस तरह मुरिया का विश्वास है कि यदि नाजायज सम्बन्ध बनते हैं तो उसे सजा के तौर पर जलोदर (ड्राप्सी) नामक बीमारी हो जाती है। डूबने का सपना पानी से जुड़ा हुआ है, इसलिए कि इसका मतलब यह है कि आपके किसी पूर्वज ने नाजायज सम्बन्ध बनाए थे जो शरीर के जलीय सूजन के कारण मरा और उसके अपराध को निष्प्रभावी करने के लिए जितना संस्कार वगैरह करना चाहिए था वह नहीं किया गया।

गोरमा में मुरिया को स्वप्न आया कि वह डूब रहा है। जब उसने इसका कारण पता करने की कोशिश की तो उसे याद दिलाया गया कि उसके परिवार में किसी का सम्बन्ध जल से स्थापित हुआ था : वास्तव में उस मुरिया का एक पूर्वज अपने नाजायज सम्बन्ध

की सजा के बतौर जलोदर (ड्राप्सी) होने के कारण मर गया था। 'उसकी आत्मा बेचैन है, इसलिए उसने तुम्हें यह सपना दिखाया।' भूत को शान्त करने के लिए गाँववाले घास का पुतला बनाते हैं और नदी किनारे ले जाते हैं, फिर वे इसे एक पत्थर के बगल में रखकर इसकी एक टाँग पत्थर पर रख देते हैं, गाईता और उस भूत के जीवित रिश्तेदार भी अपनी टाँगें पत्थर पर रख देते हैं और हमेशा की तरह मृत आत्मा के सम्मान में भेंट चढ़ाते हैं और शराब पीते हैं। इतना सब होने के बाद सपना आना बन्द हो जाता है।'

सपने केवल धार्मिक क्रिया-कलाप और कर्तव्य से जुड़े सपने ही नहीं होते। अलोर में चेलिक बताता है कि उसे कभी-कभी गमी पर किए जानेवाले नृत्य और गीत का सपना आता है। नयनार के एक अन्य चेलिक ने कहा कि उसने सपना देखा है कि वह उस नृत्य और गीत को करना सीख गया है जो वास्तव में वह कभी सीख नहीं पाया था। इस सपने के बाद उसने पाया कि वास्तव में उसने उस नृत्य को करना और गीत को गाना सीख लिया है। काबोंगा में कभी-कभार ग्राम-माता लड़के के सपने में उसे नृत्य सिखाने आती है; और अगले दिन ही वह पास के गाँव में जाकर हुल्की नृत्य करता है।

चेलिक और मुटियारी जो सपने देखते हैं उनमें से ज्यादातर यौन व्यवहार से सम्बन्धित होते हैं। ऐसा सम्भव है, हालाँकि घोटुल में इच्छाओं को दबाने जैसे माहौल की कल्पना नहीं की जा सकती फिर भी कुछ ऐसी इच्छाएँ है जो दबाव व तनाव से गुजरती हैं। दोनों प्रकार के घोटुल में कई ऐसे लड़के और लड़कियाँ हैं जो अपनी इच्छाओं को पूरा नहीं कर पाते। घोटुल में देखे जानेवाले सबसे साधारण सपने वे हैं जिनमें वे खाना, खेलना, नाचना और यौन सम्बन्ध बनाना देखते हैं।

मेरी पत्नी ने मेरे लिए सपनों की दिलचस्प शृंखला रिकार्ड की। यह बिनझली घोटुल के दो मुटियारी से सम्बन्धित थी। यह दिसम्बर 1940 की बात है। तब इस घोटुल में स्थानीय सम्बन्ध बनाने की प्रथा मुश्किल चरण से गुजर रही थी। उस समय उस घोटुल में ऐसी दर्जनों लड़कियाँ थीं जो 18 या 18 साल से ज्यादा उम्र की थी और उनका विभिन्न कारणों से विवाह नहीं हो पाया था। वे घोटुल में लम्बे समय से रह रही थीं; युवा और खूबसूरत मुटियारी जवान हो रही थी और उनका मन चेलिक की तरफ खींचा चला जा रहा था। मुटियारी के बीच क्रोधपूर्ण वार्तालाप असामान्य बात नहीं थी और उनमें से कुछ बड़ी लड़कियाँ बेचैन और उदास रहती थीं। इसी माहौल में दो बड़ी मुटियारी को निम्नलिखित सपने आए। मैं सबसे पहले घोटुल की प्रधान युवती, जो लगभग 19 साल की थी, के स्वप्न का विवरण दूँगा।

> मैंने सपना देखा कि मैं उस चेलिक के साथ सोई हुई हूँ जिसे मैं प्यार करती हूँ। मैं कई बार उस सपने को याद करके रोई।
>
> मैंने कई बार सपना देखा कि मेरी शादी हो गई है।
>
> नृत्य अभियान के दौरान मैंने सभी जवान और खूबसूरत मुटियारी का कंघा ले लिया है।
>
> मैंने सपना देखा कि मैं जिस चेलिक को प्यार करती हूँ, उसके साथ सोई हूँ। उसने कंघे से मेरे बाल सँवारे। अगली सुबह उसने मुझे आठ कंघे दिए क्योंकि उसे पता चला कि मेरे पास एक भी कंघा नहीं है।
>
> इसके बाद एक और मुटियारी, प्रधान की सहायिका, जो सुन्दर थी और शायद 17 साल की थी के सपने इस तरह होते थे :

मुझे सपना आया कि मैं घोटुल के बाहर चेलिक के साथ सोई हुई हूँ। हम पकड़ लिये गए हैं और मुझ पर शराब की तीन बोतल का जुर्माना लगाया गया है।

मैं और चेलिक पास-पास मगर अलग चटाई पर सोए हुए हैं। मैं सारी रात उसका हाथ थामे सोई हूँ और उसके हाथ भी मेरे सीने से सारी रात नहीं हटे हैं।

मुझे सम्भोग के सपने अक्सर आते हैं; जब भी कोई लड़का मेरे पास आता है मैं कहती हूँ, 'हटो, तुम्हें क्या हुआ है?'

एक चेलिक मेरे सपने में मेरे साथ सोया था। उसने मेरे स्तन अपनी हथेलियों से जोर से भींच रखा है। मैं कह रही हूँ, 'ऐसा मत करो, मुझे जाने दो।' वह कहता है, 'मैं नहीं छोड़ सकता। मैं हमेशा ऐसा करूँगा।' मैं कहती हूँ, 'तुम चेलिकों को हम पर दया नहीं आती।'

बिनझली घोटुल में मुटियारी अपने चेलिक के साथ सप्ताह में एक बार सोती है। और दूसरे दिन शाम को तीव्र सम्भोग के बाद लड़की अपने पृथक् घर लौट जाती है। उपरोक्त सपने इसी का प्रभाव दिखाते हैं। कंघे के लिए तड़प पहलेवाले सपनों की शृंखला में दिखती है यह उसके ईर्ष्या को भी दिखाता है जिसके पास ढेर सारे कंघे होते थे। और यह सब घोटुल जीवन के सामान्य अंग थे। कंघा प्रेमी का अमूल्य उपहार माना जाता है और ढेर सारा कंघा का मतलब यह आकर्षण और यौन शक्ति का प्रमाण है। दूसरी लड़की ने जो पहला सपना देखा कि वह घोटुल के बाहर अपने प्रेमी के साथ सोई हुई है और उस पर जुर्माना लगाया गया है, यह दर्शाता है उस नियम को जो घोटुल में अति प्रेम से बचने के लिए बनाया गया है।

मुटियारी के सपनों का मतलब समझना बहुत मुश्किल है : मेरे लिए भी। पर इतना तो है कि ये सपने दिलचस्प और कारुणिक हैं।

हर जगह मुझे चेलिक के बीच तनाव से भरे सपने मिले। स्वाभाविक है, घोटुल में भी, जहाँ यौन सम्बन्ध बनाने के अवसर इतने खुले हैं, फिर भी एक लड़का या लड़की की यौन इच्छा किसी खास समय में पूरी नहीं हो पाती। ऐसी ही अतृप्त इच्छाएँ सपने में दिखती हैं, मगर इससे यह अर्थ नहीं निकालना चाहिए कि घोटुल खोए हुए अवसरों और अतृप्त इच्छाओं की जगह है।

छपई घोटुल के गादरु को निम्नलिखित सपने आए :

एक रात ज्यादा खा लेने के बाद नींद में मैंने देखा कि मैं पड़ोसी के यहाँ जाकर बीड़ी पी रहा हूँ। एक सुन्दर मुटियारी मेरे बगल में बैठती है और कहती है, 'ऐ दादा, मुझे थोड़ी तम्बाकू दो।' मगर जैसे ही मैं हम दोनों के सोने के लिए चटाई ढूँढ़ने लगा कि नींद टूट गई।

एक बार जब मैं घोटुल के बाहर सो रहा था, एक सुन्दर मुटियारी आई और मेरे बगल में लेट गई। मैंने उससे कहा, 'ऐ लड़की, मैं जो चाहता हूँ मुझे वह करने दो।' उसके स्तन मुझे चिपटे लगे मगर मैंने उन्हें जैसे ही दबाया मुझे वे पत्थर की तरह सख्त लगे। मैंने उसे उत्तेजित किया मगर उसकी योनि नहीं ढूँढ़ सका और जब मैं उसे ढूँढ़ रहा था मेरा जल बाहर आ गया और मैं जाग गया।

एक दिन मैंने सपने में देखा कि मैं किसी दूसरे गाँव जा रहा हूँ और एक

मुटियारी नदी से पानी भरकर आ रही है। मैंने उससे कहा, 'मुझे कुछ दो; वादा करो कि तुम इनकार नहीं करोगी।' वह मुझे पकड़ती है और अपने साथ ले जाती है; मगर ज्योंही मेरी नजर अपने कपड़े पर पड़ती है तो देखता हूँ कि उस पर खून के धब्बे लगे हुए हैं, और यह खून मुटियारी के शरीर से बह कर आ रहा है, अचानक नींद खुल जाती है। इस सपने को देखने के बाद अगले दिन मैं नदी के किनारे गया और येर कानयांग को भेंट चढ़ाई।

गारदु नाम का यह लड़का, जिसने ये सपने देखे, बचपन में करीब-करीब डूब ही चुका था। बड़ी मुश्किल से उसे बचाया जा सका। सिराहा ने घोषणा की कि बच्चे के साथ दुर्घटना इसलिए हुई क्योंकि उसका पिता येर कानयांग से किया हुआ वादा पूरा करना भूल गया था। उसने वादा किया था कि जब वह मछली पकड़ने जाएगा तो सूअर की बलि देगा। सम्भवतः यही पुराना सम्बन्ध उसके तीसरे सपने में व्यक्त होता है।[1]

कुंठा से जुड़े हुए कई और सपने हैं, चंदाबेरा में मुखवन सपना देखता है :

एक रात मैं अलोसा से प्रेम कर रहा था, मगर जैसे ही मैं उससे सम्भोग करने लगा वह उठी और भाग गई।

यह सपना वास्तव में तीन दिन बाद दिखाई दिया था, उसके पहले उस लड़के का अलोसा से कुछ लेना-देना नहीं था। उसने कहा कि यदि उसे यह सपना आया होता कि वह वास्तव में उस लड़की के साथ सम्भोग कर रहा है तो वह उसे बाद में जीत नहीं सकता था। इसलिए कुंठा व्यक्त करते सपने कभी-कभी सौभाग्यशाली साबित होते हैं।

और फिर से, कोकोरी में घोटुल कोतवार को सपना आया कि,

मैं चेलिक और मुटियारी के साथ नृत्य करने गया हूँ। सभी लड़कों के बालों में कंघे और गले में हार था लेकिन मैं अपना कंघा घर पर ही भूल आया था। मैं घर भागा उन्हें लाने के लिए। जब मैं जा रहा था, दुलौसा ने मुझे पकड़ लिया और बोली, 'आओ, दादा, आओ।' जब मैं उसके साथ जंगल में जाने लगा तो रास्ते में मुझे बहुत लोग मिले, मैंने दिखावा किया कि मैं जंगल में पेशाब करने जा रहा हूँ, लोग चले गए। जब मैं पेशाब कर रहा था तभी दुलौसा ने मुझे धकेला और भाग गई। दुलौसा सपने के न तो पहले न बाद में मेरी खास प्रेमिका रही।

एक दिन निरोसा ने कहा, 'ओ दादा, मैं आपके साथ सोना चाहती हूँ।' उसने उस रात मेरे बालों में कंघी की मगर बाद में जैसे ही हम लेटने जा रहे थे, एक दूसरा लड़का आया और उसे खींचकर ले गया, और मैं जाग गया।

यह अनुभव घोटुल में सामान्य तौर पर पाया जाता है। काबोंगा के कोतवार ने निम्नलिखित तरीके से अपने सपने के बारे में बताया।

एक दिन मैंने सपना देखा कि मैं अपने खेत में हल चला रहा हूँ और मुझे भूख लगी। मैं बगल के तालाब में नहाने गया और पत्थर पर बैठ गया। मछली ने मेरे

---

1. 'डुबा देनेवाली आत्मा' या डुभा और जेट बूढ़ी, एक बूढ़ी स्त्री जो तालाब में रहती है और असावधान को डुबो देती है, में विश्वास सम्भवतः बंगाल और बिहार में आज भी आम है और येर कान्यांग के बारे में मुड़िया की सोच में प्रतिबिम्बित होता है। देखें एस.सी. मित्रा, 'वाटर स्पिरिट्स इन नॉर्थ बिहार', *मैन इन इंडिया,* खंड-III (1923), पृ. 196 व आगे और इसी लेखक का लेख 'सुपर स्टिशंस रिगार्डिंग ड्राउनिंग एंड ड्राउंड पर्सेस, *जे.ए.एस.बी.,* खंड-LXII।

पैर को काट लिया था। तुरन्त एक लड़की वहाँ पानी भरने आई, मैंने कहा, 'ऐ लड़की, तुम अब तक कहाँ थी जो अब आई हो?' फिर मैंने खुद को जावा खाते हुए पाया, लेकिन जैसे ही मैंने पत्ते का दोना उठाया और होंठों तक ले गया कि देखा इसमें केवल पानी था। जैसे ही मैं उस लड़की से कुछ बोलने को हुआ कि मेरी नींद खुल गई।

काबोंगा में एक दिलचस्प वाकया हुआ। यहाँ घोटुल के दीवान की शादी कई साल पहले हो जाने के बावजूद वह अपने पद पर कायम था। उसने एक दिन कुछ इस तरह वर्णन किया :

मैंने रात घोटुल में बिताई और जब सुबह घर पहुँचा तो पत्नी झगड़ने लगी। उसने कहा, 'पिछली रात तुम बेलोसा को जबर्दस्ती ले गए और उसने पूरे गाँव को यह बात बता दी।' मैं चिढ़ गया लेकिन जैसे ही मैं बेलोसा को खोजने निकला नींद टूट गई।

दो दिन बाद दीवान को इस सपने का मतलब समझ में आया। बेलोसा जब सो रही होती तो एक लड़का उसके पास आया करता था। उसे इस बात का कोई अन्दाजा नहीं था कि वह लड़का कौन है। इसलिए वह सुबह कोतवार पर इलजाम लगाते हुए बोली, 'उसने मुझे सारी रात सोने नहीं दिया।' सपने से साहस बढ़ने के कारण जिसने बताया कि वह लड़की गलत आरोप लगाने की आदी थी इसलिए दीवान ने आदेश दिया कि उस लड़की को घोटुल से निष्कासित कर दिया जाना चाहिए, क्योंकि उसके झूठ के कारण घोटुल की बदनामी हुई थी।

मैं उन कुछ और सपनों के बारे में बताऊँगा जिनमें स्पष्ट तौर पर यौन तत्व निहित थे। कोईलीबेरा के एक चेलिक ने मुझे उस सपने के बारे में बताया जिसमें उसने देखा कि लड़के और लड़कियाँ घोटुल के सामने नृत्य कर रहे हैं। उसने उनमें से एक लड़की को पकड़ा और उसके साथ सम्भोग किया। जब वह उसके साथ था एक शेर (जो उस गाँव की बुरी आत्मा थी) आया और उन्हें परेशान करने लगा।

नयनार का चेलिक बताता है कि वह अक्सर सपने में देखता है कि वह दूसरे घोटुल की लड़की के साथ सो रहा है।

एक छोटे लड़के का अपने से बड़े लड़के के साथ तकरार होना शायद बिनझली के इस सपने का उद्देश्य था, इसके बारे में थोड़े अनाकर्षक लड़के ने बताया :

मैंने सपना देखा कि मैं सिलो (घोटुल की सबसे आकर्षक और सुन्दर लड़की) के साथ सो रहा हूँ। मैं उसे दिलो-जान से प्यार करता था। आधी रात को उसने मुझे उठाकर अपने ऊपर लिटाया। मगर तभी सालया जाग गया और बोला, 'एक आगन्तुक आया है। उसे सोने के लिए अपनी चटाई दे दो।' मुझे उठकर अपनी वह चटाई देनी पड़ी जिस पर हम दोनों सोए हुए थे। मुझे बेहद दुख हुआ, लेकिन जब मैं वापस आया तो सिलो ने अपनी साड़ी उतारकर मुझे सुलाने के लिए जमीन पर बिछा दी थी। फिर मैंने उसे अपना कम्बल ओढ़ा दिया।

मारकाबेरा में चेलिक के सरदार ने कहा, 'यदि मेरी घोटुल बीबी मुझसे दूर रहती है तो मुझे उसके साथ अपने सोने के सपने आते हैं। मैंने एक बार सपने में देखा कि मैं दूसरे गाँव नृत्य के लिए जा रहा हूँ। मैं सड़क के किनारे उस लड़की के साथ चल रहा हूँ जिसे मैं चाहता

था। उस रात मैं उसके साथ दूसरे गाँव में सोने में कामयाब रहा।'

चंदाबेरा के चेलिक ने कहा, 'हम अक्सर घोटुल के शुरुआती दिनों के अपने प्रेम के बारे में सपना देखते हैं, क्योंकि उन लड़कियों को हम कभी भूल नहीं पाते। हम सपना देखते हैं कि वह हमारे साथ सोई हुई हैं या हमारे साथ भाग रही हैं। कभी-कभार हम देखते हैं कि हम उनके साथ मछली पकड़ने बाहर गए हैं या कि हम शादी के नृत्य में शामिल हैं।'

मुरिया अपने सपनों को लेकर जितने गम्भीर होते हैं और उन्हें सच मानते हैं, यह सपने के बाद उसे लेकर किए गए परहेज में दिखता है। मैंने पहले ही डरावने सपने से बचने के कई उपायों का जिक्र किया है। यहाँ मैं कुछ और का जिक्र करूँगा। भोपना के एक मुरिया ने कहा, 'अगर मुझे पानी के भीतर जाने का सपना आया तो मैं सिराहा से मिलता हूँ। उन्होंने बताया कि इस सपने का मतलब एक बुरी आत्मा आ रही है। एक बार मेरे साथ ऐसा ही हुआ, मैंने सात अलग-अलग तरह की लकड़ियों को इकट्ठा करके नदी किनारे अलाव बनाया। आग में थोड़ा गुड़ और घी डाला। फिर मैं और मेरी पत्नी ने आग के तीन चक्कर लगाए। इसके बाद नदी में जाकर नहाया। हमने अपने पुराने कपड़े उतारकर वहीं नदी किनारे छोड़ दिए और बिना आस-पास देखे घर चले गए। यह अपेक्षाकृत महँगा और मुश्किल उपाय था। आनेवाले खतरे से बचने का एक और उपाय चिंगार में देखने को मिला।

> जब दो लोगों के लड़ने का सपना आता है तो इसका मतलब होता है काले जादू से उत्पन्न संकट। इससे बचने के लिए तीर-धनुष लिये हुए आदमी की घास से पुतला बनाना चाहिए और खराब अंडा, सूअर या मुर्गे की बलि देनी चाहिए। फिर उस छोटे से पुतले को गाँव के बाहर फेंक देने से खतरा टल जाता है।

छनियाँगाँव के गदरू ने सपना देखा, एक सुन्दर युवती मेरे बच्चों के पास आकर कहती है, 'मैं तुम्हें खा जाऊँगी क्योंकि तुम्हारे माता-पिता ने मुझे खाने के लिए कुछ नहीं दिया है।' अगले दिन मेरे बच्चे बीमार पड़ गए। सिराहा ने बताया कि उनकी बीमारी का कारण लगर देव हैं जो इस बात से नाराज हैं कि पहला बच्चा होने के तीन साल बाद जो पारम्परिक चढ़ावा चढ़ाया जाता है वह नहीं चढ़ाया गया। इसी कारण वह मेरे सारे बच्चों को मार देना चाहता है। अन्त में मैंने लगार देव को दो सूअर की बलि चढ़ाई ताकि मैं शान्ति से रह सकूँ। जब मैंने ऐसा कर लिया तब जाकर मेरे बच्चे ठीक हुए।

पलनर में सुपल ने एक बार सपने में देखा कि वह एक बहुत बड़े पत्थर पर चढ़ रहा है। अचानक उसे चपरासी दिखा, वह डर गया और भागने लगा। ऐसा करने में वह पत्थर से गिर पड़ा जिससे उसके दाँत टूट गए। जब वह जगा तो उसने पाया कि उसे बुखार है। वह फिर तभी ठीक हुआ जब उसने सूअर तथा दूसरी चीजों की बलि दी।

चंदाबेरा में एक मुरिया चेलिक की खुशियों से जलता था इसलिए उसने घोटुल पर काला जादू-टोना कर दिया। सरदार को सपना आया कि एक लड़के की मौत हो गई है और उसके मृत शरीर को जलाने के लिए ले जाया जा रहा है। इसके तुरन्त बाद उसे भी बुखार हो गया। जब वह घर में सोया हुआ था उसे सपना आया कि एक चेलिक उसके पास आकर कह रहा है, 'आओ, चलो शादी में नाचने चलते हैं।' सरदार ने जवाब दिया, 'मुझे बुखार है, मैं नहीं जा सकता।' चेलिक कहता है, 'तुम्हें बुखार फलानें आदमी ने दिया है, तुम्हें इसे वापस भेज देना चाहिए।' फिर वह लड़का जाग गया। अगले दिन सिराहा के पास जाने पर पता चला कि यह सब जादू-टोने के कारण हुआ था, उसकी बीमारी भी। फिर उन्होंने एक सूअर और

मुर्गा लिया और गाँव के बाहर यह कहते हुए उनकी बलि चढ़ाई, 'क्या तुम जा रहे हो, या नहीं?' सूअर और मुर्गी दोनों ने चढ़ाए गए चावल खाए, और इसका यह मतलब हुआ कि जादू-टोने का असर खत्म हो गया है। लड़के ने सूअर और मुर्गी का भोज दिया और सिराहा का बुखार भी ठीक हो गया। लोगों को पूरा विश्वास था कि उसके सपने में जो चेलिक आया था वह खुद लिंगो पेन थे।

कोकोरी के मुरिया नैतामी डोले ने अपने उस अनुभव के बारे में बताया जब वह घोटुल का सरदार था।

> एक रात मुझे सपना आया कि मैं मुटियारी के साथ सम्भोग कर रहा हूँ। अगले दिन मैंने अपने आपको बुखार में तपता पाया। मैं सिराहा के पास यह पूछने गया कि बात क्या है। उन्होंने बताया कि मेरे एक दुश्मन ने जादू से उस मुटियारी को मेरे पास भेजा है। इसलिए मैं नदी के तट पर गया और वहाँ चावल से सात वृत्त बनाए, उन पर अंडे के छिलके का चूर्ण और राख छींटा और येर कनयांग के लिए मध्य वृत्त में एक अंडा रखा। इतना सब करने के बाद मैं ठीक हो पाया।

सपने में अपने घर को जलते हुए देखने का मतलब है खतरनाक काला जादू। इसका सबसे भयंकर रूप जो 'अग्निबाण' यानी आग के तीर के रूप में दिखाई देता है और इसे दुश्मन के लिए भेजा जाता है। इस जादू से बचने के लिए मुर्गे की बलि देना चाहिए और 'डाब' घास का छोटा पुतला बनाकर उसे गाँव की बाहरी सीमा पर घुमाते हुए बाहर फेंक देना चाहिए।

अध्याय उन्नीस

घोटुल अभियान

1. परिचय

घोटुल जीवन का खुशनुमा और प्रफुल्लित कर देनेवाला हिस्सा वह अभियान है जो पूरे साल एक गाँव से दूसरे गाँव यात्रा के रूप में होते हैं।[1] मैं यहाँ उन्हीं यात्राओं का जिक्र करूँगा जो घोटुल द्वारा आधिकारिक रूप से, नेता के नेतृत्व में उचित अनुशासन और नियम के साथ किए गए हैं। ऐसे अभियान विवाह, कबीले के देवता के उत्सव, मरहई मेला और सर्दी के मौसम के अवसर पर गाँव दर गाँव किए जाते हैं। कभी चेलिक और मुटियारी ऐसी यात्राओं पर साथ जाते हैं और कभी अलग-अलग। हर यात्रा में यौवन की ऊर्जा और अवकाश के दिन का उल्लास देखने को मिलता है। इस अवसर पर विभिन्न गाँवों के लड़के और लड़कियाँ प्यार के बन्धन में बँधते हैं। चेलिक और मुटियारी रोजमर्रा की नीरसता से हटकर स्वतन्त्र और आनन्ददायक पिकनिक मनाते हैं।

हर विवाह पड़ोस के घोटुल को आकर्षित करता है। विवाह के दिन बहुत सवेरे उठकर एक दर्जन गाँव के चेलिक और मुटियारी स्वयं को सजाने, ढोलों को तैयार करने और अपनी जरूरत की चीजें इकट्ठा करने में लग जाते हैं। अपनी मंजिल पर पहुँचकर वे पेड़ों के नीचे या झरने के किनारे ठहर जाते हैं। वे शादी में जाकर मंडप तैयार करने में सहायता करते हैं, घर के सामने नाचते हैं और लागिर के शानदार प्रदर्शन में हिस्सा लेते हैं। दूल्हे के परिवार वाले उनका आतिथ्य करते हैं, उन्हें भोजन और दारू देते हैं। वे गाँव में घूमते हैं–हँसते, खेलते, बतियाते हैं, इश्कबाजी करते हैं। शादी सामान्यतः बेहद जोशीले माहौल में होती है और हर किसी को छुट्टियों में पिकनिक मनाए जाने का मौका देती है।

कुल देवता से जुड़े महान उत्सव में भी मनोरंजन और प्रणय सम्बन्धी तमाम अवसर उपलब्ध होते हैं। मुरिया धर्म और धर्मपरायणत के प्रति खासे गम्भीर होते हैं। वे देवता को सम्मान देने या सन्तुष्ट करने में कोई कोताही नहीं करते। पूजा के पहले उन्हें नहलाया, खिलाया, सजाया-सँवारा जाता है। लेकिन ऐसी कोई वजह नहीं जिसके कारण उनके पुजारी या उपासक अपना मन बहलाव न करें। केंटरबरी तीर्थस्थल कुल देवता की पूजा और महोत्सव के समय घर की तरह हो जाता है। अदनार और मेताबन्द में मैंने ऐसा ही देखा। इस मौके पर सैकड़ों लड़के-लड़कियाँ सुन्दर कपड़ों व आभूषणों में यहाँ आते हैं। यहाँ फिर से सभी घोटुल पेड़ के नीचे इकट्ठे होकर अलग-अलग समूह बनाते हैं। मगर चेलिक और मुटियारी

1. ऐसे ही अभियान उड़ीसा जनजातियों, भूमिया, जुआंग, बोंडो और गडाबा के द्वारा भी किए जाते हैं। हालाँकि मुड़िया से भिन्न इनका गम्भीर वैवाहिक उद्देश्य होता है।

एक साथ नृत्य करते हैं। यह मौका दूसरे गाँव के लड़के-लड़कियों से मिलने-जुलने का ज्यादा मौका देता है। अपेक्षाकृत शादी के अवसर पर इकट्ठा होने के।

कई मारिया यहाँ अपनी काँख में महुआ शराब की बोतल छिपाए आते हैं। इस समय मारिया का उद्देश्य अन्य गाँव की लड़कियों से मिलना और उन्हें अपनी ओर आकृष्ट करना होता है। रात में उसे टार्च जलाकर अपनी प्रेमिका को ढूँढ़ते हुए देखा जा सकता है। यहाँ तक कि इस मौके पर शादी-शुदा मर्द को भी छूट मिल जाती है। सिराहा द्वारा ले जाए जा रहे देवता भी मानो लड़की के पीछे पड़कर उसका पीछा करते हैं। नृत्य उत्सव रात को नौ बजे शुरू होता है और सुबह तक चलता रहता है; बेहद भव्य नजारा होता है। चारों तरफ छोटे-छोटे अलाव जलते रहते हैं, जैसे-जैसे रात बीतती है धीरे-धीरे लड़के-लड़कियों की जोड़ी या तो जंगल की ओर निकल पड़ती है या आग के पास बैठकर शराब पीते रहते हैं।

ये अभियान कई तरह के उत्सवों से जुड़े होते हैं।

2. पूस कोलांग अभियान

पूस कोलांग अभियान पर लड़के पूस (जनवरी, फरवरी) मास में निकलते हैं। यह अभियान घोटुल द्वारा मनाए जानेवाले वार्षिक अभियानों में सबसे महत्त्वपूर्ण है। खास वस्त्र पहनकर, चेलिक लिंगो पेन के सम्मान में गाँव-गाँव नाचते-गाते हुए जाते हैं। मान्यता है कि इसी देवता ने यह परम्परा शुरू की। इस दौरान उनके व्यवहार पर विभिन्न नियमों और पाबन्दियों द्वारा कड़ी नजर रखी जाती है। वे अपने साथ देवता और पवित्र आग साथ रखते हैं। लड़कियों के दीवाली नृत्य के विपरीत, इन अभियानों के पीछे कोई यौन उद्देश्य नहीं होता; कड़ी पाबन्दियों का पहरा तो होता ही है इसके अलावा खतरे की आशंका भी होती है; हर व्यक्ति बहुत सतर्क होता है; नियम के उल्लंघन से तबाही की आशंका होती है। फूलपुर का एक लड़का कहता है, 'ये नृत्य हमारे देवता के लिए होता है।' 'हमें इस समय लड़कियों की तरफ आकर्षण महसूस नहीं होता; बल्कि पूस कोलांग के अवसर पर यौन सम्बन्ध बनाने के कारण कई मौतें हो चुकी हैं।'

उदनपुर में कुरुमतला पेन ने चेलिक को नाचने से मना किया, मगर वे लोग नहीं माने; उन्होंने जैसे ही अपना गाँव छोड़ा, उनमें से एक लड़के की मृत्यु हो गई। चिचानर में लड़कों के कुत्ते ने एक बार दूसरे कुत्ते को काट लिया और जब वे घर लौटे चेलिक की मृत्यु हुई। भानपुरी में नर्तकों को एक बार पूस कोलांग आग की राख पर बनी शेर की आकृति ने चेतावनी दी थी कि वे नहीं जाएँ, मगर वे गए और दो चेलिक की मौत हो गई। तभी से उन्होंने यह रस्म छोड़ दी। सामान्यतः, नारायणपुर कोंडागाँव सड़क के दक्षिण और केसकल-कोंडागाँव सड़क के पूरब स्थित मुरिया पूस कोलांग का नृत्य नहीं करते, लेकिन उत्तर में हर जगह यह सामान्यतः मौजूद हैं। वे कहते हैं, छोटा डोंगर क्षेत्र में, 'हम नृत्य नहीं करते क्योंकि हम मारिया हैं।'

जैसे ही पूस का तरोताजा मौसमा आता है घोटुल नेता गाईता के पास जाकर अभियान की दिशा और समय की जानकारी लेते हैं। वे लोग वह गाँव याद करते हैं जहाँ पिछले साल उनका बढ़िया स्वागत किया गया था, वहाँ खिलाए गए भोज और निकाले गए शकुन को याद करते हैं और फिर आगामी कार्यक्रम तय करते हैं। पूस की आधी अमावस्या के दिनों

में वे नृत्य का अभ्यास करते हैं। नृत्य कठिन होते हैं, इन्हें छोटे लड़कों को सही-सही सिखाना बहुत जरूरी होता है क्योंकि गलती करना खतरनाक साबित होता है। नृत्य के लिए चेलिक कपड़े, आभूषण, मुखौटे और खिलौने ठीक करते हैं। कई सप्ताह वे डांडिए की लय पर पैरों के थाप का अभ्यास करते हैं, ये सब वे हमेशा घोटुल की चारदीवारी के बाहर करते हैं।

पहले दिन नियत समय पर चेलिक आग जलाते हैं फिर इसके चारों तरफ नृत्य करते हैं। सुबह में वे राख का निरीक्षण करते हैं; अगर राख को छेड़ा नहीं गया या उस पर तेंदुए, कुत्ते या बैल का निशान पड़ जाए तो सब कुछ शुभ माना जाता है; अगर वहाँ आदमी, शेर, बिल्ली, मुर्गी के पैर के निशान पाए जाते हैं तो इसका मतलब यह होता है कि लिंगो उन्हें नहीं जाने की चेतावनी दे रहे हैं। कुछ गाँवों में राख को बिलकुल नहीं छेड़ा जाता। किसी तरह का निशान चेतावनी मानी जाती है। लड़के सिराहा को सम्पर्क करते हैं जो कभी अभियान पर जाने के लिए मना करता है और कभी कुछ खास शर्तों पर जाने की इजाजत दे देता है। अगले दिन वे फिर देखते हैं और फिर से तीसरे दिन भी। अगर तीन दिन तक राख पर शुभ संकेत दिखाई दें तो वे इसे स्वीकार कर जाने की तैयारी करते हैं।

इसी दौरान वे निर्णय लेते हैं कि कौन गाइन और जोकता बनेगा, गीत का नेतृत्व कौन करेगा; जोड़ी किस तरह बनेगी और कपड़ों और आभूषण को ठीक करते हैं। इन कपड़ों और आभूषणों में महिला वस्त्र और आभूषण शामिल होते हैं; लड़के मुटियारी से माँगे हुए स्कर्ट और गले का हार पहनते हैं—ऐसा वे सिर्फ ज्यादा से ज्यादा आभूषण इकट्ठे करने की गरज से करते हैं।

जब प्रथम पूस कोलांग अभियान में लिंगो ने चेलिकों का नेतृत्व किया था, वे अपने साथ शेर लेकर गए थे। इसी की याद में कई गाँवों में अब लड़के कुत्ते लेकर जाते हैं। इस कारण यह नृत्य कई बार नेई कोलांग या कुकुर कोलांग कहलाता है।

फूलपुर में चेलिक बताते हैं कि वे उस कुत्ते को ले जाते हैं जो या तो आग के चारों तरफ घूमते रहते हैं या राख के पास बैठे पाए जाते हैं। मगर मुझे पता चला कि अन्य गाँवों में वे सिर्फ उसी कुत्ते को ले जाते हैं जो प्रशिक्षित हो, दूसरे कुत्तों को देखकर न भौंकता हो, न ही काटता हो। उदनपुर में वे बताते हैं कि कुत्तों को नाचना सिखाया जाता है।

कुत्ता शुभंकर भी होता है और अपशकुन बतानेवाला भी। लड़के गाँव की माता के मन्दिर से एक घंटी लेकर, लिंगो के नाम पर कुत्ते के गले में बाँध देते हैं। जब सभी नाचते हैं तो कुत्ते को बीच में बैठा दिया जाता है। भोजन के समय गाइन दूसरे लोगों के खाने के पहले तीन मुट्ठी चावल देता है।

जब नाचनेवाला समूह किसी गाँव में प्रवेश करता है तो चेलिक रुककर देखता है कि कुत्ता क्या करनेवाला है। यदि सब कुछ ठीक है तो कुत्ता चुपचाप बैठ जाता है। यदि वह गाँव में किसी के घर में घुसता है तो यह अपशकुन माना जाता है। माना जाता है कि दो लड़कों की मौत होगी। यदि वह साँझ होने तक खेत की ओर दौड़ता है तो नृत्य समूह को आगे चल देना चाहिए। यदि वह दूसरे कुत्ते से लड़ता है तो किसी की मौत होगी। अगर समूह छोड़कर कुत्ता घर लौट जाता है तो यह किसी बड़े खतरे की चेतावनी है।

जब चेलिक अपने गाँव लौटते हैं तब वे कुत्ते के लिए दो मुर्गों की बलि देते हैं। कुत्ते के गले से घंटियाँ उतारकर वापस माता के मन्दिर में रख दिया जाता है। कुत्ते के गले में घंटी बाँधने से लेकर घंटी उतारने तक की इस अवधि में समूह के किसी भी सदस्य को

सम्भोग की मनाही होती है। लेकिन घंटी खोल देने का मतलब होता है कि वे कुछ भी करने को स्वतन्त्र हैं।

ज्यादातर गाँवों में एक ही कुत्ता तीन साल तक इस अभियान पर जाता है मगर इसके बाद या तो कुत्ता पागल हो जाता है या उसे बाघ उठाकर ले जाता है। इसके पीछे का सिद्धान्त यह है कि कुत्ते पर लिंगो का तीन साल प्रभाव रहता है इसके बाद वह बाघ का रूप धरकर आते हैं और उठा ले जाते हैं। जब सब कुछ तैयार होता है, चेरता-पुनी के एक सप्ताह पहले चेलिक सारे कपड़े पहन पूरे दिन नाचते हैं। वे नाचते समय शान्त रहते हैं और लड़कियों की तरफ ध्यान नहीं देते। अगली सुबह गाईता उन्हें गाँव की माता के मन्दिर ले जाता है जहाँ मारिया पेन का भाला रखा होता है। वे सब मन्दिर के सामने सीधी रेखा में, न कि गोल घेरे में, नाचते हैं जिसे 'लिंगो पार' कहते हैं। फिर गाईता अग्नि और धूपबत्ती के जरिए माता से निवेदन करता है कि 'ये बच्चे नृत्य करने जा रहे हैं। इन्हें रास्ते में किसी रोग से बचाना। इन्हें सुरक्षित घर लाना। भाले को इनकी सुरक्षा के लिए भेजा और मारिया पेन को भी। अगर ये सुरक्षित वापस आएँगे तो मैं बलि दूँगा।

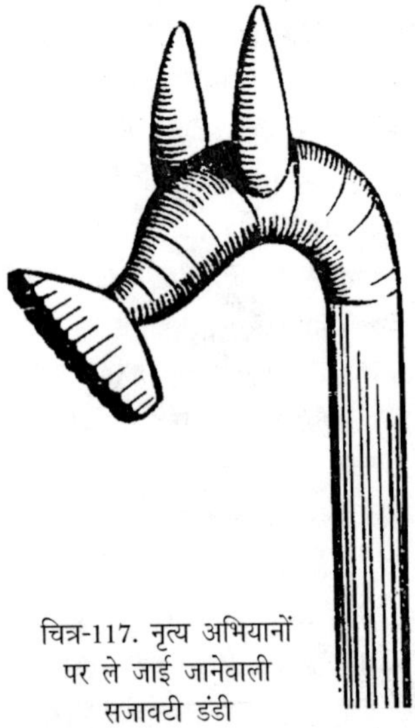

चित्र-117. नृत्य अभियानों पर ले जाई जानेवाली सजावटी डंडी

यह रिवाज फूलपुर और कोइलबेरा में पाया गया। बाद वाले गाँव में गाईता ठाकुर देव के मन्दिर गए और वहीं निवेदन करते हुए पूजा की। इस मन्दिर से वे मोर के पंख के कुछ गुच्छे ले गए और गायकों के नेता गाइन को दे दिया।

अब सारे चेलिक गाईता के घर के बाहर इकट्ठे होते हैं। फिर गाईता हाथ में माला लेकर सबके साथ पहली दफा डांडिया-नृत्य करता है। इसके बाद वे घोटुल के सामने नाचते हैं। फिर वे गाईता और सिराहा के साथ पहले गन्तव्य की ओर जाते हैं। जब वे सभी गाँव की सीमा पर पहुँचते हैं तो गाईता सड़क पर एक रेखा खींचकर यहाँ औंरा पत्तों के सात गुच्छे, लोहे के सात टुकड़े और चावल के सात ढेर रखते हैं। गाईता और सिराहा सड़क के किनारे पालथी लगाकर बैठ जाते हैं और उन्हें लड़के एक-एक करके लाँघते हैं, यह कहते हुए कि 'हमें सुरक्षित लौटाना' यदि इनमें से किसी लड़के पर जादू या पारलौकिक शक्तियों की छाया होती है तो सिराहा बेहोशी या ध्यान के जरिए संकेत करते हैं, फिर अभियान को तब तक रोक दिया जाता है जब तक जादू या शक्ति का कोई उपाय नहीं कर लिया जाता।

पवित्रता के नियमों का कड़ाई से पालन किया जाता है। इन नियमों के अनुसार चेलिक को किसी घोटुल की चारदीवारी में घुसने या इसके बाड़े को छूने की भी मनाही होती है। सिवाए छह नेताओं के दूसरे लड़के मुटियारी के साथ नृत्य तो कर सकते हैं मगर उन्हें छू नहीं सकते। नृत्य भी वे अलग-अलग कतार में करते हैं। किसी घर में दीपावली की हुई सजावट के नीचे से वे नहीं गुजर सकते। न ही वे लड़के किसी दरवाजे में घुस सकते हैं, या छत को या छप्पर को छू सकते हैं; उन्हें विवाहित स्त्री के हाथ से खाना मना है; उन्हें इस बात का खास ख्याल रखना होता है कि उन पर ऐसी किसी स्त्री की छाया न पड़े जो

माहवारी से गुजर रही हो। इस तरह की पाबन्दियाँ लड़कों को याद दिलाती हैं कि वे कुछ समय के लिए इन सबसे दूर रहें।

चेलिक को संक्रमित गाँव से बचाने के लिए नियम है कि जिस आग में वे खाना पकाते हैं उसे पवित्र भाले की नोक पर जलती आग से ही सुलगाया जाए। दूसरी तरफ जिस गाँव वे गए वहाँ की मुटियारी के हाथ से बना खाना वे खा सकते हैं मगर वह भोजन उनके अपने लड़कों के हाथ से बना हो। दो लड़कों को रसोईया बनाया जाता है, एक चावल देखता है, दूसरा दाल और नमक। यात्रा किए गए गाँव से चेलिक और मुटियारी खाना, पका खाना ला सकते हैं मगर उन्हें आपस में ज्यादा बात करने की मनाही होती है और उन्हें तुरन्त वापस भेज दिया जाता है।

उन्हें गिराए गए पेड़ को लाँघने की इजाजत नहीं होती। उन्हें उन्हीं जोड़ों और क्रम में रहना चाहिए जिसमें वे चले थे, आशय यह कि उन्हें अपने साथी बदलने की मनाही होती है। लड़के को किसी दूसरे के नहीं बल्कि अपने साथी के साथ ही सोना होता है। नियम तोड़नेवाले की मृत्यु निश्चित है। तालाबेरा में ऐसा ही हुआ था। यदि जोड़े का एक साथी मर जाता है तो दूसरा जोड़ीदार भी मर जाता है। डांडिया नृत्य के दौरान यदि कोई ढंग से डंडे पर डंडा नहीं मारता है तो उसे कठोर दंड मिलता है।[1] ऐसा करने पर गाँव का पुजारी या गाईता गलती करनेवाले लड़के की पगड़ी उतार लेता है। पगड़ी वापस लेने के लिए उसे दो बोतल शराब का जुर्माना देना पड़ता है। यदि किसी लड़के का डंडा नीचे गिर जाता है या उसकी धोती ढीली हो जाती है तो भी वही जुर्माना भरना पड़ता है। जो चीज नीचे गिर जाए उसे दाँतों से पकड़कर उठाना पड़ता है।

तीन नेतृत्वकर्ता जोड़ी, गाइन और जोकता या रोचे-सेला और दो अन्य जोड़ी के व्यवहार पर नियन्त्रण रखने के लिए विशेष नियम होते हैं। उन्हें किसी से बात करने की मनाही होती है; जिस गाँव में वे जा चुके हैं वहाँ की मुटियारी के साथ वे नृत्य नहीं कर सकते; और खास पूस कोलांग गीत ही गा सकते हैं।

1941 में फूलपार की एक नृत्य मंडली ने सरांडी, कुरसे, कुरगाँव और तुरसानी का दौरा किया। सरांडी में उन्होंने गाईता के घर के सामने नृत्य किया। गाँव में जैसे ही दाखिल हुए गाने लगे–

1. उत्सवी नृत्य के दौरान गलती करने के खतरे के बारे में ऐसे ही विश्वासों के लिए देखें, जे.जी. फ्रेजर, *टोटेमिज़्म एंड एग्ज़ोगामी* (लन्दन, 1990), खंड-III, पृ. 518. ए.बी. एलिस, *द ईव स्पीकिंग पीपल्स ऑफ द स्लेव कोस्ट* (लन्दन, 1890), पृ. 95 से भी तुलना करें।

रे रेला, रेला रे रेला, रेला रे रेला, रे रेला,
चेलिक! हमें पुजारी का घर दिखाओ।
क्या तुम उसका घर नहीं जानते; चेलिक?
तुम कहाँ से आए हो चेलिक?
हम पहाड़ियों की धरती से आए हैं।
यदि हम तुम्हें पुजारी का घर दिखा दें,
तो तुम हमें क्या दोगे चेलिक?
हम तुम्हें लुंगी देंगे।
यही वह घर है जिसके अहाते में गाड़ी खड़ी है, चेलिक।
जिसके आगे भैंसों के लिए तालाब है, चेलिक।
वह गाईता पुजारी का घर है, चेलिक।
बाँस की बल्ली पर एक बन्दर है, चेलिक।
स्तम्भ से बँधा हुआ हाथी है, चेलिक।
घोड़ा छप्पर के नीचे बँधा है, चेलिक।
घर की छत पर मोर बैठा है, चेलिक।
दीवार पर एक तलवार है, चेलिक।
वहीं एक तोता बैठा है, चेलिक।
पिंजरे में मैना है, चेलिक।
वही गाईता का घर है, चेलिक।

एक वृत्त में डांडिया नृत्य करते हुए गाईता के घर के सामने श्रद्धा से भर उठते हैं। दो लड़के टोकरी लेकर घर में जाकर चावल, दाल और नमक माँगते हैं और अन्य लोग नृत्य करते रहते हैं।

ऐसे नृत्य की कई किस्में हैं–विशुद्ध पूस कोलांग नृत्य डांडिया है। पवित्र भाले को धरती में खड़ा कर दिया जाता है और लड़के इसके चारों ओर गम्भीरतापूर्वक नृत्य करते हैं, एक लड़का दूसरे लड़के से डंडे का सिरा पकड़कर जुड़ जाता है–

रे रेला, रेला रे रेला, रेला रे रेला, रे रेला।
बूढ़े लिंगो पेन, तुम्हें जोहर है,
लिंगो के बाद कौन देवता था?
उसके बाद बूढ़ा पेन, उसको जोहर है!
बूढ़ा पेन के बाद कौन देवता था?
उसके बाद मुदियाल पेन!

उसको जोहर, उसको अच्छी जोहर दो।
उसके बाद कौन?
उसके बाद मुदियाल पेन आया।
उसको जोहर, उसे अच्छी जोहर दो

और इनके बाद गुंडी पेन, सोनकुआरी पेन, फूलकुआरी पेन, बालकुआरी पेन और नदुरगुंडी पेन आते हैं–

इन देवताओं को हम नमन करते हैं
हम उनसे कुपित न होने की प्रार्थना करते हैं,
वे हमें भूलें नहीं।
हम उन्हें सुगन्ध, मुर्गा और सूअर देंगे।
हम सबको जोहर देते हैं।

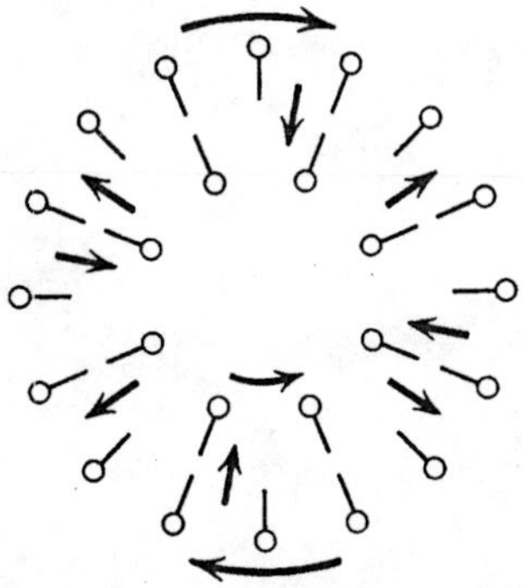

इसके बाद नृत्य में बेहतर परिवर्तन होता है। लड़के एक-दूसरे के सामने दो दायरे बनाते हैं। ये दोनों दायरे एक-दूसरे के विरोध में चलते हैं और साथ ही अन्दर के दायरे के लड़के एक पैर से कूदते हैं और बाहरी दायरे वालों से तीन बार डंड धीरे से थपथपाते हैं। यह बराबर चलता रहता है और इस प्रकार दोनों दायरे परस्पर हरकत में रहते हैं और बदलते रहते हैं। डंडों का चलाना और थपथपाना बहुत आनन्द देता है।

डांडिया नृत्य की एक विशेष किस्म है काप्पू डाका। काप्पू एक चिड़िया है और डाका का अर्थ है पैर उठाना। यह तीव्र गति का नृत्य है जिसमें लड़के अपने चूतड़ों को हिला-हिलाकर घंटियाँ बजाते हैं और डंडों के टकराने से खुशी देनेवाली ध्वनि निकलती है। गीत लम्बा होता है :

किस गढ़ में हम खरीदेंगे, चेलिक?
रायगढ़ में हम खरीदेंगे, चेलिक।
हम क्या खरीदेंगे, चेलिक?
कमर को सुन्दर बनाने के लिए
हम लुंगी खरीदेंगे, चेलिक!
किस गढ़ में हम खरीदेंगे, चेलिक?
सारनगढ़ में हम खरीदेंगे, चेलिक!
हम क्या खरीदेंगे, चेलिक?
शरीर को सुन्दर बनाने के लिए

हम आभूषण खरीदेंगे, चेलिक!
किस गढ़ में हम खरीदेंगे, चेलिक?
दिल्लीगढ़ में हम खरीदेंगे, चेलिक।

लिंगो एनडेना एक गम्भीर नृत्य है जिसको पेन एनडेना भी कहा जाता है। इस नृत्य में पाँवों की लय विलम्बित होती है। एक सीध में नृतकों का आमने-सामने खड़े होकर आगे-पीछे पैर को करना ऊपर सिर पर डंडियों के लगने को हिचेलहार पाटा नाम से भी जाना जाता है। यहाँ एक अन्य तरीका भी उजागर होता है जिसको मैंने पूपगाँव में देखा था।

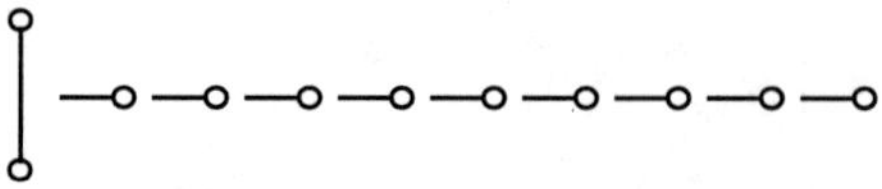

एक बन्दर नाच होता है। तीन या चार छोटे लड़के दायरे में खड़े बड़े लड़कों के कन्धो पर चढ़ जाते हैं जो उन्हें सीटी बजाकर, एक जोर की आवाज के साथ ऊपर उठा देते हैं।[1] यह पिरामिड धीरे-धीरे और ऊपर उठता है, छोटे बच्चे कन्धे बदलते हैं। निम्न प्रकार के गीत गाए जाते हैं :

रे रेलोयो रे रेला रेला रे रिलोयो रे रेला रेला
सेरेला रे रेला रेला
सीमा पर बन्दर पत्थरों के ढेर पर बैठा है
उठो, बन्दर, उठो बन्दर।
मेरा घोड़ा तुमसे बात कर रहा है, बन्दर।
तुम एक ऊँची बल्ली पर बैठे हो बन्दर।
तुम एबनी का कच्चा फल खा रहे हो, बन्दर।

II

यह मन्दिर किसका है, लड़की?
यह कोलांग लड़कों का मन्दिर है, लड़की।
यह उनका मन्दिर है, लड़की।
बाहर आकर इसे देखो, लड़की।
बाएँ हाथ में दीपक लाओ, लड़की।
दाएँ हाथ में पानी, लड़की।
उनका अभिवादन करो, लड़की।
पत्ते के दोने में चावल, लड़की।

---

1. थर्सटन कोयो स्त्रियों द्वारा किए जानेवाले ऐसे ही एक नृत्य का वर्णन करते हैं, 'बड़ी उम्रवाली लड़कियाँ बाँहों में बाँह डाले एक छोर में खड़ी थीं और कम उम्रवाली उनके कन्धों पर पैर रखकर खड़ी थीं।–थर्सटन, उपर्युक्त, खंड-IV, पृ. 72. मैंने दक्षिण बस्तर के धुर्व-परजा, कोरापूत जिले के कोंड और डांग के भीलों के द्वारा किए जानेवाले ऐसे ही नृत्य देखें हैं।

पत्ते की पुड़िया में नमक, लड़की।
अपने हाथों से हमें कुछ पीने को दो, लड़की।

इन नृत्यों में आखिरी कोकोतार डाका एनडेना कहता है। कहीं-कहीं, जैसे कि कोइलीबेरा में, लड़के इस नृत्य में बकरे-बकरी के सम्भोग की नकल करते हैं।

गीत

ये डंडे किसके हैं, सास?
हमारे कबीले के डंडे हैं, सास।
धूप में डंडे चमकते हैं, सास।
डंडे देखने के लिए बाहर आओ, सास।
अपने बाएँ हाथ में एक दीपक लाओ, सास।
अपने दाएँ हाथ में पानी लाओ, सास!
जल्दी-जल्दी हमारा स्वागत करो, सास।

मुरिया लोगों को 'सास' शब्द के दोहराने से मजा मिलता था। दूसरा गीत भी हास्यपूर्ण है :

कचगुडगुड पहाड़ी पर खरगोश है, चेलिक।
खरगोश के दाँत चाकू की तरह लम्बे हैं, चेलिक।
इसकी मूँछें घास के भालों जैसी हैं, चेलिक।
इसके बाल बाँसों जैसे लम्बे हैं, चेलिक।[1]

गाईता के घर से चेलिक गाँव में जाते हैं और हरेक घर के सामने नाचते हुए चावल एकत्र करते हैं। इसी बीच मुटियारी भी चावल इकट्ठा करने में व्यस्त हैं। वे इसको उस गाँव के घोटुल में पकाती हैं और लड़कों को उनके तम्बुओं में जाकर चावल परोसती हैं। रात में लड़के-लड़कियाँ साथ-साथ नाचते हैं लेकिन डंडों का इस्तेमाल नहीं करते।

सुबह को लड़के लड़कियों को दो या चार पैसे देते हैं और यदि वे स्वीकार करती हैं तो उन्हें पीटने की कोशिश करते हैं। जब वे अगले गाँव को जाते हुए इस गाँव की सीमा पर पहुँचते हैं तो पवित्र रेखा को लाँघने की छोटी सी प्रथा करते हैं। नए गाँव में पहुँचने से पहले वे किसी झरने के किनारे रुककर इकट्ठा किए गए चावल को पकाते हैं। भाले की तपी नोक से वे आग जलाते हैं। यही प्रोग्राम वे हर स्थान पर दोहराते हैं।

अन्ततः अभियान खत्म होता है और वर्जनाएँ भी शीघ्र हट जाएँगी। उनके लौटने का

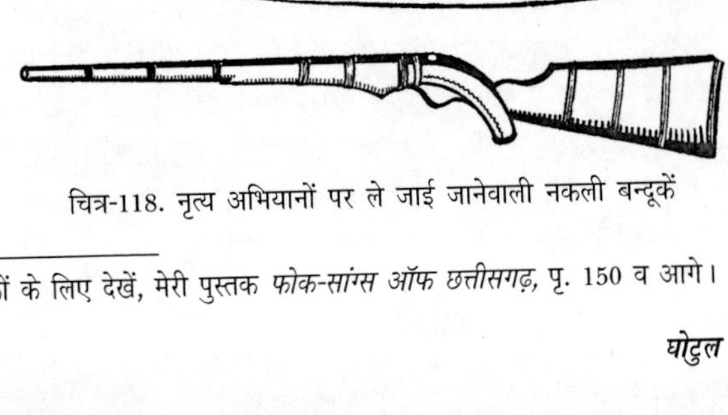

चित्र-118. नृत्य अभियानों पर ले जाई जानेवाली नकली बन्दूकें

1. ऐसे मजाकों के लिए देखें, मेरी पुस्तक *फोक-सांग्स ऑफ छत्तीसगढ़*, पृ. 150 व आगे।

समाचार उनसे पहले उनके गाँव में पहुँच जाता है। मुटियारी भी निठल्ली नहीं रही हैं। खुटगाँव में मुझे बताया गया कि उन्होंने लड़कों की दावत के लिए खरगोश पकड़े हैं। किन्तु हर स्थान पर लड़कियाँ गाईता को जंगल में ले जाती हैं और उससे एक या दो छोटे सेमुर पेड़ काटने को कहती हैं। पहले पूस कोलांग अभियान में देवता लिंगो ने भी सेमुर पेड़ काटा था। एक सेमुरगाँव है जहाँ लिंगो पत्थर में बदल गया था। वहीं पर उसका मन्दिर है। सेमुर के काँटे जादू-टोने और प्रेतात्माओं से रक्षा करते हैं। छोटे सेमुर को इसलिए तरजीह दी जाती है क्योंकि बड़े सेमुर के पेड़ पर किसी मृत चेलिक का भूत भी रह सकता है।

सेमुर का पेड़ सावधानीपूर्वक काटा जाना चाहिए। इसके सामने चावल और दाल का चढ़ावा चढ़ाते हुए मुटियारी कहती है, 'हमारे लड़के जिस तरह खुशी-खुशी और सही-सलामत गए हैं उसी तरह वे लौटें।' गाईता जैसे ही पेड़ काटता है मुटियारी उसे जमीन पर गिरने से पहले पकड़ लेती है। ऐसा इसलिए किया जाता है क्योंकि माना जाता है कि यदि पेड़ नीचे गिर गया तो एक जोड़ी नर्तक रास्ते में ही मर जाएँगें और वापस नहीं लौटेंगे।

फिर वे इस पेड़ के साथ साजा पत्तों को बाँधते हैं और उन्हें या तो घोटुल की चारदीवारी में या गाँव के बीचोबीच उस जगह पर लाकर रखते हैं, जहाँ शकुन जाँचने के लिए राख की ढेरी लगी होती है। अगर पेड़ लगाए जाने के बाद सीधा खड़ा नहीं रहता तो माना गया है कि लड़कों पर विपत्ति आनेवाली है। मुटियारी गीली मिट्टी से छोटा सा चबूतरा बनाती हैं, इस पर चूना पोतती हैं और चेलिक की आकृतियाँ इन पर उकेर कर इन्हें सजाती हैं।

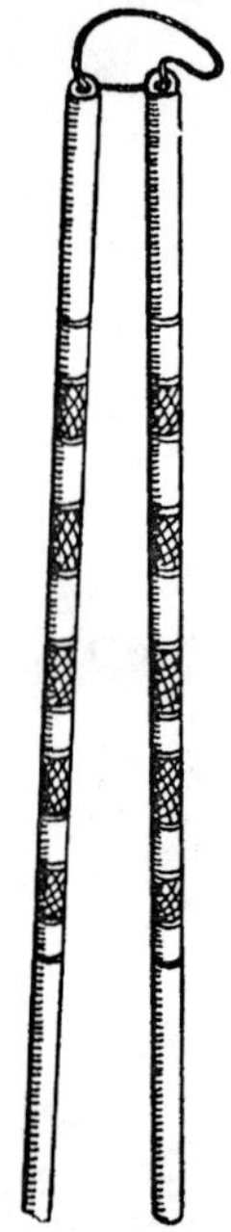

चित्र-119. रेमावंड से नृत्य डांडियाँ

इन चबूतरों को तीन साल तक सुरक्षित रखा जाता है, हालाँकि मुझे इसमें सन्देह है कि ऐसा किया जाता होगा, लेकिन यह महत्त्वपूर्ण है कि सारे रीति-रिवाजों के अन्त में सेमुर के पेड़ को उखाड़ा जाता है। अगर ये नए जीवन के संकेत के साथ अंकुरित हो गए होते हैं तो इसका मतलब यह कि गाइन और उसका साथी मर जाएँगे। घोटुलबेरा में यही हुआ और अब पेड़ों को हमेशा उखाड़कर फेंक दिया जाता है।

चबूतरा बनाने के बाद मुटियारी पत्तों के ढेर सारे पाईप और दातून और तम्बाकू का बंडल बनाती हैं जहाँ दो पेड़ होते हैं, एक समूह के नेता के लिए यानी गाइन और जोकता के लिए तथा दूसरा बचे हुओं के लिए। यह दिन मुटियारी के लिए चिन्ता और बेचैनी से भरा दिन होता है; उनके चेलिक खतरों के साए में निकले होते हैं, उनको लगता है कि अपने चेलिक की सुरक्षा के लिए उनसे जो बन सके करें। उस रात वे घोटुल में या पास के लड़कों के कैम्प में खाना बनाती हैं। जब लड़के घर पहुँचते हैं, वे पहले गाईता के घर जाते हैं और नृत्य करते हैं। इसके बाद वे घोटुल या अपने कैम्प जाते हैं जहाँ वे सेमुर पेड़ के पास अपने भाले रखते हैं और इसके चारों ओर नृत्य करते हैं। कुछ देर बाद वे सब एक पेड़ के पास इकट्ठे होते हैं और अचानक 'हुर्रे' चिल्लाते हैं और अपने डांडिया को पेड़ की डालों पर रख देते हैं, फिर वे अपने विशेष परिधान भी निकालकर डालियों पर टाँग देते हैं। इसके बाद पेड़ पर रखे तम्बाकू और पाईप निकालकर पीते हैं। अगली सुबह उस दातून से दाँत साफ करते हैं जिसे उनकी मुटियारी तैयार करती हैं। अब वे फिर से घर पर होते हैं।

1941 में कोईलबेरा में लड़के सुबह अपने गाँव लौटे और दिनभर नाचते हुए अन्न इकट्ठा करते रहे। शाम को, सेमुर पेड़ों के चारों ओर नाचने के बाद, कासेर-गाईता ने कोयले की राख, चावल के आटे और हल्दी से हर पेड़ के नीचे छोटे चतुर्भुज बनाए जहाँ भाले की तपी नोक से सुगन्ध जलाई गई। मुख्य चेलिक गाईता को पवित्र मोर पंखों का गुच्छा भेंट करता है जिसको गाईता पहले सेमुर पेड़ पर टाँग देता है। फिर लड़के अपने डंडे और पगड़ियाँ भी उतार देते हैं और पेड़ पर टाँग देते हैं।

फिर लड़के बैठ जाते हैं और मुटियारी उन्हें खाना देती हैं। चूँकि अभी कई रीति-रिवाजों का पालन किया जाना बाकी होता है इसलिए उन्हें उस रात घोटुल नहीं जाने दिया जाता।

चित्र-120. नृत्य अभियानों पर पहनी जानेवाली पायल (घंटियोंवाली)

अगली सुबह मुटियारी उस भूसे से दानों को अलग करती है जिसे चेलिक घर लाते हैं। कुछ घोटुल के बरामदे पर इस काम के लिए खरल स्थाई तौर पर बना होता है। शाम में लड़के-लड़कियाँ इन्हीं दानों को एक साथ पकाते हैं, फिर लड़के नृत्य करना शुरू करते हैं; वे गाईता के घर जाते हैं—कोईलीबेरा में वे मेरे कैंप में आए; मगर जल्दी ही बलि चढ़ाने के लिए वे गेंरी और सूअर इकट्ठा करने घर चले जाते हैं। जब वे सभी फिर से इकट्ठा होते हैं तो कासेर-गाईता के नेतृत्व में उनका जुलूस गाँव की सीमा की ओर बढ़ता है। रास्ते में हर लड़का एक पत्थर उठाता है और अपने साथ ले जाता है।

जब वे सीमा पर पहुँचते हैं तो कासेर-गाईता पानी लाने निकलता है; दूसरे सड़क के किनारे एक पेड़ के नीचे की जगह साफ करके, पास के लिंगो पेन के सम्मान में, पत्थरों का ढेर लगा देते हैं। कुछ गाँवों में लड़कों की एक जोड़ी पहले दो पत्थर रखती है उस पर से फिर एक पत्थर। गाईता सबसे पहले पत्थर डालता है और बाकी लाइन में एक के बाद एक। मुर्गे की बलि उचित पत्थर के सामने दी जाती है। अगले दिन लड़के पत्थरों का निरीक्षण करने जाते हैं, और यदि एक भी पत्थर नीचे गिरा हुआ मिलता है तो यह अपशकुन माना जाता है और इसका अर्थ है एक जोड़ी नर्तक की मौत होगी। जब गाईता लौटता है तो वह थोड़ी जमीन साफ कर उस पर पानी छींटता है, चिकना करता है और चावल की सात ढेरी लगाकर धूपबत्ती जलाता है।

चेलिक सियारी लता की रस्सी को सड़क के इस पार से उस पार फैला देते हैं और इसमें डांडिया बाँध देते हैं। फिर मोर के पंखों के पवित्र बंडल को एक सिरे पर बाँधा जाता है। आमने-सामने के पेड़ पर चढ़कर चेलिक रस्सी को तानकर दोनों सिरे को पेड़ से बाँध देते हैं।

अब गाईता हमेशा की तरह मुर्गी, अंडे और दो छोटे सूअर की बलि चढ़ाता है। कोईलबरा में मैंने बड़ी जिज्ञासा से देखा कि गाईता ने दो लड़कों को सूअर तथा मुर्गे की बलि देना सिखाया। जब यह सब खत्म हो गया तो लड़के सड़क पर जाते हैं और लिंगो-सिंगर को यानी वह परिधान जो लिंगो के सम्मान में पहना जाता है, पगड़ी बाँधी जाती है और घंटियाँ तथा घाघरा बाँस की टोकरी में रख दिया जाता है।

पूस कोलांग अब खत्म हो चुका है। चेलिक घर लौट गए हैं। गाईता दो मुख्य लड़कों

को लेकर गाँव की माता के मन्दिर जाता है और मारिया पेन के पवित्र भाले को फिर से रख देता है। हर कोई सुरक्षित लौटता है इसलिए पुजारी बकरी चढ़ाता है। बाकी समय में शाम को होनेवाले भोज की तैयारी की जाती है। यह भोज पाँच बजे शुरू होता है। कोइलीबेरा में 1941 में 25 जनवरी को मैं इस भोज में सम्मिलित हुआ; बेहद मजेदार था वह सब। ढेर सारे लोगों की भीड़ अर्द्ध-वृत्त बनाकर बैठी होती है, इसमें बच्चे अपने माँओं के साथ, बूढ़े और छोटे लड़के होते हैं। बड़े लड़के खाना परोसते हैं, मुटियारी अन्दर सारा इन्तजाम कर रही होती है। खाने में चावल (यात्रा के दौरान इकट्ठे किए गए अलग-अलग तरह के चावल) बकरी का मांस, सूअर का मांस और दाल होती है। मैं और मेरी पत्नी उस भोज में चौकीदार और कलिंग सई के साथ बैठे थे। मांस को दूसरे गाँवों कलार, हल्बा और महारा भी बिना किसी भेदभाव के भेजा जाता है। अन्त में सभी बड़े बुजुर्ग चेलिकों और मुटियारियों को भोजन दिया जाता है और उस रात वे घोटुल में सोने चले जाते हैं।

3. पेन कोलांग अभियान

सामान्य पूस कोलांग और चैत डंडार जिसका मैं तुरन्त जिक्र करूँगा, के बीच एक प्रकार का छोटा नृत्य होता है जो पेन या देव कोलांग कहलाता है। इसमें केवल लड़के नाचते हैं, मगर लड़कियाँ खाना बनाने में उनका साथ देती हैं और उन पर नजर रखती हैं। पूस कोलांग में जिस तरह चेलिक नृत्य का अभ्यास करते हैं, शकुन जानने के लिए आग जलाते हैं, माता के मन्दिर आग और भाला या कुल्हाड़ी या घंटियाँ लाने जाते हैं, पेन कोलांग में भी यही सब दोहराया जाता है। जब ये सारी गतिविधियाँ पूरी हो जाती हैं तो गाईता एक अँगूठी मन्दिर के सामने गाड़ देता है।

इस अभियान में भी पहले की तरह ही लड़के उन सारे नियमों का पालन करते हैं जो पूस कोलांग में निभाए जाते हैं। उसी की भाँति वे पवित्रता के निमय का भी पालन करते हैं और अपने गाँव की मुटियारी से भी दूर रहते हैं। लौटकर सभी गाईता के सामने नाचते हैं। गाईता अँगूठी खोदकर उनके नेता को वापस कर देता है। एसलनार में उनका मानना है कि हर लड़का कम से कम तीन साल तक नाचे वरना देवता उसके साथ नाराज हो जाते हैं। एसलनार के साथ-साथ नारायणपुर के दक्षिण में स्थित गाँव जैसे बकुलवाही और मारकाबेरा में डांडिया को पेड़ पर न टांग कर देव-गुडी में रखा जाता है।

इस प्रकार, पेन कोलांग अभियान की खासियत है समूह में लड़कियों की उपस्थिति, अँगूठी का दबाया जाना और सारे अभियान के अन्त में डांडिया के देव-गुडी में रखा जाना।

बकुलवाही में नियम है कि अभियान के अन्तिम दिन जब अन्तिम नृत्य हो जाता है तो सारे लड़के अपने डांडिया को एक साथ फेंकते हैं। यदि वे एक साथ न फेंके तो कोई भी बीमार पड़ सकता है।

4. चैत डंडार अभियान

मुरिया इलाके के पूर्वी-केन्द्रीय और दक्षिणी-पूर्वी गाँवों में चैत डंडार, कती डंडार या महुआ डंडार नृत्य को पूस कोलांग नृत्य से ज्यादा महत्त्व प्राप्त है। मैंने पहले ही संकेत दिया है कि जैसे-जैसे हम झोरिया क्षेत्र से पूरब और दक्षिण दिशा में बढ़ते हैं लिंगो पूजा-पद्धति धीरे-धीरे

कमजोर होती जाती है और इस तरह पूस कोलांग मनाने के पीछे की इच्छा कम होती जाती है। चैत डंडार पूस कोलांग से ज्यादा खुशी देनेवाला और मुक्त करनेवाला नृत्य है। इसमें यौन वर्जनाओं की व्यवस्था नहीं होती। इसकी खास विशेषता है कि इस नृत्य अभियान में लड़के और लड़कियाँ साथ जाते हैं और एक घोटुल या विभिन्न घोटुल के लड़के-लड़कियों के बीच यौन सम्बन्ध बनाने की कोई मनाही नहीं होती।

इन सबके अलावा चैत डंडार की आम प्रक्रिया पूस कोलांग के समान ही होती है। अभियान शुरू करने के पहले चेलिक-मुटियारी नृत्य का जमकर अभ्यास करते हैं– क्योंकि इसमें भी गलती करना खतरनाक साबित होता है। जब सभी तैयार हो जाते है तब वे सबसे पहले घोटुल में नृत्य करते हैं; फिर माता के मन्दिर जाकर यह कहते हुए ताल्लुर मुत्तेई शराब की भेंट चढ़ाता है कि, 'ओ धरती माँ, हम आपके बच्चे हैं। हमें नृत्य कौशल दो ताकि हम कोई अपनी गलती न करें।' इसके बाद वे फिर से गाईता के घर के सामने नाचते हैं। गाईता जमीन में एक गड्ढा खोदकर उसमें सेमुर का पौधा रोप देता है। कुछ गाँवों में वह भीमुल पेन के सम्मान में शराब भेंट करता है।

जब लड़के-लड़कियाँ निकलते हैं तो वे हमेशा की तरह औनरा वृत्त की रेखा को पार करते हैं और धरती माता और दिवंगतों की पूजा कर वादा करते हैं कि यदि उन्होंने उनकी रक्षा जादू-टोने और बुरी आत्माओं से की तो वे उन्हें चढ़ावा चढ़ाएँगें। प्रत्येक गाँव में वे पहले गाईता के पास जाते हैं और फिर हर घर से खाना और महुआ इकट्ठा करते हैं। बाहर से आनेवालों का घोटुल में स्वागत किया जाता है; कभी-कभार उन्हें नृत्य में अचानक शामिल कर लिया जाता है और शाम को होनेवाली गतिविधियाँ टाल दी जाती हैं। कभी-कभी मेहमान और मेहमान नवाज अपनी लड़कियों की मालिश और कंघी के लिए अदला-बदली करते हैं। ये अदला-बदली यहीं तक सीमित होता है या यौन सम्बन्धों तक जाती है इसकी जानकारी मुझे नहीं मिल पाई। खाना मेजबान खिलाते हैं। इरपू पंडम में नए महुआ फूलों को खाने के उत्सव को लोग नहीं मनाते, बल्कि महुआ की शराब पीने पर यहाँ सख्त पाबन्दी है। माना जाता है कि यदि पाबन्दियों को नहीं माना गया तो फूलों की पूर्ति बन्द हो सकती है। जुंगानी में यह नियम था कि नृत्य तब तक बिलकुल न किया जाए जब तक फूल इकट्ठे न कर लिया जाए। समझा जाता है कि डांडिया- नृत्य से उत्पन्न होनेवाली आवाज का फसलों पर बुरा असर पड़ता है।

चित्र-121. कंघा जिसकी नक्काशी घोड़े पर सवार चेलिक और मुटियारी को दिखा रही है

अभियान के अन्त में लड़के-लड़कियाँ अपने गाँव पहुँचते हैं और गाईता के घर के आगे सेमुर पेड़ के चारों ओर घूम-घूमकर नाचते हैं। गाईता पेड़ की जड़ में शराब डालकर इसे उखाड़कर फेंक देता है। अँगूठी नर्तकों के नेता को दी जाती है। अन्ततः लड़के हमेशा की तरह अपने डांडियों को गाँव की सीमा पर तानी गई रस्सी से बाँध देते हैं।

यदि पास में बाजार हो तो लड़के वहाँ

जाते हैं और इसके चारों कोनों पर नृत्य करते हैं।

इस नृत्य में जिस डंडे का इस्तेमाल होता है उसे या तो डंडार या करी कहते हैं। और ये सामान्यतः सुरतली लकड़ी से बनाया जाता है। गाईता द्वारा सेमुर पेड़ उखाड़ने के पहले लड़के अपने डंडार इसके ऊपर लटकाते हैं।

नृत्य और गीत पूस कोलांग से थोड़ा भिन्न होते हैं। अप्रैल, 1941 को मैंने जूनगणी के चैत डंडार नर्तकों को देखा जब वे मालकोर आए थे। लड़कियों ने कोई खास परिधान नहीं पहने थे मगर लड़कों ने नाचनेवाला घाघरा, पगड़ी और वे घुँघरू जो कमरपेटी से लटक रहे थे, पहन रखे थे। उत्सव का नेता गाईता ने बालों में लम्बी-चौड़ी कंघी और गले में रंग बिरंगा बस्ता डाल रखा था।

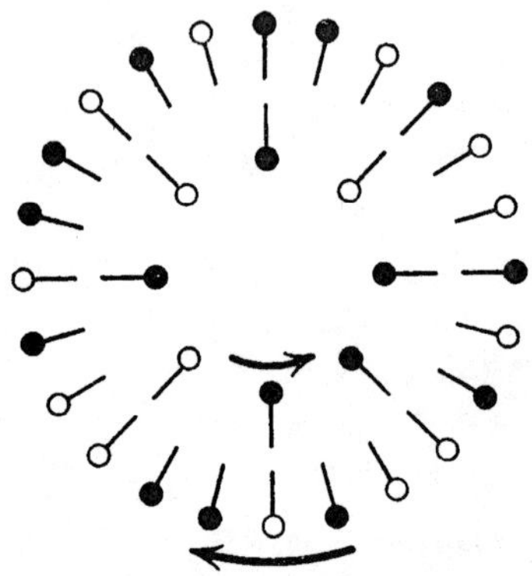

यह नृत्य पूस कोलांग नृत्य से मिलता-जुलता है। यह नृत्य लड़कियों की मौजूदगी से ज्यादा रोचक बन जाता है। इसमें इस्तेमाल किए जानेवाले डंडे अधिक लम्बे होते हैं, लगभग 3 फीट के। लड़के और लड़कियाँ मिलकर नृत्य करते हैं। नृत्य करते हुए वे एक-दूसरे से विपरीत दो वृत्त बनाते हैं। प्रत्येक लड़का और लड़की किसी एक हाथ में डंडार लेते हैं फिर दाहिना ऊपर की तरफ और बायाँ नीचे की तरफ करते हैं। जैसे-जैसे वे वृत्त में घूमते हैं एक-दूसरे की डंडार को टकराते हैं और आगे बढ़ जाते हैं। वे अपने पैर की अँगुलियों पर, छोटे और आसान कदम रखते हुए, दाहिने पैर को दाहिने और बाएँ पैर को बाएँ उठाते हुए फिर बाएँ पैर को ऊपर नीचे और तब दाहिने पैर के ऊपर करते हुए ताल मिलाते हैं। वृत्त दोनों दिशाओं में घूमता है और बीच-बीच में ऊ-हा ऊ-हा की तुमुल ध्वनि निकालते हैं। जैसा कि मुरिया करते हैं, लड़के घंटियों से आवाज निकालने के लिए अपना चूतड़ हिलाते हैं।

गीत

I

हूँ हूँ हूँ हूँ जाम क्यू
मोर की लम्बी पूँछ होती है।
लम्बी पूँछवाला मोर कहाँ है ?
वह मोर गाईता के घर में है।
मोर कितनी शराब पीता है ?
मोर पाँच घूँट शराब पीता है।
ओ लम्बी पूँछवाले मोर नीचे उतर आओ !
यह कहाँ उतरेगा ?
यह पुजारी के घर में उतरेगा
यह लम्बी पूँछवाला मोर।

II

रोय वायो जाम क्यू
अपनी प्रेमिका के बारे में मत सोचो, वह अब नहीं आएगी।
तुम ठीक से पग-संचालन नहीं कर सकोगे नृत्य में
यदि तुम उसके बारे सोचते हो
तुम सही ढंग से गा नहीं सकोगे।
पुजारी कहाँ गया है ?
वह चाकू लेकर बलि देने चला गया है।
गाईता की पत्नी से पूछो
गाईता कहाँ गया है ?
वह एक छाता लेकर अपने गाँव चला गया है।
माँझी की पत्नी से पूछो
माँझी कहाँ गया है ?
वह अपनी छड़ी लेकर न्याय करने गया है।

दूसरा नृत्य पूस कोलांग के लिंगो नृत्य से मिलता-जुलता है। वही कभी लड़के-लड़कियों द्वारा डंडों के ऊपर और नीचे से गुज़रना।

तारी नाना ना नारे नाना तारी नानारे

अहो मैना हो लालसाई बैठो डंडा हो।	ओ मैना चिड़िया, ओ लालसाई ! बैठो एक डंडे के साथ।
अहो काहेन के डंडा हो लालसाई मैना काहेन के डंडा हो तारी?	डंडा किससे बना है, ओ लालसाई मैना ?
ये बातें पालतू हो राजा मैन हो लालसाई ये बाते पालतू हो!	चलो इस तरफ देखो, ओ राजा मैना ओ लालसाई !
ओ हो चैत डंडार हो राजा मैना हो लालसाई हो तेरी	यह चैत डंडार है
उतहून दाखू हो राजा मैना लालसाई हो तेरी	चलो खड़े होकर इसे देखें।

लालसाई का अर्थ राजा होता है। महाराज जब युवक होता है तो उसे लालपिला कहकर पुकारते हैं।

तीसरा नृत्य बन्दरी नृत्य होता था। इसमें भी बड़े-छोटे लड़के-लड़कियाँ पिरामिड बनाकर कन्धों पर स्थान बदलते थे और बन्दरों की तरह हूप-हूप की ध्वनि निकालते रहते थे।

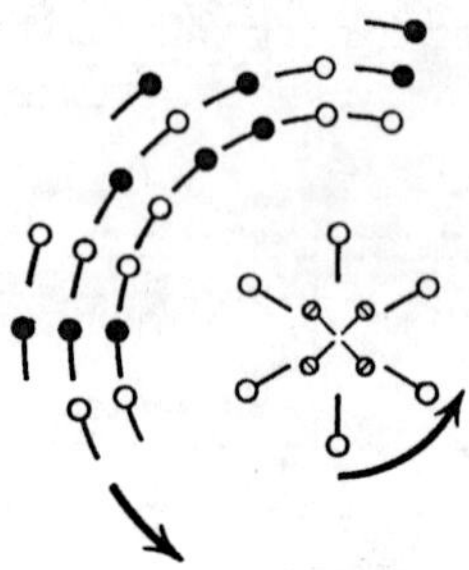

चौथा नृत्य कुछ धीमा और गम्भीर होता था। लड़के और लड़कियाँ कन्धे से एक-दूसरे को पकड़ते थे, एक लम्बी पंक्ति बनाते थे और उनके हाथों में डंडे होते थे। वे दो क़दम आगे और दो क़दम पीछे हटते थे और थोड़ा दाहिनी तरफ हो जाते थे। धीमे नृत्य के गीत भी सपाट होते थे।

गीत

I

तारे नारे नारे ना नारे

पोर्रे मेत्ता दिप्पा तेंदेरा लालसाई।	पहाड़ी की चोटी पर भूमि साफ करो लालसाई।
दिप्पा तेंदसी बारा केवेरार लालसाई ?	भूमि क्यों साफ करनी है ?
दिप्पा तेंदसी बारा बितिरार लालसाई ?	साफ की गई भूमि पर क्या बोया जाएगा ?
दिप्पा तेंदसी गंगा परबत बितिरार लालसाई।	साफ की गई भूमि पर गंगा परबत बीज बोया जाएगा।

गंगा बिनसी बारा केवेरार लालसाई ?	हम बीज का क्या करेंगे ?
गंगा पुंगार झेला जेवेरार लालसाई।	हम उसके बीज पगड़ी में लगाएँगे, लालसाई।

गंगा परबत बहुत लाभदायक बीज होता है।

II

तारी ना हारी ना मोरे, नाना हारी नाना हो, ये ना हारी ना मोरे ना,
कन्हैया मोरे ये ना, हारी ना मोरे ना

भला कैसे रोवें मोरे पांडकी परेवान हो ?	मेरा जंगली कबूतर और सफेद कबूतर कैसे बोलते हैं ?
कैसे रोवे मंजुर ?	मेरा मोर कैसे बोलता है ?
राला घुटरू मोरे पांडकी परेवान हो।	मेरे जंगली और सफेद कबूतर घुटरू घुटरू बोलते हैं।
ढ़ोके ढ़ोके मंजूर।	मेरा मोर ढ़ोके ढ़ोके बोलता है।
भला के चारा चरें मोरे पांडकी परेवान हो ?	मेरे जंगली और सफेद कबूतर क्या चारा चरते हैं ?
काय चारा चरें मंजुर ?	मेरा मोर क्या खाता है ?
भला गोटिन चरें मोरे पांडकी परेवान हो;	मेरे सफेद और जंगली कबूतर पत्थर के छोटे टुकड़े खाते हैं।
धानेन चेर मंजुर।	मेरा मोर चावल खाता है।
भला कैसें सोवें मोरे पांडकी परेवान हो ?	मेरे जंगली और सफेद कबूतर कैसे सोते हैं ?
कैसे सोवे मंजुर ?	मेरा मोर कैसे सोता है ?
भला गुरा में सोवें मोरे पांडकी परेवान हो;	मेरे जंगली और सफेद कबूतर अपने घोंसलों में सोते हैं।
झाड़े में सोवे मंजुर।	मोर पेड़ पर सोता है।
भला कहाँ पानी पीवें मोरे पांडकी परेवान हो ?	मेरे सफेद और जंगली कबूतर कहाँ पानी पीते हैं ?
कहाँ पानी पीवे मंजुर ?	मेरा मोर कहाँ पानी पीता है ?
भला घड़े पानी पीवें मोरे पांडकी परवान हो;	मेरे जंगली और सफेद कबूतर घर में पानी पीते हैं;
बने पानी पीवे मंजुर।	और मेरा मोर वन में।

महुआ डांडर अभियानों में कोई पवित्रता सम्बन्धी नियम नहीं होते। लड़के और लड़कियाँ एक-दूसरे से बहुत मुक्त तरीके से गले मिल रहे थे जिसे देखकर बहुत अच्छा लगा। डांडी नृत्य के समय जब कोई लड़का अपनी पसन्द की लड़की के पास से गुज़रता तो वह अपने कूल्हों पर बँधी घंटियाँ ज़ोर से हिलाता था और हँसकर लड़की से कुछ कहता था। हमारे शिविर में नर्तकों का दल बहुत देर तक खड़ा हमें देखता रहा। हर लड़के ने एक लड़की की कमर में बाँह डाली हुई थी और बेलौसा दो लड़कों के साथ खड़ी थी। वे सब एक-दूसरे

के गले मिल रहे थे (देखें प्लेट XCI)। कहीं कोई शर्म नहीं थी और न ही अजनबियों या भगवान से कोई डर ही था।

आप इस तरह का व्यवहार पूस कोलांग नृत्य अभियान पर नहीं देख पाएँगे। जैसा कि चन्दाबेरा के एक चेलिक ने बताया, 'हम इकट्ठे महुआ डांडर पर जाते हैं और बहुत मस्ती करते हैं। किसी का किसी भी लड़की पर विशेषाधिकार नहीं होता और सब एक-दूसरे के साथ खेलते हैं।' समय-समय पर भिन्न गाँवों के लड़के व लड़कियाँ प्रेम कर बैठते हैं तथा एक-दूसरे के साथ भाग जाते हैं।

5. दीवाली नृत्य

मुरिया समाज में रोमांस करने के बहुत अवसर होते हैं पर लड़कियों के दीवाली नृत्य से बढ़कर कोई नहीं होता। यहाँ 'दीवाली' शब्द मात्र एक तिथि है; नृत्यों का इस हिन्दू त्योहार से कोई लेना-देना नहीं होता। तिथियाँ भी आमतौर पर गलत होती हैं। मैंने दीवाली नृत्य 1940 में बिनझली में 18 नवम्बर, रेमावंड में 24 नवम्बर और बान्दोपल में 27 नवम्बर को देखे जबकि इस साल दीवाली 24 अक्टूबर की थी। 1941 में मैंने दीवाली नृत्य 30 अक्टूबर को देखा। 1941 में असली दीवाली पन्द्रह दिन पूर्व मनाई जा चुकी थी।

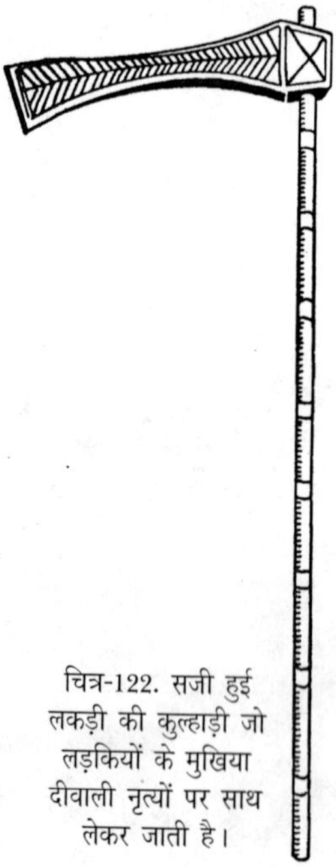

चित्र-122. सजी हुई लकड़ी की कुल्हाड़ी जो लड़कियों के मुखिया दीवाली नृत्यों पर साथ लेकर जाती है।

त्योहारों के इस मौसम में मुटियारी गाँव-गाँव नाचती व गाती हुई जाती हैं। पर मुख्य सड़क के पूरब में दीवाली कुछ ही गाँवों में नाची जाती है। कोंडागाँव के दक्षिण में तो इस रीत के बारे में किसी को पता तक नहीं है। इसके स्थान पर लड़के तथा लड़कियाँ हुल्की नृत्यों पर जाते हैं।

कभी-कभार दीवाली को किसी प्रेम के लफड़े के कारण कुछ समय के लिए त्याग दिया जाता है। दैवी प्रकोप से बचने के लिए भी ऐसा किया जाता है। तालबेरा में लड़कियाँ बिलकुल नाच व गा नहीं सकतीं। अगर वे ऐसा करती हैं तो एक देवता (देव) उन पर आक्रमण कर देता है। वे काँपती हुई ज़मीन पर गिर जाती हैं तथा तभी ठीक होती हैं जब गाईता उन पर थूकता है और उन्हें मारता है।

इन नृत्य अभियानों का कोई धार्मिक अथवा तान्त्रिक महत्त्व नहीं होता। ये मात्र मौज-मस्ती और प्रेम सम्बन्ध बनाने के लिए होते हैं। सिर्फ लड़कियाँ, बेलौसा के नेतृत्व में, जा सकती हैं। जब वे किसी गाँव में पहुँचती हैं तो सिर्फ लड़के ही इनकी अगवानी करते हैं। नृत्यांगनाएँ पहले गाईता के घर के सामने नाचती हैं और फिर गाँव भर में नाचती हुई घूमती हैं। ये घोटुल में ठहरती हैं; स्थानीय लड़के इनके लिए खाना बनाते हैं और इनका मन बहलाते हैं। शाम को अतिथि लड़कियाँ और मेज़बान लड़के नाचते और खेलते हैं और बहुधा नृत्य सारी रात चलता है। इन लम्बे घंटों में हर अतिथि लड़की को जंगल में ले जाया जाता है; अधिक सुन्दर लड़कियों को कई बार जंगल में जाना पड़ता है। शामें रोमांस से भरी होती

हैं। कभी-कभी किसी चेलिक को यहाँ अपनी भावी पत्नी मिल जाती है। कापसी के एक लड़के ने मुझे बताया कि उसे ऐसी ही एक शाम को अपनी भावी पत्नी मिली जो मारकाबेरा से यहाँ नृत्य करने आई थी। वह उसे तीन बार जंगल में ले गया था।

अब मैं नर्तकों के एक दल के अनुभव क्रमवार लिखूँगा, जब वे अपना गाँव छोड़कर अन्य स्थान पर नृत्य करने गए।

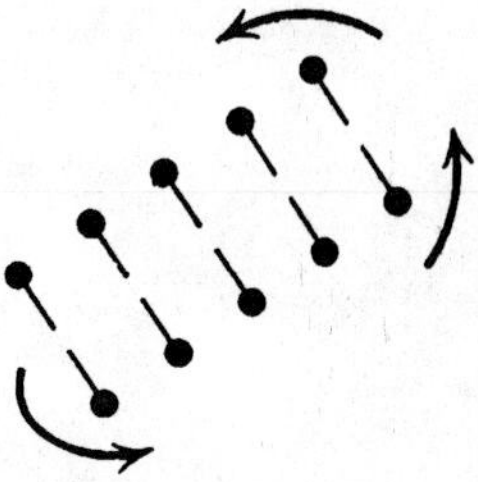

कई दिनों से घोटुल में लड़कियों के आनेवाले प्रोग्राम पर चर्चा चल रही है। कुछ लड़कियों के दिमाग में कुछ खास गाँव हैं। यहाँ एक सुन्दर लड़का है जिसे पिछले साल शादी पर देखा था; वहाँ एक लोकप्रिय ढोलची और गवैया है। चेलिक इस बारे में ज्यादा चिन्तित हैं कि उनकी मुटियारी को बढ़िया खाना और देखभाल मिले। 'पिछले साल फलाँ-फलाँ गाँव ने बहुत कमीनापन दिखाया था; इस बार वहाँ का रुख मत करना', वे कहते हैं। 'पर उस गाँव में तुम्हें सूअर का मांस और थोड़ा घी मिला था, वहाँ दूसरी बार जाया जा सकता है।' लड़कियों की भी अपनी यादें होती हैं, पर थोड़ी अलग तरह की। लड़कियों को उस स्थान के वंशों और भूम का भी ध्यान रखना पड़ता है। आखिरकार प्रोग्राम बन जाता है। मुटियारी को सात गाँवों का दौरा करना है और आठवें दिन घर लौट आना है।

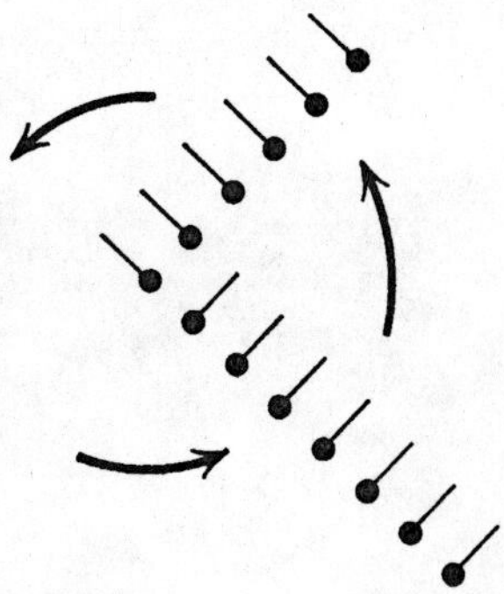

जिस रोज़ नृत्य अभियान के लिए प्रस्थान करना होता है उस दिन सुबह लड़कियाँ गाँव की माता के मन्दिर में जाती हैं और गाईता देवी को सुगन्धित धूप अर्पित करता है। वह ग्राम देवी को बलि देने का वायदा करता है अगर लड़कियाँ सुरक्षित लौट आएँ। लड़कियों की नेता, अपने कन्धे पर एक सजावटी कुल्हाड़ी उठाए हुए, मन्दिर में से चावल की घास के एक गोले में आग लेती है। इस आग को पूरी यात्रा के दौरान उसे जलाए रखना होता है। अन्य लड़कियों को न तो कुल्हाड़ी व न ही आग छूने की आज्ञा होती है क्योंकि ये गाँव के देवता का प्रतीक मानी जाती हैं। फिर गाईता दल को गाँव की सीमा पर ले जाता है और आगे जानेवाले रास्ते पर, एक किनारे से दूसरे किनारे तक, एक रेखा बनाता है। इस पर यह चावल की छोटी-छोटी ढेरियाँ रखता है और आओनरा पत्तों के सात छल्ले कुछ अशुद्ध लोहे पर जमा देता है। अब लड़कियाँ, एक पंक्ति में, इस रेखा को पार करती हैं। उनके ऐसा करते समय गाईता उस क्षेत्र के सारे देवताओं और पूर्वजों से प्रार्थना करता है, 'हमारी लड़कियाँ दीवाली नृत्य पर निकल रही हैं। वे ठीक तरह से जाएँ और सकुशल लौट आएँ। इन्हें किसी तरह का बुखार, खाँसी न हो तथा न ही ठंड लगे। अगर ये बिना किसी परेशानी के लौट आईं तो हम आपको शराब, सुगन्ध, अंडे और एक मुर्गा भेंट चढ़ाएँगे। ये एक अनजाने क्षेत्र में जा रही हैं; इन्हें कोई कष्ट न उठाना पड़े। इनकी देखभाल करना आपकी जिम्मेदारी है।' और फिर अचानक लहजा बदलकर, 'अगर ये बुखार, खाँसी या ठंड लिए लौटीं तो मैं तुम्हारे मुँह पर मूत दूँगा।'

अब तक लड़कियाँ आगे बढ़ जाती हैं और गाईता उनसे अधिक कुछ नहीं कहता क्योंकि

यात्रा पर निकलते समय पीछे मुड़कर देखना वर्जित होता है। शीघ्र ही वे पहले गाँव पहुँचती हैं। वे सीधी गाईता के घर जाती हैं और अपनी चीṭsa–ओढ़ने के कपड़े, खाना इकट्ठा करने के लिए बड़ी-बड़ी टोकरियाँ इत्यादि एक पेड़ के नीचे रखकर नृत्य करने लगती हैं। दीवाली नृत्य कई रूपों में पेश होता है। एक धीमा और एक जैसी हरकतोंवाला नृत्य होता है जो घेरा बनाकर किया जाता है। नर्तकियाँ ताली बजाते हुए गाना गाती हैं, अधिकतर–रेलो। एक अन्य नृत्य में लड़कियाँ दो कतारों में खड़ी हो जाती हैं और तेजी से आगे बढ़ती हैं–चार कदम आगे, चार दाईं ओर, दो पीछे और चार पुनः दाईं ओर।

सिधवंड में लड़कियों ने दो पंक्तियों में नृत्य किया जो एक-दूसरे के पीछे थीं। हर लड़की का बायाँ हाथ अपनी पड़ोसन के कन्धे पर था और दायाँ नीचे सीधा लटक रहा था। उन्होंने दो कदम दाईं ओर लिए, दाईं, दाईं, बाईं, दाईं और फिर अपना बायाँ पैर ज़मीन पर घसीटा।

जब वे पहले आती हैं, तो नर्तकियाँ गाती हैं :

I

ठाकुर घर कौन आय रे भाई राम ?	ठाकुर का घर कौन-सा है भाइयों ?
जोरा कुकुर भूके रे भाई राम,	जहाँ दो कुत्ते भौंकते हैं भाइयों ?
तेही ठाकुर घरू रे भाई राम।	वह रहा ठाकुर का घर भाइयों।
ठाकुर बेटा कौन आया रे भाई राम ?	ठाकुर का बेटा कौन-सा है भाइयों ?
जोरा करधन पहिरे रे भाई राम।	वह कमर में दोहरी चाँदी की पेटी बाँधे है भाइयों।
तेही ठाकुर बेटा रे भाई राम।	वह है ठाकुर का बेटा भाइयों।
ठाकुर बोहारी कौन आय रे भाई राम ?	ठाकुर की बहू कौन है भाइयों ?
जोरा सुना पहिरे रे भाई राम।	उसने गले में दोहरी जंजीर पहनी है भाइयों।
तेही ठाकुर बोहारी रे भाई राम।	वह ठाकुर की बहू है भाइयों।

II

मुलिर मुलिर इनटोनी कारी गुरती !	तुम सेना, सेना, चिल्ला रही हो काली चिड़िया।
आगा बागा दा मुलिर कारी गुरती ?	यह सेना कहाँ से आई है काली चिड़िया ?
रैनीगढ़ दा मुलिर दादा।	यह सेना रैनीगढ़ से आई है भाई।
हुरिग लेखा मुलिर दादा।	यह सेना काली चींटियों की कतार के समान आई है भाई।
दौंदेरा कयांग तलवार दादा।	तलवार दौंदेरा फल जैसी लम्बी है भाई।
टौरमेंड टौरमेंड पुजा रौय कारी	वो लोगों को टौरमेंड, टौरमेंड, मार रहे हैं काली चिड़िया;
मिनडाक टोरा रेयांदु रौय कारी गुरती;	खून घुटनों तक बह रहा है काली चिड़िया;
लुवार मिनु कुबनाह रौय कारी गुरती;	लुवार मछलियाँ उसमें तैर रही हैं काली चिड़िया;

नारी मिनु तरगनाह रौय कारी गुरती।	नारी मछली पानी की दिशा से विपरीत तैर रही हैं काली चिड़िया।

जल्दी ही भीड़ इकट्ठी हो जाती है, नृत्य से इतनी आकर्षित होकर नहीं जितनी इस उत्सुकता के कारण कि गाँव में आया कौन है। स्थानीय चेलिक बहुत उतावलेपन से इधर-उधर इन्तज़ाम करने दौड़ने लगते हैं। वे अपनी लड़कियों को घोटुल की सफाई करने भेजते हैं और वह हो जाने के बाद उन्हें घोटुल में कदम रखने के लिए मना कर देते हैं। उनकी अपनी मुटियारी भी दो दिन बाद ऐसे ही अभियान पर जाने की योजना बनाने में तल्लीन हैं सो वे बुरा नहीं मानती।

रेमावंड में जब मारकाबेरा से लड़कियाँ आईं तब यहाँ के लड़कों ने गाँव में घूम-घूमकर चावल, दाल और नमक इकट्ठा किए और गाईता के घर के निकट, पेड़ के नीचे खाना बनाया। जब लड़कियों ने गाना खत्म किया तब वे घोटुल पहुँचकर, अपनी वस्तुएँ फैलाकर ऐसा व्यवहार करने लगीं मानो वह उनकी अपनी जगह हो। कुछ लेटकर सो गईं क्योंकि वे यात्रा तथा उसके तुरन्त बाद नृत्य करके थक गई थीं। अब एक थकानेवाली रात सामने है। जब खाना तैयार हो गया तब लड़के उसे घोटुल में ले आए और सबने लकड़ी के शहतीरों पर जो एक गोल दायरे में बिछे थे, बैठकर पत्तलों में खाया। अतिथि लड़कियाँ एक दर्जन थीं और मेजबान लड़के भी करीब इतने ही थे।

खाने के बाद घोटुल के आँगन में बहुत बड़ी आग जलाई गई और कुछ लड़कियाँ एक छोटा-सा घेरा बनाकर नृत्य करने लगीं। लड़के अन्य दल में थे। यह एक धीमा नृत्य था जो इस मौके के लिए उपयुक्त नहीं था। कोई भी बूढ़ा या अधेड़ व्यक्ति यहाँ नहीं फटका, यह युवा लोगों का समय था। फिर वे थककर बैठ गए, लड़कियाँ अर्ध-चक्र बनाकर और लड़के उनके सामने। फिर वे आपस में बतियाने लगे। मुझे याद नहीं पड़ता कि मैंने कहीं बातचीत का इतना विनम्र और सुन्दर लहजा सुना हो। लड़कियों ने शुरुआत की, लड़कों के वंश पूछकर। लड़कों ने भी लड़कियों से यही प्रश्न किया। यह आवश्यक था–रात के क्रिया-कलापों और शादियों के लिए भी। इसके बाद दोनों दलों ने एक-दूसरे को अपने घोटुल नाम बताए और इससे काफी मज़ा आया क्योंकि यहाँ के लड़कों के भी वही नाम थे जो उनके अपने घोटुल साथियों के थे। इसके बाद लड़कों ने स्वयं को लड़कियों के नामों से पुकारना शुरू किया और लड़कियों ने खुद को लड़कों के नामों से जिससे और ठहाके लगे तथा लड़कियाँ कुछ शरमाईं भी। यह शायद प्रणय प्रस्ताव का एक तरीका था। जब सरदार ने अपने को माल्को कहा तब उसने खुद को कोतवार कहकर पुकारा जिससे सरदार समझ गया कि लड़की की इच्छा किसी और का संग करने की थी। पर अगर माल्को ने कहा होता, 'मैं सरदार हूँ' तो सरदार समझ जाता कि आधी रात को जब वह प्रस्ताव देगा तब माल्को मना नहीं करेगी।

गीत

I

बांदा रोला पुंगार वो आया	तालाब में एक फूल है।
पुंगार मिहिचला डाकागो आया	मैं उसे अपने बालों में लगाने जा रही हूँ।

निमा इचो हनमा वो नुनी।
बोना सुदा डाकी वो नुनी ?
मामान मार्री मांटोर गो आया :
ओना सुदा डाका वो आया।
तारा नावा सांद्रा गो आया।
सांद्रा नाना उखा गो आया।
कोसा वारी पोल्का गो आया;
तारा नावा पोलका गो आया।
वालेर इगादा नुकिल वो आया;
तारा नावा नुकिल वो आया।
मुयांग ऐंड-लेंग कोचा गो आया;
तारा नावा कोचा गो आया।
कौंदांग ऐंड-लेंग हुमार गो आया;
तारा नावा हुमार गो आया।
हूपे लोलोर वाती गो आया !
हूपे लेखा डाका गो आया।
नाना वारोनाय अटोना आया।
साबोय टासकुन डायनुर गो आया।
कापे कान्हार बेरा गो आया,
कापे लेखा परींया का आया।

मत जाओ, छोटी बिटिया।
तुम्हारे साथ वहाँ कौन जाएगा।
मेरे मामा का बेटा है ना :
मैं उसी के साथ जाऊँगी।
मुझे सांद्रा कपड़ा दो,
मैं उसी के कपड़े पहनूँगी।
पोल्का जैकेट सिल्क की बनी है;
मुझे वह जैकेट लाकर दो।
टोकरी नाहर ने बनाई थी;
मुझे वह टोकरी दो।
नाड़े में छोटी घंटियाँ लटकी हैं;
मुझे वह नाड़ा ला दो।
गुन्दरी कौड़ियों से सजी है;
मुझे वह गुन्दरी ला दो।
जंगल से चूहे भाग रहे हैं !
मैं चूहे की तरह जाऊँगी।
मैं अकेली ही जाऊँगी।
क्यों मुझे सब छोड़ चुके हैं।
कापू चिड़िया की तरह खेत के ऊपर से
मैं चिड़िया की तरह ही उड़कर जाऊँगी।

II

आगा बागा पारेवांग रौय डेले ?	ये कबूतर कहाँ के हैं ?
डोंगुर भूम टाँग पारेवांग रौय डेले।	ये पर्वतों से आए हैं।
आगा बागा राइया नुंग रौय डेले ?	ये कहाँ बैठे हैं ?
गाईता दादा दुआर रे रौय दादा।	गाईता के आँगन में,
किले रे कोरु रचाते रौय डेले,	उसकी चहारदीवारी के सामने,
अगाये इसे रायटांग रौय डेले।	ये बैठे हैं।

III

कुमहा फूल सीताराम कायदे लायोर।	कद्दू के फूल को प्रणाम करो, लड़कों।
तुमा फूल सीताराम कायदे लायोर।	लौकी के फूल को प्रणाम करो, लड़कों।
काकरी फूल सीताराम कायदे लायोरा	खीरे के फूल को प्रणाम करो, लड़कों।
मोगरा फूल सीताराम कायदे लायोर।	मोगरे के फूल को प्रणाम करो, लड़कों।
केओनरा फूल सीताराम कायदे लायोर।	केओनरा के फूल को प्रणाम करो, लड़कों।
चमेली फूल सीताराम कायदे लायोर।	चमेली के फूल को प्रणाम करो, लड़कों।
गुलाप फूल सीताराम कायदे लायोर।	गुलाब के फूल को प्रणाम करो, लड़कों।
आमा फूल सीताराम कायदे लायोर।	आम के फूल को प्रणाम करो, लड़कों।

IV

दादा ले वाइया मुनके रे कोरका कितीन;	सामने की ओर तुमने गाय का बाड़ा बनाया है भाई;
पेरके ने पुरका कितोन, दादा।	पीछे तुमने अन्न का भंडार बनवाया है भाई।
मुरविजे पाट जलियाल, दादा।	मोर छत पर है भाई।
पिंजोरा ते मैना कितोन, दादा।	मैना पिंजरे में है भाई।
श्शाने गादा कितोन दादा।	गाड़ी आँगन में है, भाई।
लटिटे कोवे कितोन दादा।	बन्दर बाँस पर है, भाई।
नौचारे पाट ते चिदराल दादा !	चूहा छत की कड़ियों पर है, भाई।
केना इये मानवान आयविन दादा !	तुम कितने अमीर व्यक्ति हो भाई !
दलाते हेसा हिमुन, दादा,	हमें टोकरी भरकर दो भाई,
काविर ते हितलाप आयार, दादा।	पूरी भरकर, भाई।
जिवा टुन कामी केमा, दादा।	इससे कम नहीं भाई।
नियरे पोरोय पोयकोम, दादा।	तब हम तुम्हारी प्रशंसा करेंगे, भाई।

V

मुड़ा मुड़ा इंटोनी दादा !	अँगूठी, अँगूठी, बोलो अँगूठी भाई !
गुरु पेकिह आयरौय दादा,	अगर वह लुहार की लड़की होती,
काची मुड़ा हेवेरौम दादा।	तो वह लोहे की अँगूठी देती भाई।

सोनार पेकिह आयरौम दादा।	अगर वह सुनार की लड़की होती,
सोनी मुड़ा वातेरौम दादा।	तो वह सोने की अँगूठी देती भाई।
काउरो पेकिह आयरौम दादा,	अगर वह काउरो वंश की होती,
काउरा मुड़ा हेवेरौम दादा।	तो वह कौड़ी की अँगूठी देती, भाई।
कुदुम ढाका वातेरौय दादा	और वह पैर पटक-पटककर चलती।
दिन्दा लायोर आटेक्रौय दादा,	अगर तुम एक अविवाहित लड़के होते भाई
कुदुम दाका वातेरौय दादा,	तो तुम भी पैर पटक-पटककर चलते,
माते मुठ का हेवेरौम दादा।	और हम तुम्हें मुक्कों से मारते।

समय-समय पर लड़कियाँ कूदकर उठतीं और घोटुल में सोने के लिए दौड़तीं पर लड़के भागकर उन्हें पकड़ लेते थे। यह सारी रात चलता रहा—बातें और बीच-बीच में नृत्य। थोड़ी-थोड़ी देर में कोई-न-कोई लड़का किसी लड़की को पकड़कर खेतों में ले जाता। किसी ने इस बात पर ध्यान नहीं दिया। बस, जब वे लौटते तो हँसी का एक छोटा-सा फव्वारा अवश्य छूटता। लड़कियाँ तीन या चार के दलों में, बारी से जाकर सोईं भी।

अगली सुबह लड़कियों ने पहले गाईता के घर के सामने गीत गाए। इस दौरान लड़के गाँव में घूमकर लड़कियों की यात्रा के लिए एक टोकरी चावल एकत्रित करते रहे। साथ ही वे दोपहर के खाने का इन्तज़ाम भी कर रहे थे जो लड़कियों को, अगले गाँव से आधे रास्ते पर, एक जल स्रोत के पास बैठकर खाना था। जब लड़के लौटे तो अचानक, चार लड़कियों को छोड़कर, सब लड़कियाँ घोटुल भाग गईं। बची हुई चार एक कतार में खड़ी रहीं। इन्होंने दो पैसे ज़मीन पर रखे। दो लड़के पैसे उठाने दौड़े जब वे झुके तो लड़कियों ने उनकी कमर पर मुक्के मारे। फिर लड़के चावल की टोकरी लेकर घोटुल आए। उन्होंने इसे ज़मीन पर रख दिया और लड़कियों को इसे खींचना था, बिना चोट खाए हुए। लड़कियों ने टोकरी को खाली करके द्वार के बाहर रख दिया, लड़के दौड़कर इसे उठाने आए पर इन्हें पकड़कर पुनः इनकी पिटाई की गई। गाईता के साथ लड़कियाँ गाँव की सीमा तक आईं; फिर एक रेखा खींची गई और लड़कियाँ उसे पार करके आगे बढ़ीं।

यह प्रोग्राम सप्ताह की हर रात दोहराया गया। इसके बाद लड़कियाँ घर चली आईं। मैंने बान्दोपल और बिनझली में इनकी वापसी देखी। नवम्बर 18, 1941 को बिनझली के चेलिक बहुत खुश और व्यस्त थे। वे गाड़ी भरकर लकड़ी जंगल में ले गए। उन्होंने ज़मीन में एक गड्ढा खोदा—लम्बा और गहरा पर सँकरा—और इस पर चावल और सूअर के मांस से भरे कई बर्तन रखे। उन्होंने आग जलाई और भोजन तैयार किया जिसकी बाद में दावत होनी थी। छह बजे शाम को खबर आई कि मुटियारी लौट रही हैं। लड़के जंगल से दौड़कर उस पगडंडी के पास पहुँचे जो मात्र दो सौ गज दूर थी।

यहाँ गाईता और एक सिराहा बैठे थे। रास्ते को काटती हुई राख की वही रेखा थी, आओनरा पत्तों के छोटे व हरे छल्लों की एक कतार और अड़े के छिलके के टुकड़े।[1]

1. जब जुआंग नृत्य करके अन्य गाँव से लौटते हैं तब गाँव की सीमा के निकट चौराहे पर खजूर के पत्तों की एक रेखा बनाई जाती है जिसके पास भोइर काँटे तथा आबनूस की टहनी रखे जाते हैं। नेता कहता है, 'जो भूत या शैतान हमारे पीछे चल रहे हों, वे यहीं से लौट जाएँ तथा हमारे पीछे न आएँ।' हर नर्तक थूककर रेखा पार करता है और बिना मुड़कर देखे घर चला जाता है। जुआंग यह प्रक्रिया तब भी दोहराते हैं जब वे किसी अन्य गाँव से लौटते हैं—कोई भी कार्य करके। सवारा और निसन्देह अन्य कबीले भी त्योहारों के अवसर पर ऐसी ही सावधानियाँ बरतते हैं।

तभी जंगल से मुटियारी पंक्तिबद्ध होकर आती दिखाई दीं। वे अट्ठारह थीं और गर्व से तनकर चल रही थीं। उनके चाँदी के रंग के कंघे और गहने ढलते सूरज की धूप में चमक रहे थे। चेलिक खुशी से तथा उनका स्वागत करने के लिए मुस्करा उठे। यह एक यादगार क्षण था।

पहली लड़की रास्ते को काटती हुई रेखा के पास पहुँचकर उकड़ूँ बैठ गई। सिराहा समाधि में चला गया। वह देवता से पूछने लगा कि क्या सब ठीक-ठाक है। चेलिक के मुखिया ने मुटियारी के सिर के गिर्द दो मुर्गे घुमाए और लड़की को रेखा पार करके अन्दर आने दिया गया। अन्य लड़कियाँ भी, पंक्ति में ही चलती हुई, एक-एक करके अन्दर आ गईं। उन्होंने अपनी वस्तुएँ घोटुल में रखीं तथा फिर गाईता के घर जाकर नाचने और गाने लगीं। वे थकी हुई थीं और उनका गला पूरे सप्ताह गा-गाकर भर्रा गया था। पर वे आधा घंटा नाचीं।

अब रात होने लगी थी। लड़के खुशी और उतावलेपन से भरे हुए वापस जंगल पहुँचे और भोजन पूरा बनाया। दो बड़ी लड़कियाँ जो मासिक स्राव के कारण अभियान पर नहीं जा पाई थीं—लड़कों ने चिल्लाकर मुझे बताया—पत्तलें और दोने बना रही थीं। जल्दी ही मुटियारी आकर एक कतार में बैठ गईं। लड़के मशाल लेकर इधर-उधर दौड़ने लगे। लड़कों ने पहले ताड़ की शराब परोसी। इसके बाद, पत्तलों पर, बहुत मिर्च पड़ा हुआ सूअर का मांस और चावल परोसे। मेरी पत्नी बैठकर मुटियारी के साथ खाने लगी। मुझे आग के पास बिठाया गया और मैंने भी अन्य लोगों की तरह ही दावत का पूरा आनन्द लिया। खाना बहुत स्वादिष्ट था और अच्छी तरह पकाया गया था। मुझे इसे खाकर कोई नुकसान भी नहीं हुआ।

गाँव के बड़े लोग भी आए और कुछ गंडा व कलार भी। जब उन्होंने और लड़कियों ने खा लिया तब, सबको खिला-पिलाकर चेलिक ने खाना खाया। आखिर में सब घोटुल चले गए। सब बहुत थके हुए थे; इसलिए पास-पास लेटकर सो गए।

अगले दिन शाम को इसी स्थान पर लड़कियों ने लड़कों को दावत दी। उन्होंने चावल, दाल, मछली और मेंढक पकाए जो लड़कों ने भोज के लिए ही पकड़े थे। जब मुटियारी जमा हुईं तो चेलिक ने उन्हें शराब दी। एक हाथ में शराब का दोना पकड़कर, दूसरे हाथ से उन्होंने चेलिक को प्रणाम किया। इसके बाद चेलिक के मुखिया—झोरिया—ने लड़कियों से पूछा कि वे कहाँ-कहाँ गई थीं, उन्हें खाने में क्या दिया गया था, उनका स्वागत कैसे हुआ था और रास्ते में उन्हें कोई परेशानी तो नहीं हुई थी। लड़कियों ने भी अपनी यात्रा का सजीव चित्रण करते हुए बताया कि यहाँ मुर्गा मिला था, वहाँ सूअर का गोश्त तथा फलाँ जगह पर लोगों ने आवभगत में कंजूसी दिखाई। झोरिया ने फिर घोषणा की कि उन गाँवों के, जहाँ मुटियारी गई थीं, मेहमानों के साथ वैसा ही व्यवहार किया जाएगा जैसा कि उन्होंने मुटियारी के साथ किया था।

बान्दोपल में शुद्धिकरण की प्रक्रिया लड़कियों के आगमन पर नहीं वरन् अगली सुबह की गई। लड़कियों को गाँव की सीमा से बाहर ले जाकर गाईता ने राख की रेखा बनाई तथा शराब, अंडे व मुर्गे देवता को चढ़ाए। कुछ टहनियाँ रास्ते के आर-पार रखी गई और लड़कियों को उन्हें पार करके घर जाने का आदेश मिला। जब वे घर जाने लगीं तो लड़कों ने उनकी कमर पर धौल जमाए 'जिससे बीमारी भाग जाए।'

6. हुल्की नृत्य

जैसे-जैसे हम पूर्व की ओर बढ़ते हैं, लड़कियों को दीवाली पर अन्य गाँवों में नृत्य के लिए अकेले जाने देने का रिवाज फीका पड़ता चला जाता है। दीवाली नृत्य पूस कोलांग नृत्य के समय ही होता है। फिर भी पूर्वी कोंडागाँव के अलग-थलग बसे गाँवों–जैसे सूरमा गाँव–में दीवाली नृत्य की रीत है। जहाँ यह रीत विलुप्त हो गई है वहाँ स्थान हुल्की नृत्य अभियान ने ले लिया है। जिस प्रकार पूस कोलांग की जगह चैन डांडर ने ले ली है और सिर्फ लड़कों के स्थान पर लड़के व लड़कियाँ दोनों नृत्य करने जाते हैं, उसी प्रकार दीवाली नृत्यों की जगह हुल्की नृत्यों ने ले ली है और सिर्फ लड़कियों के स्थान पर लड़के व लड़कियाँ दोनों नृत्य करने जाते हैं। हुल्की अभियान के लिए कभी-कभार विशेष तैयारी नहीं होती। लोग कुछ खास सजावट नहीं करते। बस लड़के अपने सारे कपड़े पहनकर और लड़कियाँ अपने सबसे खूबसूरत गहने धारण करके एक सप्ताह के टूर पर निकल जाते हैं। कभी-कभी ये दिन में निकलकर, पास के गाँव में नृत्य कर, शाम को अपने गाँव लौट आते हैं।

जब नर्तक अपने गाँव से निकलते हैं तो वही रस्में अदा की जाती हैं जो अन्य नृत्यों पर जाते समय अदा होती हैं। छल्लो की एक रेखा रास्ते के आर-पार बनाई जाती है और गाईता सबकी सलामती की भगवान से दुआ माँगता है, तथा सबके सकुशल वापस लौटने पर भेंट का वायदा करता है। नर्तकों के दल का नेता, जिसे गेन कहते हैं, प्रार्थना करता है कि 'हमारे गीत और नृत्य बढ़िया हों, लय-ताल ठीक रहे और सुर न टूटे। कोई तान्त्रिक हमारा अहित न कर पाए। अन्य गाँवों के अरजत्ता-परजत्ता, भूत, मस्सान, चड़ैलिन, मिरचुक और माटिया हम पर हमला न करें। अन्य गाँवों के देवता भी हमें परेशान न करें।'

अतिथि नृत्य करते हैं और गाँव से शराब तथा खाना एकत्रित करते हैं। इस गाँव के (जहाँ वे नृत्य करने पहुँचे हुए हैं) चेलिक और मुटियारी भी इनके नृत्यों में शामिल हो जाया करते हैं। मेहमान एक पंक्ति में नृत्य करते हैं और मेज़बान दूसरी में। भंडारसिउनी में उन्होंने लिंगो के सम्मान में एक गीत गाया। भंडारसिउनी के दल में, जिसमें वयस्क लड़के पर बहुत छोटी लड़कियाँ थीं, 28 अक्टूबर, 1941 को सिरपुरी पहुँचे, तो यह देखकर बहुत हँसी आई कि सिरपुरी के लड़कों को इस आगमन से बहुत बोरियत हुई जबकि सिरपुरी की लड़कियाँ चहकती हुईं अपने मेहमानों के लिए भाग-दौड़ कर रही थीं।

जब लड़के, कुछ लड़कियों के साथ, हुल्की नृत्य पर जाते हैं, तो दोनों घोटुल के सदस्य तब तक नृत्य करते हैं जब तक एक दल थक नहीं जाता।

बहुधा दोनों घोटुल के सदस्य मिलकर नृत्य करते हैं। ऐसा ही एक समय था जब मोरेंगा के झोलेर–और कई अन्य लड़कों की भी–अपनी भावी पत्नी से भेंट हुई। 'मैं मुंडपाल नाचने गया था। एक लड़की भीड़ को काटती हुई मेरे पास आई और नृत्य करने लगी। मैंने उसकी कमर में हाथ डाला और उसके उरोज़ों पर अपना सिर टिका दिया। बाद में मैंने उसे शराब पिलाई और जंगल में ले गया। कुछ महीनों बाद हम इकट्ठे भाग गए और शादी कर ली।'

हुल्की अथवा कोकटी नृत्य में लड़के तथा लड़कियाँ, एक-दूसरे की बाँहों में, सर्पाकार पंक्ति में चलते हुए नृत्य करते हैं। यह एक तेज़ और प्रसन्नता से भरा नृत्य होता है जिसमें नर्तकों को (अगर परिस्थितियाँ ठीक हों) भी बहुत आनन्द मिलता है।

लड़के व लड़कियाँ एक लम्बी पंक्ति में खड़े होते हैं और सबके मुँह एक ओर ही होते

हैं। वह एक-दूसरे को अपना दाहिना हाथ अपने पड़ोसी के दाएँ कूल्हे पर रखकर पकड़ते हैं। बाएँ हाथ से हर नर्तक व नर्तकी अपने पड़ोसी का दायाँ हाथ पकड़ते हैं–वह हाथ जो कूल्हा थामे है। यह तरीका प्लेट CXIII देखकर आसानी से समझ में आ जाता है। नृत्य की शुरुआत लड़के करते हैं। ये एक-दूसरे को बहुत हल्के हाथ से पकड़ा होता है और बीच में लड़कियों के लिए अच्छी खासी जगह छोड़ रखी होती है। लड़कियाँ एक-एक करके, अपना सिर झुकाकर, लड़कों के बीच के स्थान पर घुस जाती हैं। यह नृत्य अन्तरंगता से इतना भरा हुआ होता है कि लड़कियों को यह देखना पड़ता है कि उनका पड़ोसी कौन है–कहीं वह उन्हीं के वंश का लड़का या कोई ऐसा रिश्तेदार तो नहीं जिसके साथ शारीरिक सम्बन्ध बनाना वर्जित हो।

अब पंक्ति बाएँ या दाएँ बहुत तेज़ी से चलती है। नर्तकों के कदम एक साथ उठते हैं और सबके पैर इकट्ठे ही रहते हैं जिसे देखकर बहुत आनन्द आता है। फिर पंक्ति विपरीत दिशा में बढ़ती है, 'जय केओनरा जय मोंगरा' बोलकर जिसका अर्थ है जय कुमुदिनी और जय गुलाब। कभी वे 'हुरे हुरे हुरे, साले साले साले' भी बोलते हैं। और कभी तीखी भौंकने की आवाज़ निकालते हैं। अब वह रेखा जो ऐसे शुरू हुई थी–घूमकर मुड़ जाती है इस तरह

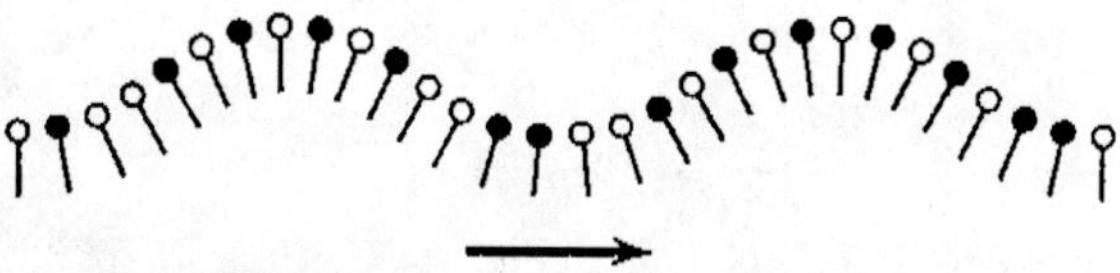

इसमें बहुत मज़ा आता है क्योंकि जब पंक्ति घूमती है तो सब नर्तकों के कूल्हे एक-दूसरे से टकराते हैं। नर्तकों में नेता सबसे आगेवाला व्यक्ति अचानक पंक्ति में जगह देखकर झुक जाता है और उस जगह में घुसकर पंक्ति में आड़े तिरछे नृत्य करता हुआ चलता है। उसके पीछे के लोग उसका अनुसरण करते हैं। ऐसा लगता है मानो पंक्ति से कोई धागा लिपट रहा हो। इस दौरान रस्सीकशी-सी होती है; एक बड़ा घेरा बन जाता है। पंक्ति के दोनों छोर एक-दूसरे से मिल जाते हैं। पहले नर्तकों के मुँह अन्दर की ओर होते हैं और फिर अचानक, जैसे दस्ताना उलट दिया गया हो, वे घेरे में बाहर की ओर मुँह करके नाचने लगते हैं।

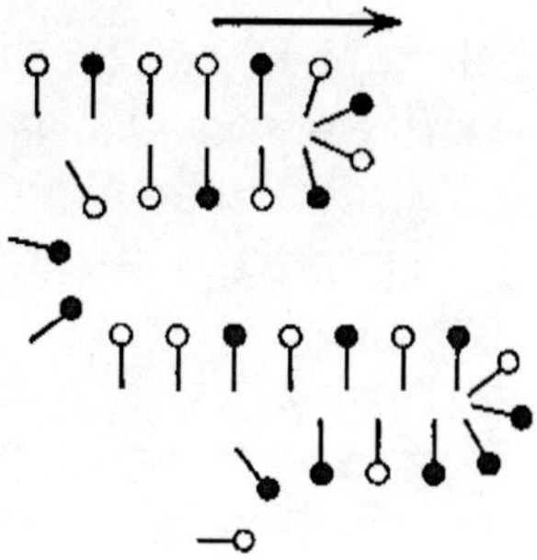

सारे समय उनके कदम नहीं बदलते–वे उतने ही तेज़, ताज़े और गाए जा रहे गीत की लय पर उठते रहते हैं। पर आखिरकार नर्तक नाना नाना रे की टेक पर आते हैं और नृत्य और तेज़ हो जाता है। अन्त में एक नया

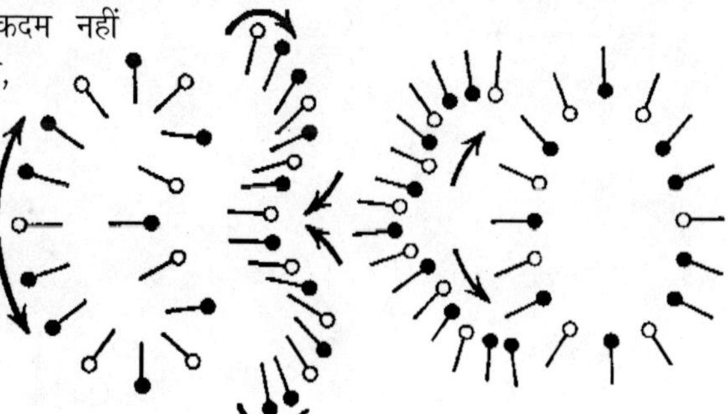

कदम प्रारम्भ होता है–बाईं तरफ तीन कदम और तीसरे कदम पर एक हल्की-सी छलाँग, फिर दायाँ कदम लहराकर पीछे व थोड़ा तिरछा बाएँ पैर के साथ जो इसके बाद बाईं ओर रखा जाता है।

पूपगाँव में पंक्ति के आगे और पीछे खड़े व्यक्तियों ने डंडियाँ पकड़ी हुई थीं। एक बिन्दु पर वे दोनों मिले और एक-दूसरे की डंडियाँ पकड़ीं। बाकी की पंक्ति पहले उनके ऊपर से गुज़री और फिर नीचे से। इसके बाद वे फिर एक घेरे की आकृति में खड़े हो गए।

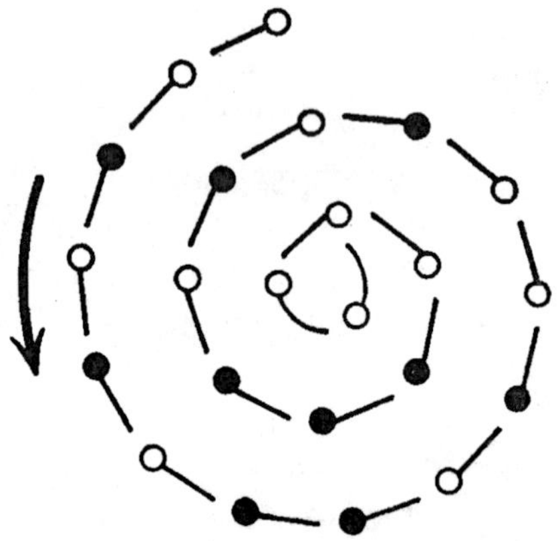

हुल्की नृत्यों में से बेहतरीन मैंने अलोर में देखे। लड़के और लड़कियाँ एक कतार में खड़े थे और उनके मुँह सामने की ओर थे। सबके बाएँ हाथ सामनेवाले व्यक्ति के कन्धे पर रखे थे। कदम ऐसे पड़ रहे थे–पाँच कदम आगे, दायाँ पैर बाएँ पैर तक ले जाकर फिर आधा पीछे; पाँच कदम पीछे, बायाँ दाएँ के पास लाकर आधा आगे; पाँच कदम आगे और इसी प्रक्रिया की पुनरावृत्ति। वापस लौटते समय चिल्लाना; पाँच कदम पीछे, बायाँ पैर अन्दर तथा फिर बाहर।

कभी-कभी हुल्की पंक्ति कानखजूरे की तरह स्वयं को गोल कर लेती है।

सच तो यह है कि हुल्की नर्तक कई प्रकार के कदमों का इस्तेमाल करते हैं और उनके नाचने के भिन्न-भिन्न तरीकों की कोई सीमा नहीं है। हुल्की एक प्रफुल्लता से भरा नृत्य है और इस नृत्य को शुरू करने के बाद नर्तक उसे बीच में छोड़ता बिलकुल पसन्द नहीं करते।

कोंडागाँव तहसील के उत्तर में (मैंने यह सिधावंड और अमगाँव में ही देखा है) हुल्की नृत्य ढोलों से होता है। इसे हुल्की-मांदरी ढोल कहते हैं। ये ढोल आकार में छोटे होते हैं। लड़के इन्हें बाएँ हाथ से पकड़कर दाएँ से बहुत जल्दी-जल्दी चोट करते हैं। ढोलची तो कतारों में एक-दूसरे की तरफ मुँह करके खड़े होते हैं। लड़कियाँ और अन्य लड़के साधारण हुल्की पंक्ति बनाते हैं (नीचे देखें)।

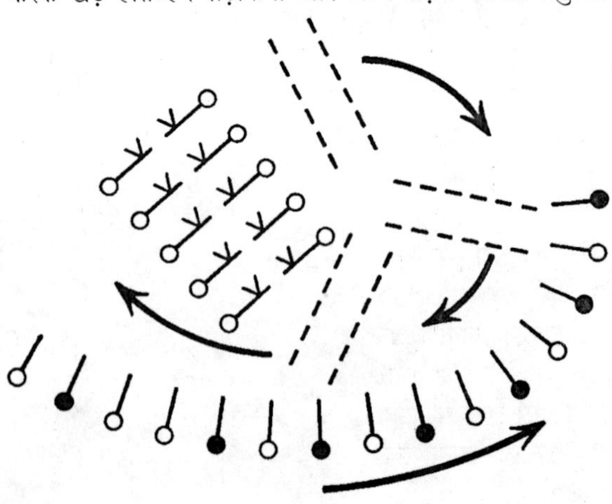

हुल्की गानों का नृत्यों से कोई खास सम्बन्ध नहीं होता। जो पहले चरणों में गाए जाते हैं उनकी टेक होती है *सिलिप रेले रोले रोले;* जो बाद में गाए जाते हैं उनकी टेक होती है *अरे टिना नामुर नाना रे।*

गीत

I

सोरा धारू धरती नावू खांडू पिरथी हो।	ओह सोलहगुनी पृथ्वी और नौ गुना स्वर्ग !
धरती मालिक बोरू लरियो पिरथी मालिक बोरू हो ?	पृथ्वी का मालिक कौन है और स्वर्ग का मालिक कौन है ?
धरती मालिक लिंगो लरियो पिरथी मालिक राजाल हो।	लिंगो पृथ्वी का राजा है और राजाल स्वर्ग का राजा है।
लिंगोना वहले पाटा लरियो लिंगोना वहले दाकान हो !	ओह वे गीत जो लिंगो ने हमें सिखाए, ओह वे नृत्य जो लिंगो ने हमें सिखाए,
पिहिली पाटा लिंगो लरियो पहिली दाकान लिंगोना हो।	पहला गीत लिंगो का है, पहला नृत्य लिंगो का है,
मरिया पाटा लयोरा लरियो मारिया दाकान लयोग हो।	आखिरी गीत लड़कों का है और आखिरी कदम भी लड़कों का है।
नादुम नारका दीया लरियो निके पोरोय पोयटोय हो।	मध्य रात्रि को एक दीया जलता है, हमने तुम्हारा नाम लिया है।
होंगू दापू आयमा लरियो निके जोहर लागी हो।	हमसे नाराज़ मत होना, हम तुम्हें जोहर करते हैं।

II

अरिंग कोरिंग बादेर रौय।	आसमान में बादल हैं,
पोरोन बादेर पोयन्दु रौय।	आसमान बादलों से भरा है।
दारका पिर्रू दर दर रौय,	पहले मूसलाधार बारिश होती है,
जिमती पिरू जिम जिम रौय।	फिर फुहार पड़ती है बूँद बूँद करके
डोरी उसा हाँडू रौय,	साँझ ढले बाढ़ आती है,
डाक्का पेहचोर हाँडू रौय।	सब तोड़ती फोड़ती हुई।

III

गुगटी गुगटी मारी मारी कोकोरे।	चलो मिट्टी मे दुदु खेलें।
कुम दुदु दुदु रौय ही बाई ?	दुदु खेलने आ रही हो ?
दुद करसी बायेनी ही बाईं,	मैं आना तो चाहती हूँ, पर आ नहीं सकती,
वायोन आयो वाचेना हे दादा;	माँ घर पर है;
लोने दाई मानता रौय हे दादा।	वो नाराज़ होंगी।
निया दाई माटेक रौय हे बाई।	उनकी परवाह मत करो।
सुरा वेरी झापी रौय हे बाई;	इस टोकरी में सात ज़ंजीरें हैं;
झापिटे सांद्रा हितोना हे बाई।	मैंने टोकरी में कपड़ा रख दिया है,
बासके वाने हितोनी हे दादा ?	तुमने यह कब दिया ?
कोनेम वेदुर जोली रौय हे बाई;	जब तुम पालने में थीं;
जोलित निमा मांडी रौय हे बाई,	तुम पालना झूल रही थीं,
आस्के नाना हितोना हे बाई।	तब मैंने तुम्हारे लिए कपड़ा रखा था।
सान्द्रा इसे हितेक रौय हे दादा,	अगर तुमने कपड़ा दिया है भाई,
नाना इसे वायका रौय हे दादा,	तो मैं आऊँगी भाई,
जोरी इसे आयकाट रौय हे दादा।	और हम मिलकर रहेंगे भाई।

IV

भालुर बेटी रानी काई मेन लुरे जाय हो ?	भालू की रानी जैसी बेटी कहाँ है ?
भालुर बेटी रानी डोंगरी मेन लुरे जाय हो।	वो पहाड़ी पर खेल रही है।
भालुर बेटी रानी कहाँ पानी जाय हो ?	वो पानी कहाँ से लेती है ?
भालुर बेटी रानी तारिया मेन पानी जाय हो।	वो तालाब से पानी लेती है।
भालुर बेटी रानी कहान सुतेला जाय हो ?	वो सोती कहाँ है ?
भालुर बेटी रानी डोरगीं मेन सुतेला जाय हो।	भालू की रानी जैसी बेटी छोटे-से जल स्रोत में सोती है।

V

मिति बोलो मितियारिन दाहर बाता देबे रे हो।	धीमे से बोलनेवाली कुली लड़की, मुझे रास्ता दिखाओ।
माई नी जानो दाहर बाबू माई नी जानो कोर हो;	मैं रास्ता नहीं जानती भाई;
पानी घाटी में जाबे बाबू पनियारिन ला पूछबे रे हो।	घाट पर जाकर पनियारिन से पूछो।
ये बाई पनियारिन दाहर बाता देबे रे हो।	ओ पनियारिन मुझे रास्ता बताओ।
कोर में खेले कोर लरका लरका ला पूछ लेबे हो।	ओ लड़के, सड़क पर खेलते हुए लड़कों से पूछो।
हे बाबू लेरोको ठाकुर घर कौन रे हो,	ठाकुर का घर कहाँ है ओ लड़के ?
येउनी जिउनी छोड़ देबे जाबे मांजा गली हो,	बाएँ-दाएँ ना मुड़ना, सीधे जाना,
रंग पोटे चुही पोटे तेही ठाकुर घर रे हो,	जहाँ दीवारों पर रंगीन और सफेद रंग हुआ है,

जाओरा बाओरा कुकुर भूके तेही ठाकुर घर रे हो,	जहाँ जाओरा बाओरा कुत्ते भौंकते हैं,
कामा में तो आती बाँदे तेही ठाकुर घर रे हो,	जहाँ एक हाथी बाँस से बँधा है,
अला में तो घोरा बाँदे तेही ठाकुर घर रे हो,	जहाँ बाड़े में घोड़ा खड़ा है,
लेवा में तो भैंसा दूबे तेही ठाकुर घर रे हो,	जहाँ बाड़े में भैंसे बँधी हैं,
कोटा में तो गइया बाँदे तेही ठाकुर घर रे हो,	जहाँ गायें तबेले में खड़ी हैं,
दांग में तो बान्दरा जुले नेही घर रे हो,	जहाँ बन्दर बाँस पर झूल रहा है,
छानी में तो मंजूर नाचे तेही ठाकुर घर रे हो,	जहाँ मोर छत पर नाच रहा है,
पिंजोरा में तो मैंना बोले तेही ठाकुर घर रे हो,	जहाँ मैना पिंजरे में गा रही है,
काट में तो सूवा बोले नेही ठाकुर घर रे हो,	जहाँ लड़की के बैठने के स्थान परतोता बोल रहा
हे बाई ठकुराईन ठाकुर कहाँ गाइस रे हो ?	
है, वही ठाकुर का घर है।	ठाकुर कहाँ है, ओ ठकुराइन ?
हाट में टेंगा दरिस भइया राजा के सेवा गइस रे हो।	हाथ में छड़ी लेकर वो राजा की सेवा में गए हैं।
काइया टेरे काइया भाजी नदी तिर के काइया रे हो।	कहुवा पेड़ नदी के किनारे पर है।
अमोर ठाकुर ला तो राजा घर ले माया रे हो।	हमारे ठाकुर को राजा का घर बहुत पसन्द है।
अर्री ठाकुर पर्री जो चोंग भरेला देवे रे हो।	राजा ने उन्हें पीने के लिए तम्बाकू दिया था।
केनी तेरे केनी भाजी बाडी तीर के केनी रे हो।	केनी भाजी चहारदीवारी के पास उगी है।
अमर ठाकुर के बालक बेटी सोन के बेनी गते रे हो।	हमारे ठाकुर की छोटी-सी बेटी की चोटी सोने से मढ़ी है।
आइरी तेरे आइरी भाई तराई के आइरी रे हो।	उसके तालाब में बत्तखें हैं।
अमर ठाकुर के बालक बेटी सोन के पेरी पिन्दे रे हो।	हमारे ठाकुर की छोटी-सी बेटी सोने की पायल पहनती है।
अमर ठाकुर के बालक बेटी सोन के पनिया कौंचे रे हो।	हमारे ठाकुर की छोटी-सी बेटी के बालों में सोने का कंघा है।

VI

मेता पोर्रो टिंगी ते बारांग गोरे लाता हो ?	पर्वत की चोटी पर कौन झूल रहा है ?
मेता पोर्रो टिंगी ते बोदाल गोरे लाता हो।	पर्वत की चोटी पर भैंसा झूल रहा है।
गोरा लरियो बोदा दी निकुन सोये माता हो !	तुम्हारा झूला बहुत अच्छा लग रहा है ओ भैंसे !
बोदाल दा तोकार ते बातांग गोरे लाता हो ?	भैंसे की पूँछ पर कौन झूल रहा है ?
बोदाल दा तोकार ते चाची गोरे लाता हो।	उसकी पूँछ पर चाची चिड़िया झूल रही है।

केने दोर धामकी ने बारांग गोरे लाता हो ?
केने दोर धामकी ते येक्ता गोरे लाता हो।
गोरा लरियो येक्ता दी निकुन सोये माता हो !

तुरजिंग आरता भर्रो ते बारांग गोरे लाता हो ?

तुरजिंग आरता भर्री ते कोखाल गोरे लाता हो।
पावुर मार्रा तोंदा ने बारांग गोरे लाता हो।
पावुर मार्रा तोंदा ते मुंज मोरे लाता हो।
गोरा लरियो मुंज दी निकुन सोभे माता हो।

पहाड़ी के नीचे कौन झूल रहा है ?
पहाड़ी के नीचे सूअर झूल रहा है।
तुम्हारा झूला बहुत अच्छा लग रहा है,
ओ सूअर !
घनी घास के मैदान में कौन झूल रहा
है ?
घास के मैदान में साम्भर झूल रहा है।
सियारी पेड़ पर कौन झूल रहा है ?
सियारी पेड़ पर बन्दर झूल रहा है।
तुम्हारा झूला बहुत अच्छा लग रहा है,
ओ बन्दर!

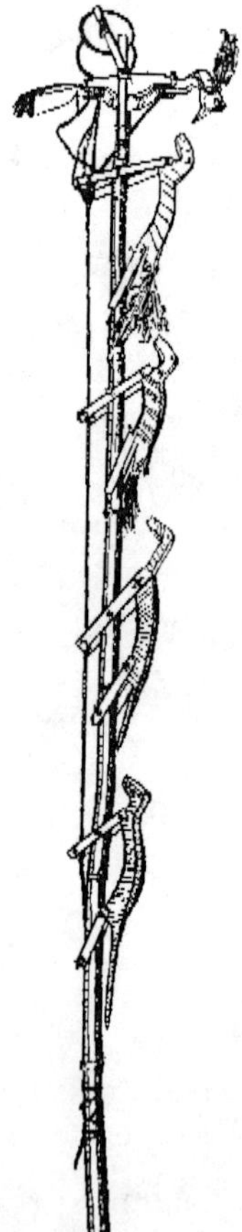

चित्र 123–छेरता नृत्य अभियानों पर इस्तेमाल किया जानेवाला खिलौना। लम्बाई 6' 6"

चित्र 124–पूस कोलांग और अन्य अभियानों पर इस्तेमाल किया जानेवाला खिलौना। लम्बाई 4' 6"

7. छेरता नृत्य

जैसा कि हम देख चुके हैं, बहुत-से घोटुल में पूस कोलांग नृत्य नहीं होता। कुछ महुआ डांडर नृत्य भी नहीं करते। ऐसी जगहों पर चेलिक छेरता त्योहार पर ध्यान देते हैं। कई गाँवों में छेरता प्राचीन नृत्यों के साथ-साथ किया जाता है।

मुरिया कहते हैं कि काडरेंगल और टाल्लुर मुताई के विवाह में मेहमानों के लिए खाना और शराब कम पड़ गए। जो चेलिक विवाह के इन्तज़ाम में लगे थे वे पड़ोसी गाँवों से खाना और शराब लेने गए। वहाँ से उन्हें दोनों चीṭsa मिल गईं और विवाह बिना किसी व्यवधान के सम्पन्न हो गया। मुरिया गाँवों में ऐसे जिन पर हिन्दू प्रभाव अधिक है और बस्तर के हिन्दुओं की एक ही परम्परा है। परन्तु इनमें ऐसी धारणा है कि यह विवाह महादेव और पार्वती का था। मुझे सन्देह है कि छेरता नृत्य मुरिया का वास्तविक अपना नृत्य नहीं है और न ही इनकी परम्परा का हिस्सा ही है। यह छत्तीसगढ़ में बहुत आम है और मध्य सूबों में भी, जहाँ से शायद यह मुरिया क्षेत्रों में आया है।

मुरिया को यह इसलिए पसन्द है कि इसमें बहुत आनन्द आता है। इसमें उन्हें शराब व दावत मिलते हैं। इसमें दैवी प्रकोप का भी डर नहीं होता जिसका खतरा पूस कोलांग नृत्यों के समय हरदम बना रहता है। इस कारण छेरता बहुत लोकप्रिय हो चला है विशेषकर मुरिया क्षेत्र के पूर्व और मध्य भागों में।

छेरता नृत्य अभियान पर लड़के व लड़कियाँ दोनों जाते हैं। वे भिन्न-भिन्न गाँवों के घोटुल में नृत्य करते हैं और वहीं सोते भी हैं। मेहमान और मेज़बान दोनों एक-दूसरे का मन बहलाते हैं। मेहमानों का दल घोटुल के बड़ों को रात को जोहर करता है और फिर मालिश के लिए लड़कियों की अदला-बदली होती है। लेकिन मेहमान अपने ही गाँव की आग ले जाते हैं जिस पर खाना भी वे स्वयं ही पकाते हैं।

दिन के समय अतिथि गाँव में नृत्य करते हुए घूमते हैं और खाना भी माँगते हैं। नृत्य का मुखिया 'नकटा' कहलाता है।[1] यह कभी फटे-पुराने कपड़े पहनता है तो कभी शानदार लिबास। नकटा भयानक मुखौटा पहनता है जो कद्दू का बना होता है। कद्दू को सजाया जाता है : आँखों की जगह दो वृत्ताकार छेद होते हैं, नाक मोम की बनाई जाती है, मुँह को काटकर उसमें अन्न की दाने लगा दिए जाते हैं जो दाँतों का प्रतिनिधित्व करते हैं। नीलगाय या भालू के बालों की दाढ़ी लगाई जाती है। मुखौटे के ऊपर मोरपंख लगा दिए जाते हैं। मैंने एक मुखौटा देखा था जिसमें एक मोम का बैल नाक के ऊपर लगा हुआ था। जब नर्तक नाचते हुए गाँव का दौरा करते हैं, तो वे हर घर के आगे एक पंक्ति में खड़े होकर ज़मीन पर ज़ोर-ज़ोर से डंडियाँ मारते हैं। नकटा इनके आगे कूदता-फाँदता चलता है और ऊटपटाँग हरकतें करता है। दो या इससे अधिक लड़कों के पास टोकरियाँ होती हैं और जब अन्य लोग नाच रहे होते हैं तो ये घर में जाकर शराब, चावल, दाल और अन्य भोजन माँगते हैं। जब ये पूरे गाँव में घूम लेते हैं तो इनकी मुटियारी इनसे खाद्य पदार्थ लेकर खाना बनाती हैं।

1. 'नकटा' एक व्यंग्यात्मक शब्द है जिसका अर्थ है 'बिना नाक का।' यह शायद उस परम्परा की ओर इशारा करता है जिसमें दुष्ट पत्नी की नाक काटने का विधान है क्योंकि यह शब्द खुले यौनाचरणवाले लोगों के लिए प्रयुक्त होता है। यह प्रेम में भी इस्तेमाल किया जा सकता है। छत्तीसगढ़ के कुछ भागों में नकटी देवी की पूजा होती है।

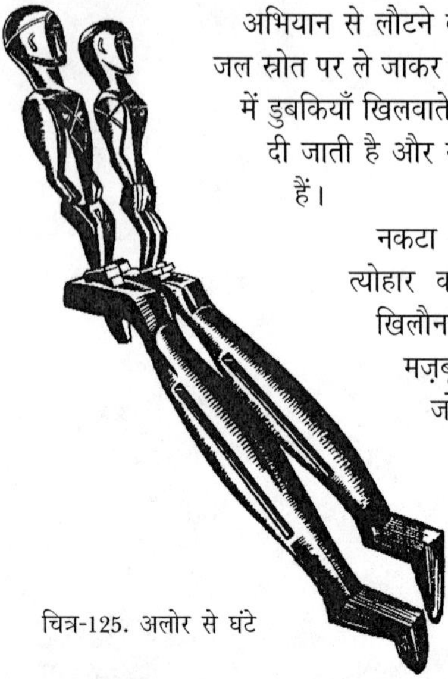

चित्र-125. अलोर से घंटे

अभियान से लौटने के बाद लड़के और लड़कियाँ नकटे को पास के जल स्रोत पर ले जाकर मिट्टी में लोटनी लगवाते हैं और तत्पश्चात् पानी में डुबकियाँ खिलवाते हैं। इसके बाद नकटे को मांडिया रोटी खाने को दी जाती है और यह इस पानी के अन्दर सिर करके खानी पड़ती हैं।

नकटा प्रकरण के अलावा, कुछ अन्य बातें भी छेरता त्योहार को मज़ेदार बनाती हैं। रेमावंड में मैंने एक खिलौना, कलाकारी का उत्कृष्ट नमूना, देखा। एक मज़बूत बाँस पर कुछ बन्दर तराशकर लगाए गए थे जो ऊपर बैठी एक चिड़िया की तरफ लपक रहे प्रतीत होते थे। धागों से चिड़िया और बन्दर हिलाए भी जा रहे थे। (चित्र 123)। कोइलीबेरा में एक ऐसा ही खिलौना था जो पूस कोलांग और अन्य नृत्य अभियानों पर निकाला जाता था। बाँस के नीचे की ओर एक संगीतमय उपकरण लगा हुआ था और ऊपर एक छोटा-सा व्यक्ति बना था।

यहाँ चेलिक ने बताया कि प्रतीक छिपकलियों के हैं जो पेड़ पर चढ़ते हुए जंगली कबूतरों को पकड़ने का प्रयास कर रही हैं (चित्र. 124)। हर खिलौने के ऊपर मंजीरे लगे हुए थे जो डोर को खींचने पर बजते थे।

चित्र 126–
रेमावंड की नृत्य
की डंडी।

अलोर में शामराव हिवाले को काफी घंटे की काफी बड़ी तिल्लियाँ मिलीं। ये प्लेट CV और चित्र 125 में देखी जा सकती हैं। हर घंटे की तिल्ली लकड़ी का एक टुकड़ा है जिसे बीच में से खोखला कर दिया गया है। एक छोर पर तराशी गई चोंच है और दूसरे छोर पर एक चपटी पत्ती जिसके बीच में एक छेद है। इसमें एक 4" का लकड़ी का हुकनुमा टुकड़ा सहारा देकर खड़ा कर दिया गया है जिस पर लकड़ी की एक मूर्ति लगी हुई है। हुकनुमा टुकड़े में एक छोटा-सा पिन लगा हुआ है जो मूर्ति को स्थिर कर रहा है। मूर्तियाँ स्त्री और पुरुष की हैं। पुरुष की मूर्ति थोड़ी अधिक लम्बी है और नीचे से लेकर ऊपर तक 15½" की है। नारी की आकृति ½" छोटी है। दोनों मूर्तियों में भिन्नताएँ यौन अंगों से और स्त्री के उभरे हुए स्तनों से ज्ञात होती हैं। औरत की शरीर पर एक त्रिकोण भी बना है जो शायद उसके गर्भाशय का प्रतीक है। बालों की बनावट टेढ़ी-मेढ़ी रेखाओं द्वारा दिखाई गई है और यह दोनों मूर्तियों में भिन्न है। पुरुष की जाँघों पर पाँच-पाँच अँगुलियाँ बनी है। ये उस स्थान पर हैं जहाँ उसने अपनी जाँघों पर हाथ रखा होता है अगर वह वास्तव में होता। यह चीज़ महिला की मूर्ति में नहीं है। हर घंटे की तिल्ली की लम्बाई एक छोर से दूसरे छोर तक 2' × 6 ½" है। बीच का छेद 10 ½" लम्बा, 3/4" चौड़ा और 2" गहरा है।

छेरता और पूस कोलांग अभियानों में जो अन्य वस्तुएँ मैंने देखीं उनमें बहुत प्रकार के

मुखौटे[1] भी हैं। ये प्लेट XCIX, CII, CIII में दृष्टिगोचर होते हैं। नृत्य की डंडियाँ भी अनेक प्रकार की हैं। गोरमा में मैंने एक छेरता-गुजिर देखी जो जंगली साँड के सींगवाले मारिया की नृत्य डंडियों के समान थी–पुरानी छतरी की डंडी से बनी हुई जिसके ऊपर लोहे की घंटियों का एक गुच्छा भी था। रेमावंड में एक डंडी थी जिसका नाम था–जरर-बरजर; उसमें लोहे का एक मुकुट घंटियों समेट लटका हुआ था।[2] सजी हुई लकड़ी की बन्दूकें भी पकड़ी जाती हैं।

छेरता में इस्तेमाल होनेवाले गीत भ्रमित और अस्पष्ट होते हैं। इनमें प्रतीक और उपमाएँ एक-दूसरे से सम्बन्ध नहीं रखते पर एक गीत–जो भीख माँगने से ताल्लुक रखता है–का अर्थ अवश्य ही स्पष्ट होता है। मैं दोनों तरह की गीतों का उदाहरण दे रहा हूँ।

गीत

I

बन भैंसा आना ताना खाये लसुन पाना पाना जाय कुय।	जंगली भैंसे लहसुन के पत्ते खाते हुए इधर-उधर जाते हैं।
चारी बुली आओ भैंसा रूपा बेरा थाना थाना जाम कुय।	आओ भैंसों और चाँदी के खेत में चरो।
खाट कुरहा चो कांटा कुता; कलार	कूड़े के ढेर में काँटे हैं; कलार के घर के अन्दर
घरो भाट्टी-भाट्टी;	शराब की भट्टी है।
भाट्टी चो मुंडी के आग लगे;	भट्टी के ऊपरी भाग में आग लगी; चींटी ने
पिन्दा के चाबली चाटी चाटी।	कूल्हों पर काट लिया।

1. पुरारी डेल्टा के रावी से सम्बन्धित मुखौटे और 'मुखौटेवाले नृत्य और जलूस न्यू गिनी में आम बातें हैं।' रावी में मुखौटे लड़कों के प्रवेश के समय पहने जाते हैं जब बगीचे में उगी चीज़ों पर प्रतिबन्ध होता है। अन्तिम संस्कार में भी ये धारण किए जाते हैं जिसमें मुखौटा लगाए हुए एक व्यक्ति मृतक की आत्मा का प्रतिनिधि बनता है जो अपने घर वापस आ रही है।–आर. फिर्थ, आर्ट एंड लाइफ इन न्यू गिनी (लन्दन, 1936), पृ. 26।
2. इस तरह की संगीतमय डंडी उस डंडी के समान ही है जो डाक धावक पास की जयपुर ज़मींदारी में लेकर भागते हैं।

भुकुते भुकू हाई कुवारी डेंगुर चो भूकू हो हो	चींटियों की बाँबी में कीड़े हैं।
पिला राजा बैरमगढ़ जोरा चावर दुकु हो हो।	बैरमगढ़ के बच्चे राजा की हवा दो पंखों से होती है।
कर कराती कराती पिपर पान चो देती देती।	पीपल के पत्ते स्तनों के अग्रभाग जैसे हैं।
चिरक चरक मांड बेचे जात कालारिंग बेती हो हो;	कलारिन की बेटी बूँद बूँद शराब बेचती है;
टन टन रुपैइया गिने कालारिंग बाई हो हो जाम कुय।	कलारिन बाई टनाटन रुपए गिन रही है।

II

झिरलिति झिरलिति पांडकी मारा लिति।	झिरलिति झिरलिति, कबूतर ने चिड़िया मारी।
डोकारा डोकारी झगरा होला चापुन दिला लुथी।	पति की पत्नी से लड़ाई हुई और उसने पत्नी को जलते चिमटे से मारा।
आओ डोकारी छन्दईला तोला देहन रोटी।	आओ बूढ़ी औरत, मैं तुम्हें खाना दूँगा।
रोटी पिथा काई कानूहून ? बरे बाप के बेटी।	मैं तुम्हारा खाना खाकर क्या करूँगी मैं बड़े बाप की बेटी हूँ।
गाड़ा ऊपर गारली चोंदा ऊपर खिला।	बड़ी गाड़ी पर छोटी गाड़ी है और दोनों के सिरे कील से जुड़े हैं।
गारा चेगी हाकदेला सिधावंडिया पिला।	इस गाड़ी पर सवारी के लिए सिधावंड के चेलिक को बुलाया जाता है।
अमली बोटी टिंगाली पुर दुवारे माचा।	इमली का फल बहुत खट्टा है; मंच आँगन में है।
माचा चेगी हाकदेला दुयी मामा भाचा।	चाचा भतीजे को मंच पर बैठने बुलाया जाता है।
नया नांगार बारी-बारी जुना नांगार बारी।	नए हल पर एक रस्सी है, पुराने हल पर एक रस्सी है।
ये गाँव चो लेकीमानके कोलेपा निलो आरी,	इस गाँव के बच्चों को लोमड़ी उठाकर ले गई।
कोलेपा चो बेटा बेटी आमके बल्ला दादी।	उसके बच्चे हमें बाबा कहेंगे।
छेर छेरता की मेर मेरा, बामान दोरगोदा।	छेर छेरता की मेर मेरा, बामान दोरगोदा।
देंगा दादा येते राला पाउली अदगदा।	एक लम्बे आदमी का पैर फँस गया।
नानी लावा गुरी गुरी बादे लावा गुरी।	छोटी बटेर मीठी है और बड़ी भी।
झटके बिदा देस काका टुचो माई चो पुडी।	जल्दी हमें जो माँग रहे हैं वो दो काका, नहीं तो तुम्हारी माँकी।
पानी सुना पानी सुना लेंडी बारली डुना।	एक पानी का कुत्ता विष्ठा का दोना लिए।
आयेले पार चो कोकोदा पाईले पाईले जायसी।	यहाँ से बगुले दूसरे छोर तक जाते हैं।
पाईले पार चो राउत लेका मारुत मारुत	वहाँ पर रावत लड़का उन्हें मारकर खा

खायसी।	जाता है।
सिपि सिपि डोंगरी कोसा चोडोरी।	सीपियों की पहाड़ी, सिल्क के कीड़े की रस्सी।
टुचो बेटा के दाखले माथा साँझ बेरा।	मैंने शाम को तुम्हारे बेटे को देखा।
अदान लासा धाउरा लासा पोंधके धारली कासा।	साजा की गोंद, धौरा की गोंद, जैसे किसी के कूल्हे पकड़ लिए हों।
अवारे बाई चिकन खोसा, भेलवान तेल के घासा।	आओ, बढ़िया जूड़ेवाली लड़की, तुम्हारी भेलवा तेल से मालिश कर दूँ।
कारी आमा लुरे लुरे, पांडरी आमा लुरे।	ओ काले आम, ओ सफेद आम गुच्छों में लटक रहे हैं।
महादेव के परसाद में पांडरी बाईले मिले।	महादेव की कृपा से हमें हल्के रंग की कन्या मिलेगी।

III

बाहर आओ, लड़कियों, देखो कौन-से लड़के आए हैं ?
वे ऊपरी विश्व से आए हैं।
हमें हमारा उपहार जल्दी दो, क्योंकि बहुत देर हो रही है।
बैलों के जोड़े को बाँध दो :
एक मोटी मुर्गी को मारो : अन्न के भंडार में से चावल लाओ।

अध्याय बीस

नृत्य और गीत

1. परिचय

नृत्य और गीत, खेल, कहानियाँ व पहेलियाँ–इन्हें मन बहलाव के साधन मात्र नहीं समझना चाहिए। ये मुरिया के लिए गम्भीर चीज़ होती हैं। किसी भी घोटुल का सम्मान वहाँ के लोगों के नृत्य कौशल पर निर्भर करता है। अगर कोई मुटियारी खराब गाती है तो उसका विवाह असफल तक हो सकता है और अगर कोई लड़की बढ़िया गाती है तो उसका वैवाहिक जीवन आनन्द से कट सकता है। कई खेल भी, मनोरंजन के अलावा, शैक्षिक रोल अदा करते हैं। छोटे लड़कों व लड़कियों को बहुत सावधानी से नृत्य की ट्रेनिंग दी जाती है। अन्य लोग कई रातों तक लगातार नृत्यों का अभ्यास करते हैं। वे एक जैसे कदम तथा लय-ताल दोहराते रहते हैं जब तक वे पारंगत नहीं हो जाते। इसके बाद ही वे नृत्य अभियान पर निकलते हैं। जटिल डांडी नृत्यों के लिए काफी अभ्यास चाहिए क्योंकि एक बार अगर अभियान शुरू हो जाए तो गलतियों को अशुभ माना जाता है।

लिंगो स्वयं पहले गायक थे। गाना-बजाना इस कबीले में सम्मान की दृष्टि से देखा जाता है। भारत के कई भागों में गाने को हेय दृष्टि से देखते हैं। कई गीतों और नृत्यों का उद्देश्य धार्मिक होता है। बहुधा ये लिंगो और अन्य देवताओं की स्तुति से प्रारम्भ होते हैं। किसी भी विवाह में मांदरी नृत्यों से पहले, ढोलों के ढेर की पूजा होती है।

मध्य सूबों के सूखे हुए और सुधार-ग्रस्त[1] ज़िलों से बस्तर में आना राहत और ताज़गी का एहसास कराता है। जब आप कैसकल घाट पर चढ़ते हैं तब पूरे देहात का संगीत आपके चारों ओर फूट पड़ता है। मुरिया 'सुधारवादियों' के लिए एक बहुत सधा हुआ रास्ता अपनाते हैं जो सौभाग्यवश मैंने तेलंगा गाँव में 26 मार्च, 1941 को देखा। उस दिन गाँव में एक शादी थी और ग्यारह गाँवों के चेलिक और मुटियारी उसमें शामिल होने के लिए आए थे। पर जब

1. 'सुधारवादियों' की मानसिकता समझनी बहुत मुश्किल है जो कबीले के लोगों से उनके सुन्दर और निर्दोष मनोरंजन के तौर-तरीकों को छीनकर उन पर 'शिवराज' थोपना चाहते हैं। इस बात से तो महान नटराज तक काँप उठते। अमेरिका के नीग्रो समुदाय की 'आत्मिकों' के प्रति रवैए की तुलना करना बहुत दिलचस्प होगा। इसी रवैए ने नीग्रो समुदाय को पूरी दुनिया में प्रतिष्ठित किया है। उन्नीसवीं शताब्दी के अन्त और बीसवीं शताब्दी की शुरुआत तक ये 'आत्मिक गीत' सिर्फ अनपढ़ 'देहाती निगर' की बपौती माने जाते थे। '1909 में होवर्ड यूनिवर्सिटी के छात्रों ने बगावत करके इन्हें गाने से मना कर दिया। इस जाति के अधिक दमदार लोग 'आत्मिक गीतों' को गुलामी और अशिक्षा का प्रतीक मानकर उनसे घृणा करते थे।' –एन.आई. व्हाइट, *अमेरिकन नीग्रो फोक-सौंग्स* (हारवर्ड, 1928), पृ. 3। फिर अचानक इनका फैशन चल पड़ा और नीग्रो ने पाया कि उन्हें इनसे बहुत आदर प्राप्त होता है।

वे आए तब वे तुरन्त नृत्य करने नहीं गए बल्कि जंगल में विचार-विमर्श हेतु चले गए। शादी के मेहमानों में उन्होंने मारागाँव के मुखिया चैनू को देख लिया था। एक महीने पहले यही चैनू, अपने ही गाँव के गुमा के घर, शादी में सम्मिलित हुआ था। आम रीत के अनुसार वहाँ चेलिक और मुटियारी आए थे और उन्होंने दोपहर तक नृत्य भी किया था। फिर, रीत के अनुसार ही जब उन्होंने ढोलों की पूजा के लिए शराब और अपने लिए भोजन माँगा तो चैनू ने दोनों वस्तुएँ देने से साफ इनकार कर दिया और घोषणा की कि वह 'पूरे परगना में ऐसे नृत्य बन्द करवा देगा।' चेलिक और मुटियारी क्षुब्ध होकर विवाह बीच में छोड़कर चले आए और इनके घोटुल में एक महीने तक इस विषय पर चर्चा होती रही।

अब तेलंगा के लड़कों को लगा कि अवसर हाथ आ गया है। एक लम्बी वार्ता के बाद वे लौटे, एक बहुत बड़े दल के रूप में, और चल्का के परगना माँझी से कहा कि पंचायत

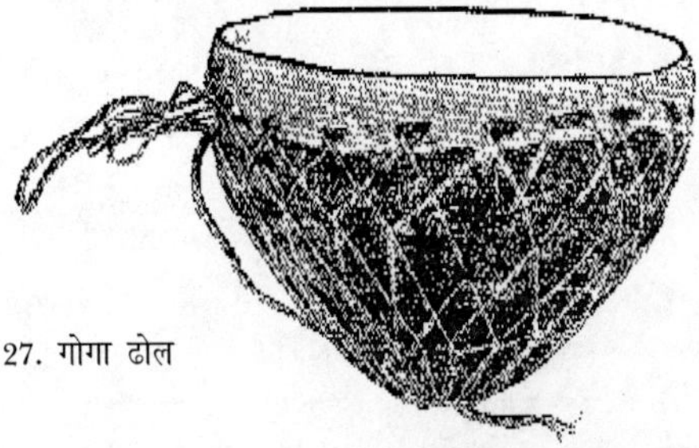

चित्र 127. गोगा ढोल

चित्र-128. पारांग ढोल

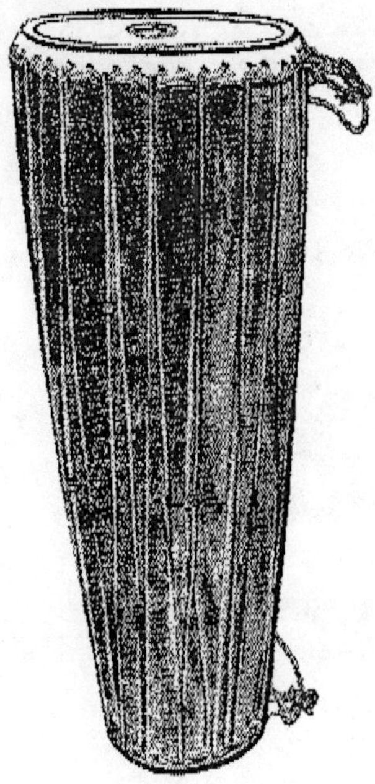

चित्र 129. मान्दरी ढोल

बिठाई जाए जिसमें चैनू भी मौजूद हो। विवाह मंडप के समीप लड़के एक विशाल वृत्त में इकट्ठे हो गए और विवाह में आए मेहमान भी उनमें, यह देखने के लिए कि क्या होता है, शामिल हो गए। बेचारे वर और वधू अपनी जगहों पर उपेक्षित से अकेले बैठे रहे।

मैंने कहीं भी लड़कों को इतना क्रोधित नहीं देखा जितना यहाँ पर। उन्होंने बहुत खिन्नता, क्रोध और कड़वाहट से अपनी शिकायत की और चैनू पर आरोप लगाया। एक के बाद एक वे अपने पैरों पर कूदकर खड़े हुए। वे गुस्से के मारे काँप रहे थे और ठीक से बोल भी नहीं पा रहे थे। अँगुली उठा-उठाकर उन्होंने चैनू पर आरोप लगाए जो पहले तो तनकर खड़ा रहा पर धीरे-धीरे कमज़ोर पड़ने लगा और फिर ढह गया। लड़कों ने गवाह पेश किए यह दिखाने के लिए कि चैनू ने ढोलों के देवता का अपमान किया है, उसने परम्परागत रीतियों के साथ छेड़खानी की है और उनके निर्दोष आनन्द में बाधा डाली है। चैनू ने इन आरोपों का खंडन करते हुए अपने गवाह पेश किए पर उन पर किसी ने विश्वास नहीं किया। लड़कों का गुस्सा बढ़ता गया। काजें का गर्ममिज़ाज पंकू तो चैनू पर झपटनेवाला था पर उसके दोस्तों ने उसे पकड़ लिया। लड़कों ने तीन रुपयों का जुर्माना माँगा। चैनू ने माफी माँगी और एक रुपया देने की पेशकश की पर लड़के अपनी बात पर अड़े रहे। अन्ततः परगना के माँझी को जुर्माना वसूलने की जिम्मेदारी सौंपी गई। इस समय दूल्हा कुछ दयनीय हालत में भीड़ के बीच में प्रकट हुआ और बोला, 'तुम सब मेरी शादी में यह झगड़ा क्यों करना चाहते हो ? मैं तो सोच रहा था कि तुम मेरे विवाह के कारण यहाँ एकत्रित हुए हो पर तुम सब तो अपने ही कार्यों में व्यस्त हो।' यह सुनकर लोग हँसने लगे, लड़ाई में तो वह जीत ही चुके थे, इसलिए वर का दुखड़ा सुनकर वे तुरन्त ढोलों की पूजा व नृत्य करने चल पड़े।

मुरिया बहुत बढ़िया नर्तक होते हैं। अपनी कला के शिखर पर और अपने नृत्य की विविधता के कारण वे बस्तर में किसी से कम नहीं हैं। वे ढोल और बिना ढोल के, लड़के व लड़कियाँ इकट्ठे तथा अलग-अलग, बाँसुरी तथा बिना बाँसुरी के नृत्य करते हैं। कई नृत्यों में साथ-साथ गीत भी गाए जाते हैं। इन गीतों की धुनें और ढोलों की ताल वाल्टर कौफमैन ने फरवरी 1941 में मेरे साथ दौरा करते हुए लिखी थीं। उन्होंने कोंगेरा, तोयनार, मारकाबेरा, नारायणपुर और कोंडागाँव में गाए गए गीत रिकार्ड किए। गीतों के इस संग्रह को उन्होंने बहुत उदारतापूर्वक मुझे यहाँ इस्तेमाल करने की अनुमति दे दी। हालाँकि मैंने सारे गीत यहाँ नहीं दिए हैं पर जो भी उदाहरण मैंने प्रस्तुत किए हैं वे मुरिया संगीत का बढ़िया नमूना हैं। यह संगीत बहुत प्राचीन तरह का होता है। यह संगीत पाँच सुरों से अधिक सुरों में कभी नहीं होता और इसमें भी मिश्रित सुरों के समावेश का अभाव रहता है। कौफमैन इन धुनों की स्पष्टता और पवित्रता का ज़िक्र करते हैं; ये 'सीधी, आनन्ददायक, प्रभावशाली और बहुत प्राचीन होती हैं।' परन्तु वो नारायणपुर के गीतों से अधिक खुश नहीं थे क्योंकि इन गीतों में बाहरी दुनिया का प्रभाव दिखाई पड़ रहा था। वहाँ का गायन अस्पष्ट और बेढ़ंगा था। उन्हीं पाँच सुरों में बद्ध होने के बावजूद ऐसा लगता था जैसे वह अपवित्र हो गया हो।

मुरिया संगीत मंगोलों के संगीत से काफी समानता रखता है। रेलो दल गीत ने कौफमैन को चीन, तिब्बत और प्रशान्त टापुओं के क्षेत्रों के गीत की याद दिला दी। मुरिया प्रदेश और मंगोलिया में सारी तालों को दो या चार से भाग दिया जा सकता है।

मुरिय धुनों और गीतों को उनकी ताल से पहचानते हैं। दल गायन में कभी-कभी एक दल धुन को चालू रखता है और अन्य लोग शब्द गाते हैं। 'एक धुन का हल चलाता है;

और दूसरा बीज बोता हुआ चलता है।' बान्दोपल में मुरिया गीत की टेक को लेकना और गानेवाले दल को रोचे कहते हैं। दल गायन में शब्द तो उबाऊ होते हैं पर सुर और ताल में बारीक बदलाव अवश्य किए जाते हैं। कुछ टेक के नमूने निम्नलिखित हैं :

I

रेरे लोयो रेरे ला रेरेला रेला। रेरे लोयो रेरेला रेरे रेला रेला।

II

ओ रेरे लोयो रेला रेला। रे रे लोयो रे रेला। रे रे लोयो रेरेला। ओ रेरेला रेला रेला रेरेला रेला रेरेरला रेरेला रेला रेरेलो औय रे

रेलो शब्द का, दुर्भाग्यवश, मुरिया पर विनाशकारी असर पड़ा है : इसने मानो अपनी सम्मोहन शक्ति से मुरिया की सारी काव्यात्मक कला को नष्ट कर दिया है। उनके गीत, अन्य कबीलों के गीतों की तुलना में, काव्य-प्रेरणा विहीन होते हैं।

2. अठारह वाद्य

लिंगो संगीतज्ञों में पहले थे; वे ही इन विश्व में संगीत लाए; उनके पास अठारह वाद्य थे और वे सब इकट्ठे बजा सकते थे। कई मुरिया इससे अधिक जानकारी नहीं दे सकते कि वाद्य संख्या अठारह होती है पर कुछ इन वाद्यों के नाम भी दे सकते हैं हालाँकि सूची हमेशा एक-सी नहीं होती।

फूलपर चेलिक द्वारा, अपने पूस कोलांग अभियान पर गाए गए एक लिंगो पाटा में कुछ वाद्यों का उल्लेख मिलता है। उन्होंने वाद्यों का निम्नलिखित वर्णन किया :

लिंगो राय के अठारह वाद्य–

उनके कन्धों से लटकता ढोल राय,
उनकी बगल में दबा हाकुम राय,
उनकी जाँघों में लटकता मदन पराई,
उनके पैरों से बँधा पैजन राय,
उनके छाती से बँधा धुसिर राय,
नाक से गुज़रती हवा द्वारा बजनेवाला झिकर राय,
मुँह से गुज़रती हवा द्वारा बजनेवाला सुलुर राय।

फूलपर के लड़कों को इससे अधिक कुछ नहीं पता था। पर बान्दोपल के सुकु को सारे

अठारह वाद्यों के नाम याद थे। झोरिया परगनों में साधारणतया कई चेलिक इन अठारह वाद्यों को पहचानते हैं। इनकी सूची निम्नलिखित है :

1. निस्सान ढोल–एक बड़ा और चमड़ी की एक परतवाला लोहे का ढोल जो त्योहारों पर ज़मीन पर रखकर दो डंडियों द्वारा बजाया जाता है। जब नए चमड़े की आवश्यकता पड़ती है तब लिंगो को मुरिया एक बैल की बलि चढ़ाते हैं और उसकी खाल उतारकर, उसी दिन चमड़ी बनाने का कार्य भी शुरू कर देते हैं। इस ढोल को मावालोटी और लोहाटी भी कहा जाता है।

2. गोगा ढोल–चमड़ी की एक परत वाला, लकड़ी से बना हुआ ढोल। 14" गहरा और 17" व्यास का जिसे गाय की चमड़ी[1] से बनाया जाता है। यह कन्धे पर लटकाकर दाएँ हाथ से पकड़ी एक डंडी से बजाया जाता है। इसे त्योहारों तथा बहुत बूढ़े और प्रतिष्ठित व्यक्तियों के अन्तिम संस्कार पर बजाने का विधान है।

3. ढोल–यह विशाल, वृत्ताकार, दोहरी चमड़ी का तथा लकड़ी से बना हुआ होता है। 15" गहरा और 17" व्यास का, गाय की चमड़ी मढ़ा हुआ जिसे बाँस के छल्लो और चमड़े के धागा से बाँधा जाता है। ऐसी मान्यता है कि ढोल में बड़ा पेन और लिंगो निवास करते हैं। इसे त्योहारों पर एक छड़ी द्वारा बजाया जाता है। इसकी गहरी और गम्भीर ध्वनि के कारण यह पहेली बनी है–

कायदे नेहटिके बिटा मेंड दांता,	अपने हाथ से बजाओगे तो वह आधा हाथ भागेगा
बरगाने हितेके कोस मेंड दांता।	डंडी से बजाओगे तो वह दो मील भागेगा।

4. मान्दरी ढोल–यह चेलिक का सबसे प्रिय ढोल है और यह विवाह ढोल भी कहलाता है। यह लकड़ी से बना हुआ और अंडाकार आकृतिवाला होता है जिसका एक सिरा दूसरे से अधिक बड़ा होता है। यह घोटुल के जीवन में इतना महत्त्व रखता है कि मैंने इसको बनाने की विधि एक अन्य भाग में दी है।

चित्र-130. पिटीरका घंटा

5. परांग ढोल–यह मिट्टी का बना हुआ और बीच से पतला होता है। 18" लम्बा और छोरों पर 9" चमड़े के आवरणवाला। कुछ गाँवों में यह मान्दरी के स्थान पर प्रयुक्त होता है। इसे टोरी पर्रा, पर्राई[2] और पर्रायिन भी कहते हैं।

इस ढोल को लकड़ी से भी बनाते हैं। अपने इस रूप में यह समान आकृति का पर छोटे आकार का होता है। अपने इस रूप में ढोल हुल्की मान्दरी, ओझा पर्रा और डमरू कहलाता है। पहला नाम इसलिए पड़ा क्योंकि यह हुल्की नृत्यों में बजाया जाता है; दूसरा इसलिए क्योंकि इसे खानाबदोश गवैए-ओझा–लेकर घूमते हैं। यह ढोल एक फुट लम्बा; 6"

1. इस अध्याय में दिए गए नाप मेरे पास रखे हुए वाद्यों के हैं। स्वाभाविक है कि आकार में थोड़ा बहुत फर्क हो सकता है।
2. पराई ढोल का तमिल शब्द है। हो सकता है कि पराईयान जाति का नाम इसी शब्द से पड़ा हो।

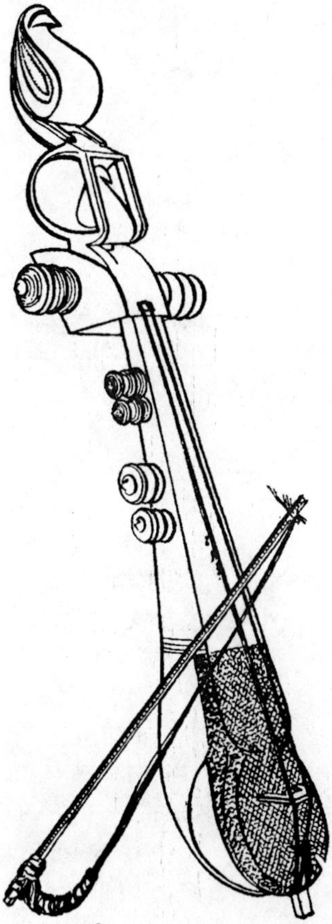

चित्र-131. सारंगी

व्यासवाला और अपने पतले भाग में 3" का होता है। यह एक लकड़ी के टुकड़े को खोखला करके बनाया जाता है। इस पर छिपकली का चमड़ा मढ़ा होता है तथा चमड़े को बाँस के छल्लों से आड़ी-तिरछी होकर गुज़रती हुई रस्सी बाँधती है। इससे एक चमड़े की पेटी भी बाँधी जाती है जो कमर से गुज़रती है और बाएँ हाथ में थामी जाती है।

यह मुरिया रूप है डमरू का जो भिखारी पूरे भारत में लेकर घूमते हैं। यह आकार में बहुत छोटा और इससे बँधी एक रस्सी में पत्थर बँधा होता है जो डमरू हिलाने पर दोनों छोरों पर मढ़े चमड़े पर लगकर चोट करता है। मद्रास में इसे अडाक्काई कहते हैं।

6. तुरबुरी ढोल–यह छोटा मिट्टी का ढोल कुन्दुर, कुन्दरी, कुन्दुरका और कुन्देरी कहलाता है। इसका मुरिया रूप पर्वतीय मारिया के तुरम ढोल का एक विकसित रूप होता है। पर्वतीय मारिया इसे सागो ताड़ या बीजा लकड़ी से बनाते हैं। इस पर गाय का चमड़ा लगाया जाता है। यह कमर में बाँधकर दो डंडियों से त्योहारों पर बजाया जाता है। (देखें, प्लेट CX).

7. पिटोरका घंटा–इस लकड़ी के घंटे को तुड़रा, कुतोरका, और थुटुरका कहते हैं और ऐसा लगता है कि यह लकड़ी की घंटी–जो गायों के गलों में पड़ी रहती हैं–से विकसित हुआ है। पर यह खोखला, बिना चमड़े का घंटा गाय की घंटी से भिन्न होता है–इस कारण कि इसमें घंटे पर चोट करने के लिए कुछ लगा नहीं होता। इस पर, विवाह-नृत्यों के समय, दो डंडियों से चोट की जाती है। यह तीखी व कानों का छेदन करनेवाली आवाज़ करता है। पिटोरका का अर्थ है बुलबुल। इस घंटे के विषय में ये पहेलियाँ हैं।

हायले कोर कारा कारा इंटा मरा हुआ मुर्गा कारा कारा चिल्लाता है।

मुर्गे का पेट निकाल दिया जाता है, तब भी वह खाने के लिए शोर मचाता रहता है।

यह उस श्रेणी का वाद्य है जो चेलिक को नक्काशी करने का अवसर देता है। चेलिक को नक्काशी करने का बहुत शौक होता है। इन घंटों में छोटे-छोटे शीशे लकड़ी में जड़े हुए होते हैं। इन पर बाघों, चिड़ियों, चेलिक व मुटियारी और स्त्री-योनि की तराशी गई आकृतियाँ भी अंकित होती हैं (चित्र 141)। गाय की घंटीनुमा भारी पिटोरका काफी बड़ा होता है; जो मेरे पास है उसका नाप 21" और 10½" है। इसके अलावा मैंने 23" और 14"; तथा 27½" और 14" के घंटे भी देखे हैं। कभी-कभी पिटोरका खोखली की गई नाव की आकृति ले लेता है (चित्र 130)। जो मेरे पास है वह 26" लम्बा है तथा उसमें 10" लम्बा, 3" गहरा और 1" चौड़ा चीरा लगा है। चीरे के तले में एक छोटा छेद कर दिया

जाता है जिससे ध्वनि बढ़िया आए।[1]

इस घंटे को बनाने में सेमुर या सिउना की लकड़ी प्रयुक्त होती है। एक चेलिक पेड़ के पास जाकर उस पर लिंगो का नाम लेकर चावल और दाल फेंकता है। 'ध्वनि में सुधार के लिए' घंटे की तेल और हल्दी से, विवाह के पूर्व, पूजा की जाती है।

8. सारंगी–यह भारत के परम्परागत डिज़ाइन का वाद्य है। यह लकड़ी के एक टुकड़े को खोखला कर बनाया जाता है। मुरिया कभी-कभार इसके ऊपर चिड़िया तराश कर बिठाते हैं। देखें चित्र 131।

9. धुसिर–यह भी सारंगीनुमा होता है। इसकी गर्दन बाँस की होती है और इसकी ध्वनि का यन्त्र आधे नारियल से बना होता है। इस पर छिपकली की खाल मढ़ी होती है। तार घोड़े के बालों के होते हैं। इस वाद्य को कन्धे से लगाकर बाँस के धनुष से बजाया जाता है जिसमें घोड़े के बाल लगे हुए होते हैं।

10. तोहेली–यह भारत के सितार जैसा होता है। बाँस की गर्दन को एक कटोरे–जिसमें से ध्वनि निकलती है–जोड़ दिया जाता है। यह विशेष तौर पर बड़ा पेन और बंगाराम के सम्मान में बजाया जाता है।

11. दुमरी–यह मोटे फट्टे का बना, गिटार जैसा वाद्य होता है जिसमें ध्वनि के लिए एक बड़ा कटोरा लगा है। यह एक हाथ में पकड़कर, दूसरे हाथ से तारों को छेड़कर बजाया जाता है। कोई भी तारोंवाला वाद्य, विवाह में बजाने से पूर्व, हल्दी और तेल लगाकर लिंगो का नाम लेकर पूजा जाता है।

12. हाकुम शिकार का बिगुल–पहले यह भैंस के सींग से बनाया जाता था और अब भी मन्दिरों की छत से लटके ऐसे बिगुल दृष्टिगोचर होते हैं। त्योहारों पर इन्हें बजाकर देवता के आगमन की सूचना दी जाती है। किसी भी रीत के शुरुआत से पहले भी इसे बजाने की परम्परा है। घासिया यह बिगुल पीतल से बनाते हैं और वे मुरिया जो इसकी कीमत अदा कर सकते हैं, इसे उतावले होकर खरीदते हैं। मद्रास में ऐसे बिगुलों को कोम्बू तथा नेपाल में श्रिंगा कहते हैं।

13. सोलोर बाँसुरी–इसे गोंडी में हालुर और हुसोर भी कहते हैं और हल्बी में बाँसुरी। यह एक बाँस का पाइप होता है जिसमें चार या छह छेद होते हैं। मेरे पास जो मुरिया बाँसुरियाँ हैं उनमें एक 3" लम्बी है। यह एक छोर पर बन्द है जहाँ एक गोल ध्वनि-छेद बनाया गया है। पाइप के बीच में तीन छेदों का एक सेट है और 4" की खाली जगह के बाद तीन छेदों का एक अन्य सेट। एक बाँस की डंडी जिस पर कपड़ा बँधा रहता है, इसे साफ करने के लिए इसके अन्दर रखी जाती है। एक अन्य, पाँच छेदोंवाली बाँसुरी में तिकोना ध्वनि-छेद है जो मोम द्वारा दो भागों में बाँटा गया है। इससे हवा बाँसुरी के दोनों छोरों से बाहर निकल सकती है। टीन का एक छोटा-सा टुकड़ा, साल्फी के रेशों से स्थिर किया हुआ, ऊपर नीचे

1. यह विशाल लकड़ी के जलतरंग–जो एक खोखले शहतीर का बना होता है और कभी-कभी नाव का ढोल कहलाता है–का छोटा रूप मालूम पड़ता है। लकड़ी का जलतरंग नागा पहाड़ियों में आमतौर पर पाया जाता है। यह बर्मा के 'वा' लोगों में, मलाय प्रायद्वीप और बोरनियों में भी मिलता है। हट्टन इसे फिजी के लालो के साथ जोड़ते हैं। 'यह युद्ध की नौका के इस्तेमाल के साथ जुड़ा हुआ प्रतीत होता है। इसके बनाने में वे शगुन-अपशगुन लागू होते हैं जो मेलानेशिया में युद्ध की नौका को बनाने में लागू होते हैं। कई अवसरों पर युद्ध की नौकाओं को ढोल के स्थान पर–मणिपुर, पापुआ और ओशियाना में–बजाया भी गया है।' –जे.एच. हट्टन, 'रेसिज़ ऑफ फरदर एशिया', *मैन इन इंडिया,* खंड XII (1932), पृ. 10।

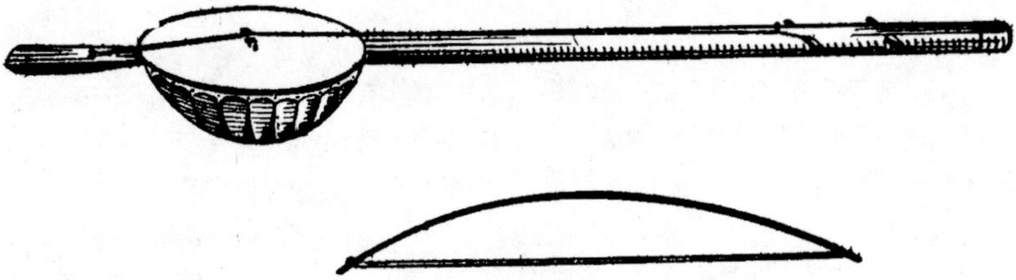

चित्र-132. घूसिर

सरकाया जा सकता है जिससे किसी भी एक छोर पर ध्वनि-छेद बन्द किया जा सके। यह बाँसुरी जो पाँच सुर ही उत्पन्न कर सकती है वह भी बिना किसी प्रकार के मिश्रित सुर के, भी बहुत प्राचीन है। मैंने इसे सारे मुरिया क्षेत्र के गाँवों में पाया है। एक रोचक बात, इस विषय में, यह है कि जो गाँव सड़कों और बाज़ारों के निकट स्थित हैं उनकी बाँसुरियों में अधिक छेद होते हैं।

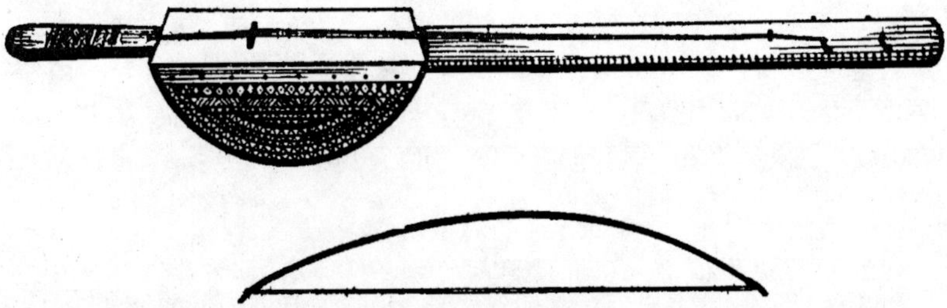

चित्र-133. अन्य प्रकार का घूसिर

कभी-कभी चेलिक कमाल की बाँसुरी बजाते हैं। ये इनके साथ त्योहारों पर नृत्य करते हैं और मवेशियों की देखभाल करते हुए या रात को खेतों की चौकसी करते हुए बजाते हैं। बेरामकोट के चेलिक को नौ धुनें पता थी जिसके नाम इस प्रकार हैं–मातापर, बंगारामपर, कुँआरी माओलीपर, भामनीपर, बुधा डोकारापर, खंडा डोकारापर, लिंगोपर, सोन कुमारपर और भागारामपटपर।

14. केकरेंग–यह एक अजीब-सा वाद्य होता है जो दक्षिण-पूर्वी एशिया और अफ्रीका में भी पाया जाता है। इस पर रगड़े जानेवाले यन्त्र बाँस की डंडियों से बने होते हैं जो 5" लम्बी होती हैं और जिन पर दोनों ओर पंख लगे रहते हैं। इसके नीचे की ओर एक चीरा लगाकर उसके साथ-साथ छेद किए जाते हैं। इस पर लकड़ी का टुकड़ा रगड़ा जाता है जो ध्वनि उत्पन्न करता है। यह वाद्य ढोलों की ताल के साथ बजाया जाता है। लकड़ी का एक रगड़े जानेवाला टुकड़ा 1" लम्बा, 1½" गहरा और 3/4" चौड़ा एक बहुत विस्तृत और जटिल तरह के यन्त्र के नीचे की तरफ लगा हुआ था। यह यन्त्र छेरता और पूस कोलांग अभियानों में प्रयुक्त होता है। यहाँ लकड़ी की एक नाव की भाँति खोखला करके उसमें छेद किए गए थे। मेरे पास ऐसा ही लोहे का बना हुआ एक वाद्य भी है। यह एक खोखला पाइप है, 18" लम्बा, जिसके ऊपरी हिस्से में काफी छेद है। पतले सिरे से यह घुमाया गया है जिससे यह फन उठाए हुए कोबरा लगे। इसके निचले सिरे, एक लोहे की गोल घूमी हुई पत्ती में 4" बालों

का पिन लगा है जिसे ऊपरी सतह के छेदों पर रगड़ा जाता है।'[1]

15. काच तेहेनदोर–यह छोटा-सा लोहे का मुरचंग इतनी मीठी ध्वनि पैदा करता है कि 'एक साँप भी इस पर नृत्य कर सकता है।' पर यह लोकप्रिय नहीं है क्योंकि यह दाँतों के बीच पकड़कर बजाया जाता है जिससे दाँत खराब होने का अन्देशा रहता है। यह मुरिया लुहार स्थानीय लोहे से बनाता है। लोहे की एक छोटी-सी जीभ को लोहे के ही फ्रेम के बीच में लगा दिया जाता है। फ्रेम को दाँतों से पकड़कर, जीभ को हिलाकर, मुरचंग को बजाया जाता है। (देखें चित्र 138) एक बहुत नाजुक वाद्य पतले बाँस का भी बनाया जाता है जिसमें हिलती हुई जीभ में धागा लगा होता है। फ्रेम को मुँह से पकड़कर, धागे को हिलाकर एक धीमी और मीठी ध्वनि उत्पन्न की जाती है।[2]

16. मुयांग घंटियाँ–झोरिया मुरिया छोटी-छोटी घंटियाँ कूल्हों पर बाँधकर नृत्य करते हैं। इन्हें झटके देकर बजाया जाता है। इनके साथ दो या तीन बड़ी घंटियाँ भी बाँधी जाती हैं जिन्हें इरना कहते हैं। ये स्थानीय घासिया पीतल से बनाते हैं। ये घंटियाँ हाथों और कमर में भी बाँधी जाती हैं।

17. कालवाकिंग पायल–ये खोखली तथा लोहे या पीतल की बनी होती हैं। इनमें छोटे-छोटे घुँघरू लगे होते हैं जो नृत्य के समय बहुत मधुर ध्वनि उत्पन्न करते हैं। विशेषकर जब चेलिक ढोलों की ताल पर नाचते वक्त ज़ोर-ज़ोर से पैर पटकते हैं तब घुँघरुओं और ढोल की ताल की मिश्रित ध्वनि सुनकर बहुत आनन्द मिलता है।

---

1. ग्रिग्सन ने अरवर के बैगा को बालाघाट ज़िले में यही वाद्य इस्तेमाल करते पाया। इसे ये किर्र-किसकी कहते हैं। 'धामन लकड़ी से बनी हुई और एक ओर से पतली छड़ी पर उभरी हुई गाँठों की एक पंक्ति बनाई जाती है। सुर के पियानोनुमा बटन बाँस के एक फुट लम्बे, एक इंच चौड़े और चौथाई इंच गहरे टुकड़े में लगे होते हैं। टुकड़े को इस प्रकार काटा जाता है (बाँस को तिरछा करके) कि बाँस की छाल 1/5 ही बचती है। जो बाँस का टुकड़ा वाद्य बनाने के लिए हासिल होता है उसमें बाँस के तने की 4/5 गोलाई होती है ? इस अर्धचन्द्राकार गोलाई के दोनों सिरों से जाती तिरछी रेखाएँ–जो एक बिन्दु पर जाकर मिलती हैं–एक त्रिकोण-सा बनाती है। इसी लम्बी त्रिकोणनुमा हिस्से पर चीरे लगा-लगाकर दोहरे पियानोनुमा बटन बनाए जाते हैं जिन्हें धामन लकड़ी की छड़ी से दबाकर बजाया जाता है।'–डब्ल्यू.वी. ग्रिग्सन, *द अबोरिजिनल प्राब्लम इन द बालाघाट डिस्ट्रिक्ट* (नागपुर 1941), पृ. 14। यह दक्षिणी भारत में प्रयुक्त कोक्कारा जैसा होता है जो पुलायार, वेदार और कुरुवार तान्त्रिक इस्तेमाल करते हैं। कोक्कारा 'लोहे की एक प्लेट से बना होता है जिसे गोल करके एक पाइप बना दिया जाता है। पाइप को लम्बाई में काट-काटकर दाँत बनाए जाते हैं जिनसे लोहे की एक चैन से लोहे का पिन लटकता है। इस पिन को दाँतों पर रगड़ा जाता है जिससे बड़ी घटिया और बेसुरी ध्वनि उत्पन्न होती है।' –एस. मतीर, *नेटिव लाइफ ऑफ ट्रैवेनकोर* (लन्दन, 1883), पृ. 49। सवारा लोगों का दोद्दुनराजन वाद्य बाँस को खोखला कर बनाया जाता है और इसके दोनों तरफ छेद होते हैं। इन्हें हाथ की अँगुलियों से बारी-बारी ढककर ध्वनि परिवर्तन किए जाते हैं।' –जी.वी. सीतापति, 'सारो संगीत वाद्य', बुलेटिन ड्यू मुसी एथनोग्राफी ड्यू ट्रोकाडेरो (पेरिस, 1933), नम्बर 5, पृ. 23। मैंने सवारा लोगों को भैंस के सींग के अन्दरूनी हिस्से को रगड़कर संगीत उत्पन्न करते भी देखा है।
2. मुरचंग असम और बर्मा में लोकप्रिय है। यहाँ लाखेर और चिन कबीले इसका इस्तेमाल करते हैं पर लुशाई लोगों में इसका प्रचलन नहीं हैं। नागा कबीले इसे 'मुँह का संगीत' कहते हैं और यह रात को बजाया जाता है। मिकिर और गारो दोहरा मुरचंग बनाते हैं और काचिन 'सारे प्रेम सन्देश इसी के ज़रिए पहुँचाते हैं। यही उनका मुख्य संगीत वाद्य है।' साडिया डिस्ट्रिक्ट में कई बड़े मुरचंग भी देखने में आए। इनका संगीत इतना कामुक होता है कि कई ईसाई धर्म प्रचारक इसके इस्तेमाल के लिए मना करते हैं।–ए.डब्ल्यू. यंग, 'द जिऊज़ हार्प इन असम', *जे.ए.एस.बी.*, खंड IV (एन.एस. 1908), पृ. 235 व आगे। मुझे छोटे बाँस के मुरचंगों के बारे में भी पता चला है जो जुआंग और बोंदो लोगों के घोटुल सरीखे भवनों में इस्तेमाल किए जाते हैं। देखें चित्र 136।

18. चितकुल झांझ–लिंगो के लगभग सारे वाद्य लड़के ही बजाते हैं पर चितकुल झांझ अक्सर लड़कियों के हाथों में ही दिखाई देती है। ये घासिया और भारेवा पीतल से बनाते हैं और ये एक-दूसरे से अक्सर कौड़ियों की ज़ंजीरों से बँधे हुए होते हैं। आदमी और लड़के भी इनका इस्तेमाल करते हैं। इस बारे में किसी तरह की पाबन्दी नहीं है पर पुरुष इसका इस्तेमाल मज़ाक के तौर पर करते हैं। कभी कोई बूढ़ा व्यक्ति भिखारी का वेश बनाकर इन्हें बजाते हुए मिलता है तो कभी दो चेलिक इन्हें पकड़कर मुटियारी की अदाएँ दिखाते हुए नाचते हैं।

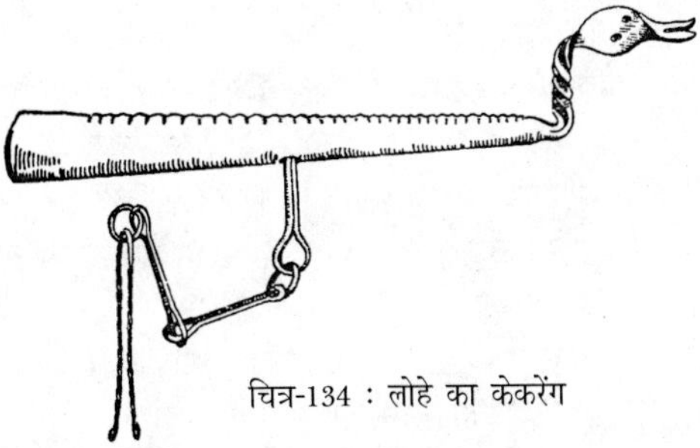

चित्र-134 : लोहे का केकरेंग

ये लिंगो के अठारह वाद्य थे। और आज भी इनमें प्रेम की शक्ति, जो स्वयं लिंगो ने इनमें भरी थी, निहित है। हर चेलिक सारे वाद्य नहीं बजा सकता। हर चेलिक, यह पक्की तरह कहा जा सकता है, ढोल अवश्य बजा सकता है तथा हर मुटियारी झांझ से संगीत उत्पन्न कर सकती है। पर कूल्हों पर बाँधनेवाली घंटियाँ पूर्वी कोंडागाँव में इस्तेमाल नहीं होतीं और किसी भी घोटुल में ऐसे दो या तीन लड़के ही होते हैं जो तारवाले वाद्य बजा सकते हैं।

वाद्यों में से अधिकांश सिर्फ मुरिया लोगों के यहाँ ही इस्तेमाल नहीं होते और कई वाद्य लिंगो के समय के बाद बने हैं। ढोल और तुरबुरी भारतीय वाद्य हैं जो यहीं पर बने हैं और यही बात तारवाले वाद्यों के लिए भी कही जा सकती है। पर शिकारी बिगुल, चार छेदोंवाली बाँसुरी, रगड़ने पर संगीत उत्पन्न करनेवाला वाद्य, बाँस का मुरचंग और नाव की आकृति का घंटा–ये सब बहुत प्राचीन हैं और अन्य देशों से भी सम्बन्ध रखते हैं।

अठारह वाद्यों के अलावा मुरिया के पास कुछ अन्य वाद्य भी होते हैं। कभी-कभी वे डाकी–खंजरी–का उपयोग भी करते हैं जो 15" व्यास की होती है तथा जिस पर बकरी की खाल मढ़ी हुई होती है। यह वाद्य पूरे ओड़िसा में प्रचलित है। जुआंग लोग इसे चांग के नाम से पुकारते हैं। पश्चिमी परगनों के झोरिया साँड के समान हुँकारनेवाले वाद्य मस्ती के लिए बनाते हैं। मैं कभी इनमें किसी तरह का धार्मिक या तान्त्रिक महत्त्व नहीं ढूँढ़ पाया; ये सिर्फ खिलौनों की तरह इस्तेमाल में लाए जाते हैं। मुरिया लोग ऐसे वाद्य बाँस से बनाते हैं और ये 12" से 18" लम्बे और 3/4" से 1" चौड़े होते हैं। एक सिरे पर छेद होते हैं और एक धागा बँधा रहता है; कभी-कभार ये दूसरी तरफ से नुकीले होते हैं। ब्लेड़ फिर तेज़ी से हवा में घूमता है जिससे दहाड़ने की ध्वनि पैदा होती है। कटीली, चपटी, कटीली, चपटी–इस क्रम से दो तरह के सतहें हवा से टकराती हैं। इससे किसी गेंद के खुलने, बन्द होने, खुलने, बन्द होने जैसा असर होता है।[1] मोरा, जिसे भारत के अन्य भागों में शहनाई के नाम से पुकारा जाता है, यदाकदा शादियों में बजाई जाती है।

---

1. ये शान प्रदेशों के तसुआंग जैसा दिखता है। पर शान वाद्य एक तरह का संगीत का तख्ता होता है जिसे बाँस में छेद करके बनाया जाता है। रेड्डियों के पास इस तरह का चीरा लगा हुआ, एक तारोंवाला वाद्य होता है। –सी. वॉन फ्यूरर-हैमेनडॉर्फ, *द रेड्डिज़ ऑफ बिसन हिल्स*, पृ. 348–इसी तरह का वाद्य बोंदो (चित्र 55) और सवारा का भी होता है।

एक बहुत सहज ढोल अबुझमार पर्वतों के पास रहनेवाले मुरिया द्वारा बनाया जाता है। एक 3" लम्बे बाँस पर, जो दोनों तरफ से चिरा होता है, चमड़े की पत्ती, दोनों तरफ, लकड़ी के उठे हुए हुकों पर जमा दी जाती है। इस ढोल को ढोलची, ज़मीन पर आलती-पालती की मुद्रा में बैठकर, दो डंडियों से बजाता है।[1] (देखें, चित्र 53 और 139)

3. मान्दरी ढोल

चेलिक और मुटियारी के लिए मान्दरी ढोल इतना महत्त्वपूर्ण होता है कि मैं इसके निर्माण और उपयोग के विषय में एक विशेष भाग दे रहा हूँ।

यह ढोल दो रूपों में होता है। पहला मृदंग के समान जो पूरे भारतवर्ष में लोकप्रिय है और दूसरा डमरू की आकृतिवाला। खुट मान्दरी दोहरी चमड़ीवाला ढोल होता है, 30" लम्बा, लकड़ी या मिट्टी का बना हुआ, जिसके दोनों सिरों का आकार भिन्न होता है। एक व्यास में 10" और दूसरा 7" व्यास का। ढोल पर गाय की चमड़ी लगी होती है जिस पर थाप पड़ने से ध्वनि उत्पन्न होती है। यह चमड़ी इसी प्रकार की चमड़ी के धागों से, जो ढोल की शरीर पर आड़े-तिरछे डिज़ाइन में लगे होते हैं, ढोल पर जमा दी जाती है। हुल्की मान्दरी, जिसे ओझा पर्रा या डमरू भी कहते हैं एक पतली कमरवाला ढोल होता है जो लकड़ी के एक टुकड़े को खोखला कर बनाया जाता है। इसके दोनों छोरों पर छिपकली की खाल लगी हुई होती है जिसे बाँस का एक छल्ला–जिसे सियारी तने के धागे पकड़े होते हैं–अपनी जगह स्थिर रखता है। इस ढोल का आकार आमतौर पर 11" लम्बा और दोनों तरफ 6½ व्यास का होता है।

मुरिया कहते हैं कि सिर्फ एक महान प्रेमी जो गाँव की लड़कियों पर प्रभाव डालना चाहता है, वह ही लकड़ी का मान्दरी बनाने का बीड़ा उठा सकता है। मिट्टी से बने ढोलों के तने और मिट्टी के कटोरे बाज़ारों में खूब मिलते हैं जिससे ढोलों का निर्माण बहुत आसानी से किया जा सकता है। लोगों में ऐसे ढोल बनाने का चलन बढ़ा है। जो लकड़ी का मान्दरी बनाते हैं वे बहुत सावधानी और मेहनत से यह कार्य करते हैं जिससे उनका ढोल, आसानी से बननेवाले मिट्टी के ढोलों से ज़्यादा सुन्दर दिखे और बजे भी उनसे बढ़िया।

चित्र-135. पीतल का शिकारी सींग

जून के महीने में, जब पहली बारिश होती है और मेंढक टर्राने लगते हैं तब एक लड़का

1. साँड के समान दहाड़नेवाला वाद्य पूरे विश्व में इस्तेमाल होता है पर भारत में यह लोकप्रिय नहीं है। इसे उराओन के धूमकुरिया में बजाया जाता है और रॉय ने यह सन्थाल, हो और मुंडा को भी उपयोग में लाते देखा था। मुंडा और उराओन लोगों के ऐसे वाद्य, हाथ तथा मशीन, दोनों से कटे हुए मिलते हैं पर बस्तर में सिर्फ हाथ से काटे हुए ही देखने में आए हैं। देखें, एस.सी. रॉय, 'द बुल-रोरर इन इंडिया', *मैन इन इंडिया*, खंड VII (1927), पृ. 62 व आगे।

चित्र-136. बाँस का मुरचंग

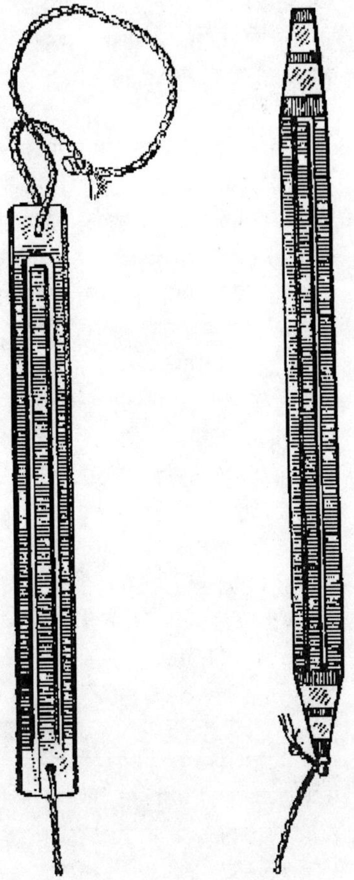

चित्र 137–चिन और मिकिर मुरचंग–ए. विलिफर यंग के लेख 'द जेव्स हार्प इन आसाम' के चित्र पर आधारित। *जे.ए.एस.बी.*, खंड IV, 1908, पृ. 238।

जंगल में जाकर उपयुक्त पेड़ की तलाश करता है। यह पेड़ बीजा, सिउना, महुआ, आम या अनानास का हो सकता है। शायद इस कार्य के लिए सबसे अधिक बीजा का उपयोग होता है। पेड़ काटने से पहले चेलिक को पेड़ पर एक अंडा और सियारी गोंद (सुगन्धित धूप के तौर पर) चढ़ाने पड़ते हैं। सियारी गोंद थोड़ी-सी आग में अर्पित की जाती है यह कहते हुए, 'देखो, हम आपको ढोल बनाने के लिए ले चल रहे हैं; ईश्वर करें कि आपकी ध्वनि एक अच्छे ढोल की हो।' एक अन्य प्रार्थना इस प्रकार है, 'हे भीमुल, हमारा ढोल बढ़िया बजे।' पालारी में लड़के सुपारी और नारियल दाँतेश्वरी और पूर्वजों का नाम लेकर चढ़ाते हैं यह कहते हुए, 'हमारा ढोल बढ़िया स्वर में बजे और हम हर तरह का नृत्य-कदम (दाका) और ताल (पार) सीख पाएँ; चेलिक को कभी किसी दुख का सामना न करना पड़े।' भीमुल की पूजा ढोलों की पूजा, जो विवाह से पूर्व होती है, के समय की जाती है। यह शायद इसलिए है

कि भीमुल वर्षा और मेघ गर्जन के देवता हैं। कुछ कहानियों में कहा गया है कि बादलों के गरजने की आवाज़ तब होती है जब भीमुल अपनी पानी की खाल आकाश में घसीटते हैं। जो आकाश में मेघ गर्जन कराते हैं, वो निश्चित ही पृथ्वी पर ढोल गर्जन के लिए सर्वथा उपयुक्त होता है।

इसके बाद चेलिक पेड़ काटकर घर ले आता है। वह लकड़ी को अपनी बरस (चित्र 14) और कुल्हाड़ी से खोखला करता है जब तक कि वह उत्तम आकृति का नहीं हो जाती। वह एक ओर छोटा-सा छेद करके उसे लकड़ी के टुकड़े से बन्द कर देता है। यह ढोल की नाल की नींव कहा जाता है। बाद में जब ढोल तैयार हो जाता है तो चेलिक इसमें फूँक मारता है, यह सोचकर कि जब इसमें अधिक हवा अन्दर की ओर होगी, तब यह बाहर से बढ़िया बजेगा। फिर ढोल एक साल के लिए उठाकर रख दिया जाता है। इस साल उसे भीमुल को, अपने ढोल की सफलता के लिए, सूअर की बलि चढ़ानी पड़ती है। फिर जब वह महीना दोबारा आता है जिसमें उसने लकड़ी काटी थी, जब मेंढक फिर टर्राने लगते हैं, तब वह ढोल के दोनों ओर चमड़ा लगाता है।

चमड़े की तैयारी की भी अपनी रीत होती है। लड़का गाय की खाल को नदी पर ले जाता है और पानी में डुबोकर रख छोड़ता है। तीन-चार दिन बाद जब वह देख लेता है कि उसके बाल आसानी से निकलने लगे, तब वह उसे वहाँ से हटा लेता है। अब वह लाल और काला पाउडर, आओनरा पत्तों के सात छल्ले, अंडों के छिलके, एक मुर्गा और शराब येर कानयांग पर चढ़ाता है, यह कहते हुए, 'हे कानयांग, बहुत दिनों से आप मेरे कारण अशुद्ध रही हैं; आपको शुद्ध करने के लिए मैं ये भेंटें चढ़ा रहा हूँ। आशीर्वाद दें कि खाल अच्छी हो और टूटे नहीं।' यह विचार कि गाय की खाल से देवी कानयांग अशुद्ध हो जाएँगी, प्राचीन नहीं हैं। यही मुरिया गोमांस बहुत शौक से खाते हैं और देवताओं को गायों और बैलों की बलि चढ़ाते हैं। ऐसी किंवदन्ती है कि एक बार जब एक सिराहा से पूछा गया कि ढोलों पर मढ़ी खाल जल्दी क्यों टूट जाती है तो उसने ध्यान लगाकर बताया कि ऐसा इसलिए होता है कि जलदेवी गाय की खाल द्वारा अशुद्ध होने के कारण रुष्ट हो जाती हैं। बस इसी बात से जलदेवी की अशुद्धि की भरपाई करने की प्रथा चल पड़ी।

खाल ढोल पर मेंढकों के टर्राने के महीने में इसलिए चढ़ाई जाती है कि 'अगर मेंढक ज़ोर से टर्राएँगे तो ढोल भी ज़ोर से बजेगा।'

इसके बाद अपने मित्रों की मदद से लड़का ज़मीन पर लकड़ियों का एक मंच बनाता है। इस पर यह खाल को तान देता है और फिर इस पर राख फैलाकर लकड़ी के एक टुकड़े से रगड़-रगड़कर बालों को निकाल देता है। फिर यह खाल को दोहरा करके, ढोल के मुँह को उस पर लिटा देता है और काफी जगह छोड़ते हुए खाल को मुँह के चारों ओर से गोल दायरे में काट देता है। जब यह सूख जाती है तो लड़का दोहरी तह के ऊपरवाली खाल की तह को बिलकुल मुँह के आकार की काट लेता है। फिर वह चमड़ी की लम्बी रस्सियाँ काटता है और उनकी मदद से चमड़े को ढोल के सिरों पर मज़बूती से लगा देता है। ये रस्सियाँ चमड़े को दोनों ओर जमाती हुई ढोल के शरीर पर आड़ी-तिरछी होकर गुज़रती हैं।

ऐसी धारणा है कि गाय की खाल, बैल की खाल से बढ़िया होती है पर बाघ द्वारा मारे गए बैल या गाय की खाल सबसे बढ़िया आवाज़ देती है। यह स्पष्टतया उस विचार पर

आधारित है कि बाघ की गर्जना के समान ही ढोल भी गरजेगा।

ढोल बनाने का कार्य समाप्त करते समय कुछ महुआ के फूल पानी में भिगोता है और उन्हें चावल, हल्दी, अंडे और एक मुर्गे के साथ ढोल को अर्पित करता है; यह कहते हुए– 'हे भीमुल मान्दरी गुरु और पूर्वजों, देखिए, मैं ये सारी भेंटें आपको चढ़ा रहा हूँ जिससे मेरा ढोल रोज़ बढ़िया बजे।' उत्तर के गाँवों में जहाँ लिंगो का सम्प्रदाय शक्तिशाली है, लिंगो को यह भेंट चढ़ाई जाती है। यह ज़्यादा कायदे की बात है क्योंकि आखिर पहले संगीतज्ञ तो लिंगो ही थे और उन्होंने ही मुटिया को ढोल बजाना भी सिखाया था।

तत्पश्चात् ढोल का निर्माण कर रहा चेलिक कुछ तेल व आटे को मिलाकर ढोल के दोनों सिरों पर लगाता है। कभी-कभी वह गाय की खाल को पालिश करके ढोल को ढँकने के लिए खोल भी बनाता है। मैंने इस उद्देश्य के लिए साधारण कम्बलों, हिरन की खाल और तेन्दुए की खाल का उपयोग होते हुए भी देखा है। आखिर में जब सब तैयार हो जाता है तो लड़का चेलिक और मुटियारी को आमन्त्रित करता है और उसी रात ढोल बजाते हुए ये लोग पूरी रात नाचते हैं। ऐसा ढोल, अपने निर्माता के पूरे जीवन काम आ सकता है।

ऐसे ढोल या तो घर के बरामदे या बैठक की छतों से लटका दिए जाते हैं या घोटुल की छत से लटकाए जाते हैं। कुछ घोटुल में सारी छत ही लटकते हुए ढोलों से भरी हुई होती है। यह दृश्य देखनेवाले पर काफी प्रभाव डालता है। संगीत वाद्यों को आदर से देखा जाता है और खास अवसरों पर इनकी पूजा भी होती है। मान्दरी ढोल विशेषकर विवाह पर ही बजता है; धार्मिक त्योहारों पर मुटिया एक गोल ढोल बजाते हैं। इसे सिर्फ 'ढोल' कहा जाता है। जब लड़के किसी विवाह में सम्मिलित होने पड़ोस के गाँव जाते हैं तो उस गाँव की सीमा में प्रवेश करके कहते हैं, 'कोई भी रुष्ट देवी या देवता हमें परेशान न करे। कोई भी तान्त्रिक या जादूगरनी हमारे पास न फटके।' फिर वे थोडी-सी घास तोड़कर अपने पीछे फेंक देते हैं। वे थोड़ी-सी घास ढोल पर भी बाँध देते हैं तथा उसे चमड़े के धागों में फँसा देते हैं। गाँव में घुसते वक्त वे भीमुल के सम्मान में भीमुल पार (ताल) बजाते हैं और ऐसा करते समय विवाह मंडप की परिक्रमा भी करते हैं। फिर वे ढोलों को एक ढेर या एक कतार में रख देते हैं। ढोलचियों का नेता, जिसे मान्दरी गुरु कहा जाता है, ढोलों पर शराब, हल्दी, चावल और आटा चढ़ाता है। ऐसा करते समय वह भीमुल, लिंगो, दाँतेश्वरी माई–स्थानीय परम्परा के अनुसार–तथा पूर्वजों से हमेशा प्रार्थना करता है। 'ढोलों की ध्वनि हमेशा बढ़िया रहे,' वे कहते हैं, 'तथा हमारे नृत्य-कदमों में विविधता रहे और हमारे कदम ताल पर पड़ें। हे मान्दरी गुरु भीमुल, जैसे आपका ढोल बजता था वैसे ही हमारा ढोल भी बजे।' जब वे पूजा समाप्त कर लेते हैं तब इकट्ठे होकर एक साथ झुकते हैं और ढोलों की रस्सियाँ थाम लेते हैं। तत्पश्चात् वे ढोलों को इकट्ठे ही, एक चीख के साथ, उठाते हैं और अपने कन्धों पर लटका लेते हैं। फिर वे ज़ोर-ज़ोर से ढोल बजाने लगते हैं।

जब कोई ढोल टूट जाता है तो सिराहा से इसका कारण पूछा जाता है। सिराहा के निर्देश पर देवता को भेंट वगैरह चढ़ाकर ही ढोल का मालिक उसे ठीक करता है।

इस ढोल के बारे में कुछ पहेलियाँ पाठकों की आँखों के सामने चित्र खींचती प्रतीत होंगी–

'बीज बाहर है और तना अन्दर।'

'हाथी के पेट में मक्खी भिनभिना रही है।'

'वह चिल्लाती है निहिनो–वह बिना दाँत की चिड़िया।'
'बैल पोर्रोभूम (ऊपरी विश्व) से आते हैं, बुरुम बुरुम चिल्लाते हैं।'[1]

4. नृत्य की पोशाक

चेलिक और मुटियारी शादियों या विशेष अवसरों पर, खास पोशाक नहीं पहनते। वे बस अधिक-से-अधिक गहने पहन लेते हैं और बालों में रंग-बिरंगे पंख लगा लेते हैं। यदाकदा वे अपने मुँह पर सफेद बिन्दियाँ और तारे भी बना लेते हैं।

त्योहारों के लिए भी, पूर्वी मुरिया के पास कोई विशेष कपड़े नहीं होते। वे अपने हुल्की व डांडर अभियानों पर रोज़मर्रा के वस्त्र पहनकर ही जाते हैं। पर झोरिया अपने वंश देवता के त्योहारों पर बहुत विशेष और इन्हीं अवसरों के लिए तैयार किए गए सुन्दर कपड़े धारण करते हैं। उत्तर और पश्चिम के मुरिया एक खास पोशाक–जिसका वर्णन मैंने अन्यथा किया है–पूस कोलांग और चैत डांडर अभियानों पर पहनते हैं। यहाँ मैं सिर्फ झोरिया के त्योहार-वस्त्रों का वर्णन करूँगा जो पर्वतों के मारिया की नृत्य पोशाक की भाँति ही होते हैं।

इस पोशाक में सबसे नीचे एक साधारण-सी शर्ट पहनी जाती है और साथ में एक सफेद स्कर्ट जिस पर चौड़ी लाल धारियाँ होती हैं। इसे एक सफेद नाड़े से बाँधा जाता है, जो मुरिया बाज़ार से खरीदते हैं। चेलिक सिर पर गोल पगड़ी बाँधते हैं या बाँस की टोपी पहनते हैं जो लाल कपड़े से ढकी हुई होती है। इसका एक भाग पीछे से लटकता है। यह टोपी, पंखों से ढकी रहती है तथा इसमें कौड़ियाँ और रंगीन गोलियाँ भी, मुटियारी से लेकर, लगा ली जाती हैं।

अपनी कमर के चारों ओर चेलिक एक रस्सी बाँधते हैं और इसमें छोटी व बड़ी घंटियाँ लटकाते हैं जो इनके कूल्हों पर गिरती हैं।[2] मैंने एक बार एक लड़के को बड़ी-सी गाय की घंटी लटकाए हुए देखा। कन्धों से एक बहुत बड़ी नृत्य की ढाल लटकती है जिसे मोघी कहते हैं। यह ढाल गोल होती है तथा यह नक्काशी की गई लकड़ी या टोकरी बनानेवाले सामने की बनाई जाती है। बाँस के हुक इसे चेलिक की कमर से दूर रखते हैं। बहुधा बाँस या पीतल के चार हुक ढाल के ऊपर भी लगाए जाते हैं जिनमें लाल, सफेद या नीले कपड़े के रिबन

---

1. इन पहेलियों की, जो ढोल के विषय में हैं, अन्य कबीलों की ऐसी ही पहेलियों से तुलना करना काफी दिलचस्प होता है। निम्नलिखित पहेलियाँ उराओन हैं :
'एक भूरा लड़का खेत के बीच दहाड़ रहा है।'
'एक लड़का जो पीटे जाने पर ही बोलता है।'
'बाहर सुन्दर, अन्दर खाली।'
'शान्त को रख दो, शोर मचानेवाले को उठाओ।'
'जब सूखा पेड़ पीटा जाता है तब मछलियाँ इकट्ठी होती हैं।'
ये खारियाँ हैं : 'फलों से भरा पेड़ मान्दरी ढोलों से भरा पेड़ है'; 'मेघों की गर्जना सुनकर छोटी मछलियाँ जमा हो जाती हैं।'
ये बैगा हैं : 'थोड़ा-सा छूने पर ही वह गुर्राता है'; 'एक बड़े पेट वाला अनाथ लड़का सारी रात चिल्लाता है'; 'वह लाकर टाँग दिया जाता है। जब भीड़ इकट्ठी हो जाती है तब वे उसे पीटते हैं।' –देखें, आर्चर, उपर्युक्त, पृ. 181 व आगे; रॉय, *द खारियाज़*, पृ. 45 व आगे; *द बैगा*, पृ. 464 व आगे।
2. ये कूल्हा-घंटियाँ, जो पर्वतों में रहनेवाले मारिया का चारित्रिक चिह्न हैं, पश्चिमी घाटों के कूर्ग क्षेत्र में भी पाई गई हैं। देखें, एम.बी. फ्मेनयू, *जे.ए.ओ.एस.*, खंड LIX, पृ. 132।

बाँधे जाते हैं। (देखें चित्र 33)

यदाकदा चेलिक नृत्य करते समय रंगीन शाल ओढ़ लेते हैं जिससे दर्शकों का मज़ा किरकिरा हो जाता है क्योंकि इनसे ढाल छिप जाती है। मैंने पर्वतों के मारिया द्वारा प्रयुक्त पुराने तरीके का 'पसली-कोट' एक बार ही देखा है। यह बान्दोपल में था जहाँ लड़कों ने अपने कमीज़ों पर सफेद कपड़े की लम्बी कतरनों को मोड़-मोड़कर लगा रखा था जिससे वे पसलियों की भाँति दिख रही थीं। अपने गलों में लड़के अपनी बहनों से लेकर ढेरों गहने पहनते हैं।

चित्र-138. लोहे का मुरचंग

हर नर्तक के लिए यह ज़रूरी है कि वह अपने कन्धे पर कुछ उठाए। आजकल कन्धे पर छतरी उठाई जाती है हालाँकि यह छतरी कौड़ियों के धागों और फलों के गुच्छों से सजी हुई भी होती है। पर्वतों के मारिया की परम्परा तो कन्धे पर जंग की विशाल कुल्हाड़ी रखकर नृत्य करने की है। मुरिया अब भी लकड़ी के विशाल फरसे, लकड़ी की नक्काशीदार कुल्हाड़ियाँ और मोरपंख लगी हुई डंडियाँ नृत्यों के लिए बनाते हैं। जिनमें कल्पना शक्ति की कमी होती है वे साधारण फरसे और कुल्हाड़ियाँ ही कन्धों पर उठा लेते हैं।

मुरिया द्वारा प्रयुक्त सबसे दिलचस्प वस्तुएँ जो त्योहारों पर नृत्य करते समय उपयोग में लाई जाती हैं, होते हैं 'घोड़े' जिन्हें कोकटी कहा जाता है। ये पेड़ों की जड़ें होती हैं क्योंकि इनकी आकृति घोड़े के सिर जैसी होती है। बड़ी जड़ पर छोटी जड़ें छोड़ दी जाती हैं और ये घोड़े के गर्दन के बालों का प्रतिनिधित्व करती हैं। इस 'घोड़े' को सींग या कान, लकड़ी के नुकीले टुकड़े, भौंकते हुए हिरन के सींग या जंगली सूअर के दाँत लगाकर प्रदान किए जाते हैं। ये बहुधा 'घोड़े' के माथे पर लगाए जाते हैं। इसकी नाक से कपड़े की लम्बी कतरनों की झालर बँधी हुई होती है और नाक आड़े-तिरछे डिज़ाइन से सजी हुई भी होती है। कोटकी के पीछे तीन या चार सुन्दर डंडियाँ लगी रहती हैं, जिनके ऊपर पंख सुसज्जित होते हैं। जब ऐसे बहुत-से 'घोड़े' नृत्य में लाए जाते हैं तो इनका प्रभाव बहुत शानदार होता है।

5. मान्दरी-नृत्य

मैं यहाँ सारे वे नृत्य शामिल कर रहा हूँ जो मिट्टी या लकड़ी से बने हुए मान्दरी ढोल की थाप पर होते हैं। साथ ही वे नृत्य भी जो कमर के पारांई और लकड़ी के टुडरा ढोल द्वारा सम्पन्न होते हैं। ये नृत्य शादियों में या घोटुल में मौज-मस्ती के लिए होते हैं। जब अफसर या अन्य माननीय अतिथिगण आते हैं तब भी उनके मन बहलाव के लिए नृत्य किए जाते हैं।

कोई खास पोशाक नहीं होती। नर्तक जो पहन सकते हैं, पहन लेते हैं। लड़के यदाकदा अपने कन्धों पर लकड़ी की कुल्हाड़ी उठाते हैं : लड़के और लड़कियाँ अपने चेहरे सफेद बिन्दियों, रेखाओं और तारों से सजाते हैं। कई बार एक नर्तक मोर की पोशाक या कौड़ियों के जैकेट पहने भी होता है। इस नृत्य का सारा आनन्द लड़कों के लिए ही होता है। इन 'मोरों' की 'मोरनियाँ' कोने में बैठकर दबा-दबा-सा रेलो गा रही होती हैं।

मान्दरी में अनेक कदम होते हैं। मैं इनका एक-एक करके वर्णन करूँगा। पहले शानदार

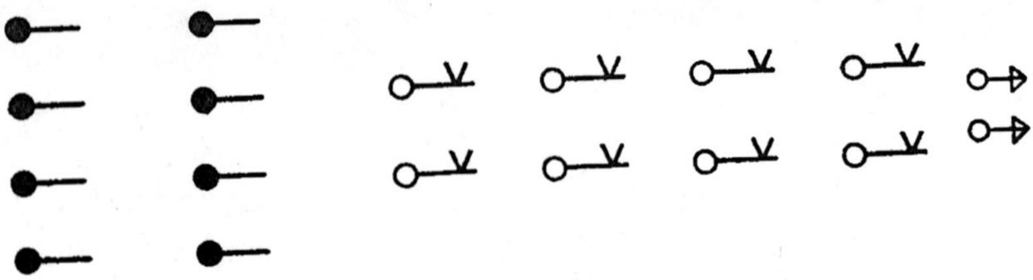

प्रवेश होता है जो हमेशा नृत्य से पूर्व किया जाता है। यह प्रवेश अक्सर तब किया जाता है जब लड़के विवाह मंडप के लिए लकड़ी लाते हैं, जब वे दूल्हे का गाँव में पहुँचने पर स्वागत करते हैं और जब वे दूल्हा व दुल्हन को लागिर रीत के लिए ले जाते हैं। नृत्य में यह एक सरल ढंग से खड़े होते हैं–लड़के दोहरी पंक्ति में और लड़कियाँ दो कतारों में–जो पंक्ति के पीछे होती हैं।

यह जलूस थोड़े कदम आगे लेता है, रुकता है, दो-एक कदम पीछे लेता है, और फिर आगे आता है। कभी-कभी यह तेज़ी से आगे की ओर आता है, रुकता है, मुड़ता है और थोड़ा पीछे की ओर तेज़ी से जाता है तथा फिर आगे की ओर आता है। इस तरह हर बार आगे जाने, पीछे हटने व फिर आगे आगे की प्रक्रिया के बाद जलूस थोड़ा आगे आ जाता है। मैंने सिधावंड में इस तरह का बहुत सुन्दर नृत्य देखा था। वहाँ के लड़के बड़ी कुशलता से नृत्य के कदम ले रहे थे और उन्होंने हाथों में सींग पकड़ रखे थे। जब वे आगे बढ़ चुके होते तब वे सींगों को ज़मीन पर झुकाते थे और फिर लहराते हुए हवा में एक साथ उठाकर, पीछे की तरफ बढ़ जाते थे।

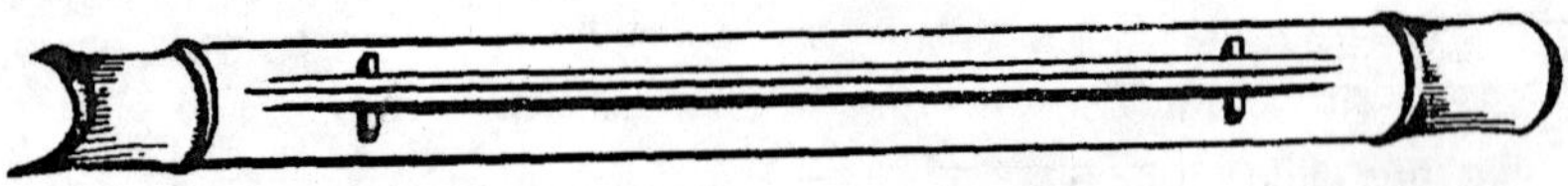

चित्र-139 : बाँस का ढोल

कोकोरी में लड़कों ने एक लम्बी सर्पाकार पंक्ति में प्रवेश किया। हर चार कदमों के बाद वे घुटनों के बल बैठ जाते। फिर केकड़े के समान टेढ़े चलते, फिर घुटनों के बल बैठते, पीछे जाते, आगे आते, घुटनों के बल बैठते और घुटनों पर ही चलते। कभी-कभी ढोलचियों की सारी पंक्ति ही उकड़ू बैठ जाती है और एक साथ फुदकते हुए नर्तक ज़ोर-ज़ोर से ढोल बजाते हैं। जब नर्तक नृत्य स्थल पर प्रवेश करते हैं तब उन्हें भीमुल या लिंगो का नाम लेकर ढोलों की पूजा भी करनी चाहिए।

इसके बाद नृत्य की पहली हरकत होती है जो वास्तव में बहुत सहज होती है। नर्तक एक गोल दायरे में तेज़ी से चलते हैं। इनके घुटने थोड़े झुके हुए होते हैं। अगर कुछ लड़के लकड़ी का कुटोरका या टुडरा लाए हैं तो वे इस वृत्त के अन्दर ही रहते हैं। लड़कियाँ दो

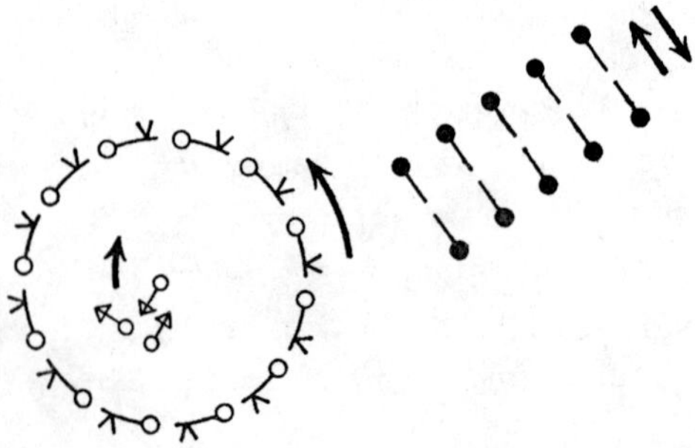

पंक्तियों में थोड़ी दूर पर खड़ी रहती हैं। ये रेलो गीत गाती हैं जिसका ढोलों की थाप और लड़कों के नृत्य की ताल से कोई सम्बन्ध नहीं होता। लड़कियों के नृत्य अलग और स्वतन्त्र होते हैं। इनका वर्णन मैं एक ही स्थान पर, बाद में करूँगा।

मान्दरी नृत्य की पंक्ति-बनावटों और कदमों का कोई निश्चित क्रम नहीं होता। कुछ समय पश्चात् ढोलचियों का दायरा, नेता के आदेश पर, या तो घूमकर विपरीत दिशा में चला जाता है या पीछे की तरफ कदम लेता है।

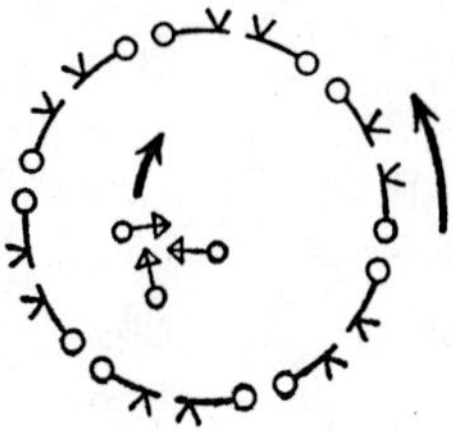

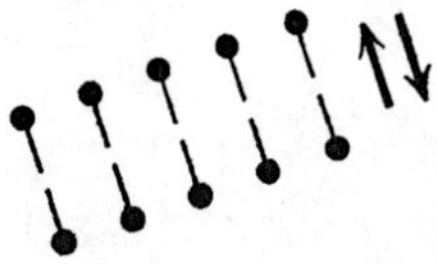

अब नेता पुनः आदेश देता है और हर ढोलची अपने स्थान पर पूरा घूम जाता है। अब ढोलची जोड़े बनाकर अपने स्थान पर घूमते हैं। कभी हर व्यक्ति अपना बायाँ हाथ अपने साथ नाच रहे व्यक्ति के ढोल पर रख देता है। इसे समधि जोहर कहते हैं।

यह पहला घुमाव अब ढोलचियों में सार्वजनिक हो जाता है। बान्दोपल में नृत्य देखते वक्त मैंने लिखा था–'मान्दरी नृत्य मुख्यतः एक घूमते हुए गोल दायरे में होता है, जिसमें हर सदस्य अपने पड़ोसी की परिक्रमा भी करता है। गोल दायरा ताल पर छोटा व बड़ा रहता है क्योंकि हर ढोलची दो कदम अन्दर व दो बाहर की ओर रखता रहता है।

अब वृत्त की संरचना बदलती है। गोल दायरे दो हो जाते हैं और विपरीत दिशाओं की ओर नाचते हुए बढ़ते हैं। ऐसा करते हुए वे धागों की तरह एक दूसरे से होकर गुज़रते हैं– इसे सेमीलाहा कहा जाता है।

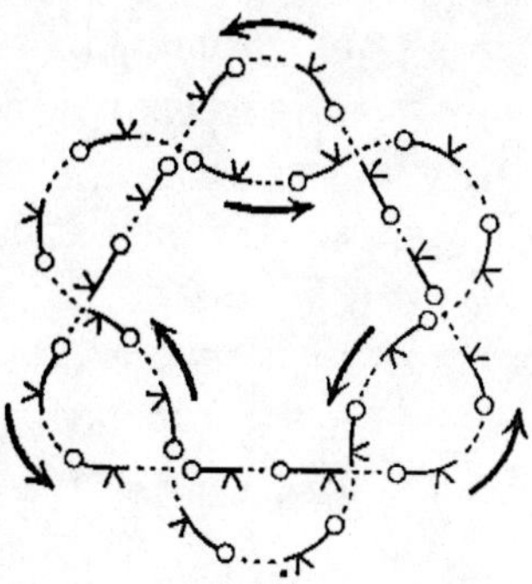

हर ढोलची हाथों को ऊपर की ओर लहराकर ढोल पर चोट करता है। वह घूमता है और अपने घुटनों को थोड़ा झुकाता भी है। गोल दायरा घूमता है और गोल दायरे में नाच रहा हर व्यक्ति भी घूमता है।

पर मान्दरी में विविधता का कोई अन्त नहीं होता। एक क्षण आपको नर्तक गोल दायरे में घूमते नज़र आते हैं, हर लड़का दूसरे के कन्धे पर हाथ रखे हुए जो उससे पंक्ति में आगे होता है; तो अगले ही क्षण दायरा सिमट जाता है और प्रत्येक लड़का, घुटनों के बल बैठकर और अन्दर की ओर मुँह करके ताली बजा रहा होता है। जल्दी ही वे सब कूदकर खड़े हो जाते हैं, मुड़ते हैं, दायरा बड़ा करते हैं और बाहर की ओर मुँह करके घुटनों के बल बैठकर पुनः ताली बजाते हुए मिलते हैं। फिर वे कूल्हों पर अपने दोनों हाथ रखकर दो बार अपने पैरों पर इधर से उधर हिलते हैं। कभी वे ढोल

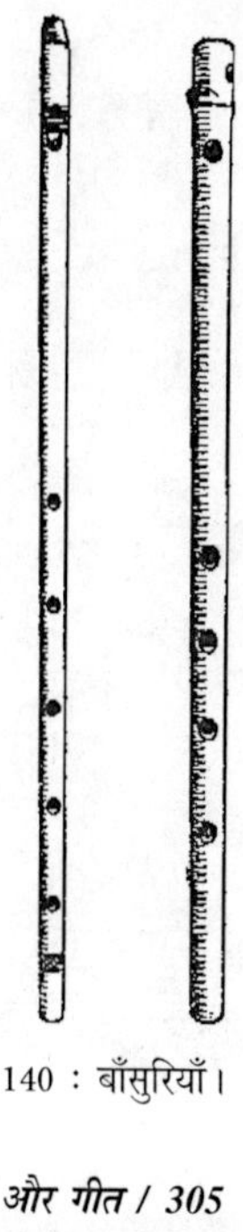

चित्र 140 : बाँसुरियाँ।

को अपनी टाँगों में दबाकर कूदते हैं और अपने बाएँ हाथ से अपनी बाईं टाँग के पीछे की ओर प्रहार करते हैं। इसके बाद वे ढोल को ऊपर और सामने की ओर झुलाते हैं। ताल के बीच में वे क्रमशः अपना सीना व कूल्हे छूते हैं और फिर ढोल बजाते हैं।

कभी वे मेंढक की तरह कूदते हैं; गोल दायरा थोड़ा बड़ा कर लिया जाता है और सब ढोलों को ज़मीन पर रखकर घुटनों के बल बैठ जाते हैं। फिर बारी-बारी हर व्यक्ति दूसरे के ऊपर से कूदता है। जब यह हो जाता है तब वे पुनः घुटनों के बल बैठकर आगे की ओर फुदकते हैं।

एक अन्य नृत्य में लड़के वृत्त में घुटनों पर एक ओर मुँह करके बैठ जाते हैं। फिर घुटनों पर ही सीधे होकर चलते हैं। तत्पश्चात् वे अपनी एड़ियों के सहारे खड़े होकर एक पैर से दूसरे पैर की ओर लहराते हैं। फिर वे घुटनों पर बैठकर पुनः गोल-गोल घूमते हैं जैसे वे परिलोक से आए हुए मुस्टंडे अपाहिज हों। इसके बाद वे अपने एक हाथ से टेक लगाकर शरीर को पीछे की ओर झुकाते चले जाते हैं और दूसरे हाथ से ढोल बजाते रहते हैं। तत्पश्चात् वे चौपायों की तरह चलते हैं, ढोल को कभी दाएँ तो कभी बाएँ हाथ से बीच-बीच में थपकते हुए। आखिर में वे कूदकर खड़े हो जाते हैं और वृत्त द्रुत गति से घूमने लगता है।

जब वे यह सब करके थक जाते हैं तब अपने-अपने ढोलों पर ऐसे बैठ जाते हैं मानो घोड़ों पर बैठे हों। इसके बाद वे अन्दर की ओर मुड़ते हैं और दायरे के केन्द्र बिन्दु की ओर चलते हैं अपने ढोलों को मस्तानी अदा से खींचते हुए। फिर वे बाहर का रुख करके दायरे को इस प्रकार 'घुड़सवारी' करते हुए और फैलाते हैं। इसके बाद वे ढोलों को छोड़ देते हैं और गोल दायरे में घूमते हुए नृत्य करते हैं। ऐसा करते समय वे ताली बजाते रहते हैं और बीच-बीच में एक-दूसरे के ढोल पर बैठ भी जाते हैं। ऐसा करते वक्त वे ढोल को कुछ क्षण फिर बजाते हैं। फिर वे कूदकर खड़े हो जाते हैं, और छलाँगें मारते हुए, हाथ से इशारे करते हुए और अपनी जगह गोल-गोल घूमते हुए पुनः नृत्य करने लगते हैं।

मान्दरी नृत्य का सर्वोत्तम नमूना मैंने खुटगाँव में देखा था। इसके पीछे प्रेरणा-स्रोत था क़ाबिले तारीफ बूढ़ा मुरिया ज़मींदार कोदू। पच्चीस काले कोट पहने हुए लड़कों का एक दल, कोदू के नेतृत्व में, घोटुल में घुसा। कई ने चाँदी की पेटियाँ, दाएँ से बाएँ जाती हुई, अपने कन्धों पर पहन रखी थीं। ज़ंजीरों से बँधी छोटी-छोटी घंटियाँ पीछे की ओर लटक रही थीं। सबने सिल्क की पगड़ियाँ और सस्ते गहने पहन रखते थे। इनके हाथों में छोटे पर्रांग ढोल थे। मुझे लगा कि समतल स्थलों, रहनेवाले मुरिया, जिनका पतन हो चुका है, आ गए हैं। पर उनके नृत्य में पतनवाली कोई बात नहीं थी। वे घोटुल में आए और बिना कोई आवाज़ किए हुए चुपचाप खड़े हो गए। कोदू ने फिर एक नाज़ुक अन्दाज़ में अपना हाथ उठाया और एक चीख मारी। सबने उसका अनुसरण किया। फिर दोनों हाथों से इशारे करते हुए वे गोल दायरे में तेज़ी से घूमने लगे। कुछ देर बाद गोल दायरा बाहर की ओर अचानक फैला; लड़कों ने दो बार ताली बजाई, मुड़े, मुड़ते समय ढोल बजाए, रुके, अँगुली उठाकर इशारा किया, हाथों को हिलाया, फिर ढोल बजाया, दो बार ताली बजाई, दो बार ढोलों पर थाप ही, नीचे झुके, ज़ोर से चिल्लाए, पैरों को ज़मीन पर पटका, फिर गोल-गोल घूमने लगे। इसके बाद हवा में अँगुली उठाकर फिर इशारा किया और चिल्लाए, हवा में छलाँग लगाई, दो बार ताली बजाई, दो बार ढोलों पर थाप दी, फिर गोल घूमे, अब मुँह बाहर की ओर, अब अन्दर, ताली और फिर ढोल।

अब नृत्य की लय बदल गई। गोल घूमते समय, ढोलची तीन कदम बाएँ पैर पर कूदे, अन्दर की ओर मुड़े और शान्त खड़े हो गए। थोड़ी देर मौन छाया रहा। फिर सबने इकट्ठे हाथ हिलाए और चीख मारी। इसके बाद सब घूमे, चीखे, दाईं ओर मुड़े और हाथों को लम्बे-चौड़े ढंग से हिला-हिलाकर ढोल बजाया। फिर वह हाथों की गति को तेज़ करते हुए गति से ढोल बजाने लगे। बायाँ पैर आगे किया और दायाँ उसके बराबर, एक किक मारने की नकल करके, रखा। फिर दायाँ पैर बढ़ाया और बाएँ से किक की नकल की तथा दाएँ के साथ धरा। इसके बाद वे रुके और पीछे की ओर डटे, गोल-गोल घूमते हुए और गर्मजोशी से ढोल बजाते हुए। आखिर वे रुक गए, अपने मुँह दायरे में बाहर की ओर किया, ज़ोर की चीख मारी और दायरा तोड़ दिया। यह नृत्य इतना जोशीला था कि इसे देखकर दर्शकों में भी नई शक्ति और नई स्फूर्ति आ गई।

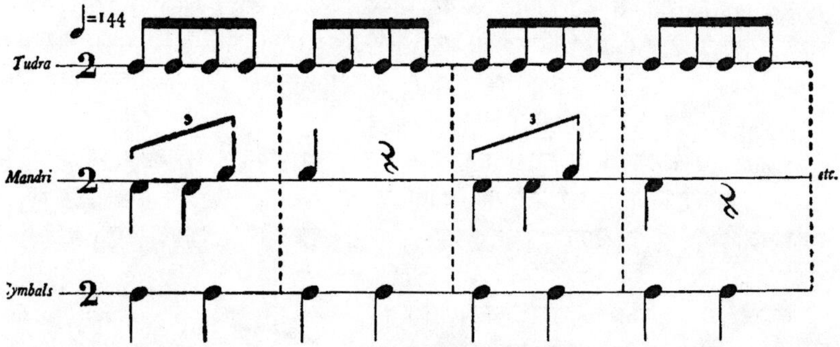

ढोल की ताल

इस शानदार नृत्य के दौरान मुटियारी भी नाचने लगी थीं। पर वे कोने में, शर्माते हुए नाच रही थीं। उनके शरीर झुके हुए थे क्योंकि वे लाज के मारे दोहरी-सी हो रही थीं। किसी ने उन पर ध्यान नहीं दिया क्योंकि सबकी आँखें लड़कों पर लगी हुई थीं। पर लड़कियों के नृत्य भी आनन्द प्रदान करनेवाले होते हैं। मुटियारी दो समानान्तर पंक्तियाँ बनाकर अन्दर की ओर मुँह करके खड़ी होती हैं। वे शुरुआत में गाते हुए व झांझ बजाते हुए करती हैं। वे एक-दूसरे को पकड़ती नहीं हैं। शीघ्र ही एक पंक्ति आगे की ओर झुकती है जबकि दूसरी सीधी खड़ी रहती है। जो लड़कियाँ आगे झुकती हैं वे या तो ताली बजाती हैं या झांझ को अपने पैरों के नीचे की ओर, बीच में लाकर बजाती हैं। दोनों पंक्तियाँ अब धीरे-धीरे घूमते हैं, सबसे बढ़िया यह माना जाता है कि वे अपने केन्द्र के इर्द-गिर्द ही, दोहरी पंक्ति संरचना में ही, घूमें। परन्तु होता यह है कि वे आधे वृत्त

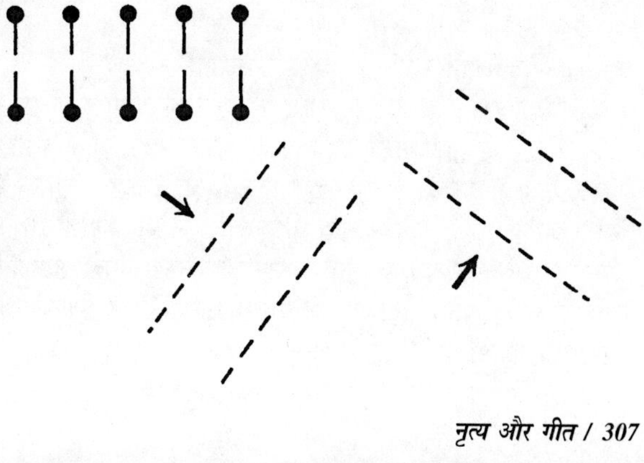

में आ जाती हैं जो दो भागों में बँटा हुआ होता है जैसा कि नीचे दिखाया गया है।

एक अन्य नृत्य कदम यह है—लड़कियाँ दो पंक्तियाँ बनाती हैं, पर जब एक पंति के आगे झुकने का समय आता है तब एक पंक्ति मुड़ जाती है और तब झुकती है।

जामकोट पारा की मुटियारी ने यह बहुत बढ़िया ढंग से किया था। झाँझ की हर चौथी चोट पर वे मुड़कर अपना स्थान परिवर्तन कर लेती हैं। कभी-कभी दोनों पंक्तियों की कमर एक-दूसरे की ओर होती है। यहाँ ये पंक्ति में लहराकर नाचती हैं। काचोरा में मैंने उन्हें बहुत कुशलता से एक गोल दायरे में लहराते हुए देखा। वहाँ मुटियारी पहले अपने वृत्त में, हाथों में झाँझ लिए, बाएँ से दाएँ घूमीं। फिर प्रत्येक लड़की, हर तीन कदम के बाद, दाएँ घूमती और नीचे झुक जाती। झुके हुए ही वह अपनी झाँझ तीन बार बजाती और फिर सीधी खड़ी हो जाती। तत्पश्चात् वह तीन कदम लेने के बाद बाएँ घूमती, पुनः झुकती और वही प्रक्रिया दोहराती। इस तरीके से वृत्त क्रमशः अन्दर, बाहर, अन्दर व बाहर की ओर घूमता। जोश और उत्साह के साथ किया गया यह नृत्य देखने में बहुत रोचक होता है। भानपुरी में प्रत्येक लड़की ने अपनी बाईं टाँग अपनी बाएँ हाथ पर खड़ी पड़ोसन की टाँगों के बीच में रखा और इस प्रकार वे धीरे-धीरे गोल घूमती रहीं।

कोंडागाँव के क्षेत्र में मुटियारी कभी-कभी एक लम्बी पंक्ति में लड़कों के मान्दरी नृत्य का साथ देती हैं। हर लड़की की बाँह अपनी पड़ोसन की बाँह में होती है और वे अपनी झाँझ बजाते हुए या तो आगे झुकती हैं या एक पैर से दूसरे पैर पर अपना वज़न बारी-बारी रखते हुए लहराती हैं।

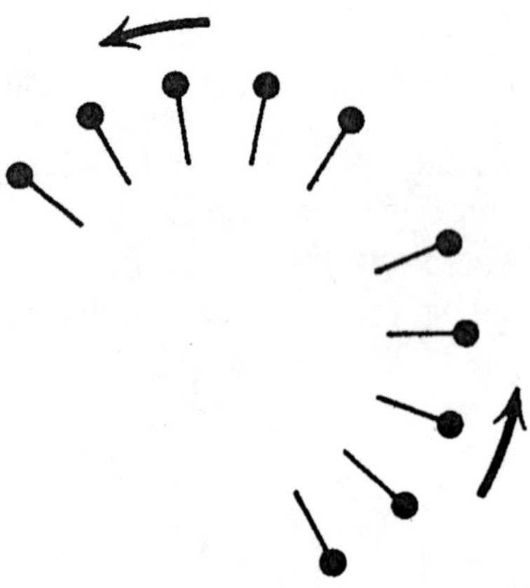

चन्दाबेरा में कारसे पाटा काफी तेज़ हुआ : लड़कियों ने एक-दूसरे को कमर से पकड़ा और पहले बाएँ और फिर दाएँ चलीं। ऐसा करते समय हर नर्तकी अपना दायाँ पैर अपनी पड़ोसन के पीछे लगाए हुए थी। नाचते समय वे तेज़ी से और दमदार आवाज़ मेंगाभी रही थीं। परन्तु कारसेपाटा ने एक अन्य रूप में, दोनों पंक्तियाँ एक-दूसरे के सामने खड़ी होती हैं और मुटियारी एक-दूसरे के हाथ पकड़ती हैं। हर पंक्ति बारी-बारी झुकती है और लड़कियाँ अपने पकड़े हुए हाथों को गाते हुए झुलाती हैं। ऐसा करते समयवे गोल नहीं घूमतीं अपितु अपने स्थान पर खड़ी रहती हैं।

अधिकांश विवाह गीत मुटियारी की एक पंक्ति या अर्ध-वृत्त में खड़ी मुटियारी गाती हैं। वर और वधू की चोटी करते समय, हल्दी लगाते वक्त, टीका करते समय या जोड़े को नहलाते और सजाते वक्त यह स्पष्ट है कि लड़कियाँ अपने स्थान से हिल नहीं सकती। परन्तु उन्होंने अपनी जगह पर खड़े होकर नृत्य करने का एक प्रभावशाली तरीका निकाला है जिससे हाथ और शरीर हिलाए जाते हैं। इसी कारण लड़कियों के नृत्य लड़कों के ढोलों की थाप के साथ समन्वय नहीं रखते। लड़कियों के कुछ कर्तव्य होते हैं जिनके अनुसार उन्होंने अपने गीतों और नृत्य कदमों को ढाला है। दूसरी तरफ चेलिक को अधिक आज़ादी होती है।

6. ढोल की ताल

मध्य क्षेत्र के गाँवों में मुरिया कई तरह की ढोल की तालें जानते हैं। ज़रूरी नहीं कि ये तालें डाका–नृत्य कदमों–के साथ सम्बन्धित हों पर ये कभी-कभी नृत्य की कुछ खास हरकतों से जुड़ी हुई होती हैं। पार-तालें–पारागो लोगों में शादी के लिए अलग होती हैं, विवाह मंडप के गिर्द नृत्य करने के लिए अलग, लागिर के लिए भिन्न और वर तथा वधू को विवाह के बिस्तर की ओर ले जाने के लिए भी विशेष ताल होती है। पृथ्वी माता की पूजा के लिए भी नितान्त भिन्न तालें होती हैं।

पार-तालों–को आसानी से याद हो जानेवाले वाक्यों के द्वारा पहचानने का तरीका है। इन वाक्यों का नृत्यों से कोई सम्बन्ध नहीं होता। बस इनकी ताल ढोल की ताल जैसी होती है। झोरिया मुरिया बहुत तालें नहीं जानते। मेतावंड में चेलिक सिर्फ दो जानते थे–'जब हम ढोल को दोनों हाथों से पीटते हैं,' उनमें से एक ने बताया, 'तो ढोल बोलता है निकुन गेटका निकुन गेटका–प्यार अच्छी तरह करो और जब यह एक हाथ से पीटा जाता है तो कहता है देओस देओस एनदाल–कूद-कूदकर नाचो।'

काबोंगा, बारगाँव और हाथीपाखना जैसे गाँवों में और पूर्वी-मध्य क्षेत्र के कई घोटुलों में ताल बहुत विस्तृत रूप से विकसित की गई है। हाथीपाखना में एक अन्धा मान्दर गुरु था, एक बूढ़ा व्यक्ति जो लड़कों को ताल सिखलाता था। वह सिर्फ शब्द बोलता था और चेलिक तुरन्त ताल ढोल पर बजा दिया करते थे।

कई तालों का अर्थ स्पष्ट नहीं है और कुछ उदाहरणों में भली-भाँति मैं उनका अनुवाद भी नहीं कर पाया हूँ।

1. पारगाओ पार–इसका इस्तेमाल तब होता है जब दूल्हा या दुल्हन (स्थानीय परम्परा के अनुसार, देखें, पृ. 98) दूसरे पक्ष के घर पहुँचता है और उसका स्वागत नर्तकों की पंक्तियाँ करती हैं। पहले ढोलची एक वृत्त बनाते हैं, सब एक ही दिशा में मुँह किए होते हैं। फिर वे जोड़े में बँट जाते हैं और हर साथी दूसरे की ओर मुँह कर लेता है। कई तरह की तालों का इस्तेमाल होता है क्योंकि दूल्हा और दुल्हन के लिए यह क्षण बहुत महत्त्वपूर्ण होता है।

(a) बारहा माने के लुकावुन खावुआस टुय टू आस टुय टू आस सागा के कहान ले पुरावुआस ?
तुम चुराया हुआ सूअर का मांस खा रहे हो। तुम इसे सागा को कैसे दोगे ?

(b) जिम जिम जिम नादुम नारका, जिम जिम जिम नादुम नारका।
बहतु रात बीते बारिश पड़ रही है।

(c) हाट जासिस दुरिया दुरिया, पेज खावुन जासे।
तुम दूर बाज़ार में जा रहे हो। मांड पीकर जाओ।

(d) कहान ले यिलासिन दुरिया लाफ दुरियाले।
तुम दूर से आए हो।

(e) अरे बुबा करकार बे।
ओ पिताजी, वह काट लेगा।

(f) दुर दुर दुर दुर नेयी कसकार बे।
इसे भगा दो; नहीं तो यह कुत्ता काट लेगा।

2. सगा पार–यह तब इस्तेमाल होती है जब दोनों समधी विवाह के समय पहली बार मिलते हैं। चेलिक इनके चारों तरफ गोल दायरे में नृत्य करते हैं। बीच-बीच में वे एक-दूसरे की ओर मुँह करते हैं और अपने हाथ ढोलों पर से उठाकर एक-दूसरे को जोहर करते हैं–खींचकर लम्बे तरीके से यह कहते हुए–जोहर हो सगा।

(a) जोहर हो सगा जोहर।
जोहर, सगा, जोहर।

(b) टुय समधी माई समधी सुरती मिनजुन कानवुता।
तुम समधी हो, मैं समधी हूँ, चलो मिलकर तम्बाकू खाएँ।

(c) अकिंग कोया कोरका दारांगो तुसका ता।
पत्ते तोड़ो, ओ खुरपी, जिससे शराब परोसी जा सके।

(d) तेहात लयोर मांडी टुन।
लड़कों, अपने घुटने उठाओ।

(e) गल्टा पाटा सकले किमाडाय पोहरे माम।
जाने से पहले कपड़े सलीके से पहनो।

(f) जोहर हो सगा जोहर भेत होवुन दुनो सगा समधी मांड पियुन।
जोहर, सगा, जोहर; हमें मिले हैं तो चलो चलकर मांड पिएँ।

(g) आदि नरका भूम नरका टारा पेका काल नोरका।
दोपहर और आधी रात को पैर धोने के लिए पानी लाना, ओ लड़के

3. दारांगो उनडाना पार–शराब पीने की ताल। यह तब बजाई जाती है जब दोनों समधी शराब पीते हैं।

दुमुन दुमन काहा ता, दुमुन दुमुन काहा ता।
शराब घड़े से निकालो और पियो।

4. मांडा पार–ये तालें तब बजाई जाती हैं जब लड़के विवाह मंडप के लिए लकड़ी लाते हैं। ढोलची जंगल जाते हैं और वहाँ से नाचते हुए और ढोल बजाते हुए लौटते हैं। वे जलूस के सामने उत्साह से ढोल बजाते हुए चलते हैं। जब मंच अन्दर से लीपा जाता है या अन्य कोई छोटी रस्म होती है तब भी यह ताल बजती है।

(a) उस्ता गुंडुर गुंडुर टा टिन पेकोर वार्क वार्क !
ओ चिड़िया ! सूखे चावल खाओ, ओ लड़कों !

(b) बोन्यला बनावान झटके माटी आन गाईतिन।
चलो एक मंच बनाएँ; ओ गाईतिन जल्दी मिट्टी लाओ।

(c) हरदे रेका पुइता पेकिन पेंदा उइता।
चर फूल रास्ते में खिला है; लड़की की योनि मोटी हो गई है।

(d) चिच पेंदा काउरेला।
स्त्री-योनि ऊपर की ओर मुँह किए एक कौड़ी होती है।

(e) आंड आंड आंड; आयो, आयो, आयो।
यही है, यही है, यही है; नहीं यह नहीं है, यह नहीं है, यह नहीं है।

(f) गाँव चो मानुक सियान।
गाँव के सारे मुखिया।

(g) नेवुन नेवुन चेपावान।
लड़की को ले लो और भींच डालो।

(h) अद लाया बेस्ता कानडिक सुरती देस्ता।
वह लड़की सुन्दर है, उसे कुछ तम्बाकू दो।

(i) मांडा मांडी टेंडिज़्म डाय पोहरे माम।
कूड़ा मंडप में फेंक दो और चले जाओ।

5. नेयी तारहाना पार—वर और वधू को तेल और हल्दी लगाने की दो दिन तक चलनेवाली प्रक्रिया के बीच-बीच में इस ताल पर नृत्य कर आनन्द उठाया जाता है।

(a) टेडा मुडिया टट्टी डे।
बूढ़ी आदमी खड़े होओ और कुल्हाड़ी दो।

(b) गाम चेकली बासुन्दे टा।
जब तक सूरज चमक रहा है तब तक हम बैठेंगे।

(c) बारहा मांस के चोरों नेयसे लच्छू आय लच्छू माई की दादा माई तो नी चोराय।
मैंने नहीं, सूअर का मांस लच्छू ने चुराया था।

(d) डिम डिम डिम कोसुम डिम तुमचो बापचो पोल्का डिम।
अंडकोष ! अंडकोष ! कोसुम अंडकोष ! तुम्हारे बाप के खोखले अंडकोष !

(e) डेंगुर मुंडी मे लम्हा आसे, चू काबरी च।
चींटियों की बाँबी में एक खरगोश है, चू काबरी चू।

(f) टेडा भुसकी हातुम दायी।
मोटी औरत, खड़ी हो जाओ और बाज़ार जाओ।

(g) कारंगी गाँव चो कुरसा, गाँव काजे पुरसा।
करांजी गाँव में वो नपुंसक है पर हमारे गाँव में मर्द है।

चित्र-141. पिटोरका घंटा

6. मौड़ टटाना पार–यह ताल तब बजती है जब वर और वधू के सिरों पर मौड़ बाँधा जाता है।

टट्टी डे टट्टी डे हनवार बाबु हनवार।
कुल्हाड़ी दो, कुल्हाड़ी दो। लेकिन लड़का नहीं जाता।

7. लागिर पार–तब बजती है जब विवाह अपनी चरम सीमा पर पहुँचता है। चरम सीमा तब होती है जब वर और वधू को सात बार विवाह मंडप के चक्कर लगवाए जाते हैं।

(a) माई समधी टुय समधिन जोहर भेट होवुन लेका के पानी रिकावुन।
हम समधी जोहार करते हैं, लड़के के ऊपर पानी डालो।

(b) बनियागाँव चो गान भैंसा बाने चारा चरेस गुचा बाई के देन देता के देन देता।
बनियागाँव की जंगली भैंस रास्ते में चर रही है। अलग हटो लड़का, मैं उसे भगा देता हूँ।

(c) येरगुंडा इंटा टाने टिंटा, कामका इंटा, टाने टिंटा
कहो कि यह पानी का साँप है और इसे खा जाओ। कहो कि यह हल्दी है और इसे खा जाओ।

(d) कोरवाल कुसिर कोरास्ता अगाय मुटे नरास्ता।
कोरवाल सब्जी में अंकुर फूट पड़े; लड़की हर रोज़ उसे देखने जाती थी।

(e) बाते रालो दुरकी चु चु चु ना ना ना।
तेन्दुआ सड़क पर है। चु चु चु ना ना ना।

(f) जोहर लयोर जोहर कोर फाट फटे मानना।
ओ लड़कों जोहरा पौ फट गई है।

(g) टेढा बुडा हातुम ते।
बूढ़े आदमी, खड़े हो जाओ और बाज़ार जाओ।

8. कोर पुडे पार–वर और वधू चुपचाप सुहागरात मनाने नहीं जा सकते; उन्हें ढोल बजाते हुए ले जाया जाता है। इस प्रकार की तालों में लड़के समय-समय पर ढोलों को छोड़कर दोनों हाथ हवा में उठाते हैं, उत्साहित मुर्गों की तरह–यह उल्लेख उस रस्म की ओर संकेत करता है जिसमें वे मुर्गा चुराने जाते हैं।

(a) अदान लुटा दम-दमा तारनी बायले गुग गुमा।
जली हुई साजा लकड़ी मज़बूत है, जवान लड़की सख्त और मज़बूत है।

(b) दुल्ही दूध के दुल्हा धरे दुल्ही थर थरे
दूल्हा दुल्हन के स्तनों को पकड़ता है और दुल्हन काँपती है।

(c) धीरे धीरे धीरे गुमचा, चाँड चाँड चाँड गुमचा।
यौन क्रीड़ा धीरे करो ! यौन क्रीड़ा तेज़ करो !

(d) डेंगुर मुंड चो केवू, भीतरे नेवुन गब-गब देवू।
जड़ चींटियों की बाँबी में है; इसे अन्दर ले जाओ और ज़ोर से दबाओ।[1]

शादियों में इस्तेमाल की जानेवाली तालें यहाँ समाप्त हो जाती हैं। निम्नलिखित पार भी,

---

1. ऐसा कहा जाता है कि चेलिक इन तालों का उपयोग एक गुप्त भाषा की तरह, मुटियारी को प्रस्ताव देने के लिए करते हैं। जब कोई शब्द नहीं भी बोले जाते, तब भी उनकी यह भाषा समझ ली जाती है; सिर्फ अँगुलियों से यह ताल बजाना ही काफी समझा जाता है।

शादी में प्रयुक्त हो सकती है किन्तु किसी विशेष रीत से इसका सम्बन्ध नहीं होता। यह मात्र मनोरंजन के लिए होती है।

9. गोनडिन पार–ढोलची एक गोल दायरे में प्रेमियों के जोड़ों की एक पंक्ति (जिसमें लड़का व लड़की एक-दूसरे की ओर मुँह करके खड़े होते हैं) को घेर लेते हैं।

गोंडिन गोंडिन बोलसात काय के गोंडिन बोलसात ? बुचक मांड देसे तबतो गोंडिन बलासे।

तुम किसे गोंडिन गोंडिन कहोगे ? अगर वह तुम्हें थोड़ी-सी शराब दे तब तुम उसे गोंडिन कह सकते हो।

10. मांदिर पेलनी पार–ढोलची जोड़ों में, एक-दूसरे की ओर मुँह किए खड़े होते हैं। अचानक वे हवा में हाथ हिलाते हैं और तेज़ी से, छोटे कदम लेते हुए और घुटनों को झुकाकर, गोल-गोल घूमने लगते हैं। फिर वे घुटनों को सीधा कर लेते हैं और बाएँ से दाएँ, एक से दूसरे कदम पर नृत्य करते हैं।

करांजी गाँव चो भुरसा और बोडी नाओ पारुन पारुन सांग। गोटोक बाहरी चो गोटोक सिलिक।

भूसा और करांची की बोड़ी के बारे में बात करो। एक झाड़ू के लिए बाँस का पिन है।

11. सैलोरी पार–यह ताल बहुत स्पष्ट होती है। ढोल बजाते समय लड़के तेज़ी से चीख मारते हैं और लड़के ढोलों की थापों के बीच अपने हाथ हिलाते हैं। गोल दायरा लगातार आगे और पीछे होता रहता है।

(a) नाचुन नाचुन कहान जानवान ? हमके लागली भूख डोनायेक पेज कोन देव आय ?
हम नाचते-नाचते कहाँ जाएँ ? हम भूखे हैं, हमें मांड कौन देगा ?

(b) केदुन केदुन बागडारे येकलो मानुक येंद कारे चिचका चरगोद के आर करे।
बाघ के सामने आदमी को भागना पड़ता है; एक व्यक्ति के अंडकोष क्या कर सकते हैं ? वह मछली पकड़ने के जाल में छिप सकता है।

(c) चाचान मारुन नेयसे चाचान मारुन नेयसे जानऊ बोहारी चंदावान।
बाज़ उसे उठा ले गया है; चलो, बोहारी, उसे छोड़ दें।

(d) चाह चाह पार ओल्टोम।
ढोल बहुत लापरवाही से बजाया जा रहा है।

12. कोंडागाँव पार–यह ताल कोंडागाँव के घोटुल से विशेष तौर पर सम्बन्ध रखती है।

दुम दुम कोंडागाँव नावगाँव सोनाबाल

कोंडागाँव में पिटाई और सोनाबल में न्याय।

13. मान्दरी पार या मान्दर केलनी पार–एक ढोलची घुटनों के बल बैठ जाता है और एक अन्य उसके गिर्द एक पंक्ति में घूमते हैं और फिर एक-एक करके उसके ऊपर से कूदते हैं। पंक्ति का आखिरी लड़का भी घुटनों के बल बैठ जाता है और फिर वे दोनों ढोलचियों पर से कूदते हैं। इस तरह बारी-बारी सब घुटनों के बल बैठते चले जाते हैं और यह तब तक चलता रहता है जब तक एक ही खड़ा नहीं रह जाता। यह पूरी पंक्ति पर से कूदता हुआ आता है और सबसे आगे घुटनों के बल बैठ जाता है। फिर सब घुटनों पर सीधे होकर, ढोल बजाते हुए चलते हैं।

मांडर डांडिक केलुन टा।
थोड़ी देर ढोल बजाओ।
पागी हितावुन देस्ता।
योनि पर से कपड़ा हटाओ।

14. उराम पार–यह जटिल 'आनन्द नृत्य' देखने में बहुत मज़ेदार होता है। लड़के पहले एक गोल दायरे में दोनों हाथों से ढोल बजाते हुए चलते हैं। फिर वे ढोलों को ज़मीन पर रख देते हैं, बड़ा सिरा दर्शकों की ओर करके। फिर वे वृत्त में घूमने लगते हैं और जमीन पर रखे हुए ढोलों पर लड़के घूमते समय चोट करते रहते हैं। जब सब अपने ढोल तक पहुँच जाते हैं तब वृत्त रुक जाता है। फिर वे बाहरी सिरों पर चोट करते हैं, खड़े होकर हवा में ताली बजाते हैं, घूमते हैं, अन्दरवाले सिरे पर चोट करते हैं, ढोलों को घेरे में लुढ़काते हैं, दो कदम उन्हें उठाते हैं, फिर नीचे रख देते हैं, अन्दर और बाहरवाले सिरों पर बारी-बारी चोट करते हैं, फिर लुढ़काते हैं, खड़े होकर सिर के ऊपर तालियाँ बजाते हैं, झुकते हैं, ढोलों को कन्धे के ऊपर करके झुलाते हैं और फिर नृत्य आम तरीके से चलता है।

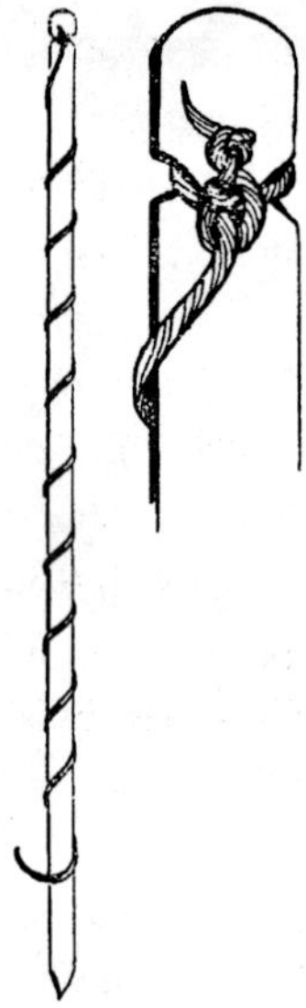
चित्र-142. मारकाबेरा का बैल की तरह गुर्रानेमूवाला

बासु नाउर गावुन दुनो बात चो।
दोनों दलों को बैठकर गाना चाहिए।

15. वार्क पार–जब लड़के और लड़कियाँ सूखे व भुने हुए चावल, किसी अवसर पर, घोटुल में खाते हैं; तब इस ताल पर नृत्य करने का विधान है।

उडी सागा उदिता पोरबोडेला दात सांगी दात सांगी ममात जाले वायोम।
बैठो सागा पोराबोडेला खेल खेलने।

16. माटी पार–यह ताल सिर्फ धार्मिक अवसरों के लिए होती है। इसका पृथ्वी माता की पूजा करते हुए भी यदाकदा उपयोग होता है।

बुता भीतर चो लम्हा मांस चाह चाह ने।
वे खरगोश का मांस लापरवाही से झाड़ के नीचे छोड़ गए हैं।

7. धार्मिक-नृत्य

मुरिया चेलिक और मुटियारी वंश के महान त्योहारों पर नृत्य करते हैं। गाँव की साधारण रीतियों के अवसर पर, पूस कोलांग और अन्य नृत्य अभियानों पर भी चेलिक और मुटियारी के नाचने की परम्परा है। ये नृत्य कुल-देवता, ग्राम-देवता और घोटुल-देवता को सम्मान देने के लिए होते हैं। मैंने नृत्य अभियानों के समय किए गए नृत्यों और गीतों का इस विषय पर लिखे गए अध्याय में वर्णन किया है। ये नृत्य, जो अधिकांश रूप से डंडियों से किए गए थे, एक श्रेणी के लगते हैं और इसलिए मैंने इनका वर्णन अलग से किया है। अब हमें साधारण त्योहारों पर घोटुल में किए जानेवाले धार्मिक त्योहारों पर एक निगाह डालनी चाहिए।

यहाँ हमें मुरिया क्षेत्र के दक्षिण-पश्चिम, उत्तर और पूर्व में बहुत अन्तर मिलता है। छोटा

डोंगर, कारंगल, मारदापाल और चल्का परगनों में मुख्यतः, और उन गाँवों में जो इन परगनों की सीमाओं के पास हैं; मुरिया अपने ज़्यादा महत्त्वपूर्ण त्योहार बिलकुल अबुझमार के मारिया की तरह मनाते हैं। अन्य जगहों पर उनके नृत्य और ढोल की तालें एकदम मुरिया जैसी ही होती हैं। चलिए पहले मुरिया लोगों के धार्मिक नृत्यों और ढोल की थापों का अवलोकन करें।

उत्तर और पूर्व के मुरिया के त्योहारों पर होनेवाले नृत्य बहुत जटिल और विस्तृत नहीं होते। चेलिक की एक पंक्ति, जिसमें प्रत्येक चेलिक एक बड़ा ढोल कन्धे से लटकाए होता है, बलि देनेवाले स्थान के पास खड़ी रहती है। वे दाएँ हाथ में पकड़ी डंडी से बहुत ज़ोर से ढोल बजाते हैं और पंक्ति में बद्ध हो दाएँ-बाएँ भी चलते हैं। जब वे इस कदम की समाप्ति पर होते हैं तब वे ज़ोर से ढोल बजाते हैं और मोड़ पर चीखते हैं।

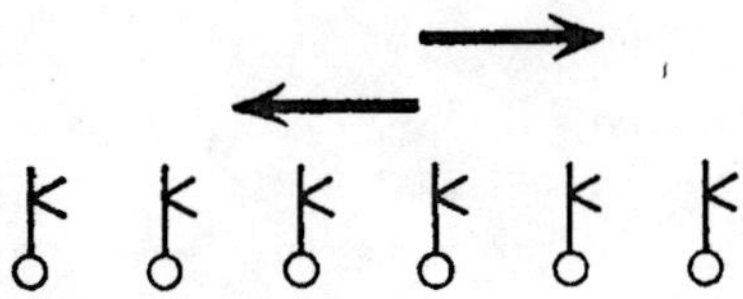

यदाकदा पंक्ति कुछ आगे बढ़ने के बाद मुड़कर थोड़ा पीछे आती है तथा फिर रुककर दोबारा पीछे आती है।

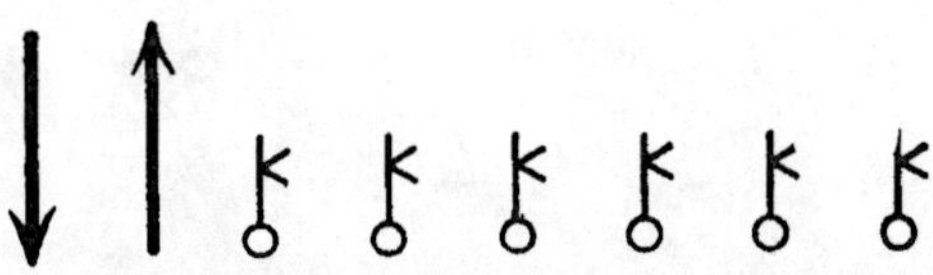

ऐसे ही समय लड़कों का एक दल छोटे से गोल दायरे में नाचता है। इनके पास छोटे तुरबुरी ढोल होते हैं जिन्हें बड़ी तेज़ी से पीटते हैं और साथ-साथ ढोलों को घुमाते भी जाते हैं। मुटियारी आम दोहरी रेखा बनाती हैं और बाएँ से दाएँ चलती हैं।

इस नृत्य में कुछ शानदार नहीं होता हालाँकि ढोलों की ध्वनि को अवश्य ही प्रभावशाली कहा जा सकता है। जब ढोलों के साथ बाँसुरियाँ भी बजती हैं तब तो कमाल ही हो जाता है।

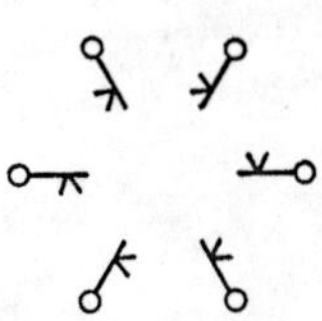

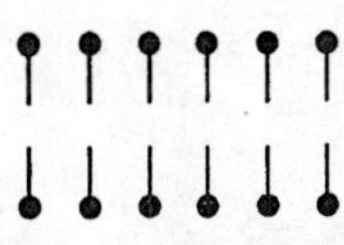

पर जब हम मारिया-मुरिया के महान त्योहारों पर किए जानेवाले नृत्यों की ओर मुड़ते हैं तब कहानी बिलकुल विपरीत रूप ले लेती है। जब दर्जन भर गाँवों के चेलिक और मुटियारी अपनी पूरी नृत्य पोशाकों में उपस्थित होते हैं तो यह दृश्य बड़ा गज़ब का दिखता है। इस नृत्य के सही आकलन के लिए दो शर्तों का पूरा होना आवश्यक है—यह दल में होना चाहिए और पूरी रात चलना चाहिए। जब मुरिया या मारिया नर्तकों का छोटा-सा दल शिविर में नृत्य का नमूना दिखाने आता है तब बहुत बोरियत होती है। पर जब एक बड़े मैदान में चार या पाँच सौ नर्तक जमा हो जाते हैं और मशालें लेकर, शिकारी बिगुल बजाते हुए, घंटियाँ टनटनाते हुए और अपने टोपों में लगे रंग-बिरंगे

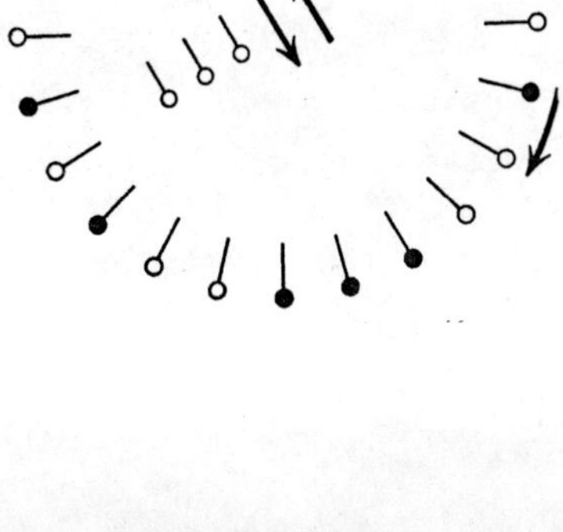

पंख लहराते हुए नाचते हैं तो ऐसा लगता है मानो पूरी पृथ्वी ही झूम उठी हो। और यह चलता रहता है जब तक आपको उनकी शान्तिदायक ताल का नशा नहीं चढ़ जाता। भोर होते-होते कोई बाहरी व्यक्ति तक इन लड़कों व लड़कियों के आनन्द से अछूता नहीं रह जाता जो बिना थके घंटों अपने देवताओं के समक्ष नृत्य कर सकते हैं।

नृत्य की दो संरचनाएँ होती हैं; दूसरी पहली से निकलती है। लड़कों व लड़कियों की एक पंक्ति, अन्दर की तरफ मुँह करे हुए, प्रत्येक का दाहिना हाथ अपने पड़ोसी के कन्धे या कमर पर, एक विशाल वृत्त में धीरे-धीरे घूमती है। वृत्त दोनों दिशाओं में घूमता है। ऐसे समय में ही दो या तीन लड़के मुख्य नर्तकों के पास एक पंक्ति में, गायन का नेतृत्व करने के लिए घूमते हैं।

इनके कदम बड़े सरल होते हैं। मुख्य पंक्ति में हर नर्तक अपना दाहिना पैर धीरे से दाहिनी ओर रखता है। अपने पंजों पर तीन बार खड़ा होता है, फिर अपना बायाँ पैर दाएँ पैर के करीब लाता है। तत्पश्चात् वह फिर

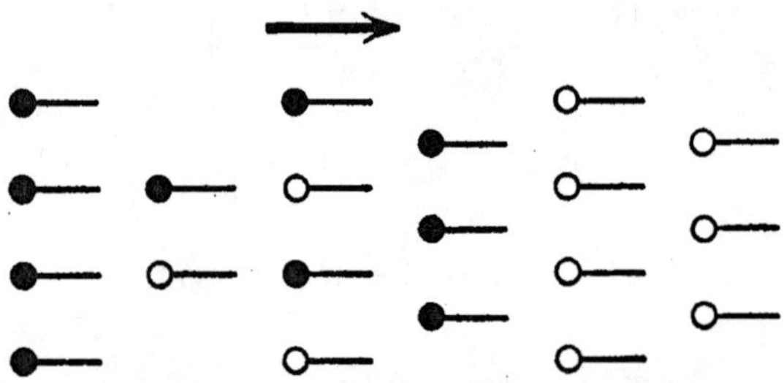

पंजों के बल तीन बार उचकता है तथा फिर दाईं ओर बढ़ता है। ऐसा करते समय वह अपने कूल्हों पर बँधी घंटियों को झटके के साथ हिलाता है। बीच में खड़े गायक साधारण तरीके से चलते हुए आगे बढ़ते हैं, बस हर दूसरे कदम पर वे थोड़ा रुकते हैं।

अब धीरे-धीरे वृत्त के मध्य खड़े गायकों की संख्या बढ़ने लगती है। पहले लड़कों की दूसरी कतार बनती है और फिर लड़कियों की। जल्दी ही पूरा नृत्य ही एक जलूस की आकृति ले लेता है और मटकते हुए नर्तक गायब हो जाते हैं।

जलूस आगे बढ़ता है और फिर किसी भी दिशा में मुड़ जाता है। वह एक 'चोट' पर मुड़ सकता है या फिर जिस दिशा में गया था उसी से लौट भी सकता है।

यह जलूस, वास्तव में, एक अलग नाच होता है। जो इस संरचना में होता है।

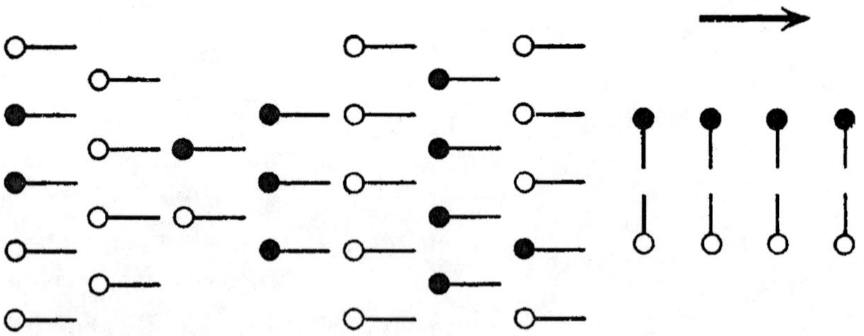

मैंने चेलिक और मुटियारी को बिना नृत्य की पोशाक पहने, अपने साधारण कपड़ों में ही, घोटुल के आँगन में गोल घूमते हुए पूरी रात नृत्य करते देखा है—मात्र अभ्यास के लिए।

एक तीसरा त्योहार नृत्य छोटे तुरबुरी ढोलों के साथ किया जाता है। ढोल लिए हुए लड़कों की एक पंक्ति लड़कियों की एक पंक्ति की ओर मुँह करके खड़ी होती है। वे तेज़ी और बड़ी शक्ति से इधर-उधर भागते हैं—लड़के ज़ोर-ज़ोर से ढोल बजाते हुए और लड़कियाँ गाती हुईं।

मारिया-मुरिया और झोरिया के बहुत-से बड़े त्योहारों पर आप लड़कों को बड़ा ढोल बजाते हुए भी देख सकते हैं। यह नीचे की तरफ पकड़ा जाता है और उसे दाहिने हाथ में पकड़ी डंडी से बजाया जाता है।

किसी को भी इस क्षेत्र का कोई भी बड़ा त्योहार देखने का अवसर नहीं खोना चाहिए। यह एक मन को छूनेवाला और हमेशा याद रहनेवाला दृश्य होता है। चेलिक और मुटियारी के औपचारिक नृत्यों के अलावा, देवताओं के अकेले नृत्य भी होते हैं। सिराहा—देवताओं के 'घोड़े'—भी नृत्य करना जानते हैं। ये हवा में लम्बी छलाँग लगाते हैं, मिट्‌टी में लोटते हैं, एक-दूसरे से लड़ते हैं; यहाँ आप एक सिराहे को डंडी को देवता समझ उससे शक्तिशाली ढंग से लड़ते हुए देख सकते हैं। सिराहा अपनी रक्षा एक छोटी-सी ढाल से करता है; वहाँ आपको एक अंगा पेन दिखाई देगा जो मुटियारी की पंक्ति से छेड़खानी कर स्वयं को तरोताज़ा कर रहा होता है। इसके अलावा आपको दो ऐसे देवता भी दिखाई पड़ सकते हैं जिनके आपसी ताल्लुकात मधुर नहीं हैं। ये दर्शकों की एक मुस्कुराती हुई भीड़ के अन्दर-बाहर एक-दूसरे पर प्रहार करते व एक-दूसरे से बचते हुए दौड़ते रहते हैं।

8. हर एंडाना

हर एंडाना अबुझमार के मारिया के नृत्य और गीत की धुँधली-सी याद दिलाता है; यह उतना ही मुश्किल पर कम दिलचस्प होता है। नर्तक कोई विशेष पोशाक नहीं पहनते, उनके कूल्हे घंटीविहीन होते हैं। पर नृत्य का वातावरण, अपने धीमे गायन और धीमी नृत्य की चाल के कारण, वैसा ही होता है। मुरिया इसे अपना प्राचीनतम नृत्य कहते हैं और मेरा विचार है कि यह नृत्य निश्चित ही अबुझमार से उतरा है।

लड़के व लड़कियों का एक विशाल गोल दायरा होता है। कुछ हाथ पकड़े हुए, कुछ अपने पड़ोसियों की कमर में हाथ डाले हुए। नृत्य की संरचना एक बड़े और छोटे होते घेरे की तरह होती है। धीरे-धीरे अपने ही केन्द्र-बिन्दु के इर्द-गिर्द धीरे-धीरे घूमता है। पहले एक तरफ और फिर दूसरी तरफ। नर्तक दो कदम आगे की ओर होते हैं, फिर दो कदम पीछे। हर बार ऐसा करते हुए वे थोड़ा दाएँ या थोड़ा बाएँ भी खिसक लेते हैं। इनके हाथों के साथ इनके शरीर भी लहराते हैं। जहाँ इन्होंने एक-दूसरे के हाथ पकड़े, वे वहीं इन्हें झुलाने लगते हैं। ताल के साथ चलने की कोई ज़रूरत नहीं समझी जाती। गायन भी धीमा और उकता देनेवाला होता है।

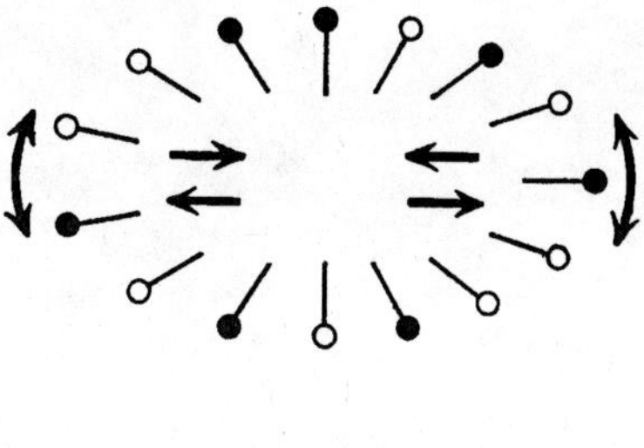

हर एंडाना विवाह मंडप के चारों ओर, दीपावली नृत्य अभियानों पर और घोटुल में (जब और कुछ करने को नहीं होता) नाचा जाता है।

कभी-कभी हर हाथ पकड़कर नहीं किया

जाता। प्रत्येक नर्तक अपना बायाँ हाथ अपनी बाईं तरफ खड़े पड़ोसी के कन्धे पर रख लेता है और अपना दायाँ हाथ लटकने देता है।

सब गाते हैं : वे आमतौर पर लिंगो के गीत से प्रारम्भ करते हैं; फिर अपने देवताओं, राजा और पूर्वजों के कारनामों का वर्णन करते हैं। वे साधारण गीत भी गाते हैं जिनका धार्मिक अवसर से कोई विशेष सम्बन्ध नहीं होता।

गीत

I

मारी रेका डेंगाल आटो आटो दिपाटा रेका गुजाल आती ले :
काकर मारीले रेका आती है।
कोनेम वेदुर गपा आती हे निया मियार माटेक आती ले, रेका टिंडा लोहा आती हे आता।
हिले आयो मानता हारे हे हारे ताने दारगन उतोना हारे ले, तानके इसी लोहोन हारे हे।
रेका टिंडा दाकौम आती हे।
हिपिया पिते जोरी आती हे जोरी दाकौम आती ले।
रेका तिजिन वायकौम आती हे।
निया हारे आयेना आयेन आती हे हे आती निकुन आती इनेना आती ले।
पहाड़ी पर खड़ा चर का वृक्ष लम्बा है;
मैदान में वह छोटा है।
ओ कौंवो की पहाड़ी पर खड़े चर के पेड़ !
अगर तुम्हारी बेटी यहाँ होती, तो मुलायम बाँस की टोकरी होती।
उसे चर के फल खाने भेज दो,
वह घर में ही है, जमाई,
पर हम किसी और से शराब लेकर पी चुके हैं।
सो मैं उसे भेज नहीं सकती।
पर हम दोनों चर के फल खाने जाएँगे।
चिड़ियों के एक जोड़े की तरह।
फल खाकर हम लौट आएँगे।
अपनी बेटी को मेरे साथ भेजो।
मैं तुम्हारा दामाद बनूँगा।
मैं तुम्हें सास कहूँगा।

II

ओ बैल तुझे कहाँ बेचूँ ?
लाहरसिंह, लाहरी और उधमसाई !
तुझे तेली को बेचूँगा ओ बैल !
मुझे तेली को मत बेच भाई।
मुझे किसी मुरिया के घर रहने दे।
तेल निकालने की मशीन की आवाज़ आती है किउर कोउर।
मैं यह मशीन नहीं चला सकता, भाई।
लाहरसिंह, लाहरी और उधमसाई।

III

मुर्गा बोल चुका है, सोना को आने दो।
मुर्गा बोलता है कुकुरू कुरू, सोना को आने दो।
उसे बोलने दो, सोना।
भोर हो गई है, सोना।
यह खुशी की बात है सोना।
यहाँ गुस्से का कोई कारण नहीं, सोना।
हम खुशी-खुशी नाचने आए हैं सोना।
अब भी अँधेरा है भाई।
चले मत जाना भाई।
चलो हम नाचें भाई, सोना को आने दो।
मुर्गा बोल चुका है, सोना को आने दो।

9. *करसाना*

बहुत-से नृत्य एंडाना-नृत्य नहीं कहलाते पर करसाना-खेल कहलाते हैं। भिन्नता नृत्यों में नहीं वरन् अवसरों में होती है। एंडाना या नृत्य विशेष मौकों पर होता है–जैसे विवाह, त्योहार और अभियान पर। करसाना-खेल कभी भी किया जा सकता है। आमतौर पर यह अनौपचारिक तरीके से घोटुल में नाचा जाता है। कुछ करसाना वाकई खेल होते हैं– हँसी-मजाक, शोरगुल और मस्ती से भरे हुए। पर बाकी मात्र नृत्य होते हैं जिनका कोई गहरा अर्थ नहीं होता।

कोकोरा करसाना

यह कोकोरा (बगुला) करसाना रेमावंड में कहलाता है। मारकाबेरा में मिंदाचना पाटा और कुंटापादार में टुटुमरी करसाना कहा जाता है। अन्य जगहों पर इसके और नाम भी हो सकते हैं। लड़कियाँ एक वृत्त बनाती हैं; हर लड़की अपना हाथ अपने पड़ोसी के घुटनों पर रखती है। वह अपना दाहिना हाथ अपनी दाईं ओर बैठी लड़की के बाएँ घुटने पर रखती है। उसकी दाईं ओर वाली कन्या उसके दाएँ घुटने पर अपना बायाँ हाथ रखती है। इससे वृत्त में सबकी बाँहें आड़ी-तिरछी मुद्रा में आ जाती हैं और लड़कियाँ आगे की ओर झुक जाती हैं। वे बहुत शक्ति लगाकर नृत्य करती हैं, अपनी जगह से बिना हिले पर अपने कूल्हों को अन्दर की ओर झटके देते हुए। जल्दी ही वे घूमती हैं और बाहर की ओर मुँह कर लेती हैं। अब उनके कूल्हे एक-दूसरे के कूल्हों से रगड़ खाते हैं और सब हँसते हैं। सिधावंड में जब लड़कियाँ नाच रही थीं, तब उन्होंने गोल दायरे से मुँह बाहर की ओर करते समय, अपने हाथ घुटनों से उठाए और ताली बजाई। पर इस नृत्य का निचोड़ है यौन हरकतों की स्पष्ट नकल।

गीत

कोर पारा जाबे रे कोकोदा, दुरुन रुचु दुरुन रुचु।
कलार पारा जाबे रे, दुरुन रुचु, दुरुन रुचु।
केउटा पारा जाबे रे, दुरुन रुचु, दुरुन रुचु।
माहरा पारा जाबे रे, दुरुन रुचु, दुरुन रुचु।
तुम कहाँ जा रहे हो, ओ बगुले ? दुरुन रुचु, दुरुन रुचु।
कलार के गाँव जाओ, ओ बगुले।
केउटा के गाँव जाओ, ओ बगुले।
महारा के गाँव जाओ, ओ बगुले।

इन गाँवों में हिन्दुओं की नीची जातियों के लोगों का उल्लेख किया गया है। रुचु-रुचु की टेक पलंग के रुचमुच-रुचमुच होने की याद दिलाती है जब उस पर सम्भोग हो रहा हो। बगुला हर जगह पर एक यौन प्रतीक है क्योंकि इन चिड़ियों का आपसी प्रेम अपने आप में एक मिसाल होता है।

II

ओ रे रे लोयो रे रेला रे रे लोयो ओय !

ओ तु तुमरी पारकेली आतिन !	ओ आबनूस के पेड़ की दाँतुन !
ओ निया मारी बयाली बयाली आतिन।	तुम्हारा लड़का पागल हो गया है।
ओना नाना वायोन ना नाना वायोन राय।	मैं उसके लिए नहीं आऊँगी।

III

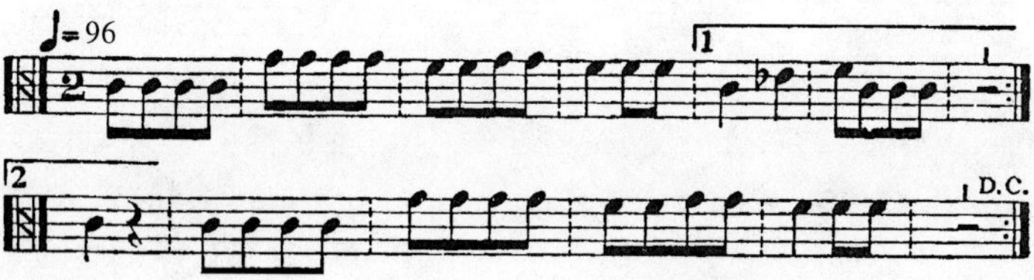

आनदेकनाना मांदेक जेला जालुम ते जालम ते !	अंडागाँव के ओ लम्बी पगड़ी पहननेवाले !
कोकटी मसरी भेट पाओल, भेटुम टे भेटुम टे,	हम कोकटी मछली पकड़ते हैं।
राहर पुंगार भेट पाओल, पुडगाँटे।	हम रहर का फूल तोड़ते हैं।
आनदेकनाता मांदेक जेला जालुम ते जालुम ते !	अंडागाँव के ओ लम्बी पगड़ी पहननेवाले लड़के !

IV

टु टुमरी टुमरी रांडी जालकेना !	आबनूस के पेड़ पर थूको, उसे रांड कहो रांड !

नेका जालकेमाइमा रांडी जालकेना !
कासुर मुता पाइमा रांडी जालकेना !

ज़्यादा मत बनो ओ रांड !
झाड़ू इस्तेमाल मत करो अन्यथा तुम्हारा शरीर इधर-से-उधर हिलेगा।

V

चू रुचके रुचकेला पैयजना।
काकेरकाजे दाईकी लाबे पैयजाना ?
बेलदार काजे दाईकी लाबे पैयजाना।
भुस्की भुस्की देंह लाबे पैयजाना।

चू रुचके रुचकेला पैयजना।
तुम किसके लिए लड़की लाओगी, ओ पागल ?
बेलदार के लिए लड़की लाओ ओ पायल !
मोटी लड़की लाओ, ओ पायल।

VI

हम भाई जलारसिंह को बुलाएँगे, ओ बगुले !
हम सुरताओ को भौजी कहेंगे, ओ बगुले !
वह तुम्हें देवर कहेगी, ओ बगुले।

तुम भौजी किसे कहोगे, ओ बगुले ?
वह तुम्हें क्या कहेगी, ओ बगुले ?
तुम चाल चलकर उसे खा जाओगे, ओ बगुले !

जल-कन्नी (हिलता हुआ) करसाना

लड़के और लड़कियाँ एक बड़ा गोल दायरा बनाते हैं, हर व्यक्ति अपने पड़ोसी के घुटनों पर हाथ रखता है। वे फिर वृत्त में घूमते हैं दाएँ पैर से पीछे की ओर किक मारते हुए। कभी बाईं ओर मुड़ते हुए तो कभी दाईं ओर। नाचते समय वे दाएँ पैर से पीछे की ओर किक मारते हैं और अपने झुके हुए शरीर को झटके से आगे की ओर लाते हैं।

गीत

उत गुर गुर उत गुर गुर पोया लयाना नानाय वार्रे ना,
हातुम हाँजी पातुम तावाना नानाय वार्रे ना।
वेडा हाँजी कोडा तावान नानाय वार्रे ना।

हर्री हाँजी मुडियो तावाना नानाय वार्रे ना।
जब चिड़िया बोलती है उत गुर गुर उत गुर गुर तब मैं पोयामी लड़की से नहीं डरता,
जब मैं बाज़ार कपड़ा लाने जाता हूँ, तब मैं नहीं डरता।
जब मैं मैदान में घोड़ा लाने जाता हूँ, तब मैं नहीं डरता।
जब मैं सड़क से ऊपर पत्ति लाने जाता हूँ, तब मैं नहीं डरता।

नाक डोंडी करसाना

ऊपर दिए नृत्यों का एक प्रकार है नाक डोंडी या भैंस-साँड करसाना जो भैंसों को बाँधने की नकल करता है। लड़के और लड़कियों का एक बड़ा गोल बनता है। हर व्यक्ति अपने पड़ोसी के पैरों के बीच में हाथ रखता है। फिर वे दायरे में घूमते हैं कूदते-फाँदते हुए। पहले दायाँ पैर बाहर आता है, और बायाँ पैर बाईं ओर। फिर दायाँ पैर बाईं तरफ और कूदने के बाद बायाँ पैर बाईं ओर रखा जाता है। सब झुककर हाथ ऊपर नीचे करते हैं जिससे हाथ, स्वाभाविक है, एक-दूसरे की योनियों और लिंगों पर लगते हैं। क्योंकि इस नृत्य में लड़के और लड़कियाँ दोनों नृत्य करते हैं, सो नृत्य के यौन संकेत स्पष्ट दिख पड़ते हैं।

गीत

रे रे लोया रेला रेला रे रे ला रेला
गाय के बाड़े में तुम क्या कर रही थीं लड़की, तुम्हारी पायल बोल रही थी चिडिंग-चिडांग ?
मैं तो बस गोबर साफ कर रही थी भाई।
वहाँ कोई गोबर नहीं था लड़की, मैं तुम्हारे मन की बात जानता हूँ।
मैं कसम खा रही हूँ भाई, मैं बस गोबर साफ कर रही थी।
बागीचे में तुम क्या कर रही थीं लड़की, तुम्हारी पायल बोल रही थी चिडिंग-चिडांग ?
मैं अपने बाल सँवार रही थी भाई।
वहाँ न तो बाल थे और न सिर लड़की, मैं तुम्हारे मन की बात जानता हूँ।
मैं कसम खाती हूँ भाई मैं सिर्फ अपने बाल सँवार रही थी।
तुम नदी किनारे बेर के पेड़ की छाँव में क्या कर रही थीं ?
तुम सूखे पत्तों पर क्या कर रही थीं, लड़की ?
मैं तो बस छाँव में बैठी थी, भाई।
वहाँ छाँव नहीं थी लड़की, मैं तुम्हारा मन जानता हूँ लड़की।
मैं कसम खाती हूँ भाई, मैं सिर्फ छाँव में बैठी थी।
रे रे लोयो रे रे लोयो रेला रेला रे रे ला रेला।

यह गीत गोंडी में नहीं पर छत्तीसगढ़ी हिन्दी में है। इसे सिधावंड गाँव में रिकार्ड किया गया। इसमें एक बेवफा मुटियारी से उसका सच्चा प्रेमी पूछताछ करता है। ऐसे गीत घोटुल में लोकप्रिय हैं। एक अन्य गीत डोंगरीगुरा में रिकार्ड किया गया।

कारिया बाईला दरबार चले;
कारिया चो लारी में दुल वो चम्पा कारिया चो लारी में दुल।
दिन्दा लयारी दरबार चले।
दिन्दा चो पगरी में वो चम्पा दिन्दा चो पगरी में फूल।
मुँगा बाईला दरबार चले।
मुँगा चो लारी में दुल वो चम्पा मुँगा चो लारी में दुल।
पांडरा बाईला दरबार चले;
दुल चम्पा देवरा पांडरा चो लारी में दुल।

दिन्दा लायान दरबार चले;
दिन्दा चो लारी में दुल वो चम्पा दिन्दा लयान चो लारी में दुल

काला बैल दरबार जा रहा है;
ओ चन्दा, काले बैल के बाड़े में लहराओ।
जवान लड़की दरबार जा रही है।
लड़के की पगड़ी में चम्पा का फूल है।
लाल बैल दरबार जा रहा है।
ओ चम्पा, लाल बैल के बाड़े में लहराओ।
सफेद बैल दरबार जा रहा है;
ओ चम्पा, सफेद बैल के बाड़े में लहराओ।

कुँआरी कन्या दरबार जा रही है;
ओ चम्पा, लड़की के कमरे में लहराओ।

उजुर (सफेद) करसाना

लड़कियों की दो पंक्तियाँ एक-दूसरे की ओर मुँह किए खड़ी हैं। ये पंक्तियाँ नृत्य करती हुई गा रही हैं।

उजुर उजुर कनार ते देदाकोर मारते
पाइस ओया हेवौम,
उजुर उजुर कनार ने देदाकोर मारते ये मिया हेवौम,
उजुर उजुर कनार ने दंदाकोर मारते नेई तारी वायकौम,
उजुर उजुर कनार ते देदाकोर मारते लागिर पाया हेवौम।

तीस पहाड़ियों के सफेद-सफेद कोने से,
हम उन्हें नहीं ले जाने देंगे,
हम उन्हें नहीं नहाने देंगे,
हम उन्हें तेल नहीं लगाने देंगे,
हम उन्हें लागिर नृत्य नहीं करने देंगे।

यहाँ पर सारे उल्लेख विवाह से सम्बन्धित हैं।

दुरपा डांडी करसाना (प्लेट CXXII)

दुरपा डांडी, जिसे कमल की जड़ का खेल भी कहते हैं, कभी-कभार चिंगरी बनबट्टी के नाम से सम्बोधित किया जाता है। नृत्य की नेता अपना दायाँ पैर अपने बाएँ घुटने पर रखती है। एक अन्य लड़की अपने दाएँ पैर पर खड़ी होकर, अपना बायाँ पैर नेता लड़की के दाएँ पैर पर रखती है। अगली लड़की भी यही करती है। इस तरह गोल दायरे में खड़ी सारी लड़कियाँ इस मुद्रा में आ जाती हैं–एक टाँग पर खड़ी हुई व दूसरी हवा में उठाई हुई। यह उस फूल का प्रतीक है जिसे पौधे के तने से सहारा मिल रहा होता है। तदनन्तर लड़कियाँ गाने लगती हैं और प्रत्येक उस टाँग पर, जिस पर वह खड़ी है, थोड़ा कूदती है और हाथों से ताली बजाती है।

गीत

दुरपा डांडी डांडी लायोर जामदार जामदार !	ओ कमल का फूल लड़के जाम का पत्ता, जाम का पत्ता !
डांडी टोरी दावात लायोर जामदार जामदार।	जाओ और पौधा तोड़ो लड़के।
दिन्दा लायोर आटेके लायोर जामदार जामदार,	अगर तुम अविवाहित हो, लड़के,
जाति आवार आवार देउसी वायकी जामदार जामदार।	तो तुम चहारदीवारी तोड़कर आओगे।
पिला हालार आटेके लायोर जामदार जामदार,	अगर तुम बच्चों के बाप हो।
पिला वौंडे किस मांडकी जामदार जामदार।	तो तुम उनकी देखभाल में मगन रहोगे।

गुगुरिंग गुस करसाना (प्लेट CXXIII)

लड़कियों की एक पंक्ति जिसमें हर लड़की ने अपने हाथ कूल्हों पर, अँगुलियाँ सामने की ओर रखी होती हैं, सर्प की शैली में गोल घूमती हैं। यह एक बहुत आकर्षक नृत्य है और मैंने इसे 1941 में, अलोर में देखा था। लड़कियाँ अपने शरीर को थोड़ा झुकाकर बहुत लुभावने तरीके से गोल-गोल तथा अन्दर-बाहर दौड़ती हैं।

हाहकी मेंड कोहला उसता।	मैं लड़की के छाज में अन्न धान से अलग करती हूँ।
नावा नारी नोल्टा गुगुरिंग गुस।	मेरी कमर दुख रही है, गुगुरिंग गुस।

हाहकी मेंड वानजी उसता।	मैं चावल से धान अलग, एक छाज द्वारा कर रही हूँ।
नावा नारी नोल्टा गुगुरिंग गुस !	मेरी कमर दुख रही है गुगुरिंग गुस।
हाहकी मेंड कोरे उसता।	मैं लकड़ी के छाज से दालों की छिलके अलग कर रही हूँ।
नावा नारी नोल्टा गुगुरिंग गुस !	मेरी कमर दुख रही है गुगुरिंग गुस।

गुगुरिंग शब्द खुल्टी नामक दाल के विषय में बताने के लिए प्रयुक्त होता है। इसे बिना पीसे पूरा उबाला जाता है।

अध्याय इक्कीस

खेल

1. परिचय

मुरिया लोगों के खेल अनेक और विविध प्रकार के होते हैं। ये खेल–करसाना–घोटुल में खेले जाते हैं। कुछ घोटुल के भवन के अन्दर तो कुछ आँगन में। इन्हें साधारण अवसरों पर, परम्परा के अनुसार खेलने का विधान है। शब्द 'करसाना' जिसका अर्थ 'खेल' होता है, 'एंडाना' से भिन्न होता है। एंडाना का मतलब होता है नृत्य। करसाना में नृत्य भी शामिल हैं और यहाँ एंडाना से इसकी भिन्नता उन अवसरों से देखी जाती है जिनमें एंडाना या करसाना नृत्य करने का विधान होता है। कई नृत्यों को एंडाना इसलिए नहीं कहते क्योंकि ये शादी, त्योहार या अभियानों पर नहीं किए जाते। ये अनौपचारिक नृत्य होते हैं जो मात्र मनोरंजन के लिए किए जाते हैं। इस कारण उन्हें करसाना-खेल कहा जाता है।

कुछ खेल बढ़िया व्यायाम होते हैं। इनका वही महत्त्व होता है जो सामूहिक व्यायाम का सेना के लिए–ये घोटुल के सदस्यों को इकट्ठे हरकत करना और फौरन हरकत में आ जाना सिखाते हैं। अन्य खेलों को खेल के बजाय नाटक कहना अधिक उपयुक्त रहेगा। ये नाटक लड़कों व लड़कियों कि बुद्धि अधिक तीव्र करते हैं, उनमें कल्पना शक्ति का संचार करते हैं और उन्हें आनन्द देते हैं। ऐसे कई घरेलू किस्म के खेल जो थका देनेवाले रोज़ के घरेलू कामों की नकल करते हैं जैसे चावलों से धान अलग करना, पानी भरना, खाना बनाना तथा फल व पत्ते इकट्ठे करना। मुझे नहीं लगता कि ये खेल बच्चों को कुछ सिखाने के लिए होते होंगे। ऐसी कौन-सी मुरिया लड़की है जो चावल से धान अलग करना या पानी भरना नहीं जानती। इन खेलों का कार्य बस रोज़ के कामों को एक रोचक पुट देना भर ही है। जब कोई चीज़ खेल बन जाती है तो वह काम की तरह नहीं लगती। दूसरी तरफ विवाह से सम्बन्धित खेलों का उद्देश्य निश्चित रूप से चेलिक और मुटियारी को विवाह की जटिल रीतियों का अभ्यास कराना होता है क्योंकि विवाह में ये एक अहम भूमिका निभाते हैं।

पर शायद अधिकांश खेल सिर्फ मन बहलाव और समय व्यतीत करने के लिए ही होते हैं। ये लड़कों व लड़कियों को अपनी भावनाएँ व्यक्त करना सिखाते हैं।

मैंने इन खेलों को कुछ श्रेणियों में बाँटा है पर हमें यह याद रखना होगा कि मुरिया स्वयं अपने खेलों को श्रेणियों में कभी नहीं बाँटते।

2. छोटे बच्चों के खेल

मैं बहुत छोटे बच्चों द्वारा खेले गए खेलों से शुरू करता हूँ।

आमतौर पर ये बहुत शोर शराबे वाले और कूद-फाँदवाले होते हैं। परन्तु इनमें

चित्र 143 : लाल और सफेद दानों की, गले में हार के साथ जोड़कर लटकानेवाली झालर।

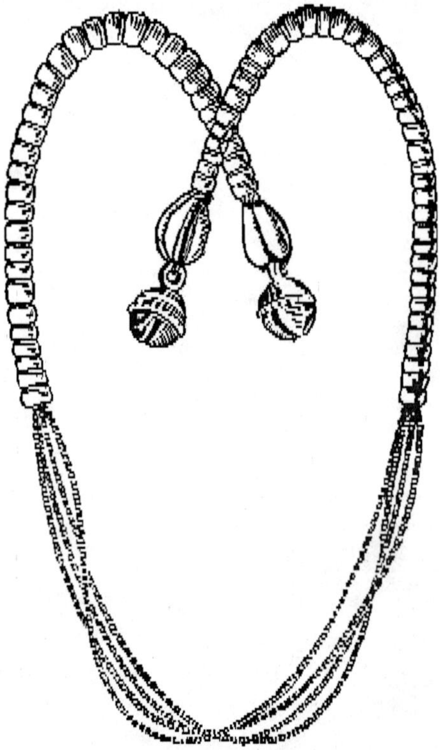

चित्र 144 : मुरगाल पन्नियर हार। बड़े दाने सफेद हैं और छोटे कहीं सफेद व कहीं नीले हैं।

कल्पनाशक्ति सजीव हो उठी दिखाई पड़ती है। बच्चे पत्तों से चकरी बनाकर डंडियों पर लगाते हैं और ये चकरियाँ हवा में घूमती हैं। वे मिट्टी की हर प्रकार की गुड़ियाएँ बनाते हैं और इन्हें गहनों से सजाते हैं। हिन्दू नावा त्योहार पर, जो पूरे बस्तर में मनाया जाता है, कुम्हार खिलौनों के तौर पर छोटी चक्कियाँ, बैल, घोड़े, छोटी-छोटी खिलौनागाड़ियों में लगनेवाले पहिए इत्यादि बनाते हैं। जब बच्चे इन चीज़ों से थोड़े दिन खेल चुके होते हैं तो बिना टूटे खिलौने लेकर गाय के बाड़े की छत पर रख दिए जाते हैं। परन्तु बच्चे भी कुम्हारों पर आश्रित नहीं होते और ये गुड़ियाँ खुद मिट्टी में अपना पेशाब मिलाकर, बनाना पसन्द करते हैं। लेकिन आमतौर पर बच्चे बड़ों के खेलों में भागीदार बनते हैं और ऐसा करने में उन पर कोई पाबन्दी भी नहीं होती।

लट्टू की तरह घूमते हुए खिलौनों का भी उपयोग होता है पर ये अधिक लोकप्रिय नहीं हैं। चित्र 16 में दिखाया गया खिलौना एक छोटे-से कटोरे का बना था, जिसमें एक बाँस का टुकड़ा लगाया गया था।

इसे लकड़ी के हैंडल से घुमाया जाता था। यह लकड़ी का हैंडल बहुत सावधानीपूर्वक बनाया गया था और इसके एक सिरे पर छेद थे जिनमें से होकर धागा गुज़रता था। लड़के कभी-कभी एक-दूसरे से इन लट्टुओं के द्वारा लड़ाई करते हैं।[1]

3. घर के खेल

अब मैं थोड़ा-सा विवरण उन खेलों का दूँगा जो रोज़मर्रा के कार्यों की नकल करते हैं। ये हैं चावल से धान अलग करना, कुएँ से पानी खींचना, खाना बनाना, सफाई करना व बर्तन धोना, फल इकट्ठे करना, गाड़ी बनाना और अन्न के दानों को बाज़ार में भेजना। ऐसे खेल अधिकतर लड़कियाँ खेलती हैं और कभी-कभी इनमें लड़के भी शामिल हो जाया करते हैं।

वानजिंग या रूमेला करसाना (प्लेट CXXVIII)

यह खेल जिसे वानजिंग (चावल से धान अलग करना), रूमेला (कूटना), पिंटी उसना (आटा पीसना) और चक्की करसाना कहते हैं, बहुत लोकप्रिय है। लड़कियाँ एक दल में एकत्र हो जाती हैं। इनमें से एक ज़मीन पर बीच में बैठ जाती है, व हाथों में एक लम्बी डंडी ले लेती है। अन्य डंडी पकड़कर उसे ऊपर नीचे करते हुए कुछ गीत गाती हैं जिनके तीन उदाहरण दे रहा हूँ।

I

बाद बाई पिन्दी उसे रूमेला रूमेला ?	कौन-सी लड़की दाने से धान अलग कर रही है ?

1. नागा कबीलों में लट्टू बहुत लोकप्रिय हैं। भारत के अन्य भागों में ये इतने लोकप्रिय नहीं हैं। भुइया और जुआंग भी इनसे खेलते हैं। सेमा नागा बुआई के बाद ही लट्टू का उपयोग करते हैं। चांग उस व्यक्ति पर जो बुआई या इसके तुरन्त बाद के अलावा किसी भी समय लट्टू का इस्तेमाल करता है जुर्माना लगाते हैं। ल्होटा का भी यह नियम है पर वे जुर्माना नहीं लगाते। देखें, हट्टन, द अंगामी नागाज़, पृ. 104; मिल्स, *द रेंगमा नागाज़*, पृ. 123; *मिल्स, द ल्होटा नागाज़*, पृ. 84; रॉय, *द हिल भुइयाज़*, पृ. 281।

अलोसा बाई पिन्दी उसेला रूमेला रूमेला।	अलोसा बाई दाने से धान अलग कर रही है।
विरिक वारेक केमा दादा रूमेला रूमेला।	उसे लापरवाही से नहीं कूटना चाहिए भाई।
बासकेन उसमाल पायवाल दादा रूमेला रूमेला।	उसने पहले ऐसा कभी नहीं किया भाई।
सालो बाई पिन्दी उसेला रूमेला रूमेला।	सालो बाई दाने से धान अलग कर रही है।

II

काय धान काय धान, सुलियारी जौय नारंगी ?	यह कौन-सा चावल है ओ नारंगी सुलियारी ?
मोट धान मोट धान सुलियारी जौय नारंगी।	मोटा चावल, मोटा चावल ओ नारंगी सुलियारी।
काय धान काय धान सुलियारी जौय नारंगी ?	यह कौन-सा चावल है ओ नारंगी सुलियारी ?
काबरी धान काबरी धान सुलियारी जौय नारंगी।	मिश्रित चावल, मिश्रित चावल ओ नारंगी सुलियारी।
काय धान काय धान सुलियारी जौय नारंगी ?	यह कौन-सा चावल है ओ नारंगी सुलियारी ?
कुजी धान कुजी धान सुलियारी जौय नारंगी।	बारीक चावल, बारीक चावल, ओ नारंगी सुलियारी।

III

धान कूटत रहेउ वो दाई।	मैं चावल कूट रही थी, माँ
धरिस मूसर मारिस वो दाई।	उसने मुझे मूसल पकड़कर मारा।
लुगा धरके परेयनु वो दाई;	मैंने कपड़ा लिया और भाग गई;
वाही बात आइस वो दाई।	उसने सड़क तक मेरा पीछा किया।
सिन्द बूटा में लुकेनयु वो दाई।	मैं छिन्द के झाड़ में छुप गई।
दीदी घर गयेउ वो दाई :	मैं अपनी बड़ी बहन के घर गई :
बासी पेजला रिकाइस वो दाई।	उसने मुझे बासी मांड पिलाया।

दादा घर गयेउ वो दाई : मैं अपने बड़े भाई के घर गई :
कुकरी सिकार खवाइस वो दाई। उसने मुझे मुर्गा खिलाया।

यह खेल मुटियारी के लम्बे चलनेवाले कार्य–अन्न की कुटाई–की नकल करता है। कभी-कभी शादी से पूर्व अन्न कूटने की नकल की जाती है। कभी-कभी डंडे–जो मूसल का प्रतीक होता है–का इस्तेमाल न करके लड़कियाँ अपने हाथों से छल्ला बना लेती हैं और उसे ऊपर-नीचे झुलाती हैं जिसका अर्थ होता है कि वे धान कूट रही हैं।

इसका एक अन्य रूप है, डंडम या चुऐर करसाना।[1] यहाँ लड़कियाँ एक गोल दायरे में हाथ पकड़कर खड़ी हो जाती हैं और उन्हें ऊपर-नीचे झुलाती हैं जिसका अर्थ होता है कि वे कुएँ से पानी खींच रही हैं। यह मुटियारी का एक अन्य दैनिक कार्य है। इसमें प्रयुक्त हुए गीतों में एक गीत यह है–

तुम कहाँ जा रही हो बहन ?
मैं गहरे पानी में खेलने जा रही हूँ।
तुम क्यों जा रही हो ?
मुझे नमक और चीनी से मिलाया जाएगा।
मुझ पर हल्दी का पानी छिड़का जाएगा।
तुम कहाँ जा रही हो बहन ?

हौयडल (अँगीठी) करसाना

एक लड़की ज़मीन पर लेट जाती है। दो अन्य कन्याएँ उसकी एक-एक टाँग उठाती हैं और अपनी टाँगों में दबा लेती हैं। एक चौथी लड़की पहली लड़की के शरीर को कन्धों से पकड़कर उठाती है और फिर सब उसे झुलाती हैं यह कहते हुए 'हौयडल धरा, हौयडल धरा'–अँगीठी को उठाओ !

बाईपार-लाद करसाना (प्लेट CXXXIX)

एक बड़ा लड़का चौपाये के तरह झुकता है। दो छोटे लड़के उसके दोनों तरफ लेटकर अपने पैर उसकी कमर पर रख लेते हैं और एक-दूसरे के पैर हाथों से पकड़ लेते हैं। इस तरह बैल की कमर से लटके दो बोरों की मुद्रा प्रकट हो जाती है। फिर बड़ा लड़का उठता है और इन्हें बाज़ार ले जाता है।[1]

1. वा-इला लड़के इससे मिलता-जुलता एक खेल खेलते हैं जिसका अर्थ होता है कि घड़ा भरा जा रहा है। –ई.डब्ल्यू. स्मिथ और ए.एम. डेल, *द इला-स्पीकिंग पीपल्स ऑफ नर्दन रहोडेशिया* (लन्दन 1920), खंड II, पृ. 251।

गोडेल-गारा करसाना

इसमें गाड़ी के लकड़ी के पहियों की नकल की जाती है। लड़के अपने पैर जाँघों तक मोड़ लेते हैं और फिर गाड़ी के पहियों की तरह कलाबाज़ियाँ खाते हैं।

अन्य खेल

मुटियारी के पास रसोई से सम्बन्धित अनेक गीत होते हैं जिनका प्रयोग वे किसी भी नृत्य में कर लेती हैं। अगले चार गीत उस समय गाए जाते हैं जब लड़कियाँ एक-दूसरे की ओर मुँह करके चार कतारों में खड़ी होती हैं। वे बारी-बारी झुककर सीधी खड़ी होती हैं और ऐसा करते समय ताली और झाँझ बजाती हैं।

यह फौड़ा गाँव का है और इसे थारी पाटा–सब्ज़ी का गीत कहते हैं।

उथ उथ रे थारी थारी थारी ! पुर गेंटा अंडिंग।	उठाओ, उठाओ थाली उठाओ ! पहाड़ी जल रही है।
माता माओली दोलिंता दोलिंता	हिला रही है, हिला रही है माता माओली,
उथ उथ रे कसेला कसेला मसेला	उठाओ, उठाओ, घड़े को।
उथ उथ रे सुरा मुरा मुरा	उठाओ, उठाओ चूड़ियाँ।

कुरु पाटा, कुरलु फल का गीत

मुदुर लोपाडांग कुरु पांडिंग सांगो।	बड़े जंगल में कुरलु फल है सांगो।
सांगेन केई दातु आले सांगो।	चलो मिलकर चलें सांगो।
पांडिंग टिंड़ा दाकात आले सांगो।	हम पका हुआ कुरुलु फल खाने चलेंगे सांगो।
रेंडे आलकांग केइत आले रे सांगो उई सांगो री सुय।	चलो दो बार उई कहें, सांगो, री सुय।

1. बिलकुल इसी खेल की भाँति सेमा नागा का खेल होता है जिसे 'सूअर की रगड़' कहते हैं। हट्टन ने इसका वर्णन किया है।–*सेमा नागाज़*, पृ. 108। पर इसी मुद्रा में जब इफूगा लड़के आते हैं तब वे लकड़ी के लेटने के एक बेंच की नकल कर रहे होते हैं–आर.एफ बार्टन, *फिलीपीन पेगन्स*, प्लेट VIII।

आम का खेल

झोपा झोपा आमा फरे वो दाई।	आम का वृक्ष ढेरों फल देता है।
कौन बाई तोरे वो दाई डाली डाली ?	किस लड़की ने टोकरी आमों से भरी है ?
कौन बोहे वो दाई कावर कावर ?	किस लड़की ने बोझा उठाया है ?
जुल्पी बोहे वो दाई कावर कावर।	जुल्पी ने यह बोझा उठाया है।
कौन बाई बोहे वो दाई डाली डाली ?	किस लड़की ने आमों से भरी टोकरी उठाई है ?
सालो बाई बोहे वो दाई डाली डाली।	सालो ने आमों से भरी टोकरी उठाई है।

चिक-डोंडी पाटा[1]

एक छोटे-से घड़े द्वारा सिलियारी सब्ज़ी दबाओ।
एक छोटे-से घड़े से दबाकर रस निकालो।
जो हाथ में था वह चला गया।
जो सिर पर था वह चला गया।
दोने में सिंगरी मछली नमक के साथ खाओ।

4. विवाह के खेल

घोटुल में बच्चे शादियों में होनेवाले नृत्यों की नकल करते हुए नहीं थकते। दो बड़ी लड़कियाँ एक लड़के व एक लड़की को उठाकर नाचती हुई घूमती हैं और अन्य मुटियारी एक कतार में खड़ी होकर गीत गाती हैं। फिर लड़कियाँ दो कतारों में विभाजित हो जाती हैं और हाथों से तालियाँ बजाते हुए, दाएँ-बाएँ झूमती हुई गाती हैं। फिर बारी-बारी हर कतार आगे आती है और अन्य कतार के पैर छूती है। यह होता है ताखेलिंग करसाना जब लड़कियाँ इस टेक का गीत गाती हैं—सांगो ताखेलिंग मखेलिंग। सांगो एक लड़की मित्र को कहते हैं जो रिश्तेदार नहीं होती।

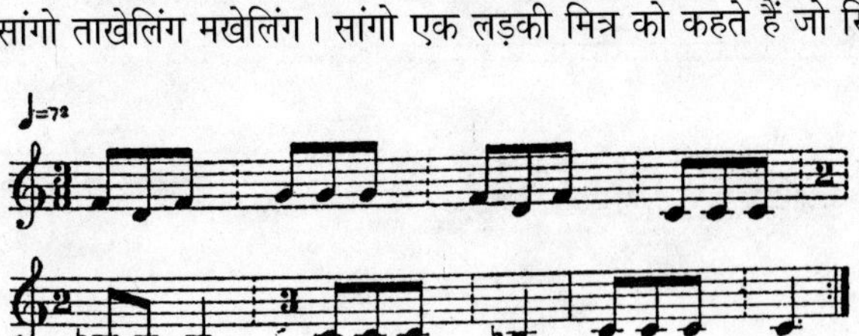

1. चिक डोंडी एक डंडी होती है जिसका इस्तेमाल चिड़िया पकड़ने में होता है।

क्या तुम हमारी शादी में आओगे, दोस्त ?
हम तुम्हारी शादी में नहीं आएँगे, दोस्त।
हमारे पास पहनने के लिए कपड़े नहीं हैं।
हम तुम्हें कपड़े देंगे।
तुम्हारा पति मुझे बुरा-भला कहेगा।
मेरा कोई पति नहीं है, दोस्त।
सूखी नदी उसे बहाकर ले गई।
उसकी कब्र सड़क के किनारे है।
सड़क के किनारे कोई कब्र नहीं है।
हमने कोई कब्र नहीं देखी।

एक अन्य खेल में एक लड़की को दुल्हन बनाया जाता है सारी मुटियारी उसे घेरकर बैठ जाती हैं और उसके हाथ पकड़कर, रोते हुए, उदास गीत गाती हैं।

कलसा करसाना भी काफी लोकप्रिय होता है। यह उन खेलों जैसा ही है जिनमें पानी भरने या धान साफ करने की नकल की जाती है। लड़कियाँ एक गोल दायरे में इकट्ठी हो जाती हैं। वे एक-दूसरे की कलाई पकड़कर बैठ जाती हैं। फिर वे अपने हाथों को ऊँचा व नीचा करके कलसा गीत गाती हैं। यह उस रीत की नकल है जिसमें दूल्हा या दुल्हन कलश को अन्न के दानों से भरते हैं।

कभी-कभी बच्चे एक छोटा-सा मंडप बनाकर एक लड़के व लड़की को उसके अन्दर बिठा देते हैं। फिर वे उनके शरीरों पर सफेद मिट्टी मल देते हैं। यह सफेद मिट्टी हल्दी मानी जाती है। लड़कियों का एक दल इस रस्म के दौरान, मंडप के पीछे खड़ा होकर विवाह के गीत गाता है।

सगाई की भी बहुत नकल होती है। एक छोटी लड़की भावी वधू बनती है। वह लड़कियों के एक घेरे में बैठती है जो उसके परिवार के सदस्य होती हैं। लड़कियाँ उनके चारों ओर नृत्य करती हुई लड़की का हाथ विवाह के लिए माँगती हैं।

समय-समय पर वे परिवार का घेरा तोड़कर लड़की को उठाकर भागने की चेष्टा करती हैं।

गीत

बाद बैन माहला हानेरात बहिन लोक ?	हम किसकी सगाई के लिए जाएँ ?
सालोबाइन माहला हानेरात बहिन लोक।	हम सालोबाई के लिए जाएँगे।

बोर दादन जोरी ओयेरात बहिन लोक ?	उसका जोड़ीदार कौन होगा ?
सिल्लेदार दादन जोरी ओयेरात बहिन लोक।	उसका जोड़ीदार सिल्लेदार होगा।
हरिंग परिंग दरांगो वादेरात बहिन लोक।	हम एक-एक करके सबको शराब देंगे,
हरिंग हर्री यूदेरात बहिन लोक।	और फिर हम कतार में बैठ जाएँगे।

यह खेल बार-बार खेला जा सकता है और इसमें चेलिक और मुटियारी के जोड़े भी बदले जा सकते हैं। जिन सम्बन्धियों में ऐसे रिश्ते जोड़ने की इजाज़त समाज नहीं देता उनकी भी सगाई घोटुलवाले बाकायदा खेल-खेल में कराते हैं।

5. नाटकीय खेल

कई खेल मुरिया के अन्दर छिपी नाटक की कला को अभिव्यक्त करते हैं। लड़के और लड़कियाँ अपने छोटे-छोटे ड्रामें उत्साह, हँसी-मज़ाक और होशियारी से करते हैं। कुछ नाटक चोरों के बारे में होते हैं, कुछ मुर्गे लड़ाने के बारे में, कुछ मवेशी और खेती के विषय में और एक तो नर बलि से भी सम्बन्ध रखता था। किसी भी प्रदेश की तरह यहाँ भी लोग राजा और रानी का अभिनय करना बहुत पसन्द करते हैं।

चोर खेल

परालकोट क्षेत्र में मैंने हिरका करसाना देखा। लड़के और लड़कियाँ एक पंक्ति में बैठकर बैंगन बोए जाने का अभिनय कर रहे थे। बैंगन के बाग के मालिक ने एक मूर्ख व्यक्ति को बाग की रखवाली के लिए नियुक्त किया। एक चोर मौका देखकर वहाँ आया और मूर्ख रखवाले से दुआ-सलाम के बाद बोला 'गाँव में एक शानदार विवाह हो रहा है; आओ और उसे देखो !' वह रखवाले को अपने साथ ले जाकर कहीं छोड़ आया तथा स्वयं बाग में पहुँचकर एक बच्चे (बैंगन) को लेकर भाग गया। तभी बाग का मालिक प्रकट होता है और रखवाले को खूब गालियाँ देता है। वह रखवाले को गालियों के बाद थोड़ा शहद, जिसका प्रतिनिधित्व मिट्टी करती है, देता है जिससे रखवाला अपना कर्तव्य ठीक से निभाने के लिए प्रोत्साहित हो। मूर्ख रखवाला मूक अभिनय कर अपना यह विचार दर्शकों के सामने प्रकट करता है कि बैंगन लोमड़ी लेकर भागी है। धीरे-धीरे चोर सारा बाग ही साफ कर देता है। आखिरी बैंगन खड़ा होकर यह दिखाता है कि वह बढ़िया उगा है। चोर इसे भी तोड़कर ले जाता है और इसकी स्वादिष्ट सब्ज़ी बना डालता है। बाग का मालिक इत्तेफाक से चोर के घर ऐन मौके पर पहुँच जाता है और पूछता है कि उसने खाने में क्या बनाया है। 'जावा का माँड' चोर कहता है। 'तो फिर कुछ मुझे भी दो' बाग का मालिक बोलता है। चोर डरकर अपने कुत्ते को बुलाता है। चौपाए की तरह चलता हुआ एक लड़का कुत्ते का अभिनय करता है और बाग के मालिक को भगा देता है। नाटक यहाँ समाप्त हो जाता है।

फूलपर में मैंने बैंगन चुरानेवाले खेल का सरल रूप देखा। वहाँ इसे हपाँग-कुलटुर कहा जाता है। बच्चे पत्थरों की एक छोटी-सी ढेरी बनाते हैं। हर पत्थर बैंगन का प्रतिनिधित्व करता है। फिर वे दो दल बनाते हैं। लड़कों का एक दल ढेरी के इर्द-गिर्द बैठकर बैंगनों की हिफाजत का जिम्मा लेता है और दूसरा दल आक्रमण कर बैंगन लूटने की कोशिश करता है।

गीत

लिटो लिटो बांगा परेला;	बैंगन के गुच्छे तैयार हैं;
कावर कावर कौन तोरेला ?	उन्हें भर-भर बोरी किसने उठाया ?
कावर कावर जोल्मा तोरेला।	जोल्मा ने एक बोरी उठाई।
छाई छाई बोरी कौन बेचेला ?	उन्हें एक बोरी में छह किसने बेचा ?
छाई छाई बोरी मानाई बेचेला।	उन्हें एक बोरी में छह मानाई ने बेचा।
नकटी पैसा कौन झोकेला ?	बेकार का पैसा किसने लिया।
नकटी पैसा जलाम झोकेला।	बेकार का पैसा जलाम ने लिया।

मेरियाह खेल

उत्तर-पश्चिमी क्षेत्र में मारिया और मुरिया दोनों एक खेल खेलते हैं जो कोंडो की मरियाह बलियों के दिनों की याद दिलाता है। इसलिए इस खेल का नाम मरियाह करसाना पड़ा है। लड़के और लड़कियाँ छोटे-छोटे दलों से एकत्र हो जाते हैं। ये दल गाँव में बने मकानों के प्रतीक होते हैं। तीन लड़कों का एक दल आता है गाता, भीख माँगता और चिल्लाता हुआ। जब गृहस्थी इनको देख रहे होते हैं तब मरियाह दल का एक व्यक्ति इनमें से एक को उठाकर भाग खड़ा होता है। फिर लड़के उसका सिर काटने का अभिनय करते हैं और उसे देवता पर चढ़ाकर प्रार्थना करते हैं।

डोंगा करसाना (प्लेट CXXV)

एक अन्य तरह का चोरों का खेल होता है 'सन्तरे और अंगूर।' कुंटापादार और कोइलीबेरा में वह इस प्रकार खेला गया। दो लड़कियाँ हाथ पकड़कर, एक-दूसरे की ओर मुँह करके खड़ी हो गईं। फिर उन्होंने अपने हाथ झुका दिए और लड़के व लड़कियों की एक पंक्ति उन्हें टापकर आगे बढ़ गई। इसके बाद दोनों कन्याओं ने अपने हाथ उठा लिए और पंक्ति इस बार हाथों के नीचे से निकल गई। अचानक लड़कियों ने एक लड़के को पकड़ लिया। पंक्ति के नेता ने पूछा 'तुमने हमारे आदमी को क्यों पकड़ा ?' लड़कियों ने कहा, 'इसने हमारी मिर्चें चुराई हैं।' 'कितनी बार ?' 'सिर्फ एक बार।' 'तो इसे छोड़ दो।' 'नहीं, नहीं।' लड़का अब जेल में कैद हो गया लड़कियों ने उससे चावल बीनने का काम करवाया। ऐसा करवाते समय उन्होंने उसके हाथों की पिटाई की इसके बाद उन्होंने उसके पूरे शरीर की ठुकाई इस प्रकार की मानो वह सूप में हो।' उन्होंने उसके कान खींचे—यह पत्ते तोड़ने का प्रतीक था। आखिर में वे उसके गले पर लटक गईं यह दिखाने के लिए कि वह चावल के धान, मिर्चों और प्याज से लदा हुआ है। फिर उन्होंने उसे छोड़ दिया।

सिधावंड में खेला गया ऐसा खेल थोड़ा हटकर था। दोनों लड़कियाँ यहाँ पर किसी कारण से 'नाव' बनीं। जब उन्होंने लड़के को पकड़ा तो सरदार बोला, 'हमारे मित्र को क्यों पकड़ा ?' 'यह हमारे चावल चुराता रहा है।' 'कितने ?' 'थोड़े से।' फिर लड़कियों ने उसे दंड दिया। उसे धक्का दिया और इधर-उधर फेंका 'जैसे पुलिस जेल में करती है।' जब हारकर, कैदी चिल्लाया, 'आओ मेरी रानी, दूध और चावल खाओ' तब कहीं उसे जाकर छोड़ा।[1]

मिन करसाना

मुरिया, मुंडा[2] की तरह का ही, 'ब्लाइंड मैन्स बफ' (अन्धे का खेल) खेलते हैं। लड़के और लड़कियाँ एक लड़के को घेरकर बैठ जाते हैं जिसकी आँखों पर पट्टी बँधी हुई होती है। पट्टी बँधा यह लड़का उकड़ूँ बैठा होता है और इसी प्रकार बैठे हुए, कूद-कूदकर यह उन्हें पकड़ने की चेष्टा करता है। जब यह किसी को पकड़ लेता है तब उसके पैरों को टटोलकर उसे पहचानने की चेष्टा करता है। ऐसा करते समय निम्नलिखित वार्तालाप चलता है।

'अन्धे व्यक्ति, अन्धे व्यक्ति, यह कौन-सी मछली है ?'
'यह बौड मछली है।'
'अन्धे व्यक्ति, अन्धे व्यक्ति, इसकी हड्डियाँ कहाँ हैं ?'
'नदी में।'
'अन्धे व्यक्ति, अन्धे व्यक्ति, कितनी हड्डियाँ ?'
'तीन गाड़ियों जितनी।'
'अन्धे व्यक्ति, अन्धे व्यक्ति, इसका तेल कहाँ है ?'
'घड़े में।'
'अन्धे व्यक्ति, अन्धे व्यक्ति, कितना तेल ?'
'तीन घड़े भरकर।'
'अन्धे व्यक्ति, अन्धे व्यक्ति, इसका मांस कहाँ है ?'
'टोकरी में।'
'अन्धे व्यक्ति, अन्धे व्यक्ति तुम किसे पकड़े हुए हो ?'

अगर वह सही पहचान लेता है–सही पहचानना आश्चर्यजनक रूप से कठिन होता है–तो उसकी पट्टी खोल दी जाती है और उसका स्थान वह ले लेता है जो पकड़ा गया हो।

कोर करसाना (प्लेट CXXXIII)

यह मुर्गे लड़ाने का खेल होता है। बच्चे दो दल बनाते हैं। हर दल का नेता गुप्त रूप से अपने

1. एस.सी. रॉय ने कंटारा-इनु या मुंडा और खारिया द्वारा खेले जानेवाले फल के खेल का विस्तृत वर्णन किया है जो मुरिया में लोकप्रिय बैंगन चुराने के खेल और अन्य चोर खेलों जैसा ही होता है।–एस.सी. रॉय, *द मुंडाज़ एंड देयर कंट्री* (राँची, 1912) पृ. 492 व आगे और एस.सी. रॉय, *द खारियाज़* (राँची, 1937), खंड-II, पृ. 463। और देखें, द बैगा, पृ. 463।

   बा-इला का एक खेल होता है तरबूजों की क्यारी से तरबूज चुराने का–स्मिथ एंड डेल, उपर्युक्त, देखें, खंड-II, पृ. 253। ट्राओब्रियांड टापुओं के लोग केले चुराने का खेल खेलते हैं।–मेलीनोव्स्की, *द सेक्सुअल लाइफ ऑफ सैवेजिज़*, पृ. 206।
2. रॉय, *द मुंडाज़*, पृ. 491।

लड़कों और लड़कियों में से एक को चुनता है और उस मुर्गे को एक कम्बल से ढक देता है। फिर 'मुर्गों' को बाहर लाया जाता है। वे उकड़ूँ बैठ जाते हैं थोड़ा आगे को झुककर जैसे कि लड़ाकू मुर्गे करते हैं। हर 'मालिक' दूसरे के मुर्गे के पास जाकर उसे डंडी चुभाता है और कहता है 'कुकड़ूँ कूँ, कुकड़ूँ कूँ !' यह सुनकर मुर्गा सीटी बजाता है और यह ताड़ने की कोशिश करता है कि मालिक है कौन। मालिक और मुर्गे अन्दाज़ लगाते हैं और फिर 'मुर्ग' अपने कम्बल फेंककर खड़े हो जाते हैं। जो ठीक अन्दाजा लगाता है वह खेल को जीत जाता है।

बाज का खेल

इन गिडाल करसाना[1] या कोर करसाना के सामान्यतः विभिन्न रूप हैं। मैं पहले बेरमा संस्करण प्रस्तुत करूँगा।

बाज अपनी बँसूला और छेनी एक किसान को देता है जो उन्हें अपनी मुर्गी को थमा देता है। दूसरेशब्दों में बाज बना लड़का लकड़ी का एक टुकड़ा बच्चों की एक पंक्ति का नेतृत्व करनेवाले बच्चे को देता है। पंक्ति का नेतृत्व करनेवाला बच्चा किसान है, उसके पीछे के बच्चे उसकी मुर्गियाँ हैं। मुर्गी बँसूले और छेनी को अपने पीछेवाली मुर्गी को पकड़ा देती है और यह क्रम पंक्ति के अन्त तक चलता है। अन्तिम मुर्गी बहुत भूखी है और वह थोड़े से माँड़ के बदले में ये उपकरण एक गृहिणी को दे देती है। कुछ देर बाद बाज वापस आता है और किसान से अपने उपकरण वापस माँगता है। किसान कहता है, 'मुर्गी से पूछो।' मुर्गी कहती है, 'मैंने उन्हें अपने पड़ोसी को दे दिया।' ऐसा पंक्ति के अन्त तक चलता है। अन्तिम मुर्गी कहती है, 'मुझे बहुत भूख लगी थी और मैंने थोड़े से माँड़ के लिए उन्हें बेच दिया।' बाज किसान के पास लौटकर आता है और कहता है कि चूँकि उसके उपकरण नहीं मिल पाए इसलिए बदले में वह मुर्गियाँ खाएगा।

किसान अपने सिर को झटका देता है और कहता है, 'अच्छा तो हम दोनों में कौन बड़ा है?' बाज कहता है, 'बेशक मैं बड़ा हूँ।' 'चलो देखते हैं', किसान उत्तर देता है और वे दोनों हाथ फैलाकर हवा में उछलते हुए एक दूसरे को मापते हैं। फिर किसान कहता है, 'आओ, खा सकते हो तो खा लो, लेकिन तुम बैठी हुई मुर्गी को खाओगे या खड़ी मुर्गी को?' बाज वचन देता है कि वह सिर्फ खड़ी मुर्गियों को ही खाएगा। वह तुरन्त एक मुर्गी पर कूदता है। पर वह तत्काल बैठ जाती है और बच जाती है। तब बाज गोल-गोल चक्कर लगाना शुरू कर देता है ताकि पंक्ति की अन्तिम मुर्गी को उठा ले जाए पर नेता इसे रोकने के लिए पंक्ति को उल्टा घुमा देता है। जब भी बाज मुर्गियों के करीब पहुँचता है उन्हें अपनी सुरक्षा के लिए बस बैठ जाना होता है। आप सोचेंगे कि बाज को बहुत कम ही खाने को मिल पाएगा लेकिन यह देखकर आपको आश्चर्य होगा कि मुर्गियाँ कितनी बेवकूफ होती हैं! चक्कर लगाते हुए मुर्गियाँ गाती हैं–

---

1. मुंडा लोगों के बीच इसी प्रकार का एक खेल खेला जाता है 'लोमड़ी और मुर्गी'।–राय, *द मुंडाज़,* पृ. 495। खरिया लोग चिल-होर-होर या 'चील और मुर्गे' का खेल खेलते हैं–राय, *द खरियाज़,* पृ. 465। इसी प्रकार हो भी करते हैं।–डी.एन.मजूमदार, 'गेम्स ऑफ दी होज़ आर्फ कोल्हन', *मैन इन इंडिया,* खंड V ;1925), पृ. 199।

तीन कोलिया मुरसुम गुर गुर गम। खाओ गीदड़, गिरना मत, गुर गुर गम।
आदे काको कोलिया गुर गुर गम। ये हैं चाचा गीदड़, गुर गुर गम।

इस गीत से यह लगता है कि शुरू में यह खेल बाज का नहीं, बल्कि गीदड़ का था जो मुर्गियों को पकड़ने का प्रयास करता था।

मसोरा में मैंने इस खेल को थोड़ा भिन्न तरीके से खेला जाते देखा। इसमें बच्चों की एक पंक्ति जिसमें बच्चों के बीच काफी दूरी थी, जमीन में गड़े खूँटों का प्रतिनिधित्व करती है। बाज जब पीछा करता है तो मुर्गियाँ इन खूँटों का चक्कर लगाने लगती हैं। अगर वे खूँटा पकड़ लें तो वे बाज से बच जाती हैं। ऐसा करना मुर्गियों के लिए आसान होता है इसलिए सामान्यतः बाज मदद के लिए एक 'कुत्ते' को अपने साथ ले लेता है।

मसोरा में बाज का खेल मुर्गियों के बजाए चूहों के साथ भी खेला जाता है। चूहों की एक लम्बी पंक्ति होती है, पहले एक चूहा फिर एक चुहिया। कुंडईमुस्सा इनका राजा है। बाज आता है और चूहों के राजा को एक कंघी, दूसरे शब्दों में एक छोटा डंडा देता है। राजा उसे अपने दीवान को दे देता है जो उसे तहसीलदार को पकड़ा देता है और ऐसा पंक्ति के अन्त तक चलता है। एक बेइमान चुहिया इस डंडे को माँड़ के एक प्याले के बदले में किसी को दे देती है।

इसके बाद का खेल बेरमा में खेले जानेवाले खेल की तरह ही आगे बढ़ता है। जब चूहे बैठ जाते हैं तो इसका अर्थ होता है कि वे अपने बिल में घुस गए हैं और बाज अब उन्हें पकड़ नहीं सकता।

मसोरा में इस खेल का बहुत उम्दा प्रदर्शन किया गया; लड़कों ने बहुत ही बढ़िया तरीके से लड़कियों की सुरक्षा की, वे झुंड में एक-दूसरे के ऊपर गिर पड़ते रहे और उन सबने भरपूर मनोरंजन किया।

गीत

बाज लहर की भाँति नीचे आएगा,
जब आधी रात को ओस गिरेगी।
वह मुर्गियों को उठा ले जाएगा,
जब भोर में मुर्गा कूकेगा।
बाज मुर्गियाँ खा जाएगा,
जब आधी रात को ओस गिरेगी।
अरे, मुर्गियों को खोल दो,
जब भोर में मुर्गा कूकेगा।

जड़ का खेल (प्लेट CXXX और CXXXI)

यह खेल जो बगीचे में शकरकन्द या इसी प्रकार के अन्य पौधों को उगाने की नकल है, पूरे मुरिया क्षेत्र[1] में थोड़ी-बहुत भिन्नताओं के साथ खेला जाता है। लड़के और लड़कियाँ एक-दूसरे की कमर के गिर्द हाथ लपेटकर पंक्तिबद्ध बैठ जाते हैं। अन्तिम लड़का या लड़की किसी पेड़ या घास के झुरमुट को पकड़े होता है। ये जड़ें हैं। एक लड़का और उसकी 'पत्नी' और एक नौकर पंक्ति के एक तरफ से दूसरी तरफ जाते हैं और बच्चों के नीचे से डंडिया ठेलते जाते हैं। वे बच्चों को सर के बल पटक देते हैं और सामान्यतः उन्हें धकियाते हैं। यह भूमि जोतने की प्रक्रिया है। वे फिर से एक चक्कर लगाते हैं और इस बार 'जड़ों' के दोनों तरफ थोड़ी-सी धूल और मिट्टी खोदकर उनके ऊपर डाल देते हैं। तीसरी बार वे बैठे हुए बच्चों के सिर पर हाथ रखकर 'लुड लुड कुरूच, क्या तुम तैयार हो गए हो? क्या तुम पक गए हो।?' गाते हैं। वे 'जड़ों' को चुटकी काटकर देखते हैं कि वे पक गए है या नहीं। जब यह सब चल रहा होता है इस दौरान 'खेत का मालिक' अपनी 'पत्नी' को पीटता और गालियाँ देता रहता है, उसके रिश्तेदारों का अपमान करता है और दोबारा शादी की धमकी देता है–लड़कों के आविष्कार कौशल के अलावा इस पट-पट की कोई सीमा नहीं है।

फिर माली पंक्ति के आरम्भ में जाकर एक-एक करके लड़के और लड़कियों की पंक्ति से बाहर खींचना शुरू कर देते हैं। वे पूरी शक्ति लगाकर एक दूसरे को पकड़ लेते हैं लेकिन अन्ततः उन्हें खींच लिया जाता है और दो बार पटककर एक ढेर पर फेंक दिया जाता है। यह जड़ों के खोदे जाने की प्रक्रिया का द्योतक है। अन्तिम लड़का बहुत देर तक अड़ा रहता है और किसान की पत्नी द्वारा गुदगुदाए जाने के उपरान्त ही मानता है।

किसान अब दो आदमी भाड़े पर लाते हैं जो जड़ों को धोने के लिए उन्हें ढोकर नदी तक पहुँचाएँ। इस पर काफी बहस होती है लेकिन अन्त में दो 'कुली' चार आना रोजाना पर काम करने को राजी हो जाते हैं। कुली एक ठोस खम्भा लाते हैं और उसे अपने कन्धे पर रख लेते हैं। दो-तीन लड़के-लड़कियाँ खम्भे को पकड़ लेते हैं और उन्हें उठाकर थोड़ी दूर ले जाया जाता है जहाँ कुली उन्हें जमीन पर पटक देते हैं और फिर धूल और कूड़ा उनके पूरे शरीर पर मलते हैं। इस तरह जड़ों को धोया जाता है। चिपकी रह गई अतिरिक्त मिट्टी को झाड़ने के लिए उन्हें पटका जाता है। खेत के मालिक किनारे खड़े होकर कुलियों को गरियाते रहते हैं। 'तुमने उस जड़ को ठीक से क्यों नहीं धोया? हम तुम्हारी पगार काट लेंगे' और इसी प्रकार की अन्य बातें। जब एक बड़ी सी लड़की को ढोया जाता है तो वे चिल्लाते हैं, 'वो एक बढ़िया मोटी जड़ है, हम इसे आज रात के भोजन में खाएँगे।' यदि किसी लड़की के शरीर पर गुदाई के काफी चिह्न हों तो वे कहते हैं, 'इस जड़ पर ये निशान किस चीज के हैं? इसे कीड़ों ने खा रखा है, यह कीड़ों से भरा हुआ है। इसे फेंक दो।' किसी अन्य के लिए वे कहते हैं, 'वह जड़ सड़ी हुई है, बास मार रही है, इसे कुलियों को दे दो।' फिर कुली जड़ों को वापस लाते हैं और एक ढेर में जमा कर देते हैं। जहाँ तक सम्भव हो वे लड़के 'जड़ों' को लड़की 'जड़ों' के ऊपर रखने की कोशिश करते हैं।

अब जड़ों को पकाया जाना है। बच्चे एक वृत्त में बैठ जाते हैं और अपने पैर वृत्त के केन्द्र की तरफ फैला देते हैं। केन्द्र में मालिक और उसका मित्र एक डंडे से खुदाई करते हैं।

1. *द बैगा* पृ. 463 के अन्तर्गत इसी प्रकार के खेल से इसकी तुलना करें।

मालिक की पत्नी एक पत्ते से जड़ों पर हवा करती है। लपटों का भाव उत्पन्न करने के लिए जड़ें अपने पैर हिलाती हैं। मालिक द्वारा खोदी गई घास और मिट्टी जड़ों के सिर पर फेंकी जाती है। मालिक की पत्नी चारों तरफ घूमकर जड़ों की चुटकी लेकर देखती है कि वे पक गए हैं या नहीं। कुछ गाँवों में आधे बच्चे केन्द्र की तरफ पैर करके लेट जाते हैं और अन्य बच्चे उन्हें कन्धे के नीचे से पकड़कर एक बड़े घेरे में उन्हें गोल-गोल घुमाते हैं।

अन्त में कुछ जड़ों को लकड़ियों के बदले में बेच दिया जाता है—मोल-भाव में 'पट-पट' की अन्तहीन गुंजाइश रहती है और बाकी जड़ों को पीठ पर दो बार पीटकर खा लिया जाता है।

राजा रानी करसाना

मुटियारी एक-दूसरे के आमने-सामने दो कतारों में बैठ जाती हैं। हर कतार के सामने एक लड़की बैठती है जो राजा और रानी की सूचक होती है।

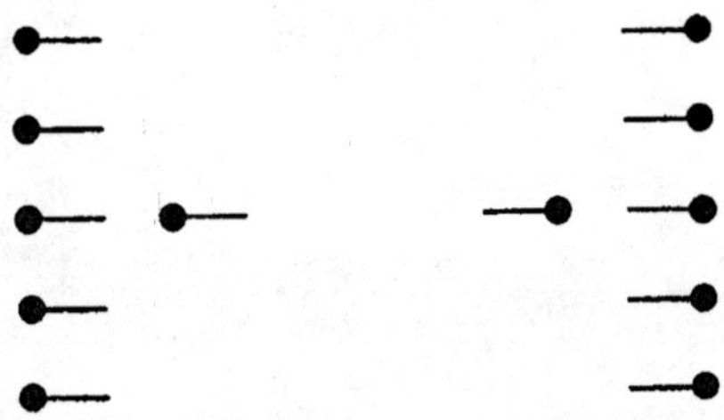

रानी का दल गाता है, 'तुम इसे क्या दोगे?' राजा का दल जवाब देता है, 'हम उसके लिए बरतन लाएँगे।' लेकिन यह पर्याप्त नहीं है। रानी का दल जवाब देता है, 'पर तुम इसे क्या दोगे?' राजा का दल फिर जवाब देता है, 'हम उसे आभूषण ला देंगे।' और इस प्रकार किसी मुरिया द्वारा अपनी मुटियारी को दिए जा सकनेवाले तमाम उपहारों का नाम लेकर यह अन्तहीन सिलसिला चलता रहता है। लेकिन जब वे गा रहे होते हैं इस दौरान राजा धीरे-धीरे रानी की तरफ बढ़ता रहता है। जब तक कि वह उसके इतना करीब न पहुँच जाए कि कूदकर उसे पकड़ ले और उठा ले जाए।

इस खेल के दौरान एक अन्य गीत जो हल्बी में है गवरी में सुना गया। इसमें हर पंक्ति के बाद टेक है जय रानी (या राजा) धीरे-धीरे रेगो रानी धीरे-धीरे जावो।

गीत

रानीचो बाता बहानता लानतेन;	रानी के लिए हम बाजूबन्द ला रहे हैं; ओ रानी, धीरे से आओ, धीरे से जाओ।
राजाचो बाता दरपंज लानतेन;	राजा के लिए हम एक दर्पण ला रहे हैं; ओ राजा, धीरे से आओ, धीरे से जाओ।
रानीचो बाता पैज्जन लानतेन;	रानी के लिए हम पायल ला रहे हैं; ओ रानी, धीरे से आओ, धीरे से जाओ;

राजाचो बाता धोती लानतेन;	राजा के लिए हम धोती ला रहे हैं,
	ओ राजा, धीरे से आओ, धीरे से जाओ।
रानीचो बाता चूड़ी लानतेन;	रानी के लिए हम चूड़ियाँ ला रहे हैं;
	ओ रानी, धीरे से आओ, धीरे से जाओ।
राजाचो बाता टोपी लानतेन;	राजा के लिए हम टोपी ला रहे हैं;
	ओ राजा, धीरे से आओ, धीरे से जाओ।
रानीचो बाता सन्द्रा लानतेन;	रानी के लिए हम साड़ी ला रहे हैं,
	ओ रानी, धीरे से आओ, धीरे से जाओ।

राजना बेलोरी करसाना

यह 'राजा के प्रेम का खेल' है। लड़कियाँ एक-दूसरे के सामने दो पंक्तियों में खड़ी हो जाती हैं। एक पंक्ति तेजी से आगे बढ़कर दूसरी के पैर छूती है और फिर अपने स्थान पर वापस चली जाती है। दूसरी पंक्ति उनके वापस पहुँचने के पहले उनका पैर छूने के लिए उनका पीछा करती है।

गीत

टुचो काजे टुचो काजे खिलवान	तेरे लिए, तेरे लिए, मैं एक
अनावले मोचो बेलोरी।	झुमका लाया हूँ, मेरी प्यारी।
टुचो खिलवान के टुचो	तेरा झुमका, तेरा झुमका!
खिलवान के!	
मुंडे थेचु रा बेलोरी।	इसे माथे पे लगा ले, मेरी प्यारी।
राजाचो पायलोरी!	अरे! राजा की पायल!
टुचो काजे टुचो काजे माला	तेरे लिए, तेरे लिए मैं एक हार
अनावले मोचो बेलोरी।	लाया हूँ, मेरी प्यारी।
राजाचो पायलोरी!	अरे राजा की पायल!
टुचो माला के टुचो माला के!	तेरा हार, तेरा हार!
मुंडे थेचू रा बेलोरी	इसे माथे पे लगा ले, मेरी प्यारी।
राजाचो पायलोरी।	अरे राजा की पायल!
टुचो काजे टुचो काजे मुंडी	तेरे लिए, तेरे लिए, मैं एक
अनावले मोचो बेलोरी।	अँगूठी लाया हूँ, मेरी प्यारी।
राजाचो पायलोरी!	अरे राजा की पायल!
टुचो मुंडी के टुचो मुंडी के!	तेरी अँगूठी, तेरी अँगूठी!

मुंडे थेचू रा बेलोरी इसे माथे पे लगा ले, मेरी प्यारी।
राजाचो पायलोरी! अरे राजा की पायल!

हर सम्भव आभूषण का नाम ले-लेकर यह गीत चलता ही रहता है।

6. जानवर और शिकार के खेल

जैसा कि हम देख चुके हैं, मुरिया अच्छे शिकारी होते हैं और सभी आदिवासियों की तरह वे जानवरों के व्यवहार में गहरी दिलचस्पी रखते हैं[1]। वे विभिन्न प्रकार के जानवरों और पक्षियों की नकल का खेल खेलते हैं और कुछ सबसे नाटकीय प्रदर्शन शिकार के बारे में हैं। इसमें वे जुआंग और पौरी भुइया के शानदार पक्षियों और जानवरों के नृत्यों के समरूप प्रतीत होते हैं यद्यपि वे उनकी नकल नहीं करते। इनमें से एक खेल में मोर की तरह इठलाना, दूसरे में भालू की तरह झुककर चलना और एक अन्य में हाथी की भारी-भरकम चाल की नकल शामिल है। जुआंग के एक बदले हुए रोचक रूप में, लड़कियाँ लाश खाते हुए गिद्ध की भूमिका निभाती हैं और फिर मुँह के बल जमीन पर लेटकर साँपों की तरह बल भी खाने लगती हैं।

गोइहाल करसाना (प्लेट CXL)

यह छिपकली का खेल है। एक लड़का अपने बाएँ पैर और दाहिने हाथ पर झुक जाता है और दाहिना पैर पीछे की तरफ फैलाता है। फिर वह तेजी से आगे बढ़ता, पहले एक हाथ पर फिर दूसरे हाथ पर और खाली हाथ से छाती पीटता रहता है। दाहिने पैर पूँछ की तरह हमेशा पीछे निकला रहता है।

हूपेन-कोरिहना करसाना

इस खेल में एक लड़का अपना शरीर खुजलाते चूहे की नकल उतारता है हालाँकि वह कोई भी अन्य जानवर हो सकता है। वह हाथों का सहारा लेकर मुँह के बल लेट जाता है और मजेदार ढंग से कूल्हे से झटके दे-देकर स्वयं को आगे बढ़ाता है।

तेडका या निराल करसाना

एक छोटा-सा लड़का सफेद कपड़े का मुखौटा पहन लेता है। मुखौटे के अन्दर दो डंडे लगाकर मुँह बनाया जाता है जो खुलता और बन्द होता है। यह बेहद अजीबोगरीब प्रभाव उत्पन्न करता है। लड़के को एक कम्बल से ढक दिया जाता है और दो अन्य लड़के उसे अपने कन्धों पर उठा लेते हैं जबकि तीसरा उसके पैरों को सहारा देता है। वे उसे लेकर गोल-गोल चक्कर में उछलते हैं जबकि वह अपना मुँह खोलता और बन्द करता है तथा सिर को झटके देता है। कभी-कभी वह चौपाए की तरह चलता है। वैसे तो उसे एक मेढक होना चाहिए लेकिन कुछ स्थानों पर उसे तेंदुआ कहा जाता है।

1. कुछ वर्ष पहले जब मैं आदिवासियों के एक दल के साथ कलकत्ता गया तो मैंने पाया कि किसी अन्य चीज़ की अपेक्षा चिड़ियाघर में उनकी ज्यादा दिलचस्पी थी।

मोगराल करसाना (प्लेट CXXXII)

यह मगरमच्छ का खेल है। दो लड़के एक लड़के को अपने बीच में कमर से पकड़ते हैं। एक तीसरा लड़का उसके पैर पकड़ता है। वे आगे चलते हैं और बीच वाला लड़का अपने हाथ हिलाता है और अपना सिर तथा कन्धा सीधा बनाए रखने की कोशिश करता है।

येन करसाना

यह हाथी का खेल है और इसे पाँच लड़के खेलते हैं। दो लड़के अपने हाथों और घुटनों पर झुक जाते हैं, दो लड़के उनके ऊपर चढ़कर आगे की ओर झुकते हैं और सहारे के लिए एक दूसरे के कन्धों को हाथों से पकड़े रहते हैं। पाँचवाँ लड़का उन सबके ऊपर चढ़ जाता है। फिर वे तब तक चक्कर काटते हैं जब तक कि गिर न जाएँ।

कोडा करसाना (प्लेट CXXXV)

मैंने घोड़े के इस खेल के दो प्रकार दर्ज किए हैं। पहला तीन बच्चों के साथ खेला जाता है। दो लड़के हाथों में डंडों के सिरे पकड़कर खड़े हो जाते हैं। दो अन्य डंडे उनके कन्धों के आर-पार रख दिए जाते हैं। एक तीसरा लड़का चढ़कर उनके बीच ऊपर के डंडों पर बैठ जाता है और नीचे के डंडों पर अपने पैर जमा लेता है। फिर वह नीचे के दोनों लड़कों को घोड़े की तरह हाँकता है।

इस खेल के दूसरे तरीके में दो लड़के अपने हाथों और घुटनों पर झुक जाते हैं और एक तीसरा थोड़ा आगे की ओर झुककर उनके बीच खड़ा हो जाता है। एक चौथा लड़का दोनों झुके हुए लड़कों की पीठ पर खड़ा होकर तीसरे लड़के के कन्धों पर अपने हाथ रख देता है। और ऐसी स्थिति में वे चक्कर लगाते रहते हैं।

पूरार-उपिहाना करसाना (प्लेट CXXXIV)

यह खेल जंगली कबूतर की नकल करने का है। दो लड़के एक दूसरे के आमने-सामने बैठ जाते हैं और अपने पैर दूसरे के कूल्हे के नीचे कर देते हैं। प्रत्येक लड़का अपनी बारी आने पर थोड़ा-सा उठता है और हवा में ताली बजाता है। वे बड़े आकर्षक तरीके से ऊपर नीचे होते हुए इधर-उधर झूलते हैं।

शिकार के खेल[1]

मुरिया लोगों के शिकार के खेल उत्तेजक और सजीव होते हैं। इस खेल का एक प्रकार गौर

---

1. मिल्स रेंगमा नगा लोगों द्वारा शिकार के खेल के प्रदर्शन का एक शानदार वर्णन करते हैं।—मिल्स, *द रेंगमा नगाज़* पृ. 122 व आगे। लखेर हाथी के शिकार का खेल खेलते हैं।—पैरी, उपर्युक्त, देखें पृ. 188। कोंड लोगों का एक नृत्य जंगली साँड के शिकार का प्रदर्शन करता है : 'एक आदमी इस जानवर की सींग और उसकी खाल ओढ़कर भागता है और बाकी उसका पीछा करते हैं और थोड़ी देर बाद उसे पकड़ लेते हैं और जीत के तोहफे के रूप में उसे लाते हैं।—डाल्टन, उपर्युक्त, देखें पृ. 300। बा-इला के शेर के शिकार के खेल की भी तुलना करें।—स्मिथ और डेल, उपर्युक्त, देखें, खंड II, पृ. 237 और आगे। हड्डन ने वेइफा में लड़कों को 'बहुत वास्तविक लगने वाला' सूअर के शिकार का एक खेल तथा कंगारू का पीछा करने का एक खेल देखा।—ए.सी. हड्डन, 'नोट्स ऑन चिल्ड्रेन्स गेम्स इन ब्रिटिश न्यू गिनिया', *जे.आर.ए.आई.*, खंड XXX VIII, पृ. 289।

या साँभर का पीछा करने का नकल है; इस प्रकार चरवाहे द्वारा बाघ के प्रहार से मवेशियों की सुरक्षा करने का दृश्य है।

मैंने सिधावंड में एक शानदार शिकार का खेल देखा। दो लड़कों के ऊपर एक कम्बल डालकर गौर बनाया गया था। सिर एक दोहरे किए गए सूप को कपड़े से ढककर बनाया गया था और उस पर असली सींग लगाए गए थे। मोरपंख और घास से निर्मित्त एक पूँछ पीछे की ओर लटका दी गई थी। गौर दृश्य में उभरता है, चक्कर काटता बैठ जाता है और फिर सो जाता है। शीघ्र ही शिकारियों का एक दल नजर आता है। वे लगभग पूरे नंगे हैं। और उनके शरीर पर राख पुती हुई है। उनके बाल मापे जाते हैं ताकि भविष्य भाखकर पता लगाया जाए कि शिकार कहाँ है, एक शिकारी कुत्ते की नकल कर रहा था और उसके गले में एक घंटी थी, और एक बूढ़ा आदमी एक पात्र और टोकरी लिये था जिसमें रखकर मांस को घर लाया जाएगा।

शिकारियों के दल ने पूरे मैदान में गौर का पीछा किया। कभी-कभी वह उनकी नजरों से ओझल हो जाता और तब तान्त्रिक बैठते और ध्यान मग्न हो जाते। अपने डंडों को मापते और सूप को हिलाते। कुत्ते ने जमीन सूँघते हुए चक्कर लगाया, उसे लात मारना और पीटना दर्शकों को बहुत मजेदार लगा। कुछ समय के बाद उन्होंने गौर को मार गिराया। शिकारी दौड़कर उसके पास गए, उसे थपथपाया, सहलाया उसे बाँहों में भर लिया और एक दूसरे को बधाइयाँ दीं। वे उसके इर्द-गिर्द खुशी से नाचे। यह एक मोहक दृश्य था और यह आपको शिकार के प्रति हर मुरिया के विशेष लगाव की याद दिलाता है। कुत्ता गौर पर टूट पड़ा और उसे खाने लगा, उसे पीटकर भगाना पड़ा। तब तान्त्रिकों ने दल को आदेश दिया कि उस बड़े जानवर को उठाकर नदी तक ले चलें जहाँ वे उसे काटेंगे और खाएँगे। लेकिन गौर जीवित हो उठा और उन सबको उसने खदेड़ दिया।

कुंटपदर में तान्त्रिकों ने साँभर के कान में फूँककर देखा कि वह जीवित है या नहीं। वहाँ के तान्त्रिक बड़े जीवन्त थे, वे कलाबाजियाँ खाते थे और ध्यानलीन अवस्था में सिर झटकते थे। पल्ली (कोंडागाँव) में, इस खेल का एक रोचक रूपान्तरण था। लड़कों में से एक जो लिंग ढकने के अतिरिक्त एकदम नंगा था–जीव या गौर की आत्मा का प्रतीक था। जब जानवर घायल अवस्था में जमीन पर पड़ा था तब उसकी आत्मा ने आकर उसके शरीर के ऊपर तथा चारों तरफ एक अजीबोगरीब नृत्य किया। लड़के ने घायल कीड़े की तरह अपने शरीर को आकुंचित किया और अजीब ढंग से ऐंठा-मरोड़ा। अन्त में वह जानवर के शरीर पर गिर पड़ा, जिसका मतलब था कि अन्ततः जीवन लौट आया है। फिर गौर अपने पैरों पर खड़ा हुआ और भाग गया।

अन्य गाँवों में मैंने इस खेल को दूसरा ही रूप लेते देखा है। एक लड़का चरवाहा बनता है और लड़कों (बैलों और साँड़ों) तथा लड़कियों (गायों) को चराने के लिए जंगल में ले जाता है। वे घास और जड़ों को खाने की नकल करते हुए चौपाए की तरह चलते हैं। तभी बाघ या तेंदुआ प्रकट होता है। पुपगाँव में बाघ या तेंदुआ बना लड़का लगभग पूरी तरह नग्न था उसका शरीर धारियों और सितारों से

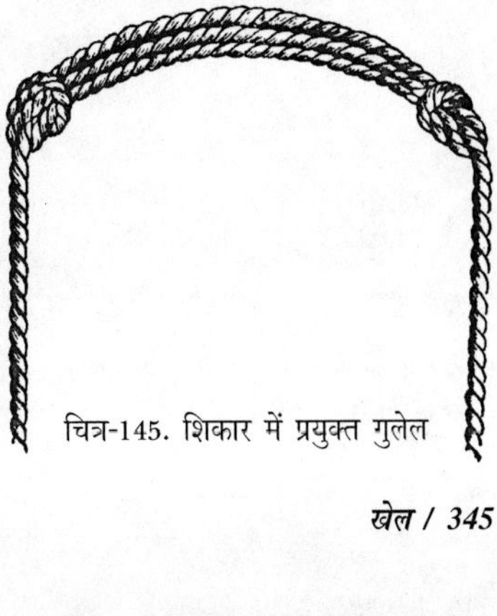

चित्र-145. शिकार में प्रयुक्त गुलेल

भरा था जिन्हें रेड़ी के टेढ़ा करके काटे गए डंडे से मिट्टी और कोयला उसके शरीर पर चिपकाकर बनाया गया था। कुंटपदर और मरकाबेरा में मैंने देखा कि बाघ के शरीर की धारियों का प्रभाव उत्पन्न करने के लिए एक लड़के के शरीर के चारों तरफ पेड़ के छाल की पट्टियाँ लपेटी गईं और उसके सिर पर एक बड़ा-सा कपड़ा लपेट दिया गया। बाघ घास में से रेंगता हुआ आगे बढ़ता है और फिर अचानक छलाँग मारकर एक बैल को दबोच लेता है। उसे घसीटकर दूर ले जाता है और फिर एक गाय का शिकार करने के लिए वापस आता है। चरवाहे अपने तीर-धनुष निकाल लेते हैं और कपड़े की गेंद को लकड़ी की बन्दूकों से निकलनेवाली गोली की तरह प्रयोग करते हैं। वे पेड़ों के पीछे छुप जाते हैं। घास में बाघ का पीछा करते हैं और वे सब कुछ करते हैं जो शिकार के समय शिकारी करते हैं। अन्ततः बाघ मार गिराया जाता है और उसे एक खम्भे पर लटकाकर घर ले जाया जाता है जहाँ उसकी खाल उतार ली जाती है।

माओ करसाना (प्लेट CXXVII)

यह शिकारी खेलों का एक भिन्न रूप है। लड़कियों का एक घेरा एक वन आच्छादित पहाड़ी का प्रतीक है और साँभर बनी एक लड़की इस घेरे के अन्दर खड़ी रहती है। दो लड़कियाँ गीत गाते हुए घेरे का चक्कर लगाती रहती हैं और समय-समय पर घेरे पर हमले करती हैं। इस प्रयास में कि घेरे को तोड़कर साँभर को दबोच लें। मरकाबेरा में मैंने इस खेल को इस तरह खेलते देखा।[1]

गीत

हिरन आ गया है, उसके निशान यहाँ हैं।
इस तरफ कोई निशान नहीं है, दोस्त।
वह मंडिया चरने गया है, दोस्त।
उड़द *की फसल आधी पक चुकी है दोस्त।*
वह उसे चरने गया है दोस्त।
बाड़ जर्जर हो चुकी है, दोस्त।
शिकार आ गया है, उसके निशान उधर हैं।

शिकारी लड़कियों के झुंड को धकेलते हैं और बोलते हैं, 'बाड़ गिर जाएगी।'

हालाँकि रेमावंड में हाथ जोड़कर खड़े होनेवाला घेरा बाँस की बनी बाड़ का प्रतीक है जिसके अन्दर दो मुर्गे रहते हैं। एक 'तेंदुआ' उन्हें पकड़ने के लिए घेरे के बाहर चक्कर लगाता

1. इन खेलों की तुलना खरिया लोगों के टुयु-मोरोम से करें जिसमें घेरा बकरियों का बाड़ा होता है और गीदड़ बकरियों को खाने के लिए उसमें घुसने का प्रयास करता है–राय, द *खरियाज़*, खंड II, पृ. 463।

रहता है। वह घेरे को तोड़कर अन्दर घुसने की कोशिश करता है और यदि उसमें सफल हो जाता है तो वह मुर्गों को पकड़ लेता है और उन्हें जमीन पर लोटवाता है। इसे छुकी या निराल करसाना कहा जाता है। परलकोट के इलाके में, लड़कों ने बताया कि बीच में खड़ी लड़की बकरी है। इसके अतिरिक्त खेल वैसा ही था जैसा रेमावंड में था।

चिमरी, कजेन और नरिहा में मुझे एक और भिन्न रूप देखने को मिला जिसे पड्डी-दगन या बाग में सूअर के नाम से जाना जाता है। एक वृत्त में बच्चे एक दूसरे का हाथ पकड़कर उकड़ूँ बैठ जाते हैं और बाग की बाड़ का काम करते हैं। इस बाड़ के अन्दर चार छोटे सूअर मौजूद रहते हैं। इन्हें बिना बाड़ को छूए उछलकर बाहर आना होता है।

बेरमा में पाया गया पारवोदेला खेल इससे भी अलग एक ढंग है। हाथ में हाथ डाली लड़कियों का एक घेरा गोल-गोल घूमता है, कुत्ते का प्रतीक एक लड़का घेरे के अन्दर खड़ा रहता है और बाघ बना एक दूसरा लड़का घेरे के बाहर चक्कर लगाता रहता है। लड़कियाँ बीच-बीच में थोड़ी देर के लिए बैठ जाती हैं जिससे कि बाघ को घेरा लाँघने का मौका मिल जाए और फिर घेरा खड़ा हो जाता है।

गीत

उदित साँगी परबोदेलाँग साँगी!	बैठो दोस्त, बैठो दोस्त, परबोदेला!
नितित साँगी परबोदेलाँग साँगी!	खड़ा हो दोस्त, खड़ा हो दोस्त, परबोदेला!
आदे साँगी निराला साँगी परबोदेलाँग साँगी!	एक तेंदुआ है दोस्त परबोदेला!
वितित साँगी परबोदेलाँग साँगी!	चलो भाग चलें, दोस्त परबोदेला!

7. व्यायाम के रूप में खेल

मुरिया लोगों की तरह कठिन परिश्रम करनेवाले लोगों को अलग से व्यायाम करने की आवश्यकता नहीं होनी चाहिए, लेकिन घोटुल के कई खेल प्रशंसनीय रूप से शक्ति परीक्षण, मांस-पेशियों का विकास और दृष्टि तथा बुद्धि के प्रशिक्षण के लिए तैयार किए गये हैं। यह विचित्र है कि छलाँग लगाने की स्पर्धा और रस्साकशी जो नगाओं के बीच इतने लोकप्रिय हैं, घोटुल में नहीं पाए जाते।[1]

तोड़ दे पेहेकाना करसाना[2]

एक लड़का जमीन पर बैठ जाता है और कोई उसके पीछे एक अँगूठी रख देता है। लड़के को हाथ फैलाकर तथा सिर पीछे की ओर करके पीछे से झुककर मुँह से अँगूठी उठानी होती है। यह बेहद कठिन होता है और आमतौर से अँगूठी उठाने के पहले लड़का गिर जाता है।

---

1. मिल्स, *द रेंगमा नागाज़*, पृ. 120 व आगे; *द ल्होटा नागाज़*, पृ. 82 व आगे; हट्टन, *द आंगमी नागाज़*, पृ. 102 व आगे; *द सेमा नागाज़*, पृ. 109 से तुलना करें। टोब्रियांड द्वीप के वासियों का 'सबसे प्रिय और महत्त्वपूर्ण खेल रस्सी खींचना है'।—मालिनोव्स्की, उपर्युक्त देखें, पृ. 207।
2. गोंडी शब्दों का अर्थ है 'मुँह से खींचकर ऊपर उठाना'।

काप-मुनर्स तेहाना (ऊपर उठाना) करसाना

लड़का औंधे मुँह जमीन पर लेटकर अपने पैर हवा में ऊपर उठाता है और पीठ के पीछे उन्हें हाथों से पकड़ लेता है। इस प्रकार वह पेट के सहारे पड़ा होता है और उसके पैर तथा हाथ हवा में होते हैं। एक अन्य लड़का इस प्रकार बने चक्र में हाथ डालकर पहले लड़के को झुलाकर अपनी पीठ पर लाद लेता है।

गुधा (लोट-पोट होना) करसाना

एक लड़का झुककर अपना सिर जमीन से लगा लेता है और एक दूसरा लड़का उसके ऊपर लेट जाता है। पहला लड़का दूसरे लड़के की लँगोट को नीचे से पकड़ता है और दूसरा पहले की लँगोट को ऊपर से पकड़ता है। पहला लड़का दूसरे को ऊपर उठाकर पीछे की ओर फेंक देता है। प्लेट CXXXIX इस अस्पष्ट वर्णन की व्याख्या कर देता है।

कल तेहाना (पैर ऊपर) करसाना

एक बड़ा लड़का एक हाथ से अपनी कलाई पकड़ता है। एक छोटा लड़का उसकी हथेली पर खड़े होकर उसका सिर पकड़ लेता है। फिर पहला लड़का दूसरे को जमीन से ऊपर उठा लेता है और उसे लेकर तब तक चलता है जब तक कि थककर उसे गिरा न दे।

कादना (कुश्ती) करसाना (प्लेट CXXXVIII)

इस खेल में एक लड़का एक दूसरे लड़के के ऊपर और एक तीसरे लड़के के नीचे से गुजरता है। दो लड़के अ और ब एक दूसरे का हाथ पकड़कर आमने-सामने खड़े हो जाते हैं। लड़का स सिर नीचे किए हुए अ के पीछे से झुककर उसके सीने पर अपने पैर लपेट लेता है। फिर वह स्वयं को उठाकर और अ की कमर के गिर्द पैर लपेटकर बैठने की मुद्रा बना लेता है, फिर अ के सिर से होते हुए अ और ब की बाँहों पर आ जाता है और ब के पैरों के अन्दर से निकलता है।

खींचकर उठाने का खेल (प्लेट CXXXVIII)

दो लड़के एक दूसरे के आमने-सामने बैठ जाते हैं और पैर के तलुवों को जोड़ लेते हैं। वे एक-दूसरे का हाथ पकड़कर या एक छड़ी पकड़कर एक-दूसरे को जमीन से उठाने का प्रयास करते हैं।[1]

गुदीना करसाना (प्लेट CXXVII)

लड़कियाँ एक लम्बी पंक्ति में अपने घुटनों के बल बैठ जाती हैं, अपने सिरों को झुकाकर वे घुटनों के बीच में रख लेती हैं और दबी-दबी आवाज में गुनगुनाती हैं। पंक्ति के एक सिरे से एक लड़की उठकर पंक्ति के बराबर से लोटते हुए दूसरे सिरे तक पहुँचती है। यह प्रक्रिया प्रत्येक लड़की दोहराती है। वे निम्न गीत गाती हैं :

---

1. ट्रोब्रियांड टापुओं पर भी इसी तरह का एक खेल खेला जाता है—मालिनोव्स्की, उपर्युक्त, देखें, पृ. 206।

धोनदेरा वानदेरा धोनदेरा वानदेरा	*धोनदेर वानदेरा,* अगर लड़की हो तो उसे बचा लो।
पेकी अटेके तासना धोनदेरा वानदेरा	वह घड़े में पानी भरकर लाएगी।
टाँड ते येर ततारदे धोनदेरा वानदेरा	वह जड़ें लाएगी।
माटिंग करसी ततार दे धोनदेरा वानदेरा	वह पत्ते लाएगी।
आकिंग को इस ततारदे धोनदेरा वानदेरा	अगर लड़का हो तो उसे फेंक दो।
पेकाल एटके वातना धोनदेरा वानदेरा	*धोनदेरा वानदेरा* अगर लड़की हो तो उसे बचा लो।

इस गीत के अर्थों में ज्यादा जाने की जरूरत नहीं है। सुनने में यह वास्तव में बहुत मजेदार है। कई मुरिया बेटे के बजाए बेटी का होना पसन्द करते हैं।

करमाता करसाना (प्लेट CXXIV)

लड़कियों की दो पंक्तियाँ एक दूसरे के सामने खड़ी होकर हाथ पकड़ लेती हैं। लड़के एक छोटी लड़की को उठाकर इस प्रकार बनी 'सेज' पर फेंक देते हैं। कभी-कभी वह सबसे आगे खड़ी दो लड़कियों के कन्धों पर हाथ रखकर स्वयं को सहारा देती है, कभी-कभी वह यों ही लेट जाती है। कभी-कभी पंक्ति के दोनों छोरों पर दो लड़कियाँ रहती हैं।[1] जब वे तैयार हो जाती हैं तो लड़कियाँ इन दोनों को इधर से उधर झुलाती हैं और गीत गाती हैं।

गीत

I

जोयो करमाता, जोयो रौ!	झूलो करमाता झूलो!
लुहुर इतान मति,	हमें लगा यह *बामी* मछली है,
लुहुर बारा आयो;	मगर ये *बामी* मछली नहीं है।
सिपा इतान मति सिपा बारा आयो।	हमें लगा यह *चिपा* मछली है मगर ये *चिपा* मछली नहीं है।
कोटरी इतान मति कोटरी	हमें लगा यह *कोहरी* मछली है
बारा आयो।	मगर ये *कोहरी* मछली नहीं है।
टेंगरी इतान मति टेंगरी बारा आयो	हमें लगा यह *टेंगरी* मछली है मगर ये *टेंगरी* मछली नहीं है।
मादुम इतान मति मादुम बारा आयो!	हमें लगा यह *मादुम* मछली है मगर ये *मादुम* मछली नहीं है।
जोये करमाता जोयो रौ!	झूलो करमाता झूलो।

1. ब्रिटिश न्यू गिनीया में एक ऐसा ही खेल पाया गया है, जिसे वहाँ बिडो-बिडो कहा जाता है। 'लड़कों और लड़कियों की दो कतारें एक-दूसरे के सामने खड़ी हो जाती हैं और आमने-सामने के लोग अपने हाथ जोड़कर कुर्सी बना लेते हैं। एक छोटे लड़के को इस 'पलंग' पर पंक्ति के एक छोर से दूसरे छोर तक उछाला जाता है। एक जोड़ा लड़के को आगे उछालने के बाद दौड़कर पंक्ति के आगे जा खड़ा होता है। इस तरह कभी खत्म न होनेवाली पंक्ति बनती है।—आर.एफ. बारटन, 'चिल्ड्रेन्स गेम्स इन ब्रिटिश न्यू गिनीया,' *जे.आर.ए.आई.*, खंड XXXVIII, पृ. 266।

II

काकोर माचा में झुलना हो दाई?	किसके *माचा* में झूला है, माँ?
साजन की माचा में झुलना हो दाई।	साजन के *माचा* में झूला है, माँ।
ऊपर ले आइसे नावा जोगी हो दाई।	ऊपर से एक नया भिखारी आया है।
सुलियारो ला लेगिसे नावा जोगी हो दाई।	वह सुलियारो को ले गया।
सुलियारो हँसे से मच-मच हो दाई।	सुलियारो *मच-मच* हँसती है
साजन देखे से मिट-मिट हो दाई।	साजन *मिट-मिट* कर के देख रहा है, माँ।

III

बोर दादाल उकार उंगीवाल?	झूले में कौन झूल रहा है?
कलम साई दादाल उकार उंगीवाल।	कलमसाई झूले में झूल रहा है।
अदु बदु बाई उकार उहाना?	कौन लड़की झूले को धक्का दे रही है?
मंजारो बाई उकार उहाना।	मंजारो झूले को धक्का दे रही है।
उहमा रानी उहमा नाना अरिका	इतना तेज मत झूलो रानी नहीं तो मैं गिर जाऊँगा।
अरवी राजा अरवी नाना येत्का	तुम नहीं गिरोगे राजा, मैं तुम्हें पकड़ लूँगी।

महामंडल करसाना (प्लेट CXXXIX)

लड़के और लड़कियाँ महमंडल सर्प की आकृति बनाते हैं। प्रत्येक दोनों हाथों से अपने आगेवाले का नितम्ब पकड़ता है और पंक्ति एक खास अन्दाज में पैर पटकते हुए आगे बढ़ती है। आगे का छोर पीछे के छोर को पकड़ने की चेष्टा नहीं करता है। यह सिर्फ एक साँप की नकल करता है जो साँप की तरह गोल-गोल घूमती है। अन्त में पंक्ति के लड़के-लड़कियाँ एक दूसरे के बीच से गुजरकर एक गाँठ बना लेते हैं जिसमें कोई इधर-उधर नहीं जा सकता।[1]

नुन-नुरियल करसाना

यह ऊपर दिए खेल का अलग भिन्न रूप है जिसे मैंने पल्ली-बारकोट में तारबेली बच्चों के नृत्य में देखा। वे इसी प्रकार गुँथते-खुलते हैं, लेकिन बीच में वे उकड़ूँ बैठ जाते हैं और एक दूसरे के ऊपर से चलते हैं। शुरू में भी पंक्ति का अग्रभाग स्वयं को गाँठ नहीं लगा लेता, बल्कि उसी पंक्ति में अपनी पंक्ति को ऊपर उठे हाथों के अन्दर से गुजरता हुआ बुनता जाता है। इस खेल का नाम नुन-नुरियल चिड़िया के नाम पर रखा गया है।

चिक-डोंडी करसाना[2]

यह पिछले खेल जैसा ही है। लड़के और लड़कियों की एक लम्बी पंक्ति, जिसमें तकरीबन

1. यह ट्रोब्रियांड के खेल जैसा है जिसमें खिलाड़ी 'एक लम्बी कतार में हाथ पकड़कर खड़े हो जाते हैं और उस व्यक्ति के चारों तरफ घूमते हैं जो एक छोर पर खड़ा रहता है। दूसरे छोर पर खड़ा व्यक्ति इस शृंखला को लगातार छोटे होते जाने वाले वृत्तों में घुमाता है जब तक कि वे गुत्थम-गुत्था नहीं हो जाते...फिर इस गाँठ को खोला जाता है।'–मालिनोव्स्की, उपर्युक्त, देखें, पृ. 207।
2. चिक डोंडी वह डंडी होती है जिससे चिड़िया पकड़ने का चूना लगाया जाता है।

चालीस लड़के-लड़कियाँ होती हैं। हाथ बाहर फैलाए और एक-दूसरे को बाँहों से पकड़े। कभी-कभी लड़के और लड़कियाँ मिश्रित होते हैं, लेकिन बेहतर ढंग होता है जब लड़कियाँ एक छोर पर होती हैं और लड़के दूसरे छोर पर। लड़कियाँ गाती हैं, 'सिलोरी सिलोरी टांडे मसक लो' और लड़के जवाब देते हैं 'किनारी किनारी टांडे मसक लो'। जिस पर लड़कियों का जवाब होता है 'हट के गेली मुंड के गेली जोलिन्ता जोइल सिंगरी मसली नान पुर्गी काँव ता काँव ता'। उनके गाने के दौरान पंक्ति का नेतृत्वकर्ता घूम जाता है और झुककर हाथ ऊपर उठाए खिलाड़ियों के बीच से निकलना शुरू करता है। एक के बाद वह दूसरे के हाथों के नीचे से निकलता है। और यह चलता रहता है जब तक कि उसी की तरह ऐसा करनेवाले अन्य सभी लड़कों के कारण कई वृत्त घूमने नहीं लग जाते और धीरे-धीरे एक गाँठ नहीं बन जाते। फिर वे तेजी से गाँठ खोलते हैं और पंक्ति पुनः सज जाती है। अब दूसरा छोर यही प्रक्रिया दोहराता है और यह तब तक चलता रहता है जब तक वे थक नहीं जाते।

8. वृत्त के खेल

अब हम उन खेलों पर गौर करेंगे जिनमें बच्चे एक-दूसरे का पीछा करते हैं और वृत्त के अन्दर-बाहर भागते हैं। ये भी मुख्यतः अभ्यास के तौर पर महत्त्वपूर्ण हैं जिनमें लड़के-लड़कियों को सतर्कता, पैरों की चपलता और अवसर न चूकने का प्रशिक्षण मिलता है।

बातिया करसाना (प्लेट CXXIX)

लड़के और लड़कियाँ एक बड़े गोल दायरे में बैठ जाते हैं। एक लड़का एक लपेटे हुए कपड़े या धान के पुआल की रस्सी (बतिया) अपने हाथ में लेता है और गोले का चक्कर लगाता है जब तक कि उसे किसी के पीछे नहीं रख देता। इस लड़के या लड़की को तत्काल उठकर पहलेवाले को पकड़ना होता है जब तक कि वह चक्कर लगाकर इस खाली की हुई जगह पर आकर बैठ नहीं जाता।

इस खेल को इसी नाम से लेकिन थोड़ा अलग तरह से तारबेली में खेला जाता है। लड़के-लड़कियों की दो पंक्तियाँ बीच में थोड़ी जगह छोड़कर एक दूसरे के सम्मुख बनाई जाती हैं। वे एक कपड़े के गोले को एक दूसरे पर फेंकते हैं। जो गोला नहीं पकड़ पाता वह दूसरे दल का कैदी बन जाता है। यह खेल तब तक चलता रहता है जब तक कि एक पंक्ति पूरी तरह दूसरी के गिरफ्त में नहीं आ जाती।

गिरी-गिरी करसाना[1]

कुछ लड़कियाँ एक वृत्त में बैठ जाती हैं। एक लड़की उनके सामने झुक जाती है और कई लड़कियाँ उसकी पीठ पर प्रहार करती हैं। वह उछलकर खड़ी हो जाती है और वृत्त का चक्कर लगाते हुए उनका पीछा करती है। जिसे वह छू लेती है उस लड़की को जाकर वृत्त के अन्दर बैठना पड़ता है। ऐसा तब तक चलता है जब तक कि वह सभी को पकड़ नहीं लेती।

---

1. जब आप अपनी अंगुली से किसी की हथेली पर गुदगुदी करते हैं तो इसे गिरी गिरी कहते हैं।

गंडा करसाना

लड़के लड़कियाँ एक बड़ा वृत्त बनाते हुए बैठ जाते हैं। उन्हें एक-एक करके उठना होता है। जिस पहले लड़के या लड़की का घुटना उठते समय चटक जाता है उसे गंडा या अछूत करार दिया जाता है। पर्याप्त संख्या में बच्चे बैठकर वृत्त बनाते हैं और बाकी वृत्त के बाहर से उसका चक्कर लगाते रहते हैं; गंडा वृत्त के अन्दर से तेजी से बाहर निकलकर ज्यादा से ज्यादा बच्चों को पकड़ने की कोशिश करता है। जिसे भी वह छू लेता है उसे वृत्त के अन्दर जाना होता है और जब वह सबको छू लेता है तब खेल समाप्त हो जाता है। बच्चे जब चक्कर लगा रहे होते हैं उस समय वे गाते हैं :

एक कौड़ी दे रे गांडे, नाक में ओराइन दे	मुझे एक कौड़ी दे गंडे, उसे मैं नाक में पहन लूँ।

पोट करसाना

पोट करसाना ऊपर दिए गए खेल की तरह ही है। कुछ बच्चे एक वृत्त बनाते हैं, शेष बच्चों में से आधे वृत्त के अन्दर चले जाते हैं और बाकी वृत्त का बाहर से चक्कर लगाते हैं। वे एक दूसरे को वृत्त के अन्दर-बाहर खींचते हैं और गाते हैं–*पोट पोट पोट*।

पैरी करसाना

कई बच्चे एक वृत्त में बैठ जाते हैं। उनके बीच की जगह को दरवाजा माना जाता है। बाकी बच्चों को एक पंक्ति में गोल-गोल घूमते हुए प्रत्येक दरवाजे से होकर वृत्त के मध्य में पहुँचना होता है। यदि पंक्ति का नेता कूद पाने में सफल हो जाता है तो बाकी को पार करने दिया जाता है। यदि बैठे हुए लड़के नेता को उसकी एड़ी से पकड़ने में कामयाब हो जाते हैं तो उसे पकड़ा हुआ मान लिया जाता है। यदि एक ही समय में एक से ज्यादा बच्चा छलाँग मारने का प्रयास करता है तो इसे गलती माना जाता है।

उस्ता गुंडुर करसाना[1] इसी खेल का एक रूप है। हाथ पकड़े हुए लड़के एक वृत्त में जमीन पर उकड़ूँ बैठ जाते हैं। अन्य बच्चे तालियाँ बजाते हुए वृत्त का चक्कर लगाते हैं और गाते हैं 'उस्ता गुंडुर ता तीन पे कोट वार्क वार्क' 'चक्कर लगाओ और छलाँग मारो। कुछ भुने हुए चावल लाओ और खाओ'। लक्ष्य यह होता है कि 'दीवार' से छुए बिना वृत्त के अन्दर कूद जाओ। यदि एक लड़का अन्दर घुस पाने में सफल हो जाता है तो मान लिया जाता है कि दरवाजा खुल गया है और फिर वे सब अन्दर जाकर नृत्य करते हैं। अब उन्हें कूदकर बाहर निकलने का प्रयास करना होता है।

पुरार करसाना[2] *(प्लेट CXXIII)*

लड़कियाँ एक-दूसरे का हाथ पकड़कर एक वृत्त में खड़ी हो जाती हैं। उसी प्रकार का लेकिन एक छोटा वृत्त बड़े वृत्त के अन्दर भी खड़ा होता है। बाहरी वृत्त भीतरी वृत्त के ऊपर से

---

1. उस्ता गुंडुर एक छोटा तीतर होता है।
2. पुरार एक जंगली कबूतर है।

कूदकर अन्दर चला जाता है। फिर दूसरा वृत्त उसके ऊपर से कूदकर अन्दर जाता है और इस तरह खेल चलता रहता है।

गीत

तुई चिटकुल?	क्या तुम छोटी (कबूतरी) हो?
कि मै मिटकुल?	कि मैं एक सुन्दर लड़की हूँ!
घाघरा के पानी	घड़े का पानी
टाबक टोड़	हिलने पर छलक जाता है।

मिटकुल लड़की एक नन्ही प्यारी बच्ची होती है जो हमेशा बनी-ठनी रहती है।

मैंने लगभग इसी खेल को किनारिंग करसाना के नाम से कुंटपदर में देखा। लड़कियों का एक दोहरा वृत्त हाथ जोड़ता है। भीतरी वृत्त झुक जाता है और बाहरी वृत्त उसके ऊपर से लाँघकर अन्दर चला जाता है, फिर वह मुड़कर उसी प्रकार लाँघकर बाहर चला जाता है। वे गाती हैं। *किनारी किनारी डोंडी मस्केलो।*

9. विविध खेल

कई अन्य खेल हैं जो स्पष्टतः किसी श्रेणी में नहीं आते। यहाँ मैं कुछ का वर्णन कर रहा हूँ।

नाना दरबेना करसाना (प्लेट CXXII)

लड़कियाँ एक गोल दायरे में खड़ी होती हैं, उनके चेहरे अन्दर की तरफ होते हैं। वे ऊपर और नीचे उछलती हैं और अपने सिर के ऊपर ताली बजाती हैं। अचानक ही वे बाहर की तरफ घूम जाती हैं और तालियाँ बजाते हुए ऊपर नीचे कूदती रहती हैं।

गीत

नाना दरबेना!
तुम किस वंश की हो, लड़की?
तुम किसकी पुत्री हो?
मैं तुम्हारे साथ हँसना चाहती हूँ।
तुम नैतामी वंश की हो,
तुम एक नैतामी की पुत्री हो।
मैं तुम्हारे साथ हँसूँगी।
तुम कुहरामी वंश की हो,
तुम एक कुहरामी की पुत्री हो।
मैं तुम्हारे साथ हँसूँगी।
तुम पोयामी वंश की हो,
तुम एक पोयामी की पुत्री हो,
मैं तुम्हारे साथ हँसूँगी।
तुम किस वंश की हो, लड़की?

यदि मैं किसी गाँव में जाऊँगी, तो मैं एक लड़का लाऊँगी और
उसके साथ हँसूँगी।
यदि मैं खेत में जाऊँगी, तो मैं एक घोड़ा लाऊँगी और
उसके साथ हँसूँगी।
यदि मैं बाजार जाऊँगी, तो मैं एक लड़की लाऊँगी और
उसके साथ हँसूँगी।
नाना दरबेना!

बुची करसाना

यह खेल, जिसके नाम का शाब्दिक अर्थ 'टूटे कानवाली लड़की का खेल' है एक बन्द घेरे में एक साथ खड़ी लड़कियों के द्वारा खेला जाता है। वे एक संक्षिप्त गीत गाना शुरू करती हैं जिसका कोई खास अर्थ नहीं होता और सभी आगे झुककर अपनी एड़ियाँ छूती हैं। गीत की हर पंक्ति पर वे स्वयं को थोड़ा ऊपर उठाकर पहले घुटने, फिर कमर, छाती, कन्धे छूते हुए अन्ततः हाथों को सिर के ऊपर उठा लेती हैं।

गीत

दादा गेलोसे गाँव गेलोसे बुची बुची।	भाई अपने गाँव गया है *बुची बुची!*
दादा चो थैली मे अरिगुंडा आरिगुंडा	उसकी जेब में मीठी तम्बाकू है।
टिंडकीने टिनविने अरिगुंडा अरिगुंडा?	क्या वह मीठा तम्बाकू खाएगा?

बुची शब्द, जिसका अर्थ टूटा हुआ कान होता है, कभी कभार लड़कियों के नाम के तौर पर प्रयुक्त होता है। कान के छेद (आभूषणों के लिए जिसका प्रयोग होता है) को फाड़ देना, अन्य जगहों के लोगों की तरह मुरिया लोगों द्वारा भी एक सामाजिक आपदा के रूप में माना जाता है। लेकिन यहाँ इस शब्द का गीत या खेल किसी से भी कोई सम्बन्ध नहीं प्रतीत होता।

मुंडी करसाना

आपस में चिपकी लड़कियों का एक वृत्त बनाया जाता है। प्रत्येक लड़की अपने बाएँ हाथ से अपनी पड़ोसन के दाहिने हाथ का अँगूठा पकड़ती है जब तक कि एक ऊपरी छल्ला नहीं बन जाता। फिर प्रत्येक लड़की अपने दाहिने हाथ से अपनी पड़ोसन के बाएँ हाथ के अँगूठे को पकड़ती है और एक निचला छल्ला बनता है। फिर वे दोनों छल्लों को झटके के साथ ऊपर-नीचे करती हैं और गाती हैं।

गीत

एक एक मुंडी!	एक एक छल्ला!
दुई दुई मुंडी!	दो दो छल्ले!
ओकर मुंडी!	उसका छल्ला!
मुंडी लोरी!	गोले में छल्ला!
पासपरेला दे कोदो माली	पासपरेला पौधों को एक
लोरी दे कोदो माली लोरी!	गोले में रखो!

पानेंग-डोकिंग (मेंढक और छिपकली) करसाना

इस खेल को डोके और नागिल-माटिंग (जड़ खोदना) के नाम से भी जाना जाता है। मैंने इस खेल को मध्य प्रान्तों में गोंड और प्रधानों द्वारा खेले जाते भी देखा है। तीन लड़के या लड़कियाँ एक दूसरे के पीछे एक टाँग पर खड़े हो जाते हैं। वे अपने पैरों को सहारे के लिए जोड़ लेते हैं और फिर एक वृत्त में तालियाँ बजाते हुए और विभिन्न छोटे-छोटे गीत गाते हुए कूदते हैं। उनका एक गीत है *नागिल माटिंग कुटुह कुटुह,* या 'हम जड़ों को खोदकर खाते हैं।' और एक दूसरा गीत है।

पेकी टिटुंग पानेंग डोकिंग माट	लड़कियों ने छिपकलियाँ खाईं
टिटोम टेटका।	और हमने मेढक खाया।
पेकोट टिटुंग पानेंग डोकिंग	लड़कों ने छिपकलियाँ खाईं
माट टिटोम बेली।	और हमने मिठाइयाँ खाईं।

जट्टा (जाँत का पत्थर) करसाना (प्लेट CXXVII)

चार लड़के एक सितारे की भाँति पैर जोड़कर जमीन पर लेट जाते हैं। उनके पैर किसी की पगड़ी से बाँध दिए जाते हैं। बड़े लड़के उन्हें बाँह पकड़कर उठा लेते हैं और एक वृत्त[1] में गोल-गोल घूमते हैं।

टेडापोटुर करसाना

लड़के एक लम्बी सीधी रेखा में लेट जाते हैं और अपने हाथ फैलाकर अपने ऊपरवाले की लँगोटी पकड़ लेते हैं। आखिरी लड़का उठता है और पंक्ति के दोनों तरफ टाँग फैलाकर उसके ऊपर से गुजरता है और अपने साथ अन्य लड़कों को भी खींचकर उठाता जाता है जब तक कि सारे बच्चे अपने पैरों के बीच से होकर जानेवाले हाथों से अपने पड़ोसी लड़के का लँगोट पकड़े हुए खड़े नहीं हो जाते। फिर नेता इस प्रक्रिया को उलट देता है और पीछे लौटता है जब तक कि सारे लड़के फिर जमीन पर लेट नहीं जाते। टेडापोटुर का अर्थ 'पत्तों की टोकरी सिलना' हो सकता है और अनुमान लगाया जा सकता है कि यह खेल इसी प्रक्रिया का प्रतीक है।

गीत

सास पोटोर पत्ते के समान है।
जेठ घर के मुख्य स्तम्भ की तरह है।
देवर बरामदे के खम्भे की तरह है।
ससुर साल वृक्ष के पत्ते की तरह है।

इस गीत में सम्भवतः यौन प्रतीकों का प्रयोग है। सास राम-दातुन (या पोटोर) वृक्ष के पत्ते की तरह है जिसकी डंठल का प्रयोग आमतौर पर दाँत साफ करने के लिए किया जाता है। पति के दोनों भाइयों के पास यौन शक्ति से भरे लिंग हैं, अग्रज का लिंग घर के भारी स्तम्भ जैसा है

---

1. हड्डन ने ब्रिटिश न्यू गिनीया में इसी प्रकार का एक खेल रिकॉर्ड किया। चार लड़के एक क्रास की आकृति में लेट जाते हैं। एक छोटा लड़का उनके पैरों के पास लेट जाता है। अन्य लड़के उन्हें उठाकर घुमाते हैं 'जिससे लगता है जैसे चार तीलियों वाला पहिया घूम रहा हो'।—हड्डन, उपर्युक्त, देखें, पृ. 290।

और अनुज का गहराई तक पहुँचनेवाला और आनन्द दायी है, उस पतले खम्भे की तरह जो बरामदे को सहारा देता है। ससुर वृक्ष के पत्ते की तरह बेकार है।

जोहर करसाना

यह खेल जो अलोर के विशाल घोटुल में खेले जानेवाले कई आकर्षक खेलों में से एक है, एक सलामी देनेवाला खेल है। मुटियारी एक पंक्ति में खड़ी हो जाती हैं। उनकी नेता आगे निकलती है और दूसरों की तरफ पीठ करके झुक जाती है और दाहिने-बाएँ झूलती है और प्रत्येक मुटियारी (के बारी-बारी से पैर छूती है। वह ऐसा करते हुए पंक्ति के) अन्त तक जाती है और फिर उसके बाद वाली मुटियारी उसका अनुसरण करती है।

गीत

<table>
<tr><td>दीदी बोली बोली कुदुम केली लो,
उल्टी पाओ परिलो पुल्टी पाओ परिलो।</td><td>दादी कहाँ हमने पैर रख दिया है,
इस तरफ और उस तरफ पैरों को प्रणाम किया।</td></tr>
<tr><td>जुनागढ़ देखिलो नवा गढ़ देखि लो।</td><td>हमने पुराने किले को देखा,
हमने नये किले को देखा।</td></tr>
<tr><td>सखी चाँवर बदिलो।</td><td>हमने चावल से दोस्ती की।</td></tr>
<tr><td>राजा टिका तिकिलो।</td><td>हमने राजा को प्रणाम किया।</td></tr>
<tr><td>सोन कुकटा बसिलो।</td><td>ओ सुनहरा मुर्गा कूका।</td></tr>
<tr><td>कुमार कुकरा बसिलो</td><td>लाल मुर्गा कूका।</td></tr>
<tr><td>कि कि रि किर।</td><td>कि कि रि किर</td></tr>
</table>

कुदुम पैरों को पटकने की आवाज का प्रतीक है। जब बहन का नाम लेकर गीत समाप्त हो जाता है तब इसे सास, चचेरी बहन, भाभी या जिसका चाहें उसका नाम लेकर इसे जारी रखा जा सकता है।

अनुमान लगानेवाला खेल

मुरिया एक अनुमान लगानेवाला खेल खेलते हैं जिसका नाम मुंडी करसाना है। फुलपर में इस खेल के दौरान लड़कियाँ अपने हाथ बाहर निकाले एक वृत्त में खड़ी हो गईं। एक लड़के ने एक लड़की के हाथ में एक अँगूठी रख दी। उसके बाद अन्य लड़कों को बारी-बारी से आकर अनुमान लगाना था कि अँगूठी कहाँ है।

मेतावंद में, इसे एक साथ बैठे लड़के और लड़कियों द्वारा खेला गया लेकिन तरीका वही था। कभी-कभी अनुमान लगानेवाला हर माथे पर अपना हाथ रखता है, ऐसा माना जाता है कि जिसके पास अँगूठी होगी उसका माथा गरम होगा।

हरड़ के साथ खेला जानेवाला खेल

नयनार में मैंने चेलिक को हरड़ के साथ खेलते देखा। दो लड़के एक दूसरे के आमने-सामने बैठ गए, दोनों के पास हरड़ की ढेरी थी। पहले लड़के ने एक मुट्ठी हरड़ उठाकर ऊपर उछाला और ज्यादा से ज्यादा हरड़ अपनी उल्टी हथेली पर रोकने का प्रयास किया। वह एक

भी नहीं रोक पाया और फिर दूसरे लड़के को मौका मिला। उसने दो पकड़े और उन्हें अपने पीछे रख लिया, अगली फेंक पर उसने एक, फिर तीन हरड़ पकड़े लेकिन अन्त में जबकि सिर्फ तीन बचे थे वह एक भी नहीं रोक पाया और अपना मौका गँवा बैठा। तब पहले लड़के ने दोबारा प्रयास किया।[1]

10. मुर्गे लड़ाने का खेल

मध्य और उत्तर परगनाओं के मुरिया लोगों के बीच मुर्गे लड़ाना एक लोकप्रिय खेल है लेकिन पूर्व में इसे बहुत कम खेला जाता है जहाँ इसे सिर्फ गंडा[2] के लायक ही समझा जाता है। लेकिन पश्चिमी और मध्य क्षेत्रों में मुर्गों को पाला जाता है और उन्हें लड़ाई के लिए प्रशिक्षित किया जाता है। ऐसा कहा जाता है कि पुराने अच्छे दिनों में ये लड़ाइयाँ दो आदमियों के बीच होती थीं और दर्शक परिणामों पर दाँव लगाते थे। मुर्गों की लड़ाइयाँ तब उनकी जगह आईं जब उस उत्तेजक प्रथा को प्रतिबन्धित कर दिया गया। ज्यादातर बाजारों के दोपहर बाद समाप्त होने पर विशाल बैठकें होती हैं। बड़े मुरिया गाँवों में विशेष बैठकें भी बुलाई जाती हैं। ऐसा नियमित रूप से भी होता है और परगना पंचायत के जुटने जैसे विशेष अवसरों पर भी होता है। इस हिस्से में मुरिया लोगों के बीच इस खेल को लेकर उत्साह रहता है और इन लड़ाइयों पर निरपवाद रूप से लगे दावों में पर्याप्त धन इस हाथ से उस हाथ में जाता है। शान्त स्वभाव वाले मुरिया के लिए मुर्गे लड़ाने के प्रति आकर्षण का कारण लड़ाई और खून नहीं है (जैसा कि खून के प्यासे जंगली साँड़ के सींगवाले माड़िया के लिए है) बल्कि दाँव लगाने में है। हारनेवाला मुर्गा भी विजेता का सम्पत्ति हो जाता है।

जब समूह पेड़ों के बड़े झुरमुट की छाया में जमा हो जाता है, तब मुर्गों –जिन्हें बड़ी सावधानी से ढककर लाया जाता है–को एक दूसरे के साथ मापा जाता है ताकि प्रतिद्वन्द्वी एक जोड़ के हों। छुरी लगानेवाले आदमी–जो इस काम के लिए विशेष रूप से प्रशिक्षित मुरिया होते हैं। अलग हटकर मुर्गों के पैरों में छुरिया बाँधते हैं। ये छुरिया तेज-धारवाली चाकू की पत्तियाँ होती हैं जो करीब तीन इंच लम्बी और हलकी घुमाव लिए होती हैं जिन्हें मुरिया लोहार स्थानीय स्तर पर गलाए लोहे से तैयार करता है और उन्हें बाँस के डिब्बों या कपड़े

---

1. इसी तरह का एक खेल–ढापा–पौरी भुइया लोग खेलते हैं।–राय, *द हिल भुइयाज़* ,पृ. 285। मैंने इसे मांडला में देखा है और सम्भवतः यह अन्य जगहों पर भी खेला जाता है
2. कोल, भुमिज और उराँव लोगों में मुर्गे लड़ाने के शानदार वर्णन के लिए देखें, *नार्थ इंडियन नोट्स एंड क्वेरीज़,* खंड II (1892), पृ. 95। थर्स्टन इसे एक 'घटिया दृश्य' मानते थे और कर्नल न्यूकम से सहमत थे कि इसे गुप्त रूप से किया जाना चाहिए। उन्होंने मैसूर के मुसलमानों में मुर्गे लड़ाने के तरीके का वर्णन किया है जिसमें स्टील की ऐड़ का इस्तेमाल नहीं होता। बल्कि चाकू से नाखूनों को पैना कर दिया जाता है। 'एक अच्छी लड़ाई कई घंटों तक चल सकती है', वे कहते हैं। इस बात और थर्स्टन के वर्णन के कुछ पहलुओं पर मुझे सन्देह है। थर्स्टन आगे कहते हैं कि यह खेल दक्षिण कनारा के बंत लोगों के बीच काफी प्रचलित था लेकिन इस खेल में प्रायः झगड़े होते थे इसलिए पुलिसवालों ने इसे हतोत्साहित किया।–*एथनोग्राफिक नोट्स,* पृ. 569 व आगे। मैंने मध्य प्रान्तों में कहीं भी यह नहीं देखा हालाँकि सरनगढ़ राज्य में मैंने मैना लड़ाई देखी है। मुर्गा लड़ाने के और उल्लेख के लिए देखें : टी.आर. पद्मनाभचारी, 'गेम्स, स्पोर्ट्स एंड पास्टाइम्स इन प्रीहिस्टोरिक इंडिया', *मैन इन इंडिया,* खंड XXI पृ. 144; डी.एन. मजूमदार, 'गेम्स ऑफ द होज़ आर्फ कोल्हन', *मैन इन इंडिया,* खंड V, पृ. 201; जे. सरकार, 'असम एंड द अहोम्स इन 1660', *जे.बी.ओ.आर.एस.,* खंड I, पृ. 186; और अलग-अलग जनजातियों पर लिखे गए निबन्ध।

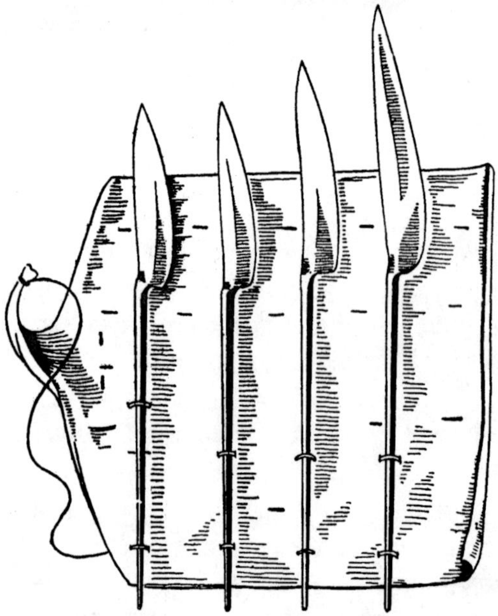

चित्र-146. कपड़े के थैले में मुर्गे लड़ाने के चाकुओं का सेट

के थैलों में लपेटकर रखा जाता है।

छूरी लगानेवाला आदमी पत्तियों को मुर्गे के पैर पर लगाता है, और डोरी पर थूककर उसे मुर्गे के पैर के साथ लपेटता जाता है जब तक पत्तियाँ ठीक ऊँचाई और दिशा में कस नहीं जाते। फिर वह अपने कान से मैल निकालकर उसे अपने बाएँ पैर की धूल से और थोड़ी थूक से मिलाता है और इस मिश्रण को पत्तियों पर रगड़ता है और कहता है, 'ओ महपुरुष, ओ मेरे पूर्वज, तू मेरी ईमानदारी और अच्छाई को जानता है। अब तुझ पर है कि इस मुर्गे को विजयी बना।' वह मुर्गे की पूँछ से एक पंख निकालता है उसे मुर्गे के पैर पर लगी पत्ती से आधे में काटता है और उस पर थूककर उसे फेंक देता है। यदि मुर्गा जीत जाता है तो छूरी बाँधने वाले आदमी को इस मुर्गे के प्रतिद्वन्द्वी की एक टाँग मिलती है।

मालिक अब अपने मुर्गो को लेकर दर्शकों की भीड़ के बीच के खाली स्थान में एक दूसरे के सामने खड़े हो जाते हैं। वे मुर्गों को बाहर किए उन्हें पकड़े रहते हैं ताकि वे अपने प्रतिद्वन्द्वी को देख सकें और जब वे उत्तेजित हो जाते हैं तब उन्हें जमीन पर उतार देते हैं। मुर्गे आमतौर पर तत्काल आक्रमण पर उतर आते हैं और लड़ाई बहुत थोड़ी देर ही चल पाती है। पत्तियों की धार बहुत तेज होती है और मैंने प्रायः देखा है कि दोनों मुर्गे तीस सेकंड की लड़ाई में मर जाते हैं। यदि कोई मुर्गा अपने प्रतिद्वन्द्वी को पीठ दिखाता है तो उसे हारा हुआ मान लिया जाता है। जीत के बाद मुर्गे का मालिक अपने पूर्वजों को शराब की भेंट चढ़ाता है। बिनझली में उससे ग्राम माता को नारियल चढ़ाने की अपेक्षा की जाती थी। उलेरा के मुरिया लोगों ने बताया कि जब वे मुर्गों को लड़ाते हैं उस समय अपने पूर्वजों का स्मरण करते हैं।

अध्याय-बाइस

अन्य मनोरंजन

1. मुरिया लोगों का हास-परिहास

मुरिया का हास्य बस्तर या मध्य प्रान्तों के किसी भी अन्य जनजाति की तुलना में ज्यादा परिपक्व है। घोटुल बुद्धिमानी एक स्वाभाविक प्रशिक्षण केन्द्र है। यहाँ युवा समुदाय का निरन्तर जुड़ाव उन्हें मनोरंजन के विभिन्न रूप ईजाद करने की प्रेरणा देता है। मुरिया हास्य की सबसे प्राथमिक अभिव्यक्ति ऊटपटांग हरकतों के द्वारा होती है। एक-दूसरे पर गन्दा पानी फेंकना, लोगों पर लाल चींटियाँ डालना और पीछे से आकर लोगों के चेहरे पर कीचड़ सने हाथ पोतना उन्हें बेहद पसन्द है। नयनार के चेलिक के पास बाँस की पिचकारियाँ (चित्र 21) होती थीं जिससे वे मुटियारी पर पानी की धार छोड़ते थे। विवाह के अवसर पर वर एवं वधू का अभिनन्दन करने के लिए झुकनेवाले रिश्तेदारों के चूतड़ पर हल्दी का पानी उड़ेलना वृद्ध पुरुषों और महिलाओं को बहुत मजेदार लगता है। उन्हें एक-दूसरे के यौन अंगों को कुरेदने और उन्हें पकड़ लेने में मजा आता और यदि कोई नग्न होकर नृत्य करता है, खासकर यदि उन रिश्तेदार के सामने किया जाए जो प्रतिबन्धित रिश्ते के दायरे में आते हों तब वे हँसते-हँसते लोट-पोट हो जाते हैं। पाठक ध्यान देंगे कि यहाँ हँसी-मजाक सामाजिक पहलू का आनन्द उठाया जाना है न कि यौन पहलू का। यहाँ जिन रिश्तेदारों की उपस्थिति में आमतौर पर मर्यादा का कड़ाई से पालन होता है उनके सामने कुछ अजीबोगरीब और घटिया हरकत करने का भाव प्रमुख होता है। एक ही परिवार में यौन सम्बन्धों पर मजाक किया जाता है क्योंकि मुरिया समाज में यह प्रवृत्ति एकदम नगण्य है। विवाहेत्तर सम्बन्धों पर भी हास्य सम्भव है क्योंकि यह एक दुर्लभ चीज है। मुरिया विवाह के अश्लील मजाक किसी भी तरह यह नहीं बताते कि उनका समाज अश्लील है। वास्तव में वे इसके विपरीत भाव प्रदर्शित करते हैं। वह तो नियम कायदों के मामले में सबसे सख्त अँग्रेजी समाज का मध्यवर्ग है जिसके बीच अश्लील पोस्टकार्ड का सबसे अधिक प्रचलन है, यह विषमता और असंगति का भाव है जो कि हास्यास्पद है। इस सन्दर्भ में जार्ज आरवेल ने हाल ही में अश्लीलता और अनैतिकता में अन्तर के प्रति ध्यान आकर्षित किया है। अश्लीलता का आधार यह निष्कर्ष है कि विवाह एक अत्यन्त दिलचस्प और महत्त्वपूर्ण घटना है, एक आम आदमी के जीवन की सबसे बड़ी घटना। यही बात तंग करनेवाली पत्नियों और तानाशाह सासों पर भी लागू होती है। वे कम से कम इतना तो जता ही देते हैं कि उनका समाज सन्तुलित है जिसमें विवाह तोड़े नहीं जाते और पारिवारिक निष्ठा उनमें रची बसी है...एक गन्दा मजाक किसी की नैतिकता पर सन्देह

नहीं है बल्कि यह एक प्रकार का मानसिक विद्रोह है, एक क्षणिक चाह कि चीजें थोड़ी भिन्न होतीं।[1] इस तरह मुरिया लोगों के मजाक अश्लील होते हैं मगर वे अनैतिक नहीं होते।

मुरिया को पहनने-सजने की क्रिया में बेहद आनन्द प्राप्त होता है। शादियों में खासकर लगीर के महत्त्वपूर्ण मौके पर अनेक लोग-वृद्ध और जवान विचित्र पहनावों में प्रकट होते हैं। एक व्यक्ति राक्षस बना होता है, एक अन्य व्यक्ति रस्सी का एक विशाल लिंग लगाए होता है, एक तीसरा व्यक्ति राख लपेटकर सिराहा ओझा की नकल करता है। मालकोट में गाँववालों को भालू की खाल पहने एक वृद्ध के करतबों को देखकर बेहद आनन्द आया जो अपने रखवाले के साथ था। उसका रखवाला स्वयं सिर से पाँव तक धान के पुआल की रस्सी से लिपटा हुआ था। गाँव का मुखिया जो आमतौर पर बहुत शान्त गम्भीर व्यक्ति होता है एक काठ के घोड़े पर सवार होकर तथा छाता लगाए नमूदार हुआ। सिधवंद में एक लम्बी पूँछवाला 'साधु' था और एक राख से लिपटा हुआ मछुआरा जो मुरियाओं के मछली पकड़ने के ढंग की नकल करता था। मुखौटे कभी-कभी पहने जाते हैं खासकर पुस कोलांग और छेरता अभियानों के दौरान। कचोरा में कद्दू से बने मुखौटे लगाए दो लड़के पति और पत्नी का अभिनय कर रहे थे। नकली उरोज लगाए पत्नी लोगों का भरपूर मनोरंजन कर रही थी। फुलपर में एक चेलिक ने गिलहरी के बालों से बनी एक नकली दाढ़ी लगा रखी थी जिसे वह आइने में देखकर गाह रहा था। गोरमा में एक मुरिया अतपरिहा बेंत वाले की तरह का पहनावा किए था। उसका चेहरा सफेद था और उसने भालू के बाल से बनी दाढ़ी लगा रखी थी। उसके पास एक विशालकाय धनुष और तीर के तौर पर एक लकड़ी का भाला था। यहाँ तक कि एक पुरानी सोलर टोपी भी मजेदार मानी जाती है–जब उसे एक चेलिक पहनता है। असामान्य हरकतों से नाटकीयता पैदा करने की चाह में मसोरा का एक मुरिया बाँहों में एक कुत्ते को लेकर नृत्य कर रहा था। (प्लेट CXLIII)

असामान्य हरकतों से तत्काल पैदा होनेवाले हास्य के अलावा मुरिया अमर्यादित चीजों के प्रति विशेष आकर्षण रखते हैं। ऐसी एक कहानी एक लड़की के बारे में है जिसकी नाभि की गाँठ बहुत बड़ी है। वह स्वयं को नदी की तलहटी में गाड़ लेती है लेकिन उसकी नाभि की गाँठ बाहर निकल आती है और एक बैलगाड़ी उसमें फँस जाती है। पहली मुटियारी की योनि इतनी विशाल थी कि एक जंगली भालू उसमें लोट सकता था। वह नन्द गाँव की नमक की बोरी जैसी दिखती थी। एक गीत में एक लड़के का लिंग खीरे जितना बड़ा है और उसके अण्डकोश कद्दू जितने विशाल हैं।

गोरमा में मैंने एक नृत्य देखा जिसमें नर्तक अपने चेहरे और शरीर को तोड़ता-मरोड़ता हुआ एक अश्लील पक्षी की तरह घोटुल में घूम रहा था। अपने हाथ से वह अपना नितम्ब, गुप्तांग, छाती और सिर छू रहा था, अपने गन्दी हो चुकी उँगलियों को सूँघ रहा था और फिर उन्हें दर्शकों के चेहरों में घुसेड़ देता था। यह सब इतने बढ़िया ढंग से किया जा रहा था कि आप दिमाग के किसी कुत्सित सृजन की तरह ही भय के मारे इस प्रदर्शन की अश्लीलता को भूल जाएँगे। इसी की श्रेणी में वे 'तेन्दुए' और 'छिपकलियाँ' भी आ जाती हैं जो किसी नृत्य या विवाह के मौके पर प्रायः ही दिख जाते हैं। कम्बल से स्वयं को ढका एक लड़का बड़ी जुगत से टहनियों के सहारे एक सिर और चोंच बनाता है जो खुलती और बन्द होती है। फिर वह ऐसे तरीके से रेंगता है जिसे मैं सिर्फ जुगुप्सा पैदा करनेवाला ही कह सकता

1. जी. आरवेल, 'द आर्ट ऑफ डोनाल्ड मैकगिल', *होराइज़न,* खंड IV (1941) पृ. 153 व आगे।

हूँ और जो भय उत्पन्न करता है।

फौदा में बनाई गई एक चिड़िया साफ-सुथरे हास्य का नमूना था। एक चेलिक अपने आगे हाथ फैलाकर जमीन पर लेट गया। दूसरों ने उसके शरीर को एक कम्बल से और उसके हाथों को एक कपड़े से ढक दिया। उन्होंने कपड़े से ढके हाथ को आभूषणों से ढक दिया उनमें एक चोंच और कान पकड़ा दिए और एक विचित्र पक्षी बना डाला। फिर उस लड़के ने हाथों को हिला डुलाकर उस पक्षी को दाना चुगवाया। (प्लेट CXLVII)

यदि हम वाक् चातुर्य की बात करें तो उसमें भी यही प्रवृत्तियाँ दिखाई पड़ती हैं। गीतों में पूँछों वाले मोरों[1] और हाथी दाँतवाले खरगोशों का जिक्र आता है।

कचगुडगुड पहाड़ी पर एक खरगोश है, चेलिक।
उसके दाँत तलवार जैसे लम्बे हैं, चेलिक।
उसकी मूँछें जंगली घास जैसी हैं, चेलिक।
उसके बाल बाँस के छिलके के समान हैं, चेलिक।

घोटुल पाटा में ऐसे कई अजीब वर्णन हैं। उदाहरण के लिए एक बहुत ही शानदार वर्णन एक कोटवार का है जिसे बारह साल पुराने माँड़ का आहार दिया जाता है जो मेंढक और छिपकलियों[2] से भरा हुआ है।

पीते समय उसकी मूँछों से *सुई सुई* की आवाज आती है,
उसका गला *गुड़ गुड़ गुड़ गुड़* बोलता है।
मेंढक और छिपकली खाते-खाते उसके मुँह *पिटोस पिटोस* हो गया।

सिरी सोमनी की शादी के समय चेलिक और मुटियारी का वर्णन तथा माँझी[3] द्वारा बाई दुरसल रानी को दिया गया उपचार पश्चिमी लोगों को भी मजेदार लगेगा।

2. होशियारी का इम्तहान

पहेली बुझाना घोटुल में मनोरंजन का एक लोकप्रिय तरीका है। यह बुद्धि तेज करता है और प्रायः मजेदार होता है। कही गई चीजों और उनके नीहित अर्थ का अन्तर सुननेवालों को चकित कर देता है और उन्हें हँसाता भी है। कई पहेलियों के स्पष्ट और गूढ़ दोनों तरह के अर्थ होते हैं और आमतौर पर छुपा हुआ अर्थ लैंगिक होता है। विभिन्न सामाजिक बिन्दुओं का वर्णन करनेवाली पहेलियाँ पूरी पुस्तक में मौजूद हैं लेकिन यहाँ मैं दूसरी 150 पहेलियाँ लिख रहा हूँ।

---

1. उराँव कविता की तुलना करें :
साँप आता है
अपना फन उठाए हुए
भिक्षा माँगने।
हिरन आता है
अपनी गर्दन सीधी किए
मूँछों पर ताव देता। (आर्चर, उपर्युक्त देखें, पृ. 122)
2. गाँव के कोटवार के कारनामें मध्य प्रान्तों में गोंड और प्रधान कहानी सुनाने वालों का प्रिय विषय है। देखें, मेरी कृति, *फोल्क-टेल्स ऑफ महाकोशल*, पृ. 88 व आगे, पृ. 108 व आगे और एल्विन व हिवाले की, *फोल्क-सांग्स ऑफ द मैकाल हिल्स* (बाम्बे, 1944), पृ. 372 व आगे।
3. देखें, पृ. 608।

गोंडी में पहेली सामान्यतः गद्य जैसी शैली में होती हैं। पद्य की शैली अत्यन्त दुर्लभ है और यहाँ तक कि यमक और छन्द भी। निम्नलिखित पहेलियाँ आम नमूने नहीं हैं :

उतु तुतु भुई ला तुतु
सींग जमीन से बाहर आता है

बाँस का पौधा

उडिंग उडिंग इन्ता, दाय दाय इन्ता
बोलो बैठो बैठो और बोलो जाओ जाओ

बालू की दलदल

पोर्रो कारे, आदी मेंड
मारनेवाली छत ऊपर, खम्भा नीचे

छतरी

कोंडा उदिंता कासरा वितिंता
बैल बैठा है, रस्सी भाग गई

कद्दू

सामान्य गोंडी पहेली का कोई विशेष रूप नहीं होता।

उंडी उरपादुन नुर नेई कासकिंटांग
सौ कुत्ते एक छिपकली को काटते हैं।
तामुर इरवुरा लोटकु जोटाय मांटा, माटी वार्रो वार्रोना
लोटे होरियार
भाई एक साथ रहते हैं, मगर कभी एक-दूसरे के घर में नहीं घुसते।

जूते।

हल्बी पहेलियों में जो अब लगभग मूल गोंडी की तरह ही सामान्य लोकप्रियता प्राप्त कर चुकी हैं, छन्द पाए जाते हैं। हल्बी पहेलियाँ बहुत तेज प्रवाह से बोली जाती हैं और इनमें एक मुख्य शब्द पर जोर होता है।

सुकलो रूख थाई कारे;
बुर्गा भालु है कारे।

सूखा पेड़ बोलता है थाई;
बूढ़ा भालू बोलता है हाय।

बन्दूक

कुर्लु डोंगरी मारलु झाटी;
एक थुनि पचास पति।

कुर्लु पेड़ों की पहाड़ी पर पौधे काटो
एक खम्भे पर पचास कड़ियाँ हैं।

छतरी

एक गढ़चो मोर कि गाई,
बारा गढ़चो पानी खाई।

एक घर की टूटे सींगवाली गाय
बारह घरों का पानी पीती है।

मछली पकड़ने का काँटा

चिरिंगटा बाजा;
नटराल पागा।

ढोलक जैसी आवाज करनेवाला
लाल पगड़ीवाला

सारस बगुला

फुल्टे फुले से,
झड़ते झरे से।

फूल खिलता है
और जल्दी ही झड़ जाता है।

बाजार

कुछ पहेलियाँ फब्ती या चुनौती के साथ समाप्त होती हैं। यह तरीका तब प्रयोग किया जाता है जब छन्द पूरा करने के लिए अतिरिक्त पंक्ति जोड़ने की आवश्यकता पड़ती है।

झिल मिली तराई
राई रतन बाड़ी
ये धन्धा के निजानबे
बाइले छो नाक के काटी

तारा चमकता है
बाड़ सुन्दर है।
जो इस पहेली का जवाब नहीं देगा,
उसकी पत्नी की नाक कट जाएगी।

आईना

करकस पाना रूपस धेती
धन्धा को नाही जानबे धासनिन के बेटी।

खुरदुरी पत्तियाँ, चाँदी जैसा तना
जो इसका जवाब न जाने
वो घासनिन की बेटी

गन्ना

झील के चारों तरफ दीवार है।
इसका जवाब नहीं बताने पर,
तुम मेरे बँधुआ मजदूर बन जाओगे।

आईना

डंडा सीधा है
उसके ऊपर घंटियाँ हैं
अगर तुम्हें नहीं पता इसका नाम
चींटी तुम्हारे नितम्ब पर काटेगी।

पुरुष का लिंग

कुछेक विचित्र किस्म की पहेलियाँ काल्पनिक बातचीत का रूप ले लेती हैं। एक काँटा एक

व्यक्ति को सम्बोधित करता है जो उसके ऊपर पैर रखने ही वाला है। 'मैं तुम्हें देख रहा हूँ पर तुम मुझे नहीं देख रहे हो।' एक गृहस्वामी हवा में उड़ते एक पत्ते से कहता है 'तुम कहाँ से आए हो बुढ़ऊ, मेरे दरवाजे पर जम गए हो?' एक नदी जिसमें बाढ़ आई है उसके तल में उगी बेलों से कहती है, 'तुम जहाँ हो वहाँ बने रहो, मैं रतनपुर जा रही हूँ'।

घोटुल में कही जानेवाली सभी पहेलियाँ मुरिया लोगों द्वारा ही सृजित नहीं हो सकती हैं मगर मुरिया कम से कम उनका आनन्द ले सकते हैं और उसका निहितार्थ समझ सकते हैं। यदि कोई व्यक्ति स्वयं उस तरह का चुटकुला न बना सकता हो तब भी वह हास्य समझ सकने की क्षमता रखता है यदि उसे युर्बेर पढ़ना रास आता है। पहेली के रूप में किए गए कई वर्णन बड़े चतुराई भरे होते हैं और पश्चिम के विद्वजनों को भी लुभाने योग्य होते हैं। पहेलियाँ भी अनोखी असाधारण चीजों से प्रभाविता ग्रहण करती हैं। कुल्हाड़ी का वर्णन 'एक पेड़ से दूसरे पेड़ पर उछलने वाले भुने हुए सुअर' के रूप में किया गया है। जिसने भी मुरिया को सुअर भूनते हुए देखा है, जिस तरह वे सिर विहीन जानवर को आग पर रखते हैं, इसमें निहित चतुराई को समझ सकता है। यह इसी प्रसंग वाले उराँव पहेली से बेहतर है–'एक पेड़ की ठूँठ पर खेलता हुआ तोता'।[1] सूअर की एक अन्य पहेली सुई और धागे के विषय में है जिन्हें 'चूतड़ में रस्सीवाला छोटा सूअर' कहा गया है। बजाए इसके कि रस्सी सूअर की नाक में लगी हो जहाँ सामान्यतः उसे होना चाहिए।

ताड़ की मदिरा का एक सुन्दर वर्णन है।

'बाहर कितना शान्त–लेकिन पेट में करता कैसी हलचल।' पेट का उल्लेख हमेशा हास्य उत्पन्न करता है। जैसे हमारे यहाँ भी यह कुछ थुलथुल और प्यारा का भाव उत्पन्न करता है, अपने भोजन से प्यार करनेवाला मोटा आदमी। ढोलक की उपमा 'हाथी के पेट में भनभनाती मक्खी' के रूप में की जाती है यह हाथी के पेट और मक्खी के छोटे आकार की तुलना पर जोर देती है। सूप को 'आगे चूतड़ और पीछे पेटवाला आदमी' कहा जाता है–यह उसी प्रकार का बेतुकापन है जैसे जब कोई व्यक्ति उलटा पैंट पहन लेता है जिससे आगे का हिस्सा पीछे चला जाए।

तेल पेरने की चक्की का वर्णन 'एक कुबड़ा भालू जो चारों तरफ पेशाब करता रहता है' के रूप में किया गया है। पहेली में बन्दूक को इस प्रकार कहा गया है : 'सूखे पेड़ पर ठकठकाओ और बूढ़ा भालू कहता है हाय'। यह मुझे देहाती और शान्त तरीके का हास्य उत्पन्न करनेवाला लगता है लेकिन उराँव पहेलियों से एक तुलना करें तो–बन्दूक के बारे में उनका वर्णन 'सूखी लकड़ी से बोलनेवाला भूत'[2] अस्वाभाविक और दिल दहलानेवाला है। सम्भवतः एक यूरोपीय पाठक पर यह ज्यादा असर डालेगा। वह हजारों बन्दूकों और उनके द्वारा बनाए गए भूतों को याद करेगा।

पत्र के बारे में एक बढ़िया वर्णन है :

> एक छोटे जंगली कबूतर का पेट मोटा है।
> कहाँ चले तुम कबूतर?

कुछ अन्य चतुराई भरी पहेलियाँ हैं :

---

1. आर्चर, उपर्युक्त देखें, पृ. 180।
2. वही, पृ. 180।

टोकरी टूट गई और बाघ बाहर निकल गया।

मल त्याग करता एक सूअर

हमेशा समय से काम करनेवाला।

सूरज

हजार पैरोंवाली काली गाय, राजा के भोजन पर कूद जाती है।

एक मक्खी

आप खाने की प्लेट में पड़ते गन्दे पैरों को, मेज पर बिखरते भोजन और नाराज राजा का चेहरा जैसे कि अपने सामने देख सकते हैं।

दो पहेलियाँ मानव शरीर की सीमाओं को दर्शाती है : 'आप दूर की पहाड़ी को देख सकते हैं पर अपने ऊपरवाली को नहीं देख सकते।' जो कि आपका अपना सिर है। तथा 'आपकी अपनी पीठ' उत्तर है 'आप पूरा विश्व देख सकते हैं जमीन के छोटे टुकड़े के अलावा'।

दो अश्लील चुटकुले हैं : 'इस प्राणी का लिंग ऊपर है और योनि नीचे'। जो कि गाय का पिछवाड़ा है। 'उसका लिंग उसके मुँह में है।' सिगार पीनेवाला एक साहब। हैवलाक ऐलिस से अस्पष्ट सम्बन्धों के कारण सम्भवतः ये मुरिया के बजाए किसी यूरोपीय को ज्यादा मजेदार लगेंगे।

मजेदार अश्लील चुटकुले ज्यादा प्रचलित नहीं हैं। मैंने कई पास्के पटा देखे हैं। इन शादी के गीतों में वर तथा वधू के सभी सम्बन्धियों पर छन्दबद्ध गालियों की बौछार होती है, लेकिन मुझे इसमें कुछ भी मजेदार नहीं लगा। फिर भी एक मुरिया को यह बेहद मजेदार लगता है और हर नई अश्लीलता पर वे जबर्दस्त ठहाके लगाते हैं। यह कहने में क्या मजा है कि 'मैं तुम्हारी बहन के साथ सोऊँगा'। 'मैं तुम्हारी माँ के साथ सम्भोग करूँगा', 'मैं अपनी चचेरी बहन को उठा ले जाऊँगा'। यहाँ भी इसका कारण लैंगिक नहीं बल्कि सामाजिक है; यह उस एकाग्र ध्यान के कारण है जो मुरिया पारिवारिक सम्बन्धों को देते हैं।

जैसा कि हम अन्य जगहों पर भी देखते हैं कि कुछ रिश्ते हसी की नाट या मजाक के रिश्ते होते हैं। पुराने जाँचे-परखे चुटकुले बार-बार दोहराए जाते हैं और उन्हें खूब पसन्द किया जाता है। एक आदमी अपने भाचा से कहता है : 'हमारे पास क्यों नहीं आकर रहते? तुम्हारे घर में खाने को कुछ नहीं है। तब मैं तुम्हारी बेटी को उठा ले जाऊँगा, जिससे मैं शादी करना चाहता हूँ।' एक चेलिक अपने मामा, माँ के भाई का मजाक बनाता है। 'मैं तम्हारी बेटी ले लूँगा', वह कहता है। मामा जवाब देता है, 'उसे तुम्हारे लिए ही रख छोड़ा है।' 'नहीं मैं कई लड़कियों में से एक का चुनाव करूँगा। बस उसको मैं कुछ दिनों के लिए चाहता हूँ।' और दो समधी एक दूसरे से मजाक करते हैं : 'मैं जानता हूँ तुम हर रात अपनी बहन के साथ सोते हो' एक समधी दूसरे से कहता है। 'हाँ, और हम सब जानते हैं कि तुम किसके साथ सोते हो।' और यह चलता रहता है।

घोटुल में बच्चे एक दूसरे को चिढ़ाते हैं मगर उन्हें एक सीमा के अन्दर रखा जाता है। मजाक को क्रूरता की सीमा तक पहुँचा देनेवाले चेलिक पर जुर्माना लगाया जाता है। मुटियारी की पहली माहवारी पर सब लोग प्रसन्न और आनन्दित रहते हैं। 'आज खेत की मेंड़ टूट गई।' 'हमें चूनेवाली टंकी की मरम्मत के लिए कुली बुलाने चाहिए।' मासिक धर्म के दौरान अलग रहनेवाली लड़की घोटुल में वापस आती है तो लड़के व्यंग्य करते हैं, 'तो कुलियों ने खेत के छेद को बन्द कर दिया

है। आज रात देखना कोई नया छेद न बना दे।'

बिनझली के घोटुल में एक दिन एक बड़ी लड़की सिलो का 'विवाह' एक कम उम्र लड़के से जबर्दस्ती कर दिया गया। यह ऐसा 'घोटुल' है जहाँ औपचारिक 'विवाह' की अनुमति नहीं है। इस प्रकार इस खेल में उम्र और रीति दोनों की असामान्यता का समावेश हो गया। बच्चों ने विवाह की सभी रस्में पूरी कीं, 'खूब शराब पीने का नाटक किया, शराब पीकर धुत्त हुए की बड़े-बूढ़ों की नकल की, और अन्त में वर तथा वधू को खींचकर एक साथ बिस्तर पर ले गए। लेकिन वर बना छोटा बच्चा भाग गया। तब उन्होंने ऐसा स्वांग किया कि नव-दम्पती के बच्चा हुआ है। और एक बंडल को पूरे घोटुल में घुमाया गया। लड़कों ने उसे चूसने के लिए अपने स्तन भेंट किए। अन्ततः बेचारे पिता को उसे स्वीकार करना पड़ा लेकिन उसने यह कहते हुए उसे फेंक दिया, 'यह मेरे जैसा नहीं दिखता; वह औरत गैर-मर्दों के पास जाती रही है।'

जब वृद्ध लोग घोटुल में आते हैं तब उनकी पत्नियों के साथ उनके सम्बन्धों को लेकर बेलौस मजाक किए जाते हैं। मुझे याद है कि कुंटपदर गाँव का मुखिया जो लगभग पूरी तरह गंजा है जब घोटुल में आया तो बेलोसा से मालिश करवाने के बाद बोला, 'मेरे थोड़े से बालों में वह कंघी कैसे करेगी' और 'अगर मेरी बुढ़िया इस समय मुझे देख लेती तो जाने क्या कहती। यह अच्छा नियम है कि पत्नियों को घोटुल में नहीं आने दिया जाता।'

शारीरिक विसंगति वाले किसी भी लड़के या लड़की का मजाक बनाया जाता है और उसे उसकी विसंगति का अहसास करानेवाला उपनाम दिया जाता है। इनमें से कुछ नाम स्वयं ही बुद्धिमानी भरे हैं–ढोल, ढोलक की तरह मोटा; बंगा, बुद्ध बच्चा; पोटा, बड़ी तोंदवाला; सलाइडु, जो कभी भी निर्देशित काम नहीं करता बल्कि कुछ और ही करता है; चोलू बहुत बातूनी, और माड़िन, जो माड़िया जैसा है; कभी किसी की परवाह नहीं करनेवाला और जब उसे मारने जाओ तो अपने तीर धनुष निकाल लेता है। बिनझली के एक लड़के को जिसके बारे में कहा जाता है कि वह किसी मुटियारी को देखकर उसे कुछ कहकर हँसाए बिना नहीं रह सकता, झोला नाम दिया गया है। इसी घोटुल में एक सामान्य से बहुत बड़े एक आदमी का बहुत निर्मम मजाक बनाया गया था। उसे दिन में डोकरा (बूढ़ा आदमी) और रात में बोकरा (बकरा) कहा जाता। कहा जाता कि 'घोटुल की सारी जमीन इसी के विशाल हल से खोदी गई है।'

शामराव हिवाले ने घोटुल में एक चेलिक और एक मुटियारी की बातचीत सुनी; प्रत्येक वाक्य उन्हें हँसी से पागल कर देता। 'तुम्हारे पास क्या है?' लड़के ने पूछा। 'नहीं, पहले बताओ, तुम्हारे पास क्या है?' 'मेरे पास एक जड़ और दो प्याज हैं।' 'और मेरे पास', लड़की ने कहा, 'दो मीठे आम और तुम्हारी जड़ के लिए एक टोकरी है'। 'ठीक है, पर मैं प्याजों का क्या करूँगा?' 'वे परिसर के बाहर रह सकते हैं।' 'पर कम से कम जड़ को तो टोकरी में रख लो।'

सीधे-सीधे यौन सम्बन्धी चुटकुले जिनका कोई सामाजिक पुट नहीं होता जैसे कि सम्भोग और गुप्तांगों के बारे में, आम प्रचलन में हैं। बैहर करसाना (पागलपन का खेल) के लिए कन्हार गाँव में लड़के अपनी पत्नी और बच्चे के साथ पागल जैसा हुलिया बनाते हैं। लड़के का लिंग बहुत बड़ा होता है और लड़की का वक्ष अजीब-सा होता है। जब भी लड़का लड़की के वक्ष छूता है वह जल जाता है। वह लड़की की योनि का केश नोचने का प्रयास करता है और फिर से जल जाता

है। पत्नी एक बच्चे को जन्म देती है। बच्चा कपड़े से बना एक गुड्डा है। पति उसे अपना दूध पिलाता है—पर इस बेवकूफी का पूरा वर्णन करना जरूरी नहीं है। जानवरों के सम्भोग की नकल की जा सकती है; यह सार्वजनिक रूप से भी किया जाता है और पवित्र पुस कोलांग नृत्य में भी। मेरे विचार से मल-मूत्र त्याग को लेकर चुटकुले नहीं के बराबर हैं हालाँकि किसी लड़की को ऐसा करते देख लेने पर लड़के उसका मजाक बनाते हैं। इन सबमें कुछ भी चतुराई भरा नहीं होता। वास्तव में, घोटुल में यौन क्रिया पर इतने कम पाबन्दियाँ हैं कि इसमें मजाक के लिए कुछ बचता ही नहीं है।

यह ध्यान देने योग्य बात है कि देवता तक भी हँसी-ठिठोली से परे नहीं हैं। मैंने युवा देवता चेलिक साई को देखा जो एक चेलिक था। एक लम्बा खड़ा खम्भा उसका प्रतीक था और वह मुटियारी के एक समूह के साथ हँसी-मजाक कर रहा था। अपने ओझा के वशीभूत वह इधर-उधर उछल रहा था, लड़कियों से चिपक रहा था उन्हें दौड़ा रहा था और उन्हें पकड़कर सवारी करने की नकल कर रहा था। एक अन्य ओझा जो लोहे की जंजीर लिये था अपनी बेतुकी हरकतों से सबको हँसा रहा था; वह लड़कियों की एक कतार के गिर्द चक्कर लगाता था और झुककर हास्यास्पद ढंग से उनके चेहरों को देखता था। मेटावंड में देवताओं के एक घोड़े का खेतों में दौड़ाकर पीछा किया गया और इस देवताओं के खेल पर लोग जोरदार तरीके से हँसे।

एक आम किस्म की मजेदार कहानी एक अजीबोगरीब और शर्मनाक परिस्थिति के कारण हास्य उत्पन्न करती है। मेटावंड में मुझे एक महिला की कहानी सुनाई गई जो बरसात के मौसम में एक सड़क से होकर गुजर रही है। उसकी योनि में कुछ कीचड़-मिट्टी लग जाती है और जब वह एक नदी के किनारे उसे धोने के लिए रुकती है तो एक केकड़ा उसे पकड़ लेता है। वह मदद के लिए एक आदमी को बुलाती है पर वह बहुत मेहनत के बाद भी केकड़े को छुड़ा नहीं पाता। हारकर वह केकड़े को दाँत से पकड़कर निकालने का प्रयास करता है मगर केकड़ा अपने खाली पंजे से उसकी नाक पकड़ लेता है। और यह सब एक सार्वजनिक मार्ग पर चल रहा होता है। एक सम्मानित मुरिया एक अज्ञात महिला की योनि में अपनी नाक घुसेड़े बैठा होता है। तभी उधर से एक लुहार गुजरता है जो अपने चिमटों की मदद से केकड़े को निकाल देता है मगर इस शर्त पर कि जब उसे 'तम्बाकू' की इच्छा होगी तो वह महिला उसे पूरा करेगी। कुछ दिनों के बाद वह अपना इनाम हासिल करने के लिए महिला के घर पहुँचता है। वह भोजन पका रही होती है इसलिए उससे चारपाई पर लेटने को कहती है जब तक कि वह उसके लिए तैयार नहीं हो जाती। वह चारपाई पर मुँह नीचे करके लेट जाता है लेकिन कामोत्तेजना के कारण उसका स्तम्भित लिंग खाट की बुनाई के छेद से होकर नीचे लटक जाता है। एक बिल्ली मांस समझकर उसे पकड़ लेती है। अब स्थिति उलट जाती है। वह महिला बाहर आती है और उसकी मदद तभी करती है जब वह उसे अपने ऋण से आजाद कर देता है।

एक अन्य कहानी, जो अतुरगाँव की है, जिसे बंगाल में तथा उराँव में भी जाना जाता है, उसे मुरिया लोगों ने एकदम अलग और रोचक बना दिया है। इसमें भी दो असंगत चीजों के सार्वजनिक स्थान पर एक साथ चिपकने, उनकी अफसोसनाक निकटता से हास्य पैदा किया गया है। एक पुरुष और स्त्री एक-दूसरे से अलग नहीं हो पाते, एक दाई के हाथ उसके सिर पर चिपक जाते हैं और उसने नीचे कुछ नहीं पहना, जादूगर के चूतड़ में बैल की सींग चिपक जाते हैं। व्यक्तिगत रूप से अपने नग्न और शाब्दिक रूप के बावजूद मुझे यह कहानी

मजेदार लगती है।

एक मुरिया राजा था जिसका एक पुत्र था। उसी गाँव में एक नाई भी था उसका भी एक पुत्र था। ये दोनों लड़के हमेशा खेलने में मगन रहते और कभी अपना काम नहीं करते। राजा अपने बेटे को खेत जोतने के लिए जाने को कहता लेकिन लड़का इनकार कर देता। आखिरकार राजा नाराज हो गया और उसने अपने लड़के को घर से निकाल दिया। लड़के ने अपने गहने लिये, एक बैग भरकर मुद्रा ली और अपना घोड़ा लेकर निकल पड़ा। रास्ते में उसे नाई का लड़का मिला जिसे उसने बताया कि वह अपनी ससुराल जा रहा है। नाई के लड़के ने उसके साथ जाने की इच्छा जताई।

कुछ समय बाद राजा के लड़के को शौच करने की जरूरत पड़ी। चूँकि आस-पास कोई झाड़ी नहीं थी इसलिए नाई के लड़के ने कहा, 'तुम अपने कपड़े और आभूषण उतार दो और सिर्फ लँगोट में जंगल में जाकर निपट लो।' राजा का लड़का जब निपटने गया था इस दौरान नाई का लड़का उसके कपड़े और गहने पहनकर उसके घोड़े के साथ चम्पत हो गया।

लौट के आने पर अपनी चीजें न पाकर राजा का लड़का इतनी जोर से रोने लगा कि बड़ा देव ने उसके रोने की आवाज सुन ली और एक वृद्ध का भेस धरकर उसके पास आए। उन्होंने उससे कहा, 'एक नौकर का रूप धारण कर अपने ससुर के घर जाओ। मैं तुम्हें यह शक्ति देता हूँ कि जो तुम कहोगे वह हो जाएगा।' तत्पश्चात लड़का गया और उसने नौकर का काम शुरू कर दिया। उसने देखा कि नाई का लड़का उसकी जगह, उसी के कपड़े और गहने पहनकर रह रहा है। उस रात नाई का लड़का ससुर की लड़की के पास गया। दरवाजे के बाहर खड़े राजा के लड़के ने कहा, 'वे जैसे हैं उसी हाल में रहने दो; मेरी आज्ञा के बिना उन्हें अलग मत होने दो।'

इस तरह वे दोनों फँस गए और रात भर अलग होने के लिए संघर्ष करते रहे। सुबह होने पर परिवार के लोगों ने अपने नौकर, राजा के बेटे को, उन दोनों को काटकर अलग करने के लिए एक मिडवाइफ (दाई) को बुलाने के लिए भेजा।

राजा का लड़का दाई को लेकर आ रहा था कि रास्ते में उन्हें एक बाढ़ आई नदी को पार करना था इसलिए उन दोनों ने अपने वस्त्र उतार दिए। राजा के लड़के ने कहा, 'अपने वस्त्र अपने सिर पर रख लो उन्हें अपने हाथों से पकड़ लो और तब नदी पार करो।' नदी पार करते ही लड़के ने कहा, 'जैसी हो वैसी ही बनी रहो; मेरी आज्ञा के बिना तुम्हारी स्थिति नहीं बदलेगी।' इस तरह दाई नग्नावस्था में हाथ सिर पे रखे हुए बिलखती हुई आई और बेशक वह कुछ कर नहीं सकी।

तब घरवालों ने राजा के लड़के को एक जादूगर बुलाने के लिए भेजा। आते समय जादूगर को शौच जाना पड़ा लेकिन वहाँ पानी नहीं था। पर उसे दो सींगों वाला एक मृत बैल मिल गया और उसने सींगों से पोंछकर स्वयं को साफ कर लिया। जब वह यह क्रिया कर ही रहा था कि राजा के लड़के ने बोला, 'तुम जैसे हो वैसे बने रहो, मेरी आज्ञा के बिना तुम बदलोगे नहीं।' और जादूगर अपने पीछे

बैल का सिर और सींग लगाए घर आया। जादूगर को इस हाल में देखकर ससुर इतना डर गया कि उसने घोषणा कर दी, 'जो इस समस्या को सुलझाएगा उसे मेरी बेटी और मेरा सारा धन मिलेगा।' तब राजा के लड़के ने सारी कहानी बताई और उसके ससुर ने कहा, 'अगर तुम सब कुछ दोबारा सामान्य कर दो तो मैं तुम्हारा विश्वास कर लूँगा और अपनी बेटी तुम्हें सौंप दूँगा।' फिर राजा के लड़के ने अपना प्रभाव वापस ले लिया और जादूगर के पीछे से सींग निकलकर गिर गई, दाई ने अपने हाथों से अपनी योनि ढँक ली और लड़की ने नाई के लड़के की गिरफ्त से उसे आजाद कर दिया।

ससुर ने फिर नाई के लड़के को मार डाला और अपनी कन्या का विवाह राजा के लड़के से कर दिया।

उस दिन से हम बाल कटवाने के लिए नाई के पास नहीं जाते। शौच के बाद हम पानी का इस्तेमाल नहीं करते। अगर संयोग ठीक न हो तो हम लड़की से सगाई करने नहीं जाते और हम अविवाहित जोड़े के सम्बन्ध को गलत नहीं मानते।[1]

3. पहेलियाँ

1. खेत के बीच में वे नमक मापते हैं।
   चूहे
2. एक छोटा लड़का मापने के लिए नमक लाता है।
   बिल बनाता चूहा
3. जहाँ हो वहीं लहराते हुए खड़े रहो; मैं चली रतन पुर।
   एक बाढ़ आई नदी तल में उग आई घास से कहती है।

---

1. एक बंगाली कहानी में, सम्भवत जो अश्लील पंक्तियों का परिशोधन करके हमें मिली है, चरवाहे का डंडा उसके हाथ में चिपक जाता है, सूप की टोकरी नौकरानी के हाथ में चिपक जाती है, रानी के हाथ में प्लेट चिपक जाती है और एक राजा और उसके दरबारी अपने आसनों से चिपक जाते हैं और उन्हें आरी से चीरकर अलग किया जाता है।—एस.सी. मित्रा, 'ए बंगाली कुमुलेटिव फोल्क टेल ऑफ द ओल्ड डेम लाउजी टाइप' *द क्वार्टरली जर्नल ऑफ द मिथक सोसाइटी* में; बेंगलूर, जुलाई 1922। ऐसे ही अन्य उदाहरणों के लिए देखिए, डब्ल्यू. मैक्कलाच *बेंगाली हाउसहोल्ड टेल्स* (लन्दन 1912) पृ. 212 व आगे जिसमें राजकुमार एक गद्दार का मुँह हुक्के में चिपका देता है और पुरोहित की पत्नी उसके कन्धों से चिपक जाती है जब पुरोहित उसे नदी पार करवा रहा होता है, और ए. ग्रिगनार्ड, *हान्स उराँव फोल्क लोर* (पटना, 1931), पृ. 46 व आगे, जिसमें राजकुमार कहता है, 'अगर यह व्यक्ति इसका प्रभु द्वारा चुना गया वर हो तो स्टूलों तुम इन जादूगरों के पिछवाड़े से चिपक जाओ' और बेशक वे ऐसा करते हैं। मैंने पल लहरा राज्य के जुआँग गाँव में एक अन्य संस्करण दर्ज किया। इसमें बकरियों के एक नपुंसक चरवाहे को इस कमी के एवज में यह शक्ति प्राप्त है कि वह चीजों को आपस में चिपका सकता है। वह एक स्नान करती लड़की का नितम्ब एक पत्थर से चिपका देता है और एक वृद्ध व्यक्ति के पिछवाड़े एक बरतन चिपका देता है। एक मजेदार दृश्य है कि एक वर और वधू आपस में चिपक जाते हैं और पूरा परिवार उन्हें खींचकर अलग करने की कोशिश करता है। एक उत्सुक ब्राह्मण जोड़ का स्थान देखने के लिए झुकता है और उसकी मूँछ वहाँ चिपक जाती है। इस तरह की कहानियाँ तोडा-कोटा कहानी के विषय से मिलती हैं जिसमें कुत्ता सम्भोग के समय चिपक जाता है।—एम.आर. इमेन्यू, 'सम ओरिजिन स्टोरीज', *जे.ए.ओ.एस.*, खंड LXIII, पृ. 163।

4. मैं अपने भाई से कहूँगा, 'मत खाओ, मत खाओ'।
मछली पकड़ने की बंसी का काँटा
5. हवा इसे हिलाती है कुरुर बुरुर; क्यों यह खाने के योग्य नहीं है? तुम जंगल की तरफ देख रहे हो; इसे खाते क्यों नहीं?
साँभर और कम्हार फल (जिसे साँभर नहीं खाते)
6. आठ पैर, नौ घुटने, यह दीवारों को सजाता है, बूढ़ा सूखा मुखिया।
मकड़ी
7. इस मुड़ी पूँछवाले के बाईस बच्चे हैं।
मकड़ी
8. सूखे पेड़ पर फूल खिलते हैं, यह दुनिया की सुन्दर चीज़ है।
कपड़ा
9. पेट पीछे, पीठ आगे।
पैरों की पिंडलियाँ
10. मालन सालन के नितम्बों पर काटती है।
भिलावा बीज और फल (जो सिरे पर चिपक जाता है)।
11. चिरोता फल तोड़ना मत;
दागे बैल को बाँधना मत;
हरी डंडी उठाना मत।
सूरज, बाघ, साँप
12. जमदार पत्तियों में छिपता है,
कमदार ढेलों में छिप जाता है,
अनाज डेहरी से रुचकल आवाज आती है।
खरगोश, मैदानी चूहा, घरेलू चूहा।
13. यह कूदता है चा चा; कपड़ों के बावजूद नंगा है,
चींटियों का पुरोहित है, यह जंगल की गुनिया है।
मेंढक, मकड़ी, साँप, उसी पक्षी
14. मांस अन्दर, हड्डी बाहर
नारियल
15. कटोरे में कटोरा, बेटा बाप से भी गोरा।
नारियल
16. सूअर तीन वर्ष का है, लेकिन उसपे एकदम जरा सा मांस है।
गोंगी और उसका खोल
17. सफेद मुर्गे का लिंग टेढ़ा है।
गोंगी का खोल
18. छोटा सा लड़का कूदता जाता है और खेत की मेड़ ठीक करता जाता है।
सूई
19. यह चट्टान पर पानी पीता है और पेड़ से छलाँग लगाता है।
कुल्हाड़ी

20. तुम मुझे अपने साथ-साथ ले जाओगे।
    एक व्यक्ति और उसकी परछाई
21. बस्तर की जमीन का पुरोहित कौन है?
    कुम्हार
22. चितकबरे घोड़े ने हजारों पत्तियाँ खाईं।
    बाँस की छतरी
23. उन्होंने बिना पानी के महल बना लिया।
    सफेद चींटियाँ
24. अस्सी भैंस एक सँकरे रास्ते से जाती हैं।
    पंक्तिबद्ध चींटियाँ।
25. तुम्हारे घर में एक काला इन्सान है।
    चींटी
26. बड़ी आँखें, तीखे दाँत
    बन्दर और सफेद चींटियाँ।
27. जमीन पर बड़े-बड़े दाँत, आसमान में बड़ी-बड़ी आँखें।
    सफेद चींटियाँ और गिद्ध
28. वह कद्दू से माँड़ पीता है, वह बाँस के झुरमुट में छिप जाता है।
    टोकरी में सोनेवाला और दूध पीनेवाला शिशु
29. चिटकुंज मिटकुंज बारह पहाड़ियाँ पार कर जाता है, पर सूखे पत्ते में छिपता है।
    सियारी के बीज
30. बैठो बोंदकी बैठो, खड़ी क्यों हो?
    घर की दीवार
31. कोसुम फूलों का गुच्छा।
    बाजार
32. खेत में हिलता डुलता साँप
    हेंगा का प्रयोग करते किसान
33. झाड़ पर कई पीली चिड़ियाँ हैं।
    मिर्च
34. छोटा सा बच्चा राजा को रुला देता है।
    मिर्च
35. विवाह के भोज की सुगन्ध तीखी है।
    मिर्च
36. एक सूखे पेड़ का एक छोटा टुकड़ा।
    नाखून
37. हरे पेड़ पर सूखी लकड़ी का टुकड़ा
    नाखून
38. आता जाता है मगर पदचिह्न नहीं छोड़ता।
    नाव

39. बीज नहीं फेंक सकते मगर छाल फेंक सकते हो।
नाव (जिसको बनाते समय छीला जाता है।)
40. बिना पैरों के ही हिरन इधर-उधर फिरता है।
नाव
41. मुट्ठी बीजों से भरी है, घर फलियों से भरा है।
बच्चे
42. एक वृद्ध महिला जमीन खोदती है।
सूअर
43. टोकरी टूट गई और बाघ बाहर निकल आया।
मलत्याग करता सूअर
44. एक लमाना औरत भुने हुए चावल फेंकती जाती है।
मल-त्याग करती एक मादा सूअर
45. यह पकवान राजा के घर से आया है, इस छूओगे तो फूल जाओगे।
आग
46. सूखे पेड़ पर एक फूल खिलता है।
आग
47. एक छोटा लड़का बड़ी मेहनत से धोती बाँधता है
डेहरी में रस्सी लपेटता आदमी
48. बलि दी गई बकरी पानी पीती है।
पुआल
49. जल्दी चाटो और गिर पड़ो।
झाड़ू
50. बंडल उठाओ और वह बात करता है।
झाड़ू
51. कोई इसके पट-पट की आवाज नहीं सुन पाता।
पलकें
52. इन दो टंकियों में कुछ फेंको तो वे छलक जाते हैं।
आँखें
53. छोटी सी मछली भी इस चमचमाती टेकी में नहीं घुस सकती।
आँखें
54. नया हल, नए बैलों की जोड़ी, एक एक नया खेत कौआ का उपज देता है।
नई पुत्रवधू।
55. यह उठाने से नहीं उठता मगर इसे बाएँ हाथ से भी बहुत दूर तक फेंका जा सकता है।
भट्ठी की राख
56. एक चेलिक एक बैलगाड़ी भर के शौच के डंडे इस्तेमाल कर डालता है।
भट्ठी।
57. जुड़ते समय– एक

छोड़ते समय– दो
दाँत साफ करनेवाले डंडे (दातून) जो प्रयोग के बाद फट जाते हैं।

58. पाँच लोग खेत में हल जोत रहे हैं और दस लोग पटेला कर रहे हैं।
दाँत साफ करनेवाला डंडा (दातून) (पाँच लोगों का अर्थ पाँच उँगलियों से है और दस लोगों का अर्थ दोनों हाथों की दस उँगलियों से है।)

59. बिना सींगवाले बैल पर सींग उगता है।
चन्द्रमा

60. यह हमेशा समय पर आता है।
सूरज

61. चार ठंडे हैं, चार गर्म हैं, चार गीले हैं।
हिरन के पैर में बारह उँगलियाँ हैं,
प्रत्येक स्वयं ही चरती है।
वर्ष

62. काला मुर्गा इसे इकट्ठा करता है, सफेद मुर्गा इसे सूखाने के लिए फैलाता है।
रात और दिन

63. नदी में एक चिड़िया शृंगार किए बैठी है।
बटुए में रुपया।

64. गिद्ध बैल को खाता है मगर उसे खत्म नहीं कर सकता।
पैना करनेवाला पत्थर

65. बारिश पड़ रही है डम-डम, कछुआ किनारे पर जाता है।
बारिश में पहना जानेवाला टोप।

66. चकत्तों वाला बन्दर छह सौ चालीस पत्ते खाता है।
बारिश में पहना जानेवाला टोप

67. कूटनेवाला फर्श ऊपर है उसकी खूँटी नीचे है।
छाता।

68. मोर के सिर्फ एक पैर है।
छाता।

69. बच्चा सात खोलों के साथ पैदा हुआ।
बाँस का पौधा

70. गोशाला बारह हाथ लम्बी है मगर दो गायें उसमें नहीं आ पा रही हैं।
बड़े स्तन जो कपड़े से ठीक से ढँक नहीं पाते।

71. नाक की रस्सी ऊपर है, बाज नीचे है।
आम और उसका तना।

72. शादी के पहले उसे पीटते हैं,
शादी के बाद छोड़ देते हैं।
बरतन

73. यह जमीन के काफी अन्दर जाता है,
ऊपर यह काफी लम्बा होता है,

हर वर्ष इसकी जरूरत होती है।
छप्पर छानेवाली घास

74. लम्बी मुर्गी अपने अंडे एक वृत्त में देती है।
डाँग-काँडा, एक जड़

75. फल, फल, बीज रहित फल।
अंडे

76. गाय बीज देती है, बीज बच्चे देते हैं।
मुर्गी के अंडे

77. गाय ने एक हड्डी को जन्म दिया, और हड्डी ने बछड़े को।
मुर्गी

78. जड़रहित फल
अंडा

79. माँ ने बीज को जन्म दिया और बीज ने बच्चे को।
अंडा

80. सन्तरे पे अब फूल हैं।
अंडे से निकला चूजा

81. इस पेड़ पर सिर्फ दो पत्ते हैं।
आदमी और उसके कान

82. ऊपर सीढ़ी, नीचे सीढ़ी, बीच में मछली।
जीभ।

83. मृत बैल आगे चला गया।
हलकी गाय के चमड़े से बनी रस्सी

84. एक हल पहाड़ी से गिरता है।
छिपकली

85. सफेद मुर्गा घर-घर जाता है।
घर-घर बेचा जाता दही।

86. काले बरतन में सफेद पानी है। रानी थमका वहाँ नाच रही है।
बरतन जिसमें दही बिलोया जाता है।

87. यह बुलाने पर आता है और धमकाने पर वापस चला जाता है।
फाटक

88. जाने पर जाता है, आने पर आता है।
दरवाजा।

89. बिना सब्जियों के भोजन करता है
मिट्टी खोदने का लकड़ी का भाला

90. तीन भाई एक पैर पर खड़े होते हैं।
करसा पेड़ की पत्ती

91. दुनिया की सबसे मीठी चीज।
नींद

92. एक चिड़िया अपने पीछे गाड़ी भर घास घसीटती चलती है।
मोर

93. सफेद बैल की काली लगाम
कोसा-कीटकोष

94. आप पूरा दम लगाकर तीर छोड़ते हैं मगर वह आपके पैरों पर गिर पड़ता है।
मूत्र

95. माँ शान्ति से बैठती है और लड़का इधर-उधर फिरता है।
जवा-माँड़ को हिलानेवाला कद्दू और मिट्टी का बर्तन

96. दो सूखे और चार गीले
गाय के सींग और थन

97. सैकड़ों कुत्ते एक छिपकली को काटते हैं।
घर की शहतीर

98. दो भाई एक साथ रहते हैं मगर कभी एक दूसरे के घर में नहीं जाते।
जूते

99. आप अँगूठी की आवाज सुन सकते हैं और सड़क पर इसका निशान देख सकते हैं।
गाड़ी का पहिया

100. इस बेल का सिर्फ एक फल होता है लेकिन उसके अन्दर फूल होता है।
दीया

101. एक छोटी गौरैया ने पूरे घर में अपने पंख बिखराए।
दीया

102. इसके मुँह में आग है, इसकी पूँछ पानी पीती है, यह हम सबको प्यारा है क्योंकि यह रानी के जैसा है।
दीया

103. इसके पास सिर है मगर दिल नहीं है। यह चलता है मगर बोल नहीं सकता।
ताँबे का सिक्का।

104. फूल पानी में है मगर फल पेड़ पर है।
जंगली अंजीर

105. काले बीज को सफेद खेत में बोया जाता है।
स्याही और कागज

106. एक छोटे जंगली कबूतर का पेट बड़ा है। कहाँ चले कबूतर? राजा से मिलने।
डाक में खत

107. बैल बैठा है और उसकी रस्सी भाग गई।
कद्दू

108. रस्सी बड़ी है और उससे कई बछड़े बँधे हैं।
बेल पर लगे खीरे

109. सींग छूने पर भेड़ा चीखता है।
चक्की का पाटा

110. छोटे ढोल के दोनों ओर छेद हैं।

महुआ का फूल

111. दो भाई एक ही दातून से दाँत साफ करते हैं।
दो पहिए और एक धुरी

112. बीज के आसपास कोई पेड़ नहीं है। खाने पर यह अदृश्य हो जाता है।
ओला

113. यह समझ नहीं सकता मगर दूसरे समझ सकते हैं, यह आदमी नहीं है मगर दिन रात चलता रहता है।
घड़ी

114. धूप में उगता है छाँव में मर जाता है।
पसीना

115. तीर छोड़ता है मगर इसके पास न तो धनुष है न हाथ।
साही

116. जल्दी से चाटता है और ऊपर देखता है।
फावड़ा

117. हड्डी के बिना जीवित, काला मगर भैंस नहीं।
जोंक

118. सब जल गया राजा के कपड़े के एक टुकड़े के अलावा।
रास्ता

119. जंगल में सब कुछ जल गया सिवाए योगी की पोटली के।
खजूर का कीड़ा।

120. इस बड़े जानवर की आँख छोटी है, कान सूप जैसे हैं और पंख नहीं हैं।
हाथी

121. काली गाय के हजारों पैर हैं, यह राजा के खाने पर कूद पड़ता है।
मक्खी

122. बहू का नाम कोयला पति, सास का नाम तारो। यह शोर करते गाँव भर में घूमता है।
सरकार और कोटवार

123. एक छोटे सूअर के नीचे रस्सी लगी है।
सूई और धागा

124. सीटी और खम्भा इधर-उधर हिलता है।
कुत्ते की पूँछ

125. विशाल जंगल के एक किनारे एक छोटा जंगल है।
कुत्ता और उसकी पूँछ

126. योनि नीचे, लिंग ऊपर
गाय की पूँछ

127. आगे यह हँसिया से कटाई करता है।
बीच में यह टोकरी भरता है।
पीछे यह झाड़ू मारता चलता है।

गाय

128. एक छोटी लड़की अपनी कमर पर बहुत सा कपड़ा बाँधती है।
धागे की रील

129. इस घर में दरवाजे नहीं हैं।
कोसा-कीटकोष

130. अगर तुम दोगे तो मैं भी दूँगा।
जोहर, अभिवादन

131. हल के दस नौकर हैं, हर बैल के पाँच हैं। वे आम पकड़ते हैं। वे छोटे दरवाजे को बन्द कर देते हैं, और घर को पानी से भर देते हैं।
रति-क्रिया। दस और पाँच नौकर उँगलियाँ हैं।

132. दो बहनें एक पति के साथ रहती हैं।
चिमटा

133. पेड़ के ऊपर से एक हरा पत्ता गिरता है।
एक तोता खाने के लिए उतरता है।

134. छोटे मुँहवाला अंकुश...कौन जाने वह क्या है?
जिसे चुभा है वह जानता है।

135. इसे कसकर पकड़ो और फेंक दो।
नाक की गन्दगी।

136. राजा के घर का स्तम्भ बोलता है कस मस
राजा उसे हिलाता है और वह काँपता है डम-डम
कदली फल

137. जंगल का फल आसमान पर चढ़ जाता है।
बवंडर

138. चौड़े पत्ते पर टेढ़ा पदचिह्न।
नाभि

139. पटकने पर टूटता नहीं है।
कोसा-कीटकोष

140. जले पेड़ पर गिद्ध बैठते हैं।
शराब के चारों तरफ जमा लोग

141. माँझी जो आपको जमीन पर गिरा दे
लंडा चावल की दारू

142. भुनी हुई मुर्गी जो जिन्दा होकर अपने पिछवाड़े से कूदती है।
दोबारा उगनेवाली जलाई हुई घास

143. बाड़ सजाई गई है, टंकी का पानी चमक रहा है। अगर तुम इसका उत्तर नहीं जानते तो तुम एक लड़की के कबारी (बँधुआ नौकर) बनोगे।
आईना

144. धरती चिपक जाती है, ढक्कन बरतन का आधा टूटा भाग है।
कछुआ

145. बस्तर के राजा और कांकेर की रानी का एक ही चेहरा है।
मंडिया और सरसों का बीज

146. जब वह खाता है उसकी जाँघें मोटी हो जाती हैं।
मोहोरी–वाद्य बजानेवाला अपने गालों को फुलाता है।

147. मुसलमान के घोड़े में छेद ही छेद हैं; चाहे कितने भी इसकी सवारी करें, यह कभी घिसता नहीं।
देशी खाट

148. चमड़े को पट्टों में काटा जाता है। पट्टे को सात ढोलों में बाँधा गया। कुछ की गाँठ बनाई गई, कुछ खाट से बाँधी गई, शेष को सूखने के लिए छोड़ दिया गया। बिना पंजों वाली चील इसे मारकर गिरा देती है।
हवा से क्षतिग्रस्त मकड़ी का जाल

149. स्तम्भ बिना सहारे के खड़ा रहता है।
केश

150. एक सूखे पेड़ पर मक्के का भुट्टा है।
बिच्छू

4. लोक-कथाएँ

अगर कोई लड़का कोई लोककथा या किंवदन्ती जानता है तो वह उसे घोटुल में सुनाता है। किसी कहानी विशेष पर किसी खास व्यक्ति का औपचारिक 'अधिकार' देखने में नहीं मिलता मगर व्यवहार में कुछ कहानियाँ कुछ खास लोगों से सम्बन्ध रखती हैं। एक लड़के को एक कहानी मालूम है जो उसके भाई द्वारा या उसके पिता द्वारा घोटुल छोड़ते समय सुनाई गई थी और इस खास कहानी को सुनाने के लिए हमेशा इसी बच्चे को बुलाया जाता है।

ऐसी कहानियों का अनुभव श्रोता भूल नहीं सकते। ये कहानियाँ लयबद्ध गद्य में होती हैं और उनकी अपनी एक खास धुन होती है। मरकाबेरा घोटुल के दसरू द्वारा सुनाई गई एक लम्बी और बेसिर पैर का घोटुल पाटा सबसे यादगार कहानी थी जो मैंने सुनी। दसरू एक कमरे के बीच में बैठा था। उसके चारों तरफ बच्चों का एक समूह था और कुछ चेलिक और मुटियारी पास ही लेटे हुए थे। वह तनकर बैठा था और बड़ी जीवन्तता के साथ गा रहा था तथा हाथों से संकेत कर रहा था। उसके आस-पास बैठे बच्चे उसके साथ सुर मिला रहे थे और छोटी-छोटी डंडियों से जमीन पीट रहे थे।

मसोरा घोटुल में मैंने एक अन्य बहुत ही सुन्दर तरीके से गाई गई कथा सुनी। यह एक दानव और एक छोटी बच्ची की कहानी थी। इस कथा का 'स्वामी' एक छोटा बच्चा अन्तर था। वह और उसका एक मित्र इसे एक विचित्र पतली और तेज कम्पन स्वर में गा रहे थे और पूरा घोटुल उसके साथ सुर मिला रहा था।

राइ सरसो सरसो फुल नुनिके नांगर गुरदुम-गुरदुम गुरदुम-गुरदुम।
राकस बुकस बमी भुट देस नुनी कुची केवार–गुरदुम गुरदुम गुरदुम।

कहानी को एक लय के साथ गाया जा रहा था जबकि सामूहिक धुन मनमोहक थी। लड़के *गुरदुम* शब्द पर पूरा जोर लगा रहे थे।

कभी-कभी कहानी का वर्णन गद्यात्मक होता है और उसे सामान्य बोलचाल की भाषा में कहा जाता है और कभी-कभार वार्तालाप लयबद्ध पंक्तियों मे गाए जाते हैं। लड़के और लड़कियाँ वक्ता को घेरकर बड़े ध्यान से कहानी सुनते हैं और उचित समय पर 'हिंगो, हाँ', कहते हुए सिर हिलाते हैं।

इनमें से ज्यादातर कहानियों को अलग से प्रकाशित किया गया है क्योंकि स्थानाभाव के कारण उन्हें यहाँ नहीं दिया जा सकता।[1] हालाँकि मैं दो कथागीतों को यहाँ प्रस्तुत कर रहा हूँ जो घोटुल में जीवन स्थितियों पर कुछ प्रकाश डालते हैं। पहला एक घोटुल पाटा है जिसकी चर्चा ऊपर की गई है, जो त्योहार के पहले मछली पकड़ने की रस्म, गैता के बच्चों का घोटुल के नेता के तौर पर चयन और आवास में भाइयों और बहनों के सम्बन्धों का वर्णन है।

मरकाबेरा का घोटुल पाटा

गाँव के गैता ने सबको इकट्ठा किया और कहा, 'देखो भाइयो, माघ का महीना फिर आ गया है और हमें आम के त्योहार के बारे में निर्णय करना होगा।' सभी आये और उन्होंने बेचैनी के साथ सोचा, क्योंकि अन्य गाँव त्योहार मना चुके थे।

'हम त्योहार तो अवश्य ही मनाएँगे, लेकिन हम कौन-सी सब्जी खाएँगे?'

'हमारे पास क्या पर्याप्त चेलिक और मुटियारी नहीं हैं? चेलिक और मुटियारी को त्योहार के लिए मछली पकड़ने को भेजा जाए।'

नेताओं ने फरमाया और चेलिक तथा मुटियारी जाने की तैयारी करने लगे।

तैयारी पूरी होने के उपरान्त चेलिक और मुटियारी मछली पकड़ने चल दिए।

गैता का बेटा नेगी चेलिकों का नेता था और उसकी बेटी भी लड़कियों की नेत्री थी।

जंगल के बीच में एक झील थी जिसे उन्होंने खाली किया, दूसरे लोग जब काम में लगे थे, नेगी लेटा और सो गया, हालाँकि वह चेलिक और मुटियारी के दल का ही एक सदस्य था।

पानी निकाल निकालकर अन्ततोगत्वा गड्ढे को खाली कर दिया गया और मछलियाँ पकड़ ली गईं।

वे सब घर की ओर चल दिए मगर नेगी को किसी ने नहीं जगाया।

उसकी बहन भी उसके बारे में भूल चुकी थी मगर रास्ते में उसे याद आई।

उसने कहा, 'मेरा भाई सो रहा है, जाकर उसे जगाओ।' उसने सभी को सम्बोधित करते हुए ऐसा कहा मगर किसी ने उसकी बात पर कान नहीं दिया।

इसलिए उसने उनका साथ छोड़ा और अकेली ही उसे जगाने के लिए चल दी।

उसने मन-ही-मन में सोचा, 'मैं उसे कैसे जगाऊँगी?'

यदि मैंने उसे छूकर जगाया 'तो लोग कहेंगे में उसकी पत्नी हूँ।' ऐसा सोचकर उसने सफेद चींटियों के बाँबी से थोड़ी मिट्टी उठाई।

उसने मिट्टी से उसके सिर पर मारकर उसे जगाया।

---

1. देखें मेरी *फोल्क-टेल्स ऑफ महाकोशल* (बाम्बे, 1944) जिसमें कई मुरिया कहानियाँ शामिल हैं : कुछ मुरिया लोगों द्वारा रचित हैं और कुछ सामान्य विषयों जैसे, खोज, आभारी जानवर, भाई बहन के बीच यौन-सम्बन्ध, तीर्थ यात्रा पर निकला नायक पर आधारित हैं।

बहन फिर वापस लौटने लगी।

नेगी भी जाग गया और उसके पीछे-पीछे चलने लगा।

चलते-चलते चेलिक और मुटियारी ने उनका मजाक बनाने का विचार बनाया।

चेलिक और मुटियारी ने कहना शुरू कर दिया, 'तुम दोनों भाई-बहन ने अवश्य ही एक दूसरे से सम्बन्ध बनाया होगा, इसलिए हम तुम्हें अपनी विरादरी से निकाल देंगे।' ऐसा कहते हुए वे उनके माता-पिता के घर पहुँचे और यह कहानी उन्हें सुना दी।

गुस्से में उन लोगों ने इन दोनों को गाँव से निकाल दिया। इन दोनों ने उस इलाके को छोड़ दिया और दूसरे इलाके की खोज में चल दिए।

कई दिनों तक चलने के बाद नेगी और उसकी बहन अपने इलाके से बाहर निकल गए।

उनके पास खाने के लिए चावल नहीं था और उन्हें भूख लग आई। वे चलते रहे और अन्त में जंगल के बीच एक साफ जगह पर पहुँचे।

वहाँ खीरों की एक बेल थी।

सिर्फ दो खीरे ही पके थे बाकी सब कच्चे थे।

उनका मालिक रोज खीरों की गिनती करता था और उसके बाद सोने के लिए अपने घर चला जाता था।

उसी बेल से नेगी ने एक खीरा तोड़ा और दोनों ने मिलकर उसे खाया।

अगले दिन बुढ़े ने एक पका खीरा गायब पाया।

वह अपने घर वापस लौटा और अपनी बुढ़िया से बोला, 'मुझे पता तो नहीं है कि किसने हमारा खीरा खाया है मगर मेरा भोजन जल्दी से पका दो, मैं एक मचान बनाकर वहीं सोऊँगा और अपनी बेल की रखवाली करूँगा।'

उसकी बूढ़ी पत्नी ने जल्दी से खाना पका दिया।

खाना खाकर वह अपनी जमीन पर गया और एक मचान बनाया।

वह मचान पर सो रहा था जब नेगी दोबारा आया। बूढ़े ने उससे पूछा, 'मेरे खीरे चुरानेवाले तुम कौन हो?'

'मैं तुम्हारे छोटे भाई का बेटा हूँ। मेरी बहन और मुझे देश निकाला दिया गया है। बूढ़े पिता हम आपकी शरण में आए हैं क्योंकि हम भूख से बेहाल हैं।'

बूढ़े दम्पत्ति ने सोचा।

'हमारे कोई सन्तान नहीं है और यदि हम इन दोनों को रख लें तो ये कमाई करेंगे और हमारी देखभाल करेंगे।'

ऐसा सोचकर उन्होंने उन दोनों को अपने घर में रख लिया और नेगी पैसा कमाने लगा।

बूढ़ा नेगी के लिए एक पत्नी ढूँढ़ने बाहर गया।

लड़की मिल जाने पर उसने नेगी की शादी कर दी।

दो महीने के बाद नेगी की पत्नी भाग गई।

बूढ़े और बुढ़िया भी जल्दी ही मर गए।

तदुपरान्त उन दोनों भाई बहन ने सोचा।

'उन दोनों ने हमे संरक्षण दिया, वे हमारे माता-पिता जैसे थे, हम उनके सम्मान में उनका अन्तिम संस्कार करेंगे।'

नेगी चेलिक अब जंगल में जाने को तैयार था।

उसके पास दो कुत्ते थो, सौरन और भौरन।

इन दो कुत्तों को लेकर वह जंगल में निकल गया। घर में अकेली रहने पर उसकी बहन ने सोचा, 'मेरा भाई जंगल में गया है और भूखा लौटेगा, मैं जल्दी से कुछ भोजन बना देती हूँ।'

ऐसा सोचकर वह आग की खोज में निकल पड़ी। उसने गाँव भर में खोजा, वह थक गई मगर उसे आग नहीं मिली।

उसे जंगल में कहीं आग दिखाई दी।

वह उस जगह पहुँची।

वह आग एक चुड़ैलिन के घर में थी।

चुड़ैलिन घर में नहीं थी मगर उसका लड़का वहाँ था।

'अरे भाई, मुझे थोड़ी आग दे दो', लड़की ने कहा।

लड़की को देखकर उसने सोचा, 'मैं इस लड़की को अपने पास रख लूँगा।'

वहाँ एक फूटा हुआ घड़ा था।

उसने उसमें नीचे एक छेद बनाया और छेद के ऊपर राख रखकर उसके ऊपर आग रख दी। और लड़की को उसे पकड़ा दिया।

उसने ऐसा इसलिए किया ताकि जब लड़की चलेगी तो राख छेद से गिरती जाएगी।

घर पहुँचकर लड़की ने आग जलाकर चावल और सब्जी पकाया।

जंगल से उसका भाई लौटकर आया।

उन दोनों ने भोजन किया।

अगले दिन गिरी हुई राख का निशान देखते हुए चुड़ैलिन का लड़का उनके घर पहुँचा।

जब वह पहुँचा लड़की धान कूट रही थी।

लड़का आकर उसकी गोद में बैठ गया।

लड़की ने कहा, 'भाग जाओ वरना अगर मेरे भाई ने देख लिया तो वह तुम्हें मार डालेगा।'

लेकिन जब वह नहीं गया तो उसने उसे एक मिट्टी के बर्तन में छुपा दिया।

उसने कहा, 'मेरी माँ के घर में आम का एक पेड़ है। अपने भाई को वहाँ से आम लाने के लिए भेजो और मेरी माँ उसे पकड़कर खा जाएगी।'

यह सुनकर लड़की ने ऐसा ही करने को सोचा।

जब उसका भाई वापस आया तो उसने उसे आम लाने के लिए भेजा।

लड़का अपने दोनों कुत्तों को साथ लेकर आम लाने चल दिया।

वह पेड़ पर चढ़कर आम तोड़ने लगा।

'तुम मेरे आम क्यों तोड़ रहे हो?' चिल्लाते हुए चुड़ैलिन बाहर निकली।

उसे देखकर नेगी डर गया मगर नीचे उसके कुत्ते खड़े थे। उसने कुत्तों को इशारा किया और उन्होंने चुड़ैलिन को दौड़ा दिया।

कुत्तों ने चुड़ैलिन को काटा और उसे मार डाला और नेगी आम लेकर घर लौटा।

नेगी ने अपनी बहन को आम दे दिया और उसने उन्हें खा लिया।

लड़की ने घर के अन्दर आकर चुड़ैलिन के बेटे से कहा, 'चुड़ैलिन मेरे भाई का मुकाबला नहीं कर सकी और उसने उसे मार डाला।'

लड़के ने कहा, 'अपने भाई से बोलो, मुझे नींद नहीं आती। ओ भाई, मेरे लिए नींद लानेवाला फूल ले आओ, तभी मैं सो सकूँगी। यदि तुम ऐसा कहोगी तो वह फूल लेने जाएगा। फूल खोजते-खोजते वह मर जाएगा और हम सुखी जीवन व्यतीत करेंगे।'

ऐसा सुनकर उसने अपने भाई से कहा, 'भाई, मुझे अनिद्रा रोग हो गया है, मेरे लिए नींद का फूल ले आओ।'

नेगी यह फूल प्राप्त करने चल दिया।

नींद का फूल तीन समन्दरों को पार करने के बाद मिलता था। समन्दर रास्ते में ही थे वह फूल तक पहुँच नहीं सकता था। वह समन्दर के किनार पहुँचा, वहाँ उससे एक मेढक मिला जिसने पूछा :

'तुम कहाँ जा रहे हो और क्या लेने जा रहे हो?'

'मेरी बहन अनिद्रा रोग से ग्रस्त है और मैं नींद का फूल लेने जा रहा हूँ।'

नेगी ने मेढक से कहा, 'क्या तुम समन्दर पार करने में मेरी सहायता करोगे?'

मेढक ने समन्दर पार करने में उसकी सहायता की।

एक समन्दर पार करने के बाद उसके सामने दूसरा समन्दर आ गया। उसे पार करने का कोई रास्ता नहीं सूझता था।

उसने काफी प्रयास किया कि कोई रास्ता निकाले मगर कोई सफलता नहीं मिली।

वहाँ एक मगरमच्छ था और नेगी ने उससे कहा, 'मैं नींद का फूल प्राप्त करने निकला हूँ, क्या तुम समन्दर पार करने में मेरी सहायत करोगे?'

मगरमच्छ ने उसकी सहायता की।

समन्दर के दूसरी तरफ एक राजा रहता था।

उसकी एक सुन्दर पुत्री थी जो एक अलग घर में सोती थी। उस घर के सामने इमली का एक वृक्ष था।

नेगी ने उस वृक्ष के नीचे डेरा डाला।

राजा की पुत्री ने नेगी को देखा।

उसने पूछा, 'तुम किसलिए आए हो?'

नेगी ने कहा, 'मेरी बहन सो नहीं पाती और मैं उसके लिए नींद का फूल लाने जा रहा हूँ।'

राजा की पुत्री ने कहा, 'तुम मत जाओ, मैं यह फूल लाने के लिए किसी और को भेज देती हूँ।'

इतना कहकर वह नेगी को अपने घर में ले गई और अपनी माँ को बुलवाया।

'माँ मुझे नींद नहीं आ रही है, क्या तुम मेरे लिए नींद का फूल मँगवा दोगी?'

यह सुनकर रानी नींद का फूल लाने चल पड़ी।

वह फूल लेकर आई और उसे दरवाजे पर चिपका दिया।

पूरी रात नेगी राजकुमारी के साथ सोया।

फिर वह वापस घर लौटा।

नेगी ने अपनी बहन से पूछा कि क्यों वह उसे मरवाना चाहती है।

उसने निरपराध होने की कसम खाई जिस पर नेगी ने अपनी तलवार निकाल ली।

'यदि तुम सच्ची हो तो तुम्हारी जीभ तलवार से भी नहीं कटेगी। यदि तुम झूठी होगी

तो तुम्हारी जीभ कट जाएगी।'[1]

उसकी बहन ने अपनी जीभ से तलवार को छुआ और उसकी जीभ कट गई।

और फिर उसके भाई ने तलवार से उसे मार डाला।

उसने उसके शरीर को सात टुकड़ों में काटा।

चुड़ैलिन का बेटा घर में छुपकर यह सब देख रहा था।

भय के मारे वह घर से भागा।

नेगी ने उसे देख लिया और उसका पीछा किया।

उसे पकड़कर नेगी ने उसे भी मार डाला।

इसके बाद नेगी ने राजकुमारी से शादी कर ली और वे अपना जीवन यापन करने लगे।

कुछ दिनों के बाद नेगी अमीर हो गया।

एक दिन उसने सोचा, 'मुझे चलकर देखना चाहिए मेरे घरवाले कैसे हैं।'

अपनी सारी सम्पदा लेकर वह अपने माता-पिता के देश पहुँचा। वहाँ उसने एक बड़ा सा घर बनवाया और वहीं रहने लगा। पहले उसके माता-पिता अमीर थे जब वह उनके साथ रहता था।

उसके निकाले जाने के बाद वे बहुत गरीब हो गए।

वे घर-घर भीख माँगते।

तब भी वे मुश्किल से ही अपना पेट भर पाते।

वे इतने गरीब थे कि कुत्ते भी उन्हें नहीं पूछते थे।

नेगी का पिता उसके पास भीख माँगने आया।

'हे सौदागर, मुझे कुछ दान करो, मैं अत्यन्त निर्धन हूँ?'

उसने ऐसा कहा और वह नेगी को पहचान न सका।

लेकिन उसके पुत्र ने उसे पहचान लिया और बोला, 'तुम कहाँ से आए हो और तुम्हारा घर कहाँ है? तुम्हारे कितने बच्चे हैं?'

'हे सौदागर, मेरे एक पुत्र था जिसे मैंने देश-निकाला दे दिया। तबसे मैं निर्धन हो गया।'

'क्या तुम मुझे पहचानते हो?'

'हे सौदागर, मैं तुम्हें नहीं पहचानता', बूढ़े ने कहा।

'मैं तुम्हारा वही पुत्र हूँ जिसे तुमने अपने घर से निकाल दिया था।'

इतना सुनकर बूढ़ा भयभीत हो गया।

वह अपने पुत्र के चरणों में गिर पड़ा और उन्हें उसने अपने हाथों से पकड़ लिया।

उस दिन से नेगी ने उसे अपने घर में रख लिया।

वे साथ-साथ रहने और खाने लगे और अपने काम में लग गए।

श्री सोमनी राजा का विवाह

निम्नलिखित गीत (जो मूल गोंडी में है) पेंजोरी में सुना गया था। यह स्थान सेमुरगाँव के प्रसिद्ध स्थान से दो मील की दूरी पर है। यह मुरिया विवाह का विस्तृत वर्णन है। कहीं-कहीं

1. अन्य राज्यों की तरह बस्तर में भी शाही तलवारें पवित्र मानी जाती हैं। कई आदिवासी तलवार के नाम पर ली गई शपथ को विशेष महत्त्व देते हैं।

यह गीत ऐसा भाव छोड़ता है जैसे पूरी दुनिया चेलिक और मुटियारी के अधीन हो। माँझी द्वारा रानी को दिया गया दंड पूरी तरह घोटुल परम्परा के अनुरूप है। शुरुआत में घोटुल उपनामों की सूची दिलचस्प है।

गाँवों से भरी धरती का जन्म हुआ,
जगहें और जमीन उत्पन्न हुए,
माता मावली का जन्म हुआ,
ऊपर की दुनिया में कई द्वीप थे,
नीचे की दुनिया में सात द्वीप थे,
सबके बीच में सिंगलद्वीप था।
गैता गाँवों का स्वामी था।
एक माँझी था।
चार कोनों वाली राजा की जमीन थी
राजा का नाम सिरी सोमनी था।
वह एक छोटा बालक था।
सिरी सोमनी का पिता कुंकल सिरी राजा था।
कुंकल सिरी राजा का देहान्त हो गया।
सिरी सोमनी राजा की माँ बाई दुरसल रानी थी।
वह जोर-जोर से रोई, 'हाय मेरे स्वामी मर गए।
मैं अपने गाँवों का क्या करूँगी?
मैं एक नारी हूँ, मेरा एक पुत्र है,
वह एक अक्षर नहीं पढ़ सकता,
वह न्याय करना नहीं जानता।
मैं क्या करूँ?'
सिरी सोमनी राजा दिन प्रतिदिन बड़ा होने लगा,
वह दूध, घी और मक्खन का सेवन करता,
वह सोने के बिछौने पर सोता,
वह अपने शरीर पर लाल राख मलता,
वह वृक्ष की तरह लम्बा हो गया,
वह वयस्क हो गया,
सिरी सोमनी राजा।

एक दिन बाई दुरसाली रानी ने कहा
'मैं अपने पुत्र का विवाह रचाऊँगी'
'किस नगर की रानी से?'
'कठिंगपुरा नगर में एक लड़की है।'
'वह किसकी पुत्री है?'
'वह कटसुंगा रानी की पुत्री है।'
ऐसा उसने सोचा।

उसने सगाई का प्रस्ताव भेजा।
'मैं उसके पालने में ही उसका विवाह कराऊँगी
मेरे पास अनेक सेवक हैं,
मेरे पास नेगी जोगी है,
मेरे पास पंडे प्रधान हैं
तुम सब मेरी बात सुनो।'
'क्या बात है, रानी?'
'कठिंगपुरा नगर,
वहाँ सगाई का प्रस्ताव लेकर जाओ।
मैं उसके पालने में ही उसका विवाह कराऊँगी।'

नेगी जोगी तैयार हो गया
पंडे प्रधान तैयार हो गया
'हम जाएँगे महारानी।'
तीन मुट्ठी दाल,
वह कच्चा खा गया,
दीवान क्षत्री उसे खाने बैठा।
जरीबखान मुसलमान,
जिसका हाथ टूटा था, उसने कच्चा भोजन किया।
बोदेलाल मिर्च खानेवाला था।
घी में पकाई हुई कई प्रकार की सब्जियाँ
अरसी के तेल में पकाई हुई अस्सी प्रकार की सब्जियाँ
महुआ के तेल में पकाई हुई दो प्रकार की सब्जियाँ,
कड़वे कटेले की सब्जी
उन्होंने बत्तीस प्रकार के व्यंजन खाए,
वे जो विवाह के लिए जा रहे थे।
इस प्रकार का भोजन उन्होंने खाया।

और उन्होंने इस प्रकार के वस्त्र धारण किए,
पिताम्बर कपड़े की धोती,
सोने के कामवाले अन्य वस्त्र,
पैरों में जूते,
साँभर के चमड़े से निर्मित
चूहों की खाल चढ़े जूते
छिपकली की खाल की जुराबें,
हिकमी और कामदार ने जाने की तैयारी की।
उन्होंने अपने आभूषण पहने,
उनके पास लोहे की सुपारी थी,

उनका पान पीपल के पत्तों का था,
वे उसे चबा रहे थे, मुयुरे, मुयुरे,
उनके दाँत रंगीन हो गए थे।
हाथों में छड़ी लेकर
उनकी पगड़ी बंजारी के बैल की पूँछ की तरह लहरा रही थी।
वे बूढ़े बैलों की तरह चले
तीन दिवसीय यात्रा पर।
अरे महुआ वृक्ष का भाला!
उसे लेकर वे गए।
फिर वे नगर में पहुँचे
अपने ससुर को जोहर की रस्म अदा की।
'तुम ससुर किसे कह रहे हो?'
'हम तुम्हारी बहन के पुत्र हैं।'
उनके ऐसा कहने पर उनके लिए एक लम्बी-चौड़ी खाट लाई गई।
कोमल कालीन जैसी राजाओं के लिए होती है।
एक पत्थर पर उन्होंने भाले रख दिए।
उनके साथ घास के गट्ठर थे,
और भाला घास खा गया।

'सुनो मामा सुनो
हम एक फूल धारण करने के लिए आए हैं।'
'तुम किस प्रकार का फूल धारण करना चाहते हो?
इस समय तुम कौन सा फूल पा सकोगे?
अगर तुम दीवाली के समय आते, तो तुम कद्दू का फूल पा सकते थे,
तुम सेम का फूल पा सकते थे,
तुम उन्हें अपने कानों में लगा सकते थे।'
'हम उस तरह के फूल के लिए नहीं आए हैं।
तुम्हारी एक पुत्री है, हम उसके लिए आए हैं।'
'मेरी पुत्री अभी बच्ची है, तुम उसका क्या करोगे?
वह अभी पालने में झूल रही है।'
'मैं पालने में ही उससे विवाह करूँगा।
सुनो मामा सुनो, आओ हम विवाह की बात करें,
मेरे पास किसी चीज की कमी नहीं है, मेरे पास एक बारह वर्ष का सूअर है,
मेरे पास अस्सी साल का बधिया किया बकरा है,
मेरे पास पर्याप्त चावल और दाल है।'
इस प्रकार उन्होंने ढाई माह बाद विवाह करने का तय किया।
'हम चलते हैं, बात को तय समझो,
हम ढाई माह बाद आएँगे।'

फिर उन्होंने जोहर किया और बाई दुरसल रानी के पास वापस लौटे।
दीवान क्षत्री ने पूछा, 'तुमने फूल का क्या किया?'
'हमने सब ठीक किया, विवाह ढाई महीने में होगा।'
'वहाँ बारह गाँवों के लोग थे, ओ रानी,
हमने उनके साथ सब कुछ तय कर लिया।'
'सिरी सोमनी के विवाह में नौ कस्बों के लोगों को आमन्त्रित किया जाए;
घंटियों के झुंड की तरह आस-पास बहुत सारे गाँव हैं।'
ऐसा देश था वह;
बाजार उनके पूर्वजों के समय से था;
वहाँ गैता और किसान थे और माँझी मुकसाई,
वहाँ अमीर और गरीब थे, वह एक विशाल देश था।
इस देश में चेलिक और मुटियारी थे।
वहाँ एक सौ चालीस लड़कियाँ और एक सौ बीस लड़के थे,
घोटुल में जंगली साँड़ के सींग की तरह प्यारे बच्चे हैं।
एक सौ चालीस लड़कियों की एक मुखिया है।
उसका नाम गदकारे मोडे है।
उसकी हाथ भर की नाभि है,
वह नन्दगाँव के नमक के बोरे जैसी दिखती है।
बाई दुरअसल रानी मन में सोच रही थी,
'मेरे गाँव के चेलिक और मुटियारी पत्ते ओर लड़कियाँ लाएँगे।
ऊपर के गाँव में नेगी साई कोटवार है;
'जाओ कोटवार को जल्दी बुला कर यहाँ लाओ।'
'चलो कोटवार रानी तुम्हें बुला रही हैं।'
'वह मुझे किस लिए बुला रही हैं? मैंने कोई चोरी तो की नहीं है।'
उसक हृदय धक धक धड़क रहा था,
पन्द्रह दिन से वह कुछ खाया नहीं था।
उसने एक हाथ लम्बा वस्त्र पहना।
रानी के पास पहुँचकर उसने उसकी इच्छा पूछी।
'मुझे कुछ नहीं चाहिए, लेकिन नौ गाँव हैं,
उनमें चेलिक और मुटियारी हैं।
जाओ उन्हें सिरी सोमनी के विवाह के लिए एकत्र करो;
अपना ढोल बजाओ और उन्हें आने के लिए कहो;
उनसे पत्तियाँ और लकड़ियाँ लाने को कहो।'
मैं भूखा हूँ रानी, मुझे खाने को माँड़ दो।
'माँड़ नहीं है कोटवार, मैं क्या करूँ?
बारह वर्ष पुराना चावल का पानी है,
उसमें मेंढक और छिपकलियाँ हैं।'
'मुझे ऐसा माँड़ पसन्द है; लाओ उसे मुझे दो।'

उसने उसे कुछ नमक और एक मुट्ठी मिर्ची दी,
पीते समय उसकी मूँछें सुई सुई कर रही थीं,
उसके गले से गुरगुर गुरगुर की आवाज आ रही थी।
मेंढक और छिपकली खाते समय उसका मुँह पिटोस पिटोस हो रहा था।
'छोटे घरों में मोटा चावल मिलेगा
बड़े घरों में महीन चावल मिलेगा,
हम वह सब विवाह के लिए लाएँगे।'
ऐसा कहते हुए कोटवार ने माँड़ पिया।
उसने अपने पेट इतना भर लिया कि उसका नाड़ा टूट गया।
कोटवार नंगा हो गया और उठकर भाग गया।
उसका लिंग डेढ़ हाथ लम्बा था,
उसके लिंग के बाल एक हाथ लम्बे थे,
उसने दोनों हाथों से लिंग को छुपाया और भाग खड़ा हुआ।

एक चरवाहा औरत बारह हाथ लम्बा कपड़ा पहने थी।
उसने उसका कपड़ा छीन लिया।
कोटवार ने उस धोती को घुटनों तक लपेट लिया।
चरवाहा औरत अपने हाथों से अपने गुप्तांग छुपाते हुए भागी।
घोटुल के एक सौ चालीस चेलिक कंचे खेल रहे थे।
वह भागती हुई उनके बीच में पहुँच गई।
लड़के चिल्लाए, 'वह हमारे कंचे लेकर भाग रही है।'
लड़कों ने उसका पीछा किया।
वे चिल्लाए, 'चरवाहिन हमारे कंचे लेकर मत भागो।'
चरवाहिन आगे-आगे भाग रही थी, लड़के उसके पीछे-पीछे।
वह अपने घर में घुस गई, लड़के उसके पीछे-पीछे घुसे।
उसकी योनि एक हाथ चौड़ी थी,
उसका भग शिश्न चार अंगुल लम्बा था,
उसके योनि के बाल छप्पर छाने की घास जितने लम्बे थे।
चरवाहिन ने अपने हाथ हटाए, लड़कों ने वह दृश्य देखा।

नेगी साई कोटवार अपना ढोल बजा रहा था,
सिरी सोमनी राजा के विवाह की घोषणा कर रहा था।
सिंगा मछली जैसा सुन्दर एक चेलिक सिंगा था।
चेलिक पोला, हिरन के पूँछ जैसा था,
लंगड़ा नवजे कुल्हाड़ी लिए था;
लम्बे बालों वाला लटिया भाले के साथ था;
बेलाल के पास लड़ाईवाली कुल्हाड़ी थी;
बेवकूफ दिखनेवाले बक्के के पास एक छिपकली थी;

चितल के पास एक चूहा था,
बातल के पास एक खरगोश था।
गदकरे मोडे भी था;
गोगुम फूल जैसा दिखनेवाला गंगो था;
बड़े गालोंवाला बुके धान की भूसी बाँट रहा था;
टूटी अँगुली वाला थोती सब्जी बाँट रहा था;
भीमे पत्ते सी रहा था;
मुले चुपचाप बैठा था;
गेंगरे नाक से सूँघकर सूअरों को बुला रहा था।
छोटा थोबरी बाजार जा रहा था;
डोगरी सेम चुन रहा था;
लहरी बैंगन चुन रहा था।

चेलिक सिंगल बैलगाड़ी हाँक रहा था,
जिसे चाचा-भतीजे भैंसे खींच रहे थे।
मुटियारी सिंगल के साथ गईं।
चेलिक ने उनसे जाने को कहा,
वे विवाह के लिए पत्ते इकट्ठा करने गए।
वे हजार लोगों जैसा शोर करते हुए स्वर्ण पहाड़ी पर गए, उन लोगों ने लकड़ियाँ इकट्ठा कीं और चिल्लाते हुए वापस लौटे।
सिंगल चेलिक ने उनके साथ जाने की तैयारी की,
गडकरे मोडे ने भी अपनी बैलगाड़ी तैयार की।
उसकी नाभि सात हाथ लम्बी थी।
सिंगल चेलिक ने चाचा-भतीजा भैंसों की जोड़ी को अपनी गाड़ी में नाधा।
सिंगल अपनी गाड़ी लेकर आगे बढ़ा, बाकी उसके पीछे चले।
वे हजारों लोगों जितना शोर करते हुए आगे बढ़े।
सिरी सोमनी राजा के पास जाते हुए उन्हें रास्ते में एक नदी मिली।
लड़की गडकरे मन में सोच रही थी,
'मैं रास्ता बन्द कर दूँगी[1] और उन्हें उस पार जाने नहीं दूँगी।'
उसने नदी के तल पर रेत खोदी,
और रेत ऊपर से डालकर उसमें छिप गई;
पर उसकी नाभि का उभार छिप नहीं सका।
सिंगल अपनी गाड़ी लेकर उधर से गुजरा और उसकी नाभि के उभार पर गाड़ी चढ़ा दी;
धुरा उसमें फँस गया मगर सिंगल ने पूरा जोर लगाया।
उसने भैंसों को मारा

1. हर्र चेकना यानी बारात या शिकार से सफलतापूर्वक लौटने वाले शिकारी दल के लिए सड़क के आर-पार रस्सी लगाना। यह नेंग का एक रूप है : देखें मेरी कृति *फोक-सांग्स ऑफ छत्तीसगढ़*, पृ. 9।

वे कह रहे थे, 'गाड़ी किस चीज में फँसी है?'
एक काना लड़का था, उसने देख लिया।
'यहाँ इतने लड़के लड़कियाँ हैं मगर किसी ने नहीं देखा,
लेकिन काना होते हुए भी मैंने देख लिया,
यह लड़की मोडे की कारस्तानी है।'
'सुनो ओ मोडे, हमें पता है कि तुमने रास्ता रोका है।'
'हाँ पर यह मेरा तरीका है।'
'तुमने अपनी नाभि से गाड़ी रोक दी है,
अब इसे जाने दो, हम तुम्हें मदिरा देंगे।
तब मोडे ने गाड़ी जाने दी।

लड़के लकड़ियाँ और पत्ते ले आए,
उन्होंने उसे बाई दुरसल रानी के महल में पहुँचाया।
रानी दुरसल ने नेगी जोगी और पंडे प्रधान को वधू को लाने के लिए भेजा।
एक हजार लोग वधू को लाने गए, तीन दिन की यात्रा करके।
वे कठिंगपुरा नगर गए।
जंगोबाई, कटसुंगा रानी की पुत्री पालने में झूल रही थी।
वे उसके विवाह के लिए आए थे, राजा और रानी भी वहाँ पहुँचे।
वह अपने पालने में झूल रही थी और टेरिंग टेरिंग करके रो रही थी।
वे खूब ढोल नगाड़े के शोर के बीच उसे लेकर सिरी सोमना के घर आए।
सात कमरोंवाले उस महल में विवाह होना था।
सिरी सोमनी अन्दर था और अपने पालने में जंगोबाई बाहर थी।
और पालने में विवाह सम्पन्न हुआ।
तब माँझी ने पटौनी[1] के बारे में पूछा।

माँझी एक धुर्वा था, वह मूँछ रहित था, उसने यह पूछा।
उसका सिर सेम की फलियों से आच्छादित बेल जैसा था,
उसकी आँखें छोटे मिट्टी के बर्तनों जैसी थीं,
उसकी नाक बाँस के खम्भे जैसी थी,
उसके दाँत चाकू जैसे थे,
उसका सीना बैलगाड़ी के पहिए जितना बड़ा था,
उसके कान सूपे के समान थे,
उसकी टांगे पिटेल वृक्ष की शाखाओं जैसी थीं,
उसकी दाढ़ी झाड़ू के समान थी,
उसकी मूँछें घास जैसी थी,
उसकी भौंहें हिरवा दाल की बालियों जैसी थीं

1. वयस्क होने पर लड़की को उसके पति के घर भेजने के लिए प्रयोग किया जाने वाला छत्तीसगढ़ी शब्द।

उसके कान सूप जैसे थे,
उसका पिछवाड़ा खेत में गड्ढे जैसा था।
वह माँझी ऐसा था और वह महत्त्वपूर्ण माँझी था।
एक नेवला था जिसकी खाल घास जैसी थी
उसने गडकरे मोडे से उपहार की माँग की
'मैं तुम्हें क्या दे सकती हूँ? एक रुपया ले लो।
मैं तुम्हें सोने-चाँदी दूँगी।'
'मुझे ये चीजें नहीं चाहिए, मुझे तुम्हारे स्तन चाहिए।'
और वह नेवला उछला और उसने उसके स्तन काट लिए।
गडकरे मोडे चेलिक के पास गई;
जब लड़कों ने उसे देखा तो पूछा कि वह कहाँ गई थी।
'मैं निवृत्त होने गई थी।'
'हमें धोखा मत दो, हमें पता है तुम क्या कर रही थी।'

सिरी सोमनी राजा दिन प्रतिदिन बड़ा हो रहा था,
जंगोबाई महारानी भी बड़ी हो रही थी।
सिरी सोमनी उसे अपनी बहन मानता।
जंगोबाई उसे अपना बड़ा भाई कहती।
वे नित्यकर्म से निवृत्त होने एक साथ जाते,
वे एक साथ सोते और खेलते,
वे एक साथ खाते-पीते और बैठते,
फिर राजा वयस्क हो गया।
जवानी में शक्ति है, बुढ़ापे में रोग।
इस प्रकार सिरी सोमनी के जीवन के सात वर्ष बीत गए।
जंगोबाई रानी भी वयस्क हो गई।
रानी दुरसल उसे अपनी पुत्री मानती।
माँझी मन में सोचता, 'वह अपनी बहू को बेटी क्यों कहती है?
हमें चलकर रानी को यह सारी बात बतानी चाहिए।'
माँझी रानी के पास गया और वह उससे मिलने बाहर निकली।
उसने माँझी को बैठने के लिए खाट लगवाई।
तब उसने समझाया कि जंगोबाई उसके बेटे की बहू है और उसकी बेटी नहीं है।
'हम यही बताने आए हैं और अब हम चलते हैं।'
माँझी सोनोरूपो कलारिन के घर गया।
'ओ कलारिन बाई, मुझे दस भट्ठियों में जितनी मदिरा बन सकती है उतनी मदिरा दो।'
कलारिन बाई ने एक बर्तन में उसे मदिरा दी;
माँझी एक परसा पत्ते से मदिरा पीकर धुत्त हो गया।
'कुछ लोगों को भेजकर रानी को यहाँ बुलवाओ।'
कुछ लोग रानी को बुलाने गए,

रानी के पास जाकर उन्होंने कहा, 'माँझी आपको बुला रहा है।'
रानी ने कहा, 'वह मुझे क्यों बुला रहा है, मैंने तो किसी को सजा नहीं दी है, मैंने कोई चोरी नहीं की है', लेकिन उसने चलने की तैयारी कर ली,
रानी दरबार में गई।
उसने मुरिया लोगों को जौहर के द्वारा प्रणाम किया,
हिन्दुओं को राम-राम किया,
और जरीबखान पठान को सलाम किया।
माँझी हाथों में एक चमारगोटा पत्थर लिये उसके पास पहुँचा।
उसने रानी को वह पत्थर अपने कान से लगाकर उठक-बैठक करने को कहा।
इस प्रकार उसने रानी को दंडित किया।
अन्त में रानी थक गई और उसके घुटनों में पीड़ा होने लगी; उसने माँझी से उसे छोड़ देने का आग्रह किया।
'तुम मुझे किसलिए दंड दे रहे हो?'
'क्योंकि तुम अपनी पुत्रवधू को पुत्री कह रही थी।'
'वह मुझे माँ कहती थी, तो मैं क्या करती?'
'अब तुम ऐसा करो कि अपने शरीर पर लकड़ी की राख मलो,
और ऐसा करके अपनी पुत्रवधू के पास जाओ।'
पुत्रवधू घर के अन्दर अपने पालने में झूल रही थी।
रानी ने उसे पुकारा, 'पुत्रवधू, पुत्रवधू ओ जंगोबाई।'
जंगोबाई बाहर निकल आई और उसने पूछा, 'आपके शरीर पर यह सफेद चीज क्या लगी है?'
माँ क्या तुमने अफीम और मदिरा का सेवन किया है?'
'मैंने कोई अफीम या मदिरा का सेवन नहीं किया है, पुत्रवधू।'
'मुझे पुत्रवधू मत कहो, ऐसा कहना पाप है,
क्योंकि अभी किसी पुरुष के साथ मेरा रिश्ता नहीं हुआ है।'
जंगोबाई नाराज हो गई और उसने दुरसलाबाई के बाल पकड़ लिए;
उसने उस पर लात-घूँसों से प्रहार किया।
'मुझे मत मारो पुत्रवधू, जरा ठहरो।'
जंगोबाई ने उसे पीटकर अपना गुस्सा शान्त किया।

पानी का बर्तन हाथ में लेकर वह पानी लाने चली,
वह पुराने गड्ढे से पानी लाने गई, बत्तीस प्रकार के व्यंजन बनाने के लिए।
जंगोबाई पानी लेने गई।
जिस रास्ते से वह पानी लेने गई।
वहाँ उसे सात लड़कियाँ रास्ते में मिलीं।
रानी अकेली जा रही थी तो लड़कियों ने पूछा।
तुम कहाँ जा रही हो रानी, इस रास्ते पर नहीं जाना चाहिए।
तुम्हारा पति कहाँ गया, तुम्हें उनके साथ होना चाहिए।

लड़कियों मैं शादीशुदा नहीं हूँ, मेरा कोई पति नहीं है।
क्या तुम्हारी शादी बचपने में हो गई थी!
रानी ने लड़कियों से कहा, इस तरह बेकार बात मत करो।
जैसे ही उसने पानी देखा, उसने उनसे कहा।
अगर मेरा कोई पति है तो मैं शुद्ध पानी ले लूँगी।
अगर मेरा पति नहीं है तो पानी लाल हो जाए।
ऐसा कहकर उसने पानी लिया।
पानी एकदम साफ था।
एक बर्तन में पानी भरकर वह घर गई।
उसने कहा चावल कहाँ हैं?
घर में देखो वहाँ चावल और दाल हैं, ओ पुत्रवधू।
यहाँ पर हर प्रकार की सब्जी घी से बनी है और 80 प्रकार की सब्जियाँ अरंडी के तेल से तैयार हैं।
ओ पुत्रवधू श्री सोमनी राजा आ रहे हैं।
जब राजा आएँ तो उन्हें पानी पिलाना,
दातून देना और नहाने के लिए पानी देना।
राजा जब रानी के पास आए तो रानी ने उसके हाथ में पानी दिया।
ओ राजा, इस दातून का प्रयोग करो।
तुम मेरी बहन हो, तुम मेरे हाथ में पानी क्यों दे रही हो।
ऐसा कहकर राजा शर्म से दूर चला गया।
पुत्रवधू जंगो रानी अपना खाना लेकर सोने चली गई।
खाना खाने के बाद बचा हुआ खाना मचान पर टाँग दिया।
रात में जंगो रानी अपने झोंपड़ी की देहली पर सो गई।
रात में राजा आया और उसने दरवाजा खटखटाया।
श्री सोमनी राजा ने सोचा,
अगर मैं अन्दर जाता हूँ, तो लोग कहेंगे मैं बहन के पास अन्दर रहा।
अगर मैं छत पर जाता हूँ तो लोग कहेंगे मैं अपनी बहन के पास गया।
लेकिन किस तरीके से मैं अन्दर जाऊँ।
राजा को भूख लगी थी वह खाना ढूँढ़ रहा था।
मचान पर लटका खाना उसको दीखा।
उसमें अच्छा खाना था, लेकिन वह गिर गया।
बाई दुरसल रानी ने कहा,
पुत्रवधू उठो, एक आधी पूँछ की बिल्ली आई है।
जंगोबाई उठी और उसने दरवाजा बन्द कर दिया।
वह अन्दर गई और झगड़ने लगी।
अगले दिन राजा ने सोचा, 'मैं तीन प्रकार के हल इनसे माँगूँगा।
उसने माँ से कहा, दलिया लाओ।
हल लोहे का था, जुआ भी लोहे का था।

मुर्गी के अंडे में दलिया था, मोरनी के अंडे में चावल था।
कबूतरी के अंडे में सब्जी थी।
वह इनको खेत में ले गई।

सिरी सोमनी राजा हल जोत रहा था।
जंगोबाई दलिया लेकर आई।
ओ राजा, खाना उतरवाओ, ये बहुत भारी है।
राजा आया उसने जंगो बाई को मारा।
फिर राजा अपने दरबार में चला गया।
उसने हलवाहे को दलिया दिया।
उसने उसको चावल भी दिये और घर वापस चली गई।
उसने अपनी सास से कहा, मैं यहाँ नहीं रहूँगी।
तुम्हारा लड़का मुझे खुश नहीं रखता है मैं कैसे रहूँगी यहाँ।
उसने अपने सारे जेवरात एक टोकरी में इकट्ठा किए।
और जोहर करने के लिए पांडे प्रधान के पास गई।
वह अपनी सास के पैरों पर गिर पड़ी।
उसने अपने नौकर का जोहर किया।
जंगोबाई रानी अपनी टोकरी लेकर एक ओर चली गई।
वह रास्ते में अकेली जा रही थी।
'देखो, कौन जा रहा है? इससे रास्ते पर जाने के पैसे लो।'
मज्जार खान मुसलमान पैसे लेने गया।
'कहाँ जा रही हो लड़की? मुझे रोड टेक्स दो।'
मैं क्या दे सकती हूँ? मेरे पास कुछ नहीं है भाई।
उसने हाथ में अँगूठी पहन रखी थी उसे देने के लिए वह तैयार हो गई।
जंगाबोई रानी ने अँगूठी दे दी,
मज्जार खान ने उसको अपनी कमर पर बाँधा लेकिन वह गिर गई।
उसने उसको कपड़े में बाँधा लेकिन वह फिर गिर गई।
अब उसने उसको अपनी छोटी उँगली में पहना, वह रुक गई।
उसके सिर में एक जगह जुएँ इकट्ठे हो गए।

श्री सोमनी राजा खड़ा हुआ और घर गया।
वह नौ कमरों के महल के अन्दर गया।
वह बहुत बड़े पलंग पर सो गया।
वह मुँह ऊपर करके सो रहा था।
उसने कड़ी में घुसा हुआ कंघा देखा।
राजा ने उसको लेना चाहा लेकिन वह ओझल हो गया।
उस कंघे पर उसकी शादी की कहानी लिखी हुई थी।
जब उसकी शादी हुई थी उस समय वह बच्चा था।

वो रानी कौन थी? वह कथिनपुर की रानी थी।
जंगोबाई जब छोटी थी तभी उसकी शादी हो गई थी।
महल के बाहर उसकी शादी करवाई गई थी।
जबकि राजा महल के अन्दर था।
जब राजा को कंघा मिला, तो उसको यह कहानी मालूम हुई।
राजा ने अपनी माँ बाई दुरसल से पूछा।
मेरी पत्नी जंगोबाई कहाँ गई।
वह बाजार गई है चूड़ियाँ लेने।

वह बाजार गया, माँझी की लड़की वहाँ चूड़ियाँ पहन रही थी।
उसने सोचा, 'यह मेरी पत्नी है', और उसने तीन बार मारा।
उसने कहा, 'मुझे क्यों मार रहे हो? मैं तुम्हारी शिकायत करूँगी।'
'मैंने सोचा कि तुम मेरी पत्नी हो, इसलिए मैंने तुम्हें मारा' मुझसे गलती हो गई।
इसकी शिकायत मत करना, मैं तुम्हें पाँच रुपए दूँगा।
वह वापस घर गया और अपनी माँ से पूछा, 'मेरी पत्नी कहाँ है।'
तुम्हारी पत्नी घर छोड़कर चली गई मेरे बेटे।
मैं उसको देखने जा रहा हूँ तुम दाल और चावल बनाकर तैयार रखो।
उसने अपने घोड़े बागड़ी मारो को तैयार किया।
उसने अपने घोड़े को फारसा फूल से सजा दिया।
बाई दुरसल रानी ने खाना तैयार किया।
राजा ने उस खाने को एक पोटली में रख लिया।
राजा ने अपनी तलवार और कृपाण जो छिपकली के पैरों जैसे थे,
अपनी कमर में ठूँस लिया।
उसने हनाल पेन[1] से अपनी रक्षा करने के लिए प्रार्थना की,
मैं अपने लिए एक पत्नी ढूँढ़ने जा रहा हूँ, कृपया मेरी सहायता करो।'
बाई दुरसल रानी ने कहा, 'मत जाओ, मेरे पुत्र।'

चाबुक की जगह उसने घोड़े पर कोबरा साँप का प्रयोग किया।
घोड़ा जिसका नाम बागड़ी मारो था हवा में उड़ चला।
जंगोरानी आगे जा रही थी, राजा उसके पीछे था।
वह उसे पकड़ नहीं सका, वह दो मील पीछे था।
वह मोलोल साई[2] के राज्य में पहुँच गया।
मोलोल साई के पास सात पत्नियाँ थीं, जो सात कमरोंवाले महल में रहती थीं।
सिरी सोमनी घोड़े पर सवार होकर पहुँचा।
सातों रानियों ने सिरी सोमनी राजा को देखा।
'उसे बुलाओ बहन, हम उसे धूम्रपान के लिए हुक्का देंगी।'

1. मृत व्यक्ति, उसके पूर्वज।
2. खरगोसों का देवता।

उसे देखकर रानी रास्ते में खड़ी हो गई,
उसने बागरी मारो घोड़े की रास पकड़ ली।
'तुम कहाँ जा रहे हो, बन्धु? मेरे घर चलो और धूम्रपान कर लो।'
'मैं धूम्रपान नहीं करता, न ही तम्बाकू खाता हूँ।'
'तुम पुरुष होकर तम्बाकू पीना नहीं जानते? तुम तो नारी जैसे हो।'
शर्मिन्दा होकर राजा उसके घर गया।
चार सेर चूना और एक सेर तम्बाकू
का चूर्ण बनाकर उसने हुक्के में डाला।
राजा ने हुक्के का कश लिया और उससे आग धधक उठी।
उस आग में महल जलकर भस्म हो गया।
वह अपने घोड़े पर चढ़कर वहाँ से निकल गया।
मोलोल साई राजा घास चरने गया था।

सिरी सोमनी राजा उस जगह पहुँचा जहाँ हर चीज गोंद थी।
उसने रास्ते में गोंद देखी और ठहर गया।
उसने अपनी जेब से आग की छड़ियाँ निकालीं और गोंद को जला दिया।
अब वह उस जगह पहुँचा जहाँ जाल बिछे थे।
वहाँ एक जाल में साँभर फँसा हुआ था।
अपने घोड़े को छोड़कर वह जाल में घुस गया।
वह अन्दर गया और जाल से सही सलामत बाहर निकला, बाहर निकलते समय उसने जाल के मुँह को गिरा दिया।
अपने घोड़े पर सवार होकर वह चल पड़ा
वह रायमुंडागढ़ पहुँचा जहाँ डेरा मंगा राजा रहता था।
और वहाँ उसे अपनी रानी मिली।
वहाँ पहुँच उसने अपने गुरुमन्त्र से अपनी रानी को पा लिया।
उसे लेकर वह अपने राज्य पहुँचा।
रास्ते में सुरुग नदी पड़ती थी।
नदी पर पहुँचकर उसने दोनों के लिए भोजन पकाया।

जंगोरानी नदी में स्नान करने गई।
वहाँ तालाब की सोलह धाराएँ थीं और नदी की बत्तीस
स्नान करते समय एक बोड-मछली उसे खा गई।
सिरी सोमनी राजा उनका भोजन पका रहा था।
वहाँ नहर थे और उन्होंने राजा को मार डाला।
दो नेवला बन्धुओं के बुलाने पर जर खांडी वहाँ पहुँचा
उन्होंने सिरी सोमनी राजा को पुनर्जीवित करने की कोशिश शुरू कर दी।
नेवलों ने राजा को जीवित कर दिया।
जीवित होने पर राजा अपनी रानी को ढूँढ़ने चल दिया।

उसने तालाब की सोलह और नदी की बत्तीस धाराएँ पार की।
अपने गुरुमन्त्र से उसने तालाब का पानी पी लिया।
तालाब में बिलकुल पानी नहीं बचा सिर्फ मछलियाँ रह गईं।
राजा ने मछलियों के पेट में देखा।
पर उसे रानी का कोई चिह्न नहीं मिला और वह बेचैन हो उठा।
वहाँ एक मेंढक था और राजा ने उसका पेट चीरना चाहा।
मेंढक चिल्लाया टरंग टरंग, ओ राजा, ऐसा मत करो।
मैं बताऊँगा तुम्हारी रानी कहाँ है पर मुझे मत चीरो,
बोड मछली ने उसे खा लिया है और वह यहाँ नहीं है;
वह मछली बसुम कटरी के राज्य में चली गई है।'

एक केवट ने मछली को मार डाला;
उसने काँटों से बने अपने डाँडर जाल में मछली को पकड़ा;
वह मछली को अपने घर ले गया और उसे चीरने लगा।
जंगोबाई उस मछली के पेट में थी।
उसने अन्दर से आवाज लगाई, 'सावधानी से काटना, ओ पिता।'
उसकी आवाज सुनकर बूढ़े ने सावधानी से मछली को काटा।
जंगोबाई मछली के पेट से बाहर निकली।
बूढ़ा और उसकी पत्नी उसे देखकर बहुत प्रसन्न हुए;
'हमारे कोई सन्तान नहीं है, हम इसे अपने पास रखेंगे।'
जंगोबाई रानी आग जैसी दिखती थी।
बसुम कटरी राजा अपना नगर देखने आया।
उसने जंगोबाई को देखा और उससे विवाह करने की सोचा;
उसने बूढ़े केवट और उसकी पत्नी से कहा,
'अपनी पुत्री मुझे दे दो, मैं उससे विवाह करूँगा।'
'यह एक निर्धन की बेटी है, तुम इससे विवाह कैसे कर सकते हो?'
'कैसे भी करके मैं इससे विवाह करूँगा।'
बसुम कटरी राजा ने विवाह की तैयारी शुरू कर दी।
विवाह सम्पन्न हुआ मगर लगीर शेष था।
सिरी सोमनी अपनी पत्नी को ढूँढ़ता वहाँ पहुँचा;
सिरी सोमनी राजा साधु वेश धरकर आया,
उस जगह जहाँ बसुम कटरी के विवाह का समारोह चल रहा था।
वह आकर 'हे राम, राम' कहता हुआ वहाँ बैठ गया।
उसने बसुम कटरी राजा से कहा,
'तुम्हारे घर में कुछ गड़बड़ है मैं उसे ठीक कर दूँगा।'
'महाराज मुझे इस समस्या से निजात दिलवाइए।'
'मैं टीका करके तुम्हें बचाऊँगा।'
उसने टीका करने का प्रहसन किया मगर रानी को लेकर भाग गया।

बसुम कटरी राजा ने उनका पीछा किया।
सिरी सोमनी आगे था, बसुम कटरी पीछे।
रास्ते में वे मिले और उनकी मुठभेड़ हुई,
विरोधी चाकू और तलवार छिपकली के पूँछ जैसी।
चाकू गीदड़ की जीभ की तरह था और सीधी तलवार कुत्ते की जीभ की तरह।
इन हथियारों से वे लड़े मगर एक-दूसरे को क्षति नहीं पहुँचा सके।
वे लड़ते रहे मगर कोई पक्ष दूसरे पर हावी नहीं हुआ।
सिरी सोमनी ने बसुम कटरी राजा से कहा,
'मैं वर्षा करता हूँ, तुम नदी को रोकने की कोशिश करो,
बसुम कटरी राजा नदी के आर-पार लेट गया।
सिरी सोमनी तीन दिनों तक बरसता रहा।
नदी में बाढ़ आ गई और बसुम कटरी राजा को बहा ले गई।
अगले दिन राजा उसे ढूँढ़ने निकला।
बसुम कटरी राजा एक पेड़ के सहारे बच गया था।
सिरी सोमनी राजा ने उसे वहाँ पाया।
सिरी सोमनी राजा ने बसुम कटरी राजा से कहा,
'तुम्हारा कौन सा मुँह लाल है? हम खोलकर देखते हैं।'
सिरी सोमनी राजा ने उसे धोखा दिया।
बसुम कटरी राजा ने अपना मुँह खोला।
विरोधी चाकू और तलवार छिपकली के पूँछ जैसी ने उसके मुँह को चीर डाला।
बसुम कटरी राजा मर गया।
सिरी सोमनी अपनी पत्नी को घर ले आया
वे अपने गाँव पहुँचे और खाते-पीते जीवन व्यतीत किया।

अध्याय तेईस

घोटुल और विवाह

यह एक गाड़ी है, यदि तुम इसे चलाना जानते हो, बच्चे।
यह एक भोजन है, यदि तुम इसे खाना जानते हो, बच्चे।
यह एक रास्ता है, यदि तुम इस पर चलना जानते हो, बच्चे।
यह एक घोड़ा है, यदि तुम इसकी सवारी करना जानते हो, बच्चे।

–मालकोट का विवाह गीत (लगीर पटा)

1. परिचय

हमारे समाज में विवाह पूर्व यौन सम्बन्ध और सम्भोग, जो इसके पहले वर्जित थे, की शुरुआत के रूप में इतनी मान्यता प्राप्त कर चुका है कि अचानक विवाह के प्रति एक ऐसे समाज के नजरिए को आत्मसात कर पाना हमारे लिए बहुत मुश्किल हो जाता है जो विवाह हुए बिना यौन प्रेम और विवाह के उपरान्त घरेलू प्रेम के बीच इतना स्पष्ट अन्तर कर सकता है।

एक मुरिया के लिए विवाह का यौन पक्ष अपेक्षाकृत महत्त्वहीन होता है; वह विवाह करता है क्योंकि वह अपने बच्चे करना चाहता है, ताकि उसका एक घर हो, उसका एक जोड़ीदार हो जिसे वह अपना कह सकता हो, जिस पर उसका अधिकार और नियन्त्रण हो, जिसके साथ उसका रिश्ता स्थायी और मान्य हो।

यह विशुद्ध व्यक्तिवाद नहीं है; यह विकसित होने की प्रक्रिया का एक अंग है। यह इस खोज का परिणाम है कि यौन उत्तेजना ही पर्याप्त नहीं है; प्रायः, जैसा कि हम देखेंगे यह और ज्यादा गूढ़ ज्ञान है कि रुमानी लगाव हमेशा जीवनपर्यन्त रिश्ते का सबसे मजबूत आधार नहीं बनता। ऋग्वेद (III, 53, 4) में एक सुन्दर सूक्ति है कि–'पत्नी घर है; केवल वही विश्राम की जगह है'–जो फुन्देर की एक युवा मुरिया पत्नी द्वारा अपने पति के साथ व्यतीत जीवन के बारे में कही गई बात से मिलती है : 'यह एक लम्बी पीड़ादायी यात्रा के बाद एक स्टूल पर आराम से बैठने के समान था।'

विवाह-पूर्व स्वतन्त्रता का जीवन सुरक्षा और स्थायित्व की कामना में समाप्त होता है। यह इच्छा स्वाभाविक रूप से घोटुल में और तीव्र होती है जहाँ प्रायः साथी बदले जाते हैं। कोंगेरा में एक मुरिया ने कहा, 'असली आनन्द अपनी सम्पत्ति से ही प्राप्त होता है; घोटुल में यह हमेशा गैर की होती है।' और जैतपुरी के गन्दो ने कहा, 'मैं घोटुल के अपने दिनों को प्रायः याद करता हूँ, लेकिन आप वह आनन्द हमेशा नहीं प्राप्त कर सकते। वह चार दिन का मजा होता है लेकिन अपने खुद के घर में जीवन स्थायी होता है।' पति-पत्नी एक-दूसरे

की सम्पत्ति बन जाते हैं; उन्हें एक-दूसरे पर हक या 'अधिकार' मिल जाता है; और चूँकि समाज इस अधिकार का सम्मान करता है और विवाहेतर सम्बन्धों को पाप और खतरनाक माना जाता है, इसलिए मुरिया लोगों के वैवाहिक सम्बन्ध सुरक्षित होते हैं और ईर्ष्या उत्पन्न करनेवाला भय उन्हें नहीं सताता।

प्रत्येक मुरिया घोटुल के स्वतन्त्र सुखी जीवन की तुलना विवाह के आर्थिक बोझ से करता है।

'घोटुल सुख के लिए है', नयनार के मुरिया लोगों का कहना था, 'और घर काम के लिए।' सोरमा के जमादार ने कहा, 'मेरे यौवन के बारे में मत पूछो, उन दिनों मुझे तम्बाकू और चूने की कभी किल्लत नहीं होती थी। पर अब मैं पेट की चिन्ता में अपना सुख खो चुका हूँ।' कई गीत इस भिन्नता को उजागर करते हैं।

ओ अविवाहितों का राज्य!
अब तुम कभी उसे नहीं देख पाओगे।
गृहस्थी की तुम्हें चिन्ता नहीं थी।
तुम खेतों में विचरती थी,
सारस बगूले की तरह।
सुबह तुम निकल जाती थी,
और शाम को घर वापस आती थी।
ओ वह प्यार घोटुल!
रोज तुम उसे साफ करती थी।
सड़क गीदड़ के पूँछ जैसी थी।
तुम उस सड़क पर चलती थी।
तुम्हारे बाएँ हाथ में सूप होता था,
और दाहिने हाथ में एक झाड़ू,
सूर्यास्त होने पर तुम वहाँ जाती थी।
वह राज अब तुम्हें दोबारा नसीब नहीं होगा।
अब तुम अपने पति के घर जा रही हो।
अब गृहकार्य में ही तुम्हारी खुशी होगी।
तुम्हें बिलकुल अक्ल नहीं है।
तुम्हारा पति तुम्हें ताने देगा,
तुम्हारी सास तुम्हें ताने देगी,
अपना सिर पकड़कर तुम रोओगी।
अपने यौवन के दिन याद करोगी।
तब तुम समझोगी जीवन की कठिनाइयाँ।
तुम्हें बिलकुल अक्ल नहीं है।

निश्चय ही विवाह के शुरुआती दिन इस व्यंग्य को उभारते हैं। नए जीवन का साथ तत्काल सन्तोषप्रद नहीं होता, विशेषकर लड़की के लिए। उसे अपने पति के रिश्तेदारों से भरे घर में रहना पड़ता है और उनकी सेवा करनी पड़ती है। उसके पास अपना घर, यहाँ तक कि सम्भव हो, अपना खुद का कमरा तक नहीं होता। उसके लिए अपने जीवन में आए

इस यकायक और आमूल-चूल परिवर्तन के अनुरूप स्वयं को ढाल पाना आसान नहीं होता। मसोरा के लोगों ने बताया कि, 'एक जवान पत्नी बुलबुल की तरह होती है जिसकी पूँछ हर समय ऊपर-नीचे होती रहती है। इस तरह वह अपने कूल्हे मटकाती है। जब इच्छा हो वह खाना बनाती है जब इच्छा हो पानी लाती है। वह भूल नहीं पाती कि अब वह मुटियारी नहीं रह गई है; नृत्य करने के लिए उसके पैरों में खुजली मची रहती है।' पर अब वह दोबारा घोटुल में प्रवेश नहीं कर सकती। वह घोटुल जो पिछले छह या आठ वर्षों से उसके सामाजिक और भावनात्मक जीवन का केन्द्र रहा है। उसे घोटुल के अपने पुराने साथियों से अलग रहना होगा; उसे घोटुल का अपना नाम भूलना होगा; उसे अपने ज्यादातर आभूषण त्यागने होंगे; वह अपनी स्वतन्त्रता खो चुकी है। लिंगो पेन अब उसे गर्भ-धारण से नहीं बचाएगा जो वास्तव में जल्दी ही हो जाता है। अब घोटुल की आग के इर्द-गिर्द की मस्त शामें नहीं हुआ करेंगी, हरे जंगल से होकर दूसरे गाँवों के अभियान अब नहीं होंगे, अब वह बड़े त्योहारों के समय मशालों की रोशनी में नाच नहीं सकेगी। अब वह एक पत्नी है और उसे मातृत्व के लिए तैयार होना है।

पति के जीवन में बहुत ज्यादा परिवर्तन नहीं होता। वह अपनी शामें घोटुल में बिता सकता है और देर रात को सोने के लिए घर वापस आता है। यह नवविवाहिता के लिए सम्भवतः सबसे कठिन परीक्षा है; उसे पुराने प्रेम को त्यागना पड़ता है जबकि पति उसे जारी रख सकता है। यहाँ तक कि वह अपना घोटुल नाम छह महीने या साल भर तक प्रयोग करता रह सकता है। वह अभियानों पर जा सकता है, विवाह सम्पन्न करा सकता है और त्योहारों पर नाच सकता है। पर उसके यौन जीवन पर बेशक रोक लग जाती है। 'अब उस पर जिम्मेदारी है', मालकोट में मुझे बताया गया। 'अब वह घर और पत्नी वाला आदमी है। मौज-मस्ती, हँसी-मजाक बन्द, दूसरों को छूना बन्द; अब उसके पास पत्नी है। पुरानी आदतों को अब दोहराने की सजा सूजन और मौत है। वह अब यह सब सिर्फ विवाह और त्योहारों के समय देवताओं के खेल में कर सकता है।' उसका घोटुल आना भी जल्दी ही समाप्त हो जाएगा। जल्दी ही उसे अपने कार्यभार से मुक्त कर दिया जाएगा। कुछ दिनों में लड़के उसे जतला देंगे कि उसकी उपस्थिति अब पहले की तरह स्वागत योग्य नहीं रही। तब उसे अपने दौरे बन्द करने पड़ेंगे अन्यथा उस पर जुर्माना किया जाएगा और उसकी मुर्गियाँ चुरा ली जाएँगी।

लेकिन तब तक वैवाहिक जीवन स्थायी और शान्त हो चुका होता है। घर और खेती के कठिन कामों में खुशी घुलने लगती है। इसीलिए मुरिया विवाह को इतना अधिक महत्त्व देते हैं; जनजातीय और सामाजिक जीवन की पूर्णता के लिए हर किसी को इस दरवाजे से होकर गुजरना पड़ता है। घोटुल के मौज-मस्ती से परिपूर्ण माहौल में भी जीवन व्यतीत किया जा सकता था। पर मुरिया इसे महज वैवाहिक जीवन के लिए तैयारी का दर्जा ही देते हैं; घोटुल विवाह का विद्यालय है। यह गृहस्थी के सद्‌गुणों को सिखाने का प्रशिक्षण केन्द्र है। 'जब एक लड़की घोटुल को स्वच्छ रखना सीखती है तो वह अपने पति के घर को स्वच्छ रखेगी; जिस लड़के को लकड़ी लाना और कठिन परिश्रम करना सिखाया जाता है, वह अपने घर में भी वैसा ही करेगा।'

इससे भी महत्त्वपूर्ण बात यह है कि घोटुल अपने सदस्यों को यौन कला और गुणों में निपुण करता है। अन्य 'उच्च' समाजों में कितनी जिन्दगियाँ सुहागरात में बर्बाद हो जाती

हैं![1] लेकिन जब एक नवविवाहित मुरिया जोड़ा एक-दूसरे के करीब आता है, वह यौन क्रिया का जानकार होता है, प्रेम विद्या में पारंगत होता है और वह सहज ही उन खतरों से बचने में सक्षम होता है जिनमें अनुभवहीन जोड़े बड़ी आसानी से गिर पड़ते हैं। विवाह में कौमार्यभंग की पीड़ा नहीं होती; शीलभंग का कष्ट नहीं होता। पति इनमें पत्नी के ठंडा होने का कष्ट नहीं झेलता और न ही वीर्य के जल्दी निकलने का धक्का—जो बाद में लोगों को नपुंसक तक बना देता है। मुरिया विवाह का स्थायित्व और सुकून बहुत हद तक इस कारण भी होता है कि जब पति-पत्नी इस सीमा को लाँघते है तो वे पूरी तरह तैयार होते हैं।

2. बचपन के मित्र के प्रति आकर्षण

यद्यपि कि घोटुल विवाह का विद्यालय है, यह प्रायोगिक विवाहों की जगह नहीं है। मुरिया परम्परा के अनुसार एक चेलिक को अपने घोटुल के साथी से विवाह नहीं करना चाहिए और एक बार किसी लड़के-लड़की की सगाई हो जाने के बाद घोटुल में उन्हें अलग रखने के लिए कठोर प्रतिबन्ध लगाए जाते हैं।

लम्बे समय तक मैं ऐसा मानता रहा था कि विवाह अलग-अलग गाँवों में रहनेवाले परिवारों के बीच ही होते हैं। लेकिन जब मैंने सांख्यिकीय गणना के द्वारा तहकीकात की तो मुझे यह जानकर आश्चर्य हुआ कि 2000 विवाहों के सर्वेक्षण में :

एक ही घोटुल के सदस्यों के बीच विवाह थे	765
अलग-अलग घोटुल के सदस्यों के बीच विवाह थे	1235
एक ही घोटुल के सदस्यों के बीच विवाह के 765 मामलों में	
लम्हादा (सेवा के द्वारा विवाह)[2]	113
असामान्य विवाह (जिनमें चेलिक ने अपनी घोटुल-पत्नियों से विवाह किया)	77
सामान्य सगाई	575

ये आँकड़े स्पष्टतः दर्शाते हैं कि भविष्य में वैवाहिक सूत्र में बँधने वाले लड़के-लड़की के एक ही घोटुल में बड़े होने पर कोई आधिकारिक आपत्ति नहीं होती। यह महत्त्वपूर्ण है यदि हम याद रखें कि सगाई की अवधि के दौरान लड़का और लड़की दोनों अन्य व्यक्तियों के साथ नियमित सम्भोग करते रहेंगे। लेकिन यह उनके अलौकिक आनन्द में कोई बाधा नहीं पहुँचाता जो कि तलाक के आँकड़ों से जाहिर होता है। तलाक के मामलों की संख्या पूरे कबीले में सिर्फ 59 पाई गई यानी तीन प्रतिशत के भीतर। लेकिन दो विशेष मामलों में तलाक के आँकड़े काफी बढ़ जाते हैं।

---

1. 'विवाह का भविष्य सुहाग-रात के दिन तय हो जाता है।' डा.ई.एस. चेस्सर, ए. फोरबाथ, *लव मैरेज, जेलसी* (लन्दन, 1938) पृ. 169 में इन शब्दों के साथ अपनी चर्चा की शुरुआत करती हैं। मुरिया के लिए यह बहुत अजीब प्रतीत होगा।
2. कई लम्हाडा लड़के सम्भवतः दूसरे गाँवों के थे लेकिन सेवा की अवधि शुरू होने पर उन्हें अपनी भावी पत्नी के घोटुल में शामिल होना पड़ता होगा।

विवाह का प्रकार	विवाहों की संख्या	तलाकों की संख्या	तलाकों का प्रतिशत
सेवा द्वारा विवाह	113	13	11.50
घोटुल-पत्नी से विवाह	77	9	11.68
एक ही घोटुल में अन्य विवाह	575	2	0.34
भिन्न घोटुल के सदस्यों में विवाह	1235	35	2.83

एक अन्य आँकड़ा भी दिया जा सकता है। जिन 2000 पुरुषों से पूछा गया उनमें से 316 ने स्वीकार किया कि विवाह से पहले उनका अपनी पत्नी से कुछ सम्बन्ध था, किसी त्योहार या विवाह में, किसी नृत्य के दौरान या किसी बाजार में। इनमें से 14 या 4.4 प्रतिशत का बाद में तलाक हो गया। इस आँकड़े में वे 77 भी शामिल हैं जिन्होंने अपनी घोटुल-पत्नी से विवाह किया।

ये आँकड़े मुझे महत्त्वपूर्ण लगते हैं। पहली बात जिसकी तरफ यह आँकड़े इंगित करते हैं वह यह है कि जहाँ अलगाव के नियमों का ठीक ढंग से पालन हुआ वहाँ सगाई हुए जोड़ों के एक साथ बड़े होने पर भविष्य के सुख में कोई खतरा नहीं था। यह बहुत प्रभावशाली बात है कि ऐसे 575 जोड़ों में से 573 का वैवाहिक सम्बन्ध सफल रहा। उतना ही प्रभावशाली यह भी है कि जिन लोगों को किसी प्रकार के प्रायोगिक विवाह का अवसर मिला उनमें तलाक की दर सबसे ऊँची है। जैसा कि हम इस अध्याय में आगे देखेंगे कि लम्हादा लड़का अपना पूरा समय अपनी होनेवाली पत्नी के साथ व्यतीत करता है, घर और खेतों पर साथ काम करते हुए; जोड़ीदार आवासों में घोटुल के जोड़े सामान्यतः एक घर में नहीं रहते लेकिन वे एक-दूसरे के साथ दिन का पर्याप्त समय बिताते हैं और रात में एक साथ सोते हैं–प्रायः ऐसा पाँच, छह या सात वर्षों तक चलता है।

ये आँकड़े एक प्रश्न पर भी कुछ प्रकाश डालते हैं जो हैवलाक एलिस, वेस्टरमार्क और ब्रिफाल्ट के साथ ही कई अन्य विद्वानों के बीच बहस का मुद्दा रहा है–कि सबसे सुखी विवाह उन जोड़ों के बीच बनते हैं जो एक ही साथ बड़े हुए हों या जो अजनबियों की तरह बाद में कभी मिलते हैं। यह प्रश्न यदि हल हो सका तो विजातीय विवाहों की उत्पत्ति और परिवार में यौन सम्बन्धों पर आपत्ति के कारणों का खुलासा करेगा।

'आमतौर पर' वेस्टरमार्क कहते हैं, 'बचपन से साथ रहनेवाले लोगों के बीच काम भावना का सर्वथा अभाव रहता है। इसके साथ ही, ऐसे मामलों में, यौन सम्बन्धों के प्रति उदासीनता के साथ ही इस कार्य के विचार के प्रति घृणा की सकारात्मक भावना भी जुड़ी होती है। मैं इसे विजातीय प्रतिबन्धों का बुनियादी कारण मानता हूँ।' इस 'एक ही घर में रहनेवालों के बीच यौन उदासीनता' को वे फिनलैंड के एक सहशिक्षा विद्यालय की प्राधानाध्यापिका से प्राप्त रोचक जानकारी से समझाते हैं। 'एक नौजवान ने उन्हें विश्वास दिलाया कि वह या उसका कोई भी मित्र अपने विद्यालय की किसी लड़की से विवाह करने की बात सोच भी नहीं सकता; और मैंने एक लड़के के बारे में सुना जो अपने विद्यालय की लड़कियों और अन्य 'असली' लड़कियों, जैसा कि वह उन्हें कहता है, के बीच बखूबी अन्तर करता था।'[1]

1. वेस्टरमार्क, उपर्युक्त देखें, खंड II, पृ. 192 व आगे।

वेस्टरमार्क हैवलाक एलिस[1] से एक महत्त्वपूर्ण उद्धरण देते हैं जिसका मैंने एक अलग प्रसंग में पहले ही इसी पुस्तक में उपयोग किया है। इस उद्धरण के अनुसार 'भाइयों और बहनों या बचपन से साथ रहे लड़के और लड़कियों में आपस में जोड़ा बनाने की वृत्ति के पैदा होने की सामान्य अक्षमता जोड़ा बनाने के मनोवेग जाग्रत करनेवाले प्रभावों का उन परिस्थितियों में सर्वथा अभाव होने के कारण उत्पन्न होनेवाली महज एक नकारात्मक परिघटना है। जो लोग बचपन से एक साथ बड़े होते हैं उनके बीच दृष्टि, सुनने और स्पर्श की ऐन्द्रिक उत्तेजनाएँ लगातार साथ रहने के कारण फीकी पड़ जाती हैं और स्नेह के शान्त स्तर में ढल जाती हैं। इनमें वह आवेग नहीं रह जाता जो लिंग में सूजन उत्पन्न करनेवाली आंगिक उत्तेजना पैदा करे।

हालाँकि, ब्रिफाल्ट इसे चुनौती देते हुए कहते हैं कि यह प्रजनन की वृत्ति को यौन आवेग से उलझाना है।[2] मैं प्रायः ब्रिफाल्ट से सहमत नहीं होता हूँ लेकिन इस बिन्दु पर वे मुरिया लोगों के पक्ष को इतनी सटीकता के साथ अभिव्यक्त करते हैं कि मैं उनकी पूरा बात उद्धृत कर रहा हूँ। वे इंगित करते हैं कि प्रजनन की वृत्ति का आधार मुख्य रूप से स्वाभाविक लगाव में है (मुरिया लोग कहेंगे कि कम से कम ऐसा जुड़ाव उन्हें रोकता नहीं है) और 'किसी पुरुष की बचपन की महिला साथी प्रायः उसकी पत्नी बन जाती है।' बचपन के जोड़ीदारों के बीच प्रेम अनगिनत प्रेम गाथाओं की विषयवस्तु रहा है डाफनिस और क्लोए, आकेसिन एट निकोलेट से लेकर पॉल एट वर्जिनी और लाक्स्ली हाल तक।

> वे मनोवैज्ञानिक तथ्य जिनसे यह धारणा पैदा हुई है कि एक साथ लालन-पालन यौन आकर्षण में बाधा उत्पन्न करता है ये है कि विपरीत लिंग के लोगों के सम्बन्धों में विशेषकर यदि वे यौन वृत्ति के जाग्रत होने से पहले बने हों तो स्नेह की भावना पुरुष की यौन भावना पर हावी हो जाती है और ये दोनों आवेग जैसा कि हमने देखा, एक-दूसरे के प्रतिकूल हैं। इस तरह जिस साथी के लिए शुद्ध स्नेह का भाव होता है, जो स्वाभाविक वातावरण का हिस्सा होता है, उसके प्रति किसी अजनबी की अपेक्षा शुद्ध कामेच्छा का भाव कम होगा। पुरुष उससे स्नेह और स्थापित सहचर्य के कारण प्रेम और विवाह करता है और उसका पुरुष आवेग सिर्फ उस भावना का एक ऊपरी तत्त्व होता है जो भावना वह उस स्त्री के लिए रखता है। इस कारण ऐसे सम्बन्धों को बिना किसी भय के देखा जाता है और उन्हें सबसे अच्छा और उपयुक्त माना जाता है। और वास्तव में वे ऐसे हैं क्योंकि स्थाई यौन सम्बन्धों की सफलता कामेच्छा पर नहीं वरन साहचर्य और स्नेह पर निर्भर करती है। और स्थायित्व के लिए आवश्यक है कि ऐसा सम्बन्ध पहले तो साहचर्य से उत्पन्न होना चाहिए और न कि 'आंगिक उत्तेजना' से। प्रजनन की वृत्ति, जो मानव और जानवर में जहाँ कहीं भी पाई जाती है, वास्तव में नर के यौन आवेग को नियन्त्रित करने और दबाने पर निर्भर करती है और यह काम वह स्नेह करता है जो भौतिक वृत्तियों से निकलता है और जो सम्बन्ध का कारण और प्रभाव दोनों ही है।

दोनों पक्ष प्राचीन संस्कृतियों के कई उद्धरण देते हैं जहाँ जैसा कि आमतौर पर होता

1. हैवलाक एलिस, *सेक्सुअल सेलेक्शन इन मैन*, पृ. 205।
2. ब्रिफाल्ट, उपर्युक्त देखें, खंड II, पृ. 244 व आगे।

है उनकी दलीलें प्रमाणों और जानवरों, घोड़ों, खरगोशों, जंगली बत्तखों यहाँ तक कि सील मछलियों के व्यवहार पर भी भारी पड़ती हैं। मैं मोंटेन से वेस्टरमार्क का एक उद्धरण देने से स्वयं को रोक नहीं पा रहा हूँ 'मुझे बहुत खुशी हुई जब मैंने एक घोड़े को ताला लगाकर बन्द कर दिया क्योंकि किसी घोड़ी की गन्ध भर मिलने पर वह बेकाबू हो जाता था। इसका असर यह हुआ कि अपने अस्तबल की घोड़ियों से तृप्त हो गया पर अजनबी घोड़ियों के प्रति नहीं और जैसे ही कोई अजनबी घोड़ी उसकी चरागाह के पास से गुजरती वह फिर से जिद्दी तरीके से हिनहिनाने लगता और पहले जैसी कामेच्छा से तप्त हो जाता।'[1]

घोड़े, नर खरगोश और हममें से ज्यादातर की तरह मुरिया किसी नए यौन आकर्षण के प्रति उत्तेजना महसूस करते हैं। एक भ्रमणकारी चेलिक अन्य लड़कों की अपेक्षा मुटियारी का ज्यादा ध्यान आकर्षित करता है; घोटुल में एक नई लड़की का आगमन उसके भ्रातृत्व-भाव पर तात्कालिक तौर पर खतरा बन सकता है। लेकिन इसका प्रजनन आवेग से कुछ लेना-देना नहीं है जो मुरिया के लिए आंगिक उत्तेजना या कामेच्छा से सामान्यतः अलग है। वेस्टरमार्क के प्रतिवाद आधुनिक घोटुल की लोकप्रियता की व्याख्या कर देते हैं जहाँ जोड़ियाँ प्रायः बदल दी जाती है; ब्रिफाल्ट के तर्क मुरिया विवाह की सफलता और उसके स्थायित्व की व्याख्या करते हैं।

लगता है कि मुरिया स्वयं इस विषय पर विचार भी नहीं करते कि भावी पति और पत्नी एक साथ रहने चाहिए या नहीं। यदि यह सुविधाजनक है तो इसे चलने देते हैं; पर वे अपने विवाह पारिवारिक और आर्थिक पहलुओं पर विचारने के बाद ही तय करते हैं।

यदि कोई आदमी अपने पुत्र का विवाह अपनी बहन की पुत्री से अथवा अपनी पत्नी के भाई की पुत्री से करना चाहता है, जैसा कि बहुतायत में होता है, तो वह यह नहीं सोचता कि लड़की पड़ोस में रहती है या पहाड़ के दूसरी तरफ रहती है। वह जल्दी से जल्दी सगाई के व्यावसायिक पक्ष को तय करने में लग जाता है इसके पहले कि कोई और उसकी जगह आ जाए।

लेकिन इसमें कोई सन्देह नहीं कि सगाई के बाद और विवाह के पहले जोड़े के एक दूसरे को बहुत अच्छी तरह जान लेने के मनोवैज्ञानिक खतरे को मुरिया अच्छी तरह पहचानते हैं। इसलिए वे जोड़े के एक दूसरे के प्रति उनके व्यवहार पर कड़े प्रतिबन्ध लगाते हैं और जैसा हमने देखा है इसके सुखद परिणाम होते हैं।

जहाँ भी पति-पत्नी एक ही घोटुल में रहते हैं उनका आपस में कोई व्यवहार नहीं हो सकता। लड़की उस लड़के के केश नहीं गाह सकती न ही उसकी मालिश कर सकती है; बेशक वह उसके साथ या उसके पास सो नहीं सकती और न ही वह उसे जोहर के द्वारा नमस्कार कर सकती है। वह अपने पत्ते के कप से उसे मदिरा नहीं दे सकती और न ही उसे तम्बाकू दे सकती है। नजदीकी सम्पर्क वाले नृत्य जैसे कि हुल्की में वह उसकी बाँहों में नृत्य नहीं कर सकती। जब बिनझली के चेलिक जब बहुत जोखिम भरा या आधुनिक काम करना चाहते थे तो वे कपटदार और उसकी मंगेतर को एक पगड़ी से बाँध देते थे, उन्हें एक चटाई पर लिटा देते थे और देखते थे कि आगे क्या होता है। मंगेतर कोशिश करके स्वयं को छुड़ा लेते थे और एक दूसरे से बिना कुछ कहे घोटुल के दो विपरीत किनारों पर सोने चले जाते थे।

---

1. मौनटेग्ने, *एसेज,* बुक II, अध्याय XV।

जोड़ीदार घोटुल में एक लड़का और उसकी मंगेतर दोनों ही अन्य दूसरों के साथ विवाहित होते हैं और दोनों प्रकार के आवासों में उन्हें इच्छानुसार इश्कबाजी करने और किसी के साथ भी सोने की आजादी होती है।

मसोरा में एक बार मैंने फिरतु की मंगेतर को एक दूसरे लड़के की मालिश करते और उसके साथ उग्र इश्कबाजी करते देखा। फिरतु उन्हें देखकर हँस रहा था। मैंने पूछा, 'तुम्हें कोई परेशानी नहीं है?' 'मुझे क्यों परेशानी होगी', उसने जवाब दिया। 'मुझे अभी तक उस पर कोई हक प्राप्त नहीं है।' कन्हार गाँव में एक जवान मुटियारी जो कि उम्रदराज सिरदार की मंगेतर थी उसकी उपस्थिति में कई चेलिक के साथ इतनी चुहल कर रही थी, उन्हें चूम रही थी, उन्हें आलिंगन में ले रही थी और उन्हें छू रही थी कि सिरदार नाराज होकर बाहर चला गया। लेकिन दूसरों को उसका बर्ताव ठीक नहीं लगा। 'वह अभी उसकी नहीं हुई है; उसे फिर क्यों परेशानी होती है।'

इस कौतूहल जगाने वाले नियम का परिणाम स्पष्टतः काम इच्छा बढ़ाना है। एक बार यह स्वीकार कर लेने के बाद कि पति या पत्नी किसी से भी कौमार्य की अपेक्षा नहीं की जाती वे एक-दूसरे को कुछ भी करते देख सकते हैं और जो कुछ भी हो रहा है उसकी जानकारी रख सकते हैं और यह किसी के अन्दर क्षोभ नहीं पैदा करता बल्कि जोड़ीदार को और भी ज्यादा आकर्षक और रोमांचकारी बना देता है जब अन्ततः उसे हासिल किया जाता है।

क्या अलग रहने के नियम का पालन किया जाता है? हमेशा नहीं। मेरे पास आँकड़े नहीं हैं लेकिन इतना कहा जा सकता है कि लगभग हर जगह मंगेतर जोड़ियों की कहानियाँ पायी जाती हैं जो एक साथ सोए, अशोभनीय हरकते कीं और जल्दी विवाह सुनिश्चित करने के लिए भाग गए।

लेकिन इसके पीछे न तो यह विचार होता है कि प्रयोग द्वारा एक-दूसरे की अनुकूलता को परखें और न ही यह भावी जोड़ीदार को विवाह से पहले किसी अन्य से संसर्ग बनाने से रोकने के लिए होता है। भावी पति-पत्नी का एक-दूसरे के प्रति अत्यन्त लगाव एक बहुत ही साधारण मामला है। सच्चाई यह है कि यदि कोई अशोभनीय आचरण होता है, दूसरे शब्दों में यदि लड़की गर्भ धारण कर लेती है, तो इससे कोई बहुत ज्यादा फर्क नहीं पड़ेगा और कोई जुर्माना नहीं लगाया जाएगा। आमतौर पर कामुकता अन्ततः अर्थशास्त्र पर पहुँचती है।

ऐसी स्थिति में यह प्रश्न किया जा सकता है कि तब घोटुल को इस सिद्धान्त पर क्यों नहीं बनाया गया कि हर चेलिक अपनी भावी पत्नी के साथ जोड़ी बनाए, उसके साथ तब तक रहे जब तक वह गर्भ धारण नहीं कर लेती और तब उससे विवाह कर ले? इसका उत्तर पहले ही वेस्टरमार्क और हैवलाक एलिस तथा हमारे अपने आँकड़ों द्वारा दिया जा चुका है। यह व्यवहार में सफल नहीं होता।

एक दूसरी दिलचस्प समस्या है कि जिस जोड़े की सगाई हुई रहती है वह एक साथ भाग क्यों जाता है? यह असामान्य बात नहीं है—इस बार भी मेरे पास आँकड़े नहीं हैं मगर मैं दर्जन भर ऐसे मामले जानता हूँ जिनमें चेलिक और मुटियारी, जिनका वैसे भी विवाह होना तय था, ने भाग जाने का खतरा और परेशानी मोल ली। ऐसा क्यों होता है? आमतौर पर ऐसा आर्थिक कारणों से होता है। जब माता-पिता आर्थिक कारणों से विवाह को टालते जाते हैं तब कभी-कभी इन्तजार से उकताकर बच्चे अपने माता-पिता पर दबाव डालते हैं। ऐसा

करने के दो तरीके हैं। या तो लड़का अपनी भावी पत्नी को गर्भ ठहरा दे। या वे किसी अन्य दोस्ताना घोटुल में भाग जाएँ और वहाँ के सदस्यों को विवाह का आयोजन करने के लिए मना लें। जब ऐसा होता तो किसी को भी इस पर कोई खास आपत्ति नहीं होती क्योंकि काफी धन बच जाता है और जब विवाहित जोड़ा वापस लौटता है तो उसे सम्मान के साथ स्वीकार कर लिया जाता है। ऐसी घटनाएँ घर के भविष्य के सुख को नष्ट करती प्रतीत नहीं होतीं।

क्रावले ने दूसरी जातियों में सगाई से लेकर विवाह तक की अवधि के दौरान अलग-अलग रहने की नीति की व्याख्या जादुई प्रतिबन्ध से की है।[1] इसके पीछे यह सिद्धान्त है कि सम्भोग से तब तक बचा जाए तब तक कि नए सम्बन्ध दो विशेष लोगों के बीच पारस्परिक संसर्ग के खतरों को टालनेवाले आयोजन नहीं कर लिए जाते और वे इनके प्रति तथा नए जीवन के लिए तैयार नहीं हो जाते—अलगाव के प्रतिबन्ध को अपने आप में भविष्य की सुरक्षा की गारंटी मान लिया जाता है...नौजवान एक महत्त्वपूर्ण अवस्था में प्रवेश करनेवाले होते हैं जिसमें वे एक-दूसरे के अपेक्षाकृत निकट सम्पर्क में रहेंगे, और चूँकि वह अवस्था उनके एक-दूसरे पर पड़नेवाले प्रभाव के कारण जोखिम भरी है; उन पर एक प्रतिबन्ध लगाया जाता है जब तक उसे एक आयोजन द्वारा हटाया नहीं जाता जो उन्हें एक-दूसरे के लिए हानिरहित बनाते हुए उनकी एकता स्थापित करती है।

ऐसा हो सकता है। पर मेरा यह मत दृढ़ होता गया है कि आदि मनुष्य के यौन जीवन के बारे में हमारे कई निष्कर्ष प्रारम्भिक खोजकर्ताओं की इस कल्पना द्वारा दूषित कर दिए गए हैं कि आदिवासियों को यौन कर्म की तकनीक का ज्ञान नहीं था, उन्हें रूमानी प्रेम के बारे में कुछ पता नहीं था और उनकी गतिविधियाँ यहाँ तक कि अत्यधिक घनिष्ठ गतिविधियाँ भी, जादुई सिद्धान्तों और भय पर आधारित थीं। आधुनिक अनुसन्धान इन कल्पनाओं को तेजी से खारिज करता जा रहा है और निश्चित ही मुरिया के सम्बन्ध में मेरा विश्वास है कि परम्परा जिन चीजों का श्रेय जादू या धर्म को देती है उनका श्रेय वास्तव में इस जनजाति के यौन क्रिया के मनोविज्ञान के उल्लेखनीय ज्ञान को दिया जाना चाहिए।

इस प्रकार जिस जोड़े की सगाई हो चुकी है उन पर प्रतिबन्ध पूर्णतः व्यावहारिक माना जाता है। यह दृष्टि और स्पर्श की पारस्परिक उत्तेजना को सहेजकर रखता है।[2] यह सज्जनता के प्रति सार्वभौमिक सम्मान, मौन के प्रति आम आग्रह से जुड़ा हुआ है। यदि किसी चेलिक की पत्नी विशुद्ध कुँवारी न भी हो तो कम से कम उसके लिए वह कुँवारी होनी चाहिए। जहाँ यह शर्त पूरी होती है वे विवाह सबसे सुखी होते हैं और उनमें तलाक की दर सबसे कम होती है।

3. 'एक विवाह तय हुआ'

सभी नियमों और परम्पराओं को दरकिनार करके ही किसी चेलिक की मुटियारी उसकी पत्नी बन सकती है। हमने 2000 में से 77 मामलों में ऐसा होते देखा है और इनमें विवाह टूटने

1. क्रावले, उपर्युक्त देखें, खंड II, पृ. 25।
2. दो कहावतें इसे दर्शाती हैं। 'दुरिहा के बाजा निक लागे', दूर के ढोल सुहाने लगते हैं और 'दूर के माया सुधापन, नजदीक माया गिनापन, दूर का प्रेम खींचता है, पास का प्रेम अच्छा नहीं लगता।'

का प्रतिशत अपेक्षाकृत अधिक होता है। कुछ अन्य मामलों में दुर्भाग्य से गर्भ ठहर जाने के कारण चेलिक को ऐसी लड़की से विवाह करना पड़ता है जिसके साथ उसकी आधिकारिक सगाई नहीं हुई थी; कुछ अन्य मामलों में रूमानी आवेग के कारण जोड़े भाग जाते हैं। लेकिन ज्यादातर विवाह माता-पिता द्वारा या चूँकि कई जोड़ियाँ रिश्तेदारी के नियमों के अनुसार बनाई जाती हैं–समाज की मर्जी या परम्परा से तय होते हैं। इस सन्दर्भ में आँकड़े निम्नलिखित हैं–

संख्या	संख्या	प्रतिशत
माता-पिता की इच्छानुसार विवाह करनेवाले चेलिकों की	1884	94.20
चचेरे-ममेरे-फुफेरे रिश्ते में विवाहों की	1799	89.95
घरवालों की इच्छानुसार हुए विवाहों में तलाक की	49	2.60
अन्य तरीकों से हुए विवाहों की	116	5.80
घोटुल के साथियों के बीच विवाहों की	77	3.85
गर्भधारण के कारण हुए विवाहों की	26	1.30
प्रेम में भागकर किए गए विवाहों की	13	0.65
अन्य तरीकों से हुए विवाहों में तलाक की	10	8.62

चेचेरे-ममेरे-फुफेरे रिश्ते में हुए विवाह को गुडामोल (कबीले का घोंसला) या गुडापाल (कबीले का दूध) कहते हैं और इसकी तुलना मध्य प्रान्तों की गोंड जनजाति के दूध लौटाना या 'दूध को वापस करने' से की जा सकती है। इसकी लोकप्रियता जिसकी ऊपर दिए गए आँकड़े पुष्टि करते हैं मुरिया जनजाति को आपस में इतनी घनिष्ठता से जोड़नेवाला एक महत्त्वपूर्ण कारक है। गुडामोल, बेशक एक चेलिक की उसके मामा की लड़की या उसके बुआ की लड़की या एक मुटियारी की उसके मामा या बुआ के लड़के से विवाह है। इसके कुटियारी रूपान्तर में इस विवाह का विस्तार उसी सामान्य वर्ग के रिश्तों में होता है लेकिन इन रिश्तेदारियों में थोड़ी कम घनिष्ठता होती है। व्यवहार में इसका अर्थ यह होता है कि एक पीढ़ी में अपनी लड़की को दूसरे परिवार में देनेवालों को अगली पीढ़ी में एक लड़की वापस मिलती है।

इस व्यवस्था से भौतिक लाभ होता है। दुल्हन का मूल्य काफी कम हो जाता है। वंश के पूर्वज सन्तुष्ट रहते हैं–याद रखना होगा कि जब विवाह के समय एक लड़की अपना घर छोड़ती है तो उसके एवज में पूर्वजों के पात्र में कुछ भेंट रखनी पड़ती है। पूरा माहौल पारिवारिक और परिचित होता है–वही जाने-पहचाने सगे-समधी होते हैं, नए सिरे से लोगों के आपसी सम्बन्ध बनाने की जरूरत नहीं होती। पुराने रिश्ते सुदृढ़ होते हैं। जिस तरह मृत्यु के बाद मृत व्यक्ति की उसी पारिवारिक दायरे में वापसी सुनिश्चित करने के लिए प्रयास किए जाते हैं उसी प्रकार विवाह में बच्चों को कुछ खास पारिवारिक दायरे में रखने पर सन्तुष्टि महसूस की जाती है।

इस व्यवस्था में विवाह करनेवाले चेलिक और मुटियारी के लिए यह उतना महत्त्वपूर्ण नहीं होता कि उनके माता-पिता ने उनका भविष्य तय किया है जितना यह कि कबीले ने स्वयं उनका भविष्य तय किया है। माता-पिता को कबीले की परम्पराओं का सम्मान करना

पड़ता है। मेरे ख्याल से यह महत्त्वपूर्ण है यह देखते हुए कि मुरिया लोगों पर यहाँ तक कि नौजवानों पर भी कबीले की परम्पराओं और सामाजिक भ्रातृत्व भाव का गहरा प्रभाव होता है। लड़के या लड़कियाँ अपने माता-पिता से आसानी से विद्रोह कर सकते हैं। अस्पष्ट कुंठाएँ उनके अन्दर माता-पिता के कृत्यों के प्रति असन्तुष्ट बना सकती हैं; पर कबीले के प्रति उनके अन्दर भावनात्मक समर्पण होता है। 'हम अपने नियमों का पालन करते हैं', वे कहते हैं, 'और हम सरकार से ज्यादा उनको तरजीह देते हैं—क्योंकि हमने स्वयं उन्हें बनाया था।'

इसलिए हमें यह नहीं सोचना चाहिए कि चेलिक और मुटियारी अपनी इच्छा के विरुद्ध किसी बाहरी प्रभाव के अधीन जोड़ियाँ बनाते हैं। इसके बजाए हम यह कह सकते हैं कि समाज के अंग के तौर पर वे सामाजिक नियमों का पालन करते हैं।

मामा का लड़का, हालाँकि उससे रिश्ता करने से बचना चाहिए, किसी स्वतः उपलब्ध और सबसे सजीले चेलिक से भी ज्यादा सशक्त रोमानी चरित्र बन जाता है। घोटुल के गीतों में प्रायः उसका जिक्र आता है।

ओ माँ बादल धुएँ के समान लगते हैं,
हर छत बगल की छत से जुड़ी मालूम पड़ती है।
मुझे जाकर देखना चाहिए, माँ।
तुम्हारे साथ कौन जाएगा, बेटी?
मैं मामा के लड़के के साथ जाऊँगी, माँ।
उसके साथ मत जाओ, बेटी;
वह तुम पर हल्दी डाल देगा।
यदि वह चाहता है तो उसे हल्दी डालने दो, माँ,
मुझे उसके साथ गए बिना चैन नहीं आएगा।

जहाँ गुडामोल जोड़ी मिलाना सम्भव या सुविधाजनक नहीं होता, ऐसे मामलों में माता-पिता सगाई का 'फूल तोड़ने' के पहले कई चीजों पर विचार करते हैं। इतना तो अवश्य कहा जा सकता है कि उनकी सबसे पहली चिन्ता अपने बच्चे की खुशी की रहती है। बहू खोजनेवाला पिता यह देखता है कि अमुक परिवार की महिलाएँ परिश्रमी हैं या नहीं, जादू-टोने के प्रभाव से मुक्त हैं या नहीं और उनका चरित्र बेदाग है या नहीं। उसे इस बात की फिक्र नहीं होती कि लड़की खूबसूरत है या नहीं हालाँकि स्वाभाविक है कि वह एक 'सुन्दर और अच्छे शारीरिक विन्यास' वाली लड़की को प्राथमिकता देगा। जब सगाई के लिए आगन्तुक उसके घर पधारते हैं तो लड़की का पिता भी इन्हीं सब चीजों पर बात करता है। 'क्या लड़का मेहनती होगा? परिवार पर बदनामी का दाग तो नहीं है, उसने वंश के नियमों का पालन किया है या नहीं? क्या लड़का स्वयं दृढ़ है, क्या वह इसके लिए राजी है? लड़की की राय ली जाती है; यदि वह पुरजोर विरोध करती है, तो पिता आगन्तुकों को वापस लौटा देता है। लेकिन एक बार हामी भर देने के बाद पिता उससे अपनी पसन्द पर अडिग रहने की अपेक्षा करता है। पृष्ठ—के गीत में इस बात की तरफ इशारा है कि कई सगाई के इच्छुक पक्ष एक घर में आ सकते हैं जब तक कि माता-पिता अपना निर्णय न कर लें—विलम्ब करना लड़की के लिए हमेशा ठीक ही नहीं होता।

इस तरह मुरिया समाज में दो बिलकुल भिन्न परम्पराएँ एक साथ अस्तित्वमान हैं। घोटुल में, विवाह के पहले, लड़के और लड़कियों को रोमानी आवेग से भरी जिन्दगी जीने

के लिए प्रोत्साहित किया जाता है। जहाँ विवाह की बात है, हर चीज एकदम सार्वजनिक नियमों के अनुकूल होना चाहिए। एक लड़का अपनी प्रेमिका के साथ विवाह के पहले रह सकता है मगर विवाह के बाद नहीं। यह व्यवस्था चलती कैसे है?

इस मामले में मैं यहाँ अपना व्यक्तिगत निर्णय सुनाने की कोशिश नहीं कर रहा। यह सही है या गलत मैं इस मुद्दे पर विचार नहीं कर रहा। चेलिक और मुटियारी के इस बारे में विचार दिलचस्प हैं।

आमतौर पर लड़के और लड़कियाँ यह मानते हैं कि उनके माता-पिता, या उसके बजाए समाज और कबीला जो तय करता है वह उनके लिए सबसे सुखदायक होगा। वे अपने माता-पिता की किसी खास पसन्द पर आपत्ति कर सकते हैं लेकिन उन्हें माता-पिता के द्वारा चुनाव किए जाने की व्यवस्था पर बिलकुल कोई ऐतराज नहीं है। उनके लिए इस स्थिति को स्वीकार करना आसान होता है क्योंकि उन्हें लगता है कि विवाह के मामले में सबसे महत्त्वपूर्ण जोड़ीदार नहीं बल्कि जीवन की वो सारी परिस्थितियाँ हैं जो घोटुल से एकदम भिन्न होती हैं। नयनार में कहा गया था, 'घोटुल खुशी के लिए है।' 'विवाह काम करने के लिए है।' उन्हें नए जोड़ीदार के बजाए नए घर की चिन्ता अधिक सताती है। जिन्दगी किसके साथ बितानी है इसकी अपेक्षा जिन्दगी का नया मार्ग ज्यादा महत्त्वपूर्ण है।

ऐसी ही कुछ सोच होती है जो लड़के-लड़कियों को विवाह के समय अपने प्रेमियों से बिछड़ने का गम बरदाश्त करने की शक्ति देती है। यह एक वास्तविक चीज है, विशेषकर जोड़ीदार घोटुल में। इसमें एक चेलिक और मुटियारी हो सकता है छह या सात वर्ष तक एक साथ रहे हों, सम्भव है पूरी ईमानदारी के साथ और हो सकता है उनमें एक-दूसरे के प्रति समर्पित प्रेम हो। जीवन में, बच्चों और घर की जिम्मेदारी के अतिरिक्त हर चीज को साझा किया गया हो। वे एक साथ त्योहार गए होंगे और रात-रात भर एक-दूसरे की बाँहों मे नाचे होंगे। वे अनेक विवाहों में गए होंगे और एक साथ हँसी-मजाक किए होंगे। वे 'जंगली साँड़ की तरह प्यारे' घोटुल में कई रातें एक साथ सोए होंगे। फिर अचानक उन्हें अलग कर दिया जाता है; अब वे एक-दूसरे से फिर कभी बात नहीं कर सकते; दोनों किसी अज्ञात व्यक्ति के साथ पहले की तुलना में एक गैर रोमानी जीवन बिताने के लिए स्वयं को बदलना होगा।

फिर भी वे बहुतायत में ऐसा करते हैं और इसे सर्वोत्तम मानते हैं। और आँकड़े उनका समर्थन करते हैं। तय करके किए गए विवाहों में से सिर्फ 2.6 प्रतिशत की असफलता अत्यन्त न्यून है।

बेशक इस साफ-सुथरी व्यवस्था में भी भटकाव होते रहते हैं। किसी दूसरी लड़की से विवाह करने की अपेक्षा कुछ लड़के दोनों तरह के घोटुल से अपनी मुटियारी के साथ भाग जाते हैं। कबोंगा में, एक चेलिक का कहना था, 'यदि कोई लड़का अपनी मुटियारी के साथ भाग नहीं जाता तो वह उसे वास्तव में प्यार नहीं करता।' एक लड़की अपने प्रेमी के घर भाग सकती है और पैसा मुंडी शादी करके वहाँ रह सकती है। 'पहली बार प्रेम में पड़ी लड़की एक बन्दर के रास्ते पर भी चल देगी।' चाहे वह रास्ता कितनी भी सँकरा, फिसलन भरा और खतरनाक हो। वह अपने लोगों की राय की रत्ती भर भी परवाह नहीं करती। ऐसे वाकये असामान्य हैं–2000 विवाहों में से 116 असामान्य तरीकों से हुए थे जिनमें से 50 भाग कर किए गए थे–पर वे होते हैं। इस तरह की स्थिति में फँस जाने पर माता-पिता सामान्यतः इसे स्वीकार कर लेते हैं। जिस लड़के से भागनेवाली लड़की की सगाई हुई रहती है उसे मुआवजा

दिया जाता है और यदि उसकी सगाई न हुई हो तो उसके माता-पिता को मुआवजा दिया जाता है, और सब ठीक हो जाता है।

गर्भधारण के मामले में यदि लड़की भाग नहीं जाती तो उसकी शादी उसके मंगेतर से कर दी जाती है। यदि वह तैयार हो और नहीं तो गर्भ के लिए जिम्मेदार लड़के से उसका विवाह किया जाता है चाहे वह राजी यो न हो और जुर्माना लगाया जाता है। कभी-कभी गर्भधारण की हुई लड़की अपने चेलिक के साथ भाग जाती है और वे किसी दूसरे गाँव में जाकर विवाह कर लेते हैं। हालाँकि हमेशा ही प्रेमियों को वापस लाने का प्रयास किया जाता है। यदि लड़की गर्भधारण नहीं करती और उन्हें समय से पकड़ लिया जाता है तो उन पर सिर्फ जुर्माना लगाकार छोड़ दिया जाता है। यदि लड़की गर्भधारण कर लेती है और उसे वापस लाया जाता है तो उसे उसके मंगेतर को सौंपा जाता है और यह घोटुल के भाईचारे का उल्लेखनीय परिणाम है कि प्रायः मंगेतर उसे स्वीकार कर लेता है और किसी दूसरे के बच्चे की जिम्मेदारी उठाता है।

निम्नलिखित घटना शिक्षाप्रद है :

> गढ़बंगल घोटुल में तीन भाई थे। सबसे बड़े भाई ने एक लड़की को गर्भ ठहरा दिया; उस पर पाँच रुपए का जुर्माना लगा और लड़की का विवाह उसके मंगेतर के साथ कर दिया गया। फिर उसी ने उस लड़की की छोटी बहन को गर्भ ठहरा दिया। उसने अपने दूसरे भाई से परामर्श किया और दोनों ने अपने सबसे छोटे भाई को तैयार कर लिया कि वह लड़की को दूसरे गाँव में भगा ले जाए और इस तरह गर्भ ठहराने की जिम्मेदारी अपने ऊपर ले ले। सबसे बड़ा भाई दो-दो लड़कियों को खराब करने का कसूर अपने ऊपर नहीं लेना चाहता था और इसके अतिरिक्त वह जमींदार की लड़की का मंगेतर था जिसे वह हाथ से जाने नहीं देना चाहता था। लेकिन सबसे छोटा भाई और मुटियारी पकड़े गए और उन्हें वापस लाया गया। उसने सच्चाई स्वीकार कर ली और बड़े भाई पर सात रुपए और दोनों छोटे भाइयों पर पाँच-पाँच रुपए का जुर्माना लगा। लड़की का विवाह उसके मंगेतर के साथ कर दिया गया। तीनों भाई अब सुखी वैवाहिक जीवन बिता रहे हैं।

कभी-कभी जो माता-पिता बहुत दयालु होते हैं जुर्माना और अन्य दिक्कतें बरदाश्त करते हुए अपने लड़के को उसके द्वारा गर्भवती हुई लड़की से विवाह करने की अनुमति दे देते हैं यदि उन्हें विश्वास हो जाता है कि वह उस लड़की को वास्तव में प्रेम करता है और ऐसा करने में कोई बड़ी अड़चन नहीं है। लेकिन आमतौर पर माता-पिता ऐसा करना पसन्द नहीं करते। बिनझली में एक लड़की को एक चेलिक ने गर्भवती कर दिया जिसके प्रति वह समर्पित थी। लेकिन उसके पिता का कहना था, 'तुमने मुझे इसके बारे में तब क्यों नहीं बताया जब मैंने सगाई वाले दिन तुम्हारे नाम की शराब पी? मैंने सबके सामने तुम्हारे लिए उपहार लिये, और अब तुम मेरा सिर शर्म से जमीन में धँसा देना चाहती हो।' नयनार में भी, अपनी पुत्री को गर्भवती करनेवाले कुलनार के एक लड़के से लड़की के पिता ने इसी अन्दाज में कहा, 'मैं उसे तुम्हें कैसे सौंप सकता हूँ? तुम एक चोर हो, हालाँकि मैं जानता हूँ कि तुम दोनों एक-दूसरे से प्रेम करते हो। लेकिन मैंने एक दूसरे वंश से उपहार लिया है और उनकी शराब पी है, और अब मैं कैसे बदल जाऊँ?'

यह कठोर लग सकता है लेकिन यदि माता-पिता दृढ़ न हों तो घोटुल का चल पाना

सन्देहास्पद है। कबीले का व्यवस्थित जीवन तबाह हो जाएगा। सगाई के बाद लड़की अपने भावी पति के कुल की सदस्या मान ली जाती है। वह उसके कुल के त्योहारों में शिरकत कर सकती है और उसे उसके कुल चिह्नों से परहेज करना चाहिए, अपने नहीं। सगाई व्यक्तियों के बीच सिर्फ एक अनुबन्ध नहीं है; यह परिवारों और कुलों का गठबन्धन है, जो पूर्वजों को भी प्रभावित करता है।

सामान्यतः गम्भीर चुनौतियाँ सामने नहीं आती हैं। यदा-कदा किसी व्यक्ति को ऐसा अनुभव हो सकता है जैसा चानियागाँव के कुंजमी गुदरा को हुआ।

> जब मैं एक छोटा बच्चा था, मेरी सगाई कोरपर गाँव की एक लड़की से कर दी गई। इसके दस वर्ष बाद मैं चनियागाँव के अन्य चेलिक के साथ पुसकोलांग नृत्य के लिए जुंगनी गया। वहाँ मेरी मुलाकात उस घोटुल की निरोसा से हुई और मुझे उससे प्रेम हो गया। तब दीवाली नृत्य के लिए वह अन्य लड़कियों के साथ मेरे गाँव आई मैंने उसके साथ सम्भोग किया।
>
> फिर मेरा विवाह हो गया, पर मैं अपनी पत्नी की परवाह नहीं करता था। शादी के कुछ ही समय बाद मैं काम करने के लिए जुंगनी गया और कुछ दिन घोटुल में ठहरा। निरोसा के लिए मेरा प्यार अब और गहरा हो गया। उसने मुझे बताया कि गोरमा के एक लड़के के साथ उसकी सगाई हो गई है, लेकिन मैंने उसे उकसाया और मेरी घर वापसी के कुछ ही समय बाद वह मेरे घर चली आई। मैंने पूछा, 'तुम यहाँ क्यों आई हो?' उसने जवाब दिया, 'पैसा-मुंडी के लिए, धन और एक अँगूठी के लिए।'
>
> मेरी पहली पत्नी ने मुझे छोड़ दिया पर मुझ पर जादू करने का उसने भरपूर प्रयास किया। एक दिन उसने एक काले कोबरा साँप को मुझे काटने के लिए भेजा। एक और दिन जब मैं धनोरा बाजार से लौट रहा था—वहाँ मेरी पहली पत्नी रहती थी—एक बाघ (उसके द्वारा भेजा हुआ) ने मेरा पीछा किया जिससे बचने के लिए मुझे एक पेड़ पर चढ़ना पड़ा। लेकिन अपनी दूसरी पत्नी के साथ मैं बहुत सुखी जीवन बिता रहा हूँ।

पिछले दस वर्षों के दौरान उत्तर के मुरिया लोगों द्वारा आत्महत्या के बीस मामलों में से सिर्फ दो ऐसे थे जो अपने बच्चों के प्रेम-प्रसंगों में माता-पिता की दखलन्दाजी का परिणाम थे। इनमें से एक मामले का वर्णन मैंने पृष्ठ—पर किया है और दूसरे का वर्णन में यहाँ करने जा रहा हूँ क्योंकि यह हमारी चर्चा के लिए प्रासंगिक है।

1933 में बयालपुर के बुधा ने अपने बेटे मलसाई का विवाह कोरहाबेरा के लिती की बेटी घासनिन के साथ तय किया। तब वे दोनों ही बच्चे थे। वे दोनों अलग-अलग घोटुल में बड़े हुए और घासनिन दूसरी बड़ी लड़कियों के साथ दीवाली के नृत्यों में जाने लगी। कोरहाबेरा की मुटियारी होनावंडी जातीं और होनावंडी के चेलिक डाँडर नृत्य के लिए कोरहाबेरा आया करते। धीरे-धीरे घासनिन मुटियारी की मुखिया बन गई। 1940 में होनावंडी के दावरी के साथ उसकी अच्छी जान-पहचान हो गई और उन्होंने विवाह कर लेने का निर्णय किया। एक शाम घासनिन ने अपनी माँ से इसके लिए अनुनय किया मगर उसने मना कर दिया। अगले दिन घासनिन भागकर होनावंडी चली गई और उसी रात वहाँ के घोटुल के चेलिक और मुटियारी के सहयोग से उनका विवाह हो गया। अगली सुबह लड़की का बड़ा

भाई आया और नाराजगी के साथ उसे घर वापस चलने को मजबूर किया। रास्ते में वह बचकर भाग निकली और जंगल से होते हुए फिर अपने पति के पास पहुँच गई। पर उसका भाई फिर आ धमका और उसे जबर्दस्ती घर ले गया। उसके माता-पिता ने उसे मलसाई के माता-पिता के सुपुर्द करने का फैसला किया जिससे उसकी सगाई हुई थी। लेकिन चूँकि वह विवाहित थी और प्रेम में थी और चूँकि मलसाई एक नाटे कद का बीमार लड़का था वह हताशा में चली गई। 18 जनवरी, 1941 की सुबह वह घर से भाग निकली और गाँव के तालाब में डूबकर उसने आत्महत्या कर ली।

इन दोनों ही घटनाओं में आधिकारिक 'वैधानिक' साथी के प्रति दायित्वबोध उल्लेखनीय है। गुदरा को अपनी अन्तरात्मा की सन्तुष्टि के लिए खुद को यह भरोसा दिलाना पड़ा कि उसकी पहली पत्नी एक चुड़ैल थी; घासनिन ने अपने भाई द्वारा स्वयं को अपने पति के घर से ले जाने दिया और लगता है उसने मलसाई के साथ अपने पुनर्विवाह को निश्चित मान लिया था।

4. सेवा द्वारा विवाह

भारत में सेवा द्वारा विवाह की परम्परा का सबसे पहले वर्णन करनेवालों में से एक एब्बे डुबोइस थे जिन्होंने लिखा कि, 'शादी के खर्च इतने अधिक होते हैं कि प्रायः सभी जातियों में नौजवान लड़के, जिनके पास जरूरी साधन नहीं होते, पत्नी पाने के लिए वही तरीका अपनाते हैं जो लबान को पाने के लिए जैकब ने अपनाया था।'[1] 'सेवा द्वारा विवाह को अन्य परम्पराओं से अलग किया जाना चाहिए जिनमें दामाद अपनी पत्नी के घर में रहता है। भारत के सभी भागों में एक लड़का अपनी ससुराल में रहने जा सकता है अगर लड़की का परिवार सम्पन्न है और उनके यहाँ कोई कुलदीपक नहीं है, या क्योंकि वह निर्धन है और उसे घर में एक अतिरिक्त पुरुष की आवश्यकता है या क्योंकि दामाद निर्धन है और दुल्हन का मोल नहीं चुका सकता। कुर्गी समुदाय में एक पुत्रहीन पिता को इस समझदारी के तहत विवाह में अपनी लड़की देने की अनुमति दी जाती है कि विवाह के उपरान्त लड़का लड़की के साथ लड़की के पिता के घर में रहेगा और उनकी सन्तान उसके परिवार का हिस्सा बनेगी। इसी तरह की परम्पराएँ बम्बई के होलेया और मद्रास के कुन्नावन और मडिगा में भी पाई जाती हैं और इसके साथ ही असम, कश्मीर और पंजाब में भी। कहा जाता है कि यदि एक सन्थाल या उराँव लड़का किसी ऐसी लड़की से विवाह करता है जिसके कोई भाई न हो और वह अपनी ससुराल में रहकर ससुर के मरने तक उसकी सेवा करता है तो वह उसकी सम्पत्ति उत्तराधिकार में प्राप्त करता है।[2]

वेस्टरमार्क ने सेवा द्वारा विवाह के दो प्रकारों में फर्क बताया है। एक प्रकार का सेवा द्वारा विवाह, विवाह के नियमित रूप के तौर पर होता है और जो ज्यादा प्रचलित है क्योंकि

---

1. जे.ए. डुबोइस, *हिन्दू मैनर्स, कस्टम्स एंड सेरेमोनीज,* तीसरा संस्करण (आक्सफोर्ड, 1928), पृ. 213। आजकल काफी संख्या में नौजवान असाम के चाय के बगानों में काम करने के लिए जाते हैं ताकि वधू-मूल्य चुका सकें; यह जाँच का एक रोचक विषय हो सकता है कि टी डिस्ट्रिक्ट्स लेबस एसोसिएशन की भर्ती ने 'सेवा-विवाह' की संस्था को किस हद तक प्रभावित किया है।
2. देखें, *भारत की जनगणना, 1931,* संयुक्त प्रान्तों की रिपोर्ट, पृ. 311।

यह एक नौजवान की उपयुक्तता का परीक्षण करने का अवसर देता है। दूसरा प्रकार मूल्य चुकाकर विवाह करने का स्थानापन्न है।[1] स्मिड्ट और कोप्पर्स ने दिखाया है कि क्रियात्मक और सांस्कृतिक ऐतिहासिक रूप से मातृसत्तात्मक संस्कृति से आनेवाली संस्था पितृसत्तात्मक प्रभाव के अन्तर्गत दुल्हन का मोल चुकानेवाली संस्था में रूपान्तरित हो गई है।[2]

बस्तर में सेवा द्वारा विवाह का अर्थ है कि एक लड़का जिसका परिवार दुल्हन का मूल्य नहीं चुका सकता अपनी ससुराल में रहने आता है और तब तक वहाँ सेवा करता है जब तक कि अपनी पत्नी का मूल्य चुका नहीं देता। इसके बाद वह लड़की से विवाह करता है और या तो उसे अपने घर ले जाता है या अपनी ससुराल में ही रह जाता है। मद्रास प्रेसिडेन्सी में सेवा के लिए सात वर्ष आवश्यक थे; आज के मध्य भारत में सामान्यतः यह पाँच वर्ष से ज्यादा नहीं होता और प्रायः तीन वर्ष का ही होता है। पंजाब और संयुक्त प्रान्तों में यह सामान्यतः तीन वर्ष का होता है। यहाँ ज्यादातर हिन्दू जातियों में यह प्रचलन पाया जाता है। यहाँ तक कि ब्राह्मणों और राजपूतों और कभी-कभी मुसलमानों में भी। इस तरह सेवा करनेवाले लड़कों की प्रायः निन्दा की जाती है, और संयुक्त प्रान्तों में एक कहावत प्रचलित है : *कुत्ता पाले सो कुता; सास घर जमाई और बहिन घर भाई–*

जो कुत्ता पाले वह कुत्ता ही है, बाकी के कुत्ते वे हैं जो सास के घर या उस घर में रहते हैं जहाँ उनके बहन का विवाह हुआ हो।[3]

अपनी दुल्हन के लिए सेवा करने गए चेलिक को गोंडी में लम या लम्हाडा, हल्बी में घरजिया और हिन्दी में लमसेना कहा जाता है।[4] मध्य प्रान्तों में कहीं-कहीं उसे गहनियाँ[5]– वह लड़का जो गिरवी रखा गया हो। भारत के अन्य स्थानों पर उसे घर जमाई, घर्दी जावे, घर-दामाद और खाना-दामाद कहा जाता है–इन वाक्यांशों का अर्थ है 'घर-दामाद'।

लड़की के साथ लम्हाडा की सगाई सामान्य तरीके से सम्पन्न होती है और उसके बाद वह अपने ससुर के घर में रहने के लिए आता है जहाँ उसके साथ परिवार के सदस्य जैसा व्यवहार किया जाता है। यदि वह किसी अन्य गाँव का है और वहाँ के घोटुल में रहता आया है तो उसे वह घोटुल छोड़कर उस घोटुल का सदस्य बनना पड़ता है जहाँ उसकी मुटियारी रहती है। उसे एक घोटुल पत्नी या एक अस्थायी साथी, स्थिति के अनुसार मिलती है और उसके साथ रहते हुए वह अपनी मंगेतर के लिए सेवा भी करता रहता है। इस प्रकार एक दिलचस्प स्थिति पैदा होती है जब किसी अन्य गाँव से कोई लम्हाडा ऐसी जगह पर आता है जहाँ जोड़ीदार घोटुल की व्यवस्था हो, तो ऐसी स्थिति में उसे दो नई लड़कियाँ मिलती

1. वेस्टरमार्क, उपर्युक्त देखें, खंड II, पृ. 366 व आगे।
2. ओ.आर. एहरेन्फेल्स, *मदर-राइट इन इंडिया*, पृ. 147, स्मिड्ट और कोप्पर्स को उद्धृत करते हुए, *वोल्कर एंड कुल्टुरेन* (रेगेन्सबर्ग, 1924), पृ. 270 व आगे।
3. *भारत की जनगणना, 1931*, संयुक्त प्रान्तों की रिपोर्ट, पृ. 311।
4. भारत में इस परम्परा को अधिक जानने के लिए पढ़ें *वार्ड*, उपर्युक्त देखें, पृ. 138 (मांडला जिले के लिए); *भारत की जनगणना*, 1931, खंड I, भाग III B, पृ. 53 (भीलों के लिए); रसेल एंड हीरालाल, उपर्युक्त देखें, खंड II, पृ. 210 (बासोर), खंड III, पृ. 394 (कावर), खंड III, पृ. 550 (कोकू), खंड IV, पृ. 133 (माहर), खंड IV, पृ. 152 (मझवार), खंड IV, पृ. 166 (माली)। एहरेन्फेल्स, उपर्युक्त, पृ. 197; एस हिवाले *द प्रधान्स ऑफ द अपर नर्बदा वैली*, पृ. 205 व आगे; *द बैगा*, पृ. 287 व आगे भी देखें।
5. बेतुल गोंडी में उसे लमजनल और उसकी मंगेतर लड़की को लमजनलावतार कहते हैं।– ड्रेंच, अप्राप्य खंड II, पृ. 104।

हैं–एक उसकी मंगेतर जिसके साथ उसका कोई सम्बन्ध नहीं होना चाहिए और दूसरी उसकी घोटुल-साथी जिसके साथ वह नियमित सहवास करता है।

मुरिया समाज का बेहद समतावादी चरित्र सेवा-विवाह की संस्था को कुछ स्वाभाविक नुकसान की स्थिति से बचाता है। किसी लड़के को इसलिए नीचा नहीं करके देखा जाता क्योंकि उसके पास धन नहीं है। अपने नए घर में वह अपनी बाँहों की शक्ति, अपनी मेहनत ओर अपने उद्यम की पूँजी लेकर आता है। यह सही है कि उसे प्रायः सबसे कठिन काम करने को दिए जाते हैं मगर यह उसकी क्षमता और काम करने की इच्छा को जाँचने के लिए होता है बजाए इसके कि ऐसा करके उसे हीन माना जाता है। घोटुल में उसकी स्थिति अन्य सदस्यों के समान ही होती है और जिस घर में वह सेवा करता है उसके पुत्र के तौर पर वह सिरदार या कोटवार भी बन सकता है।

लेकिन लम्हाडा स्वतः सबके मजाक का पात्र होता है। अपनी भावी पत्नी से उसकी अत्यन्त निकटता–उसी घर में रहते हुए, घोटुल के सम्बन्धों के प्रति कठोर अनुशासन के मद्देनजर एक खतरनाक स्थिति होती है; अपनी सास और अन्य निषिद्ध लोगों के साथ विवाह के पहले से ही उसके सम्बन्धों की शुरुआत, उस पर लादे जानेवाले कठिन काम और इम्तहान; ये सब अन्तहीन टिप्पणियों और मजाक का विषय होते हैं।

दुंगाबंगल में लड़के और लड़कियाँ एक लाम दायना पाटा गाते हैं जो कि एक लम्हाडा लड़के के बारे में गीत है।

बोलो लमका लमका, बोलो दामाद।
लमका लड़के का काम कठिन होता है।
हल किस चीज का बना है?
हल कोसोम वृक्ष से बना है।
बहँगी किस चीज की बनी है?
बहँगी सिउना वृक्ष से बनी है।
खम्भा टिमस वृक्ष से बना है।
बैल चाचा-भतीजे हैं,
खेत मेंढकों का है;
चावल रानी की आँखों की तरह काला है।

अमोली घोटुल के चिटकुल गीत में, एक लड़की उसका विवाह न करने के लिए अपने पिता को झिड़कती है।

मैं बगीचे के कलियों की तरह बड़ी होती जा रही हूँ,
तब भी कोई मुझसे विवाह करने नहीं आ रहा।
मैं सात वर्ष से विवाह के लायक हो चुकी हूँ, मेरे पिता
मैं लगभग तुम्हारी उम्र की हो गई हूँ।
और तब भी जब कोई लड़का लम्हाडा बनने आता है,
तुम उसे बारह गना का कुलहाड़ा दिखाते हो;
तुम उसे दो सौ बाँसों की टोकरी दिखाते हो;
और वह दूसरी लड़की खोजने चला जाता है।

मसोरा की एक वृद्ध महिला ने बहुत रोषपूर्वक बताया कि उसके लिए सेवा करने आए

लड़के के साथ उसकी माँ ने कितना बुरा बर्ताव किया था। 'मेरी माँ सबसे कठिन काम उससे करवाती थी और वह हमारे विवाह को जब तक टाल सकती थी टालती रही ताकि उससे जितना अधिक सम्भव हो काम करवा सके।'

चन्दाबेटा में एक दिलचस्प शब्दावली का प्रयोग किया गया। 'लम्हाडा एक कोटी-यारी (पुत्रवधू) है क्योंकि उसे पत्नी के घर लाया जाता है। जैसे सास अपनी पुत्रवधू को परेशान करती है उसी तरह सास अब अपनी पुत्री के पति का दुरुपयोग करती है। वह पुत्रवधू है और उसे सास द्वारा सौंपे गए काम करने ही पड़ेंगे।

एक प्रचलित लोककथा के मूलभाव को परिवर्तित करके एक लम्हाडा लड़के की कठिनाइयों और अन्ततः उसकी विजय को दर्शाया गया है।

> एक ससुर लम्हाडा लड़के से कहता है, 'लड़के, जाकर सरसों के बीज बो आओ।' लड़का चला जाता है और शाम को ससुर कहता है, 'लड़के, जाओ और एक-एक बीज चुनकर वापस लाओ, जितना बीज ले गए थे उतनी मात्रा वापस आनी चाहिए।' लम्हाडा रोते हुए जाता है क्योंकि वह लड़की को प्यार करता है और एक-एक करके बीज चुनने लगता है। तीतरों का एक जोड़ा आता है और कहता है, 'बच्चे, मत रोओ; हम इसे इकट्ठा कर देंगे।' शाम तक सारे बीज चुन लिए जाते हैं।
>
> तब ससुर कहता है, 'लड़के पाँच नाप खराब सन की राख लाओ।' लड़का खराब सन इकट्ठा करता है और उसे जलाता है लेकिन राख नगण्य होती है। अन्त में वह अपने ससुर के पास जाता है और कहता है 'बिना गाँठवाले बाँस के बिना मैं काम नहीं कर पाऊँगा।' ससुर सभी पहाड़ियों पर जाकर ढूँढ़ता और अन्त में वापस चला आता है। 'लड़के, मैं हार गया।' लम्हाडा कहता है, 'लेकिन यदि मैं उसे ले आऊँ तो क्या तुम तत्काल अपनी लड़की मुझे दे दोगे?' ससुर वचन देता है और लम्हाडा एक नरकट ले आता है। 'यह है बिना गाँठवाला बाँस–अपनी लड़की मेरे हवाले करो।'

लम्हाडा और उस लड़की के बीच में जिसके वह इतने करीब आता है क्या सम्बन्ध होता है? घोटुल में उन पर वही नियम लागू होते हैं जो अन्य लड़के-लड़कियों पर लागू होते हैं जिनकी सगाई हो चुकी होती है। लड़की को अपने लम्हाडा से दूरी बनाए रखनी पड़ती है। वह उसे सलाम नहीं कर सकती, उसके बाल नहीं गाह सकती और न ही उसकी मालिश कर सकती है। वह उसके साथ न तो सो सकती है न उसके बिछावन पर बैठ सकती है। उसकी उपस्थिति में वह नियमित रूप से अन्य लड़कों के साथ सोएगी और उसकी भी अपनी एक अलग साथी होगी। तब भी उनमें से कोई भी दूसरे की निन्दा नहीं कर सकता, हालाँकि वे एक ही घर में दिन भर एक साथ काम करते रहेंगे।

हालाँकि मंगेतर जोड़े आमतौर पर इन अलगाव के नियमों का पालन करते प्रतीत होते हैं, पर कई बार लम्हाडा उनका उल्लंघन कर देते हैं। इसके अनेक कारण हैं। लड़का और लड़की रसोई, खेत और जंगल में, अन्य सामान्य मंगेतर जोड़ों की अपेक्षा अधिक घनिष्ठ और नियमित सम्पर्क में आते हैं। लड़की यह अहसास किए बिना नहीं रह सकती कि वह पहले ही लम्हाडा से लगभग ब्याही जा चुकी है जब वह अपने माता-पिता के साथ उसके सम्बन्धों को देखती है और अपने दूसरे रिश्तेदारों के साथ उसे मजाक और अलगाव के नियमों का

पहले से ही पालन करते देखती है, और शायद लम्हाडा की कठिन जिन्दगी देखकर उसके मन में सहानुभूति पैदा होती है। और सबसे बढ़कर, यदि वे करीब आते हैं और वह गर्भवती हो जाती है तो इसमें कोई समस्या नहीं होती और आसानी के साथ उनका विवाह हो जाता है–लड़का सेवा की शर्तों को विवाहोपरान्त पूरी करता है। लोहातुर के मलिक ने जो कि एक लम्हाडा था जब अपनी मंगेतर को गर्भवती कर दिया, तो उन पर जुर्माना तक नहीं किया गया क्योंकि माता-पिता का कहना था, 'आज नहीं तो कल तो यह होना ही था।'

ऐसी अनियमितताओं के कई मामले दर्ज किए गए हैं। मसोरा की एक वृद्ध महिला धानी, अपने लम्हाडा के प्रति अपने माँ के व्यवहार के कारण बहुत द्रवित होकर घोटुल में उसके साथ सोती थी। तारबैली में, एक लड़की का अपने लम्हाडा के प्रति आवेगपूर्ण समर्पण था; रात में वे एक साथ जंगल में भाग जाते थे–क्योंकि कम से कम उन्हें परम्परा को कायम रखना चाहिए।

बेरमा घोटुल का भूतपूर्व कोटवार दुलोसा का लम्हाडा था; उसने अपनी मंगेतर को गर्भवती कर दिया। चूँकि उनकी सगाई हो गई थी इसलिए फौरन उनका विवाह कर दिया गया, हालाँकि घोटुल पर एक रुपए और गाँव पर तीन रुपए का जुर्माना लगाया गया। चारगाँव में मैंने एक लम्हाडा के बारे में सुना जो अपनी भावी दुल्हन के साथ सोता था। लिहागाँव में एक मुटियारी लड़कियों के घोटुल से जाकर लड़कों के घोटुल (यहाँ लड़के-लड़कियों के लिए अलग-अलग व्यवस्था है) में अपने लम्हाडा के पास सोती थी; वह पकड़ी गई और दोनों को सजा हुई।

पल्ली (कोमला गाँव) में मुझे दो लम्हाडा के बारे में बताया गया : एक पहारदार था जो दुलोसा की खातिर सेवा कर रहा था, दूसरा छाजेन था जो तिलोका के लिए सेवा कर रहा था। बहुत प्रसन्नता से लोगों ने बताया कि एक दिन तिलोका ने गलती से अपने लम्हाडा को 'जोहर' कह दिया। कभी-कभी वह उसके साथ सोती भी थी लेकिन आमतौर पर ये दोनों जोड़ियाँ आपस में बँट जाती थी–पहारदार और तिलोका तथा छाजेन और दुलोसा और वे एक साथ एक कोने में सोती थी। 'इसमें झगड़े या ईर्ष्या की कोई बात नहीं थी; वे मुटियारी थी और उन पर किसी को हक नहीं था।'

एक किन्नारिंग पाटा ऐसे सम्बन्धों पर दृष्टिपात करता है।

> किन्नारिंग लड़की की उम्र क्या है?
> वह हमारे घर में सोती है।
> लेकिन सुबह अपने लम्हाडा के साथ उठती है।
> वह हमारे घर में खाती-पीती है
> लेकिन सोती-उठती अपनी लम्हाडा के साथ है।

ऐसी अनियमितताओं पर एक दिलचस्प टिप्पणी है जो जतलाती है कि मंगेतर जोड़ों के आचार पर लगाए गए नियम अकारण ही नहीं हैं। यह टेंगागोंडी का प्रसंग है। घोटुल का भूतपूर्व मुंशी एक लड़की का लम्हाडा था और प्रायः उसके साथ अन्तरंग सम्बन्ध बनाता था। लड़की भी उसका ध्यान रखती कि उसे बढ़िया खाना मिले और ज्यादा काम न करना पड़े। पर विवाह के बाद जब वे साथ रहने लगे तो वह लड़के को नापसन्द करने लगी। आमतौर पर वह सम्भोग के लिए मना कर देती और लड़के द्वारा जबर्दस्ती करने पर वह अपने माता-पिता के घर भाग गई।

हालाँकि मुरिया लोग सोचते हैं कि इस व्यवस्था की सबसे अहम गड़बड़ी आर्थिक पहलू है। मान लीजिए कि पता चलता है कि लम्हाडा उपयुक्त नहीं है। वह काम नहीं करता, मूर्ख है, उसे बीमारी हो जाती है। उसके खराब किए गए वर्षों के बदले में उसे मुआवजा मिलेगा। मान लीजिए लड़की किसी के साथ भाग जाती है; लम्हाडा को उसके बदले में क्षतिपूर्ति मिलेगी।

जहाँ तक मेरा विचार है मुरिया लोग—मध्य प्रान्तों के गोंड और बैगा की अपेक्षा इन लड़कों से बेहतर बर्ताव करते हैं। यदि किसी की पुत्री विवाह के पहले भाग जाती है तो वे ख्याल रखते हैं कि लड़की का पति लम्हाडा को पूरा मुआवजा दे जो, पचास रुपए तक हो सकता है। यदि किसी लड़के को अस्वीकार करना होता है, उसे उसकी सेवा के एवज में कुछ मूल्य चुकाया जाता है, जो सम्भवतः बहुत ज्यादा नहीं होता। फारसगाँव में एक महत्त्वपूर्ण घटना हुई।

> 'मैंने बतौर लम्हाडा सात वर्ष सेवा की', चालीस वर्षीय मुरिया बैती ने कहा। 'हमारा विवाह होने ही वाला था कि लकड़ी दीवाली नृत्य के दौरान सम्पर्क में आए एक चेलिक के साथ भाग गई। मेरा ससुर अच्छा आदमी था और उसने उस लड़की के बदले में अपनी छोटी बेटी मुझे सौंप दी। वह मुझसे बहुत छोटी थी, मगर मैं उसे अपने घर ले गया और हम दोनों घोटुल में रहने के लिए गए। हालाँकि हमारा विवाह होनेवाला था मगर वो अन्य लड़कों के साथ सोती थी और मैं दूसरी लड़कियों के साथ। इसके लिए हम कभी झगड़ा नहीं करते थे। अब हमारी शादी हुए कई वर्ष हो चुके हैं और हम हमेशा सुखी रहे। विवाह के पहले मैं कभी उसके पास नहीं गया। अब वह मुझसे ज्यादा बूढ़ी लगती है पर हमारे विवाह के समय लोग हँसते थे कि मैं इतनी छोटी लड़की से विवाह कर रहा हूँ।'

यह घटना जो रंगागोंडी की घटना के विपरीत है, निश्चित तौर पर इंगित करती है कि सगाई के नियमों का पालन ही सबसे अच्छा है।

मोडेनार में क्षतिपूर्ति का एक अलग रूप दर्ज किया गया। यहाँ दो लम्हाडा दो बहनों के लिए सेवा कर रहे थे; दीवान की सगाई दुलोसा से हुई थी और लिखेन की जाइमो से। एक दिन पता चला कि दीवान ने जाइमो को गर्भ ठहरा दिया; उन दोनों ने जाकर विवाह कर लिया और मुआवजे के तौर पर दुलोस लिखेन को सौंप दी गई।

यह संस्था बहुत सामान्य नहीं है पर इसे प्रचलित न कहना गलत होगा। हमारे 2000 मामलों में से 113 सेवा द्वारा हुए विवाह थे। इनमें से 93 फुफेरे-ममेरे रिश्तों में हुए विवाह थे, 40 गुडामोल और 53 कुटियारी। 13 ने या तो अपनी पत्नियों को तलाक दे दिया था या वे उन्हें छोड़कर भाग गई थीं। यह संख्या 11.5 प्रतिशत है जो पूरे कबीले की तलाक दर जो 3 प्रतिशत के अन्दर है, से बहुत ऊँची है। लेकिन अन्य 100 विवाहों के बारे में बताया गया कि वे सुखी रहे हैं। मुरिया लोगों का बहुलांश आमतौर पर दुल्हन के मूल्य भर की छोटी रकम का इन्तजाम कर लेता है। और आखिरकार घर में एक पुत्र का होना बड़ी बात है और मुरिया अपने बच्चों को प्यार करते हैं। इसलिए सिर्फ 5.5 प्रतिशत विवाह ही इस तरह होते हैं।

5. बहुविवाह

फ्रांस के बारे में सैम्यूअल जॉनसन से बात करते हुए एक सज्जन ने उन्हें बताया कि उस देश में सभ्य समाज का एक आदमी अपने विवाह के फौरन बाद किसी ओपरा की लड़की को अपनी प्रेयसी बना लेता है और इसे आम चलन कहता है। जॉनसन ने कहा, 'श्रीमान, यह बताइए कि वहाँ कितनी ओपरा की लड़कियाँ होंगी?' सज्जन ने जवाब दिया, 'करीब अस्सी।' 'तब तो श्रीमान', जॉनसन ने कहा, 'आप देख सकते हैं कि सभ्य समाज के व्यक्ति ही सिर्फ ऐसा कर सकते हैं।' अप्रामाणिक हो तब भी, यह प्रत्युत्तर आदिवासी लोगों में बहुविवाह की प्रचुरता पर किसी भी चर्चा के लिए प्रासंगिक है। क्योंकि विवाह की यह प्रथा सांख्यिकी का एक सरल मामला है।

वेस्टरमार्क बहुविवाह के भौगोलिक बँटवारे पर काफी ध्यान देने के बाद आर्थिक संस्कृतियों की विभिन्न श्रेणियों में इसकी प्रचुरता की तरफ नजर डालते हैं। वैज्ञानिक अदालत में प्रस्तुत गवाहों के विचित्र चरित्र से काफी अलग–मध्य भारत के आदिवासियों के लिए वे फोर्सिथ और हिस्लाप पर निर्भर हैं (फोरसिथ और हिस्लाप कई मामलों में श्रेयस्कर हैं लेकिन गोंड समाज में बहुविवाह के तथ्यों को जान सकना उनके लिए कैसे सम्भव हो सकता है?), कलकत्ता रिव्यू का एक लेख और राँउनी की बचकाना कृति वाइल्ड ट्राइब्स ऑफ इण्डिया[1]–उनके सारे तर्क एक साधारण तथ्य से निर्मूल हो जाते हैं। हर आदिम समाज में, प्रत्येक महिला का विवाह अवश्य होता है। आदिवासियों में गैर शादीशुदा महिलाएँ नहीं होतीं। विधवाएँ दो बार विवाह कर सकती हैं और सामान्यतः उन्हें ऐसा करना पड़ता है। विधुर पुनर्विवाह कर सकते हैं और आमतौर पर करते हैं। आदिवासियों में रखैलें या वेश्याएँ नहीं होतीं (कुछ पेशेवर जनजातियों को छोड़कर)। इसलिए बहुविवाह की प्रचुरता एक तथ्य पर आधारित है, पुरुषों की संख्या से महिलाओं की संख्या की अधिकता। इस प्रकार वेस्टरमार्क का वक्तव्य है, 'पशुचारण समुदायों में मैंने कोई समुदाय ऐसा नहीं पाया जो पूर्णतः एक विवाही हो, और उनमें तथा सभ्य कृषि समाजों में बहुविवाह शिकारी और प्रारम्भिक कृषि समाजों की अपेक्षा निस्सन्देह अधिक पाया जाता है',[2] इसके अतिरिक्त और कोई अर्थ नहीं रखता, यदि उसका कोई अर्थ है तो, कि शिकार करनेवाले और प्रारम्भिक कृषि समाजों में महिलाओं की मृत्यु दर ज्यादा होती है और अतिरिक्त महिलाएँ बचती ही नहीं–आर्थिक विकास के इस स्तर पर जीवन की कठिनाइयों को देखते हुए हम इसी की उम्मीद भी कर सकते हैं।

हर समाज में जहाँ महिलाओं की संख्या पुरुषों से ज्यादा हो और जहाँ न तो गैर विवाहित महिलाएँ और न ही वेश्याएँ हों वहाँ किसी न किसी रूप में बहुविवाह अवश्य होगा। यूरोप में और हर कहीं तथाकथित 'सभ्य' समाज में ही दूसरी पत्नी को प्रेयसी कहा जाता है और उनके कोई कानूनी या अन्य अधिकार नहीं होते। मुरिया लोग ज्यादा ईमानदार और न्यायशील होते हैं; वे प्रेयसी को पत्नी बना लेते हैं और उसके बच्चों को अपना लेते हैं। 1931 की जनगणना ने दर्शाया की 'सामान्यतः ज्यादा आदिम क्षेत्रों में महिलाओं की संख्या अधिक थी और ज्यादा आधुनिक क्षेत्रों में पुरुषों की।' आदिवासी जनजातियों में 'महिलाओं की

1. वेस्टरमार्क, उपर्युक्त, खंड III, पृ. 8।
2. वही, पृ. 26।

संख्या ज्यादा होती है।'[1] यह बेशक मध्य प्रान्तों गोंड, भरिया, बिंझवर और कवार के बारे में सही था लेकिन माड़िया और उराँव के लिए महिलाओं के आँकड़े कम थे। यहाँ मुझे जनगणना की सटीकता पर सन्देह है, क्योंकि प्रायः आदिवासियों में महिलाओं की संख्या कम बताने की प्रवृत्ति होती है। इसका कारण यह विचित्र सन्देह है कि जनगणना का प्रयोग साहिबों के शौक के लिए लड़कियों को बड़े पैमाने पर इंग्लैंड भेजने के लिए किया जाता है या जैसा कि एक बार मुझे बताया गया, महारानी विक्टोरिया के सम्मान के लिए।'

1941 में बस्तर के प्रमुख आदिवासी जनजातियों के आँकड़े निम्नलिखित थे :

	पुरुष	महिलाएँ	कुल
माड़िया	60,015	60,095	120,110
मुरिया	109,512	110,142	219,654
भट्टरा	5,471	5,398	10,869
डोरला	7,097	7,508	14,605
धुरवा (पर्जा सहित)	13,208	12,611	25,819
गोंड	8,344	8,276	16,620

1931 में माड़िया महिलाओं की कम संख्या पर मेरा सन्देह इस तथ्य से पुष्ट हो जाता है कि दस वर्ष बाद महिलाओं की संख्या पुरुषों से ज्यादा थी। मुरिया में भी महिलाओं की संख्या पुरुषों से ज्यादा है लेकिन यह याद रखना चाहिए कि मुरिया के तौर पर गिने गए लोगों में से कम से कम 50,000 वास्तव में जंगली साँड के सींग वाले माड़िया थे। जब हम घोटुल और झोड़िया मुरिया की बात करते हैं तो हमें अलग तस्वीर दिखाई देती है।

		मुरिया पुरुष	मुरिया महिलाएँ
नरायनपुर तहसील–	उत्तर	8,390	7,975
	पश्चिम	691	631
	दक्षिण	8,647	7,833
कोण्डागाँव तहसील–	उत्तर	16,596	16,550
	दक्षिण	17,049	16,506
	कुल	**51,373**	**49,495**

इस प्रकार घोटुल मुरिया में मोटा-मोटी कुल 100,000 की संख्या में 1,878 महिलाओं की कमी है यानी प्रति 1,000 पर 18 की। इसलिए बहुविवाह के लिए गुंजाइश बहुत कम है हालाँकि मैं फिर से सन्देह प्रकट करता हूँ कि वास्तव में इस जनजाति में महिलाओं की संख्या उससे ज्यादा है जितनी कि जनगणना के आँकड़े दर्शाते हैं। जनगणना अधिकारी के तौर पर जहाँ भी मैंने आँकड़े सत्यापित किए मैंने मुटियारी की सही संख्या छुपाने की प्रवृत्ति पाई।

जाँचे गए 2,000 विवाहों में से सिर्फ 44 बहुविवाह थे। इनमें से 29 पुरुषों ने दावा किया

1. *भारत की जनगणना, 1931,* खंड XII, भाग I, पृ. 152।

कि वे एक समय में दो पत्नियों के साथ रहते हुए सुखी थे। लेकिन 9 ने माना कि उनका प्रयोग बहुत लम्बा नहीं चल पाया। 5 मामलों में पहली पत्नी ने पति को त्याग दिया, 4 मामलों में पहली पत्नी कुछ समय में दूसरी को खदेड़ देने में सफल रही। 6 अन्य मामलों में बहुविवाह के बाद जीवन चल रहा था लेकिन कष्टप्रद और लगातार होनेवाले झगड़ों से त्रस्त था।

बहुविवाह सामाजिक तौर पर अमान्य नहीं है–हालाँकि सिर्फ 2 प्रतिशत मामलों में ऐसा होना यह आभास दे सकता है। इसके बजाए मुरिया लोगों के दृष्टिकोण के अनुसार बहुविवाह करनेवाला पुरुष अपनी क्षमता से अधिक जिम्मेदारी लिए होता है, और इस अनुपयुक्त व्यवहार के लिए उसकी भर्त्सना करने के बजाए उसकी कठिनाइयों के लिए उस पर तरस खाया जाना चाहिए।

उदाहरण के लिए बेरमा के एक मुरिया ने कहा, 'दो पत्नियाँ दो ढोल की तरह हैं जिन्हें बजानेवाला बीच में खड़ा है; वह धुन की जरूरत के हिसाब से एक या दोनों को बजाता है। लेकिन एक अच्छा ढोलकिया एक ढोल से ही अपना काम चलाता है।' या जैसा कि कन्हारगाँव में फिर बताया गया, 'दो पत्नियों वाले घर में बरतनों के टकराने और टूटने की आवाज हमेशा आती रहती है। कुछ भी ठीक ढंग से नहीं होता, यहाँ तक कि चावल भी समय से नहीं पकता।' और बुनागाँव के कंडकी ने कहा, 'मुझे तो एक ही पत्नी ने सुखा डाला। मैं दूसरी को कैसे सँभालूँगा?' लेकिन कहीं और मैंने यह कहा जाते सुना कि एक चतुर आदमी दो पत्नियों को खुश रख सकता है। 'बिलकुल वैसे ही दो हाथ ढोल के दोनों सिरों को धुन में बजाते हैं।'

इन जगहों पर यह कहा जाता है कि पत्नियाँ यौन ईर्ष्या या सम्मान के कारण नहीं बल्कि इस कारण झगड़ती हैं क्योंकि प्रत्येक सोचती है कि दूसरी वाली अपने हिस्से के कामों से जी चुराती है। जैसा कि मैं इस अध्याय में आगे दिखाऊँगा कि मुरिया लोगों के लिए कामों के बँटवारे का यह प्रश्न बहुत महत्त्वपूर्ण है और वास्तव में यह ज्यादातर झगड़ों और मुरिया समाज में आत्महत्याओं के ऊँचे प्रतिशत का कारण है।

उदाहरण के लिए, एक झगड़े के निम्नलिखित वर्णन में काम का बँटवारा ही सबसे महत्त्वपूर्ण है। एक पति अपनी पहली पत्नी की अनदेखी कर रहा था। 'क्या मेरी योनि कड़वी है और उसकी इतनी स्वादिष्ट है?' कहकर वह छोटीवाली की तरफ मुखातिब होती है। 'तू बाप लोटी, यह आदमी आज जो कुछ है, मेरी बदौलत है; इस घर में हर चीज पर मेरा हक है; तुम्हें तो मेरा जूठन ही खाने को मिलना चाहिए।' छोटी पत्नी जवाब देती है, 'मैं अपनी मर्जी से यहाँ नहीं आई, वह मेरा भी उतना ही पति है जितना तुम्हारा क्योंकि वही हम दोनों को लेकर आया है।' तब पति पहली पत्नी से कहता है, 'नाराज मत होओ। मैं इसलिए नहीं लाया क्योंकि मैं इसे तुमसे ज्यादा प्रेम करता हूँ, बल्कि इसलिए ताकि वह कामों में तुम्हारी मदद करे।' 'लेकिन वह ऐसा तो कभी करती नहीं। जब मैं खाना पकाती हूँ तब उसे लकड़ी लानी चाहिए, जब मुझे मासिक धर्म होता है, उसे भोजन पकाना चाहिए। लेकिन वह इनकार कर देती है।' कुछ गाँवों में छोटी पत्नी को कई जरूरी प्रतिबन्धों का पालन करना होता है। वह पूर्वजों के पात्र के पास अपनी इच्छानुसार नहीं जा सकती। वह नए खाने के त्योहारों में तभी जा सकती है जब एक भेंट चढ़ाई जा चुकी हो और एक दावत हो चुकी हो। इसके पहले वह उस जगह पर कोई अनाज नहीं ले जा सकती जहाँ पात्र स्थित हो।

यौन मामलों में दो या यहाँ तक कि तीन पत्नियों तक को सँभाल लेना अपेक्षाकृत

आसान समझा जाता है।[1] चन्दाबेरा का मुखिया जो फुर्तीले शरीरवाला आकर्षक आदमी था, ने मुझे बताया कि कैसे वह ऐसी व्यवस्था करता था कि वह और उसकी दोनों पत्नियाँ तीन अलग-अलग स्थानों पर सोएँ। और तब वह एक या दूसरी के साथ अपनी इच्छानुसार सम्भोग करता था और इस बात की खास परवाह नहीं करता था कि दूसरी जगी है या देख रही है अथवा नहीं। इस चीज के बारे में, उसने बताया कि, उसे कभी कोई दिक्कत नहीं हुई। बडगाँव में एक मुरिया ने बताया कि उसे बड़ी पत्नी के साथ दिन में तीन बार और छोटी के साथ दो बार सम्भोग करना पड़ता है ताकि वे दोनों उसके शरीर के लिए आपस में झगड़ा न करें—लेकिन निस्सन्देह यह बहुत बढ़ा-चढ़ाकर कही गई बात थी।

सांख्यिकीय जाँच के दौरान इन यौन खिलाड़ियों की कुछ टिप्पणियाँ उद्धृत करूँगा।

केजांग का एक सिरदार : 'मैं अपनी पहली पत्नी की परवाह नहीं करता था, मैंने माता-पिता की मर्जी के चलते उससे विवाह किया, उन्हें मेरी खुशी की उतनी परवाह नहीं थी जितना एक अमीर की बेटी से मुझे ब्याहने में थी। जल्दी ही मैंने पाया कि मैं उसके साथ सोना बरदाश्त नहीं कर सकता और मैं घोटुल में वापस चला गया। वहाँ मुझे बुस्की से प्रेम हो गया और भागकर हमने विवाह कर लिया। बाद में मुझे अपनी पहली के लिए दुख महसूस हुआ और सिर्फ दया भाव के कारण मैंने उसके साथ सोने का प्रयास किया। इस तरह मैंने अपनी सारी खुशी खो दी क्योंकि वे एक-दूसरे के साथ और मेरे साथ झगड़ने लगीं।'

फारसगाँव का एक साइदार : 'मैंने एक आदमी को बीस रुपए उधार दिए। भुगतान का समय आने पर वह कुछ भी वापस न कर सका। उसने उसके बदले अपनी पुत्री देने का प्रस्ताव किया। हम तीनों एक साथ सुखपूर्वक रहते हैं। मैंने एक बार ठीक से काम न करने के लिए अपनी दूसरी पत्नी को पीटा था, पर वह एक ही मौका था उसके बाद हमारे बीच कभी झगड़ा नहीं हुआ।'

केहलाकोट का एक चालन : 'अब मैं दूसरी पत्नी के लिए तैयार हूँ, लेकिन मैं एक कुत्ता नहीं बनना चाहता।'

चन्दाबेरा का एक कामदार : 'सुनने में आता है कि दो पत्नियाँ एक साथ नहीं सो सकतीं। लेकिन हम मुरिया घोटुल में हमेशा साथ रहे हैं, और अगर किसी की दो पत्नियाँ हों, वे दोनों उसके साथ सोकर सन्तुष्ट रहती हैं।'

कचोरा का एक पुजारी : 'मेरा विवाह मुझसे उम्र में काफी बड़ी एक लड़की के साथ हुआ था और वह हमेशा कहती थी कि मेरा लिंग छोटा है। मैं उससे कहता था, 'इसे बड़ा होने का समय तो दो, और फिर सब ठीक हो जाएगा।' लेकिन वह इस पर कोई ध्यान नहीं देती थी और बड़े लिंग की तलाश में भटकती रहती थी। बाद में मैंने तीन पत्नियाँ ब्याही'—सम्भवतः पहली पत्नी द्वारा क्षतिग्रस्त आत्मसम्मान को बनाए रखने के लिए।

बैरगाँव का एक साइदार : 'पहली पत्नी से मुझे कोई सन्तान प्राप्ति नहीं हुई और वह हमेशा मुझसे दूसरा विवाह करने का अनुरोध करती थी। इसलिए मैंने एक विधवा से विवाह

---

1. कई कबीलों में, एक से अधिक पत्नियाँ रखना, कबीले के महत्त्वपूर्ण लोगों में शान की बात समझी जाती है। केसापुर के ओयामी वंश के माड़िया की छह पत्नियाँ थीं; केरलापाल के एक अन्य माड़िया की सात पत्नियाँ थीं। कयोंझार राज्य के एक जुआंग की सात पत्नियाँ थीं। माण्डला के प्रसिद्ध योगी बैगा की छह पत्नियाँ और छब्बीस बच्चे थे। बालाघाट के एक प्रधान के पास भी इसी संख्या में बच्चे थे और जब वह बाजार के लिए निकलता तो सब कतार बनाकर उसके पीछे चलते।

कर लिया। हम एक साथ बहुत सुखपूर्वक रहते थे। मैं हमेशा अपनी पहली पत्नी के साथ सोता था और दूसरी करीब ही लेटी रहती थी। मैं दोनों के साथ एक दिन के अन्तराल पर सम्भोग करता था।'[1]

मलमेटा का एक जोलिया : 'मैं निःसन्तान हूँ और दूसरा विवाह करना चाहता हूँ। लेकिन उसके लिए मेरे पास धन नहीं है। मैं रात-दिन इसके बारे में सोचता रहता हूँ और बहुत परेशान रहता हूँ।'

बुनागाँव का एक बैदर : 'मैं एक सिराहा हूँ। एक दिन कुछ लोग एक लड़की को उपचार के लिए मेरे पास लेकर आए। मैं उसके लिए कुछ नहीं कर सका। तब उन लोगों ने कहा, 'इस लड़की को अपनी दूसरी पत्नी बना लो और तुम इसे ठीक कर दोगे।' इसलिए मैंने उससे विवाह कर लिया और उसकी अँगुली पर आओनरा के पत्ते की अँगूठी पहना दी और हमने एक साथ देवताओं से संघर्ष किया है। मेरी पत्नी बनने से उसका इलाज सम्भव हो पाया।'

कुंटपदर का सुरजू : 'मेरी पहली पत्नी बाँझ थी और उसी ने प्रस्ताव किया कि मैं दूसरा विवाह कर लूँ। मैंने दूसरा विवाह कर लिया और अदल-बदल कर दोनों के साथ सोया करता। कभी-कभी वे झगड़ती थीं पर छोटी पत्नी के सन्तान होने के बाद वे दोनों अच्छी मित्र बन गईं और मेरी ज्येष्ठ पत्नी बच्चे को बहुत प्यार करती है।'

यहाँ बहुविवाह के कई कारण देखने को मिलते हैं—सन्तान की कामना, ऋण का भुगतान, आहत आत्मसम्मान की पुनर्बहाली, प्रेम प्रसंग आदि। एक मामले में पहली पत्नी ने स्वयं दूसरे विवाह का आग्रह किया मगर प्रायः वह जादू या अन्य गुप्त तरीकों से पति को दूसरी पत्नी लाने से रोकती हैं। चन्दाबेरा के चैतु ने इस सम्बन्ध में अपने अनुभव का वर्णन किया।

> एक लड़की मेरे गाँव आई और मुझे उससे प्रेम हो गया। मैंने उसे अपने घर आमन्त्रित किया और वह तैयार हो गई। मैंने फौरन शराब मँगवाई और गाँव के बड़े-बूढ़ों को न्यौता दे दिया। लगभग आधी रात के समय जब सभी बाहर शराब पी रहे थे, मैंने अचानक सोचा कि मुझे चलकर देखना चाहिए कि वह वास्तव में कैसी है। इसलिए मैं घर में गया और उसे अपने साथ लेटने को कहा। उसने पूछा कि मैं बाहर क्या कर रहा था और मैंने बताया कि मैं उसकी और मेरी शादी का जाम पी रहा था। हालाँकि तब तक उसने मेरे साथ बहुत मृदु व्यवहार किया था, वह अचानक चिल्ला उठी, 'नहीं तुम तो मेरा पेशाब पी रहे थे।' मैं नशे में था और बहुत नाराज हो गया और उसके तमाम प्रयासों के बावजूद मैंने उससे जबर्दस्ती की। लेकिन इससे मुझे आनन्द नहीं प्राप्त हुआ।
>
> अगली सुबह लड़की बीमार हो गई। उसे बुखार या अन्य कोई रोग नजर नहीं आ रहा था मगर वह बीमार की तरह जमीन पर लेटी थी। मैं उसे एक सिरहा के पास ले गया और हमें एक पखवाड़े तक उसके पास रहना पड़ा। मैंने उसे भोजन दिया और उसके लिए सब कुछ किया लेकिन वह ठीक नहीं हुई। एक दिन मैंने

---

1. दोनों पत्नियों को बराबर प्रेम करना हिन्दुओं की परम्परा रही है। यह दक्ष द्वारा चन्द्र को दिए गए उस सुझाव में स्पष्ट होती है जिसमें वे उनसे अन्य 26 नक्षत्रों—जो उनकी पत्नियाँ हैं—को भी उतना ही प्रेम करने को कहते हैं जितना कि रोहिणी से। 'अपनी सब पत्नियों के साथ समान व्यवहार करो जिससे तुम्हें महादोष न लगे', वे चन्द्र को समझाते हैं। पर चन्द्रमा ने उनकी नहीं सुनी और उन्हें प्रतिदिन घटते जाने का श्राप झेलना पड़ा। कामसूत्र में भी कहा गया है, 'अगर एक व्यक्ति की कई पत्नियाँ हैं तो उसे उनके साथ समान व्यवहार करना चाहिए।'—जे.जे. मेयर, *सेक्शुअल लाइफ इन एंशिसन्ट इंडिया* (बम्बई, 1948) खंड II, पृ. 171।

फिर उसके साथ सम्बन्ध बनाने की कोशिश की, लेकिन उसने कहा, 'एक क्षण रुको मैं बाहर से आती हूँ' और वह घर से जान बचाकर निकल भागी और अपने गाँव चली गई। मुझे विश्वास है कि मेरी पहली पत्नी ने कुछ जादू करके इस लड़की का हृदय मेरे खिलाफ कर दिया। बाद में मैंने एक अन्य लड़की से विवाह करना चाहा, जो मेरे बड़े भाई की विधवा थी, और मेरी पत्नी ने उसे भी खदेड़ दिया।'[1]

6. व्यभिचार

मुरिया लोग वैवाहिक निष्ठा के बहुत उच्च मानकों के पालन के लिए विख्यात हैं और मेरे सभी अनुभव इस लोकप्रिय जानकारी को पुष्ट करते हैं। 3 प्रतिशत से भी कम तलाक की घटनाएँ संकेत करती हैं कि वे विवाह को सतत संलग्न रहने का रिश्ता मानते हैं और हालाँकि स्वाभाविक तौर पर व्यक्तिगत विश्वासघातों के आँकड़े नहीं प्रस्तुत किए जा सकते, फिर भी सामाजिक रिवाज और धार्मिक विश्वास व्यभिचार को मुश्किल और खतरनाक बना देते हैं।

मुरिया जो आमतौर पर सहनशील और नेक होते हैं, इस मामले में बड़े कठोर बन जाते हैं। व्यभिचार न सिर्फ दोषी व्यक्ति बल्कि पूरे समाज पर फौरन दैवीय प्रकोप डाल देता है। एक स्त्री का पाप रस्मी शिकार को बर्बाद कर देता है और परिणामस्वरूप उस वर्ष की फसल खराब कर देता है। पुजारी या ओझा की दृष्टि पत्नी के विश्वासघात के कारण कमजोर हो सकती है, बच्चों पर बुरा प्रभाव पड़ सकता है और उनकी मृत्यु हो सकती है, बाघ गाँव के ढोरों पर आक्रमण कर सकते हैं। दोषी जोड़े को दिल दहला देनेवाली सजा मिलती है। उनका शरीर फोड़ों और फफोलों से भर जाता है और पानी वाली ड्रॉप्सी एक कष्टप्रद मौत देती है।

यह एक निर्मूल खतरा नहीं है, जैसा कि वास्तविक उदाहरणों से सिद्ध होता है। मुंजमेटा के सोलिया ने मुझे बताया कि कैसे उसके दादा इसी कारण से मारे गए। सिद्धावंड में जब एक आदमी एक विवाहित स्त्री के साथ भाग गया तो उसके पिता को ड्रॉप्सी हो गया और वह स्वयं नपुंसक हो गया। लिहागाँव का बदरू व्यभिचार के एक कृत्य के बाद मर गया। यह बदला पूर्वजों द्वारा लिया जाता है जो परिवार और कुल की शुद्धता के रक्षक हैं। कोंगेरा में एक गुस्साए पति ने दोषियों पर पूर्वजों का प्रकोप डाल दिया और उसकी पत्नी अपने प्रेमी सहित गम्भीर रूप से बीमार हो गई। नेतनार के एक मुरिया ने कहा कि वह अपनी मर्यादा को सिर्फ अपने पूर्वजों की मदद से ही बचा पाता है जिनका वह इसके लिए लगातार ध्यान करता है।

व्यभिचार का शक पैदा होता है यदि मवेशी अचानक से मर जाएँ, खासकर जब उनकी

1. भारतीय परम्परा और लोककथाओं के ज्यादातर नायकों का बहुपत्नीक विवाह सफल था। रामचन्द्र इसके अपवाद थे। *कथा सरित सागर* में पहली पत्नी अपनी नई सखियों का स्वागत करती दिखाई गई है। सूर्यप्रभा ने लगातार सात दिनों में सात विवाह किया था : अपनी जादुई शक्ति से वह अपने शरीर को सात भागों में बाँटकर एक ही साथ सातों पत्नियों के साथ रहते थे।–एन.एम. पेंजर, *द ओशन ऑफ स्टोरी* (लन्दन, 1924-5) खंड I, पृ. 429। नरावहनदत्ता के पास भी इसी तरह स्वयं को विभाजित करने की शक्ति थी (वही, खंड II, पृ. 477। खंड I, पृ. 451 भी देखें)। लोककथाओं की पत्नियाँ आमतौर पर आपस में सद्भाव रखती हैं–जब तक कि पति की प्यारी सबसे छोटी पत्नी के खिलाफ वे एकजुट नहीं होतीं। गुल्लल शाह की सुखी पत्नियों में से एक पंजफुल चौथी पत्नी हासिल करने में उसकी सहायता करती है।–जे.एच. नालेस, *फोल्क टेल्स ऑफ कश्मीर* (लन्दन, 1888), पृ. 466 और 483 और तुलना करें एम फ्रेरे, *ओल्ड डेक्कन डेज* (लन्दन, 1929) पृ. 324। इस विषय पर एक मजेदार नोट डब्ल्यू. मैक्कलाच के *बंगाली हाउसहोल्ड टेल्स* (लन्दन, 1912) पृ. 318 व आगे में है।

जीभ बाहर निकल जाए और एक खास किस्म का पानी का स्राव होने लगे। तब सिरहा दैवीय शक्ति से दोषी पक्ष को पकड़ता है ताकि शान्ति स्थापित की जा सके और खतरे को टाला जा सके।

व्यभिचार इस प्रकार न सिर्फ जनजातीय भाईचारे के साथ विश्वासघात है, किसी के सम्पत्ति के अधिकार का अतिक्रमण है, यौन परम्परा का उल्लंघन है बल्कि यह अत्यन्त खतरनाक भी है। जिस पति के साथ विश्वासघात होता है उससे लगभग सार्वजनिक क्षमा माँगनी पड़ती है और एक शुद्धिकरण की रस्म अदा करनी पड़ती है।

अपने दुर्भाग्य से बचने के लिए, मामले के सार्वजनिक होने के बाद दोषी जोड़ा एक बकरे या सूअर के साथ गाइता के पास जाता है जिसे गाइता स्थानीय देवताओं और पूर्वजों को समर्पित करता है। फिर वह गवाहों के साथ नजदीकी तलाब के पास जाता है। एक पत्थर पर वह मिट्टी के बरतन के दो टुकड़े और कुछ दूब रखता है। उपस्थित लोगों में से प्रत्येक अपना एक पैर पत्थर पर रखता है : गैता दोषियों पर पानी और शराब फेंकता है और वे कहते हैं, 'अब हमें पानी से मत फुलाना। इस पानी में रहनेवाले यर कन्यांग हमारे पाप को क्षमा करें।' पर स्त्री गमन करनेवाला फिर उस स्त्री के पति का अभिवादन करता है और गलती माफ कर दी जाती है।[1]

जोड़ीदार घोटुल में ऐसी ही एक रस्म सम्पन्न की जाती है जब कोई चेलिक किसी अन्य लड़के की मुटियारी के साथ भाग जाता है या उसकी अनुपस्थिति में मुटियारी के साथ सोता है। अतरगाँव में एक चेलिक किसी अन्य की घोटुल पत्नी के साथ भाग गया। लेकिन कुछ दिनों के बाद उसे पकड़कर वापस लाया गया। घोटुल का माँझी दोनों 'पतियों' को लेकर एक ऐसे स्थान पर गया जहाँ दो रास्ते एक-दूसरे को काटते थे। उसने दोनों को रास्ते के दो किनारों पर खड़ा किया और जमीन में एक चाकू गाड़कर उस पर एक पत्थर रख दिया। उसने दोनों लड़कों का दाहिना पैर पत्थर पर रखवाया और दोनों को पानी से भरे पत्ते के सात कप दिए। सात बार उन दोनों ने पानी के कपों की अदला-बदली की और सात बार शराब के कपों की, और आपस में मित्रता बनाए रखने की शपथ ली। प्रेमी ने दोबारा ऐसी गलती होने पर भारी जुर्माना अदा करने का वायदा किया।

हालाँकि एक प्रकार का व्यभिचार है जिसे लगता है बहुत गम्भीर नहीं माना जाता। 'मान लीजिए किसी लड़की का एक घोटुल प्रेमी है।' मारकाबेरा में इस प्रकार इसे बयान किया गया। वह उसके साथ भाग जाती है। वे वापस लाए जाते हैं और फौरन लड़की अपने मंगेतर से ब्याह दी जाती है। कुछ हफ्तों के बाद वह वापस अपने प्रेमी के पास भाग जाती है। उसे फिर वापस लाया जाता है और उसका पति फिर उसे स्वीकार कर लेता है हालाँकि वह जानता है कि वह अपने पुराने प्रेमी के साथ सोकर आई है और फिर अन्त में वह सन्तुष्ट होकर व्यवस्थित हो जाती है। 'यह एक नई गाय लाने के जैसा है,' नयनार के एक चेलिक ने बताया। 'वह पहले पहल अपने नए घर को पसन्द नहीं करती। वह भागकर अपने पुराने झुंड और चरागाहों में वापस चली जाती है। लेकिन इसके लिए हम उसकी पिटाई नहीं करते; उल्टे हम और भी ज्यादा हमदर्दी दिखाते हैं।'

मुटियारी-पत्नी के साथ व्यवहार करने में, यह न सिर्फ दयालुता है; यह समझदारी भी है।

---

1. इसी प्रकार की एक रस्म तब अदा की जाती है जब कोई लड़का घोटुल में अपने नजदीकी सम्बन्ध में आनेवाली लड़की के साथ सोता है, लेकिन इसमें बकरे के बदले में एक जड़ या खीरे की कुर्बानी दी जाती है।

7. तलाक

भारत की सभी जनजातियों में तलाक की प्रक्रिया आसान होती है और सामान्यतः पत्नी के अधिकार पति के बराबर ही होते हैं। मुरिया समुदाय में दोनों तरफ से तलाक लिया जा सकता है लेकिन उनकी वैवाहिक परम्परा का स्थायित्व इसे एक अपेक्षाकृत असाधारण घटना बना देता है। मैंने पहले ही वर्णन किया है कि जोड़ीदार घोटुल में तलाक कैसे लिया जाता है। ऐसी ही रस्में किसी वयस्क स्त्री को उसके पति से अलग भी कर सकती हैं। ध्यान रखना चाहिए कि ये रस्में वास्तव में शुद्धिकरण की रस्में हैं, वे अनुदर्शी होती हैं, पहले से मौजूद स्थिति से जिनका सम्बन्ध होता है। किसी नए साथी के साथ वास्तविक संयोग और मुआवजे की अदायगी तलाक को प्रभावी बना देता है; अब पति और पत्नी को मुक्त किया जाता है। एक दूसरे से मुक्त नहीं–ऐसा तो पहले ही हो चुका होता है–बल्कि उन खतरों से मुक्त जो एक या दोनों के आचरण से जुड़ा होता है।

ये रस्में वैसी ही होती हैं जैसी व्यभिचार के दोषियों को उनके पाप से मुक्त कराने के लिए की जाती हैं। पत्नी अपने पति के पास वापस लौटती है या एक नया साथी चुनती है यह मुख्य बात नहीं है। मुख्य बात यह है कि कबीले के सामान्य जीवन में कोई दैवीय व्यवधान न आए, और कबीले के सदस्यों के बीच वैमनस्य या विभाजन न हो।

तलाक का सबसे अहम मुद्दा दुल्हन के मूल्य की वापसी है। शुद्धिकरण और समझौते की रस्मों के द्वारा नए और पुराने पति चाहे जितने भी मजबूती से बँधे हों फिर भी पुराना पति नए पति के साथ तब तक भोजन नहीं करता जब तक वह अपना धन प्राप्त नहीं कर लेता। ऐसा हो जाने के बाद वे सब मिलकर एक दावत करते हैं जिसमें विवाद की केन्द्र स्त्री भी भाग लेती है।

हालाँकि तलाक की घटनाएँ नगण्य होती हैं। मुरिया लोगों की जीवन पद्धति, उनका सेक्स के प्रति दृष्टिकोण, घोटुल में युवाओं का प्रशिक्षण इन सबके कारण उनका वैवाहिक जीवन सामान्यतः सुखी होता है। तलाक के आँकड़े पहले ही दे चुका हूँ लेकिन मैं यहाँ उन्हें सारणीबद्ध करता हूँ।

उन लोगों में तलाक की संख्या जिन्होंने	संख्या	कुल प्रासंगिक मामलों की तुलना में प्रतिशत
अपने ही घोटुल की लड़की से विवाह किया	24	3.13
अन्य घोटुल की लड़की से विवाह किया	35	2.83
जोड़ीदार घोटुल में निवास किया	27	3.75
'आधुनिक' घोटुल में निवास किया	32	2.50
अपनी मंगेतर से विवाह किया	49	2.60
अपनी घोटुल-पत्नी से विवाह किया	9	11.68
लम्हाडा के रूप में सेवा की	13	11.50
गर्भधारण के कारण विवाह किया	...	...
गैर परम्परागत तरीके से हुए विवाहों में तलाकों की कुल संख्या	10	8.62

तलाक के कारणों को भी सारणीवद्ध करना चाहिए, हालाँकि यह निराशाजनक है कि

सूचना देनेवाले ज्यादातर लोग इनके विस्तार में नहीं जा सके।

तलाक के कारण	संख्या
'वह भाग गई' (कोई कारण नहीं बताया गया)	25
'काम को लेकर हममें झगड़ा हुआ'	3
'वह मुझे पसन्द नहीं करती थी'	1
'मेरे पास आने से पहले वह अपने माता-पिता के घर से ही भाग गई'	2
'वह कुतिया थी'	2
'मैं बीमार था और वह मेरे साथ नहीं रहना चाहती थी'	1
'हम एक-दूसरे को पसन्द नहीं करते थे'	2
नपुंसकता	2
'मैं उसे सन्तुष्ट नहीं कर सका–सम्भवतः शीघ्र स्खलन की बीमारी'	9
'जब मैंने दूसरा विवाह किया तो यह पहली पत्नी को बरदाश्त नहीं हुआ'	5
'मेरी पहली पत्नी ने दूसरी को खदेड़ दिया'	4
'वह हमेशा मायके चली जाती थी'	1
'वह चोर थी'	1
'उसका चरित्र खराब था'	1

यह तालिका स्पष्ट करती है कि पति के सनकीपन के कारण तलाकों की अपेक्षा ज्यादातर मामलों में पत्नियों ने कार्यवाही की। कम से कम 40 तलाक स्त्रियों के कारण हुए। इनमें हम अन्य 9 मामले भी जोड़ सकते हैं जिनमें बहुविवाह के पश्चात तलाक हुए।

यह ध्यान देने लायक है कि किसी भी मामले में सन्तान हीनता को तलाक का कारण नहीं बताया गया है। हालाँकि सांख्यिकी जाँच के लिए जिन लोगों से पूछताछ की गई उनके अतिरिक्त दूसरे लोगों से मैंने जाना है कि यह भी तलाक का एक कारण है। यह भी गौरतलब है कि 2,000 में से सिर्फ 11 पुरुष ही किसी न किसी प्रकार की नपुंसकता के शिकार थे। इस पर विश्वास किया जा सकता है क्योंकि यह लगभग स्वयं सिद्ध है कि नपुंसकता की परिणति तलाक में ही होती है। 'जैसे ही लिंग कमजोर पड़ता है, योनि जंगल में भाग जाती है।'

तलाकों के इस खास समूह में जादूगरी का कोई मामला नहीं है। लेकिन मैंने अन्य स्रोतों से इसका भी पता लगाया है और किंवदन्तियाँ बताती हैं कि स्वयं लिंगों को चुड़ैल होने के सन्देह के कारण सात में से अपनी पाँच पत्नियों को भगा देना पड़ा था।

वे 25 मामले जिनमें पत्नियाँ 'भाग गईं' सम्भवतः प्रेम के मामले हैं। ऐसा कोई मामला नहीं है जिसमें किसी पति ने व्यभिचार के आरोप में अपनी पत्नी को निकाला हो। 'एक मुरिया अपनी पत्नी से कभी नाराज नहीं होता जब तक कि वह स्वयं अपनी आँखों से उसे किसी अन्य की बाँहों में न देख लें।' न ही मुरिया पति अफवाहों पर ध्यान देते हैं। 'सारा गाँव जानता है कि गाय किस चरागाह में है–चरवाहे के सिवाय।'

इस बारे में सामग्री का अभाव तलाक के अध्ययन को कठिन बना देता है। आमतौर पर मुरिया पति-पत्नी सभी उतार-चढ़ाव में एक साथ रहते हैं। बड़गाँव में मैंने पति-पत्नी की वफादारी की एक सुन्दर कहानी सुनी। एक भूतपूर्व चल्की बताया कि कैसे विवाह के एक

वर्ष के बाद उसकी पत्नी के 'गुप्तांग बाहर आ गए' और वह उसके साथ सम्भोग कर पाने में असमर्थ हो गया। उसके मित्रों ने दूसरा विवाह करने की सलाह दी। 'लेकिन मैंने सोचा कि एक वर्ष तक उसने मुझे कितना सुख दिया था। फिर मैं उसे कैसे छोड़ सकता हूँ? मेरी जगह वह होती तो क्या करती? कौन उसे खुशियाँ देगा? इसलिए मैं उसके साथ रहा तथा किसी और से विवाह नहीं किया, लेकिन कभी कभार घोटुल चला जाता था।'

यदि माफी की कोई गुंजाइश हो तो मुरिया यौन सम्बन्धी चूक को माफ कर देते हैं– इसलिए नहीं कि वे आत्मतुष्ट होते हैं बल्कि इसलिए कि उनका दर्शन उन्हें संयम करने को बाध्य करता है। यदि किसी आरोप की सच्चाई में थोड़ा भी सन्देह हो तो वे अपने साथी को उसका लाभ देते हैं। निर्धनता और दुख में, जादू के खतरों और अदृश्य देवताओं के रहस्यमय प्रकोपों के बावजूद, सन्देह और आवेग में, सुन्दरता के शीघ्र लुप्त होने और कामेच्छा के चुक जाने के बावजूद वे एक दूसरे के साथ रहते हैं और वृद्धावस्था में उन्हें इसका फल भी प्राप्त होता है। मुरिया लोगों का घरेलू जीवन पूरी दुनिया के लिए एक नमूना और उदाहरण हो सकता है।

8. ईर्ष्या

ईर्ष्या, जिसे डेस्काटीज ने 'अपनी किसी चीज को बचाकर रखने की इच्छा से सम्बन्धित एक प्रकार का भय' के रूप में परिभाषित किया है, को आमतौर पर एक वृहत अर्थ में प्रयोग किया जाता है और जैसा कि वेस्टरमार्क कहते हैं, विभिन्न भाव जैसे एक प्रतिद्वन्द्वी पर गुस्सा, चोरी हुई वस्तु के लिए बदले की भावना और शुचिता भंग होने की जानकारी या सन्देह और दाम्पत्य स्नेह के अपमान के कारण होनेवाला दुख ईर्ष्या के अन्तर्गत आते हैं।'[1] 'बर्बर जातियों' के बीच ईर्ष्या का अध्ययन करते हुए हार्टलैंड ने माना है कि किसी चीज के प्रति अधिकार का भाव ही ईर्ष्या का बीज है[2], लेकिन वेस्टरमार्क ठीक ही यह संकेत करते हैं कि यही पर्याप्त नहीं है। 'यदि ईर्ष्या का अधिकार के भाव से कोई भी सम्बन्ध है तो इसका कारण है कि यह मुख्यतः हासिल करने की इच्छा से जुड़ा हुआ है, जो कि एक अलग ही चीज है। इसके अतिरिक्त यौन ईर्ष्या यौन प्रेम से उत्पन्न होती है।' हाल के सबसे अच्छे वर्णनों में से एक स्तेकेल द्वारा दिया गया है। उनका कहना है कि ईर्ष्या 'किसी वस्तु पर पूर्ण एकाधिकार की चाहत है। यह आदिम इच्छा है जो मनुष्य के साथ ही पैदा होती है और उसके साथ ही मरती है। यह आज भी सभी लोगों में पाया जानेवाला एक दुखद लक्षण है, चीजों को साझा करने में अक्षमता और मनुष्यता की प्रत्येक प्रगति उसका प्रत्येक विकास का कारण इसके उलट सूत्र में पाया जा सकता है : चीजों को साझा करने की सक्षमता।[3]

आदिम लोगों में ईर्ष्या की अनुपस्थिति पर प्रायः ध्यान दिया गया है और हार्टलैंड ने उन जनजातियों की एक लम्बी सूची बनाई है जिनमें यह विशिष्टता उल्लेखनीय रूप से पाई जाती है। हालाँकि वे इसका कारण स्वच्छन्द सम्भोग, वैवाहिक बन्धन के प्रति उदासीनता और इस बुनियादी विश्वास कि आदिम मनुष्य वास्तविक प्रेम करने में अक्षम है, से जोड़ते

---

1. वेस्टरमार्क, उपर्युक्त देखें, खंड I, पृ. 302।
2. ई.एस. हार्टलैंड, *प्रिमिटिव पैट्रीर्निटी* (लन्दन, 1910) खंड II, पृ. 102।
3. डब्ल्यू. स्टेकेल, 'जेलसी', फोरबाथ, उपर्युक्त देखें, पृ. 359।

हैं इसलिए उनका अध्ययन मुरिया समाज की परिस्थितियों पर बहुत अधिक प्रकाश नहीं डालता। वेस्टरमार्क और ब्रिफाल्ट ने भी इस विषय पर दुनिया भर के विभिन्न हिस्सों से भ्रामक प्रमाण पेश किए हैं, जिनका तब महत्त्व बढ़ जाता यदि इन विद्वानों के बीच ईर्ष्या की एक परिभाषा पर सहमति बन पाती।

जैसा कि विवाह के पूर्व शुचिता की समस्या के साथ होता है उसी प्रकार ईर्ष्या के मामले में भी हमारे तथ्य उलझाव भरे हैं, विरोधाभासी हैं और कानून के समक्ष उन्हें मान्यता नहीं दी जा सकती। इसका परिणाम यह है कि स्वभाव से ईर्ष्यालु व्यक्तियों और स्वभावतः ईर्ष्या न करनेवाले व्यक्तियों, दोनों के लिए भारी भरकम सूची बनाई जा सकती है।

यहाँ तक कि बस्तर में अगल-बगल रहनेवाली दो जनजातियों में भी इस मामले में काफी अलग-अलग प्रवृत्ति देखी जाती है : दांतेवाड़ा के जंगली साँड़ के सींगवाले मुरिया और सुकता अपनी ईर्ष्यालु और सन्देह करने की प्रवृत्ति के लिए कुख्यात है जिससे कि जगदलपुर की जेल हत्यारों से भरी रहती है जबकि मुरिया इस भाव की पूर्ण अनुपस्थिति के कारण उतने ही उल्लेखनीय हैं। मुझे नहीं लगता कि इसके लिए एक नियम बना पाना सम्भव है; बेशक कुछ जनजातियाँ अधिकार, मर्यादा, सम्मान के प्रति दूसरों की अपेक्षा अधिक सचेत होती हैं। ईर्ष्या की जड़ हमेशा ही कहीं और होती है।

लेकिन मुरिया लोगों के बारे में जो सबसे रोचक बात है वह यह है कि वे ईर्ष्या को एक समस्या के तौर पर पहचानते हैं, इसे वैवाहिक सुख के लिए खतरा मानते हैं और अपने बच्चों की शिक्षा इस प्रकार से करते हैं कि उनके मन से ईर्ष्या की भावना दूर रहे।

घोटुल अपने सदस्यों को कठोर समानताभाव की शिक्षा देता है, सम्पूर्णता में एक बड़े परिवार की तरह ही यह मर्यादा और सम्मान का खुशमिजाजी के साथ सफल सन्तुलन करता है; एकाधिकार और किसी वस्तु पर पूर्ण स्वामित्व के प्रति इसका विरोध होता है; यह चीजों को साझा करने पर बल देता है। यहाँ तक कि जोड़ीदार घोटूल जहाँ लड़कियाँ लगभग अपने जोड़ीदार के साथ एक लगभग स्थायी सम्बन्ध बना लेती हैं वहाँ भी साझेदारी की भावना कमजोर नहीं पड़ती; और इसका नया प्रकार असाधारण रूप से ईर्ष्या का निराकरण करने में सफल रहा है। निस्सन्देह जैसा कि मैंने कहा है लड़के और लड़कियों में स्नेह का एक सामान्य भाव फैला रहता है। सम्पत्ति और स्वामित्व का भाव निश्चित ही कम रहता है; पुलिसवालों ने मुझे बताया है कि उनके विचार से बस्तर के उत्तर में जुर्म कम होने का कारण यह है कि घोटुल में रहने के दौरान ही मुरिया लड़के चीजों को सबके साथ साझा करना सीख लेते हैं और उन पर अपना पूर्ण स्वामित्व नहीं मानते। जैसा कि उलेरा के चेलिक ने बताया, 'यहाँ सबके लिए बराबर प्रेम है जैसा कि एक परिवार में होता है।'

बेशक घोटुल के जीवन में भी तनाव के क्षण आते हैं, खासकर तब जब असाधारण शारीरिक आकर्षण वाले कुछ लड़के और लड़कियाँ घोटुल में हों। फिर भी लड़कों के बीच यौन ईर्ष्या निश्चित ही कम होती है। जैतपुरी के एक वृद्ध मुरिया ने अपने घोटुल के दिनों की याद करते हुए बताया कि घोटुल में एक लड़की थी जिसे वह बहुत प्रेम करता था। जब वह दूसरे लड़कों के साथ सोती थी तो मैं थोड़ी ईर्ष्या महसूस करता था, लेकिन मैं स्वयं से कहता, 'घोटुल का यह जीवन सिर्फ चार दिनों के लिए है और वैसे भी अगर आज वह मेरी नहीं है तो कल तो मेरी हो ही जाएगी।' घोटुल में दो मित्र एक लड़की को अपने बीच में लेकर सो जाते हैं और कभी-कभी जैसे कि सिद्धवंड में—लड़कों का एक समूह लड़कियों के

एक समूह के साथ घोटुल का एक कोना ले लेता है और सभी लड़कियाँ उनके बीच साझी की जाती हैं। मेरे कई चेलिक मित्रों ने मुझे बताया है कि वे घोटुल की हर लड़की के साथ कई-कई बार सो चुके हैं।

हालाँकि कुछ अपवाद भी होते हैं। घोटुलों में विभिन्नताएँ भी होती हैं और कुछ तो क्लासिकी नमूने से काफी अलग होते हैं। कम आयु वाले लड़के कभी-कभी अपने से बड़े लड़कों से ईर्ष्या करते हैं; मैंने मसोरा और मरकाबेरा में ऐसा देखा है। जैसी कि मैंने अन्य जगहों पर टिप्पणी की है, 1940 के अन्त में बिनझली घोटुल की स्थिति कई मामलों में असाधारण थी। यहाँ बहुत सारी लड़कियाँ थीं जिनमें से कई सत्रह से बीस वर्ष की आयु की थी और नीरस सी दिखनेवाली बड़ी उम्र की लड़कियों, जिनमें से कुछ के एक से ज्यादा गर्भपात हो चुके थे, और कम उम्र ताजा, सुन्दर मुटियारी के बीच प्रायः गम्भीर तनाव की स्थिति बन जाती थी। कम उम्रवाली मुटियारी स्वाभाविक तौर पर अपेक्षाकृत युवा और आकर्षक लड़कों के साथ सोना पसन्द करती थीं लेकिन बड़ी मुटियारी भी ऐसी ही चाहत रखती थीं। छोटी लड़कियों में से एक ने मेरी पत्नी को बताया कि किस प्रकार बड़ी लड़कियाँ कम उम्र और सुन्दर मुटियारी से कैसी ईर्ष्या करती हैं। कभी-कभी वे छोटी लड़कियों का हाथ पकड़कर ज्यादा आकर्षक और सजीले नौजवानों से दूर हटा देती हैं। और कहती हैं, 'मुझे पता है तू उसके साथ सोना चाहती है, बाप लोटिया, लेकिन ऐसा नहीं होगा। तू जा उधर जाकर सो।' और छोटी लड़कियों को निराश होकर किसी दूसरे लड़के के पास जाना पड़ता है। सुन्दर मुटियारी और बेलोसा के बीच काफी घृणा मौजूद रहती है। चेलिक इस मामले में कुछ नहीं कह सकते। चेलिक किसी लड़की को अपने साथ सोने के लिए नहीं पूछ सकता। घोटुल पर लड़कियों का शासन होता है। मुझे घोटुल में एक शुक्रवार की रात (जिस रात वे एक साथ सोते हैं) का तनावपूर्ण माहौल अच्छी तरह याद है जब जोड़ियाँ बनाई जा रही थीं।

एक दूसरी लड़की ने बताया कि जब उसे किसी ऐसे लड़के के साथ मजबूर होकर सोना पड़ता था जिसे वह पसन्द नहीं करती थी जबकि उसके पसन्द के लड़के के साथ कोई अन्य लड़की सोती थी तो वह कभी-कभी गुस्से से चीख पड़ती थी और ईर्ष्या की आग में जलते हुए रात भर जगी रहती थी।

हालाँकि मेरा ख्याल है कि उस खास समय में बिनझली घोटुल की स्थिति एक अपवाद थी और वैसी स्थिति मैंने और कहीं नहीं देखी। आमतौर पर लड़के और लड़कियाँ एक साथ बहुत सुखपूर्वक रहते हैं।

घोटुल प्रणाली लड़के और लड़कियों में यौन आत्म-विश्वास जगाने के लिए पूर्णतः अनुकूलित है। विकृति जन्य ईर्ष्या प्रायः किसी प्रकार की मानसिक नपुंसकता के कारण होती है; यह आत्मविश्वासहीनता और यौन अक्षमता या अन्य प्रकार की अक्षमता के डर का एक लक्षण है। 'ईर्ष्या, अपनी स्वयं की अयोग्यता को अपने साथी पर प्रक्षेपित करना है।' लेकिन चेलिक ओर मुटियारी सामान्यतः स्वयं को अयोग्य नहीं महसूस करते। उनका जीवन इतना परिपूर्ण और सुखी होता है, पारस्परिक प्रेम ओर प्रशंसाभाव से भरा होता है कि वे इस सहज विश्वास के साथ अपने जीवन साथी के पास जाते हैं कि वे उन्हें पूरी सन्तुष्टि दे सकेंगे और इस तरह उनको पूरी तरह से अपना सकेंगे।

मुरिया लोगों के ईर्ष्या मुक्त होने का दूसरा कारण उनके बीच समलैंगिक सम्बन्धों की

अनुपस्थिति है, इस मामले में जिसके महत्त्व पर स्तेकेल ने एक गम्भीर विश्लेषण में बल दिया है।[1]

घोटुल ईर्ष्या पर अंशतः अपनी इस परम्परा से प्रहार करता है कि यह भाव चेलिक और मुटियारी को शोभा नहीं देता और अंशतः स्वच्छन्द यौन साम्यवाद के द्वारा और कभी-कभार–जैसा जोड़ीदार घोटुल में–विश्वासघात को इतना मुश्किल और इतना घृणित कृत्य बना देने की उल्टी प्रक्रिया के द्वारा कि किसी लड़के या लड़की को अपने पूर्ण स्वामित्व के बारे में चिन्ता करने की जरूरत नहीं होती। लेकिन हर मामले में मेरा विश्वास है कि घोटुल में भाईचारे का मजबूत बन्धन ईर्ष्या के खिलाफ सबसे शक्तिशाली ताकत है।

विवाह के बाद घोटुल का भ्रातृभाव कबीले के भ्रातृभाव में बदल जाता है। अब यौन सामाजिकता व्यवहार नहीं की जाती लेकिन जिस भय को डेस्कार्टिज ने ईर्ष्या का मूल बताया है उसका काफी हद तक व्यभिचार के खिलाफ कठोर सामाजिक रुख के कारण निराकरण हो जाता है। मुरिया सामान्यतः यह जुर्म नहीं करते जैसे कि वे चोरी नहीं करते और इसलिए किसी को यह जरूरत नहीं कि अपनी चीज की सुरक्षा के लिए हर समय चिन्तित रहे। चूँकि प्रेम को भय नहीं होता इसलिए वह एकाधिकारी नहीं होता। व्यभिचार न सिर्फ सामाजिक घृणा की चीज है, यह बहुत खतरनाक भी है; यह गाँव पर विनाश ला सकता है, यह रस्मी शिकार को बर्बाद कर देता है, यह मछुआरे को उसके शिकार से भटका देता है। यह मवेशियों को जंगली जानवरों का शिकार बना देता है, और यह दोषियों के पूरे शरीर में सूजन ला देता है और वे मर भी जाते हैं। सामाजिक और दैवीय प्रतिबन्ध समान रूप से ईर्ष्या करने को अनावश्यक बना देते हैं।

झगड़े भी इसी प्रकार खतरनाक माने जाते हैं। वे न सिर्फ मुरिया लोगों के खजाने में से एक–उनके जनजातीय भ्रातृभाव को नष्ट करते हैं बल्कि व्यभिचार की तरह ही वे सम्बन्धित गाँव पर दैवीय प्रकोप ले आते हैं। इसलिए उनसे बचा जाना चाहिए और यदि झगड़े हो भी जाएँ तो तत्काल शान्ति स्थापित की जानी चाहिए। बिनझली में टेट्कू और उसके भाई माड़िया के बीच एक जमीन को लेकर झगड़ा हो गया और उन दोनों ने एक दूसरे को मारा-पीटा। उनके सगा-सम्बन्धी जल्दी-जल्दी गाँव में पहुँचे, उन्होंने साल्फी और महुआ की शराब ली और एक पंच को अपने साथ लिया। गाइता ने एक सोने की बाली को पानी में डाला और उसे दोनों दोषियों पर छिड़का। उसने बाली को शराब में भी डाला। दोनों भाईयों ने एक-दूसरे को मदिरापान करवाया और शान्ति स्थापित कर दी गई। मसोरा में जब डाँडू और ऐतु ने झगड़ा किया तो हर व्यक्ति के अन्दर यह भय व्याप्त था कि गाँव पर कोई महामारी आनेवाली है। वास्तव में वे दोनों बीमार पड़ गए और उनका शरीर रहस्यमयी तरीके से सूज गया। उन्होंने गाइता को बुलवाया और देवताओं को चढ़ावा अर्पित करने के लिए उसे एक सूअर, पाँच माप चावल और एक रुपए की शराब दी। गाइता ने चढ़ावा अर्पित किया और यह प्रार्थना की, 'ओ महापुरुब, तुम पृथ्वी हो, तुम हमारी जननी हो। हमने एक गलती की है। कभी-कभी चार पैरों वाला हाथी भी फिसल जाता है; हम तो सिर्फ दो पैरों वाले मनुष्य हैं। हम तुम्हें यह चढ़ावा अर्पित करते हैं, अब और परेशानी मत होने देना।' और उसने झगड़नेवाले दोनों पक्षों को चेतावनी दी कि अगली बार झगड़ा करने पर उन्हें दस

1. स्टेकेल, उपर्युक्त देखें, पृ. 360 व आगे।

रुपए का भुगतान करना होगा।

मुरिया समाज में हर चीज इस प्रकार व्यवस्थित की गई है कि ईर्ष्या अनावश्यक, खतरनाक और अमर्यादित चीज बन जाए।

इसके अतिरिक्त ईर्ष्या की अनुपस्थिति न सिर्फ इसके होने की वजह से उत्पन्न होनेवाले दावों और आपराधिक मामलों की अनुपस्थिति से सिद्ध होता है, बल्कि यह सामाजिक व्यवहार के ठोस उदाहरणों द्वारा भी सिद्ध होता है। उदाहरण के लिए 'मुरिया' पुरुष अपनी पत्नी के कुँवारी होने का अधिक आग्रह नहीं करते ना ही पत्नी यह उम्मीद करती है कि वह अपने पति की पहली प्रेमिका हो। जब हम इसके बिलकुल उलट इच्छा रखनेवाले लोगों की विशाल संख्या पर गौर करते हैं तो हम देखते हैं कि 'मुरिया' लोग विवाह पूर्व जीवन को प्रभावित करनेवाली ईर्ष्या से कितने आजाद होते होंगे?

सबसे उत्तम 'मुरिया' विचार के अनुसार विवाह के उपरान्त पति और पत्नी को अपने 'घोटुल' जीवन का जिक्र नहीं करना चाहिए और न ही पुराने प्रेम सम्बन्धों को लेकर उन्हें एक दूसरे को ताने नहीं देने चाहिए। यह तथ्य कि इसके अपवाद इतनी सावधानी पूर्वक दर्ज किए गए हैं यह दर्शाता है कि ऐसी घटनाएँ कितनी नगण्य होती हैं? कहा जाता है कि 'बोथा' के एक साईदार ने अपनी पत्नी को यह कसम खाने के लिए विवश किया कि अपने घोटुल में वह किसी लड़के के साथ कभी भी नहीं सोई थी। बताया जाता है कि 'नयनार' का दीवान अपनी जवान पत्नी को उसके भूतपूर्व प्रेमी के बारे में लगातार तंग करता था, जब तक कि उसने यह कहते हुए उसे रोक नहीं लिया, 'बहुत अच्छा अगर यह सही है—जैसा कि तुम कहते हो कि मैं उसे इतना प्यार करती हूँ तो मैं उसी के पास चली जाती हूँ।' अलोर में गाइता ने कहा, 'एक लड़का अपनी पत्नी को उसके घोटुल के कृत्यों के बारे में बताने के लिए दबाव डाल सकता है, लेकिन ऐसा करने का उसको कोई अधिकार नहीं है और उसकी पत्नी हमेशा यह कह सकती है 'मैंने जो भी किया तुमने भी वही या उससे ज्यादा किया।' वास्तव में इसे एक बहुत कड़ी फटकार माना गया जब अलमेर के कोटवार ने अपनी आलसी पत्नी पर चिल्लाते हुए कहा, 'तुम काम निपटाने के लिए और जल्दी क्यों नहीं उठ जाती? क्या तुम्हारे माँ-बाप ने तुम्हें काम का ढंग नहीं सिखाया या उन्होंने तुम्हें दिन-रात चेलिकों के साथ सोने का प्रशिक्षण दिया?'

आमतौर पर एक पति अपनी उस पत्नी के प्रति अच्छा बर्ताव करते हैं, जिसके पास विवाहपूर्व किसी अन्य पुरुष का बच्चा था। पति उस बच्चे को अपना लेता है और परम्परा यह है कि इस मामले का आगे कभी जिक्र नहीं किया जाता। यह इतना आश्चर्यजनक नहीं होता, यदि ऐसा सिर्फ तभी होता जब लड़की घोटुल में गर्भवती होती। क्योंकि कोई भी विवेकवान आदमी इसे उस चीज की तार्किक परिणति मानेगा, जिसे वह पहले से ही स्वीकार कर चुका है कि उसकी पत्नी उनकी सगाई की पूरी अवधि के दौरान दूसरे लड़कों के साथ सोती रही थी, लेकिन मेरे ख्याल से यह उल्लेखनीय है, जब एक लड़का एक ऐसी लड़की को स्वीकार करता है, जो किसी अन्य पुरुष, जिसे वह स्पष्टतः प्रेम करती थी और जिसके बच्चे की वह माँ बननेवाली है, जो लगातार उसे उसके भूतपूर्व प्रेमी की याद दिलाता रहेगा। समलपुर में घटित ये घटना इसी प्रकार की अन्य कई घटनाओं की प्रतिनिधि है, जिन्हें मैंने दर्ज किया है। इस गाँव में घोटुल के सिरदार ने एक लड़की को गर्भवती कर दिया और उसके साथ भाग गया, उन्हें वापस लाया गया और लड़के पर पाँच रुपए का जुर्माना लगाया गया

तथा लड़की का विवाह उसके मंगेतर से कर दिया गया। एक महीने बाद लड़की अपने पति का घर छोड़कर फिर उस सिरदार के साथ भाग गई। उनका फिर पीछा किया गया और पकड़कर वापस लाया गया। सिरदार पर पाँच रुपए का जुर्माना लगाया गया और लड़की के पिता को उसके पति को पाँच रुपए देने पड़े जिसने बिना किसी आपत्ति के अपनी पत्नी को फिर से स्वीकार कर लिया। गढ़बंगल में इसी प्रकार के एक मामले में गाँववालों ने बताया कि लड़का इतना नाराज हो गया कि वह दो रातों तक पत्नी के साथ नहीं सोया। 'लेकिन', उन्होंने आगे कहा, 'तीसरी रात उसने उसके साथ चार बार सम्भोग किया। मैं यह विश्वास नहीं कर सकता कि यह घटना घरेलू ईर्ष्या की अधिकता दर्शाती है, खासकर जब यह बताया गया कि पति के गुस्से की मुख्य वजह यह थी कि उसे पंच को दो रुपए का मुआवजा देना पड़ा था, जो कि कुलटा पति होने का सामान्य जुर्माना है। लेकिन मैं एक और सिर्फ एक ऐसे मामले के बारे में जानता हूँ, जिसमें लड़की यह बरदाश्त नहीं कर सकी कि उसके पति ने किसी दूसरी लड़की को गर्भवती कर दिया था, हालाँकि उस दूसरी लड़की का विवाह किसी अन्य पुरुष के साथ करा दिया गया था। बिनझली के एक भूतपूर्व नाकेदार ने बताया कि कैसे वह अपने पति के साथ पूरे एक साल तक उस बच्चे के लिए झगड़ती रही, जो पियोसा ने उसे दिया था। 'तुमने उससे विवाह क्यों नहीं कर लिया, यदि वह तुम्हें इतनी अच्छी लगती थी कि तुमने उसे एक बच्चा दे दिया? तुम उस बच्चे को घर लेकर क्यों नहीं आते? तब तुम मुझे बाहर निकाल सकते हो', इत्यादि इत्यादि। अन्त में पति ने उसकी खूब पिटाई की और 'उसके बाद' उसने कहा—'हम एक साथ बहुत खुश रहे।'

प्रायः चर्चित जेलोसी डु पासे का सामान्यतः अभाव इसलिए भी ज्यादा उल्लेखनीय है क्योंकि पति के विवाह के बाद भी घोटुल जाते रहने के कारण घरेलू कलह का एक वास्तव में गम्भीर कारण मौजूद रहता है। पत्नी को यह सुविधा प्राप्त नहीं होती जबकि पति अगर चाहे तो हर रात वहाँ जा सकता है और विवाह के बाद के पहले छह महीनों के दौरान और कभी-कभी तो कई वर्षों तक, पत्नी के मासिक धर्म के समय वह निश्चय ही ऐसा करता है। जवान पत्नियाँ इसे ठीक नहीं मानती और स्वाभाविक है कि वे इस विचार से घृणा करती हैं कि उनका पति अपनी पुरानी प्रेमिका के पास जाए। आप उम्मीद करेंगे कि विवाह के बाद के कुछ महीनों में ही बहुत सारे विवाह सिर्फ इस कारण से ही टूट जाते होंगे, मगर ऐसा नहीं है। कहा जाता है कि पत्नी हमेशा पति पर दबाव डालती है कि वह उसके साथ सम्भोग करने के बाद ही घोटुल जाए, इस तरह वह पति को कुछ हद तक शिथिल कर देती है। अन्त में हमें यह ध्यान देना चाहिए कि एक मुरिया का यह आग्रह नहीं होता कि उसकी पत्नी एक विधवा के रूप में उसकी यादों के प्रति समर्पित रहते हुए वैधव्य जीवन व्यतीत करे। इसके बजाए उसका आग्रह रहता है कि वह जल्दी से जल्दी दुबारा शादी कर ले। एक मृतप्राय व्यक्ति वास्तव में यह जानता होता है कि उसके मरने के एक या दो महीने के अन्दर किस व्यक्ति की बाँहें उसकी पत्नी का आलिंगन करेंगी क्योंकि मृत व्यक्ति की पत्नी पर छोटे भाई का सहज अधिकार होता है। इसमें भी हम वैवाहिक ईर्ष्या की प्रशंसनीय अनुपस्थिति देखते हैं। वेस्टरमार्क और ब्रिफॉल्ट द्वारा जुटाए गए अनेक उदाहरणों को देखते हुए ईर्ष्या के प्रति मुरिया लोगों के व्यवहार के बारे में सबसे उल्लेखनीय चीज यह है कि वे ईर्ष्या को एक समस्या और एक खतरे के रूप में देखते हैं और शिक्षा के द्वारा इसे अपने जीवन से निकाल बाहर करने का प्रयास करते हैं। बहुत हद तक मेरा यह मानना है कि उनके पड़ोसियों जंगली साँड़

जैसी सिंह वाले माड़िया समाज की भी घोटुल प्रणाली पूरी तरह विकसित होती तो उनमें हत्याओं की संख्या कम होती।

9. झगड़े और उनके कारण

मुरिया लोगों के बीच ईर्ष्या के न होने की उपरोक्त बातों से यह समझ लेना ठीक नहीं होगा कि उनका जीवन झगड़ों और विवादों से रहित एक सुखद जीवन होता है। फिर भी सम्पूर्णता में कहा जाए तो मुरिया परिवार एक साथ सुखपूर्वक रहते हैं; झगड़े आमतौर पर नहीं होते और उनका कारण सामान्यतः समानता के उस नियम का उल्लंघन होता है, जो घोटुल में व्यतीत समय के दौरान हर चेलिक और मुटियारी के दिमाग में बहुत दृढ़ता से विद्यमान रहता है। भोजन को लेकर ईर्ष्या उस भावावेग की सबसे आदिम अभिव्यक्ति कही जाती है। घोटुल में तथा सभी कबिलाई भोजों पर भोजन का बहुत सतर्कता के साथ समान बँटवारा किया जाता है, मांस का हर टुकड़ा गिना जाता है; पत्तों से बने प्यालों का एक मानक आकार होता है; प्रत्येक व्यक्ति को शराब या भुने हुए चावल की बराबर मात्रा प्राप्त होती है। इसी प्रकार काम का वितरण भी समान रूप से किया जाता है; किसी भी लड़के को दूसरे लड़के से अधिक काम नहीं मिलना चाहिए; किसी को आनाकानी नहीं करनी चाहिए, लेकिन किसी पर अनावश्यक बोझ भी नहीं पड़ना चाहिए।[1]

विवाह के उपरान्त घर में काम के बँटवारे को लेकर अक्सर झगड़े होते हैं। यौन ईर्ष्या के बजाए यह बहुपत्नीक घरों में विवाद का असली कारण होता है। जिन घरों में दो भाई एक साथ रहते हैं, उनकी पत्नियाँ भोजन परोसने को लेकर झगड़ती हैं। किसी लड़की को टोकिरसा कहने का अर्थ है कि वह भोजन कर रहे लोगों को भद्दे तरीके से घूरती है; वह भोजन करने के लिए बैठनेवाले दूसरे लोगों को दरवाजे से झाँकती है और कुछ पाने की उम्मीद करती है, लेकिन वह स्वयं कोई काम नहीं करती। जुटाहा, 'दूसरों का जूठन खानेवाला', शब्द का असली कटाक्ष यह है कि जुटाहा अपने लिए कभी श्रम नहीं करता बल्कि इधर-उधर भीख माँगता फिरता है और जो मिल जाए खाने को तत्पर रहता है। यहाँ तक कि जूठी थालियों की छोड़न भी। पुरुष बढ़िया भोजन न पकाने के लिए अपनी पत्नियों को पीटते हैं, लेकिन इसके अतिरिक्त शायद ही किसी और कारण से वे ऐसा करते हैं। यहाँ भी पुरुष के गुस्से का कारण यह नहीं है कि उसे अच्छा भोजन नहीं मिला बल्कि उसे लगता है कि उसकी पत्नी ने घर के कामों की अपनी जिम्मेदारी ठीक से नहीं निभाई। वह स्वयं पूरे दिन घर से बाहर रहकर खेतों में काम करता रहा है; उसकी पत्नी घर पर मजें करती रही है, दूसरी महिलाओं से बतियाने में अपना समय बर्बाद करती रही है; अन्यथा निश्चित ही वह बढ़िया भोजन पकाती।

इन झगड़ों के वास्तविक रिकॉर्ड ज्ञानप्रद हैं। झकरी में मैंने एक पुरुष और उसकी पत्नी

1. संथाल भी त्योहारों में भोजन के समान बँटवारे का आग्रह करते हैं–पी.ओ. बोड्डिंग, *स्टडीज इन सन्थाल मेडिसिन* (कलकत्ता, 1925) पृ. 78–और मैंने उड़िया जनजातियों में भी ऐसा देखा है। सवारा लोग श्रम के समान बँटवारे पर इतना ध्यान देते हैं कि जब मुझे अपना शिविर हटाने के लिए कुलियों की जरूरत पड़ी तो गाँव के सब लोग चले आए–जरूरत से बहुत ज्यादा–यह सुनिश्चित करने के लिए कि कोई भी व्यक्ति औरों से ज्यादा या कम काम न करे।

के झगड़े को सुना। 'तुमने चावल नर्म क्यों नहीं बनाया, जुटाहा?' वह चिल्लाया 'तुमने अभी तक भोजन पकाना भी नहीं सीखा है। अपनी जवानी में तुमने विवाहों में नाचने के अलावा और कोई काम नहीं किया?' जिस पर पत्नी का जवाब था, 'बेशक अपनी पूरी जवानी में मैं अपने घर में बैठी रही और बिस्तर पर ही मुझे भोजन दे दिया जाता था। जबसे मैंने तुमसे विवाह किया तुम ही सारा काम करते रहे हो और मैं बस बैठकर अपना पेट भरती रही हूँ। आओ माईलोटिया, मुझे घर से निकाल दो और दूसरी खाना बनानेवाली ले आओ। मैं कहीं और रह लूँगी।'

पल्ली में श्यामराव हिवाले ने सौभाग्य से एक पत्नी को अपने पियक्कड़ पति को बेहद आलसी होने के लिए डाँटते सुना। यह एक महाकाव्यात्मक व्याख्यान था, जो चलता ही चला गया और जिसका प्रत्येक विवरण इतनी बार दोहराया गया कि उसे आसानी से दर्ज कर लिया गया।

> तुम सिर्फ वहीं जी सकते हो, वह औरत चिल्लाई, जहाँ शराब की बू आती हो। वही तुम्हारा असली घर है—शराब का ठेका—वही तुम्हारा बिस्तर और चूल्हा है; यहाँ तुम्हारा कोई घर नहीं है, मैं मर गई तो तुम्हारा क्या होगा? कौन तुम्हें खिलाएगा, कौन बच्चों की देखभाल करेगा? यदि तुम काम नहीं करोगे तो मैं तुम्हें छोड़कर चली जाऊँगी और बच्चों को भी अपने साथ ले जाऊँगी। तुम बकरी की तरह दिन भर घूमते रहते हो और रात भर चोर की तरह। घर में न तो नमक है न मिर्च। अगर मकानमालिक या मान लो हवलदार आ जाए और भोजन माँगे तो हम क्या करेंगे? अगर अतिथि आ जाएँ तो हम उन्हें क्या खिलाएँगे? तुम कर कैसे चुकाओगे? तुम बेशरम जीव, एक स्त्री के पास अक्ल है, पर तुम्हारे पास नहीं है, जब काम सामने होता है, तब तुम निढाल होकर पड़ जाते हो, पर शराब देखते ही तुममें शक्ति आ जाती है, तब तुम ऐसे सूअर के माफिक हो जाते हो, जिसे मैला दिखाई दे जाए।
>
> ओ घासनीन की औलाद, जाकर अपना गन्दा मुँह और आँखें धोकर आओ। जाओ और देखो कैसे दूसरे लोग काम करते हैं। मुर्दे, अगर मुझे तेरी असलियत पता होती तो मैं तेरे घर में कभी नहीं आती। जब घर में काम होता है तो तुम्हारी कमर में दर्द शुरू हो जाता है, तुम्हारा लिंग दुखने लगता है। देखो, तुम्हारा बेटा बीमार है, लेकिन तुम सिराहा के पास नहीं जाओगे क्योंकि तुम्हें उसे शराब देनी पड़ेगी। बच्चे शादी के लायक हो गए हैं, लेकिन तुम उनकी सगाई के लिए शराब का इन्तजाम भी नहीं कर सकते। पर तुम्हारे अपने सेवन के लिए हमेशा पर्याप्त शराब उपलब्ध रहती है। अगर तुम्हारी एक बहन भी होती, तो मैं अपने लड़के के लिए उसकी बेटी को जबर्दस्ती ले आती और कौन-सा परिवार ऐसा होगा जो शराब की उपयुक्त भेंट के बिना अपनी बेटी को तुम्हारे जैसे आदमी के बेटे के हवाले करेगा? अरे, मैला खानेवाले, कुत्ते का मांस खानेवाले, मैं जिन्दगी भर तुम्हें जीने का सलीका बताती रही और अब तो एक दो सालों में ही तुम अपनी कब्र में पहुँच जाओगे मगर तुमने कभी मेरी बातों पर कान नहीं दिया। घर में तुन्दू या महुआ सुखाने भर की भी जगह नहीं है; हमारे पास कोई बाग तक नहीं है और घर में खाद बेकार पड़ी है। सबके यहाँ सेम और सब्जियाँ हैं, यहाँ तक कि सागो

ताड़ भी हैं मगर हमारे यहाँ कभी कुछ नहीं रहता। तुम बढ़िया भोजन के लिए झगड़ते हो, बच्चे खीरों के लिए रोते हैं, घर में मक्का भी नहीं है और बच्चे दूसरे लोगों को भोजन करते ताकते रहते हैं—जबकि तुम्हारे हाथों और पैरों को सफेद चींटियाँ खाए जा रही हैं। काश कि कोई बाघ तुम्हें खा जाता तो मैं किसी दूसरे आदमी से विवाह कर लेती। तुम मर भी जाते तो दुनिया से थोड़ा पाप कम होता।

इसके बावजूद, जैसा कि फौदा के एक लड़के ने बताया, 'हम दिन में भले ही पेज और पानी के लिए झगड़ा करें, पर रात में हम एक हो जाते हैं।' और केहलकोट में चालन ने बताया, 'झगड़े के बिना हमारी जिन्दगी अधूरी रहती है।'

झगड़े से होनेवाले आनन्द, खासकर प्रेमियों के आपसी झगड़े, को इन पंक्तियों में महसूस किया जा सकता है।

तोर गारी तो मोर कान के बारी,
तोर मुटका तो मोर चुटका,
मारबे लात तो मोर दार-भात,
जितना मारबे पनिही टटनाही बनिही।
तुम्हारी गालियाँ मेरे कान की बालियाँ हैं,
तुम्हारे वार मेरे बिछुए हैं,
तुम्हारे लात मेरा दाल-भात है,
तुम जितने अधिक जूते मारोगे उतनी ही हमारी एकता बढ़ेगी।

पति और पत्नी की तरह ही माता-पिता और बच्चों के बीच भी काम के बँटवारे को लेकर झगड़े उठ खड़े होते हैं। वैसे तो सामान्यतः घरों में सम्बन्ध मित्रतापूर्ण और खुशहाल होते हैं; यह भी ध्यान देने योग्य है कि माता-पिता द्वारा बच्चों को सजा देने के प्रयास को 'झगड़ा' कहा जाता है—जो एक ऐसी चीज है जो बराबर वालों में होती है।

निश्चय ही माँ-बाप बहुत कम ही अपने बच्चों की यौन गतिविधियों की शिकायत करते हैं; उनकी चिन्ता का विषय यह होता है कि घोटुल घर के काम-काज में व्यवधान उत्पन्न करता है। मुझे लगता है कि एक सामान्य मुरिया माँ-बाप अपने बच्चों के लिए वास्तविक त्याग करते हैं। अपने बच्चों को अभियानों पर जाने की छूट देने तथा विवाहों और त्योहारों में जाने की छूट देने और घर के काम के बजाए अन्य रुचियों में मन लगाने की छूट देने के कारण मुरिया परिवारों को काफी आर्थिक क्षति होती होगी। कोई भी परिवार इसे पसन्द नहीं करता। माँ-बाप आमतौर पर अपने बच्चों की चार मुख्य गलतियाँ गिनाते हैं कि वे अपने माँ-बाप की आज्ञा का पालन नहीं करते क्योंकि माँ-बाप से ज्यादा वे घोटुल के मुखिया की बात मानते हैं; कि वह पारिवारिक सम्पत्ति की चोरी करते हैं और घर से थोड़ी सी लकड़ी या तम्बाकू चुराकर घोटुल में ले जाते हैं; कि वे उद्दंड हो जाते हैं। माँ-बाप को उल्टा जवाब देते हैं और किसी से डरते नहीं हैं; कि वे सुबह जल्दी नहीं उठते और जितना करना चाहिए उतना काम नहीं करते। मैंने जितने तरह की गाली-गलौज सुनी है और घरेलू झगड़ों के जितने भी उदाहरण मुझे पता चल पाए हैं लगभग सारे के सारे काम में कोताही बरतने से सम्बन्धित हैं। एक माँ अपनी बेटी से कहती है, 'अरे नकटी मैलोटिया, पूरे दिन अपने यारों के साथ हँसी-ठिठोली करती रहती है, फलाने की माँ बता रही थी कि तू उसे बर्बाद कर रही है; अब वह कोई काम नहीं करता। अगर तू घर में ढंग से काम नहीं करेगी, तो अपने पति के घर

में कैसे काम करेगी? वह तुझे घर से निकाल देगा और हमारी इज्जत मिट्टी में मिल जाएगी।' या एक पिता अपने पुत्र से कहता है, 'मैं तुम्हारे घोटुल के दोस्तों पर थूकता हूँ; तुम लोग नाच-गाना ही कर सकते हो; तुम्हें काम करने का जरा भी ढंग नहीं मालूम; जब कभी मैं कोई काम करने को कहता हूँ तो तुम्हारे पेट में दर्द हो जाता है। हल को देखते ही तुम्हें बुखार चढ़ जाता है, लेकिन ढोलक की आवाज सुनते ही तुम्हारा बुखार और दर्द सब गायब हो जाता है।'

झाकरी में रौनू ने कुछ उदाहरणों से बताया कि नाराज माँ-बाप अपने-अपने बच्चों से किस तरह बात करते हैं। यहाँ एक माँ अपनी बेटी को उसके बारे में अपनी राय से अवगत करा रही है : 'अरे जुटाही, तुझसे कोई काम क्यों नहीं होता? अगर अभी तू हाथ-पैर नहीं चला रही है तो बाद में तू क्या करेगी?' और लड़की जवाब देती है, 'तुम हमेशा मुझे तंग क्यों करती रहती हो? अगर तुम मुझे भोजन नहीं देना चाहती तो मत दो; अगर मुझे भूखी ही रहना पड़े तो मैं भूखी रह लूँगी या जाकर भीख माँगूँगी।' तब तक पिता बीच में आ जाता है; 'विवाह के बाद तू हमारा नाम मिट्टी में मिलाने वाली है; तू एक के बाद दूसरा पति बदलती फिरेगी क्योंकि कोई भी तेरी काहिली को बरदाश्त नहीं कर पाएगा; और जहाँ भी तू जाएगी लोग हम पर हँसेंगे। तेरी माँ ने क्या तुझे घोटुल में नाचने के अलावा और कुछ नहीं सिखाया? क्या तू पूरा जीवन घोटुल में ही बितानेवाली है? तू तो ढंग से चावल भी नहीं पका सकती।'

इसी तरह एक माँ अपने बेटे से कहती है, 'तू खेतों में क्यों नहीं जाता? तू बैलों की देखभाल क्यों नहीं करता? तेरी एक ही इच्छा है कि बिना हाथ-पाँव डोलाए भोजन मिल जाए। तेरे हाथ-पाँव टूट गए हैं। ये तो तेरा ही घर है; तेरी अपनी सम्पत्ति है, हमारे बाद तू इसकी देखभाल कैसे करेगा? अगर कोई काम नहीं करेगा तो हमें ढंग से दफना भी कैसे पाएगा?'

लेकिन मुरिया मानते हैं कि आमतौर पर माँ अपने बच्चे के प्रति बहुत सहृदय और ममतामयी होती है। जैसा कि नयनार में नारी ने कहा, 'पिता हमेशा सोचता है कि बेटी एक दिन उसे छोड़कर अपने पति के पास चली जाएगी और इसलिए वह बेटी के प्रति नरम रहता है। लेकिन लगता है कि माँ को उसके चले जाने की चिन्ता नहीं होती। वह अपने सम्मान की ज्यादा फिक्र करती है। जब तक वह लड़की के प्रति कठोर नहीं होगी तब तक उसे कुछ भी सिखा नहीं पाएगी और इसलिए माँ लगातार बेटी को तंग करती रहती है।'

काम को लेकर होनेवाले ये झगड़े कभी-कभी, लेकिन बहुत विरले ही, आत्महत्या का कारण बन जाते हैं। पिछले दस वर्षों के दौरान घोटुल वाले क्षेत्रों के मुरिया समाज में आत्महत्या की 20 घटनाएँ हुई हैं और उनके कारणों का अध्ययन इस अध्याय में लिखी मेरी बातों की पुष्टि करता है।

इन आत्महत्याओं के कारण निम्न थे।

आत्महत्या का कारण	संख्या	प्रतिशत
पागलपन	2	10
बीमारी	3	15
कबीले के नियमों के उल्लंघन का भय	1	5

→

दंडित किए जाने का भय	1	5
विवाह को लेकर माँ-बाप से मतभेद	2	10
पुत्र के मरने का दुख	1	5
निःसन्तान होने के कारण झगड़ा	1	5
काम को लेकर झगड़ा	9	45

इतनी बड़ी आबादी के लिए आत्महत्याओं की यह संख्या बहुत छोटी है, एक वर्ष में सिर्फ दो आत्महत्याएँ, दस लाख की आबादी पर एक वर्ष में 20। एक को छोड़कर बाकी सब आत्महत्याएँ गले में फंदा लगाकर की गई थीं। एकमात्र अपवाद कोरहाबेरा की उस जवान पत्नी का था जिसने डूबकर अपनी जान दे दी थी।

झगड़ों और विवादों के कारण होनेवाली आत्महत्याओं की संख्या 12 है यानी 60 प्रतिशत। दूसरे समुदायों के लिए यह आश्चर्यजनक हो सकता है मगर यहाँ नहीं है क्योंकि हमने देखा है कि झगड़े मुरिया लोगों को कितने घृणास्पद प्रतीत होते हैं।

इसे समझाने के लिए मैं कुछ मामलों के ब्यौरे पेश करता हूँ। घसिया एक लम्हाडा लड़का था। कबीले के नृत्य से वापस लौटने पर उसके 'ससुर' ने काम की उपेक्षा करने के लिए उसे बुरी तरह डाँटा। उसने जाकर आत्महत्या कर ली।

तोडोपाल का रहनेवाला कारू एक आलसी और गुस्सैल नौजवान था। एक दिन उसके पिता ने उसे गाली दे दी। 'अरे माइलोटिया, मैंने जिन्दगी भर तेरा पेट भरा; तू कब मुझे भोजन देना शुरू करेगा? तुझे तो बस बैठकर खाना आता है' और बेशक और भी गालियाँ दी होंगी। लड़का गुस्से से भड़क उठा; जबर्दस्त झगड़ा हुआ; वह घर से भाग कर गया और उसने एक आम के पेड़ से झूलकर आत्महत्या कर ली।

सुक्ता बाघबेरा का पन्द्रह वर्षीय चेलिक था। अक्टूबर 1931 में मवेशियों के बाड़ी घेरे के अन्दर जाकर वहाँ उगी हरी मिर्चों को बर्बाद करने के कारण उसके पिता ने उसकी पिटाई कर दी। लड़का भाग गया और गाँव के बाहर एक इमली के पेड़ पर उसने स्वयं को फाँसी लगा ली।

भादु एक तीस वर्षीय मुरिया था जो बुरबल में एक साथ रहनेवाले चार भाइयों में सबसे छोटा था। सबसे बड़े भाई रूपजी को एक बार अपनी पत्नी को उपचार के लिए सिराहा के पास ले जाना पड़ा। आमतौर पर इसमें समय लगता है; यह महँगा होता है और इसमें काफी मदिरा पान किया जाता है। कुछ दिनों के बाद रूपजी गुस्से में घर लौटा और उसने पाया कि उसकी गैर-मौजूदगी में अन्य भाइयों ने खेत के काम की उपेक्षा की है। उसने अपने भाइयों के साथ भीषण झगड़ा किया और इतना परेशान हो गया कि उसी रात घर के पास एक महुआ पेड़ से अपनी ही पगड़ी से फाँसी लगाकर उसने आत्महत्या कर ली।

लगभग 35 वर्षीय कहारू को शराब की लत थी। वह धौन्दाई में बसे एक मुसलमान के लिए काम करता था। जुलाई 1940 की एक शाम पगार मिलने पर वह शराब की दुकान पर गया। नशे में धुत होकर घर लौटने पर उसकी पत्नी ने सारा धन शराब पर लुटाने और कोई काम न करने के लिए उसे लताड़ा। वह क्रोधित हो गया और पत्नी की पिटाई लगाने के बाद वह फिर शराब पीने चला गया। उसकी पत्नी खूब झगड़ते हुए उसके साथ-साथ चल दी। कहारू उसे घर ले गया और उस पर कुल्हाड़े से वार किया। वह बच निकलने में कामयाब रही मगर नशे में होने के कारण कहारू को लगा कि उसने अपनी

पत्नी को मार डाला है और घर के सामने ही उसने पत्नी के एक वस्त्र से स्वयं को फाँसी लगा ली।

सुकारो, किल्लम की रहनेवाली एक अधेड़ मुरिया स्त्री थी। पुलिस की रिपोर्ट में उसे दुबली-पतली और गुस्सैल बताया गया है। उसके बाएँ घुटने में एक फोड़ा था जिसके कारण वह और ज्यादा नापसन्द की जाती थी। एक दिन जब उसे तैयार फसलों की निगरानी करनी थी वह दूसरे गाँव में चली गई। काम की उपेक्षा करने के लिए उसके पति ने खूब उपद्रव मचाया और वह इतनी क्रोधित हो गई कि उसने फाँसी लगाकर आत्महत्या कर ली।

धोन्या कुरसनार घोटुल का पन्द्रह वर्षीय चेलिक था जिसकी अपने पिता से नहीं पटती थी। वे इतना अधिक झगड़ते थे कि अन्ततः लड़का जोदेंगा में अपने चाचा के पास रहने चला गया। एक महीने के बाद उसका पिता उसके पीछे-पीछे पहुँचा और सार्वजनिक रूप से उसे गालियाँ दीं और कहा कि वह एक अवारा लड़का बन गया है और काम के अलावा बाकी हर चीज पर ध्यान देता है। लड़का बहुत नाराज हो गया। उसने खाने से मना कर दिया और अपना तीर-कमान लेकर बाहर चला गया। लेकिन वह थानागुडी तक ही गया। कुछ मिनट बाद उसके पिता ने उसका पीछा किया और उसे भवन की एक शहतीर से लटकते पाया। उसने तत्काल उसे उतारा मगर तब तक लड़का मर चुका था।

पहली बार देखने पर इन आत्महत्याओं के प्रत्यक्ष कारण बहुत मामूली प्रतीत होते हैं। हालाँकि मुझे कोई शक नहीं कि इनके पीछे कुछ गहरे कारण रहे होंगे। इन त्रासदियों को बतलाने वाले ग्रामीणों द्वारा प्रायः इनके उद्देश्यों को मामूली बताना असल में सरकारी या जानने को उत्सुक लोगों की दृष्टि से इनके असली महत्त्व को छुपाने का एक आवरण है। ज्यादातर मामलों में लोगों ने स्वयं ही मानसिक विकृति के लक्षणों की शिनाख्त भी की है। काम और उसके समानता पूर्ण बँटवारे में मान्यता इतनी गहरी है कि ऐसे मामले में सार्वजनिक फटकार की शर्मिन्दगी बरदाश्त के बाहर की चीज है और आत्महत्या घृणास्पद क्रोध की उतनी अभिव्यक्ति नहीं है जितना कि वह अपमान के खिलाफ अन्तिम और पूर्ण विरोध है।[1]

ऐसा नहीं सोचा जाना चाहिए कि चूँकि काम को लेकर झगड़े उठते हैं इसका मतलब है कि चेलिक और मुटियारी सुस्त और आलसी होते हैं। वास्तव में वे असाधारण रूप से मेहनती होते हैं और काम को लेकर झगड़े इसलिए होते हैं क्योंकि वे मुरिया समाज में उद्यम की एक बहुत ऊँची परम्परा की पृष्ठभूमि में होते हैं।

ऐसा बहुत ही कम होता है कि ये झगड़े हत्या का रूप लें। 1932 में, वर्षा के मौसम के अन्तिम दिनों में एक दिन कोदू काफी थका और भूखा हुआ खेतों से वापस लौटा। उसके बड़े भाई की पत्नी बाहे ने उसके लिए सिर्फ जावा ही तैयार किया था, उसने चावल की माँग की जिस पर बाहे ने पलटकर जवाब दिया कि, 'चूँकि उसके हाथ-पैर टूट नहीं गए थे इसलिए वह अपना भोजन खुद ही पका सकता था।' उसने जवाब दिया कि जब तक घर में एक औरत थी तब तक वह औरतों का काम नहीं करेगा और उसने उसको इतनी बुरी तरह पीटा कि कुछ दिनों के बाद वह मर गई।

उमरगाँव घोटुल का एक भूतपूर्व चल्की बलसाई अपनी पत्नी पर भड़क उठा क्योंकि उसको जुकाम और गले में समस्या होने के बावजूद उसने धोबा सब्जी बनाई थी। उस समय वह नशे में था और उसने लकड़ी के एक स्टूल से अपनी पत्नी पर घातक प्रहार किया। जेल

1. इस विषय पर विस्तृत चर्चा के लिए देखें मेरी पुस्तक *माड़िया मर्डर एंड सुसाइट* (बाम्बे, 1943)।

में जब मैं उससे मिला तो उसने बताया कि वह अपनी पत्नी को प्यार करता था–'वह एक भूल थी, दिल से किया गया काम नहीं था'–और यह कि वह अक्सर उसके सपनों में आती थी।

बन्दी (बड़ी-बड़ी आँखोंवाला पतला लड़का जो कनेरा का भूतपूर्व कजांची था) की दो पत्नियाँ थीं। वह भी भोजन को लेकर उनसे झगड़ा करता था। एक दिन वह भूखा हुआ घर पहुँचा और कुछ भी तैयार नहीं था। उसने अपना उस्तरा निकाला और बोला कि वह दोनों को मार डालेगा। पहली पत्नी भागने में सफल रही पर उसने दूसरी पत्नी की भुजाओं और पेट पर घाव कर दिया। वह बच गई मगर उसे कई महीने अस्पताल में बिताने पड़े।[1]

मैंने पत्नी के विश्वासघात के कारण हत्या का सिर्फ एक मामला देखा है। मंगलू अमगाँव घोटुल का भूतपूर्व कंडकी था और उसकी पत्नी उसी घोटुल की मंजरो रही थी। लेकिन लड़की उसे पसन्द नहीं करती थी और कहा जाता है कि उसके साथ कभी संसर्ग नहीं करती थी। वह दो बार बाँसकोट में अपने एक प्रेमी के पास भाग चुकी थी। दूसरी बार लोगों का एक समूह उसे वापस लाने गया। रात में वापस आते समय मंगलू के मिल जाने पर उन्होंने लड़की को उसके हवाले कर दिया। मंगलू ने वहीं जंगल में ही उसे बुरी तरह पीटा और एक सप्ताह बाद वह चल बसी। मंगलू को दो वर्ष के कैद की सजा हुई।

10. गाली-गलौज की शब्दावली

दूसरे आदिवासी जनजातियों की तुलना में मुरिया लोगों की गाली-गलौज की शब्दावली बहुत छोटी है और उसमें कोई उत्साह जनक चीज नहीं है। शायद हमें इसका अफसोस नहीं होना चाहिए; यह उनके नम्र और शान्त मिजाज का सूचक हो सकता है कि वे लोग गालियों में अपनी कल्पना का बेहद कम उपयोग करते हैं और उन्हें भड़कीला नहीं बनाते। लेकिन कभी-कभी मैं सोचता हूँ कि एक ही मानक और अब अर्थहीन हो चुके शब्दों के लगातार प्रयोग ने उनकी आविष्कार करने की क्षमता को कुन्द किया है।

अँग्रेजी के 'खूनी' शब्द की तरह आम और अर्थहीन यह शब्द है माइलोटिया जो सबसे अधिक प्रयोग किया जाता है। यह एक हल्बी शब्द है जिसका शाब्दिक अर्थ है 'अपनी माँ के साथ सोना', लेकिन इसका अक्सर प्रयोग करनेवाले लोगों में से बहुत कम ही लोग रक्त-सम्बन्धों में शारीरिक सम्पर्क होने या हो सकने के आशय में इसका उपयोग करते हैं। वास्तव में, इसके शाब्दिक अर्थ का कोई मतलब नहीं रह गया है जो इस बात से स्पष्ट हो जाता है कि एक माँ अपनी बेटी के लिए भी इसका प्रयोग कर सकती है। लड़कियाँ एक दूसरे पर इसका प्रयोग करती हैं, चाचियाँ अपनी भतीजियों पर और दादियाँ अपनी पोतियों पर इस सम्बोधन का प्रयोग करती हैं। निश्चित ही यहाँ इसका भाव किसी को समलैंगिक स्त्री कहना नहीं है; सम्भवतः इसका यही अर्थ है कि 'तुम कुछ भी कर सकते हो।'

एक लड़की पर प्रयोग होते समय यह शब्द बापलोटिया में रूपान्तरित हो जाता है, लेकिन यह उतना प्रचलित नहीं है।

---

1. बड़ी पत्नी सबापाल की सालन थी और छोटी मेटवंड की बेलोसा। दोनों शादियाँ रस्मों-रिवाज के अनुकूल हुई थीं। पहली माता-पिता की पसन्द से तय की गई थी और दूसरी प्रेम-विवाह थी। बंडी ने बताया कि दोनों लड़कियों में अच्छी निभती थी।

हल्बी के शब्द जो मुरिया लोगों द्वारा प्रयोग किए जाते हैं मगर उन्हीं तक सीमित नहीं हैं उनमें आम हैं नकटा या नकटी–'बिना नाकवाला', यह उस रिवाज की तरफ इशारा है जिसमें व्यभिचार की सजा के तौर पर नाक काट ली जाती है; पचमार, पाँच पुरुषों क पास जानेवाली लड़की; जुटहा, दूसरों की जूठन खानेवाला, जनजातीय नियमों में एक प्रतिबन्धित कृत्य; और टोल्ही, सुस्त और गधी, खच्चर जैसे शब्द। जैसा कि छत्तीसगढ़ में होता है, गुप्तांगों के बालों का जिक्र आम बात है। 'तुम मेरे गुप्तांगों के बाल नहीं बना सकते', 'क्या तुम मेरे गुप्तांगों के पाँच बाल उखाड़ सकते हो?' 'क्या तुम मेरे गुप्तांग के बालों के साथ सम्भोग करोगे?' ये ऐसे शब्द हैं जो काफी अपमान जनक होते हैं लेकिन वास्तव में इनमें से एक या दो बाल नोंचकर किसी विपक्षी पर फेंकना क्षमा के लायक नहीं होता।

मुरिया अगर चाहें तो बहुत कठोर हो सकते हैं–'आओ मेरा लिंग खा लो', 'अपनी माँ का मल खाओ', 'आओ मेरा दोना चाटो'। गुखाई का अर्थ है 'मनुष्य का मल खानेवाला', मसाहा का अर्थ है 'मांस का चटोरा'। 'तुम्हारे घर में कुछ है नहीं और दूसरों की थाली चाटते फिरते हों।' शायद गाली देने की अपेक्षा मुरिया लोग कटाक्ष करने में ज्यादा सक्षम हैं। यह तथ्य उन कटाक्ष-गीतों की बड़ी संख्या से पुष्ट होता है जो घोटुल में बड़े प्यार से गाए जाते हैं और वे गायकों को भविष्य में प्रयोग करने के लिए उपयुक्त हथियारों से लैस करते हैं।

गोंडी में गाली का सम्भवतः एक ही शब्द है जिसका प्रयोग रक्त सम्बन्धों में शारीरिक सम्पर्क के आशय के लिए किया जाता है। कुछ अन्य शब्द भी हैं मगर मुझे सन्देह है कि डन्हें गम्भीरता से लिया जाता है। एक बार मैंने घोटुल की सफाई न करनेवाली एक मुटियारी से एक चेलिक को काफी सौजन्यतापूर्वक कहते सुना, 'कोरका में आरमी हट्टे के गल्ला नि पेंदाना जाहनो, एक बाड़े भर की भैंसे तुम्हारे गुप्तांग खुरच रहीं हैं।' और गीतों में एक व्यंग्य काफी पाया जाता है 'एक जंगली सूअर तुम्हारे गुप्तांग में लोट रहा है।' मुझे बताया गया है कि एक शब्द लरिया का प्रयोग उसी अर्थ में किया जाता है जिसमें कि छत्तीसगढ़ी शब्द भोसरी का, जिसका अर्थ है पुरुष का लिंग। लेकिन ज्यादा प्रयोग किया जानेवाला शब्द है मक्का–पहाड़ी पर रहनेवाला आदमी तराईवालों को झोड़िया-मक्का या 'निम्न भूमिवाले के लिंग की सन्तान' कहता है; एक राजगोंड जिसकी पत्नी ने उसके साथ विश्वासघात किया हो को गंडा-मक्का या 'गंडा की सन्तान' कहा जा सकता है जो तिरस्कृत बुनकर जातियों में से एक है।

लेकिन ऐसा होना अपेक्षाकृत असामान्य है। जब मुरिया बहुत क्रोधित होते हैं तो वे नजदीकी रिश्तों की सूची का स्मरण करते हैं और उसके अनुसार गालियों का प्रयोग करते हैं, खासकर उन रिश्तेदारों का जिनसे व्यवहार प्रतिबन्धित होता है। इस प्रकार निया आवान गेट्का गाली बनती है जिसका अर्थ है, 'मैं तेरी माँ के साथ सम्भोग करूँगा', जो आमतौर पर एक पिता अपने ही पुत्र या अपनी पुत्री या छोटे भाई की पुत्री के लिए प्रयोग करता है। और निया दीदी ना गेटका गाली जिसका अर्थ है, 'मैं तेरी बड़ी बहन के साथ सम्भोग करूँगा', जो एक आदमी अपनी पत्नी पर प्रयोग करता है (बड़ी बहन, बेशक, 'प्रतिबन्धित' रिश्ते में आती है)।

बहन के पति को गाली देने के लिए कोई पुरुष निया अजिन पेंदा गेटका या 'मैं तेरी दादी के साथ सम्भोग करूँगा', कह सकता है।

ध्यान रखा जाना चाहिए कि इन शब्दों के प्रयोग का यह अर्थ नहीं होता कि जिस व्यक्ति

को गाली दी जा रही है उसने अपने रक्त सम्बन्ध में किसी के साथ शारीरिक सम्पर्क बनाया है अथवा कोई जनजातीय अपराध किया है। वक्ता ऐसा करने की मंशा जाहिर करता है–मेरा ख्याल है जिसका आशय यह होता है कि शत्रु इतना कमजोर या सहमत है कि वह कुछ कर नहीं सकता।

एक दूसरा सूत्र जिसका कई तरीकों से इस्तेमाल किया जा सकता है वह है विभिन्न रिश्तेदारों के गुप्तांगों का जिक्र करना। मुरिया काफी शारीरिक वर्णन के साथ इसका प्रयोग करते हैं। उदाहरण के लिए, वे कहते हैं, निया मियार ना पेंदा या 'तुम्हारी पुत्री की योनि' पर वे उसके योनि के भी अन्दरूनी हिस्सों का जिक्र कर सकते हैं–निया मियार ना टिटि गुट्टा–या उसका लेबिया मंजोरा (गुप्तांग) उसकी मूत्रनली या उसकी छाती। मुझे बताया गया है कि एक आदमी अपनी बहन के पुत्र या पुत्री को उनकी पुत्री का नाम लेकर गाली देता है (जो कि उसके लिए प्रतिबन्धित रिश्ते में आती है) और अपनी पत्नी के भाई के पुत्र को उसके पिता की बहन जो वास्तव में स्वयं उसकी पत्नी होती है के नाम से गाली देता है।

अपनी ही पत्नी के लिए किए जानेवाले इन शब्दों के प्रयोग आदिवासी गालियों की सबसे अनोखी विशेषता है। और कोई बात इतना आवेग नहीं उत्पन्न करती; कोई भी बात इससे बेतुकी नहीं हो सकती। एक पिता अपने पुत्र या पुत्री से कहता है कि वह उनकी माँ के साथ सम्भोग करेगा, एक चाचा अपने भतीजे से कहता है कि वह उसकी चाची के साथ सोएगा। और वह ऐसा कर भी सकता है। लेकिन ऐसी बात कहनी तो नहीं चाहिए?

इस प्रकार की शब्दावली सिर्फ उसी समाज में प्रभावकारी हो सकती है जिसमें पारिवारिक सम्बन्धों को बहुत महत्त्व दिया जाता हो और जहाँ उन सम्बन्धों के नियमों का कठोरता से पालन किया जाता हो। चूँकि मुरिया समाज का कोई भी आदमी प्रतिबन्धित सम्बन्धों का कभी हनन नहीं करता इसलिए ऐसी गालियाँ असरदार और मजेदार भी होती हैं। अगर मुरिया लोगों को लगता कि ऐसा हो सकता है तब वे इन गालियों का प्रयोग नहीं करते क्योंकि वे सभ्यशालीन होते हैं और बहुत जोश में होने पर भी वे कोई समस्या खड़ी कर देना नहीं चाहते।

इस शब्दावली में जिन विषयों को छोड़ दिया जाता है वे इसकी एक महत्त्वपूर्ण विशेषता बताते हैं। धार्मिक कसमें नहीं खाई जाती हैं–क्योंकि ऐसा करना बहुत खतरनाक होगा। अस्वाभाविक व्यवहार के बारे में भी कुछ नहीं कहा जाता–क्योंकि वस्तुतः इनके बारे में वे जानते ही नहीं। वेश्यावृत्ति के बारे में भी कुछ नहीं कहा जाता–क्योंकि मुरिया समाज में वेश्याएँ नहीं होतीं।

अध्याय चौबीस

घोटुल और धर्म

1. घोटुल के त्योहार

इस पूरी पुस्तक में हमने देखा है कि कबीले के धार्मिक जीवन में चेलिक कितनी महत्त्वपूर्ण भूमिका निभाते हैं। शिकार में उनकी सफलता आनेवाली फसल के अच्छे होने की पूर्व सूचना है; उनका ढोलक बजाना और नृत्य करना उनके दैनन्दिन जीवन की नीरसता में उत्साह और खुशी का संचार करता है। वे एक गायन मंडली की भूमिका भी निभाते हैं, एक ऐसी गायन मंडली जिसमें अपेक्षाकृत बड़ी संख्या में धार्मिक शिक्षा ग्रहण करनेवाले विद्यार्थी होते हैं। इनमें से कई लड़के पहले से ही कबीले के पुरोहित, कसेर-गाइता या सिराहा ओझा का प्रशिक्षण प्राप्त कर रहे होते हैं। बलि चढ़ाने के समय गाइता अपने पुत्र से रस्म अदायगी करवा सकता है और बेचैनी से देखता रहता है ताकि कोई चूक न हो जाए। मसोरा में लकमू और उसका पुत्र फिरकू दोनों अपने कन्धों पर अंगा डाले एक दैवीय प्रभाव के कारण जो दोनों पर समान रूप से असर डालता था, इधर उधर घूम रहे थे। मैंने प्रायः युवा चेलिकों को किसी सम्मोहन के वशीभूत होकर नृत्य करते देखा है जिसमें वे अपने शरीर पर लोहे के चाबुक फटकारते हैं और अपने काले सुन्दर बालों को झटकते हैं।

लेकिन गायन-मंडली के सदस्य होने और अपने बड़े-बुजुर्गों का अनुचर होने के अतिरिक्त चेलिक के अपने भी त्योहार होते हैं जिनका घोटुल से नजदीकी सम्बन्ध होता है। दीवाली पर मुटियारियों के अपने नृत्य अभियानों[1] पर निकलने से पहले लड़के और लड़कियाँ भुने हुए चावल एकत्रित करते हैं और घोटुल में दावत करते हैं जिसमें नए सदस्यों को घोटुल में शामिल किया जाता है और उन्हें उपनाम दिए जाते हैं।

झाकरी में उन लोगों ने मुझे बताया कि दीवाली पर कैसे मुटियारी तल्लुर मुत्ताई के लिए भुने चावल और गुर लेकर आती हैं। इस घोटुल में तल्लुर मुत्ताई एक खम्भे पर वास करती है। वे पहले उसे भेंट चढ़ाते हैं और उसके बाद सभी मिलकर दावत करते हैं। गोरमा में, गाँव की सीमा पर एक पत्थर था और बच्चे दावत के लिए वहाँ जाते थे। घोटुल के द्वार

1. ऐसे रस्मी जुलूस अन्य जगहों पर भी होते हैं। छेरता और इस प्रकार के नृत्य पूरे मध्य भारत में किए जाते हैं। सी.आर. कृष्णमाचारलू ने बताया कि 'यह बहुत प्रचलित है कि दक्षिण भारत के तमिल, तेलुगु और कन्नड़ इलाकों में दशहरे की छुट्टियों में ग्रामीण स्कूलों के अध्यापक और उनके विद्यार्थी शौर्य गीत गाते हुए गाँव के कई घरों में जाते हैं और उन्हें उपहार दिया जाता है।' लड़के सजाए गए तीर लिये होते हैं और अपने मेजबानों पर चन्दन का पाउडर छिड़कते हैं। कृष्णमाचारलू इसकी तुलना प्राचीन रहोड्स के चेलिडोनिया त्योहार से करते हैं जहाँ लड़के गीत गाते हुए घर-घर जाकर भीख माँगते हैं। *द इंडियन एंटिक्वारी*, खंड II, पृ. 53 और खंड III, पृ. 63 भी देखें।

को सजाया जाता है और कभी-कभी चावल के बालियों और फूलों के द्वारा द्वार की भव्य सज्जा की जाती है।

दशहरे के त्योहार पर, जो गाँवों में नहीं मनाया जाता, एक चेलिक को राजा की पोशाक पहनाकर एक सिंहासन और कभी-कभी तो काठ के रथ पर भी बिठाया जाता है; 'घोटुल की रैयत' उसे उपहार भेंट करती हैं और वह दीवान, तहसीलदार और राज्य के अन्य सेवकों को इनाम बाँटता है। प्रत्येक लड़का और लड़की दो खीरे ले आते हैं जो घोटुल की मुद्रा में दो बकरियों के बराबर होता है। वे उन खीरों में लकड़ी के पैर लगाते हैं और दांतेश्वरी को उनकी भेंट चढ़ाते हैं। वे गाँव के कुछ वरिष्ठ नागरिकों को आमन्त्रित करते हैं और घोटुल में दावत करते हैं।

कुछ गाँवों में चेलिक और मुटियारी के पास इरपू पंडम का अपना एक अलग संस्करण होता है। ऐसी परम्परा मैंने चलका परगना में देखी है। महुआ के मौसम के अन्त में वे तीन दिनों तक फूल एकत्रित करते हैं—यह मौसम के अन्त में ही किया जाना चाहिए क्योंकि माना जाता है कि इन तीन दिनों के बाद फूल गिरने बन्द हो जाते हैं। इन फूलों को आम की कतरनों के साथ पानी में उबालकर वे शराब बनाते हैं। अगर गाँव में कोई कलर हो जिसके पास कच्ची शराब बनाने का ठेका हो तो वे शराब के बदले में उसे मुर्गे और चावल दे देते हैं। वे इस शराब का एक हिस्सा ग्राम देवताओं को चढ़ाते हैं। लड़के और लड़कियाँ घर-घर जाकर नृत्य करते हैं और महुआ पेड़ के सम्मान में खाते-पीते हैं।

पल्ली-बारकोट और उसके आस-पास के गाँवों में जब गाँववाले चावल की फसल की पहली कटाई करते हैं तो प्रत्येक गृहस्वामी एक मुट्ठी अनाज लेकर घोटुल में जाता है। गाइता उन्हें धान की रस्सी से बाँधकर छत से लटका देता है। इसे आम घरों के अनाज की डेहरी का रूप माना जाता है। माघ के महीने में इस धान से थोड़ा सा लेकर उसका चावल निकाला जाता है और गाँव की सुरक्षा के लिए उसे ठाकुर देव को अर्पण किया जाता है। उस रात घोटुल में एक दावत का आयोजन किया जाता है जिसमें गाँव के सभी लोग शामिल होते हैं, सिर्फ विवाहिता महिलाओं को ही बाहर बैठना पड़ता है। उनका कहना है कि इस मौके पर लिंगों के कारण नहीं बल्कि चावल के शुभ बीज के कारण विवाहिता महिलाओं को घोटुल के बाहर रहना पड़ता है अन्यथा बीज खराब हो जाएगा। बाद में, जब पहली बारिश पड़ती है तब गाइता हर गृहस्वामी को यह बीज बाँटता है।

2. रस्मी कुल्हाड़ी-खेती

सभी जगहों पर परका या डिप्पा खेती के लिए लकड़ी काटने में चेलिकों की महत्त्वपूर्ण भूमिका बनती है। स्मरण होगा कि परका के लिए लकड़ी कुछ दूरी पर काटी जाती है और उसे लाकर खेत पर बिखराया जाता है और फिर खाद बनाने के लिए उसे जलाया जाता है। डिप्पा में पेड़ और उसके नीचे उगनेवाले पौधे वहीं काटकर जला दिए जाते हैं और उनकी राख में बीज बोए जाते हैं। अप्रैल 1941 में बन्दोपल में और दो दिन बाद नयनार में मैंने एक रस्म देखी जिसमें गाँव की सफाई और पहले परका खेत का शुद्धिकरण एक साथ किया गया। भोर में सारे चेलिक घोटुल में इकट्ठा हो गए। आगे के चार लड़कों के पास बड़ी टोकरियाँ थीं और वे सज्जारहित थे; बाकी लड़के मजेदार वेशभूषा धारण किए थे। उन्होंने पुरानी रस्सी

की पगड़ियाँ बाँध रखी थीं, बालों में झाड़ू बनानेवाली घास खोंस ली थी और राख लपेट रखी थी और पुरानी टोकरियाँ, सूप और टाट के टुकड़े लटका रखे थे। तैयारी पूरी हो जाने के बाद उनका दल हवा में लम्बे डंडे लहराता हुआ निकला। वे गाँव के प्रत्येक घर में गए, उन घरों में भी जो मुरिया जनजाति के लोगों के नहीं थे। हर घर के बाहर वे एक लम्बी कतार में खड़े हो जाते और अपने डंडों से थोड़ी-सी जमीन खोदकर पत्तियाँ और मिट्टी एक तरफ कर देते। जहाँ सम्भव होता वे बढ़िया प्लास्टर किए हुए आँगन को खोद डालते जिससे गृहणियों को बहुत नाराजगी होती थी। नृत्य करते हुए वे यह गीत गा रहे थे।

रेका पिंडी कोहको कोहको।
मारका पिंडी कोहको कोहको।
इरपु पिंडी कोहको कोहको।

और विभिन्न रूपान्तरों के साथ वे इसे गा रहे थे। इसका अर्थ था 'कोयला, आम, महुआ तोड़कर पीसो' और अन्य रूपान्तरों में—माओ पिंडी (जंगली साँड़ को पीसो), डुडो (जंगली जानवरों को पीसो) या पुडे पिंडी (योनि को पीसो)। कोहको पत्थर से हरड़ को पीसने की क्रिया का सूचक है; वरिष्ठ नर्तक अपने डंडों को जमीन पर पटकते थे 'जैसे की वे हरड़ फोड रहे हों।' जब बाहर यह प्रदर्शन चल रहा था उसी दौरान बड़े लड़के टोकरियाँ लेकर घर के अन्दर गए और उन्हें मंडिया का आटा, महुआ के फूल और सम्भवतः ताँबे का सिक्का दिया गया। कुछ घरों के लोगों ने लड़कों के साथ अच्छा बर्ताव नहीं किया और उन पर गन्दा पानी फेंका और उन्हें गालियाँ सुनाईं। उन सभी घरों में जिनमें एक मुटियारी थी काफी मजाक होता था। लड़कियाँ दरवाजों के पीछे छुप जातीं और लड़कों के करीब आने पर उनके ऊपर गन्दा पानी फेंकतीं। कुछ लड़कियाँ लड़कों के आगे-आगे एक घर से दूसरे घर भाग रही थीं। एक घर में दो नेताओं को बेलोसा और दुलोसा के साथ अन्दर बन्द कर दिया गया, 'जैसे कि वे दूल्हा-दुल्हन हों' अन्य लड़कों ने बताया। एक दूसरे घर में लड़कों ने लड़कियों को घर के अन्दर बन्द कर दिया, दरवाजे पर घनी झाड़ियों का ढेर लगा दिया। दो जगहों पर लड़के मुर्गे चुराने में सफल रहे। एक मुर्गा किसी मुरिया का था और उसके मालिक ने हँसते हुए उसे जाने दिया, लेकिन दूसरा मुर्गा एक उद्‌दंड हिन्दू से बदला लेने के लिए लिया गया जिसने लड़कों को गाली दी थी और उन्हें आटा देने में कंजूसी की थी। उन्होंने मुर्गी को पकड़कर एक टोकरी में छुपा दिया। मुर्गी का मालिक विरोध प्रकट करते हुए उनके पीछे-पीछे लगा रहा मगर वह अपनी मुर्गी वापस न पा सका।

लड़कों ने हर घर से कुछ पुरानी टोकरियाँ, झाड़ू, टाट, टूटे सूप आदि जुटाते रहे और अपना दौरा पूरा करने तक वे खेतों में कौआ भगानेवाले नमूनों का एक असाधारण झुंड प्रतीत हो रहे थे। वास्तव में यह गाँव को बीमारियों से मुक्त रखने की रस्म का एक हिस्सा था।

अब तक लड़कों के पास आटा और महुआ फूलों से भरी कई टोकरियाँ हो गई थीं। उन्होंने महुआ के बदले में ठेके से शराब ले ली और आटा तथा दोनों मुर्गे लेकर खेतों में चले गए। वहाँ गैता के खेत के एक कोने में उन सभी बेकार चीजों को फेंक दिया जो उन्होंने इकट्‌ठा किया था और अपने डंडे भी फेंक दिए। और कुछ लड़कों ने घनी झाड़ियाँ और लकड़ियाँ इकट्‌ठा कीं और उसे पाँच गज के वर्गाकार दायरे में बिखेर दिया। दूसरे लड़के पानी और पीपल के बड़े पत्ते ले आए। दो लड़कों ने आटा और पानी मिलाकर पतली रोटियाँ बनाईं और उसे एक पत्ते पर रखकर दूसरे से ढक दिया। फिर सिरदार ने घोटुल के चूल्हे से लाई

गई रस्सी से आग लगाकर वर्ष का पहला पटका जलाया।

लकड़ी और कूड़ा-करकट जल चुकने के बाद लड़कों ने मंडिया आटे की तीन रोटियाँ किस कन्यांग (आग की देवी) को चढ़ावे के तौर पर राख पर फेंकीं। बाकी रोटियों को पकाने के लिए भस्म में डाला गया। गाइता ने दोनों मुर्गियों को पृथ्वी को अर्पण किया। सब उत्सुकता से देख रहे थे कि कटे मुर्गे कैसे गिरते हैं; यदि वे दाएँ या बाएँ बगल से गिरते हैं तो यह एक शुभ संकेत है, यदि पेट के बल गिरते हैं तो यह अशुभ होगा। उस दिन एक शकुन अशुभ था। गाइता आग के पास बैठ गया और उसके दोनों तरफ चेलिक बैठ गए। उसने गाँव के पुराने मृत गैताओं की आत्माओं को शराब की भेंट चढ़ाई और प्रार्थना की, 'जब हम परका जलाएँ तो अच्छी हवा चले और वर्षा न होए, हमें घोटुल में हमारी मुटियारी के साथ अच्छी नींद दो और उन्हें गर्भवती होने से बचाओ।'

और फिर उन सबने शराब पी। पत्तियों को आग से निकाला गया रोटियाँ और मुर्गों के टुकड़ों का बँटवारा किया गया। मुझे एक मुर्गे का सिर और रोटी का टुकड़ा मिला। यह हो चुकने के बाद गाँववाले अब अपने परका का काट और जला सकते थे। बरसात शुरू होने पर गाइता इसी स्थान पर बीज रोपेगा और उसके बाद दूसरे गाँववाले बीज रोपेंगे।

खटगाँव और उस इलाके के गाँवों में, लगता है यह त्योहार नहीं मनाया जाता पर जिस दिन को वे परका या डिप्पा जलाने के लिए निश्चित करते हैं उसकी पूर्व संध्या पर गाइता घोटुल में सोता है ताकि सबकी पवित्रता बरकरार रहे। गाँव के मन्दिरों में चढ़ावों की आम रस्म के बाद वह सबको जंगल में ले जाता है। जंगल में लकड़ियाँ काटते हुए चेलिक किड्डारी पुडे। चिल्लाते हैं जिस पर गाइता तमाशबीन गाँववालों से कहता है, 'उन्हें खाने के लिए कुछ दो।' गाँववाले अपने साथ पेंदी में भुने चावल रखे बर्तन, पानी और कद्दू लेकर आए होते हैं। वे चेलिक को दौड़ाकर पकड़ते हैं, उनके मुँह पर बर्तनों की कालिख पोत देते हैं और प्रत्येक को थोड़ा-थोड़ा भुना चावल खाने के लिए देते हैं। अगर कुछ चावल बच जाए तो उसे शाम को घोटुल में ले जाया जाता है जहाँ मुटियारियों के साथ भी वही सलूक किया जाता है।

गाँव की सुरक्षा के लिए की जानेवाली बोहोरानी रस्मों में घोटुल की उपेक्षा नहीं की जानी चाहिए हालाँकि सिद्धान्ततः ऐसे कर्म-कांडों की आवश्यकता नहीं होनी चाहिए। चिगनार में हर तीन वर्ष पर गाइता घोटुल के सात चक्कर लगाता है, उसकी चौखट पर धातुमल की 'कीलें' घुसाता है और उसके सामने एक अँगूठी गाड़ता है ताकि जादू-टोना से सुरक्षा रहे। सुरमा में लोग इसी उद्देश्य से सात मोरवा के पत्ते बाँध देते हैं।

3. डंडों पर चलने का त्योहार

बरसात के समय में पैरों में लकड़ी के डंडे बाँधकर चलना एक अर्द्ध धार्मिक परम्परा है जो पूरे मध्य भारत और निस्सन्देह हर जगह पर बहुत आम है।[1] ऐसा आशय है कि इसका कुछ

1. जैसा कि, उदाहरण के लिए, अंगामी और आओ नगा, कूकी और कचारी, और मारक्वेसंस द्वारा। देखें मिल्स, *द आओ नगाज* पृ. 155 और जे.जी. फ्रेजर, *बिलीफ इन इम्मार्टैलिटी* (लन्दन, 1913), खंड II, पृ. 339 व आगे। रस्सेल बाँस के डंडों पर हिन्दू लड़कों के चित्र देते हैं (उपर्युक्त, खंड IV, पृ. 42 और 46) और इस परम्परा का एक संक्षिप्त वर्णन करते हैं, खंड IV, पृ. 111।

जादुई प्रभाव होता है जो फसलों को तैयार होने में मददगार होता है।

मांडला में इस परम्परा का वर्णन करते हुए कर्नल वार्ड कहते हैं कि, 'गिरी को त्योहार कहना मुश्किल है; यह अन्य किसी चीज की अपेक्षा अपने बेतुकेपन के कारण दिलचस्प लगता है और इसे सिर्फ बच्चे ही मनाते हैं। बच्चे पैरों में लकड़ियाँ बाँधकर कुछ दिनों तक घूमते हैं और मेरी की संस्था या लकड़ियों की प्रशंसा करते हैं जो कीचड़ में चलने से उनकी रक्षा करता है; और अन्त में वे एक जुलूस बनाकर नेरबुड्डा तक जाते हैं और अपनी लकड़ियाँ उसमें फेंककर वापस घर लौट आते हैं।'[1]

चेलिकों की परम्परा भी कुछ इसी प्रकार की मगर ज्यादा विकसित है। डंडे घोरिया या सराय के बने होते हैं और लगभग 6 इंच लम्बे होते हैं जिन पर जमीन से लगभग 2 इंच की ऊँचाई पर पैर रखने का स्थान होता है। वे खोखली की गई चर लकड़ी के टुकड़ों के बने होते हैं जिन्हें कंकड़ों से भर दिया जाता है और खम्भों पर उन्हें कीलो या लकड़ी की छोटी खूँटियों से जोड़ दिया जाता है। ये डंडे बरसात के शुरुआती दिनों में अमावस पंडुम पर बनाई जाती हैं जो हिन्दुओं के हरेली त्योहार के साथ पड़ता है। बरसात के दिनों में चेलिक लगातार अपने डंडों पर चलते हैं और उनके पैर रखने की खोखली जगह में भरे गए कंकड़ खूब आवाज करते हैं। डंडों पर खेला जानेवाला एकमात्र खेल डंडों पर की जानेवाली लड़ाई है जिसमें वे एक दूसरे को नीचे गिरा देने का प्रयास करते हैं।[2] वे अपना एक डंडा उठाकर उससे दूसरों पर प्रहार करने में माहिर हो जाते हैं। वे बहुत चतुराई भरे एकल नृत्य भी करते हैं और एक पैर उठाकर दूसरे पर भचकते हैं।

डंडों पर चलने की अनुमति दो महीनों के लिए ही होती है। बरसात के दिनों में अमावस पंडुम से नए खाने की रस्म तक जो अगस्त माह के मध्य में पड़ता है, और उसके कुछ दिन बाद तक यह चलता है। इसे गोंडी में कोरता टिंडाना कहते हैं और त्योहार के दूसरे दिन जिसे हरा टिंडाना कहते हैं या वह दिन जब लोग त्योहार के दिन का बचा हुआ खाना खाते हैं, डंडियों से जुड़ी एक विशेष रस्म होती है। इस दिन के बाद से डंडियों पर चलना वर्जित हो जाता है। ग्रिग्सन आगे बताते हैं कि पहाड़ी माड़िया के बीच एक नियम है कि वर्ष के शेष दिनों में न सिर्फ डंडों पर चलना वर्जित है बल्कि हर चौथे वर्ष भी ऐसा करना वर्जित है।[3]

कोरता टिंडाना के दूसरे दिन चेलिक एकत्रित होते हैं और हाथों में बुरसुंडी पौधा लेकर अपने डंडों पर गाँव का चक्कर लगाते हैं। वे हर दरवाजे पर नृत्य करते हैं और चावल, शराब और धन की भीख माँगते हैं और गाते हैं :

लाया दाया लू लून थी,
राई केडा बेडा थे
नाना डाका डार थे,
गंद्री बुरसुंडी पारा पारा।

---

1. एच.सी.ई. वार्ड, *रिपोर्ट आन द लैंड रिवेन्यू सेटलमेंट ऑफ द मंडला डिस्ट्रिक्ट* (बाम्बे, 1870), पृ. 65 तुलना करें ई.एम. गॉर्डन, 'नोट्स कन्सर्निंग द पीपल ऑफ मुंगेली तहसील, बिलासपुर डिस्ट्रिक्ट' जे.ए.एस. बेंग में, न्यू सिरीज, खंड I (1905), पृ. 193।
2. अंगामी नगा, मार्केसन द्वीप के लोगों की तरह बाँस के डंडो पर एक खेल खेलते हैं जिसमें प्रतिद्वन्द्वी एक डंडे पर अपना सन्तुलन बनाते हुए दूसरे डंडे से अपने प्रतिद्वन्द्वी को गिराने की कोशिश करते हैं। देखें जे. एच. हट्टन, 'असाम एंड द पैसिफिक', *मैन इन इंडिया,* खंड IV (1924), पृ. 6।
3. ग्रिग्सन, उपर्युक्त देखें, पृ. 140।

इसका अनुवाद इस तरह किया जा सकता है, 'ओ बदबूदार मच्छर! राई के खेतों में भाग जाओ इसके पहले कि चौखट पर हमारे पैर पड़ें क्योंकि टहनियाँ लेकर हम तुम्हें मारने आए हैं।' नृत्य करते हुए लड़के जमीन पर बुरसुंडी की टहनियाँ मारते हैं। माना जाता है कि इसके परिणामस्वरूप काटनेवाले मच्छर और मक्खियाँ वर्ष भर गाँव को तंग नहीं करेंगे।[1]

इसके बाद चेलिक अपने डंडों पर गाँव की सीमा के बाहर जाते हैं जहाँ चींटियों की बाँबी पर पत्थर रखा होता है जो भिमुल पेन, डिटो पेन या गोरोंडी मुन्ताई के सम्मान में होता है। वे एक जुलूस की शक्ल में उसका सात चक्कर लगाते हैं और सिरदार उसके चारों तरफ धागा लपेटता है। वह एक लड़के को थोड़ी दूरी पर भेजता है और जमीन पर अपना हाथ दबाकर उँगलियाँ चटकाता है और कहता है 'अब हम देखेंगे कि वास्तव में तुम हमारी मदद कर रहे थे अथवा नहीं।' वह भीख में प्राप्त एक अंडा उठाकर दूर खड़े लड़के के पास फेंकता है। यदि देवता मेहरबान हो तो अंडा नहीं टूटेगा और दूसरा लड़का उसे उठाकर वापस फेंकता है। ऐसा वे तीन बार करते हैं।[2] यदि अंडा फूट जाता है तो वह उसका द्रव उठाकर दल के हर लड़के के लिंग पर लगाता है और कहता है, 'हम खाज और संक्रमण से मुक्त रहें।'

फिर वे अपने डंडे तोड़कर उन्हें पत्थर के ऊपर रख देते हैं। कभी-कभी डंडियों को वर्गनुमा आकृति में बाँधा जाता है और पैर रखनेवाले डंडों और खूँटियों को उस पर लटका दिया जाता है। चारों कोनों पर चार डंडों को खड़ा करके उन्हें बाँध दिया जाता है। इस स्थान पर वे अंडों और मुर्गों का चढ़ावा चढ़ाते हैं और अंडों के छिलकों को धागे में बाँधकर डंडों के ऊपर बाँध देते हैं। मुर्गों को वे उनका सिर जमीन पर पटककर मारते हैं, सामान्य तरीके से गला काटकर नहीं। फिर वे मुर्गे और अन्य खाद्य सामग्री, जो उन्हें मिली होती है, उसकी दावत करते हैं और जितनी शराब इकट्ठी कर पाए थे वो सब पी जाते हैं। एक नियम यह है कि देवता के प्रतीक पत्थर के सम्मान के लिए उस दिन वे पत्थर की भट्ठी पर खाना नहीं पकाते, पर वे सजा लकड़ी के हर टुकड़े काटकर उन्हें जमीन में ठोकते हैं और उन पर अपने बरतन रखते हैं।

इस रस्म के प्रारम्भ को बतानेवाली कई कहानियाँ हैं। कोंडागाँव तहसील के मुरिया लोगों के अनुसार अमावस के त्योहार के दिन लिंगो का भाई भुमिल मवेशियों को नमक डालने के लिए घर से बाहर गया। उसका छोटा-सा लड़का रोने लगा, 'मैं भी जाना चाहता हूँ' और चूँकि बाहर बहुत कीचड़ था इसलिए उसकी माँ डोरोंडी ने उसके लिए एक जोड़ी डंडे बनाए और उसको पिता के साथ भेज दिया। गाँव के लड़कों ने जब उसे डंडों पर चलते देखा तो उन्होंने अपने-अपने पिता से भी वैसे डंडों की माँग की पर उन्होंने जवाब दिया, 'हमें डंडे बनाना नहीं आता। इसलिए लड़के गोरोंडी के पास गए और उनसे डंडे बनाने का निवेदन किया। एक दिन एक लड़का गिर गया; गोरोंडी दौड़कर उसके पास गई और घाव को सहलाने

---

1. रस्सेल, पोला त्योहार में एक तेली परम्परा के बारे में बताते हैं जिसमें महिलाएँ एक कँटीली लता की टहनियाँ, जिसे वे मारबोड कहते हैं, ले आती हैं और उससे घर को बुहारती हैं और कहती हैं 'ऐ मारबोड, सभी बीमारियों, दर्द, जुकाम, कीड़ों, मक्खियों और मच्छरों को निकाल दो'।—रस्सेल और हीरालाल, उपर्युक्त देखें, खंड IV, पृ. 550। हिवाले, उपर्युक्त देखें, पृ. 123।
2. एक दूसरे तरीके से अंडा फेंककर भविष्य का पता लगाना खासी लोगों में प्रचलित है—पी.आर.टी. गॉर्डन, *द खासिज* (लन्दन, 1914), पृ. 16 और 226 व आगे। अंडों के सम्बन्ध में एक दिलचस्प लोककथा के लिए देखें, एल.पी. न्यूमैन, 'समनोट्स आन द फोल्क-लोर आर्फ पोल्ट्री', *फोल्क-लोर*, खंड LIII, (1940) पृ. 104 व आगे।

लगी जिससे कि घाव तुरन्त ठीक हो गया। लड़के चोट लगने पर इलाज के लिए और अपने टूटे डंडों को ठीक करवाने उसके पास आते। पहले तो वह मना कर देती मगर बाद में उसने कहा कि यदि वे उसके लिए मुर्गे और अंडे लाएँगे तो वह उनकी मनचाही इच्छा पूरी करेगी। तब से लड़के वर्ष में एक बार उसे उपहार देते हैं और बदले में वह उन्हें गिरने से बचाती है और उनके डंडों को टूटने से बचाती है।

एक अन्य कहानी के अनुसार इसकी शुरुआत का कारण भुमिल और उसकी पत्नी के बीच की कुख्यात ईर्ष्या है। माना जाता है कि उन दोनों में जबर्दस्त प्रतिद्वन्द्विता थी। भंडारसिउनी में मुरिया लोगों ने भिमुल को एक साँड़ समर्पित करते हुए कहा कि वे उसके नाम पर उस साँड़ की कुर्बानी चढ़ाएँगे यदि वह अच्छी बारिश करवाएगा। गोरांडी इससे बहुत नाराज हुई और उसके सिराहा ने गाँववालों को बुलाकर कहा, 'तुम मेरे पति को साँड़ देने की बेवकूफी क्यों की? भिमुल जड़ें खोदने गया है और वह छह महीनों तक नहीं लौटेगा फिर वह तुम्हारे लिए कुछ कैसे कर पाएगा? साँड़ मुझे दे दो और मैं तुम्हारी सभी इच्छाओं की पूर्ति करूँगी।' इसलिए गाँववालों ने उसके नाम पर साँड़ की बलि चढ़ा दी और इसके पहले कि वे भोजन पका पाते, उसे खा पाते कि वर्षा का एक झोंका आया। 'यह एक महान स्त्री है', गाँववालों ने कहा, 'हमें इसे कभी नहीं भूलना चाहिए।' अमावस त्योहार के समय जब गाँववालों ने फिर भिमुल को सम्मानित करना शुरू किया तो गोरोंडी नाराज हो गई मगर गाँववालों ने कहा, 'हमें परेशान मत करो; डंडों पर चलनेवाले जिस लड़के को गिरा सकती हो गिरा लो और चाहो तो उनकी हड्डियाँ तोड़ दो, उन्हें घायल कर दो।' इसलिए गोरोंडी बाहर निकली और उसने लड़कों को गिराना और उन्हें घायल करना शुरू कर दिया और लड़के भागकर सिराहा के पास गए। उसने बताया कि यदि वे भिमुल और गोरोंडी दोनों को कोरता टिंडाना पंदुम के दूसरे दिन सम्मानित करेंगे तो वह उन्हें परेशान नहीं करेगी। तब से हर गाँव के लड़कों ने अपने त्योहारों में गोरोंडी का सम्मान किया है और कहा जाता है कि वे कभी अपनी डंडियों से नहीं गिरते या घायल होते हैं।

यह कहानी हर जगह के लोगों को मालूम नहीं है और इसका साक्ष्य यह है कि कुछ गाँवों में टूटे डंडों को गोरोंडी के बजाए भिमुल के पत्थर पर जमा कर दिया जाता है और कई पर एक दूसरे पत्थर पर जिसे डिटो पेन शाब्दिक अर्थ में 'डंडों का देवता' कहा जाता है। लेकिन अधिकतर जगहों पर डंडों पर चलना भिमुल और उसकी पत्नी से जुड़ा हुआ है।

4.

स्वतः स्पष्ट है कि घोटुल और धर्म की चर्चा करना आवश्यक था। यहाँ भी मुरिया लोगों के जीवन के अन्य पहलुओं की तरह शयनगार प्रभावी भूमिका निभाता है। इन लड़के और लड़कियों को सेवा के लिए समर्पित होते हैं। यह समर्पण पश्चिमी लोगों को आदिम और भोंडा लग सकता है मगर यह वास्तविक होता है; उनके लिए यह वास्तविक होता है। वे भगवान और मनुष्य को समर्पित एक मन्दिर में रहते हैं; चेलिक और मुटियारी उस समर्पण भाव की सम्मान के साथ पूर्ति करते हैं, विवाह और अन्त्येष्टि संस्कार में, त्योहारों में और खेतों पर।

अध्याय पच्चीस

घोटुल के नैतिक मानदंड

घोटुल में अनैतिकता बहुत कम होती है। जो बाहरी व्यक्ति इसे अविवाहित स्वतन्त्रता और युवाओं के बीच भ्रष्टाचार का स्थान समझते हैं वे दो गलतियाँ करते हैं, एक सोचने के तरीके की और दूसरी तथ्य की। उनका सोचने का ढंग गलत होता है क्योंकि हम अपने विचार और मानदंड किसी दूसरी संस्कृति पर लागू नहीं कर सकते और अपनी संस्कृति से उसकी तुलना नहीं कर सकते। लेकिन वे तथ्य के लिहाज से भी गलत होते हैं। घोटुल का संचालन सटीक और दूरगामी प्रभाव रखनेवाले नियमों के द्वारा होता है और आमतौर पर उनका पालन किया जाता है। घोटुल का जीवन, अन्य आदिवासी गाँवों के युवाओं के जीवन की तुलना में ज्यादा संयत होता है।

पहले हम मुरिया लोगों के बीच अच्छे और बुरे के आम मानदंडों पर विचार करते हैं। घोटुल में इस प्रश्न पर काफी बातचीत की है। मरकाबेरा में एक मुरिया ने बताया, 'सबसे बड़ा पाप जादू के द्वारा किसी पर आघात करना है। किसी व्यक्ति को, खासकर किसी वृद्ध को कुल्हाड़ी से घायल करना अत्यन्त बुरा है। अकारण मवेशियों की जान लेना बुरा है, लेकिन किसी बैल या गाय की अन्त्येष्टि या त्योहार के समय कुर्बानी देने में कुछ गलत नहीं है।' दूसरी तरफ, 'किसी भूखे को भोजन देना बड़े पुण्य का काम है। यदि कोई व्यक्ति अपने मकान का किराया नहीं दे सकता और उसके खिलाफ वारंट निकल जाता है, ऐसे व्यक्ति की मदद करना पुण्य का काम है। दूर से आनेवाले किसी अजनबी का यदि मैं अपने घर में सत्कार करूँ तो यह एक पुण्य का काम होगा। राह भटके आदमी को सही राह पर लाना एक अच्छा काम है। यदि किसी धनी व्यक्ति से हम ऋण माँगते हैं और वह जितना माँगा जाए उससे ज्यादा ऋण दे और कम ब्याज पर दे तो वह एक भला आदमी है। यदि किसी सिराहा को मदद के लिए बुलाया जाए और वह बीमार की मदद के लिए तत्काल आ जाए तो वह एक भला आदमी है। यदि कोई बूढ़ा और ज्ञानी व्यक्ति किसी कठिनाई के समय हमारे साथ मूर्खतापूर्ण बात नहीं करता या बुरा-भला नहीं कहता बल्कि सही सलाह देता है तो वह एक भला आदमी है।'

झगड़ालू और गुस्सैल व्यक्ति को बहुत बुरा माना जाता है। सज्जनता और सहृदयता, ईर्ष्या और जलन का न होना, उदार और खुले हाथ का होना सबसे प्रशंसनीय गुण हैं। मसोरा का दिवंगत मुखिया अपने लोगों के बीच एक सन्त की तरह माना जाता था। 'वह विनम्रता से बात करता है चाहे वह गर्म (नशे में) हो या ठंडा (जब वो नशे में नहीं होता)। वह सबके साथ आराम से बातचीत करता है। अपने लोगों में उसका कोई दुश्मन नहीं है हालाँकि पाइक (छोटे अधिकारियों) में उसके कई दुश्मन हैं क्योंकि वह हमेशा गरीबों को बेगार (जबर्दस्ती

कराया गया श्रम) करने से बचाता है। उसका सबसे बड़ा शत्रु कोटवार है, जो किसी मुर्दे को भी काम पर लगा सकता है। लेकिन मुखिया कभी नाराज नहीं होता, किसी पर हुक्म नहीं चलाता; जब वह कोई काम करवाना चाहता है तो ऐसे बात करता है जैसे कि विनती कर रहा हो। उसने प्रायः ही गाँव के सबसे गरीब लोगों के बदले में अपनी जेब से उनके मकान का किराया और उन पर लगा जुर्माना चुकाया है। सभी बच्चे उसे बहुत प्यार करते हैं। वह सबके साथ हँसता और मजाक करता है और यहाँ तक कि गुंडा लोगों के प्रति भी अच्छा बर्ताव करता है।' जिसने भी किसी बाहरी व्यक्ति, चाहे वह चपरासी, मकान मालिक या ठेकेदार हो, को मुरिया लोगों के साथ बात करते सुना है, वह इस कथन, 'वह सबके साथ आराम से बात करता है', इस कथन का भाव समझ सकता है।

मसोरा में एक अन्य अच्छा व्यक्ति लाकाडू था, जो एक बहुत ही प्यारा नौजवान था। 'वह कभी झगड़ा नहीं करता बल्कि अपनी आजीविका कमाता है और चुपचाप अपने घर में रहता है। हमने उसके घर में कभी झगड़ा होते नहीं सुना। वह एक शान्त मिजाज व्यक्ति है।' बिनझली में बताया गया कि उस इलाके का सबसे सम्मानित व्यक्ति तरलम्वा का दिब्लू था। उसके ज्ञान के लिए उसका सम्मान किया जाता है। 'वह सभी भाषाएँ जानता है, सारी जानकारी, सारा ज्ञान उसके पास है और वह इसे साझा करना भी जानता है। वह कभी झगड़ा नहीं करता। जब वह अधिक पी लेता है, तो अकेला कहीं जाकर पड़ जाता है, इस डर से कि किसी के साथ अभद्रता से बात न कर बैठे। उसने कभी कोई चीज नहीं चुराई या किसी को नहीं मारा। वह अपने परिवार के साथ सुखपूर्वक रहता है।' इसी प्रकार का एक और व्यक्ति पलकी का डंडी मुरिया है। कुंटपदर में लोगों ने जनतान्त्रिक दृष्टिकोण, सबको अपने समान समझने के भाव, के महत्त्व पर जोर दिया। मेटावंड में लोगों ने उदारता को ज्यादा महत्त्व दिया। जरूरतमन्द की मदद करना और मुसीबत के मारे व्यक्ति के प्रति सहृदयता बरतना एक अच्छे व्यक्ति की निशानी है। साहस की भी कद्र की जाती है लेकिन बहुत ज्यादा नहीं। फिर भी पल्की के कुटवाल कुमोती के बारे में कहा जाता है 'जहाँ अँग्रेज लोग बिना हथियारों और समूह के जंगल में जाने का साहस नहीं करते वहीं वह बिना किसी हथियार के कहीं भी चला जाता है और उसे भालुओं या बाघों का कोई डर नहीं है।'

हम पश्चिम के निवासियों के विचार में यौन नैतिकता क्या एक सज्जन व्यक्ति के चरित्र का हिस्सा है? जब भी मैंने बातचीत में यह मुद्दा उठाया तो इसके जवाब में हमेशा प्रतिबन्धित सम्बन्धों का जिक्र आया। मसोरा के लकमु के विचार से 'सबसे बड़ा पाप छोटे भाई की पत्नी से किसी प्रकार का सम्बन्ध रखना है या किसी लड़की का एक गंडा के साथ सम्भोग करना है।' अन्य जगहों पर, कई गाँवों में मुझे बताया गया कि विजातीय विवाह के नियमों को तोड़ना, प्रतिबन्धित सम्बन्धों के दायरे में आनेवाले किसी व्यक्ति के साथ सम्भोग करना और व्यभिचार करना कितना खतरनाक है। मसोरा में जब मैंने पूछा कि क्या अविवाहित लोगों के बीच शारीरिक सम्बन्ध को वे गलत मानते हैं, तो बहुत देर तक वे मेरे प्रश्न को समझ ही नहीं पाए। अन्ततोगत्वा समझने पर उन्होंने कहा, 'सिर्फ तभी अगर वह एक ही लड़की के साथ बहुत अधिक सोता है उसे लड़की बदल लेनी चाहिए।'

अब हमें उन नैतिक गुणों का एक चित्र मिल गया है जिन्हें प्रशंसनीय माना जाता है और उनका जिनका होना अफसोसनाक है। अब हम घोटुल के करीब चलते हैं। 'घोटुल में कोई भी पाप नहीं हो सकता।' यह पत्थर की लकीर नहीं है लेकिन यह चेलिक और मुटियारी

की आश्चर्यजनक दोषहीनता का वर्णन करने के लिए पर्याप्त है। यौन सम्बन्धों में कुछ भी गलत नहीं है बशर्ते कि वे–जैसा कि मैंने पहले बताया है–वे उपयुक्त व्यक्तियों के साथ सही समय और स्थान तथा सही तरीके से हों।

चेलिक या मुटियारी के लिए जरूरी है कि वे सही साथी का चुनाव करें। उन्हें प्रतिबन्धित सम्बन्धों के अन्दरूनी दायरे से एकदम दूर रहना चाहिए। अपने कुल के किसी व्यक्ति के साथ सम्भोग करना प्रतिबन्धित है, लेकिन इसे बहुत गम्भीरता से नहीं लिया जाता जब तक कि इसका खुलासा न हो जाए और इससे गर्भ न ठहर जाए। जोड़ीदार घोटुल में चेलिक और मुटियारी को एक-दूसरे के प्रति वफादार रहना चाहिए; अन्य घोटुलों में उन्हें किन्ही विशेष लोगों के साथ अत्यधिक घनिष्ठता से बचना चाहिए। यह सर्वथा अज्ञात है कि कोई मुटियारी कबीले के बाहर के किसी व्यक्ति के साथ सम्बन्ध रखे। घोटुल में किसी लड़की को जो सबसे पहली शिक्षा दी जाती है उसमें से एक यह है कि उसे घसिया, गंडा, महारा और लोहार जाति के व्यक्तियों से दूर रहना चाहिए। सम्भवतः यह सुरक्षित तौर पर कहा जा सकता है कि किसी यूरोपीय व्यक्ति का किसी मुरिया लड़की से कोई सम्बन्ध नहीं रहा है और सरकारी अधिकारियों ने मुझे बताया है कि पुराने दिनों में जब जगदलपुर के आसपास के अधिक 'सभ्य' इलाकों में यह परम्परा थी कि गाँव का मुखिया दौरे पर आनेवाले छोटे अधिकारियों के लिए महिलाओं की व्यवस्था करवाता था उस समय भी उत्तर के घोटुल वाले गाँवों में ऐसा नहीं होता था। मुझे बताया गया है कि चपरासी, जंगल के चौकीदार, हवलदार जो कभी-कभी ग्रामीण सद्‌गुण के लिए खतरा साबित होते हैं वे घोटुल को मुटियारी को बहका पाने में कभी सफल नहीं हो पाते, जहाँ गाँव का शयनगृह कबीले के सम्मान की रक्षा करता है। यह विचार इस तथ्य से पुष्ट होता है कि मुरिया लोगों के बीच गुप्त रोग के मामले नहीं पाए जाते। वास्तव में, प्रदेश के मुख्य चिकित्सा अधिकारी डॉ. डब्ल्यू.पी.एस. मिचेल ने मुझे बताया है कि तीस वर्षों की सेवा के दौरान बस्तर के आदिवासियों में उन्हें गुप्त रोग का कोई स्पष्ट मामला नहीं मिला है।

घोटुल के यौन जीवन को निर्देशित करनेवाले नियम कठोर होते हैं और आमतौर पर उनका पालन किया जाता है। इन नियमों के उल्लंघन के मामले एकदम नगण्य होते हैं और उन्हें कठोर दंड दिया जाता है तथा वर्षों तक उनका जिक्र किया जाता है।

लेकिन यौन सम्भोग न सिर्फ उपयुक्त व्यक्ति के ही साथ करना चाहिए बल्कि उपयुक्त समय का भी ध्यान रखा जाना चाहिए। बड़े त्योहारों तथा शिकार के अभियानों के पहले यह प्रतिबन्धित है। पुस कोलांग नृत्य के दौरान तथा विशेषकर लड़की की माहवारी के समय यौन सम्भोग प्रतिबन्धित है।

कुछ स्थानों पर सम्भोग करना प्रतिबन्धित है। सम्भोग घोटुल की दीवारों के भीतर किया जाना चाहिए, उस दैवीय चारदीवारी के भीतर जो पाप से बचाती है। प्रायः यह बुरा माना जाता है कि कोई लड़का प्रतिबन्धित सम्बन्धों में आनेवाले किसी व्यक्ति की उपस्थिति में सम्भोग करे। जोड़ों वाले घोटुल में, उदाहरण के लिए, किसी बड़े भाई को छोटे भाई की मुटियारी की उपस्थिति में सम्भोग नहीं करना चाहिए। ऐसा करने के लिए उसे दूसरी झोपड़ी में जाना चाहिए। यह भी निश्चित ही बुरा होगा और बाघों को गाँव की तरफ आकर्षित करेगा यदि कोई चेलिक और मुटियारी उस मंच पर सोते हैं जहाँ से लड़के तैयार हो रही फसलों की रखवाली करते हैं। इसके अतिरिक्त ऐसी जगह का चुनाव नहीं करना चाहिए जहाँ देवता

और भूत-पिशाच आते रहते हैं। कजेन में घोटुल के लड़के और लड़कियाँ प्रति वर्ष पुपुल पंदुम बलि पर चेलिक-तरनी डोंगर के लिए जाते हैं। बहुत समय पहले वे चेरता के लिए वहाँ गए थे और एक बड़ी चट्टान के नीचे उन्होंने डेरा डाला। एक चेलिक ने एक मुटियारी के साथ अलग जाकर सम्भोग किया। उन्हें पता था कि यह खतरनाक है और फौरन उन्होंने पहाड़ के दैत्य के लिए एक छोटी बलि चढ़ाई। जब वे दल में वापस आ गये तो एक अनाथ लड़के (जिसके प्रति अन्य सदस्य सहृदयता नहीं दिखा रहे थे और उसे अपने में शामिल नहीं करना चाहते थे) ने कहा, 'सँभल के रहना, चट्टान तुम्हारे ऊपर गिर जाएगी।' सबने उसका मजाक बनाते हुए कहा, 'इसे क्या पता?' तब एक चट्टान ने दूसरे से कहा, 'इन बच्चों ने गलत काम किया है; हमें उन पर गिरना चाहिए।' अनाथ लड़का एक चट्टान के ऊपर चढ़कर बैठ गया। अचानक वह चट्टान सभी चेलिकों और मुटियारियों पर गिर पड़ी। जब लोग आए और उन्होंने अनाथ लड़के के नाम से आवाज लगाई तो उन्हें मलबे के नीचे से बाहर निकले एक मुटियारी के पैर से उपज रहे एक बरगद के पेड़ के अतिरिक्त कुछ नहीं मिला।

अन्तिम बात यह है कि यौन सम्बन्ध सही तरीके से होने चाहिए। 'जहाँ आपसी सहमति और प्रेम हो वहाँ कभी पाप नहीं होता।' लेकिन किसी लड़की से उसकी मर्जी के बगैर जबर्दस्ती करना बहुत गलत माना जाता है। घोटुल में बलात्कार के ऐसे मामले आम नहीं हैं। याद रखना चाहिए कि मुटियारी के किसी लड़के के साथ सोने का मतलब यह नहीं है कि वह उस लड़के का साथ यौन सम्भोग के लिए तैयार है। कम उम्र वाली लड़कियाँ वर्षों तक लड़कों की बाँहों में सोती हैं और उनके बीच थोड़े कामुक खेल के अलावा और कुछ नहीं होता। पहले मासिक स्राव के उपरान्त ही वे नियमित यौन कर्म में संलग्न होती हैं। तब यदि कोई लड़का किसी लड़की से जबर्दस्ती करता है और दूसरे लोगों को यह बात पता चल जाती है तो उस पर जुर्माना किया जाता है।

यौन विकृतियाँ सर्वथा अज्ञात हैं। पशुगमन करना सभ्यता के खिलाफ अपराध है और यह एक मुरिया के लिए उपयुक्त नहीं है। एक ऐसी जनजाति के लिए जो सिर्फ दूसरे लिंग के साथ यौन सम्बन्ध बनाती है, आधुनिक यूरोपीय कामुकता के भटकाव वीभत्स प्रतीत होंगे। समलैंगिकता, जिसे स्तेकेल ने 'आधुनिक सभ्य समाज की असमाधेय समस्या'[1] बताया है, असभ्य मुरिया समाज के लिए कोई समस्या नहीं है। 'ईर्ष्या और समलैंगिकता हमारे भावावेग की अव्यवस्था के दो मुख्य कारण हैं[2], यह यूरोपीय जगत के इसी वैज्ञानिक पर्यवेक्षक का कहना है। क्या एक सुधारक भी ऐसी जनजाति के महत्त्व को स्वीकार नहीं करेगा जो इन दोनों बुराइयों से बहुत हद तक मुक्त है?

जब तक यौन सम्बन्ध नैतिकता और अच्छी पसन्द की सीमाओं का उल्लंघन नहीं करते तब तक उनमें कोई बुराई नहीं है। यौन सम्बन्ध एक अच्छी चीज है। स्वास्थ्यवर्धक, सुन्दर, रोचक और प्रेम का चरमोत्कर्ष है। इसके बिना प्रेम अर्थहीन और अकल्पनीय है। एक चेलिक के लिए यह अच्छा और उपयुक्त है कि वह अपनी मुटियारी को प्यार करे और उसके साथ सोये। यह मुरिया लोगों का सरल सिद्धान्त है।

यह घोटुल जीवन के एक बहुत प्रशंसनीय लक्षण, आत्मसजगता से मुक्ति का कारण है। कोंगेरा घोटुल के दर्शन के बाद जब वाल्टर कॉफमैन ने यह कहा कि, 'इतनी साफ-सुथरी

1. डब्ल्यू स्टेकेल, 'जेलसी' फोरबाथ में, उपर्युक्त देखें, पृ. 361।
2. वही, पृ. 366।

जगह मैंने कभी नहीं देखी' तो मेरा विचार है कि वास्तव में वे यही विचार रखते थे। इन लड़के और लड़कियों के सम्बन्धों में कोई बेशर्मी, कोई घटिया या हानिकारक चीज या चुराने-छुपाने जैसी कोई बात नहीं होती। वे एक-दूसरे की बाँहों में जकड़े हुए नृत्य करते हैं; चेलिक मुटियारी के गले में हाथ डालकर घूमते हैं। प्लेट LXXV और XCI कितनी स्पष्टता से यह दर्शाते हैं। एक प्लेट में एक चेलिक अपनी मुटियारी के कन्धों पर हाथ रखे हुए एक खाट पर लेटा है, जबकि मुटियारी लगभग उसके ऊपर बैठे हुए पत्ते बना रही है। इस चित्र के लिए उन्हें तैयार नहीं किया गया था और रहस्यमय कैमरा लेकर मेरे उनके पास जाने पर वे शर्मिन्दा नहीं हुए हालाँकि वे ऐसे गाँव से थे जिसे मैं ठीक से नहीं जानता था। दूसरे प्लेट में दो चेलिक और मुटियारी मेरे टेंट के बाहर ग्रामोफोन सुन रहे हैं। वे इसमें और एक दूसरे में डूब से गए हैं। एक लड़का अपनी दोनों बाँहों में लड़की को लिए हुए है। ऐसा सहज भोलापन आदिवासी भारत के ज्यादा 'आधुनिक' हिस्सों में देखने को नहीं मिलता।

लेकिन यह ताजगी से भरी स्वतन्त्रता सार्वजनिक स्थानों पर कभी अमर्यादित रूप नहीं लेती। किसी चेलिक का अपने बड़े-बुजुर्गों और महिलाओं की उपस्थिति में नग्नावस्था में नृत्य करना अकल्पनीय है जैसा कि मैंने बड़े लोगों को करते देखा है। विवाहों के समय मुटियारी उस प्रकार की अश्लील ठिठोली नहीं करती जैसी बड़ी महिलाएँ करती हैं। एक चेलिक अन्य लोगों की मौजूदगी में किसी मुटियारी को अशोभनीय तरीके से नहीं पकड़ेगा हालाँकि वह उसे उसका आलिंगन करेगा और उसके गिर्द अपनी बाँहे डालकर घूमेगा। बड़े त्योहारों के नृत्य के समय हालाँकि माहौल रूमानियत भरा होता है और बड़े लोग नृत्य में काफी छूट लेते हैं तब भी चेलिक और मुटियारी पूरी शालीनता बरतते हैं।

अनुभूतिक्षम पाठक यह महसूस करेंगे कि यौन नैतिकता के हमारे पके-पकाए विचारों को ऐसी परिस्थितियों में लागू करना कितना अर्थहीन है। लेकिन पाठक यह भी महसूस करेंगे कि उनके मानदंडों के हिसाब से भी घोटुल को इस अर्थ में अनैतिक नहीं कहा जा सकता कि वहाँ कोई नियम-विधान नहीं होते और जो हैं भी उनकी उपेक्षा कर दी जाती है। घोटुल के नियम हमारे अपने नियमों की तरह दूरगामी प्रभाव वाले और कठोर होते हैं और प्रायः उनका बेहतर तरीके से पालन किया जाता है। क्योंकि ये नियम बाहर से नहीं बल्कि घोटुल के सदस्यों के द्वारा ही निर्मित्त हैं। इसलिए वे तर्कसंगत होते हैं, वास्तविक परिस्थिति के अनुकूल होते हैं और उनका पालन करना आसान होता है।

यह उत्सुकता जगानेवाला है कि जहाँ मुरिया गाँव में आनेवाले एक पश्चिम के यात्री को यदि वह अतिनैतिकतावादी हो तो, शायद विवाह-पूर्व बच्चों के सम्बन्धों की मुख्य चिन्ता होगी। वहीं एक हिन्दू के लिए–जो ज्यादा संख्या में आते हैं–गायों के प्रति मुरिया लोगों का सामान्य दृष्टिकोण घृणास्पद होगा। कई साल पहले प्रदेश के हिन्दू सुधारकों ने गाय की बलि पर रोक लगाने का बहुत प्रयास किया और आज भी–हालाँकि ज्यादातर प्रादेशिक अधिकारी जनजातीय परम्पराओं में दखल नहीं देते–मकान मालिक, व्यापारी, अध्यापक और यात्री इस परम्परा को समाप्त करने के लिए हर सम्भव प्रयास करते हैं। लेकिन कुछेक केन्द्रों को छोड़कर जहाँ हिन्दू प्रभाव है, प्रदेश के पूरे उत्तरी भाग में बैलों और गायों की बलि चढ़ाना और उनका मांस खाना अभी भी जारी है। मुरिया मान नहीं सकते कि ऐसा करना गलत है क्योंकि देवताओं की ऐसी इच्छा है। उनकी संस्कृति तथा उनके शास्त्रों में ऐसा कुछ नहीं जो इसे प्रतिबन्धित करता हो–और वास्तव में यहाँ हम उस परेशानी से अवगत होते हैं जो किसी

नये विचार को ऐसी जगह पर लागू करने पर आती है जहाँ उसके लिए कोई प्रावधान न हो। फिर भी जब कोई मुरिया किसी 'नैतिक' समस्या पर विचार करता है तो विवाह-पूर्व शुचिता की किसी समस्या से अधिक गोहत्या की समस्या उसे परेशान करती है।

चोरी की आमतौर पर निन्दा की जाती है लेकिन कुछ खास अवसरों पर इसकी अनुमति है। नवविवाहित दूल्हे-दुल्हन को उनके विस्तर तक ले जाते समय चेलिक मुर्गे की चोरी कर सकते हैं; उन्हें इसी प्रकार की छूट तब भी मिलती है जब गाँव भर में रस्मी नृत्य करते हैं।

अपराध की घटनाएँ बहुत कम होती हैं। एक अनुभवी पुलिस अधिकारी, जिसने घोटुल इलाके में बारह वर्ष तक नौकरी की थी, ने बताया कि इस पूरी अवधि में घोटुल से सम्बन्धित हत्या, दंगा, मार-पिटाई, घायल कर देने या बलात्कार का कोई मामला नहीं हुआ है। किसी मुरिया पर बलात्कार का कोई मामला नहीं पाया गया है हालाँकि मुरिया महिलाओं के साथ बलात्कार करने के आरोप में गैर-आदिवासियों को गिरफ्तार किया गया है। यह उल्लेखनीय है कि कोंडागाँव और नरायनपुर तहसीलों में ज्यादातर आपराधिक घटनाएँ मरदपाल परगना और उत्तर-पूर्वी सीमा से लगे क्षेत्रों में होते हैं जहाँ आवासीय प्रणाली मृतप्राय है। मरदपाल परगना में घोटुल का अस्तित्व लगभग समाप्त हो चुका और सीमा से लगे क्षेत्रों में तीव्र गति से उसका लोप हो रहा है। एक पुलिसवाले ने मुझे बताया कि उसकी राय में घोटुल की शिक्षा अपराध रोकने का सबसे महत्त्वपूर्ण कारक है क्योंकि घोटुल में लड़के और लड़कियाँ हर चीज को साझा करना, संग्रहवृत्ति और एकाधिकार की चाहत को गलत मानना सीखते हैं।

झूठ बोलना और धोखा देना निन्दनीय माना जाता है मगर लगता है उसे बहुत गम्भीरता से नहीं लिया जाता। यह इस बात पर निर्भर है कि ऐसा किस व्यक्ति के साथ किया जाता है। किसी जिज्ञासु मानव जाति विज्ञानी को त्योहार की गलत तिथि बताना था यदि वह किसी के अन्तिम संस्कार में जाना चाहता हो तो उसे किसी अन्य गाँव का रास्ता बता देना एक अच्छा गुण माना जा सकता है। कोई कसम तोड़ना या झूठी कसम खाना उतना अनैतिक नहीं है जितना कि खतरनाक है। बिनझली में मुझे एक भूतपूर्व परगना माँझी के बारे में बताया गया जिसने अकाल के समय बहुत सारा चावल चुराया था। उस पर मुकद्मा चलाया गया लेकिन उसने निर्दोष होने की झूठी कसम खाई। जब वह न्यायालय से बाहर निकल ही रहा था कि, 'उसकी आँखें फूट गईं' और वह अन्धा हो गया।

इस प्रकार मुरिया लोगों की नैतिकता प्रतिबन्धों और पाबन्दियों तथा उनके उल्लंघन के खतरों पर गहरी आस्था के साथ ही कुछ पसन्द किये जानेवाले सामाजिक गुणों में विश्वास के साथ जुड़ी हुई है। मुरिया लोगों में गहरी घनिष्ठता होती है; चूँकि उनकी संस्कृति अभी भी जीवित है, वे अनेक बन्धनों से आपस में जुड़े होते हैं। इसलिए वे उन गलतियों और अपराधों को सबसे निन्दनीय मानते हैं जो कबीले के भाईचारे को तोड़ते हैं—गुस्सा, ईर्ष्या, हमला, व्यभिचार जो इन चीजों की तरफ ले जाता है, ऐसा जादू-टोना जो जो घृणा और सन्देह से समुदाय को बाँटता है, रिश्तों के कबिलाई नियमों का उल्लंघन जो जो कबीले की एकता नष्ट करता है, और सगोत्र-विवाह के नियमों का उल्लंघन जो कबीले की अखंडता को नष्ट करता है। उन गुणों का सबसे अधिक सम्मान किया जाता है जो लोग एक साथ लाकर सुख और शान्ति फैलाते हैं—विनम्र भाषा, सहायता करनेवाले हाथ और स्वागत करनेवाला घर, पत्नी और बच्चों का प्यार, कबीलाई नियमों के प्रति निष्ठा।

अन्त में, हम एक क्षण के लिए अपने पश्चिमी दृष्टिकोण से घोटुल पर नजर डालते हैं,

और जिन्दगी और यौन सम्बन्धों के बारे में मुरिया लोगों के विचार का उनको मानदंडों से नहीं बल्कि अपने मानदंडों से मूल्यांकन करते हैं। नैतिकता के मामलों पर फैसले सुनाना मानवजाति विज्ञानी का काम नहीं है लेकिन सम्भवतः वह किसी ईसाई मिशनरी या आस्थावान हिन्दू सुधारक से बातचीत की कल्पना कर सकता है, जिनका दृष्टिकोण मुरिया लोगों के दृष्टिकोण से बहुत भिन्न है। वे यौन सम्बन्धों को बुरा और अपने आप में खतरनाक चीज मानते हैं और किसी भी प्रकार के 'शुचिता हनन' को सबसे घृणित पाप समझते हैं। क्या मुरिया लोगों की जीवन शैली के बारे में कुछ कहा जा सकता है?

सबसे पहले तो यह कहा जाना चाहिए कि चेलिक और मुटियारी आश्चर्यजनक रूप से प्रसन्न रहते हैं। उनका जीवन भरा-पूरा, रोचक, दिलचस्प और काम का होता है। जैसा कि वे प्रायः कहते हैं घोटुल, 'एक छोटा विद्यालय है।' चेलिक 'स्काउट लड़कों जैसे' होते हैं, जैसा कि एक गाँव के निवासियों ने बताया जहाँ स्थानीय विद्यालय में एक टुकड़ी थी। इन बच्चों और इसी सांस्कृतिक स्तर वाले अन्य जगहों के गाँवों के उदास-आँखों वाले, गन्दे फटीचर बच्चों के बीच कोई तुलना नहीं की जा सकती। घोटुल में बच्चों को स्वच्छता, अनुशासन और कठोर परिश्रम के पाठ सिखाए जाते हैं जो जीवनपर्यन्त उनके साथ रहते हैं। उन्हें अपने रूप पर गर्व करना, अपना और अपने बड़ों का आदर करना सिखाया जाता है; सबसे बढ़कर उन्हें सेवा की भावना सिखाई जाती है। ये लड़के और लड़कियाँ वास्तव में सार्वजनिक कल्याण के लिए बहुत मेहनत करते हैं। प्रदेश के अधिकारियों की मदद के लिए अथवा सड़कों के काम के लिए वे तत्काल उपलब्ध रहते हैं। उन्हें विवाह या अन्तिम संस्कार में सेवा करने के लिए तत्पर रहना चाहिए। त्योहारों के नीरस कामों को भी उन्हें करना चाहिए। मध्य प्रान्तों के ज्यादातर आदिवासी गाँवों के लड़के आलसी, गन्दे, अनुशासनहीन और सामाजिकता के भाव से रिक्त होते हैं। जो बच्चे विद्यालय जाते हैं उनमें भी आमतौर पर अपने साथियों की कीमत पर अपने व्यक्तिगत हितों की पूर्ति की इच्छा विकसित होती है।

हमारे मिशनरी और हिन्दू मित्र इन सब बातों से सहमत होंगे। 'लेकिन', वे कहेंगे, 'मुद्‌दा यह नहीं है। हमारी शिकायत यह है कि ये बच्चे एक साथ सोते हैं।' कम से कम यह एक चीज है जो उनके पक्ष में जाती है कि यह एक साथ सोना उनके लिए कोई बड़ा नुकसान नहीं करता।[1] वहाँ भ्रष्टाचार या अतिवाद के चिह्न नहीं दिखाई पड़ते; ये चमकती आँखोंवाले,

1. जहाँ तक मैंने देखा है, कम उम्र में अधिक सम्भोग करना इन जातियों पर प्रतिकूल प्रभाव डालता प्रतीत नहीं होता और मैदानी भागों के आर्य जाति के लोगों की तुलना में कइयों का शरीर सौष्ठव बेहतर होता है। –एस. ई. पील., 'आन द मोरोंग' *जे.ए.आई.*, खंड XXII, (1893) पृ. 248 में। पील पूर्वी असम में 26 वर्षों तक रहे। और डॉ. क्लिफ्फोर्ड एलेन आक्सफोर्ड यूनिवर्सिटी प्रेस से प्रकाशित एक महत्त्वपूर्ण पुस्तक में कहते हैं 'व्यक्ति के स्वास्थ्य के लिए यह महत्त्वपूर्ण है कि सामान्य यौन सम्बन्ध जितनी जल्दी सम्भव हो करना चाहिए। यह ध्यान देने योग्य है कि प्रकृति के करीब रहनेवाली सभी बर्बर जातियाँ अपने युवाओं को जल्दी से जल्दी विवाह करने के लिए प्रेरित करती हैं।...पादरियों और नैतिकतावादियों ने यह कह-कहकर ऊब पैदा कर दी है कि यौन मामलों में संयम बरतने से कोई नुकसान नहीं होता : कि परहेज करने से नैतिक चरित्र मजबूत होता है और ऐसी ही अन्य बातें। हम इस पर विश्वास नहीं करते। शरीर के यौन अंग ग्रन्थियों और पेशियों से बने होते हैं जो स्नायु तंत्रिका से जुड़े हुए हैं। शरीर का कोई अन्य अंग ज्यादा प्रयोग से बेहतर नहीं हो जाता तो ये अंग अपवाद क्यों होंगे? और फिर स्नायुतंत्र और बेहतर नहीं हो जाएगा यदि किसी सहज वृत्ति जनित इच्छा को दबाया जाए और वास्तव में हम जानते हैं कि कुछ सहज वृत्ति जनित तीव्र इच्छाओं को दबाने का प्रभाव यह होता है कि वे किसी असामान्य तरीके से बाहर आती हैं जैसे कि एक भूखा आदमी अपनी क्षुधा को शान्त करने के लिए लकड़ी या चमड़ा चूसता है। हमारा विश्वास है कि कामेच्छा सम्बन्धी मूलवृत्तियों के लिए भी यह सही है।'–एलेन, *द सेक्शुअल पर्वर्जन्स एंड एबनार्मेलिटिज* (आक्सफोर्ड, 1940), पृ. 167।

हँसमुख लड़के और लड़कियाँ किसी पाशविक वासना के शिकार होने का प्रभाव नहीं छोड़ते। वे परिपूर्णता का जीवन बिताते हैं और यह उनके लिए लाभदायक प्रतीत होता है।

वे एक साथ सोते तो हैं, लेकिन जैसा हमने देखा है—अनुशासन और कुछ संयम की परिस्थितियों में। दूसरे आदिवासी गाँवों के युवा भी यौन सहमिलन करते हैं लेकिन उसमें अनुशासन और संयम नहीं होता। मांडला जिले के जिन आदिवासी और अर्द्धआदिवासी लड़कों को पिछले दस वर्षों में जाना है उन सबने अपनी यौन जिन्दगी की शुरुआत बारह वर्ष की अल्पायु में ही शुरू कर दी थी और विवाह के पहले और उसके बाद वे खुलेआम यौन सम्बन्ध बनाते थे। भारत के आदिवासी इलाके यौन सम्बन्धी रोगों की बहुतायत के लिए कुख्यात हैं और मैंने जो सबसे दयनीय दृश्य देखे हैं उनमे से कुछ उन युवा लड़के-लड़कियों से सम्बन्धित हैं जिन्हें सिफिलिस रोग हुआ था। अन्य इलाकों से मिलनेवाली रिपोर्टों से पता चलता है कि इस मामले में विभिन्न जगहों की परम्पराओं में बहुत ज्यादा अन्तर नहीं है। मैं बेहिचक कह सकता हूँ कि ज्यादा क्षेत्रों को मैंने नजदीक से जाना है उनमें घोटुल गाँवों की अपेक्षा अन्य गाँवों के युवा लोगों में यौन अतिवाद ज्यादा होता है।

दूसरा रोचक और कौतूहल जगानेवाला बिन्दु यह है कि बहुत कम ही लोगों में घरेलू नैतिकता और वैवाहिक वफादारी का वैसा भाव देखने को मिलता है जैसा कि मुरिया लोगों में होता है। व्यभिचार के मामले नगण्य होते हैं और इसके दैवीय दंड मिलता है। आप उनसे ज्यादा सुखी और एकजुट परिवार नहीं पा सकते। इसका एक कारण यह है कि घोटुल प्रणाली बाल-विवाह की परम्परा को हतोत्साहित करता है जो भारत के आदिवासी इलाकों में तेजी से फैल रहा है। रोमानी स्वभाव के लोगों के लिए बाल-विवाह का मतलब निश्चित ही घरेलू बेवफाई होती है। बाल-विवाह किए हुए लड़के और लड़कियाँ स्वयं को ऐसे व्यक्ति के साथ बँधा महसूस करते हैं जिनमें उन्हें रुचि नहीं होती और स्वाभाविक तौर पर वे उन्हें छोड़कर दूसरे साथी की तलाश करने लगते हैं। मुरिया लोगों के बीच इस प्रशंसनीय निष्ठा का एक अन्य कारण यह है कि कई घोटुलों में लड़के और लड़कियाँ 'विवाहित' होते हैं और उन्हें अपने साथी के प्रति वफादार रहने की जरूरत को समझाया जाता है। दूसरे प्रकार के घोटुलों में वे अपने प्रारम्भिक दिनों से ही इस विश्वास को हासिल करते हुए बड़े होते हैं कि हालाँकि परिवर्तन अविवाहित जीवन का लक्षण है विवाहित जीवन व्यवस्थित होना चाहिए। एक बार किसी लड़की पर आपका हक या अधिकार हो जाता है तो उसे हमेशा आपके अधिकार में रहना चाहिए और आपको उसके साथ रहना चाहिए।

अब भारत के अर्द्धआदिवासी इलाकों की सबसे अहम बुराई घरेलू विश्वासघात है। तलाक सर्वव्याप्त है, घर से भाग जाना एक सामान्य चीज है और व्यभिचार एक रोजमर्रा की चीज है। इस मामले में घोटुल वाले गाँवों का नैतिक स्तर बहुत ऊँचा है। आँकड़े चौंकाने वाले हैं। बस्तर में तलाक के मामले 3 प्रतिशत के अन्दर हैं। मांडला जिले में 50 विवाहों के अध्ययन में 23 तलाक के मामले मिले यानी 46 प्रतिशत।[1]

तब हम यह सोच सकते हैं कि घोटुल के लड़के और लड़कियाँ उन चोरी-छिपे होनेवाली अप्रिय बुराइयों से लगभग पूरी तरह मुक्त होते हैं जो हमारी पश्चिमी सभ्यता में इतनी व्याप्त हैं। हस्तमैथुन शायद ही किया जाता है जो कि इंग्लिश पब्लिक स्कूलों का एक संकट है।

1. देखें मेरा लेख, 'द ड्यूरेशन आफ मैरेज अमंग द अबोरिजिनल्स इन द मैकाल हिल्स', *मैन इन इंडिया*, खंड XXII, (1942), पृ. 11 व आगे।

जहाँ यह होता भी है तो इसका कारण घोटुल को बेहतर बनाने के सुधारकों के गलत प्रयासों का नतीजा है। वेश्यावृत्ति एक अनजानी और अकल्पनीय चीज है। किसी भी मुटियारी ने कभी भी धन के लिए अपना शरीर नहीं बेचा है। समलैंगिकता, लौंडेबाजी, पशगुमन आश्चर्यचकित कर देनेवाले कृत्य हैं जो चेलिक और मुटियारी के लिए उपयुक्त नहीं हैं और वे कभी ऐसे काम नहीं करते। न ही मुरिया समाज में कुंठित गैर विवाहित महिलाओं और विक्षिप्त पुरुष होते हैं जिनका दृष्टिकोण शुष्क होता है और जो अपनी दोष ढूँढ़नेवाली समझदारी के साथ आधुनिक भारत के 'आश्रम' में बहुतायत में पाए जाते हैं।

ये बहुत लाभदायक चीजें हैं। इसी के साथ हमें यह नहीं भूलना चाहिए कि हमारे समाज में बहुत-सी ऐसी चीजें हैं जो मुरिया लोगों को चकित करेंगे और जो उन्हें बुरी लगेंगी। एक चेलिक इंग्लैंड के पब्लिक स्कूलों से क्षुब्ध हो सकता है—प्रतियोगिता का माहौल, शारीरिक दंड, दबंगई, बड़े लड़कों की ओछी तानाशाही, अलगाव और उससे जुड़ी बुराइयाँ, आम समलैंगिक रुचियाँ, लड़कियों से चोरी-छुपे बनाए जानेवाले सम्बन्ध, ऐसे खेल की आराधना जितना वास्तविक जीवन से कोई सम्बन्ध नहीं है। हमारे शहरों में व्याप्त वेश्यावृत्ति उन्हें घृणास्पद प्रतीत होगी और अविवाहितों पर तरस खाएगा तथा भय करेगा कि मृत्यु के बाद उनका क्या होगा।

वह पाएगा कि सही और उपयुक्त पाबन्दियों की पूरी तरह अनदेखी की जाती है। मिशनरी सम्भव है अपनी माँ और बहन को चूमता हो और बेशक वह मासिक धर्म के दिनों में अपनी पत्नी को भोजन पकाने और पानी छूने की अनुमति देता है—ये ऐसी चीजें हैं जो किसी मुरिया को भयानक प्रतीत होंगी। मुरिया प्रायः इस बात के लिए हिन्दुओं की आलोचना करते हैं कि वे अपने बच्चों को अपने कमरों में ही सुलाते हैं। मुरिया के अनुसार घोटुल में दूसरे बच्चों के साथ सोने की अपेक्षा यह ज्यादा अनैतिक है। कई ब्राह्मण घरों की साफ-सफाई की व्यवस्था मुरिया लोगों को पसन्द नहीं आती और अछूतों, विधवा-विवाह और पर्दा के प्रति हिन्दुओं का दृष्टिकोण उन्हें अशोभनीय और निम्न मालूम पड़ता है। अगर मुरिया में जरा भी सोचने की क्षमता हो तो वह कहेगा कि पश्चिमी सभ्यता का कोई व्यक्ति जिसकी सभ्यता में तमाम असामाजिक बुराइयाँ, ईर्ष्या, हिंसा, व्यभिचार और युद्ध पाए जाते हैं, उनकी शान्त, सुखमय और लाभप्रद जिन्दगी की आलोचना करने की स्थिति में नहीं है।

हालाँकि अन्य संस्कृतियों में घोटुल के जैसी संस्थाओं के पर्यवेक्षक आमतौर पर उनके गुणों और सामाजिक मूल्यों से प्रभावित रहे हैं, हुए हैं लेकिन इसके कुछ अपवाद हैं। एक पुरानी कृति में एस.सी.राय ने उराँव आवास को एक 'घृणित चीज'[1] कहा था हालाँकि मेरा विश्वास है कि बाद में उनकी राय बदल गई थी। डाल्टन का विचार था कि घोटुल में सम्भोग 'दुर्भाग्यवश नजाकत की सभी स्वाभाविक भावनाओं को कुन्द कर देता होगा।'[2] कनाडा के सेनेका इंडियनों के बारे में एक बहुत प्रारम्भिक कार्य में कार्टियर कहते हैं, 'उनका अपनी पुत्रियों के सम्बन्ध में एक बड़ा गन्दा रिवाज होता है कि जैसे ही उनकी उम्र किसी मर्द के पास जाने लायक होती है वे उन्हें एक व्यभिचार व्याप्त घर में डाल देते हैं जहाँ जो चाहे उन्हें भोग सकता है जब तक कि उन्हें एक उपयुक्त पक्ष नहीं मिल जाता। और इसे हम अपने अनुभव से जानते हैं, क्योंकि हमने देखा है कि वे घर लड़कियों से उतने ही भरे हुए

1. रॉय, *द उराँव*, पृ. 211।
2. डाल्टन, उपर्युक्त देखें, पृ. 248।

होते हैं जितना कि फ्रांस का कोई विद्यालय बच्चों से भरा रहता है।[1]

मरीयान द्वीपों में मिशनरियों का यूरीदोई मैसन्स डेस सेलिबेटायरस द्वारा विरोध हुआ और सिर्फ लड़कों और लड़कियों के सेक्स सम्बन्धों के बारे में उन्होंने घोषणा की कि *ले डेमन अ एताब्ली आइसी डेस सेमिनायर्स डे डिबाचे,* जबकि एक अन्य लेखक ने गुआम के यूरिटोई समाजों के बारे में *उन एपिक्यूरिस्मे ग्रोजियर*[2] लिखा।

1940 में प्रकाशित *रिपोर्ट आफ द पार्शियली एक्सक्लूडेड एरियाज एंक्वायरी कमेटी आफ उड़ीसा* (उड़ीसा के आंशिक निषिद्ध क्षेत्र जाँच समिति की रिपोर्ट) ग्रामीण आवासों के वास्तविक उद्देश्य के प्रति उतनी ही अनभिज्ञ है। रिपोट उड़ीसा के आवासों का उल्लेख इन उत्कृष्ट शब्दों में करती है :

> हालाँकि हम यह नहीं चाहते कि आदिवासियों के विशेष सामाजिक संस्थाओं के साथ छेड़-छाड़ की जाए। यह उन पर छोड़ दिया जाना चाहिए कि जब वे शिक्षित हों जाएँ तो अपनी संस्थाओं को सुधारें। पर हम एक संस्था को नजरअन्दाज नहीं कर सकते जो इन आदिवासियों में पायी जाती है और जो उन्हें शारीरिक रूप से कमजोर कर सकती हैं। इस संस्था का नाम डांगरी इदु है। यहाँ ऐसे घर हैं जहाँ एक कबीले के लड़के और लड़कियाँ रात में अलग-अलग, मगर एक समूह में सोते हैं। ऐसा खासकर गंजम क्षेत्र में होता है। हालाँकि इससे मुक्त सम्भोग को बढ़ावा मिलता है। इसे हतोत्साहित किया जाना चाहिए। यह एक सामाजिक मुद्दा है और इसलिए इसके खिलाफ प्रचार किया जाना चाहिए और अधिकारियों को निर्देश दिया जाना चाहिए कि समझा-बूझाकर इस संस्था को खत्म करवाएँ।[3]

यह आवासों के बारे में एक चपरासी जैसा दृष्टिकोण है, एक छुप-छुपकर बेशर्मी से ताका-झाँकी करनेवाले का मत—अज्ञान और असभ्यता से भरी हुई एक नीति। इन संस्थाओं का समझदारी और धैर्य से अध्ययन करनेवाला का निष्कर्ष इससे भिन्न है।

इस प्रकार कोन्याक नगा के मोरंग के बारे में सी. वॉन फ्यूरर-हैमेनडॉर्फ लिखते हैं कि वे ग्रामीण जीवन के केन्द्र हैं और उनके सामजिक तथा राजनीतिक संगठनों के स्तम्भ हैं। मोरंग प्रणाली हर पुरुष और महिला के समुदाय के अन्य सदस्यों के साथ सम्बन्धों को नियन्त्रित करती है और व्यक्तियों और समूहों के बीच तमाम आपसी दायित्वों का ढाँचा बनाती है। यह सामाजिक एकता की चेतना मजबूत करती है और मोरंग के लड़कों में एकजुट होकर काम करने का भाव विकसित करती है और इसी के साथ यह मोरंग में प्रतियोगिता को बढ़ावा देती है और इस तरह पूरे गाँव की गतिविधियों को प्रोत्साहित करती है। मोरंग की प्रतिद्वन्द्विता कभी-कभी झगड़ों का रूप ले लेती है फिर भी यह समुदाय के लिए एक फायदेमन्द नियम है।[4]

ब्रिटिश न्यू गिनिया का इटावो के बारे में मैन में एक व्यक्ति लिखता है :

---

1. जे. कार्टियर, *ब्रीफ रेसिस डेला नैविगेशन फैक्ट एन MCD XXXV,* एट *V MCDXXXVI*, सबसे पहले पेरिस, 1954 में प्रकाशित। ब्रिफ्फाल्ट द्वारा उद्धृत, उपर्युक्त देखें, खंड II, पृ. 341
2. ले गोबियन, *हिस्टॉयर डेस इलेस मैरियान्स*, पृ. 61, और एलब डी. फ्रेसिनेट, *वॉयेज आटूर डू मोंडे* (पेरिस, 1826-44) खंड II, पृ. 369 से हट्टन बेब्स्टर द्वारा उद्धृत, उपर्युक्त देखें, पृ. 169।
3. *रिपोर्ट आफ द पाशियली एक्सक्लूडेड एरियाज एन्क्वायरी कमेटी* (कठक, 1940), पृ. 92।
4. सी. वान फ्यूरर-हैमेनडॉर्फ, 'द मोरंग सिस्टेम आफ द कोन्याक नागाज़, असम', *जे.आर.ए.आई.*, खंड LXVIII, (1938) पृ. 376 में।

एक पूर्ण दीक्षित आदिवासी इटावो को अपना विद्यालय मानता है; कबीले के पिछले इतिहास का उसका समस्त ज्ञान; कबीले और समुदाय के प्रति अपने कर्तव्यों और दायित्वों का उसका ज्ञान; कबीले और समुदाय के हितों के विपरीत जानेवाली हर चीज के प्रति उसकी घृणा और नापसन्दगी; संक्षेप में वह जो कुछ भी है वह उसके इटावो की देन है और अपनी दीक्षा के दौरान इटावों में अर्जित ज्ञान जीवन में उसकी गतिविधियों पर प्रभावी होगा।[1]

इगोरोट आवास के बारे में जेन्कस की अच्छी राय थी।

ओलग का जीवन लड़के लड़कियों को न तो कमजोर करता और न ही उनका शारीरिक पतन करता प्रतीत होता है। और न ही यह उन्हें बुरा बनाता है। हालाँकि लोगों में शालीनता का कोई भाव नहीं है, मैंने अश्लीलता कभी नहीं देखी है। हालाँकि वयस्क हो जाने के बाद युवाओं में सद्गुण, इस शब्द के आधुनिक अर्थों में, जैसी चीज नहीं पाई जाती, अवयस्क बच्चे बड़े गुणी कहे जाते हैं और कहा जाता है कि विवाहित औरत हमेशा अपने पति के प्रति वफादार रहती है।[2]

ब्राजील के बोरोरो का सुव्यवस्थित पुरुषों का घर बहितो एक सार्वजनिक विद्यालय जैसा होता है जहाँ बच्चे सूत कातना, बुनाई करना, हथियार बनाना और सबसे बढ़कर गाना गाना सीखते हैं।[3]

स्टैक और ल्याल इस बात पर दुःख व्यक्त करते हैं कि मिकिट लोगों का लड़कों का क्लब–डेका–जो सहयोग का इतना फायदेमन्द रूप है, अप्रचलित हो रहा है। उनका कहना है कि ग्रामीण डेका को पसन्द करते हैं। वे कृषि में काफी मदद करते हैं, गीत और नृत्य का अभ्यास करते हैं और ग्रामीण प्रथाओं और कबीलाई परम्पराओं को जीवित रखते हैं। अन्त्येष्टि संस्कारों के समय उनकी बेहद माँग होती है, जिन मौकों पर सबसे ज्यादा उत्साह दिखाया जाता है।[4]

लुशेई आवासों के अनुशासन की पैरी सराहना करते हैं। छह या सात वर्ष का होते ही एक लुशेई अपने पिता के घर में नहीं रहता बल्कि उसे जौलबक में भेज दिया जाता है जहाँ वह बड़े लड़कों का सहायक बन जाता है। वहाँ कठोर अनुशासन बनाए रखा जाता है; छोटे बच्चों का दायित्व है कि बड़ों की सेवा करें। उन्हें कुश्ती सिखाई जाती है, अवमानना करने पर उन्हें दंड दिया जाता है, और सामान्यतः उन्हें पब्लिक स्कूल की भावना डाली जाती है और आगे के जीवन के उसके चरित्र पर इन सब चीजों का अच्छा प्रभाव पड़ता है।[5]

उन्हें अफसोस होता है कि लखेर लोगों में इस तरह की संस्था नहीं है। लखेर गाँव में अनुशासन की कमी को वे इस तथ्य का कारण मानते हैं। 'किसी लखेर लड़के को कुछ करने को कहा जाए तो वह अपने बड़ों से बहस करता है जबकि लुशेर लड़का फौरन आज्ञापालन करेगा...मेरा मानना है कि लखेर लोगों में अनुशासनहीनता का कारण यह है

1. देखें *मैन,* खंड V (1905) पृ. 3।
2. ए.ई. जेंक्स, *द बंटोक इगोरोट* (मनीला, 1905) पृ. 67।
3. वी. फ्रिक और पॉल रादिन, 'कंट्रीब्यूशन टू द स्टडी आफ द बोरोरो इंडियन्स', *जे.ए.आई.*, खंड XXXVI, (1906) पृ. 388 में।
4. ई. स्टैक और सी.जे. ल्याल, *द मिकिर्स* (लन्दन, 1908) पृ. 12।
5. एन.ई. पैरी, *द लखेर्स* (लन्दन, 1932) पृ. 28।

कि उनके यहाँ अविवाहितों के घर नहीं होते।'[1] इसका प्रभाव उनकी नैतिकता पर भी पड़ता है। अविवाहित लड़के अपने माता-पिता के घर में नहीं सोते और न ही पैथों की तरह मुखिया के बरामदे में सोते हैं बल्कि उस लड़की के घर में सोते हैं जिसे वे उस समय पसन्द करते हैं। एक खास उम्र का होने पर लड़के को अपने माता-पिता के घर में सोने नहीं दिया जाता बल्कि वह लड़कों के झुंड का हिस्सा बन जाता है जो उन घरों में सोते हैं जहाँ अविवाहित लड़कियाँ हों। यह व्यवस्था नैतिकता ग्रहण करने के लिए ठीक नहीं है और उसका एक नुकसान यह है कि लड़के अविवाहित भवन के अनुशासनात्मक प्रशिक्षण से वंचित रह जाते हैं।[2] मिल्स भी ओ नगा के मोरंग अनुशासन की प्रशंसा करते हैं। तीन वर्षों तक लड़कों को जो कहा जाए करना होता है और जल्दी से करना होता है—एक उत्तम प्रणाली है'।[3]

मध्य प्रान्तों के एक हिन्दू लेखक इन्द्रजीत सिंह अपने सामान्य वर्णन में कुछ गलतियों के बावजूद मुरिया समाज में घोटुल की भूमिका का अच्छा सार प्रस्तुत करते हैं :

> यह एक ऐसी संस्था है जिसके कई फायदे हैं। यह दोनों लिंगो के युवाओं को सामाजिक व्यवहार की शिक्षा देता है। यह विवाहोपरान्त जीवन के आचार-व्यवहार के लिए उन्हें प्रशिक्षित करता है और उन्हें समाज का उपयोगी सदस्य बनाता है। यह कबीलाई अनुशासन का भाव विकसित करता है। लोगों की भावनाओं को एक दिशा प्रदान करता है और युवा पीढ़ी को उन आर्थिक और सामाजिक दायित्वों का निर्वाह करने के लिए प्रशिक्षित करता है जिनके बिना किसी भी प्रकार का सामूहिक जीवन न तो विकास कर सकता है न ही फल-फूल सकता है।[4]

कबीलाई परम्पराओं में किसी भी प्रकार की बाहरी दखलअन्दाजी जोखिम भरा है : यदि अज्ञान और भेदभाव पर आधारित हो तो यह जानलेवा हो सकता है। मैंने असम में अमेरिकन बैपटिस्ट मिशन को मिल्स की चेतावनी पहले ही उद्धृत की है : 'धर्म परिवर्तन करनेवालों को मोरंग का प्रयोग करने पर पाबन्दी लगाकर तथा एक संस्था के तौर पर इसके महत्त्व को घटाकर मिशन के कार्यकर्ता एक खतरनाक काम कर रहे हैं, जो वे निश्चित ही नहीं करते उन्होंने इस मामले के मनोवैज्ञानिक पहलू पर विचार किया होता।' मिल्स के विचार में मोरंग, एक अनुशासक के तौर पर पिता का स्थान ले लेता है और इस प्रकार नागा नगा को 'पारिवारिक जटिलता तनावों' में से एक से निजात दिला देता है।[5] जे. एच.हटन कहते हैं : 'यह दुर्भाग्यपूर्ण है कि इसाई प्रचारकों के प्रयासों से होनेवाला आस्था परिवर्तन लकड़ी की नक्काशी, नृत्य, गीत (बेशक भजनों को छोड़कर) और आभूषण की कला का त्याग करने की तरफ ले जाएँ जबकि असम के पहाड़ों में इससे भी ज्यादा गम्भीर बात अविवाहितों के भवनों के प्रति ईसाइयों का विरोध है। इस भवनों में कबीले के अविवाहित युवा पुरुषों को उस आचार-विचार और परम्परा की शिक्षा देती है जो उन्हें अपने परिवेश के अनुकूल जीवन जीने के लायक बनाती है और उस संगठन को आगे

---

1. एन.ई. पैरी, *द लखेर्स* (लन्दन, 1932) पृ. 28।
2. वही, पृ. 247।
3. मिल्स, *द आओ नगाज*, पृ. 180।
4. इन्द्रजीत सिंह, *द गोंडवाना एंड द गोंड्स* (लखनऊ, 1944) पृ. 72।
5. मिल्स, *द रेंगमा नागाज़*, पृ. 49।

बढ़ाने में सक्षम बनाती है जिस पर गाँव की सामुदायिक जिन्दगी निर्भर होती है। इसका निश्चित परिणाम ग्राम-समुदाय का बिखराव और व्यक्तिगत हितों के लिए सामुदायिक हितों की तिलांजलि देना होता है।'[1]

बस्तर में, आनेवाले वर्षों में घोटुल को ईसाई धर्म-प्रचारकों से ज्यादा भली-मंशा रखनेवाले लेकिन अज्ञानी और जल्दबाजी करनेवाले समाज सुधारकों और राजनीतिक नेताओं से है।

इसमें सन्देह है कि यह आदिवासी गढ़ असली सभ्यता नहीं बल्कि आसपास के गैर-आदिवासी नीची जातिवालों के गाँवों में पनप रही उसकी भोंडी नकल के हमलों को कब तक बरदाश्त कर पाएगा।

यदि घोटुल मुरिया लोगों के जीवन की सबसे महत्त्वपूर्ण चीज के बजाए कोई बहुत मामूली चीज होता तो भी उसके साथ छेड़छाड़ करना अनावश्यक होता। जो कोई भी मुरिया या उनके जैसे लोगों का 'उत्थान' या उनकी 'बेहतरी' करना चाहता है उसे हेनरी बलफोर के इन बुद्धिमत्तापूर्ण शब्दों पर विचार करना चाहिए :

> पुरानी परम्पराओं का क्षरण प्रायः लोगों के अन्दर स्वयं अपने में तथा अपनी पुरानी परम्पराओं में गर्व और रुचि का भाव खत्म कर देता है; ओजस्विता का स्थान अरुचि और उदासीनता ले लेती हैं, जो एक ऐसी अवस्था है जिसे अब जनसंख्या में कमी लाने का प्रभावशाली तरीका माना जाता है। सभी परम्पराओं, समारोहों और नृत्यों...को मनमाने तरीके से रोकना एक अदूरदर्शी और अवनति की ओर ले जानेवाली नीति है। यह लोगों के पूरे सामाजिक ढाँचे की जड़ पर प्रहार करती है और इसके प्रभाव तबाही मचानेवाले होते हैं।[2]

गाँव का घोटुल सांस्कृतिक विकास के एक खास स्तर का चिह्न है। हमें लगता है कि हम उससे आगे बढ़ चुके हैं, हो सकता है कि आगे चलकर हम पुनः इसमें प्रवेश करें। जिन दिनों मैं मुरिया लोगों के साथ स्वतन्त्र और सुखी जीवन व्यतीत कर रहा था, कभी-कभी मैं सोचता था कि मैं समय से सौ वर्ष पीछे चला आया था या सौ वर्ष आगे।

मेरा यह सुझाव नहीं है कि हमें पब्लिक स्कूलों की जगह घोटुल को अपना लेना चाहिए और हमारे बच्चों को चेलिक और मुटियारी में तब्दील कर देना चाहिए पर मेरा यह सुझाव है कि घोटुल के जीवन और वहाँ की शिक्षा में ऐसे तत्त्व हैं जिन पर विचार करना हमारे लिए फायदेमन्द होगा और मुरिया लोगों की मनोवृत्ति का अपने जीवन में समावेश करने से हमें कोई नुकसान नहीं होगा।

घोटुल का सन्देश–कि युवाओं की सेवा की जानी चाहिए, कि स्वतन्त्रता और खुशी किसी भी भौतिक लाभ से बढ़कर हैं, कि मित्रता और हमदर्दी, अतिथि-सत्कार और एकता का स्थान सबसे ऊपर है, और सबसे बढ़कर, कि मानवीय प्रेम–और उसकी शारीरिक अभिव्यक्ति–सुन्दर, स्वच्छ और अमूल्य है–एक विशिष्ट भारतीय भाव है। घोटुल भारतीय परिदृश्य में कोई आस्ट्रो-एशियाई अजनबी नहीं है। पुराने उत्कृष्ट भारत का परिवेश यहाँ है; यहाँ अजन्ता में प्रदर्शित जीवन जैसा कुछ है (हालाँकि एक छोटे स्तर पर); यहाँ कृष्णलीला और उसके परम महत्त्व का कुछ अंश है (हालाँकि अब मनुष्य रूप में); यह वही जीवन, वही

1. जे.एच. हट्टन, *माडर्न इंडिया एंड द वेस्ट* (आक्सफोर्ड, 1941), पृ. 441 में।
2. एच. बालफोर, फोरवर्ड टू मिल्स, *द आओ नगाज* पृ. XII।

परम्परा है जिसने पहाड़ी चित्रकला को प्रेरणा दी थी। इन चित्रों के बारे में एक उद्धरण में जो कि घोटुल पर बिलकुल सटीक बैठता है, कुमारास्वामी कहते हैं।

बहुत से लोगों को राजपूत कला सहानुभूति और नैतिकता के आधार पर उतना ही आकर्षित करेगी जितना कि अपने सौन्दर्यात्मक पहलू से। ये चित्र आखिरकार उन लोगों को हमेशा ही प्रभावित करेंगे जो पहले से ही भारतीय जीवन और विचार के प्रति आकर्षित हैं और सबसे बढ़कर उन लोगों को जो यह महसूस करते हैं कि ये चित्र उस व्यवस्था के अन्तिम दृश्य हैं जो बहुत तेजी से लुप्त हो रही है और फिर कभी वापस नहीं आएगी। चाहे जैसे भी हो उनकी प्रकृति अनूठी है, भू-दृश्यों के मामले में जो सफलता चीनी कला ने हासिल की वह यहाँ मानवीय प्रेम के लिए हासिल हुई। अगर विश्व में कभी भी या कहीं और नहीं तो यहाँ पश्चिमी द्वार (वेस्टर्न गेट्स) पूरी तरह खोल दिए जाते हैं, प्रेमी गले में बाँहे डाले एक-दूसरे की आँखों में देख रहे हैं, सखियाँ फुसफुसाती हुई सिर्फ कृष्ण के प्रेम की चर्चा करती हैं, सभी जानवर कृष्ण की बाँसुरी की आवाज से मन्त्रमुग्ध हैं और प्रकृति रागों और रागिनियों को सुनने के लिए निश्चल खड़ी है। यह कला सिर्फ जीवन की वास्तविकता से सरोकार रखती है और सबसे बढ़कर आवेगपूर्ण प्रेम-भाव से जो सभी प्रकार के मिलन के साधन और चिह्न के रूप में अभिव्यक्त है।[1]

भारत मे आज भी यहाँ के आदिवासी आबादी के लिए खेद महसूस किया जाता है। यह पुस्तक शायद यह दर्शाने में मदद करेगी कि भारत के पहाड़ों और जंगलों में अतुल मानवीय सम्पदा है जो उसकी मिट्टी से उपजी है, उसकी महान संस्कृति का हिस्सा है जिसे तुच्छ नहीं समझा जाना चाहिए।

1. ए. कुमारास्वामी, *राजपूत पेंटिंग* (आक्सफोर्ड, 1916) पृ. 7।

परिशिष्ट

परिशिष्ट 1

घोटुल गाँवों की वर्गीकृत सूची

यह परिशिष्ट घोटुल-गाँवों की लगभग सम्पूर्ण सूची पेश करता है, जितने की मैं 1940-41 की जनगणना करते समय खोज पाया; तीसरे और चौथे स्तम्भ में दिए गए आँकड़े उस दिन चेलिक और मुटियारी की संख्या दर्शाते हैं। ये आँकड़े राजस्व अधिकारियों के मार्फत प्राप्त किए गए थे और सभी चिह्नित गाँवों में मेरे दल के सदस्यों द्वारा सावधानीपूर्वक जाँचे गए थे। मैं अचिह्नित गाँवों के आँकड़ों की सटीकता का दावा नहीं कर सकता।

ताकि पाठक मेरी जाँच के दायरे और किसी इलाके में किए गए या मजबूरी वश छोड़े गए शोध की मात्रा को समझ सकें इसलिए घाटुल की सूची के साथ मैंने निम्नलिखित जानकारी संलग्न कर दी है :

> *** का अर्थ है कि मैं स्वयं घोटुल में गया हूँ या मैं घोटुल के सदस्यों से अच्छी तरह वाकिफ हूँ। मेरे दो या दो अधिक सहकर्मी भी उस स्थान पर जा चुके हैं और सभी सूचनाओं को सावधानी के साथ जाँचा गया है। जिन घोटुल को मैं औरों से बेहतर जानता हूँ उनका नाम बड़े अक्षरों में दिया गया है। एस.एच. का अर्थ है श्री शामराव हिवाले।
>
> ** का अर्थ है कि मेरे दल के दो या अधिक सदस्य इस गाँव में गए थे और यहाँ के घोटुल और उसके क्रिया-कलापों के बारे में मेरे पास पर्याप्त और प्रामाणिक जानकारी है।
>
> * का अर्थ है कि मेरे दल के सदस्य इस गाँव में गये हैं पर मेरे पास इस गाँव की महज सतही जानकारी है।

दूसरे स्तम्भ में 'जे' अक्षर दर्शाता है कि घोटुल पुराने जोड़ीदार प्रकार का है,'एबी' अक्षरों का अर्थ है कि घोटुल अदल-बदल प्रकार का है जहाँ साथी बदले जाते हैं।

किसी भावी जाँचकर्ता को इन उद्धरणों पर बहुत ज्यादा निर्भर नहीं रहना चाहिए। 1941 में जो घोटुल बड़ा और समृद्ध था वह 1947 तक पूरी तरह बदल चुका था। लड़के-लड़कियाँ बड़े होते हैं और एक नीरस घोटुल में चहल-पहल हो जाती है : कुछ लड़के-लड़कियाँ विवाह करके चले जाते हैं और एक जीवन्त घोटुल अपने सबसे प्रमुख सदस्यों से रिक्त हो जाता है।

कोंडागाँव तहसील

अमरावती परगना

यह परगना कोंडागाँव के सुदूर पूर्व में है तथा मकरी संरक्षित जंगल में तथा इसके इर्द-गिर्द बसा हुआ है। यहाँ अधिक मुरिया गाँव नहीं है और उनमें से ज्यादातर गाँवों पर ओरिया या भट्टरा प्रभाव है।

डारली	..	..	9	7
*गुदसरा	..	एबी	10	8
गुमरी	..	..	7	7

आओनरी परगना

इस परगना में वे गाँव शामिल हैं जो उत्तरी पठार पर केसकल और कोंगूर परगना के पूर्व में स्थित हैं। यहाँ के घोटुल अदल-बदल प्रकार के हैं और यहाँ के चेलिक पुस कोलांग के बजाए महुवा डाँडर नृत्य करते हैं। विवाह दुल्हन के घर में आयोजित किए जाते हैं।

आओनरी	...	...	18	15
चटबेरा	...	...	10	8
हरवाको दो	...	...	7	4
खेतरपाल	...	...	15	12
कोंगेरा	...	...	8	6
कोसमी	...	...	10	9
नवागढ़	...	...	20	15
नयनार	...	...	12	10
निराछिंदली	...	...	15	11
पलोरा	...	...	9	9
सवला	...	...	16	15
सोनपुर	...	...	8	7

बमनी परगना

गोलावंड संरक्षित जंगल के पास कोंडागाँव कस्बे के दक्षिण-पश्चिम में स्थित एक छोटा परगना।

*** बामनी	...	जे	30	22
* बोरगाँव	...	एबी	8	7
* धनसुली	...	एबी	9	9
* टोटर	...	एबी	10	9

बंगोली परगना

बंगोली परगना में नारायनपुर तहसील से लगे पश्चिमी मध्य क्षेत्र के कुछ गाँव आते हैं। यहाँ के चेलिक और मुटियारी झोड़िया वेश-भूषा धारण करते हैं।

**	बंचापाई	एबी	10	9	
**	बंगोली	एबी	10	8	
***	चिमरी	जे	15	14	21-3-41 को यहाँ शिविर लगाया। कई छोटे कोटोकल पत्थर।
**	चियानार	एबी	10	9	
**	केहलाकोट	एबी	11	10	1941 में अनेक लड़कों से मिला और बात की।
**	मोटेंगा	जे	18	14	

चलका परगना

यह झोड़िया परगानाओं में से एक है और यहाँ के गाँव बहुत मित्रतापूर्ण और आकर्षक हैं। यह तहसील के पश्चिम में नारायणपुर–छोटा डोंगर सड़क के समानान्तर पड़ता है। यह सड़क निचली पहाड़ियों के उस पार मात्र पाँच मील की दूरी पर है। बाओरडिग नदी इस परगना से होकर गुजरती है।

***	अदनार		एबी	14	12 एक महत्त्वपूर्ण धार्मिक केन्द्र। पृष्ठ 218ff पर वर्णित त्योहार के समय 31-3-41 को यहाँ रुका था।
***	अलवर जोगी	एबी	5	4	30-3-41 को यहाँ रुका था।
*	अलवर कराती	जे	7	5	
*	बाँसगाँव	एबी	7	8	
*	बारको	एबी	8	8	
*	बावरी	जे	7	5	
***	बयनार	जे	18	16	पहाड़ी के नीचे स्थित एक प्यारा गाँव जहाँ कई देव स्थल हैं। मार्च 1941 में यहाँ ठहरा था।
**	चेरांग	जे	10	9	
*	चिचडांगरी	एबी	12	11	
*	जुंगनीबन	एबी	15	12	
***	केजंग	एबी	15	13	बहुत ही आकर्षक और दिलचस्प लड़के जिनसे मैं बयनाट और तेलंगा में कई बार मिला।
*	कोंगेरा	एबी	8	7	
*	कोरोबेरा	जे	7	7	
*	मरागाँव	एबी	10	10	

**	मुंगवल	एबी	12	9	
***	नरिया	एबी	14	12	दोस्ताना लड़कोंवाला एक दिलचस्प घोटुल। 22-3-41 को यहाँ गया।
*	नुगली	एबी	9	7	
*	पला	एबी	12	12	
***	टेमरूगाँव	जे	13	14	बाओरडिग के किनारे पर स्थित। 22-24-3-41 को यहाँ ठहरा।
***	तेलंगा	जे	12	11	27-3-41 को यहाँ गया। एक विवाह देखा जिसका वर्णन पृ. 624 पर है।
*	तोरम	जे	9	7	

हटिया परगना

वह परगना जिसका अर्थ 'बाजार' या 'सभ्य स्थान' है, बहुत बड़ा और पूरे उत्तरी कोंडागाँव में बिखरा हुआ है। डोंगरीगुरा जो कोंडागाँव से सिर्फ चार मील की दूरी पर है तथा सिद्धावंड जो चालीस मील दूर है इसमें शामिल हैं। आमतौर पर यहाँ पुस कोलंग और दिवाली नृत्य नहीं किए जाते; विवाह दुल्हन के घर होते हैं; और पत्थर के स्मारक लगाने की संस्कृति वस्तुतः लुप्त हो गई है।

***	अलोर	एबी	72	58	शानदार घोटुल और नृत्य। 17-4-41 को एस.एच. और 15-11-41 को वी. ई. ने यहाँ का दौरा किया। लिंगो पेन के लिए स्तम्भ।
	अरंडी		20	24	
	बैजनपुरी		13	14	
	बेल		10	10	
***	बड़ा डोंगर	एबी	7	6	हिन्दू मन्दिरों बाजार और विद्यालय वाला सुन्दर गाँव। घोटुल वाला छोटा मुरिया पुरवा। 1937 में यहाँ का दौरा किया गया था और उसके बाद कई बार यहाँ का दौरा किया गया।
*	बरबतर	एबी	15	12	
	बयालपुर		7	6	
*	बेलगाँव	एबी	8	7	
***	बरमा	जे	23	17	12-11-40 से दोस्ताना शुरू हुआ इसके अलावा 3-7-3-41 और 1-3-12-41 को मुलाकात हुई। भद्र मुखिया और मित्रवत बच्चे।
*	भंडारवंडी	एबी	13	12	

**	भैरगाँव	जे	10	10	
*	भुमका	एबी	11	9	
***	बिसरामपुरी	एबी	79	57	7-11-40 को यहाँ का दौरा किया गया।
**	चन्दागाँव	एबी	10	11	
	छिन्दली		23	12	
	चिचरी		8	9	
*	चिलपुटी	एबी	23	22	
*	दरिया	एबी	5	6	
	देवडाँगर		16	14	
	देवहरदुली		9	8	
*	देवखरगाँव	एबी	9	11	
	डोडंरा		10	8	
***	डोंगरीगुरा	एबी	17	16	22-2-41 को बी.एस.गुहा के साथ यहाँ ठहरा। यहाँ और पड़ोसी गाँवों में गुहा ने मुरिया लोगों की माप ली।
	गारे		16	14	
	गुहाबोरंड		9	8	
	हल्दा		7	7	
	हत्मा		9	8	
	होनावंडी		9	6	
	जोरकेरा		11	10	
	कालगाँव		8	8	
**	कारागाँव	जे	13	14	
*	काटमरी	एबी	8	4	
	खजरावंड		14	17	
	खलरी		12	18	
*	खारगाँव	एबी	21	15	
	किबटा		8	8	
**	कोहकामेट्टा	जे	9	7	
***	कोकोटी	एबी	15	14	22-31-12-41 तक यहाँ ठहरा। अच्छा मुखिया मगर पिछले वर्ष की गड़बड़ी के कारण घोटुल अस्त- व्यस्त। लड़कों का बढ़िया नृत्य।
*	कोरबर गाँव	जे	6	7	
	कोसाहदुली		12	13	
	कुमारबार गाँव		11	6	
	मछली		5	8	

***	मघेडा	एबी	20	15	जयपुर सीमा पर आनन्ददायक गाँव। 30-12-41 को यहाँ का दौरा किया गया।
*	मंझीबोरंड	एबी	13	11	
	मंझीचेरा		21	19	
	मसुकोकोटी		15	8	
	नालाझर		6	7	
	नरना		8	5	
***	पलटी	जे	26	23	बी.एस. गुहा के साथ 26-2-42 को यहाँ गया था। बहुत मित्रवत घोटुल।
	परोंद		14	15	
	पटला		8	5	
***	पेंद्रावंड	एबी	10	9	6-11-40 को यहाँ गया।
	पितेचुवा		7	5	
*	पुसपल	एबी	8	6	
***	सिद्धावंड	एबी	20	14	3-7-11-40 और 3-7-3-41 को विवाह में शिरकत के लिए गया। चेलिकों के साथ कई अन्य मुलाकातें।
	सिवनीपल				
*	तारागाँव				
	तेवसा				
**	थेमगाँव				
	तोस्कोपल				
***	उलेरा	एबी	21	16	विशाल घोटुल और बहुत शानदार मुखियावाला सुन्दर गाँव। 26-12-41 को यहाँ गया। मुर्गों की लड़ाई और काफी अच्छा नृत्य।
	उण्ड्री		11	6	
	येरंगा		27	30	

केसकल परगना

केसकल परगना तहसील के उत्तर-पश्चिमी कोने में स्थित है और यहाँ अधिकतर लोग सजातीय हैं। इसके अधिकांश भाग में भाटी पहाड़ियाँ हैं जो कांकेट प्रदेश के ऊपर पठार के कगार पर फैली हैं। उन सभी जगहों की तरह जहाँ काफी बाहरी प्रभाव है यहाँ के मुरिया भी शक्की और मित्रता नहीं रखनेवाले हैं। चेलिक पुस कोलंग नृत्य करते हैं और लिंगो की कथा जानते हैं, लेकिन विवाह दुल्हन के घर पर होते हैं और मृतकों की याद में लाट पत्थर निर्मित नहीं किए जाते।

***	आमगाँव	जे	20	15	7-11-40 को यहाँ गया।

अच्छे नृत्य और खेल।

	अमागुहन		5	7
	बदरा		6	6
*	बतराली	एबी	11	12
	चिकलाडीह		8	9
	हरवेल		12	10
	जमगाँव		6	6
	खले चन्देली		15	12
	कोदोभात		8	7
	कुडलवही		9	5
	मानिकपुर		12	13
	मतेंगा		16	12
**	मोहपाल	एबी	10	9
*	सालेभात	एबी	12	9
*	सरगीपल	एबी	7	8
	उमराडाह		7	3
	उपरमुरमेंड		11	9

कोंगुर परगना

इस परगना में प्रदेश के कुछ सबसे अधिक चारित्रिक घोटुल आते हैं। यह पूरब में बड़ा डोंगर तथा पश्चिम में बड़ा झोड़ियाँ, कोलुर, बड़ागाँव और बेनुर परगनाओं के बीच स्थित है। इस परगना से गुजरते हुए आप विशिष्ट कोंडागाँव गाँवों को पीछे छोड़ते जाते हैं जहाँ चैत डाँडर नृत्य किया जाता है और लड़के कम शृंगार करते हैं और विशिष्ट झोड़िया गाँवों में पहुँचते हैं जहाँ लिंगो किंवदन्ती प्रचलित है, पुस कोलंग और दीवाली नृत्य होते हैं, विवाह दूल्हे के घर में आयोजित होते हैं और मृतकों की याद में पत्थर लगाने का चलन है। परगना के पूरब में सुन्दर पहाड़ियों की शृंखला है।

***	अलमेर	एबी	17	15	23-4-41 को यहाँ गया।
	आमगाँव		9	8	
*	बदगई	एबी	23	25	
*	बनईगाँव	एबी	10	9	
*	बंजोरा	एबी	10	5	
*	बरदा	एबी	13	8	
**	बरगाँव	एबी	23	17	
	बरवर		11	12	

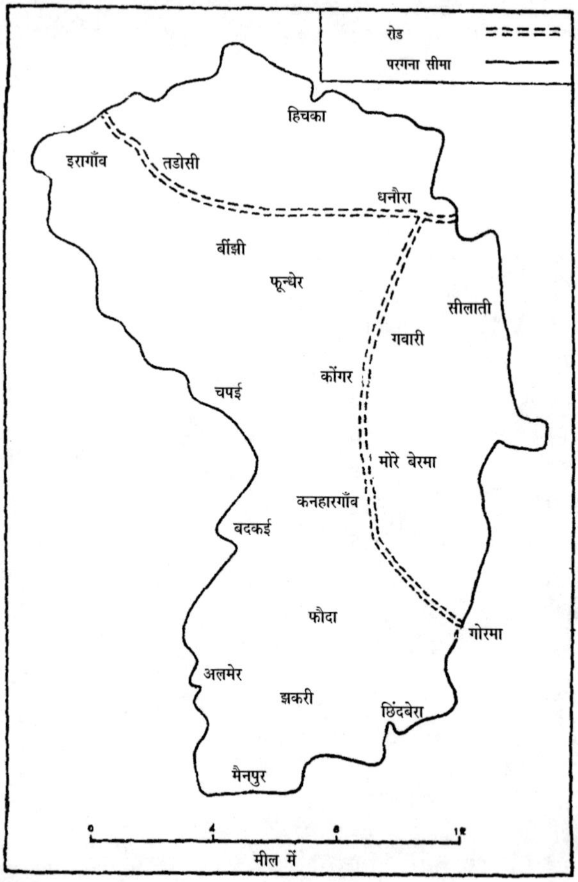

कोंगर परगना का नक्शा

*	बेलगाँव	एबी	8	7	
*	भाटगाँव	जे	11	8	
	भोंगापाल		12	10	
***	बिंझे	एबी	41	37	10-12-41 को यहाँ ठहरा।
**	बोकर बेरा	एबी	22	19	
*	बोथा	जे	9	7	
**	बुइकी जुंगनार	एबी	15	13	
***	चन्दाबेरा	एबी	24	17	12-14-11-41 तक एस.एच. के साथ यहाँ का दौरा किया। प्रशंसनीय मुखिया और घोटुल।
***	चनियागाँव	एबी	34	23	
**	चपाई	जे	15	13	

	छिन्दलीबेरा		9	9	
	चुरेगाँव	एबी	20	17	
*	दउरे	जे	8	7	
*	देवगाँव	एबी	12	9	
***	धनोरा	एबी	20	28	11-12-41 को यहाँ गया। लिंगो के भाई कण्डा डोकरा का स्थान।
	डुंडाबेरमा		11	9	
*	एरागाँव	एबी	14	12	
*	गदर	एबी	10	9	
**	गवरी	एबी	14	11	
***	गोरमा	जे	20	22	एक महत्त्वपूर्ण गाँव। 10-11-41 को यहाँ एक अन्त्येष्टि देखी। 7-12-11-41 तक एस.एच के साथ यहाँ ठहरा।
	हिचका		10	9	
*	इरागाँव	एबी	9	7	
	जमगाँव		7	8	
***	झकटी	एबी	17	11	पहाड़ियों में स्थित मोह लेनेवाला गाँव। दोस्ताना और खुलकर बात करनेवाला घोटुल। एस.एच. के साथ 11-11-41 को यहाँ गया।
*	कलेपल	एबी	8	6	
**	कनागाँव	एबी	18	16	
***	कन्हारगाँव	जे	13	8	4-12-41 से 22-12-41 तक यहाँ शिविर। सबसे ज्यादा मित्रवत और रोचक।
*	करमरी		एबी	12	13
	करेटिमेत्ता		21	19	
*	कवागाँव	एबी	9	9	
**	खंडसरा	एबी	9	9	
	खौलीकुर्द		10	11	
	खावलीकला		9	7	
*	कोकरा जुंगनर	एबी	8	9	
*	कोण्डापरन्ना	एबी	7	8	
***	कोंगुर	एबी	62	49	एक महत्त्वपूर्ण गाँव परगना का मुख्यालय।
*	कोरगाँव	एबी	19	41	
*	कोरकोटी	एबी	10	10	
*	कोटपर	जे	8	6	

*	मैनपुर	एबी	7	7	
*	मरकरा	एबी	16	14	
	मिसरी		6	5	
*	मोरे	एबी	5	7	
***	मोरे बेरमा	जे	24	21	बस्तर के सबसे मित्रवत गाँवों में से एक। कन्हारगाँव से लगता हुआ जहाँ मैं 4-22-12-41 तक ठहरा।
*	नेत	एबी	6	5	
*	ओरगाँव	एबी	7	7	
*	पद्दे	एबी	8	6	
**	पलना	एबी	10	8	
	परली		5	3	
**	फारसगाँव	जे	14	12	
***	फौदा	एबी	20	15	एस.एच. के साथ 9-11-41 को गया। एक बड़ा और जीवन्त झोड़िया गाँव। 25-2-42 को डोंगरीमुरा पर चेलिक ने नृत्य किया।
***	फुन्देर	एबी	45	39	
*	रन्धना	एबी	13	9	
**	सिलती	एबी	11	7	
	टिमरी		11	9	
***	तोडोसी	एबी	27	25	एस.एच. के साथ 9-3-38 को यहाँ गया। अपेक्षाकृत नीरस गाँव।
*	टोरण्ड	जे	9	8	
*	तोयापाल	एबी	6	5	
	तुर्की		7	3	
	उमला		10	10	
*	उरंडबेरा	एबी	9	9	

कोपरा परगना

मुख्य केसकल–जगदलपुर सड़क के पूर्व में तथा फारसगाँव से थोड़ा उत्तर में स्थित एक छोटा परगना।

*	कोपरा	एबी	27	21
*	कोरहोबेरा	जे	15	12
	कुल्डाडीह		6	5
	नवका बेरा		17	11
	तराईबेरा	एबी	16	15

मकड़ी परगना

यह परगाना अमरावती परगना के उत्तर में, मकरी आरक्षित जंगल में और उसके आस-पास तथा एक आरक्षित जंगल, जिसका वर्णन ग्रिग्सन ने 'शिकारियों का स्वर्ग जो भैंसों, जंगली साँड़ो, बारहसिंगों और मध्य भारत के कुल हिरनों से भरा है' के रूप में किया है।

***	बाघबेरा	एबी	19	15	जयपुर सीमा से लगा एक सुन्दर गाँव जिसका घोटुल बहुत मित्रतापूर्ण व्यवहार वाला था। 28-12-41 को यहाँ का दौरा किया।
	खुरी		8	5	
	लुभा		16	11	
	पिरहापल		7	7	
***	रन्धना	एबी	21	18	पहाड़ियों में एक सुन्दर स्थान। पत्थर के स्मारक। उसारेंगी पल्ली की कहानी। 30-12-41 को यहाँ गया।
	सर सा	एबी	5	4	
**	सोरमा	एबी	15	13	

मरदापाल परगना

तहसील के सुदूर दक्षिण-पश्चिम में स्थित एक विशाल परगना। छोटा डोंगर और अबुझमार तक पहुँचने का रास्ता इसकी पश्चिमी सीमा से कुछ ही मील की दूरी पर है। इसके पूरब में गोलावण्ड जंगल है और बाओरडिग नदी इससे होकर गुजरती है हालाँकि यह एक ठेठ झोरिया परगना है पर सम्भवतः सीमावर्ती जगदलपुर तहसील के राजा मुरिया के प्रभाव के कारण यहाँ का घोटुल लगभग पूरी तरह खत्म हो चुका है। लेकिन विवाहों और त्योहारों पर चेलिक और मुटियारी पूरी तरह तैयार होकर नृत्य करने जाते हैं। वे उत्तर में कोंडागाँव और नारायणपुर मरहाई और दक्षिण में घोटपाल मरहाई तक जाते हैं। भवनों के न होने पर भी घोटुल जीवन की प्रगाढ़ता अभी तक बची हुई प्रतीत होती है।

***	एसलनार	एबी	18	16	एक महत्त्वपूर्ण और दिलचस्प घोटुल। इस घोटुल और रेंगागोंडी घोटुल के चेलिक और मुटियारी से कई मौकों पर मुलाकात हुई। गोलावंड आरक्षित जंगल की स्थापना के बाद से एसलनार भमनी परगना में चला गया है।
***	रेंगागोंडी	जे	18	15	

सम्पुर परगना

कोंडागाँव के उत्तर में स्थित एक परगना जिसके गाँव बहुत बिखरे-बिखरे हैं।

*	अथगाँव	एबी	6	9	
*	बबई	एबी	25	19	
*	बदरा	एबी	8	9	
	बलेंगा		22	19	
*	बलोंद	एबी	25	23	
	बाँसकोट		28	23	
***	भानपुरी	एबी	21	18	30-10-41—2-11-41 तक यहाँ का दौर किया। एक अच्छा गाँव। यहाँ 'दीवाली वेर्क' और दीवान की नियुक्ति देखी।
*	भीरागाँव	जे	10	9	
	बुदरा		14	13	
**	चरकई	एबी	25	19	
	चिचरी		12	15	
	गट्टीपलना		10	3	
*	गिरोला	एबी	12	11	
	जरकोंगेरा		14	12	
***	जुंगनी	एबी	27	19	2-4-41 को लड़के और लड़कियों को महुआ डाँडर करते देखा।
	किबई बलेंगा		10	7	
*	कोकोरी	एबी	24	19	
	कोसगाँव		4	3	
**	लिहागाँव	एबी	31	31	
*	लुभा	एबी	8	7	
**	ओटेंडा	एबी	34	29	
	पसंगी		10	6	
	पिरहापल		11	12	
	राजपुर	एबी	20	18	
	सतगाँव		5	4	
***	सिरसी	एबी	17	15	29-10-41 को मुटियारी को दीवाली नृत्य करते देखा।
***	सिरपुर	एबी	18	23	28-30-10-41 को दौरा किया। डंडे बाँधकर चलने और बाज के खेल के बढ़िया दृश्य देखें।
	टेरमुंडा		5	6	

सोनावल परगना

इस परगना के गाँव इतनी दूरी पर बिखरे हुए हैं कि इसके नाम का कोई भौगोलिक महत्त्व नहीं रह जाता।

***	बनईगाँव	एबी	38	33	मिली-जुली आबादी वाला विशाल गाँव। यह मुख्य सड़क पर है और यहाँ विद्यालय है। यहाँ अक्सर जाना हुआ।
*	बंजोरा	एबी	9	8	
*	बफ्ना	एबी	9	9	
*	भण्डार सिउनी	एबी	42	38	
*	बुनागाँव	जे	11	9	
*	चवरंग	एबी	12	14	
*	चेमा	एबी	8	7	
*	चिकलपुटि	एबी	5	5	
***	दहीकोंगा	एबी	20	16	मुख्य सड़क पर मिश्रित आबादी वाला गाँव; जमींदार के आदेश पर 1941 में घोटुल बन्द कर दिया गया।
	गमरी		7	5	
*	गोलावंड	एबी	9	8	
**	हड्डीगाँव	एबी	14	13	
**	हंगवर	एबी	15	10	
***	हाथीपकना	एबी	20	18	5-11-41 को चेलिक से मुलाकात की जब उन्होंने शानदार नृत्य किया।
***	जैतपुरी	एबी	20	13	अक्सर सम्पर्क रहा।
*	झटा	एबी	8	6	
***	कबोंगा	एबी	27	22	एस.एच के साथ 3-6-11-41 तक ठहरा। सबसे दिलचस्प गाँवों में से एक।
***	कचोरा	एबी	12	10	9-11-3-41 को यहाँ गया। एक छोटा घोटुल लेकिन जीवन्त और चकित कर देनेवाला नृत्य।
**	कनेरा	एबी	8	6	
*	कटंजी	जे	14	12	
***	केरावाही	एबी	36	29	दिलचस्प और जानकारी देनेवाले लोग।
*	खंदम	एबी	12	11	
***	कोंडागाँव	एबी	32	29	जमकोट पारा में घोटुल। पहली बार 1935 में एस.एच के साथ यहाँ गया। फरवरी 1941 में डब्ल्यू. कौफमैन ने

					यहाँ नृत्य संगीत रिकॉर्ड किया।
	कुसमा	जे	11	9	
***	लंजोरा	एबी	63	56	आँकड़े दो बस्तियों के हैं। मुख्य सड़क पर स्थित। बाजार। 1937 और 1940 में यहाँ गया। मेरे तीन वर्षीय पुत्र का इस शिविर में पहली बार मुरिया लोगों से परिचय हुआ।
***	मलाकोट	एबी	27	21	एस.एच के साथ यहाँ गया। 1-5-4-41। दो विवाह देखा। प्यारा खुला दृश्य और अच्छे लोग।
**	मरनार	एबी	19	15	
***	मसोरा	एबी	44	39	पहली बार मार्च 1938 में एस.एच यहाँ गये। यहाँ एक छोटा स्थायी शिविर लगाया और 1940-2 के दौरान कोंडागाँव तहसील के लिए मुख्यालय के तौर पर इसका प्रयोग किया। मुख्य सड़क पर होने के बावजूद मित्रतापूर्ण और बाहरी प्रभाव से अछूता।
**	मुलमुला	एबी	21	16	
*	नेवता	एबी	8	10	
***	पल्ली	जे	64	42	एस.एच 6-4-41 के यहाँ गये। 1942 में भी सम्पर्क।
	पेरमापल	जे	12	11	
***	पिपरा	जे	150	137	कई बस्तियों के आँकड़े हैं, जिनमें से एक कुंटपरदर है जहाँ मैंने शिविर लगाया 11-13-11-40।
*	पोलंग	एबी	12	11	
**	पुसवंड	एबी	10	7	
**	राजागाँव	एबी	8	7	
*	सम्बलपुर	एबी	16	13	
*	सिंगनपुर	एबी	27	25	
**	सोनवल	एबी	15	14	
	टिटरवंड		3	4	

नारायणपुर तहसील

अमाबेरा परगना

यह परगना तहसील के उत्तर-पूर्व में स्थित है। इसके आस-पास का क्षेत्र पहाड़ी, जंगली और

सुन्दर है। लिंगो किंवदन्ती यहाँ प्रचलित है और पुस कोलांग नृत्य हर जगह किया जाता है, जैसी कि हम उम्मीद कर सकते हैं यह देखते हुए कि यह परगना लिंगो के कई कारनामों से जुड़ा हुआ है और उनका केन्द्रीय स्थान सेमुरगाँव में है। यहाँ के घोटुल भवन हवादार और असुविधाजनक हैं, और लोग, खासकर कांकेर सीमा के पासवाले शक्की और रूखे स्वभाववाले हैं।

	बड़ा टेवरा	एबी	8	7	
*	बोरागाँव	एबी	6	5	
*	चंगोरी	एबी	21	19	
*	चिचगाँव	एबी	8	7	
***	चिखली	एबी	18	16	बहुत नीरस घोटुल। 14-16-12-41 को यहाँ गया और बीमार पड़ गया, लेकिन प्रेमियों के भाग जाने का एक दिलचस्प वाकया देखा।
*	गेरगाँव	एबी	9	7	
**	केसरबेरा	एबी	8	10	
*	कोहचुर	एबी	5	4	
*	कोलिहारी	एबी	8	9	
***	लोहाटर	एबी	6	7	छोटे घोटुल वाला एक मिश्रित आबादी वाला गाँव।
*	मटला	एबी	5	5	
	नगरबेरा		15	11	
	निलगुंडी		6	5	
	पदरगाँव		10	11	
***	पेंजोरी	एबी	17	15	सुन्दर जंगली गाँव। 10-6-40 को देखा। अच्छा घोटुल।
***	पुपगाँव	एबी	20	22	2-4-12-40 को गया।
*	पुसघाटी	एबी	11	9	
	राजपुर				
***	सेमुरगाँव	एबी	9	7	9-12-40 को यहाँ का दौरा किया। लिंगो पेन का स्थान। त्रैवार्षिक त्योहार।
*	तुमसनर	एबी	15	14	
	वेतेगाँव		6	5	

अन्तागढ़ परगना

अन्तागढ़ पहले इस तहसील का मुख्यालय था पर 1940 में नारायणपुर ने इसकी जगह ले ली। यह परगना राज्य के उत्तरी सीमा पर है। यहाँ के घोटुल की परम्परा अमाबेरा से मिलती-जुलती है जो अन्तागढ़ से लगा हुआ है और सड़क के द्वारा मेटलाघाट से 1,000 फीट

नीचे उतरकर यहाँ पहुँचा जा सकता है। अन्तागढ़ का मैदान समुद्र तल के सिर्फ 800 फीट ऊपर है। छत्तीसगढ़ी भाषा यहाँ प्रचलित है और निचले मैदानी क्षेत्रों के कई विचार और परम्पराएँ धीरे-धीरे इस परगना और उत्तरी मैदानों के पड़ोसी परगनाओं में फैलती जा रही है।

	बुलावंड		10	10	
	गरदा		8	7	
*	गवरेखास गाँव	एबी	19	17	
*	घुमसीमुंडा	एबी	9	7	
	गोदरी		11	9	
*	गोंडबेनापाल	एबी	18	16	
	हिमोरा		12	10	
*	हिर्रीबोरी	एबी	8	9	
	जैतनवागाँव		7	7	
***	कलगाँव	एबी	14	17	
	कमता		13	12	
*	कनागाँव	एबी	11	9	
***	करिखोदरा	एबी	24	23	अन्तागढ़ से तीन मील की दूरी पर बढ़िया ढंग से निर्मित्त और फलते-फूलते घोटुल वाला आकर्षक गाँव। 9-6-40 और 4-12-40 को यहाँ गया। लिंगो की अन्तिम परीक्षा का पारम्परिक दृश्य। नाम का अर्थ है 'काला गड्ढा'।
	कौरोखास गाँव		7	8	
*	खोरपानी	एबी	11	10	
*	कोनेचुर	एबी	7	6	
*	कोरागाँव	एबी	10	10	
*	कोटंखोर	एबी	11	12	
*	कुहचे	एबी	5	5	
***	लमकानर	एबी	9	9	8-6-40 को गया।
	मसबारार		14	13	
	नवागाँव		8	8	
	पैवारी		4	6	
	पोंडगाँव		14	8	
	पुंगाँव		7	6	
	सुरेली		10	10	
*	सोरे	एबी	16	14	
*	टेमरूपानी	एबी	11	12	
	टोपल		9	8	
	येतेबल्का		4	3	

बंडादेश परगना

यह परगना बस्तर के एकदम उत्तर-पश्चिमी कोने पर है और इसकी उत्तरी सीमा पर दुर्ग जिला है। यहाँ पहुँचना कठिन है और हालाँकि यहाँ घोटुल मौजूद है पर मुझे बताया कि लोग उसके विषय में शर्मीले और संवेदनशील हो गए हैं। कहा जाता है कि सीमा पर दुर्ग में कुछ घोटुल हैं।

बड़गाँव	15	13
बड़ा कपसी	11	10
छिन्दपाल	8	8
देवरा	6	7
धोरकट्टा	10	10
इरगुट्टा	7	6
हरनगढ़	10	11
जुगनी	11	9
मुरावंडी	14	12
मुरझर	9	9
पलमुरेली	10	9
पिटोभोंदिया	18	16

बड़ागाँव परगना

यह विशिष्ट 'झोड़िया' प्रकृति वाले परगनाओं में से एक है। यह झोड़ियन परगना के बिलकुल ठीक दक्षिण में तहसील की पूर्वी सीमा के निकट है और इसके पश्चिम में कोलाट आरक्षित जंगल है।

***	अमसरा	जे	15	10	एक विवाह के अवसर पर 12-4-41 को यहाँ गया।
***	बोरपाल	जे	25	23	11-4-41 को गया।
***	देवगाँव	एबी	17	15	दिसम्बर 1940 में चेलिक से भेंट।
***	एरका	एबी	10	10	
***	गवरी	एबी	19	18	मार्च 1940 में चेलिक से भेंट की।
	हुचरी		12	10	
	इरको		6	4	
**	कनागाँव	एबी	14	14	
**	खरकागाँव	एबी	17	15	
***	खुरपाई	एबी	13	12	1941 के दौरान इस गाँव के चेलिक लड़कों से कई बार मिला।

बेनुर परगना

तहसील की पूर्वी सीमा पर एक सुन्दर परगना। कोंडागाँव से नारायणपुर की सड़क यहाँ से गुजरती है। इस परगना में भी हम ऊँचे उत्तरी पठार पर ही हैं और यहाँ का दृश्य ऊबड़-खाबड़ पहाड़ियों और शानदार जंगल से भरा है। घोटुल का निर्माण और उसकी नक्काशी बड़े जतन से की जाती है। चेलिक और मुटियारी पूरी 'झोड़िया' वेश-भूषा धारण करते हैं; स्मृति पत्थर निर्मित किए जाते हैं। लिंगो किंवदन्ती से लोग परिचित हैं और कुछ गाँवों में पुस कोलांग नृत्य होता है; सभी गाँव दीवाली नृत्य के लिए मुटियारी लड़कियों को बाहर भेजते हैं।

***	अरपल	एबी	16	12	दिसंबर 1940 में चेलिक से भेंट
	बाघझर		10	11	
**	बेनुर	एबी	7	7	पहले एक महत्त्वपूर्ण मुरिया गाँव। अब इसका महत्त्व जाता रहा है।
**	भटपल	जे	13	9	1940 में कई बार सम्पर्क।
*	बोरंड	एबी	9	8	
***	चंदागाँव	एबी	10	8	दिसम्बर 1940 में चेलिक से भेंट।
*	छिनरी	एबी	7	5	
*	डंडवन	एबी	5	4	
**	गोहरा	एबी	13	12	
	गुलुमकोडो		6	4	
***	कालेपल	एबी	12	11	दिसम्बर 1940 में चेलिक से भेंट।
*	करहागाँव	एबी	8	9	
**	खारगाँव		11	10	
**	कोलियारी	एबी	14	12	
**	कुलनार	एबी	17	13	
**	कुल्हरगाँव	एबी	14	12	
***	मलिंगनार	जे	13	10	23-11-40 को गया।
	मंडोकी		11	9	
***	मेटावंड	जे	25	27	13-18-12-40 को एस.एच. के साथ गया। 15-12-40 को पुपलकोरता टिंडना और कुल-देवता का त्योहार देखा।
*	मुंडपल	जे	9	6	
***	नयनार	एबी	27	21	एस.एच. के साथ 23-11-40, 12-14-4-41 और 26-4-41 को यहाँ का दौरा किया।
**	नेतनार	जे	9	8	
***	पानीगाँव	जे	11	10	दिसम्बर 1940 में कई चेलिक से मुलाकात की।

***	रेमावंड	एबी	17	16	21-24-11-40 को गया। मरकाबेरा के दीवाली नर्तकों को देखा। 25-4-41 को एस.एच. के साथ दोबारा गया।
**	सोनापल	एबी	14	12	
	सिरपुर		8	6	
***	टुर्था	जे	13	11	दिसम्बर 1940 में कई चेलिक लड़कों से मुलाकात की।
**	उरिदगाँव एबी	9	8		

भोमरा परगना

यह असल में एक अबुझमार परगना है लेकिन नीचे के कुछ गाँवों में मुरिया लोग हैं।

	चिलपरस		7	8
*	गुन्दुल	एबी	8	6
	पानिडोबरी		13	12

छोटा डोंगर परगना

विशाल छोटा डोंगर परगना तहसील के दक्षिणी भाग में आधे रास्ते पर है। इसका ज्यादातर हिस्सा अबुझमार पर्वतों में है जहाँ पहाड़ी माड़िया निवास करते हैं। मड़ियाँ घाटी के रास्ते छोटा डोंगर से ओरछा जानेवाली सड़क पर शानदार दृश्य दिखाई पड़ते हैं। यहाँ के मुरिया निस्सन्देह पहाड़ी माड़िया हैं जो परगना के कम दुर्गम गाँवों में बस गए हैं। नृत्य की पोशाक में चेलिक और मुटियारी का एक बड़ा दल जैसा कि मैंने कोंगरा में देखा कभी भुलाया न जा सकनेवाला दृश्य था।

***	अतुरगाँव	जे	28	19	6-2-41 को यहाँ के कई मुरिया लोगों से मुलाकात की।
*	बड़गाँव	एबी	19	14	
	बेरमा		8	6	
*	चमेली	एबी	9	7	
	धनोरा		9	8	
*	डुर्मी	एबी	19	16	
**	गौरडंड	जे	14	12	
*	होरेनार	एबी	12	11	
*	कनेरा	एबी	24	21	
***	कोंगेरा	एबी	50	45	डब्ल्यू. कौफमैन के साथ यहाँ गया 5-7-2-41।
**	कोसलनार	एबी	22	19	
*	कुमारी	जे	18	18	

*	मरहोनार	एबी	12	8	
*	पल्ली	जे	13	11	
***	राजपुर	जे	12	9	6-2-41 के यहाँ गया।
*	सुलगा	एबी	8	7	
***	तारागाँव	जे	18	11	1940-41 में कई बार सम्पर्क किया।
*	टेमरूगाँव	जे	9	9	
***	टोइनार	एबी	18	16	1940-2 में कई बार सम्पर्क किया।

दुगल परगना

दुगल परगना, जो नारायणपुर कस्बे के उत्तर में और अन्तागढ़ जानेवाली सड़क पर है, में झोड़िया प्रकार के कुछ फलते-फूलते घोटुल हैं, हालाँकि जो घोटुल खुद नारायणपुर के समीप हैं जैसे बिनझली और पालकी उनकी सजावट में काफी संशोधन हो गया है।

**	अतुरबेरा	एबी	15	12	
***	बिनझली	एबी	37	32	एक महत्त्वपूर्ण गाँव जहाँ मैंने स्थायी शिविर लगाया। नवम्बर और दिसम्बर 1940 के दौरान यहाँ एस.एच. के साथ ठहरा और प्रायः यहाँ जाता रहा था।
	बिरियाबेरा		9	7	
***	दुगाबंगल (अब एबी)	जे	19	17	1940-41 में कई बार सम्पर्क किया।
	*** गढ़बंगल	जे	22	19	1940-41 में कई बार (अब एबी) सम्पर्क किया।
	करलखा		17	11	
**	करलापाल	एबी	9	6	
	खरकागाँव		12	10	
**	महका	एबी	25	23	
***	पालकी	एबी	31	28	नवम्बर और दिसम्बर 1940 में एस.एच. के साथ कई बार जल्दी-जल्दी गया।
*	सुलंगा	जे	11	9	

झोरिया परगना

पहले दो झोड़ियाँ परगना थे, घाट झोड़ियाँ और बड़ा झोड़ियाँ। लेकिन घाट झोड़ियाँ का बड़ा भाग कोलार या माटला आरक्षित जंगल में ले लिया गया। वर्तमान झोड़िया परगना तहसील की पूर्वी सीमा पर है। और यह कोंडागाँव के कोंगुर परगना में खुलता है जिसके पश्चिमी गाँवों के साथ झोड़ियाँ परगना के गाँवों की काफी समानता है। यहाँ के घोटुल अच्छी तरह

निर्मित हैं, नक्काशी सामान्यतः की गई होती है, चेलिक और मुटियारी झोड़िया तरीके का शृंगार करते हैं और उनका नृत्य का ढंग पहाड़ी माड़िया जैसा होता है हालाँकि उसको और विकसित किया गया है। लिंगो की कथा बहुत प्रचलित है। लड़के पुस कोलांग नृत्य करते हैं और लड़कियाँ दीवाली नृत्य करती हैं। विवाह वर के घर पर सम्पन्न होते हैं। मृत व्यक्तियों की स्मृति में पत्थर लगाए जाते हैं।

*	अलनार	एबी	12	10	
***	बन्दोपाल	एबी	27	21	28-30-11-40 तक यहाँ रहा, और दोबारा एस.एच. के साथ 22-25-4-41 तक।
	बरतानार		8	8	
	गरदा		5	4	
*	हलइनार	एबी	6	5	
*	करमरी	एबी	7	5	
	कोंगेरा		8	4	
**	कुरसई	एबी	12	11	
*	मुले	जे	12	9	
	पलरमेटा		4	3	
	पिपरा		3	2	
	रोयी		4	3	
	तेलंगा		4	4	

करंगल परगना

यह परगना छोटा डोंगर और नारायणपुर के बीच स्थित है। यहाँ के चेलिक और मुटियारी झोड़ियाँ प्रकार के हैं और इस पूरे परगना की परम्पराएँ झोड़ियन परगना की परम्पराओं जैसी हैं सिवाए इसके कि यहाँ लिंगो की मान्यता अपेक्षाकृत कम हो और चेलिक कभी-कभार ही देवकोलांग नृत्य के लिए जाते हैं। हालाँकि मुटियारी गाँव-गाँव जाकर दीवाली नृत्य करती हैं।

***	अमगाँव	जे	14	12	एस.एच. के साथ यहाँ गया। 10-12-40।
	बड़ा जमरी		10	9	
*	बाघडोंगरी	एबी	15	11	
***	बकुलवाही	जे	29	27	1940 में कई बार सम्पर्क।
	बमनी		27	20	
***	बंगल	जे	14	11	1940-41 में कई बार सम्पर्क।
*	बवरी	जे	7	6	
**	बोरंड	जे	9	8	
*	बोरगाँव	एबी	8	8	
*	देवगाँव	जे	16	15	
	देरदुल		12	7	

	गोटाबेनुर		5	3	
***	हलमी मुंजमेटा	जे	11	10	12-12-40 को चेलिक से मुलाकात।
***	कपसी	जे	29	19	9-12-40 को यहाँ गया, फरवरी 1941 और 1942 में सम्पर्क किया।
*	करमरी	एबी	8	7	
**	खरकागाँव	जे	13	12	
	कोचवाही		11	9	
*	कोकोरी	जे	10	6	
*	कुकराझोर	एबी	12	10	
**	कुमली	जे	16	13	
*	लालसुनार	एबी	7	6	
*	मालेचुर	जे	9	8	
***	मरकाबेरा	जे	16	17	एस.एच के साथ यहाँ गया। 7-12-12-40; डब्ल्यू. कौफमैन के साथ 6-2-41 को; बी.एस. गुहा के साथ 28-2-42–2-3-42 तक।
**	मोरोस्कोदो	जे	12	11	
	नौमुनमेटा		6	7	
*	नेलवार	जे	9	8	
	सरगीपाल		5	3	
*	सिवनी	एबी	13	9	
*	ताडोपाल	जे	10	8	
***	टिमनार	जे	21	19	1940-42 के बीच कई बार सम्पर्क किया।

कलपट्टी परगना

कलपट्टी का अर्थ है 'निचला क्षेत्र' और यह परगना छत्तीसगढ़ से लगे उत्तरी मैदानी क्षेत्र में है। फिर भी पाहाड़ी माड़ियाँ और अबुझदार से यह कई तरह से जुड़ा है। स्मृति पत्थर निर्मित किए जाते हैं और पुस कोलांग नृत्य किया जाता है। लिंगो की कहानी प्रचलित है। आमतौर पर छत्तीसगढ़ी हिन्दी और गोंडी बोली जाती है।

*	दरविसाले भात	एबी	13	12	
***	जिरमतराई	एबी	14	10	26-1-41 को कोइलीबेरा में यहाँ के चेलिक और मुटियारी से भेंट की।
*	कस्तुरा	एबी	7	6	
*	कौरोसालेभात	एबी	11	10	
***	खुटगाँव	एबी	16	13	27-28-1-41 के बीच यहाँ रहा। नदी का अविस्मरणीय दृश्य। पुस कोलंग नृत्य

					और समारोह देखें।
*	कुरुसबोरी	एबी	7	8	
*	मारागाँव	एबी	13	12	
	मसुर		6	3	
*	मुरावंडी	एबी	8	5	
*	मुरनार	एबी	7	7	
	नवगे		3	2	
***	परतापुर	एबी	14	12	29-1-41 को यहाँ गया पर घोटुल के बारे में विस्तृत जानकारी नहीं है।
	पिपली		8	6	
*	सुलगी	एबी	10	6	
*	तुरसनी	एबी	15	9	

किरिंगल परगना

यह दिलचस्प परगना कायदे से अबुझमार में आता है और यहाँ के मुरिया वास्तव में पहाड़ी माड़िया हैं जो पहाड़ों से आकर नीचे बस गए हैं। महिलाएँ प्रायः स्तनों को ढकती नहीं हैं और लड़कियों को पूर्ण सदस्यता देने के बावजूद भी घोटुल गाँव के पुरुष के जीवन का केन्द्र है।

***	बारकोट	जे	14	12	30-1-41 को यहाँ गया। आकर्षक जंगली गाँव और भले लोग।
	घोड़ागाँव		4	3	
	कारेकट्टा		7	4	
	खेरेगाँव		7	3	
	मस्पी		6	4	
***	पल्ली	जे	17	14	29-1-41 को यहाँ का दौरा किया। अच्छी तरह से निर्मित घोटुल और बढ़िया नृत्य।

कोलार परगना

अन्तागढ़ और नारायणपुर के बीच काफी सुन्दर पर्वतीय दृश्योंवाला एक विशाल परगना। शानदार राउघाट के ऊपर पहाड़ 2,938 फीट की ऊँचाई तक पहुँचते हैं। इस परगना में अबुझमार और मरलाघाट पहाड़ियाँ मिलती हैं। झोरिया प्रभाव यहाँ ज्यादा मजबूत नहीं है। पुस कोलांग नृत्य सभी जगहों पर किया जाता है; स्मृति पत्थरों का निर्माण किया जाता है; विवाह वर के घर में होते हैं; लिंगो की कहानी प्रचलित है।

*	बदरेंगी	एबी	18	16	
	बाइहसालेभात	एबी	18	15	
***	बोंडानार	एबी	15	13	7-6-40 को यहाँ गया।

**	छिंगनार	एबी	10	9	
	चिपोरी		12	11	
**	होयपुर	एबी	8	5	
**	हुरतराई	एबी	9	6	
	कचवार		16	12	
*	कासाडंड	एबी	12	9	
**	खालेपरस	एबी	19	15	
***	कोलार	एबी	8	6	विशाल मिश्रित आबादी वाला गाँव। 22-1-41 को यहाँ गया।
	कुरसेल		4	2	
*	मलमेटा	एबी	18	17	
*	मुरनार	एबी	8	7	
***	पदबेरा	जे	21	9	पहाड़ियों में स्थित एक दोस्ताना और सुन्दर गाँव। 19-12-41 को यहाँ गया।
***	फुलपर	एबी	47	39	22-24-1-41 के बीच यहाँ रहा। पुस कोलांग नृत्य होते देखा।
*	पुसावाही	एबी	24	13	
**	सरंडी	एबी	25	21	
*	सिरसंगी	एबी	10	10	
**	तालाबेरा	एबी	15	12	
	तरलकट्टा		12	11	
*	तुमापाल	एबी	8	5	
	येरनार		15	13	

नारायणपुर परगना

यह परगना नारायणपुर के आस-पास के खुले इलाके में है। यह तहसील का मुख्यालय है तथा यहाँ कचहरी, दवाखाना और स्कूल है। यहाँ एक काफी बड़ा बाजार भी है जहाँ अबुझमार के पहाड़ी माड़िया और बड़ी संख्या में झोड़िया मुरिया भी आते हैं। अब इसे मैं झोड़िया परगना नहीं कह सकता; बाहरी प्रभाव जो सबसे पहले बाहरी रूप पर हमला करते हैं ने मुरिया लोगों के आकर्षक अलंकरण से उन्हें वंचित कर दिया है। नारायणपुर का घोटुल फूहड़ और अपेक्षाकृत भ्रष्ट है।

*	गरंजी	एबी	25	19	
***	नारायणपुर	एबी	34	31	1937 से 1941 तक एस.एच. के साथ प्रायः यहाँ जाता रहा।

परालकोट-कालपट्टी परगना

यह परगना तहसील के पश्चिमी छोर पर है और परालकोट की पुरानी जमींदारी इसमें शामिल है। यह प्रदेश में चन्दा हिन्दुओं और काँग्रेसियों के प्रभाव के प्रवेश-द्वार है। सुन्दर कोटरी नदी इस परगना से होकर बहती है और इसके पूरब में स्थित पहाड़ियाँ जो अबुझमार की ओर जाती हैं बहुत आकर्षक हैं। सड़क के पूरब तथा तारबैली के चेलिक और मुटियारी बिलकुल पहाड़ी माड़िया जैसे लगते हैं। लड़कियाँ प्रायः स्तन नहीं ढकती। लेकिन जैसे-जैसे पश्चिम की तरफ बढ़ते हैं, लोग ऊबाऊ और फूहड़ होते जाते हैं।

***	बेतिया	एबी	6	4	30-1-41—1-2-41 तक यहाँ रहा।
	घोटनबेरा		11	9	
	इरपानार		9	8	
	कन्हारगाँव		8	7	
	काराकोडा		6	6	
*	कुरेनार		15	13	
*	मरकानार		9	9	
*	मरोरा		12	11	
	मौसमटोला		10	10	
	नगलदंड		11	10	
	परेंगा		7	8	
***	तारबेली		15	13	13-1-41 को इस घोटुल से एक बहुत आकर्षक समूह नृत्य करने के लिए बेतिया आया।

सुरेवाही परगना

यह प्रदेश की उत्तरी सीमा पर अन्तागढ़ परगना और खलपट्टी परगना के बीच स्थित है और कहा जाता है कि काफी हद तक उनके जैसा ही है।

*	अलकांहर	एबी	16	14
*	अमोली	एबी	20	18
*	चारगाँव	एबी	9	8
*	दुरपिपली	एबी	10	9
*	जेठागाँव	एबी	9	5
*	मरागाँव	एबी	14	12
*	नवागढ़	एबी	17	15
*	सुरेवाही	एबी	19	15

परिशिष्ट दो

मुरिया लोगों की भाषा

ए.एन. मिचेल, ओ.बी.ई., आई.सी.एस. द्वारा

परिचयात्मक

1. 1940 में, जब मैं बस्तर का प्रशासक था, डॉ. एल्विन के सुझाव पर मैंने प्रदेश का भाषायी सर्वेक्षण शुरू किया। इस सर्वेक्षण को दशकीय जनगणना से सम्बन्धित कई उप जाँचों में से एक होना था। और इसकी शुरुआत इस कल्पना से हुई जो उस समय आमतौर पर सही मानी जाती थी कि बस्तर प्रदेश में बहुत बड़ी संख्या में विभिन्न प्रकार की भाषाएँ और उपभाषाएँ पाई जाती हैं। यह कहना अब भी सही है कि प्रदेश के क्षेत्रफल को देखते हुए, जो 13,725 वर्ग मील है और मोटा-मोटी बेल्जियम के क्षेत्रफल के बराबर है, यहाँ बोली जानेवाली भाषाओं की संख्या उल्लेखनीय है। यहाँ की आधिकारिक भाषा हिन्दी है और प्रदेश के दक्षिणी भाग में लोग तेलुगु भी बोलते हैं। हालाँकि यह सही है कि वस्तुतः कोई ऐसा नहीं जिसकी मातृ-भाषा तेलुगु हो और बहुत कम ऐसे लोग हैं जो हल्बी की अपेक्षा हिन्दी बोलने में सहजता महसूस करते हैं। आमतौर पर सबसे ज्यादा बोली जानेवाली भाषा सम्भवतः हल्बी है। मेरे विचार से इस हल्बी को मराठी की एक बोली कहना उचित होगा, लेकिन इसकी शब्दावली गोंडी, हिन्दी, उड़िया और मराठी शब्दों के मिश्रण से बनी है।[1] यह न सिर्फ हल्बा लोगों की, जो पन्द्रहवीं शताब्दी के शुरुआत में बस्तर के राजा के साथ वारंगल से भागकर आये थे, मातृभाषा है, बल्कि कई अर्द्ध-आदिवासी जातियों जैसे भट्टरा और ढाकर, जो सभी उत्तरी पठार के पूर्वी-मध्य क्षेत्र में बसी हुई हैं, की भी मातृभाषा है। इसके अतिरिक्त मुरिया लोगों की कई हजार की आबादी ऐसी है जो अब हल्बी के अलावा और कोई भाषा नहीं बोलती जबकि मुरिया, झोड़िया, माड़िया और डोरला जातियों का पूरे प्रदेश में फैला एक अल्पमत दूसरी भाषा के तौर पर हल्बी का ज्ञान रखता है। धुरवा लोगों जो मुख्यतः जगदलपुर तहसील के दक्षिण-पूर्व में तथा सुकमा जमींदारी के उत्तरी छोर पर पाये जाते हैं, की अपनी एक विशिष्ट बोली है हालाँकि अन्य गोंडी बोलियों के साथ स्पष्ट रूप से इसका सम्बन्ध स्थापित किया जा सकता है। अन्त में, गदाबा लोगों के कुछ छिट-पुट गाँव हैं, मुख्यतः

1. ग्रिग्सन कहते हैं कि हल्बी 'एक वास्तविक उपभाषा नहीं कही जा सकती'। यह गलत मराठी, गलत उड़िया और गलत छत्तीसगढ़ी का एक मिश्रण है और इस मिश्रण का अनुपात भिन्न-भिन्न स्थानों पर भिन्न-भिन्न है। सम्पूर्णता में मराठी रूपान्तरण इसके सबसे विशिष्ट लक्षण हैं। यह राजमहल की भाषा है और जगदलपुर में क्लर्क और अन्य लोग विनम्र पत्र-व्यवहार के लिए इसका प्रयोग करते हैं। इसका प्रयोग अब पूरे बस्तर में फैल गया है और 1931 की जनगणना में 170,000 लोगों ने इसे अपनी मातृ-भाषा बताया था।

जगदलपुर तहसील में, जो अपनी अलग भाषा बालते हैं, जो गोंडी की तरह द्रविड़ समूह की नहीं कोलार समूह की भाषा है जिसकी कुछ अन्य भाषाएँ महानदी के दक्षिण में पायी जाती हैं।

2. हल्बी के अलावा, इन सारी भाषाओं को बोलनेवाले लोग प्रदेश की कुल आबादी, जो अब लगभग 650,000 है का एक बहुत छोटा हिस्सा हैं। मेरे भाषाई सर्वेक्षण से उभरनेवाला सबसे रोचक पहलू यह था कि प्रदेश के उत्तर-पूर्वी कोने से पश्चिम की तरफ, दक्षिण और अन्त में दक्षिण-पूर्व जानेवाले एक अर्द्धवृत्त में गोंडी की एक उपभाषा बोली जाती है जिसे कि मुरिया, झोड़िया, पहाड़ी माड़िया, जंगली-साँड की सींग वाले माड़िया, कोया व डोटला सबके द्वारा समान रूप से बोलते हैं। प्रदेश की 650,000 की आबादी में इस भाषा को बोलनेवालों की संख्या सम्भवतः 300,000 के करीब है। एक तो इस कारण और दूसरे युद्ध-काल में नौकरी की अपरिहार्यताओं ने बस्तर में मेरा समय छोटा कर दिया, मैंने अन्ततः इस उपभाषा पर ध्यान केन्द्रित किया, खासकर जैसा कि जंगली-साँड की सींग वाले माड़िया बोलते हैं और मैंने इसका एक व्याकरण प्रस्तुत किया जो 1942 में बस्तर राज्य प्रेस से प्रकाशित हुआ।

3. मुरिया लोगों द्वारा बोली जानेवाली भाषा के विस्तार में जाने से पहले इतनी भूमिका जरूरी है ताकि दो चीजें स्पष्ट की जा सकें। पहली यह कि बस्तर प्रदेश में मुरिया लोगों की भाषा वस्तुतः अन्य गोंड या कोइटर लोगों द्वारा बोली जानेवाली भाषा ही है।[1] और दूसरी यह है कि मैंने मुरिया लोगों की भाषा का उतना करीबी अध्ययन नहीं किया है जितना की जंगली साँड जैसी सींग वाले माड़िया और पहाड़ी माड़िया की भाषा का। इसलिए इस लेख को इस विषय पर सबसे आधिकारिक अध्ययन नहीं समझा जाना चाहिए बल्कि इसे एक वर्णनात्मक परिचय समझा जाना चाहिए। एक और बात कहना जरूरी है। ऊपर मैंने उल्लेख किया है कि मुरिया लोगों की एक बड़ी आबादी अब सिर्फ हल्बी ही बोल सकती है और मैं इसे ज्यादा स्पष्ट करते हुए बताऊँगा कि उत्तर में कोंडागाँव तहसील में मकड़ी नदी, पश्चिम में जगदलपुर से आनेवाली मुख्य सड़क, और दक्षिण में इन्द्रावती नदी द्वारा, प्रदेश की पूर्वी सीमा से लेकर और उस जगह तक जहाँ जगदलपुर में मुख्य सड़क उसे पार करती है, घिरे क्षेत्रों में अब गोंडी भाषा किसी भी रूप में नहीं बोली जाती है। यहाँ तक कि मुख्य सड़क के पश्चिम में जगदलपुर और कोंडागाँव के बीच बीस मील अन्दर तक उपरोक्त बात सही है। ऊपर वर्णित अर्द्धवृत्त इसी क्षेत्र को घेरे हुए है।

4. बस्तर प्रदेश में गोंडी को उपभाषा की वास्तविक एकता का दृष्टिकोण वही नहीं है जो भारत का भाषाई सर्वेक्षण, खंड IV में सर जॉर्ज ग्रिएरसन का दृष्टिकोण है। इस पुस्तक के पृष्ठ 532 में वे कहते हैं कि बस्तर के माड़िया लोगों की बोली '(चन्दा) जिले की सामान्य गोंडी के लगभग समान प्रतीत होती है।' पृष्ठ 473 पर वे फिर अपना विचार रखते हैं कि माड़िया सामान्य गोंडी से इतनी भिन्न नहीं है कि उसे एक अलग बोली कहा जाए। प्रदेश के उत्तर में यानी मुरिया और झोड़िया लोगों द्वारा बोली जानेवाली गोंडी के बारे में वे इस

---

1. जब एक मुरिया से उसकी भाषा और माड़िया लोगों की भाषा के बीच अन्तर को उदाहरण से बताने को कहा गया तो उसने बताया कि आज्ञासूचक 'आओ' को मुरिया 'दापवारा' कहते हैं और माड़िया 'वाय'। 'वाय' 'वायाना' से निकला आज्ञासूचक एकवचन है तथा 'वारा' इसका आज्ञासूचक बहुवचन। 'दायवारा' का शाब्दिक अर्थ है 'जाओ आओ' जो कि हिन्दी के 'आ जाओ' का उल्टा है। यह कोई खास अन्तर नहीं हुआ।

निष्कर्ष पर पहुँचते हैं कि यह पड़ोस के उत्तर और पश्चिम में कांकेर प्रदेश और मध्य प्रान्तों के दुर्ग और चन्दा जिलों की गोंडी के समान है। मेरा विश्वास है कि ये दोनों दृष्टिकोण गलत हैं और उन्हें बस्तर प्रदेश के अधिकारियों द्वारा उपलब्ध कराई गई गलत जानकारी पर आधारित है। अपने इस विश्वास के कारणों में से सबसे पहले मैं उस त्रुटिपूर्ण भूगोल को लेता हूँ जहाँ से ग्रिएरसन ने शुरुआत की थी। मुरिया और झोड़िया लोगों के रहने के स्थानों के बारे में जो कुछ डॉ. एल्विन ने अपनी पुस्तक में लिखा है तथा माड़िया लोगों के फैलाव के बारे में जो कुछ श्री डब्ल्यू.वी. ग्रिग्सन ने बस्तर के माड़िया गोंड में लिखा है उसकी तुलना इसी विचार पर ग्रिएरसन द्वारा लिखी बात, उदाहरण के लिए खंड 4 के पृष्ठ 529, से करें तो यह तथ्य सिद्ध हो जाता है। व्याकरण सम्बन्धी विवरणों में भी कई स्थानों पर उनकी जानकारी निस्सन्देह गलत थी। उदाहरण देते हुए मैं अपने उस दृष्टिकोण का पालन करूँगा कि मुरिया और माड़िया गोंडी व्यवहारतः एक ही हैं। फिर खंड 4 के पृष्ठ 528 पर ग्रिएरसन भिन्न सम्प्रदान और कर्मकारक रूपों के अस्तित्व की तरफ इंगित करते हैं। ऐसे कोई भिन्न रूप नहीं हैं। क्रिया पदों के व्यक्तिगत पृष्ठभाग वे नहीं हैं जिनका उल्लेख ग्रिएरसन ने पृ. 528-9 और पृ. 533 में किया है। पृ. 532 पर दिए गए व्यक्तिवाचक सर्वनाम वे नहीं हैं जो प्रदेश के उत्तर में बोली जानेवाली गोंडी में प्रयुक्त होते हैं। पृ. 533 पर उनके द्वारा दिए गए नकारात्मक सामान्य रूपों का भी कहीं चलन नहीं है। पृ. 482 में गोंडी में जिस कर्मवाच्य के सामान्यतः होने की बात वो करते हैं, उसका कोई अस्तित्व नहीं मिलता। पृ. 473 पर उन्होंने माना है कि मुरिया लोगों द्वारा बोली जानेवाली भाषा में कुछ दक्षिणी चिह्न है जब वो 'र' की जगह 'ल' तथा 'ह' की जगह 'स' अक्षर के इस्तेमाल का जिक्र करते हैं। इसी पन्ने पर ग्रिएरसन कहते हैं कि मुरिया गोंड लोगों की तरह आना='मैं' का इस्तेमाल करता हैं पर मैंने इसके सम्बन्ध में नाना ही सुना है। वो लिखते हैं कि शब्द दाना या दानवा का अर्थ है 'उस लड़की क' मगर यह भी सही नहीं है। मैंने माड़िया लोगों में ताना शब्द सुना है पर दाना, आद शब्द के सम्बन्धसूचक आदना के अक्षरों का मात्र उलटफेर ही है। पृ. 528 में वे दावा करते हैं कि बहुवाचक मध्यम पुरुष के अन्त में इर लगता है जो मैंने कभी नहीं सुना। पृ. 529 पर वे किटोर='उसने किया' के लिए वे लोहतोक='उसने भेजा' और किटोक का उद्धरण देते हैं। ये लिप्यान्तरण की गलतियाँ हैं जो विशेषतः पहाड़ी माड़िया की भाषा के विशेष लक्षण गले से निकलनेवाली 'र' ध्वनि और जीभ के कम्पन को अभिव्यक्त करने के प्रयास में हुई हैं। वे बहुवचन रूप नहीं हैं जैसा कि वे बताते हैं। इसी तरह रूप हिमतु ='देना' (आज्ञासूचक) बस्तर में आम रूप हिमुत के लिपान्तरण की गलती प्रतीत होती है। वे रूप हायातोना = 'मैं मर गया' का उल्लेख करते हैं जो बस्तर में नहीं पायी जाती बल्कि क्रिया डोलीटाना का प्रयोग किया जाता है। वे बताते हैं कि कि और कु सम्प्रदान कारक हैं और कर्मकारक नु की जगह गलती से प्रयोग होते हैं जबकि मेरा अनुभव है कि ये तीनों प्रत्यय हैं जिनका एक-दूसरे के स्थान पर उपयोग किया जा सकता है। वे एक अपादान कारक अगाडा का जिक्र करते हैं जो बहुत ही कम प्रयोग होता है और जो मुरिया लोगों द्वारा प्रयोग किया जानेवाला एक सहायक प्रत्यय है। वे लिखते हैं कि मुरिया लोग 'अंग' और 'र' के बहुवाचक प्रत्यय प्रयोग करते हैं और पृ. 532 पर माड़िया उपभाषा के बारे में वे कहते हैं कि उन्हें 'ओर' और 'अंग' के बहुवचन नहीं मिले हैं लेकिन यह नहीं माना जा सकता कि वे होते ही नहीं। जबकि वास्तविकता यह है कि मुरिया और माड़िया दोनों ही उपभाषाओं

में उनका एकदम अभाव है। पृ. 530 पर वे क्रिया के विभिन्न काल के प्रथम और द्वितीय पुरुष के लिए भिन्न बहुवाचक रूप होते हैं। ऐसा नहीं होता, और मुझे न तो 'ऐट' पर समाप्त होनेवाले बहुवाचक आज्ञासूचक प्रत्यय मिले हैं, नकारात्मक आज्ञासूचक के अपवाद के अतिरिक्त, और न ही नकारात्मक भूतकाल जिसका वे जिक्र करते हैं।

5. इस तरह ग्रिएरसन के काम को विश्वसनीय नहीं माना जा सकता और वे एक अजीबोगरीब स्थिति में पड़ गए हैं। स्पष्टतः गलत जानकारी के आधार पर वे उत्तरी बस्तर की गोंडी उपभाषा को सामान्य गोंडी से जोड़ते हैं और उसके स्वतन्त्र अस्तित्व से इनकार करते हैं। मुझे यह त्रुटिपूर्ण प्रतीत होता है। लेकिन चूँकि उनकी गलत जानकारी मुरिया, पहाड़ी माड़िया और जंगली-साँड़ जैसी सींग वाले माड़िया, इन सबके द्वारा बोली जानेवाली भाषा के लिए एक जैसी है, वे गलत आधारों से यह सही निष्कर्ष निकालते हैं कि ये तीनों जनजातियाँ और झोड़िया लोग वस्तुतः एक ही भाषा बोलते हैं। लेकिन सिर्फ भारत का भाषाई सर्वेक्षण के कथन ही गलत निष्कर्ष की ओर नहीं ले जाते। मुरिया उपभाषा के वर्णन में कुछ बिन्दुओं को नहीं लिया गया है जो स्पष्ट करते हैं कि इसे एक स्वतन्त्र उपभाषा का दर्जा मिलना चाहिए। मैं खासकर निम्नलिखित बिन्दुओं का उल्लेख करूँगा।

क्रियाएँ कभी तीर्यक रूप में रूपान्तरित नहीं होतीं, और विभिन्न प्रकार के प्रत्यय सही कारक के साथ इस्तेमाल किए जा सकते हैं जिस पर कोई नियम लागू नहीं होता बस वे एक ढीले-ढाले सुस्वर योजना के अनुसार होने चाहिए। इस प्रकार विभक्ति में भिन्नता का कोई आधार नहीं है। द्वितीय और तृतीय व्यक्तिवाचक सर्वनामों में एकवचन और बहुवचन में अन्तर नहीं होता। क्रिया के रूपों में लिंग की पहचान सिर्फ अन्य पुरुष में होती है और वह भी हमेशा नहीं और संख्या का भेद सिर्फ प्रथम पुरुष में होता है। कुछ अन्य कम महत्त्वपूर्ण बिन्दु हैं जो इसे सिद्ध करते हैं।

6. बस्तर की इस आम उपभाषा की अपनी अलग पहचान होने का अन्तिम प्रमाण मिल सकता है यदि हम थोड़ा बाहर आकर लिंड[1] और चेनेविक्स ट्रेंच[2] द्वारा जिन उपभाषाओं पर काम किया गया, उनसे इसकी सामान्य तुलना करें। ऐसी तुलना से यह निष्कर्ष निकालना सही प्रतीत होता है कि वर्तमान में गोंडी की कम से कम तीन मुख्य उपभाषाएँ हैं। ट्रेंच ने जिस उपभाषा पर काम किया है वह लगता है कि मध्य प्रान्तों के पूरे मध्य पठार के क्षेत्र में व्याप्त है। लिंड ने एक ऐसी उपभाषा पर काम किया है जो चन्दा जिले के पूरे दक्षिणी भाग में फैली है और सम्भवतः (हालाँकि मेरे पास इसका कोई प्रमाण नहीं है) बस्तर और निजाम की रियासत के बीच गोदावरी बेसिन तक फैली हुई है। इस उपभाषा का एक संशोधित रूप जिस पर पर्याप्त तेलुगु प्रभाव है, लगता है कि बस्तर प्रदेश के दक्षिणी और पश्चिमी भाग में बोली जाती है। तीसरी उपभाषा बस्तर की उपभाषा है।

7. ऐतिहासिक और भौतिक भौगोलिक कारणों से इस उपभाषा का स्वतन्त्र अस्तित्व बने रहना आश्चर्यजनक नहीं है। बिना कोई कारण बताए लिंड ने यह सुझाव दिया है कि माड़िया भाषा, जैसा उन्होंने सुना, पूरे मध्य प्रान्तों और बेरार में गोंडी के विभिन्न रूपों और उपभाषाओं का स्त्रोत थी। लेकिन इस दृष्टिकोण के पक्ष में मुझे कोई प्रमाण नहीं मिल सका है। न ही मुझे यह स्पष्ट है कि बस्तर उपभाषा के व्याकरण में अविकसित या अवशेषी रूप

---

1. ए.ए. लिण्ड, *ए मैनुअल ऑफ माड़िया* (मुक्ति मिशन प्रेस, केडगाँव, 1913)।
2. सी.जी.सी. ट्रेंच, *ग्रामर ऑफ गोंडी* (मद्रास, 1919)।

हैं या नहीं।

लेकिन इस इलाके का इतिहास इस दृष्टिकोण के पक्ष में जाता है कि यह उपभाषा बहुत पुरानी है चूँकि शताब्दियों तक बाहरी दुनिया से इसका सम्पर्क बहुत कम या नहीं ही रहा है। इम्पीरियल गजेटियर (1907-9) के अध्याय सात में ग्रिएरसन ने दर्शाया है कि यह स्थापित नहीं हो सका है कि द्रविड़ भाषाएँ भारत में उत्तर पश्चिम से आयीं जहाँ ब्रहुई पृष्ठरक्षक की भूमिका में होते, या वे दक्षिण से काल्पनिक 'लेमुरियन महाद्वीप' से आईं। मानवविज्ञान पिछले तीस वर्षों से इस प्रश्न को हल नहीं कर पाया है। लेकिन कैसी भी स्थिति में द्रविड़ भाषाओं में बस्तर उपभाषा के मध्य स्थिति इस विचार के लिए आधार प्रदान करती है कि यह भाषा का एक प्राचीन रूप है जो स्वतन्त्र रूप से अस्तित्वमान है। हालाँकि एकमात्र निश्चित तथ्य यह है कि माड़िया और मुरिया सदियों से बाहरी दुनिया से अलग रहे हैं और सम्पूर्णता में, इस तथ्य से मैं यह निष्कर्ष निकालता हूँ कि उनके व्याकरण की खास बनावट का कारण पुरातन गोंडी का अति सरलीकरण है।[1] पुरातन प्रयोग का एक उदाहरण यह है कि लिंग के विषय में बहुत कम शब्द हैं और इस सिद्धान्त के आधार पर हैं कि मानव जाति के नर पुल्लिंग है और बाकी प्रकृति नपुंसक लिंग है। विभक्तियों का अभाव प्रत्ययों के प्रयोग के मामले में परम्परा के स्थायी रूप ग्रहण करना नहीं दर्शाता, जिस लिंड और ट्रेंच दोनों ने संज्ञाकारक का पृष्ठभाग कहा है। इसके अतिरिक्त बहुवचन के बहुत कम ही रूप मिलते हैं। ये स्थानों और लोगों के नामों तक ही सीमित हैं। इस तरह माड़िया और मुरिया अन्य तथाकथित गोंड जातियों की तरह अपने के कोइटुर कहते हैं। काकलुर और चितालुर स्थानों के नाम और माड़िया में टोकालुर वंश का नाम सम्भवतः इन्हीं पृष्ठभागों को दर्शाते हैं। तीसरा व्यक्तिवाचक सर्वनाम 'ओर' सम्भवतः पहले सम्मानसूचक बहुवचन था। और कर्त्ता की क्रियात्मक संज्ञा उदाहरण के लिए केवालोर='कर्त्ता' शायद एक बहुवचन रूप ही है, क्योंकि लिंड ने चंदा जिले में इसका एकवचन रूप केवल प्राप्त किया है। इन रूपों का अभाव इंगित करता है कि वे अवशेष हैं लेकिन उनमें प्रत्यय जोड़कर नए विशिष्ट बहुवचन शब्द बनाने की प्रवृत्ति का कोई संकेत नहीं है जैसे कि अन्य उपभाषाओं में 'ओर्क' प्रत्यय पाया जाता है। अन्त मे अपेक्षाव्यंजक वाक्य बनाने का एक बेहद बेतुका तरीका है जो मुझे इस भाषा का शुरुआती चिह्न मालूम पड़ता है, जबकि वेतुल जिले की गोंडी में कई व्याकरण सम्बन्धी रूपों का अभाव दर्शाता है कि यह भाषा एक प्राचीन आदिम स्वरूप से विकसित हुई और यह विकास सम्भवतः सरलीकरण की ओर नहीं बल्कि माड़िया और मुरिया की भाषा से अधिक लचीलेपन की तरफ हुआ।

8. ग्रिग्सन ने बस्तर प्रदेश का वर्णन 'भारतीय इतिहास की नदी के एक लगभग अज्ञात आवद्धजल (बैकवाटर)' के रूप में किया है। वर्तमान शाही परिवार वारंगल के ककटिया राजाओं का वंशज है, जिस ककटिया राजाओं का अन्तिम राजा पन्द्रहवीं शताब्दी के शुरुआत में मुसलमान आक्रमणकारियों के साथ युद्ध में मारा गया था। उसका भाई गोदावरी नदी को पार करके बस्तर में भाग गया और उसके समय से लेकर हाल के वर्षों तक यह प्रदेश बाहरी दुनिया से लगभग पूरी तरह कटा रहा है। अभिलेखों से पता चलता है कि पन्द्रहवीं शताब्दी

---

1. व्याकरण के सरलीकरण की एक इसी प्रकार की प्रवृत्ति को, एलन क्राफोर्ड ने ट्रिस्टन डा कुन्हा के निवासियों की अंग्रेजी के सम्बन्ध में, अपनी पुस्तक *आई वेंट टु ट्रिस्टन* (लन्दन, 1941), पृ. 137 में उद्धृत किया है, 'वे शायद ही कभी भूतकाल का प्रयोग करते हैं'।

के पहले नागवंशी राजाओं की एक तेलुगु धारा ग्यारहवीं शताब्दी में बारसुर में राज करती थी। बारसुर जंगली साँड़ जैसी सींग वाले माड़िया के इलाके के मध्य में प्रदेश के केन्द्र में पड़ता है और उनके मन्दिरों के ध्वंसावशेषों से पता चलता है कि उस इलाके में एक उन्नत हिन्दू सभ्यता मौजूद थी। ग्रिग्सन का मत है कि दक्कन के पठार पर मुस्लिम राजाओं के कब्जे से पहले तक यहाँ तेलुगु लोगों की काफी आवाजाही रही होगी। जिसके कई चिह्न आज तक बचे हुए हैं, लेकिन उसके बाद से यह इलाका लगभग पूरी तरह अछूता रहा है। पहाड़ी माड़िया या मुरिया पर तेलुगु या हिन्दू प्रभाव अधिक नहीं हो सकता था; और जिन आठ शताब्दियों के दौरान साँड़ जैसी सींग वाले माड़िया तेलुगु प्रभाव से अछूते रहे उस दौरान उपभाषा के स्वतन्त्र विकास के लिए पर्याप्त समय मिल गया जो उस बाहरी प्रभाव से मुक्त रहा जिससे अन्य जगहों की गोंडी का सम्पर्क रहा। आज तक बस्तर प्रदेश एक अलग-थलग पड़ा इलाका है। उत्तर और उत्तरी सीमा पर पड़ोस के ब्रितानी भारतीय जिलों और कांकेर प्रदेश तथा जयपुर जमींदारी के तरफ से कुछ आवाजाही है जिसके चलते मुरिया लोगों की भाषा पर छत्तीसगढ़ी प्रभाव आ गया है लेकिन जंगली साँड़ जैसी सींग वाले माड़िया पर इसका भी प्रभाव नहीं पड़ा जिनका पूरब के अन्य लोगों से सम्पर्क जयपुर जमींदारी के सबसे कम विकसित इलाकों तक सीमित है। प्रदेश के पश्चिम और दक्षिण में गोदावरी नदी के पार चंदा जिला, निजाम की रियासत और मद्रास प्रान्त के साथ ज्यादा सम्पर्क नहीं है और इस सभी इलाकों के लोग बस्तर के अपने पड़ोसियों जैसे ही हैं और उनके तथा ज्यादा सभ्य लोगों के बीच अवरोध का काम करते हैं। हालाँकि हाल के वर्षों में संचार व्यवस्था में काफी सुधार हुआ है लेकिन प्रदेश के कुल 13,725 वर्गमील के क्षेत्रफल में 11,000 वर्गमील वनाच्छादित है और इसलिए यहाँ तक कि दो जनजातियों के बीच आपसी सम्पर्क अभी भी कठिन है। पहले यह और भी मुश्किल रहा होगा इसका अन्दाजा सहज ही लगाया जा सकता है। माड़िया और मुरिया अब भी परिश्रमी जीवन बिताते हैं और जीवन यापन के लिए वे मुख्यतः विभिन्न प्रकार की झूम खेती (शिफ्टिंग कल्टीवेशन) और शिकार पर निर्भर हैं अपवाद स्वरूप कुछ इलाकों को छोड़कर जहाँ जंगली साँड़ जैसी सींग वाले माड़िया और पहाड़ी माड़िया लोगों ने जानवरों को खत्म कर दिया है।

9. इन सारी परिस्थितियों ने मिलकर वह भौतिक स्थिति बनाई होगी जिसने उनकी भाषा में उल्लेखनीय विशिष्ट परिवर्तन और विकास किया होगा। ऐसी ही एक स्थिति अमेरिकी जाति-विशेषज्ञ होरेशियो हेल के प्रमाणित सिद्धान्त द्वारा दर्शाई गई है और जिसे ओट्टो जेफरसन ने उद्धृत किया है।[1] हेल ने पाया कि ओरेगन, जो फ्रांस से ज्यादा बड़ा क्षेत्र नहीं है, में भाषाओं के 30 भिन्न परिवार मौजूद हैं। इसका वर्णन उन्होंने इस तथ्य द्वारा किया कि अमेरिका के शिकारी कबीलों जहाँ एक-एक परिवार प्रायः कबीले से अलग होते रहते थे और विशाल मानवरहित क्षेत्र में बसते रहते थे, में भाषा पर बच्चों का प्रभाव बहुत ज्यादा होता था, जो अपने माता-पिता के कृषि या शिकार में व्यस्त होने या बीमारी और शिकारी जीवन की दुर्घटनाओं के कारण वास्तव में अकेले रह जाते थे। या फिर, जहाँ पुरुष मर जाते थे या मार डाले जाते थे वहाँ महिलाओं को घरेलू जीवन के लिए बहुत कम समय मिल पाता था और बच्चे न सिर्फ शारीरिक देखभाल बल्कि भाषा की शुद्धता से भी वंचित रह जाते थे। इन परिस्थितियों से भाषा के मूल में परिवर्तन हुआ जिससे सजातीय लोगों के बीच नई

1. ओ. जेस्पर्सेन, *लैंग्वेज*, पृ. 180-8।

भाषाओं के परिवार अस्तित्व में आए। मेरा आशय यह नहीं है कि बस्तर के जनजातियों को ऐसी असाधारण परिस्थितियों का सामना करना पड़ा था, लेकिन साँड़ जैसी सींग वाले माड़िया और मुरिया तथा उनसे भी ज्यादा अबुझमार पहाड़ियों के छोटे और अलग-थलग पड़े माड़िया समुदाय को ऐसी परिस्थितियों से अवश्य गुजरना पड़ा होगा। घोटुल की संस्था, जिसमें छोटी उम्र से ही और विवाह तक लड़के और लड़कियाँ दिन के ज्यादातर समय और पूरी रात अपने माता-पिता से दूर एक साथ रहते हैं, ने भी भाषा में काफी बदलाव किया होगा। घोटुल का प्रभाव कितना महत्त्वपूर्ण रहा होगा इसका अन्दाज लगा पाना मुश्किल है क्योंकि यह संस्था जंगली साँड़ जैसी सींग वाले माड़िया और पहाड़ी माड़िया में उस रूप में अब मौजूद नहीं है जिस रूप में आज वह मुरिया लोगों के बीच पाई जाती है। लेकिन मुरिया लोगों के लिए यह सत्य है, जैसा कि डॉ. एल्विन ने खोज की है, कि इस जनजाति के बच्चों ने अपने अलग ही गीतों और कहानियों का और बहुत हद तक बातचीत की आदतों का विकास कर लिया है।

10. ऊपर दी गई दलीलें उन व्याकरण सम्बन्धी अन्तरों का वर्णन करते हैं जो जंगली साँड़ जैसी सींग वाले माड़िया और भोपलपतनाम जमींदारी और चन्दा जिले के माड़िया के व्याकरण में पाई जाती हैं, जैसा कि उन्हें लिंड ने दर्ज किया। यह सम्पूर्णता में बस्तर की उपभाषा में हिन्दी शब्दों की सापेक्षिक दुर्लभता का भी वर्णन कर सकती है, जबकि इस जाति का पहले का इतिहास संस्कृत के बचे रह गए कई शब्दों और तेलुगु प्रभाव के चिह्नों का वर्णन कर देगा; यदि वास्तव में ऐसे लक्षणों का वर्णन करना जरूरी हो, इस तथ्य को ध्यान में रखते हुए कि द्रविड़ भाषाओं के परिवार में तेलुगु और गोंडी के बीच नजदीकी सम्बन्ध है। यह उच्चारण के अन्तर का भी वर्णन कर देता है जिसके चलते काफी नजदीकी जनजातियों के लिए भी एक दूसरे को समझ पाना मुश्किल हो जाता है। उदाहरण के लिए जंगली साँड़ जैसी सींग वाले माड़िया पहाड़ी माड़िया की भाषा की तुलना कौओं की बोली से करते हैं क्योंकि उसमें अनेक कंठ ध्वनियाँ कंठद्वारीय रुकावटें होती हैं। इनमें से एक कंठध्वनी अक्षर 'र' है जिसका ऊपर उद्धृण दिया गया है, जिसका उच्चारण उसी प्रकार होता है जैसे फ्रांस का आदमी पेरिस में 'आर' का उच्चारण करेगा। लिओनाई ब्लूमफील्ड इसे 'प्रतिजिह्वीय कम्पन' कहते हैं।[1] कौओं की भाषा से तुलना वर्जिल द्वारा कौओं के बच्चों के अपने घोंसले में प्रेसो टेट गट्टुरे वोसेस बड़बड़ाने की याद दिलाता है, जो इस बात को सिद्ध करता है कि जंगली साँड़ जैसी सींग वाले माड़िया प्राकृतिक परिघटनाओं का सटीक पर्यवेक्षण करते हैं। जंगली साँड़ जैसी सींग वाले माड़िया स्वयं ही कंठध्वनी निकालते हुए बोलते हैं, मुरिया ऐसा थोड़ा कम करते हैं। इन दोनों जातियों के लोगों के उच्चारण की एक चारित्रिक विशेषता यह है कि वे रुक-रुककर और धीरे-धीरे बोलते हैं। वे लगभग हमेशा ही प्रारम्भिक 'ह' का उच्चारण नहीं करते और उनमें सामान्य 'र' तथा कम्पन के साथ बोले जानेवाले 'र' की अदला-बदली करने की प्रवृत्ति होती है। अन्य मामलों में इनका उच्चारण बहुत हद तक वैसा ही होता है जैसा ट्रेंच ने बेतुल गोंडी के लिए वर्णन किया है, प्रारम्भिक 'इ' के पहले प्रायः 'वाई' ध्वनि होती है और 'इ' तथा 'ओ' का उच्चारण कभी छोटा तो कभी लम्बा होता है। इसलिए इनके व्याकरण का वर्ण विचार आसान काम नहीं है। वर्ण विचार के लिए मैंने अपने व्याकरण में नागरी लिपि को पर्याप्त समझकर उसका प्रयोग किया पर ग्रिएरसन के

1. ओ. जेस्पर्सेन, *लैंग्वेज*, पृ. 470।

अनुसार तेलुगु लिपि इस भाषा के लिए ज्यादा उपयुक्त है।

11. इस व्याकरण की एक रूपरेखा निम्नलिखित है। वाक्य-रचना के बारे में जितना मैंने यहाँ कर दिया है उससे ज्यादा कुछ कर पाना मुश्किल है क्योंकि इसकी वाक्य रचना अन्य गोंडी उपभाषाओं और हिन्दी की वाक्य-रचना से मिलती-जुलती है जिनमें से हिन्दी तो कम से कम काफी प्रचलित है।

व्याकरण की रूपरेखा

संज्ञाएँ। ये कभी रूपान्तरित नहीं होतीं और एकवचन तथा बहुवचन रूपों में कोई अन्तर नहीं है। तीर्यक कारकों को प्रत्यय से इंगित किया जाता है। लिंग को बहुत कम ही स्पष्ट किया जाता है और वे इस भाषा के व्याकरण में मामूली भूमिका निभाते हैं हालाँकि वे वक्ता के दिमाग में मौजूद रहते हैं। दो तरह के लिंग होते हैं—पुल्लिंग और स्त्री-नपुंसक लिंग। पुल्लिंग में सिर्फ मानव प्रजाति के नर आते हैं और शेष सारी सृष्टि स्त्री-नपुंसक लिंग में आती है चाहे वह नर, मादा या निर्जीव हो। सबसे ज्यादा आम प्रत्यय निम्नलिखित हैं :

टुन, के या नु कर्मकारक
नु, ना, टा, या नाद जिसका अर्थ है 'का' (सम्बन्ध सूचक)
टुन या के मतलब 'उसको' (सम्प्रदान कारक)
टे या टेना मतलब 'साथ' या 'से' (अपादान कारक और सम्बन्धसूचक)
डे मतलब 'साथ' (सहयोगी) सिर्फ वस्तुओं के लिए
टे या टागा मतलब 'अन्दर' या 'ऊपर' अधिकरण कारक

ये सभी किसी भी संज्ञा के साथ प्रयोग किए जा सकते हैं और विकल्पों का चयन ध्वनि को सुस्वर बनाने को ध्यान में रखकर किया जाता है। उदाहरण के लिए लोन, जिसका अर्थ घर है, के साथ 'ट' से प्रारम्भ होनेवाले प्रत्यय लगाए जाते हैं और उनके अन्त में आनेवाला 'न' का उच्चारण दब जाता है; इस तरह लोटा=घर का और लोटे=घर में आदि। विभक्ति के रूपों में भेद का कोई कारण नहीं है।

विशेषण। इनकी भी संख्या, लिंग या कारक किसी के लिए भी रूपान्तरित नहीं होते। इस भाषा में सरल और संयुक्त विशेषणों की काफी संख्या है। लेकिन भाषा की एक विशेषता है कि सरल विशेषणों को कभी-कभी संयुक्त रूप में अभिव्यक्त करना पड़ता है, उदाहरण के लिए बाटा हिलवा=गरीब, इसका शाब्दिक अर्थ है 'जिसके पास कोई चीज न हो'।

क्रियात्मक संज्ञा भी कभी-कभी विशेषण की तरह इस्तेमाल की जाती है, वैसे ही जैसे अन्य भाषाओं में निश्चेष्ट भूत कृदन्त का प्रयोग होता है जैसे मुरचा, बन्द, मुरचाना, बन्द करना से।

अन्य भारतीय भाषाओं की तरह आमतौर पर तुलना विशेषण के सकारात्मक रूप द्वारा की जाती है, जिसमें टेना (से) का प्रत्यय लगा होता है। हालाँकि इसका एक रोचक अपवाद है, नेला (अच्छा) जिसका तुलनात्मक और सर्वोत्तम रूप नेलाटोर से निकलता है। वाक्य-रचना में इसका प्रयोग वैसे ही होता है जैसे टेना के साथ अन्य विशेषणों का।

सर्वोत्तम रूप का उपयोग तुलनात्मक रूप की तरह ही होता है, हिन्दी की तरह ही इन शब्दों द्वारा सबे मुल, 'सब', उदाहरण के लिए सबेमुल टेना पेरके, 'सबसे आखिर वाला'।

सर्वनाम और सर्वनामी विशेषण। इनकी एकमात्र विशेषता यह है कि इनमें 'हम' के लिए एक विशेष शब्द है, ममाट जिसका संक्षिप्त रूप है माट। यह भाषा के कुछेक बहुवचन रूपों में से एक है। मैं=नाना और तुम=निमा और ओर=वह (पुरुष), वह (महिला), वे। दूसरा रोचक लक्षण यह है कि सर्वनामों के रूपान्तरण होते हैं। नाना से ना निकलता है, निना से नि, ओर से आन और मामत से मा निकलता है।

सर्वनामी विशेषण स्पष्ट विशेषण होते हैं मात्र सर्वनामों के सम्बन्धसूचक नहीं, सिर्फ ओना, 'उसका' को छोड़कर। ये हैं नावा या ना=मेरा, निवा या नि=तुम्हारा और मावा या मा=हमारा।

अंक। 6 तक और उसे शामिल करते हुए संख्या सूचक अंक तेलुगु अंकों जैसे हैं। 7 से 19 तक हिन्दी अंकों का उपयोग किया जाता है और इसके बाद आता है कोटेक, 20। इसके बाद कोटी=20 का अन्य अंकों के साथ प्रयोग किया जाता है। यह शब्द पूर्वी भारत में काफी प्रचलित है और अन्य भाषाओं के साथ ही उड़िया में भी इसका प्रयोग होता है लेकिन सम्भवतः यह द्रविड़ मूल का है। 100 के लिए हिन्दी शब्द सौ का प्रयोग किया जाता है, जैसे कि उर्दू शब्द हजार जो एक बड़ी अस्पष्ट संख्या के लिए प्रयोग किया जाता है। अंकों का एक रोचक लक्षण यह है कि 2 के लिए पुल्लिंग रूप इरू और एक नपुंसक रूप रेंड या रांड होता है। यह उन कुछेक मामलों में है जहाँ लिंग का भेद किया जाता है।

गणनावाचक संख्याएँ और क्रमवाचक संख्याएँ एक ही हैं जिनका एकमात्र अपवाद है ओंडे, पहला।

आवृत्ति को वेला, समय से अभिव्यक्त किया जाता है, जो सम्भवतः मराठी से लिया गया है जिसे क्रमवाचक संख्या से जोड़ा जाता है; और गुणनावस्था को भी इसी प्रकार अभिव्यक्त किया जाता है।

संकेतवाचक, प्रश्नवाचक और सम्बन्ध सूचक सर्वनाम तथा विशेषण। संकेतवाचक सर्वनाम रूप नहीं बदलते पर लिंग भेद अवश्य करते हैं। संकेतवाचक विशेषण भी यही काम करते हैं। यह–वेर या वेन पुल्लिंग और इड, स्त्रीलिंग नपुंसक। वह–ओर, पुल्लिंग और आद, स्त्रीलिंग नपुंसक।

प्रश्नवाचक सर्वनाम 'कौन' के विभिन्न इलाकों में विभिन्न रूप हैं। इनमें से जो मैंने सुने हैं वे हैं बेनोर, बोर, बेनोन और बेन। एक स्त्रीलिंग और नपुंसक रूप भी है बेड या बैड, कौन-सा।

इस भाषा में कोई वास्तविक सम्बन्धसूचक सर्वनाम नहीं है। सम्बन्धसूचक उपवाक्यों के प्रयोग से बचने के लिए कुछ माध्यमों का इस्तेमाल किया जाता है जैसे 'वह आदमी आया, उससे मैंने कहा' का प्रयोग, 'जो आदमी आया उससे मैंने कहा' के लिए किया जाता है।

कर्त्ता सम्बन्धी सर्वनाम होते ही नहीं और 'स्वयं' का भाव प्रत्यय 'आई' या 'ई' पर जोर देकर पैदा किया जाता है।

प्रत्यय और क्रिया विशेषण। बस्तर में मुरिया तथा माड़िया द्वारा प्रयुक्त गोंडी भाषा की संरचना अन्य भारतीय भाषाओं जैसी ही है। इसमें अनेक वास्तविक प्रत्यय और क्रियाविशेषण हैं जिनका इस्तेमाल प्रत्यय के रूप में किया जाता है और जो संज्ञा के साथ सम्बन्धसूचक या अपादान कारक प्रत्ययों की सहायता से जोड़े जाते हैं। उदाहरण के लिए 'घर के सामने' लोन टा मुने कहा जाएगा। कुछ शुद्ध क्रिया विशेषण स्थान, समय और तरीके के भी हैं जिनके

कोई विशिष्ट लक्षण नहीं हैं।

क्रिया। इस भाषा में नियमित संयुक्त शब्द नहीं हैं हालाँकि सभी क्रियाओं को जोड़ा जाता है और इसमें काफी समानता है। कई तरह से क्रियाओं को जोड़ने की प्रक्रिया हिन्दी तथा अन्य भारतीय भाषाओं जैसी ही है और इसलिए यहाँ उनका अलग से उल्लेख करना जरूरी नहीं है। हालाँकि एक-दो विशिष्टताएँ महत्त्वपूर्ण हैं।

सामान्यतः मध्यम पुरुष के एकवचन और बहुवचन एक समान होते हैं और लिंग का भेद नहीं करते। प्रथम पुरुष में एकवचन और बहुवचन के भिन्न रूप होते हैं लेकिन उसमें लिंग का भेद नहीं होता। अन्य पुरुष एकवचन और बहुवचन के लिए समान होता है पर पुल्लिंग और स्त्रीलिंग नपुंसक के भिन्न रूप होते हैं।

कालों में, जिनमें कोई रोचकता नहीं होती वे हैं अनिश्चित काल सूचक, भूतकालिक क्रिया, साधारण भविष्यकाल, अनिश्चित काल सूचक वर्तमानकालिक क्रिया, पूर्ण भूतकालिक क्रिया, अपूर्ण क्रिया तथा वर्तमानकालिक क्रिया।

गतिशील वर्तमानकालिक क्रिया, अपूर्णक्रिया और पूर्ण भूतकालिक क्रिया कृदन्त लगाकर बनाई जाती है जिन्हें सहायक क्रिया 'होना' के साथ इस्तेमाल किया जाता है जैसा कि हिन्दी में होता है।

आज्ञासूचक तथा अपरिचित क्रियाओं, कृदन्तों तथा क्रियात्मक संज्ञाओं में ऐसी कोई खास बात नहीं कि उनकी यहाँ चर्चा की जाए।

इस भाषा का एक विशेष लक्षण है अपेक्षाव्यंजक काल। इसका एक उदाहरण जो क्रिया पोयताना, पकड़ना, से है, सभी क्रियाओं के लिए लाक्षणिक है :

प्रथम पुरुष एकवचन	पोयेन
मध्यम पुरुष एकवचन	पोयिन
अन्य पुरुष एकवचन	पोयेर
प्रथम पुरुष बहुवचन	पोयेरोम

इस काल को भूतवाचक या भविष्यवाचक अपेक्षाव्यंजक वाक्यांशों में एक समान प्रयोग किया जा सकता है पर बस्तर में इसका उपयोग सिर्फ अपेक्षाव्यंजक वाक्य में नतीजा दिखाने के लिए ही हो सकता है दशाबोधक भाग में नहीं। दशाबोधक भाग एक अटपटा कृदन्त लगाकर व्यक्त किया जाता है जिसके समास वाला भाग इस भाषा में और कहीं नहीं पाया जाता। इस तरह, 'यदि वह आया होता' ओर वातके है। के एक प्रत्यय है जिसका अर्थ है 'के द्वारा' या 'के कारण'। वात एक भूतकालिक कर्तरि कृदन्त प्रतीत होता है जो किसी और शब्द रचना में प्रयुक्त नहीं होता। इसलिए इन शब्दों का शाब्दिक अनुवाद होगा 'उसके आने के कारण से'।

हालाँकि असीमित क्रिया को स्वाभाविक समझना सुविधाजनक होगा पर सत्य यह है कि इस भाषा में कोई ऐसी असीमित क्रिया नहीं होती जो अंग्रेजी व्याकरण के जैसी हो। पोयटाना जिसका अर्थ 'पकड़ना' होता है वास्तव में क्रियात्मक संज्ञा पोयटा सम्बन्धसूचक रूप है और यह तथ्य इस भाषा में इस तथाकथित असीमित क्रिया के प्रयोग से स्पष्ट हो जाता है। हालाँकि कभी-कभार यह सम्बन्धसूचक रूप स्वयं क्रियात्मक संज्ञा के रूप में प्रयोग किया जाता है और एक क्रिया से निकलनेवाली संज्ञा के रूप में भी जो कि लैटिन के 'उम' से समाप्त होनेवाली इसी प्रकार की संज्ञा में होता है।

सामान्यतः जिन कृदन्तों का उपयोग किया जाता है वे हैं वर्तमान और भूतकालिक गतिशील कृदन्त और भूतकालिक निश्चेष्ट कृदन्त। भूतकालिक निश्चेष्ट कृदन्त को छोड़कर इस भाषा में कर्मवाच्य नहीं होता है और ऐसे किसी विचार को या तो अकर्मक क्रिया, या ऐसी व्याख्या जिसमें सकर्मक क्रिया हो या व्याख्या जिसमें भूतकालिक निश्चेष्ट कृदन्त हो, के द्वारा अभिव्यक्त किया जाता है।

इस भाषा में क्रिया से बनी अभिकरण की एक संज्ञा पाई जाती है जैसे पोयतालुर जिसका अर्थ है 'पकड़नेवाला'। एक असाधारण कृदन्त समानता के लिए है जैसे पोयताप जिसका अर्थ है 'जैसे कि पकड़ रहा हो'।

गोंडी की उपभाषाओं में खासकर और मुरिया उपभाषा में भी नकारात्मक काल और नकारात्मक आज्ञासूचक शब्द होते हैं। नकारात्मक काल भूत, वर्तमान और भविष्यकाल के किसी नकारात्मक कार्य के लिए प्रयोग किया जाता है और इसमें किसी नकारात्मक उपसर्ग का प्रयोग नहीं किया जाता। नकारात्मक आज्ञासूचक क्रिया के मूल मे नकार आशय वाला उपसर्ग मा जोड़कर बनाया जाता है और यह संस्कृत से निकला हो सकता है और हिन्दी के मत और पुश्तु तथा फारसी के मा से सम्बन्धित हो सकता है। यदा-कदा आप क्रिया के मूल से बनी और वहक प्रत्यय वाली नकारात्मक क्रियावाचक संज्ञा से सुन सकते हैं।

कारण बतानेवाली क्रियाएँ सामान्य नियमों के अनुसार बनती है जैसे कि संयुक्त क्रियाएँ भी बनती है। इच्छा प्रकट करनेवाली कोई क्रिया नहीं होती लेकिन एक सम्भावित क्रिया पड़ाना है जो हिन्दी के सकना और पड़ना की तरह कई तरीकों से प्रयोग की जा सकती है।

परिशिष्ट तीन

घोटुल के नाम

घोटुल नामों की निम्नलिखित सूची मुरिया क्षेत्र के सभी भागों के सौ से अधिक घोटुल से एकत्रित करके तैयार की गई है। कई नामों के मूल और उनके अर्थ के लिए मैं श्री ए.एन. मिचेल का आभारी हूँ।

चेलिक के नाम

अच्छाय	हिन्दी। अच्छा का अर्थ है 'अच्छा'
अधिकार या अधकेर	हिन्दी। अधिकार
अकिलसाई	सम्भवतः एक मुसलमान नाम अक़लशाह। शाह गोंडी में साई बन जाता है और या तो मूल या बिगड़े रूप में गोंड लोगों के बीच प्रचलित।
अलीराम	हिन्दू और मुसलमान नामों का एक विचित्र मिश्रण।
अलोरसिंग या अलुरसी	गोंडी। अव्यवस्था मचानेवाले को अलोर कहा जाता है।
अपकारी या अतकारी	उर्दू। उत्पादन शुल्क अधिकारी
अठपहरिया	हिन्दी। दिन-रात 'आठों पहर काम पर रहनेवाला'। बस्तर में गाँव के टहल-चाकरी करनेवाले के लिए प्रयुक्त।
बैदार	हिन्दी। बहीदार, सूदखोर का मुनीम।
बक्सी	उर्दू। बक्शी। उत्तर भारत के मुसलमानों और हिन्दुओं के बीच एक आम नाम। यह एक पारसी उपनाम भी है, 'खजाँची'।
बन्दोबस्त साहेब	उर्दू। बन्दोबस्त अधिकारी। यह नाम सम्भवतः श्री एस.एच. इशहाक, जिन्हें बस्तर में इस नाम से जाना जाता है, के दौरे के बाद रखा गया था।
बन्दूकदार	उर्दू। बन्दूक रखनेवाला।
बरको बेलदार	उर्दू। खुदाई करनेवाला जो फावड़ा चलाता है।
बेलुमदार	गोंडी। बेलुम या बागीचे का स्वामी।
बुधकर	हिन्दी। बुद्धिमान आदमी जिसके पास बुध या बुद्धि हो। गाँव के अधिकारियों के लिए प्रयुक्त।
कप्तान	अंग्रेजी। पुलिस एस.एस.पी. के लिए प्रयोग किया जानेवाला

	नाम।
छाजेन	गोंडी। घूमने-फिरनेवाला।
चालाऊ, चालुक या चलान	हिन्दी के चलाना, यानी इन्तजाम करनेवाला, से लिया गया गोंडी शब्द।
चल्की	हिन्दी। मुखिया का सहायक।
चपरासी	हिन्दी। चपरास या बिल्ला पहननेवाला चपरासी।
चेलिक-साई	चेलिक का देवता।
चेलिक-सुन्दर	चेलिक एक गोंडी शब्द है जिसका अर्थ है 'सुन्दर दिखनेवाला अविवाहित नौजवान'। सुन्दर हिन्दी शब्द है।
चौकीदार	हिन्दी।
चुटुकदार कांस्तीबेल	अंग्रेजी। कांस्टेबल-हवलदार।
दफेदार	उर्दू। एक सेक्शन का अधिकारी।
दाईदार	हिन्दी दवान, शोषण का हल्बी में बिगड़ा रूप। इसका अर्थ है 'दबंग'।
डाकडर	अंग्रेजी। डॉक्टर।
डंडसी	अनूठा।
दारोगा	उर्दू। इंस्पेक्टर।
देवान	उर्दू। दीवान या प्रधानमन्त्री।
दुबे	एक ब्राह्मण नाम। द्विवेदी का छोटा रूप।
दुलोर या दुलोरसिंग	गोंडी। इसका अर्थ है 'प्रेम'।
इंजीनियर	अंग्रेजी।
गाईदार	ग्वाला(?) हिन्दी के गाय से।
गाईता	गोंडी। पुजारी।
गंगेदार	सम्भवतः गंगा नदी के नाम से निकला शब्द।
गारेद	अंग्रेजी। वन रक्षक।
गढ़ी	हिन्दी के गढ़ या मुख्यालय (?) से। सम्भवतः चातेलेन।
गोटुल-साई	गोंडी और उर्दू। 'घोटुल का देवता'।
गुरती	गोंडी। मजबूत
हगरू	मल-त्याग को इंगित करनेवाला एक उपनाम। बच्चे के सद्गुणों को दुष्टात्माओं से बचाने के लिए माँ-बाप बच्चे को इस नाम से बुलाते है। इसका प्रयोग नाम के बजाए उपनाम के तौर पर होता है।
हरदी-गरबो	हिन्दी और हल्बी। पिसी हल्दी।
हवलदार	उर्दू।
हिकमी	हल्बी का एक सामाजिक नाम।
इजारदार या इजेलदार	उर्दू। इजारा या एकाधिकार से। बस्तर में आबकारी अधिकारियों के लिए प्रयुक्त।

इस्सलदार	सम्भवतः उर्दू के रिसालदार से जिसका अर्थ है घुड़सवार सेना का अधिकारी।
जेलर	अंग्रेजी
जालन साई	गोंड नाम सम्भवतः उर्दू के जालिम शाह का अपभ्रंश।
जल्ला या जल्लम	हिन्दी। मकड़ी का जाला।
जमादार	उर्दू। हवलदार के ऊपर पैदल सेना का पद।
जंगल साहेब	जंगलात का अधिकारी।
जेलकर	गोंडी। पानी की लहर।
जेलु या जेलुक	गोंडी। काम में बाधा डालनेवाला व्यक्ति।
झकाझोल या झलकवार	हिन्दी। झलकनेवाला।
जिलेन	सम्भवतः हिन्दी के जिला पतला या महीन से। अंग्रेजी के 'पतले' से तुलना करें।
जिलमिल	हिन्दी। अभ्रक।
जोलेर	हिन्दी। यह और इसके बाद आनेवाले नाम का प्रयोग धोखेबाज के लिए होता है, पर जोलेर इतना शक्तिशाली नहीं है। शायद इसके लिए 'गप्पी' शब्द ठीक होगा।
जोलमा	सम्भवतः जोलेर का एक भिन्न रूप।
जुल्पी	हिन्दी। जुल्फ से। इसलिए घुँघराले बालों के लिए प्रयुक्त।
झलकराई/झुलुकराई	हिन्दी के झलकना से। घोटुल के जनक लिंगो की तरह झलकने-चमकनेवाला।
जुमुकदार	हिन्दी। कान या एड़ी में पहने जानेवाली घंटियाँ जिन्हें झुमका कहा जाता है और यह उसे पहननेवाले के लिए प्रयोग किया जाता है। झोरिया मुरिया प्रायः इन्हें आभूषण के तौर पर पहनते हैं।
कजंती	खजाँची का बिगड़ा रूप।
कलबोट/कालिकदार	हिन्दी। काला से।
कलिंगसाई	हिन्दी के कलगी, पगड़ी पर लगानेवाले पंख और शाह का अपभ्रंश।
कामास्दार या कामदार	हिन्दी। करिन्दा।
कंडकी	हिन्दी। एक खंड का प्रभारी गाँव का अधिकारी।
कंजूस	हिन्दी।
कपटदार	हिन्दी। पोशाक बनानेवाला।
कारू	
कतलामी	गोंडी कुल नाम।
खुटी मांझी	
किलारसिंग	हिन्दी के किल्लाना चिल्लाना से।
किसिमसाई	सम्भवतः कासिम शाह का अपभ्रंश।
कोपकी	

कोसा	हिन्दी। रेशम का कोका।
कोटिया	हिन्दी। कोठी या भंडार घर का प्रभारी।
कोटवार	हिन्दी। गाँव का पहरेदार।
कुडे	गोंडी। कुडाना या बैठना से निकला शब्द। हमेशा बैठा रहनेवाला।
कुसेल	हिन्दी। कुशल से। खुश रहनेवाले लड़के के लिए।
लहरदार, लहरू, लहरची या लहरसिंग	गोंडी में बाँके छैले के लिए शब्द जो हिन्दी के लहरिया, धारीवाले कपड़े से निकला शब्द। धारियोंवाला शर्ट पहनने को मुरिया लोग फैशनपरस्ती मानते हैं।
लिकिन या लिखेन	कंघियों पर नक्काशी करनेवाला हिन्दी के लिखना से।
मालिक	उर्दू।
मानिकदार	हिन्दी। जिसके पास मणिक हो, कीमती पत्थर लड़कियों के प्रतीक हैं।
मानीजेर	अंग्रेजी।
मांझी	हिन्दी का माँझी या केवट, बस्तर में परगना के मुखिया के लिए प्रयुक्त।
मास्टर	अंग्रेजी।
मेलिया	गोंडी के मेलाना–घूमना से।
मिचेल साहेब	स्कॉटलैंड से सम्बन्धित।
मिरगुर	गोंडी के मिटाना या दौड़ना से।
मुहर्रिर	उर्दू। क्लर्क
मुखवान	हिन्दी के मुख–चेहरा से। पंचायत के सामने लोगों को ले आनेवाला।
मक्कदम	उर्दू। गाँव का मुखिया।
मलियासिंग	गोंडी के मल–मोर और सिंह नाम से।
मुंशी	उर्दू। पढ़नेवाला।
मुतरा	हिन्दी। पेशाब करनेवाला। सम्भवतः घोटुल के अन्दर पेशाब करते पकड़ा गया लड़का या बिस्तर पर पेशाब करनेवाला।
नाचेन	हिन्दी के नाचना से। नर्तक।
नाकेदार	नाके का प्रभारी।
नरहर	एक हिन्दू नाम।
नाज़िर	उर्दू। तहसील का अधिकारी।
नेलिया	गोंडी। नेला का अर्थ है 'अच्छा' इसलिए अच्छे आदमी के लिए प्रयुक्त।
नेंगी	हल्बी सामाजिक उपाधि।
निस्पेट्टर	अंग्रेजी। इंस्पेक्टर।
ओडसेल	अंग्रेजी। ओवरसियर।

ओप्पल	सम्भवतः हिन्दी के उप्पम–सर्वोत्तम से।
पदरू	हिन्दी के पादना से। घोटुल में ऐसे लड़के का नाम जो यह क्रिया करता हो।
पहरदार	हिन्दी के पहर से। पहरेदार।
पागेन	हिन्दी। पगा–पगड़ी। पगड़ी पहननेवाला।
पागेन-मेलिया	ऊपर देखें। मेलिया एक गोंडी शब्द है जिसका अर्थ है घूमनेवाला।
पाइक	हिन्दी। पैदल सैनिक। बस्तर में यह शब्द सभी छोटे अधिकारियों के लिए प्रयोग किया जाता है।
पंडे-प्रधान	प्रधान गोंड लोगों के पुजारी और संगीतज्ञ होते हैं। कुछ घोटुल पाटा में पंडे प्रधान कचहरी के अधिकारी का काम करते हैं।
पसेलदार	गोंडी। पसेल मूँग की दाल होती है। इस उपाधि का प्रयोग उसके लिए होता है जिसके पास मूँग हो। सम्भवतः तहसीलदार या इस्सलदार की तर्ज पर होने के कारण प्रयुक्त।
पटवारी	हिन्दी। जमीन के आँकड़े रखनेवाला अधिकारी जो पहले एक लेखा अधिकारी था।
पितोरका	गोंडी। बुलबुल।
पोहुपसिंह	हिन्दी के मूल फोफ से जिसका एक अर्थ 'फेफड़ा' है इसलिए किसी स्पंज जैसी या मोटी चीज के लिए प्रयुक्त। स्वर्गीय विली फोर्ब्स, नागपुर क्लब के सचिव बहुत मोटे थे। नौकर उन्हें 'फोप्पस साहब' बुलाते थे। (ए.एन.एम.)
राजा साहेब	हिन्दी। राजा।
रांगेर	जंगलात का अधिकारी।
रेंगो	हिन्दी। रेंगना।
रुपेदार	जिसके पास रुपया या चाँदी हो।
साईदार	हिन्दी की सामाजिक उपाधि।
सलाम	उर्दू। अभिवादन।
सालेदार या सिल्लेदार	उर्दू जिलेदार जिले का प्रभारी। पुरानी मराठी सेना में सिल्लेदार कवच के देखभाल करता था और सेना के लिए घोड़ों का प्रजनन करवाता था।
सल्हो	हिन्दी के चलना से। जानेवाला।
सालीग्राम या सालीग्राई	हिन्दी नाम शालीग्राम, हिन्दू देवता महादेव का लिंग का पत्थर।
सल्या या सेल्या संकेर	पूर्वी हिन्दी जिसका अर्थ है सुबह।
सिंकदार	मुसलमान नाम।
सिलेह	गोंडी सिले, वस्त्र (हिन्दी सोना, सिलाई करना)

सिंगा	हिन्दी के सींग से।
सिपाही	उर्दू।
सिरदार	उर्दू। मुखिया या सरदार।
सिरजदार या सिरसदार	उर्दू, सरिष्टेदार। न्यायालय का मोहर्रिर।
सिरकिल	अंग्रेजी, सर्किल इंस्पेक्टर ऑफ पुलिस, सम्भवतः प्रसिद्ध ठाकुर मनबहल सिंह के नाम पर जो लम्बे समय तक इस पद पर रहे।
सूबेदार	उर्दू। सेना का अधिकारी।
सुधेर	हल्बी सुध—चालाकी, चालाक आदमी के लिए।
सुएन या सुवेल	हिन्दी के कुआँ का गोंडी अपभ्रंश
सुल्ही	सम्भवतः हिन्दी के चूल्हा का अपभ्रंश। खाना बनानेवाला।
सुलुकसाई	गोंडी। साई और शाह एक ही हैं।
सुन्देर	हिन्दी, सुन्दर
सुरजुत	हिन्दी सूरज की ज्योति।
ताबु तहसीलदार	उर्दू। राजस्व अधिकारी।
टेकेदार	हिन्दी।
तेल-डुंडी	हिन्दी। तेल निकालने की मशीन।
टिंडका	गोंडी टिंडाना—भोजन करना से सम्भवतः 'भूखा या लालची व्यक्ति'।
उडेन	गोंडी उडाना—बैठना से। इसलिए बैठनेवाला कुड़े से तुलना करें।
उकवार	गोंडी। फावड़ा।
वकील	उर्दू।

मुटियारी के नाम

अच्छो के	गोंडी विशेषण, अच्छी।
अलोसा	गोंडी विशेषण, मधुर बोली वाली।
अनबाइको	सम्भवतः मराठी आना—लाना और गोंडी वेहनाना—कहना के मूल 'वेह' और स्त्रीलिंग प्रत्यय को से बना शब्द। इसलिए 'दूसरों से चीजें मँगानेवाली'।
बेलदारिन	बेलदार का स्त्रीलिंग, देखें।
बेलोसा	सम्भवतः बेल वृक्ष से निकला शब्द।
चाइको	गोंडी। बकवास करनेवाली।
दसोदा	हिन्दी नाम।
दुलोसा	हिन्दी दुलोचा—मुलायम का अपभ्रंश।
गलजे	गोंडी। शोर करनेवाली।
गन्दरी	हिन्दी और हल्बी, बदबू करनेवाली। सम्भवतः एक औपचारिक

	नाम के बजाए एक उपहासजनक उपनाम।
हलियारो	हिन्दी हलिया–झुंड या समूह, इसलिए गाय या भेड़ चरानेवाली के लिए।
जाइमो	हिन्दी के जलना से सम्भवतः 'गरम चीज'।
जतारो	जलारी या जलियारो
जलको	गोंडी। पानी की लहर। जेलकर से तुलना करें।
जमादारिन	जमादार का स्त्रीलिंग, देखें।
जनकराई, जनको, जमको।	
या जनकाई	हिन्दी नाम।
झेलो	गोंडी। पानी छिड़कना।
जिलमिली	हिन्दी। अभ्रक। जिलमिल से तुलना करें।
जुनकी	गोंडी। झंकार।
कोटवारिन	कोटवार का स्त्रीलिंग देखें।
लहरी या लहरो	हिन्दी के लहर से।
मलको या मलकारो से	गोंडी। मल–मोर। मोरनी जैसी लड़की।
मंजारो	हिन्दी मूल मंज–मध्य से। मँझली बहन या घोटुल नेताओं के बाद जिसका स्थान आता है।
मनकाई	हिन्दी मानना। आज्ञाकारी।
मेट्टे	मंडली का एक यार, गोंडी के एक स्त्रीलिंग प्रत्यय के साथ।
मुलारी या मुलारो	सम्भवतः हिन्दी के 'मूल्य' से। इसलिए मूल्यवान।
मुल्की	उर्दू 'मुल्क' से। इस प्रकार 'देहात की लड़की'।
मुतरी	मुतरा का स्त्रीलिंग पर जरूरी नहीं कि मुतरा और मुतरी घोटुल के जोड़ीदार हों।
निरोसा	संस्कृत का शब्द जिसका अर्थ है 'स्वच्छ'। हिन्दी में ऐसा कोई शब्द नहीं मिलता मगर इसका अर्थ निश्चित है। हल्बी में यह शब्द मिलता है और इसे निरोग से जोड़ा जा सकता है।
पिओसा	हिन्दी के पीना से। सम्भवतः खजूर की शराब पीनेवाली के लिए या 'प्यासी' के लिए।
रानी	हिन्दी।
साईदारिन	साईदार का स्त्रीलिंग, देखें।
सइले	गोंडी। मैत्रीपूर्ण।
सलको	सल्या का स्त्रीलिंग, देखें।
समसारो	धैर्यवान। हल्बी में समसार का अर्थ है 'धैर्य'।
सरगी	साल वृक्ष के लिए हिन्दी शब्द।
सिलियारो	गोंडी। सिलिया एक सब्जी।
सिलो	हिन्दी, कपड़ा या वस्त्र (सीना)।
सिंगारो	हिन्दी श्रृंगार।

सुलाको	हिन्दी के चूल्हा से। इसलिए सम्भवतः भोजन पकानेवाली।
सुरतान	हिन्दी सुरता–सोच। इसलिए 'सोचनेवाली'।
सुर्ती, सुर्तो या सुर्तेल	हिन्दी तम्बाकू। चेलिक को तम्बाकू देनेवाली।
तिलियारो	एक दाल के नाम से। सम्भवतः जलियारो या सिलियारो से मिलता-जुलता होने के कारण रखा गया हो।
तिलोका	हिन्दी नाम त्रिलोक से।
तुलकी तुसरो या तुसारो	
उझरो या उझारो	गोंडी। सफेद।

परिशिष्ट चार

जनगणना के आँकड़े

बस्तर के विभिन्न आदिवासी जनजातियों के लिए जनगणना के आँकड़े पाठकों के लिए दिलचस्प होंगे। लेकिन यह याद रखा जाना चाहिए कि ये आँकड़े अमोल हैं। किसी भी आदिवासी क्षेत्र में जनगणना का काम असामान्य कठिनाइयों से भरा होता है। सबसे पहले तो जनजातियों के नामों को लेकर भ्रम रहता है—आदिवासी सामाजिक रुतबे के लिए लगातार अपना नाम बदलते रहते है : फिर जिनकी गिनती की जाती है वे सत्य बोलना पसन्द नहीं करते; फिर गणना करनेवालों की अक्षमता; और अन्त में जनगणना के प्रति ही आदिवासी लोगों का प्राचीन विरोध।[1]

लेकिन बस्तर के आँकड़े, जैसा कि उन्हें पाया गया, नीचे दिए गए हैं। 1891 में वे इस प्रकार थे :

भट्टरा	21,459
गोंड	70,069
गोट्टे	5,070
हल्बा	13,865
झोरिया	936
कोई	7,281
माड़िया	25,855
मुरिया	53,960
परजा	13,467
तगारा	396

अगली तीन जनगणनाओं में बस्तर के सभी आदिवासियों—हल्बा को वास्तव में आदिवासियों में नहीं गिना जा सकता—को एक साथ गोंड के अन्तर्गत गिना गया। 1931 में एक बार फिर एक ज्यादा वैज्ञानिक वर्गीकरण करने का प्रयास किया गया हालाँकि यह भी अति-सरलीकरण का शिकार हो गया और अपने उद्देश्य में सफल नहीं हो सका। 1931 में आधिकारिक आँकड़े इस प्रकार थे :

1. 1881 में आन्तरिक मतभेदों के कारण जनगणना की कार्यवाही थम गई। लेकिन 1921 की जनगणना उल्लेखनीय थी जैसी कि 1913 की ग्रिग्सन की जनगणना भी। जनविरोध का कारण देते हुए सी.पी. रिपोर्ट बताती है कि लोगों का यह मानना था कि सरकार अनैतिक कामों के लिए जवान लड़कियों के नाम चाहती थी, कि दस में से एक आदमी को ऊपरी बरमा को बसाने के लिए भेजा जाना था और यह कि रायगढ़ की एक देवी के लिए इनसानों की बलि चढ़ाई जानी थी। यहाँ तक कि अब भी जनगणना की महामारी से अपने गाँवों के शुद्धिकरण के लिए मुरिया और माड़िया विशेष चढ़ावे चढ़ाते हैं।

भट्टरा	36,611
गोंड	24,407
कोया	5,988
माड़िया	146,070
मुरिया	124,993
परजा	17,568

सौभाग्य से 1931 के आँकड़े जगदलपुर में एकत्रित किए गए बजाए नागपुर के (जैसा कि 1941 में हुआ) और इसलिए ग्रिग्सन उनकी जाँच कर सके और अतिरिक्त गणनाएँ कर सके जिनका ज्यादा वैज्ञानिक महत्त्व था। इस पुस्तक के विभिन्न हिस्सों से लिये गये आँकड़ों की मैं एक सारणी बनाता हूँ।

भट्टरा	36,611
जंगली साँड जैसी सींग वाले माड़िया	146,070
गदबा	398
घोटुल मुरिया	61,000
पहाड़ी माड़िया	11,500
जगदलपुर मुरिया	32,000
झोरिया मुरिया	17,000
कोया	9,988
परजा	17,568

मानव जाति विज्ञान सम्बन्धी उद्देश्यों के लिए जनगणना के आँकड़े की अपूर्णता किसी और चीज द्वारा इतनी स्पष्ट नहीं होती जितनी कि 1931 के आधिकारिक योगों को 1941 के योगों से तुलना से पता चलता है। उस दौरान कोई बड़ी महामारी, अकाल या विस्थापन नहीं हुआ था जो इस अन्तर का कारण बन सकता।

	1931	**1941**
भट्टरा	36,611	10,869
डोरला	...	14,605
गोंड	24,407	16,620[1]
कोया	9,988	...
माड़िया	146,070	120,110
मुरिया	124,993	219,654
ओझा	...	137
प्रधान या पथारी	...	960
परजा	17,568	25,820

1. यहाँ तक कि 953 राज गोंड, 96 धुर गोंड, 536 मीर गोंड और 20 धुरवा गोंड को जोड़ने पर भी योग सिर्फ 17,225 बैठता है।

1941 में उत्तरी मुरिया इस प्रकार बँटे हुए थे :

	नारायणपुर तहसील	कोंडागाँव तहसील
उत्तर	16,365	33,146
पश्चिम	1,322	...
दक्षिण	16,480	33,555
योग	34,167	66,701
सम्पूर्ण योग		100,868

इस 100,868 में से बहुतायत संख्या मुरिया लोगों की है, घोटुल जिनकी संस्कृति का केन्द्र है हालाँकि दक्षिणी कोंडा गाँव के भट्टरा प्रभाववालों के कारण इस संख्या को कुछ सौ से घटाना पड़ेगा। जगदलपुर के मुरिया की संख्या अब 36,682 बताई जाती है जो कि 1931 में जिसके 32,000 होने का अनुमान था।

ग्रिग्सन के अनुसार :

झोड़िया मुरिया	17,000
अन्य घोटुल मुरिया	61,000

जो घोटुल मुरिया की कुल संख्या 78,000 बना देता है, यह आँकड़ा अब बढ़कर करीब 100,000 हो गया है–वृद्धि की यह दर प्रदेश के अन्य हिस्सों के आसपास ही है। मेरा विचार है कि सम्भवतः ग्रिग्सन ने झोड़िया मुरिया की संख्या कम आँकी थी क्योंकि उन्होंने कोंगूर और चलका परगना के मुरिया लोगों को इसमें शामिल नहीं किया था। इसलिए 1941 के लिए मेरा एक बहुत मोटा आकलन इस प्रकार होगा :

झोड़िया मुरिया	30,000
अन्य घोटुल मुरिया	70,000

कुल 219,654 मुरिया में से सिर्फ 1,450 ने जनगणना में स्वयं को हिन्दू धर्म का अनुयायी बताया : नारायणपुर में उनकी संख्या 246 थी, कोंडागाँव में 12 और जगदलपुर में 336 थी। यह काफी कौतूहल का विषय है कि बड़े पैमाने पर हिन्दू धर्म में परिवर्तित भट्टरा जनजाति के 10,869 की जनसंख्या में से सिर्फ 34 ने 1941 की जनगणना में स्वयं को हिन्दू बताया।

कई अन्य जनजातियों के आँकड़े भ्रामक हो गए हैं क्योंकि बस्तर के आदिवासियों में स्वयं को मुरिया बताने का आम चलन है क्योंकि गोंड या यहाँ तक कि राज गोंड की अपेक्षा मुरिया ज्यादा लोकप्रिय शब्द है। प्रदेश में गोंड या राज गोंड शब्द का कभी-कभी तिरस्कारपूर्वक प्रयोग किया जाता है। इस तरह दाँतेवाड़ा तहसील के 44,048 जंगली साँड जैसी सींग वाले माड़िया ने 1941 में स्वयं को मुरिया बताया (हालाँकि 25,212 अन्य स्वयं को माड़िया कहते रहे) और कोंटा तहसील के 9,001 में से 4 को छोड़कर बाकी सभी जंगली-साँड जैसी सींग वाले माड़िया ने स्वयं को मुरिया बतलाया। भट्टरा जनजाति की संख्या में उल्लेखनीय कमी का सम्भवतः यही कारण है और 1931 में गिने गए 9,988 कोया अब एकदम लुप्त हो गए हैं। दूसरी तरफ दक्षिणी बस्तर में 14,605 लोगों ने स्वयं को डोटला कहना पसन्द किया और इसके अनुसार पृ. 36 के मानचित्र में मैंने उन्हें उसी नाम के अन्तर्गत

दर्शाया है।

पहाड़ी माड़िया की वर्तमान जनसंख्या 13,000 के आस-पास है। जंगली-साँड जैसी सींग वाले माड़िया के बारे में मेरा अनुमान, जो शायद किसी अन्य व्यक्ति के अनुमान जैसा ही होगा, 175,000 है।

अन्त में हम ध्यान रखें कि 1941 में बस्तर में थे :

बनिया	228
ब्राह्मण	3,948[1]
ईसाई	2,704[2]
क्षत्रिय	805
मुसलमान	2,060
सोंडी	3,453
तेलंगा	11,734
तेली	1,619

1. जिनमें से 3,307 जगदलपुर तहसील में थे।
2. जिनमें से 1,527 'ईसाई' थे और शेष 'क्रिश्चियन'।

परिशिष्ट पाँच

सांख्यिकीय जाँच

विवाह से सम्बन्धित कुछ खास मसलों पर 220 गाँवों के 2,000 वयस्क विवाहित मुरिया पुरुषों से एक जाँच की गई। घोटुल वाले मुरिया लोगों की कुल आबादी 100,000 के लगभग है और घोटुल वाले वास्तविक मुरिया गाँवों की संख्या 1941 में 522 थी। चुने गए गाँव पूरे क्षेत्र में फैले हुए थे सिवाय सुदूर पश्चिम और उत्तर-पश्चिम को छोड़कर जहाँ जा पाना सम्भव नहीं था और वास्तव में जहाँ घोटुल की परम्परा बाहरी प्रभावों के कारण कुछ फीकी पड़ गई है।

इस जाँच के आँकड़ों का पुस्तक में कई जगह मैंने प्रयोग किया है लेकिन सहूलियत के लिए कुछ को यहाँ दोबारा एकत्रित कर रहा हूँ।

1

जिन पुरुषों से पूछताछ की गई उनकी आयु		
20 से 30 के बीच	..	445
30 से 40 के बीच	..	728
40 से 50 के बीच	..	567
50 और उसके ऊपर	..	260

2

विभिन्न प्रकार के घोटुल में रहनेवाले पुरुषों की संख्या	
जोड़ीदार घोटुल में रहनेवालों की संख्या	720
'आधुनिक' घोटुल में रहनेवालों की संख्या	1280

3

विवाह	
अपनी मंगेतर से विवाह करनेवालों की संख्या	1,884
'प्रेम' के कारण या जबर्दस्ती कराए गए विवाहों की संख्या	116
अपने घोटुल की लड़की के साथ विवाह करनेवालों की संख्या	765
अन्य घोटुल की लड़की के साथ विवाह करनेवालों की संख्या	1,235
अपनी घोटुल पत्नी के साथ विवाह करनेवालों की संख्या	77
लम्हाडा या सेवा-विवाहों की संख्या	113

4

फुफेरे-ममेरे भाई बहनों में विवाह	
गुडामोल विवाहों की संख्या	1,189
कुटियारी विवाहों की संख्या	805
रिश्तेदारी के बाहर किए गए विवाहों की संख्या	6

5

तलाक	
अपनी पहली पत्नी के साथ रह रहे लोगों की संख्या	1,765
विधुर पुरुषों की संख्या	176
सफल विवाहों की कुल संख्या	1,941
तलाक की संख्या	59
अपने घोटुल की लड़की के साथ विवाह करनेवाले 765 पुरुषों में से तलाकशुदा पुरुषों की संख्या	21
अन्य घोटुल की लड़की के साथ विवाह करनेवाले 1,235 पुरुषों में से तलाकशुदा पुरुषों की संख्या	38
जोड़ीदार घोटुल के 720 पुरुषों में से तलाकशुदा पुरुषों की संख्या	27
'आधुनिक' घोटुल के 1,280 पुरुषों में से तलाकशुदा पुरुषों की संख्या	32
अपनी मंगेतर के साथ विवाह करनेवाले 1,884 पुरुषों में से तलाकशुदा पुरुषों की संख्या	49
प्रेम विवाह करनेवाले 116 पुरुषों में से तलाकशुदा पुरुषों की संख्या	10
विवाह पूर्व पत्नी के साथ सम्बन्ध रखनेवाले 316 पुरुषों में से तलाकशुदा पुरुषों की संख्या	14
लम्हाडा विवाह करनेवाले 113 पुरुषों में से तलाकशुदा पुरुषों की संख्या	13
अपनी घोटुल की पत्नी के साथ विवाह करनेवाले 77 पुरुषों में से तलाकशुदा पुरुषों की संख्या	9

घोटुल में स्वयं के द्वारा गर्भवती कर दी गई लड़की के साथ विवाह करनेवाले 26 पुरुषों में से तलाकशुदा पुरुषों की संख्या कोई नहीं।

6

गर्भ-धारण	
घोटुल में किसी लड़की को गर्भवती बना देनेवाले पुरुषों की संख्या	80
इनमें से जोड़ीदार घोटुल में रहनेवालों की संख्या	25
इनमें से आधुनिक घोटुल में रहनेवालों की संख्या	55
किसी और के द्वारा गर्भवती की गई लड़की के साथ विवाह करनेवाले पुरुषों की संख्या	49
स्वयं के द्वारा गर्भवती की गई लड़की के साथ विवाह करनेवाले पुरुषों की संख्या	26
113 लम्हाडा पुरुषों में से अपनी मंगेतर को गर्भवती कर देनेवाले पुरुषों की संख्या	5

7

बहुविवाह	
मुरिया पुरुषों की संख्या (1941 की जनगणना)	51,373
मुरिया महिलाओं की संख्या (1941 की जनगणना)	49,495
बहुविवाह करनेवालों की संख्या	44
इस 44 में से सफलता का दावा करनेवालों की संख्या	29

वर्गीकृत शब्दावली

'जिन शब्दों का उद्धरण नहीं दिया गया है वे गोंडी के शब्द हैं। उद्धरण के बिना कोष्ठक में दिये गये शब्द हल्बी के हैं।'

जी = गोंडी	जी एन = नारायणपुर की गोंडी
जी के = कोंडागाँव की गोंडी	एच ए = हल्बी
एच = हिन्दी	एस के टी = संस्कृत

इस पुस्तक को आम पाठक के लिए जितना सम्भव हो सके उतना आसान बनाने के लिए मैंने पाठ से ज्यादातर गोंडी या हल्बी-छत्तीसगढ़ी शब्दों को हटा दिया है। लेकिन चूँकि इनमें से कई शब्द स्वयं में बड़े दिलचस्प हैं और मुरिया लोगों का पूरा चित्र खींचने के लिए उन्हें जानना जरूरी है इसलिए यहाँ मैं उनमें से कुछ शब्दों को विषय के अनुसार वर्गीकृत करके दे रहा हूँ। ध्यान रखना चाहिए कि ये मुरिया लोगों द्वारा प्रयोग किए जाते हैं जिनकी हल्बी अनिश्चित है और गोंडी प्रायः बिगड़ी हुई है और अलग-अलग स्थानों पर अलग-अलग रूप ग्रहण कर लेती है।

प्रशासनिक

अठपहरिया (एच ए) — गाँव का नौकर, जो 'आठों पहर काम में लगा रहता है', प्रायः एक रावत या कोपा चरवाहा, जिसके हाथ से सभी पानी पी सकते हैं।

चाल्की (एच) — माँझी का सहयोगी। जिसे गरही (जी एन) चलाऊ (एच) और उत्तर में कभी-कभी झोरिया भी कहा जाता है।

डोरभुम — (एच. खालपटी)। निचला क्षेत्र।

गढ़ (एच) — प्राचीन सामन्ती विभाजन।

हाट, अटम — एक बाजार।

कांडकी (एच) — मुकद्दम का सहायक।

खाम, खलसा (एच) — जो गाँव सीधे प्रदेश के नियन्त्रण में हों, जो अपना कर सीधे प्रदेश को चुकाते हैं और बीच में कोई मध्यस्थ नहीं होता।

कोसुर, पाइक (एच ए) — बाहरी लोगों और अजनबियों के लिए प्रयोग किया जाने वाला शब्द। पाइक सामान्यतः चपरासियों और कांस्टेबलों के लिए प्रयोग किया जाता है। पाइक हिन्दी के पैर से निकला है और मूल प्रयोग 'पैदल सैनिक' के लिए किया जाता है। देखें फारसी में पायजामा।

कोटवार (एच) — गाँव का पहरेदार, प्रायः—मगर हमेशा नहीं—एक गेडा या महारा।

माँझी (एच) — परगना का प्रमुख। एक शुद्ध हिन्दी शब्द जिसका अर्थ है 'नाव खेनेवाला'।

मेटा भुम — पहाड़ी क्षेत्र, विशेषकर अबुझमार पहाड़ियाँ, जिन्हें मार, मारी या पतार भी कहा जाता है। मार काफी प्रचलित शब्द है और यह उड़िया के माल का समानार्थी है। गोंडी में मार और उसके विभिन्न रूपों का अर्थ 'वृक्ष' है और इस तरह रेहात के क्षेत्र को यह नाम देने का अर्थ हुआ 'जंगली ऊँचा क्षेत्र'। 'ऊँचा क्षेत्र' एक सापेक्षिक शब्द है और उड़िया में माल शब्द का प्रयोग आदिवासियों के इलाकों के लिए किया जाता है जो जंगलों में होते हैं मगर हमेशा ऊँचे स्थान पर नहीं होते। बेशक उपजाऊ मैदानी क्षेत्रों पर आदिवासियों का अधिकार बहुत कम ही होता है। (ए.एन.एम.)।

मुकद्‌दम (एच) — गाँव का मुखिया। ठाकुर या मोकोर (जी एन) भी कहा जाता है।

नार (जी), गाँव (एच) — गाँव।

पादराज — जंगल रहित भूमि; उत्तरी मुरिया द्वारा जगदलपुर तहसील के समतल धान के मैदानों के लिए प्रयोग किया जाने वाला शब्द।

पंचायत (एच) — सामान्यतः पाँच लोगों की एक न्यायिक समिति। भुमकाल उडना (जी एन) भी कहा जाता है।

पार, पघाई — खाली गाँव या स्थान (एच. विरान)।

पारा (एच) — घरों का एक समूह या बस्ती, जो गाँव का एक हिस्सा हो। अन्य प्रचलित शब्द टोला है। दोनों शब्द भारत में काफी प्रचलित हैं।

परगना (एच) — तहसील का उपखंड।

ताहसील (एच) — प्रदेश का एक प्रशासनिक उप-खंड, जिसका प्रभारी तहसीलदार होता है।

ठेकादारी (एच) — जमींदार के अधीन एक गाँव। बस्तर में जमींदार को ठेकादार कहा जाता है, लेकिन मध्य प्रान्तों के अन्य जगहों पर उसे मालगुजार या मोकासा कहा जाता है।

येट गाटुम — नहाने का स्थान।

जमींदारी — उत्तराधिकार में प्राप्त जागीर जो वरीयता के आधार पर स्थानीय मुखियाओं को प्राप्त होती है।

रोजमर्रा के जीवन में इस्तेमाल होनेवाली वस्तुएँ

डेरा	चरखा या तकली (एच) जो सन से रस्सी बनाने के लिए प्रयोग किया जाता है।
धोलंगी	अन्न रखने के लिए बाँस से बना ढाँचा।
हेटी, येट	सूप (एच)।
हिरकांज, इरकास (जी एन)	ढोनेवाली डंडे से लटकती सिक्का रस्सी जिसमें भार को बाँधा जाता है।
होइडेल	मिट्टी का चूल्हा। पत्थर के चूल्हे को डेयिंग कहते हैं।
हुकुर	चम्मच।
कुरी, कटिंग	पत्री या पत्तल जो एकिंग पत्तों से बनती है।
हुरुल	जावा पीने के लिए पत्तों से बना कप। हल्बी में एक साधारण पत्ते के कप को दोना या दोनी कहते हैं।
काटुल	देहाती खाट या खटिया, अब मुरिया इसका काफी प्रयोग करते हैं लेकिन घोटुल में इसका प्रयोग नहीं किया जाता।
कावर, बाइंगा (जी एन)	भार ढोने के लिए प्रयोग किया जानेवाला खम्भा।
मल्ला, अरका	बरतन के लिए सबसे आम गोंडी शब्द। किला या गोट एक बहुत बड़ा मिट्टी का पात्र होता है और येर गागिर पानी के बरतन को कहा जाता है। छोटे पात्रों को कोपा, कोंडेल या टोकसी कहा जाता है।
मोरा, जोल (जी एन.)	बाँस के ढाँचे में घुसाए गए पत्ते जो वर्षा से बचाते हैं।
ओरका, बोक्का (जी एन)	कद्दू का बना चमचा जिसे बुरिया भी कहा जाता है। एक तरह का पीतल जो घसिया लोग साइटे-पड्र्यू तरीके से गलाकर बनाते हैं और जो अब प्रायः शराब परोसने के काम आता है।
रेक, कालो	बारिश में पहना जानेवाला पत्तों का टोप।
टेपारी	एक ढक्कन वाली आयताकार टोकरी जिसे पेरा भी कहते हैं। मुरिया लोग कई तरह की टोकरियाँ प्रयोग करते हैं, जिसमें आमतौर पर प्रयोग की जानेवाली झापी है जिसे उसके हिन्दी नाम से ही जाना जाता है; वार्रिया एक वर्गाकार खुली टोकरी होती है जिसे टकरा, बुटी या गप्पा भी कहा जाता है, और छोटी पत्तों की टोकरी जिसे हिप्ती या हिपोता (जी एन) कहा जाता है।
उस्माल, उस्पाल	धान की भूसी निकालनेवाला, मूसल (एच)।

लोहे की वस्तुएँ

बाँडल कसेर या बाँडा	चाकू।
गोडेल	साधारण कुल्हाड़ी। मरास्क (जी एन) या टयिंगा

	(टांगिया) भी कहते हैं।
गोरका	भाला।
हटार, येटार	हँसिया।
काच	लोहा। आमतौर पर इसे गलाकर मुरिया लुहार औजार बनाता है।
काडरा	जानवरों को मारने के लिए लम्बे फलवाला चाकू।
कसेर	चाकू, खासकर पूजा में बलि चढ़ाने के लिए प्रयोग किया जानेवाला चाकू इसलिए कसेर-गाइता या चाकू पुजारी।
कुंज	खुदाई करनेवाला डंडा जिसे अबुझमार में पुलु और हल्बी में कुस कहा जाता है। कभी-कभी धान की भूसी अलग करने के लिए भी प्रयोग किया जाता है।
कुरार	कुदाल, फावड़ा।
मजिया	उस्तरा।
फरसा (एच)	युद्ध के समय प्रयोग की जानेवाला कुल्हाड़ा, रस्मी नृत्यों में प्रायः इसका प्रयोग होता है।
टट्टी	समतल पट्टी जैसी चीज, बारस (एच ए)।
येर्क	घास काटने का चाकू जिसमें लम्बा लकड़ी का हत्था लगा होता है। आकार के अनुसार इसे हर्रु, सुरा गागरू या भालु गागरा भी कहा जाता है।

खगोलिकी

आदि-भुम	पृथ्वी के नीचे।
अदुर्क	ओलावृष्टि
भिमुल-वील	इन्द्रधनुष, 'भिमुल का धनुष', वर्षा करनेवाला।
भुम-गुरजालता	मेघ गर्जन (मिचेल इसके लिए इद्रिता शब्द देते हैं)।
हंड-गरियाल-लोप्ता	ग्रहण।
हुकुम, मिरको	तारे (बेतुल में सुक्कुम)।
लेंज	चन्द्रमा।
नादुम-भुम	पृथ्वी।
पिर	वर्षा (बेतुल में इसी शब्द का प्रयोग किया जाता है, लेकिन मिचेल मुसुर शब्द बताते हैं जो जंगली-साँड जैसी सींग वाले माड़िया प्रयोग करते हैं)।
पोराड	सूर्य (ट्रेंच का कहना है कि बेतुल गोंड सूरज के लिए किसी नाम का प्रयोग नहीं करते)।
पोर्रो-भुम	आकाश।
पुस-गुरुम	बिजली कड़कना (मिचेल मिरकामा शब्द बताते हैं)।

मुर्गों की लड़ाई

काटी	मुर्गे की टाँग मे बँधा चाकू।
कोर्क-वाहचाना (कुर्का लड़ाई)	मुर्गों की लड़ाई।
माहचाना कोर (लडातो कुकरा)	लड़नेवाला मुर्गा।
नुल (सुत)	चाकू को बाँधनेवाला धागा।
थैला (एच ए)	चाकू रखने का थैला।

खेती-बाड़ी

असुर	पारका के लिए जंगल से टहनियाँ लादकर खेत तक पहुँचाने वाला लकड़ी का उपकरण। हल्बी में भरनी।
डिप्पा	एटका या मरहान (एच ए) भी। समतल जंगली भूमि जिसे बारी-बारी से जलाया और उस पर खेती की जाती है।
हरपुंज	साँभर-खाल की बनी चप्पलें जिन्हें कुल्हाड़ा खेती के समय गरम जमीन पर चलने के लिए पहना जाता है। कटवाक लड़की के तल्ले होते हैं।
काटा	कोठार या जिस फर्श पर कुटाई की जाती है।
केटुल	खेत में बनी झोपड़ी, लारी (एच ए)।
कोपिर (रागरा)	जमीन समतल करनेवाली चीज।
कोर-लाट	बल्ला (जी एन) और धोसना (एच ए) भी। राख को खेत या साफ की गई जगह में बराबर-बराबर छींटनेवाला टेक।
कोयाना (कटाई)	फसल काटना।
मरियाना (दुहराई)	दोबारा की जानेवाली जुताई।
मेर-गुट्टा	भूसा उड़ानेवाला डंडा।
मुंडा (एच ए)	कृत्रिम तालाब। जी एन में नेलिंग और कट्टा कहा जाता है।
नांगेल (नांगर)	हल।
पाहाना (खपाई)	पहली बार जोतना। यह और इस प्रकार के गोंडी शब्द क्रियाओं की संज्ञा हैं।
परहा उरसाना (रोपा)	एक स्थान से पौध को दूसरे स्थान पर रोपना।
परका	डाही (एच) भी कहा जाता है। झाड़ को जंगल से लाकर खेत पर बिखरा दिया जाता है, फिर उसे जला दिया जाता है और राख पर हल चलाकर मिट्टी में मिला दिया जाता है।
पारूम (फार)	हल का फल।
पेहचना (बियासी)	गीली जोताई।

पेन्डा	माड़िया और जंगली मुरिया द्वारा पहाड़ी पर कुल्हाड़ा खेती।
टोंडी, टोंड	मचान, फसलों की रखवाली के लिए।
वेडा, बेरा (एच ए)	खेत।
विसाना (मिड़ाई)	कूटकर भूसी निकालना।
विताना (बुनाई)	बुवाई।

दिनचर्या

आद पाहर (आधु-पाहर)	'छाया का समय'। तीसरे प्रहर का समय।
बाहत एरता	'झुक गया है' दोपहर।
गाई गोहरी बेरा (एच ए)	'गायों के लौटने का समय', या गोडरो की (एच ए) 'मवेशियों को बाँधने का समय'।
गंडा लोटे बेरा (एच ए)	'गंडा के अपनी पत्नी के पास लौटने का समय'।
हिकात (भैंसा आंड-हियार)	काला, 'भैंस की तरह काला'।
हिर्री पोर्द	जब हरे तोते खेतों की तरफ उड़ते हैं और महिलाएँ घर लौटती हैं।
जावा पोर्द, पिते कारू पाहर (पेज बेरा)	जावा का समय, 'चिड़ियों के भूख लगने का समय'। प्रातः 10.00 बजे।
जावा उडाना पहार	माँड़ पीने का समय।
काइमल हुस्कार, गुदिन पहार	पहली नींद का समय।
कोरकुसाना पाहर (कुकरा बासी)	मुर्गे की बाँग।
मुल्पे	सूर्यास्त।
नदुम नरका (मंझार राति)	मध्य-रात्रि।
नरकी पाहर(बारा बिहान)	अलस्सुबह। प्रातः 6.00 बजे।
नेकनितित पोर्द, तल्ला पोर्द (मुंडे बेरा)	'सूर्य खड़ा है'। दोपहर।
पल्वी विपिन्ता, विपतु (राजा करन बेरा)	ऊषा काल, राजा करन के उठकर स्नान करने का समय।
फरफर बेरा	अँधेरे का उड़ान।
फुल सुन्दरी (एच ए)	शाम का समय जब फूल अपनी सुगन्ध बिखेरते हैं।
टिरटिर पोर्द	सूरज टिर-टिर करके उगता है।
येर पोर्द (पानिहारी बेरा)	पानी लाने का समय प्रातः 8.00 बजे।

नृत्य की वेश-भूषा

चापी, मोगिया	नृत्य की ढाल।
गथुर्ता, करहाना	सीने पर तिरछा क्रास बनाकर बाँधा गया कपड़ा।
घेरी	घाघरा (स्कर्ट), जिसे पहाड़ी माड़िया कोची कहते हैं।
गुबा	परों का गुच्छा।
इरना, घाटी	चूतड़ पर लगानेवाली घंटियाँ।
जेला	टोपी पर लगी झंडियाँ।
कौडा-हार, कोया-कौडांग	कौड़ियों से की गई सजावट।
कोकटी	कन्धों पर ढोया जानेवाला लकड़ी का घोड़ा।
लोलिता, पुरिंग, टोका	घोड़े के विभिन्न भाग।
मुयांग, घुलघुली,	बाँहों या एड़ियों में पहनी जानेवाली घंटियाँ।
घुंघरू	घंटियाँ।
टोपी (एच)	नृत्य की टोपी।

मृत्यु

बाघमेरी भूत (एच ए)	बाघ द्वारा मारे गए व्यक्ति का भूत।
बिसरान इताना	अन्त्येष्टि संस्कार के अन्त में मृत मछली को छूने की रस्म। हल्बी में बिस्राम का अर्थ है मृत मछली की दुर्गन्ध।
बुरकाल पाटा	बाघ द्वारा किसी व्यक्ति के मारे जाने पर गाया जानेवाला गीत।
एर्रमटोघ	पत्नी का बड़ा भाई या छोटी बहन का पति, जिसे अन्त्येष्टि संस्कार में विशेष भूमिका निभानी होती है।
हनाल, मुरियालोर (दुमा)	मृत व्यक्ति। हनाल क्रिया हंडाना का भूतकालिक कृदन्त रूप है। हंडाना का अर्थ है 'चले जाना'। इस तरह 'जो चला गया' एक शाब्दिक अनुवाद है (डब्ल्यू.वी.जी.)।
हनाल गाइता	मृत व्यक्ति का पुजारी।
हनाल गारिया	मृत व्यक्ति का पात्र।
हनाल गाता (खमा)	लकड़ी का स्मृति स्तम्भ।
हाट हमुर (मरनी)	अन्त्येष्टि संस्कार।
हातुर ढोल (मारनी ढोल)	मृत व्यक्ति के लिए ढोल।
जिवा (एच ए)	आत्मा।
जिवा तटाना, पेट नियाना (दसनाहन)	दसवें दिन की रस्में।
जिया बिताल	मृत व्यक्ति का रिश्तेदार जो सगा न हो। कल उरसाना, कंक उरसाना पत्थर का स्मृति चिह्न
कुतकल, उरस कल	पत्थर का स्मृति चिह्न, जो गोंडी के कल-पत्थर और

	उरसाना-दफनाना, से बना है।
किशियाना (आगी देतो)	दाह-संस्कार।
मेलांज जुराल, नेलांजुर	मुटियारी का भूत।
निरकोर कोताना (तिजना हन)	तीसरे दिन की रस्में।
ओंडार मुन्ताई, सुरेल, ओरो हरांडे, चुरिन उड़िया भूत, मिरचुक,	गर्भावस्था में या प्रसव के दौरान मरी स्त्री का भूत।
मटिया, कुँवरिया दुमा (एच ए)	चेलिक के भूत के लिए शब्द।
विच	मृत व्यक्ति।
विच बाटी (मरा-भाटा, दुमा कोट)	मृत व्यक्ति की अन्तिम क्रिया का स्थान।

सपने

बर्रे मालटोर (बरामटोर)	नींद में बड़बड़ाना।
भाक कटार (थुआ)	बुरे सपनों से बचाने के लिए रस्म। भाक का अर्थ है 'वायदा', कटार का अर्थ है 'फेंकना'।
जिवा (एच ए)	सपने देखनेवाली आत्मा।
कनिस्कला	सपना।
उरकानोर	नींद में बिस्तर पर पेशाब करना।

आर्थिक सम्बन्ध

आदिया, आदि (एच ए)	बैल या बीज उधार देना इस विचार से कि फसल का आधा हिस्सा मिलेगा।
बाका (एच ए)	एक निश्चित मात्रा के बदले में बैल उधार देना। मान लीजिए एक बैल के बदले में एक वर्ष में धान की छह खांडी।
बेगार (एच)	गाँववालों से बिना मजदूरी दिए जबर्दस्ती काम करवाने का तरीका।
बिसाहा (एच)	एक प्राचीन संस्कृत शब्द जो राजा के अधिकारियों के लिए उपज का बीसवाँ हिस्सा सुरक्षित रखने की परम्परा के लिए प्रयोग किया जाता है।
ब्याज (एच ए)	सूद (ब्याज)। ध्यान देने योग्य बात है कि इसके लिए गोंडी में कोई शब्द नहीं है।
डाट	खेत मजदूर को दिया जानेवाला वार्षिक नकद भुगतान।
जेवर, कुराई	नौकर को माल के रूप में दिया जानेवाला भुगतान या लुहार, रावत या कोटवार का उसकी सेवा के बदले में पूरे

	गाँव की तरफ से मिलकर दिया जानेवाला भुगतान।
बाबार, काबारी	अनाज या धन के ऋण के बदले में एक खास अवधि के लिए काम करना। का बार किसी दूसरे के लिए काम करना है जबकि पारी (जी) अपने लिए काम करना है। सम्भवतः काबारी कावड़-भार उठानेवाले को कहते हैं।
कर्रा (उधार, कर्जा)	ऋण।
विते (बेथिया)	मजदूरी।

नीतिशास्त्र

अर्रो	वर्जना : मुख्यतः भोजन के सम्बन्ध में।
अर्वित-टू, पाइसोटू (जी एन)	व्यभिचार। हल्बी में उदालिया।
बोंडे नोहकाना, पेंडा करसाना (चेरका गोटना, चोटली खेल)	हस्तमैथुन।
धरोम (एच ए)	सद्गुण (हिन्दूत्व से लिया गया)।
डोंग	चोरी।
एटिंग गेतवाल	पशु से साथ सम्भोग। इसके लिए कोई सामान्य शब्द नहीं है, लेकिन पशु के नाम के साथ गेतवाल 'के साथ सम्भोग' जोड़ दिया गया है।
हाईवार्क, वितितु	भाग जाना। विताना का अर्थ है 'भागना'।
हवकाना	हत्या।
जबर्दस्ती गेतना (एच ए)	बलात्कार। इसके लिए गोंडी में कोई शब्द नहीं है।
कोंडार-मुर्त (बोकरा-बसिया)	रक्त सम्बन्धों में यौन सम्बन्ध। गोंडी में–साँड जैसा बर्ताव, या हल्बी में–बकरी जैसा बर्ताव।
कुस्क–बिरतुर, कुस्क–हातुर	आत्महत्या। कुस्क का अर्थ है 'अपनी मर्जी से', बिर्तुर मतलब 'झूल जाना', हातुर का अर्थ है 'मृत्यु'।
मेलो	वर्जना : स्थान, कार्य और सम्बन्धियों के बारे में।
पापु (एच ए)	पाप, इस विचार के लिए गोंडी में कोई शब्द नहीं है।
पोलो	वर्जना : सामान्यतः प्रयोग होनेवाला शब्द।
तुपुंज गेटवाल	समलैंगिकता।

घोटुल में शाम का समय

धुपिंगा, पोधो (सुर्ती)	तम्बाकू।
गारा पिच, टोरा पेंड	बस्सिया लैटिफोलिया का तेल निकालने के बाद बचा मल जो मालिश करने के काम आता है।
गिक (मसनी)	मर्राम (बोथा) घास की चटाई।
हिचार	बाँस की कंघी।
हुंजना डेरा	सोने का स्थान।

इरसाना	बालों में कंघी करना।
जोहर भुमकाल	लड़कों के समूह के लिए अभिवादन।
जोहरनी (एच ए)	प्रणाम करना।
नोहकाना	मालिश करना।
पनिया (एच ए)	लकड़ी की कंघी।
पिटिस पिटिस कोटाना	बालों से जुएँ निकालना।
टरका, चाप (टाटी)	बाँस की चटाई या टाट।
वेरस्क मोरहाना, कायी मोर हीना (जी एन)	उँगलियाँ चटकाना।

बाज पालन

हचार	बाज (छाचन)।
हचार-मुरका (छाचन-धुती)	बाज के भोजन की टोकरी।
हचार पयाना टोला	खरोच से बचाने के लिए हाथ में पहने जानेवाले बकरी की खाल के दस्ताने।
पाउला, पवेला	पक्षी की डोटियों को उलझने से बचाने के लिए उनसे बँधी लकड़ी की बड़ी खूँटी।
उटिंग परहाना	ताड़ के पत्तों का गुच्छा जिससे लड़के पक्षियों को हाँकते हैं।

त्योहार

बासी पुनांग	त्योहार के बाद का बासी दिन जिस दिन तमाम कर्मकांड।
(बासी तिहार)	होते हैं। बचा हुआ भोजन जो अगले भोजन के समय दोबारा दिया जाए बासी कहलाता है।
जतरा (एस के टी)	त्योहार, आमतौर पर कुल का त्योहार।
कुट पेहचाना, नारटाटे कियाना	गाँव का शुद्धिकरण।
मरहाई (एच)	व्यावसायिक त्योहार।
पंदुम	त्योहार।
पेंकरसाना, करसार (देव खेलनी)	कुल के त्योहार के समय 'देवताओं का खेल'।
पोहचानी, बोहोरानी	गाँव से बुराई को निकालने की रस्म।
पोल्हाना (जोगानी)	पहले फलों की भेंट चढ़ाना।
पुनांग टिंडाना (नावा खानी)	नया भोजन खाने की रस्म।
सिंगोटी, सेला	त्योहारों, खासकर दीवाली के समय अन्न की बालियों की झालर दरवाजे पर लटकाना।

आग जलाना

हाहक	आग के खेल का चूल्हा या भट्‌टी।
खंडा	आरी। हिन्दी में इसका अर्थ 'तलवार' होता है।
खंडा-अचाना	बुरादे से आग जलाना।
नोघो-कोदिया, अते	बुरादे का चूल्हा।
नुर-अचाना	धौंकनी से आग जलाना।
नुरकिस	धौंकनी से प्रज्वलित आग।
उस्मल	धौंकनी।
वदुर किस	चूल्हे में जलाई गई आग।

भोजन

अलाइंज (चपोरा)	लाल चींटियाँ।
गातो	भात या उबले चावल।
गोंडका	केकड़े की आँख।
गोरांज, गोर्रा	मांडिया (एल्युसिने कोराकाना)
गुगे (बतर कीड़ा)	खाई जानेवाली उड़नेवाली चाटियाँ।
हारिंग	गेहूँ की चपाती।
हरसुम	सरसों के बीज, मुनाफेवाली फसल सिनापिस अल्बा टेप।
हिंड पोराक (छिंद कीड़ा)	फिनिक्स सिल्वेट्रिस ताड़ में रहनेवाले खाने योग्य कीड़े।
जंद्रान	जोंद्रा मक्का (जिया मेज)।
जटा	सेम (डोलीचोस लबलब)।
जावा	चावल या बाजरे का माँड़, अन्य स्थानों पर पेज कहा जाता है, मध्य भारत के आदिवासियों का मुख्य आहार।
कांग, आर्क	सेटारिया इटैलिका। कोलिया लेंगरी भी कहा जाता है।
कोहोला, कोसरा (एच ए)	आदिवासियों के प्रिय छोटे दानों वाले ज्वार के लिए प्रयोग किया जानेवाला शब्द। कोसरा सम्भवतः कुटकी पैनिकम मीलियासियम को कहा जाता है। अन्य अनाज है– माई को होला या बड़ा कोसरा तुरो कुहोला ओस कोसरा माच या हुडाला कोसरा कोडा (पसपालम स्क्रोबिकुलाटम) रेंडे, हमु, गटका या सावा (पैनिकम फ्रुमेंटेसियम) रगदा, दुसा, कपनी, जंगली धान। चिकमा या तुरिया कोहोला (पैनिकम मिलिएयट)।
कोरे (हरवा)	ग्लाइसीन हिस्पिआ दाल।

कोटम कुहक	कुकुरमुत्ता। मुरिया कई तरह के कुकुरमुत्तों को पहचानते हैं जैसे कि बोडांग, पुड-कुह जो चींटियों की बाँबी पर होता है, मुंडुर-कुख जो दशहरे के समय होता है और हिचरा-कुख एक छोटा फफूँद जो आमतौर पर चींटियों की बाँबी पर उगता है।
कुसिर	साग या कढ़ी।
माटी	जड़ें। कई तरह की जड़ें खाई जाती हैं; मुख्य हैं—कांडुल माटी या शकरकंदी, हिंद माटी या फीनिक्स सिल्वेस्ट्रिस की जड़, भुरका या भैंस देती माटी।
नुका	चावल।
नुंग	तिल, सेसामम इंडिकम, का तेल।
पंडे, पन्ने	मेढक।
पेसेल (मूँग)	फेजियोलस मुँगों दाल।
पुपुल (उड़द)	फेजियोलस रेडियाटस दाल।
रहर (अरहर)	कजानस इडिकस दाल।
तोस्कार माट (टिकुर)	जंगली अरारोट, कुरकुमा अगस्टिफोलिया।
वार्क	भुने चावल। वाकुरहाक (जी एन) और चिउड़ा (एच) भी कहा जाता है। निर्धनों का व्यंजन, दो वक्त के भोजन के बीच खाने की चीज।
वांजी	धान।
येते	केकड़ा।

घोटुल के भवन

बान्द्रा	घोटुल को घेरनेवाली चारदिवारी।
डिंडाराज (एच ए)	'अविवाहितों का राज्य'।
घोटुल	गाँव का शयनागार।
घोटुल रचा (खोर दुआर)	नृत्य का स्थान।
किरकी बुकान (काना पोलका, भुलका)	तम्बाकू और अन्य छोटी चीजें रखने के लिए दीवारों में छेद।
कोडासार	अस्तबल।
कुपाही घोटुल	शयनागार का बाहरी कमरा।
कुतुल (पिरहा)	लकड़ी का तकिया।
मंडक	घोटुल के मंडप का बरामदा।
मुरविस हटाई (मोंगरी डेरी)	भवन का केन्द्रीय स्तम्भ।
नटा हराई (ओसना डेरी)	किनारे के स्तम्भ।

परमांगकोर घोटुल	'जंगली साँड के सींग जैसा सुन्दर घोटुल'।
रोमी (अकोरी)	लम्बा बाँस जिसके सिरे पर थैला लगा रहता है। चेलिक फल तोड़ने के लिए इसका इस्तेमाल करते हैं। प्रायः घोटुल में इसे रखा जाता है।
सो जाही घोटुल	आन्तरिक कमरा।
वेकोर (अकोसा)	ढोल टाँगने के लिए लकड़ी की टेक।
वरक बाद (दारु माचा)	लकड़ी की ढेरी।

केश सज्जा

बंग-माहना (पाती)	बालों में माँग, लड़का या लड़की किसी की भी।
बुचांग(टपरा)	लड़के के बालों की झालर।
जुलपिन	माँग के दोनों तरफ के बाल।
कलगी खोपा, कुंजार	लड़कियों के बालों का जूड़ा बनाने का तरीका।
कुंजार बल्ला	लड़की की पिनों के द्वारा बालों के नीचे लगाया गया लकड़ी का पट्टा।
कुंजार कोटो	बालों में लगाए जानेवाले लकड़ी के पिन।
कुपर(जुड़ा)	ऊपर की तरफ बनाया गया बालों का जूड़ा।

शहद

पोरिंग, पुक-पोर	शहद का छत्ता।
पुक	शहद।
उख्ल	मधुमक्खियों को भगाने के लिए बाँस के एक सिरे पर बाँधी गई जलती घास।
विजिंग या पुक-विजिंग	मधुमक्खियाँ। हल्बी में, ओंडार माछी।

शिकार

दोहोला	नुकीला मुगदर। हल्बी में, डोकेना।
गुनेल	गुलेल, जिसमें एक गुनेल-मोरास या रस्सी होती है, एक फटा या लटकन होती है, कोड़ा या लकड़ी की खूँट होती है जिसमें गुल्ला या कंकड़-पत्थर फँसा कर फेंके जाते हैं।
कारिन, कार	एक तीर जिसके विभिन्न हिस्से हैं
कारिन–	सिरा।
मर्राई–	डंडा, दंड।
कार-हच्चार–	दंड के दाँत।
कनांग–	काँटा।
हुलुम–	सिरे को दंड में बिठाने के लिए नोंक ।
माल-टोहक–	पर।
कोरपंज (ओन्हा)–	जंगल के एक खाली स्थान के एक कोने में खोदा गया

	शिकार पकड़ने का गडढा।
लाकाना, लाकांज (दंड-डेटोर)	सफल शिकार के बाद बलि चढ़ाना।
मिटवंज, अहेला	साही और खरगोश के लिए पिंजरे का फन्दा।
मोलोल-वाड, मोलोल-बागुर (लमहा-जाल)	खरगोश पकड़ने के लिए फन्दा।
निराल-टोंगा	तेंदुआ पकड़ने का पिंजरे का फन्दा।
पितवंज (डाँग-फन्दा)	स्प्रिंग फन्दा।
वाडी (जियाद-बागुर)	बड़े जानवरों के लिए फन्दा।
वली डायना, वेता वालिना (जी एन)	शिकार पर जाना। पराद जो उड़िया से निकला एक हल्बी शब्द है विशेषकर रस्मी शिकार के लिए प्रयोग किया जाता है।
वील	एक धनुष जिसके विभिन्न हिस्से हैं।
वील	सूराख।
हवेंद	धागा।
कितसी	सींग।
विज्जा-वेता (विज-पराद)	बुवाई के पहले वार्षिक रस्मी शिकार।

घर और गाँव

अताना-लोन	रसोई। हल्बी में रन्धा-घर।
अवार, चटक (जी एन)	बगीचा या बाड़ी, घर के पास बाड़ लगाकर बहुत सहेजकर रखा जानेवाला खेत जहाँ सबसे कीमती फसल बोई जाती है।
बोहला, बिरा	बरामदा, भवन का एक महत्त्वपूर्ण हिस्सा, जहाँ मेहमानों को ठहराया जाता है और माहवारी के दौरान महिलाओं को अलग रखा जाता है। इसे भौन्टी (एच ए) भी कहा जाता है।
बोहला-हुंजाना	माहवारी की झोपड़ी या बरामदा। इसे अल्का-लोन, वितार, कुरमा (जी एन) और छुआ-कुरिया (एच ए) भी कहते हैं।
ढेकी लोन	वह कमरा जहाँ धान की भूसी निकाली जाती है।
हमुर-लोन	वह घर जिसमें शव पड़ा हो। मारनी-घर (एच ए)।
परास, काल-बुड़िया (ओरकी)	पात्र में रखा छोटा कद्दू का चमचा।
सिती (करी या कतकी)	पात्र में रस उड़ेलने के लिए पत्तों से बनी नली।

प्रेम और प्रेम करना

मुरिया लोग इस विषय में खुलकर बात नहीं करते। भावनात्मक या अमूर्त विचारों को

अभिव्यक्त करनेवाले कुछेक गोंडी शब्द पाए जाते हैं। इसके लिए मुरिया लोग हल्बी या छत्तीसगढ़ी शब्दों का प्रयोग करते हैं।

बिचार वातु (मन, बने)	इच्छा।
गिरदा अतोर	प्यार में होना।
गिरदा कियाना	प्यार करना। गिरदा का अर्थ है 'आनन्द' या 'चाहत'।
जुगती बिकती, मोहिनी (एच)	प्रेम-मन्त्र। जुगती का अर्थ है कोई अदृश्य शक्ति जो जादू कर देती है, युक्ति प्रेम का कारण है।
माया कियाना	प्रेम करना।
माया पिरिट, पेरेम (एच)	प्रेम।

विवाह की रस्में

बेनी पेहचाना (बेनी गुथतो)	चुन्नटें बाँधना।
बोहाला, चाउरा	मंडप के नीचे मिट्टी का चबूतरा।
दूल्हा, दुल्ही (एच ए)	दूल्हा और दुल्हन। अजीब बात है कि इसके लिए गोंडी में कोई शब्द नहीं है।
घरी वेरसाना, चावक	चौरा मंच पर बनाई गई अल्पना।
हरपान पारिन (समधिन भेंट)	दूल्हे और दुल्हन की माताओं के बीच औपचारिक अभिवादन।
कलसा (एच ए)	एक सजाया गया पात्र जिस पर दीया रखा जाता है।
लगिन, लगिर	अन्तिम रस्म, जिसमें दूल्हा-दुल्हन एक दूसरे के हो जाते हैं।
मंडा (एच ए)	शादी का मंडप।
मरमी, मरमिंग (बिहाओ)	विवाह।
नेयी रेहाना (तेल उतरातो)	सर से पाँव तक तेल-लेपन; तेल को नीचे लाना।
नेयी तेरहाना (तेल चघातों)	पाँव से सर तक तेल-लेपन; तेल को ऊपर चढ़ाना।
परगेह, परगाव (एच ए)	बारात को अन्दर लाने की रस्म।
पारिन जोहर (समधी भेंट)	दूल्हे और दुल्हन के पिताओं की औपचारिक भेंट।
पुंगार मिहचना	सगाई। 'फूल तोड़ना'। जिसे टाक डायना या 'भीख माँगने के लिए जाना' और पुंगार कुर्की या 'फूल देखना' भी कहा जाता है। हल्बी में महाला या सगाई।
रुपिया पयाना,	वधू-मूल्य लेना या चुकाना।

कर्च येताना सिकला करसाना, टोरी उसना (चिकल मुंडी)	वर और वधू कीचड़ में एक साथ खेलते हैं।
टीका (एच)	सिर पर टीका लगाकर वर-वधू का रस्मी अभिवादन।
तोरून (एच ए)	मंडप के चारों तरफ लगाए गए आम के पत्ते।

रिश्तेदारियाँ

अकोमामा	किसी अन्य कुल का व्यक्ति जिसके साथ विवाह का रिश्ता बनाया जा सकता है।
अल्दा-बल्दा, अदल-बदल (उलट-पुलट)	अपने घोटुल साथी को जल्दी-जल्दी बदलने की परम्परा।
अंगे-नोना, अंगे-हरांडु-नाट	देवर-भाभी का सम्बन्ध।
दादा भाई, टमुर-शदल (भाई-बन्द)	जिनमें एक ही कुल का सम्बन्ध हो और जिसके साथ विवाह सम्भव न हो।
गुडामोल, गुडापाल	ममेरे-फुफेरे भाई-बहनों का आपस में विवाह। गुडा का अर्थ है 'घोंसला'। मोला का अर्थ है 'मूल्य' और पाल का अर्थ है 'दूध'। इस तरह वधू-मूल्य घोंसले में ही रह जाता है; एक पीढ़ी में दिया गया 'दूध' अगली पीढ़ी में वापस मिल जाता है।
जोड़ीदार	घोटुल में वफादारी की परम्परा।
कवाना माने, कावटिक माने (हँसी नाता)	वे रिश्ते जिनमें हँसी-मजाक किया जा सकता है।
मुरियाल नेहाना	'बड़े को नहीं छूना चाहिए'। वे रिश्ते जिनमें निकटता नहीं होनी चाहिए।
पारी, विरिंग, बिरिड, पार (बरग-बास या गोटी)	एक कुटुम्ब का हिस्सा।
सगा, समधी-समधिन	विवाहित जोड़े के माता-पिता के बीच का सम्बन्ध। समधी, हिन्दी के सम्बन्धी का संक्षिप्तीकरण है।

धर्म

आदिभुम (कालेपुर या तारपुर)	नीचे की दुनिया, पाताल (मगर नरक नहीं)।
अंगा (पाट देव)	विशेष संरचना वाला एक कुल देवता। लक्षण (शकुन-अपशकुन) बतानेवाला।
चुटकी (एच ए)	चुटकी बजाकर जादू करना।
देव (एच)	मानवीय क्रिया-कलाप में दखल देनेवाला कोई देवी या देवता।

धुर-बान (एच ए)	मन्त्र।
डोली (एच ए)	देवता को ढोकर त्योहार में ले जानेवाली डोली। दंतेश्वरी माई को डोली में ही आमतौर पर दिखाया जाता है।
गरिया	पवित्र पत्थर।
गुनिया (एच)	जादुई मन्त्र, गुनी जाननेवाला जादूगर। इसे पंजियार भी कह सकते हैं।
गुताल	मोर पंखी लगा बाँस।
गुट्टा, खमाम	झंडी लगे खम्भों को सहारा देनेवाला टेक।
हनाल-गाइता, हानागुंडा	मृत व्यक्ति का पुरोहित।
हेसा कियाना	'अंडे का खोल बनाना'। ऐसा थुआ के लिए किया जाता है जो बीमारी या बुराई को किसी चलायमान चीज में डालकर गाँव या घर के बाहर फेंकने की परम्परा है।
हेथ हुराना (सुपा देखना)	सूप लेकर भविष्यवाणी करना।
होदे (पंगनाहा)	जादूगर, जो काला जादू जानता हो।
होदे हनार (पंगनाहिन)	चुड़ैल।
झाड़ फूकना	बुराई या खतरे की झाड़-फूँक करना।
जोल उंगाना (झुलना झुलतो)	झूलकर भविष्य वाणी करना।
कन्यांग (कनिया)	'कुँवारी' जो माना जाता है जंगलों और झरनों में वास करती है।
कपाड (एच ए)	दुश्मन को परेशान करनेवाला 'जादुई दरवाजा'।
कारी हुराना, कटिया हुराना	झाड़ू लेकर भविष्य वाणी करना।
कसेर-गाइता या माटी-गाइता	चाकू पुजारी या पृथ्वी पुजारी जिसे नेल-गाइता, भुम-गाइता या माटियार भी कहते हैं जो ग्राम माता का सेवक है।
लाट (एच ए)	झंडे का डंडा जिसपर गाँव या कुल का चिह्न लगा दिया जाता है।
महापुरूब	शायद पृ. 242 पर गलत व्याख्या की गई है। यह महाप्रभु (एस के टी) होना चाहिए जिसका अर्थ है 'सबसे बड़ा स्वामी'। उड़ीसा में इसका काफी प्रयोग किया जाता है न सिर्फ परम- ईश्वर के लिए ही बल्कि किसी भी प्रमुख देवी-देवता के लिए।
मातल	'माता' आमतौर पर ग्राम-माता।
मट हियाना	औषधी देना।
मुडियाल, मुइत्तोर (डोकरा, डोकरी)	ये शब्द जिनका अर्थ बूढ़ा आदमी या बूढ़ी औरत है आमतौर पर कुल-देवताओं के नाम के साथ जोड़े जाते हैं। इस

	तरह लिंगो पेन का रूप एक अंग जैसा है और उन्हें लिंगो मुडियाल या लिंगो डोकरा के नाम से पुकारा जाता है।
नदुम भुम (मांजपुर)	बीच की दुनिया या पृथ्वी।
पालो	पवित्र कपड़ा।
पाती	वन का देवता।
पेन	एक भगवान, आमतौर पर कुल का भगवान।
पेन-धुरवा	अंगा की विशेष सेवा में नियुक्त पुरोहित। यदि वह जादू का विशेषज्ञ हो तो उसे पेन-वड्डाई कहा जाएगा।
पेन-पुजारी या पेन-गाइता	कुल का पुरोहित।
पेनतिश्ता	ग्लास्फर्ड के अनुसार कोई भी नया काम शुरू करने से पहले सड़क के दोनों तरफ भिन्न लम्बाई के निर्मित दो खम्भे जिनका अर्थ है 'प्रथम, पवित्रीकरण'।
पिटकुर (एच ए)	देवता को चढ़ाया जानेवाला अंगुली का रक्त।
पुर्रोभुम (ऊपर पुर)	ऊपरी विश्व, पर स्वर्ग नहीं।
शऊ (एच ए)	पहाड़ का देवता।
रावर (गुदी)	एक देवता का स्थान या मन्दिर। पेन-रावर कुल-देवता का मन्दिर है। मन्दिरों में हुकुर या लकड़ी के चमचों, हेपुर गुट्टे, लकड़ी या परों के पंखे, केसर, चाकू, पेन-कुंडा, बलि चढ़ाया हुआ भोजन पकाने का पात्र, छत्तार (एच), छाते, सवुर (पंखे की तरह इस्तेमाल होनेवाली बैल की पूँछ) और त्रिशूल रखा जाता है।
सिराहा या लेस्की	एक व्यक्ति जिसमें देवताओं द्वारा प्रभावित होने और उसके सन्देश को लोगों तक पहुँचाने की क्षमता है।
तल्ला मेलिहाना (झुपना)	वशीभूत होकर सिर को झटका देना।
ताल्लुर मुत्ताई	धरती माता।
टोकाना	मुर्गों को चावल देकर भविष्यवाणी करना।

गीत और नृत्य

बुटिंग-टिंग	मुखौटा नृत्य।
डाका	नृत्य की पदगति।
एंडन्ना	नृत्य।
हत्तो	पहेली।
कहका	कहावत।
कोलान मुडियाल, कोलान गुरु, गायान, जोकता	पुस कोलांग नृत्य के नेतृत्वकर्ता।

लेकना	गीत का विषय वस्तु।
लेंग	सुर।
पार	ढोलक की लय, ताल।
पाटा	गीत।
पाटा ओइवाल	गायक।
पितो	कहानी।
रोचे	कोरस, रेलो अभिप्राय का बदला रूप।

बाँस के डंडे बाँधकर चलने का त्योहार

बाद	भिमुल पत्थर पर ढेर लगाकर रखे गए पुराने बाँस।
डिटो	पैरों में बाँधकर चलनेवाले बाँस।
डिटो-डांडी	बाँस के डंडे।
डिटो-पाल्क	बाँस के डंडों पर पैर रखने के लिए बनाए गए सहारे।
जबान	पैर रखने के लिए लगाए गए सहारों को टिकाने के लिए लकड़ी के खूँटे।

समानार्थी शब्द

आकिंग-माकिंग	आकिंग की आवाज पर 'प्रतिध्वनि शब्द', आकिंग पत्ते, यानी कोई जंगल का उत्पाद।
इरूह-ना-येर	'महुआ का पानी' शराब के लिए।
कोटा सामहर	'लम्बी पूँछवाली' थाली, गाय के लिए प्रयुक्त।
मोरस	'रस्सी' तास, साँप की जगह पर प्रयोग किया जानेवाला शब्द।
वर्रीआतु	'भय' बुरकाल, बाघ के लिए प्रयोग किया जानेवाला शब्द।

गोदना

हले हवार (सलिया दसा)	बोसवेलिया सेराता का रस जो कभी-कभी रोशनाई बनाने के काम आता है।
हुजी, उजी	सूइयाँ।
जद्दान पेरेक (जाडा विजा)	अरंडी का बीज जो रोशनाई बनाने के काम आता है।
काजर	गोदने की काली रोशनाई।
खोपा (कोंडी या थेका)	रोशनाई रखने का छोटा पात्र। दावात।
नुंग नेयी (तिल्ली तेल)	सेसामम इंडिकम का तेल, इसका प्रयोग भी रोशनाई बनाने के लिए किया जाता है।
सिंगार कोतले, अंजेला, डोमका (एच, गोदना)	गोदना।

वृक्ष, झाड़ियाँ और लताएँ

अला (सलाई) — बोसवेलिया सेराता, मुरिया लोग इस सुगन्धित गोंद-रस का प्रयोग बलि के समय करते हैं।

अमरबेल (एच ए) — कसकुटा रिफ्लेक्सा। हिन्दी में आकाश बेल। यह एक लता है जो घनिष्ठ मित्रता का प्रतीक है।

बेरेल (बर) — बरगद, फिकस बेंगालेंसिस।

बोर-रेंगा (भोइर) — ज़िजीफस जुजुबा। मुरिया लोग इंधन के लिए तथा कभी-कभार कृषि उपकरण बनाने के लिए इसका प्रयोग करते हैं। इसकी कँटीली शाखाएँ बाड़ बनाने के काम आती हैं, गूदेवाला गुठलीदार फल खाया जाता है। इसके बारे में एक पहेली है– 'बेटी सुन्दर है मगर माँ काटती है'।

चिल, हिकुम — अकेसिया कोन्सिन्ना।

दुमेल बितो (पोलाई) — एल्स्टोनिया विनेरियाटा। इसकी खाल और जड़ों का प्रयोग जानवरों के लिए विष बनाने के लिए किया जाता है।

डुंडी पीपर — फिकस रेलिजियोसा का एक प्रकार।

गरांन (करांजी) — पोंगामिया ग्लैब्रा। इसके बीजों के तेल को दीपक में डालकर प्रकाश किया जाता है। बाकी बची चीज को घोटुल में मालिश करने के लिए प्रयोग किया जाता है। इसका फल कंघी के जैसा होता है इसलिए एक पहेली है–'कंघियों से लदा वृक्ष'।

गोर्गा (सल्पी) — कैरियोटा पूरेन्स। विवरण के लिए पृ. देखें।

गुंज (एच) — एब्रस प्रिकैटोरियस। लाल चमकदार बीजों का मनकों और सुनार उनका बाट की तरह इस्तेमाल करते हैं। उन्हें पीसकर तीर की नोक पर विष के लिए प्रयोग किया जाता है।

हरंगी (सरगी, साल) — शोरिया रोबस्टा। साल वृक्ष, भारत की मूल्यवान लड़की जिसका प्रयोग इमारतों, रेल के स्लीपर और उपकरण बनाने के लिए किया जाता है। मुरिया इन्हें चीरकर धन कमाते हैं। वे इसके बीज और पत्तों को खाते हैं और इसके रस को सुगन्ध के लिए इस्तेमाल करते हैं।

हिन्दी (छिन्द) — जंगली खजूर, फिनिक्स सिल्वेस्ट्रिस। पत्तियों से चटाइयाँ और टोकरियाँ बनाई जाती हैं और विवाह के मुकुट भी। इसके मीठे रस को खमीर उठाकर पीया जाता है।

इरू, इरपु (महुआ) — बास्सिया लैटिफोलिया, देखें पृ. 61-62।

इता (इमली) — टमारिंडस इंडिका। इसकी छीमी चटनी वगैरह बनाने के काम आती है।

जद्दा (अरंडा) — रिसिनस कम्मुनिस।

कदम, कारेका (एच) — एन्थोसेफालस कादुम्बा। इसका फल मनुष्यों के अलावा

	पक्षी और मवेशी भी खाते हैं।
काका (हर्रा)	टर्मिनालिया चेबुला। यह चर्म शोधन के काम आता है और कई मुरिया ठेकेदारों के लिए इसे एकत्रित करने और तैयार करने का काम करते हैं।
कनेर	नेरियम अडोरम। कनेर एक विषैला झाड़ है। 1940 में दक्षिणी बस्तर में एक अनचाहे पति को मारने के लिए इसके बीज का प्रयोग किया गया था।
करंडी (मोखा)	स्क्रेबेरा स्वीटेनियोआइड्स।
करात (कारू)	स्टेर्कुलिया यूरेन्स। इसके विकृत सफेद तने के कारण जिस पर आधे वर्ष पत्ते नहीं होते, इसे भुतहा वृक्ष कहा जाता है।
कसी (खस्सी)	ब्रिडेलिया रेटुसा।
केहला (धामन)	ग्रियूइया टिलियेफोलिया। इसकी मजबूत लचीली लकड़ी का प्रयोग भार ढोने के डंडों और तीर बनाने के काम आता है।
खैरी, खैर कुटा (एच ए)	अकेसिया कैटेचू।
किंगेरी (हरसिंगरी)	नाइरैंथेस अखर-ट्रिसुस। आदिवासियों द्वारा औषधी के लिए प्रयोग किया जाता है। भैंसे इसके खुरदुरे पत्तों से अपना शरीर रगड़ना पसन्द करती हैं। इसके सुगन्धित फूल मुटियारियों के बीच लोकप्रिय हैं।
कोहोका (भिलवार)	सेनेकारपस अनाकार्डियम। भिलावा वृक्ष। मुरिया इसका बीज खाते हैं। खुजली मिटाने के लिए इसके रस के प्रयोग के बारे में जानने के लिए कोड्रिंग्टन देखें।
कुमुर (कुमी)	सिउस्ट्रस पैनियूलटा।
कुर्रा, कलमोदु (कुरु)	गैरिएनिक लैटिफोला। शुष्क प्रकार की झाड़ी।
कुर्सी (सिउना)	गूदेदार फल जिसे चेलिक और मुटियारी खाते हैं।
महका (बेल)	हिन्दुओं का पवित्र वृक्ष। मुरिया नारियल के स्थान पर रस्मों के दौरान इसका प्रयोग करते हैं।
माँग (काहु)	टर्निनाबा अर्जुना।
मर्द (अदर, सान)	टर्निनाबा टोमेंटोसा। पूरे मध्य प्रान्त में गोंड इसे पवित्र मानते हैं।
मरका (आम)	आम।
मुधोरी (पलास या फर्सा)	'जंगल का यश'। इसकी जड़ से रस्सी बनाई जाती है। इसकी पत्तियों से कप और प्लेट बनते हैं; लाख उद्योग के लिए महत्त्वपूर्ण।
राली (सोनरा)	मोम जैसा सुन्दर फल जो स्रावरोधक है और पेट की औषधी बनाने के काम आता है। इसके पत्ते और

	शाखाएँ दुष्टात्माओं को डराती हैं।
रामम (शीशम)	भारतीय सुगन्धित लकड़ी।
रेंडी (जामुन)	जामुन।
रहुर (सिआरी)	कैमेल्स फुट लता। इस विशाल लता की बड़ी-बड़ी पत्तियाँ खाने की प्लेट और छप्पर छाने के काम आती हैं। मुरिया इससे रस्सी बनाते हैं।
फुन्दर	दूध जैसे रसवाली झाड़ी।
रिपिर, अली (पीपर)	भारत में सबसे पवित्र माना जानेवाला वृक्ष। लेकिन मुरिया इसका विशेष सम्मान नहीं करते।
रेका (चार)	इसके फल के ऊपर शक्कर की चाशनी लगाकर चिरौजी मिठाई के रूप में बेचा जाता है।
अमलतास (एच ए)	सुनहरे फूलों के गुच्छेवाला वृक्ष।
इका (बेहेरा)	इसका फल जानवर खा जाते हैं।
सागोन (एच ए)	सागौन, भारत की सबसे महत्त्वपूर्ण लकड़ी। जहाज निर्माण तथा इसके अन्य कई उपयोग हैं।
टिरका (माकर टेंडू, मरजु)	इसके फल में प्रचुर मात्रा में टैनिन पाया जाता है। बन्दर इसे खाते हैं।
टोया (दुमार)	जंगली अंजीर।
टुमिर (टेमरू, तेंदु)	जादू के लिए महत्त्वपूर्ण आबनूस वृक्ष। इसके बेर खाए जाते हैं।
टुरमुरा, टोंगुंडला (टिकाई)	
वेदुर (बाँस)	बाँस, डेंड्रोकैलामस स्ट्रिक्टस। इसके नए पौधे स्वादिष्ट होते हैं, बीज भी खाए जाते हैं और पीठ, वेदुर-जिवा यानी 'बाँस की आत्मा' को महत्त्व दिया जाता है।
वालेक (सेमुर)	प्रायद्वीपीय भारत की कई जनजातियों द्वारा रस्मों में प्रयोग किया जानेवाला कपास वृक्ष। बम्बाक्स मालाबैरिकम।
वेंगोर (बीजा)	टेरोकार्पस मार सुपियम। संस्कृत में असना वृक्ष। लकड़ी के लिए काफी महत्त्वपूर्ण। इसके लाल गोंद-रस की चर्चा लिंगो की कथा में आती है।

●●●

चित्र-LIII

गुदरा, बस्तर प्रदेश से, जंगली साँड के सींगोंवाली मारिया लड़की

चित्र-LIV

हिरमे-जंगली साँड के सींगवाले मारिया की लड़की—हाथ धोते हुए

जंगली साँड के सींगवाले मारिया की नर्तकियाँ

रस्मी अभियानों पर पहननेवाला भुइया युवाओं का मुखौटा

रोंटा में भुइया की घोटुल सरीखी संस्था की सदस्या

रायसुइया में भुइया संस्था का भवन

चित्र-LVI

कंटारा की जुआंग धांगरी

चित्र-LVII

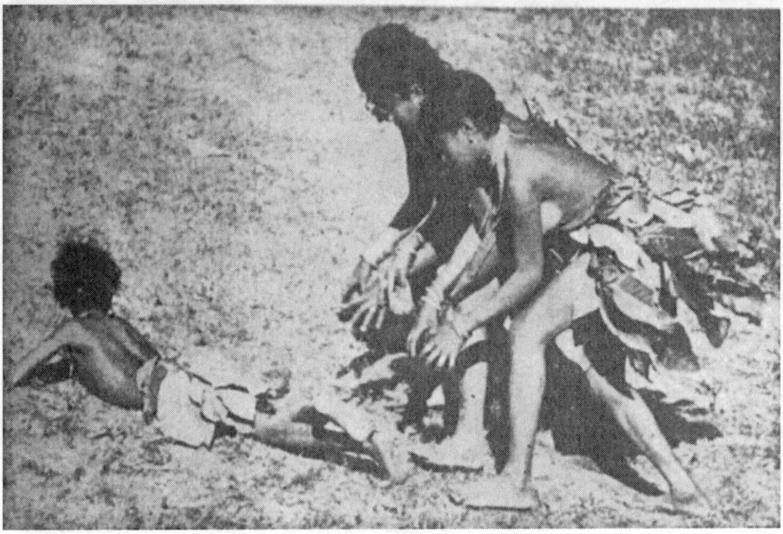

जुआंग लड़कों व लड़कियों के भवन के नृत्य

चित्र-LVIII

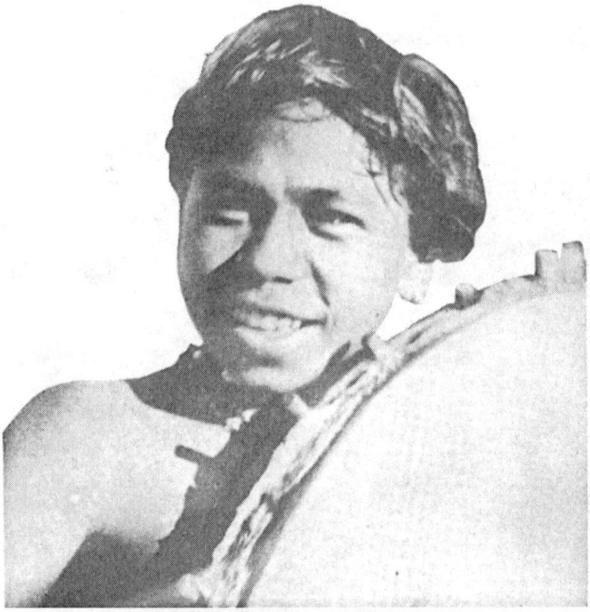

चांग ढोल के साथ जुआंग युवा

जुआंग युवा लम्बे ढोल के साथ कोरबा घोटुल के सामने

चित्र-LIX

कोनयाक लड़कियाँ ताड़ के पत्तों के वस्त्र पहने हुए

चित्र-LX

कोनयाक बालाएँ बसन्त के त्यौहार पर नाचती हुईं

कोनयाक बालाएँ एक-दूसरे के बालों को सँवारती हुईं

चित्र-LXI

कालयो केंगयू नर्तक चावल की बीयर पीकर तरोताज़ा होते हुए (चित्र : डॉ. सी.वॉन. फ्यूरर-हैमेनडॉर्फ)

चित्र-LXII

बोंडो लड़कियाँ (चित्र : डॉ. सी. वॉन.फ्यूरर-हैमेनडॉर्फ)

चित्र-LXIII

गड़बा लड़कियाँ नृत्य करते हुईं

गड़बा लड़के तारोंवाले वाद्य को बजाते हुए

चित्र-LXIV

बोंडो नृत्य

बोंडो लड़की मुरचंग बजाती हुई (चित्र : डॉ. सी.वॉन. फ्यूरर-हैमेनडॉर्फ)

चित्र-LXV

गड़बा लड़कियाँ नाचती हुईं (चित्र : डॉ. सी.वॉन. फ्यूरर-हैमेनडॉर्फ)

चित्र-LXVI

पाल्ली घोटुल

चित्र-LXVII

उराओन धांगरी

कोंगेरा की मुटियारी अनाज पीसते हुए

चित्र-LXVIII

मासोरा का घोटुल

मोरे बेरमा घोटुल में दीवार पर काले व लाल रंग के चित्र

चित्र-LXIX

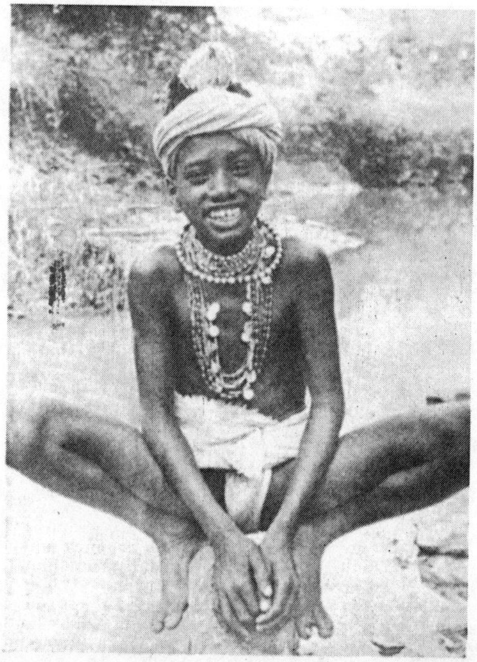

फिरतु, मासोरा घोटुल का चौकीदार

मालाकोट के निकट घोटुल

चित्र-LXX

बाघबेरा घोटुल

बांदोपाल घोटुल

चित्र-LXXI

आल्मेर का हिकमी घोटुल के ढेर से लकड़ी निकालते हुए

चित्र-LXXII

चन्दाबेरा का नक्काशीदार स्तम्भ

रेमावंड का नक्काशीदार स्तम्भ

चित्र-LXXIII

1 और 3 चन्दाबेरा के नक्काशीदार स्तम्भ

2

फाउदा के एक मन्दिर के स्तम्भ पर हुई नक्काशी

3

चित्र-LXXIV

बिनझे का नक्काशी स्तम्भ, नक्काशीकार
चेलिक साथ में

पुराने जनगणना अंक तख्ते पर चित्र

डोंगरीगरा के पिटोटका ढोल पर नक्काशी

चित्र-LXXV

टोइनार का चेलिक अपनी घोटुल 'पत्नी' के साथ

चित्र-LXXVI

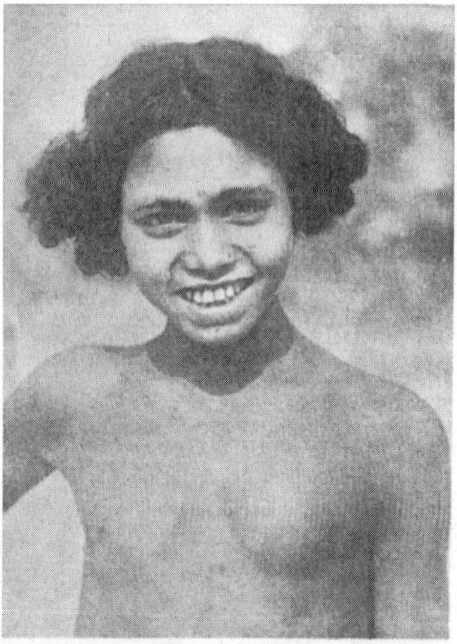

एक लोहार लड़का : बेरमा घोटुल का चौकीदार

बान्दोपाल घोटुल की सफाई करती हुईं मुटियारी

चित्र-LXXVII

कोंगेरा में चेलिक को पेय देते हुए एक मुटियारी

नयानार के चेलिक को खाना परोसते हुए मुटियारी

चित्र-LXXVIII

लड़कों की सेवा करते हुए मुटियारी

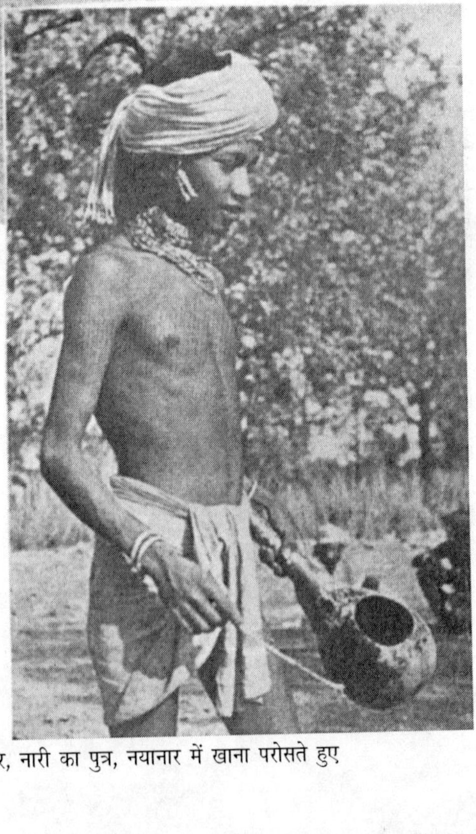

घोटुल का कोतवार, नारी का पुत्र, नयानार में खाना परोसते हुए

चित्र-LXXIX

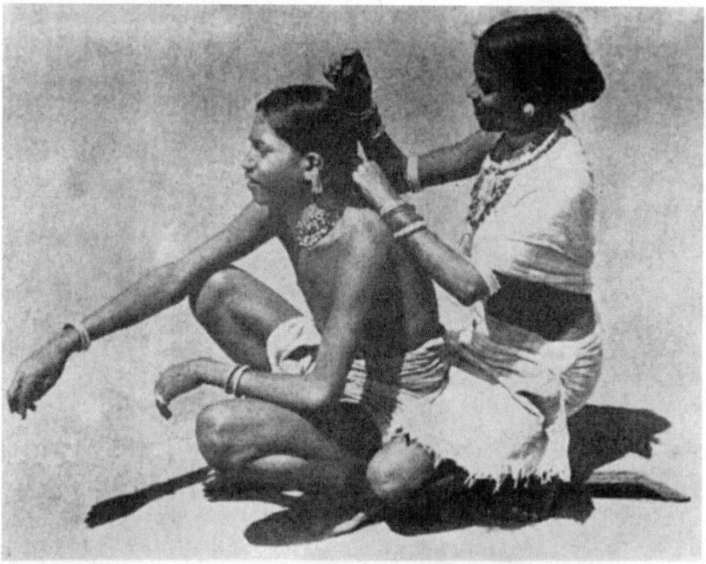

नयानार में बड़े कोतवार के बाल सँवारती बेलौसा

नयानार में छोटे कोतवार की मालिश करती अलौसा

चित्र-LXXX

कोइलीबेरा घोटुल की माल्को

चित्र-LXXXI

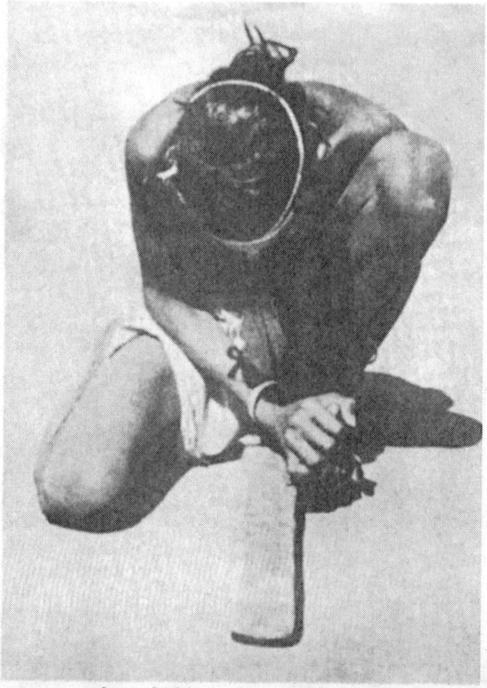

बान्दोपाल में चेलिक कुटुल तकिया बनाते हुए

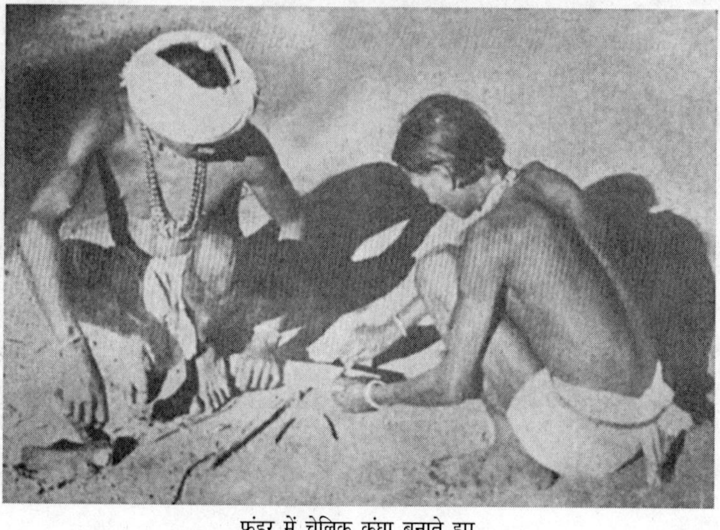

फुंडर में चेलिक कंघा बनाते हुए

चित्र-LXXXII

बांदोपाल की मुटियारी मोतियों की मालाएँ बनाती हुईं

रेमावंड में एक स्त्री चटाई बनाते हुए

चित्र-LXXXIII

डिब्बेनुमा पगड़ी

लड़कियाँ सिरों पर कौड़ियाँ पहने हुए

चित्र-LXXXIV

पाल्ली की मुटियारी लकड़ी के बर्तन में चेलिक के लिए तम्बाकू कूटती हुई

पिटोरका ढोल बनाते हुए जाकरी का चालान

चित्र-LXXXV

काबोंगा के झोरिया नर्तक

अमासारा के झोरिया नर्तक

चित्र-LXXXVI

चेहरे का शृंगार किए चेलिक

टिमनार घोटुल का लिखेन

चित्र-LXXXVII

पाल्ली की मुटियारी पत्ते का दोना लिए हुए

पोला त्योहार के मिट्टी के बैल सौभाग्य बढ़ाने के लिए छत पर रखे जाते हैं

चित्र-LXXXVIII

तारबाइली का नीरो बाँस से बने पानी के बर्तन के साथ

चित्र-LXXXIX

गाँव को साफ करने के लिए सड़क के निकट लटकाया गया कूड़ा

दीवाली नृत्य की नेता

पवित्र अग्नि के साथ चेलिक

चित्र-XC

पूस कोलांग नृत्य : फूलपर के लिंगो पाटा के दो कदम

चित्र-XCI

जुंगानी घोटुल का मलिक अपने मित्रों के साथ

चित्र-XCII

फूलपर का सेमूर पेड़ जिस पर नृत्य की डंडियाँ लटक रही हैं

चित्र-XCIII

कोइलीबेरा गाँव की सीमा के पास सड़क के आर-पार जाती रस्सी से लटकती नृत्य की डंडियाँ

सड़क के आर-पार जाती रस्सी से बँधी नृत्य-डंडियों को उठाने को तैयार चेलिक

चित्र-XCIV

चैत डांडर नृत्य : मालाकोट के डांडी-नृत्य के दो रूप

चित्र-XCV

वातिया करसाना

चैत डांडर नृतकी

सूखी घास का आदमी

चित्र-XCVI

तेमरुगाँव में महुआ के फूल सुखातीं मुटियारी

महुआ के फूल छानकर इकट्ठे करती मुटियारी

चित्र-XCVII

अलोर का हुल्की नृत्य

कोइलीबेरा का हुल्की नृत्य

चित्र-XCVIII

हुल्की अभियान का मुखौटा (सिरपुरी से)

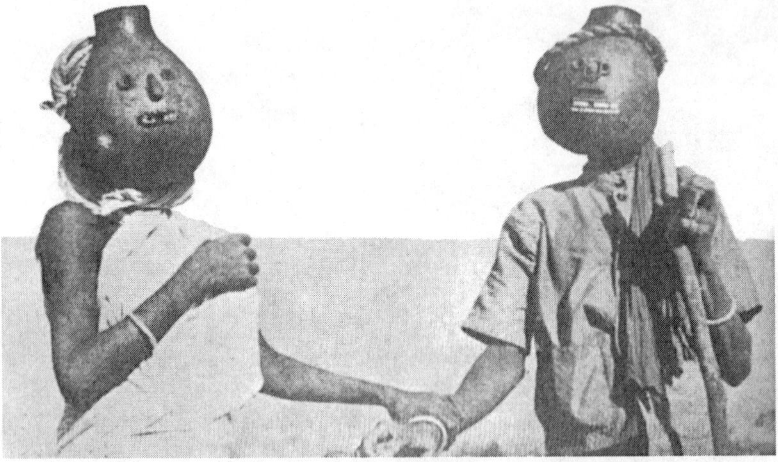

पति-पत्नी का प्रतिनिधित्व करते चैत डांडर मुखौटे (काचोरा से)

चित्र-XCIX

घेरता नृत्यों में प्रयुक्त मुखौटा (बेरमा से)

चित्र-C

फाउदा की मिट्टी की गुड़ियाँ

चन्दाबेरा में मिट्टी की गुड़ियों के साथ माल्को और दुलौसा

चित्र-CI

पूस कोलांग : वानर नृत्य

पूस कोलांग : कोइलीबेरा का कोकोठर नृत्य

छेरता नृत्य में प्रयुक्त नकटा-मुखौटा

फुंडर के मुखौटा पहने चेलिक मेढक या बाघ का प्रतिनिधित्व करते हुए

चित्र-CIII

पूस कोलांग मुखौटा

चित्र-CIV

कोंगेरा घोटुल का मलिक नृत्य की पोशाक में

चित्र-CV

चेलिक और मुटियारी का प्रतिनिधित्व करती लकड़ी की गुड़ियाँ, घंटों से बँधी हुईं, इन्हें त्योहारों पर कन्धों पर उठाकर लाया जाता है

चित्र-CVI

तेमुरगाँव का चेलिक, पर्वतों के मारिया की टोपी पहने, शिकारी सींग बजाते हुए

एक भावी सुधारक की निन्दा की स्थिति में चेलिक पंचायत

चित्र-CVII

टुडरा ढोल के साथ काचोरा का चेलिक

चित्र-CVIII

बाँसुरी बजाते हुए नयानार
का चेलिक

मारकाबेरा का घोटुल कोतवार धुसिर बजाते हुए

चित्र-CIX

नयानार में विवाह के अवसर पर चेलिक ढोलों की पूजा करते हुए

चेलिक के लिए ढोल उठाए मुटियारी

चित्र-CX

सिधावंड घोटुल का सरदार

कोंगेरा घोटुल का साल्की कुन्दरी ढोल के साथ

बलोरा घोटुल का डांगा डाकी ढोल के साथ

चित्र-CXI

खुटगाँव में मान्दरी नृत्य-चाल

चित्र-CXII

कोंगेरा घोटुल की कोतवारिन

मारकाबेरा घोटुल की माल्को

चित्र-CXIII

हुल्की नृत्य में बाँहों को रखने का एक तरीका

अटूरगाँव के चेलिक, कूल्हों पर घंटियाँ बाँधे और कौड़ियों की लड़ियाँ लटकाए हुए

चित्र-CXIV

काबोंगा का मान्दरी नृत्य

चित्र-CXV

काबोंगा का मान्दरी नृत्य

चित्र-CXVI

काचोरा में मान्दरी और रेलो नृत्य

चित्र-CXVII

रेलो नर्तकियाँ लड़कों के साथ

मान्दरी नर्तक अपने घुटनों पर

चित्र-CXVIII

काचोरा में विवाह-नर्तक

काचोरा की मुटियारी विवाह-नृत्य का अभ्यास करती हुईं

चित्र-CXIX

अटूरगाँव व कोंगेरा के चेलिक और मुटियारी मारिया नृत्य का एक बदला हुआ रूप पेश करते हुए

तोईनार के चेलिक समाधि-पार करते हुए

चित्र-CXX

कोंगेरा में त्योहार-नृत्य

जुलूस में चलते नर्तक

चित्र-CXXI

फुंडर में, बड़े ढोलों के साथ त्योहार-नृत्य करते हुए

फाउदा में, छोटे ढोलों के साथ त्योहार-नृत्य करते हुए

चित्र-CXXII

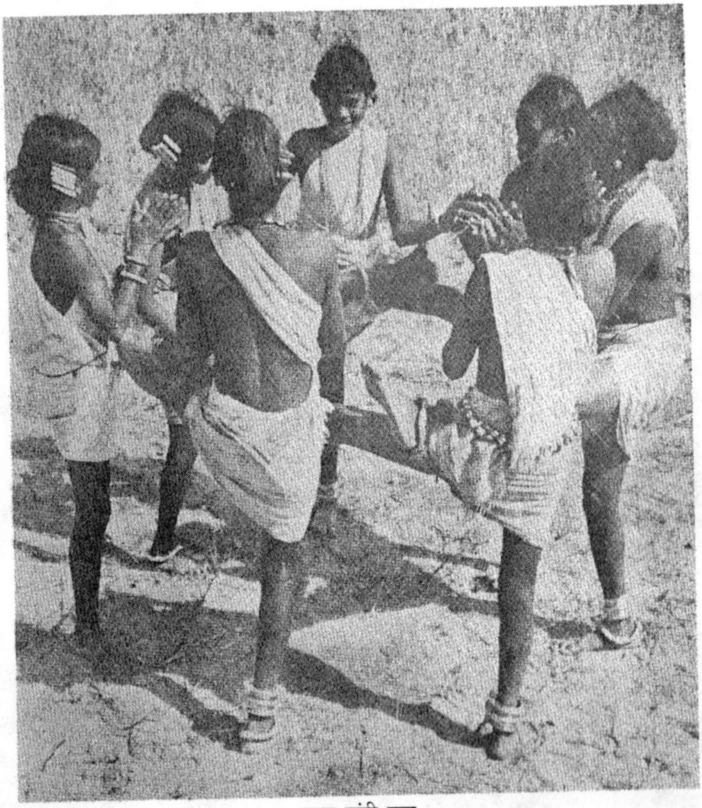

दुरपा डांडी नृत्य

अलोर में नाना दारबेना नृत्य-चाल

चित्र-CXXIII

अलोर में गुगुरिंग गुस नृत्य

फुंडर में वृत्त-नृत्य-पुरार करसाना

चित्र-CXXIV

करमाता करसाना : बच्चे को झुलाना, तेमुरगाँव में।

चित्र-CXXV

डोंगा करसाना : सन्तरे और नींबू, कोइलीबेरा में

चित्र-CXXVI

मुंजमेता घोटुल की साल्हो

कारीखोदरा घोटुल की झलियारो

चित्र-CXXVII

मेटावंड में जट्टा करसाना

माओ करसाना : भैंस का शिकार, मारकाबेरा में

गुडिना करसाना : लेटने का खेल, कोइलीबेरा म

चित्र-CXXVIII

वानजिंग करसाना : धान से चावल अलग करने का खेल, तेमुरगाँव

धान से चावल अलग करना (वास्तव में)

चित्र-CXXX

जड़ (सब्जी) का खेल

जड़ (सब्जी) बोना

जड़ (सब्जी) उखाड़ना

चित्र-CXXIX

सिधावंड में टेडापोटुर करसाना

मुंजमेता के चेलिक वातिया करसाना खेलते हुए

चित्र-CXXXI

जड़ों (सब्जियों) को नदी पर धोने ले जाना

जड़ें (सब्जियाँ) धोना

चित्र-CXXXII

मोगरल करसाना, मगरमच्छ का खेल

कोइलीबेरा में कुश्ती

चित्र-CXXXIII

कोर करसाना : मुर्गे को दिखाना

कोर करसाना : मुर्गे को जाँचना

चित्र-CXXXIV

जंगली कबूतर की नकल करते पुराड-उपिहाना करसाना

चित्र-CXXXV

कोडा करसाना—घोड़े का खेल

अलोर में शिकारी खेल में एक तीरन्दाज

चित्र-CXXXVI

सिधावंड में भैंसे का शिकार

अलोर में भैंसे का शिकार

चित्र-CXXXVIII

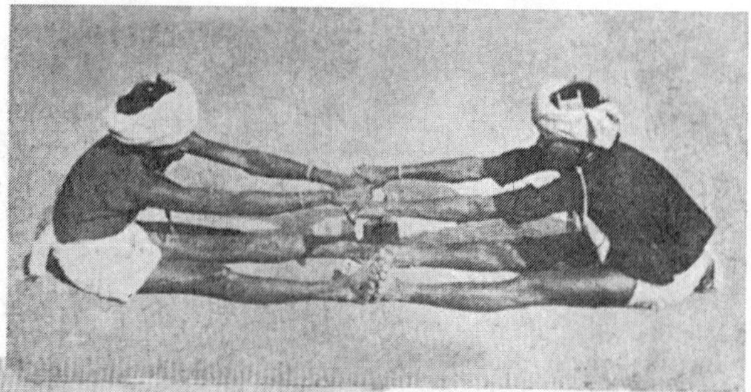

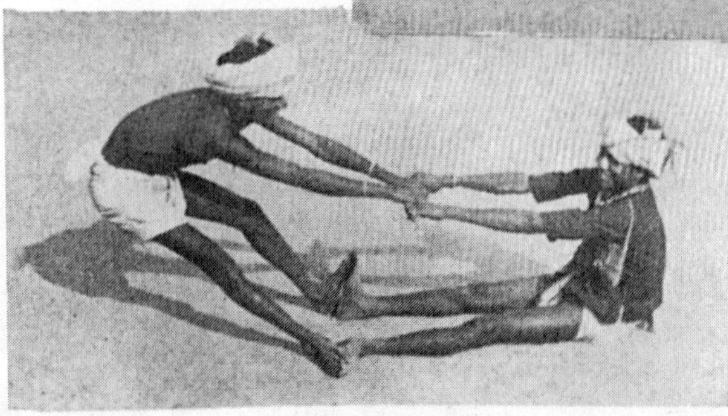

'उठाने' के खेल के तरीके

कडना करसाना—कुश्ती का खेल

चित्र-CXXXVII

शिकारी खेल : पूपगाँव में एक मानव बाघ बनाने की तैयारी

गाँव का विदूषक फावड़े को तीर के समान छोड़ता हुआ

फाउदा में शिकार

चित्र-CXXXIX

बाइपर-लाद करसाना : बोरियों से लदा बैल

गुधा करसाना

महामंडल करसाना : सर्प का खेल

चित्र-CXL

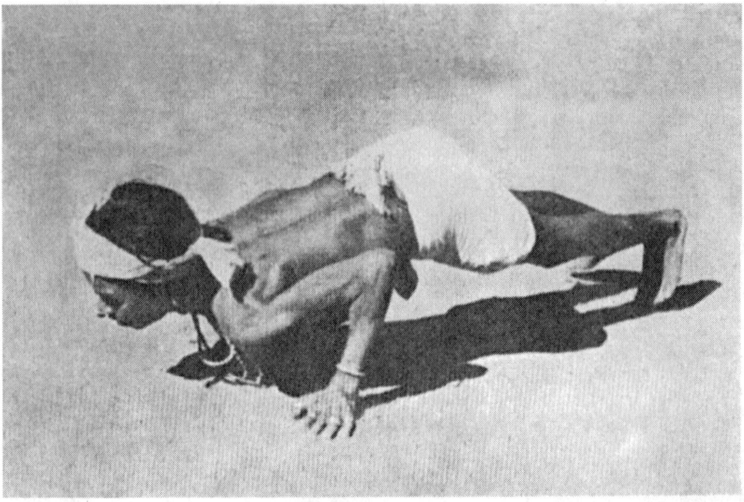

गोइहाल करसाना : छिपकली का खेल

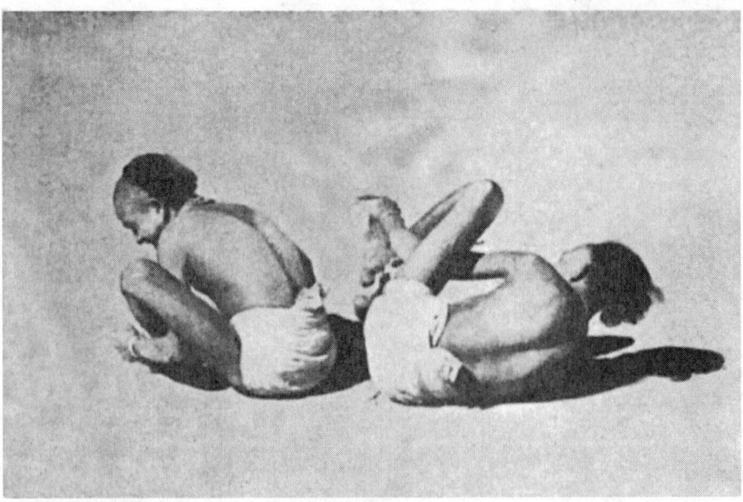

मुर्गे लड़ाने का खेल

चित्र-CXLI

बयानार में मुर्गों की लड़ाई

चित्र-CXLII

कोकोको त्योहार पर नृत्य करते चेलिक

कोकोको त्योहार पर भेंट स्वीकारते चेलिक

चित्र-CXLIII

बान्दोपाल में कोकोको नर्तकों पर पानी फेंकती एक मुटियारी

कुत्ते को बाँहों में लिए नाचता मासोरा का मुरिया

चित्र-CXLIV

नयानार का चेलिक पिचकारी से मुटियारी पर पानी फेंकते हुए

एक मालकोट विवाह में बूढ़े एक-दूसरे पर मिट्टी फेंकते हुए

चित्र-CXLV

नर्तक मोरपंखों को पहने हुए

सिधावंड में नकली राक्षस

चित्र-CXLVI

मिट्टी की गुड़ियाँ और मवेशियों के साथ पूपगाँव की झेलो

चित्र-CXLVII

फाउदा का चेलिक एक विशालकाय चिड़िया के रूप में

चेलिक स्वयं को दिखलाता हुआ

चित्र-CXLVIII

चलने की डंडियों पर लड़ाई

चित्र-CXLIX

रस्मी कुल्हाड़ी खेती : गाईता के खेत को तैयार करना

गाईता के खेत में भोजन बनाते चेलिक

चित्र-CL

फुंडर गाँव के बाहर एकत्रित चलने की डंडियाँ

अलोर में दितो पेन के ऊपर चलने की लकड़ियों का ढेर

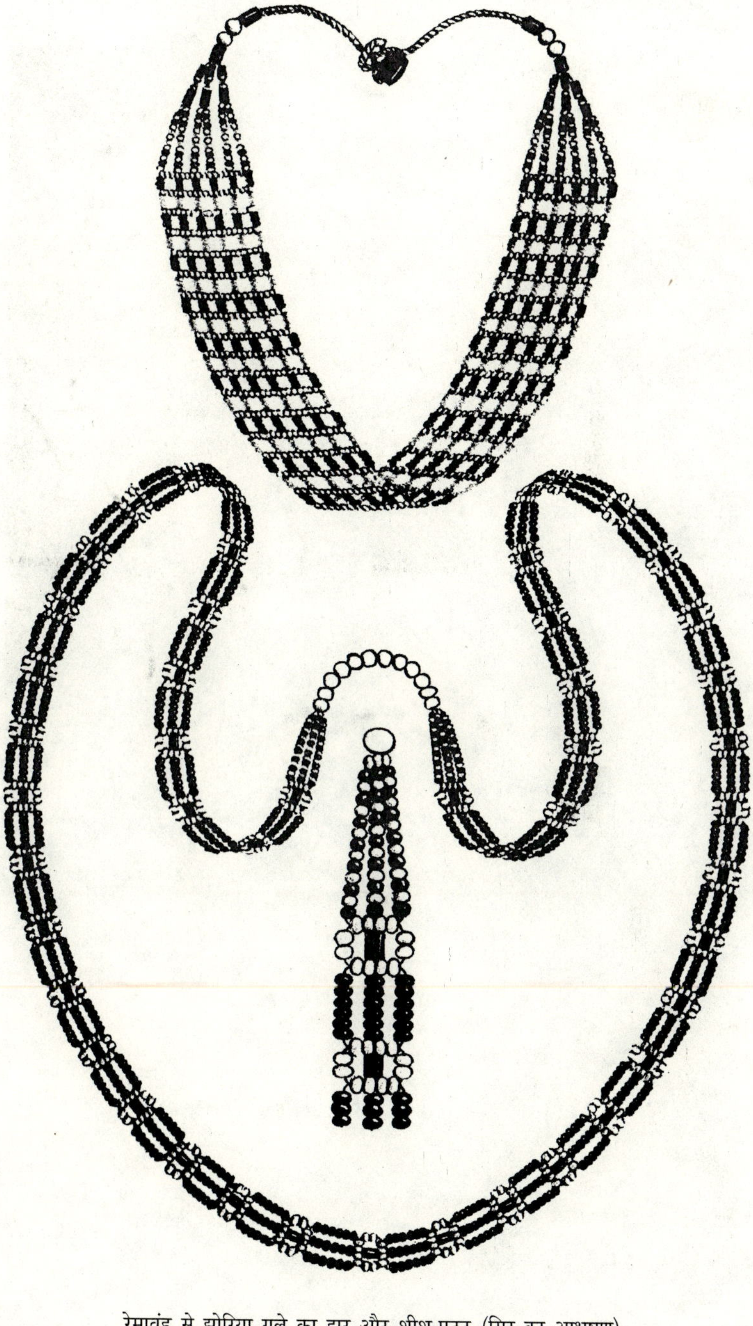

रेमावंड से झोरिया गले का हार और शीश-पट्ट (सिर का आभूषण)